PREPARA

Preparação Rápida para Concursos Médicos e de Residência Médica

PREPARA

Preparação Rápida para Concursos Médicos e de Residência Médica

Antonio Tadeu Tartaglia Filho

Graduação em Medicina pela Faculdade de Medicina de Catanduva, SP. Fundador e Desenvolvedor da plataforma "RADIOLAUDOS" – Laudos inteligentes em Radiologia. Radiologista pela Faculdade de Medicina de São José do Rio Preto – FAMERP/HB-SP

Atheneu

Rio de Janeiro • São Paulo

2024

EDITORA ATHENEU

São Paulo — Rua Maria Paula, 123, 13º andar
Conjuntos 133 e 134
Tel.: (11) 2858-8750
E-mail: atheneu@atheneu.com.br

Rio de Janeiro — Rua Bambina, 74
Tel.: (21) 3094-1295
E-mail: atheneu@atheneu.com.br

Produção Editorial: Equipe Atheneu.

Capa: FK Studio

Produção gráfica: Fernando Palermo

CIP-BRASIL. CATALOGAÇÃO NA PUBLICAÇÃO
SINDICATO NACIONAL DOS EDITORES DE LIVROS, RJ

T198p

Tartaglia Filho, Antonio Tadeu
Prepara : preparação rápida para concursos médicos e de residência médica / Antonio Tadeu Tartaglia Filho. - 1. ed. - Rio de Janeiro : Atheneu, 2024.
24 cm.

ISBN 978-65-5586-648-3

1. Medicina - Estudo e ensino (Residência). 2. Residentes (Medicina). 3. Formação profissional. I. Título.

24-88003 CDD: 610.737
CDU: 61:37

Gabriela Faray Ferreira Lopes - Bibliotecária - CRB-7/6643

24/01/2024 31/01/2024

Tartaglia Filho, AT.
PREPARA – Preparação Rápida para Concursos Médicos e de Residência Médica.

Dedicatória

À minha irmã, Thalita *(in memoriam)*, por toda dedicação e superação, sem a qual nada seria possível, valioso ou significativo.

A minha mãe, Martha que sempre acreditou na minha jornada oferecendo apoio incondicional.

Aos familiares e amigos, que me incentivaram a ser sempre a minha melhor versão.

A todos os meus cachorros, que sempre ofereceram inspiração e companhia durante a escrita.

Agradecimentos

Mais uma vez, sou grato à minha família que esteve ao meu lado nesses anos, compactuando com meu empenho dedicado a escrever este livro.

Agradeço aos demais, bem como a todas as companhias, que estiveram envolvidas direta ou indiretamente a fim de tornar real este sonho.

Por fim, sou grato a aqueles que, mesmo de forma inimaginável, fizeram a diferença em minha vida.

Apresentação

Trata-se de um livro que reúne os temas mais importantes para as provas de residência médica, concursos e avalições de suficiência em Medicina (conhecimentos necessários para o exercício da profissão), sem abdicar da didática e sensação de proximidade autor-leitor.

Escrito por um ex-aluno e destinado a graduandos de medicina, jovens médicos ou profissionais que buscam uma preparação e atualização rápida dos temas abordados frequentemente nas provas e concursos.

O conteúdo desta obra almeja ter sido transmitido com a mesma clareza e sensação de uma mentoria médica.

Sumário

PARTE 1 – CLÍNICA CIRÚRGICA

Seção 1 – Trauma/Pré-operatório/REMIT/Hérnia/Vascular

1 **Abordagem Inicial ao Trauma**, *4*

1.1. ABCDE – Trauma, *4*
1.2. Pescoço, *6*
1.3. Toráx, *6*
1.4. Abdome, 8
1.5. Traumatismo Cranioencefálico, *9*
1.6. Morte Encefálica, *11*
1.7. Afogamento, *11*
1.8. Acidentes por Animais Peçonhentos, *11*
1.9. Intoxicações Exógenas, *11*

2 **Abordagem Pré-Cirúrgica e suas Complicações – Hérnias**, ***13***

2.1. Pré-Operatório, *13*
2.2. Complicações Cirurgicas, *15*
2.3. Hérnias, *16*
2.4. Cirurgias Corretivas para Obesidade, *18*
2.5. Fios de Sutura, *21*

3 **Resposta Endócrino-Metabólica e Imunológica ao Trauma, Queimaduras, Choque**, ***22***

3.1. REMIT ao Trauma, *22*
3.2. Queimaduras, *23*
3.3. Etapas da Cicatrização de Feridas, *25*
3.4. Fisiopatologia do Choque, *26*
3.5. Enxertos e Retalhos de Pele, *28*

4 **Doenças Vasculares**, ***30***

4.1. Formações Aneurismáticas, *30*
4.2. Dissecção da Aorta Torácica, *31*
4.3. MMII – Oclusão Arterial Aguda, *32*
4.4. Doença Arterial Periférica, *32*
4.5. Sistema Venoso, *34*

5 Proctologia, *37*
5.1. Anatomia do Canal Anal, *37*
5.2. Prolapso Retal, *37*
5.3. Hemorroidas Internas e Externas, *38*
5.4. Fissura Anorretal, *38*
5.5. Abscessos Anorretais, *39*
5.6. Fístulas Anorretais, *39*
5.7. Neoplasias de Margem Anal, *40*
5.8. Doenças Malignas do Canal Anal, *40*

Seção 2 – Gastrologia

6 Doenças do Esôfago, *42*
6.1. Movimentos da Deglutição, *42*
6.2. Distúrbios Motores Esofágicos, *43*
6.3. Distúrbios Obstrutivos Esofágicos, *44*
6.4. Doença do Refluxo Gastresofágico, *45*
6.5. Neoplasia de Esôfago (Carcinoma Escamoso/Epidermoide ou Adenocarcinamoa), *46*
6.6. Outros Distúrbios Esofágicos, *48*

7 Doenças do Estômago, *49*
7.1. Anatomia do Estômago, *49*
7.2. Estenose Hipertrófica do Piloro, *50*
7.3. Doença Ulcerosa Péptica, *50*
7.4. Síndrome de Zollinger-Ellison, *53*
7.5. Neoplasia Gástrica, *53*

8 Síndromes Intestinais I, *55*
8.1. Diarreias Agudas e Crônicas, *55*
8.2. Doenças Disabsortivas, *55*
8.3. Doenças Intestinais Inflamatórias, *57*
8.4. Colite Pseudomembranosa, *60*
8.5. Síndrome do Cólon Irritável, *60*
8.6. Tumor Carcinoide, *61*

9 Síndromes Intestinais II, *62*
9.1. Pólipos, *62*
9.2. Neoplasia Colorretal, *63*
9.3. Doença Diverticular, *65*
9.4. HDB – Hemorragia Digestiva Baixa, *65*
9.5. Diverticulose do Delgado (Meckel), *66*
9.6. Apendicite Aguda, *66*
9.7. Diverticulite (Peripseudodiverticulite), *67*
9.8. Abordagem das Obstruções Intestinais, *68*
9.9. Isquemia Intestinal, *69*

10 Distúrbios Pancreáticos, 72
10.1. Anatomia Pancreática, 72
10.2. Pancreatite Aguda, 73
10.3. Pancreatite Crônica, 75
10.4. Tumor de Pâncreas, 75
10.5. Neoplasias Endócrinas, 76

PARTE 2 – CLÍNICA MÉDICA

Seção 3 – Nefrologia

11 Glomerulites Renais, 80
11.2. Fisiopatologia Renal, 80
11.3. Síndromes Glomerulares, 82
11.4. Síndrome Nefrótica, 84

12 Lesões Tubulointersticiais Renais e Distúrbios Vasculares Renais, 86
12.1. Síndromes Tubulares, 86
12.2. Lesões Tubulares Específicas, 87
12.3. Lesão Isquêmica Renal, 60
12.4. Lesão Renal no Diabetes Melito, 91

13 Distúrbios Eletrolíticos Acidobásicos, 93
13.1. Hipo/Hipernatremia (Na^+), 93
13.2. Hipo/Hipercalemia (K^+), 95
13.3. Gasometria Arterial, 96
13.4. Distúrbios Acidobásicos, 97

14 Insuficiência Renal Aguda e Crônica, 99
14.1. Insuficiência Renal Aguda, 99
14.2. Insuficiência Renal Crônica, 101
14.3. Métodos Dialíticos, 103

15 Uronefrologia, 105
15.1. Litíase Renal – Abordagem, 105
15.2. Obstrução das Vias Urinárias, 107
15.3. Refluxo Vesicoureteral, 108
15.4. Doença Cística Renal, 108
15.5. Hiperplasia Prostática Benigna, 108
15.6. Tumores Urológicos, 109
15.7. Hematúria, 110

Seção 4 – Reumatologia

16 Artrites, *112*

16.1. Introdução, *112*
16.2. Artrite Reumatoide, *112*
16.3. Artrite Idiopática Juvenil (AIJ), *115*
16.4. Espondiloartropatias, *116*
16.5. Anti-inflamatórios Não Esteroidais e Glicocorticoides, *117*

17 Colagenoses, *119*

17.1. Lúpus Eritematoso Sistêmico, *119*
17.2. Síndrome do Anticorpo Antifosfolipídio, *121*
17.3. Esclerodermia, *121*
17.4. Polimiosite e Dermatomiosite, *122*
17.5. Síndrome de Sjögren, *123*
17.6. Doença Mista do Tecido Conjuntivo, *124*
17.7. Doença de Ormond, *124*

18 Abordagem nas Vasculites e na Amiloidose, *125*

18.1. Vasculites, *125*
18.2. Amiloidoses, *128*

19 Outros Distúrbios Reumatológicos, *129*

19.1. Osteoartrose (Osteoartrite), *129*
19.2. Artrite Infecciosa, *130*
19.3. Artropatias por Depósito de Cristais, *130*
19.4. Febre Reumática, *132*
19.5. Policondrite Recidivante, *134*
19.6. Polisserosite Paroxística Familiar (ou Febre Familiar do Mediterrâneo), *134*
19.7. Fibromialgia, *134*

Seção 5 – Hematologia

20 Síndromes Anêmicas I, *138*

20.1. Fisiopatologia das Anemias, *138*
20.2. Anemia Ferropriva (Fe^{2+}), *139*
20.3. Anemias – Doenças Sistêmicas, *140*
20.4. Anemia Megaloblástica, *141*
20.5. Síndromes Mielodisplásicas, *142*
20.6. Anemia Sideroblástica, *142*
20.7. Anemia Aplásica, *143*

21 Síndromes Anêmicas II, *144*

21.1. Anemias Hemolíticas, *144*
21.2. Hemoglobinopatias, *146*
21.3. Talassemia, *147*

22 Leucemia e Distúrbios da Série Branca, *149*

22.1. Leucemia Aguda, *149*
22.2. Leucemia Crônica, *151*
22.3. Distúrbios Mieloproliferativos Crônicos, *152*
22.4. Fisiopatologia dos Linfomas, *153*
22.5. Linfoma, *154*
22.6. Linfoma Não Hodgkin, *154*
22.7. Linfoma Hodgkin, *154*
22.8. Mieloma Múltiplo, *155*
22.9. Neutropenia Febril, *156*

23 Hemostasia e Transfusões

23.1. Fisiologia da Hemostasia, *158*
23.2. Distúrbios Plaquetários, *160*
23.3. Distúrbios da Coagulação, *162*
23.4. Hemotransfusão, *164*

Seção 6 – Cardiologia

24 Arritmias, *166*

24.1. Fisiologia Cardíaca e Arritmias, *166*
24.2. Taquiarritmias, *168*
24.3. Bradarritmias (FC < 60 bpm), *170*
24.4. Tipos de Marca-Passo Cardíaco, *171*
24.5. Morte Súbita e Parada Cardiorrespiratória, *172*

25 Insuficiência Cardíaca e Hipertensão Arterial Sistêmica, *174*

25.1. Insuficiência Cardíaca, *174*
25.2. Hipertensão Arterial Sistêmica – Parte I, *177*
25.3. Hipertensão Arterial Sistêmica – Parte II, *178*
25.4. Emergência e Urgência Hipertensivas, *179*
25.5. Hipertensão Pulmonar, *180*

26 Distúrbios Cardíacos

26.1. Valvopatias, *181*
26.2. Cardiomiopatias, *183*
26.3. Pericardiopatias, *184*

27 Síndromes Coronarianas, *185*

27.1. Isquemia Miocárdica – Parte I, *185*
27.2. Isquemia Miocárdica – Parte II, *187*
27.3. Distúrbios Anginosos, *189*
27.4. Síndrome Coronariana Aguda sem Supra de ST (SCASST/IAMSST), *189*
27.5. Infarto Agudo do Miocárdio com Supra de ST (IAMST), *190*

Seção 7 – Hepatologia

28 Fígado e Hepatites, *194*

28.1. Fisiologia Hepática, *194*
28.2. Hepatites Virais Agudas, *195*
28.3. Hepatites Virais Crônicas, *199*
28.4. Insuficiência Hepática Fulminante, *199*

29 Distúrbios Hepáticos - Parte I, *200*

29.1. Fisiopatologia da Cirrose, *200*
29.2. Doença Hepática Alcoólica, *201*
29.3. Doença Hepática Gordurosa Não Alcoólica, *202*
29.4. Doença Hepática Autoimune, *203*
29.5. Cirrose Biliar Primária, *203*
29.6. Doença de Wilson, *203*
29.7. Hemocromatose Hereditária, *204*
29.8. Doença Hepática Medicamentosa, *204*

30 Distúrbios Hepáticos – Parte II, *205*

30.1. Complicações da Cirrose Hepática, *205*
30.2. Hipertensão Portal, *206*
30.3. Ascite, *209*
30.4. Peritonite Bacteriana Espontânea, *210*
30.5. Transplante Hepático, *210*

31 Síndromes Hepatobiliares, *212*

31.1. Vias Biliares, *212*
31.2. Colelitíase, *212*
31.3. Colecistite Aguda Litiásica, *213*
31.4. Colecistite Aguda Alitiásica, *213*
31.5. Colecistite Enfisematosa Aguda, *214*
31.6. Síndrome de Mirizzi, *214*
31.7. Coledocolitíase, *214*
31.8. Colangite, *214*
31.9. Abscesso Hepático, *215*
31.10. Colangite Esclerosante, *215*
31.11. Neoplasias Hepáticas, *215*
31.12. Tumores Malignos das Vias Biliares, *216*

Seção 8 – Endocrinologia

32 Distúrbios da Tireoide, *218*

32.1. Fisiopatologia da Glândula Tireoide, *218*
32.2. Hipertireoidismo e Tireotoxicose, *219*
32.3. Hipotireoidismo, *221*
32.4. Tireoidites, *222*
32.5. Neoplasia da Tireoide, *223*
32.6. Nódulos Tireoidianos, *224*

33 Distúrbios da Glândula Suprarrenal, *225*

33.1. Fisiologia da Glândula Suprarrenal, *225*
33.2. Complicações Sistêmicas, *226*

34 Distúrbios da Paratireoide, Hipófise e Hipotálamo, *230*

34.1. Equilíbrio Cálcio-Fósforo-Magnésio, *230*
34.2. Hipófise e Hipotálamo, *232*

35 Diabetes Melito, *233*

35.1. Diabetes Melito, 233
35.2. Síndrome Metabólica, *235*
35.3. Complicações Agudas, *236*
35.4. Complicações Crônicas, *238*
35.5. Obesidade, *238*

Seção 9 - Pneumologia

36 Síndromes Respiratórias, *242*

36.1. Fisiologia Respiratória, *242*
36.2. Insuficiência Respiratória, *243*
36.3. Asma, *244*
36.4. Doença Pulmonar Obstrutiva Crônica, *246*
36.5. Bronquiectasia, *248*
36.6. Fibrose Cística (Mucoviscidose), *248*
36.7. Derrame Pleural, *249*

37 Embolia Pulmonar e Pneumopatias, *250*

37.1. Fisiopatologia do Tromboembolismo Pulmonar – "O Grande Mascarado", *250*
37.2. Pneumopatias Intersticiais, *253*
37.3. Doença de Besnier-Boeck-Schaumann (Sarcoidose), *254*
37.4. Neoplasia Pulmonar (ou Carcinoma Broncogênico), *255*
37.5. Nódulo Pulmonar, *256*
37.6. Embolia Gordurosa, *256*

38 Tuberculose e Micoses Pulmonares, *257*

- *38.1.* Tuberculose Pulmonar, *257*
- *38.2.* Tuberculose Primária e Pós-Primária, *259*
- *38.3.* Tuberculose Extrapulmonar, *260*
- *38.4.* Micoses Pulmonares, *260*

Seção 10 – Infectologia

39 Imunodeficiência Adquirida, *264*

- *39.1.* Fisiopatologia do HIV, *264*
- *39.2.* Manejo do Paciente HIV^+, *266*
- *39.3.* Manifestações Clínicas, *267*
- *39.4.* Fase Sintomática e Sistêmica, *268*
- *39.5.* Prevenção do HIV, *269*

40 Pneumonias, *270*

- *40.1.* Pneumonia Comunitária, *270*
- *40.2.* Agentes Etiológicos Específicos, *272*
- *40.3.* Pneumonia Nosocomial, *274*
- *40.4.* Abscesso, Derrame Pleural e Empiema, *275*

41 Infecções Bacterianas, *277*

- *41.1.* Infecção do Trato Urinário, *277*
- *41.2.* Endocardite Infecciosa, *278*
- *41.3.* Meningite Bacteriana, *279*
- *41.4.* Pele e Tecido Subcutâneo, *281*
- *41.5.* Osteomielite, *281*

42 Síndromes Febris, *282*

- *42.1.* Febre Tifoide (Febre Entérica), *282*
- *42.2.* Leptospirose, *283*
- *42.3.* Dengue, *284*
- *42.4.* Febre Amarela, *285*
- *42.5.* Leishmaniose Visceral (Calazar ou Febre Negra), *286*
- *42.5.* Malária, *287*
- *42.7.* Febre de Chikungunya – "Aqueles que se dobram", "Tornar-se contorcido", *288*
- *42.8.* Febre do Nilo Ocidental, *289*
- *42.9.* Hantavirose, *289*
- *42.10.* Tularemia, *289*
- *42.11.* Zika , *289*
- *42.12.* Ebola, *290*
- *42.13.* Bartonelose, *290*
- *42.14.* Doença de Lyme (Borreliose), *290*
- *42.15.* Febre Maculosa, *290*

43 Parasitose, *292*
43.1. Introdução às Parasitoses, *292*
43.2. Protozoários, *292*
43.3. Helmintos, *294*
43.4. Esquistossomose (ou Doença de Manson-Pirajá), *298*
43.5. Doença de Chagas, *299*

PARTE 3 – PEDIATRIA

Seção 11 – Pediatria

44 Nutrição Pediátrica, *304*
44.1. Aleitamento, *304*
44.2. Alimentação Infantil, *306*

45 Distúrbios do Crescimento e Desenvolvimento, *307*
45.1. Infância, *307*
45.2. Adolescência, *309*

46 Distúrbios Nutricionais, *310*
46.1. Desnutrição Calórico-Proteica, *310*
46.2. Distúrbios Carenciais de Micronutrientes, *312*
46.2. Sobrepeso e Obesidade, *313*
46.4. Baixa Estatura, *314*

47 Distúrbios Respiratórios na Infância, *315*
47.1. Doenças Infecciosas, *315*

48 Distúrbios do Trato Gastrointestinal na Infância
48.1. Etiopatogenia e Desidratação, *320*
48.2. Diarreia Aguda, *322*
48.3. Disenteria, *328*

49 Neonatologia, *324*
49.1. Neonatologia, *324*
49.2. Síndromes Neonatais, *325*
49.3. Doenças Congênitas, *328*

50 Doenças Exantemáticas
50.1. Sarampo, 330
50.2. Rubéola, 330
50.3. Varicela-Zóster, 331
50.4. Catapora, 332
50.5. Exantema Súbito (Roséola), 332
50.6. Eritema Infeccioso, 332
50.7. Escarlatina, 333
50.8. Febre Reumática, 333
50.9. Mononucleose, 333
50.10. Citomegalovírus, 334

51 Vacinação, 335
51.1. Calendário Vacinal e Vacinas, 335

52 Pediatria Específica, 339
52.1. Nefrologia Pediátrica, 339
52.2. Refluxo Vesicoureteral, 340
52.3. Emergências em Pediatria, 341

PARTE 4 – GINECOLOGIA E OBSTETRÍCIA

Seção 12 – Ginecologia

53 Ciclo Menstrual e Distúrbios do Eixo Hormonal, 346
53.1. Ciclo Menstrual, 346
53.2. Métodos de Anticoncepção, 348
53.2. Amenorreia, 351
53.4. Síndrome do Ovário Policístico ou Anovulação Crônica Hiperandrogênica, 353
53.5. Infertilidade, 355
53.6. Climatério, 356

54 Sangramento e Distúrbios Uterinos, 358
54.1. Sangramento Uterino, 358
54.2. Endométrio Ectópico (Endometriose), 359
54.3. Leiomiomas, 360
54.4. Adenomiose (Endometriose no Miométrio), 361
54.5. Pólipos Endometrias, 362
54.6. Pólipos Cervicais, 362

55 Distúrbios Genitourinários, ***363***

55.1. Incontinência, *363*
55.2. Distopia Genital, *369*
55.3. Fístulas, *366*
55.4. Síndrome da Bexiga Dolorosa, *370*

56 Afecções Mamárias, ***371***

56.1. Mama Feminina, *371*
56.2. Distúrbios Benignos, *372*
56.3. Distúrbios Malignos, *373*

57 Doenças Ginecológicas Benignas e Malignas, ***375***

57.1. Colo Uterino, *375*
57.2. Endométrio, *378*
57.3. Vulva e Vagina, *379*
57.4. Ovários, *380*

58 Infecções Sexualmente Transmissíveis, ***383***

58.1. Vulvovaginites e Colpite, *383*
58.2. Cervicites e Uretrites, *385*
58.3. Doença Inflamatória Pélvica, *386*
58.4. Úlceras Genitais, *387*
58.5. Violência Sexual e Infecções Sexualmente Transmissíveis, *388*

Seção 13 – Obstetrícia

59 Gravidez, ***390***

59.1. Diagnóstico, *390*
59.2. Modificações Gestacionais, *391*
59.3. Assistência Pré-natal, *392*
59.4. Aconselhamento Genético Pré-natal, *394*

60 Parto – Parte 1, ***395***

60.1. Conceitos do Parto, *395*
60.2. Trajetória, *395*
60.3. Motricidade, *397*
60.4. Estática Fetal e Mecanismo do Parto, *398*
60.5. Tempos do Parto, *402*

61 Parto – Parte 2, ***403***

61.1. Fases Clínicas (ou Períodos) do Parto e Distocias, *403*
61.2. Fórceps, *406*
61.3. Vacuoextrator, *407*
61.4. Indicações de Cesárea, *408*
61.5. Prematuridade, *408*
61.6. Rotura Prematura de Membranas Ovulares, *410*

62 Sangramento na Gestação
62.1. Tipos de Abortamento, *411*
62.2. Gravidez Ectópica, *412*
62.3. Mola Gestacional (Doença Trofoblástica), *413*
62.4. Hemólise Fetal (Doença Hemolítica), *414*
62.5. Descolamento Prematuro da Placenta, *416*
62.6. Placenta Prévia, *417*
62.7. Inserção Anômala da Placenta, *417*
62.8. Rotura Uterina, *418*
62.9. Rotura de *Vasa* Prévia, *418*
62.10. Rotura de Seio Marginal, *418*

63 Afecções Maternas na Gestação, **419**
63.1. Doença Hipertensiva, *419*
63.2. Diabetes Melito, *421*
63.2. Bacteriúria Assintomática e Infecções do Trato Urinário, *422*
63.4. Gemelaridade, *422*

64 Sofrimento Fetal e Puerpério, **425**
64.1. Sofrimento Fetal Agudo, *425*
64.2. Sofrimento Fetal Crônico (ou Insuficiência Placentária), *426*
64.2. Perfil Biofísico Fetal, *427*
64.4. Puerpério Fisiológico, *427*
64.5. Puerpério Patológico, *428*

PARTE 5 – MEDICINA PREVENTIVA

Seção 14 – Medicina Preventiva

65 Medidas de Saúde Preventiva, **434**
65.1. Indicadores de Saúde, *434*
65.2. Declaração e Atestado de Óbito, *437*

66 Estudos Epidemiológicos, **438**
66.1. Estudos Epidemiológicos – Parte I, *438*
66.2. Estudos Epidemiológicos – Parte II, *439*
66.3. Causalidade Epidemiológica, *440*
66.4. Testes Diagnósticos, *441*

67 Processos Epidêmicos, **442**
67.1. Vigilância de Saúde, *442*
67.2. Processo Epidêmico, *443*

68 Agravos à Saúde do Trabalhador, *445*

68.1. Agravos à Saúde do Trabalhador, *445*

69 História do Sistema Único de Saúde, *447*

69.1. História e Legislação do Sistema Único de Saúde (SUS), *447*
69.2. Atenção Básica no SUS, *449*
69.3. Financiamento do SUS, *449*
69.4. Saúde Complementar, *450*

PARTE 6 – SUPLEMENTO

Seção 15 – Neurologia

70 Fisiopatologia Neurológica e Distúrbios Vasculares, *454*

70.1. Síndromes dos Neurônios, *454*
70.2. Vascularização, *457*
70.3. Acidente Vascular Encefálico, *458*
70.4. Hipertensão Intracraniana, Hidrocefalia, Estado Comatoso, *461*

71 Outros Distúrbios Neurológicos, *463*

71.1. Cefaleias, *463*
71.2. Epilepsias, *465*
71.3. Síncope, *466*
71.4. Esclerose Múltipla, *466*
71.5. Síndrome de Guillain-Barré, *468*
71.6. Miastenia Gravis, *468*
71.7. Esclerose Lateral Amiotrófica, *469*
71.8. Doença de Alzheimer e Parkinsonismo, *469*
71.9. Síndrome de Eaton Lambert, *470*
71.10. Distrofias Musculares, *470*
71.11. Botulismo, *471*
71.12. Demências, *471*

Seção 16 – Psiquiatria

72 Transtornos Mentais, *474*

72.1. Psicóticos, *474*
72.2. Orgânicos, *475*
72.3. Humor, *475*
72.4. Ansiedade, *477*
72.5. Alimentares, *477*
72.6. Relacionados com o Uso de Substâncias Psicoativas, *478*

Seção 17 – Ortopedia

73 Ortopedia Pediátrica, *482*

73.1. Doença de Legg-Calvé-Perthes, *482*
73.2. Epifisiólise do Quadril, *483*
73.3. Sinovite Transitória do Quadril, *483*
73.4. Doença de Osgood-Schlatter, *483*
73.5. Displasia do Quadril, *483*

74 Fraturas, Luxações e Tendinites, *485*

74.1. Fraturas, *485*
74.2. Fraturas Exposta, *487*
74.3. Fratura da Placa Epifisária, *488*
74.4. Fraturas Específicas, *488*
74.5. Luxações e Entorses, *490*
74.6. Tendinites e Tenossinovites, *491*

Anexo 74.1. Neoplasias Ósseas Primárias, *492*

Índice Remissivo, *493*

PARTE 1

Clínica Cirúrgica

SEÇÃO 1 – TRAUMA/PRÉ-OPERATÓRIO/REMIT/HÉRNIA/VASCULAR

Capítulo 1 – Abordagem Inicial ao Trauma

1.1. ABCDE – Trauma ... 4
1.2. Pescoço ... 6
1.3. Tórax ... 6
1.4. Abdome ... 8
1.5. Traumatismo Cranioencefálico ... 9
1.6. Morte Encefálica ... 11
1.7. Afogamento ... 11
1.8. Acidentes por Animais Peçonhentos ... 11
1.9. Intoxicações Exógenas ... 11

Capítulo 2 – Abordagem Pré-cirúrgica e suas Complicações-Hérnias

2.1. Pré-operatório ... 13
2.2. Complicações Cirúrgicas ... 15
2.3. Hérnias ... 16
2.4. Cirurgias Corretivas para Obesidade ... 18
2.5. Fios de Sutura ... 21

Capítulo 3 – Resposta Endócrino-Metabólica-Imunológica ao Trauma, Queimaduras, Choque

3.1. REMIT ao Trauma ... 22
3.2. Queimaduras ... 23
3.3. Etapas da Cicatrização de Feridas ... 25
3.4. Fisiopatologia do Choque ... 26
3.5. Enxertos e Retalhos de Pele ... 28

Capítulo 4 – Doenças Vasculares

4.1. Formações Aneurismáticas ... 30
4.2. Dissecção da Aorta Torácica ... 31
4.3. MMII – Oclusão Arterial Aguda ... 32
4.4. Doença Arterial Periférica ... 32
4.5. Sistema Venoso ... 34

Capítulo 5 – Proctologia

5.1. Anatomia do Canal Anal ... 37
5.2. Prolapso Retal ... 37
5.3. Hemorroidas Internas e Externas ... 38
5.4. Fissura Anorretal ... 38
5.5. Abscessos Anorretais ... 39
5.6. Fístula Anorretal ... 39
5.7. Neoplasia de Margem Anal ... 40
5.8. Doenças Malignas do Canal Anal ... 40

ANOTAÇÕES

ABORDAGEM INICIAL AO TRAUMA

1.1. ABCDE - Trauma

É uma lesão caracterizada por alterações estruturais ou desequilíbrio fisiológico decorrente de exposição aguda a várias formas de energia: mecânica, elétrica, térmica, química ou radioativa. Afeta superficialmente partes moles e/ou lesa estruturas nobres e profundas do organismo. É a terceira causa de morte, sendo menos frequente que a doença cardiovascular e o câncer.

Distribuição trimodal
50% das vítimas morrem nos primeiros minutos → traumatismo cranioencefálico (TCE), lacerações da aorta, traumatismo cardíaco, lesão de medula e tronco. O tratamento é a prevenção.
30% das vítimas morrem em < 24 h → hemorragias, lesões no sistema nervoso central (SNC). O tratamento é o suporte avançado de vida no trauma (*advanced trauma life support* [ATLS]).
20% das vítimas morrem após 24 h → tromboembolia pulmonar (TEP), falência. O tratamento é a assistência médica.

Avaliação inicial (etapas)

- **1º preparação:** é a comunicação entre a equipe do atendimento pré-hospitalar e a equipe do hospital. Existe a troca de informações a respeito do estado do paciente para que a equipe hospitalar se prepare.
- **2º triagem:** quando os pacientes forem transportados para um hospital que possui capacidade de atender a todas as vítimas, atendem-se primeiro as de maior gravidade. Em catástrofes (milhões de vítimas) e no caso de o hospital não ter capacidade de receber todas as vítimas, o atendimento deve ser preferencialmente direcionado àquelas com maior chance de sobrevida.

3º exame primário + 4º reanimação (garantir a própria segurança) - ABCDE
Letra A: estabilização da coluna cervical (colar e prancha) e das vias aéreas.
Letra B: respiração, ventilação e oxímetro.
Letra C: circulação, acesso venoso, reposição volêmica, controle hemorrágico, monitorização cardíaca.
Letra D: estado neurológico, Glasgow, pupilas, movimentos de extremidades.
Letra E: exposição, controle do ambiente e da hipotermia.

- **Medidas auxiliares ao exame secundário:** medidas de apoio com paciente hemodinamicamente estável.

Controle da coluna cervical

Todos os pacientes politraumatizados são portadores potenciais de lesão cervical, especialmente em traumas multissistêmicos, trauma fechado acima da clavícula e rebaixamento do nível de consciência. É necessário o estudo radiológico com raios X (RX) de coluna cervical (C1-C7), tórax e pelve.

- **Via aérea (VA):** quando os pacientes apresentarem a fonação preservada, isso significa que **NÃO** existe prejuízo na VA, devendo-se estabelecer o suporte com fluxo de 12 l/O_2/min. Em pacientes que apresentem apneia, proteção das vias aéreas inferiores, comprometimento iminente das VAs (fraturas/convulsões), TCE grave, Glasgow ≤ 8, deve-se iniciar a via aérea artificial.

Intubação endotraqueal	Orotraqueal ou nasotraqueal (é contraindicada em apneia e fratura de face).
Via aérea cirúrgica	Cricotireoidostomia cirúrgica é contraindicada em crianças de 8 a 12 anos de idade.
Cricotireoidostomia por punção	A administração de 15 l/O_2/min a 40-50 PSI não é considerada uma via aérea definitiva, pois não protege a via aérea e apresenta vida útil de 30-45 minutos e tempo expiratório reduzido, provocando retenção de CO_2.
Máscara laríngea	Não é definitiva.

A traqueostomia é usada em fraturas de laringe, pós-cricotireoidostomia por punção em crianças < 12 anos idade.

A indução rápida é feita com etomidato 0,3 mg/kg + succinilcolina 1-2 mg/kg (ou roncurônio 1 mg/kg em crianças).
Após a intubação, devem-se realizar exame físico + RX de tórax + capnografia para se certificar da intubação!

Ventilação e respiração

Preconiza-se fornecer O_2, realizar o exame de tórax e medir a oximetria. As ciladas (complicações) da fase "B" são descritas a seguir.

Pneumotórax hipertensivo

Lesão em saco de papel cuja principal origem é a ventilação com pressão positiva de pacientes com pequenas lesões pleurais.

O quadro clínico apresenta-se com:

- colapso do pulmão ipsilateral ao pneumotórax;
- desvio do mediastino com compressão do pulmão saudável;
- angulação dos vasos da base levando à turgência jugular;
- aumento da pressão intratorácica, diminuindo o retorno venoso e provocando hipotensão.

O **diagnóstico** é clinico e o tratamento é imediato por toracocentese no 2° espaço intercostal (EIC) na linha hemiclavicular, seguida de toracostomia (drenagem em selo d´água) no 5° EIC, na linha axilar média. Caso não haja melhora clínica, deve-se considerar intubação seletiva, associar um segundo dreno e uma broncoscopia. Os casos refratários são sugestivos de lesões brônquicas de segmentos calibrosos, procedendo-se à toracotomia para reparo da lesão.

Pneumotórax aberto (ou ferida torácica aspirativa)

Comunicação da cavidade pleural com a atmosfera, eliminando a pressão negativa da pleura. Quando o orifício de entrada possui um diâmetro ≥ ⅔ do diâmetro da traqueia, existe uma competição pela via de entrada do ar. Nesses casos é necessária a realização de um curativo quadrangular fixado pelas três pontas, além de uma toracostomia (drenagem intercostal), posteriormente procedendo-se ao fechamento da ferida/orifício.

▶ Curativo em três pontos.

Tórax instável

Ao criar-se uma pressão negativa, haverá a retração de uma porção da parede torácica (respiração paradoxal). O tórax instável está presente em situações de fratura de dois ou mais arcos costais consecutivos fraturados em pelo menos dois pontos em cada arco. A conduta envolve a realização de múltiplos bloqueios intercostais ou anestesia epidural. A analgesia é preconizada para evitar a restrição do movimento respiratório ocasionada pela dor. Em pacientes inconscientes, faz-se a intubação com ventilação positiva, que alinha os arcos costais e ajuda na consolidação óssea. A principal complicação do tórax instável é a insuficiência respiratória ocasionada por uma contusão pulmonar.

Circulação

- **Avaliar se há choque:** hipotensão associada a hipoperfusão tissular (extremidades úmidas pegajosas, queda do débito urinário, rebaixamento da consciência). No paciente politraumatizado, o choque hemorrágico é o mais comum, sendo necessário investigar as principais fontes: tórax, abdome, pelve (choque venoso) e fratura de fêmur.
- **Obter um acesso venoso:** a sequência preconizada é duas veias periféricas → dissecar a safena → acesso profundo → intraóssea. Para crianças < 6 anos de idade, a sequência é veia periférica → intraóssea. Após o acesso institui-se uma solução para reanimação com cristaloide e concentrado de hemácias.

O lactato de Ringer é infundido na forma aquecida a 37°C 1-2 l (ou 20 ml/kg em crianças). Não se recomenda utilizar soro fisiológico devido à sobrecarga de NaCl, que provoca acidose hiperclorêmica pelo excesso de eliminação de bicarbonato.

Para a hipotensão refratária a volume é necessário identificar a origem do sangramento, medir as perdas e procurar realizar a estabilização dessa hemorragia.

- **Choque neurogênico:** decorre da falta de influxo simpático, prevalecendo o parassimpático e levando à vasodilatação intensa. Recomenda-se administrar noradrenalina.
- **Insuficiência suprarrenal:** na insuficiência de produção de cortisol e aldosterona, é necessária a administração exógena dessas substâncias para controlar a resposta endócrino-metabólica-imunológica ao trauma (REMIT) e permitir a ação vasoconstritora das catecolaminas.

Avaliação neurológica

Avaliam-se a escala de coma de Glasgow, a movimentação das extremidades, a reação pupilar (lesões expansivas por hematoma dural → aumento da pressão intracraniana, que empurra o cérebro para baixo, levando à herniação do úncus. O úncus herniado comprime o tronco encefálico, que irá comprimir o núcleo do nervo oculomotor, provocando disfunção midriática).

- **Medidas auxiliares ao exame primário e à reanimação:** sonda gástrica, monitorização, exames radiológicos e estudos diagnósticos, sonda urinária (adulto, diurese de 0,5 ml/kg/h; crianças, 1 ml/kg/h; menores de 1 ano, 2 ml/kg/h). Na passagem da sonda vesical é necessário verificar se há lesão de uretra, evidências de sangramento no meato uretral, retenção urinária, fratura de pelve, próstata alta, hematoma de períneo. Recomenda-se fazer uma uretrocistografia retrógrada. Caso se evidenciem condições que impossibilitem a sondagem urinária, uma alternativa viável é a punção suprapúbica.

- **Exame secundário:** história clínica completa, exame físico minucioso do paciente.
  - AMPLA: A: alergia/M: medicamentos de uso habitual/P: passado médico/L: líquidos e alimentos ingeridos/A: ambiente e eventos relacionados com o trauma.

1.2. Pescoço

O pescoço é composto por vasos, musculatura e estruturas do trato aerodigestivo. As lesões mais graves ocorrem no trauma penetrante.
Na vista anteroposterior, o pescoço é dividido pelos trígonos anterior e posterior, por sua vez divididos pelo músculo esternocleidomastóideo. Em geral, as lesões mais graves ocorrem no trígono anterior.

O pescoço, na vista craniocaudal, é divido em três zonas:
- **Zona 1:** base do pescoço até a cartilagem cricoide.
- **Zona 2:** da cartilagem cricoide até o ângulo da mandíbula.
- **Zona 3:** do ângulo da mandíbula para cima.

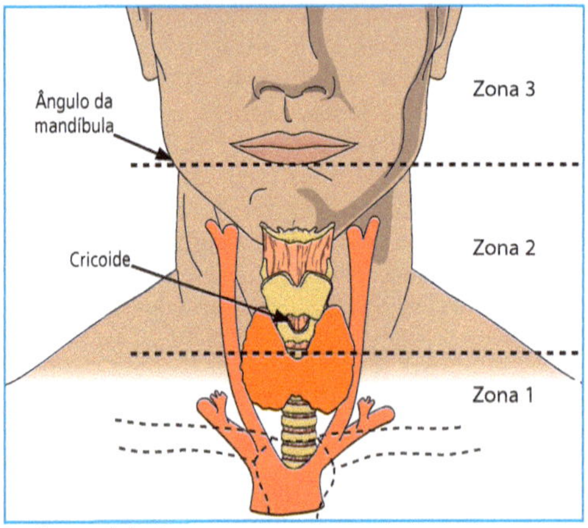

▶ Zonas anatômicas do pescoço.

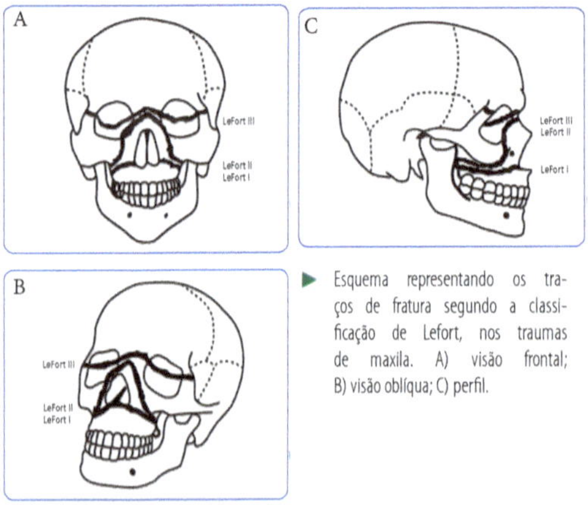

▶ Esquema representando os traços de fratura segundo a classificação de Lefort, nos traumas de maxila. A) visão frontal; B) visão oblíqua; C) perfil.

Para pacientes assintomáticos, nos casos de lesão de pescoço é necessário avaliar sua profundidade. Para perfurações totais do platisma, exploração cirúrgica e exames de imagem (tomografia computadorizada [TC], dúplex *scan*, endoscopia, broncoscopia) devem ser realizados. Para traumas fechados de alta energia, recomenda-se a tomografia de pescoço para avaliar a existência de fraturas de laringe.

Trauma maxilofacial	▪ **Le Fort tipo I:** disjunção dentoalveolar. ▪ **Le Fort tipo II:** separa os ossos maxilar e nasal do osso frontal. ▪ **Le Fort tipo III:** parede medial da órbita.

1.3. Tórax

Toracotomia no centro cirúrgico

É realizada em caso de:
- drenagem imediata de 1,5 l na toracostomia;
- lesões penetrantes no tórax com tamponamento cardíaco;
- ferida torácica de grandes dimensões;
- lesões traqueobrônquicas extensas;
- evidência de perfuração esofagiana.

A **toracotomia de reanimação** é realizada na sala de emergência e visa à massagem cardíaca aberta em paciente com trauma penetrante no tórax associado a parada cardíaca em atividade elétrica sem pulso (AESP).

Trauma da parede torácica

Em geral, resulta na fratura de arcos costais e tórax instável. Os casos especiais são:

Fraturas de 1°-3° arco + escápula + clavícula

Decorrentes de traumas de alta energia, sendo necessário investigar a ruptura de vasos da base e do mediastino.

Fraturas de arcos inferiores 9°-12°

Deve-se identificar o risco de lesões esplênicas e hepáticas.

Fraturas de esterno

Devem-se investigar a possibilidade de contusão miocárdica, perfuração esofagiana, ruptura da aorta.

Traumatismos pulmonar e pleural

Contusão pulmonar

Gera um quadro de hipoxemia e aspecto de consolidação na radiografia. O trauma faz com que o líquido pulmonar e o sangue ocupem os alvéolos rotos, o interstício e os brônquios. Geralmente em 24 h-48 h o paciente evolui para a síndrome do desconforto respiratório, sendo necessário proceder-se a ventilação com pressão positiva (se $PaO_2 < 65$ mmHg ou $SatO_2 < 90\%$), administração cautelosa de volume e correção de anemia. Com o tempo, consolidam-se as fraturas dos arcos costais e os infiltrados são reabsorvidos. A principal complicação é a instalação de pneumonia associada.

Pneumotórax simples

Não apresenta desvio do mediastino; sua classificação depende do volume de parênquima pulmonar perdido. Caso < 30% (pequeno), a conduta preconiza a observação (exceto para pacientes que receberão transporte aéreo e/ou ventilação mecânica; nesses casos, realiza-se a drenagem). Caso > 30% (grande), realiza-se a drenagem.

Hemotórax

Produzido a partir da lesão de vasos intercostais. O acúmulo sanguíneo promoverá o desvio da traqueia, o colabamento das jugulares e hipotensão. O **tratamento** envolve a toracostomia e a avaliação da necessidade de toracotomia nos casos de hemotórax maciço (drenagem de 1,5 l ou 200 ml/h em 2-4 h, necessidade de transfusão persistente).

O **diagnóstico** é realizado pelo exame anatomopatológico. As evidências clínicas são:

- Hipotensão com aumento da pressão venosa central.
- Alterações de motilidade cardíaca pelo eco transtorácico bidimensional.
- Alterações eletrocardiográficas.

Traumatismo cardíaco

Contusão miocárdica

Geralmente acomete o ventrículo direito (VD) por ser a câmara cardíaca mais anteriorizada.
As manifestações clínicas são:

- insuficiência de VD (com hipotensão);
- bloqueio de ramo direito;
- arritmias;
- taquicardia inexplicada.

Tamponamento cardíaco

É a presença de 100 ml a 200 ml de sangue na cavidade pericárdica. A principal característica é a tríade de Beck. Além disso, há outras manifestações clínicas, como:

- pulso paradoxal (diminuição de 10 mmHg na pressão arterial sistólica [PAS] na inspiração).
- sinal de Kussmaul (aumento do pulso venoso (PV) na inspiração).

Tríade de Beck
▪ Turgência jugular. ▪ Hipofonese de bulhas. ▪ Hipotensão.

O **diagnóstico** é mediante avaliação focalizada com sonografia para trauma (FAST [US]). A conduta imediata envolve a pericardiocentese (extração de 10 ml a 20 ml de sangue) e a conduta definitiva preconiza a toracotomia.

Pulso paradoxal	Reflete o abaulamento do septo interventricular em direção ao ventrículo esquerdo (VE), promovendo a diminuição do débito (e queda da pressão arterial (PA) de pulso). Isso também ocorre na crise asmática devido à hiperinsuflação pulmonar impedir a expansão do VD.

Traumatismo de aorta

Cerca de 80% dos pacientes morrem no momento do trauma. Os 20% restantes sobrevivem em virtude de um tamponamento formado pelo hematoma.

O quadro clínico apresenta
▪ ao RX, alargamento de mediastino > 8 cm; ▪ perda do contorno aórtico; ▪ desvio do tubo orotraqueal para a direita.

A rotura da aorta é mais frequente na porção descendente (abaixo da subclávia esquerda e próxima ao ligamento arterioso), pois há um mecanismo de tração entre o ligamento arterioso e o diafragma.
O **diagnóstico** padrão ouro é a arteriografia, todavia a ângio-TC helicoidal é a mais utilizada. A conduta é destinada aos 20% dos pacientes que sobrevivem e consiste na correção da instabilidade em até 24 h e, posteriormente, em um segundo tempo, realizam-se a abordagem da aorta, anti-hipertensivos e *stents*.

Traumatismo de diafragma

A lesão diafragmática é mais comum em traumas fechados. Os traumas de abdome levam ao aumento súbito da pressão intra-abdominal, com rompimento das fibras do músculo diafragma e migração das vísceras abdominais para o tórax. A conduta nos casos agudos envolve a intubação e a laparotomia para redução da hérnia.

1.4. Abdome

Em geral, os traumas acometem principalmente:

- intestino delgado (arma de fogo ou cinto de segurança);
- fígado (arma branca);
- baço (contusão).

Abdome é cirúrgico?			
Penetrante	Sim	Laparotomia exploradora	■ Caso o paciente esteja em choque, com evisceração ou peritonite.
Fechado			■ Caso o paciente apresente peritonite, descompressão brusca + exame físico duvidoso (paciente inconsciente).
Arma de fogo			

Arma branca? Recomenda-se a exploração digital!!	
Não perfurou	Alta hospitalar.
Perfurou + estabilidade hemodinâmica	Internar por 24 h e solicitar exame físico seriado e hemograma de 8/8 h. Evoluindo bem, progride-se para a alta hospitalar.
Perfurou + instabilidade	Peritonite, queda de Hb > 3 g/dl, leucocitose: preconiza-se laparotomia exploradora.
→ Perfurações na região de transição toracoabdominal com paciente estável, sem peritonite, preconiza-se a videolaparoscopia.	

Adendo: para paciente com perfuração por arma branca, estável hemodinamicamente e sem hipotensão, é necessário realizar a tomografia com triplo contraste, que avalia melhor os órgãos sólidos e o retroperitônio.

Contusão abdominal (trauma fechado)	
Estável hemod.	Realizar FAST e TC de triplo contraste para avaliar o grau das lesões.
Instável hemod.	Realizar FAST/lavado peritoneal diagnóstico (LPD) em politraumatizados para identificar o sangramento e posteriormente proceder à LAPAROTOMIA.

Lavado peritoneal (LPD)
O LPD "tenta" identificar se houve lesão de estruturas intra-abdominais mediante a presença de sangue ou conteúdo luminal. O procedimento é realizado a partir da aspiração com o cateter de Seldinger. Volumes de 20 ml de sangue tornam o exame positivo. Na ausência desse volume, infunde-se 1 litro de lactato de Ringer aquecido, que, após 5 min, é aspirado e enviado ao laboratório para análise. Se apresentar > 100.000 hemácias, 500 leucócitos, amilase > 175 U, fibras e bile, é considerado positivo.

FAST (US)
A FAST (US) é realizada na sala de emergência e visa identificar se existe líquido na cavidade abdominal. Os principais sítios são: ■ esplenorrenal; ■ pelve; ■ fundo de saco de Douglas; ■ saco pericárdico; ■ espaço hepatorrenal (Morrison). É um exame limitado pelo observador, com sensibilidade dependente de conteúdo de 250 ml, obesidade e gás intestinal.

Trauma esplênico	Apresenta-se com dor na escápula/ombro (sinal de Kehr). O tratamento conservador é para pacientes com estabilidade hemodinâmica e lesões graus 1-2-3. O tratamento cirúrgico é realizado pela ressecção do baço por laparotomia sem uso de dreno associada à vacinação contra pneumococos, *Haemophilus* e meningococos nos casos de grau 4 (desvascularização > 25%) e grau 5 (baço pulverizado).
Trauma hepático	O principal vaso lesionado é a veia porta. O tratamento conservador é para pacientes estáveis. O tratamento cirúrgico (suturas, clipes, compressas, ligaduras etc.) é recomendado para lacerações com sangramento profuso e envolve a manobra de Pringle (clampeamento do ligamento hepatoduodenal composto por: ducto biliar principal, artéria hepática e veia porta). Em caso de persistência do sangramento, as principais suspeitas são lesões de veia cava inferior e veias hepáticas, recomendando-se o *shunt* atriocaval.

Trauma duodenal	Em cerca de 75% dos casos, o trauma é penetrante, manifestando-se com: ■ retropneumoperitônio; ■ escoliose antálgica; ■ crepitação ao toque retal. → Os sinais radiológicos são: escoliose, apagamento do psoas, ar retroperitoneal, imagem de empilhamento de moedas/molas em espiral. → O mecanismo de trauma mais comum é o "bater do guidão de bicicleta". Esse trauma causa um hematoma duodenal que provoca regurgitamento à ingestão de alimentos. Sua regressão ocorre em cerca de 10-15 dias, sendo necessárias a descompressão e a sondagem do paciente. → No caso de rotura com comprometimento de ≤ 50% da circunferência, faz-se a ráfia primária. Para comprometimento > 50%, recomendam-se ressecção e anastomose do segmento.
Trauma pancreático	Sempre é cirúrgico, procedendo-se à pancreatectomia distal ou à cirurgia de Whipple! Necessita de drenagem.
Trauma colorretal	Sempre é cirúrgico, procedendo-se sutura e drenagem e, eventualmente, colostomia de proteção.
Trauma vascular abdominal	a) Contuso: – zona 1 (lesões de aorta e cava): explorar; – zona 2 (lesões de vasos renais): não explorar; – zona 3 (vasculatura pélvica): não explorar. b) Penetrante: sempre deve ser explorado.
Cirurgia de controle de danos	É uma abordagem em três tempos. Primeiramente realiza-se uma laparotomia abreviada visando-se o controle vascular (por meio de ligaduras, *shunts*, tamponamento). O fechamento da laparotomia é realizado mediante bolsa de Bogotá ou sutura simples "frouxa", para que o paciente seja encaminhado para a unidade de tratamento intensivo (UTI) (segundo tempo) e estabilizado hemodinamicamente. O terceiro tempo é a reoperação planejada. → Visa a evitar a TRÍADE de hipotermia, coagulopatia e acidose!

Síndrome compartimental abdominal		
Grau 3	21-25 mm Hg	Reposição volêmica, posição supina, drenagem intra-abdominal
Grau 4	> 25 mmHg (ou grau 3 + PIC)	Descomprimir

Síndrome compartimental abdominal

É o edema após a manipulação cirúrgica de alças intestinais. Esse edema pode levar à hipertensão abdominal (pressão abdominal ≥ 12 mmHg). Quando a pressão abdominal atinge valores > 20 mmHg, ocorrem lesões de órgãos. A hipertensão abdominal pode elevar o diafragma e ocasionar desconforto respiratório, além de comprimir a veia cava inferior (diminuindo o retorno venoso). O diagnóstico é feito pela medida da pressão intravesical (= pressão abdominal).

1.5. Traumatismo Cranioencefálico

Anatomia

Calota craniana → Espaço extra/epidural → Dura-máter → Espaço subdural → Aracnoide → Subaracnoide → Pia-máter.

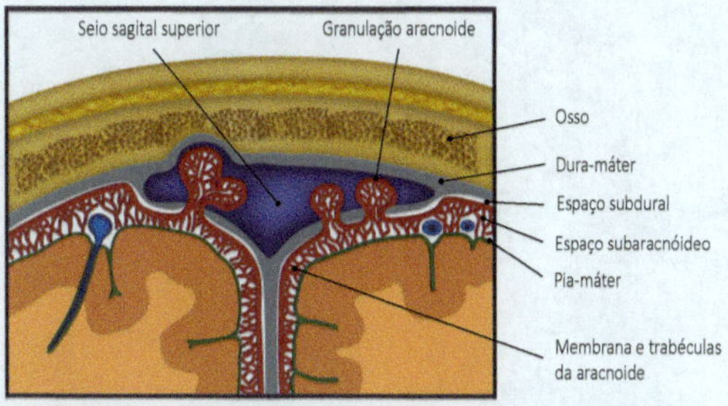

► Meninges, espaços subdural e subaracnóideo e selo dural (modificada de Netter).

Espaço
Extra/epidural = Artérias meníngeas médias.
Subdural = Veias ponte.
Subaracnóideo = líquido cefalorraquidiano (LCR) .

Sempre na presença de TCE é necessário avaliar o nível de consciência pela escala de coma de Glasgow!

É considerado TCE grave:
- Glasgow ≤ 8;
- assimetria pupilar;
- assimetria motora;
- fratura aberta de crânio.

Fraturas de base de crânio

Apresenta-se com hemotímpano, sinal de Battle (equimose na região do processo mastoide), sinal do guaxinim (equimose periorbitária bilateral), fístula liquórica.

TC na concussão cerebral
▪ Glasgow < 15 após 2 h
▪ Fratura de crânio
▪ Idade > 65 anos
▪ Vômitos ≥ 2 episódios
▪ Amnésia ≥ 30 min
▪ Alta cinética
▪ Queda ≥ 1 metro (5 degraus)

Lesões cerebrais difusas

Produzidas pela desaceleração súbita do SNC com interrupção da função cerebral.

Concussão cerebral (nocaute)

É um trauma craniano com pendulação dos hemisférios sob um tronco fixo, gerando uma desorganização dos neurônios da substância reticular ascendente responsável pela vigília. Associado a amnésia retrógrada, confusão, convulsão, perda temporária da função neurológica por ATÉ 6 horas. TC de crânio normal e tratamento apenas de suporte.

Lesão axonal difusa

É um trauma craniano com "cisalhamento" do SNC em que há rupturas neuronais. Resulta em um estado de coma por mais de 6 horas. A TC de crânio se apresenta normal (inocente), pois não demonstra a ruptura, e evidencia algumas áreas de sangramento associada a Glasgow ≤ 3.

Lesões cerebrais focais

Hematoma subdural agudo (30%)

Acomete preferencialmente alcoólatras, idosos e usuários de anticoagulantes devido, respectivamente, a atrofia cortical e risco elevado de sangramento. O principal fator de mortalidade é a presença de sangue no parênquima cerebral! Na TC, o sangue apresenta-se como uma imagem esbranquiçada, acompanhando a convexidade cerebral e o desvio da linha média ≥ 5 mm.

Hematoma extra/epidural (0,5%)

O paciente apresenta um intervalo lúcido, ou seja, sofre o traumatismo → desacorda → recobra a consciência em alguns minutos → 3-4 horas entra em coma. A TC de crânio evidencia uma imagem lenticular biconvexa e desvio ≥ 5 mm da linha média. RX de crânio com fratura de osso temporal.

Adendo 1: alguns pacientes sobrevivem ao TCE, todavia evoluem para óbito no decorrer do tempo por lesão cerebral secundária (ocasionada por isquemia cerebral). O cérebro pós-TCE perde a capacidade de autorregulação do fluxo sanguíneo e da pressão recebidos, logo a vasoconstrição e a vasodilatação encontram-se prejudicadas, provocando uma isquemia cerebral.

Adendo 2: após um TCE ocorre um hiperfluxo sanguíneo cerebral. Na falta da autorregulação, o cérebro recebe esse hiperfluxo e acaba produzindo um extravasamento que leva ao edema cerebral.

Edema → Aumenta a pressão intracraniana (PIC) → Diminui a perfusão cerebral → Lesão por isquemia.

Logo após o TCE é necessário monitorar os parâmetros do paciente, mantendo-os em:

- PIC < 20 mmHg;
- PAS > 100 mmHg;
- pressão de perfusão cerebral em 70 mmHg;
- saturação venosa jugular 68%-70% (serve para avaliar se ainda há isquemia, pois a oxiemoglobina é captada pelo tecido isquêmico, altamente ávido pelo O_2, promovendo uma baixa saturação de O_2 no leito venoso).

O **tratamento** da PIC elevada envolve o uso de manitol a 20% de 3/3 horas, hipocarbia permissiva transitória (redução do nível de pressão parcial de gás carbônico [$PaCO_2$] para gerar vasoconstrição cerebral e contribuir para a redução da PIC, porém reflete piora na isquemia), fenitoína, barbitúrico (diminui a PIC, mas não altera a mortalidade).

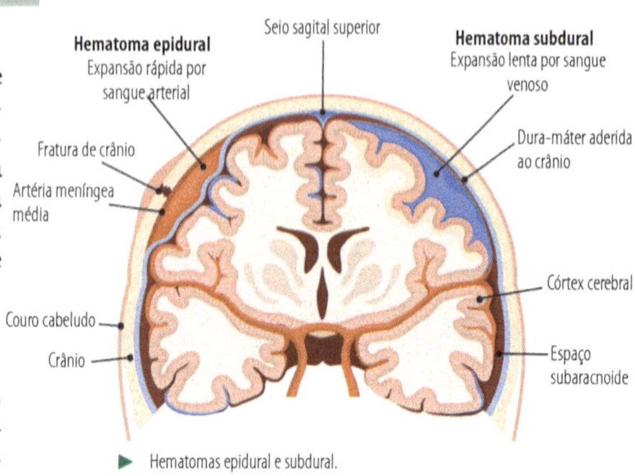

▶ Hematomas epidural e subdural.

1.6. Morte Encefálica

Pré-requisitos
■ Registro hospitalar.
■ Etiologia do coma conhecida e irreversível.
■ Ausência de hipotermia e hipotensão.
■ Ausência de substâncias depressoras do SNC.
O paciente deve ser submetido a dois exames neurológicos por profissionais diferentes, sendo um deles neurologista, e ambos não pertencentes à equipe de transplantes.

É caracterizada pela parada das funções encefálicas constatada em exames clínicos e complementares com intervalos mínimos entre as avaliações. As principais causas são: TCE, acidente vascular encefálico (AVE), neoplasias, encefalopatia anóxica.

Os principais parâmetros são:

- coma aperceptivo;
- apneia;
- ausência de atividade motora supraespinhal (pupilas fixas e não reativas, ausência dos reflexos corneopalpebral e oculoencefálico, ausência de tosse).

O exame complementar visa identificar a ausência de perfusão sanguínea cerebral, de atividade elétrica ou de atividade metabólica. Os principais exames são angiografia, cintilografia, Doppler transcraniano, TC, eletroencefalograma (EEG).

1.7. Afogamento

É a disfunção respiratória em virtude da submersão/imersão em um meio líquido. Representa cerca de 0,7% das causas de morte, atingindo principalmente meninos entre 5 e 14 anos de idade. A fisiopatologia é decorrente de uma lesão da membrana alveolocapilar pelo líquido inalado, promovendo um *wash-out* do surfactante pulmonar e provocando lesões osmóticas dos pneumócitos.

Ressuscitação	
Dentro d'água	Iniciar manobras de ventilação isoladas! Associar imobilização da coluna cervical. Pacientes irresponsivos são admitidos como em ritmo de ressuscitação cardiopulmonar (RCP).
Fora d'água	Para pacientes com movimentos respiratórios preconizam-se a posição em decúbito lateral e medidas de suporte. Em pacientes sem movimentos respiratórios, iniciam-se as manobras de suporte básico de vida (SBV) (ou *basic life support* [BLS]).

1.8. Acidente por Animais Peçonhentos

Ofídico	■ Botrópico: jararaca (mais comum). Possui ação proteolítica e coagulante. ■ Crotálico: cascavel (mais grave). Possui ação coagulante, neurotóxica e miotóxica.	■ O **tratamento** visa a estabilização do paciente, monitorização, profilaxia antitetânica, higienização da ferida, analgesia, exames (hemograma [Hmg], ureia, creatinina, eletrólitos, coagulograma, hepatograma, elementos anormais e sedimentoscopia [EAS], proteína C reativa [PCR], creatinofosfoquinase [CPK], desidrogenase láctica [DHL]), anti-histamínicos, hidrocortisona e soro específico.
Escorpionismo	■ Tem evolução benigna.	■ O **tratamento** envolve medidas de suporte, analgesia, exames (Hmg, ureia, creatinina, coagulograma, hepatograma, PCR, CPK, ECG, RX de tórax), soro específico.
Araneísmo	■ O **tratamento** preconiza suporte clínico, analgesia, anti-histamínicos, soro específico.	

1.9. Intoxicações Exógenas

O primeiro passo envolve as medidas gerais e suporte clínico (ABCDE).

O segundo passo visa diminuir a absorção do composto intoxicante por meio de lavagem abundante e remoção de roupas (intoxicação cutânea), uso de carvão ativado (1 g/kg em até 2-4 horas) e lavagem gástrica (em até 1-2 horas após a intoxicação oral, apresenta alto risco de broncoaspiração).

O terceiro passo envolve a terapia/antídoto específico.

Paracetamol

O acetaminofeno, cuja dose máxima é de 4 g/dia, é metabolizado em glicuronídeos, sulfatados e N-acetil-p-benzo-quinona imina (NADPQI), o qual, por sua toxicidade, é neutralizado pelo *glucation*, que, em casos de intoxicação, torna-se escasso. As manifestações envolvem sintomas inespecíficos nas primeiras 24 horas, seguidos de hepatotoxicidade e insuficiência renal. O antídoto específico é a N-acetilcisteína.

Opioide

Em geral, as manifestações envolvem depressão respiratória, bradicardia, constipação, miose, supressão da tosse, analgesia, vômitos. O tratamento inclui suporte com proteção da via aérea. O antídoto específico é a naloxona.

Digital

Age inibindo a Na/K-ATPase, levando ao acúmulo de Na^+ intracelular e K^+ extracelular; como mecanismo compensatório, ocorre aumento do Ca^{+2} dentro do miócito, provocando alterações cardioelétricas. Apresenta manifestações gerais, como náuseas, vômitos, dor abdominal, alterações visuais (borramento e cromatopsia), bem como alterações cardíacas, como extrassístoles ventriculares, taquicardia atrial com bloqueio atrioventricular (BAV), taquicardia ventricular (TV), eletrocardiograma (ECG) com *pá de pedreiro*. O antídoto específico é o anticorpo anti-Fab.

Síndromes colinérgicas

Tipicamente devidas a inibidores da degradação da acetilcolinesterase, sendo os principais os inseticidas de carbamatos (reversíveis) e organofosforados (irreversíveis). A acetilcolina regula os receptores muscarínicos (sistema parassimpático) e nicotínicos (sistema somático). Em casos de intoxicação, as manifestações envolvem:

- **muscarínicos:** miose, broncoconstrição, vômitos, sudorese, salivação, bradicardia;
- **nicotínicos:** midríase, miofasciculações, fraqueza muscular, taquicardia.

Os antídotos são atropina (muscarínicos) e pralidoxima (nicotínicos).

Tricíclicos

A intoxicação por tricíclicos leva ao excesso da recaptação de serotonina, noradrenalina e dopamina. As manifestações incluem sedação, hipotensão, convulsão, coma, arritmias, síndrome colinérgica. O tratamento específico envolve o uso de bicarbonato de sódio.

Nitroprussiato

A metabolização dessa substância induz a formação de compostos tóxicos derivados do cianeto que necessitam da cianocobalamina para serem neutralizados/excretados; a sua falta leva a quadros de intoxicação, cuja sintomatologia inclui náuseas, confusão mental e acidose metabólica. O antídoto é a própria vitamina B12 associada a hemodiálise e uso de nitrito.

Benzodiazepínicos

A intoxicação por esses fármacos eleva a inibição neuronal mediada por ácido gama-aminobutírico (GABA) e se manifesta por reações como miose, depressão respiratória e neurológica, hipotensão e bradicardia. O antídoto específico é o flumazenil.

Betabloqueadores

A intoxicação se manifesta por arritmias e ST em *pá de pedreiro*. O antídoto específico é o glucagon.

Extrapiramidal

Intoxicação manifestada por distúrbios do equilíbrio, distonia orofacial, trismo, parkinsonismo, bradicinesia. As principais substâncias causadoras são os fenotiazídicos, haloperidol e antieméticos. O antídoto específico é o biperideno.

Metemoglobinêmico

A intoxicação é causada por substâncias capazes de induzir a oxidação do ferro da hemoglobina (dapsona, nitratos, metoclopramina, sulfa). Manifesta-se com cianose, palidez de pele e mucosas, confusão mental. O diagnóstico é pela CO-oximetria e o antídoto específico é o azul de metileno.

ABORDAGEM PRÉ-CIRÚRGICA E SUAS COMPLICAÇÕES - HÉRNIAS

2.1. Pré-operatório

Esta avaliação visa inicialmente identificar e quantificar a gravidade de uma doença/fator/medicamento e o quanto ela é capaz de trazer prejuízo à cirurgia e à evolução pós-operatória de um determinado paciente.

Avaliação do risco anestésico-cirúrgico

Visa estimar e minimizar o risco anestésico-cirúrgico. Os seguintes riscos são abordados: cardiovascular, pulmonar, renal e hepático. Para as provas de concurso público de residência apenas são cobrados os riscos cardiovascular e pulmonar, sendo predominante o cardiovascular.

Risco cardiovascular

Não se devem operar pacientes portadores de arritmias graves, angina instável, insuficiência cardíaca descompensada, doenças valvares. Para pacientes pós-infarto agudo do miocárdio (IAM), preconiza-se esperar quatro a cinco semanas para cirurgias eletivas. ***Para minimizar os riscos podem ser usados betabloqueadores*** (iniciar pelos menos 1 dia antes)***, estatinas*** (cirurgia vascular) ***etc.***

Estresse hemodinâmico
Baixo risco < 1%
1. Procedimentos endoscópicos
2. Procedimentos ambulatoriais
3. Cirurgia oftálmica
4. Cirurgia plástica
5. Cirurgia de mama
6. Herniorrafias
Médio risco ou intermediário ≥ 1% e < 5%
1. Cirurgia intraperitoneal ou intratorácica
2. Endarterectomia de carótida ou aorta abdominal
3. Cirurgia ortopédica
4. Cirurgia prostática
5. Cirurgia de cabeça e pescoço
Alto risco ≥ 5%
1. Grandes cirurgias de emergência e urgência
2. Cirurgias prolongadas associadas a perdas de líquidos
3. Cirurgia vascular (grandes vasos)

- **Baixo risco:** os pacientes são liberados para cirurgia.
- **Médio e alto riscos:** é necessário avaliar a capacidade funcional do paciente (medida em equivalente metabólico [MET]), que é o gasto diário de energia do paciente/coração:
  - **< 4 METs:** comer, vestir, andar;
  - **> 4 e < 10 METs:** subir escadas, andar rápido;
  - **> 10 METs:** prática de esportes.

Sabe-se que o coração gasta, em média, 4 METs para uma cirurgia, portanto é possível estimar o risco e saber se o coração é compatível com o procedimento cirúrgico. Para evitar falsos positivos em preguiçosos com medida < 4 METs é necessário avaliar se o paciente apresenta comorbidades como insuficiência cardíaca congestiva (ICC), diabetes melito (DM), insuficiência renal crônica (IRC), coronariopatias etc. Caso o paciente apresente < 4 METs devido a alguma comorbidade (ou falso positivo), indica-se a realização de exames não invasivos como:

- esteira ergométrica;
- ecocardiograma;
- cintilografia.

Dessa forma, o paciente recebe a classificação ASA do risco cirúrgico-anestésico		
ASA I	Nenhum distúrbio.	
ASA II	Doença sistêmica sem limitações.	Condições compensadas, tabagismo, etilista social.
ASA III	Doença sistêmica com limitações, porém sem incapacidade funcional.	Diabetes melito com complicação vascular, infarto do miocárdio prévio.
ASA IV	Doença sistêmica limitante e incapacitante.	Insuficiência cardíaca congestiva, angina *pectoris* instável, doença pulmonar obstrutiva crônica (DPOC) agudizada.
ASA V	Paciente moribundo (não é esperado que sobreviva com ou sem a cirurgia proposta).	Rotura de aneurisma, hemorragia intracraniana com PIC elevada.
ASA VI	Morte cerebral. A cirurgia será realizada para a retirada de órgãos para doação.	
ASA X'E'	Recebe o grau correspondente à classificação ASA somado à letra E por ser um procedimento emergencial.	

Fatores que influenciam
Relacionados com o procedimento
1. Duração > 4 horas.
2. Perda sanguínea > 1.500 ml.
3. Invasão de cavidades.
4. Anestesia geral ou bloqueio neuroaxial.
5. Cirurgia de emergência.
Relacionadas com o paciente
1. Idade > 70 anos.
2. Doença cardiovascular, pulmonar, renal, metabólica (diabetes) ou hepática.
3. Coronariopatia.
4. Creatinina > 2 mg/dl.
5. DM insulinodependente.
6. Acidente vascular encefálico (AVE)/ataque isquêmico transitório (AIT).
7. Cirurgia torácica, abdominal, vascular.

Exames pré-operatórios

< 45 anos	Nada.
45 a 54 anos	ECG para os homens (mulheres possuem proteção hormonal)
55 a 70 anos	ECG + hemograma
> 70 anos	ECG + hemograma + glicemia + eletrólitos + função renal
Se tabagista	ECG
Mulher em idade reprodutiva	Subunidade β da gonadotrofina coriônica humana (beta-hCG) urinária na manhã da cirurgia

Outros exames são realizados de acordo com as patologias de base do paciente:

- **Coagulograma/tempo de sangramento:** é feito em cirurgias com estimativa de sangramento > 2 litros, neurocirurgias, cirurgias cardíacas, torácicas e uso de anticoagulantes.
- **RX de tórax:** cirurgias cardíacas e torácicas.

Medicação de uso crônico (jejum de sólidos, 6-8 h; jejum de leite e suco de laranja, 6 h; jejum de líquidos claros, 2 h)

Manter (inclusive no dia)	▪ Anti-hipertensivos (exceto diurético). ▪ Insulina (reduzir a dose de NPH ⅔ noite e ⅓ dia, devido ao jejum), ▪ Corticoides.
Suspender	▪ Varfarina (4-5 dias e razão normalizada internacional [INR] ≤ 1,5). ▪ Heparina não fracionada (HNF) (6 h). ▪ Heparina de baixo peso molecular (HBPM) (24 h). ▪ Anti-inflamatórios não esteroidais (AINEs) (1-3 dias). ▪ Antidiabéticos por via oral (VO) (no dia). ▪ Clorpropamida (48 h). ▪ Ginkgo biloba (36 h). ▪ Antiagregantes (7-10 dias; para coronariopatas deve-se manter ácido acetilsalicílico (AAS), exceto em neurocirurgias e ressecção transuretral de próstata (RTU)).

Adendo 1: usuários crônicos de corticoides apresentam a glândula suprarrenal inibida, sendo necessário administrar hidrocortisona intravenosa (IV) por 24 horas para mimetizar a resposta ao trauma (cortisol).

Adendo 2: portadores de próteses valvares metálicas, que não podem interromper a anticoagulação, devem trocar o anticoagulante de alta meia-vida por um de baixa (heparina) e coincidir o final de sua ação com o início da cirurgia.

Profilaxia antibiótica (30 minutos antes da incisão, concomitante ao ato anestésico)

Tipos de cirurgia quanto à contaminação bacteriana			
Cirurgia limpa (Classe 1)	Não penetra os tratos biliar, respiratório, gastrointestinal ou urinário.	Não é necessário ATB, exceto para: ■ uso de corpo estranho (prótese, tela). ■ infecção catastrófica.	Ex.: cirurgia cardíaca, neurocirurgia, cirurgia plástica, cirurgia ortopédica, herniorrafia, tireoidectomia.
Cirurgia limpa contaminada (Classe 2 – potencialmente contaminada)	Penetra de forma controlada (sem haver inflamação e sem ocorrer extravasamento de conteúdo).	Usam-se: ■ cefazolina em dose única (cefalosporina de 1ª geração). ■ ciprofloxacino + metronidazol (para cirurgia de cólon e reto).	Ex.: cirurgia orofaríngea, de esôfago, jejunoileal, biliar, colorretal, urológica, ginecológica, cesariana.
Cirurgia contaminada (Classe 3)	Penetra com inflamação e extravasamento.	Usa-se: ■ Cefazolina em dose única (cefalosporina de 1ª geração).	Ex.: apendicite aguda inicial, colecistite aguda.
Cirurgia infectada/ suja (Classe 4)	Infecção abdominal supurada, contaminação fecal.	Antibioticoterapia.	Ex.: inflamação intra-abdominal necrosada ou supurada.

A tricotomia não deve ser realizada, mas, caso seja necessária, deve-se realizá-la no centro cirúrgico, evitando-se lâminas.

2.2. Complicações Cirúrgicas

Febre no pós-operatório

É uma desordem hipotalâmica da termorregulação; o hipotálamo é "reajustado" para manter a temperatura basal mais elevada.

Principais causas de febre no pós-operatório

Febre no ato cirúrgico
■ Infecção prévia ■ Reação aos fármacos ■ Hipertermia maligna
Febre em 24-72 horas
■ Atelectasia ■ Infecção necrosante da ferida (*Streptococcus pyogenes* ou *Clostridium perfringens*)
Febre com mais de 72 horas
■ Infecção da ferida operatória (*S. aureus*) ■ Pneumonia ■ Infecção do trato urinário (ITU) ■ Trombose venosa profunda (TVP) ■ Parotidite (má higiene oral)

Cirurgias torácicas e abdominais levam o paciente erroneamente a limitar a inspiração para "não romper os pontos", favorecendo as atelectasias.

Hipertermia maligna	Trata-se de uma síndrome muscular hereditária induzida por fármaco decorrente da exposição a anestésicos inalatórios e/ou succinilcolina e que leva à abertura dos canais de Ca^{+2} muscular, promovendo o influxo para o miócito, provocando contraturas (hipermetabolismo muscular) com a tríade: hipertermia + hipercapnia + rabdomiólise (extrema elevação de K^+, H^+ e enzimas musculares). O tratamento envolve o uso de ***dantrolene, HCO_3^-, resfriamento e exposição.***

Complicações da ferida operatória

Infecção do sítio cirúrgico (ISC)

Ocorre na incisão cirúrgica ou nos tecidos manipulados durante a operação dentro de 30 dias a um ano após a cirurgia (um ano se envolver implante de material sintético). A ISC pode ser dividida em três categorias, conforme a sua localização anatômica:

ISC incisional superficial

Acomete somente a pele/tecido celular subcutâneo e paciente se apresenta com dor, febre, flogose e drenagem purulenta. O tratamento é baseado em remoção da sutura, drenagem e lavagem do local.

ISC incisional profunda

Envolve as camadas mais profundas como a fáscia e os músculos. O paciente se apresenta com dor, febre, flogose, drenagem purulenta e crepitação. O tratamento envolve a remoção da sutura, drenagem, lavagem e antibiótico.

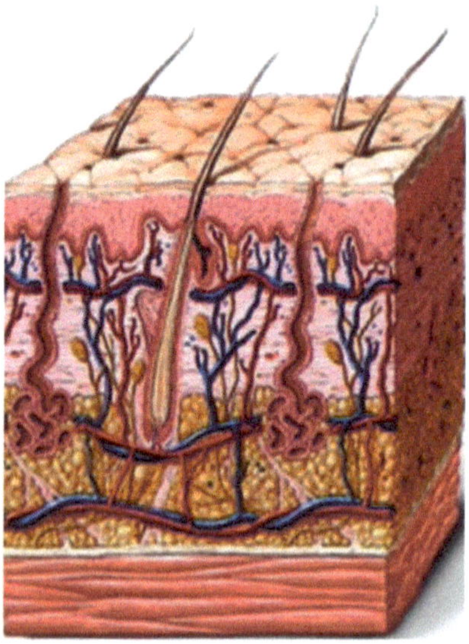

Anatomia da pele e partes moles.

Anatomia	Síndromes
▪ Epiderme ▪ Derme	▪ Erisipela ▪ Impetigo ▪ Foliculite ▪ Ectima ▪ Furunculose
▪ Fáscia superficial ▪ Gordura subcutânea, nervos, artérias e veias ▪ Fáscia profunda	▪ Celulite ▪ Fasciite necrotizante
▪ Músculo	▪ Mionecrose

ISC de órgãos ou cavidades

Acomete qualquer região ou órgão manipulado durante a cirurgia. Seu quadro clínico apresenta dor, distensão e toxemia. O tratamento visa à drenagem guiada por ultrassonografia (US) e ao uso de antibióticos.

Seroma

É o acúmulo de soro e linfa no tecido celular subcutâneo. Trata-se da complicação mais "benigna" da ferida operatória, e o tratamento envolve a aspiração com agulha calibrosa seguida de curativo.

Hematoma

É o acúmulo de sangue e coágulos sob a ferida operatória no tecido subcutâneo. O tratamento depende do volume. Coleções volumosas devem ser drenadas pela abertura das suturas cutâneas em ambiente estéril e a limpeza da ferida acrescida da ressutura da pele (caso o sangramento seja controlado). Para hematomas pequenos, o manejo é de forma conservadora.

Deiscência de ferida operatória (deiscência aponeurótica)

É a separação dos folhetos musculoaponeuróticos (terceira camada da ferida). Essa complicação pode variar desde uma hérnia incisional até uma verdadeira evisceração. São fatores associados à deiscência: técnica cirúrgica incorreta no fechamento de aponeuroses e fáscias, idade avançada, infecção de ferida, pressão abdominal elevada, obesidade, uso crônico de glicocorticoides, episódios prévios. O tratamento é cirúrgico, com o retorno do paciente para a sala de cirurgia.

2.3. Hérnias

Hérnias da região inguinofemoral

Anatomia da região inguinofemoral

O canal inguinal tem origem lateral com direção medial e abriga as seguinte estruturas:

Homem	Mulher
▪ Funículo espermático ▪ Músculo cremaster. ▪ Ducto deferente. ▪ Plexo pampiniforme. ▪ Artéria testicular. ▪ Conduto peritoniovaginal obstruído.	Ligamento redondo do útero

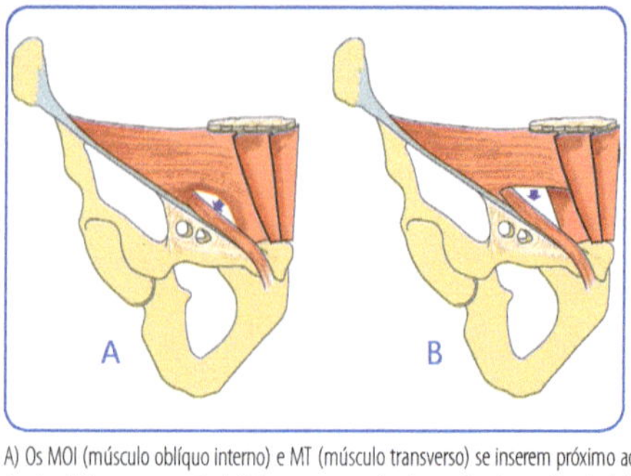

A) Os MOI (músculo oblíquo interno) e MT (músculo transverso) se inserem próximo ao IP (isquiopubis) e sua contração é eficiente para proteção do assoalho do canal inguinal. B) A inserção alta desses músculos deixa essa área desprotegida (trígono inguinal de Hessertt).

- **Anel inguinal interno:** delimitado pela fáscia transversal, pelo músculo abdominal oblíquo interno e pelo músculo transverso abdominal.
- **Anel inguinal externo:** delimitado pela aponeurose do músculo abdominal oblíquo externo.

No interior do canal inguinal, encontram-se o nervo ileoinguinal (inervação da porção interna da coxa, da bolsa escrotal) e o ***nervo ileo-hipogástrico*** (inervação da ***região hipogástrica***).

Hérnias inguinais

Hérnia inguinal indireta

É secundária a alterações ***congênitas*** decorrentes do não fechamento do conduto peritoniovaginal. É a hérnia do anel inguinal interno, na infância, encarcerada, lateral aos vasos epigástricos.

Hérnia inguinal direta

É proveniente do ***enfraquecimento da musculatura*** da parede posterior do canal inguinal. A hérnia direta ocorre no triângulo de Hesselbach, segmento mais frágil da fáscia transversal. O triângulo de Hesselbach é delimitado ***pelo ligamento de Poupart (ligamento inguinal), pelos vasos epigástricos inferiores e pela borda lateral do músculo reto abdominal.***

Classificação de Nyhus
Tipo I: hérnia indireta com anel inguinal profundo normal (até 2 cm).
Tipo II: hérnia indireta com anel inguinal interno alargado, porém com parede posterior preservada.
Tipo III: defeito na parede posterior: A. hérnia direta; B. hérnia indireta com alargamento do anel interno e destruição da parede posterior (mista); C. hérnia femoral.
Tipo IV: hérnia recidivada: A. direta; B. indireta; C. femoral.

Hérnia femoral (crural)

Localizada abaixo do ligamento inguinal, tem altos índices de encarceramento. É mais comum à direita, tendo em vista que o sigmoide exerce um efeito de tamponamento à esquerda.

- **No exame físico:** introduz-se o dedo na região do canal inguinal, entrando pelo anel inguinal externo. Caso a hérnia atinja a polpa do dedo, é denominada direta; caso atinja a ponta do dedo, é classificada como indireta.

Tratamento

É cirúrgico. A hérnia pode ser de três tipos:

- **Redutível:** é operada eletivamente.
- **Encarcerada:** é feita uma redução manual e classificada como cirurgia de urgência se > 6-8 horas, complicações/obstruções ou em casos refratários à redução manual.
- **Estrangulada:** é uma emergência cirúrgica, pois o sofrimento isquêmico apresenta risco de peritonite. A abordagem deve ser preferencialmente pela região inguinal. A laparotomia é recomendada apenas no caso de redução acidental ou indevida do saco herniário pela indução anestésica (que relaxa os planos musculares e aponeuróticos).

Via anterior	▪ **Técnica de Shouldice:** é uma técnica com menor índice de recidivas. Sua realização é de alta complexidade, visto que utiliza a imbricação (superposição) de quatro planos de estruturas musculoaponeuróticas no reforço da parede posterior. Esta técnica pode ocasionar muita dor na região devido à intensa sutura. ▪ **Técnica de Lichtenstein:** é a adoção dos reparos livres de tensão (*tension free*) com a utilização de telas de material sintético de polipropileno (marlex). ▪ **Técnica de McVay:** é usada em hérnias femorais e usa do ligamento de Cooper. ▪ **Técnica de Bassini:** é a sutura da fáscia transversal interna ao ligamento inguinal.
Via posterior	▪ **Técnica de Stoppa:** envolve o uso de uma tela gigante no espaço pré-peritoneal. É geralmente indicada para casos de hérnias bilaterais e hérnias recidivadas. ▪ **Técnica de videolaparoscopia:** não representa vantagem e aumenta o custo e o risco anestésico.

Hérnias umbilicais

Na infância

É um defeito congênito, mas existe uma tendência ao fechamento espontâneo por volta dos 4-6 anos de idade. A cirurgia é feita somente se a criança tiver mais de 5 anos ou o defeito for maior que 2 cm, ou apresentar derivação ventriculoperitoneal, ou em concomitância com hérnia inguinal.

No adulto

É um defeito adquirido decorrente de aumentos de pressão intra-abdominal como, observado na obesidade, gravidez, ascite. É cirúrgico em caso de sintomas e/ou ascite.

Hérnias epigástricas

São ocasionadas por um defeito na linha alba, no espaço compreendido entre o apêndice xifoide e a cicatriz umbilical.

Hérnias incisionais

São ocasionadas por deiscência aponeurótica. Seus fatores de risco incluem infecção do sítio cirúrgico e obesidade.

Tipos incomuns de hérnia

Hérnia de Spiegel (semilunar)

Localizada entre a borda lateral do músculo reto do abdome e a linha semilunar.

Hérnia lombar

- Grynfelt (abaixo da 12ª costela - lombocosto-abdominal).
- Petit (acima da crista ilíaca).

Tipos especiais de hérnia

Hérnia de Richter

É o pinçamento lateral da borda antimesentérica de víscera abdominal, possibilitando o estrangulamento desse segmento de alça sem sinais de obstrução intestinal. É mais frequente em hérnias femorais.

Hérnia de Littré

É caracterizada pela presença do divertículo de Meckel no saco herniário. Evolui com estrangulamento e necrose sem sinais de obstrução intestinal.

Hérnia de Amyand

Presença do apêndice cecal no saco herniário.

Hérnia de Pantaloon

Coexistência de hérnia direta e indireta no mesmo local.

Hérnia obturadora

Entre o músculo pectíneo e o obturador externo.

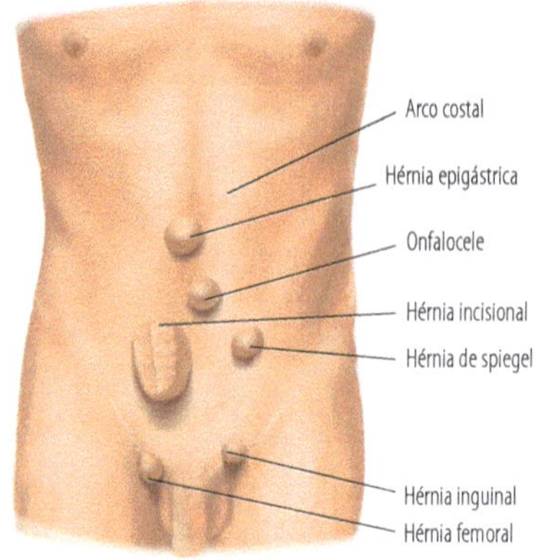

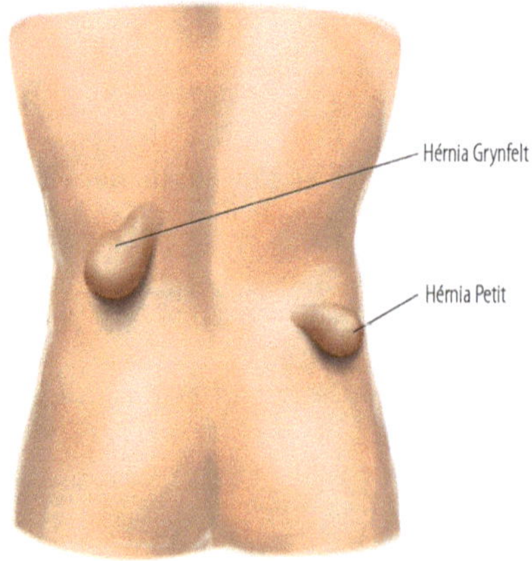

▶ Hérnias Grynfelt e Petit.

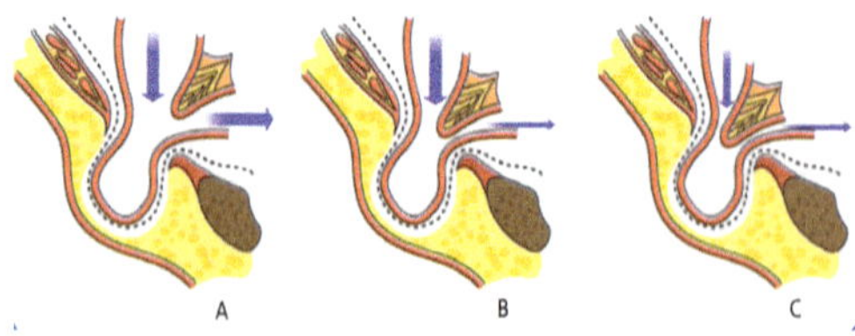

▶ Desenho esquemático de vários graus de enterocele parcial (hérnia de Richter) na região crual. A) Sem alteração do trânsito intestinal. C) Obstrução quase completa.

2.4. Cirurgias Corretivas para Obesidade

Há diversas teorias para explicar a obesidade, todavia não existem conclusões definitivas até o momento. Sabe-se que há um balanço energético positivo associado a genes/hormônios alterados. A obesidade promove um aumento de ***250% na mortalidade*** e está relacionada com várias comorbidades, entre elas:

- hipertensão arterial sistêmica (HAS);
- diabetes melito tipo 2 (DM2);
- cardiomiopatia;

Classificação	
Abaixo do peso	< 18,5
Peso normal	18,5 a 24,9
Sobrepeso	25 a 29,9
Obesidade grau I	30 a 34,9
Obesidade grau II	35 a 39,9
Obesidade grau III	≥ 40
Superobeso	≥ 50
Super-superobeso	≥ 60

- artropatia degenerativa;
- apneia do sono.

Hormônios da obesidade

- **Grelina:** hormônio orexígeno (induz o apetite) produzido pelas células oxínticas do fundo e corpo gástrico. Em indivíduos obesos, a redução da grelina ao se alimentar não surte efeito devido ao apetite exacerbado.
- **Leptina:** é produzida pelos adipócitos repletos de lipídios. Este hormônio age inibindo o apetite e estimulando o gasto energético. Nos obesos mórbidos, há uma resistência à leptina devido a uma alteração do gene *MC4R*, que codifica a síntese do receptor do hormônio, diminuindo seu efeito.
- **Peptídeo semelhante ao glucagon 1 (GLP-1) e o peptídeo yy (PYY):** são produzidos pelas células da mucosa intestinal do íleo após a chegada do alimento e promovem o aumento da insulina, induzindo à saciedade.

Cirurgias mistas

By-pass gástrico em Y-de-Roux (Fobi Cape IIa)

É o mais utilizado. A cirurgia consiste na confecção de um reservatório gástrico de 20 ml com o estômago proximal, que é anastomosado com o jejuno distal (braço do Y 75-150 cm). Dessa forma, jejuno proximal, duodeno e estômago ficam excluídos do trânsito alimentar. As principais complicações são: deiscência da anastomose com formação de fístulas, deficiência de vitamina B_1/B_{12} e ferro, hérnia de Petersen (obstrução de delgado quando uma alça intestinal penetra no espaço virtual criado pela confecção da gastrojejunostomia).

Cirurgias disabsortivas

As principais complicações são: desnutrição proteica, deficiência de ferro e cálcio, doenças ósseas e má absorção de vitaminas lipossolúveis (A, D, E, K).

Indicações para cirurgia
I. Peso corporal
■ 100% acima do peso ideal ■ Índice de massa corporal (IMC) > 40 kg/m² ■ IMC > 35 kg/m² + comorbidade ■ IMC 30-35 kg/m² com falência de tratamento clínico com endocrinologista
II. Falência de terapia clínica
III. Ausência de distúrbios endócrinos
IV. Estabilidade psicológica

Indicações do tipo de cirurgia	
Gastrectomia em manga laparoscópica *Sleeve gastrectomy*	■ Doença intestinal inflamatória ■ Anemia crônica ■ Osteoporose ■ Deficiência de vitamina B12 ■ Risco cirúrgico elevado ■ IMC ≥ 60 kg/m² ■ Imunodeprimidos
By-pass gástrico em Y-de-Roux "Fobi-Capella"	■ Diabetes melito tipo 2 ■ Síndrome metabólica ■ Doença do refluxo gastroesofágico (DRGE)

Técnicas restritivas

Gastrectomia em manga/*sleeve* (ou vertical)

É realizada por videolaparoscopia. O estômago do paciente obeso é grampeado em forma de tubo, desde o esôfago até o duodeno, reduzido em até 80%, e o "novo" estômago, com 150 ml a 250 ml, adquire uma forma semelhante a um tubo gástrico. Resulta em perda ponderal importante e diminuição do apetite por redução da grelina (produzida pelo fundo gástrico, que é excisado na cirurgia).

→ Perda de 60% do peso corporal.

Banda gástrica ajustável

É um dispositivo de silicone colocado na parte superior do estômago, atual limitando a quantidade de ingesta de alimentos no estômago proximal. É um método que depende da adesão do paciente.

→ Perda de 30% do peso corporal.

Derivação biliopancreática (cirurgia de Scopinaro)

O principal mecanismo da perda de peso é a má absorção, mas também há um componente restritivo, pois realiza-se uma hemigastrectomia distal e o estômago proximal é anastomosado com o intestino delgado, ficando o restante do intestino delgado que foi excluído responsável pela drenagem de secreções biliopancreáticas nos 50 cm anteriores do íleo terminal, tornando a absorção pouco eficaz. A colecistectomia profilática é realizada.

Cirurgia de Hess (*duodenal switch*)

É semelhante à cirurgia de Scopinaro, todavia, em vez de se fazer uma hemigastrectomia distal, realiza-se uma gastrectomia em manga na grande curvatura.

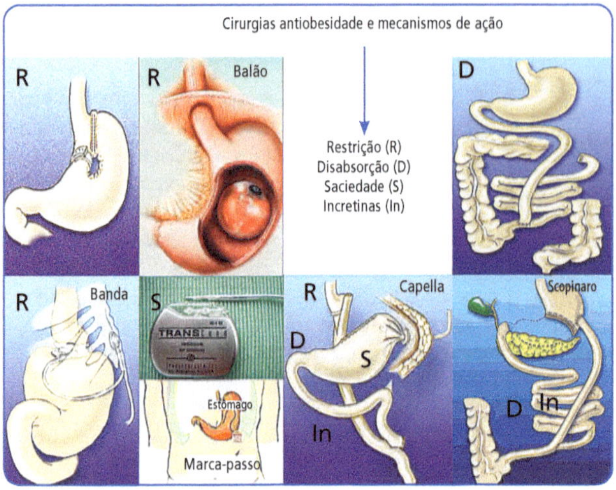

▶ Procedimentos bariátricos e mecanismos de ação.

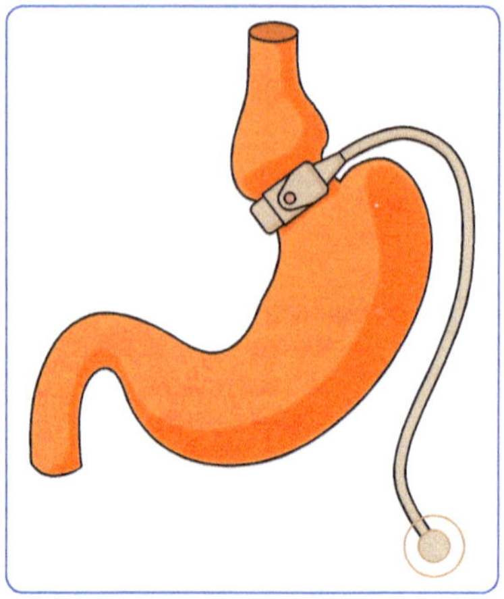

▶ Bandagem gástrica ajustável.

Mecanismos para reversão do diabetes

- Restrição calórica
- Disabsorção lipídica
- Redução da gordura visceral
- ↓AGL, ↓ Resistina, ↑Adiponectina
- Modulação de incretinas (↑ GLP1)
- Recuperação da primeira fase de secreção de insulina
- Redução da grelina
- Melhora da sensibilidade à insulina

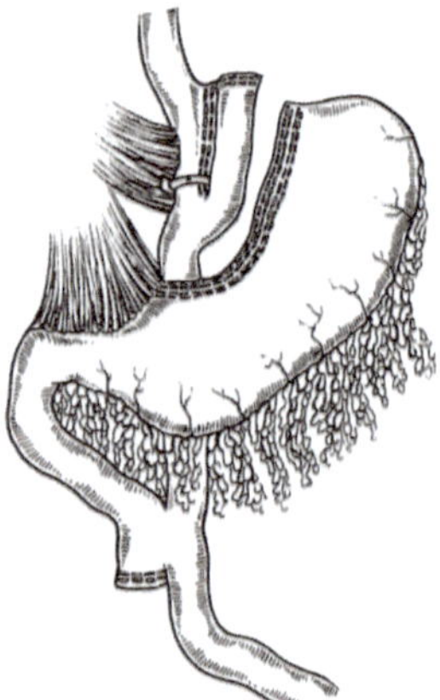

▶ *Bypass* gástrico: cirurgia bariátrica padrão-ouro para o diabetes.

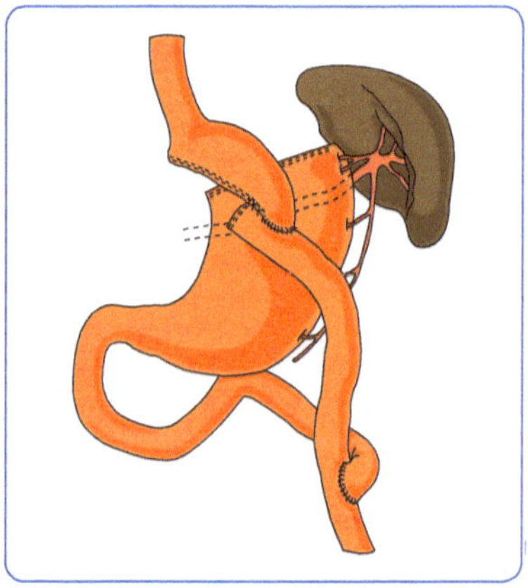

▶ Derivação gástrica (Miller e Goodman).

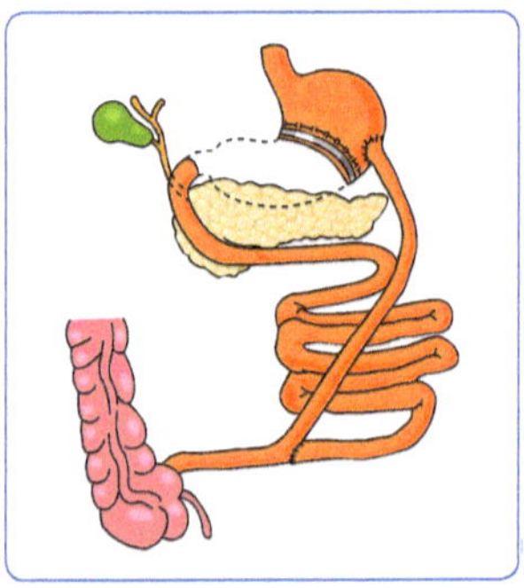

▶ Derivação biliopancreática de Scopinaro.

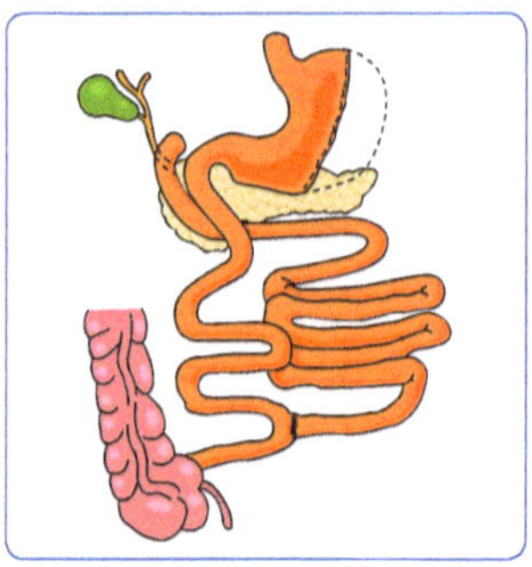

▶ Derivação biliopancreática com *duodenal switch*.

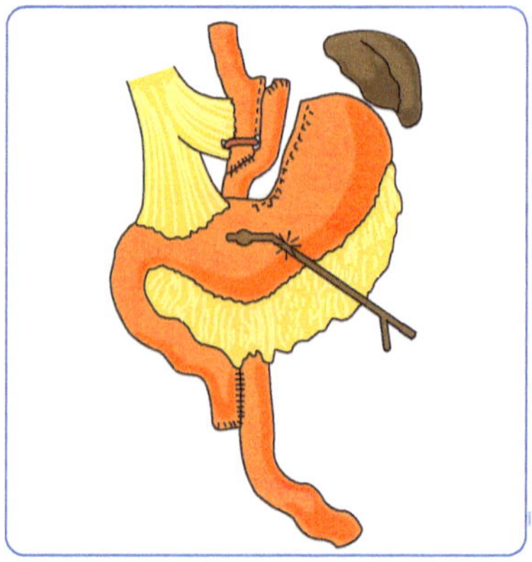

▶ Derivação gástrica em Y de Roux com anel (Fobi-Capella).

2.5. Fios de Sutura

Absorvíveis	Categute (mucosa intestinal bovina ou ovina), Vycril, Dexon, PDS, Maxon.
Não absorvíveis	Polipropileno (Prolene), náilon, seda, aço, algodão, poliéster (Dacron).

Medquiz

- Além da artéria testicular, o funículo espermático abrange as artérias: ***cremastérica*** e do ***ducto deferente***.
- Hérnias inguinais em saco escrotal são indicativas de cirurgia eletiva.
- O tratamento para hérnias indiretas e diretas é idêntico, logo não há relevância no diagnóstico diferencial para a cirurgia.
- A agitação no paciente etilista pode indicar hipóxia.
- Uma ferida cirúrgica suturada pode ser molhada em dois dias.
- A sequência de feridas é: Vasodilatação → Polimorfonucleares → Neoformação vascular → Fibroblastos → Colágeno.
- Os colonócitos (células intestinais) utilizam glutamina como nutriente energético.

RESPOSTA ENDÓCRINO-METABÓLICA-IMUNOLÓGICA AO TRAUMA, QUEIMADURAS, CHOQUE

3.1. REMIT ao Trauma

A resposta endócrina visa à manutenção da oferta de glicose, oxigênio e água para a sobrevivência/luta do organismo.

Período pós-prandial

Após a ingestão de alimentos ocorre um aumento da glicemia e da insulina com a finalidade de promover o influxo de glicose para a célula, restabelecendo os níveis glicêmicos. Quando há excesso de glicose, a insulina exerce função anabólica para a formação de glicogênio (armazenado no fígado – glicogênese) e lipídios (lipogênese).

Jejum

Em pacientes que não estão fazendo a devida ingesta alimentar, o organismo inicia um processo de mobilização dos estoques energéticos e nutricionais de forma compensatória ao jejum por meio dos hormônios contrainsulínicos, induzindo ao catabolismo. Os estoques do corpo são capazes de manter a glicemia à custa de glicogênio (glicogenólise) por 12-24 horas (pacientes em repouso). Quando os estoques se esgotam, a manutenção da glicemia ocorre pela gliconeogênese em razão da quebra de "músculo e gordura" (proteólise e lipólise).

Proteína → Glutamina + Alanina

Lipídio → Glicerol + Ácidos Graxos

- Além dos compostos anteriormente citados, há também a liberação de lactato, liberado devido à lesão celular.
- O ácido graxo é consumido de forma direta, os demais subprodutos são transformados em glicose pelo ciclo de Felig (alanina → glicose) e ciclo de Cori (lactato → glicose).
- No jejum prolongado, o corpo humano intensifica a via da lipólise, reduzindo a proteólise, além de direcionar a glicose para a musculatura e os corpos cetônicos, para o sistema nervoso central.

Trauma

Em pacientes vítimas de trauma, ocorre uma intensa liberação de cortisol pela adrenal, induzindo a gliconeogênese e facilitando a ação das catecolaminas. As catecolaminas são responsáveis por: broncodilatação, catabolismo, aumento da frequência cardíaca, vasoconstrição e atonia intestinal. A liberação de cortisol está intimamente ligada à liberação de aldosterona (responsável pela retenção de água e sódio e liberação de potássio e hidrogênio), tornando o indivíduo suscetível a desenvolver alcalose mista com a eliminação de H^+ e CO_2 (por hiperventilação). Além disso, ocorre estimulação da hipófise, que irá liberar hormônio antidiurético (ADH) (provocando oligúria) e hormônio do crescimento (GH) (fazendo a lipólise). No pâncreas, ocorre o aumento do glucagon e diminuição da insulina.

Alterações no trauma
Atonia intestinal: catecolaminas e opioides endógenos.
Elevação discreta da temperatura: interleucina 1 (IL-1).
Anorexia: fator de necrose tumoral alfa (TNF-α).
Oligúria funcional/edema de ferida operatória: ADH.
Alcalose mista: aldosterona, drenagem nasogástrica, hiperventilação anestésica e hiperventilação associada à dor no pós-operatório.
Hiperglicemia: ↑ glucagon, cortisol, catecolaminas e GH.

Resposta imunológica	Ocorre a liberação de IL-1, IL-2, TNF-α. Essas citocinas levarão à hipertermia (para facilitar a ação homeostática do corpo) e, também, à anorexia (visto que o intestino está em atonia e não é possível se alimentar). As interleucinas IL-4, IL-6, IL-10, IL-13 são anti-inflamatórias.

Adendo: É possível modificar as respostas pós-operatórias dependendo do tipo de procedimento e do uso de anestésicos.

- Nas cirurgias sem incisão aberta (videolaparoscópicas), ocorre diminuição da resposta imune.
- Nos bloqueios epidurais, há redução da resposta endócrina. Na anestesia geral, a diminuição da resposta endócrina não é tão eficiente quanto na epidural.

3.2. Queimaduras

São lesões teciduais decorrentes de trauma térmico, elétrico, químico ou radioativo. Diversos mediadores inflamatórios são liberados da área queimada, principalmente histamina e serotonina, levando ao aumento da permeabilidade vascular, fenômeno que ocasiona o extravasamento de líquido para o terceiro espaço (choque). Além disso, também ocorre uma elevação de 200% do metabolismo, provocando intensas proteólise e lipólise, sendo recomendado o uso de propranolol (reduz a infiltração hepática e o desgaste da musculatura esquelética, aumentando a massa corporal) e oxandrolona (aumenta a síntese proteica e a mineralização óssea).

Atendimento à vítima de queimaduras

A primeira conduta é afastar a vítima das chamas! A segunda abordagem envolve a irrigação abundante da área queimada por até 15 minutos com água à temperatura ambiente. Não se recomenda o uso de gelo ou substâncias com temperatura < 12ºC. Além disso, é necessária a remoção de roupas e acessórios, além de proteção contra hipotermia e a realização do ABCDE. A ressuscitação volêmica na sala de emergência é realizada com lactato de ringer conforme: peso × superfície corporal queimada (SCQ)/8 por hora. Outra medida adicional é o reforço do toxoide tetânico quando a área queimada ultrapassar 10%. A analgesia é feita com 2 mg a 5 mg de morfina intravenosa (IV).

Reposição volêmica no paciente queimado

A ressuscitação volêmica preconizada é pela fórmula da Parkland, que corresponde a 2 ml/kg × SCQ. Metade desse valor é administrada em 8 horas e o restante, nas próximas 16 horas. A diurese a ser alcançada é de 0,5-1 ml/kg/h. [Máximo de SCQ = 50% para a fórmula da Parkland.]

Complicações no paciente queimado

As complicações são as infecções e a sepse, as quais representam as causas de morte.

- **Infecção e sepse:** principalmente em SCQ > 30% e bactérias 10^5 unidades formadoras de colônia (UFC)/g.
- **Lesão pulmonar por inalação:** lesão térmica, lesão por inalação e intoxicação são as principais. Recomenda-se a intubação endotraqueal quando pressão parcial de oxigênio no sangue arterial (PaO_2) < 60 mmHg, pressão parcial de gás carbônico ($PaCO_2$) > 50 mmHg e relação PaO_2/fração de oxigênio inspirado (FiO_2) < 200 mmHg.

Comprometimento da ventilação

Lesão térmica

"O ar quente queima as vias aéreas superiores". Ocorre em ambientes fechados. As vítimas se apresentam com a face e pescoço queimados e evoluem para insuficiência respiratória imediata. A presença de estridor e hiperemia de orofaringe é indicativa para a via aérea definitiva. Outras indicações são: grande edema de vias aéreas, PaO_2 < 60 mmHg, $PaCO_2$ > 50 mmHg, $PaO_2/PaCO_2$ < 200 mmHg.

Lesão pulmonar por inalação

"O vapor de água queima os pulmões". Corresponde à inalação de partículas. As vítimas se apresentam com sibilos e produção excessiva de muco e escarro carbonáceo. Evoluem para insuficiência respiratória em 24 horas, sendo necessário o tratamento com nebulização e broncodilatadores. O diagnóstico é feito por broncoscopia e cintilografia com Xe^{131}.

Intoxicação por monóxido de carbono

O monóxido possui afinidade 240× maior pela hemoglobina. Quando a carboxiemoglobina (COHb) atinge 20%-30%, ocorrem manifestações de cefaleia e náuseas. COHb de 30%-40% leva a confusão mental; em casos de valores > 40%, há evolução para coma e óbito. O tratamento de escolha é a administração de O_2 a 100% em alto fluxo por meio de máscara ou câmara hiperbárica. O oxímetro de pulso não é capaz de sugerir a exposição ao CO, sendo necessária a dosagem de COHb.

Intoxicação por cianeto

É ocasionada pela inalação da fumaça derivada da combustão de elementos no ambiente em chamas. O paciente pode desenvolver acidose lática com ânion *gap* aumentado. A conduta visa à administração de tiossulfato de sódio e hidroxicobalamina.

Avaliação da área queimada

Queimadura de primeiro grau

É limitada à epiderme, manifestando eritema, dor e ardência. Geralmente é representada por queimaduras solares. Recomendam-se analgesia e hidratantes tópicos. Nunca utilizar o cálculo de SCQ!

Queimadura de segundo grau superficial

Compromete a derme (camada papilar) com a presença de bolhas. Sofre empalidecimento à digitopressão e tem um bom resultado estético com o tratamento com antibióticos (ATBs) e curativos.

Queimadura de segundo grau profunda

Compromete a derme e sua camada reticular, com a presença de bolhas. Ocorre também a diminuição da sensibilidade. O tratamento envolve o desbridamento das bolhas grandes e o uso de enxertos. O prognóstico estético é ruim. Ambas as queimaduras de segundo grau podem ser denominadas como espessura parcial.

Queimadura de terceiro grau (ou espessura total)

A vítima apresenta dor nas áreas de transição das queimaduras. A queimadura apresenta-se marrom, sendo necessário o uso de enxertos. A pele adquire uma textura dura, semelhante a couro (escara), e começa a exercer compressão, que, dependendo do local, pode determinar insuficiência respiratória ou hipoperfusão, sendo necessária a escarotomia.

Queimadura de quarto grau

Aacomete os tecidos profundos, como músculos e ossos, geralmente em decorrência de queimaduras elétricas. O músculo queimado leva a edema e expansão do local, com desaparecimento do pulso – síndrome compartimental, sendo necessária a fasciotomia.

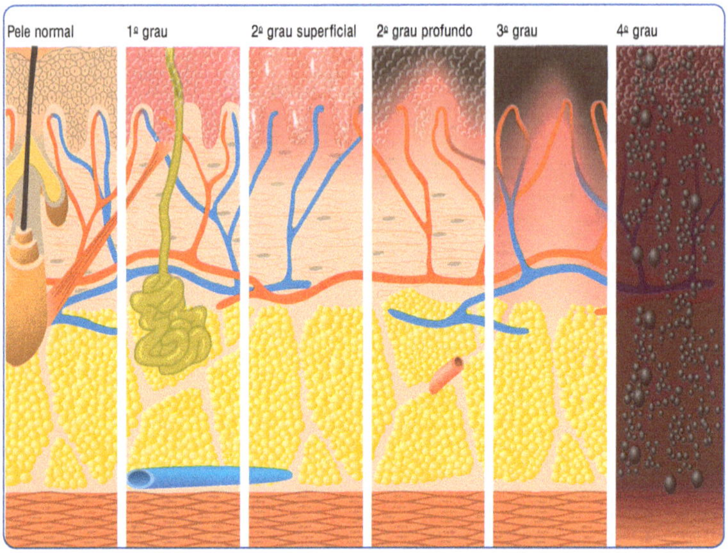

▶ Desenho representativo da profundidade da queimadura.

▶ Classificação da profundidade da queimadura e sua principais características

Grau	Sinais	Comprometimento	Sintomas	Formas de reparação
1º grau	Eritema	Epiderme	Dor intensa	Epidermização a partir da derme superficial → regeneração
2º grau superficial	Eritema e flictenas	Epiderme e derme superficial	Dor intensa	Epidermização a partir da derme superficial ou a partir dos brotos dérmicos → restauração
2º grau profundo	Flictenas, pele branca, rosada e úmica	Epiderme e derme profunda	Dor moderada	Epitelização a partir dos brotos dérmicos (folículos, glândulas) → restauração ou enxertia
3º grau	Pele nacarada, cinza, seca, e vasos observados por transparência	Epiderme e derme total	Dor ausente	Epitelização concêntrica ou por transplantes cutâneos → enxertia
4º grau	Pele nacarada, cinza, seca e vasos observados por transparência	Epiderme, derme total e estruturas profundas (tendões, ossos ...)	Dor ausente	Epitelização concêntrica ou por transplantes cutâneos → enxertia e retalhos

Grande queimado: queimaduras de segundo grau > 20% SCQ, qualquer queimadura de terceiro grau, queimaduras em face, mão, pé, períneo, genitália, grandes articulações, lesões por inalação, químicas, elétricas, vítimas com comorbidades.

Queimadura elétrica

A corrente elétrica percorre o caminho de menor resistência (partes internas), colocando em risco a integridade dos órgãos. A lesão muscular libera mioglobina, o que lesa os rins por rabdomiólise. Nos pacientes com queimaduras elétricas, é necessário forçar a diurese > 2 ml/kg/h (com o uso de manitol) e alcalinizar a urina (com bicarbonato de sódio).

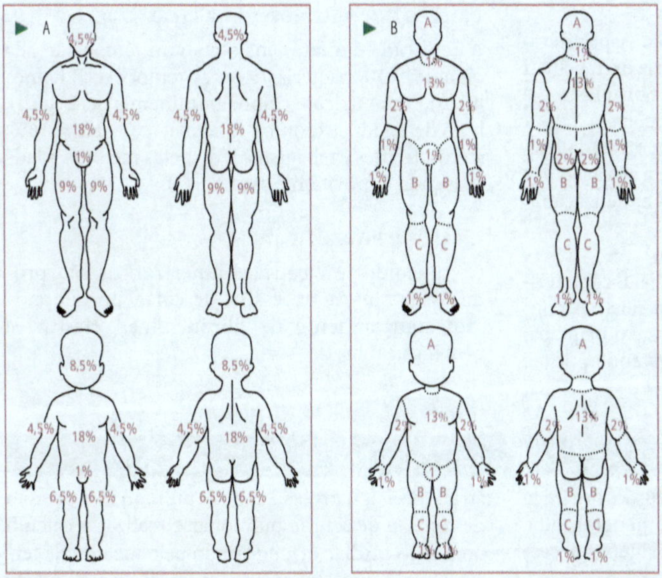

► A) "Regra dos nove" para adultos e modificadas para crianças. B) Tabela de Lund e Browder. Superfície corporal queimada.

CLASSIFICAÇÃO

Queimaduras leves:

- Primeiro grau: qualquer extensão;
- Segundo grau: menos de 10%;
- Terceiro grau: menos de 2%.

Queimaduras moderadas:

- Segundo grau: entre 10 e 20%;
- Terceiro grau: entre 3 e 5%.

Queimaduras graves:

- Segundo grau: mais de 20%;
- Terceiro grau: mais de 10%.

Queimadura química

As queimaduras por ácidos levam à necrose e não penetram na pele. Já as por álcalis são mais graves devido à sua maior penetração. Jamais se deve neutralizar uma queimadura química, pois a reação de neutralização é exotérmica. Preconiza-se a irrigação com 15-20 l (ou por 30 minutos) até que o pH se encontre na faixa de 7-7,5. Aos casos refratários à lavagem com pH > 7,5, recomendam-se escarotomia e nova medição. Em queimaduras por pó de cimento, "lava-se" a região com ar comprimido.

Apesar de o diagrama de Lund e Browder modificado por Berkow ser o mais completo e preciso, utiliza-se o método de Wallace (regra dos nove).

Úlcera de Marjolin: neoplasia cutânea maligna metastática resultante de uma complicação secundária a lesões cronicamente inflamadas (geralmente queimaduras antigas).

3.3. Etapas da Cicatrização de Feridas

Fases da cicatrização de feridas

Fase inflamatória

Ocorre entre 24 e 48 horas. É marcada pelos processos de hemostasia e resposta inflamatória aguda. Há aumento da permeabilidade vascular causada pelo aumento de histamina e serotonina, facilitando a passagem dos polimorfonucleares dos capilares para a ferida. Essa migração de neutrófilos ocorre para realizar a "limpeza" da ferida. Em seguida, há o recrutamento de monócitos, que se diferenciam em macrófagos e dão continuidade às funções de "limpeza". No quinto dia, existe o recrutamento de linfócitos T com a produção de interferon-gama (IFN-γ), que irá estimular a síntese dos fibroblastos (início da segunda fase). A principal citocina do processo de cicatrização é o fator beta de crescimento transformador (TFG-β).

Queloide	Cicatriz hipertrófica
■ Estende-se além dos limites da ferida	■ Permanece nos limites da ferida
■ Não regride e é refratária ao tratamento	■ Regride espontaneamente e é tratável cirurgicamente
■ Ocorre acima da clavícula, dorso, lobo auricular, mais comumente em negros	■ Ocorre em qualquer local de preferência em áreas de tensão ou flexoras
■ Aparece em > 3 meses	■ Aparece precocemente
■ Apresenta dor e prurido	

Fase proliferativa (ou regeneração)
Compreende o período do 4º-12º dia. A proliferação de fibroblastos e a síntese de matriz extracelular (MEC) dão origem ao processo de fibroplasia e à formação de colágeno. Além disso, ocorre a angiogênese para estabelecer a neovascularização da ferida cicatrizada. Em seguida, efetua-se a ativação dos queratinócitos nas bordas da ferida – epitelização.

Fase de maturação (ou remodelação)
Compreende o período do 12º-365º dia. É caracterizada como a formação do tecido cicatricial. A contração da ferida pelos miofibroblastos é o principal efeito que surge no quinto dia e se estende por até quatro semanas.

Fatores que interferem na cicatrização

A infecção (é o fator mais comum, é considerada quando > 10^5 bactérias/g ou estreptococo B hemolítico), desnutrição (hipoalbuminemia < 2 g/dl), hipóxia tecidual crônica (anemias com Ht < 15%, ateroscleroses e tabagismo), diabetes mellitus, idade avançada, hipovitaminose (A e C).

Cicatrização anormal

Os queloides e cicatrizes hipertróficas são produtos da síntese excessiva de colágeno que cursam com aumento de fibronectinas, elastina e proteoglicanas.

3.4. Fisiopatologia do Choque

O choque é um estado de hipoperfusão orgânica efetiva generalizada, uma "isquemia" generalizada. As células não recebem o aporte de oxigênio necessário para manter a sua homeostase.

- **Choque hipovolêmico:** devido à redução do volume sanguíneo, levando à queda da pressão e do volume.
- **Choque cardiogênico:** decorrente de falência cardíaca pela perda contrátil ou problema estrutural intracardíaco.
- **Choque obstrutivo extracardíaco:** devido a um fator extracardíaco que dificulta a circulação de sangue.
- **Choque distributivo:** decorrente da perda do controle vasomotor.

Fisiopatologia do choque

Princípios básicos de hemodinâmica

O fluxo total de sangue produzido pela bomba cardíaca é o débito cardíaco. A pressão arterial sistêmica média (PAM), responsável por garantir a perfusão adequada do leito capilar dos órgãos e tecidos, varia entre 60 e 120 mmHg e é calculada como o produto do débito cardíaco pela resistência vascular sistêmica (PAM = DC × RVS).

O débito cardíaco é determinado por quatro fatores: pré-carga (representa o retorno venoso e determina o volume de enchimento diastólico do ventrículo), pós-carga ("dificuldade" imposta à ejeção ventricular), contratilidade miocárdica (capacidade contrátil intrínseca ao músculo cardíaco) e frequência cardíaca (FC).

Monitorização hemodinâmica – o cateter de Swan-Ganz

O cateter é introduzido pela jugular interna ou subclávia até uma das artérias pulmonares. É usado para medir a pressão da artéria pulmonar, a pressão atrial direita, a pressão capilar pulmonar, a pressão de oclusão de artéria pulmonar e realizar o cálculo do débito cardíaco (mensurado pelo método da termodiluição, cujo princípio é a injeção de 10 ml de soro fisiológico [SF], gelado, que misturado com o sangue produz uma curva de temperatura). A pressão capilar pulmonar (PCP) "encunhada" reflete as pressões de enchimento do coração esquerdo, enquanto a pressão venosa central (PVC) manifesta as pressões de enchimento do coração esquerdo.

Valores normais dos parâmetros de Swan-Ganz	
DC	4,5-6,5 l/min
Índice cardíaco (IC)	2,8-4,2 l/min/m²
RVS	500-1.500
Índice de RVS (IRVS)	1.300-1.930
PCP ("encunhada")	4-12 mmHg
Pressão da artéria pulmonar (PAP) média	10-20 mmHg
PVC	1-5 mmHg

Alterações hemodinâmicas

Choque hipodinâmico
Caracterizado por baixo débito cardíaco e aumento da RVS. Os choques hipovolêmicos, cardiogênicos e obstrutivo extracardíaco são os principais. Os choques levam à queda da PAM, prejudicando a perfusão orgânica e causando hiperativação neuro-humoral pelo sistema nervoso simpático e pela medula adrenal. De forma compensatória, há um aumento das catecolaminas, levando ao aumento da contratilidade e da frequência cardíacas e promovendo vasoconstrição arteriolar-venosa. O choque se instala quando esses mecanismos compensatórios são insuficientes.

Choque hiperdinâmico

Caracterizado por alto débito cardíaco e redução da RVS. Os choques distributivos são os principais. Ocorre um extravasamento de líquidos para o espaço intersticial devido a vasodilatação inapropriada de micro-*shunts* arteriolovenulares, obstrução de capilares por *plugs* celulares (leucócitos, hemácias, plaquetas) ou trombóticos e constrição do esfíncter pós-capilar.

Alterações do metabolismo celular no choque

Ocorre uma troca do mecanismo de produção de trifosfato de adenosina (ATP) de aerobiose para anaerobiose. Na ausência de aerobiose (falta de O_2), há um aumento dos níveis de lactato, sendo este o primeiro indício do choque. A oferta de O_2 aos tecidos é medida pela oferta de oxigênio (DO_2), que depende do débito cardíaco, do teor de hemoglobina no sangue e da saturação de oxigênio arterial (valor normal = 700-1.200 ml/min). O consumo tecidual de oxigênio (VO_2) é a quantidade de O_2 extraída pelos tecidos na unidade de tempo (valor normal = 180-280 ml/min).

$$[\mathbf{TEO_2 = VO^2/DO^2 \times 100}].$$

Em condições normais, a taxa de extração de O_2 (TEO_2) está entre 25% e 35% e tem seu valor máximo até 70%, em que qualquer situação que necessite de mais de 70% representa hipóxia. Em pacientes com choque séptico, o organismo não consegue extrair O_2 mesmo precisando, levando à queda da TEO_2.

Lesão celular no choque

A depleção de ATP da célula e a queda do pH citoplasmático fazem com que as enzimas da célula percam suas ações, especialmente as bombas: Na-K-ATPase e Ca-ATPase, permitindo a entrada excessiva de líquido e cálcio. O TNF-α leva à peroxidação dos fosfolipídios pelos radicais livres derivados do O_2, contribuindo para a disfunção da membrana celular e para a morte de mitocôndrias. A reperfusão à lesão isquêmica faz com que haja rompimento dos lisossomas no citoplasma, liberando hidrolases ácidas responsáveis pela autólise.

Disfunção orgânica no choque

- **Cérebro:** mediadores inflamatórios sistêmicos inibem diretamente a função neuronal, causando encefalopatia séptica.
- **Coração:** a ativação neuro-humoral (sistema adrenérgico) leva à taquicardia, aumentando a contratilidade e a arritmogênese.
- **Pulmões:** ocorre a lesão pulmonar (síndrome do desconforto respiratório agudo [SDRA] ou síndrome da angústia respiratória aguda [SARA]), caracterizada pelo acúmulo de neutrófilos aderidos ao endotélio alveolar, liberando mediadores e substâncias oxidantes e proteolíticas, que levarão a lesão alveolar marcada pela formação de uma membrana hialina revestindo o interior dos alvéolos e a perda do surfactante por lesão dos pneumócitos tipo 2.
- **Rins:** a taxa de filtração glomerular (TFG) começa a se reduzir quando a PAM < 70 mmHg, podendo resultar em lesão renal sob a forma de necrose tubular aguda, com oligúria e azotemia.
- **Trato gastrointestinal:** íleo metabólico, isquemia mesentérica aguda não oclusiva e colite isquêmica.
- **Fígado:** hepatite isquêmica, manifestando-se com o aumento de bilirrubinas, fosfatase alcalina (FA), aminotransferases.
- **Sistema hematológico:** ocorre "esgotamento hematológico" decorrente do intenso estímulo à medula óssea para produzir e liberar leucócitos.

Abordagem terapêutica

Preconiza-se a tríade inicial de oxigênio–veia–monitor. Uso de aminas inotrópicas e vasopressoras, tratamento da acidose lática com trometamina (THAM), balão intra-aórtico e imunomoduladores.

Manifestações clínicas

Choques hipodinâmicos

Além da história clínica característica, ocorrem: "fácies de sofrimento", taquicardia (FC > 100 bpm), taquipneia (frequência respiratória [FR] > 22 irpm), excesso de base (*base excess*) < -5, débito urinário < 0,5 ml/kg/h, hipotensão arterial (PAS_A < 90 mmHg).

Choques hiperdinâmicos

Síndrome da resposta inflamatória sistêmica (SIRS) (dois critérios), SEPSE (quadro de disfunção orgânica aguda desencadeado por uma resposta desregulada do hospedeiro a uma infecção).

Critérios SIRS
1. Temp. > 38°C ou < 36°C.
2. FC > 90 bpm.
3. FR > 20 irpm ou $PaCO_2$ < 32 mmHg.
4. Leucócitos > 12.000/ml, < 4.000/ml ou bastões > 10%.

Choque séptico	É um subtipo de sepse caracterizado por alterações circulatórias e celulares/metabólicas com alta mortalidade. É necessária a presença dos critérios: necessidade de vasopressor para manter a PAM ≥ 65 mmHg, lactato sérico > 2 mmol/l (> 18 mg/dl).

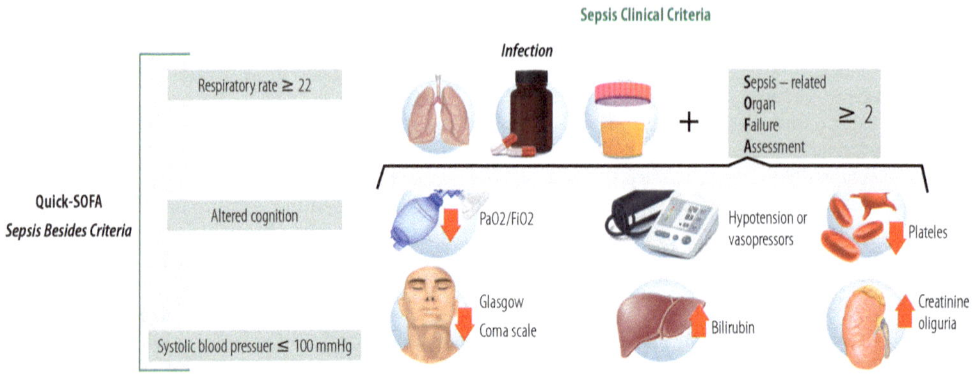

3.5. Enxertos e Retalhos de Pele

As feridas cirúrgicas podem ser agudas (resolução seguindo as três fases da cicatrização: inflamatória, proliferativa e maturação) ou crônicas (o processo cicatricial não evolui espontaneamente para resolução em três a quatro meses).

Como proceder em ferimentos cortocontusos?
1º passo: lavagem com soro fisiológico.
2º passo: antissepsia e a assepsia (com iodopovidona e clorexidina).
3º passo: anestesia (que pode ser por meio de bloqueios regionais).
4º passo: realiza-se a sutura primária de acordo com as linhas de força da pele (linhas de Langer).

Em feridas complexas, necessita-se de intervenções como enxertos e retalhos para reconstrução do ferimento.

Enxerto

É a transferência de um tecido – que não leva consigo sua vascularização original – de determinada área do corpo (área doadora) para outra área corporal (receptora). Pode ser classificado:

Quanto à origem

Autoenxerto (ou isoenxerto)
Retirado do próprio receptor ou de gêmeo univitelínico. É excisado de pele sã ou pele curada até, no máximo, queimaduras de segundo grau.

Homoenxerto (ou aloenxerto)
Retirado de indivíduos da mesma espécie. Os aloenxertos são preservados em glicerol e não possuem células vivas, comportando-se como uma matriz dérmica que necessita de um autoenxerto em um segundo momento.

Heteroenxerto (ou xenoenxerto)
Retirado de seres de espécies diferentes, funcionam apenas como curativos biológicos de caráter transitório.

Quanto à espessura

Enxerto de pele total (ou enxertos totais)
Leva toda a epiderme e a derme da área doadora.

Enxerto de pele parcial
É o tipo mais comum e leva a epiderme e parte da derme.

Quanto à integração com a área receptora

Ao entrar em contato com a área receptora, o exsudato proveniente dessa área forma uma malha de fibrina que torna o tecido enxertado aderente à superfície receptora. Ocorre então um aumento de até 40% do peso no primeiro dia devido ao fenômeno da embebição, responsável também pela nutrição nas primeiras 48 horas. A partir de 48-72 horas, ocorre a neovascularização e, em torno do quarto ao sétimo dia, a completa revascularização.

Quanto à contração do enxerto

A contração primária acontece logo após a retirada da área doadora e é mediada pelas fibras elásticas. A segunda contração é devida ao processo de integração do enxerto e mediada por miofibroblastos da área receptora.

Retalhos

São caracterizados como transplantes pediculados de tecidos que possuem seus próprios vasos. Podem ser classificados:

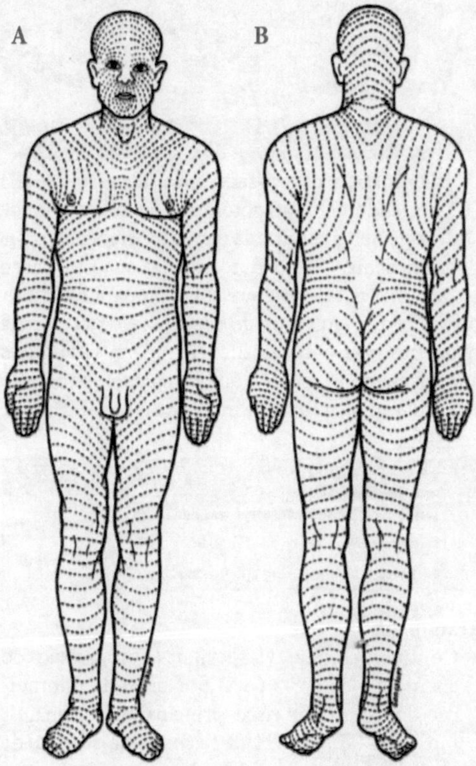

► Linhhas de Kraissi nas faces anterior (A) e posterior (B) do tronco e membros do homem.

Quanto à composição

Retalho simples

Formado por epiderme, derme e tecido celular subcutâneo.

Retalho composto

Formado por pele, subcutâneo, músculo, fáscia, osso ou cartilagem.

Quanto à forma de transferência

De acordo com o formato e o tipo de transferência, podendo ser de avanço, rotação, transposição, interpolação, zetaplastia, romboide, V-Y, bilobado.

Quanto à vascularização

Retalhos randomizados

São vascularizados pelo plexo subdermal.

Retalhos axiais

São vascularizados por uma artéria base.

Úlceras de pressão

Correspondem a uma área de morte tecidual localizada entre uma proeminência óssea e uma superfície rígida que ocorre quando o tecido é comprimido por um determinado tempo.

DOENÇAS VASCULARES

4.1. Formações Aneurismáticas

Caracterizam-se por uma dilatação vascular superior a 50% do diâmetro original. Quando uma dilatação vascular apresenta medidas inferiores às dos critérios do aneurisma, é denominada ECTASIA. Em geral, podem se apresentar como fusiformes ou saculares.

- **Aneurisma verdadeiro:** contém todas as camadas da parede arterial (íntima, média e adventícia).
- **Pseudoaneurisma:** hematoma pulsátil não contido por todas as camadas e que está confinado por uma cápsula fibrosa. Geralmente é desencadeado por traumas.

Fatores de risco
▪ Tabagismo
▪ Sexo masculino
▪ Idade avançada
▪ Hipercolesterolemia
▪ História
▪ Hipertensão arterial sistêmica (HAS)
▪ Doença pulmonar obstrutiva crônica (DPOC).

Aneurismas degenerativos

Representam 90% das causas de aneurismas, sendo as outras etiologias: síndromes de Marfan e Ehlers-Danlos, dissecções vasculares, por traumas (pós-traumáticas) e infecciosas (micótico: sugestivo de endocardite Gram+; infecciosa: sugestiva de sepse por *Salmonella*).

Aneurismas da aorta abdominal

Trata-se de aneurisma de aorta quando apresenta diâmetro > 3 cm (homem) e > 2,6 cm (mulher). Diabetes melito (DM), sexo feminino e raça negra são fatores protetores!

Tipo 1	Infrarrenais (mais comuns)
Tipo 2	Justarrenais
Tipo 3	Pararrenais
Tipo 4	Toracoabdominais

Cerca de 80% dos pacientes são assintomáticos. Quando sintomáticos, apresentam massa pulsátil associada a dor lombar, sintomas compressivos de outros órgãos e isquemia ocasionada pela embolização periférica (devida ao fluxo não laminar).

O **diagnóstico** é realizado pela ultrassonografia (US) de abdome! A angiotomografia (ângio-TC) de abdome e pelve é utilizada para delinear a anatomia do aneurisma, sendo fundamental sua realização para a intervenção endovascular, ou para substituir o uso de US em casos de ruptura. A arteriografia não é útil para o diagnóstico, tendo em vista que o aneurisma pode conter trombos na parede vascular e simular uma artéria normal.

Rastreio Via UG
▪ Homens < 55 anos + história familiar (HF)
▪ Homens > 65 anos
▪ Mulheres > 65 anos + tabagismo ou HF.

Tratamento

- **Conduta clínica:** visa evitar a progressão do aneurisma de aorta (AA) por meio da diminuição dos fatores de risco, principalmente tabagismo, sedentarismo e HAS. Recomenda-se o uso de betabloqueadores, inibidor da enzima conversora da angiotensina (IECA)/bloqueador do receptor da angiotensina (BRA) e estatinas.
- **Conduta cirúrgica:** realizada por intermédio de reparo aberto *vs.* terapia endovascular. As indicações são:

✓ aneurismas em homens ≥ 5,5 cm;
✓ em mulheres > 4,5 cm;
✓ taxa de crescimento > 1 cm/ano;
✓ presença de sintomas;
✓ complicações (embolização, infecção);
✓ forma sacular.

a. **Reparo aberto:** realizado mediante o acesso transperitoneal via laparotomia mediana ampla, em que o cirurgião clampeia o fluxo para o aneurisma com o propósito de abrir o saco aneurismático e retirar o conteúdo do aneurisma. Segue-se, então, e enxerto de prótese de Dacron ou politetrafluoretileno (PTFE). As principais complicações envolvem: infarto agudo do miocárdio (IAM) (16%), IRA (6%), isquemia colônica (HDB), fístula aortoentérica (HDA).

Ruptura do aneurisma

Risco	
4-5 cm	0,5%-5%
5-6 cm	3%-15%
6-7 cm	10%-20%
7-8 cm	20%-40%
> 8 cm	30%-50%

A TRÍADE CLÁSSICA da ruptura do aneurisma se apresenta com massa pulsátil, dor abdominal e hipotensão! Para prever o risco de ruptura, utiliza-se o método de cisalhamento com tomografia computadorizada (TC) de 128 canais, todavia, por ser um método inviável financeiramente, utilizam-se os estudos convencionais, fatores de risco, forma e crescimento do aneurisma.

A ruptura do aneurisma requer intervenção imediata. Nas fases iniciais, pode-se encontrar uma estabilidade hemodinâmica devido à contenção do sangramento pelos tecidos periaórticos, ocasionando um exame físico pouco confiável, sendo melhor sua elucidação pela TC com contraste. Nos casos de instabilidade hemodinâmica é necessária a intervenção cirúrgica imediata (avalia-se a aplicabilidade da endoprótese por intermédio da aortografia com balão de oclusão aórtica). A taxa de mortalidade é de 50%! A principal complicação, em 30% dos casos, é a colite isquêmica!

A infecção da prótese é a complicação mais temida e exige: antibioticoterapia, ressecção da prótese e revascularização extra-anatômica com pontes axilobifemorais.

b. **Reparo endovascular:** consiste na passagem de uma endoprótese no lúmen da aorta. Não é indicado para pacientes jovens. A principal complicação é o *endoleak* (vazamento sanguíneo através da endoprótese para o saco do aneurisma).

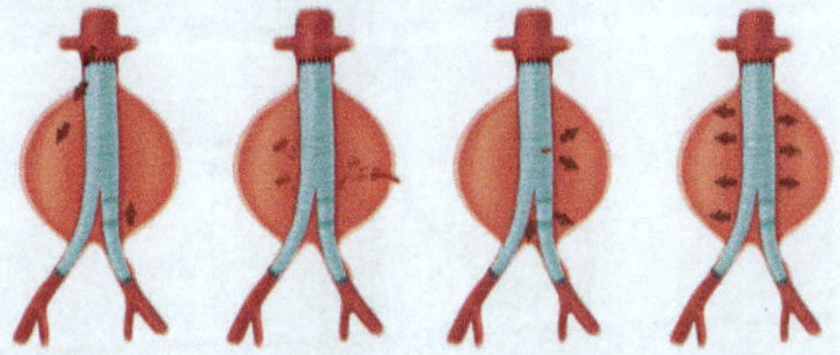

Tipos de *Endoleak*
Tipo 1: pela inserção da prótese
Tipo 2: pelas artérias lombares (mais comum)
Tipo 3: pela dissociação dos módulos da prótese
Tipo 4: pela porosidade da prótese

Recomenda-se a investigação de outros sítios de aneurismas.

Aneurisma da artéria ilíaca

Segundo tipo mais frequente, pode se manifestar com obstrução do ureter e compressões nervosas (n. femoral, n. obturador, n. ciático). A TC e a ressonância magnética (RM) são os métodos de escolha para o diagnóstico.

Aneurisma da artéria poplítea

É o aneurisma periférico mais comum que nunca se rompe! Cerca de 40% desses aneurismas são assintomáticos. Em torno de 38% apresentam isquemia crônica do membro inferior e 22%, tromboembolismo. O diagnóstico é feito pelo dúplex *scan* arterial. A conduta envolve o uso de *by-pass* femoropoplíteo, utilizando a veia safena magna.

Aneurisma da aorta torácica

Tipo raro, geralmente assintomático e com descoberta ao acaso. Quando sintomático, apresenta dor torácica, compressão da árvore brônquica, do nervo laríngeo recorrente e do esôfago. A cirurgia é indicada na presença de aneurisma ≥ 5,5 cm ou crescimento > 1 cm/ano.

4.2. Dissecção da Aorta Torácica

A dissecção de aorta inicia-se com um "rasgo" na túnica íntima da aorta, favorecido pela necrose cística da túnica média. O sangue penetra pelo defeito na íntima, promovendo uma fenda longitudinal na camada da túnica média e formando um falso lúmen e um aneurisma. O quadro tem progressão anterógrada, levando à dissecção de ramos arteriais inguinais, e progressão retrógrada, com dissecção dos folhetos da valva aórtica provocando insuficiência valvar. Os principais fatores predisponentes são:

- hipertensão;
- aterosclerose;
- uso de cocaína e crack;
- doença do tecido conjuntivo.

Manifestação clínica

Apresenta-se com início súbito de dor torácica retroesternal de grande intensidade que "migra" para a região lombar. Além disso, pode apresentar diferença > 20 mmHg na pressão arterial sistólica (PAS) entre os membros superiores, sopro carotídeo intenso e sopro de insuficiência aórtica aguda.

Diagnóstico

Preconiza-se o ecocardiograma transtorácico e/ou transesofágico para pacientes hemodinamicamente instáveis e TC/RM para pacientes estáveis hemodinamicamente.

Tratamento

Envolve o uso de morfina (para dor) e betabloqueadores (para controle da frequência cardíaca (FC) <

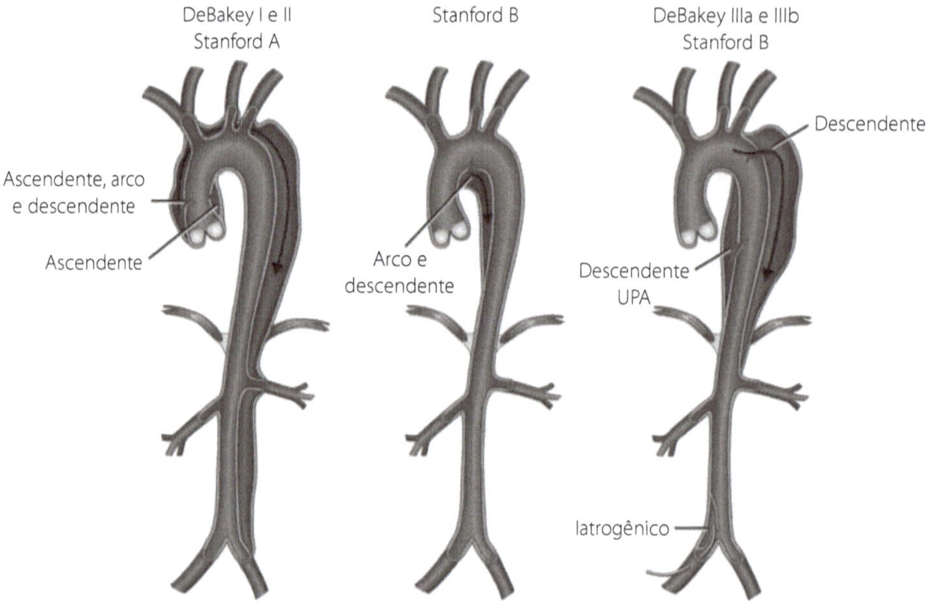

▶ Classificação anatômica da dissecção da aorta.

60-70 bpm e da PAS < 110 mmHg). Pode-se iniciar o nitroprussiato de sódio em pacientes já betabloqueados com PAS > 100 mmHg e função renal normal. O tratamento cirúrgico é recomendado para dissecções de aorta agudas com presença de trombo mural e Stanford A.

4.3. MMII - Oclusão Arterial Aguda

Sua ocorrência se deve a uma embolia ou trombose. A fonte mais comum de trombose é proveniente da instabilidade da placa aterosclerótica. Na embolia, a fonte mais comum é a cardíaca, com impactação principalmente:

- bifurcação femoral (40%);
- aorta (10%);
- bifurcação ilíaca (15%);
- poplítea (10%).

O diagnóstico definitivo de oclusão arterial aguda é feito pela arteriografia com padrão de circulação colateral em formato de saca-rolha (embolia) ou convergente (trombose). No tratamento do êmbolo, recomendam-se aquecimento, proclive, heparinização, embolectomia cirúrgica (arteriotomia) ou embolectomia por cateter (cateter de Fogarty). Na trombose, recomendam-se aquecimento, proclive, heparinização, trombolíticos ou trombectomia ou cirurgia de revascularização *(by-pass)*.

Manifestação clínica (5 "Ps")
▪ Dor (*pain*)
▪ Palidez
▪ Ausência de pulso (*pulselessness*)
▪ Parestesia
▪ Paralisia.

A revascularização de pés limítrofes que apresentavam isquemia por mais de 6 horas ou déficit motor é mais propensa à síndrome de reperfusão.

Síndrome de reperfusão	A isquemia promove alterações/disfunção da membrana das células musculares esqueléticas. Quando se restabelece a perfusão, as células sofrem intenso edema. Como o grupamento muscular é envolto por uma fáscia fibrótica pouco distensível, há o surgimento de uma síndrome compartimental! Associada à síndrome compartimental existe a intensa liberação de radicais, proveniente da isquemia do miócito. Esses radicais livres são despejados na circulação sistêmica, podendo provocar ***hipercalemia, acidose láctica e mioglobinúria.***

4.4. Doença Arterial Periférica

Trata-se da oclusão ou semioclusão de um ou mais segmentos de artérias que nutrem os membros inferiores e que acomete os indivíduos entre 60-70 anos de idade. A aterosclerose é o principal fator de risco! A etiologia é proveniente de aterosclerose (em 90% dos casos), tromboangeítes, aneurismas e eventos agudos. Em jovens, geralmente é decorrente do aprisionamento ou da degeneração cística. As lesões ateroscleróticas acometem preferencialmente:

- artérias poplítea e femoral (90%);
- artérias tibial e fibular (50%);
- aorta abdominal e artéria ilíaca (30%).

Manifestações clínicas

O principal sintoma é a claudicação intermitente na panturrilha. Dor do tipo câimbra definida como uma sensação de formigamento ou fadiga do músculo ao esforço e que melhora com o repouso.

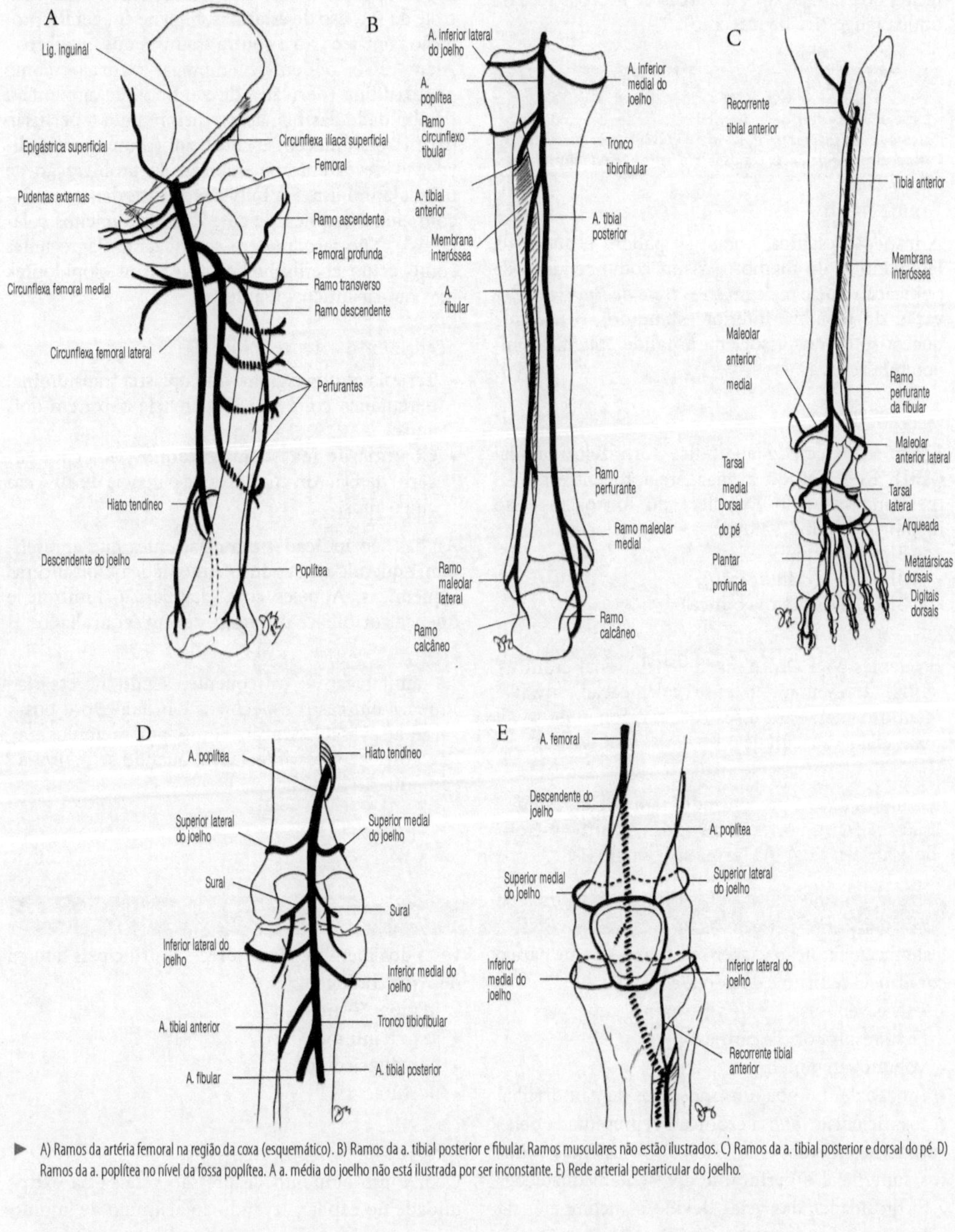

► A) Ramos da artéria femoral na região da coxa (esquemático). B) Ramos da a. tibial posterior e fibular. Ramos musculares não estão ilustrados. C) Ramos da a. tibial posterior e dorsal do pé. D) Ramos da a. poplítea no nível da fossa poplítea. A a. média do joelho não está ilustrada por ser inconstante. E) Rede arterial periarticular do joelho.

Oclusões na origem da artéria femoral se manifestam com dor na coxa.
A dor é desencadeada por uma neurite isquêmica e se agrava em posição horizontal, melhorando com o membro inferior pendente no leito. Pode manifestar-se também com úlceras isquêmicas de caráter doloroso, sem sinais de cicatrização (ausência de tecido de granulação) e até áreas de necrose seca ou úmida (sugestiva de infecção).

Síndrome de Leriche

É a oclusão da artéria aortoilíaca bilateralmente, causando ***claudicação e dor na panturrilha, coxa*** e ***musculatura das nádegas*** associadas ***a impotência*** e ***pulsos femorais não palpáveis.***

Exame físico

À inspeção estática, notam-se palidez e queda da temperatura do membro, assim como redução da pilificação e pele mais fina. Ao ***teste de Buerger*** (elevação do membro inferior estendido), o paciente queixa-se de dor associada a palidez plantar e hiperemia reativa.

Diagnóstico

É clínico associado ao índice tornozelo/braquial (ABI). Este método avalia a relação entre a PAS (pela medida pelo Doppler) no tornozelo e no membro superior. Valores:

- ABI > 1 (normal);
- ABI 0,5-0,7 (claudicação);
- ABI < 0,4 (isquemia crítica).

Pacientes com DM e insuficiência renal crônica (IRC) apresentam extensa calcificação, invalidando o ABI. Para esses casos, recomenda-se a oximetria transcutânea!

O dúplex *scan* é preconizado para pacientes que irão realizar a correção cirúrgica. Outros métodos são: arteriografia "armada" e ângio-TC.

Cerca de metade das pessoas que claudicam evolui para dor em repouso!

Tratamento clínico

Visa à correção dos fatores de progressão da doença arterial coronariana (DAC). São importantes medidas de redução do estresse e do sedentarismo, controle da PA, uso de estatinas, higiene em geral e proteção contra o frio e contra traumas nos membros. Além disso, podem-se empregar fármacos como pentoxifilina (derivado da xantina que aumenta a flexibilidade das hemácias, melhorando a perfusão da microcirculação) e cilostazol (promove vasodilatação decorrente da inibição da proliferação da musculatura lisa, via inibição da fosfodiesterase 3 – com efeitos taquicardizante e cefaleia [efeitos colaterais]). Não raro, podem-se utilizar antiagregantes como ácido acetilsalicílico (AAS) ou clopidogrel, mas nunca anticoagulantes!

Tratamento intervencionista

- **Terapia endovascular:** angioplastia transluminal percutânea com taxa de patência baixa em dois anos.
- **Cirurgia de revascularização:** *by-pass* com enxerto de Dacron com taxa de patência de 80% em cinco anos.

Ambas são indicadas para pacientes que apresentam isquemia de repouso sintomática e/ou úlceras isquêmicas. Aqueles com claudicação limítrofe e doença aortoilíaca refratária devem ser avaliados.

A amputação é infrequente, sendo necessária apenas em casos específicos em que não é possível a revascularização, como, por exemplo, em necroses sépticas infectadas, quando se realiza a amputação higiênica.

4.5. Sistema Venoso

Sistema cuja função é fazer retornar o sangue para o coração. O retorno é devido a/ao:

- valvas venosas;
- ciclo respiratório e cardíaco;
- volume sanguíneo;
- função de "bomba" dos músculos da panturrilha.

A insuficiência venosa crônica é representada pelas varizes dos membros inferiores. Os sistemas venosos superficial e perfurante apresentam dilatações e tortuosidades das veias devido à incompetência valvular e ao aumento patológico da pressão nas veias dos membros inferiores. Os principais fatores de risco abrangem:

- idade > 50 anos;
- sexo feminino;
- hereditariedade;
- postura.

Fisiopatologia

Ocorre um aumento da pressão venosa na extremidade do capilar, levando ao acúmulo de líquido no interstício (edema). Além do extravasamento

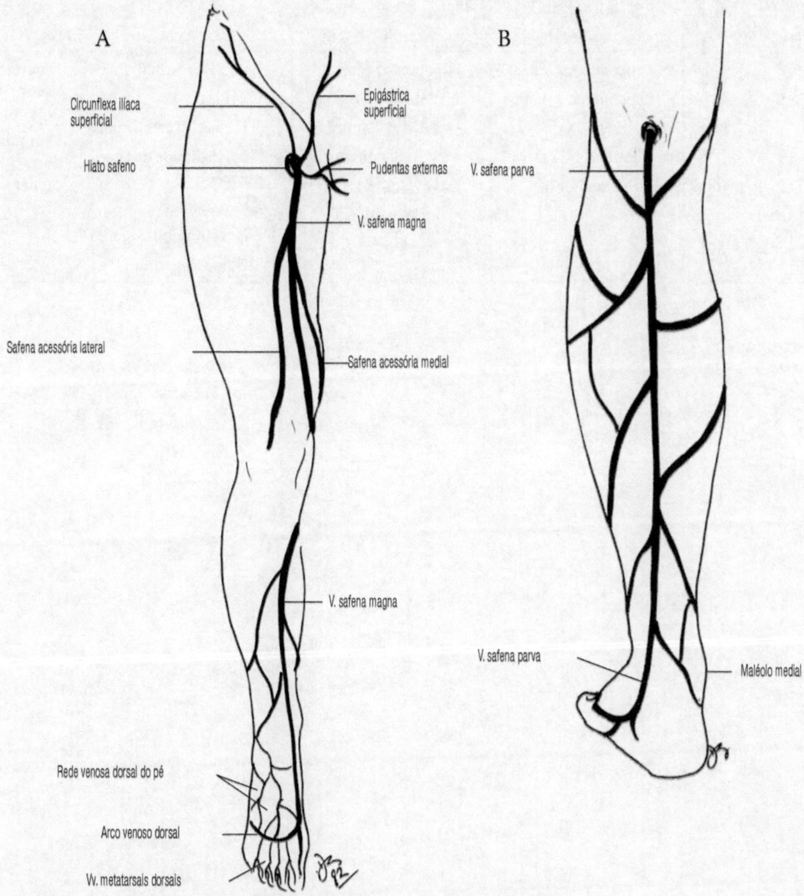

► A) Veia safena magna e suas tributárias mais importantes. B) Trajeto da v. safena parva na face posterior da perna.

de líquido, há também a saída de macromoléculas e células, que irão produzir uma resposta inflamatória local, resultando em modificações estruturais na parede das veias e na pele. A hipertensão capilar mantida estimula a síntese de colágeno por fibroblastos e provoca lipodermatofibrose.

Manifestações clínicas

As principais queixas são alterações estéticas, dor e sensação de peso nos membros inferiores. A úlcera é a complicação mais grave! A úlcera é causada pela estase venosa em grau avançado. Outras complicações são tromboflebite superficial e erisipela de repetição.

Diagnóstico

Realizado por ultrassonografia com Doppler ou flebografia.

Tratamento

Preconiza-se o alívio dos sintomas e a melhora da estética dos membros inferiores. O tratamento clínico envolve o uso de meias elásticas de compressão graduada de 20-30 mmHg. Compressões superiores a 35 mmHg são utilizadas para prevenir a recorrência de úlceras. No caso de úlcera ativa, emprega-se a bota de Unna (curativo compressivo com óxido de zinco, gelatina e glicerina) e não é necessário instituir antibioticoterapia profilática. Para o edema em geral, podem-se utilizar medicamentos venoativos, como disomina, dobesilato de cálcio, rutina e castanha-da-índia.

Critérios estendidos de sepse				
1. Variáveis gerais	2. Inflamatórias	3. Hemodinâmicas	4. Disfunção orgânica	5. Perfusão tecidual
■ Febre > 38,3ºC ■ Hipotermia < 36ºC ■ FC > 90 bpm ■ Taquipneia ■ Alteração do estado mental ■ Edema substancial ■ Hiperglicemia > 120 mg/dl	■ Leucocitose > 12.000 ■ Leucopenia < 4.000 ■ Bastões 10% ■ ↑ Proteína C reativa ■ ↑ Procalcitonina	■ Hipotensão - PAS < 90 mmHg - PAM < 70 mmHg - ↓ PAS > 40 mmHg ■ $SatO_2$ venosa > 70% ■ ↑ Índice cardíaco	■ PAO_2/FiO_2 < 300 ■ Oligúria ■ ↑ 0,5 mg/dl creatinina ■ Anormalidade de coagulação ■ Íleo paralítico ■ Hiperbilirrubinemia ■ Trombocitopenia	■ Hiperlactemia (lactato > 1 mmol/l) ■ Diminuição do enchimento capilar

PROCTOLOGIA

5.1. Anatomia do Canal Anal

O plexo hemorroidário interno é tributário à veia retal superior.
O plexo hemorroidário externo é tributário à veia retal inferior, todavia há comunicação entre os dois plexos.
Na drenagem venosa, a veia retal superior drena para o sistema porta por intermédio da veia mesentéria superior.

As glândulas de Chiari se localizam na base da cripta anal. Elas não possuem função secretória, mas são a principal fonte de infecções com formação de fístulas e abscessos.
O exame proctológico, em posição genupeitoral, envolve:

- inspeção anal (estática e dinâmica);
- toque retal;
- exames endoscópicos.

As ***veias retais média e inferior*** drenam para a ***veia cava inferior*** por intermédio das ***veias ilíaca interna e pudenda interna***, respectivamente.

5.2. Prolapso Retal

O prolpaso retal (ou procidência do reto) é caracterizado por uma desordem do assoalho pélvico, com deslizamento do reto pela fáscia do assoalho pélvico enfraquecido. Os principais fatores de risco são:

- mulheres > 60 anos;
- homens jovens com distúrbios psiquiátricos;
- multiparidade;
- constipação crônica;
- disfunção/defeito do assoalho pélvico;
- parto vaginal.

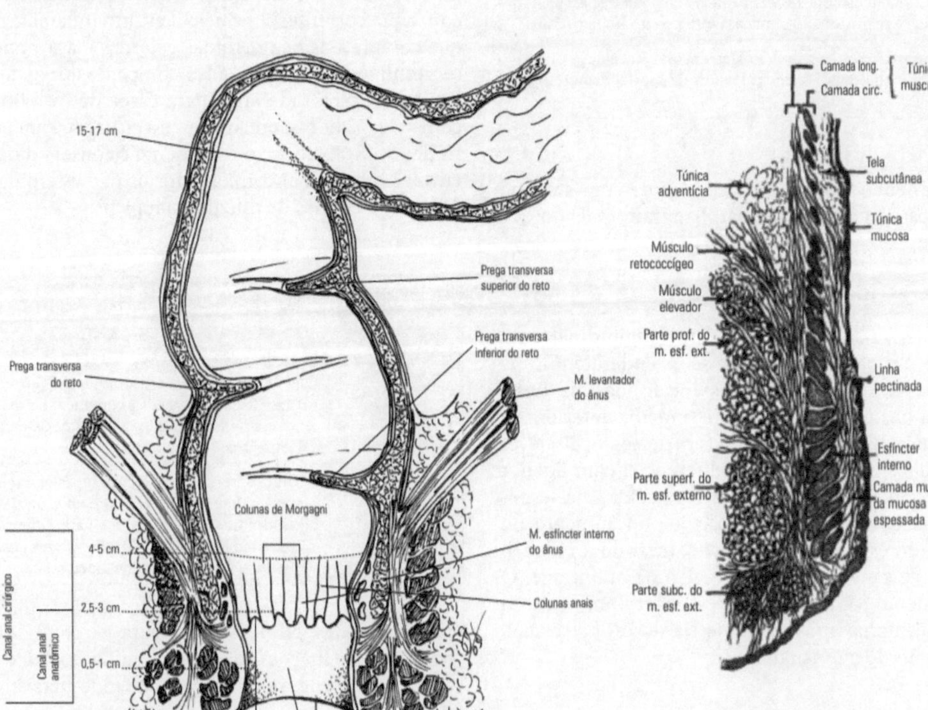

▶ Desenho esquemático do reto com suas curvaturas laterais, válulas do canal anal e musculatura anorretal.

A conduta clínica envolve dieta rica em fibras (30 g/dia) e ingestão de líquidos. O ***reparo cirúrgico*** é realizado mediante abordagens perineais (proctossigmoidectomia perineal, procedimento de Altemeier) e abordagens abdominais (reparo de Ripstein, cirurgia de Wells).

5.3. Hemorroidas Internas e Externas

Grau	Sinais e sintomas	Tratamento
1º grau	Sangramento	Recomendação dietética
2º grau	Sangramento, prurido e ***prolapso aos esforços com redução espontânea***	Ligadura elástica ou fotocoagulação
3º grau	Sangramento, prurido e prolapso aos esforços ***com redução digital***	Hemorroidectomia cirúrgica ou ligadura elástica (apenas 1 mamilo)
4º grau	Prolapso aos esforços ***irredutível!***	Hemorroidopexia grampeada (PPH)
Mantêm-se as recomendações dietéticas (30 g/dia de fibras + ingestão 1,5 l/dia de líquidos) para todos os graus de hemorroida. O diagnóstico é pela anuscopia/retossigmoidoscopia.		

Em relação às técnicas cirúrgicas de tratamento
■ **Ligadura elástica:** apresenta a sepse e o sangramento protuso como complicações. Não é recomendada para imunodeprimidos. ■ **Hemorroidectomia aberta (Milligan-Morgan):** é a liberação de plexos hemorroidários dos planos profundos, com ressecção da hemorroida. A "ferida" é cicatrizada por segunda intenção. ■ **Hemorroidopexia grampeada (PPH):** utiliza-se um grampeador circular que resseca a mucosa acometida pela hemorroida e reanastomosa a mucosa sadia com a linha pectínia.
As complicações pós-operatórias envolvem: retenção urinária, dor, hemorragia (principal causa de mortalidade) e incotinência.

Hemorróidas internas

Compõem o subtipo mais frequente e consistem no prolapso do coxim vascular. Sangram mais do que doem!

Os principais fatores de risco são:

- constipação intestinal;
- gravidez;
- fezes endurecidas.

Hemorróidas externas

Não causam sintomas nem sangramento, pois o plexo hemorroidário externo é recoberto por epitélio escamoso. O tratamento envolve a higiene local com água corrente. O principal evento inflamatório que complica as hemorroidas externas é a trombose, resultando em um quadro clínico de dor aguda, latejante e plenitude anal. Para casos de trombose com < 48-72 horas, preconiza-se a cirurgia. Para períodos > 48-72 horas, o tratamento é conservador e envolve o uso de anti-inflamatórios não esteroidais (AINEs) e cremes de nifedipina tópicos.

5.4. Fissura Anorretal

Caracteriza-se por uma úlcera longitudinal com início na margem anal que se estende até a linha denteada, sendo 90% delas localizadas na linha média posterior e 10% na linha média anterior. Na presença de qualquer fissura fora desses locais deve-se estabelecer diagnóstico diferencial com doença de Crohn. A etiologia não é conhecida, mas especula-se que a origem seja devida ao aumento do tônus do esfíncter anal interno, levando à redução do fluxo sanguíneo para a região da anoderme. O tratamento padrão ouro é a esfincterotomia parcial lateral interna após manometria do esfincter anal. Dói mais do que sangra!

As fissuras anais podem ser divididas	
Agudas	Quando apresentam evolução de até 3-6 semanas; devem ser tratadas com medidas dietéticas, emolientes fecais, banhos de assento e anestésicos.
Crônicas	Quando apresentam evolução superior a seis semanas; devem ser tratadas com bloqueadores de canais de cálcio, toxina botulínica e isossorbida tópica. [***TRÍADE:*** plicoma anal sentinela + fissura + papilite hipertrófica].

Manifestações clínicas: apresenta-se com dor anal nas evacuações, do tipo "lâmina cortante", associada a sangramento vivo, podendo persistir por horas.

5.5. Abscessos Anorretais

Resultam de uma doença supurativa anorretal derivada da infecção das glândulas anais localizadas nas criptas anais (glândulas de Chiari).

Perianal

É o tipo mais comum, atingindo 50% dos casos. Apresenta-se como um abaulamento na margem anal extremamente doloroso. Na anuscopia, observa-se uma descarga de secreção purulenta nas criptas.

Isquiorretal

Localiza-se entre o canal anal e a parte inferior do reto. O exame físico evidencia induração nas nádegas. Eventualmente o abscesso pode se propagar para a fossa isquiorretal contralateral, formando um abscesso em forma de ferradura. Pode evoluir para síndrome de Fournier.

Interesfincteriano

Simula uma fissura anal e geralmente é assintomático. O diagnóstico é realizado por métodos de imagem.

Pelvirretal (supraelevador)

Ocasionado por processos infecciosos na cavidade peritoneal (apendicite, diverticulite, salpingite etc.).

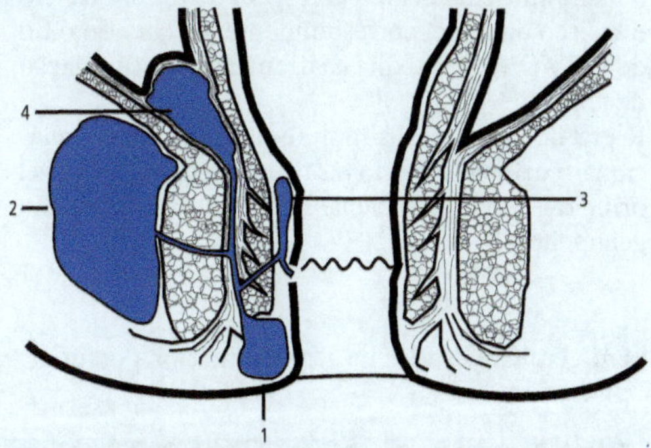

▶ Localização dos abscessos anorretais: 1) perianal; 2) isquiorretal; 3) submucoso (intermuscular alto); 4) pelvirretal (supraelevador).

Submucoso

Encontrado no plano submucoso, é o tipo menos frequente.

O tratamento envolve a drenagem do abscesso. para os casos de abscessos isquiorretais, pelvirretais e/ou pacientes imunodeprimidos, diabéticos, com celulite extensa e febre alta, recomenda-se a drenagem intra-hospitalar associada à antibioticoterapia intravenosa.

5.6. Fístula Anorretal

Trata-se de uma comunicação entre o epitélio intestinal (canal anal) e a pele. É considerada completa quando se identificam o orifício interno (cripta anal acometida), seu trajeto e o seu orifício externo. O principal sintoma é a drenagem, pela região perianal, de secreção seropurulenta com odor fétido.

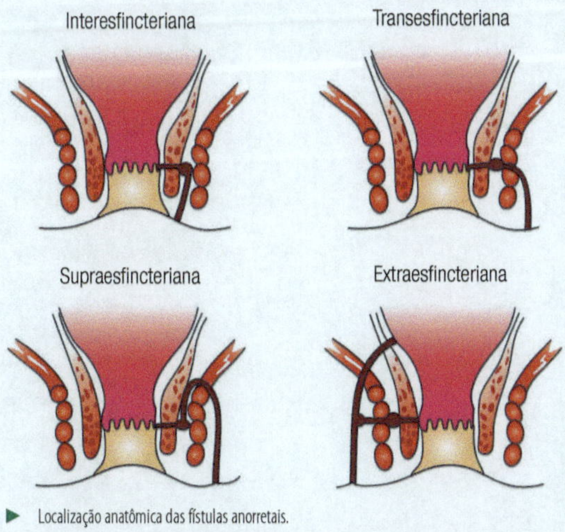

▶ Localização anatômica das fístulas anorretais.

Interesfinctérica (45%)

O trajeto da fístula está confinado ao plano interesfinctérico.

Transesfinctérica (30%)

A fístula conecta o plano interesfinctérico com a fossa isquiorretal, perfurando o esfíncter externo.

Supraesfinctérica (20%)

O trajeto segue acima do esfíncter externo e perfura o músculo elevador do ânus.

Extraesfinctérica (5%)

O trajeto se estende do reto à pelve e ao períneo.

Tratamento: é cirúrgico. Visa à eliminação das fístulas (fistulotomia) mediante abertura e curetagem do trajeto fistuloso associado à ressecção da cripta envolvida e a cicatrização da ferida por segunda intenção.

Nas fístulas transesfinctéricas altas, é necessário realizar uma abertura ampla do trajeto fistuloso até o plano muscular, com curetagem de todo o trajeto e excisão da cripta correspondente, recebendo o fio de ***SETTON***, que auxilia na drenagem e estimulação da fibrose.

Regra de Goodsall-Salmon: é a regra que correlaciona o orifício externo da fístula com seu possível orifício interno. O paciente se apresenta em posição genupeitoral.

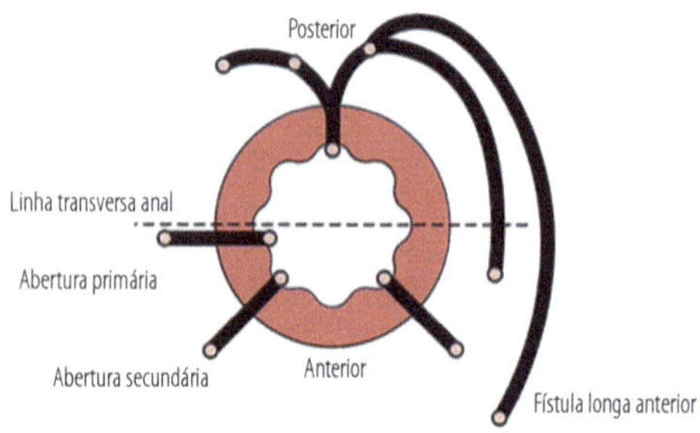

Em geral, as fístulas da região anterior possuem trajeto reto, enquanto as da região posterior, trajeto curvo.

5.7. Neoplasia de Margem Anal

1. **Neoplasia intraepitelial anal (NIA) e doença de Bowen:** a NIA representa uma lesão precursora do carcinoma epidermoide e está relacionada com o papilomavírus humano (HPV). A doença de Bowen é um carcinoma *in situ* restrito à margem anal, sem relação com o HPV.
2. **Doença de Paget:** é um adenocarcinoma intraepitelial com 50%-86% de associação com o adenocarcinoma subjacente. Apresenta-se com uma placa eczematoide bem definida. O tratamento é cirúrgico associado ao acompanhamento para tumores de colo avançados.
3. **Carcinoma de células escamosas:** apresenta-se com prurido crônico e sensação de massa na região anal. Recebe tratamento com margens amplas.

5.8. Doenças Malignas do Canal Anal

O carcinoma epidermoide do canal anal (anatômico) inclui as neoplasias da linha pectínea (carcinomas cloacogênico, de células transicionais e basaloide).

Apresenta 25% de probabilidade de metástases linfonodais e 6% de probabilidade de metástase hepática. O tratamento envolve o esquema NIGRO [quimioterapia (QT) + radioterapia (RT)] *(30 Gy em 15 frações + 5-fluoracil com mitomicina).*

Fatores de risco
▪ HPV
▪ Prosmiscuidade sexual
▪ Câncer de vulva e vagina
▪ Tabagismo
▪ Imunodeficiência

SEÇÃO 2 - GASTROLOGIA

Capítulo 6 – Doenças do Esôfago

6.1. Movimentos da Deglutição 42
6.2. Distúrbios Motores Esofágicos 43
6.3. Distúrbios Obstrutivos Esofágicos 44
6.4. Doença do Refluxo Gastresofágico 45
6.5. Neoplasia de Esôfago (Carcinoma Escamoso/Epidermoide ou Adenocarcinoma) 46
6.6. Outros Distúrbios Esofágicos 48

Capítulo 7 – Doenças do Estômago

7.1. Anatomia do Estômago 49
7.2. Estenose Hipertrófica do Piloro 50
7.3. Doença Ulcerosa Péptica 50
7.4. Síndrome de Zollinger-Ellison 53
7.5. Neoplasia Gástrica 53

Capítulo 8 – Síndromes Intestinais I

8.1. Diarreias Agudas e Crônicas 55
8.2. Doenças Disabsortivas 55
8.3. Doenças Intestinais Inflamatórias 57
8.4. Colite Pseudomembranosa 60
8.5. Síndrome do Cólon Irritável 60
8.6. Tumor Carcinoide 61

Capítulo 9 – Síndromes Intestinais II

9.1. Pólipos 62
9.2. Neoplasia Colorretal 63
9.3. Doença Diverticular 65
9.4. Hemorragia Digestiva Baixa 65
9.5. Diverticulose do Intestino Delgado (Meckel) 66
9.6. Apendicite Aguda 66
9.7. Diverticulite (Peripseudodiverticulite) 67
9.8. Abordagem das Obstruções Intestinais 68
9.9. Isquemia Intestinal 69

Capítulo 10 – Distúrbios Pancreáticos

10.1. Anatomia Pancreática 72
10.2. Pancreatite Aguda 73
10.3. Pancreatite Crônica 75
10.4. Tumor de Pâncreas 75
10.5. Neoplasias Endócrinas 76

ANOTAÇÕES

CAPÍTULO 6

DOENÇAS DO ESÔFAGO

6.1. Movimentos da Deglutição

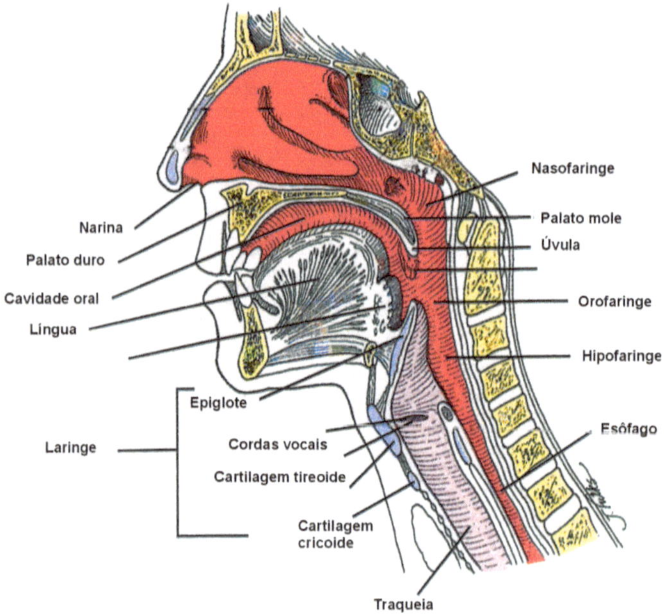

► Secção sagital da cabeça e pescoço mostrando as vias aéreas superiores e o início das inferiores.

Deglutição

O aparelho de deglutição é composto por língua, palato mole, faringe, laringe (glote), esfíncter esofagiano superior (EES), corpo do esôfago e esfíncter esofagiano inferior (EEI).

Musculatura	
Esquelética	Faringe, esfíncter esofagiano superior (músculo cricofaríngeo), terço superior do esôfago ("esôfago cervical").
Lisa	Dois terços inferiores do esôfago ("esôfago torácico") e o esfíncter esofagiano inferior.

Fase orofaríngea

A deglutição começa por uma fase voluntária (contração da musculatura da língua). A partir desse instante desencadeia-se o reflexo da deglutição, que é controlado pelo sistema nervoso central (SNC) utilizando nervos cranianos bulbares (glossofaríngeo 9º par, vago 10º par, hipoglosso 12º par).

Fase esofágica

É composta pelas peristalses primária (reflexo da deglutição) e secundária (resposta à distensão mecânica do esôfago).

Disfagia

Pode ser de três tipos.

Disfagia orofaríngea (ou de transferência)

É a dificuldade em iniciar a deglutição (passagem da boca para o esôfago). O paciente engasga. Ocorre tanto com sólidos quanto com líquidos. Os principais desencadeantes são os distúrbios que afetam os músculos esqueléticos (miastenia grave, dermatopolimiosite), o SNC (esclerose múltipla, esclerose lateral amiotrófica [ELA], acidente vascular encefálico [AVE]).

Disfagia esofagiana (ou de condução)

É a dificuldade da passagem do esôfago para o estômago. O paciente se entala. Ocorre tanto com sólidos quanto com líquidos. A etiologia é devida a um distúrbio motor do esôfago (neurológico ou muscular). A disfagia apenas para sólidos é decorrente de obstruções anatômicas.

Anel de Schatzki	Estenose congênita anelar de tecido fibroso, localizada no esôfago distal, na junção escamocolunar. Geralmente é assintomático, mas pode provocar dificuldade na deglutição de alimentos sólidos.

Pseudodisfagia (*globus histericus*)

É decorrente de estresse emocional.

6.2. Distúrbios Motores Esofágicos

Acalásia

É o principal distúrbio motor! Acomete a faixa etária dos 25 aos 60 anos e sua etiologia consiste no não relaxamento do esfíncter esofagiano inferior. É caracterizado por déficit de relaxamento fisiológico com hipertonia do EEI e presença de peristalses anormais (fracas e de pequena amplitude). Ocorre devido à degeneração dos neurônios do plexo nervoso (mioentérico de Meissner e Auerbach) presentes na parede esofagiana. Apresenta origem primária (idiopática) ou secundária (doença de Chagas).

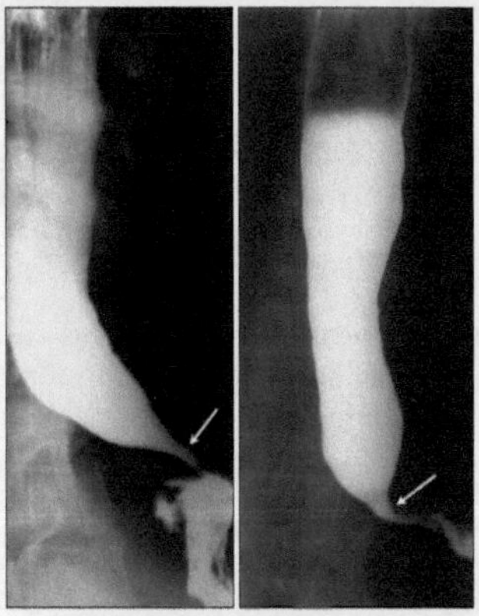

► Aspectos radiográficos de megaesôfagos com acalasia em "ponta de lápis" (setas).

É um fator de risco para o carcinoma (CA) escamoso (epidermoide) de esôfago.

Manifestação clínica

Apresenta-se como uma disfagia com regurgitação, emagrecimento progressivo, e o esôfago se torna reservatório de alimentos!

É diferenciada dos casos de câncer, pois nestes ocorrem disfagia progressiva e emagrecimento insidioso.

Diagnóstico

O padrão ouro é a esofagomanometria com pressões nas contrações > 35 mmHg. A esofagografia baritada, entretanto, é o exame mais realizado, revelando uma imagem de estreitamento em "chama de vela" ou "bico de pássaro" na topografia do EEI.

Classificação de Mascarenas		
Grau	Estadiamento (tamanho esofágico)	Tratamento
Grau I	< 4 cm	Nitratos, antagonistas de cálcio, toxina botulínica e sildenafil.
Grau II	4-7 cm	Dilatação pneumática por balão.
Grau III	7-10 cm	Cardiomiotomia de Heller associada a fundoplicatura parcial.
Grau IV	> 10 cm	Esofagectomia.

Espasmo esofagiano difuso

É caracterizado pelas contrações simultâneas, não propulsivas (peristalse anormal), do esôfago!

Acomete principalmente mulheres com distúrbios psicossomáticos associados (depressão/ansiedade).

Manifestações clínicas

Apresenta-se com dor retroesternal (cólica esofagiana) associada à disfagia para líquidos e sólidos, sendo frequentemente indistinguível de uma angina *pectoris*. É necessária sua investigação prementemente por exames não invasivos provocativos de isquemia miocárdica.

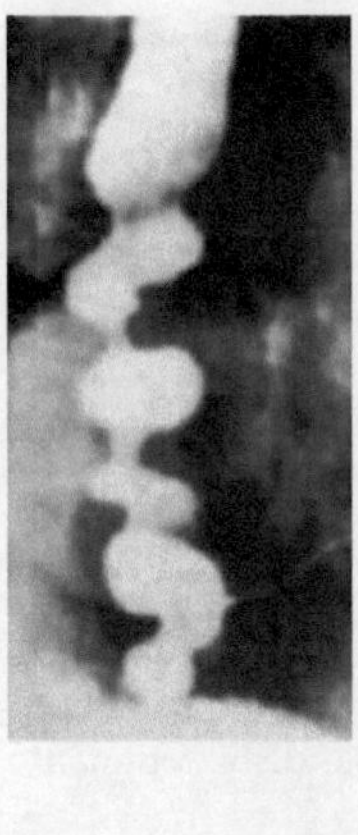

► Esofagografia de um paciente com espasmo difuso mostrando a deformidade em "saca-rolha".

Diagnóstico

Os exames padrão ouro são a esofagomanometria (contrações prolongadas e > 120 mmHg) e a esofagografia baritada com imagem em esôfago em saca-rolha ou contas de rosário.

Tratamento

Consiste no uso de ansiolíticos (paciente teme a morte pela semelhança com angina/infarto do miocárdio [IAM]), nitratos, antagonistas do canal de cálcio, toxina botulínica, antidepressivos tricíclicos. Não se recomenda o uso de anticolinérgicos, pois os nervos reguladores das contrações esofagianas não são colinérgicos. Nos casos extremos, realiza-se a miotomia estendida longitudinal.

Esôfago em quebra-nozes

Trata-se de uma variante do espasmo esofagiano difuso (EED) caracterizada por grande contração generalizada, propulsiva, do esôfago, atingindo níveis pressóricos à manometria > 180-400 mmHg. Recebe o mesmo tratamento que o espasmo esofagiano difuso.

6.3. Distúrbios Obstrutivos Esofágicos

Divertículos

Podem ser verdadeiros (herniação de todas as camadas de sua parede) ou falsos (parede formada apenas pela mucosa e submucosa).

Divertículo de Zenker

É um divertículo falso formado pela herniação da mucosa hipofaríngea presente em uma área frágil da parede posterior da faringe distal (o triângulo de Killian) situada entre as fibras oblíquas do músculo faríngeo inferior e o músculo cricofaríngeo. A combinação de altas pressões intraluminais com uma região muscular enfraquecida resulta na formação do divertículo de Zenker (fenômeno de pulsão + hipertrofia do músculo cricofaríngeo). As manifestações clínicas são: a halitose, disfagia e ruminação. O **diagnóstico** é efetivado pela esofagografia baritada. Não se realiza a endoscopia sob o risco de rompimento. O **tratamento** é estratificado:

- **Divertículo < 2 cm:** esofagomiotomia cervical.
- **Divertículo ≥ 2 cm:** diverticulectomia ou diverticulopexia (até 5 cm, realiza-se a sutura) + esofagomiotomia.

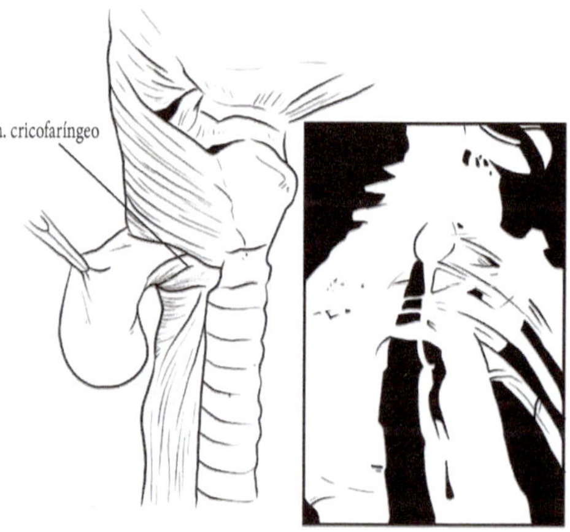

▶ Local da formação do divertículo de Zenker.

Obstrução extrínseca

Caracteriza-se pela compressão do esôfago pelos órgãos adjacentes (mediastinais). Os principais agentes são: átrio esquerdo aumentado e arco aórtico anormal. O diagnóstico é feito pela angiotomografica computadorizada (ângio-TC) de tórax e o tratamento é cirúrgico.

Anéis e membranas

Trata-se da deficiência de recanalização dos anéis esofágicos durante o desenvolvimento embrionário, promovendo áreas de estreitamento circunferencial da luz do esôfago. Os anéis envolvem toda a circunferência e predominam na porção distal, enquanto as membranas ocluem apenas parte da circunferência e costumam ser mais proximais.

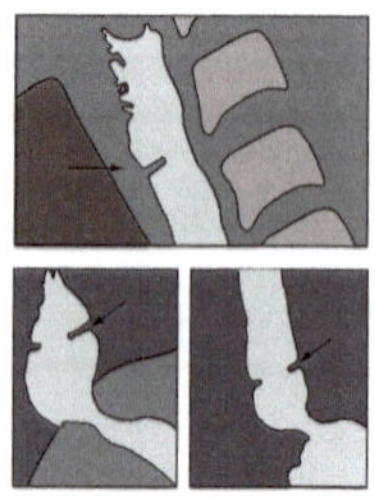

▶ Anel de Schatzki.

Anel de Schatzki

A síndrome do Steakhouse é causada por uma malformação do esôfago terminal, geralmente na junção escamocolunar, que se manifesta com clínica de disfagia intermitente principalmente para sólidos. O diagnóstico é obtido por endoscopia digestiva alta e esofagografia baritada. O tratamento envolve a dilatação endoscópica do anel.

Tumores esofagianos benignos

São raros, e o tipo mais comum é o leiomioma. O diagnóstico é realizado pela esofagografia baritada. O tratamento consiste no ressecamento do tumor, tendo em vista que se trata de uma neoplasia benigna da camada muscular.

Atresias esofagianas

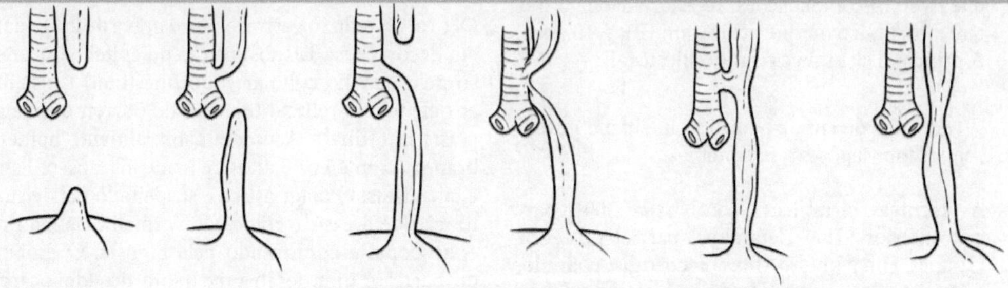

► Atresia do esôfago – Classificação de Gross. A) Atresia de esôfago sem fístula traqueoesofágica; B) Atresia de esôfago com fístula traqueoesofágica proximal; C) Atresia de esôfago com fístula traqueoesofágica distal: é o tipo mais frequente (cerca de 85%); D) Atresia com fístula proximal e distal; E) Fístula traqueoesofágica sem atresia; F) Estenose esofágica.

6.4. Doença do Refluxo Gastresofágico

A doença do refluxo gastresofágico (DRGE) é caracterizada pela agressão do material ácido à mucosa com sintomas de pirose e regurgitação recorrente e interprandial de longa duração. A patogênese mais comum é devida ao relaxamento do esfíncter esofágico inferior. Outros fatores contribuintes são alterações da junção e desestruturação anatômica da junção esofagogástrica (hérnia de hiato).

O refluxo esofágico de curta duração após as refeições é fisiológico e assintomático.

Manifestações clínicas

Típicas	Pirose (queimação ascendente retroesternal) e regurgitação ácida.
Atípicas	Sintomas extra/supraesofágicos como faringite, rouquidão, tosse crônica, broncoespasmo, pneumonite recorrente, dor subesternal.

Indicações de endoscopia digestiva alta
■ Sintomas atípicos
■ Sinais de alarme (disfagia, emagrecimento, sangramento, odinofagia, anemia, neoplasias)
■ Idade > 45 anos
■ Ausência de resposta ao tratamento clínico com dose dobrada de inibidor da bomba de prótons (IBP).

Diagnóstico

Obtido por história clínica e teste terapêutico!

A pHmetria de 24 horas é o padrão ouro, com valor de pH esofágico < 4, medido 5 cm acima do EEI.

Os principais alimentos responsáveis pelo relaxamento do EEI: café, chocolate, hortelã, cigarro, salgadinhos.

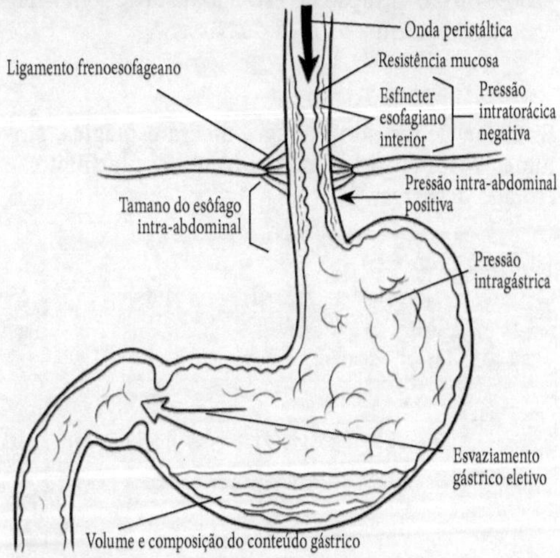

► Fatores envolvidos na esofagite de refluxo.

Tratamento

- **Medidas gerais**: medidas antirrefluxo (evitar deitar-se após refeições, abster-se de atitudes que aumentem a pressão intra-abdominal, redução de peso, evitar fármacos que relaxem o esfíncter esofagiano inferior (EEI).
- **Medidas farmacológicas**: inicia-se o tratamento com inibidores de bomba de prótons (omeprazol 20 mg 12/12 h 12 semanas [os efeitos colaterais do uso continuado são osteoporose, fratura de quadril e redução das taxas de vitamina B_{12}]), bloqueadores H2.

Para casos refratários ao tratamento farmacológico, preconiza-se dobrar a dose de IBP e utilizar por mais 12 semanas.
O uso de antiácidos e procinéticos não é mais recomendado.

- **Medidas cirúrgicas**: indicadas para pacientes que tiveram complicações, refratariedade ao tratamento clínico ou que utilizaram IBP > 10 anos. A principal cirurgia é a fundoplicatura!

O controle de cura é realizado mediante nova endoscopia após 8 a 12 semanas.

As técnicas cirúrgicas são: Nissen 360º, parcial anterior (Thal-Hatafuku), parcial posterior (Toupet, Hill e Lind). Antes da cirurgia, contudo, deve-se realizar uma pHmetria de 24 horas para confirmar a DRGE e a esofagomanometria para identificar quais pacientes apresentam contratilidade esfincteriana prejudicada, com a finalidade de evitar a iatrogenia com técnica cirúrgica inadequada, uma vez que a atividade peristáltica < 60% ou a contração do esôfago distal < 30 mmHg contraindicam a técnica de Nissen.

Complicações

Estenose péptica do esôfago, úlcera esofágica, sintomas respiratórios (asma brônquica, laringite) e esôfago de Barret.

Esôfago de Barret

Ocorre no refluxo gastresofágico grave de longa data em decorrência da substituição do epitélio escamoso pelo epitélio colunar (tipo intestinal) resistente aos efeitos do refluxo (epitélio de Barrett ou metaplasia intestinal). Acomete habitualmente homens brancos com 45 a 60 anos de idade, obesos, etilistas e tabagistas. O diagnóstico é suspeitado pela visualização de áreas de coloração vermelho-salmão na endoscopia e confirmado pela biópsia. O esôfago de Barret é uma lesão precursora do adenocarcinoma de esôfago (aumenta o risco em 30-125×). O tratamento baseia-se no acompanhamento com endoscopias seriadas e exames histopatológicos à procura de displasias associado ao uso de inibidores de bomba de prótons.

Estágios	
Sem displasia	Endoscopia digestiva alta (EDA) a cada 3-5 anos.
Baixo grau	Ablação endoscópica ou EDA 6-12 m.
Alto grau	Ablação endoscópica.

Classificação

Los Angeles			Savary-Miller modificada	
Grau A	Erosão < 5 mm		Grau I	Erosão linear ocupando uma única prega
Grau B	Erosões > 5 mm	→	Grau II	Erosões em mais de uma prega
Grau C	Erosões acometendo o topo das pregas	→	Grau III	Erosões exsudativas em toda a circunferência do esôfago
Grau D	Acomete ¾ da circunferência esofágica	→	Grau IV	Úlcera esofágica profunda. Estenose péptica distal ao esôfago.
			Grau V	Metaplasia de Barrett

6.5. Neoplasia de Esôfago (Carcinoma Escamoso/Epidermoide ou Adenocarcinoma)

Carcinoma escamoso

Neoplasia mais comum no Brasil, é derivada do epitélio estratificado não queratinizado, acometendo principalmente o terço médio do esôfago. Os fatores de risco são:

- etilismo/tabagismo;
- bebidas quentes;
- alimentos N-nitrosos;
- tilose palmar e plantar;
- estenose e acalasia;
- deficiência de zinco e selênio.

Adenocarcinoma

Neoplasia mais comum nos EUA, é derivada do epitélio de Barret, acometendo principalmente o terço distal do esôfago. Os fatores de risco são:

- esôfago de Barret;
- tabagismo;
- obesidade.

Manifestações clínicas

Apresenta disfagia progressiva com perda ponderal rápida, rouquidão por envolvimento do nervo laríngeo recorrente e hematêmese.

Diagnóstico

Ao realizar endoscopia digestiva alta podemos colher material para análise, o material pode ser colhido por meio de biópsia (fragmento) ou escovado (raspagem). Logo o diagnóstico envolve: endoscopia digestiva alta com biópsia e escovado.

Estadiamento

Feito por meio de ultrassom endoscópico (estadiar T e N) e *PET-scan* (estadiar M). A ausência da

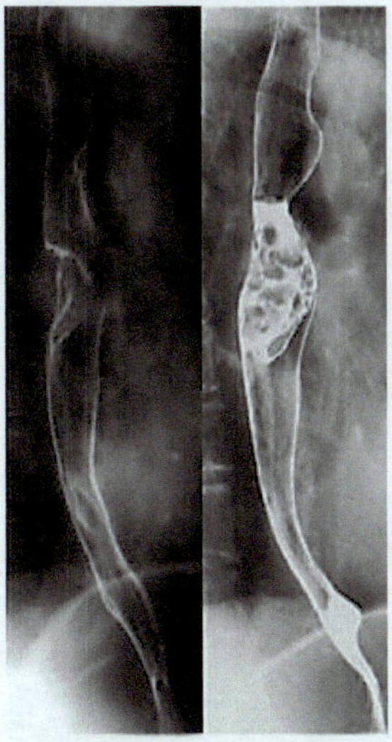

► Estudo radiológico para diagnosticar, localizar e avaliar a extensão do tumor.

camada serosa facilita a disseminação para os linfonodos regionais e para os órgãos adjacentes!

Tratamento

A estratégia cirúrgica envolve esofagectomia associada a linfadenectomia regional com margem de 8 cm e, quando possível, reconstrução com o estômago. As duas técnicas cirúrgicas são:

Esofagectomia transtorácica
Seu principal risco são de deiscência da anastomose intratorácica, que leva a mediastinite grave, sepse e óbito em 50% dos casos.

Esofagectomia trans-hiatal
Suas desvantagens é o risco de hemorragia mediastinal incontrolável no perioperatório e a incapacidade de se realizar a dissecção completa dos linfonodos mediastínicos.

Terapia paliativa
É realizada em CA de estágio avançado (T4b, M1) e envolve o uso de dilatadores esofágicos ou *stents* (para permitir a reconstituição do trânsito alimentar), radioterapia (para redução do tamanho tumoral), gastrostomia ou jejunostomia. Pacientes com acometimento linfonodal celíaco e cervical são definidos como M1 (irressecável).

Classificação TNM para o câncer de esôfago escamoso	
Tumor	**Linfonodos**
T0: sem tumor **T1:** submucosa **T2:** invasão da muscular própria **T3:** invasão da adventícia **T4a:** invasão de estruturas **T4b:** tumor irressecável	**N0:** sem envolvimento nodal **N1:** 1~2 linfonodos acometidos **N2:** 3~6 linfonodos acometidos **N3:** ≥ 7 linfonodos acometidos
"Metástases"	
M0: sem metástase à distância **M1:** presença de metástase à distância	

TNM: T: tumor, N: linfonodo, M: metástase.

Prognóstico

A sobrevida em 5 anos do CA de esôfago é:

Estágio 1:	60%
Estágio 2:	30%

Estágio 3:	20%
Estágio 4:	4%

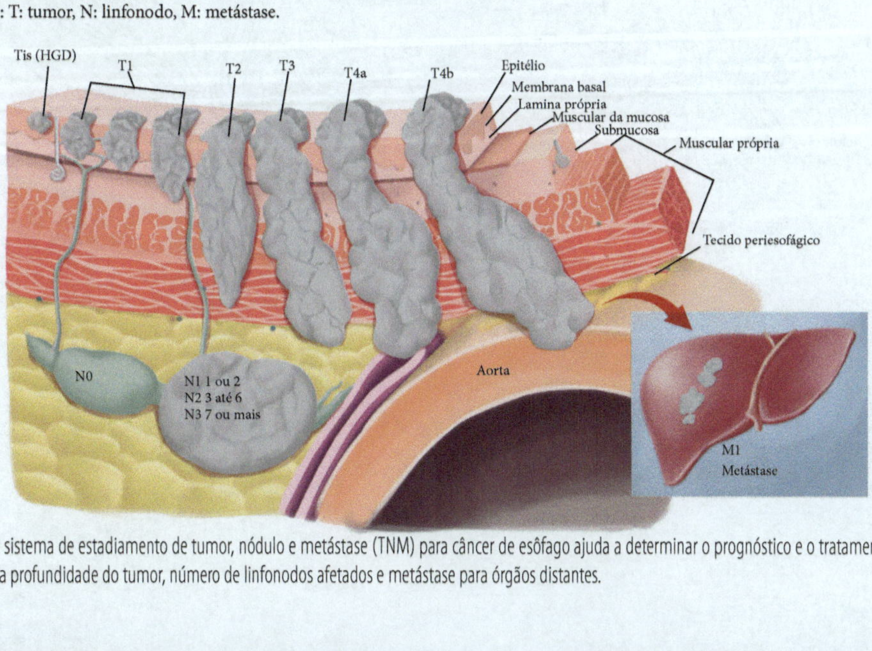

► O sistema de estadiamento de tumor, nódulo e metástase (TNM) para câncer de esôfago ajuda a determinar o prognóstico e o tratamento com base na profundidade do tumor, número de linfonodos afetados e metástase para órgãos distantes.

6.6. Outros Distúrbios Esofágicos

Hérnia de hiato

É a protrusão do estômago (ou parte dele) para uma região acima do diafragma.

Hérnia de hiato por deslizamento (tipo 1)

Herniação da junção esofagogástrica e do fundo gástrico para o tórax devido a enfraquecimento dos ligamentos que unem a junção gastresofágica com o diafragma, contração longitudinal do esôfago e aumento da pressão abdominal. Não cursa com sintomatologia, mas favorece a erosão da mucosa por DRGE.

Hérnia de hiato paraesofágica (tipo 2)

Ocorre devido ao rolamento do fundo gástrico para cima do diafragma. Geralmente é assintomática.

Hérnia de hiato mista

Mistura da hérnia de deslizamento com a paraesofágica.

Síndrome de Mallory-Weiss

Caracterizada por lacerações na mucosa e na submucosa do esôfago distal e do estômago proximal que ocorrem em resposta a vômitos vigorosos, está associada a hérnia de hiato e é frequente em etilistas. O sintoma mais comum é o sangramento gastrointestinal alto. O tratamento consiste em hemostasia endoscópica. A ruptura espontânea ou perfuração é chamada de síndrome de Boerhaave.

Malformações congênitas

São a atresia esofagiana e as fístulas traqueoesofágicas.

Infecções do esôfago

Os principais agentes são *Candida albicans*, vírus do herpes e citomegalovírus.

Esofagite eosinofílica

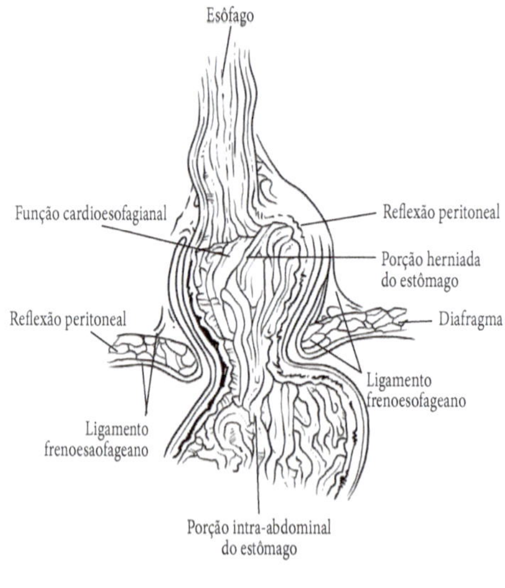

▶ Esquema de hérnia hiatal por deslizamento.

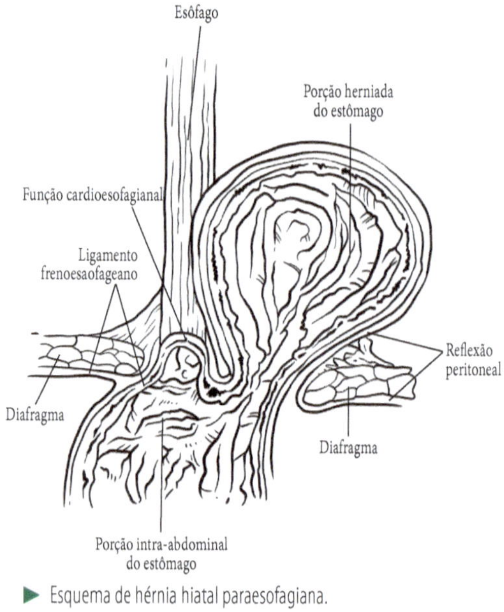

▶ Esquema de hérnia hiatal paraesofagiana.

CAPÍTULO 7

DOENÇAS DO ESTÔMAGO

7.1. Anatomia do Estômago

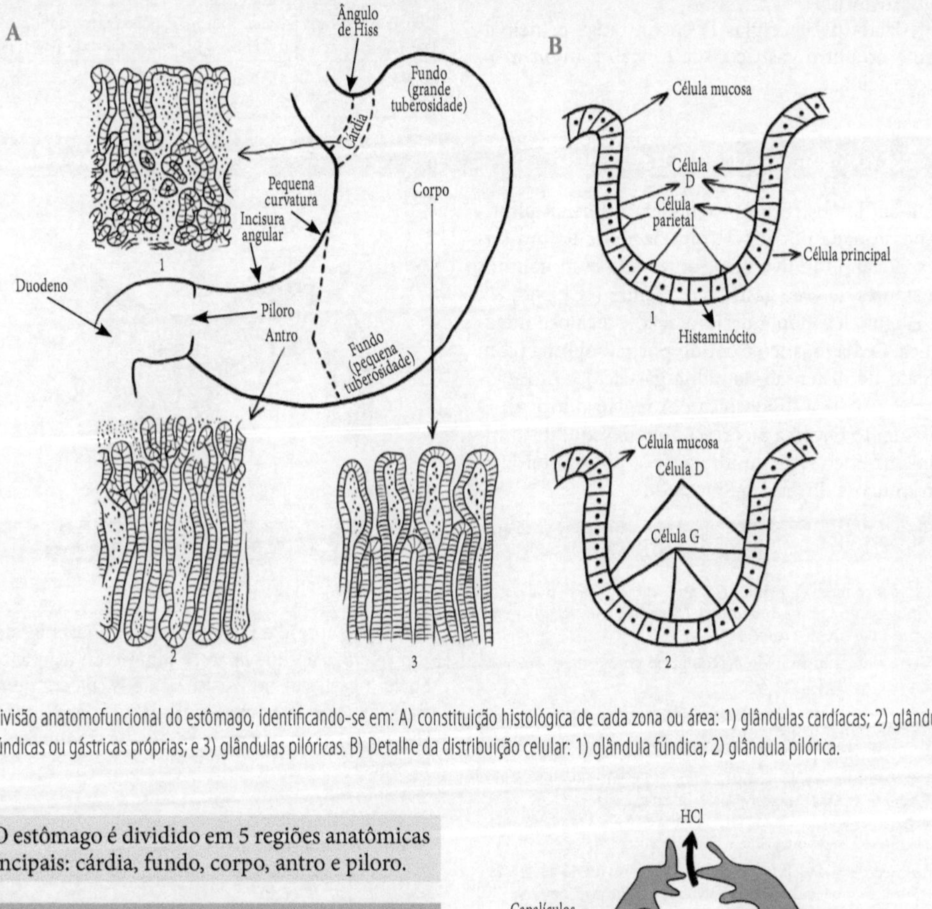

▶ Divisão anatomofuncional do estômago, identificando-se em: A) constituição histológica de cada zona ou área: 1) glândulas cardíacas; 2) glândulas fúndicas ou gástricas próprias; e 3) glândulas pilóricas. B) Detalhe da distribuição celular: 1) glândula fúndica; 2) glândula pilórica.

→ O estômago é dividido em 5 regiões anatômicas principais: cárdia, fundo, corpo, antro e piloro.

Controle da secreção ácida

O ácido clorídrico é secretado pelas células parietais por ação da bomba de prótons. Três substâncias endógenas estimulam a secreção ácida: acetilcolina, histamina e gastrina.

Acetilcolina

Liberada pela estimulação vagal do estômago, é influenciada pela visão do alimento, pelo olfato e pelo paladar.

Histamina

A acetilcolina e a gastrina estimulam as células semelhantes a cromafins (ECL) a secretarem histamina.

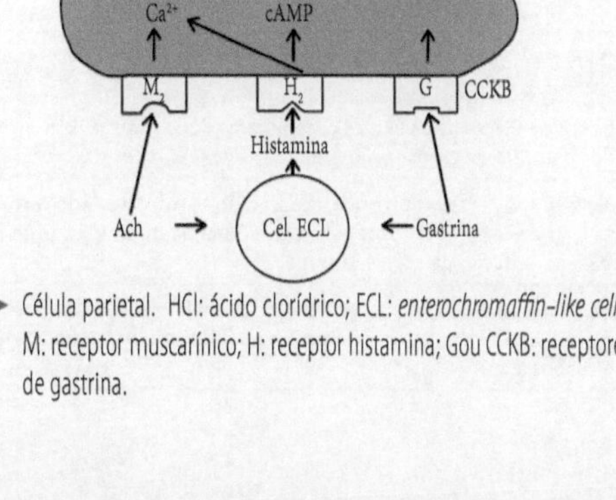

▶ Célula parietal. HCl: ácido clorídrico; ECL: *enterochromaffin-like cells*; M: receptor muscarínico; H: receptor histamina; G ou CCKB: receptores de gastrina.

Gastrina
É produzida pelas células G presentes no antro gástrico.

Bombesina
É um peptídeo liberador de gastrina (PLG).

Somatostatina
Sintetizada pelas células D encontradas principalmente no antro gástrico, sua função é inibir a secreção ácida.

Defesas da mucosa

Muco	Gel que forma uma camada fina e protetora sobre a mucosa
HCO_3^-	Fica retido entre a mucosa e a camada de muco
Renovação celular	Substitui as células comprometidas e evita a progressão da lesão
Fluxo sanguíneo da mucosa	O fluxo nutre o epitélio regenerador e remove o ácido que poderia se difundir pela mucosa
Prostaglandinas	Mediadoras fundamentais, estimulam todas as ações aqui citadas

7.2. Estenose Hipertrófica de Piloro

Trata-se de obstrução progressiva do canal pilórico ocasionada por hipertrofia da musculatura circular local. O indivíduo se apresenta com vômitos constantes de suco gástrico contendo HCl, Na^+, K^+, Cl^- e água, levando a desidratação e alcalose metabólica. O diagnóstico é obtido por radiografia (com achado de distensão de bolha gástrica) e ultrassonografia (massa hipoecoica em região pilórica). O tratamento envolve a correção do desequilíbrio hidroeletrolítico e da desidratação e piloromiotomia extramucosa de Fredet-Ramstedt.

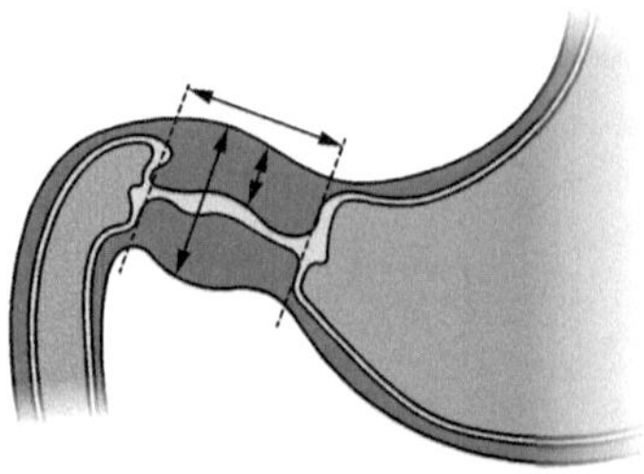

► Anatomia e fisiologia do piloro.

7.3. Doença Ulcerosa Péptica

→ A doença ulcerosa péptica (DUP) é caracterizada por lesão da mucosa do estômago ou duodeno com diâmetro ≥ 0,5 cm (lesões < 0,5 cm são erosões).

É decorrente, em geral, do desequilíbrio entre o fator ácido e proteção (*no acid: no ulcer*).

Anti-inflamatórios Não Esteroidais

Os anti-inflamatórios não esteroidais (AINEs) inibem a ciclo-oxigenase (COX) (inclusive os específicos para a COX-2), o que favorece a formação de DUP, já que a COX-2 também atua na manutenção da integridade do endotélio vascular.

Atualmente, 2%-4 % da população estão em uso diário de AINEs e têm risco aumentado para desenvolver DUP, especialmente:

- > 60 anos de idade;
- história prévia de DUP;
- comorbidades;
- uso de glicocorticoides;
- Altas doses de AINEs.

Helicobater pylori

Cerca de 95% dos pacientes com úlceras duodenais e 70%-80% dos com úlcera gástrica são infectados pelo *H. pylori*!

Na fase 1, o *H. pylori* provoca infecção do antro, causando diminuição das células D (produtoras de somatostatina) e levando à falta de inibição da secreção ácida.

Na fase 2, a infecção das células parietais leva à queda da secreção ácida e dos fatores de proteção (inibindo a produção de bicarbonato)!

Manifestações clínicas

A DUP se apresenta com dor abdominal epigástrica em queimação que aparece junto com as refeições (úlcera gástrica) ou 2-3 horas após (úlcera duodenal). Tipicamente ocorre a síndrome dispéptica (ou dispepsia), com os seguintes sinais e sintomas:

- azia;
- náuseas;
- saciedade precoce;
- dor ou desconforto epigástrico.

A investigação do *H. pylori* é feita por

Testes invasivos

- **Teste rápido da urease do fragmento biopsiado:** amostras de biópsia de mucosa são colocadas em um meio contendo ureia e um marcador de pH, tendo em vista que a bactéria secreta uma substância que altera o pH à sua volta.
- **Histopatologia.**
- **Cultura.**

Testes não invasivos

- **Teste respiratório da ureia:** o paciente ingere uma solução de ureia marcada. O *H. pylori* converte a ureia em amônia + bicarbonato, que são convertidos em CO_2 (com C radiomarcado).
- **Sorologia:** ensaio imunossorvente ligado à enzima (ELISA) para detectar a presença de imunoglobulina da classe G (IgG) anti-*H. pylori*.
- **Pesquisa do antígeno fecal.**

Diagnóstico

A endoscopia é o padrão ouro, todavia a queixa de dispepsia não indica a realização de EDA. Deve-se realizar previamente uma pesquisa de *H. pylori* por exames não invasivos e, em caso positivo, preconiza-se o tratamento empírico para erradicar a bactéria; em caso negativo, deve-se iniciar o tratamento com antissecretores para a DUP por 4 a 8 semanas associado a suspensão do uso de AINEs.

➔ Em pacientes com mais de 45 anos de idade ou com sinais de alarme, deve-se realizar a endoscopia. Uma vez confirmada a DUP, inicia-se a investigação para malignidade mediante biópsia endoscópica da borda.

Tratamento da DUP

Envolve medidas gerais (dieta e interrupção do tabagismo e do etilismo), farmacológicas (antissecretores: IBP, bloqueadores H2, antiácidos, sucralfato) e cirúrgicas (quando há intratabilidade clínica, hemorragia refratária, perfuração e obstrução).

O **tratamento do *H. pylori*** visa a erradicar a bactéria na presença de:

- Dispepsia não ulcerosa;
- DUP;
- Linfoma do tecido linfoide associado à mucosa (MALT);
- Síndrome dispéptica sem EDA;
- História de câncer;
- Usuários de AINEs.
- Após ≥ 4 semanas do tratamento, repete-se a pesquisa de *H. pylori* (exceto por sorologia).

O esquema utilizado é: omeprazol 20 mg 12/12 h + claritromicina 500 mg 12/12 h + amoxicilina 1 g 12/12 h por 14 dias! Em pacientes alérgicos, substitui-se a amoxicilina por furazolidona 200 mg. Nos EUA, o tratamento é feito por 14 dias com uso de metronidazol em vez de amoxicilina.

→ O controle de cura envolve um novo exame (exceto sorologia) após 4 semanas de terapia.

Pacientes com úlcera gástrica sempre devem ser investigados para a presença de *H. pylori*, sendo realizada a biópsia da úlcera.

Complicações da doença ulcerosa péptica

Forrest Sangramento (%)	
Forrest I (hemorragia ativa)	90%
Ia (sangramento arterial em jato)	
Ib (sangramento lento, babando)	
Forrest II (sinais de hemorragia recente)	
IIa (vaso visível não sangrante)	50%
IIb (coágulo aderido)	30%
IIc (hematina na base da úlcera)	10%
Forrest III (úlcera com base clara, sem sangramento)	< 5%

Hemorragia digestiva alta

Manifesta-se subitamente com hematêmese e/ou melena. O tratamento visa à estabilização hemodinâmica e é realizado com a administração de 80 mg de omeprazol seguida de infusão contínua de 8 mg/h e uma EDA em 24-48 horas para avaliar o risco de ressangramento por intermédio da classificação de Forrest.

➔ O tratamento endoscópico + epinefrina é indicado para Forrest Ia, Ib, IIa, IIb. A cirurgia é indicada para caso de persistência de instabilidade hemodinâmica, falência inicial de terapia endoscópica ou sangramento contínuo.

Perfuração

Apresenta-se com dor abdominal e sinais de irritação peritoneal com raios X (RX) de abdome agudo revelando ar fora da cavidade. O tratamento visa a rafia e proteção com o omento (tampão de Graham).

Obstrução

Estenose pilórica do adulto.

Tipos de vagotomia gástrica na doença ulcerosa péptica

➔ A vagotomia leva à interrupção da estimulação das células parietais pela acetilcolina.

Troncular

Troncos vagais anterior e posterior são seccionados, desnervando não só o estômago, mas todas as vísceras abdominais, levando à queda da HCl associada a inibição do relaxamento do piloro, o que aumenta o tempo dos alimentos no estômago, sendo necessária outra correção.

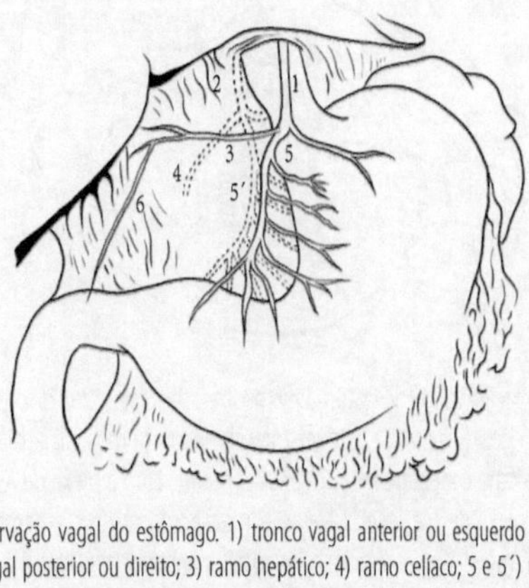

► Inervação vagal do estômago. 1) tronco vagal anterior ou esquerdo 2) tronco vagal posterior ou direito; 3) ramo hepático; 4) ramo celíaco; 5 e 5′) nervos de Latarjet anterior e posterior e suas ramificações gástricas; 6) ramo pilórico.

Seletiva

Remove a inervação vagal do estômago.

Superseletiva

Preserva a inervação vagal do antro e do piloro, cortando somente as que inervam o fundo e corpo gástricos – nervos de Latarjet.

Antrectomia

Interrupção da estimulação das células parietais pela gastrina.

Localização da úlcera péptica

Tipo	Localização	Tratamento
I de Johnson	Pequena curvatura baixa	Gastrectomia distal ou antrectomia + BI
II de Johnson	Corpo gástrico	Vagotomia + antrectomia + Billroth II
III de Johnson	Pré-pilórica	Vagotomia + antrectomia + Billroth II
IV (alta)	Pequena curvatura alta	Gastrectomia subtotal + Y de Roux
Duodenal		

Vagotomia troncular com antrectomia

É a cirurgia com menor taxa de recidiva da úlcera (1%). Nela. retira-se tanto o antro quanto o piloro; pode ser Billroth 1 ou 2.

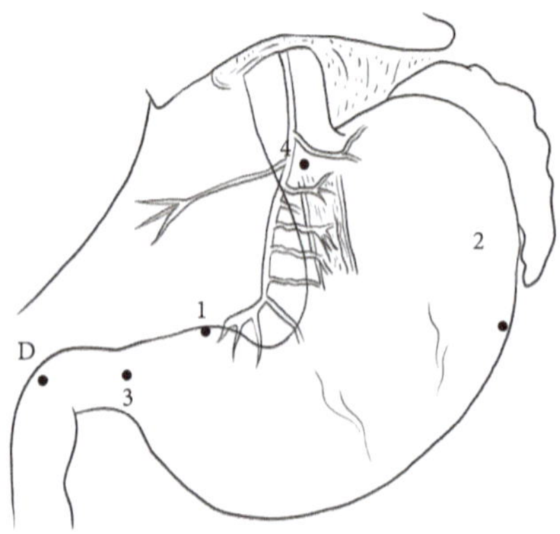

▶ Inervação vagal do estômago mostrando a penetração dos ramos gástricos do nervo de Latarjet anterior na túnica muscular em submucosa para conectarem-se, respectivamente, com o plexo de Auerbach e o plexo de Meissner. Úlceras – mais comum: tipo 1; hemorrágica mais grave: tipo 4; relacionadas com hipercloridria: tipo 2, 3 e D; duodenal: anterior perfura/posterior sangra.

Vagotomia superseletiva

Vagotomia troncular com piloroplastia

Realiza-se a piloroplastia para prevenir a estase gástrica pelo método de Heinecke-Mikulicz. As desvantagens são: refluxo de bile e suco pancreático para dentro do estômago, produzindo gastrite alcalina ou biliar, e esvaziamento acelerado de sólidos (síndrome de *dumping*).

Complicações pós-operatórias

Precoces

- Deiscência do coto duodenal;
- Gastroparesia;
- Deiscências ou fístulas;
- Perfuração gástrica.

Tardias

Síndrome de *dumping*

Decorre do rápido esvaziamento gástrico pós-prandial para o duodeno e pode ser precoce ou tardia. No *dumping* precoce (15-20 min pós-prandiais), ocorrem manifestações gastrointestinais como náuseas, vômitos, diarreia explosiva, dor abdominal e rubor facial devido a distensão duodenal, deslocamento de líquido para a luz intestinal e liberação de hormônios vasoativos. O *dumping* tardio (2-3 h pós-prandiais) apresenta-se com hiperinsulinemia reativa a uma elevação inicial muito rápida da glicemia, que posteriormente leva à hipoglicemia grave. O tratamento inclui dieta pobre em carboidratos, fracionamento das refeições, deitar-se após as refeições e o uso de acarbose/octreotida.

Gastroplastia por refluxo biliar ou "gastrite alcalina"

É decorrente da perda da estrutura pilórica (mais comum em cirurgias de Billroth 2), levando ao refluxo do conteúdo intestinal para o estômago, principalmente sais biliares e lisolecitina, compostos que são lesivos à mucosa gástrica, provocando gastropatia química com sintomas de dor abdominal em queimação e vômitos biliosos. O tratamento é cirúrgico por gastrojejunostomia em Y de Roux, com pelo menos 40-45 cm de trânsito duodenal.

Síndrome da alça aferente

Pacientes submetidos a Billroth 2 podem ter, na alça intestinal, uma semiobstrução luminal próxima ao estômago. Dessa forma, as secreções pancreáticas e hepatobiliares são aprisionadas nessa alça, causando distensão e dor. Quando a pressão dentro da alça aferente vence a obstrução, ocorrem vômitos biliosos em jato. O tratamento é a gastrojejunostomia em Y de Roux.

Síndrome da alça eferente

- Ocorre após 1 mês da cirurgia. O paciente se manifesta com dor em cólica no quadrante superior esquerdo, vômitos biliares e distensão abdominal.

Síndrome do antro retido.

7.4. Síndrome de Zollinger-Ellison (Gastrinoma)

Tríade

- Doença ulcerosa severa
- Hipersecreção ácida
- Tumor de células pancreáticas não beta

Em 90% das vezes, localizam-se no triângulo do gastrinoma. Os gastrinomas apresentam comportamento maligno em 60% dos casos e sempre evoluem com metástases de forma sequencial:

Linfonodos → fígado → ossos.

Triângulo do gastrinoma
Ducto cístico e biliar comum, junção da 2ª e 3ª porções do duodeno, junção entre o colo e corpo pancreático.

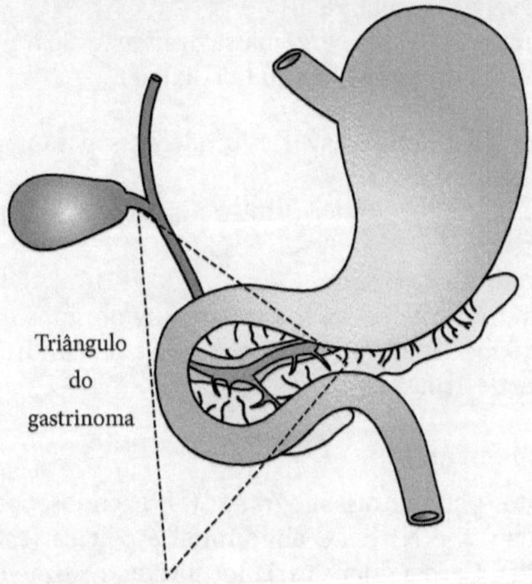

As manifestações clínicas são os sinais e sintomas decorrente de hipersecreção ácida, esteatorreia e má absorção de vitamina B_{12}.
A suspeita diagnóstica é clínica! Realizam-se, então, dosagem sérica de gastrina, medição do pH do estômago por meio de aspirado, medição da secreção basal de ácido e teste de estimulação pela secretina. Uma vez confirmado o diagnóstico, é necessário o rastreio do gastrinoma com métodos de imagem, preferencialmente pela cintilografia de receptores de somatostatina, utilizando, octreotida radiomarcada e tomografia com contraste. Na refratariedade da localização do gastrinoma, utilizam-se métodos como a injeção intra-arterial seletiva de secretina com coleta de sangue na veia hepática direita. O tratamento envolve a extração cirúrgica e o uso de inibidores da bomba de próton (IBP).

7.5. Neoplasia Gástrica

→ Trata-se de um dos tumores malignos mais comuns e que atingem indivíduos de 50-70 anos de idade. Essa neoplasia é dividida segundo seu tipo histológico.

Linfoma gástrico

Depois do adenocarcinoma, é o mais frequente. Compreende menos de 5% dos cânceres. O seu diagnóstico se dá pela biópsia endoscópica.

Adenocarcinoma gástrico

Representa 95% do cânceres gástricos.

Fatores de risco

Anemia perniciosa, sangue fator Rh A, gastrite crônica atrófica por *H. pylori* (na fase 2, o risco aumenta em 5 a 6 vezes), história familiar, tabagismo, pólipo adenomatoso, idade > 50 anos, dieta nitrogenada.

É histologicamente dividido em dois subtipos (classificação de Lauren):

Intestinal	É bem diferenciado, com formações estruturais glandulares, predominante em homens em torno de 55-60 anos de idade, com disseminação hematogênica. Os principais fatores de risco são gastrite atrófica e metaplasia. Apresenta-se geralmente como Boorman 1 a 3. É o subtipo mais frequente de CA gástrico.
Difuso	É indiferenciado, sem formações glandulares, apresenta as famosas células em anel de sinete e é predominante em mulheres de 40-48 anos de idade, com disseminação linfática e contiguidade. O principal fator de risco é a tipagem sanguínea A. Apresenta-se geralmente como Boorman 3 e 4.

Manifestações clínicas

Dispepsia, perda ponderal e dor epigástrica.

Quando na presença de metástase, há:

- linfonodo de Virchow (linfonodo supraclavicular esquerdo palpável);
- linfonodo da Irmã Maria José (linfonodo periumbilical palpável);
- prateleira de Blumer (metástase peritoneal palpável pelo toque retal);
- tumor de Krukenberg (massa ovariana palpável);
- linfonodo de IRISH (nódulo axilar).

Além disso, pode haver as síndromes paraneoplásicas, como:

- ceratose seborreica difusa (sinal de Leser-Trelat);
- acantose *nigricans*;
- síndrome nefrótica (nefropatia membranosa);
- tromboflebite ou trombose recorrente (síndrome de Trouseau).

Estadiamento

É feito pela ultrassonografia (US) endoscópica (estadiar T e N) e TC abdominal e pélvica (estadiar M). Caso a doença seja localizada, realiza-se a videolaparoscopia.

TNM para o adenocarcinoma gástrico	
Tumor	**Linfonodos**
t0: sem tumor **T1:** submucosa **T2:** invasão da muscular própria **T3:** invasão da subserosa **T4a:** invasão da serosa **T4b:** invasão de estruturas adjacentes	**N0:** sem envolvimento nodal **N1:** 1~2 linfonodos acometidos **N2:** 3~6 linfonodos acometidos **N3a:** 7~15 linfonodos acometidos **N3b:** ≥ 16 linfonodos acometidos
"Metástases"	
M0: sem metástase à distância **M1:** presença de metástase à distância	

Diagnóstico

É feito pela endoscopia digestiva alta associada ao exame baritado.

Classificação de Borrmann

Aspecto macroscópico	
Borrmann I	Carcinoma polipoide.
Borrmann II	Ulcerado com margens bem demarcadas.
Borrmann III	É o mais comum, ulcerado com margens rasas e pouco definidas.
Borrmann IV	Infiltrativo com linite plástica.
Borrmann V	NDA.

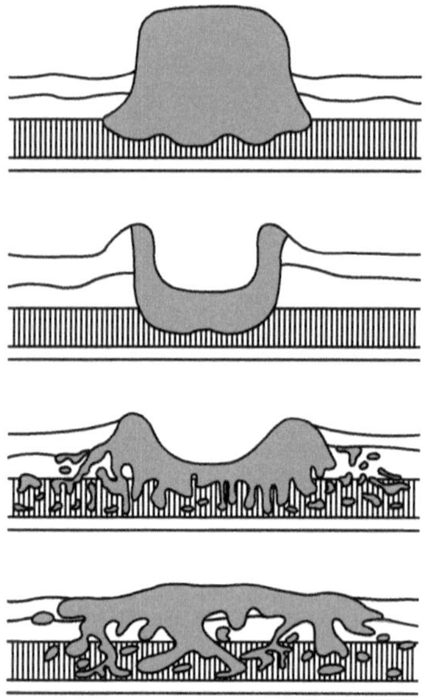

▶ Tipos macroscópicos da neoplasia avançada.

Tratamento

Realiza-se uma ressecção com margens de 6 cm mais linfadenectomia a D2.

- **Tumor terço distal:** gastrectomia subtotal e reconstrução por Billroth II.
- **Tumor terço médio:** gastrectomia total + Y de Roux.
- **Tumor proximais:** gastrectomia total + esofagectomia proximal com reconstrução terminolateral em Y de Roux.

→ Nos casos de terapia paliativa, preconiza-se o uso de quimioterapia com epirrubicina, cisplatina e 5-fluoracil (ECF), gastrectomias, radioterapias e dilatadores para alívio sintomático.

→ Para o câncer precoce (envolvimento de mucosa e submucosa), é recomendada a terapia endoscópica caso esteja limitado a mucosa e submucosa, não ulcerado, < 2 cm, sem invasão linfovascular e bem diferenciado.

Tumor estromal gastrointestinal (GIST)
Tumor mesenquimal mais comum do trato gastrointestinal, é derivado de células neurológicas autonômicas localizadas na camada muscular da parede gástrica (células de Cajal), responsáveis pelo marca-passo endógeno que regula a peristalse. Apresenta o proto-oncogene CD117! O **diagnóstico** é realizado pela análise histopatológica e a classificação, segundo o grau de malignidade: número de mitoses > 5 e tamanho do tumor > 5 cm. O **tratamento** envolve o uso de imatinibe.

CAPÍTULO 8

SÍNDROMES INTESTINAIS I

8.1. Diarreias Agudas e Crônicas

➔ Definida como a eliminação de fezes amolecidas de consistência líquida, geralmente é acompanhada de aumento do número de evacuações diárias e da massa fecal.

Classificação	
Aguda	Até 2 semanas.
Protraída ou persistente	Entre 2 e 4 semanas.
Crônica	Mais de 4 semanas.
Alta	Proveniente do intestino delgado; mais volumosa.
Baixa	Proveniente do cólon; evacuações com pouca quantidade associada a tenesmo e urgência fecal.
Secretória não invasiva	Ocasionada por algum fator (toxina, fármaco, substância neuro-hormonal) que está estimulando a secreção ou inibindo a absorção hidroeletrolítica do epitélio intestinal. Não apresenta muco, pus ou sangue. A diarreia secretória não cessa com o jejum e tem um *gap* osmolar fecal baixo (< 50 mOsm/l) devido à riqueza de Na^+ e K^+ nas fezes.
Invasiva ou inflamatória	Provocada pela liberação de citoquinas e mediadores inflamatórios na mucosa intestinal, os quais têm efeitos secretores e estimulantes da motilidade. Apresenta muco, pus e sangue nas fezes e pode ser chamada de disenteria.

Abordagem terapêutica

A maioria dos casos de diarreia aguda é de origem infecciosa e autolimitada, durando 24 a 72 horas sem causar desidratação perceptível.

➔ Em casos de diarreia aguda grave, entretanto, é necessário realizar a investigação diagnóstica para pacientes apresentando desidratação, fezes sanguinolentas, febre, ausência de melhora, idosos, imunodeprimidos e que fizeram uso recente de antibióticos.

Fisiologia

Intestino delgado

Composto por duodeno, jejuno e íleo, a principal função desse segmento do tubo digestivo é realizar a absorção dos nutrientes. O revestimento interno do intestino delgado apresenta dobras da mucosa e submucosa (as vilosidades, responsáveis pela superfície absortiva) e entre elas existem as criptas, formadas pelas glândulas de Lieberkühn e responsáveis por conter as células secretórias.

Intestino grosso

A principal função do cólon é absorver fluidos, moldar as fezes e controlar as evacuações.

8.2. Doenças Disabsortivas

"Não consegue digerir para absorver ou não absorve o que foi digerido!"

Fisiologia da absorção

Proteínas	■ São absorvidas pela ação da PEPSINA (secretada pelas células gástricas), da TRIPSINA (secretada pelo suco pancreático) e da quimotripsina.
Carboidratos	■ São absorvidos pela ação da AMILASE. Os carboidratos complexos são metabolizados em oligossacarídeos e, posteriormente, em dissacarídeos (maltose, lactose e sacarose), que, para serem absorvidos, são clivados em glicose, frutose e galactose pelas dissacaridases presentes na borda em escova do enterócito. ■ Os dissacarídeos não absorvidos sofrem fermentação bacteriana, formando CO_2, metano e hidrogênio (H_2). Por isso a má absorção de carboidratos determina: fezes ácidas (pH < 5,5), distensão abdominal e flatulência.
Gorduras	■ O primeiro passo é a emulsificação dos triglicerídeos pela mastigação. ■ O segundo passo é a digestão dos triglicerídeos (lipólise) em ácidos graxos e monoglicerídeos pela ação da lipase. ■ O terceiro passo é a formação das micelas pelos sais biliares provenientes da contração da vesícula biliar, esta estimulada pela liberação de colecistoquinina. ■ O quarto passo é o pós-absortivo e inclui a reesterificação dos ácidos graxos em triglicerídeos no retículo endoplasmático dos enterócitos e a formação dos quilomícrons. ■ Cerca de 95% dos ácidos biliares são reabsorvidos pela circulação êntero-hepática para a preservação de suas concentrações adequadas. Algumas doenças que lesam gravemente o íleo terminal acabam levando a uma deficiência de ácidos biliares na composição da bile, provocando esteatorreia à custa de ácidos graxos e diarreia.

Vitaminas lipossolúveis (ADKE)	■ São dependentes de gordura, logo presenciam-se hipovitaminoses em condições de esteatorreia.
Ferro e ácido fólico	■ São absorvidos no intestino delgado proximal e medial.
Cobalamina	■ Absorvida no íleo distal.

Abordagem diagnóstica

O achado de esteatorreia é decisivo para o diagnóstico de síndrome de má absorção.

Teste quantitativo de gordura fecal

É a mensuração da quantidade de gordura presente nas fezes acumuladas em 72 horas (período no qual o paciente estará ingerindo uma dieta rica em gorduras – 100 g/dia). O achado de > 7 g/dia é equivalente a esteatorreia.

Teste qualitativo de gordura fecal

Por meio do corante de Sudan III, em amostras de fezes na lâmina, há a demonstração de gotículas de gordura.

Teste da D-xilose urinária

É utilizado para distinguir a má absorção causada por doenças do intestino delgado daquela decorrente de insuficiência pancreática exócrina, uma vez que a D-xilose não necessita da função pancreática para ser absorvida, apenas da mucosa. No teste, realiza-se a ingestão de 25 gramas de D-xilose e após 5 horas são esperados valores > 5 gramas de D-xilose na urina para determinar uma mucosa normal (visto que a substância foi absorvida, passada à circulação sanguínea e, posteriormente, filtrada pelos rins). Os casos de eliminação urinária < 5 gramas representam a não absorção da D-xilose devido a lesões na mucosa ou supercrescimento bacteriano.

Teste da secretina

É colhida a secreção pancreática diretamente via cateter após uma injeção de secretina e colecistoquinina.

Teste da exalação do hidrogênio (respiratório)

Avalia o supercrescimento bacteriano (teste da sacarose) e a intolerância à lactose (teste da lactose). Em ambos, se ingere o carboidrato específico e observa-se se há a produção de H_2.

Cultura do delgado

É a cultura direta quantitativa do fluido intestinal aspirado do delgado.

Endoscopia e biópsia do delgado

A maneira mais simples e disponível é mediante endoscopia digestiva alta.

Síndromes de má absorção

Doença celíaca (espru não tropical)

É a intolerância a determinados tipos de alimentos que possuem uma proteína em comum, a proteína do glúten, que existe em:

- trigo;
- centeio;
- cevada;
- malte;
- aveia (não pura).

➔ A fração tóxica do glúten (gliadina) é capaz de se ligar à transglutaminase presente no epitélio da parede do intestino, provocando uma inflamação imune no intestino delgado à custa de linfócitos T. A doença celíaca é autoimune dependente de linfócitos T e da autoimunidade humoral. Possui três anticorpos: antigliadina, antiendomísio e antitransglutaminase tecidual.

Está relacionada com o HLA-DQ2/DQ8 e associada a um gatilho. A maioria dos pacientes é oligossintomática, com diarreia alta, esteatorreia e osteopenia e apresenta diabetes melito tipo 1 (DM1), tireoidite, deficiência de imunoglobulina da classe A (IgA), dermatite hipertrófica como distúrbios imunes associados.

➔ É necessário suspeitar de doença celíaca em pacientes com anemia ferropriva refratária ao tratamento.

O **diagnóstico** é feito pela presença dos autoanticorpos associado à biópsia de delgado (mostrando atrofia das vilosidade e hiperplasia das criptas). A

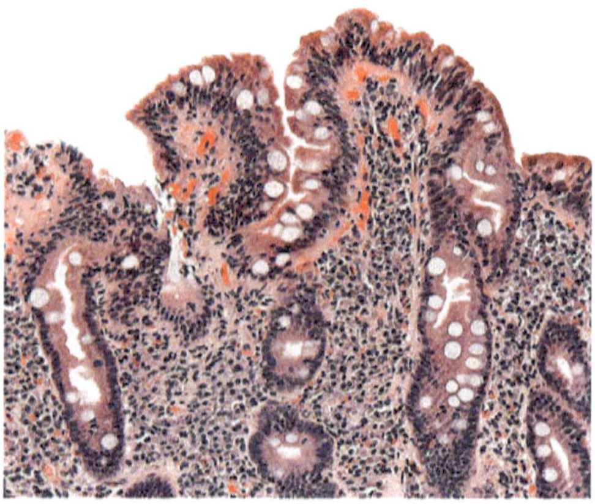

▶ Biópsia do intestino delgado onde a doença celíaca se manifesta por deformações nas vilosidades, hiperplasia e infiltração de linfócitos nas criptas.

dosagem de antitransglutaminase tecidual IgA é usada como rastreamento da doença e deve ser diferenciada da deficiência seletiva de IgA, dosando-se IgA total a título de comparação. O **tratamento** é eminentemente dietético.

A principal complicação é o desenvolvimento de linfoma intestinal (linfoma de células T associado a enteropatia [EATL] - adenocarcinoma) devido à dieta incorreta.

- Antigliadina IgG e IgA
- Antiendomísio IgA
- Antitransglutaminase tecidual IgA e IgG

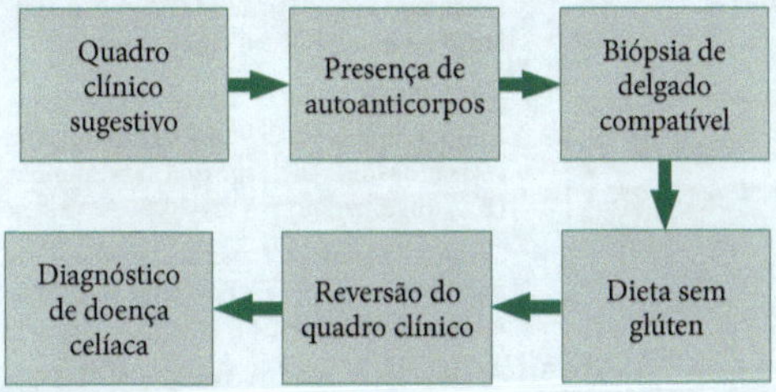

Doença de Whipple

É uma infestação intestinal pelo bacilo *Tropheryma whipplei* adquirida provavelmente do solo. Acomete homens com 50 anos que moram na zona rural ou estiveram expostos com animais rurais/solo.

As manifestações clínicas são: esteatorreia, perda de peso, dor abdominal, artrite/artralgia, nistagmo convergente, miorritmia oculomastigatória. A biópsia de intestino delgado sela o diagnóstico, demonstrando intensa infiltração da mucosa e nódulos linfáticos com macrófagos PAS-positivos. O tratamento é feito com penicilina G cristalina associada a estreptomicina

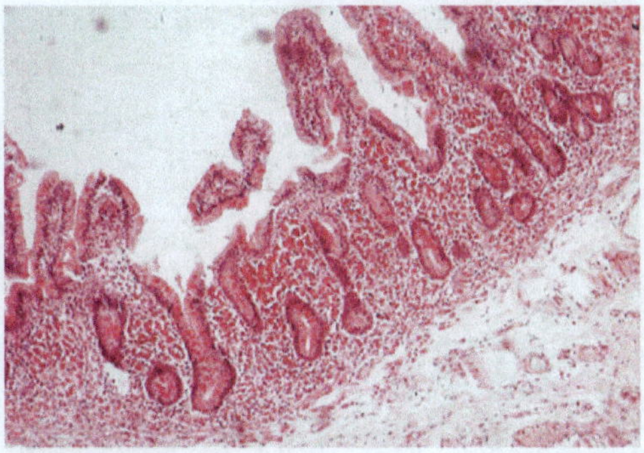

▶ Lâmina microscópica de um pedaço de intestino, confirmando o diagnóstico de doença de Whipple: vilosidades enlargadas com abundância macrofágica.

por 2 semanas, seguidas de sulfametoxazol-trimetoprima (SMX-TMP) (a trimetoprima não tem ação sobre a doença) durante 1 ano. Especula-se que a cefriaxona possa substituir a penicilina.

Outras síndromes de má absorção

- Colestase acentuada;
- Supercrescimento bacteriano;
- Doença ou ressecção do íleo distal;
- Obstrução linfática (linfoma, linfangectasias);
- Superfície inadequada de absorção (intestino curto, derivações);
- Digestão inadequada (insuficiência pancreática, estados pós-gastrectomia, gastrinoma);
- Anormalidade da mucosa (deficiência de dissacaridases, espru, giardíase, Whipple, Crohn, gastroenterite, enterite por radiação, abetalipoproteinemia).

8.3. Doenças Intestinais Inflamatórias

Acometem preferencialmente pacientes com história familiar positiva e judeus. Com pico de incidência bimodal entre 15-30 e 55-65 anos de idade, seu marcador genético (*gene* NOD2/CARD15) está fortemente associado a doença de Crohn. A diferenciação de retocolite ulcerativa e doença de Crohn é feita pelos critérios clínicos, endoscópicos e histológicos. Cerca de 20% dos casos de doenças intestinais inflamatórias não se encaixam em alguma classificação, sendo, então, chamados de "colite indeterminada".

Retocolite ulcerativa

Trata-se de uma doença intestinal caracterizada pelo surgimento inexplicado/idiopático de lesões inflamatórias que ascendem de maneira uniforme pela mucosa do cólon.

Características
Exclusiva do reto/cólon
Exclusiva da mucosa
Ascendente, contínua e uniforme

Comprometimento

Cerca de 50% dos pacientes apresentam proctite e proctossigmoidite; 30%, colite esquerda; 20%, pancolite (todo o cólon) e ileíte de refluxo.

Manifestações radiológicas

Ocorrem alterações na musculatura colônica, resultando em perda das haustrações, espessamento da musculatura lisa com aspecto de cano de chumbo devido às erosões, pseudopólipos, mucosa friável.

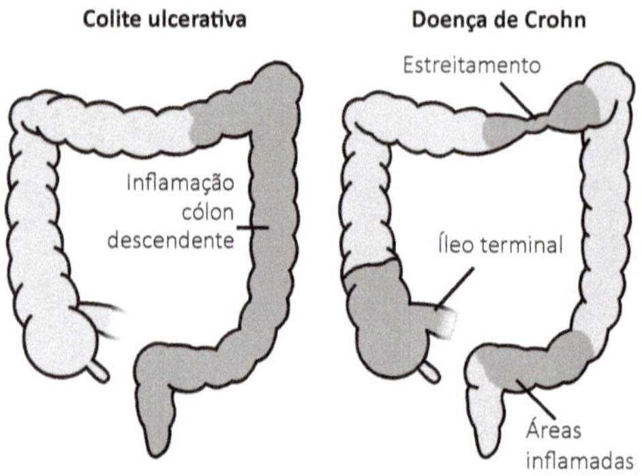

▶ Locais de manifestação das doenças inflamatórias intestinais.

Manifestações clínicas

Diarreia invasiva sanguinolenta, cólicas intensas e tenesmo.

Diagnóstico

Por meio de retossigmoidoscopia/colonoscopia com biópsia. Anticorpo perinuclear anticitoplasma de neutrófilo (P-ANCA) resulta positivo em 70% dos casos.

Doença de Crohn

Doença de Crohn (CrohnTUDO)

Pode manifestar-se em qualquer parte do sistema digestório, desde a boca até o ânus. Acomete de forma descontínua e focal, com alterações transmurais, levando ao espessamento da parede intestinal, com estreitamento do lúmen (estenoses) e formação de fístulas.

Comprometimento

- 50%, ileocolite;
- 33%, doença anal;
- 20%, colite exclusiva;
- 20%, ileíte exclusiva.

Manifestações radiológicas

Ulcerações assimétricas e focais, fístulas, preservação do reto e íleo terminal comprometido com refluxo do bário.

Manifestações clínicas

Diarreia crônica invasiva associada a dor abdominal, além de sintomas gerais, como: febre, anorexia e perda de peso, massa palpável no quadrante inferior direito, doença perianal. A primeira manifestação geralmente é a formação de úlceras aftoides que adquirem o aspecto de pedras de calçamento (separadas por áreas normais) ou podem resultar em fístulas. Granulomas não caseosos podem ser encontrados em até 30% dos casos.

Diagnóstico

É realizada a ileocolonoscopia com biópsias. Anticorpo contra o *Saccharomyces cerevisiae* (ASCA) é positivo em 60%. Anti-OmpC e anti-Cbir1 também são sugestivos de doença de Crohn (DC).

Tratamento (*Step-up or top-down*)

Farmacológico	1) Aminossalicilatos (sulfassalazina e mesalazina [derivadas do ácido 5-aminossalicílico {5-ASA}]): usadas como manutenção, não usadas em casos graves. 2) Corticoides. 3) Imunossupressores: 6-mercaptopurina e azatioprina, ciclosporina endovenosa (EV), metotrexato. 4) Terapia "biológica": agentes antifator de necrose tumoral (TNF) como o infliximabe e abalimumabe. 5) Antibióticos: usados em casos de *pouchitis* (retocolite ulcerativa [RCU]) e na cicatrização das lesões perianais (DC). Os principais são: metronidazol e ciprofloxacino.

Cirúrgico	
Retocolite	O procedimento cirúrgico é curativo por meio da colectomia, realizada em casos de complicações como megacólon tóxico, perfurações, hemorragia incontrolável, displasia da alto grau ou associada, intratabilidade clínica. As técnicas mais usadas são: proctocolectomia + ileostomia continente, colectomia abdominal + proctectomia mucosa + anastomose entre bolsa ileal e canal anal, colectomia abdominal + anastomose entre bolsa ileal grampeada e reto distal.
Doença de Crohn	O procedimento cirúrgico é restrito ao tratamento de complicações. Não tem caráter curativo devido ao fato de os pacientes sempre desenvolverem inflamação nas anastomoses cirúrgicas. As condições que justificam a cirurgia são intratabilidade clínica e intratabilidade das complicações (obstrução intestinal refratária, fístulas, abscessos, hemorragia, displasias de alto grau ou associada). A doença de Crohn não tem cura, logo o paciente, às vezes, é submetido a sucessivas ressecções dos segmentos doentes e com o tempo pode apresentar a síndrome do intestino curto! A fim de evitar várias ressecções, preconiza-se a estricturoplastia ("estenosoplastia") para as estenoses.

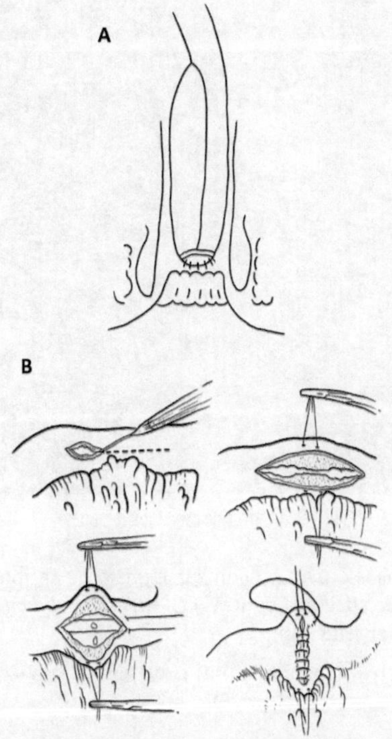

▶ (A) Figura mostrando o esquema da técnica de Utsunoya, para proctocolectomia com reservatório ileoanal. A bolsa em forma de J é anastomosada no canal anal. (B) Esquema da cirurgia de estrituroplastia.

Complicações das doenças intestinais inflamatórias idiopáticas

Sangramentos

A pesquisa de sangue oculto nas fezes geralmente é positiva.

Megacólon tóxico

Considerado uma forma grave de colite ulcerativa, acomete preferencialmente o cólon direito e transverso, iniciando com uma paralisia da região (devido ao ciclo de inflamação e desinflamação do local) que favorece a colonização de bactérias, ocorrendo posteriormente distensão, febre e leucocitose do local. As principais complicações são perfuração e peritonite séptica. O diagnóstico é feito pela radiografia, evidenciando a dilatação do cólon > 6 cm. O tratamento é composto por corticoides associados a antibióticos. Nos casos refratários, é necessária a remoção cirúrgica (colectomia total).

Estenoses, fístulas

Câncer

A retocolite e a DC podem aumentar a incidência de adenocarcinoma de intestino devido aos fatores de risco extensão da porção acometida e doença com duração ≥ 8-10 anos.

→ É realizada uma vigilância (com colonoscopia e biópsias anuais) em portadores da doença há 8 anos. Preconiza-se a cirurgia para casos de displasia de alto grau ou associada a lesão, massa ou câncer.

Manifestações extraintestinais das doenças intestinais inflamatórias idiopáticas

Articulares

Apresentam-se como oligoartrite periférica que tem correlação com a atividade da doença, mas não com a intensidade. É de caráter migratório e não deformante.

Cutaneomucosas

Podem apresentar eritema nodoso, pioderma gangrenoso, lesões labiais e úlceras aftosas orais.

Oculares

Incluem uveíte, conjuntivite e episclerite.

Hepáticas e biliares

As anormalidades das "provas de função hepática" cursam com acometimentos como hepatite focal ou infiltração gordurosa, além de colangite esclerosante.

Renais

Podem se manifestar com hiperoxalúria, pois, anteriormente, o oxalato se ligava ao cálcio na luz intestinal e, devido ao estado de má absorção, o cálcio se liga aos ácidos graxos, deixando o oxalato livre para ser absorvido.

8.4. Colite Pseudomembranosa

→ É considerada a principal causa de infecção entérica hospitalar.

A colite pseudomembranosa é um processo inflamatório causado por toxinas bacterianas (enterotoxina A e a citotoxina B), produzidas durante a multiplicação do Clostridium difficile, e caracterizada pelo aparecimento de placas exsudativas (pseudomembranas) que se aderem à superfície da mucosa do colônica inflamada.

Suspeita

Deve-se suspeitar de colite associada a antibióticos em todo paciente que desenvolva os sintomas característicos em um período de 0 a 6 semanas após a exposição a um agente antibioticoterápico (ampicilina, cefalosporina, clindamicina).

Os pacientes se manifestam com diarreia aquosa profusa associada a dor abdominal e podem apresentar até 7 formas clínicas possíveis de apresentação do *Clostridium difficile*: portadores assintomáticos, diarreia sem colite, sem ou com pseudomembrana, colite fulminante, com enteropatia perdedora de proteína, infecção recorrente.

O **diagnóstico** é feito pela endoscopia digestiva baixa (com achado de pseudomembrana) ou pesquisa de toxinas nas fezes.

O **tratamento** envolve a suspensão ou troca do esquema antibioticoterapêutico.

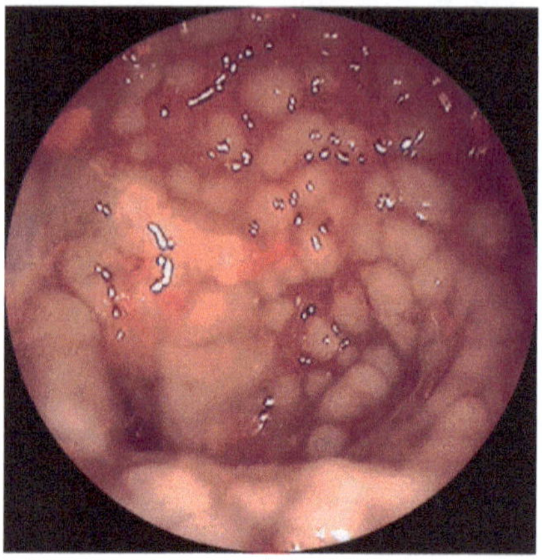

▶ Endoscopia do cólon com colite pseudomembranosa.

Aos casos graves preconiza-se o uso de antibioticoterapia específica contra o *Clostridium difficile*, que pode ser feita com:

- Metronidazol (via oral [VO] ou EV) ou vancomicina (somente VO).

➔ Aos casos refratários e fulminantes, indica-se o uso de metronidazol + vancomicina.

8.5. Síndrome do Cólon Irritável

Critérios de ROMA III para síndrome do intestino irritável (2005)
1: Descartadas causas orgânicas e endocrinometabólicas.
2: Nos últimos 3 meses, pelo menos 3 dias por mês de episódios de dor ou desconforto abdominal com mais pelo menos 2 características: ■ aliviada pela evacuação; ■ início associado à mudança na frequência das evacuações; ■ início associado à mudança na forma das fezes.

É definida pela presença de dor abdominal crônica ou recorrente associada a alterações do hábito intestinal, na ausência de qualquer lesão orgânica detectável no trato gastrointestinal.

A fisiopatologia básica é desconhecida e sugere três alterações nos mecanismos fisiológicos, como alteração da motilidade, hipersensibilidade e processamento sensorial alterado no sistema nervoso central(SNC).

➔ As manifestações clínicas se apresentam como dor abdominal em cólica recorrente, alterações do hábito intestinal, outros sintomas gastrointestinais, sintomas extraintestinais.

O **diagnóstico** é realizado pela exclusão de outras causas e identificação da síndrome clínica associada aos critérios de ROMA III.

O **tratamento** consiste em assegurar a benignidade do processo para tranquilizar o paciente, medidas comportamentais e dietéticas, tratamento farmacológico (antiespasmóticos, procinéticos, laxativos, antidiarreicos, antidepressivos, agonistas serotoninérgicos 5-HT4, antifiséticos, ativadores dos canais de cloreto) e psicoterapia.

8.6. Tumor Carcinoide

Classificação "embrionária" dos tumores carcinoides		
Anterior	Trato respiratório, timo, estômago e pâncreas	Produção de 5-HTP (hidroxitriptofano), histamina e ACTH
Médio	Intestino delgado e cólon proximal	Produção de 5-HT (serotonina), taquicininas e outros mediadores vasoativos
Posterior	Cólon distal e reto	Produção de somatostatina e peptídeo YY

É um tipo especial de tumor de células neuroendócrinas.

As regiões mais comuns de surgimento são tubo digestivo, árvore broncopulmonar, apêndice e íleo terminal (local de maior metastatização). As manifestações clínicas em geral são inexistentes, posto que se trata de uma neoplasia indolente, entretanto, quando surgem, são decorrentes de metástases à distância.

Manifestações	
Flushing cutâneo	80%
Diarreia	80%
Lesão cardíaca	70%
Asma	< 25%

A síndrome carcinoide é devida aos altos níveis de serotonina e outras substâncias na corrente circulatória secretadas pelo tumor carcinoide. A síndrome só ocorre em casos de metástases hepáticas ou tumores cuja drenagem venosa não é feita pela circulação porta hepática para ocorrer o *by-pass* do metabolismo de primeira passagem hepática.

→ O **diagnóstico** é feito pela dosagem de cromogranina A (CgA) no sangue e do ácido 5-hidroxi-indolacético na urina de 24 horas), além dos estudos histológicos por imuno-histoquímica para CgA, enolase neuronoespecífica, sinaptofisina e serotonina.

➔ O **tratamento** inclui cirurgia por ressecção, mudança do estilo de vida para evitar fatores desencadeantes, análogos de somatostatina, interferon, quimioterapia, radioterapia.

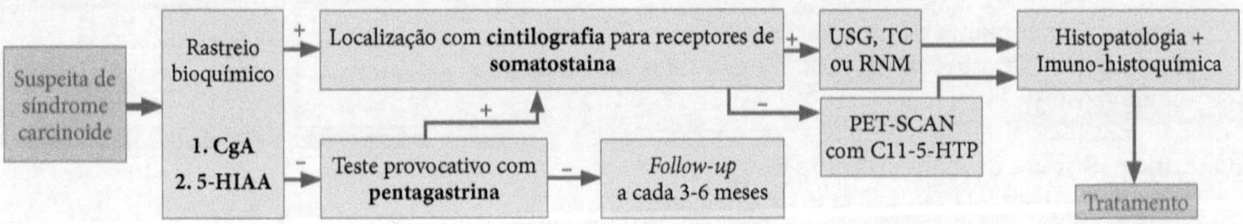

CAPÍTULO 9

SÍNDROMES INTESTINAIS II

9.1. Pólipos

Os pólipos, apesar de serem histologicamente "benignos", pertencem ao grupo adenomatoso e apresentam lesões pré-malignas que antecedem em 7-10 anos o adenocarcinoma.

- Os pólipos são classificados em neoplásicos ou não. Os neoplásicos podem ser malignos (adenocarcinoma) ou benignos (adenomatosos), enquanto os não neoplásicos são hiperplásicos, inflamatórios e hamartomas.
- Os serrilhados contêm, ao mesmo tempo, tecido hiperplásico e adenomatoso. Os pólipos podem ser pedunculados ou sésseis, solitários ou múltiplos. As complicações básicas são:
  - Malignização;
  - Possibilidade de sangramento.

Pólipos adenomatosos (os adenomas)

São mais frequentes no intestino grosso e podem ser classificados em:

- tubular (mais comum e de melhor prognóstico);
- viloso (pior prognóstico se > 2 cm);
- tubuloviloso.

Os principais riscos de malignização são:

- Tamanho [< 1 cm: 1-3%; 1-2 cm: 10%; > 2 cm: 40%];
- Tipo histológico (vilosos tem maior tendência);
- Grau de displasia.

Síndromes hereditárias de polipose

Polipose adenomatosa familiar (PAF)

Caracterizada pelo surgimento de numerosos pólipos adenomatosos que atapetam todo o cólon e o reto. A doença começa na adolescência, pelo aparecimento de alguns poucos pólipos, que, com o passar dos anos, desenvolvem-se aos montes, provocando sintomas como diarreia e sangramento retal. A patogênese é devida à perda do gene supressor tumoral APC, que tem a função de inibir o crescimento desordenado das células epiteliais intestinais.

- O rastreamento da PAF é feito com retossigmoidoscopia em indivíduos com mais de 10 anos de idade. Pacientes com PAF podem apresentar outros tumores, hiperpigmentação retiniana hipertrófica e câncer colorretal aos 40 anos em 100% dos casos.

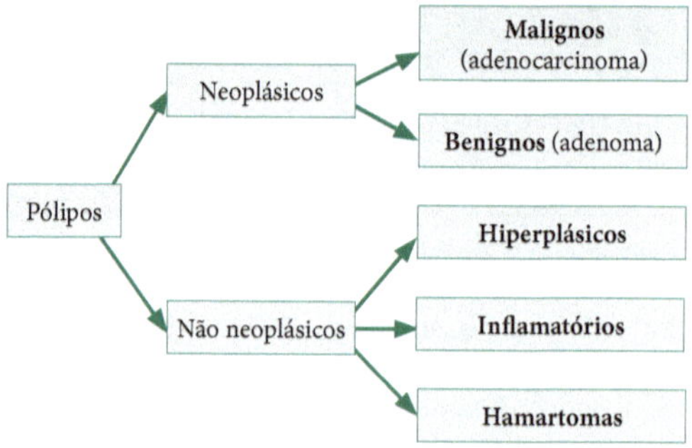

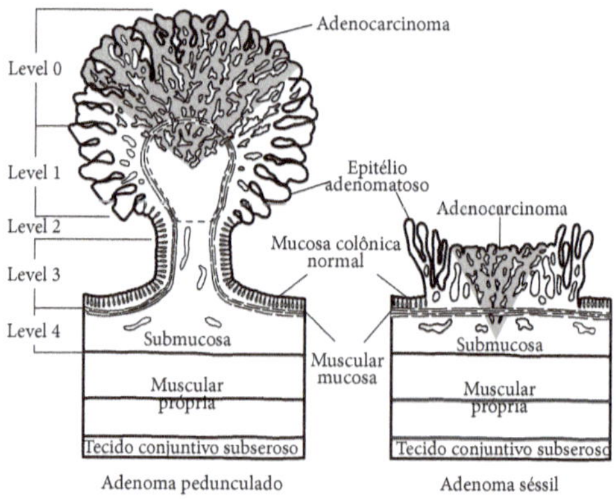

▶ Níveis de invasão em um adenoma pediculado (esquerda) e um adenoma séssil (direita). A área pontilhada representa zonas de carcinoma. Note que a qualquer invasão abaixo da muscular da mucosa em uma lesão séssil denomina-se invasão nível 4. Em contraste, carcinoma invasivo em um adenoma pediculado (esquerda) deve atravessar uma distância considerável antes de alcançar a submucosa da parede intestinal subjacente. A linha pontilhada na cabeça do adenoma pediculado representa a zona de invasão nível 1.

→ Sendo assim, é indicada a retocolectomia profilática (preferencialmente colectomia total + anastomose ileoanal com bolsa ileal); nos casos de preservação do reto (com mucosectomia retal), realiza-se sigmoidoscopia a cada 3-6 meses.

Variantes da PAF – síndrome de Gardner

Apresenta-se associada a osteomas (mandibulares e cranianos), tumores de tecido mole (cistos sebáceos, lipomas, fibromas) e, algumas vezes, dentes supranumerários.

Síndrome de Turcot: associada a tumores do sistema nervoso central do tipo meduloblastoma e glioblastoma.

Polipose juvenil familiar

É caracterizada pelo aparecimento de 10 ou mais pólipos hamartomatosos juvenis colorretais que se apresentam pedunculados e com alta propensão ao sangramento, manifestando-se, na infância (4-14 anos), com hematoquezia e anemia ferropriva.

Síndrome de Cowden: está associada a tumores faciais, orais, hiperceratose palmo-plantar, câncer de mama e de tireoide.

Síndrome de Peutz-Jeghers

Caracteriza-se pela existência de numerosos pólipos hamartomatosos ao longo do intestino delgado associados a manchas melanóticas na pele e nas mucosas, com episódios recorrentes de intussuscepção.

Poliposes não familiares

A síndrome de Cronkhite-Canada é uma polipose hamartomatosa juvenil não hereditária associada a alopecia + distrofia ungueal + hiperpigmentação cutânea, sendo mais comum em descendentes de japoneses.

9.2. Neoplasia Colorretal

Fatores de risco

Dietas ricas em calorias, gorduras, carboidratos refinados, tabagismo e obesidade (a resistência à insulina leva ao aumento do fator de crescimento semelhante à insulina [IGF-1]).

Fatores protetores

- Frutas;
- Vegetais;
- Ômega 3;
- Cálcio;
- Exercícios físicos;
- Aspirina;
- Anti-inflamatórios não esteroidais (AINEs).

Fatores predisponentes

História familiar de adenoma/carcinoma (CA) colorretal esporádico

Pacientes (ou familiares) que já tiveram adenomas colorretais ou CA colorretal esporádico têm maior probabilidade de apresentar novamente essas neoplasias.

Doença inflamatória intestinal (DII)

Em pacientes com DII, a lesão precursora do CA colorretal é uma displasia epitelial que nasce na parede colônica.

Câncer colorretal hereditário não polipose (CCHNP) ou síndrome de Lynch

É a síndrome de câncer colorretal hereditário mais comum. Caracteriza-se por um defeito conhecido como instabilidade de microssatélites com desenvolvimento de CA colorretal no cólon direito ou no ceco em pacientes entre 35-45 anos de idade.

Critérios de Amsterdã modificados
1. Presença de câncer colônico em 3 ou mais familiares. 2. Câncer colorretal antes dos 50 anos de idade. 3. Câncer colorretal em pelo menos 2 gerações. 4. Ausência de polipose hereditária. LYNCH 1: apenas CA colorretal. LYNCH 2: CA colorretal + tumores ginecológicos.

Outros fatores

Polipose hereditária, DM2, acromegalia.

Rastreamento

É realizado, pois altera a sobrevida do paciente em relação ao diagnóstico precoce ou tardio.

Sem história familiar

É iniciado aos 50 anos de idade com colonoscopia a cada 10 anos ou tomografia computadorizada (TC) de abdome a cada 5 anos ou retossigmoidoscopia a cada 5 anos ou pesquisa de sangue oculto nas fezes.

Com história familiar

Iniciado aos 40 anos ou com idade inferior a 10 anos do diagnóstico de câncer do familiar com a doença.

Manifestações clínicas

- CA de cólon esquerdo (descendente e sigmoide): constipação progressiva e diarreia.
- CA de cólon direito (ascendente e ceco): sangue oculto nas fezes, anemia ferropriva, massa palpável e febre.
- CA retal: hematoquezia, tenesmo, invasão de órgãos adjacentes e fezes em fita.

Diagnóstico

É realizada a colonoscopia de forma obrigatória como método confirmatório para avaliar a presença ou não de tumores sincrônicos, além da biópsia. Pode ser realizada também a retossigmoidoscopia flexível, com clister opaco com duplo contraste. O acompanhamento é feito mediante a dosagem de antígeno carcinoembrionário (CEA).

Estadiamento

TNM
T1: limitado à submucosa.
T2: limitado à muscular própria.
T3: extensão à subserosa e gordura.
T4a: tumor perfura o peritônio visceral.
T4b: invasão de órgão ou estrutura adjacente.
N0: linfonodos não acometidos.
N1: 1-3 linfonodos.
N2: ≥ 4 linfonodos.
M0: sem metástase.
M1: com metástase.
DUKES (modificado por Astler-Coller)
ESTÁGIO A: limitado à submucosa, sem linfonodo acometido.
ESTÁGIO B1: limitado à muscular própria, sem linfonodo acometido.
ESTÁGIO B2: limitado a subserosa e gordura, sem linfonodo acometido.
ESTÁGIO B3: invasão de órgãos adjacentes, sem linfonodo acometido.
ESTÁGIO C1: B1 + linfonodo acometido.
ESTÁGIO C2: B2 + linfonodo acometido.
ESTÁGIO C3: B3 + linfonodo acometido.
ESTÁGIO D: Metástase à distância.

Tratamento

Cerca de 90% dos tumores podem ser adequadamente ressecados e a mortalidade cirúrgica é de cerca de 2% a 10%. A ressecção deve envolver excisões do segmento acometido com margens de 5 cm (tumor de cólon) e 2 cm (tumor de reto), além da ressecção dos linfáticos regionais e suprimento vascular (ressecção em bloco) somada à quimioterapia (se Dukes B ou C).

Tumores localizados no cólon	
Hemicolectomia direita	Ceco, cólon ascendente, flexura hepática, metade direita do cólon transverso.
Transversectomia	Porção média do cólon transverso, metade esquerda do cólon transverso, flexura esplênica.
Hemicolectomia esquerda	Cólon descendente, sigmoide.

Tumores localizados no reto (Preconiza-se a terapia neoadjuvante com quimioterapia [QT] e/ou [RT] para redução do tamanho tumoral, favorecendo ressecções menos extensas com maior probabilidade de preservação do esfíncter anal)	
Ressecção anterior baixa com anastomose colorretal ou coloanal (Rab)	É a ressecção da porção do reto abaixo de sua reflexão peritoneal anterior para tumores localizados a mais de 5 cm da margem anal. É a mais indicada (por promover a preservação esfincteriana), apesar de ser necessária uma derivação intestinal temporária.
Ressecção abdominoperineal somada a colostomia definitiva (RAP ou cirurgia de Miles)	É a ressecção de todo o reto, mesorreto e cólon sigmoide por vias abdominal e perineal, com colostomia definitiva.
Mucosite endoscópica	É restrita a tumores em estágio T1 e localizados até 6 cm da margem anal.
Excisão transanal	Indicada a tumores < 4 cm de diâmetro, < 40% da circunferência anal, < 6 cm da margem anal.

Metastasectomia

Realizada em casos de metástase exclusivamente hepática ou apenas pulmonar, desde que não haja comprometimento funcional hepático ou pulmonar. Possui intenção curativa.

Seguimento pós-operatório

Consulta médica e dosagem do CEA (3/3 meses), colonoscopia, retossigmoidoscopia flexível, tomografia de tórax, abdome e pelve.

9.3. Doença Diverticular

➔ Os divertículos podem ser adquiridos ou congênitos.

Os congênitos são herniações de toda a espessura da parede intestinal, enquanto os divertículos adquiridos são herniações da mucosa por meio da camada muscular em pontos de menor resistência (entrada das artérias retas colônicas). Geralmente são múltiplos e predominam no sigmoide.

As manifestações clínicas são geralmente assintomáticas, mas podem apresentar dor em baixo ventre e alterações do hábito intestinal. As principais complicações são: 25% dos casos apresentam diverticulite (principalmente no cólon esquerdo e sigmoide devido à presença dos fecalitos) e 15%, sangramento (principalmente no cólon direito devido a traumatismos da artéria tracionada). As complicações não ocorrem de forma simultânea.

➔ O **tratamento** consiste em aumentar a ingestão de alimentos ricos em fibras e a ingestão hídrica e evitar alimentos que deixam resíduos (sementes).

Existem duas formas de diverticulose colônica:

Forma hipertônica (*Myochosis coli*)

É proveniente do fenômeno da pulsão. Um aumento da pressão intracolônica força as camadas mucosa e submucosa do cólon, provocando a sua herniação através de pequenas fendas na camada muscular por onde penetram os vasos retos. Uma dieta pobre em fibras vegetais é o principal fator de risco para desenvolver os divertículos.

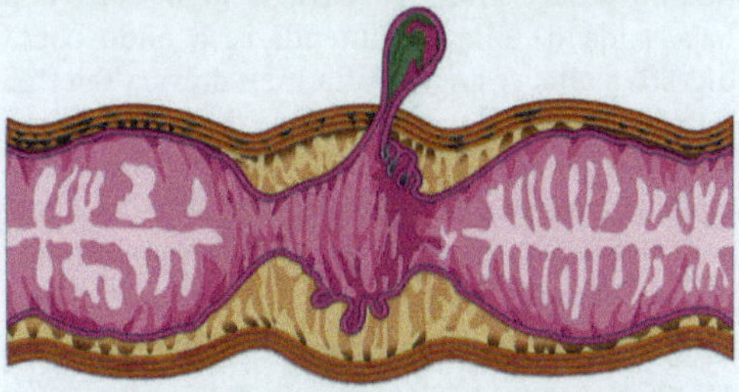

► Herniação da mucosa na parede colônica por aumento da pressão intraluminal.

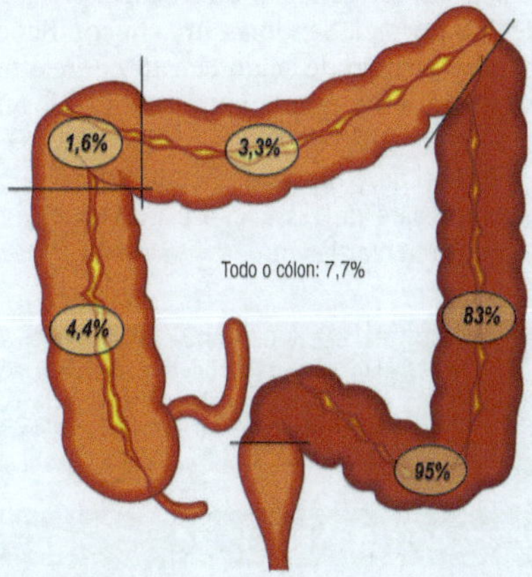

► Distribuição anatômica dos divertículos no cólon.

Forma simples em massa

Deve-se à fraqueza da camada muscular pela alteração na composição de fibras colágenas.

9.4. Hemorragia Digestiva Baixa

A hemorragia digestiva baixa (HDB) é definida pela fonte sangrante após o ângulo de Treitz (junção duodenojejunal). Cerca de 95% dos casos são provenientes do cólon e 5%, do delgado! A manifestação clássica é a hematoquezia (eliminação de sangue vivo puro ou misturado às fezes pelo reto). A hemorragia digestiva baixa tem como etiologia:

Sangramento de divertículo colônico

Representa 50% das causas de HDB e está presente em 15% dos pacientes com diverticulose intestinal. A hemorragia é proveniente, em geral, do cólon direito em 50%-70% dos casos por ser maior e ter uma base mais larga, expondo uma extensão maior da artéria penetrante à erosão.

Sangramento da angiodisplasia colônica

Representa 30% das causas de HDB e é devido a uma malformação vascular caracterizada pela ectasia de pequenos vasos sanguíneos cuja parede é revestida apenas por endotélio e músculo liso.

Outras causas: representam 20% das HDBs

Abordagem diagnóstico-terapêutica

Após a estabilização hemodinâmica, preconizam-se o toque retal e, posteriormente, a endoscopia digestiva alta, além da anuscopia e colonoscopia. O objetivo primário é descobrir a localização do sítio sangrante. Com a finalidade de confirmar a HDB, recomendam-se a passagem de cateter nasogástrico e a observação da saída de bile sem sangue para excluir hemorragia alta. Caso não haja saída de bile, recomenda-se a endoscopia digestiva alta. A angiografia mesentérica seletiva está indicada para detectar taxa de sangramento > 0,5-1 ml/min, enquanto a cintilografia com hemácias marcadas detecta um sangramento ativo com sensibilidade acima de 0,1 ml/min e a ângio-TC, 0,3 a 0,5 ml/min.

Tratamento

Visa controlar os sinais vitais pela reposição volêmica, conferindo estabilidade hemodinâmica. A terapia colonoscópica consiste em aplicar adrenalina ou eletrocoagulação a lesões sangrantes. A terapia angiográfica objetiva a infusão intra-arterial de vasopressina ou embolização. Em casos graves, realiza-se a colectomia segmentar (sem necessidade de preparo colônico).

9.5. Diverticulose do Intestino Delgado (Meckel)

O divertículo de Meckel é a mais frequente das anomalias congênitas do aparelho digestivo. Tipicamente seu saco diverticular é recoberto por mucosa gástrica ou normal. Sendo assim, em condições em que haja a secreção de ácido clorídrico pela mucosa ectópica, ocorre sangramento devido à formação de ulcerações pépticas no íleo. O diagnóstico é feito pela cintilografia com pertecnetato 99mTc e o tratamento consiste na ressecção do divertículo e do segmento do íleo adjacente.

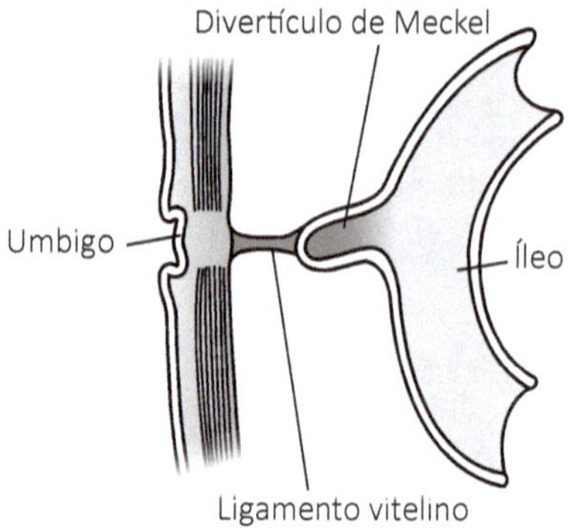

Diverticulose do intestino delgado	É o aparecimento de divertículos jejunais múltiplos que podem estar associados a síndrome disabsortiva relacionada com o supercrescimento bacteriano pela estase no seu interior.

9.6. Apendicite Aguda

→ É a causa mais comum de abdome agudo não traumático entre os 10 e 30 anos de idade, com incidência de 8% na população.

Anatomia

O apêndice vermiforme tem comprimento de 2 cm a 20 cm (média de 9 cm) e se origina na parede posteromedial do ceco, onde ocorre a confluência das tênias cólicas. Embora sua base seja fixa, a ponta do apêndice pode ser encontrada em diversas localizações, justificando manifestações clínicas distintas e a necessidade de diagnóstico diferencial em gestantes (apresentação na região subcostal direita).

Fisiopatologia

A obstrução do lúmen apendicular por fecalitos ou a hiperplasia dos folículos linfoides são as causas mais comuns, além de obstrução por áscaris, corpos estranhos e tumores.

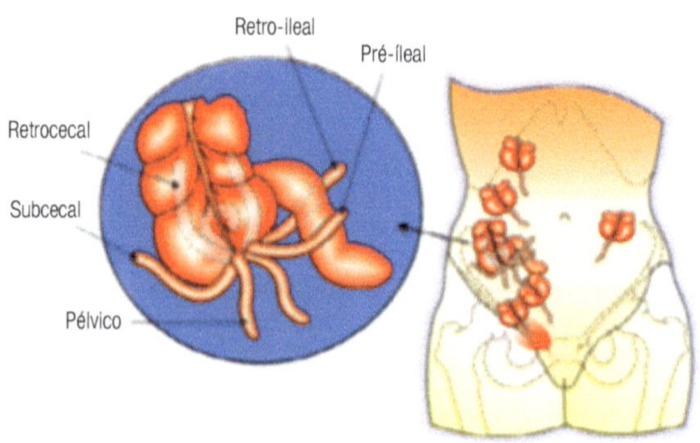

▶ Variações anatômicas do ceco e do apêndice.

A obstrução apendicular evolui para distensão e proliferação bacteriana (inflamação) → 12 horas depois → Compromete o suprimento sanguíneo arterial com isquemia → 48 horas depois → Necrose e perfuração.

➔ Na ausência de intervenção, o intestino delgado e o omento bloqueiam a perfuração; caso contrário, ocorreria peritonite difusa com abscessos intraperitoneais.

A dor da apendicite aguda é proveniente da distensão do órgão, que leva à estimulação de fibras aferentes amielinizadas viscerais, produzindo dor periumbilical ou mesogástrica mal definida. Quando o processo inflamatório entra em contato com o peritônio parietal, ocorre estimulação da inervação aferente parietal, causando dor bem localizada.

Sinais importantes
BLUMBERG: descompressão dolorosa (irritação peritoneal).
ROVSING: dor na fossa ilíaca direita (FID) quando se comprime a fossa ilíaca esquerda (FIE).
LENANDER: temperatura retal > em 1ºC que a temperatura axilar.
PSOAS: dor à extensão da coxa direita seguida da sua abdução.
OBTURADOR: dor em região hipogástrica ao realizar a rotação interna e passiva da coxa direita flexionada.
DUNPHY: dor na fossa ilíaca direita que piora com a tosse.

Quadro clínico

Apresenta-se com dor abdominal, anorexia, náuseas, febre, vômitos. Quando ocorrem complicações, há a formação de plastrão (massa palpável) e peritonite difusa. No exame físico, o paciente se apresenta com posição antálgica, defensiva e com aumento da sensibilidade dolorosa na fossa ilíaca direita.

Diagnóstico

É clínico e, quando houver dúvida (grupos de dúvida: idosos, crianças, obesos, gestantes, mulheres), realizam-se exames laboratoriais, urina 1, TC (maior acurácia), ultrassonografia (US) e raios X (RX) (com fecalito no quadrante inferior direito).

Tratamento

É sempre cirúrgico por via aberta (Davis Rockey, McArthur-McBurney, Jalaguier) ou por videolaparoscopia. A principal complicação é a infecção de sítio cirúrgico. No tratamento clínico com antibióticos) (ATBs), o índice de cura é de 80% dos casos, com 30% de chance de recidiva. Na laparoscopia, existe um aumento do custo e do tempo cirúrgico, diminuição da internação e da dor.

O **tratamento** da apendicite divide-se em:

- **apendicite precoce (simples):** < 48 horas ou sem complicações, faz-se uso de ATBs 24-48 horas e, em seguida, a cirurgia;
- **apendicite tardia (> 48 horas):** realizam-se USG ou TC para avaliar a presença de abscesso e, caso não exista, é enquadrada como apendicite simples.
  - → **Em casos de abscesso < 4 cm:** administram-se ATBs por 7-10 dias e a cirurgia ocorrer em 6 a 8 semanas.
  - → **Em casos de abscesso > 4 cm:** administram-se ATBs + drenagem percutânea + colostomia por 2-4 semanas + cirurgia reparadora em 6-8 semanas.

9.7. Diverticulite (Peripseudodiverticulite)

É denominada popularmente "apendicite à esquerda em maiores de 50 anos de idade". A diverticulite deve ser suspeitada em todo paciente que desenvolva dor em fossa ilíaca esquerda que piora com defecação e que eventualmente está associada a sinais de irritação peritoneal e alteração do trânsito intestinal. A etiologia mais provável é o acúmulo de restos alimentares que se alojam no interior dos divertículos, formando fecalitos, os quais comprometem o suprimento sanguíneo da frágil parede do divertículo, surgindo, então, as perfurações, que provocam um processo inflamatório pericolônico.

➔ O **diagnóstico** é clínico e, em caso de dúvida, realiza-se a tomografia computadorizada com contraste retal, oral e venoso. A colonoscopia com clister deve ser evitada pelo risco de perfurações.

Classificação de Hinchey modificada pro Kaiser – atualizada	
Estágio 0	Diverticulite leve – não complicada
Estágio Ia	Inflamação ou fleimão pericólicos confinados
Estágio Ib	Abscesso pericólico confinado
Estágio II	Abscesso pélvico, retroperitoneal ou intra-abdominal distante
Estágio III	Peritonite generalizada
Estágio IV	Peritonite focal generalizada

Conduta na diverticulite não complicada

Os pacientes exibem sintomas mínimos, para os quais preconizam-se dieta líquida sem resíduos e esquema antibiótico oral.

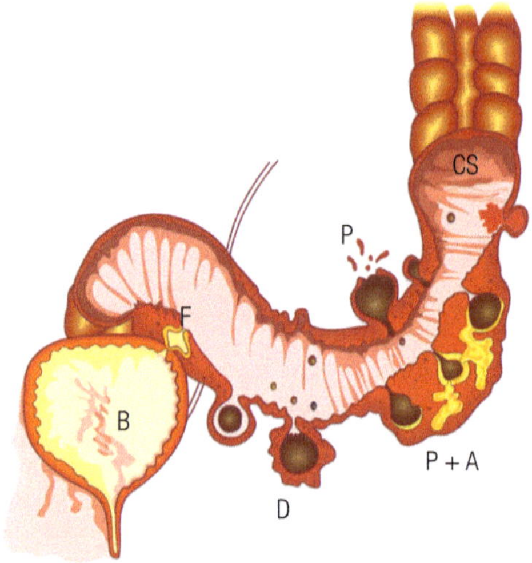

B = bexiga
CS = cólon sigmoide
D = diverticulite simples
F = fístula
H = hemorragia
P = perfuração
P + A = perfuração + abscessos

▶ Doença diverticular e suas complicações.

Para aqueles com sinais de inflamação, como febre, leucocitose com desvio e descompressão dolorosa, indicam-se dieta zero com hidratação venosa e antibiótico parenteral. Após 4-6 semanas do término de tratamento, é necessária a avaliação do intestino grosso (via colonoscopia) com o objetivo de excluir definitivamente a possibilidade de neoplasia colorretal como causa da perfuração.

Conduta na diverticulite complicada

Abscessos

São as complicações mais comuns! Preconiza-se a drenagem guiada pela TC se > 2 cm, associada a dieta parenteral e antibioticoterapia. Após 6 semanas da drenagem, um processo cirúrgico definitivo é realizado.

Perfuração com peritonite purulenta

É a complicação mais grave! Requer ressuscitação volêmica, antibioticoterapia e laparatomia de urgência (ressecção do segmento perfurado e irrigação da cavidade abdominal com soro fisiológico aquecido associada a colostomia temporária [10 semanas] - Hartman).

Fístulas colovesicais/colovaginais

Manifesta-se com infecção do trato urinário (ITU), pneumatúria e presença de fezes na região. Preconizam-se uso de antibiótico, descolamento do intestino, ressecamento do segmento colônico e reparo da fístula.

Obstrução

Acomete o intestino delgado por aderências aos abscessos. Indica-se drenagem nasogástrica descompressiva associada a antibioticoterapia. A indicação cirúrgica (após 6 semanas) fica reservada às obstruções totais refratárias.

Cirurgias	
Eletivas	Correspondem à ressecção do sigmoide com anastomose primária terminoterminal, nos casos de falha terapêutica após três episódios de diverticulite não complicada ou após o 1º episódio complicado.
Emergenciais	São realizadas em dois tempos: colostomia terminal e fechamento do coto retal (Hartmann) com posterior religamento.
Recorrência	Após o 1º episódio de diverticulite para o qual não houve necessidade de tratamento cirúrgico, cerca de 20%-30% dos pacientes terão recorrência da doença. Após o 2º episódio, as chances sobem para 50%-60%, sendo instituído o tratamento cirúrgico eletivo. Após o 3º episódio está indicada a ressecção eletiva do segmento intestinal mais acometido (sigmoide) após 4-6 semanas de resolução da inflamação.

9.8. Abordagem das Obstruções Intestinais

→ A obstrução intestinal, cujo conteúdo luminal do intestino é impedido de progredir distalmente de maneira habitual, pode ser dividida em dois grupos: obstruções mecânicas e obstruções funcionais.

Tipos de obstruções

- **Completas e incompletas**
- **Simples e estranguladas:** pode ocorrer comprometimento ou não do suprimento sanguíneo arterial.
- **Em alça fechada:** o segmento intestinal encontra-se ocluído nas suas duas extremidades.

Obstruções mecânicas	
Delgado	■ **Aderência/bridas:** decorrentes de manipulações cirúrgicas prévias do abdome, levando à obstrução devido a uma angulação da alça intestinal. ■ **Hérnias:** inguinais, femorais, incisionais, umbilicais. ■ **Íleo biliar:** devido a uma fístula colecistoentérica (vesícula biliar-duodeno) que pode causar obstrução quando um cálculo ganha o tubo digestivo e migra até regiões de menor diâmetro (ângulo de Treitz, válvula ileocecal), levando a uma impactação. ■ **Neoplasia**
Cólon	■ **Volvo:** os locais mais comuns são no sigmoide e ceco. ■ **Divertículo**
Infância	■ **Intussuscepção:** é a invaginação de um segmento intestinal para o interior de uma alça. ■ **Áscaris/bezoar:** são corpúsculos não digeríveis. ■ **Hérnias**
Obstruções funcionais	
Íleo paralítico	É a parada de eliminação de gases e fezes na ausência de obstrução intestinal mecânica. Acomete pacientes em pós-operatórios de cirurgias abdominais e portadores de distúrbios hidroeletrolíticos. O tratamento envolve drenagem nasogástrica, correção de distúrbios eletrolíticos e medicamentos predisponentes.
Pseudo-obstrução colônica aguda (síndrome de Ogilvie)	Acomete pacientes graves e é decorrente de uma hiperatividade simpática (possui resposta dramática à neostigmina ou à descompressão endoscópica). Acomete pacientes graves (infarto agudo do miocárdio [IAM], sepse)

Diagnóstico

Realizado pela rotina radiológica de abdome agudo evidenciando distensão de alças. A tomografia computadorizada é usada quando se necessita de precisão do local.

- Nas obstruções do delgado, as alças distendidas tendem a ocupar uma posição mais central e notam-se as válvulas/pregas coniventes ocupando todo o diâmetro da alça.
- Nas obstruções do cólon, nota-se que a distensão ocupa a periferia das radiografias de abdome e as haustrações colônicas ocupam apenas uma parte do diâmetro transverso da parede.

Tratamento

Clínico

Realiza-se a correção hidroeletrolítica associada a sonda de drenagem aberta e observação por 24-48 horas, recebendo alta os casos com resolução ou obstrução parcial.

Cirúrgico

Visa à ressecção cirúrgica das porções intestinais afetadas. Em casos de volvo do sigmoide, realiza-se sigmoidoscopia ou colonoscopia associada a cirurgia eletiva para ressecção da alça. Caso não haja resposta à sigmoidoscopia/colonoscopia, abordagem cirúrgica imediata com ressecção do segmento afetado, colostomia protetora e fechamento do coto retal estão indicados.

Manifestações clínicas

As síndromes obstrutivas apresentam peristalse de luta (ruído de timbre metálico), dor em cólica, distensão abdominal, vômitos (alcalose, queda de K^+ e Cl^-), diarreia paradoxal (se obstrução parcial). No volvo, manifesta-se com o sinal do grão de café, U invertido, bico de pássaro.

Rompimento

Intestino grosso com ceco > 12 cm tem chances de ruptura. O intestino delgado quase nunca se rompe.

9.9. Isquemia Intestinal

Suprimento sanguíneo do trato gastrointestinal
■ **Tronco celíaco:** estômago, duodeno, fígado, baço, pâncreas. ■ **Artéria mesentérica superior:** intestino delgado, cólon ascendente e, parcialmente, o transverso. ■ **Artéria mesentérica inferior:** parcialmente, cólon transverso, descendente, sigmoide, porção superior do reto.

A rede colateral
■ Entre a artéria mesentérica superior e o tronco celíaco, a rede colateral é feita pelas arcadas pancreatoduodenais. ■ Entre as artérias mesentéricas superior e inferior existem as artérias marginais de Drumond e a artéria de meandro (ou arco de Riolan).

Isquemia mesentérica crônica

É o acometimento da macrovasculatura que tem como causa principal a aterosclerose. As manifestações clínicas são: angina mesentérica, emagrecimento, sinais sistêmicos de doença aterosclerótica. O diagnóstico é feito pela angiografia mesentérica associada a história clínica compatível.

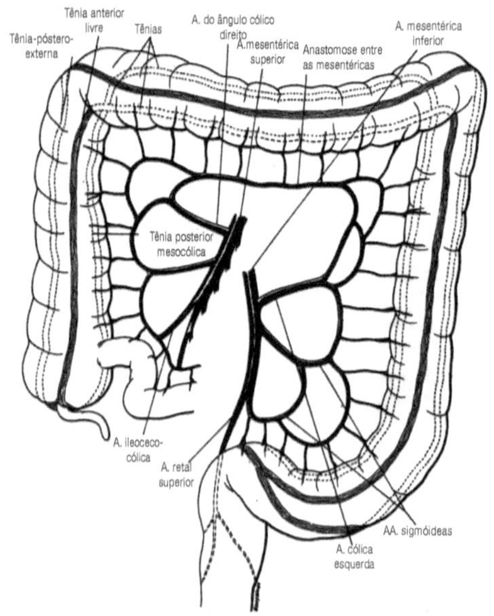

▶ Distribuição dos ramos das artérias mesentéricas superior e inferior.

→ O tratamento envolve a revascularização cirúrgica por meio de *by-pass*, endarterectomia ou reimplante (em jovens sem comorbidades) e angioplastia percutânea/*stents* (em idosos com comorbidades).

Isquemia mesentérica aguda

50%	Embolia da artéria mesentérica superior devida a cardiopatia emboligênica (FA crônica).
30%	Isquemia mesentérica não oclusiva devida a vasoconstrição por digitálicos, cocaína e choque.
15%	Trombose da artéria mesentérica superior devida a aterosclerose avançada e trauma.
5%	Trombose da veia mesentérica devida a hipercoagulabilidade.

Todo quadro de abdome agudo que evolua com sinais de acidose metabólica, a primeira hipótese deve ser sempre de isquemia intestinal até que se prove o contrário.

Manifestações clínicas

Apresenta-se com dor abdominal súbita desproporcional ao exame físico, sem irritação peritoneal e com distensão abdominal progressiva.

- Na abordagem inicial, evidenciam-se a temperatura retal < temperatura axilar, leucocitose, elevação do hematócrito (devido à perda de plasma pelo intestino isquêmico, levando a leucocitose e hemoconcentração), aumento de desidrogenase láctica (DHL), FA e amilase.
- Em fases mais tardias, apresenta necrose tecidual evidenciada pela distensão de alças intestinais na radiografia e tomografia, demonstrando pneumatose intestinal e gás no sistema portomesentérico. A confirmação diagnóstica é pela angiografia mesentérica.

Tratamento

É cirúrgico, sendo fundamental realizar aspiração nasogástrica, reposição hidroeletrolítica e antibioticoterapia de largo espectro.

- Embolia/trombose de artéria mesentérica: realiza-se embolectomia associada à remoção dos segmentos infartados e posterior revisão dos tecidos viáveis.
- Infarto intestinal não embólico: a angiografia é diagnóstica e terapêutica com a infusão intra-arterial de papaverina.
- Trombose de veia mesentérica: realiza-se a heparinização sistêmica.

Isquemia colônica (colite isquêmica)

Causas
■ Choque
■ Estrangulamento de alça
■ Fármacos
■ Embolia
■ Trombofilias
■ Colonoscopia/enemas
■ Cirurgias

Reflete o acometimento da microvasculatura. É a forma mais comum de isquemia intestinal, afetando preferencialmente os idosos.

As manifestações clínicas são dor à palpação do lado esquerdo, sangramento retal, dor abdominal baixa, hipotensão. O diagnóstico é feito pelo sinal das "impressões digitais" (ou *thumbprinting*), estreitamento tubular e irregularidade "em dentes de serra" no clister opaco. O padrão ouro para o diagnóstico é a retossigmoidoscopia ou colonoscopia. O tratamento preconiza a correção dos fatores desencadeantes.

Incisões cirúrgicas	
Incisões	1. Davis Rockey: incisão transversa.
	2. McArthur-McBurney: ponto a dois terços do caminho do umbigo → crista ilíaca.
	3. Jalaguier: pararretal external infraumbilical.

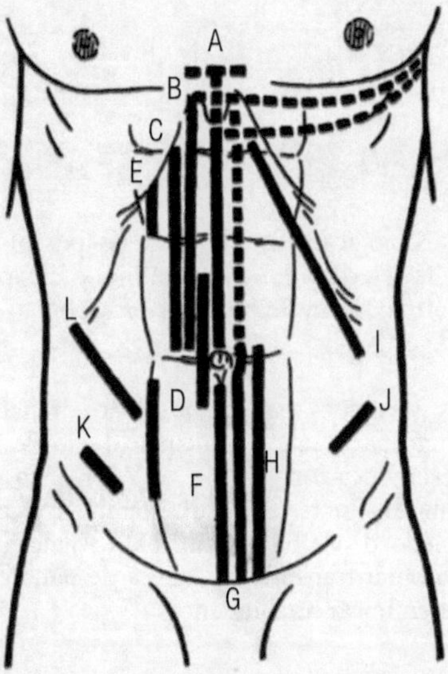

► Incisões laparotômicas. A: Incisão mediana; em pontilhado, o traçado para a ressecção do apêndice xifoide; B: Paramediana pararretal interna (Lennander); em pontilhado o traçado para toracolaparotomia; C: Transretal; D: Paramediana pararretal externa; E: Para piloromotomia (Robertson); F: Mediana infraumbilical; G: Pararretal interna intraumbilical; em pontilhado a extensão cranial; H: Transretal infraumbilical; I: Subcostal (Kocher); J: Para sigmoidostomia; K: Oblíqua baixa (McBurney); L: Oblíqua alta.

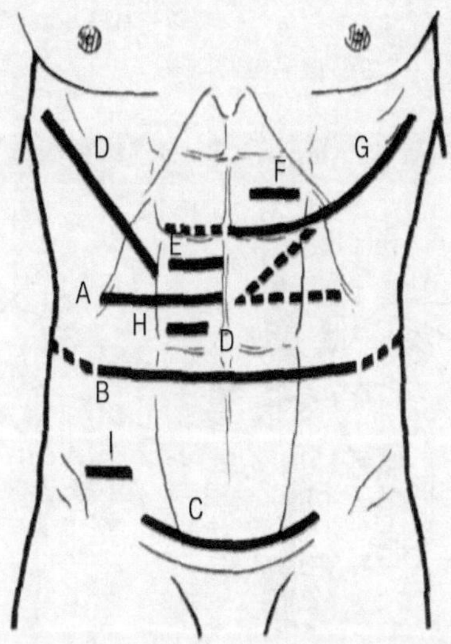

► Incisões laparotômicas. A: Transversa parcial (Sprengel); em pontilhado o traçado para passar a total; B: Transversa infraumbilical; em pontilhado os prolongamentos para os flancos (Gurd); Plannentiel; D: Toracolaparotomia direita; E: Toracolaparotomia esquerda; em pontilhado o traçado da extensão horizontal e oblíqua; H: Para transversostomia; I: Para apendicectomia (Elliot-Babcock). Utilizada para exploração bilateral da adrenais.

CAPÍTULO 10

DISTÚRBIOS PANCREÁTICOS

10.1. Anatomia Pancreática

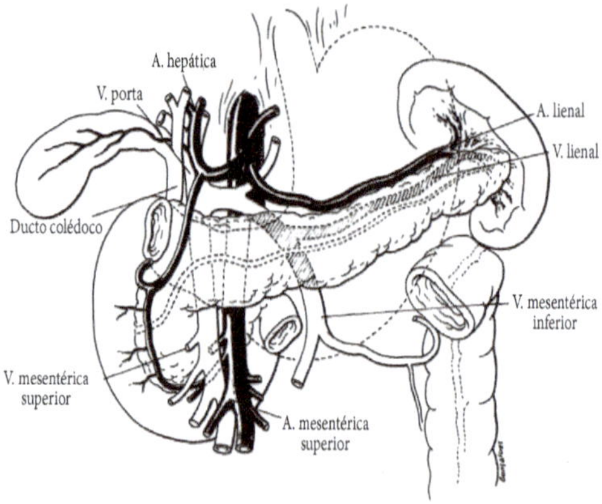

▶ Raízes da veia porta. Ramos do tronco celíaco e artéria mesentérica superior.

Anatomia e histologia

Suprimento vascular	
Arterial	Tronco celíaco e artéria mesentérica superior
Venoso	Sistema porta (pela veia esplênica)

Anatomicamente, o pâncreas é um órgão retroperitoneal, o que justifica sua dor irradiada para a região dorsal. A cabeça do pâncreas é circundada pelo arco duodenal e a cauda pancreática possui contato com o hilo esplênico.

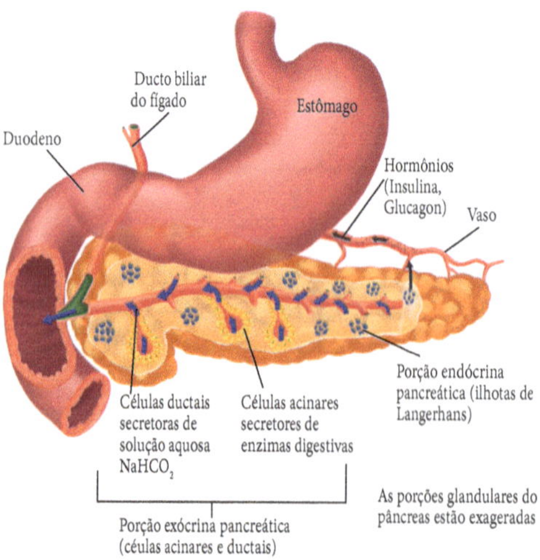

Histologicamente, o pâncreas possui as células alfa *(glucagon)*, beta (insulina) e delta (somatostatina), além de produzir bicarbonato e enzimas digestivas.

As secreções pancreáticas são drenadas para o ducto pancreático principal (ducto de Wirsung) e desembocam na papila de Vater. Essa papila contém o esfíncter de Oddi e também recebe o ducto colédoco (via biliar principal). Anatomicamente, a via biliar transpassa a cabeça do pâncreas antes de desembocar no duodeno.

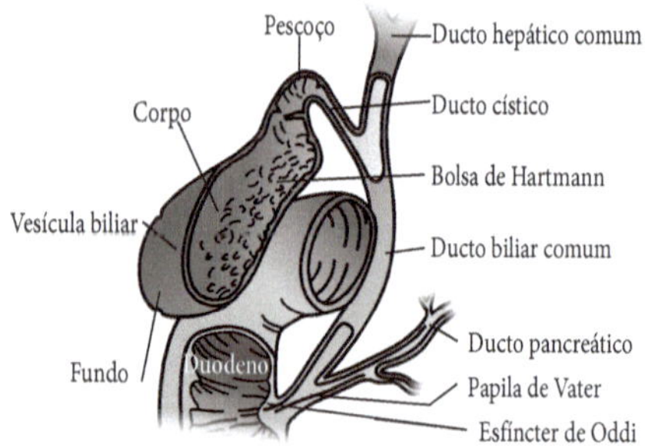

Adendo: as tromboses de veia esplênica levam a esplenomegalia e varizes isoladas em fundo gástrico.

Fisiologia

→ O pâncreas exerce dupla função.

Exócrina	Produção e secreção do suco pancreático rico em bicarbonato e enzimas digestivas.
Endócrina	Liberação de hormônios como insulina, glucagon e somatostatina.

- Secretina: é responsável por estimular as células ductais e centroacinares a produzirem bicarbonato.
- Colecistoquinina (CCK): é responsável por estimular as células acinares a produzirem enzimas pró-digestivas.

Exames complementares

- Amilase sérica: é uma das enzimas pancreáticas que se apresenta 3 a 5 vezes aumentada em casos de pancreatite aguda e se eleva entre 2 e 12 horas, permanecendo elevada por 3 a 5 dias.
- Lipase sérica: é uma enzima pancreática que se eleva entre 2 e 12 horas, mantendo-se elevada por 7 a 10 dias e com baixas chances de falso positivo quando em comparação com a amilase.

Além das enzimas, há também os testes de função pancreática, que podem ser diretos ou indiretos, e os exames de imagem, como: ultrassonografia (exame de baixo custo e útil para identificar litíase biliar), tomografia computadorizada (TC) (avalia a necrose pancreática) e colangiopancreatografia endoscópica retrógrada.

10.2. Pancreatite Aguda

É a autodigestão tecidual pelas próprias enzimas pancreáticas, com acometimento de estruturas e órgãos peripancreáticos e à distância, levando a síndrome da resposta inflamatória sistêmica (SIRS) (se < 2 semanas) ou sepse (se > 2 semanas), ambas com alta letalidade.

Cerca de 80%-90% das pancreatites não ocasionam sequelas, apenas levam a um edema do pâncreas de forma autolimitada em 3 a 7 dias, com mortalidade inferior a 1% (pancreatite aguda adenomatosa/pancreatite aguda leve). Cerca de 10%-20% das pancreatites cursam com necrose parenquimatosa extensa e hemorragia retroperitoneal, levando a 10%-30% de mortalidade (pancreatite aguda edematosa/necro-hemorrágica/aguda grave).

Patologia, patogênese e etiologia

Na pancreatite aguda, ocorre a formação de áreas de necrose gordurosa nos tecidos glandulares exócrino e endócrino em conjunto com rupturas vasculares e focos de hemorragia. As principais etiologias são:

Pancreatite aguda biliar

Decorrente da obstrução transitória da ampola de Vater por pequenos cálculos ou de edema causado pela passagem do cálculo, ocasionando aumento súbito da pressão intraductal e estimulando a fusão lisossomal e a ativação da tripsina, liberando enzimas ativadas no parênquima pancreático, ou pelo refluxo biliar no ducto pancreático, provocando ativação enzimática.

Pancreatite aguda alcoólica

Sua patogênese é desconhecida. Acredita-se que seja devida a estímulo direto à liberação de enzimas pancreáticas ativadas ou lesão tóxica acinar pelo etanol e seus metabólitos.

Hipertrigliceridemia

Devida à metabolização dos triglicerídeos pela lipase pancreática em ácidos graxos livres nocivos para o tecido pancreático.

Manifestações clínicas

Apresenta-se com dor abdominal em faixa (em barra, com irradiação para dorso), náuseas e vômitos. Alguns sinais cutâneos podem ocorrer, como:

- Sinal de Grey-Turner: equimose em flancos. (Não é patognomônico, pois representa sangramento retroperitoneal.)
- Sinal de Cullen: equimose periumbilical.
- Paniculite: necrose gordurosa subcutânea.
- Sinal de Fox: equimose na base do pênis.

Diagnóstico

A suspeita diagnóstica é suscitada pelos achados de:

- Dor abdominal sugestiva;
- Exames de imagem;
- Elevação de enzimas ≥ 3 vezes o normal.

Laboratório

São comuns leucocitose e hiperglicemia.

- A transaminase glutâmico-pirúvica (TGP) (aspartato alanina aminotransferase [ALT]) > 150 U/l apresenta especificidade de 96% para pancreatite biliar e valores abaixo de 150 U/l não a excluem. Os valores de transaminase glutâmico-oxalacética (TGO) (aspartato aminotransferase [AST]) são sugestivos apenas quanto ao prognóstico.

➔ A confirmação diagnóstica é feita pela amilase sérica (3× aumentada) e lipase sérica (3× aumentada). Quando juntas, representam especificidade e sensibilidade de 95% (na pancreatite aguda por triglicerídeos ou álcool pode não ocorrer aumento).

→ Níveis extremamente elevados de amilase e lipase não são indicativos de gravidade.

Critérios de Ranson	
Pancreatite aguda	**Pancreatite aguda biliar**
Na admissão	**Na admissão**
▪ Idade > 55 anos ▪ Leucocitose > 16.000/mm^3 ▪ Glicose > 200 mg/dl ▪ DHL > 350 Ul/l ▪ TGO > 250 Ul/l	▪ Idade > 70 anos ▪ Leucocitose > 18.000/mm^3 ▪ Glicose > 220 mg/dl ▪ DHL > 400 Ul/l ▪ TGO > 250 Ul/l
Durante as 48 horas iniciais	**Durante as 48 horas iniciais**
▪ Redução do hematócrito > 10% ▪ Aumento da ureia > 10 mg/dl ▪ Cálcio < 8 mg/dl ▪ PaO_2 < 60 mmHg ▪ Excesso de base mais negativo que -4 ▪ Estimativa de perda líquida > 6 l	▪ Redução do hematócrito > 10% ▪ Aumento da ureia > 4 mg/dl ▪ Cálcio < 8 mg/dl ▪ Excesso de base mais negativo que -5 ▪ Estimativa de perda líquida > 4 l

Regra mnemônica Critérios de Ranson	
Importante	Idade > 55 anos.
Lembrar	Leucometria > 16.000/cm^3
Totalmente	TGO > 250 Ul/l
Grande	Glicemia > 200 mg/dl
Lista	LDH > 350 U/l
Para	PO_2 < 60 mmHg
Evitar	Excesso de base > -4 mEq/l
Sequestro de	Sequestro líquido > 6 l
Homens na	Hematócrito ↓ 10%
Ur	Ureia elevando > 10 mg/dl
Ca	Cálcio < 8 mg/dl

➔ A tomografia computadorizada contrastada é o melhor método de imagem, sendo indicada para pacientes cujo diagnóstico de pancreatite seja duvidoso (Ranson > 3 ou Apache II > 8 e que apresentam deterioração clínica após 48-72 horas de tratamento conservador). A ultrassonografia é o primeiro exame para visualização da vesícula e das vias biliares. A radiografia simples demonstra o sinal do cólon amputado (paucidade de ar no cólon descendente devido a um espasmo do mesmo).

Prognóstico

É necessário avaliar o prognóstico do paciente nas primeiras 48 horas do início do quadro, e critérios como aumento de TGP, amilase, lipase, bilirrubinas não interferem no prognóstico! Apenas Ranson ≥ 3 e Apache II ≥ 8 e PCR > 150 mg/l são sugestivos de pior prognóstico.

Tratamento

A abordagem do paciente deve ser feita com reposição volêmica, analgesia com opioides, controle acidobásico, dieta enteral zero (o menor tempo possível, já que o desvio do fluxo sanguíneo intestinal para cérebro-coração à custa de vasoconstrictores favorece a passagem de bactérias intestinais e possíveis sepses, logo o retorno da alimentação resgata o trofismo intestinal, diminuindo essa chance). A dieta deve ser reiniciada (por via oral ou cateter nasojejunal) quando o paciente apresentar fome, diminuição da dor e da PCR. A nutrição parenteral deve ser instituída somente quando a dieta não conseguir ser reiniciada.

Pancreatite biliar leve	Aos casos de pancreatite por cálculo biliar ou edema dos canais biliares preconiza-se a estimativa do risco cirúrgico do paciente para realizar a intervenção cirúrgica definitiva (colecistectomia semieletiva) devido aos índices de recorrência de cerca de 30%. Em casos de baixo risco cirúrgico, realiza-se a colecistectomia por videolaparoscopia antes da alta. Nos casos de alto risco, é recomendada a papilotomia por via endoscópica antes da alta.
Pancreatite biliar grave	Na pancreatite biliar grave associada a colangite por cálculo impactado e coledocolitíase, preconiza-se a realização de colangiopancreatografia retrógrada endoscópica (CPRE) e papilotomia de urgência nas primeiras 72 horas seguida de colecistectomia após 6 semanas.

O uso de antibiótico (imipenem ou ciprofloxacino com metronidazol) está indicado somente para pancreatites agudas necrosantes infectadas!!
A infecção é diagnosticada pelo sinal da bolha de sabão (visualização de gás no pâncreas pela TC) ou pela punção do tecido necrótico associado a cultura. Caso contrário, favorece a incidência de superinfecções fúngicas!
Para pancreatites necrosantes infectadas, recomenda-se também a necrosectomia após 12 dias, quando possível, ou se houver piora do quadro (hemorragia, síndrome compartimental aguda).

Pseudocisto pancreático
É caracterizado como uma coleção líquida intra ou peripancreática não infectada com mais de 4 semanas envolvida por uma cápsula de fibrose não revestida por células endoteliais. No seu interior encontra-se suco pancreático contendo enzimas como a amilase. A drenagem cirúrgica interna está indicada para pseudocistos que sofrem expansão ou comprimem estruturas.

Abscesso pancreático

É caracterizado como uma coleção líquida infectada com mais de 4 semanas. Apresenta-se com febre diária. O tratamento consiste no uso de antibioticoterapia e drenagem por punção guiada por TC.

Classificação da pancreatite aguda

- **Leve:** sem falência orgânica e sem complicações locais ou sistêmicas.
- **Moderadamente grave:** falência transitória (< 48 h) ou complicação local/sistêmica.
- **Grave:** falência orgânica (> 48 h) e pode ter complicação local/sistêmica.

10.3. Pancreatite Crônica

É caracterizada por reação inflamatória com degeneração fibrótica progressiva e irreversível do parênquima pancreático. Pode ser classificada como:

- **Calcificante:** é a mais comum, caracterizada pela presença de *plugs* de proteínas que podem se calcificar, provocando obstrução dos ductos pancreáticos. A causa mais comum é o etilismo.
- **Obstrutiva:** é a lesão por obstrução devido a um tumor intraductal, causando dilatação generalizada da árvore pancreática.
- **Inflamatória:** ocorre em certas doenças autoimunes, sendo caracterizada pela inflamação crônica.

Fisiopatologia

A causa mais comum é o alcoolismo, que induz a formação de um suco pancreático com pouco inibidor da tripsina. Desse modo, formam-se *plugs* proteicos que obstruem os ductos e ativam as enzimas pancreáticas, desencadeando o processo inflamatório. O cálcio tende a se depositar nos *plugs* proteicos e formar cálculos pancreáticos.

Manifestações clínicas

Apresenta-se com a tríade clássica: esteatorreia, diabetes melito e calcificações.

Diagnóstico

O padrão ouro é pela histologia. A ultrassonografia endoscópica é o primeiro exame a ser solicitado (visando à classificação segundo os critérios de Rosemont), contudo o exame mais utilizado é a tomografia computadorizada (equivalente à ressonância magnética [RM]), com altas sensibilidade e especificidade. Mediante a indisponibilidade da RM, realiza-se a colangiopancreatografia endoscópica retrógrada, que é indispensável para o pré-cirúrgico e frequentemente terapêutica para cálculos no lúmen. Outros exames, como radiografia simples de abdome, teste de secretina, teste de gordura fecal, D-xilose e elastase-1 fecal, também podem ser solicitados.

Tratamento

Visa à analgesia da dor pancreática por meio de:

- abstinência etílica e do tabagismo;
- redução da ingesta de gorduras;
- suplemento enzimático com tripsina e insulina;
- uso de inibidores da bomba de prótons (IBPs);
- analgesia farmacológica escalonada de horário (paracetamol → anti-inflamatórios não esteroidais [AINEs] → antidepressivos → opioides).

➔ As medidas intervencionistas da dor clinicamente intratável consistem em remoção endoscópica de cálculos, esfincterotomia e colocação de *stents* em situações de estenose ou cálculos.

➔ Os procedimentos de drenagem ductal são indicados para a doença dos grandes ductos (quando > 7 mm), realizando-se a pancreatojejunostomia laterolateral (procedimento de Puestow-Parrington-Rochelle). No caso da doença dos pequenos ductos, preconiza-se a cirurgia de Whipple modificada (ressecção da cabeça pancreática) ou a pancreatectomia subtotal distal (ressecção de cauda pancreática) - cirurgia de Child.

10.4. Tumor de Pâncreas

Fatores de risco

- Tabagismo (principal fator)
- Diabetes melito
- Obesidade
- Sedentarismo
- História familiar

O adenocarcinoma de pâncreas é a quarta causa de mortalidade relacionada com o câncer. Localiza-se na cabeça (70%), no corpo (20%) e na cauda (10%) e acomete principalmente idosos negros dos 40-50 anos de idade. As manifestações clínicas se apresentam com a tríade perda de peso, dor abdominal e icterícia colestática. No exame físico, a icterícia é o achado mais comum, assim como vesícula biliar palpável indolor (sinal de Courvosier-Terrier) e linfonodomegalia supraclavicular esquerda.

O **diagnóstico** se dá pela TC de abdome contrastada e pelo uso de marcadores tumorais específicos como Ca 19.9 (valores maiores que 37 U/ml são sugestivos, enquanto que valores maiores que 1.000 U/ml representam tumores irressecáveis - T4 ou M1). O estadiamento é feito por ângio-TC-helicoidal e ultrassonografia (US) endoscópica.

→ O **tratamento curativo** envolve a ressecção do tumor pela cirurgia de Whipple (remoção da cabeça pancreática), com sobrevida de 10%-15% em 5 anos, ou cirurgia de Child (remoção da cauda pancreática). A terapia adjuvante envolve o uso de gencitabina associada a paclitaxel ou folfirinox.

→ O **tratamento paliativo** é o mais indicado para os pacientes com câncer (CA) de pâncreas, com a finalidade de correção da icterícia obstrutiva, obstrução duodenal e dor. Preconiza-se o uso de *stents* e derivações biliodigestivas (coledocojejunostomia, gastroenteroanastomose).

10.5. Neoplasias Endócrinas

Tríade de Whipple
■ Sintomas hipoglicêmicos
■ Glicemia < 50 mg/dl
■ Hiperinsulinemia sérica > 6 mU/ml

Insulinoma

É o tumor mais benigno (90% dos casos). O diagnóstico é feito pela tríade de Whipple.

→ Os sintomas melhoram após a administração de glicose. O tratamento envolve a ressecção cirúrgica por enucleação.

Glucagoma

Manifesta-se clinicamente com uma dermatite chamada de eritema migratório necrolítico e com intolerância à glicose. Outras manifestações da neoplasia são: fraqueza proximal, ataxia, demência, atrofia do nervo óptico, perda de peso, diabetes e risco para trombose. O diagnóstico é feito pela presença dos níveis de glucagon > 500-1.000 e hipoaminoacidemia. O tratamento é feito com octreotida e pancreatectomia.

Somatostatinoma

Apresenta-se com a tétrade clássica esteatorreia, diabetes, hipocloridria e colelitíase. Geralmente é maligno e com níveis de somatostatina > 100 a 400. O tratamento visa à pancreatectomia associada a colecistectomia.

Medquiz
■ Na pancreatite, ocorre a diminuição tanto da insulina quanto do glucagon, sendo necessário reajustar as doses das medicações.
■ Para as fístulas pancreáticas preconizam-se o jejum, a nutrição parenteral e o uso de octreotida.
■ A pancreatite crônica pode levar à trombose de veia esplênica, provocando hipertensão portal segmentar com varizes isoladas de fundo gástrico.

PARTE 2

Clínica Médica

SEÇÃO 3 - NEFROLOGIA

Capítulo 11 - Glomerulites Renais

11.1. Fisiopatologia Renal 80
11.2. Síndromes Glomerulares 82
11.3. Síndrome Nefrótica 84

Capítulo 12 - Lesões Tubulointersticiais Renais e Distúrbios Vasculares Renais

12.1. Síndromes Tubulares 86
12.2. Lesões Tubulares Específicas 87
12.3. Lesão Isquêmica Renal 90
12.4. Lesão Renal no Diabetes Melito 91

Capítulo 13 - Distúrbios Eletrolíticos Acidobásicos

13.1. Hipo/Hipernatremia (Na^+) 93
13.2. Hipo/Hipercalemia (K^+) 95
13.3. Gasometria Arterial 96
13.4. Distúrbios Acidobásicos 97

Capítulo 14 - Insuficiência Renal Aguda e Crônica

14.1. Insuficiência Renal Aguda 99
14.2. Insuficiência Renal Crônica 101
14.3. Métodos Dialíticos 103

Capítulo 15 - Uronefrologia

15.1. Litíase Renal - Abordagem 105
15.2. Obstrução das Vias Urinárias 107
15.3. Refluxo Vesicoureteral 108
15.4. Doença Cística Renal 108
15.5. Hiperplasia Prostática Benigna 108
15.6. Tumores Urológicos 109
15.7. Hematúria 110

ANOTAÇÕES

CAPÍTULO 11

GLOMERULITES RENAIS

11.1. Fisiopatologia Renal

Funcionalidade renal: depuração de escórias nitrogenadas do metabolismo de proteínas e participação endocrinometabólica, controle do equilíbrio hidroeletrolítico e acidobásico.

Conceitos anatômicos básicos: 1,6 milhão de néfrons, diâmetro longitudinal de 11-12 cm, pesando 150 g. É dividido praticamente em duas partes (camadas):

- **cortical:** externa;
- **medular:** interna.

Envolvendo o contorno externo dos rins existe a cápsula renal (tecido conjuntivo), e ao redor dessa cápsula encontra-se a fáscia de Gerota (gordura perirrenal).

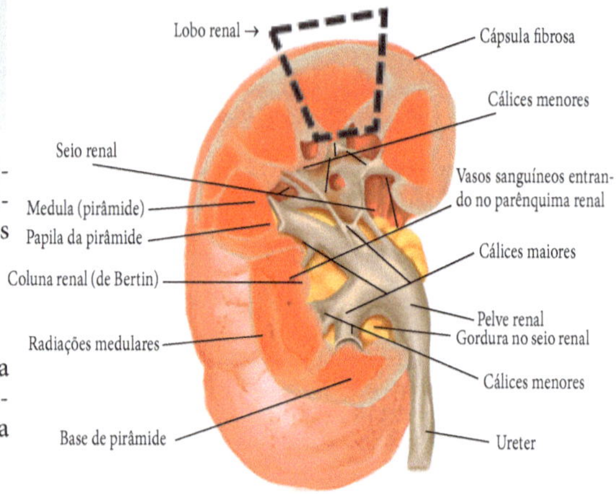

A região central da borda côncava por onde chegam os vasos e nervos é conhecida como hilo renal.

A urina formada pelo parênquima é despejada nos cálices renais menores → Cálices renais maiores → Pelve renal.

As camadas:

- **cortical (ou córtex renal):** mede 1 cm e contém os glomérulos, sendo responsável pela depuração do sangue que chega nos rins, dando início à formação de urina;
- **medular (ou medula renal):** é formada pelas pirâmides de Malpighi. Na ponta de cada pirâmide estão as papilas renais. Cada pirâmide de Malpighi associada ao tecido cortical adjacente forma os lobos renais.

Néfron

É responsável pelo filtrado glomerular nos corpúsculos de Malpighi e pelo complexo processamento desse filtrado em seu sistema tubular. Apenas os ramos descendentes e ascendentes da alça de Henle e a maior parte do túbulo coletor estão na zona medular.

Corpúsculo de Malpighi (glomérulo)

A arteríola aferente dá origem a uma série de alças capilares que se enovelam formando o glomérulo e, depois, deixa o glomérulo na forma de arteríola eferente. É a arteríola eferente que pode contrair-se ou relaxar-se mediante a ação da angiotensina, controlando a pressão hidrostática.

Os glomérulos são envolvidos pela cápsula de Bowman, que possui 2 folhetos: um aderido às alças glomerulares e outro inflado, delimitando externamente o corpúsculo (folhetos interno e externo).

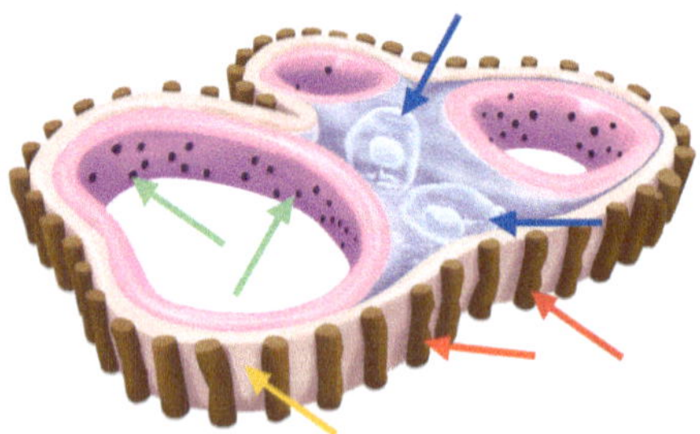

► Corte transversal de uma alça capilar glomerular. Veja as fenestrações endoteliais (setas verdes), as fendas de filtração (setas vermelhas) e as células mesangiais (setas azuis), localizadas entre as alças – envolvidas por uma única membrana basal (seta amarela).

Entre eles está o espaço capsular que recebe o filtrado glomerular.

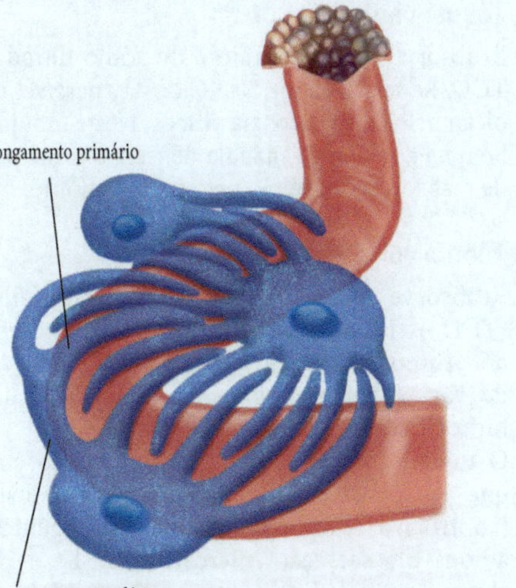

▶ Representação esquemática de uma alça glomerular recoberta pelos braços dos podócitos – as fendas de filtração.

O folheto interno é formado pelos podócitos (que possuem prolongamentos primários [radiais] e secundários [abraçam o capilar]). Os espaços entre os prolongamentos dos podócitos representam as fendas de filtração. Sendo assim, o plasma filtrado passa por 3 estruturas: o endotélio do capilar, a membrana basal (única contínua) e as fendas de filtração.

Além disso, o glomérulo encontra-se mergulhado em um meio de sustentação denominado mesângio, com células mesangiais e a membrana basal.

Sistema tubular

Túbulo contorcido proximal (TCP) + alça de Henle + túbulo contorcido distal (TCD) + túbulo contorcido (TC).

Aparelho justaglomerular

Antes de a arteríola aferente se tornar o tufo glomerular, ela possui uma região de células justaglomerulares (células com modificação na camada média) que entram em contato com o túbulo contorcido distal (região da mácula densa), formando o aparelho justaglomerular e realizando o *feedback* tubuloglomerular.

Vascularização renal

A artéria renal chega no hilo renal e se divide, formando as artérias interlobares, que seguem entre as pirâmides de Malpighi (delimitando os lobos). Ao atingirem o córtex, originam as artérias arciformes, que fazem um trajeto entre a cápsula e a medula. Das arciformes surgem as interlobulares, que vão em sentido ao córtex, emitindo várias artérias aferentes que, depois, se tornam artérias eferentes (responsáveis pela nutrição do parênquima renal) e posteriormente projetam as vasas retas que nutrem a medula renal.

A vascularização da medula é precária, especialmente na papila renal, que é a estrutura anatômica mais distante dos vasos. Quando alguma doença (diabetes melito [DM], anemia falciforme) prejudica a vascularização das artérias vasa reta, ocorre a necrose da papila!

A arteríola eferente possui mais células musculares, sendo mais sensível à angiotensina.

Aspectos fisiológicos

- **Taxa de filtração glomerular (TFG):** 140 l/dia (ou 80-120 ml/min).
- **Reabsorção tubular + secreção tubular** (enzimas ou canais específicos carreadores de substâncias): 1-3 l/dia de urina.

No corpúsculo de Malpighi

A alta pressão hidrostática no interior das alças capilares glomerulares formam o filtrado. Em oposição à pressão hidrostática capilar existem:

- pressão oncótica do Plasma;
- pressão hidrostática no espaço de Bowman;
- pressão hidrostática do interstício renal.

Os 4 mecanismos de controle da TFG são:

1) vasoconstrição da arteríola eferente;
2) vasodilatação da arteríola aferente;
3) *feedback* tubuloglomerular;
4) retenção hidrossalina e natriurese: o baixo fluxo renal e a queda de reabsorção de Cl^- na região do aparelho justaglomerular estimulam a liberação de renina, que se torna angiotensina 2 e, então, estimula a liberação de aldosterona (retentora de Na^+) para aumentar a volemia.

Túbulo contorcido proximal

Reabsorve 65% do filtrado. É responsável por manter o equilíbrio entre filtração e reabsorção, que somente é alterado pela angiotensina 2 e pelas catecolaminas.

Reabsorve Na^+ de forma ativa pela enzima Na-K-ATPase intracelular, que mantém a concentração de sódio intracelular baixa, promovendo um gradiente (lúmen renal - intracelular - circulação). O Na^+ renal se difunde para o espaço intracelular e

posteriormente é reabsorvido pela enzima, atingindo a circulação.
A reabsorção de Na^+ é acompanhada pela reabsorção de ânions. Na primeira porção do TCP, reabsorve-se bicarbonato por via indireta, sob a forma de CO_2 + H_2O. O CO_2 reabsorvido é convertido em bicarbonato na célula do TCP pela anidrase carbônica.

A acetazolamida (Diamox®) inibe a anidrase e favorece a diurese por diminuir a reabsorção de HCO_3^-, H^+ e Na^+.

O segundo ânion, cloreto (Cl^-), é reabsorvido pela troca formato/cloreto. A água é reabsorvida por osmose, mantendo a osmolaridade em 290 mOsm/l e também ajuda a transportar Na^+, Cl^-, K^+ pelo mecanismo denominado solvente *drag*. A glicose, os aminoácidos, o fosfato e o ácido úrico são reabsorvidos por carreadores duplos, e as proteínas são reabsorvidas por endocitose. Há também carreadores catiônicos que secretaram substâncias ácidas, como ácido úrico, penicilinas e cefalosporinas, e carreadores aniônicos, que secretaram substâncias básicas, como creatinina, cimetidina.

Alça de Henle

Reabsorve 25% do Na^+ filtrado mediante o mecanismo de contracorrente. A porção descendente é permeável à água e impermeável a solutos, e a porção ascendente é permeável a solutos (carreadores de Na-K-2Cl) e não à água.

É necessário tornar a medula renal hiperosmolar para que o hormônio antidiurético (ADH) atue satisfatoriamente!

Túbulo contorcido distal

Reabsorve 5% do líquido e do sódio filtrados. No TCD, há o carreador Na^+-Ca^{+2}/Cl^-, passível da inibição pelos diuréticos tiazídicos. Neste túbulo, também há a região da mácula densa e o principal sítio de reabsorção de cálcio pelo paratormônio.

Túbulo coletor

Reabsorve 5% do líquido e do sódio filtrados (TCD + TC = néfron distal, que é encarregado de promover ajustes finos, respondendo à ação de vários hormônios reguladores do equilíbrio hidroeletrolítico).
O túbulo coletor é dividido em porção cortical, que possui as células responsivas à aldosterona (controla a reabsorção de Na^+ eletrogênica/sem ânions e a secreção intercalada de K^+ e H^+ por eletronegatividade), e em porção medular, onde sofre ação do ADH, aumentando a permeabilidade à água por meio de canais direcionados à medula renal, que se encontra hiperosmolar pelo sistema de contracorrente, logo o ADH "poupa" água da urina para diluir a medula.

A urina pode variar de 50 mOsm/l a 1.200 mOsm/l.

A aldosterona é responsável por ativar a bomba entre o TCD que faz a troca de Na^+ e o TCD com H^+ ou K^+ do sangue.

Aspectos patológicos

As doenças podem ser: glomerular, tubular e intersticial, vasos sanguíneos, sistema uroexcretor.

11.2. Síndromes Glomerulares

Principais síndromes

Síndrome nefrítica/glomerulonefrite difusa aguda (GNDA)

É o conjunto de sinais e sintomas que surgem quando um indivíduo tem seus glomérulos renais envolvidos por um processo inflamatório agudo que pode se dar de forma idiopática (doença primária) ou secundária a doença sistêmica (infecções e colagenose).

Manifestações clínicas
Apresenta-se inicialmente com:

Oligúria (< 400 ml), evoluindo para → congestão volêmica → Hipertensão arterial sistólica (HAS) dependente de volume → edema → hematúria.

Também apresenta piúria (leucocitúria), cilindrúria, proteinúria (150-3.500 mg/24 h).

Na síndrome nefrítica, os leucócitos do processo inflamatório passam pelas fenestras (fendas de filtração) e promovem um "alargamento" das mesmas, fazendo que ocorra a eliminação de leucócitos e de hemácias na urina! Essas hemácias, porém, apresentam dismorfismo (tortuosas, amassadas), pois precisam se espremer para passar nas fendas dos podócitos. Por meio do exame de urina 1 com pesquisa de dismorfismo, pode-se observar o padrão glomerular ou não glomerular, além de realizar o diagnóstico diferencial entre a hematúria por inflamação + esgarçamento (glomerular) e os sangramentos altos (não glomerular), como tuberculose, câncer, cálculos, infecção.

Cilindros urinários: são a descamação do molde depositado no néfron distal de uma proteína produzida na alça de Henle, a glicoproteína de Tamm-Horsfall.

Há vários tipos de cilindros. Os hialinos não têm importância. Os leucocitários e hemáticos são os mais importantes para a síndrome nefrítica.

As causas de síndrome nefrítica podem ser:
1) pós-infecciosa (pós-estreptocócica);
2) causadas por doenças multissistêmicas (síndrome de Goodpasture);
3) primárias do glomérulo (doença de Berger).

Glomerulonefrite aguda pós-estreptocócica

Sequela renal tardia de infecção por cepas específicas do estreptococo beta-hemolítico do grupo A. Tem um prognóstico bom e evolui para lesão renal grave em apenas 1% das crianças e 5% dos adultos. Aparece, em média, após um período de incubação de 7-21 dias, quando for via orofaringe (faringoamigdalite) e 15-42 dias quando for via cutânea (piodermite). Tem incidência de 2 meninos:1 menina e faixa de idade 2-15 anos (2-6 piodermite)/(6-15 orofaríngea).

É um protótipo da glomerulonefrite difusa aguda (GNDA) com os mesmos sinais e sintomas!

O **diagnóstico** visa identificar infecções por estreptococo (piodermite ou faringoamigdalite), verificar o período de incubação, demonstrar queda do complemento (C3) por até 8 semanas e exame laboratorial antiestreptolisina O (ASLO), anti-DNAse B faringocutânea (ASLO 90%/50%, anti-DNAse 70%/70%).

Recomenda-se a biópsia renal aos casos de: oligúria > 72 horas, queda do complemento > 8 semanas, proteinúria em faixa nefrótica, azotemia. A biópsia demonstra um depósito de imunocomplexos (corcovas/gibas acima da membrana basal). O **tratamento** visa ao manejo sintomático mediante suporte para a HAS, edema, retenção hídrica e antibióticos (eliminação das cepas nefritogênicas para precaução epidemiológica/transmissão). O diagnóstico diferencial é feito com outras GNDAs (pós-infecciosa, lúpica, membranoproliferativa). O prognóstico é que 90% se recuperam em 7 dias. Em geral, o tempo de recuperação é: oligúria (até 7 dias), hipocomplemento (até 8 semanas), hematúria (1-2 anos), proteinúria (2-5 anos), ureia e creatinina (permanecem aumentadas).

Glomerulonefrite rapidamente progressiva (crescêntica)

Tipos de GNRP		
Tipo 1 (depósito de anticorpos antimembrana basal glomerular [MBG])	10%	Linear
Tipo 2 (depósitos imunocomplexos)	45%	Granular
Tipo 3 (pauci-imunes)	45%	Sem depósito

É uma síndrome nefrítica que rapidamente progride para insuficiência renal terminal. A patogênese é devida ao escape de fibrina e monócitos que formam crescentes que se depositam no espaço entre os folhetos interno e externo, comprimindo o tufo glomerular. A biópsia renal com a imunofluorescência indireta é o exame de padrão ouro. O tratamento envolve o uso de corticoides, imunossupressores e plasmaférese (na síndrome de Goodpasture).

Síndrome de Goodpasture

Sempre há formação de crescentes. Acomete indivíduos entre 5 e 40 anos, com relação de 6 masc:1 fem. Está associada ao marcador genético antígeno leucocitário humano (HLA) DR2 e há nítida relação com história de tabagismo, infecção respiratória recente ou exposição a hidrocarbonetos voláteis (solventes). Na síndrome de Goodpasture (glomerulonefrite anti-MBG), uma síndrome hemorrágica pulmonar precede a glomerulite. O anticorpo antimembrana basal (anti-MBG) é de ataque pulmonar e glomerular. A pesquisa de anti-MBG no soro é positiva em > 90% dos casos e pode cursar com anticorpo anticitoplasma de neutrófilo (ANCA) positivo e complemento normal. Pode não haver acometimento pulmonar (síndrome pulmão-rim), instalando-se apenas a glomerulonefrite anti-MBG, com maior frequência em mulheres.

Síndrome de Berger

- Ocorre depósito de imunoglobulina A (IgA) no mesângio. Cursa com complemento normal, hematúria macroscópica ou microscópica isolada recorrente por estresse ou qualquer fator precipitante. Cerca de 60% evoluem de forma benigna, 30% se têm insuficiência renal crônica (IRC) em 20 anos, 5% melhoram e 5% evoluem para IR. O tratamento envolve o uso de inibidor da enzima conversora da angiotensina (IECA), estatinas, ômega-3 e, nas formas graves, corticoides e ciclofosfamida. Em crianças, a vasculite (púrpura de Henoch-Schönlein) provoca um quadro igual a Berger, fazendo depósitos de IgA no mesângio; todavia o paciente apresenta quadro de artrite, dor abdominal e púrpura palpável.

11.3. Síndrome Nefrótica

É definida por achados laboratoriais e apresenta:
- > 3,5 g/24 h na proteinúria;
- hipoalbuminemia;
- edema;
- hiperlipidemia;
- biópsia.

Proteinúria

Pode ser de origem glomerular ou tubular. Fisiologicamente, os rins filtram 1 g de proteína, porém o túbulo proximal é responsável por absorver 0,75 g. Valores de proteinúria > 3,5 g/24 h são compatíveis com síndrome nefrótica, e valores de 2 g/24 h são sugestivos de doenças tubulares ou hiperprodução de proteína, como mieloma múltiplo.

➔ O exame padrão ouro é a urina de 24 h ou a relação albumina/creatinina em amostra isolada.

➔ A biópsia é sempre recomendada! (Exceto a crianças < 8 anos e diabéticos).

A proteinúria precisa vencer duas barreiras: as fendas de filtração (barreira de tamanho) e a carga negativa da membrana basal (barreira de carga). A PRIMEIRA resulta em proteinúria NÃO seletiva (glomeruloesclerose focal e segmentar [GEFS], glomerulopatia [GP] membranosa) e a SEGUNDA, em proteinúria seletiva (nefropatia por lesão mínima). A albumina é a principal proteína do sangue e com carga altamente negativa. Os IECA são os principais nefroprotetores por fazerem vasodilatação eferente e diminuírem a TFG.

Hipoproteinemia

Antitrombina 3	A queda da antitrombina 3 leva a um estado de hipercoagulabilidade e dificulta a ação da heparina, pois a antitrombina é utilizada como cofator da heparina.
Transferrina	A falta da proteína transportadora do ferro (transferrina) leva à anemia ferropriva , que é refratária à reposição de ferro.
Imunoglobulinas e fatores do complemento	O indivíduo perde a imunoglobulina IgG, tornando-se mais suscetível a germes encapsulados, como o *Streptococcus pneumoniae*.

→ A única proteína que está aumentada é a alfa-2-globulina, pois, como ocorre hiperprodução hepática de todas as proteínas e ela não é filtrada, acaba se acumulando.

Edema

Ocorre devido à queda da pressão oncótica. O principal local é a região periorbitária. Não se recomenda o uso de diurético para reduzir o edema, pois, ao perder líquido para o terceiro espaço, o paciente se torna hipotenso, e o uso de diuréticos agrava a hipotensão.

Hiperlipidemia

É decorrente do aumento da síntese hepática de lipoproteínas, estimuladas pela baixa pressão oncótica. Geralmente, o paciente apresenta lipidúria: os corpos graxos ovalados (células epiteliais com gotículas de gordura), cilindros graxos (proteína de Tamm-Horsfall).

Complicações da síndrome nefrótica

- **Fenômenos tromboembólicos:** devidos ao estado de hipercoagulabilidade produzido pela falta de antitrombina 3 e dos fatores de coagulação (proteína C e S). Na trombose, há a entrada de sangue sem a sua saída, aumentando o tamanho do rim, o que leva a assimetria renal e distensão da cápsula, promovendo dor lombar. O hipernefroma também desencadeia um quadro semelhante. A trombose está bastante associada a glomerulopatia membranosa, mesangioproliferativa/membranoproliferativa e amiloidose.
- Ateroma de placa.

A veia gonadal esquerda drena para a veia renal esquerda. Tromboses de veia renal causam varicocele súbita.

Doenças renais primárias que se apresentam com síndrome nefrótica (são classificadas histologicamente)

Doença por lesão mínima (ou nefrose lipoide)

Noventa e cinco por cento dos casos atingem crianças de 1-8 anos de idade. Representa a perda da carga negativa da barreira glomerular devido a linfócitos autorreativos que fazem a fusão e retração dos processos podocitários (vistos na microscopia eletrônica). A perda da carga negativa torna a barreira permeável à albumina (proteinúria seletiva). A doença por lesão mínima geralmente está associada a linfoma de Hodgkin e pode ser precipitada pelo uso de anti-inflamatórios não esteroidais (AINEs). Manifesta-se com períodos de remissão e atividade dos sintomas, albuminúria, níveis baixos de IgG, peritonite espontânea por pneumococo. Recomenda-se a prova terapêutica por responder de forma dramática aos corticoides antes da biópsia.

Glomeruloesclerose focal e segmentar

É a principal em adultos. Pode ser idiopática primária ou secundária por alguma condição sistêmica que lesa o glomérulo. A forma primária cursa com lesões capilares no glomérulo (focal) ou lesões nas alças capilares (segmentar). A forma secundária da GEFS pode ser por sequela direta (doença glomerular necrosante), sobrecarga/hiperfluxo (qualquer doença que destrua os glomérulos provoca hiperfluxo nos glomérulos restantes). O tratamento preconiza o uso de corticoides, IECA e controle da doença de base. Não consome complemento.

Glomerulonefrite proliferativa mesangial

Quando há lesão de mesângio, cursa com hematúria.

Glomerulopatia membranosa

É a segunda mais comum em adultos no Brasil e a primeira no mundo. Está associada a neoplasia oculta, hepatite B e lúpus. É precipitada por captopril, sais de ouro e d-penicilamina. Apresenta associação com a trombose de veia renal. Não consome complemento. Segue a regra dos terços: 30% insuficiência renal terminal em 10-15 anos, 30% remissão, 30% permanecem estáveis. No tratamento, a abordagem inclui corticoides e ciclofosfamida (imunossupressores).

Glomerulonefrite membranoproliferativa (ou mesangiocapilar)

Representa a expansão do mesângio entre o espaço da membrana basal e as fendas de filtração. A microscopia óptica mostra um espessamento das alças capilares com aspecto de "duplo-contorno". O diagnóstico diferencial é com a glomerulonefrite pós-estreptocócica (GNPE), porém a GM consome complemento por mais de 8 semanas. A principal doença associada é a hepatite C.

Doenças glomerulares trombóticas

Síndrome hemolítico-urêmica

É a causa mais comum de insuficiência renal aguda em crianças de 1-4 anos de idade. Ocorre cerca de 3 dias após um quadro de gastroenterite invasiva com diarreia sanguinolenta pela *Escherichia coli* (O157:H7). A *E. coli* produz uma toxina chamada verotoxina, que provoca lesão do endotélio glomerular, ocasionando uma resposta de hiperativação plaquetária e ativação do sistema de coagulação local. Forma-se, então, uma rede de fibrina (muro áspero) que, quando as hemácias entram em contato com a rede, acabam se rompendo, produzindo hemácias fragmentadas (ou esquizócitos).

Trombose de veia renal

As principais causas são a síndrome nefrótica e o câncer renal. Manifesta-se com dor lombar, hematúria, proteinúria, elevação da creatinina, insuficiência renal e rim aumentado de tamanho. É frequente o achado de varicocele súbita à esquerda em pacientes com trombose renal ipsilateral devido aos trajetos de drenagem venosa gonadal.

Amiloidose	É uma inflamação crônica por depósito extracelular de fibrilas amiloides nos tecidos. Desencadeia uma síndrome nefrótica com proteinúria intensa, alta incidência de trombose e insuficiência renal, com rins de tamanho aumentado. Exige biópsia com vermelho do Congo.

O Complemento nas Glomerulonefrites		
Condição		Queda de Complemento?
Glomerulonefrite	Pós-estreptocócica	Sim (por 8 semanas)
	Infecciosa não pós-estreptocócica	Sim
	Do LES ou da crioglobulinemia	Sim
	Membranoproliferativa	Sim
	Da doença de Berger	Não
	Da doença de Goodpasture (ou glomerulonefrite anti-MBG)	Não
	Das vasculites em geral (ou glomerulonefrite pauci-imune)	Não

CAPÍTULO 12

LESÕES TUBULOINTERSTICIAIS RENAIS E DISTÚRBIOS VASCULARES RENAIS

12.1. Síndromes Tubulares

Os **túbulos** (localizados no meio da transição ou no interstício) são formados pelas células epiteliais tubulares responsáveis pela reabsorção do filtrado feito pelo glomérulo.

Necrose tubular aguda

É a perda do epitélio tubular em diversos pontos do parênquima renal bilateralmente. As células epiteliais sofrem necrose e descamam para o lúmen tubular, formando verdadeiros *plugs* obstrutivos. Essa obstrução irá promover a diminuição da reabsorção do filtrado e a queda da diurese (geralmente até anúria, quando há necrose intensa com obstrução de 100%), favorecendo a insuficiência renal. Os sobreviventes da necrose tubular aguda (NTA) geralmente recuperam sua função renal após 7-21 dias. A NTA pode apresentar duas formas: oligúrica/anúria ou não oligúrica. Na forma oligúrica, pode-se tentar administrar furosemida 160-200 mg por via endovenosa (EV) em *bolus* seguida da infusão contínua de 20-40 mg/h.

Possui duas causas principais: isquêmica ou tóxica:

- **Isquêmica:** choque, hipotensão prolongada, contraste iodado (potente vasoconstritor).
- **Tóxica:** medicamentos (aminoglicosídeos, anfotericina B), contraste iodado, mioglobina por rabdomiólise.

O exame de urina do paciente, na etapa de fita reagente, apresenta coloração indicativa de sangue na urina, todavia não se trata de hematúria! Na pesquisa de dismorfismo, nada é encontrado. Trata-se da mioglobina que está corando a fita pelo seu grupamento heme similar à hemácia. A principal dica para NTA é sua diferenciação com necrose tubular aguda *vs.* insuficiência pré-renal.

- **Na necrose tubular aguda:** a perda da capacidade de reabsorção no túbulo contorcido proximal revela alta quantidade de H_2O e sódio na urina e presença de cilindros pigmentares.
- **Na insuficiência pré-renal:** ainda existe capacidade de reabsorção e somente cilindros hialinos estão presentes.

Tratamento

Consiste na prevenção e na suspensão de qualquer medicamento tóxico desencadeador, além da devida atenção para uso de contrastes não iônicos de preferência, uso de HCO_3^- e N-acetilcisteína como nefroprotetores.

Avaliação da função tubular na IRA pré-renal e NTA		
Índice	IRA pré-renal	NTA
Sedimento urinário	Cilindros hialinos	Anormal
Densidade urinária	> 1.020	- 1.010
Osmolaridade urinária	> 500 mOsm	< 350 mOsm
Relação Ur/Cr plasmática	> 40	20-30
Excreção fracional de sódio (%)	< 1	> 2

Particularidades na interpretação dos índices: (a) nenhum deles é completamente sensível ou específico na diferenciação de IRA pré-renal e NTA; (b) existe um contínuo entre as duas situações, e os índices foram estabelecidos e pacientes com condições bem determinadas, havendo uma área de imprecisão; (c) Ur/Cr, relação ureia/creatinina.

Nefrite intersticial aguda

Caracteriza-se por infiltrado inflamatório mononuclear (linfócitos e monócitos) em todo o interstício renal, ocorrendo importante edema dos túbulos renais, o qual comprime os túbulos, atrapalhando o fluxo e levando à oligúria. O paciente manifesta-se com dor lombar (dor renal pelo processo inflamatório), febre, *rash*, oligúria, eosinofilúria, cilindros leucocitários, proteinúria subnefrótica, aumento da creatinina, hematúria não dismórfica (proveniente do túbulo, e não do glomérulo) e aumento da imunoglobulina E (IgE) sérica.

As causas mais comuns estão associadas a alergia por uso de medicamentos (anti-inflamatórios não esteroidais [AINEs], β-lactâmicos, sulfas, fenitoína, tiazídicos, rifampicina) e infecções. Sua principal característica é o desenvolvimento, de forma inexplicada, de insuficiência renal aguda com a introdução de algum medicamento.

O exame padrão ouro é a biópsia renal (microscopia do sedimento urinário), porém o método de coloração de Hansel na urina para identificar eosinófilos marcados com gálio na cintilografia é bastante utilizado. O tratamento visa à retirada do causador da nefrite intersticial aguda (NIA), com tendência a resolução espontânea e uso de corticoides (prednisona 1 mg/kg por 2 semanas) nos casos refratários.

Nefrite intersticial crônica

É caracterizada pela fibrose do interstício renal com atrofia e perda dos túbulos. A fibrose leva à retração tecidual, alterando a geometria anatômica (arquitetura) e fazendo que o rim perca sua função. As principais causas são: refluxo vesicoureteral, síndrome de Fanconi, anemia falciforme, AINEs, obstruções urinárias, pielonefrite.

As principais características da nefrite intersticial crônica (NIC) são:

- **Desenvolvimento de anemia (normocítica normocrômica):** pela destruição das células tubulares proximais responsáveis pela produção da eritropoietina.
- **Hipertensão:** nefrite crônica.
- **Poliúria aquosa:** comprometimento da concentração da urina no tubo coletor medular.
- **Acidose metabólica:** perda precoce da produção de amônia (a não produção de amônia dificulta a liberação do H^+).

Necrose de papila renal

É o comprometimento isquêmico grave da região medular, visto que ela já tem uma vascularização escassa e seu ponto terminal se localiza nas extremidades da papila, sendo as primeiras a sofrerem isquemia. Assemelha-se a um cálculo renal, pois, após sua necrose, ela se desprende e desce pela via excretora, provocando febre súbita, dor lombar, hematúria.

As principais causas seriam: pielonefrite, hemoglobinopatias S (anemia falciforme), obstrução urinária, diabetes melito, AINEs/analgésicos/alcoolismo crônico.

A urografia excretora é o melhor exame para identificar as falhas de enchimento (*ring shadows*) dos cálices até o ureter. As falhas de enchimento correspondem a descamação e progressão das papilas necróticas. O tratamento visa afastar as causas P.H.O.D.A. e o diagnóstico diferencial com infecção do trato urinário (ITU).

12.2. Lesões Tubulares Específicas

Túbulo Contorcido Proximal

É responsável pela reabsorção de 65% do filtrado, além da reabsorção de glicose, aminoácidos, fosfato e bicarbonato. O ácido úrico eliminado na urina é secretado ativamente pelas células do túbulo contorcido proximal (TCP) no lúmen.

- **Glicosúria:** o túbulo se mostra incapaz de realizar a reabsorção de glicose filtrada pelos glomérulos, diferentemente do diabetes, no qual essa reabsorção está saturada.
- **Aminoacidúria renal:** o defeito no carreador prejudica a reabsorção de alguns aminoácidos. Quando existe um defeito no carreador de aminoácidos básicos, não ocorre a reabsorção de cistina, por exemplo, provocando cistinúria (aminoácido insolúvel e formador de cálculo renal por cristais hexagonais). Quando há um defeito no carreador de aminoácidos neutros, não ocorre a reabsorção de triptofano, por exemplo, e o paciente cursa com carência de niacina, manifestando demência, diarreia e dermatite – doença de Hartnup.

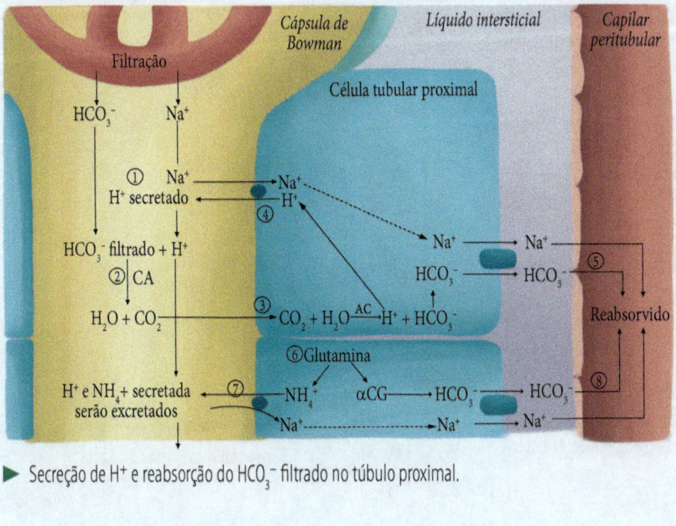

1. O antiporte Na^+–H^+ secreta H^+.
2. O H^+ no filtrado se combina com o HCO_3^- filtrado formando CO_2.
3. O CO_2 se difunde para dentro da célula e se combina com água para formar H^+ e HCO_3^-.
4. O H^+ é secretado novamente e excretado.
5. O HCO_3^- é reabsorvido.
6. A glutamina é metabolizada a íon amônio e HCO_3^-.
7. O NH_4^+ é secretado e excretado.
8. O HCO_3^- é reabsorvido.

► Secreção de H^+ e reabsorção do HCO_3^- filtrado no túbulo proximal.

- Fosfatúria.
- **Bicarbonatúria – acidose tubular renal proximal 2 (ATR2):** o néfron proximal é responsável pela reabsorção de quase todo o bicarbonato filtrado pelo glomérulo, tendo um papel fundamental no equilíbrio acidobásico. A ATR2 se caracteriza por um defeito no néfron proximal em reabsorver o bicarbonato filtrado. Como o néfron distal normalmente reabsorve muito pouco bicarbonato, o HCO_3^- é excretado na urina. Durante o desenvolvimento da doença, perde-se o HCO_3^- e a urina fica alcalina, porém perde-se tanto HCO_3^-, que o estoque no sangue e na urina é depletado! O sangue se torna um meio ácido e a urina mantém seu pH normal (ácido). Devido à perda de ânions, é preciso eliminar um cátion para manter a eletroneutralidade; dessa forma, excreta-se K^+ na urina.

Síndrome de Fanconi: é a perda total da capacidade reabsortiva do TCP causada pelo efeito tóxico da cadeia leve da imunoglobulina (proteína de Bence-Jones). A principal causa é o mieloma múltiplo. A clínica é: glicosúria + bicarbonatúria + hiperfosfatúria + aminoacidúria + hiperuricosúria. O tratamento envolve o uso de fosfato neutro, calcitriol, citrato de potássio.

Doença de Wilson: ocorre o acúmulo de cobre no fígado devido a poucas proteínas de transporte do cobre. O cobre livre na corrente sanguínea atinge o cérebro e/ou os rins. Manifesta-se com anéis de Kayser-Fleischer e lesões no túbulo proximal provocando acidose tubular.

Alça de Henle

Está imersa na medula renal e apresenta alta permeabilidade à água na sua porção descendente. Na sua porção ascendente, é impermeável à H_2O, sendo permeável a solutos por meio do carreador Na-K-2Cl, que faz o transporte para o parênquima medular renal, transformando-o em hipertônico, o que irá favorecer a reabsorção de água no tubo coletor, concentrando a urina.

Síndrome de Bartter

É uma disfunção hereditária da porção ascendente espessa da alça de Henle na bomba de Na-K-2Cl que acomete crianças com menos de 6 anos de idade e com os seguintes achados: retardo do crescimento, poliúria e polidipsia, alcalose metabólica, hipercalciúria e hipocalemia. Na falta do carreador Na-K-2Cl, o excesso de Na^+ ocupa os

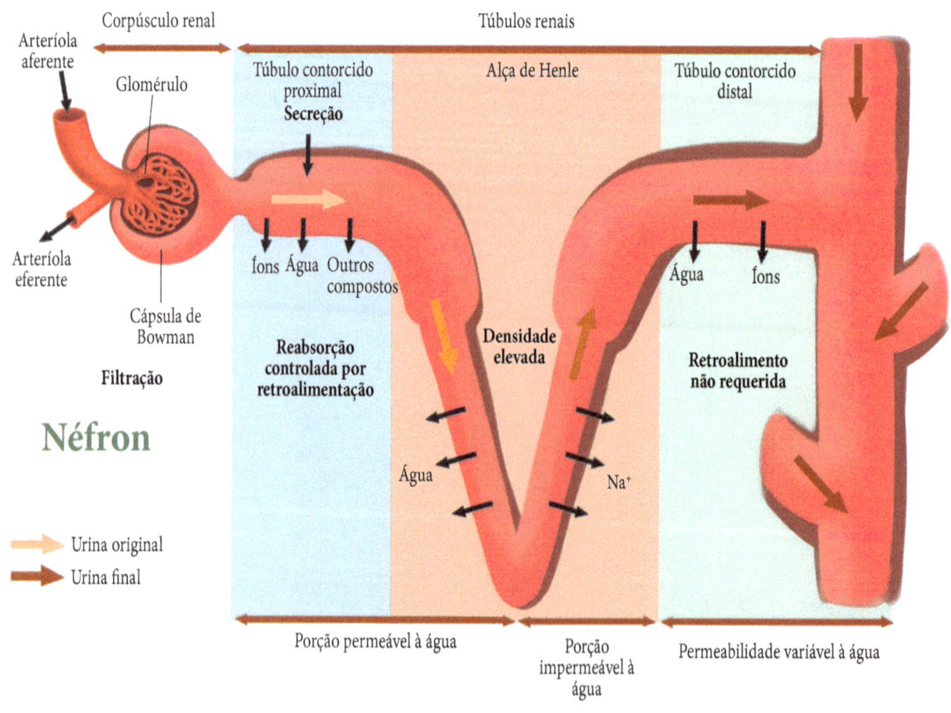

próximos carreadores (p. ex., Na-Ca/Cl e Na-K/H). A hipercalciúria resultante pode desencadear a nefrocalcinose (calcificação do parênquima renal). A intoxicação pela furosemida provoca a síndrome de Bartter-*like*. O tratamento consiste na administração de AINEs e espironolactona para conter a prostaglandina E_2 produzida pelo sistema renina-angiotensina-aldosterona (SRAA) superativado.

Ânion *gap*	Representa a lacuna de ânions não mensurados necessários para satisfazer a equação $Na^+ = Cl^- + HCO_3^- + X$ (onde 'X' representa a lacuna de ânions). Para se equilibrar a equação no caso de uma acidose (perda de bicarbonato), pode-se aumentar o ânion *gap* por meio da formação de ácidos que gerarão ânions, ou pelo aumento do cloreto. Logo, geralmente as acidoses tubulares cursam com hipercloremia e ânion *gap* normal.

Néfron distal (túbulo contorcido distal + tubo coletor)

Reabsorve em torno de 10% do filtrado. O túbulo contorcido distal (TCD) faz a reabsorção de cargas positivas por competição do mesmo sítio (Na-Ca/Cl). O TCD possui a mácula densa, que compõe o aparelho justaglomerular e, por meio da sensibilidade da concentração de sódio, é responsável pela produção de renina. O TC é dividido em duas porções:

- **Tubo coletor cortical:** é sensível à aldosterona (controla o carreador Na-K/H), promovendo a reabsorção do Na^+ mediante a troca por K^+ ou H^+. O carreador também é responsável pela eliminação da carga ácida sanguínea, acidificando a urina.
- **Tubo coletor medular:** é sensível ao hormônio antidiurético (ADH) (ou vasopressina). O ADH é responsável pela formação de canais de aquaporinas que permitirão a passagem de água para o parênquima medular renal hipertônico.

Acidose tubular renal tipo 1 (ATR1)

O paciente apresenta defeito na excreção de H^+ pelo carreador Na-K/H do TC cortical. A retenção de H^+ produz acidose. Na inviabilidade da troca Na/H, ocorre a troca Na/K, provocando hipocalemia e hipocitratúria. Como o citrato é o solubilizador do cálcio, a hipocitratúria favorecerá a nefrolitíase. Acrescente a isso que a solução tampão cálcio-fósforo (proveniente do osso) tentará tamponar a acidose (excesso de H^+ retido pelo defeito no carreador Na-K/H). Na tentativa de tamponamento, o Ca^{+2} se dissocia e provoca hipercalcemia, que será filtrada e intensificará a nefrolitíase pela falta de citrato (solubilizador), propiciando raquitismo na criança ou osteomalacia no adulto. No tratamento, usa-se citrato de potássio, que será convertido em bicarbonato e potássio.

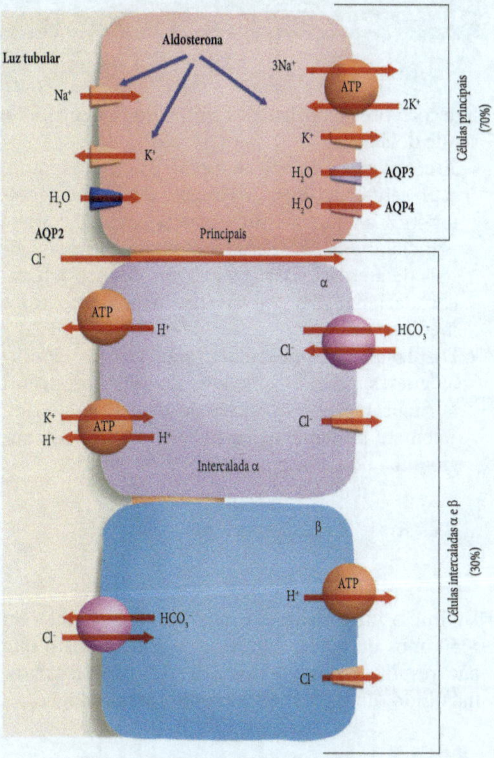

Acidose tubular renal distal tipo 4 (ATR4)

É o hipoaldosteronismo hiporreninêmico. A aldosterona não consegue atuar normalmente no TC cortical devido à queda da produção (hipoaldosteronismo – anemia falciforme) ou pela resistência à sua ação (pseudo-hipoaldosteronismo – nefropatia obstrutiva). Dessa forma, ocorre a retenção de H^+ e K^+, que não são trocados com o Na^+, levando a hipercalemia e acidose. As principais causas são diabetes melito (DM) e intoxicação por espironolactona. O tratamento envolve o uso de furosemida.

Diabetes insípido nefrogênico

O tubo coletor medular é insensível ao ADH, levando à perda da capacidade de concentração urinária. O paciente se apresenta com poliúria e polidipsia. O tratamento envolve dieta hipossódica, hipoproteica e o uso de diuréticos tiazídicos.

Síndrome de Gitelman

É a inatividade parcial do carreador Na-Ca/Cl, com reabsorção somente de Ca^{+2}. Manifesta-se com câimbras, parestesia e a TRÍADE alcalose metabólica + hipocalemia + hipomagnesemia. As principais causas são genética e intoxicação por tiazídicos. O tratamento visa à reposição de K^+ e Mg^{+2}.

12.3. Lesão Isquêmica Renal

Estenose da artéria renal

É decorrente de obstruções ≥ 60% do lúmen e pode ser de dois tipos:

- **Aterosclerose de artéria renal:** é a mais comum, representa 70%-90% dos casos e tem como característica a estenose próxima da aorta. Acomete principalmente homens idosos com fatores ou sinais de aterosclerose (tabagismo, doença arterial coronariana [DAC]) e seu tratamento, em geral, é medicamentoso.
- **Displasia fibromuscular:** não possui comorbidades, sugerindo a hipótese de origem congênita. Sua característica é a estenose próxima do rim. Acomete principalmente mulheres jovens. A angiografia revela o colar de contas ou rosário.

Na estenose, há duas apresentações clínicas.

Hipertensão renovascular

De início inesperado em indivíduos < 30 anos ou > 50 anos de idade, é grave e refratária (visto que não responde a três classes de anti-hipertensivos, incluindo diuréticos) e tem como fisiopatologia:

Estenose → Hipofluxo → Ativação do SRAA → Angiotensina 2 → Vasoconstrição eferente → Aldosterona → Troca intensa na bomba Na-K/H → Alcalose e hipocalemia (hiperaldosteronismo hiperreninêmico).

Habitualmente os pacientes apresentam assimetria renal vista na ultrassonografia (US), com sopro abdominal e súbito edema agudo de pulmão. O tratamento envolve o uso de inibidor da enzima conversora da angiotensina (IECA), inibidores da angiotensina 2 ou bloqueadores de canais de cálcio (em estenose bilateral), além de angioplastia com balão.

Nefropatia isquêmica

Presente na estenose renal bilateral e caracterizada por aterosclerose, oligúria, idosos > 65 anos de idade, apresenta início inocente, com evolução para insuficiência renal progressiva.

➔ A revascularização conservadora é realizada por angioplastia sem *stent* (apenas insuflação do balão) para qualquer displasia fibromuscular e aterosclerose renal (com rim viável: índice de resistência < 0,8; rim > 8 cm, creatinina [Cr] < 3 mg/dl, refratário ao tratamento da aterosclerose).

Os métodos diagnósticos são divididos em:

- **Não invasivos:** ultrassonografia renal usada para avaliar o tamanho renal e a existência de assimetria, que levantará fortes suspeitas de estenose arterial; contudo deve ser associada ao dúplex-*scan* de artérias renais aumentando-se a efetividade na triagem de pacientes com estenose por displasia. Caso não haja a possibilidade de US, faz-se a angiotomografia computadorizada (ângio-TC), que capta o sinal radiográfico tridimensional com excelente acurácia; entretanto usa-se contraste iodado, devendo-se evitá-lo em pacientes nefropatas, ou angiorressonância magnética (ângio-RM) com gadolínio. O gadolínio pode favorecer o aparecimento de esclerose ou fibrose sistêmica nefrogênica em pacientes com taxa de filtração glomerular (TFG) < 30 ml/min. A cintilografia renal com captopril é usada principalmente em pacientes com função renal normal (o radiofármaco não é tóxico). O captopril é utilizado para que a compensação da angiotensina 2 proveniente da ativação do SRAA seja removida, demonstrando as áreas de pouca captação.
- **Invasivos:** a arteriografia renal é o exame padrão ouro, mas nem sempre é necessária.

Oclusão arterial aguda

É a oclusão completa ou quase completa da artéria renal principal ou de um grande ramo. Apresenta-se com dor súbita, infarto renal, calafrios, febre, simulando cólica renal.

(Dor súbita sempre se relaciona com "vascular".)

Principais causas:

- Trombose por aterosclerose progressiva, trauma em idosos, trombofilias, vasculites.
- Embolia por fibrilação atrial (mais comum), endocardite, trombos murais em pós-infarto do miocárdio (IAM), mixoma atrial.

➔ O **diagnóstico** é feito pela TC contrastada em pacientes com TFG > 30 ml/min e creatinina < 2 mg/dl. O **tratamento** visa ao uso de heparinização e cumarínicos acompanhando razão normalizada internacional (INR 2-3), trombólise percutânea intra-arterial ou trombectomia.

Ateroembolismo renal (ou por colesterol)

É desencadeado principalmente de forma espontânea, por traumas abdominais, procedimentos invasivos com desprendimento de placas de ateroma ou uso excessivo de anticoagulantes. Tríade: fator precipitante + insuficiência renal aguda (IRA) + chuveirada de colesterol por manipulação durante o procedimento.

→ Os achados são: eosinofilia, colesterol na pele (livedo reticular), colesterol na retina (placas de Hollenhorst brilhantes na fundoscopia), colesterol nas extremidades (síndrome do dedo azul), colesterol no rim (a biópsia renal revela fissuras vasculares: imagem negativa de colesterol). NÃO existe tratamento!

Aneurisma

- Sacular: origem congênita.
- Fusiforme: displasia fibromuscular.
- Dissecante: trauma, ateroma.
- Intrarrenal: congênito ou traumático.

Rabdomiólise

É caracterizada pela presença de elevações nos índices de creatinofosfoquinase (CPK) e K^+ associada a acidose metabólica, insuficiência renal aguda decorrente de necrose tubular aguda hipovolêmica.

Outras causas

Lúpus, lise tumoral, trombose de veia renal.

12.4. Lesão Renal no Diabetes Melito

A nefropatia diabética é uma importante causa de insuficiência renal crônica. O envolvimento renal por DM é mais frequente em pacientes com DM tipo 2. Em geral, o diabetes cursa com:

- rim aumentado;
- necrose de papila;
- acidose tubular renal tipo 4 (hipoaldosteronismo hiporreninêmico).

→ Apesar de 100% dos pacientes cursarem com hiperfluxo renal, cerca de 20%-40% dos portadores de diabetes evoluem para IRC em 10 anos.

Patologia renal

Lesão glomerular

Na evolução da lesão, os portadores de DM produzem um hiperfluxo renal que levará à glicosilação proteica, desencadeando expansão do mesângio e espessamento da membrana basal. A glomeruloesclerose pode ser difusa (quando a distribuição for homogênea) ou nodular/focal (quando ocorre sob a forma de nódulos intercapilares conhecidos como Kimmelstiel-Wilson).

Lesão tubulointersticial e vascular

A glomeruloesclerose diabética também cursa com isquemia tubulointersticial, levando a fibrose intersticial e atrofia tubular e favorecendo a necrose da papila renal. A lesão de Armanni-Ebstein é característica e ocorre pelo acúmulo de glicogênio e vacuolização das células da alça de Henle e do túbulo coletor.

História natural

- **Fase 1 - Hiperfiltração:** aumento de 20%-40% da TFG.
- **Fase 2 - Microalbuminúria fixa (nefropatia diabética incipiente):** marca o início da lesão renal, delimitando o limiar de intervenção.

- A taxa normal de microalbuminúria é ≤ 30 mg/dia, sendo considerada aumentada em valores de 30-300 mg/dia em duas amostras num período de 3-6 meses.
- A microalbuminúria aumenta cerca de 5 vezes a mortalidade cardiovascular.
- Para achados transitórios não existe significado clínico.

O exame de urina 1 é insensível e detecta apenas níveis altos de proteinúria. São necessários métodos de radioimunoensaio ou imunoenzimáticos para a elucidação clínica. As opções são:

- urina de 24 horas;
- relação albumina/creatinina da urina coletada pela manhã.

O rastreamento para portadores de DM1 começa a partir de 5 anos após o diagnóstico de DM. Para portadores de DM2 começa logo após o diagnóstico. Em ambos, os exames de rastreio são repetidos anualmente.

- **Fase 3 - Proteinúria (nefropatia diabética declarada):** o paciente apresenta microalbuminúria > 300 mg/24 h e outras manifestações, como hipertensão, edema, retinopatia (90% em DM1 e 60% em DM2).
  Recomendam-se a introdução de inibidor da enzima conversora da angiotensina (IECA) e a manutenção da pressão em níveis abaixo de 140/80 mmHg, uma vez que a hipertensão associada à DM leva a lesões renais.
- **Fase 4 - Fase azotêmica (insuficiência renal crônica e uremia):** marca o início da insuficiência renal com elevação da creatinina > 3 mg/dl.

Tratamento

1. Controle glicêmico: hemoglobina glicosilada (HbA1c) ≤ 7% para controlar o hiperfluxo.
2. IECA e antagonistas da angiotensina 2: a pacientes na fase de microalbuminúria recomenda-se

o controle rigoroso de pressão arterial. A associação desses fármacos reduz a proteinúria, porém apresentava efeitos colaterais e não é mais preconizada.

3. Restrição proteica: média de 0,8 g/kg/dia associada à restrição de carboidratos (para o controle glicêmico).
4. Controle da dislipidemia: manter o colesterol da lipoproteína de baixa densidade (LDL-C) ≤ 100 mg/dl.

Medquiz
1. Lise tumoral não faz hipercalcemia ou hipercloremia.
2. Dopamina em dose dopaminérgica não é mais utilizada.
3. DM não apresenta baixa densidade no exame de elementos anormais e sedimentoscopia (EAS).
4. Consumo de álcool é uma das causas de miopatia.
5. Não se devem utilizar diuréticos em nefropatia por contraste! Usa-se hidratação salina antes e após o contraste!
6. Carbonato de lítio é um medicamento para o diabetes insípido nefrogênico.
7. AINEs: inibem a síntese de prostaglandina (PG), que mantém a arteríola aferente dilatada.
8. Obesidade não é um fator de risco para insuficiência renal aguda por contraste.
9. Lactato de Ringer: KCl + NaCl + CaCl + lactato sódico.
10. A concentração no lactato de Ringer é: Na^+ = 130 mEq/l, K^+ = 4 mEq/l, Ca^{+2} = 3 mEq/l, Cl^- = 109 mEq/l, lactato = 28 mEq/l.

CAPÍTULO 13

DISTÚRBIOS ELETROLÍTICOS ACIDOBÁSICOS

13.1. Hipo/Hipernatremia (Na^+)

→ A maior concentração de SÓDIO está localizada no meio extracelular. A água se distribui na proporção de ⅔ no meio intracelular e ⅓ no extracelular.

A perda de sódio é conjunta com a perda de água (perde água/perde sódio).

Porcentagem de Água
■ 75% Lactantes ■ 60% Homens ■ 50% Mulheres (gordura)
Pacientes obesos, idosos, reduz-se 10%.

Hiponatremia = excesso de água no corpo.
Hipernatremia = falta de água no corpo.

A faixa normal de sódio é de 135-145 mEq/l. A osmolaridade é a propriedade físico-química que reflete um número de partículas ativas numa certa quantidade de solução. A osmolaridade corporal é de 285-300 mOsm/l. Seu resultado é proveniente de uma equação na qual é levada em conta a quantidade de sódio (cargas +), 'X' (cargas -), glicose e ureia. Como o corpo tende à eletroneutralidade, as cargas positivas se igualam às cargas negativas, deixando a fórmula da seguinte maneira:

$$Osm_{PLASMÁTICA} = 2 \times [sódio] + [glicose]/18 + [ureia]/6$$

- Glicose: mg/dl
- Na: mEq/l = mmol × valência
- Ureia: mg/dl
- Osm: mOsm/l

A osmolaridade é obtida de duas formas:
- máquina;
- valor calculado pelo profissional.

Gap Osmótico (variações > 10 mOsm/l entre o cálculo da Osm pela máquina *vs.* valor calculado) representa uma intoxicação exógena do paciente devido à ingestão de algum soluto.

- **Osmolaridade efetiva (ou tonicidade):** consiste em solutos que não atravessam livremente a membrana, exercendo efeito osmótico entre os compartimentos intracelular e extracelular. Apesar de os solutos serem osmoticamente ativos, não são todos que detêm efetividade. Por exemplo, a ureia não contribui para a tonicidade, mas contribui para a total. Logo, a fórmula corrigida seria:

$$Osm_{EFETIVA} = 2 \times [sódio] + [glicose]/18$$

➔ As grandes alterações na osmolaridade efetiva levam à oscilação no volume das células neuronais, prejudicando sua funcionalidade. A alteração no volume celular provoca edema cerebral, que, por sua vez, traz como repercussão: cefaleia, náusea, vômito, coma, convulsão.

(Síndrome de desmielinização osmótica → Mielinólise pontina).

Mecanismos regulatórios da osmolaridade plasmática

1. **Hormônio antidiurético (ADH):** é suprimido quando a osmolaridade atinge < 275 mOsm/l e estimulado quando > 275 mOsm/l. O ADH protege o organismo contra a hiperosmolaridade ao promover a concentração da urina, o que permite aos rins conservar água "livre" de solutos. Age no tubo coletor medular mediante a formação de canais de aquaporinas, retirando a água do lúmen do néfron para a medula (interstício hiperosmolar) e concentrando a urina.
2. **Centro da sede:** é um grupo de neurônios no hipotálamo anterior ativados pelo aumento da osmolaridade, sendo a sede o principal fator protetor contra a hiperosmolaridade. A água gelada "sacia" momentaneamente a sede devido aos receptores nervosos na orofaringe que previnem a rápida ingestão de líquidos.

Alterações Significativas do Sódio

Hiponatremia

Na^+ < 135 mEq/l é comumente encontrado em pacientes hospitalizados. As alterações do sódio sérico são decorrentes de distúrbios no manejo da água corporal (retenção ou hiperexcreção de água livre diluindo ou concentrando o sódio). Pode-se dividir a hiponatremia em: hipotônica/hipo-osmolar e não hipotônica/não hipo-osmolar.

Hiponatremia hipotônica

Hiponatremia hipotônica hipovolêmica

A hiponatremia apresentando Na^+ urinário baixo (< 20) é decorrente da perda de líquidos que ocorre de forma extrarrenal, como vômitos, diarreia e hemorragias. Na^+ urinário alto (> 40) sugere o uso de diuréticos tiazídicos, hipoaldosteronismo e síndrome cerebral perdedora de sal.

O estado de hiponatremia + hipovolemia conduz à ativação do sistema renina-angiotensina-aldosterona (SRAA) e do ADH, todavia, no balanço final, o ADH capta mais água livre do que o SRAA reabsorve Na^+. O tratamento consiste na reposição volêmica para combater a hipovolemia.

Hiponatremia hipotônica hipervolêmica

O aumento de água corporal total diminui a Osm do Na^+ (hiponatremia). A insuficiência cardíaca congestiva e a cirrose são as causas mais comuns, visto que promovem "diminuição do volume" circulante efetivo do leito arterial. Essa hipovolemia relativa induz a secreção de ADH, retendo H_2O e acentuando a hiponatremia e a hipovolemia e provocando edema periférico. O tratamento abrange restrição hídrica, furosemida e antagonistas do ADH (vaptanos).

Hiponatremia hipotônica normovolêmica

Pode-se apresentar com diurese hipertônica ou diurese hipotônica.

→ A diurese hipertônica é a incapacidade de excretar água livre em virtude da hipersecreção de ADH, que pode ser decorrente de insuficiência suprarrenal (↓ hormônio adrenocorticotrófico [ACTH] → ↓ cortisol → ↑ ADH), hipotireoidismo, síndrome da secreção inapropriada do hormônio antidiurético (SIADH).

→ Na diurese hipotônica, o paciente ingere grande quantidade de líquido (> 16 l água – potomania).

→ O **tratamento** de ambas é por meio de restrição hídrica, furosemida, dieta hipersódica ou conivaptana (antagonista do ADH que inibe sua excreção).

Hiponatremia não hipotônica (ou hipertônica)

Ocorre na síndrome hiperosmolar diabética, na qual a osmolaridade está elevada devido à glicemia, que promove captação da água do interior das células para diluir a quantidade de sódio. Não necessita de tratamento.

Pseudo-hiponatremia

Ocorre por paraproteínas e triglicerídeos.

Hiponatremia aguda sintomática

É denominada aguda porque se estabelece em < 48 horas. Nesses pacientes há urgência na reposição de sódio devido à presença de sintomas, e ao risco de mielinólise pontina ser baixo! Já que os mecanismos de adaptação neuronal levam cerca de 48 horas para ocorrer, faz-se a reposição de sódio:

→ Repondo-se 3 mEq em 3 horas, com solução salina a 3%! Caso não seja suficiente, após os 3 mEq/3 h, completa-se para o limite de 8-12 mEq em 24 horas.

- Homens: Déf Na = 0,6 × Peso × (ΔNa^+ = 3)
- Homens 2: Déf Na = 0,6 × Peso × (ΔNa^+ até 8-12 mEq/24 h)

- Mulher: Déf Na = 0,5 × Peso × (ΔNa^+ = 3 mEq)
- Mulher 2: Déf Na = 0,5 × Peso × (ΔNa^+ até 8-12 mEq/24 h)

Adendo: a furosemida inibe o carreador Na-K-2Cl e não possibilita tornar a medula renal hiperosmolar, atrapalhando o funcionamento do ADH.

(A SIADH é desencadeada por: pós-operatório de cirurgias de trauma, traumatismo cranioencefálico (TCE), acidente vascular encefálico (AVE), vírus da imunodeficiência humana (HIV), infecção do sistema nervoso central (SNC), câncer (CA) de próstata, pneumonias, CA pulmonar *oat cells*, clorpropramida, carbamazepina. A secreção inapropriada provoca intensa recaptação de água, o que aumenta a volemia, promovendo dilatação do átrio e liberação do peptídeo natriurético atrial (ANP) como fator protetor cardíaco. O ANP leva a uma alta excreção urinária de Na^+ e de ácido úrico, levando a hiponatremia, normovolemia, hipouricemia).

1 g NaCl = 17 mEq.

Hipernatremia

É caracterizada por valores de Na^+ > 145 mEq/l associados ao estado de desidratação/perda de água. Pode-se apresentar como incapacidade de ingerir líquidos ou perda de água livre, tendo como causas: diuréticos, hiperglicemia, perda de pele, recém-nascidos, lactentes, idosos, pacientes intubados, rebaixamento do nível da consciência, enfermos e acamados. Os principais sintomas são: sede, fraqueza muscular, irritabilidade, confusão (320 mOsm/l), coma (340 mOsm/l), apneia. Valor de 360 mOsm/l leva à morte. Apresenta volume urinário inferior a 500 ml/dia.

→ O tratamento consiste na reposição volêmica com soro fisiológico (SF) a 0,9% (se hipovolemia grave) até estabilização clínica, seguida de soro hipotônico 0,45/0,22% ou soro glicosado (SG) a 5%, com limite de variação de 8-12 mEq/24 h para evitar edema cerebral iatrogênico.

13.2. Hipo/Hipercalemia (K^+) (1 g KCl = 13 mEq)

→ O potássio está no meio intracelular (98%), principalmente nos miócitos, sendo o músculo esquelético o maior reservatório de K^+. A faixa normal é de 3,5-5,5 mEq/l.

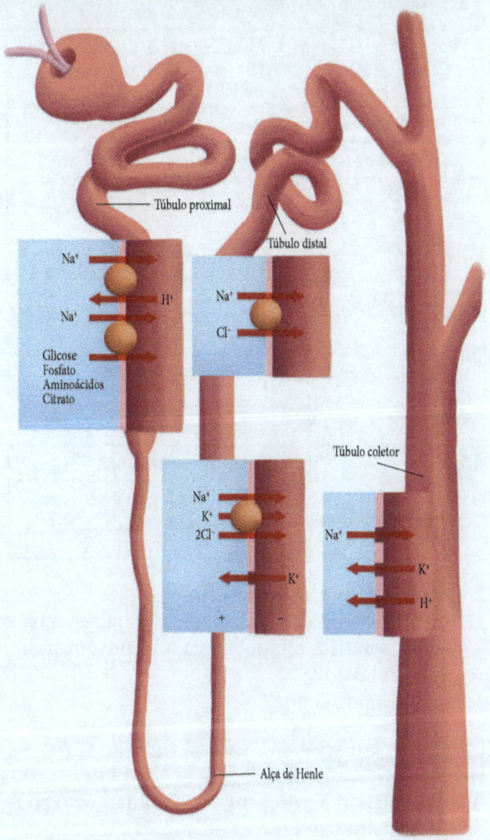

A insulina, a adrenalina e a bomba de Na-K-ATPase favorecem a entrada de potássio contra seu gradiente (para dentro da célula).

A excreção urinária ou a retenção de potássio são influenciadas diretamente por:

- quantidade de aldosterona (atuando no trocador Na-K/H);
- quantidade de sódio;
- defeitos de trocadores de sódio prévios ao trocador de Na-K/H.

Adendo: o aumento da ingestão alimentar de Na^+ ou a falha/inibição dos carreadores de Na^+ (no túbulo contorcido proximal [TCP], alça de Henle e túbulo contorcido distal [TCD]) fará que o carreador Na-K/H no túbulo coletor trabalhe intensamente, aumentando a espoliação de K^+.

Alterações eletrocardiográficas	
Hipocalemia	**Hipercalemia**
1) K = 3 – queda da onda T	1) K = 6 – onda T apiculada
2) K = 2 – onda U proeminente	2) K = 8 – achatamento da onda P
3) K = 1 – apiculamento de onda P	3) K = 10 – alargamento do QRS
	4) K = 12 – morte

Hipocalemia

Aparece quando $K^+ < 3$ mEq/l. É multifatorial e bastante relacionada com pacientes internados. Como o K^+ é predominante no músculo/miócito, a hipocalemia induz repercussões devido às alterações da eletrofisiologia do sistema de condução do miócito, como paralisias na musculatura esquelética e parestesias nos nervos. As arritmias cardíacas são os efeitos mais temíveis e encontram-se mais frequentemente presentes quando a hipocalemia está associada a hipomagnesemia. O uso de digitálicos em pacientes hipocalêmicos é contraindicado, tendo em vista que os digitálicos competem com o K^+ na bomba Na-K-ATPase cardíaca; em situações de depleção de K^+ não há competição, potencializando os digitálicos e provocando intoxicações. Estados de hipocalemia geralmente são acompanhados por alcalose metabólica proveniente da troca intensa de H^+ para o lúmen renal com produção de NH_4^+ e reabsorção de Na^+ para compensar a eletroneutralidade em nível celular. O tratamento consiste em reposição de K^+ VO 3-6 g/dia para pacientes assintomáticos ou reposição endovenosa (EV) (SF a 0,45% 480 ml + KCl a 10% 20 ml) para pacientes sintomáticos, não ultrapassando 40 mEq/h (veia central) e 20 mEq/h (veia periférica)! Em casos refratários, faz-se reposição de Mg^{+2}.

Principais causas de hipocalemia

1. Perda externa de potássio

Perdas gastrointestinais acima do piloro	Vômitos e perda de K^+ pela urina.
Perdas gastrointestinais abaixo do piloro	Diarreia, fístulas biliares, pancreáticas ou entéricas são espoliadoras de potássio.
Alcalose metabólica	Efeito caliurético (desloca K^+ para fora da célula para o trocador Na-K/H).
Diuréticos, poliúria	"Lava" o potássio luminal.
Hipomagnesemia	Expolia potássio e magnésio.
Anfotericina B, aminoglicosídeos, penicilinas	Aumentam a permeabilidade do tubo coletor ao potássio.
Tolueno/cola de sapateiro	O uso produz um metabólito denominado hipurato, que não é reabsorvido e carrega o potássio durante sua excreção.
Hiperaldosteronismo	↑ Troca de Na^+ com H^+.
Hipertensão renovascular	O excesso de renina leva a hiperaldosteronismo.
Hipercortisolismo	Síndrome de Cushing.
Acidoses tubulares renais	Na impossibilidade de excretar H^+, excreta-se muito K^+ (carreador Na-K/H).

2. Entrada de potássio nas células

a) Administração de insulina, picos de adrenalina e beta-2-agonista e hipotermia: promovem influxo de potássio.

3. Pseudo-hipocalemia.

Hipercalemia

Aparece quando $K^+ > 5,5$ mEq/L. O tratamento consiste em analisar se existem alterações no eletrocardiograma (ECG); em caso positivo, preconiza-se a reposição rápida de cálcio (gluconato de cálcio), que não reduzirá os níveis de potássio, mas estabilizará a membrana do miócito, somada a glicoinsulinoterapia (insulina regular 10 U + glicose a 50% 100 ml). Outras medidas incluem: bicarbonato de sódio, nebulizador com beta-2-agonista, resina de troca (Sorcal® = poliestirenossulfonato), furosemida, diálise.

Principais causas de hipercalemia

1. Retenção de potássio

Administração de excesso de potássio	A defesa contra hipercalemia tem limites.
Insuficiência renal aguda (IRA)	É a causa mais importante de hipercalemia em hospitalizados.
Insuficiência renal crônica (IRC)	Secreção de potássio pelo néfron.
Acidose metabólica	O excesso de H^+ é trocado por K^+ no carreador.
Insuficiência suprarrenal	Provoca hipoaldosteronismo.
Fármacos retentores de potássio	Diuréticos poupadores de potássio.
Síndrome de Gordon	Doença rara com a tríade de hipercalemia, acidose metabólica e expansão volêmica.

2. Saída de potássio das células

a) Hiperosmolaridade: saída de líquido das células para o meio extracelular, concentrando o potássio intracelular.

b) Exercício físico extenuante: durante o exercício há saída de potássio.

c) Hemólise maciça: extravasamento de K^+ das hemácias lesadas no processo hemolítico.

d) Fármacos: estimulam o efluxo de potássio.

3. Pseudo-hipercalemia: hemólise na venopunção, mimetizando hipercalemia.

13.3. Gasometria Arterial

→ O aparelho da gasometria arterial é capaz de medir pH, pressão de oxigênio (PO_2) e pressão parcial do CO_2 (PCO_2). Os demais parâmetros fornecidos na gasometria são calculados!

O bicarbonato de sódio (HCO_3) atual é o que devemos observar. O *buffer* base (BB) é o total de bases. O excesso de base (EB) é a diferença entre o BB do paciente e o BB normal, que não se altera nos distúrbios agudos, pois não há tempo hábil para a resposta compensatória renal, que leva em torno de 3 dias.

Gasometria	
pH	7,35-7,45
HCO_3	22-26
PCO_2	35-45
BB	48
EB	+3/-3

Interpretação da gasometria

➔ O primeiro passo é observar o pH e classificar em acidose *vs.* alcalose. O segundo passo é observar o HCO_3 e classificar em metabólica *vs.* não metabólica. Posteriormente, observa-se a PCO_2 para classificar em respiratória *vs.* não respiratória. O EB, por sua vez, é classificado em agudo ou crônico.

Conceitos

- Para pH na faixa normal, é preciso descartar dois quadros se "equilibrando", ou seja, uma acidose e uma alcalose, sendo necessário analisar os valores esperados pela fórmula.
- Para pH baixo/alto (acidose/alcalose), é possível existir um distúrbio misto, apesar de os valores isolados sugerirem acidose ou alcalose. Sempre é necessário calcular o valor esperado! A nomenclatura dos distúrbios mistos é feita com base no pH (acidose ou alcalose) + metabólico respiratório.
- Na acidose ou alcalose mista (em dobro/concordante), notam-se extremos de pH.

Acidose Metabólica
■ PCO_2 esperada = $(1,5 \times HCO_3) + 8$
Alcalose Metabólica
■ PCO_2 esperada = $HCO_3 + 15$
Acidose/Alcalose Respiratória Crônica
■ HCO_3 aumenta 4 mEq/l para cada 10 mmHg de aumento da PCO_2, ou diminui 5 mEq/l para cada 10 mmHg de redução. ➔ CÁLCULO: $HCO_3 = (0,4 \times PaCO_2) + 8$

13.4. Distúrbios Acidobásicos

➔ A célula funciona em meio a um pH ideal (7,35-7,45) e se autoproduz um meio ácido controlado pelo sistema tampão. O principal mecanismo que modifica o equilíbrio desse meio é a isquemia tecidual.

1. **Sistema tampão:** o principal tampão é o HCO_3^-, sendo o excesso de H^+ tamponado pelo HCO_3^- formando H_2CO_3 que então é convertido em $CO_2 + H_2O$ pela enzima anidrase carbônica. Esse mecanismo de tamponamento não impede, mas ameniza as variações do pH plasmático nos distúrbios acidobásicos.
2. **Resposta compensatória:** é realizada, pelo pulmão e pelos rins, de duas formas.
   - Os distúrbios respiratórios possuem início imediato, em que a variação de pH plasmático é captada por sensores presentes no arco aórtico que irão levar à hiperventilação (respiração de Kussmaul – diminui a PCO_2) ou à hipoventilação (aumenta a PCO_2).
   - Os distúrbios metabólicos têm início lento, demorando 3 a 5 dias, dependendo dos rins. Atuam estimulando ou não a excreção de H^+ pelo carreador Na-K/H, além da produção de amônia pelo túbulo contorcido proximal.

Acidose metabólica (↓ HCO_3 = ↑Cl ou ↑AG)

Acidose com ânion *gap* alto

Há o surgimento de um novo ácido, com AG > 12 mEq/l. As principais causas são:

Acidose lática

É a mais comum. A produção de ácido lático é proveniente do metabolismo anaeróbico celular em condições de choque, parada respiratória, sepse, hipoxemia, isquemia grave, bloqueio da utilização de O_2.

Cetoacidose diabética

A deficiência de insulina induz a produção exacerbada de 3 tipos de corpos cetônicos (dois são ácidos, aumentando o AG).

Cetoacidose alcoólica

O álcool inibe a gliconeogênese, desencadeando hipoglicemia e diminuição da produção de insulina e mimetizando a cetoacidose diabética.

Insuficiência renal grave

A queda da função renal promove retenção de H^+.

Intoxicação por salicilatos

Após a ingestão dos salicilatos, ocorre sua conversão em ácido salicílico, que interfere no metabolismo celular, produzindo lactato e cetoânions. Posteriormente, provoca acidose respiratória, formando acidose mista.

Intoxicação por metanol

É o acúmulo de ácido fórmico (produto do metabolismo hepático da desidrogenação alcoólica e aldeídica).

Intoxicação por etilenoglicol

É causada pelo acúmulo de ácido glicólico, ácido oxálico e ácido lático.

Adendo: a albumina é um dos principais ânions não medidos (*gap*). Deve-se aplicar uma correção ao valor do AG em pacientes com hipoalbuminemia (cirróticos).

Acidose com ânion *gap* normal (hiperclorêmicas)

É decorrente da perda de bicarbonato e do aumento de cloreto para manutenção da equação Na = Cl + HCO_3 + AG. As principais causas são perda digestiva baixa e acidose tubular renal (ATR).

➔ O **tratamento** de ambas as acidoses metabólicas consiste principalmente em tratar a doença de base, contudo, para valores de pH < 7,2 ou na presença de uremia, a acidose é caracterizada como grave, sendo necessária a reposição de $NaHCO_3$. Em acidose por perdas digestivas ou ATR (acidose hiperclorêmica), usa-se citrato de potássio.

Alcalose metabólica (↑ HCO_3)

Ocorre retenção de HCO_3^- com eliminação de H^+. As principais causas são perda digestiva alta, desidratação, vômitos (perdem-se H^+ e Cl^- presentes no estômago), sangramentos, estenose de piloro, diuréticos tiazídicos, furosemida (a inibição do carreador Na-K-2Cl leva à sobrecarga de troca de Na^+ por H^+ no carreador Na-H/K do tubo coletor). O tratamento consiste no uso de SF a 0,9% associado à reposição oral ou venosa de KCl.

Acidúria paradoxal: é a acidúria na presença de alcalose metabólica, hipovolemia, hipocloremia e hipocalemia. Na alcalose metabólica, espera-se urina alcalina, no entanto, nas condições citadas, ela se mantém ácida.
A hipovolemia e a hipocloremia impedem que o excesso de bicarbonato seja eliminado, não havendo a esperada bicarbonatúria. Além disso, a hipocalemia impede a troca de Na^+/K^+ (carreador Na-H/K no tubo coletor), aumentando a troca de Na^+ por H^+, levando à acidificação da urina.

Acidose respiratória (acúmulo de H^+ derivado de hipoventilação pulmonar)

As acidoses respiratórias agudas são decorrentes de uma patologia pulmonar que levou à fadiga da musculatura respiratória ou da obstrução das vias aéreas (corpo estranho, secreção, edema de glote).

A acidose respiratória crônica acomete pacientes com doença pulmonar obstrutiva crônica (DPOC) avançada que apresentam retenção crônica de CO_2; porém existe, nesses pacientes, um aumento compensatório de HCO_3 por retenção renal, o que mascara o pH.

➔ O **tratamento** visa reverter o acúmulo de CO_2 mediante intubação orotraqueal e ventilação mecânica, já que o CO_2, por ser um potente vasodilator cerebral, pode causar a síndrome da carbonarcose.

Alcalose respiratória (redução dos níveis de CO_2 derivada de hiperventilação pulmonar)

O mecanismo é a hiperventilação pulmonar. A alcalose respiratória aguda é decorrente de hiperventilação psicogênica por crise de ansiedade/angústia ou, então, por patologias como crise asmática, pneumonia, tromboembolia pulmonar (TEP). A alcalose respiratória crônica é devida a um fator que está estimulando continuamente o centro respiratório, como sepse, insuficiência hepática, doenças do SNC, hipertireoidismo.

➔ O **tratamento** objetiva corrigir a doença de base e evitar o uso de bolsas coletoras de ar.

CAPÍTULO 14

INSUFICIÊNCIA RENAL AGUDA E CRÔNICA

14.1. Insuficiência Renal Aguda

É definida como a queda da taxa de filtração glomerular (TFG). O diagnóstico é feito laboratorialmente pela elevação da ureia (Ur) e da creatinina (Cr) plasmática (azotemia) em 48 horas e/ou pelo débito urinário menor que 0,5 ml/kg/h. A elevação (Ur/Cr) ocorre quando há perda de 50% da função renal ou outras situações, como sepse, HDA, cortisolemia (que elevam a ureia) e rabdomiólise, musculatura desenvolvida (que elevam a creatinina).

→ A rabdomiólise promove lesão renal pelo pigmento marrom – mioglobina.

Cálculo de *Clearance*
$Cl_{Cr} = \dfrac{\text{Cr urinária} \times V}{\text{Cr plasmática} \times 1.440}$
Ex.: Cru = 110 mg/dL; Cr_{pl} = 0,9 mg/dL; V = 1.200 mL Logo: $Cl_{cr} = \dfrac{10 \times 1.200}{0{,}9 \times 1.440} = 102$ mL/min (normal)

Obs.: 1.440 é o número de minutos em 24 h.

Fórmula de Cockroft-Gault
$Cl_{Cr} = \dfrac{(140 - \text{idade}) \times \text{peso}}{72 \times Cr_{pl}}$

Obs.: na mulher, multiplica-se o resultado por 0,85.

Fórmula de Estudo MDRD
$TGF = 1{,}86 \times (Cr_{pl})^{-1.154} \times (\text{idade})^{-0.203}$

Obs.: na mulher, multiplica-se o resultado por 0,742; em negros, multiplica-se por 1,212. Caso o paciente seja uma mulher negra, ambas as correções deverão ser aplicadas.

Função renal

Função de filtro/excreção, regulação do equilíbrio hidroeletrolítico e acidobásico e função endócrina (mais comumente afetada na insuficiência renal crônica [IRC]).

Medida da função renal

É realizada pela dosagem de Ur, Cr e *clearance* de creatinina (ClCr). Para a avaliação da função renal, é necessário o cálculo do ClCr pela fórmula de Cockcroft-Gault.

- **Ureia plasmática:** produz efeitos adversos quando > 380 mg/dl.
- **Creatinina plasmática:** valores iguais a 1,3 mg/dl podem ser normais para pacientes musculosos, negros, que ingerem grandes quantidades de carne. Em pacientes idosos, asiáticos, amputados, desnutridos ou vegetarianos, o valor da creatinina deve ser inferior a 1,3 mg/dl.
- ***Clearance* de creatinina:** apresenta valores alterados quando a TFG é < 70%. Superestima a TFG em 10%-20%, pois cerca de 10%-20% da creatinina são eliminados por secreção tubular, e não pela filtração glomerular. Existem outros marcadores exclusivos da função excretória renal, como *clearance* da inulina (padrão ouro), cistatina C e iotalamato – estes são 100% filtrados.

Regulação hidroeletrolítica e acidobásica

Alterações na reabsorção/secreção tubular prejudicam o controle hidroeletrolítico.

Etiopatogenia

A injúria renal (IR) pode ser causada por:

- hipofluxo renal;
- lesão no próprio parênquima renal;
- obstrução do sistema uroexcretor.

→ A lesão renal é medida pela albuminúria (urina de 24 h) ou relação albumina/creatinina > 30 mg/g.

Pré-renal

Representa 55%-60% dos casos. As principais causas são hipovolemia, estados de choque, insuficiência cardíaca e cirrose com ascite.

Os vasos renais possuem um mecanismo de proteção denominado autorregulação do fluxo renal e da filtração glomerular, que atua contra alterações deletérias do fluxo renal e da TFG. As arteríolas aferentes se vasodilatam por meio do estímulo direto de barorreceptores, angiotensina 2 e liberação intrarrenal de vasodilatores endógenos, mantendo a TFG constante até valores de pressão arterial sistólica (PAS) de 80 mmHg.

Na síndrome hepatorrenal (que acomete 10% dos portadores de cirrose hepática avançada), ocorre lesão renal aguda por vasoconstrição intensa deletéria nas arteríolas pré-glomerulares, que é um mecanismo compensatório à vasodilatação esplâncnica.

Parênquima renal

Representa 35%-40% dos casos. É uma lesão no próprio parênquima renal. Cerca de 90% das lesões de parênquima renal são decorrentes da necrose tubular aguda. Outras causas são: rabdomiólise, nefrotoxicidade por medicamentos, síndrome da lise tumoral, leptospirose, nefrite intersticial aguda, síndrome nefrítica, nefroesclerose, ateroembolismo, síndrome hemolítico-urêmica, crise renal na esclerodermia, necrose cortical aguda, trombose de veia renal.

Pós-renal

Representa 5%-10% dos casos. É uma obstrução aguda do sistema uroexcretor renal que acomete os rins bilateralmente (ou rim único). A obstrução incialmente produz vasodilatação arteriolar renal pela liberação de prostaglandinas, o que aumenta a TFG; em seguida, substâncias vasoconstritoras são produzidas, reduzindo a TFG. Quando o processo patogênico persiste por 2 a 4 semanas, ocorrem fibrose intersticial e atrofia tubular (nefropatia obstrutiva crônica). Nos casos de obstrução de apenas um rim, não há azotemia, pois o rim contralateral é capaz de suprir a falta do outro.

➔ A hiperplasia prostática benigna é a causa mais comum!

Outras causas são: obstrução uretral, colo vesical e uretra prostática, óstios vesical, ureteral, funcional. O principal sinal sugestivo de IR pós-renal é a instalação súbita de oligúria ou anúria. A obstrução é um grande risco para o surgimento de infecção!

Síndrome urêmica aguda

➔ Apresenta (Cr > 4 mg/dl + Ur > 120 mg/dl)!

Manifestações cardiopulmonares

São reflexas à hipertensão arterial sistêmica, como edema agudo de pulmão e edema periférico. O tratamento envolve o procedimento dialítico, que reduz os compostos azotêmicos por intermédio da ultrafiltração.

Manifestações hematológicas

Anemia e disfunção plaquetária (as plaquetas do paciente urêmico têm menor capacidade de adesão e agregação, pois o fator de von Willebrand (vWB) está disfuncionante, sendo necessário o uso de desmopressina dDAVP® para aumentar a disponibilidade do fator de vWB).

Manifestações neurológicas

Encefalopatia urêmica, que pode causar confusão mental, agitação psicomotora, mioclonia, sinal de Babinski e crise convulsiva.

Manifestações gastrointestinais

A síndrome urêmica provoca inflamação nas mucosas intestinais e disfunção da motilidade intestinal, levando a anorexia, náuseas, vômitos e diarreia.

Distúrbios hidroeletrolíticos e acidobásicos

Na forma oligúrica, ocorrem ↑P, ↑K^+, ↓Na^+, ↓Ca^{+2} e acidose metabólica. Na forma não oligúrica, ocorrem ↓K^+ e ↓Mg^{+2}.

Diagnóstico	
Pré-renal	Apresenta elevação de ureia e creatinina. O fator contribuinte é o uso de anti-inflamatório não esteroidal (AINE) e inibidor da enzima conversora da angiotensina (IECA). O paciente manifesta sinais de hipovolemia (desidratação, hipotensão, taquicardia).
Renal intrínseca	É necessário correlacionar com a bioquímica urinária, pois possui inúmeras causas.
Pós-renal	O paciente apresenta anúria súbita ou experimenta flutuações do débito urinário associadas a aumento de próstata e aparecimento de bexigoma.

Tratamento	
Pré-renal	Otimização do fluxo sanguíneo renal com reposição de cristaloides.
Renal intrínseca	Terapias específicas para as nefropatias.
Pós-renal	É necessário realizar cistostomia, cateter duplo J, nefrostomia percutânea.

A dialise na insuficiência renal aguda

É indicada aos casos de síndrome urêmica, hipervolemia grave refratária, hipercalemia grave refratária, acidose metabólica refratária, azotemia grave (ureia > 200 mg/dl ou creatinina 8-10 mg/dl).

O prognóstico

É favorável para a pré/pós-renal e desfavorável quando há acometimento do parênquima renal.

14.2. Insuficiência Renal Crônica

→ É uma anormalidade estrutural/funcional com TFG < 60 ml/min/1,73 m² e albuminúria > 30 mg/g, ambas por ≥ 3 meses.

Na insuficiência renal crônica (IRC) não ocorre regeneração do parênquima renal, levando à perda irreversível de néfrons. As nefropatias que levam à perda irreversível da função renal evoluem para doença renal em fase terminal em 3 a 20 anos e cursam com uma alteração universal: fibrose glomerular e intersticial associada à atrofia dos túbulos (ou seja, perda total dos néfrons). Estadiamento da doença renal crônica:

- **Estágio 0**: TFG > 90 mL/min/1,73 m², ausência de lesão estrutural renal, porém com fatores de risco para IRC (ex.: HAS, DM).
- **Estágio 1:** TFG ≥ 90 mL/min/1,73 m², existe lesão renal estrutural (ex., proteinúria persistente, uropatia obstrutiva), mas ainda não há insuficiência renal.
- **Estágio 2:** TFG = 60-89 mL/min/1,73 m², insuficiência renal crônica LEVE.
- **Estágio 3:** TFG = 30-59 mL/min/1,73 m²
  - **3A:** 45-49 – insuficiência renal leve/moderada.
  - **3B:** 30-45 – insuficiência renal moderada/grave.

Azotemia

- **Estágio 4:** TFG = 15-29 mL/min/1,73 m², insuficiência renal crônica GRAVE.

Sintomas Urêmicos Graves

- **Estágio 5:** TFG < 15 mL/min/1,73 m², falência renal crônica (DRFT).

Falência Renal (Diálise)

Etiologias	
No Mundo	No Brasil
1. DM	1. HAS
2. HAS	2. DM
3. Glomerulopatias	3. Glomerulopatias

Síndrome urêmica

É o acúmulo de toxinas nitrogenadas, principalmente ureia, compostos guanidínicos, compostos aromáticos, aminas alifáticas e poliaminas. Associada à falta de eritropoietina e calcitriol (com aumento do paratormônio [PTH]) em resposta à perda da função renal endócrina.

Aspectos clínicos

A síndrome urêmica se instala quando a TFG atinge valores < 30 ml/min. É dividida em manifestações que são corrigidas com diálise e nas que não são corrigidas com diálise.

Manifestações da síndrome urêmica que respondem à diálise

- Desequilíbrio hidroeletrolítico (hipervolemia, hipercalemia e hiponatremia)
- Desequilíbrio acidobásico (acidose metabólica)
- Sintomas gastrointestinais (anorexia, náuseas, vômitos, diarreia)
- Sintomas neurológicos (encefalopatia, neuropatia periférica)
- Hipertensão arterial sistêmica
- Sintomas cardíacos (pericardite, edema pulmonar cardiogênico)
- Sintomas pulmonar e pleurais (edema pulmonar não cardiogênico, derrame pleural)
- Disfunção plaquetária (predisposição à hemorragia)
- Intolerância à glicose (resistência à insulina)

Desequilíbrio hidroeletrolítico

Ocorre uma alteração no balanço do sódio com retenção volêmica. Os rins se tornam incapazes de excretar ou conservar o excesso de sódio. Isso ocorre porque os néfrons remanescentes estão próximos da capacidade máxima de adaptação excretória.

Desequilíbrio acidobásico

A produção renal de amônia diminui, prejudicando a eliminação urinária de H^+, o que resulta em acidose metabólica hiperclorêmica.

Manifestações gastrointestinais

As principais são anorexia, náuseas (devido à gastrite urêmica) e gastroparesia.

Manifestações neurológicas

As principais são encefalopatia urêmica crônica, envolvimento dos nervos periféricos (polineuropatia axonal com parestesia nos pés, hipoestesia "em bota", síndrome das pernas inquietas).

Hipertensão arterial sistêmica

Decorre da hipervolemia. A sobrecarga pressórica leva a complicações cardiovasculares, como hipertrofia ventricular esquerda (HVE), cardiomiopatia dilatada e doenças coronarianas. Sendo assim, as complicações cardiovasculares são as principais causas de óbito entre portadores de IRC, sendo necessário o controle da pressão em 130/80 mmHg.

Fases 2 e 3	IECA ou antagonista angiotensina 2
Fase 4	Diuréticos de alça, fístula
Fase 5	Diálise, transplante renal

→ Podem-se usar também bloqueadores do canal de cálcio (como verapamil e diltiazem), nitratos e hidralazina.

Distúrbios da hemostasia

A anemia somada à inibição do fator de vWB compõe a disfunção plaquetária. O tratamento envolve dDAVP (para sangramento agudo) e eritropoietina.

Intolerância à glicose e metabolismo da insulina

Ocorre resistência periférica à insulina associada à disfunção da célula beta da ilhota pancreática, mimetizando DM tipo 2 (DM2).

Manifestações da síndrome urêmica que não respondem à diálise

- Anemia
- Osteodistrofia renal
- Prurido cutâneo
- Alterações articulares (artrite, pericardite, tenossinovite)
- Aterosclerose acelerada (doença coronariana)
- Dislipidemia (hipertrigliceridemia com colesterol da lipoproteína de alta densidade [HDL-C] baixo)
- Estado de hipercatabolismo (desnutrição proteicocalórica)
- Depressão imunológica (predisposição à infecção)

Manifestações cardíacas

Ocorre aterosclerose acelerada nesses pacientes pelos fatores de riscos tradicionais (DM, HAS, dislipidemia [DLP]) e pelos fatores não tradicionais (inflamação, disfunção endotelial, falta de óxido nítrico).

→ A dislipidemia se apresenta com ↓ HDL-C e ↑ triglicerídeos (TGs). Recomenda-se o uso de atorvastatina para controle do colesterol da lipoproteína de baixa densidade (LDL-C) (< 100) e estabilização da placa de colesterol.

Anemia

Instala-se na fase 3-4, com TFG = 30-40 ml/min. É uma anemia normocítica e normocrômica pela deficiência relativa de eritropoietina. Pode estar associada a anemia carencial de ferro/folato, hemolítica (com reticulocitose), medular (com leucopenia). O tratamento envolve a reposição de eritropoietina recombinante por via subcutânea quando a hemoglobina (Hb) < 10 g/dl. Antes, porém, da reposição de eritropoietina, é necessário avaliar os estoques de ferro do paciente. Valores de transferrina < 20% ou ferritina < 100 mg indicam a reposição premente de ferro por via parenteral.

Osteodistrofia renal

Apresenta uma osteíte fibrosa cística (osteopatia de alto *turn over*), doença óssea adinâmica (osteopatia de baixo *turn over*).

Osteíte fibrosa cística

Ocorrem estimulação da reabsorção do Ca^{+2} e neoformação óssea com fibras de colágeno mineralizadas *(woven bone)*. Quando a TFG é < 40 ml/min, ocorre retenção de fosfato e ele começa a ser filtrado pelos néfrons remanescentes. A elevação do fosfato urinário inibe a produção de calcitriol pelas células tubulares proximais, justificando o aumento do PTH por deixar de realizar o *feedback* negativo à secreção de PTH.

Ocorrem: ↓ Calcitriol → ↓ absorção de Ca^{2+} intestinal → ↓ Ca^{2+} → estimulação da paratireoide → ↑ osteoclasto e osteoblastos.

Além disso, o fosfato não filtrado (circulante) é um quelante do cálcio, acentuando a queda do Ca^{+2}. Os achados clínicos são: dor óssea, fraturas patológicas, hiperfosfatemia e achados radiológicos (reabsorção subperiosteal, crânio em sal e pimenta, coluna em Rugger-Jersey, tumor marrom).

O tratamento baseia-se na restrição de fosfato e proteínas para os estágios 3-4. Na fase 5, faz-se o uso de quelantes de fosfato (como carbonato de cálcio e renagel). O uso de calcitriol ou de cinacalcete (engana o PTH, "imitando"/simulando ser o cálcio) é reservado para quando os níveis de fosfato estiverem baixos. A não utilização de calcitriol e cinacalcete predispõe à formação de concreções no sangue.

O tratamento cirúrgico (paratireoidectomia com implantação no antebraço) está indicado aos casos de dor óssea intratável, fraturas recorrentes, disfunção orgânica por calcificação.

Doença óssea adinâmica

Apresenta-se como perda da densidade óssea, imitando a osteoporose, com PTH < 150 ng.

Osteomalacia – intoxicação por alumínio

Usa-se Al^{+3} na água da hemodiálise como quelante do fosfato.

Hiperparatireoidismo terciário

Representa os pacientes urêmicos desenvolvendo hipercalcemia à custa de PTH extremamente aumentado (> 1.000 ng). A etiologia é devida a ilhas de produção autônomas de PTH. O tratamento é cirúrgico.

Tratamento da Insuficiência Renal Crônica	
Estágios 1 e 2	Controle de HAS, DM, DLP, proteinúria e cessação do tabagismo, a fim de impedir/prevenir a lesão renal e o aparecimento de doenças cardiovasculares. São usados IECAs ou antagonistas da angiotensina 2. Associa-se também a restrição de sódio (< 2 g/dia) e proteínas (0,6 g/kg).
Estágio 3	Tratamento anterior somado ao uso de diuréticos de alça (furosemida) e, talvez, eritropoietina.
Estágio 4	Tratamento anterior somado a: eritropoietina (EPO), restrição de fósforo, quelantes, calcitriol, cinacalcete, restrição de K, preparação para estágio 5 (pois a progressão geralmente demora apenas 1-2 anos).
Estágio 5	Transplante renal ou diálise.
IRA × IRC	É necessário realizar uma busca de exames prévios alterados e endocrinopatias como anemia e hiperparatireoidismo secundário, além da ultrassonografia (US) renal com rim ≤ 8,5 cm e perda da relação corticomedular (a fibrose cortical transforma o rim em uma "massa única" no aspecto radiológico) - sugerindo IRC.

IRA: Insuficiência renal aguda.

14.3. Métodos Dialíticos

Utiliza-se o princípio físico-químico da difusão! A diálise substitui parte da função excretória renal, estabilizando a homeostase hidroeletrolítica, mas não substitui a função endócrina, portanto não controla distúrbios como anemia, osteodistrofia e hiperparatireoidismo secundário. Já o transplante renal é a terapia de escolha para pacientes com IRC avançada e apresenta excelentes resultados devido ao uso de imunossupressores.

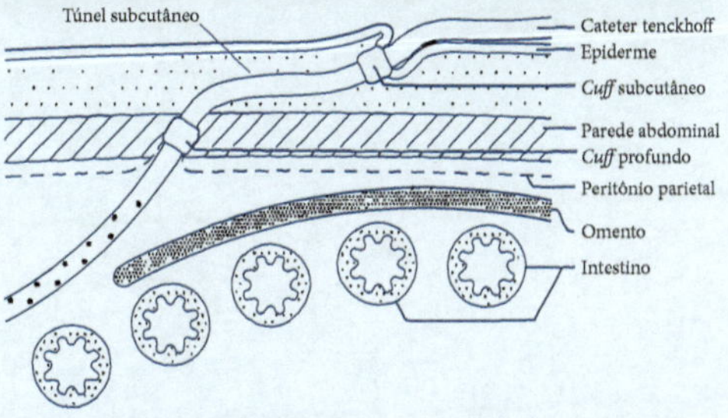

► Representação esquemática dos planos atravessados pelo cateter de Tenckhoff na parede abdominal. Adaptada de Ash e Daugirdas (2008).

Indicação de Transplante
■ TFG < 10
■ TFG < 15 em < 18 anos de idade
■ TFG < 15 + DM em tratamento

Divisão do método dialítico

Hemodiálise

Pode ser subdividida em contínua (para pacientes instáveis hemodinamicamente) ou intermitente (mais usada). Representa o processo no qual o sangue puncionado percorrerá um filtro que se assemelha a um circuito de capilares semipermeáveis imersos em solução para diálise.

Diálise peritoneal

É o método de escolha para crianças, pacientes sem fístulas ou intolerantes à hemodiálise. Infunde-se uma solução de diálise dentro da cavidade peritoneal, induzindo a ascite. Dessa forma, ocorre a difusão de produtos residuais pelo peritônio. É contraindicada para pacientes que sofreram peritonite fúngica (fibrose de peritônio) e/ou cirurgia com bridas e fibroses.

Aspectos fisiológicos

- **Remoção de toxinas:** remove as substâncias derivadas do metabolismo proteico que contêm nitrogênio em suas moléculas (p. ex., ureia).
- **Controle eletrolítico e acidobásico:** a solução de diálise tem concentrações eletrolíticas próximas às plasmáticas, exceto as concentrações de K^+ e fosfato que são mantidas baixas para facilitar a sua remoção do sangue do paciente.
- **Ultrafiltração:** é a remoção de líquido durante a diálise devido ao gradiente de pressão da solução.
- **Limitações da diálise:** principal limite é a ineficácia na depuração de toxinas urêmicas de maior tamanho e peso molecular, produtos tóxicos ligados a proteínas plasmáticas, na distribuição em outros compartimentos corpóreos que não seja o plasma, além da depuração de substâncias essenciais, como nutrientes, vitaminas etc.
- **Eficácia da diálise:** é capaz de reduzir cerca de 65%-70% da ureia plasmática (*clearance* da ureia × duração da diálise).

Aspectos técnicos

As veias mais utilizadas para o cateter de dupla luz são a jugular interna direita e a femoral, visto que a subclávia pode sofrer estenose, comprometendo possíveis futuras fístulas no membro superior. Já a fístula arteriovenosa é indicada quando Cr > 4 ou ClCr < 25, podendo ser feita (no punho, cúbito, inguinal), amadurecendo em 1 a 3 meses. A sua principal complicação é a não maturação ou estenose do componente venoso.

O cateter de Tenckhoff (cateter tunelizado) é o mais utilizado para drenagem peritoneal.

Dúvidas sobre transplante renal

O enxerto (TX) é colocado na fossa ilíaca direita, sem invasão da cavidade peritoneal. É contraindicado a pacientes com expectativa de vida reduzida, câncer, infecções, psicose, uso de drogas ilícitas ou álcool. Transplantes prévios e doenças de base não são contraindicações. São feitos testes de tipagem ABO/antígeno leucocitário humano (HLA).

A rejeição do enxerto ocorre em 3 fases:

- **Imediata:** em minutos a horas ocorrem a rejeição humoral hiperaguda por incompatibilidade ABO/HLA, trombose, ateroembolismo, necrose tubular isquêmica, obstrução.
- **Precoce:** ocorre em 1 a 12 semanas com a falta do uso de imunossupressor ou por nefrotoxicidade (ciclosporina, tacrolimo), infecções.
- **Tardia:** > 3 meses com o uso de imunossupressor, por infecção, obstrução, HAS.

CAPÍTULO 15

URONEFROLOGIA

15.1. Litíase Renal – Abordagem

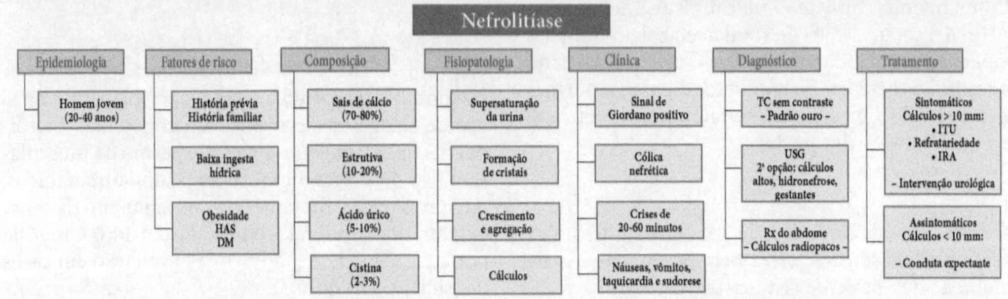

Apresenta prevalência de 3% na população!

É duas a três vezes mais comum em homens e tem seu pico de incidência entre 20 e 40 anos de idade, manifestando-se como cólica nefrética.

Fatores de risco

- História familiar positiva
- Genética
- Desidratação
- Dieta

➔ As principais causas são alterações metabólicas, com a formação de cálculos na papila renal (ou pelve renal), de onde os cálculos vão se desprender e caminhar para os cálices → pelve → ureter.

A principal patogênese envolvida é a formação de cristais urinários devido à supersaturação da urina por algum sal químico, que, em seguida, entra no processo de nucleação (formação dos cristais) e, posteriormente, em crescimento e agregação.

Tipos de cálculo

Cálcio

Causas: hipercalciúria idiopática, hiperoxalúria adquirida, hiperparatireoidismo primário.

- **Hipercalciúria idiopática:** é a excreção urinária > 300 mg/dia (em homens) ou > 250 mg/dia (em mulheres) na vigência de normocalcemia. O tratamento visa à restrição de sódio, que favorece a eliminação de cálcio (sob a forma de Ca^{+2} atrelado ao Na^{+}), e diuréticos tiazídicos (que aumentam a reabsorção tubular de Ca^{+2}). Não se deve restringir a ingesta de cálcio, visto que sua falta prejudica a quelação dos oxalatos, provocando oxalúria.
- **Hiperoxalúria adquirida:** é a excreção urinária de oxalato > 50 mg/dia. A causa mais comum é decorrente de síndromes disabsortivas. A esteatorreia quela o cálcio, originando falta de Ca^{+2} para quelar os oxalatos. O tratamento baseia-se na suplementação com Ca^{+2} e colestiramina (resina ligante de oxalato).
- **Hipocitratúria:** é a presença de valores de citrato urinário < 300 mg/dl (em homens) ou < 250 mg/dl (em mulheres). O tratamento envolve a alcalinização da urina. O citrato é responsável por aumentar a solubilidade da urina.
- **Hiperparatireoidismo primário:** o paratormônio (PTH) promove o aumento do Ca^{+2} plasmático, levando à hipercalciúria, que favorece a formação de nefrolitíase por cristais de oxalato/fosfato de cálcio.

Estruvita

São cálculos de fosfato triplo ou fosfato de amônio magnesiano, correspondendo a 10%-20% dos cálculos. É produzida por bactérias produtoras de urease *(Proteus, Klebsiella, Pseudomonas, Enterococcus)* que, ao degradarem a ureia presente na urina, formam $NH_3 + CO_2$. A amônia, por ser uma base, alcaliniza a urina ao se ligar com H^+ urinário, sendo convertida em NH_4^+, que se combina com o fosfato e o magnésio para formar os cristais de estruvita. Os fatores de risco para litíase por estruvita são: infecção do trato urinário (ITU), bexiga neurogênica, anomalias congênitas. Os cálculos de estruvita são radiopacos e crescem rapidamente, preenchendo toda a pelve renal e os cálices, com aspecto coraliforme. O diagnóstico envolve dosagem de pH urinário > 7 e urinocultura positiva para bactérias ureases. O tratamento baseia-se em antibióticos, inibidor da enzima da urease (ácido acetoidroxâmico) e intervenção com retirada dos cálculos obstrutivos.

Ácido úrico

Os cálculos de ácido úrico são incomuns e radiotransparentes. Representam de 5%-10% de todos os cálculos. O paciente apresenta hiperuricosúria > 800 mg/dia (em homens) e > 750 mg/dia (em mulheres), cursando com pH urinário < 5 (ácido). O tratamento consiste em alcalinizar a urina para pH > 6,5 (com citrato de K ou acetazolamida) para aumentar a solubilidade do ácido úrico. Associado a restrição dietética de alimentos ricos em purinas e inibidor da xantina oxidase (alopurinol - enzima do metabolismo das purinas).

Cistina

É decorrente de uma doença genética autossômica recessiva que se caracteriza pela perda urinária de aminoácidos básicos: cistina, ornitina, lisina e arginina. Cistina > 250 g/Cr. O tratamento baseia-se em aumento da carga hídrica, alcalinização urinária (citrato de potássio ou bicarbonato de sódio + acetazolamida), d-penicilamina (inibidor da formação de cistina nas células).

Manifestações clínicas

O crescimento do cálculo em seus locais de predileção nem sempre causa sintomatologia (cólica nefrética, hematúria, infecção, obstrução). Os sintomas estão relacionados com obstrução da passagem da urina.

A obstrução ocorre de preferência nas constrições fisiológicas:

- 1ª: junção ureteropélvica, com dor lombar, náuseas, vômitos.
- 2ª: cruzamento com vasos ilíacos, com dor lombar que se irradia.
- 3ª: junção vesicoureteral com disúria e polaciúria.

Diagnóstico

A tomografia computadorizada (TC) sem contraste é o exame padrão ouro, com sensibilidade de 98% e especificidade de 100%. A radiografia de abdome demonstra os cálculos radiopacos (exceto o de ácido úrico) e possui sensibilidade e especificidade de 62% e 67%, respectivamente. A ultrassonografia (US) renal é útil para determinar a altura do cálculo no ureter e apresenta sensibilidade de 85%. A urografia excretora contrastada tem sensibilidade de 90%.

Estratificação da Conduta com Base no Tamanho do Cálculo	
< 5 mm	Expectante por dois a três dias
5-7 mm	Passível de intervenção
> 10 mm	Provável intervenção

Tratamento

A conduta terapêutica abrange principalmente o uso de analgésicos e anti-inflamatórios não esteroidais (AINEs), que previnem o espasmo da musculatura lisa do ureter, bloqueadores alfa-adrenérgicos, que promovem diretamente o relaxamento da musculatura lisa ureteral, como tamsulosin 0,4 mg/dia por até 4 semanas, e também a hidratação em casos de pacientes desidratados.

→ O cálculo de ácido úrico é o único capaz de se dissolver com MEV e terapia medicamentosa.

Na intervenção urológica (> 10 mm):

- **Litotripsia extracorpórea com ondas de choque:** é a primeira escolha para cálculos com < 2 cm próximos à pelve, havendo sucesso em 90%-100%; sua principal complicação é o hematoma perinéfrico.
- **Cistouretoscopia:** é utilizada para fragmentar e retirar cálculos no ureter médio e distal.
- **Nefrolitotripsia percutânea:** é a remoção direta ou pela litotripsia *in situ* (ultrassom, pneumática, *laser*, eletro-hidráulica) de cálculos > 2 cm e/ou coraliformes, localizados no polo renal inferior, refratários a litotripsia extracorpórea para ondas de choque (LECO).
- **Nefrolitotomia aberta:** indicada para refratariedade aos métodos anteriores ou cálculos de difícil anatomia.

No tratamento de litíase complicada (hidronefrose, insuficiência renal aguda [IRA], pielonefrite): a primeira preocupação não deve ser a retirada do cálculo, mas, sim, a desobstrução das vias urinárias do paciente a fim de evitar a perda irreversível do parênquima renal. Podem ser usados: nefrostomia percutânea (único J) ou *stent* ureteral (duplo J).

15.2. Obstrução das Vias Urinárias

A obstrução das vias urinárias leva ao aumento da pressão do interior dos túbulos renais, fazendo com que as células tubulares liberem uma substância lipídica que funciona como fator quimiotáxico que atrai leucócitos mononucleares. A infiltração cessa quando a obstrução se desfaz. Quando a obstrução não se desfaz, ocorre um processo de fibrose no interstício e no glomérulo renal, com lesão permanente do tecido.

Classificação das obstruções
Agudas: duram de horas a dias em virtude de cálculos renais
Subgudas: ocorrem por dias a semanas (como na gravidez)
Crônicas: duram de semanas a meses (como na HPB).
■ Alto grau (oclusão total)
■ Baixo grau (obstrução parcial)
→ A localização da obstrução pode ser da região dos túbulos intrarrenais até a região da uretra.

Manifestações clínicas

Dor lombar com irradiação para grandes lábios ou escroto, massa palpável em flanco e/ou hipogástrio, ITU, alteração do débito urinário.

Etiologia

Podem ser divididas em:

Congênitas

- **Obstrução congênita da junção ureteropélvica:** a ESTENOSE é a principal causa de obstrução do trato urinário na infância.
- **Válvula de uretra posterior:** é a principal causa de hidronefrose bilateral em meninos.
- **Ureter retrocavo:** variação anatômica na qual o curso do ureter direito passa por trás da veia cava inferior – J invertido.
- **Refluxo vesicoureteral:** desencadeado pela inserção anormal dos ureteres na bexiga.
- **Ureterocele:** é a dilatação do ureter distal que obstrui o orifício ureteral e faz um prolapso para o interior da bexiga.
- **Estenose da junção vesicoureteral:** provoca dilatação maciça do ureter envolvido – megaureter.
- **Síndrome da barriga em ameixa ou síndrome *prune-belly*:** apresenta a tríade de ausência de musculatura abdominal, criptorquidia bilateral e dilatação maciça ureteral.
- **Bexiga neurogênica:** é decorrente do disrafismo ou defeito do tubo neural.
- **Divertículos de bexiga, válvula de uretra anterior, atresia uretral.**

Adquiridas

São divididas em intrínsecas e extrínsecas. As intrínsecas representam uma obstrução por comprometimento total ou parcial do lúmen das estruturas envolvidas, desde o túbulo renal até o ureter, a bexiga e a uretra. A extrínseca é resultante da compressão ou invasão (em maior ou menor grau) das mesmas estruturas.

Fisiopatologia

Desencadeia alterações na hemodinâmica renal e na função tubular.

Diagnóstico

O paciente se apresenta com um padrão de oligúria ou anúria que se alterna com fases poliúricas, sugerindo a presença de uropatia obstrutiva. O diagnóstico se estabelece, contudo, mediante as perguntas:

- **Existe obstrução?** = ultrassonografia (US), urografia excretora.
- **Onde está a obstrução?** = Raios X (RX), ressonância magnética (RM), TC, cintilografia renal, avaliação urodinâmica, cistoscopia, cistouretrografia miccional.

Tratamento

Na ausência de infecção, não há necessidade de cirurgia emergencial, mesmo em pacientes anúricos.

Obstrução aguda completa (anúria)

No caso de obstrução ureteral "acima da bexiga", usa-se o cateter ureteral retrógrado duplo J ou nefrostomia percutânea. Para obstruções "abaixo" da bexiga usa-se um cateter uretral. Ambos os cateteres são utilizados até o tratamento definitivo.

Obstrução aguda unilateral

É originada por cálculos.

Obstrução crônica

Cirurgia.

Manejo da bexiga neurogênica

Em bexigas atônicas, usam-se medicações colinérgicas (alfabloqueadores que relaxam o esfíncter uretral). Em bexigas espásticas, usam-se medicações anticolinérgicas.

> → Nos casos refratários, usa-se a cateterização intermitente.

15.3. Refluxo Vesicoureteral

É a existência de um fluxo retrógrado de urina da bexiga em direção ao ureter e à pelve renal causado pela incompetência da junção vesicoureteral. A origem da disfunção (refluxo vesicoureteral) pode ser congênita ou proveniente de sequelas de processos mórbidos, como obstrução e infecção. O diagnóstico é feito pela uretrocistografia miccional. O tratamento objetiva prevenir pielonefrite, injúria renal e outras complicações. O achado de refluxo indica a necessidade de profilaxia antibiótica com sulfametoxazol-trimetoprima ou nitrofurantoína.

15.4. Doença Cística Renal

➔ O cisto renal é uma cavidade revestida por epitélio e repleta de líquido em meio ao parênquima renal.

Classificada em quatro tipos

Cisto simples

É o mais frequente, responsável por cerca de 65%-70% dos casos. É geralmente assintomático e pode complicar-se com a ruptura, infecção, hipertensão arterial dependente de renina, obstrução do trato urinário. O diagnóstico é obtido pelos achados ultrassonográficos de conteúdo anecoico, lesão arredondada de paredes lisas e limites bem definidos, presença de reforço acústico posterior intenso.

Doença renal policística

É um distúrbio genético.

Dominante

Cursa com hipertensão arterial sistêmica (HAS) que acelera a progressão da insuficiência renal crônica e aumenta o risco de doenças cardiovasculares. Apresenta manifestações como nefromegalia, aneurisma cerebral, cistos extrarrenais no fígado e anormalidades valvares. O diagnóstico é feito pela US. O padrão ouro para cistos pequenos é a TC com contraste ou a angiorressonância magnética (ângio-RM). Não existe tratamento específico, apenas o controle da pressão arterial.

Recessiva

Caracteriza-se pelo surgimento precoce (na infância). Apresenta manifestações como nefromegalia bilateral, insuficiência renal infantil, óbito por hipoplasia pulmonar e cirrose (por dilatação difusa das vias biliares intra-hepáticas).

Doença renal cística adquirida

Acomete pacientes portadores de doença renal em fase terminal (DRFT) mantidos em diálise por tempo prolongado. Os principais fatores de risco são duração da DRFT e idade avançada. O único problema da doença renal cística adquirida é que ela aumenta a chance de câncer renal. A principal conduta é o acompanhamento seriado com exame de imagem para identificar sinais precoces de transformações malignas.

Doença císticas da medula

É subdividida em rim esponjoso medular e nefronoftise.

Rim esponjoso medular (doença de Cacchi-Ricci)

É a presença de túbulos coletores dilatados em proporções císticas frequentemente preenchidos por cálculos de oxalato de cálcio.

Nefronoftise

É a fibrose tubulointersticial associada a rins de tamanho reduzido. É a principal causa genética de falência renal crônica em crianças e adolescentes.

15.5. Hiperplasia Prostática Benigna

➔ A próstata normal tem consistência fibroelástica, pesa de 20 a 30 g e está localizada inferiormente à bexiga.

Possui três regiões

1. **Zona central (ou periuretral):** é composta por glândulas curtas.
2. **Zona periférica:** é constituída por glândulas ramificadas e longas.
3. **Zona de transição:** é a região que "abraça" a uretra prostática a partir da região anterior.

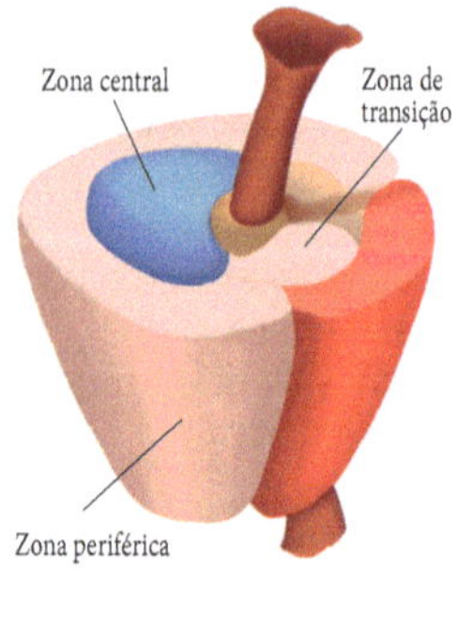

As regiões central e periférica são separadas por uma fina camada de tecido fibroelástico: a cápsula cirúrgica. Essa divisão tem importância clínica e cirúrgica, pois a hiperplasia prostática benigna (HPB) se desenvolve nas zonas central e transicional, enquanto o adenocarcinoma de próstata se desenvolve na zona periférica do órgão.

Patogenia

Resulta da ação de vários mecanismos interativos dos quais se destacam a testosterona, a di-hidrotestosterona (DHT) e alguns fatores de crescimento tecidual. A testosterona penetra nas células epiteliais prostáticas e, pela ação da 5-alfa-redutase, é transformada em DHT, que se liga aos receptores androgênicos nucleares, formando um complexo que inicia a síntese proteica de moldes de proliferação celular epitelial da glândula prostática. A DHT também estimula o estroma prostático a secretar fatores de crescimento. A HPB se instala na zona de transição, em torno da uretra. Nesse local, surgem os nódulos de tecido glandular que se transformam em nódulos compostos por estroma fibromuscular e começam a se acumular na zona central.

Fisiopatologia

A obstrução uretral pode se dar pelo efeito mecânico (crescimento) ou funcional (contração das fibras). As fibras que contêm os receptores alfa-1-adrenérgicos tendem a se contrair por influência do sistema nervoso simpático, aumentando o grau de obstrução. Após o aparecimento da obstrução uretral, o músculo detrusor sofre hipertrofia na tentativa de manter o fluxo urinário.

Diagnóstico

É realizado por exame clínico, toque retal e exames laboratoriais como: elementos anormais e sedimentoscopia (EAS), ureia, creatinina, antígeno prostático específico (PSA).

Tratamento

Pode ser clínico, envolvendo o uso de bloqueadores alfa-1-adrenérgicos (prazosin, doxazosin, terazosin) e inibidores da 5-alfa-redutase (finasterida); e cirúrgico (para próstatas > 80 g) mediante a ressecção transuretral da próstata ou prostatectomia suprapúbica.

15.6. Tumores Urológicos

Câncer de próstata

O mais frequente é o adenocarcinoma acinar na zona periférica (posterior) da glândula. Nas fases iniciais, mantém-se assintomático devido à sua localização ser mais comum em áreas periféricas; já nas fases mais avançadas apresenta sintomas obstrutivos e irritativos. A vasectomia e a HPB não são fatores de risco!

Fatores de Risco

- Idade,
- História familiar,
- Mutações BRCA-1 e 2,
- Negros.

Quanto à disseminação:

- **Local:** reto, bexiga e vesícula seminal.
- **Linfática:** linfonodos obturadores.
- **Hematogênica:** metástase óssea blástica.

O rastreamento com dosagem de PSA + toque retal é feito em indivíduos:

- > 45 anos de idade com história familiar e negros.
- > 50 anos.

O TOQUE RETAL e o PSA não têm impacto sobre a mortalidade!!

→ A confirmação é pela biópsia transretal por USG, quando:

- Toque retal suspeito
- PSA > 2,5 ng/ml em jovens
- PSA > 4 ng/ml (> 55 anos)
- Elevação de PSA > 0,75 ng/ano
- Densidade de PSA > 0,15 ng/ml
- Fração livre do PSA < 25%

O Ministério da Saúde não indica o rastreamento. Quem o indica é a Sociedade de Urologia!

O estadiamento é feito pela RM com sonda endorretal e cintilografia óssea. O tratamento é dividido:

- **Doença localizada:** apresenta conduta expectante para baixo risco, prostatectomia radical (para casos de perda de ereção e incontinência urinária), radioterapia (para casos de diarreia e urgência fecal).
- **Doença avançada:** realizam-se a deprivação androgênica por meio da orquiectomia bilateral (padrão ouro) ou a castração química por agentes redutores da produção de andrógenos/bloqueadores do receptor de andrógenos.

Pontuação de Gleason

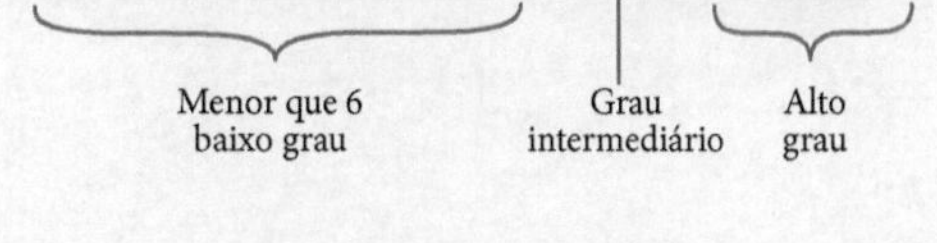

Câncer de bexiga

O principal subtipo é o carcinoma de células transicionais (CCT). Cerca de 90% dos CCTs se originam na bexiga e 8%, na pelve renal. Acomete principalmente o sexo masculino e indivíduos com 60-70 anos de idade. Os principais fatores de risco são: tabagismo (responsável por até 50% dos casos), abuso de analgésicos derivados da fenacetina (paracetamol), cistites crônicas, cálculo vesical, exposição a aminas aromáticas, dietas ricas em carnes e gorduras, uso de altas doses de ciclamato, sacarina ou cafeína. As manifestações clínicas são hematúria macroscópica indolor e sintomas irritativos vesicais. O diagnóstico é sugestivo quando encontrada uma massa sólida ou falha de enchimento em exames de imagem, como US, cistoscopia e urografia excretora. A confirmação diagnóstica é pela cistoscopia com biópsia. A pesquisa de metástase é feita pela radiografia. O estadiamento é baseado no resultado da biópsia cistocópica, sendo o dado mais importante a invasão ou não da camada muscular. O tratamento depende do estadiamento, mas, de forma cronológica, é: ressecção transuretral via cistoscopia, cistectomia radical e poliquimioterapia.

Carcinoma de pelve e ureter

Trata-se de neoplasia rara. Apresenta manifestações como hematúria macroscópica indolor seguida por cólica nefrética e massa abdominal. O diagnóstico é realizado pela urografia excretora. O tratamento inclui nefroureterectomia radical e poliquimioterapia.

Câncer de rim

O grande falsário. Por definição, qualquer expansão sólida renal é um tumor renal. O carcinoma de células renais tem origem no túbulo contorcido proximal. Os fatores de risco são tabagismo, obesidade, exposição a cádmio, gasolina e asbesto. Apresenta como manifestação clínica a tríade clássica (hematúria, massa abdominal palpável, dor em flanco). Outras manifestações abrangem: varicocele escrotal à esquerda, trombose da veia renal, anemia, policitemia e hipertensão arterial. A suspeita de câncer (CA) renal deve ocorrer sempre que um paciente desenvolve varicocele escrotal súbita e inexplicada. O diagnóstico é feito com base na tríade clássica somada a US e TC com contraste (ou RM sem contraste). O tratamento envolve a nefrectomia radical/parcial (por via videolaparoscópica) com ressecção dos tecidos acometidos. Os sítios mais comuns de metástase à distância são cérebro, fígado, pele, osso, pulmões.

Tumor de Wilms

É uma neoplasia renal com desenvolvimento associado à persistência de resíduos de tecido nefrogênico embrionário. É o segundo tumor abdominal mais frequente em crianças.

15.7. Hematúria

➔ Caracteriza-se pela presença de ≥ 3 hemácias por campo no EAS.

A hematúria patológica é considerada quando ocorre a presença persistente de > 100 hemácias por campo no EAS. Constatada a hematúria, é necessário avaliar o dismorfismo eritrocitário e os valores de proteinúria. As principais causas de hematúria em crianças são as infecções do trato urinário.

SEÇÃO 4 - REUMATOLOGIA

Capítulo 16 - Artrites

16.1. Introdução ... 112
16.2. Artrite Reumatoide ... 112
16.3. Artrite Idiopática Juvenil (AIJ) ... 115
16.4. Espongiloartropatias ... 116
16.5. Anti-inflamatórios Não Esteroidais e Glicocorticoides ... 117

Capítulo 17 - Colagenoses

17.1. Lúpus Eritematoso Sistêmico ... 119
17.2. Síndrome do Anticorpo Antifosfolipídio ... 121
17.3. Esclerodermia ... 121
17.4. Polimiosite e Dermatomiosite ... 122
17.5. Síndrome de Sjögren ... 123
17.6. Doença Mista do Tecido Conjuntivo ... 124
17.7. Doença de Ormand ... 124

Capítulo 18 - Abordagem nas Vasculites e na Amiloidose

18.1. Vasculites ... 125
18.2. Amiloidoses ... 128

Capítulo 19 - Outros Distúrbios Reumatológicos

19.1. Osteoartrose (Osteoartrite) ... 129
19.2. Artrite Infecciosa ... 130
19.3. Artropatias por Depósito de Cristais ... 130
19.4. Febre Reumática ... 132
19.5. Policondrite Recidivante ... 134
19.6. Polisserosite Paroxística Familiar (ou Febre Familiar do Mediterrâneo) ... 134
19.7. Fibromialgia ... 134

ANOTAÇÕES

CAPÍTULO 16

ARTRITES

16.1 Introdução

➔ Primeiramente é necessário ter em mente que reumatologia = inflamação. Sabe-se que a inflamação:

- de articulações leva à artrite idiopática;
- do tecido conjuntivo leva às colagenoses;
- dos vasos leva às vasculites.

➔ Existem outras doenças reumatológicas que não se encaixam nas anteriores.

Como prova para avaliar o *status* inflamatório existem a proteína C reativa (PCR) e a velocidade de hemossedimentação (VHS) (que mede a coluna do plasma em 1 hora de decantação do sangue. A coluna aumenta em estados inflamatórios, porque o fígado libera substâncias que vão diminuir a repulsão das hemácias, fazendo-as se compactarem).

Entre os métodos laboratoriais há o fator reumatoide (imunoglobulina M [IgM] contra uma IgG *self*).

Na artrite reumatoide (AR), o fator reumatoide (FR) é positivo em 70% dos casos. Na síndrome de Sjögren, é positivo em 90%! Em hepatites B e endocardites, o FR também apresenta positividade. Já o antipeptídeo citrulinado cíclico (CCP) tem sensibilidade de 70% e especificidade de 95% para a artrite reumatoide.

O HLA (que é o antígeno leucocitário presente no braço curto do cromossomo 6) apresenta correlação da seguinte forma: antígeno leucocitário humano (HLA) DRB1 60% na artrite reumatoide; HLA B27 90% na espondilite anquilosante.

Artralgia × artrite: na artrite ocorrem eritema e aumento articular.

16.2. Artrite Reumatoide

➔ Acomete principalmente mulheres (3:1) de 25-55 anos de idade.

É caracterizada por períodos de remissão e atividade, mas sempre seguindo um processo contínuo de lesão tecidual na membrana sinovial e na cartilagem. Em outras palavras, é uma sinovite (inflamação das membranas sinoviais) que acomete principalmente as diartroses. É uma artrite simétrica de pequenas articulações das mãos, dos punhos e dos pés.

O elemento fundamental da patogênese é a proliferação do tecido inflamatório sinovial denominado *pannus*.

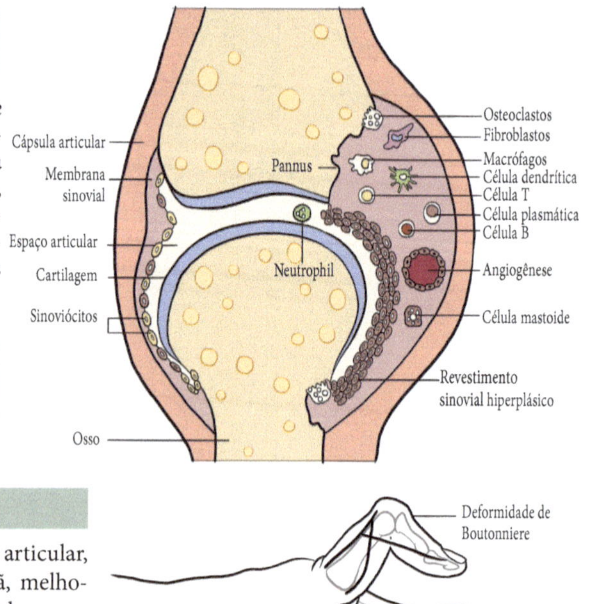

Manifestações articulares

Deformidades articulares, redução do espaço articular, rigidez articular (principalmente pela manhã, melhorando com os movimentos). O aumento do volume articular é seu principal sinal!

As mãos

Apresentam um desvio ulnar dos dedos e as articulações interfalangianas distais costumam ser poupadas, o que é útil no diagnóstico diferencial (de artrite reumatoide × osteoartrite × artrite psoriásica).

➔ A hiperextensão das interfalangianas proximais em combinação com a flexão das interfalangianas distais origina o "pescoço de cisne".
➔ A hiperflexão das interfalangianas proximais com hiperextensão das interfalangianas distais pode resultar na deformidade em "abotoadura" ou "boutonnière".

Os punhos

Apresentam os "punhos em dorso de camelo".
A hipertrofia sinovial provoca a compressão do nervo mediano contra o ligamento transverso do carpo, originando a síndrome do túnel do carpo, que se caracteriza por parestesias do polegar, segundo e terceiro dedos e da metade radial do quarto dedo.

➔ São feitas duas manobras:
- **Tinel** (percussão dos punhos);
- **Phalen** (mãos em flexão forçada para baixo).

Os joelhos

O sinal da tecla (sensação de que a patela afunda, toca a superfície femoral e retorna à superfície) indica a existência de líquido sinovial em excesso. A herniação sacular da membrana sinovial é denominada cisto de Baker, e a ruptura do cisto pode simular sinais e sintomas de uma trombose venosa.

Os pés

Envolvimento das pequenas articulações dos pés com dor para caminhar e dificuldade com os calçados.

As cricoaritenoides

Podem manifestar rouquidão.

A coluna cervical

Em 10% dos casos ocorre subluxação atlantoaxial (C1 sobre C2), conferindo instabilidade (emergência reumatológica)! Ao exame, o paciente apresenta crepitação em flexoextensão, dor "em torcicolo" crônica e de repetição. Os raios X (RX) cervicais de perfil demonstram espaço articular > 3 mm. Cursa com compressão medular alta, manifestando tetraparesia ou tetraplegia.

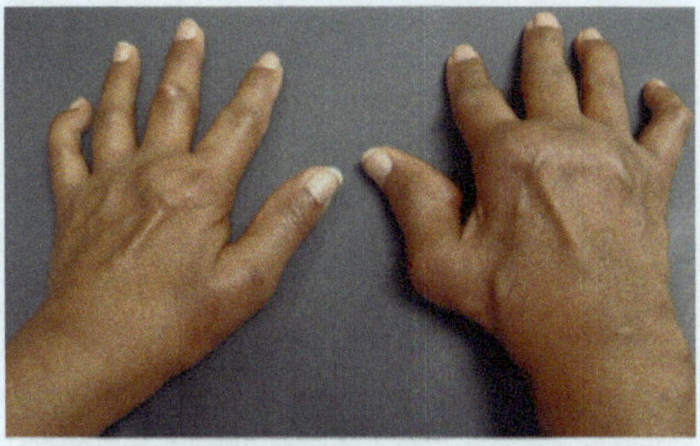

► Artrite reumatoide de longa evolução, apresentando sequelas articulares irreversíveis. Mão direita apresentando aspecto de "dorso de camelo" e "polegar em Z". Mão esquerda apresentando nódulo reumatoide na superfície extensora da terceira articulação interfalangeana proximal.

Manifestações extra-articulares

Como a artrite reumatoide é uma doença sistêmica, ocorre a apresentação de nódulos e vasculites em quaisquer lugares.

Cardíacas: pericardite

É a manifestação extra-articular mais comum. Os nódulos reumatoides podem surgir no miocárdio, e as vasculites afetam as coronárias, levando a consequências como: infarto agudo do miocárdio (IAM) e aterosclerose acelerada.

Cutâneas

Nódulos reumatoides subcutâneos em áreas submetidas a maior pressão mecânica (p. ex., regiões extensoras do cotovelo). A vasculite necrosante determina pequenos infartos acastanhados nas unhas e polpas digitais que aparecem sob a forma de "lascas".

Oftalmológicas

Síndrome de Sjögren é uma ceratoconjuntivite seca com xerostomia e aumento das parótidas (presente em 30% das ARs). Episclerite: eritema e dor no olho com hiperemia. Escleromalacia perfurante.

Pulmonares

Derrame pleural revela-se como um exsudato (com aumento de desidrogenase láctica [DHL]e proteínas), com queda do complemento, positividade para o fator reumatoide e acentuada redução dos níveis de glicose. Fibrose intersticial difusa com áreas de pneumonite e faveolamento.

➔ **Síndrome de Caplan:** é a combinação de nódulos reumatoides + pneumoconiose (atinge mineradores de carvão).

Neurológicas

Síndrome do túnel do carpo, neuropatia cervical, vasculite da *vasa nervorum* (levando a mononeurite múltipla que apresenta perda sensitiva difusa em uma ou mais extremidade associada à queda de punho ou pé).

Renais

Lesão pela doença *vs.* medicações.

Diagnóstico

O objetivo é identificar a artrite reumatoide de maneira precoce, antes que a doença evolua com dano articular irreversível. As principais alterações no RX são: aumento de partes moles e derrame articular, osteopenia justa-articular, destruição da cartilagem, diminuição do espaço articular, erosões ósseas. Usam-se os critérios ACR-EULAR.

1º: Poliartrite simétrica e a quantidade de envolvimentos articulares. 2º: Fator reumatoide (+) e anti-CCP (+). 3º: VHS e PCR aumentadas. 4º: ≥ 6 semanas.

Tratamento

Visa a colocar a doença em remissão, no menor grau de atividade possível. O tratamento deve ser iniciado logo após o diagnóstico e incluir uma droga antirreumática modificadora de doença (DARMD) desde o início.

Anti-inflamatórios não esteroidais (AINEs) e analgésicos

Analgesia e desinflamação imediata do tecido osteoarticular.

Glicocorticoides

Em longo prazo são capazes de retardar a progressão das erosões ósseas, no entanto, apresentam efeitos colaterais. Em manifestações sistêmicas graves usa-se a pulsoterapia, e na artrite limitada, injeções intra-articulares.

DARMDs convencionais

São fármacos que alteram a evolução da doença. Metotrexato (1ª escolha, 7,5 mg/semana, atua inibindo a di-hidrofolato redutase e pode provocar hepatotoxicidade, fibrose hepática, mielotoxicidade e anemia. A suplementação com ácido fólico está indicada para reduzir a toxicidade). Leflunomida (10-20 mg/dia, sendo a diarreia seu principal efeito colateral). Cloroquina e hidroxicloroquina (são DARMDs falsos, pois não reduzem a progressão da erosão e causam toxicidade retiniana, sendo necessária avaliação oftalmológica de 6/6 semanas). Sulfassalazina (atua modulando a resposta imunológica e a sua dose é específica para cada paciente, os principais efeitos colaterais são leucopenia e anemia).

DARMDs biológicos

Aumentam o risco de infecções! Bloqueadores do receptor de interleucina 1 (IL-1) (anakinra), bloqueadores do receptor de IL-6 (tocilizumabe), agentes antifator de necrose tumoral alfa (anti-TNF-alfa) (infliximabe, adalimumabe, golimumabe), análogos do antígeno 4 associado ao linfócito T citotóxico (CTLA-4) (abatacept), neutralizadores do marcador/antígeno CD20.

Cirurgia

A sinovectomia não retarda a destruição óssea e tampouco a evolução da doença, apenas fornece alívio da doença em curto prazo.

Fatores indicativos de mau prognóstico
Elevação do fator reumatoide
Anti-CCP positivo (+)
Achado extra-articular
DRB1 positivo (+)
Erosão óssea precoce
Síndrome de Felty

➔ Síndrome de Felty: esplenomegalia com hiperesplenismo, provocando anemia com neutropenia.

16.3. Artrite Idiopática Juvenil (AIJ)

A AIJ é dividida em 3 tipos.

Doença de Still

É caracterizada pela AIJ com manifestação sistêmica. Representa cerca de 10%-15% de todos os casos e afeta ambos os sexos, sem predileção. O pico da doença é entre 2 e 4 anos de idade. As complicações dessa forma são: coagulação intravascular disseminada, síndrome de ativação dos macrófagos e, mais raramente, síndrome de Reye.

As principais manifestações envolvem:

1. febre alta intermitente (a criança sem febre passa bem e não parece doente);
2. *rash* de coloração salmão que se intensifica ou aparece quando a temperatura se eleva;
3. artrite (joelhos, tornozelos e punhos);
4. hepatoesplenomegalia e linfadenopatia;
5. serosite (mais comum a pericardite com derrame discreto).

Os principais achados laboratoriais são:

1. leucocitose: contagem de 20.000 a 60.000 céls/mm^3;
2. anemia normo-normo, normo-hipo ou micro-hipo;
3. elevação da VHS = 100 mm/h e da proteína C reativa;
4. trombocitose;
5. aumento de transaminase glutâmico-oxalacética (TGO) e transaminase glutâmico-pirúvica (TGP).
6. hipergamaglobulinemia e hipoalbuminemia.

AIJ forma pauciarticular

É a forma mais comum de AIJ, representando 50% dos casos. Afeta mais meninas (4:1), preferencialmente menores de 6 anos de idade. As principais manifestações clínicas são: comprometimento de grandes articulações periféricas dos membros inferiores, como joelhos e tornozelos, alteração da marcha (a criança está mancando) e uveíte anterior.

Os exames laboratoriais revelam positividade do fator antinuclear (FAN) associada fortemente ao desenvolvimento de uveíte anterior.

AIJ forma poliarticular

Representa 35% dos casos e tem predileção pelo sexo feminino. Pode se manifestar com dois subtipos:

- **Poliarticular com FR positivo:** a artrite é simétrica e agressiva, afetando as pequenas articulações da mão, principalmente as interfalangianas proximais (IFPs), as metacarpofalangianas (MCPs) e o punho. Possui grande relação com a AR do adulto. Anti-CCP positivo em alguns pacientes;
- **Poliarticular com FR negativo**: a artrite é insidiosa, de pequenas ou grandes articulações. Na mão, geralmente envolve as IFPs e poupa as MCPs. A coluna cervical e a articulação temporomandibular podem estar envolvidas. FAN positivo em 40% dos casos.

	Doença de Still	Pauciarticular	Poliarticular
% de apresentação	10-15	50	30
Sexo	F = M	F > M	F > M
Idade de início	< 17 anos	< 6 anos	2-5 e 10-14
Articulações acometidas	Qualquer uma	Grandes	Qualquer
Febre, *rash*, adenomegalia	Sim	Não	Não
Uveíte	Rara	20%	Incomum
Leucocitose	Pronunciada	Não	Não
Anemia	Pronunciada	Não	Leve
FAN	Ausente	Positivo	Baixo
Fator reumatoide	Raro	Ausente	10%-20%
Artrite destrutiva	> 50%	Raro	> 50%
DARMD	Usadas	Raramente	Comumente

16.4. Espondiloartropatias

Os fatores que reúnem o grupo são:

- acometimento de articulações axiais;
- lesão proeminente das enteses;
- ausência do fator reumatoide;
- associação com HLA-B27;
- pacientes < 40 anos de idade.

Espondilite anquilosante

Posição do esquiador (doença de Marie-Strumpell ou Bechterew)

Predomina em homens na proporção de 3:1. As articulações mais acometidas são aquelas de natureza ligamentar, como quadril, coluna vertebral e articulação sacroilíaca (mais acometida). O envolvimento calcificante da coluna se faz de forma ascendente, começando pelas regiões sacroilíaca e lombossacra, atingindo posteriormente a coluna torácica e cervical. A ossificação das sínfises vertebrais é conhecida como coluna em bambu e apresenta grande chance de fraturas de sindesmófitos devido à friabilidade do osso.

Manifestações clínicas

Rigidez matinal com persistência por 3 meses e redução da amplitude de movimento da coluna lombar. Ocorre alívio da rigidez ao se realizar exercícios. Acomete indivíduos < 40 anos de idade. Apresenta entesopatias periféricas, como esporões de calcâneo.

- Podem-se realizar o teste de Schober (marca-se uma linha horizontal na 5ª vértebra lombar, outra linha paralela 10 cm acima da primeira, pede-se ao paciente para "reverenciar" e nota-se um ganho entre as linhas < 5 cm) e o teste de Patrick (rotação externa da perna na articulação do quadril).

Manifestações extra-articulares

- **oftalmológicas:** a uveíte anterior aguda é a mais comum (30%);
- **cardíaca:** insuficiência aórtica (10%);
- **pulmonares:** fibrose bolhosa dos lobos superiores (formação de cistos e invasão por *Aspergillus*, manifestando tosse produtiva, crônica e dispneia progressiva);
- **renais:** amiloidose, nefropatia IgA;
- **neurológicas:** síndrome da cauda equina.

Diagnóstico

A ressonância magnética (RM) é o melhor exame para elucidar os ligamentos. Os RX demonstram calcificações dos ligamentos sacroilíacos.

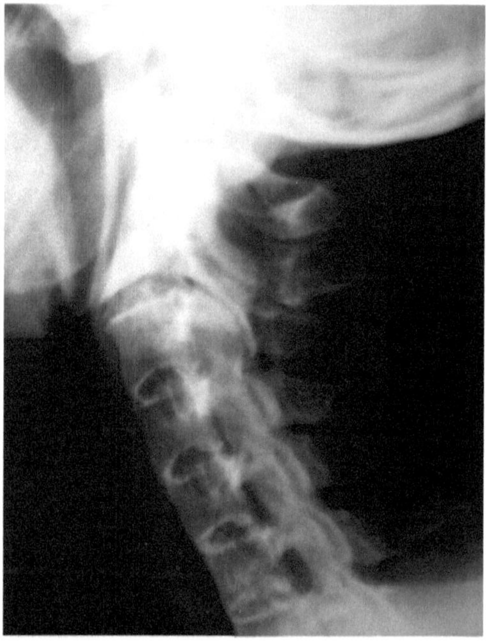

▶ Raio X em perfil de coluna cervical que mostra sindesmófitos completos (pontes ósseas) em todos os níveis.

Critérios para classificação	
Primeiro	Dor lombar ≥ 3 meses e idade < 40 anos.
Segundo	Inflamação da região sacroilíaca RM ou RX) + 1 comemorativo
Terceiro	HLA-B27 + 2 comemorativos

■ **Comemorativos:** dor lombar crônica, artrite, entesite, uveíte, dactilite, psoríase, doença de Crohn, HLA-B27, proteína C elevada, história de espondilite anquilosante, boa resposta aos AINEs.

Tratamento

Não se usa metotrexato ou corticoide (pois levam à piora da osteoporose vertebral). Preconizam-se: AINEs + fisioterapia + natação, indometacina e anti-TNF-alfa (nos casos refratários).

Artrites reativas

Principais agentes infecciosos	
Diarreias infecciosas	Shigella, Salmonella, Campylobacter, Yersinia
Doenças venéreas	*Chlamydia trachomatis*
Pós-viral	Vírus da imunodeficiência humana (HIV), hepatite, flavivírus

É uma inflamação articular não supurativa caracterizada pelo desenvolvimento de uma forma de artrite estéril, soronegativa, costumeiramente deflagrada por alguma infecção à distância.

➔ É uma oligoartrite periférica de grandes articulações.

A principal é a síndrome de Reiter, que é definida pela TRÍADE conjuntivite, artrite e uretrite. As manifestações associadas são: balanite circinada, ceratoderma blenorrágico, uveíte anterior, úlcera oral e dactilite. O diagnóstico é clínico e apresenta punção da articulação com característica séptica. O tratamento envolve o uso de AINEs, sulfassalazina, metotrexato, azatioprina, neutralizadores do TNF-alfa e antibiótico (mediante o quadro infeccioso).

Artrite psoriásica

É uma artrite inflamatória crônica que afeta portadores de psoríase. Em 60%-70% dos casos, a psoríase precede a doença articular. A a artrite psoriásica se manifesta com 5 formas:

1. **oligoartrite periférica assimétrica:** idêntica à síndrome de Reiter;
2. **poliartrite periférica simétrica:** idêntica à artrite reumatoide;
3. **envolvimento do esqueleto axial:** idêntica à espondilite anquilosante;
4. **envolvimento das interfalangianas distais (típico):** o envolvimento interfalangiano das mãos e dos pés é quase sempre associado ao comprometimento da unha adjacente;
5. **artrite mutilante:** é pouco comum. Apresenta-se com deformidade em telescópio/binóculo de teatro (a osteólise subjacente parece ser o mecanismo responsável pelo encurtamento dos dedos).

➔ Os achados radiográficos são típicos, com deformidade do lápis no copo, comprometimento das articulações IFDs, erosões marginais. O tratamento envolve o uso de AINEs (para casos leves) e metotrexato ou inibidores do TNF (para casos graves).

Artropatia enteropática

É uma doença articular inflamatória que se origina a partir de condições intestinais. Não existe relação entre a atividade da artrite e a atividade da doença intestinal! As principais são:

a) doença intestinal inflamatória (Crohn e retocolite ulcerativa [RCU]);
b) enterocolites infecciosas;
c) doença celíaca;
d) doença de Whipple.

16.5. Anti-Inflamatórios Não Esteroidais e Glicocorticoides

Anti-inflamatórios não esteroidais

São responsáveis por inibir a síntese de prostaglandinas (PG) mediante o bloqueio da enzima ciclo-oxigenase (COX). As prostaglandinas são mediadoras da inflamação derivadas do ácido araquidônico (AA) (componente da membrana celular extraído para o citoplasma pela enzima fosfolipase A2).

➔ No interior da célula, o AA pode ser metabolizado pelas lipo-oxigenases e dar origem ao leucotrienos ou ser metabolizado pelas COX e produzir as prostaglandinas.

As COX possuem três isoformas.

COX-1	É expressa na forma constitutiva e está nas plaquetas e na mucosa gastroduodenal. Suas funções são manter a homeostase (tampão plaquetário) e estimular os mecanismos de defesa contra o ácido gástrico.
COX-2	É expressa na forma induzível e constitutiva. ▪ A primeira é responsável pelo processo inflamatório (sintetizada na presença de estímulos de destruição tecidual). ▪ A segunda está presente em cérebro, rins e endotélio vascular. É responsável por produzir mediadores anti-inflamatórios, antitrombóticos de ação local e vasodilatadores.
COX-3	É expressa na forma constitutiva e está presente no sistema nervoso central (SNC) com função desconhecida!

Efeitos colaterais

COX-1	A inibição da COX-1 pode resultar no aparecimento de úlcera péptica e tendências ao sangramento.
COX-2	A inibição indesejada da COX-2 leva ao aumento do risco cardiovascular.
COX-3	A inibição da COX-3 provoca efeitos antipiréticos e analgésicos. É a principal via de atuação da dipirona e do paracetamol.

➔ O ômega 3 bloqueia a interação entre AA e COX, reduzindo a síntese de prostaglandinas.

Efeitos colaterais específicos

Em crianças pequenas, o uso de ácido acetilsalicílico (AAS) pode ocasionar a síndrome de Reye (disfunção mitocondrial associada a encefalopatia aguda + esteatose hepática microvesicular), particularmente em portadores de infecção por varicela ou influenza.

Efeitos adversos

Diclofenaco	Promove aumento das aminotransferases.
Indometacina	É o fármaco de escolha para o fechamento do canal arterial patente em recém-nascidos (RNs) pré-termo.
Fenoprofeno	É o AINE que mais causa nefropatia/glomerulopatia.
Celocoxibe	Está contraindicado em alergia às sulfonamidas.

Farmacologia dos AINEs

Exercem efeito competitivo com o ácido araquidônico pelas COX, promovendo inibição reversível das COX.

➔ O AAS bloqueia de maneira irreversível (processo de acetilação) as COX.
➔ A colchicina faz com que menos neutrófilos sejam capazes de chegar à região inflamada por meio da inibição de microtúbulos intracelulares.

Nefrotoxicidade

É proveniente de cinco mecanismos:

1. situações de hipofluxo renal induzem o aumento da síntese de prostaglandinas para promover a vasodilatação da arteríola aferente e manter a taxa de filtração glomerular (TFG);
2. as prostaglandinas inibem a reabsorção de sódio na alça de Henle e no túbulo coletor, aumentando a natriurese;
3. a síntese de prostaglandina no aparelho justaglomerular estimula a liberação de renina;
4. as prostaglandinas intrarrenais aumentam o fluxo sanguíneo para a medula e a papila;
5. reações idiossincráticas.

➔ Os AINEs inibem as prostaglandinas, prejudicando os cinco mecanismos descritos anteriormente.

AAS × risco cardiovascular

O AAS, por ser seletivo à COX-1, inibe a síntese de tromboxano A_2 sem reduzir a síntese de prostaglandinas protetoras sintetizadas pelo endotélio. O AAS também atua aumentando a síntese de mediadores como resolvinas e lipoxinas.

Glicocorticoides

São classificados como glicocorticoides, mineralocorticoides, esteroides sexuais. Os glicocorticoides exercem efeitos genômicos e não genômicos.

➔ Os não genômicos só aparecem em doses altas (pulsoterapia) e promovem alterações físico-químicas na membrana celular.

➔ Os efeitos genômicos aparecem logo após a medicação: transativação (indução de genes relacionados com os efeitos endócrinos e metabólicos), transrepressão (inibição de genes relacionados com o processo inflamatório/imunológico).

Os glicocorticoides na gravidez e na lactação são metabolizados na placenta pela enzima 11-beta hidroxiesteroide desidrogenase, com exceção da dexametasona.

Existem duas situações para as quais se recomenda a suspensão abrupta de glicocorticoides: ulceração da córnea por herpes-vírus e psicose induzida por glicocorticoides.

Equivalência dos glicocorticoides para administração sistêmica

Fármaco	Potência anti-inflamatória	Dose equivalente (mg)	Retenção relativa de sódio	Meia-vida plasmática (minutos)	Meia-vida biológica (horas)
Hidrocortisona	1	20	1	90	8 a 12
Cortisona	0,8	25	0,8	30	8 a 12
Prednisona	4	5	0,2	60	12 a 36
Prednisolona	5	4	0	60	12 a 36
Metilprednisolona	5	4	0	180	12 a 36
Triancinolona	5	4	0	300	12 a 36
Betametasona	25	0,5	0	100 a 300	24 a 72
Dexametasona	25	0,75	0	100 a 300	24 a 72

CAPÍTULO 17

COLAGENOSES

17.1. Lúpus Eritematoso Sistêmico

Definição

É uma colagenose (inflamação do tecido conjuntivo) com preferência por mulheres jovens (9:1) entre 15 e 45 anos de idade, com predomínio na raça negra.

Fatores que favorecem a produção de autoanticorpos:

- Deficiência de complemento (C2, C3).
- Antígeno leucocitário humano (HLA-DR3)
- Tabagismo
- Hormônios
- Exposição à sílica
- Luz ultravioleta

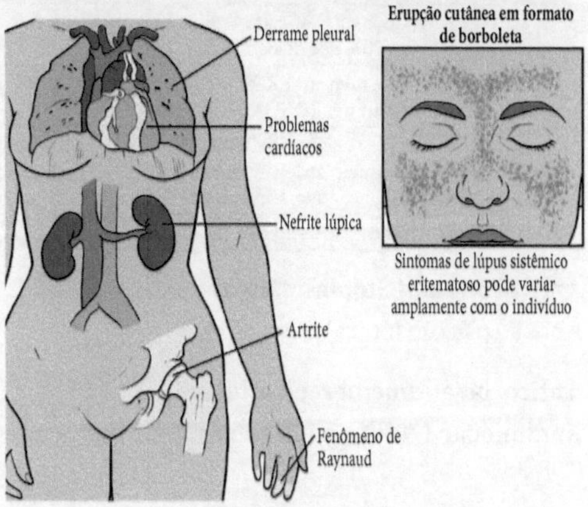

Sintomas de lúpus sistêmico eritematoso pode variar amplamente com o indivíduo

Manifestações clínicas

É uma doença crônica, remitente e recidivante.

Manifestações sistêmicas

Fadiga, febre, emagrecimento.

Pele e mucosas

Erupção malar ou em asa de borboleta não acometendo os sulcos nasolabiais (fase aguda), lúpus discoide (fase crônica), úlceras em mucosas, fotossensibilidade, fenômeno de Raynaud, vasculite, livedo, alopecia.

Articulares/musculares

Artralgia e mialgia (artrite lúpica é simétrica, distal e migratória), artrite não erosiva.

Renais

Proteinúria > 500 mg/24 h, cilindros hemáticos. A deposição de imunocomplexos DNA/anti-DNA é a base fisiopatológica da nefrite lúpica que recebe seis classes.

Classe 1: rins normais.

Classe 2: nefrite lúpica mínima ou mesangial.

Classe 3: proliferativa focal (tratamento com prednisona).

Classe 4: proliferativa difusa (mais comum e mais grave, promove necrose fibrinoide e múltiplos crescentes celulares. Utilizam-se corticoide + ciclofosfamida para tratamento).

Classe 5: membranosa (tratamento com prednisona + inibidor da enzima conversora da angiotensina [IECA]).

Classe 6: glomerulopatia esclerosante avançada.

Pulmonar

Pleurite lúpica.

Cardíaca

Pericardite.

Psiquiátricas

Disfunção cognitiva leve, psicose lúpica.

Neurológicas

Convulsões, neuropatia periférica.

Hematológicas

Leucopenia, linfopenia, trombocitopenia, anemia hemolítica.

Manifestações laboratoriais inespecíficas

Aumento da velocidade de hemossedimentação (VHS) e da PCR.

Manifestações laboratoriais específicas

Fator antinuclear (FAN)

Padrão nuclear homogêneo, positivo em 98% dos casos de lúpus eritematoso sistêmico (LES). Quando negativo, apresenta anti-Ro positivo.

Os autoanticorpos antinucleares são um tipo de FAN!

Anticorpos antinucleares

Anti-DNA	Altamente específico para LES. Está presente em 75% dos casos de nefrite lúpica (tem relação com a atividade da doença).
Anti-histonas	É positivo em 70% dos casos de LES e em 100% dos casos de LES induzido por fármacos.
Anti-SM	Altamente específico para LES, está presente em 30% dos casos.
Anti-RNP	É positivo em 100% na doença mista do tecido conjuntivo (DMTC) e 40% no LES.
Anti-RO/SS-A	Sugere fotossensibilidade, lúpus neonatal (bloqueio atrioventricular – BAV), lúpus com FAN negativo, síndrome Sjögren.
Anti-LA/SS-B	Indica que o rim não foi acometido pelo lúpus.

Anticorpos anticitoplasmáticos

Anti-P (psicose lúpica).

Anticorpo antimembrana celular

Antilinfócito (70%), antiplaqueta (30%), antineuronais (60%).

Anticorpo antifosfolipídio

Anticoagulante lúpico, anticardiolipina, anti-B-2-glicoproteína-1 (síndrome do anticorpo antifosfolipídio – trombose venosa e arterial).

Diagnóstico

Pelos critérios de Slicc (2012) com ≥ 4 critérios (sendo pelo menos 1 clínico + 1 imunológico ou a presença de nefrite lúpica + positividade para FAN/anti-DNAds).

Lúpus induzido por fármaco

(P.H.D.: procainamida, hidralazina, difenil-hidantoína, clorpromazina, isoniazida, sinvastatina)

➔ Apresenta-se de forma clínica mais branda. Não acomete rim ou sistema nervoso central (SNC) nem consome complemento. O anti-DNA é negativo e o anti-histona é positivo em 100% dos casos. O tratamento objetiva a suspensão do fármaco e o uso de AINEs e corticoides em baixas doses.

Tratamento do LES

- **Cutâneo** (protetor solar, hidroxicloroquina).
- **Articular e muscular** (anti-inflamatórios não esteroidais [AINEs] convencionais).
- **Serosite lúpica** (AINEs ou corticosteroides em dose 0,5 mg/kg/dia).
- **Formas graves** (belimumabe – anticorpo monoclonal totalmente humano que inibe a atividade do fator estimulador de linfócitos B).

Critérios clínicos	
Lúpus cutâneo agudo	*Rash* malar, fotossensibilidade, lúpus bolhoso, necrólise epidérmica tóxica.
Lúpus cutâneo crônico	Lúpus discoide, lúpus hipertrófico, lúpus profundo, lúpus mucoso e formas raras.
Alopecia (não fibrótica)	Rarefação difusa e/ou fragilidade dos cabelos com fios visíveis e quebradiços.
Úlceras orais ou nasais	Úlcera em palato, boca, língua, mucosa nasal.
Doença articular	Sinovite em ≥ 2 articulações ou dor articular em ≥ 2 articulações com rigidez matinal.
Serosite	Dor pleurítica por mais de 1 dia, derrame pleural, atrito pleural ou dor torácica tipo pericardite, atrito/derrame pericárdico.
Nefrite	Proteinúria ≥ 500 mg/dia ou cilindros hemáticos.
Manifestações neurológicas	Crises convulsivas, psicose, mononeurite múltipla, mielite, neuropatia periférica, estado confusional.
Anemia hemolítica	Anemia com reticulócitos > 3%.
Leucopenia ou linfopenia	Contagem de leucócitos < 4.000/ml ou linfócitos < 1.000/ml (em 2 amostras).
Plaquetopenia	Contagem de plaquetas < 100.000/ml.
Critérios imunológicos	
FAN	Anticorpos antinucleares acima dos limites de referência.
Anti-DNAds	Anti-DNA de dupla fita acima do limite de referência.
Anti-SM	Presença de autoanticorpos contra o antígeno nuclear de Smith.
Anticorpos antifosfolipídio	Pelo menos 1 positivo: anticoagulante lúpico, anticardiolipina em altos títulos (imunoglobulina A [IgA], IgG, IgM), anti-beta-2-glicoproteína 1 ou reaginina plasmática rápida falso-positiva.
Hipocomplementemia	C3 baixo, C4 baixo ou CH50 baixo.
Coombs direto positivo	Teste de Coombs direto positivo na ausência de anemia hemolítica.

17.2. Síndrome do Anticorpo Antifosfolipídio

➔ É caracterizada por eventos tromboembólicos, arteriais e venosos, abortamento espontâneo de repetição.

Pode ser primária (50% dos casos) ou secundária (50% restantes). Apresenta os anticorpos anticardiolipina, anticoagulante lúpico e antibeta-2-glicoproteína-1.

Fisiopatologia

A fosfatidilserina (FS) é um fosfolipídio voltado para o lado interno das células. Quando ela está voltada para o lado externo, liga-se rapidamente à beta-2-glicoproteína-1, formando um complexo em que, na presença de anticorpos antifosfolipídios (aPL), ocorre fixação e desencadeamento da cascata do complemento.

Manifestações clínicas

A mais comum é a trombose venosa profunda. Outras manifestações são: endocardite de Libman-Sacks, abortamento espontâneo recorrente, trombocitopenia, livedo reticular, síndrome de Sneddon (acidente vascular encefálico [AVE] isquêmico + livedo reticular + anticorpos).

Critérios diagnósticos

- **Clínicos:** deve-se suspeitar em jovens com eventos trombóticos, episódios oclusivos arteriais e venosos e perdas gestacionais sem motivos aparente.
- **Laboratoriais:** anticoagulante lúpico (imunoglobulinas que aumentam o tempo parcial de tromboplastina ativada [PTTa]), anticardiolipina (aCL), anti-B2-glicoproteína-1 (fosfatidilserina [FS] + anticorpo IgA antibeta-2-glicoproteína-1 [b2GP1]).

Tratamento

Envolve a adoção de medidas gerais que visam a diminuir o risco trombogênico somadas à heparinização plena (enoxaparina) inicial com posterior associação de cumarínicos. Para gestantes com história de perda fetal prévia preconiza-se o uso de ácido acetilsalicílico (AAS) + heparina.

17.3. Esclerodermia

É a superprodução e a deposição de colágeno, levando à fibrose das estruturas envolvidas devido a algum mecanismo autoimune ativador de fibroblastos.

Acomete preferencialmente o sexo feminino (4:1), na faixa entre 30 e 50 anos de idade, sendo mais comum e mais grave na raça negra.

Etiologia e patogênese

Ocorre fibrose nos tecidos e órgãos (causando o acúmulo de linfócitos que irão recrutar células inflamatórias, atraindo e ativando fibroblastos). A teoria vascular se deve à disfunção endotelial e ao espessamento fibrótico da camada íntima, formando a base da lesão vascular esclerodérmica.

Manifestações vasculares

- **Fenômeno de Raynaud:** em 90% dos casos ocorre vasoconstrição temporária de pequenas artérias e arteríolas digitais, precipitada pelo frio ou estresse emocional; após 10-15 minutos ocorre vasodilatação de rebote. Tem como características alterações trifásicas: palidez, cianose, rubor.

Manifestações cutâneas

- **Telangiectasia:** dilatação dos capilares remanescentes;

Sintomas de esclerodermia	
Calcinose	Depósitos de cálcio na pele
Fenômeno de Reynaud	Espasmo dos vasos sanguíneos em reação ao frio ou estresse
Disfunção esofágica	Refluxo ácido e redução da motilidade do esôfago
Esclerodactilia	Espessamento e endurecimento da pele dos dedos e mãos
Telangiectasia	Dilatação dos capilares que causa manchas vermelhas na superfície da pele

- **Esclerodactilia:** alterações fibróticas clássicas, edema, endurecimento, atrofia e ulceração da ponta dos dedos;
- **Calcinose:** depósito de cálcio no tecido subcutâneo;
- Microstomia, afinamento do nariz, mão em garra.

Manifestações sistêmicas

Gastrointestinais

Redução da pressão de repouso do esfíncter esofagiano inferior (EEI), levando a refluxo, comprometimento dos ⅔ inferiores esofagianos e vasculite fibrosante resultando em disfunção de condução para sólidos (paciente entala/disfagia baixa). A disfagia alta/transferência é decorrente da superposição da esclerodermia com polimiosite.

Novos critérios de classificação da esclerose sistêmica (2013)	
Espessamento cutâneo nos dedos de ambas as mãos que acomete a região proximal das metacarpofalangianas (MCFs) (critério patognomônico)	9 pontos
Espessamento cutâneo dos dedos 1. Esclerodactilia (espessamento distal à MCF e proximal à primeira interfalangiana [IF]) 2. Dedos edemaciados *(puffy fingers)*	4 pontos 2 pontos
Lesões nas pontas dos dedos 1. Cicatrizes *(pitting scars)* 2. Úlceras	3 pontos 2 pontos
Telangiectasias	2 pontos
Capilaroscopia ungueal alterada	2 pontos
Hipertensão pulmonar e/ou pneumopatia intersticial	2 pontos
Fenômeno de Raynaud	3 pontos
Autoanticorpos 1. Anticentrômero 2. Antitopoisomerase I 3. Anti-RNA polimerase III	3 pontos

Pulmonares

A doença intersticial pulmonar é a mais frequente e consiste em uma alveolite com propensão a fibrose (alveolite fibrosante). Manifesta-se com tosse seca e dispneia ao esforço, com estertor crepitante fino bibasal, conhecido como estertor em velcro, cujo padrão radiográfico é em vidro fosco. É a principal causa de morte.

Renais

A crise renal de esclerodermia é o fenômeno de Raynauld no rim. Decorre de um vasoespasmo prolongado das artérias interlobulares, determinando isquemia cortical e ativação do sistema renina-angiotensina-aldosterona e levando a complicações hipertensivas e oligúria. O tratamento envolve o uso de IECAs e diálise).

Apresentações clínicas

Forma limitada (cutânea limitada) CREST – C: Calcinose, R: Raynaud, E: Esofagopatia, S: Esclerodactilia, T: Telangiectasias.

Possui um padrão de FAN pontilhado centromérico e anticentrômero (AAC) em 80% dos casos. Os portadores da forma CREST apresentam o fenômeno de Raynaud antes de qualquer outro sinal de esclerodermia.

Forma difusa (cutânea difusa)

Os pacientes apresentam fibrose difusa antes do fenômeno de Raynaud. Padrão FAN nucleolar com antitopoisomerase 1 (anti-SCL 70) positivo em 40% dos casos.

Diagnóstico

São necessários 9 pontos (com exceção da esofagopatia)!

- **Capilaroscopia do leito ungueal:** está alterada em 98% dos casos de esclerodermia devido à vasculite.

Tratamento

É estratificado com base nas manifestações:

- **fenômeno de Raynaud:** medidas não farmacológicas, cessação do tabagismo e do uso de betabloqueadores, aquecimento das extremidades, estabilização da temperatura ambiente;
- **medidas farmacológicas:** vasodilatadores (nifedipina, anlodipino, diltiazem, nitroglicerina tópica, hidralazina);
- **pulmão:** prednisona e ciclofosfamida;
- **trato gastrointestinal (TGI):** medicações estimuladoras da motilidade (metoclopramida, bromoprida, domperidona);
- **renal:** protetor renal (IECA).

17.4. Polimiosite e Dermatomiosite

Quadro de conceitos	
Miopatias inflamatórias idiopáticas	Dermatomiosite (DM), polimiosite (PM) e miosite por corpúsculos de inclusão (MCI).
Manifestações comuns das doenças	Fraqueza muscular da cintura escapular e pélvica e dos músculos proximais dos membros. Acometimento dos flexores do pescoço e da musculatura estriada da faringe posterior e ⅓ proximal de esôfago.
Manifestações dermatológicas da dermatomiosite	Heliótropo, pápulas de Gottron, mãos de mecânico, hemorragias em estilha, *rash* malar, *rash* sobre a face.
Miosite por corpúsculo de inclusão difere da PM e DM?	Sim. A MCI acomete pacientes mais velhos e homens. Ela gera um comprometimento assimétrico e precoce da musculatura distal e quedas frequentes por envolver os quadríceps.
Complicações pulmonares das miopatias	Aspiração broncopulmonar, dificuldade em mobilizar secreções causando pneumonias de repetição, doença pulmonar intersticial.
Miopatia inflamatória idiopática associada ao câncer	A dermatomiosite tem risco aumentado de câncer (2-3x). PM e MCI não apresentam esta associação.

➔ São miopatias inflamatórias idiopáticas que se manifestam com fraqueza muscular.

➔ **Dermatomiosite:** o diagnóstico é obtido pela biópsia, que evidencia lesão muscular direta com imunidade humoral por linfócitos B e imunocomplexos. O rastreio de associação com neoplasias (mama e ovário, próstata e pulmão) é feito por mamografia + Ca-125 + toque retal + RX de tórax (sendo repetidos 3 vezes).

➔ **Polimiosite:** não se manifesta com heliótropo, Gottron, *rash* malar ou se associa a neoplasias. A biópsia demonstra lesão muscular direta, com imunidade celular por linfócitos T CD8.

Manifestações clínicas

a) **muscular:** fraqueza muscular (terço anterior do esôfago, musculatura flexora do pescoço, musculatura proximal dos membros);
b) **dermatológicas:** pápulas de Gottron (formações de coloração violeta, simetricamente distribuídas, observadas sobre os "nós" dos dedos); heliótropo (erupção eritematoviolácea característica nas pálpebras superiores); hemorragia das cutículas (eritema periungueal e nas extremidades); mão do mecânico (fissuras e lesões ásperas e escuras em regiões lateral e palmar dos dedos das mãos); erupções eritematosas (*rash* malar envolvendo o sulco nasolabial);
c) **pulmonar:** doença pulmonar intersticial (alveolite com fibrose).

Exames laboratoriais

a) **enzimas musculares:** creatinofosfoquinase (CPK), transaminase glutâmico-oxalacética (TGO), desidrogenase láctica (DHL);
b) eletromiografia (EMG): com uma agulha inserida no músculo, analisam-se o repouso isoelétrico e a força do padrão trifásico (-\/\/-); na miopatia ocorre o padrão polifásico (-\/\/\/\/-), na neuropatia ocorre o padrão fásico raro (devido à escassez de estímulo);
c) biópsia muscular: é o padrão ouro.

Diagnóstico

Envolve a análise de:

- força muscular;
- enzimas;
- EMG;
- biópsia;
- *rash* cutâneo.

Anticorpos específicos para a miosite		
Anti-Jo1	S: 20% | E: 80%	Doença pulmonar intersticial
Anti-Mi2	S: 10% | E: 95%	Dermatomiosite
Anti-SRP	S: 05% | E: 90%	Envolvimento cardíaco

Diagnóstico diferencial	
Dermatomiosite (DM) juvenil	Acomete crianças < 1 ano de idade e cursa com calcinose.
Miosite por corpúsculo de inclusão	Suas manifestações são o inverso da PM ou DM. Acomete homens > 50 anos de idade, de forma distal, assimétrica e apresenta pouca resposta aos corticoides.

O tratamento preconiza, primeiramente, corticoides associados a imunossupressão farmacológica e prática de atividades físicas supervisionadas e personalizadas.

17.5. Síndrome de Sjögren

Trata-se de uma doença autoimune crônica que acomete mulheres na 5ª década de vida. É caracterizada pela destruição tecidual por infiltração linfocitária (das glândulas exócrinas) e deposição de imunocomplexos (vasculite/glomerulonefrite). Pode ser primária (quando isolada) ou secundária (associada a outras doenças autoimunes, principalmente artrite reumatoide [AR], 30%-50%, e lúpus eritematoso sistêmico [LES], 10%-25%, e ES, 1%).

Manifestações clínicas

A ceratoconjuntivite seca e a xerostomia são as principais manifestações! A diminuição da produção de saliva e a infiltração das glândulas da mucosa esofagiana com redução da motilidade podem causar disfagia, principalmente para alimentos sólidos.

a) **Trato gastrointestinal:** acloridria, diminuição leve da secreção pancreática, alteração do ritmo intestinal, pancreatite autoimune.
b) **Rins:** síndrome de Fanconi, acidose tubular renal.
c) **Tireoide:** doença tireoidiana autoimune.
d) **Doença linfoproliferativa:** portadores da síndrome de Sjögren têm mais chance (40×) de desenvolverem linfoma não-Hodgkin MALT (linfoma extranodal de células B da zona marginal). Alguns achados clínicos sugerem maior risco de linfoma, entre eles: aumento persistente de parótidas, vasculite cutânea e presença de crioglobulinemia, esplenomegalia, linfadenopatia cervical.

Laboratório

O anti-Ro/SS-A é encontrado em 60%-75% dos pacientes. O anti-La/SS-B, em 40%. O FAN e o fator reumatoide (FR) são positivos em 90%.

Diagnóstico

a) **Ceratoconjuntivite seca:** diagnosticada pelo teste de Shirmer (visa a avaliar a produção lacrimal utilizando-se uma fita posicionada sob a pálpebra inferior. Após 5 minutos, se a área umedecida for < 5 mm, o teste é considerado positivo). Coloração rosa bengala (cora as regiões danificadas do epitélio e da conjuntiva).

b) **Xerostomia:** analisa o acometimento das glândulas salivares por cintilografia salivar, fluxo salivar total não estimulado, sialografia das glândulas parótidas.

c) **Biópsia do lábio inferior:** é utilizada para examinar as glândulas salivares menores, onde são registrados os agregados de linfócitos dentro do tecido acinar.

Tratamento

Envolve o uso de colírios neutros, lágrima artificial, pomadas oftalmológicas para lubrificação, saliva artificial, glicocorticoides, imunossupressores, óculos de natação à noite.

17.6. Doença Mista do Tecido Conjuntivo

É uma doença rara do tecido conjuntivo que combina características de lúpus eritematoso sistêmico, esclerose sistêmica, polimiosite e artrite reumatoide. Sua principal causa de morte é a hipertensão pulmonar.

O principal anticorpo na doença mista do tecido conjuntivo (DMTC) é o anti-U1 RNP, identificado após solicitação de um FAN positivo com padrão salpicado. Os demais achados laboratoriais revelam: fator reumatoide positivo (50%-70% dos casos), pancitopenia, hipergamaglobulinemia e anticorpo antifosfolipídio.

As manifestações clínicas envolvem:

1. fenômeno de Raynaud associado a edema das mãos (*puffy hands*);
2. ausência de comprometimento grave dos rins e do sistema nervoso central;
3. artrite grave com deformidades;
4. início insidioso de hipertensão pulmonar não relacionada com fibrose;
5. autoanticorpos contra RNP U1.

➔ A DMTC também cursa com manifestações neurológicas (neuropatia do trigêmeo, cerebrite, convulsões, psicose) e renais (nefropatia membranosa).

17.7. Doença de Ormond

É uma colagenose rara denominada fibrose retroperitoneal idiopática, na qual ocorre proliferação de tecido fibroso no retroperitônio, levando a obstruções mecânicas extrínsecas de outras estruturas.

O tratamento envolve o uso de corticoide, bem como de antagonistas da endotelina-1 e/ou análogos da prostaciclina.

CAPÍTULO 18

ABORDAGEM NAS VASCULITES E NA AMILOIDOSE

18.1. Vasculites

➔ Caracterizam-se por uma inflamação sistêmica dos vasos, sendo classificadas de acordo com o calibre do vaso e suas complicações.

- **Grande calibre:** isquemia tecidual seletiva = claudicação.
- **Médio calibre:** aneurisma, angina.
- **Pequeno calibre:** púrpura palpável.

➔ Além de cursarem com os sintomas constitucionais – anorexia, astenia, emagrecimento, febre e mialgia –, apresentam provas laboratoriais de inflamação, como aumento da velocidade de hemossedimentação (VHS), da proteína C reativa (PCR) e das plaquetas, trombocitose e anemia normocítica.

São necessários exames específicos, como biópsia do vaso ou tecido, imagem ecográfica, angiografia.

Anticorpo anticitoplasma de neutrófilo (ANCA): é um anticorpo contra a proteína específica de neutrófilos, sendo específico para vasculite, sempre relacionado com a síndrome pulmão-rim.

Pode ser:

- **c-ANCA (citoplasmático):** sensível e específico para granulomatose de Wegener e direcionado à antiproteinase-3;
- **p-ANCA (perinuclear):** sensível para poliangeíte microscópica, Churg-Strauss, Goodpasture e glomerulonefrite crescêntica idiopática, direcionado à antimieloperoxidase.

Atenção: o c-ANCA pode positivar em usuários de cocaína e etilistas, sendo necessária a dosagem de antiproteinase-3.

Vasculites com predomínio de grandes vasos (artérias de grande e médio calibres)		
	Principais vasos acometidos	Outros vasos acometidos
Arterite temporal (de células gigantes)	Ramos extracranianos da carótida	Artéria oftálmica
Arterite de Takayasu	Aorta e seus ramos	Artéria pulmonar

Vasculites com predomínio de médios vasos (artérias de médio e pequeno calibres)		
	Principais vasos acometidos	Outros vasos acometidos
Doenças de Kawasaki	Artérias coronárias	Artérias cerebrais
Trombangeíte obliterante (síndrome de Buerger)	Artérias de médio e pequeno calibres nos membros inferiores (MMII)	
Poliarterite nodosa clássica (PAN)	Artérias renais, dos nervos periféricos	

Vasculites com predomínio de pequenos vasos (artérias de médio e pequeno calibres e microvasos)		
	Principais vasos acometidos	Outros vasos acometidos
Síndrome de Churg-Strauss	Artérias pulmonares	Microvasos
Granulomatose de Wegener	Artérias e arteríolas do trato respiratório	Artérias cutâneas

Microvasos	
	Principais vasos acometidos
Púrpura de Henoch-Schönlein	Vênulas cutâneas, arteríolas da mucosa gastrointestinal
Vasculite leucocitoclástica (hipersensibilidade)	Vênulas cutâneas
Vasculite crioglobulinêmica	Vênulas cutâneas, arteríolas ou pequenas artérias digitais

Outras vasculites (vasos de tamanhos variáveis)	
	Principais vasos acometidos
Doença de Behçet	Vasos de grande (artéria pulmonar), médio (artérias cerebrais) e pequeno calibres

Grandes vasos

Arterite temporal (de células gigantes)

Acomete mulheres com mais de 50 anos de idade (média de 75 anos). Apresenta-se com dilatação/espessamento das artérias temporais e cefaleia. Associada a sintomas constitucionais, como claudicação da mandíbula (envolvimento dos músculos mastigatórios) e hipersensibilidade do couro cabeludo.
As artérias acometidas são:

- temporal;
- mandibular;
- oftálmica;
- central da retina (provoca amaurose fugaz indolor e irreversível).

➔ Cursa com polimialgia reumática (dor e rigidez matinais nas regiões da cintura escapular e pélvica) em 40%-50% dos casos.

O **diagnóstico** é realizado pelas provas laboratoriais inflamatórias comuns e pela clínica característica do paciente. No tratamento ocorre uma resposta significativa aos glicocorticoides (prednisona). Sendo assim, trata-se primeiro e depois faz-se a biópsia.

Arterite de Takayasu

Acomete mulheres < 40 anos de idade. Está associada à tuberculose. Apresenta-se com sintomas constitucionais, claudicação de membros superiores (subclávia 93%), envolvimento carotídeo (58%), insuficiência aórtica (47%), hipertensão renovascular (38%) e claudicação de membros inferiores (íleo femoral, 17%).
Os sinais mais típicos são sopros vasculares, pressões arteriais reduzidas e pulsos assimétricos nos membros superiores em relação aos inferiores (coarctação invertida).

➔ O **diagnóstico** é confirmado pela angiografia e o tratamento é feito com prednisona e metotrexato. Em estenoses irreversíveis pode ser realizado o *bypass* cirúrgico ou a dilatação via angioplastia (somente após a remissão da doença).

Médios vasos

Manifestações	%	Características
Febre	95% a 99%	38 a 40ºC por ≥ 5 dias.
Congestão ocular/conjuntival	88%	Hiperemia bilateral.
Alterações da cavidade oral	90%	Lábios hiperemiados, língua em framboesa.
Exantema polimorfo	92%	Bolhas.
Alterações nas extremidades	88% a 94%	Eritema palmar e plantar com descamação ungueal.
Linfadenopatia cervical	50% a 75%	Adenomegalia.

Doença de Kawasaki

Vasculite com tendência a acometimento de coronárias com sequela preocupante de aneurisma coronariano. Acomete crianças do sexo masculino < de 5 anos de idade e segue uma sequência:

Rosto → Nádegas → Mão

- O **diagnóstico** é feito pela presença de febre alta e remitente com duração > 5 dias associada à presença de 5 em 6 critérios (ou 4 somados a um aneurisma coronariano).
- A avaliação complementar envolve angiografia ou ecocardiograma (repetido nos intervalodes de 0, 2-3 semanas, 6-8 semanas). O tratamento inclui ácido acetilsalicílico (AAS) + imunoglobulina venosa (2 g/kg em 12 h).

Trombangeíte obliterante (síndrome de Buerger)

Acomete homens jovens tabagistas com média de 30 anos de idade. Apresenta-se com perda das extremidades por necrose! As artérias distais dos membros apresentam um trombo oclusivo contendo microabscessos neutrofílicos. Tem manifestação tipicamente iniciando pelos vasos mais distais dos membros.

➔ O **diagnóstico** é feito pela angiografia, na qual nota-se o aspecto de saca-rolha (ou vasos espiralados) associado a aneurismas (contas de rosário).

A tríade clássica de claudicação, fenômeno de Raynaud e tromboflebite migratória é altamente sugestiva. Os vasos mais proximais de maior calibre são poupados, o que auxilia na diferenciação com aterosclerose (acomete vasos distais e proximais). O tratamento consiste na interrupção imediata do tabagismo.

Poliarterite nodosa clássica

Acomete homens entre 40 e 60 anos de idade. Poupa pulmão, e cerca de 10% estão associados a antígeno de superfície do vírus da hepatite B (HBsAg) e antígeno e da hepatite B (HBeAg) positivos. Apresenta-se com sintomas constitucionais de vasculite renal (acomete as artérias interlobares), levando a hipertensão renovascular e retenção azotêmica sem glomerulite, mononeurite múltipla, lesões cutâneas, vasculite mesentérica (provocando angina ao alimentar-se), dor testicular (angina na ereção), livedo reticular.

Mononeurite múltipla	É a isquemia dos *vasa nervorum*. O paciente evolui com neuropatia periférica (cai a mão, depois o pé, o outro pé etc.), semelhante à de pacientes diabéticos, sendo necessário o diagnóstico diferencial.

Pequenos vasos

Poliangeíte microscópica

É uma PAN com acometimento pulmonar (síndrome pulmão-rim). Apresenta-se com sintomas constitucionais, glomerulite focal e segmentar com crescentes, mononeurite múltipla, hemoptise (capilarite pulmonar), p-ANCA positivo.

➔ O diagnóstico da poliarterite nodosa e da poliangeíte microscópica se dá por biópsia e angiografia mesentérica (com múltiplos aneurismas mesentéricos). O tratamento é baseado no uso de prednisona e ciclofosfamida, além do tratamento para hepatite B.

Síndrome de Churg-Strauss (angeíte granulomatosa alérgica eosinofílica)

Acomete mulheres na faixa etária de 30-50 anos de idade. Apresenta p-ANCA positivo, cursando com a síndrome pulmão-rim (forte acometimento pulmonar e acometimento renal brando).

As manifestações clínicas são: sintomas constitucionais, asma grave, eosinofilia, mononeurite múltipla, infiltrado pulmonar eosinofílico migratório, miocardite eosinofílica, gastroenterite eosinofílica, glomerulite focal e segmentar branda, miocardite (principal causa de morte).

➔ O **diagnóstico** baseia-se na biópsia pulmonar com infiltração eosinofílica e imunoglobulina E (IgE) aumentadas por eosinofilia. O **tratamento** é feito com prednisona e ciclofosfamida.

Granulomatose de Wegener (granulomatose necrosante)

Não tem preferência por sexo e acomete indivíduos de 30 a 50 anos de idade. É uma das causas mais clássicas da síndrome pulmão-rim. Apresenta c-ANCA positivo. As manifestações clínicas são:

- **trato respiratório superior**: rinossinusite com coriza piossanguinolenta, obstrução nasal, ulcerações em palato e septo, nariz em sela, colabamento da ponte do nariz;
- **pulmões:** hemoptise, infiltrados e cavitações;
- **olhos:** ceratite ulcerativa periférica, episclerite, esclerite, uveíte, neurite óptica, inflamação fibrogranulomatosa retro-orbital provocando um pseudotumor da órbita com exoftalmia dolorosa;
- **rins:** formação de crescentes, proteinúria, hematúria, cilindros hemáticos e azotemia, podendo levar à falência renal (principal causa de morte).

➔ O **diagnóstico** é feito pelo achado histológico de vasculite necrosante granulomatosa. A biópsia pulmonar em céu aberto é o método de maior sensibilidade para detectar a vasculite. O **tratamento** é feito com ciclofosfamida e metotrexato. A plasmaférese e a diálise são reservadas para os casos associados a glomerulonefrite rapidamente progressiva (GNRP).

Microvasos

Púrpura de Henoch-Schönlein (púrpura anafilactoide)

É a vasculite mais comum na infância, acometendo a faixa etária de 3 a 20 anos de idade. A maioria dos casos (50%) é precedida por uma infecção do trato respiratório superior. O diagnóstico é pela tétrade: púrpura, artralgia/artrite, dor abdominal e hematúria.

➔ A artrite não provoca deformação. Pode apresentar plaquetas e teste de coagulação normais com elevação da IgA1. O tratamento é de suporte e utiliza-se prednisona em casos de complicações como intussuscepção e convulsões.

Vasculite cutânea leucocitoclástica (vasculite por hipersensibilidade)

É a causa mais comum de vasculite acometendo a pele.

Vasculite crioglobulinêmica

"Estressou, faz púrpura". Tem como características: púrpura + poliartralgia + glomerulonefrite branda + neuropatia periférica + livedo reticular. Cursa com hepatite C em 90% dos casos. O tratamento envolve o uso de corticoides, ciclofosfamida e terapia para hepatite C. É uma vasculite com consumo de complemento!

Outras vasculites

Manifestações clínicas

- Úlceras aftosas orais dolorosas;
- Úlceras genitais recorrentes;

- Lesões acneiformes;
- Uveíte anterior com hipópio (camada de leucócitos precipitados na câmara anterior do olho);
- Aneurismas da artéria pulmonar.

Doença de Behçet

É caracterizada por afetar artérias e veias de qualquer calibre. Acomete a faixa etária de 25 a 35 anos de idade. Comumente realiza-se o teste de patergia: representa uma hiper-reatividade da pele a qualquer traumatismo (administra-se uma injeção intradérmica de soro fisiológico que desencadeia uma pequena pápula ≥ 2 mm ou pústula, realiza dando-se a leitura em 48 horas) e apresenta ASCA positivo e gene *HLAB51*.

→ O **diagnóstico** é confirmado pela arteriografia pulmonar. O **tratamento** é feito com prednisona e ciclofosfamida (azatioprina).

18.2. Amiloidoses

É uma síndrome de disfunção orgânica causada pela deposição tecidual de uma substância chamada amiloide (deposição de amiloide extracelular = fibrila proteica, glicosaminoglicanos e o amiloide sérico P). Existem patologias semelhantes, como doença de Alzheimer, mal de Parkinson, doença de Huntington, doenças priônicas (Creutzfeld-Jacob = mal da vaca louca), porém são depósitos intracelulares. As fibrilas derivam de proteínas normais que sofreram alterações estruturais e moleculares terciárias por mutações (*misfolding*), o que favorece a agregação e a precipitação. O diagnóstico é feito pela coloração com vermelho do Congo. A imunofluorescência é o padrão ouro para identificar o tipo de proteína presente.

Medquiz

Diante de idosos com febre de origem indeterminada (FOI) devem-se considerar neoplasia e infecção as primeiras hipóteses diagnósticas. Uma vez descartadas ambas, a próxima hipótese diagnóstica é arterite temporal.

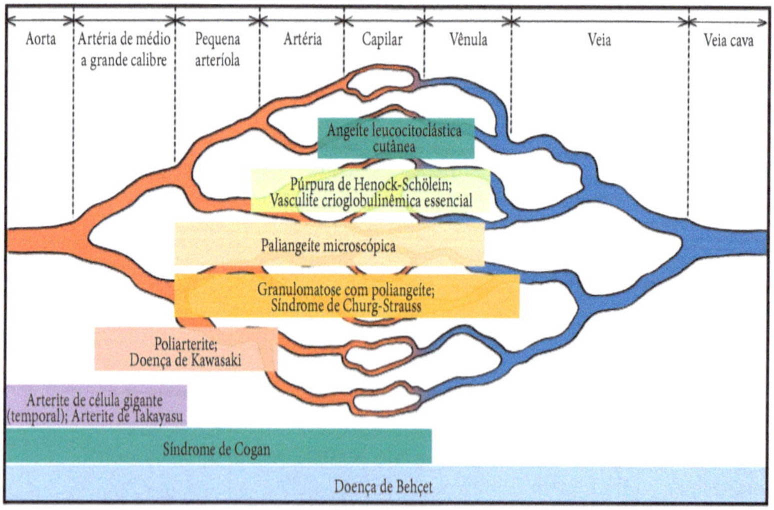

CAPÍTULO 19

OUTROS DISTÚRBIOS REUMATOLÓGICOS

19.1. Osteoartrose (Osteoartrite)

Trata-se de doença degenerativa das articulações sinovais caracterizada clinicamente por dor e limitação funcional! Aos raios X (RX) apresenta osteófitos, redução do espaço articular, esclerose do osso subcondral e perda da integridade da cartilagem articular. Apresenta incidência de 30% na faixa etária dos 45 aos 65 anos e de 70% em > 65 anos de idade.

Fatores de risco
▪ Idade > 45 anos
▪ Sexo feminino
▪ História familiar
▪ Obesidade
▪ Trauma
▪ Patologias ortopédicas
▪ Atividades profissionais

➔ Agora, a **osteoporose** e o **tabagismo** apresentam correlação negativa com a OA, como se fossem "fatores protetores"!!! O mecanismo ainda não foi esclarecido.

Patologia

Alterações da cartilagem	Ocorrem: perda progressiva da cartilagem articular → irregularidade da superfície cartilaginosa (fibrilação) → fendas e erosões → desnudamento do osso subcondral.
Alterações do osso subcondral	Ocorre: necrose com formação de cistos subcondrais. → Sinovite: inflamação da sinóvia na osteoartrite (OA).

Patogênese

Os condrócitos são responsáveis pela síntese da matriz cartilaginosa (composta por colágeno tipo 2, ácido hialurônico e proteoglicanas) e pelas enzimas capazes de degradar as moléculas dessa matriz (as metaloproteinases: colagenase, gelatinase, estromelisina).

Na osteoartrose, ocorre um balanço negativo: a degradação é maior do que a síntese de colágeno. Na tentativa de evitar o balanço negativo, os condrócitos sintetizam macromoléculas diferentes, como o colágeno tipo X.

Manifestações clínicas

A intensidade dos sintomas não tem relação direta com o grau de OA na radiografia! Os principais sintomas são dor articular (proveniente de instabilidade articular, estiramento dos ligamentos, pressão intraóssea elevada e sinovite), dor noturna, crepitações, incapacidade física, rigidez articular.

Formação de nódulos	
Consiste na expansão firme de osso recoberto de cartilagem que se torna proeminente sobre o dorso das articulações interfalangianas:	
Proximais	**Distais**
Bouchard	Heberden

Tratamento

É basicamente sintomático, visando a aliviar a dor e melhorar a função articular.

- **Medidas não farmacológicas:** envolvem diminuição da sobrecarga articular, redução ponderal, calçados acolchoados, exercícios físicos e acupuntura;
- **Medidas farmacológicas:** visa ao uso de: paracetamol, tramadol, codeína, creme de capsaicina, anti-inflamatórios não esteroidais (AINEs), corticoides intra-articulares, derivados do ácido hialurônico (regenerador articular – injetável intra-articular), hidroxicloroquina, colchicina, diacereína, reposição de proteoglicanas (condroitina e glicosamina);
- **Medidas intervencionistas:** preconizam-se lavagem articular e prótese articular.

Artropatia neuropática (articulação de Charcot)
É a forma severa de osteoartrose caracterizada por destruição progressiva articular associada à perda sensorial. Ocorre redução da sensação de dor e da propriocepção, além de perda dos reflexos musculares normais que modulam o movimento articular!

19.2. Artrite Infecciosa

Etiologia microbiana na artrite séptica	
Faixa etária	Principal agente
1. Recém-nascidos	*Staphylococcus aureus*
2. Crianças 1 mês-5 anos	*Haemophilus influenzae, S. aureus*
3. Crianças acima de 5 anos	*S. aureus*
4. Adolescentes	*Neisseria gonorrhoeae*
5. Adultos	*S. aureus*

➔ É caracterizada por inflamação articular devida à invasão direta das articulações por agentes microbianos. Os mecanismos para atingir a articulação são:

- **via hematogênica** (mais comum);
- **inoculação direta** (traumas, artrocentese).
- **disseminação por contiguidade** (osteomielite).

➔ A passagem das bactérias do sangue para o espaço articular é facilitada pelo fato de os capilares sinoviais não possuírem membrana basal!

Manifestações clínicas e diagnóstico

Acometimento monoarticular, sendo os locais mais acometidos joelho, quadril e tornozelo. Apresentam-se febre alta, calafrios e flogose articular. A impotência funcional (perda do arco de movimento) é um dado fortemente sugestivo. A artrite pode ser gonocócica ou não.

Características clínicas das artrites sépticas
Gonocócica
▪ Adultos jovens de 20-30 anos de idade sexualmente ativos. ▪ Apresenta 2 fases: a poliarticular, com lesões cutâneas e poliartralgia migratória, e a monoarticular, com tenossinovite. ▪ Poliartralgia migratória. ▪ Tenossinovite. ▪ Diagnóstico clínico presuntivo.
Não gonocócica
▪ Crianças, idosos, imunodeficientes, usuários de drogas endovenosas. ▪ Relacionada com infecção pós-operatória de próteses articulares por estafilococos coagulase-negativos. ▪ Monoartrite purulenta. ▪ A tenossinovite é rara. ▪ Diagnóstico por artrocentese, bacterioscopia, cultura de líquido sinovial, hemocultura.

O **tratamento** consiste na administração intravenosa de penicilina G cristalina, oxacilina e ceftriaxona. Não é necessária a administração intra-articular devido ao risco de destruição articular. A punção aspirativa está indicada a todos os casos de artrite séptica supurativa, sendo necessário repeti-la diariamente durante 7-10 dias.

Adendo
▪ **Artrite por micobactérias:** tuberculosa, hansênica. ▪ **Artrite fúngica:** destaca-se a esporotricose como causa de monoartrite crônica indolente. ▪ **Artrite por *Mycoplasma*:** é comum em crianças e adultos imunocomprometidos (particularmente nos portadores de agamaglobulinemia – deficiência de imunoglobulina G [IgG]). O tratamento é feito com tetraciclina, doxiciclina ou fluorquinolona.

19.3. Artropatias por Depósito de Cristais

Cristais de urato monossódico (gota)

É uma doença que afeta essencialmente homens de 40-50 anos (20:1).

Hiperuricemia

Acredita-se que está diretamente relacionada com a gota. É caracterizada por excesso na produção ou falha na eliminação do ácido úrico. Na maioria dos pacientes, é decorrente da falha na eliminação do ácido úrico!

- **Produção de ácido úrico:** dá-se a partir das purinas (bases nitrogenadas liberadas pelo catabolismo dos nucleotídeos). A enzima xantina oxidase metaboliza a hipoxantina em xantina e, em seguida, em ácido úrico. O alopurinol age inibindo essa enzima (xantina oxidase).
- **Eliminação de ácido úrico:** cerca de 65% são eliminados por via renal e 35% pelo tubo digestivo. Nos rins há quatro etapas para a eliminação. A eliminação se iguala à produção!

(1) Filtração: o glomérulo filtra quase todo o urato sérico. (2) Reabsorção pré-secretória: quase todo o urato é reabsorvido na porção inicial do túbulo contorcido proximal pela proteína de membrana URAT1. (3) Secreção tubular: após ser absorvido, cerca de 50% do total de urato são secretados pelo carreador de ânions orgânicos do túbulo proximal. (4) Reabsorção pós-secretória: boa parte do urato secretado é mais uma vez reabsorvida. O resultado é a eliminação de 10% de ácido úrico.

A hiperuricemia pode ser de dois tipos
▪ **Primária:** por hiperprodução endógena. ▪ **Secundária:** por álcool (aumenta a reabsorção e a produção de urato devido ao excesso do grupamento purina presente na cerveja), obesidade (diminui a excreção), diuréticos (elevam a reabsorção), triglicerídeos (aumentam a produção).

Manifestações clínicas

Evolução natural da gota em 4 etapas.

Hiperuricemia assintomática

Aumento dos níveis séricos de ácido úrico.

Artrite gotosa aguda

Sua patogênese é dependente de fagocitose de cristais recém-liberados no espaço sinovial por neutrófilos. Ao serem fagocitados, os cristais de urato monossódico provocam ativação desses leucócitos, liberando grandes quantidades de substâncias pró-inflamatórias na cavidade articular. Sua principal manifestação é a artrite extremamente dolorosa (monoartrite). Tem início súbito de 3-10 dias e acomete: 1º: podagra, 2º: metatarso, 3º: tornozelos, 4º: calcanhar, 5º: joelhos.

Período intercrítico

Após a crise, inicia-se um período em que o paciente fica assintomático. Com o tempo, há um encurtamento do período intercrítico e o paciente apresenta acometimento poliarticular com febre.

Gota tofosa crônica

Quando não tratada, há formação de depósitos de cristais de urato monossódico nas cartilagens, articulações e partes moles. Os tofos são os cristais de urato cercados por tecido granuloso.

Nefrolitíase por ácido úrico

Cerca de 20% dos pacientes com gota apresentam depósitos de ácido úrico na urina.

Diagnóstico

Deve-se suspeitar de GOTA quando o paciente apresentar monoartrite de instalação súbita, devendo ser feita a punção do líquido articular com análise em microscópio de luz polarizada, que revela cristais típicos em forma de bastonete com forte birrefringência negativa (visto que a dosagem de ácido úrico pode se mostrar normal).

Tratamento

É estratificado da forma a seguir.

Interromper a crise

- AINEs, colchicina (inibidor de microtúbulos, inibindo a fagocitose e a movimentação dos leucócitos intra-articulares; possui dose terapêutica próxima à dose tóxica para o trato gastrointestinal), corticoides, hormônio adrenocorticotrófico (ACTH) intramuscular. O ácido acetilsalicílico (AAS) e o alopurinol não devem ser usados na crise por alterarem a concentração de ácido úrico por meio da fragmentação de grandes cristais (aumentando a área de contato entre ácido úrico e neutrófilos), piorando a crise;
- **Profilaxia das crises:** envolve administração diária de 1 mg de colchicina, dieta para perda ponderal, eliminação dos fatores predisponentes, instituição de tratamento contra hiperuricemia, interrupção de diuréticos (trocando por losartana ou anlodipino);
- **Redução da uricemia:** visa a aumentar a excreção renal com uricosúricos (como probenecida, narcaricina, sulfimpirazona e benzbromarona em candidatos < 60 anos de idade com função renal normal e eliminação renal de ácido úrico < 600 mg). Redução da síntese (com alopurinol);
- **Hiperuricemia assintomática:** as indicações formais são:
  - prevenção de lise tumoral (antes de iniciar quimioterapia);
  - uricemia > 13 mg/dl (homens) ou > 10 mg/dl (mulheres);
  - uricosúria > 1.100 mg/24 h.

➔ Usam-se alopurinol, alcalinização da urina, hidratação.

Cristais de pirofosfato de cálcio (pseudogota)

O depósito de pirofosfato de cálcio é mais frequente nas mulheres (3:1) > 60 anos de idade. Os cristais se formam quando o produto de solubilidade de cálcio × pirofosfato ultrapassa o limite da supersaturação. O pirofosfato é proveniente da hiperatividade da enzima nucleosídeo trifosfato pirofosfoidrolase (NTP-PPH) presente nos condrócitos e transportado pela ANKH. As causas mais importantes são trauma articular, osteoartrose e hemocromatose. A manifestação clínica é o acometimento principal de joelhos, punhos, além de segundo e terceiro metacarpofalangianos. O diagnóstico é obtido pela luz polarizada revelando birrefringência positiva com formato romboide. O tratamento envolve a administração de AINEs, aspiração articular, colchicina, corticoide intra-articular.

Cristais de fosfato de cálcio básico (hidroxiapatita)

São cristais de fosfato básico de cálcio provenientes dos ossos. Os principais locais de deposição são tendão do músculo supraespinhoso e demais tendões do manguito rotador.

Cristais de oxalato de cálcio

São típicos da síndrome urêmica crônica. A reposição de vitamina C frequentemente está implicada, visto sua metabolização em oxalato.

19.4. Febre Reumática

É uma complicação tardia pós-infecção estreptocócica, ou seja, uma doença inflamatória sistêmica aguda que ocorre como sequela tardia de uma infecção das vias aéreas superiores (faringoamigdalite) pelo *Streptococcus pyogenes* beta-hemolítico do grupo A.

É semelhante à glomerulonefrite pós-estreptocócica (GNPE). Apresenta período de incubação de 1-5 semanas e na maioria das vezes a infecção da via aérea superior é subclínica.

Patogênese

Existe uma reação autoimune decorrente de mimetismo molecular (semelhanças química e estrutural entre alguns componentes da bactéria e do tecido envolvido, especialmente o cardíaco). A reação autoimune cruzada depende de linfócitos T e B e da produção/secreção de citocinas e autoanticorpos. A presença de antígeno leucocitário humano (HLA) DR7 confere suscetibilidade à febre reumática (FR), assim como outros marcadores genéticos de risco.

Epidemiologia

A probabilidade de desenvolver febre reumática é de 1%-5% após um episódio de faringoamigdalite estreptocócica não tratada e cerca de 20% quando há história de febre reumática prévia.

Manifestações clínicas

Cinco manifestações compõem os critérios maiores para diagnóstico.

Poliartrite

Ocorre em 60%-80% dos casos. É tipicamente poliarticular, assimétrica e migratória em 2-5 dias, sem deformidade articular. Acomete preferencialmente as grandes articulações periféricas, como punhos, ombros, tornozelos, joelhos e cotovelos. Tem duração total de 2-4 semanas, diferenciando-se da artrite juvenil, que possui duração maior.

Cardite

"A febre reumática lambe as articulações e morde o coração" (deixa sequelas). O comprometimento do coração pode atingir os três folhetos cardíacos: endocárdio, miocárdio e pericárdio, levando à pancardite reumática. A atividade inflamatória aguda da cardite reumática dura até 2 meses (se durar mais de 2 meses, significa que deixou sequelas).

- **Endocardite e valvulite reumática:** apresentam disfunção valvular aguda por valvulite, com achados de sopros cardíacos, visto que os tecidos valvares se apresentam edemaciados e amolecidos:

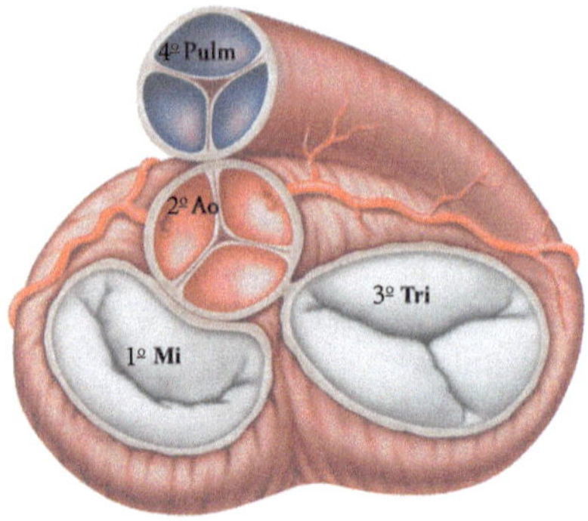

▶ Representação esquemática demonstrando as relações anatômicas entre as valvas cardíacas do coração. Pulm = valva pulmonar; Ao = valva aórtica; Mi = valva mitral; Tri = valva tricúspide.

  - O **primeiro sopro** é devido ao acometimento da válvula mitral (provocando um sopro sistólico em foco mitral por insuficiência)! As cordoalhas edemaciadas impedem o fechamento completo, possibilitando a regurgitação.
  - O **segundo sopro** é da válvula mitral (provocando um sopro em ruflar diastólico por estenose da válvula mitral). A válvula não abre corretamente, ocorrendo um estalido de abertura e hiperfonese de B1.
  - O **terceiro sopro** é denominado Carey-Coombs! É igual ao segundo sopro, caracterizado pelo hiperfluxo que passa na válvula mitral. Não tem estalido ou hiperfonese.
- **Miocardite reumática:** nota-se um aumento da área cardíaca nos RX de tórax, além de elevação dos volumes ventriculares e queda na fração de ejeção no ecocardiograma (sugestivo de insuficiência cardíaca congestiva [ICC] aguda). O nódulo de Aschoff é patognomônico da FR!
- **Pericardite reumática:** apresenta derrame pericárdico ou atrito pericárdico. Ao exame físico, nota-se o aspecto pão com manteiga. São comuns o alargamento do intervalo PR (bloqueio atrioventricular [BAV] de 1º grau) e o supra de ST côncavo e disseminado, poupando as derivações aVR e V1.

Eritema *marginatum*

É um *rash* eritematoso maculopapular com bordas nítidas e eritematosas com centro claro. Os locais preferenciais são o tronco e as porções proximais dos membros. Não é doloroso, não coça, não sugere pior prognóstico, não deixa sequela e migra!

Nódulos subcutâneos

São firmes, indolores, medindo 0,5-2 cm, localizados em superfícies extensoras. Duram, no máximo, 1 mês e indicam pior prognóstico para cardite.

Coreia de Sydenham (doença de São Vito)

Instala-se após 1-6 meses, geralmente após os sintomas maiores terem regredido. É hipotônica e hipercinética. É a causa mais comum de coreia em crianças, piorando com o estresse e favorecendo alterações psiquiátricas, com labilidade emocional. É autolimitada, durando entre 3 e 4 meses.

Alterações laboratoriais

PCR elevada nas primeiras 24 horas com normalização na segunda semana. A velocidade de hemossedimentação (VHS) é o segundo exame laboratorial a se elevar com normalização durante o tratamento. As mucoproteínas (alfa-1-glicoproteína ácida) são as últimas a se elevar, sendo mais duradouras, e só se normalizam com o término da atividade reumática.

Critérios maiores	Critérios menores	Critério obrigatório
■ Poliartrite ■ Cardite (valvulite, miocardite, pericardite) ■ Eritema *marginatum* ■ Nódulos subcutâneos ■ Coreia de Sydeham	■ Clínicos: artralgia, febre ■ Alargamento do intervalo PR (eletrocardiograma [ECG]) ■ Laboratorial: aumento dos reagentes de fase aguda	Evidência de infecção recente pelo estreptococo beta-hemolítico do grupo A

Diagnóstico

➔ 2 critérios maiores
ou
➔ 1 maior e 2 menores.

Ambos com a presença do critério obrigatório!

A cultura de orofaringe para *S. pyogenes* só é positiva em 10%-20% dos pacientes com FR aguda (FRA), sendo necessária a dosagem dos anticorpos antienzimas estreptocócicas (ASO, anti-DNAse, anti-hialuronidase).

➔ Segundo a Organização Mundial da Saúde (OMS), a presença de coreia de Sydeham é patognomônica para o diagnóstico de febre reumática!

Tratamento

É estratificado em:

- **Erradicação do *S. pyogenes*:** penicilina G benzatina por via intramuscular (IM) em dose única com o objetivo de prevenira recorrência de FR e impedir a transmissão. Os antibióticos (ATBs) interferem no curso da FR e reduzem o risco de cardite se administrados < 9 dias do início do quadro;
- **Tratamento da poliartrite, febre e sintomas gerais:** a resposta da artrite da FR ao ácido acetilsalicílico (AAS) é significativa! Não se deve, porém, administrá-lo, pois é preciso observar o curso da doença para confirmar o diagnóstico. Sendo assim, usa-se apenas paracetamol;
- **Tratamento da cardite reumática:** usa-se prednisona;
- **Tratamento da coreia:** repouso, benzodiazepínicos, prednisona, carbamazepina e ácido valproico. O aloperidol é usado somente em casos refratários, visto sua sequela de discinesia tardia.

Profilaxia

- **Primária:** é o tratamento iniciado até 9 dias após o início dos sintomas de faringoamigdalite em pacientes sem episódios prévios de FR. Usa-se penicilina G, pois ainda não existe *S. pyogenes* resistente;
- **Secundária:** visa a evitar a recorrência de FR nos primeiros 5 anos após o último episódio de FR.

Categorias	Duração da profilaxia secundária
FR sem cardite	Até 21 anos de idade ou até 5 anos após o último episódio
FR com cardite (sem doença valvar)	Até 25 anos de idade ou até 10 anos após o último episódio
FR com cardite (com lesão valvar)	Até 40 anos ou por toda a vida
FR com cardite + cirurgia valvar	Por toda a vida

Prognóstico

A principal consequência em longo prazo é a degeneração valvar, provocando sintomas após 10-20 anos.

19.5. Policondrite Recidivante

É caracterizada por episódios inflamatórios agudos das principais estruturas cartilaginosas do corpo (pavilhão auricular, nariz, articulações, árvore traqueobrônquica e cartilagens costais). O termo recidivante demonstra a natureza evolutiva da doença, marcada por surtos e remissões, semelhante à maioria das colagenoses. A cartilagem difere dos outros tecidos por ser avascular, por isso os autoantígenos presentes em sua matriz não podem ser reconhecidos pelo sistema imunológico, ficando este impedido de desenvolver a autotolerância. Uma hipótese aceita é que um pequeno insulto (infeccioso, tóxico ou traumático) ao tecido cartilaginoso levaria à exposição de alguns autoantígenos da matriz, ativando, assim, a resposta imune. A liberação de citoquinas ativa a reação inflamatória, que atrai leucócitos ao tecido acometido (nesse caso, a região pericartilaginosa), surgindo, então, um infiltrado neutrofílico e mononuclear responsável pela degeneração progressiva da cartilagem.

Manifestações clínicas

Condrite auricular bilateral, condrite nasal, poliartrite não erosiva soronegativa, inflamação ocular, condrite laringotraqueobrônquica, disfunção vestibulococlear, biópsia da cartilagem compatível com condrite.

Tratamento

Preconiza-se o uso de prednisona. O prognóstico é de sobrevida média de 11 anos.

19.6. Polisserosite Paroxística Familiar (ou Febre Familiar do Mediterrâneo)

É uma desordem genética com presença do gene *MEFV* no cromossomo 16 (que codifica pirina ou marnosfrina, que regula citocinas). É caracterizada por episódios febris recorrentes de curta duração e intervalos irregulares acompanhados de serosite e artrite. Acomete predominantemente judeus, armênios, turcos e árabes. A febre familiar do mediterrâneo (FFM) é um fator protetor contra a asma.

Apresenta manifestações com inflamação do peritônio ou cirurgias prévias e dor monoarticular. O diagnóstico é clínico e o tratamento envolve o uso contínuo de colchicina.

19.7. Fibromialgia

Caracterizada como um distúrbio do processamento central dos estímulos álgicos. É uma síndrome álgica crônica não associada a sinovite, tendinite ou artrite ("reumatismo psicogênico"). Acomete mulheres (9:1) com idade entre 33 e 55 anos e atinge cerca de 2%-3% população. No passado, os portadores de fibromialgia eram classificados como portadores de histeria de conversão e encaminhados à psicoterapia.

Definição e diagnóstico

Caracteriza-se pela queixa de dor musculoesquelética crônica (superior a 3 meses), generalizada, que, em geral, é acompanhada de alterações neuropsicológicas típicas como fadiga, distúrbios do sono, cefaleia, parestesias, síndrome do cólon irritável e alterações do humor (depressão/ansiedade).

➔ Observe que é possível um diagnóstico de fibromialgia sem a presença de *tender points*.

Novos critérios para o diagnóstico de fibromialgia (American College of Rheumatology [ACR] – 2010)		
É necessária a presença das 3 condições a seguir:		
■ índice de dor generalizada (IDG) ≥ 7 e escala de severidade dos sintomas (ESS) ≥ 5 ou IDG entre 2-6 e ESS ≥ 9; ■ presença dos sintomas há pelo menos 3 meses; ■ ausência de outra doença que possa explicar o quadro.		
Índice de dor generalizada (Somar o número de regiões que apresentarem dor ao longo da última semana. Valor máximo = 19)		
Pescoço Mandíbula direita Mandíbula esquerda Ombro direito Ombro esquerdo Braço direito Braço esquerdo	Antebraço direito Antebraço esquerdo Tórax Abdome Dorso superior Dorso inferior	Quadril esquerdo Quadril direito Coxa direita Coxa esquerda Perna direita Perna esquerda
Escala de severidade dos sintomas (Somar a gravidade dos 3 sintomas principais + a gravidade dos sintomas somáticos gerais. Valor máximo = 12)		
Atribuir uma gradação para cada um dos 3 sintomas principais seguintes: Ausente = 0 Leve = 1 Moderado = 2 Grave = 3 ( ) Fadiga ( ) Sono não reparador ( ) Alterações cognitivas		
Considerar os demais sintomas somáticos em geral, indicando se o paciente apresenta: Nenhum sintoma = 0; Poucos sintomas = 1; Um número moderado de sintomas = 2; Uma grande carga de sintomas = 3		

➔ O exame físico visa a afastar outras doenças e revelar a presença de *tender points* (18 pontos sensíveis à digitopressão: cervical lateral, ponto médio da borda superior do trapézio, região supraescapular, junção condrocostal da 2ª costela, epicôndrio lateral, região glútea laterossuperior, região do trocanter maior, região medial acima do joelho).

Fisiopatologia e manifestações

Acredita-se que o descondicionamento físico faz com que a microcirculação sofra alterações, levando a isquemia e microtraumas e deixando o músculo mais sensível à dor e à isquemia durante a atividade física.

➔ Na parte de neurotransmissores, a depleção de serotonina faz aumentar, no sistema nervoso central (SNC), os níveis de substância P, responsável pela sensibilidade dolorosa. As principais queixas são cefaleia, síndrome do cólon irritável e distúrbios do sono.

Tratamento

É baseado na prática diária de atividades físicas aeróbicas, no uso de moduladores centrais da dor (amitriptilina, ciclobenzaprina, analgésicos), em novos fármacos (duloxetina, milnacipram, gabapentina, pregabalina).

SEÇÃO 5 - HEMATOLOGIA

Capítulo 20 - Síndromes Anêmicas I

20.1. Fisiopatologia das Anemias 138
20.2. Anemia Ferropriva (Fe^{2+}) 139
20.3. Anemias - Doenças Sistêmicas 140
20.4. Anemia Megaloblástica 141
20.5. Síndromes Mielodisplásicas 142
20.6. Anemia Sideroblástica 142
20.7. Anemia Aplásica 143

Capítulo 21 - Síndromes Anêmicas II

21.1. Anemias Hemolíticas 144
21.2. Hemoglobinopatias 146
21.3. Talassemia 147

Capítulo 22 - Leucemia e Distúrbios da Série Branca

22.1. Leucemia Aguda 149
22.2. Leucemia Crônica 151
22.3. Distúrbios Mieloproliferativos Crônicos 152
22.4. Fisiopatologia dos Linfomas 153
22.5. Linfoma 154
22.6. Linfoma Não Hodgkin 154
22.7. Linfoma de Hodgkin 154
22.8. Mieloma Múltiplo 155
22.9. Neutropenia Febril 156

Capítulo 23 - Hemostasia e Transfusões

23.1. Fisiologia da Hemostasia 158
23.2. Distúrbios Plaquetários 160
23.3. Distúrbios da Coagulação 162
23.4. Hemotransfusão 164

ANOTAÇÕES

CAPÍTULO 20

SÍNDROMES ANÊMICAS I

20.1. Fisiopatologia das Anemias

"Anemia não é uma doença! É um sinal de que existe uma doença. " (Por que o paciente está anêmico?)

Hematopoiese

Formação, desenvolvimento e maturação dos elementos figurados do sangue (eritrócitos, leucócitos e plaquetas). No feto, é proveniente de órgãos como fígado, baço e linfonodos.

- **0-5 anos de idade:** a medula de TODOS os ossos do corpo participa do processo de hematopoiese.
- **Idade adulta:** somente a medula dos ossos da pelve, do esterno, do crânio, dos arcos costais, das vértebras e das epífises femorais e umerais são capazes de gerar células sanguíneas.

A medula óssea com atividade hematopoiética é denominada vermelha. A denominada amarela é preenchida por tecido adiposo e não realiza eritropoiese, mas pode sofrer reativação. Em casos que a medula óssea vermelha cessa a hematopoiese, o organismo começa a recrutar sítios medulares antigos que, por serem insuficientes, entram em falência.

Eritropoiese

É o processo de produção de eritrócitos/hemácias. As hemácias são anucleadas, impossibilitando sua multiplicação. Sendo assim, todos os eritrócitos são produzidos pela medula e lançados na periferia como reticulócitos! Os reticulócitos necessitam de 24 horas na circulação sanguínea para perderem o material nuclear e se transformarem em uma hemácia. Logo, o reticulócito é o marcador da multiplicação de hemácias que ocorre pelo estímulo da eritropoietina em condições de hipoxemia/anemia.

Formação da hemoglobina

Com a função primordial de carrear O_2, a hemoglobina é formada pela combinação de:

Protoporfirina + Fe → Heme
4 Heme + 4 Globina → Hemoglobina

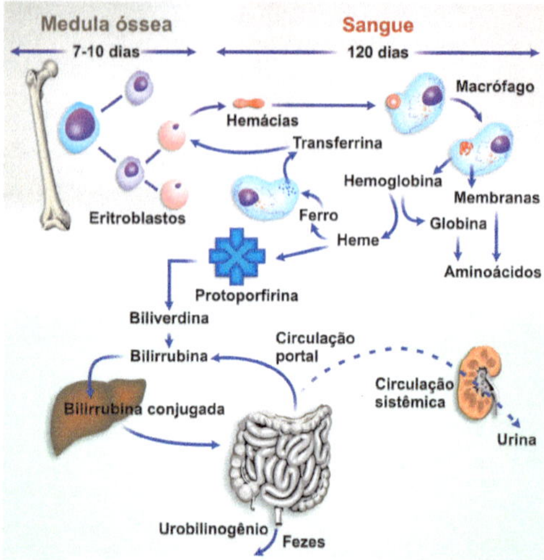

▶ Ciclo vital das hemácias, que são produzidas na medula óssea, circulam cerca de quatro meses, e são finalmente fagocitadas pelas células do sistema de macrófagos mononucleares. O catabolismo da hemoglobina dá origem ao ferro, que é reaproveitado, e à série de pigmentos derivados do anel tetrapirroico, incluindo as bilirrubinas e o urobilinogênio.

Cada molécula de hemoglobina, portanto, é capaz de se ligar a 4 moléculas de O_2, pois contém quatro grupamentos heme.

O *déficit* de:

a) **Protoporfirina:** anemia sideroblástica (microcítica);
b) **Ferro:** anemia ferropriva, doença crônica (microcítica);
c) **Globina:** talassemia. (microcítica e hipocrômica), anemia falciforme (hipocrômica).

A anemia microcítica reflete uma hemácia com tamanho reduzido, pois, durante sua eritropoiese, houve falta de algum substrato, ocasionando diminuição do tamanho do eritrócito. Essa falta reduz a produção de hemoglobina e causa o acúmulo dos demais substratos não consumidos, levando ao aumento dos níveis séricos dos mesmos.

- Hemoglobina A está presente em 97% (A_2B_2).
- Hemoglobina A2, em 2% (A_2O_2).
- Hemoglobina F, em 1% (A_2Y_2).

Anemias

- **Hematócrito:** é a fração volumétrica ocupada pelos eritrócitos no sangue. É obtido mediante o processo de centrifugação.

- **Volume corpuscular médio (VCM):** é o tamanho das hemácias, que podem se apresentar como microcíticas ou macrocíticas.
- **Hemoglobina corpuscular média (HCM)/concentração de hemoglobina corpuscular média (CHCM):** é a quantidade de hemoglobina na hemácia. A quantidade de HCM é responsável por alterações na cromia sanguínea.
- **Distribuição do tamanho dos eritrócitos (RDW):** representa a variação do tamanho da hemácia. Reflete os extremos do VCM, pois as hemácias não têm o mesmo tamanho.

Hemograma	
Hemácias	4-6 milhões/mm³
Concentração de hemoglobina	12-17 g/dl
Hematócrito	36%-50%
VCM	80-100 fL
HCM	28-32 pg
CHCM	32-35 g/dl
RDW (índice de anisocitose)	10-14%
Leucócitos	$5\text{-}11 \times 10^3/mm^3$
Plaquetas	$150\text{-}400 \times 10^3/mm^3$
Reticulócitos	0,5%-2%

Conceitos

- O aumento da RDW sugere anemia carencial, pois, na eritropoiese, algumas hemácias tiveram substrato suficiente (VCM normal) e, outras, sofreram a falta de substrato (VCM baixo), promovendo variações no VCM, demonstradas pela RDW.
- A contagem de reticulócitos classifica as anemias em hiperproliferativas (hemolíticas ou sangramento agudo) e hipoproliferativas (ferropriva, carenciais, insuficiência renal crônica [IRC]/↓epo, sideroblástica).
- A contagem de reticulócitos é um dos primeiros exames que se deve solicitar.
- A anemia macrocítica geralmente é a megaloblástica.

Dados laboratoriais

- **Ferro:** 60-150 mcg/dl
- **Ferritina:** 10-150 ng/ml (mulheres)
29-248 ng/ml (homens)
- **Capacidade total de fixação do ferro (TIBC):** 250-360 mcg/dl
- **Saturação de transferrina:** 30%-40%
- **Protoporfirina livre eritrocitária:** 0-30 mcg/dl
- **Ácido fólico:** 2,5-20 ng/ml
- **Cobalamina:** 200-900 pg/ml
- **Homocisteína:** 4,4-14 μmol/l
- **Ácido metilmalônico:** 70-270 mmol/l
- **Haptoglobina:** 36-195 mg/dl
- **Eritropoietina:** 4,1-27 U/ml

20.2. Anemia Ferropriva (Fe^{2+})

→ É uma anemia hipoproliferativa e quase sempre associada a alguma doença de base que determina perda sanguínea crônica de pequena monta e que deve ser investigada! A anemia ferropriva quase nunca é o diagnóstico final.

Ciclo do ferro

O ferro possui uma pequena taxa de absorção nas dietas vegetal (10%) e animal (30%). A absorção do ferro é altamente influenciada pelo pH, que promove a conversão de Fe^{+3} → Fe^{+2} em meio ácido. Sendo assim, é frequente a associação do ferro à vitamina C. O ferro é, então, absorvido pelas células da mucosa intestinal (enterócitos) e será repassado para o plasma ligado a uma glicoproteína (transferrina) em casos de necessidade corpórea do metal. Caso o ferro não seja necessário, ele permanece na célula intestinal e o processo natural de descamação e renovação celular do epitélio intestinal acarreta sua eliminação pela via fecal. O ferro ligado à transferrina forma um complexo que é internalizado ao atingir a medula óssea, onde será armazenado pela ferritina nas células medulares ou será captado pela mitocôndria (responsável pela sua fusão com a protoporfirina, formando o heme).

Perda e ganho corporal de ferro

O organismo humano não é capaz de eliminar ativamente o ferro; sendo assim, a proteção contra a intoxicação pelo ferro é feita pelo controle de sua absorção na mucosa intestinal. Existem três doenças que aumentam patologicamente a absorção intestinal de ferro:

- Talassemia;
- Hemocromatose primária;
- Anemia sideroblástica.

➔ O sangramento crônico diminui a absorção do metal.

O balanço negativo de ferro só ocorre após a depleção dos estoques de ferritina, do aumento da transferrina e da TIBC! A duração do processo é de 3 meses.

Laboratório do ferro

A TIBC é dada pela fórmula: transferrina × 2. A saturação da transferrina é obtida pela fórmula:

$$\frac{\text{(Ferro Sérico)}}{\text{TIBC}} \quad \text{ou} \quad \frac{\text{(Sítio da Transferrina Ligados ao Ferro)}}{\text{(Sítios Totais da Transferrina)}}$$

Etiologia das anemias ferroprivas

a) Em adultos: gestação, doença celíaca, hipermenorreia, hemorroidas, doença péptica ulcerosa, câncer de cólon. Em pacientes > 50 anos de idade com anemia ferropriva ou sangramento crônico, é necessário realizar endoscopia digestiva alta e colonoscopia para pesquisa de câncer (CA) de cólon.
b) Em crianças: prematuras, gemelares, desmame precoce com uso de leite de vaca, ancilostomídeos, baixa ingestão de ferro.

Manifestações clínicas

Glossite (ardência e língua despapilada), queilite angular (lesão nos ângulos da boca), coiloníquia (unhas em colher e quebradiças), esplenomegalia (15% dos casos), perversão do apetite (por terra e gelo), síndrome de Plummer-Vinson ou Paterson-Kelly (disfagia pela formação de uma membrana fibrosa na junção entre a hipofaringe e o esôfago).

Achados laboratoriais e diagnósticos

Hemograma normocítico normocrômico na primeira fase e microcítico e hipocrômico na segunda fase. A anemia ferropriva cursa com trombocitose, RDW elevada, ferro sérico < 30 mg, ferritina sérica < 30 mg/dl, aumento da transferrina, aumento da TIBC > 360 mcg/dl, diminuição da saturação de transferrina < 10%, elevação da protoporfirina livre eritrocitária.

Tratamento

Consiste em duas etapas:

- A primeira etapa é investigar a causa.
- A segunda etapa visa administrar sulfato ferroso 300 mg 3×/dia (ou 60 mg Fe 3×/dia) com o estômago vazio ou associado a vitamina C. O tratamento é realizado por 6 a 12 meses. A eficácia do tratamento é comprovada pela elevação dos reticulócitos em 48 horas, com pico de 5 a 10 dias. A normalização da quantidade de hemácias ocorre em 2 meses.

20.3. Anemias – Doenças Sistêmicas

Anemia de doença crônica

A patogênese é proveniente de um hormônio que atua no metabolismo do ferro: a hepcidina, que é responsável pelo "aprisionamento" do ferro em seus locais de depósito, pela redução da produção renal de eritropoietina, pela menor resposta dos precursores eritroides à eritropoietina, pela redução da vida média das hemácias para cerca de 80 dias. A anemia de doença crônica se manifesta com ferritina elevada, normocitose, normocromia e TIBC normal ou diminuída. A terapêutica inclui eritropoietina e tratamento da doença de base.

Anemia da IRC

A anemia se instala quando o *clearance* de creatinina (ClCr) < 40 ml/min. O principal fator desencadeante da anemia é a deficiência na produção de eritropoietina pelo parênquima renal! Outros fatores contribuintes são: toxinas urêmicas (inibem a eritropoiese medular), alterações enzimáticas eletrolíticas e da membrana da hemácia e efeito do paratormônio (inibindo a eritropoiese e promovendo mielofibrose). O tratamento visa ao uso da eritropoietina e ao controle da hipertensão arterial.

Anemia da hepatopatia crônica

O principal mecanismo causador é a hemodiluição. Além desse, existem outros dois fatores: redução da vida média das hemácias para 20-30 dias e diminuição da resposta medular à eritropoietina.

Anemia das endocrinopatias

Hipotireoidismo (autoimune) e hipertireoidismo.

Anemia por ocupação medular (anemia mieloftísica)

A mieloftise é uma consequência de leucemias, linfomas, mieloma, carcinoma, tuberculose e lúpus. A tuberculose disseminada ou miliar atinge os órgãos produtores de hemácias, levando à formação de múltiplos focos de granuloma caseoso e áreas de fibrose na medula óssea.

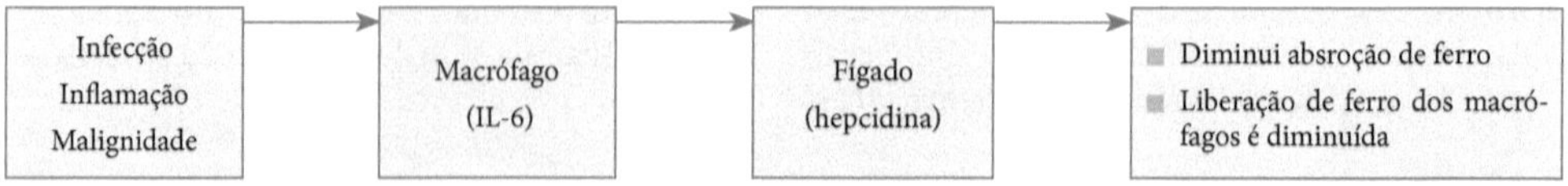

20.4. Anemia Megaloblástica

É um distúrbio ocasionado pelo bloqueio na síntese do DNA, que se caracteriza por um estado em que há assincronia entre o crescimento citoplasmático e o nuclear. As células se preparam para uma divisão que não acontece. O citoplasma cresce e o núcleo, não, logo não ocorre a divisão e as hemácias adquirem um formato aumentado. Os megaloblastos são reconhecidos como células defeituosas pelos macrófagos da medula óssea, sendo destruídos no interior da própria medula, um fenômeno chamado eritropoiese ineficaz ("hemólise" na medula), que provoca a anemia. A principal causa é a carência de ácido fólico (B_9) e/ou de cobalamina (B_{12}).

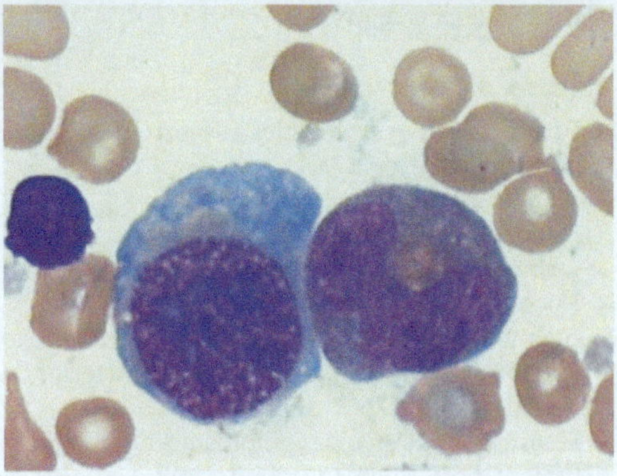

► Esfregaço de medula óssea de paciente com anemia megaloblástica, exibindo megaloblastos, precursores eritroides anormais característicos desta doença.

Fisiologia do ácido fólico e da cobalamina

Ácido fólico (B_9)

As principais fontes são os vegetais verdes. O folato é absorvido pelo duodeno e pelo jejuno proximal. Após a sua absorção, o folato circula no plasma como metiltetraidrofolato (MTHF) e penetra nas células, onde é transformado, pela enzima homocisteína (ativada pela vitamina B_{12}), em tetraidrofolato (THF), que é utilizado na síntese do DNA. Após a conversão de MTHF → THF, a homocisteína é consumida e transforma-se em metionina.

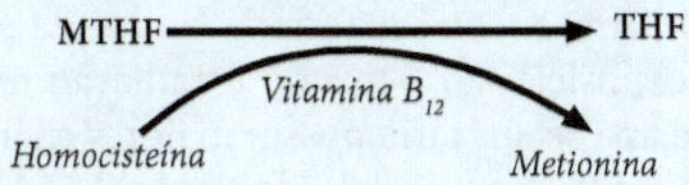

Cobalamina (B_{12})

A principal fonte é de origem animal. O estoque corporal de B_{12} nos seres humanos é suficiente para suprir 10-15 anos sem a necessidade de ingesta.

A absorção da vitamina B_{12} ocorre da seguinte forma:

(1) a vitamina da dieta sempre vem ligada a uma proteína, e, ao entrar em contato com a saliva, mistura-se com o ligante R;

(2) no estômago, sob a ação do ácido clorídrico (HCl) e da pepsina, ela se desprende da proteína e se liga ao ligante-R;

(3) no duodeno, o complexo B_{12}-ligante R é dissociado por proteases do suco pancreático e ocorre ligação com o fator intrínseco;

(4) o complexo B_{12}-Fi é interiorizado por receptores na borda em escova dos enterócitos;

(5) no enterócito, o complexo se dissocia e a vitamina B_{12} se liga à transcobalamina 2 (TC2), que a distribui no plasma.

Causas de anemia megaloblástica

Ácido fólico (B_9)

É devido a ingesta inadequada (alcoólatras, adolescentes, infantes), aumento da demanda (gravidez, hemólise), má absorção (doença celíaca, fenitoína), prejuízo do metabolismo (inibidores da di-idrofolato [DHF] redutase: metotrexato, pirimetamina, pentamidina, trimetoprima), leite de cabra.

Cobalamina (B_{12})

É devida a anemia perniciosa (doença autoimune contra o fator intrínseco), tênia de peixe (*Diphylobothrium latum*), gastrectomia total, desordens de íleo terminal, vegetariano, doença ileal.

Bioquímica secundária da vitamina B_{12}

Responsável por uma segunda reação não ligada ao folato que converte a metilmalonil CoA → succinil CoA. Na deficiência de vitamina B_{12}, os níveis séricos e urinários de ácido metilmalônico aumentam significativamente, sendo utilizados para fins diagnósticos. O quadro neurológico da carência de B_{12} se deve aos níveis séricos aumentados de metilmalonil CoA e à falta de formação de metionina. O excesso de metilmalonil CoA promove a síntese de ácidos graxos não fisiológicos que irão incorporar os lipídios neuronais. A falta de metionina leva à diminuição da produção de fosfolipídios fundamentais para compor a bainha de mielina.

Manifestações clínicas

Glossite, queilite, diarreia.

Exclusivas da deficiência de B_{12}

- Parestesia em extremidades (decorrente de uma polineuropatia)
- Marcha atáxica
- Déficits cognitivos
- Demência
- Psicose
- Acometimento da sensibilidade e propriocepção (devido ao acometimento do cordão posterior da medula espinhal)
- Síndrome dos sistemas combinados ou mielinose funicular (sensibilidade vibratória)
- Anemia perniciosa autoimune (frequentemente associada a vitiligo, tireoidite de Hashimoto, insuficiência suprarrenal idiopática).

Laboratório

Nas deficiências de B_9 e B_{12}, ocorrem a hipersegmentação dos neutrófilos, macrocitose, ↑ RDW, ↑ desidrogenase láctica (DHL), ↑ bilirrubina indireta, normocromia, ↓ plaquetas e leucócitos. A dosagem de B_9 e B_{12} é fundamental, assim como a dosagem de ácido metilmalônico (que está elevado na deficiência de vitamina B_{12}), de homocisteína (que está elevada na deficiência de vitaminas B_9 e B_{12}) e o teste de Schilling (avalia indiretamente a absorção de vitamina B_{12}– radiomarcada por meio da pesquisa de B_{12} na urina).

Tratamento

1.000 μg B12 via intramuscular (IM) (1×/dia por 7 dias, em seguida 1×/semana por 4 semanas, posteriormente 1×/mês). 1-5 mg/dia folato via oral (VO).

Adendo	▪ A reposição de folato pode mascarar uma deficiência de vitamina B_{12} por hipersaturação e autoativação de MTHF, contudo as manifestações neurológicas provocadas pelo acúmulo de metil-malonil CoA se tornam acentuadas. O sucesso da terapia se confirma pelo aumento da contagem de reticulócitos. ▪ Na primeira semana de reposição de B_9/B_{12}, o K^+ é consumido para a formação das células hematológicas e das demais multiplicações celulares, provocando hipocalemia.

20.5. Síndromes Mielodisplásicas

São desordens hematológicas adquiridas caracterizadas pela transformação mutagênica de um clone de um progenitor hematopoiético da medula óssea que dá origem a células progenitoras anômalas, incapazes de seguirem um processo de maturação normal. Esse distúrbio origina a alteração mais característica das mielodisplasias: a coexistência paradoxal de uma medula normo ou hipercelular associada à redução da produção das diversas linhagens hematopoiéticas. Geralmente o setor mais acometido é o eritroide! Sendo assim, o paciente se apresenta com anemia e frequentemente complicações como infecções bacterianas.

➔ A biópsia de medula óssea é o único exame capaz de confirmar o diagnóstico.

Patogênese, etiologia

Pode ser primária ou secundária (induzida por fármacos, exposição ao benzeno e radiação ambiental). A forma secundária possui maiores chances de evoluir para leucemia mieloide aguda (LMA).

Tratamento

Baseia-se em um tripé: idade do paciente, *performance status*, sistema internacional de classificação de prognótisco. Com isso, opta-se entre: cuidados de suporte (transfusões), terapia de baixa intensidade (azacitidina ou decitabina - quimioterápicos citotóxicos para atrasar a progressão da síndrome mielodisplásica (SMD) para LMA), terapia de alta intensidade (aplasiar a medula para receber o transplante).

20.6. Anemia Sideroblástica

A patogênese é baseada em um distúrbio da síntese de heme por deficiência enzimática ou defeitos mitocondriais, levando a prejuízo da síntese de hemoglobina e acúmulo de ferro nas mitocôndrias. É uma anemia provocada pela falta da protoporfirina, prejudicando a formação do grupamento heme (falha de síntese) e resultando em depósito de ferro nas mitocôndrias dos eritroblastos.

A mitocôndria "carregada" de ferro assume localização perinuclear nas células vermelhas jovens (blastos) e é denominada sideroblasto em anel. Esse ferro acumulado é lesivo ao eritroblasto,

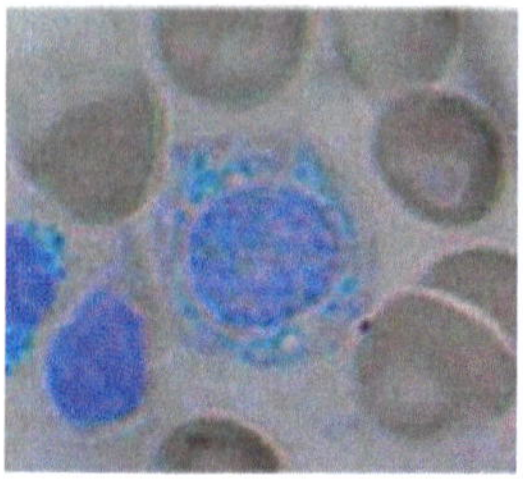

► Sideroblasto anelar tingido com azul da prússia.

levando à sua própria destruição (mecanismo de eritropoiese ineficaz). A redução da síntese de heme, em conjunto com a eritropoiese ineficaz, estimula a absorção de ferro no intestino, acentuando a sobrecarga de ferro nos tecidos e órgão, e é chamada de hemocromatose eritropoiética. O quadro clínico característico inclui os corpúsculos de Pappenheimer no sangue periférico (precipitados de ferro). O indivíduo apresenta hipocromia com ferro sérico alto, saturação de transferrina e ferritina elevada. O diagnóstico é confirmado pelo aspirado de medula óssea e o tratamento visa à correção da anemia (por meio de transfusões) e da hemocromatose (quelação) e à remoção do fator causal.

20.7. Anemia Aplásica

→ É a principal causa de pancitopenia (redução das três séries de células hematológicas na periferia: hemácias, leucócitos, plaquetas).

Acomete pacientes jovens com uma forma grave e de alta letalidade. A patogênese é proveniente de uma lesão da célula-tronco (*stem cell*) – injúria tipo I. As manifestações clínicas envolvem a tríade:

- astenia;
- hemorragia;
- febre.

A biópsia de medula óssea na anemia aplásica revela um conteúdo acelular ou hipocelular, contendo menos de 30% do espaço medular ocupado por células hematopoiéticas. O restante da medula (70%) contém apenas células adiposas (medula óssea amarela).

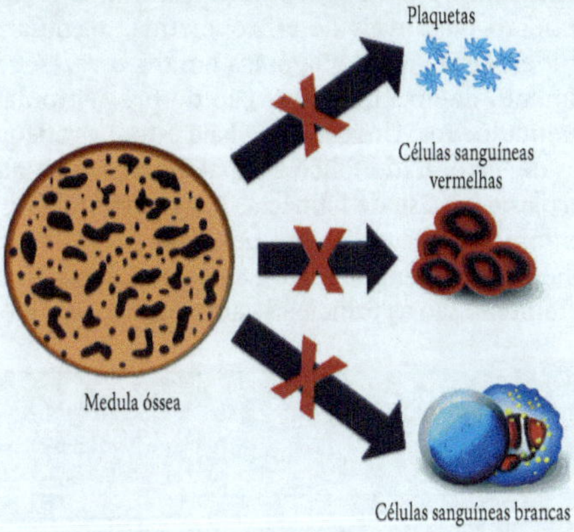

▶ Anemia aplásica.

O prognóstico é favorável em curto e longo prazos e a cura da doença pode ser alcançada em grande número de pacientes devido ao advento da terapia imunossupresora (globulina antitimócito [ATG] associada à ciclosporina) especialmente com o transplante de células-tronco hematopoiéticas. O tratamento é baseado em terapia de suporte enquanto se aguarda a terapia definitiva (transplante de células-tronco hematopoiéticas ou terapia imunossupressora).

Aplasia eritroide isolada	Representa uma depleção isolada da série eritrocítica. A infecção pelo parvovírus B19 (parvovirose) é a principal causa de aplasia eritroide pura transitória.

CAPÍTULO 21

SÍNDROMES ANÊMICAS II

21.1. Anemias Hemolíticas

A hemólise é a destruição prematura (< 120 dias) das hemácias. A destruição fisiológica (≥ 120 dias) é chamada de hemocaterese.

A hemólise provoca hipóxia renal, a qual leva ao aumento dos níveis de eritropoietina, acentuando a hiperplasia da medula óssea em 6 a 8 vezes, com aumento da taxa de maturação do pré-eritroblasto → reticulócitos. Uma vez que haja estoques adequados de ferro, ácido fólico e cobalamina, além da hiperplasia e a lise de hemácias com idade > 20 dias, denomina-se hemólise compensada.

A hemólise, o sangramento e a anemia ferropriva em tratamento são as principais causas de reticulocitose.

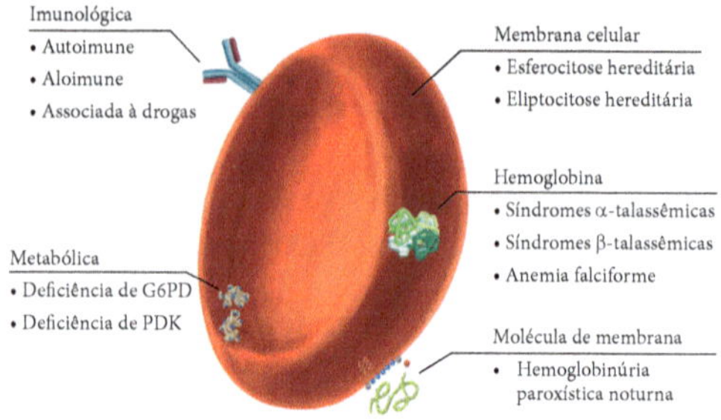

▶ Principais causas de anemia hemolítica.

Etiologias		
Cálculos biliares		A lise de hemácias favorece a formação de cálculos por aumento da produção de bilirrubina, que, ao reagir com o cálcio, forma o bilirrubinato de cálcio.
Crises anêmicas agudas	Aplásica	É a mais comum, sendo devida a uma infecção pelo parvovírus B19, com perda da capacidade de formar reticulócitos, levando à reticulocitopenia autolimitada. O tratamento consiste em hemotransfusão.
	Megaloblástica	É decorrente do esgotamento dos níveis de ácido fólico e/ou cobalamina. Apresenta-se com reticulocitopenia e neutrófilos hipersegmentados. O tratamento consiste na administração de B_9 e B_{12}.
	Sequestro esplênico	É uma crise exclusiva da anemia falciforme em criança < 5 anos de idade.
	Hemólise aguda grave	A redução de G6PD <u>ou</u> a presença da toxina da aranha *Loxocelles* produzem uma hemoglobinúria com insuficiência renal aguda (IRA). Difere da rabdomiólise (liberação maciça de MIOGLOBINA), pois esta é 100% clareada, causando pigmentação apenas na urina!

Laboratório na hemólise

A lise da hemácia libera desidrogenase láctica (DHL), grupamento heme e globina. O grupamento heme é convertido em ferro e protoporfirina, sendo a protoporfirina metabolizada em bilirrubina indireta. A globina é captada pela haptoglobina, formando o complexo globina-haptoglobina, que será degradado pelo fígado.

Anemias hemolíticas hereditárias

Defeito enzimático

Defeito na G6PD (*shunt* da hexose-monofosfato)

É uma herança ligada ao X mais comum em homens, porém NÃO EXCLUSIVA! O *shunt* da hexose-monofosfato é responsável por regenerar o *glutation* que protege a hemoglobina e a membrana da hemácia dos radicais livres derivados do O_2. A deficiência de G6PD pode acarretar um quadro:

- brando/compensado (com proteção das hemácias por 20 dias);
- grave/não compensado (com proteção das hemácias por menos de 20 dias).

→ As "crises hemolíticas" são precipitadas por estresse oxidativo, como no caso de infecções e uso de fármacos (como mnemônico, Gaveta-Seis-P-D: Naftalina, Sulfa, Primaquina, Dapsona e Nitrofurantoína).

O diagnóstico é obtido pela dosagem de G6PD e pela presença dos corpúsculos de Heinz (precipitados intracelulares de hemoglobina desnaturada) e de *bite cells*. O tratamento é a prevenção.

Deficiência de piruvato quinase (via de Embden-Meyerhof)

Apresenta-se com grau variado, produzindo hemácias crenadas (equinócitos).

Hemoglobinopatias

Talassemia, anemia falciforme.

Alterações do citoesqueleto e da membrana eritrocítica

Esferocitose hereditária

É uma deficiência de uma das proteínas do citoesqueleto (espectrina, anquirina, banda 3, proteína 4.2). O diagnóstico padrão-ouro é o teste de fragilidade osmótica, realizado em crianças submetidas à investigação de esplenomegalia.

➔ O tratamento preconiza: a esplenectomia por videolaparoscopia após 5 anos de idade, em indivíduos com anemia grave (hemoglobina [Hb] < 8, reticulócitos > 10, acidente vascular encefálico [AVE] e/ou repercussões clínicas), além da vacinação para germes encapsulados (p. ex.: pneumococo, meningococo, hemófilo).

- Após a esplenectomia surgem os corpúsculos Howell-Solly.
- A esferocitose não desaparece após a esplenectomia.
- A forma inversa ao esferócito ou microesferócito é a hemácia em alvo (leptócito), presente nas talassemias, anemia ferropriva e doença hepática (pelo aumento de certos lipídios na membrana eritrocítica).

Eliptocitose hereditária

Afeta as forças horizontais da hemácia (espectrina ou proteína 4.1) – eliptócitos.

Piropoiquilocitose hereditária

É a presença de poiquilócitos bizarros.

Estomatocitose hereditária

Um defeito na membrana do eritrócito produz um influxo de sódio e água para o interior da hemácia, resultando na redução da hemoglobina corpuscular média – estomatócito.

Anemias hemolíticas adquiridas

Hemólise intravascular

Hemoglobinúria paroxística noturna

É uma desordem genética adquirida extraútero. Acomete homens na faixa de 30-40 anos de idade. O diagnóstico é feito com base na citometria de fluxo, que identifica a deficiência de CD55 e/ou CD59. O tratamento visa à inibição do complemento com eculizumabe e corticoide (prednisona).
Apresenta a tríade: tromboses abdominais, pancitopenia, hemólise.

➔ A síndrome de Budd-Chiari é o evento mais clássico. Trata-se de trombose das veias supra-hepáticas com hepatomegalia congestiva, ascite e hipertensão portal.

Hemólise mecânica com fragmentação de hemácias

Eritrócitos fragmentados por trauma físico – esquizócitos. A fragmentação tem origem em: prótese valvar, anemia hemolítica microangiopática, efeitos tóxicos.

Hemólise extravascular

Hiperesplenismo

Pacientes com cirrose hepática ou esquistossomose hepatoesplênica e esplenomegalia congestiva apresentam aumento na hemocaterese devido à morosidade com que o sangue passa pelo baço. Apresenta manifestações como trombocitopenia, neutropenia e anemia.

Anemia hemolítica com acantócitos

Acomete pacientes com cirrose hepática avançada. A hepatopatia aumenta o teor de colesterol e lecitina na membrana eritrocítica, dando origem às hemácias em alvo. Quando os níveis de colesterol superam os de lecitina, surge o tipo morfológico – acantócito. A hemólise ocorre no tecido esplênico devido à rigidez da membrana eritrocítica.

Anemia hemolítica autoimune (AHAI)

Ocorre por anticorpos quentes (imunoglobulina [IgG]) e anticorpos frios (IgM). Na IgG, os anticorpos se ligam à superfície da hemácia e são fracos ativadores do complemento. Na IgM, os anticorpos se ligam em baixas temperaturas e são fortes ativadores do complemento. O tratamento envolve o uso de corticoide 1-2 mg/kg/dia, esplenectomia e anti-CD20 (rituximabe).

21.2. Hemoglobinopatias

➔ São caracterizadas pela homozigoze para o gene B^S. A anemia falciforme se origina da seleção natural de indivíduos com vantagem biológica para proteção das formas graves de malária.

Comportamento anômalo da hemoglobina S

Baixa solubilidade

Os eritrócitos tendem à autoagregação, o que pode culminar na formação súbita de polímeros de hemoglobina S no interior do citoplasma. Essa formação de polímeros com formato falciforme da célula é exacerbada na vigência de:

▪ **Hipóxia** (a falta de O_2 na Hb afeta sua solubilidade).	▪ **Acidose** (desloca a curva de Sat%Hb para a direita, reduzindo a afinidade da hemoglobina por O_2).
▪ **Desidratação celular** (favorece a desoxi-HbS).	

➔ A presença de HbF devido ao uso de hidroxiureia ou de forma fisiológica favorece a oxigenação da hemoglobina, aumentando sua solubilidade.

Instabilidade molecular

As células vermelhas apresentam risco aumentado (340%) para a oxidação, levando à formação de macromoléculas "desnaturadas" compostas por fragmentos.

Ciclo falcêmico

As hemácias maduras apresentam aspecto semelhante ao normal e são ricas em O_2. Ao passarem pelos tecidos e liberarem o oxigênio, assumem um formato cilíndrico, que posteriormente se torna falciforme (*sickle*). Ao passar pelo pulmão e ser oxigenada, a hemácia retorna ao formato normal, todavia, após 20 dias de vida, ela perde essa capacidade e torna-se uma foice irreversivelmente!

Consequências para a hemácia e para o organismo

A hemácia se apresenta: instável, passível de rompimento, com transporte iônico afetado e modificações antigênicas na sua membrana (exposição de compostos pró-inflamatórios).

A repercussão para o organismo abrange: a disfunção endotelial (devido aos efeitos tóxicos dos componentes liberados pela lise da hemácia que cursam com a depleção de óxido nítrico, liberação de compostos pró-inflamatórios e ativação da imunidade inata), inflamação sistêmica crônica, vaso-oclusão capilar (aderência de hemácias ao endotélio das vênulas pós-capilares com impactação e empilhamento das hemácias).

Diagnóstico

É confirmado pela eletroforese de hemoglobina com cromatografia líquida de alto desempenho (HPLC) e pela análise genética.

Tratamento

Baseia-se no uso de:

- ácido fólico;
- penicilina por via oral (VO) para crianças até 5 anos de idade;
- vacinação contra germes encapsulados;
- internação em casos febris;
- hidroxiureia para estimular seu efeito colateral, que é a produção de HbF (há o risco de surgimento de neoplasia hematológica);
- transplante de medula (a existência de doadores compatíveis é < 10%, além do risco de ocorrência de choque séptico).

Pode-se fazer:
▪ **hemotransfusão simples:** se Hb < 5 (ou sem melhora com tratamento clínico);
▪ **troca parcial/exsanguineotransfusão parcial:** remoção de hemácias falcêmicas em troca de hemácias normais nos casos de AVE, síndrome torácica aguda (STA) e priapismo;
▪ **transfusão crônica:** em pacientes com AVE crônico e nefropatia crônica.

Tratamento agudo

Visa promover hidratação, oxigenação (se saturação oxigênio no sangue [$SatO_2$] < 92%), analgesia escalonada (incluindo opioides para evitar a vasoconstrição desencadeada pela liberação de adrenalina decorrente da dor), uso empírico de antibióticos de amplo espectro (ceftriaxona).

Complicações

Dactilite

É uma dor isquêmica periosteal. Em crianças com menos de 3 anos, pode ser denominada síndrome mão-pé (dactilite falcêmica). Em maiores de 3 anos, é chamada de crise óssea sem dactilite.

Crise abdominal

É causada por isquemia/microinfartos no território mesentérico, habitualmente evoluindo com resolução espontânea e sem maiores complicações.

O quadro clínico é de dor abdominal intensa sem sinais de irritação peritoneal, podendo simular abdome agudo cirúrgico e necessitar de laparotomia iatrogênica.

Crise do sequestro (esplênico, hepático ou pulmonar)

Acomete crianças somente após os 6 meses, pois antes há o predomínio de HbF! Ocorre obstrução aguda da rede de drenagem microvenular de determinados órgãos em consequência à vaso-oclusão local, culminando em represamento de sangue no interior do órgão (predominantemente no baço). O que caracteriza o sequestro é a queda súbita nos níveis de hemoglobina acompanhada por aumento da reticulocitose e sinais de hipovolemia. Após o primeiro episódio de crise de sequestro, já se indica a esplenectomia cirúrgica profilática.

➔ O sequestro ocorre somente em menores de 5 anos, já que após essa idade já ocorreram processos isquêmicos e infartos esplênicos, erradicando o baço, exceto em maiores de 5 anos, que ainda produzem HbF!

Acidente vascular encefálico

O AVE isquêmico por oclusão trombótica de um grande vaso intracerebral é o mais comum – cerca de 70%-80% dos casos. O AVE hemorrágico costuma ser devido à ruptura de aneurismas.

Síndrome torácica aguda

A STA se apresenta com um infiltrado pulmonar associado a febre, tosse, dor torácica, secreção purulenta, dispneia e/ou hipoxemia. Existem dois desencadeantes principais: vaso-oclusão capilar pulmonar e infecção.

Geniturinárias

Manifesta-se com isostenúria (perda da capacidade de concentrar a urina). O primeiro marcador é a queda da creatinina e as principais complicações são necrose de papila e glomeruloesclerose focal e segmentar (GEFS).

Priapismo

Ereção peniana sustentada consequente a uma vaso-oclusão nas veias de drenagem dos corpos cavernosos e não relacionada com o desejo sexual. É dolorosa, com duração de mais de 3 horas e leva à disfunção erétil.

Ocular

Retinopatia falcêmica.

Esqueléticas

A isquemia do osso cortical pode provocar um aspecto de boca de peixe nas vértebras. A osteonecrose (necrose asséptica ou avascular do osso) é outra complicação frequente que acomete o fêmur. Os falcêmicos são mais propensos a osteomielite por *Salmonella* ou *Staphylococcus aureus*.

Adendo: na anemia falciforme, o sequestro só ocorre nos primeiros anos de vida, já que, após esse período, a maioria dos pacientes já completou o processo de autoesplenectomia secundária (reflexa à destruição do parênquima esplênico em decorrência de múltiplos infartos teciduais cumulativos). O baço de um paciente falcêmico adulto é absolutamente atrófico e fibrosado, sem condições de albergar uma crise de sequestro.

Traço falcêmico	É a variante falcêmica com heterozigose entre os genes B^S e B^A. A eletroforese de proteínas demonstra HbS 50% inferior à HbA. A hemoglobina é produzida pela combinação de 2 dímeros (αβ), e no traço falcêmico ocorre a competição do B^A com o B^S na formação do dímero αβ. No caso, o B^A é mais eletronegativo e "compete melhor". Os pacientes com traço falcêmico são assintomáticos, mas podem desenvolver isostenúria, necrose de papila renal, carcinoma de medula renal e sequestro esplênico (se ar rarefeito).

21.3. Talassemia

➔ É uma doença de países do Mediterrâneo e que confere proteção contra a malária. A betatalassemia é caracterizada pela diminuição (β^+) ou ausência (β^0) da síntese de cadeias beta de globina. É ocasionada por uma mutação do β.

Betatalassemia *major* (anemia de Cooley)

É a forma mais grave (gene $\beta^0\beta^0$ ou $\beta^0\beta^+$), caracterizada pelo predomínio de 95% de HbF e alterações clássicas como deformidades ósseas talassêmicas específicas (proeminência dos maxilares – fácies talassêmica ou de esquilo).

O estado anêmico do paciente promove a estimulação da eritropoietina, responsável pela hiperplasia eritroide (expansão da medula óssea), levando a deformidade óssea (baixa estatura) e "crânio em cabeleira". Os altos níveis de eritropoietina promovem o recrutamento de sítios antigos de produção (hematopoiese extramedular), provocando hepatoesplenomegalia. A toxicidade da betatalassemia é proveniente dos grupamentos alfa (globina), altamente tóxicos em níveis medulares. Além disso, essas cadeias alfa se aglomeram nas hemácias, promovendo a lise prematura por diminuir a meia-vida ou favorecer a hemólise esplênica. O tratamento envolve a administração de hidroxiureia, hipertransfusão crônica, esplenectomia (se transfusões ultrapassarem 200 ml/kg/ano), deferoxamina (quelante de ferro para hemólise excessiva), transplante alogênico de medula (sendo necessário não haver hepatomegalia ou fibrose hepática) e ácido fólico.

Betatalassemia *intermedia*

Gene $\beta^{+\beta+}$. É um quadro mais brando, apresentando anemia e esplenomegalia. O tratamento abrange administração de ácido fólico, quelante de ferro e aconselhamento genético.

Betatalassemia *minor* (traço falcêmico)

É formada pelo gene $\beta\beta^{+}$ ou $\beta\beta^{0}$. O paciente se mostra assintomático, apresentando microcitose, hipocromia e distribuição do tamanho dos eritrócitos (RDW) normal. O tratamento abrange o aconselhamento genético.

Alfatalassemia	É predominante na Ásia, China e África. O paciente pode se apresentar completamente sem cadeias alfa (hidropisia fetal incompatível com a vida extrauterina), ausência de 3 genes alfa (doença da hemoglobina H com paciente moderadamente anêmico), ausência de 1 ou 2 genes alfa (alfatalassemia *minor* assintomática). O tratamento só está indicado na HbH pela administração de ácido fólico e hemotransfusões.

CAPÍTULO 22

LEUCEMIA E DISTÚRBIOS DA SÉRIE BRANCA

22.1. Leucemia Aguda

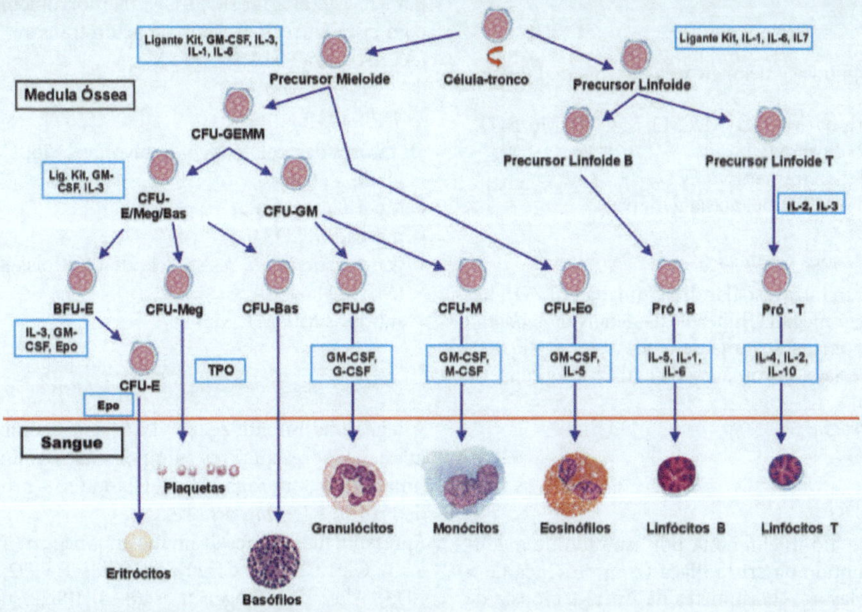

▶ Esquema simplificado da diferenciação das células hematopoéticas.

É o acúmulo de progenitores de linhagem linfoide ou mieloide, que recebem a denominação blastos!

Os blastos são incapazes de se diferenciar em células maduras devido a um bloqueio na sequência de maturação.

➔ A patogênese é decorrente de uma determinada célula progenitora que sofre mutação genética e se torna incapaz de prosseguir com a diferenciação hematopoiética. Essa célula se mantém na forma de blasto (jovem) e inicia uma proliferação descontrolada, ocupando a medula óssea e impedindo o crescimento e a diferenciação das células normais! A leucemia evolui com a supressão da hematopoiese normal por ocupação dos blastos leucêmicos na medula óssea. O paciente se apresenta com: pancitopenia (anemia, leucopenia, plaquetopenia).

Os blastos podem ser lançados na corrente sanguínea, justificando o termo leucemia (células brancas no sangue), determinando uma leucocitose. A contagem errônea dos blastos como linfócitos pelo equipamento laboratorial é denominada falsa leucocitose.

Na citogenética, a origem da leucemia é proveniente de alterações citogenéticas que levam à expressão de um ou mais oncogenes (responsáveis pela reprodução celular desordenada ou bloqueio da apoptose) localizados nas regiões inativas do genoma – proto-oncogenes.

Fatores de risco

- Radiação ionizante
- Quimioterapia
- Vírus linfotrópico de células T humanas tipo 1 (HTLV-1)
- Síndrome de Down (Até 3 anos, leucemia mieloide aguda (LMA) M7; acima, LLA)

As mutações frequentes são:

- deleções;
- inversões;
- translocações;
- perdas cromossomiais;
- ganhos cromossomiais.

Em suma: Proliferação do clone leucêmico (blasto) → Infiltração da medula levando a pancitopenia → Leucemização → Infiltração tecidual (hepatoesplenomegalia, adenomegalia, pele etc.).

Leucemia mieloide aguda - 30%

É mais comum em adultos!
Apresenta como imunofenotipagem (marcadores na membrana ou citoplasma do blasto) CD34, CD33, CD14, CD13.
Alterações citogenéticas t(8,21):M2, t(15,17):M3, inv(16):M4.

➔ Citoquímica: mieloperoxidase ou *Sudan Black B*.

➔ Subtipos (M0, M1, M2, M3, M4, M5, M6, M7).
- **M2:** cloroma.
- **M3:** sangramento/CIVD.
- **M4 e M5:** hiperplasia gengival.

Manifestações clínicas

Coagulação intravascular disseminada (CIVD), hepatoesplenomegalia, hiperplasia gengival, *leukemia cutis*, cloroma, síndrome de leucostase (> 100.000/mm³). A tríade sintomática da leucemia aguda:
- astenia;
- hemorragia;
- febre.

Diagnóstico

Realiza-se um mielograma por aspirado de medula óssea obtido da crista ilíaca (com presença de > 20% de blastos - blastonetes de Auer) e biópsia de medula óssea. A diferença entre os exames é que o aspirado revela os tipos celulares e a morfologia; a biópsia demonstra celularidade, sinais de fibrose, infecções e doenças infiltrativas.

Tratamento

É de suporte. Nos casos de sangramento associado a plaquetometria < 50.000/mm³, faz-se transfusão terapêutica. Para plaquetometria < 20.000/mm³ associada a febre ou < 10.000/mm³, faz-se transfusão profilática, além do tratamento específico para LMA (arabinosídeo-C + daunorrubicina 7/3, com cura entre 30% e 50%) e ácido trans-retinoico (ATRA) para LMA subtipo M3.

Prognóstico

Os fatores de prognóstico desfavorável são:
- idade > 60 anos;
- hiperleucocitose;
- marcador CD34;
- gene associado a resistência de múltiplas drogas (MDR-1);
- subtipos M0, M1, M6, M7.

Leucemia linfoide aguda - 10%

A leucemia linfoide aguda (LLA) mais comum na infância! Apresenta três subtipos mais comuns: L1 (infantil - bom prognóstico), L2 (adulto - prognóstico ruim) e L3 (*burkitt like*).
Apresenta marcadores de imunofenotipagem (linfócitos B: CD10, CD19, CD20 e linfócitos T: CD2, CD3, CD5). Alterações citogenéticas t(8,14), t(9,22), t(4,11).

➔ O **diagnóstico** é definido por linfoblastos na medula óssea em proporção maior que 25%.

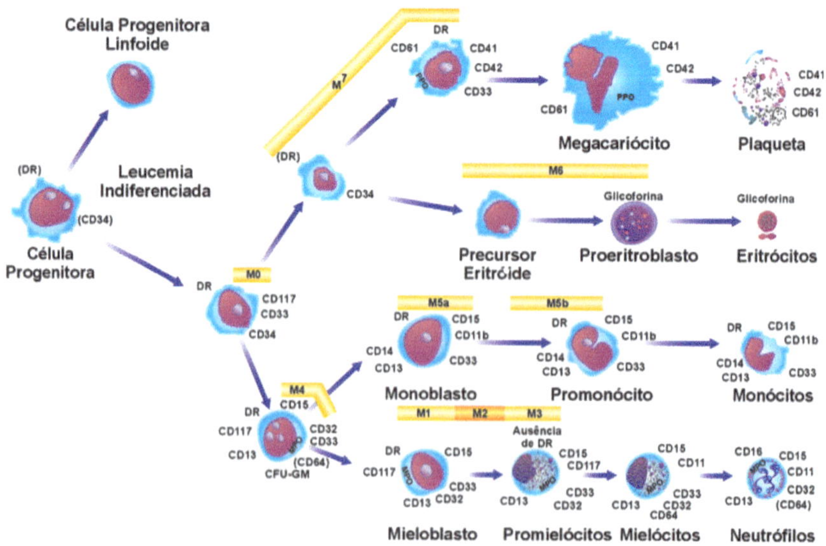

▶ Estágio de diferenciação das leucemias mieloides agudas.

As manifestações clínicas abrangem dor óssea, adenomegalia cervical ou generalizada, acometimento do sistema nervoso central e dos testículos.

O tratamento é feito com terapia específica que visa a indução da remissão, profilaxia do sistema nervoso central (SNC), consolidação da remissão e manutenção.

Os fatores de prognóstico desfavorável são: idade < 1 ano ou > 10 anos, presença do cromossomo *Philadelphia*, hiperleucocitose (100 k) e hipodiploidia.

Adendo: o transplante de medula óssea foi substituído por transplante de células hematopoiéticas, já que as células-tronco transplantadas podem ser extraídas da medula óssea, do cordão umbilical e do sangue periférico.

Além das células-tronco, são transfundidas outras células progenitoras e linfócitos T citotóxicos. São tipos de transplante:

- **transplante alogênico** (melhor tipo, proveniente de outro ser humano);
- **singênico** (proveniente de um irmão gêmeo univitelino, tem chance de recidiva da LLA);
- **autólogo** (proveniente do próprio paciente).

Antes do transplante, o clone neoplásico precisa ser erradicado mediante quimiorradioterapia mieloblástica ou efeito enxerto-*versus*-neoplasia (células T citotóxicas do doador destroem imunologicamente as células neoplásicas).

22.2. Leucemia Crônica

➔ As células que se acumulam estão numa fase tardia de maturação.

Acúmulo de	
Hemácias	Policitemia *vera*
Plaquetas	Trombocitemia essencial
Granulócitos	Leucemia mieloide crônica (LMC)
Linfócitos	Leucemia linfocítica crônica (LLC)

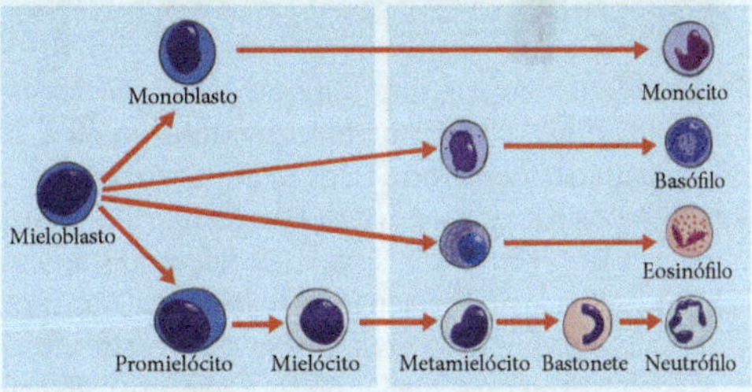

Leucemia mieloide crônica – 15%

Síndrome mieloproliferativa crônica, representa 15% das leucemias e possui um pico de incidência na fase adulta entre 45 e 55 anos de idade. Cerca de 95% da LMC apresentam o cromossomo *Philadelphia*.

➔ A patogênese propriamente dita é uma célula-tronco que adquire uma anomalia citogenética denominada cromossomo *Philadelphia* (uma translocação entre os braços longos do cromossomo 9 por t[9,22]). Essa translocação aproxima um gene c-abl de um bcr. A forma híbrida do oncogene BCR-ABL é responsável pela síntese de uma proteína P210 que desregula a divisão celular e bloqueia a apoptose.

➔ As manifestações clínicas são leucocitose neutrofílica acentuada com desvio à esquerda, esplenomegalia de grande monta, anemia, síndrome de leucostase e crise blástica. O diagnóstico é confirmado pelo aspirado ou biópsia demonstrando hiperplasia mieloide acentuada, e a confirmação, pelo achado do cromossomo *Philadelphia* ou gene BCR-ACL. O tratamento visa ao uso de mesilato de imatinibe (inibidor da tirosina quinase) com remissão completa da doença em 75% a 95% dos casos.

LMC *vs.* Reação leucemoide	É importante diferenciar a leucocitose (> 25.000/mm³) da LMC ***vs.*** reações leucemoides (sepse, hemorragia aguda, hepatite alcoólica). A dosagem da fosfatase alcalina leucocitária se encontra diminuída na LMC e aumentada na reação leucemoide. A vitamina B_{12} está elevada na LMC.

Leucemia linfocítica crônica – 45%

Estadiamento de RAI	Sobrevida
Estágio 0: somente linfocitose	> 10 anos
Estágio 1: linfadenopatia	8 anos
Estágio 2: presença de hepato/esplenomegalia	6 anos
Estágio 3: hemoglobina (Hb) < 11 g/dl	2 anos
Estágio 4: plaquetopenia	2 anos

É a mais comum na população idosa, sendo devida a um linfócito B neoplásico que não dá sequência na formação do plasmócito para combater a infecção. Os principais marcadores são CD5 e CD23.

➔ As manifestações clínicas são linfocitose acentuada com adenomegalia, hepatoesplenomegalia, hipogamaglobulinemia e plaquetopenia. O diagnóstico é realizado por linfocitose persistente > 10.000/mm³ com aspirado de medula óssea > 30% de linfócitos ou linfócitos ≥ 5.000/mm³ com imunofenotipagem revelando marcadores de linfócitos B maduros monoclonais em conjunto com marcadores CD5, CD19, CD20 e CD23.

→ O **tratamento** consiste em reduzir os sintomas e melhorar a qualidade de vida e a sobrevida, pois dificilmente há cura. Para os estágios de RAI ≥ 2, usam-se agentes alquilantes associados a corticoides (clorambucil ou fludarabina + rituximabe).

Leucemia de células pilosas (*Hairy Cell Leukemia*) – 1%

Acomete adultos, com predominância no sexo masculino (5:1). O clone neoplásico é derivado do linfócito B e se infiltra na medula óssea, produzindo fatores ativadores de fibrose. O clone neoplásico possui um citoplasma que apresenta projeções em forma de pelo. O quadro clínico manifesta-se com pancitopenia, esplenomegalia de grande monta, linfocitose relativa, monocitopenia e aspirado SECO. O diagnóstico é obtido pela biópsia da medula óssea. O tratamento consiste na administração de cladribina (ou 2-clorodesoxiadenosina ou 2-CdA) por 5 dias, por via intravenosa, apresentando remissão em 90% dos casos.

22.3. Distúrbios Mieloproliferativos Crônicos

Policitemia rubra *vera*

É uma desordem mieloproliferativa neoplásica de curso insidioso que acomete indivíduos de 50 a 80 anos de idade. É encontrada uma mutação da JAK-2 em 95% dos pacientes portadores. As manifestações clínicas são eritrocitose, sintomas referentes ao aumento da viscosidade sanguínea (cefaleia, tontura, distúrbios visuais), úlceras gástricas, prurido, pletora facial, esplenomegalia, pletora conjuntival, eritromelalgia das extremidades, dilatação dos vasos retinianos e hemorragias.

Diagnóstico

É feito pela cintilografia eritrocitária (para determinar a massa das hemácias) associada à detecção da mutação da JAK-2. Deve-se sempre afastar a hipótese diagnóstica de dengue e hipoxemia.

Tratamento

Envolve a flebotomia (aumenta a sobrevida do paciente de 2 para 10 anos) e o uso de fármacos imunossupressores para pacientes de mais de 70 anos de idade com alto risco de eventos trombóticos.

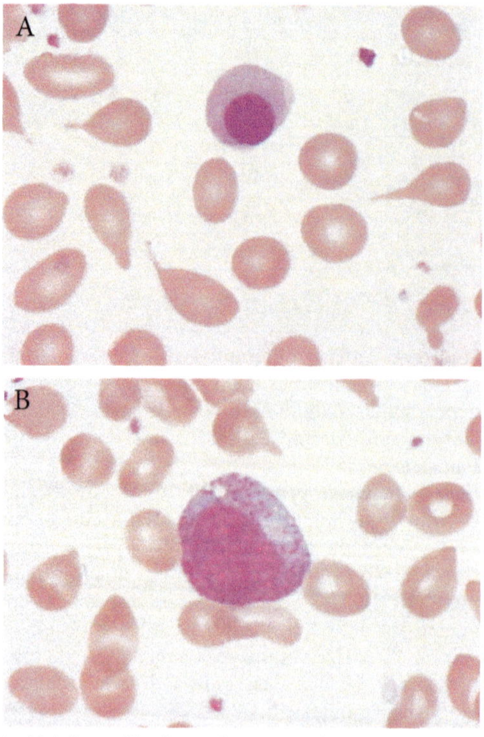

▶ Mielofibrose: (A) esfregaço de sangue periférico mostrando eritroblasto e hemácias em lágrima; (B) esfregaço de sangue periférico com mieloblasto e hemácias em lágrima.

Metaplasia mieloide agnogênica (mielofibrose idiopática)

É caracterizada como uma mielofibrose precoce com hematopoiese extramedular. Apresenta manifestações como esplenomegalia, hepatomegalia, leucoeritroblastose (células jovens granulocíticas no sangue periférico), hemácias em lágrima ou dacriócitos (representa a hematopoiese extramedular). Não existe cura.

Trombocitemia essencial

Acomete principalmente adultos de 50 a 60 anos de idade, com preferência pelo sexo feminino. As causas mais comuns são injúria tecidual, anemia ferropriva, sangramento agudo e pós-esplenectomia. A manifestação característica é a trombocitose > 600.000/mm³ com eventos trombóticos, hemorrágicos, eritromelalgia e esplenomegalia. O diagnóstico é definido por plaquetometria de 1.500.000/mm³ ou presença de eventos trombóticos. O tratamento envolve agentes mielossupressores.

22.4. Fisiopatologia dos Linfomas

O tecido linfoide é o local onde habitam as células imunológicas responsáveis pela resposta imune. Esse tecido é encontrado em linfonodos, amígdalas (anel de Waldeyer), timo e baço. A mucosa dos tratos gastrointestinal, respiratório e urinário também contém "ilhas" de tecido linfoide, que, por estarem na camada mucosa, são denominadas tecido linfoide associado à mucosa (MALT/BALT). O tecido MALT normalmente aparece e desaparece de acordo com estímulos antigênicos (p. ex., na mucosa gástrica, o tecido surge apenas em estados inflamatórios crônicos, como na infecção por *H. pylori*).

➔ A linfa é o excesso de líquido que se acumula no interstício dos órgãos, carreando proteínas, micro-organismos e partículas antigênicas. Ela caminha no sentido córtex-paracórtex-medula.

Os linfonodos são formados por: camada cortical (constituída por folículos linfáticos, nos quais está presente a maior parte dos linfócitos B), camada paracortical e camada medular. A linfa entra em contato com a camada cortical e promove a estimulação antigênica dos linfócitos B "virgens", que evoluem para linfócitos B ativados e posteriormente se transformam em linfócitos B de memória ou plasmócitos.

Destino dos linfócitos: a medula óssea produz e lança na circulação os linfócitos B virgens e as células pré-T. Essas células passam pelo timo para se transformarem em linfócitos T maduros.
A medula e o timo são considerados tecidos linfoides primários, pois produzem linfócitos que ainda não tiveram contato antigênico. Esses linfócitos viajam pela corrente sanguínea e se estabelecem no tecido linfoide secundário. Após o contato antigênico, os linfócitos se transformam em linfócitos B e T e ganham a corrente linfática, habitando os tecidos linfoides terciários (MALT/BALT).

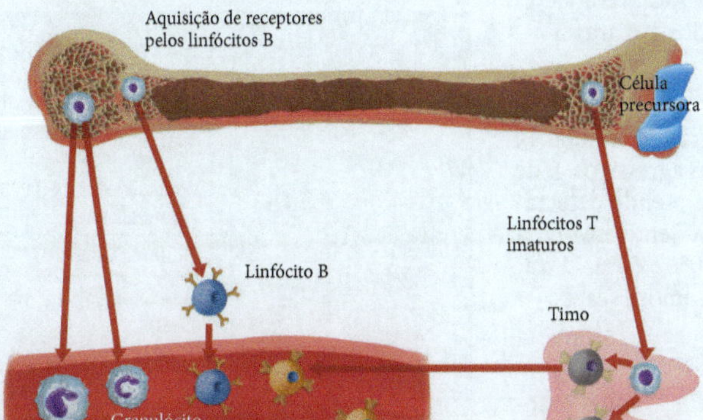

► Estrutura de um gânglio linfático. Abaixo da cápsula colágena fica o seio subcapsular, revestido por células fagocíticas. O córtex contém agregados de linfócitos B (folículos primários), que podem se transformar em folículos secundários durante a resposta antigência, ao desenvolver em seu interior um foco de intensa proliferação (centro germinativo). O paracórtex contém principalmente células T, que ficam em íntimo contato com as células interdigitantes apresentadoras de antígenos. Os linfócitos penetram no gânglio através de vasos endoteliais altamente especializados (vênulas endoteliais altas).

22.5. Linfoma

Linfonodo suspeito
■ Tamanho > 2 cm ou > 2,25 cm² (1,5 × 1,5 cm)
■ Localização supraclavicular (ou escalênica)
■ Crescimento progressivo
■ Persistência 2-6 semanas
■ Consistência endurecida aderida a planos profundos e indolor

Os linfomas são derivados de alterações irreversíveis sofridas nos cromossomos que ativam proto-oncogenes ou inativam antioncogenes. Essas alterações são desencadeadas por agentes ambientais, anormalidades genéticas, vírus Epstein-Barr, vírus da imunodeficiência humana (HIV), linfoma de Burkitt, linfomas B.

As manifestações clínicas mais comuns são:

- linfadenomegalia periférica;
- adenomegalia supraclavicular (ou inguinal).

➔ Preconiza-se a biópsia total (excisional) de qualquer "linfonodo suspeito".

22.6. Linfoma Não Hodgkin

Linfoma B indolente

O principal é o linfoma folicular de células B, que corresponde a 70% dos linfomas indolentes. Acomete indivíduos de 60 anos de idade e se manifesta como linfadenomegalia de início insidioso. Está associado à síndrome de Sjögren. Geralmente é diagnosticado em fases tardias (estágios 3-4), em que o tratamento é apenas paliativo. Quando diagnosticado em estágios 1-2, procede-se à radioterapia. O tratamento e a sobrevida são medidos em anos.

Linfomas B agressivos

O principal é o linfoma difuso de grandes células B, que corresponde a 90% dos linfomas agressivos. É de curso rápido (crescimento em massa), sendo detectado geralmente nas fases 1 e 2. O tratamento envolve a poliquimioterapia com cura entre 40% e 60%. O tratamento e a sobrevida são medidos em meses.

Linfomas B altamente agressivos

O principal é o linfoma de Burkitt, sendo o segundo mais comum na infância. Apresenta curso rápido e grande massa. O tratamento é feito com quimioterapia e tem índice de cura entre 50% e 80%. O tratamento e a sobrevida são medidos em semanas.

> ➔ O índice de cura do linfoma B altamente agressivo é de 50%-80%.

Adendo (subtipos específicos de linfoma não Hodgkin [LNH] em pacientes/tecidos linfoides)		
Linfoma não Hodgkin	HIV	■ Associado ao EBV: linfoma de Burkitt e primário do sistema nervoso central. ■ Associado a HHV8: linfoma imunoblástico.
	HTLV-1	■ Linfoma de células T.
	MALT	■ Associado a *H. pylori*: linfoma gástrico. ■ Associado a síndrome de Sjögren: linfoma salivar.
	Cutâneo	■ Linfoma micose fungoide.

22.7. Linfoma de Hodgkin

Acomete preferencialmente mulheres jovens de 20-30 anos de idade. Apresenta as células de Reed-Sternberg (RS) em um "pano de fundo" composto por linfócitos, plasmócitos e eosinófilos. As células de RS (células em "olhos de coruja") são linfócitos binucleares com marcadores CD15 e CD30, mas não são patognomônicas do linfoma de Hodgkin.

Os linfomas de Hodgkin (LH) são divididos em 2 grupos: linfoma de Hodgkin clássico (LHC) e linfoma de Hodgkin com predomínio linfocitário.

LHC

Possui marcadores CD15 e CD30 e se apresenta com 4 subtipos.

- **Esclerose nodular** (é o mais comum – 65%);
- **Celularidade mista** (afeta imunodeprimidos);
- **Rico em linfócitos** (melhor prognóstico);
- **Depleção linfocitária** (1% – acomete os idosos e possui prognóstico ruim).

Linfoma Hodgkin com predomínio linfocitário

Possui marcadores CD20.

Manifestação clínica

Existe correlação entre a ingesta de bebida alcoólica e a dor em pacientes portadores de LH. Além disso, o indivíduo apresenta adenomegalia cervical e/ou supraclavicular, leucocitose, linfopenia, fadiga, monocitose, eosinofilia, trombocitose, prurido, nefropatia por lesão mínima.

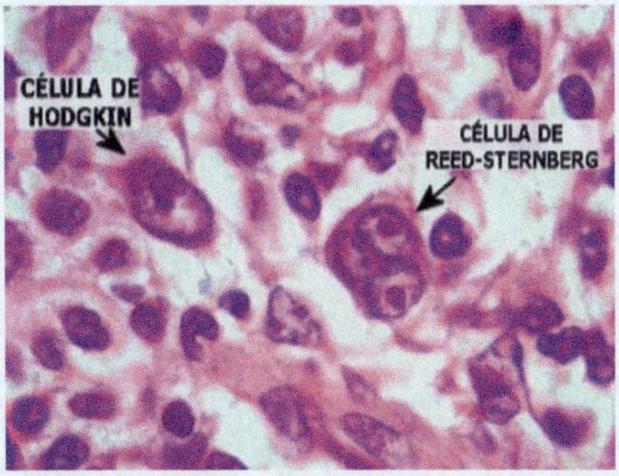

→ Sintomas B (sudorese noturna, febre, emagrecimento > 10% em 6 meses).

→ Apresenta-se com febre de Pel-Ebstein: dias de febre alta alternados com dias sem febre.

Diagnóstico e estadiamento

Realiza-se a biópsia excisional de todo o linfonodo para pesquisa de células de Reed-Sternberg cercadas por um "pano de fundo" de linfócitos, plasmócitos, histiócitos e eosinófilos.

Estadiamento Ann Arbor	
Estágio 1	1 cadeia ganglionar ou 1 estrutura linfonodal afetada.
Estágio 2	≥ 2 cadeias ganglionares do mesmo lado do diafragma.
Estágio 3	≥ 2 cadeias ganglionares em lados diferentes.
Estágio 4	Acometimento extranodal distante (fígado e medula óssea).
Letras	A: Sem sintomas B. B: Com sintomas B. E: Acometimento extranodal localizado. X: Doença volumosa com grande massa mediastinal. S: Acometimento esplênico.

Tratamento

É feito com quimioterapia + radioterapia (apenas estágios 1 e 2), sendo o transplante de medula reservado para os casos de recidiva.

- Estágios 1 e 2: 80%-95% de cura.
- Estágios 3 e 4: 60%-80% de cura.

Pior prognóstico: idade avançada, sintomas B, velocidade de hemossedimentação (VHS) e desidrogenase lática (LDH) aumentados.

22.8. Mieloma Múltiplo (Gamaglobulinemia Monoclonal)

É o principal representante das neoplasias plasmocitárias na população > 50 anos de idade, sendo mais comum no sexo masculino e na raça negra. No mieloma múltiplo, os plasmócitos neoplásicos liberam apenas um tipo específico de gamaglobulina, que favorece a liberação de citocinas, ocasionando a tétrade:

- anemia;
- lesão óssea;
- lesão renal;
- aumento de Ca^{+2}.

Manifestações clínicas

Notam-se as lesões esqueléticas axiais na forma de lesões líticas com sintomas como: dor óssea dependente de movimento, poupando os pedículos vertebrais, suscetibilidade a infecções (queda na produção e aumento na degradação periférica das imunoglobulinas normais), envolvimento renal (proteína de Bence Jones e síndrome de Fanconi), hipercalcemia, amiloidose, nefropatia por ácido úrico (lise tumoral). A infecção bacteriana é a principal causa de morte.

Tipo de mieloma múltiplo segundo o componente M	
IgG	21%
IgA	16%
IgD	2%

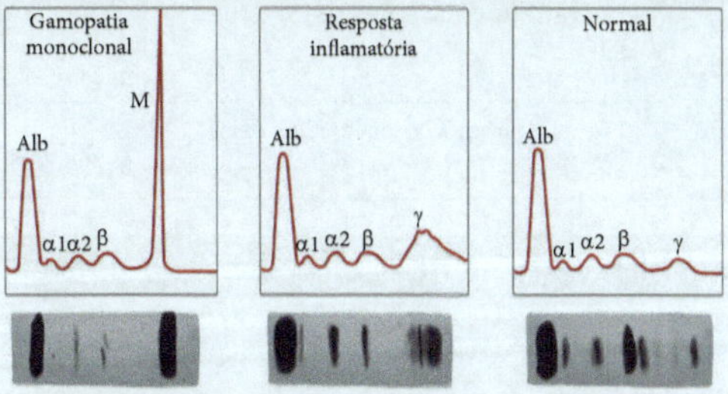

▶ Eletroforese de proteínas plasmáticas. Observe o componente M na eletroforese da esquerda, caracterizando-se como um pico alto e estreito na topografia da gamablobulina. Na eletroforese do meio, há uma hipergamaglobulinemia policlonal, visualizada como um aumento de base larga. A eletroforese da direita está normal, com a representação da albumina e das frações de globulina ($\alpha 1$, $\alpha 2$, β e γ).

O laboratório é inespecífico, com anemia, fenômeno de Rouleaux no sangue periférico (empilhamento das hemácias), fosfatase alcalina normal (a fisiopatologia é devida à inibição dos osteoblastos pela citocina), cintilografia normal.

O componente M (paraproteína M) é detectado pela eletroforese de proteínas, sendo depois realizada a imunoeletroforese ou imunofixação para tipar o componente M (IgG, IgA, cadeia leve *kappa* ou *lambda*).

Os critérios diagnósticos são:

- plasmocitose medular > 10%;
- presença de plasmocitoma;
- um componente M no soro (> 3 g/dl) ou na urina (> 1 g/dl);
- presença de lesão em órgão alvo.

O prognóstico é dado pelos níveis séricos de beta2-microglobulina.

(Caro: cálcio – hipercalcemia; anemia, rim – insuficiência renal; ossos – lesões ósseas líticas).

Caso o paciente se apresente sem "laboratório" de mieloma (proteína M e plasmocitose abaixo dos valores de diagnóstico), deve-se suspeitar de gamopatia monoclonal de significado indeterminado.

➔ O **tratamento** envolve a associação de quimioterápicos e transplante (em pacientes sem comorbidades) ou a administração de melfalan, prednisona, talidomida ou bortezomibe (em pacientes com comorbidades não elegíveis para transplante).

Adendo 1: a macroglobulinemia de Waldenström é caracterizada pela presença da imunoglobulina M (IgM) monoclonal (macroglobulina). A apresentação clínica mais comum é a síndrome de hiperviscosidade, que cursa com cefaleia, tontura, sangramento gengival, hemorragia retiniana e confusão mental. O tratamento envolve plasmaférese somada à administração de clorambucil e rituximabe.

Adendo 2: o mieloma osteoesclerótico se manifesta com a síndrome POEMS, que reflete Polineuropatia simétrica, organomegalia (hepatoesplenomegalia), endocrinopatia (hipogonadismo), gamopatia monoclonal e hiperpigmentação da pele.

Adendo 3: a proteína de Bence Jones na urina representa uma cadeia leve de imunoglobulina eliminada pelos rins.

Fluxograma diagnóstico			
MIELOMA	1) ≥ 10% plasmócitos na medula óssea 2) Pico monoclonal 3) CARO (Ca^{+2}↑, anemia, renal, osso)	Com clínica	■ Mieloma
		Sem clínica	■ Mieloma indolente
		Clínica de polineuropatia, organomegalia, endocrinopatia, gamopatia monoclonal e alterações cutâneas (síndrome POEMS)	■ Mieloma osteoesclerótico
	1) ≥ 10% plasmócitos na medula óssea 2) SEM pico monoclonal	■ Mieloma não excretor (ou oligossecretor < 1 g/dl)	

22.9. Neutropenia Febril

Neutrófilos = (% bastões + % segmentados) × leucócitos

A neutropenia febril é caracterizada por valores < 500 neutrófilos (ou < 1.000 cél/microl com previsão para queda em 48 h) associados a FEBRE (T° oral ≥ 38,3°C, ou T° ≥ 38°C por 1 hora, ou T° axilar ≥ 37,8°C), ou sem febre (quando em uso de corticoides e sinais de deterioração clínica: dispneia, hipotermia, hipotensão arterial).

Principais causas	1) Produção reduzida	Induzida por fármacos, deficiência de vitamina B_9/B_{12}.
	2) Destruição periférica acentuada	Retenção esplênica autoimune.
	3) Acúmulo periférico	Hemodiálise, infecções bacterianas maciças.

➔ Na abordagem da neutropenia febril é necessária a coleta de 2 hemoculturas antes de iniciar a antibioticoterapia empírica (cefalosporina de 4ª geração → vancomicina → antifúngicos).

Todo paciente neutropênico febril deve ser considerado portador de uma infecção grave e potencialmente letal em curto espaço de tempo.

A maioria das neutropenias febris não apresenta infecção. Acredita-se que o principal mecanismo etiopatogênico da infecção seja a translocação bacteriana do trato gastrointestinal. As neutropenias febris com duração superior a 7 dias refletem um aumento da probabilidade de infecção por fungos como *Candida* sp. ou *Aspergillus* e *Fusarium*.

➔ O esquema antimicrobiano empírico básico deve ser feito com fármacos para cobertura antipseudomonas.

A vancomicina e outros fármacos que ampliam o espectro contra Gram-positivos devem ser associados no doente grave (hipotensos, infecção cutânea, mucosite, infecção de cateter).

➔ O tratamento antifúngico empírico deve ser iniciado em paciente com 4 a 7 dias de tratamento antimicrobiano associado a febre e pode ser feito com:

- anfotericina;
- caspofungina;
- voriconazol.

CAPÍTULO 23

HEMOSTASIA E TRANSFUSÕES

23.1. Fisiopatologia da Hemostasia

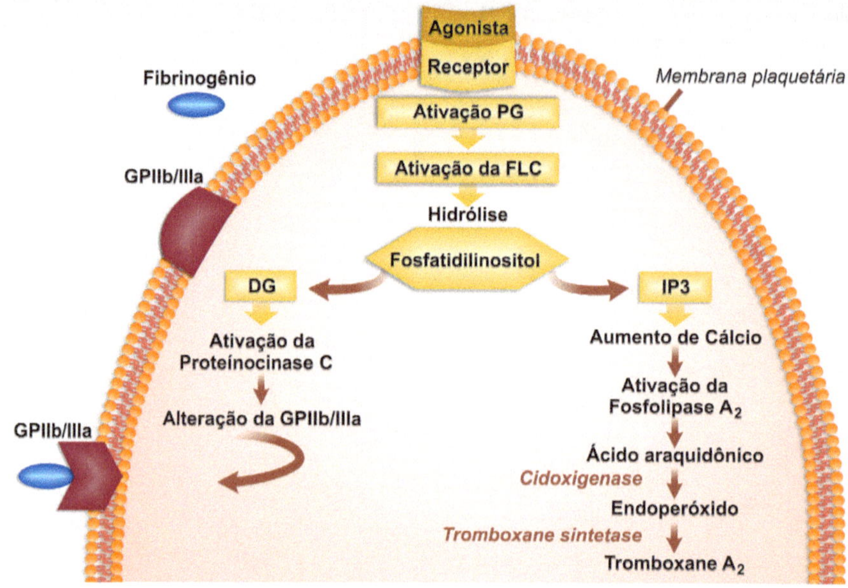

▶ Ativação plaquetária. PG (proteína G), FLC (fosfolipase C), DG (diacilglicerol), IP3 (inositol-trifosfato).

➔ É o processo fisiológico encarregado de interromper o sangramento e iniciar o reparo dos tecidos vasculares lesados.

Hemostasia primária

"Interromper o sangramento com as plaquetas"

Possui três fases: adesão, ativação e agregação.

Adesão plaquetária

A lesão tecidual expõe as fibras de colágeno da matriz subendotelial. Dessa forma, as glicoproteínas VI e Ia/IIa vão participar, respectivamente, da adesão do colágeno e do fator de von Willebrand (FvW).

Ativação plaquetária

As plaquetas são estimuladas pelos agonistas plaquetários (o próprio colágeno, a epinefrina e a trombina). A estimulação pelos agonistas induz a síntese de tromboxano A2 (TxA2) pela enzima COX-1. O TxA2 amplifica a ativação plaquetária por meio de um *feedback* positivo. O agonista plaquetário (trombina) se encarrega de preparar a plaqueta para receber a rede de fibrina.

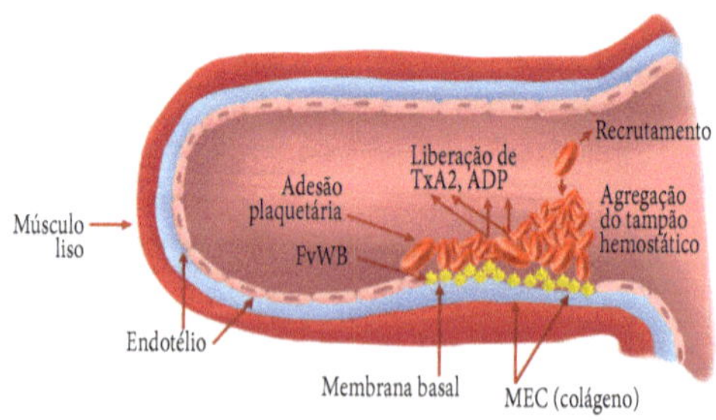

▶ Hemostasia primária.

Agregação plaquetária

É mediada pela glicoproteína IIb/IIIa utilizando o fibrinogênio como "ponte" para ligar uma plaqueta à outra.

Hemostasia secundária

"Impedir que volte a sangrar!"
"Os fatores de coagulação entram em ação"

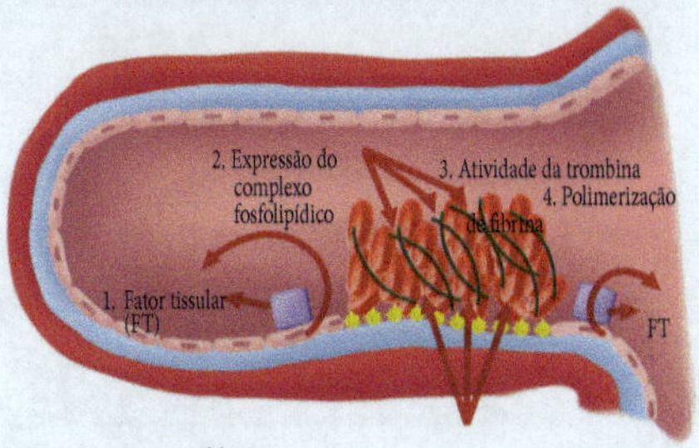

► Hemostasia secundária.

Todos os fatores de coagulação são sintetizados pelo fígado. Os fatores representam um conjunto de proteínas plasmáticas inicialmente inativas que são ativadas como uma cascata sequencial. A hemostasia secundária é didaticamente apresentada sobre três partes, as vias extrínseca, intrínseca e comum.

Via extrínseca

É desencadeada pela expressão do fator tecidual (localizado nas células subendoteliais), que entra em contato com o sangue quando há lesão endotelial. O exame utilizado para avaliar essa via é o tempo e atividade da protrombina (TAP).

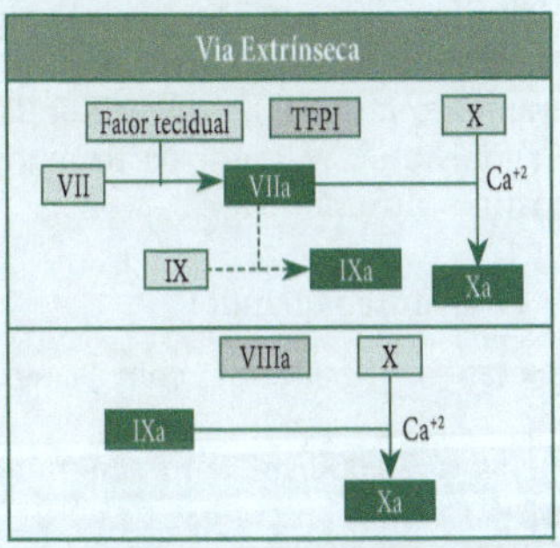

Via intrínseca

É desencadeada pelo contato do sangue com cargas elétricas negativas (vidro, caolin, colágeno). O exame utilizado para avaliar essa via é o tempo de tromboplastina parcial ativada (TTPa).

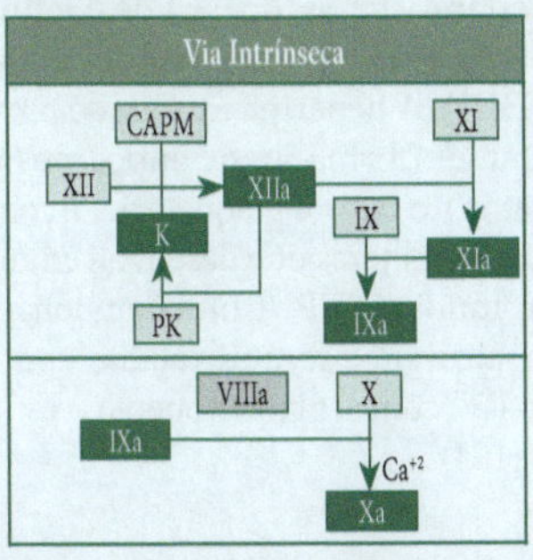

Via comum

Ambas as vias convergem quando o fator X é ativado.

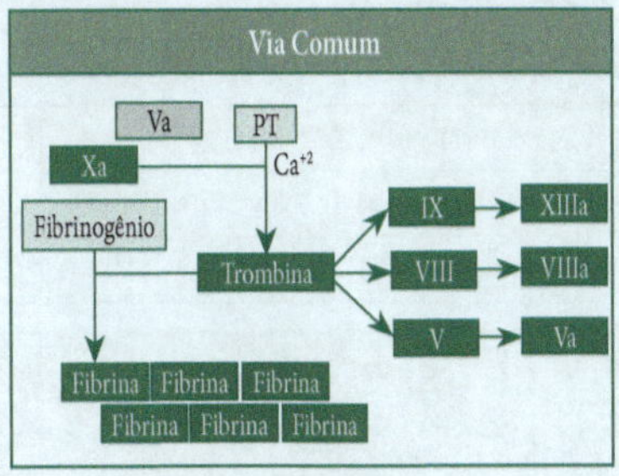

➔ Para fixar a fibrina no vaso é necessária a presença do fator 13. Nos exames laboratoriais, o fator 13 é inexistente devido à ausência do vaso.

➔ É necessário realizar a dosagem do fator 1 nos casos de defeito da via comum!

- **Via extrínseca** = II, V, VII, X. (2,5,7,10)
- **Via intrínseca** = VIII, IX, XI, XII. (8,9,11,12)
- **Via comum** = I, II, V, X. '(VIXII)' - (1,2,5,10)

As células endoteliais ÍNTEGRAS participam da regulação da trombogênese por meio de:

- **inibição da hemostasia primária:** com a produção de óxido nítrico, prostaciclina, adenosina difosfatase (ADP_{ASE});
- **inibição da hemostasia secundária:** produção de trombomodulina, proteína S, heparan-sulfato, inibidor da via do fator tecidual;
- **estímulo à fibrinólise:** a liberação do ativador do plasminogênio tecidual (tPA) (agente fibrinolítico) transforma o plasminogênio ligado à rede de fibrina em plasmina.

Adendo: o dipiridamol inibe a fosfodiesterase, bloqueando a degradação do monofosfato de adenosina cíclico (AMPc) e do monofosfato de guanosina cíclico (GMPc), ativando quinases intracelulares (promovendo fosforilação) e inativando as plaquetas.

Manifestação clínica

Hemorragia cerebral, retiniana e digestiva.

- **Sangramento plaquetário (hemostasia primária):** caracteriza-se por um sangramento que não para. Existe predomínio de acometimento das regiões cutânea e gengival, com petéquias, púrpuras, equimoses, epistaxe, menorragia e hematúria.
- **Sangramento por coagulopatia (hemostasia secundária):** caracteriza-se por sangramento que cessa de imediato, porém com recidiva! Há predomínio de acometimento em região subcutânea, sistema nervoso central (SNC), com hematoma dissecante profundo pós-vacinal e hemartrose.

Provas de hemostasia

Contagem plaquetária	150.000-450.000/mm³
Tempo de sangramento (TS)	3-7 minutos
Tempo de coagulação/Lee-White (TC)	5-10 minutos
Tempo de tromboplastina parcial ativado (TTPa)	25-35 segundos
Tempo de protrombina (TP ou TAP)	10-13 segundos

→ O TS é capaz de avaliar a função plaquetária em casos de plaquetometria normal.

→ Os exames mais utilizados são: TS, TAP e TTPa.

Diagnóstico possível	PTT, PTI	Coagulação intravascular disseminada (CIVD), heparina, insuficiência hepática	DvW	Via intrínseca	Via extrínseca	Via comum	Fator 13
Contagem de plaquetas	Queda	Queda	Nl	Nl	Nl	Nl	Nl
TS	Nl		Alargado	Nl	Nl	Nl	Nl
TAP	Nl	Alargamento	Nl	Nl	Alterado	Alterado	Nl
TTPa	Nl	Alargamento	Alargado	Alterado	Nl	Alterado	Nl

23.2. Distúrbios Plaquetários

➔ Podem ser classificados como desordens numéricas (trombocitose, trombocitopenia) e desordens da função plaquetária.

Desordem numérica das plaquetas

Trombocitopenia: as principais causas são destruição acelerada (mais comum), diminuição de sua produção pela medula óssea, pseudotrombocitopenia, trombopoiese ineficaz, distribuição anormal.

Púrpura trombocitopênica imune ou idiopática

É caracterizada por plaquetas que são destruídas prematuramente devido à existência de autoanticorpos quentes IgG (direcionados à glicoproteína IIb/IIIa) que se ligam à superfície da membrana plaquetária, opsonisando a plaqueta. Após a opsonização, as plaquetas serão reconhecidas e destruídas pelos macrófagos no baço. Os autoanticorpos atacam as plaquetas devido a uma "reação cruzada".
A principal manifestação é a plaquetopenia isolada, com sinais de gengivorragia e petéquias.
A púrpura trombocitopênica imune ou idiopática (PTI) pode se apresentar de duas formas:

Aguda

Acomete indivíduos de 1-4 anos de idade, tem duração inferior a 6 meses e resolução espontânea em cerca de 70%-80% dos casos. Em 65%, o período de incubação é de 1-4 semanas após uma infecção viral respiratória (ou exantemática ou da vacinação).

Crônica

É quando dura mais de 12 meses.

➔ O tratamento é feito com glicocorticoides (para reduzir a quantidade de macrófagos mediante a competição do substrato plaquetário), imunoglobulina (Ig anti-D quando o paciente for Rh^+), transfusão (para pacientes com risco de sangramento no SNC), esplenectomia, rituximabe e agonista do receptor da trombopoietina (romiplostin e eltrombopag).

Aplica-se a transfusão quando:

1. Plaquetas < 10.000/ml com sangramento intenso.
2. Plaquetas < 20.000/ml com sangramento de mucosas.
3. Condições que aumentem o risco de hemorragias.

PTI secundária

É desencadeada pelo uso de fármacos (quinidina, heparina), gestação, lúpus, doença de Crohn, tireoidite de Hashimoto, miastenia, vírus da imunodeficiência humana (HIV). A heparina é capaz de provocar uma "reação imune" (formação de anticorpos anti-heparina) que atua no fator 4 plaquetário. Acomete preferencialmente mulheres que desenvolveram trombose venosa profunda (TVP)/tromboembolia pulmonar (TEP) pós-cirurgia e foram tratadas com heparina. Manifesta-se com plaquetopenia e trombose.

Preconiza-se a substituição da heparina por argatroban, fondaparinux ou lepirundina.

Púrpura trombocitopênica trombótica

Acomete mulheres entre 20 e 40 anos de idade e apresenta taxa de mortalidade de 80%. É caracterizada por deficiência de ADAMTS-13 (enzima responsável pela clivagem do excesso de FvW ligado ao colágeno).

A falta de ADAMTS-13 favorece a formação de microtrombos (FvW + plaquetas) nas arteríolas terminais e na rede capilar. Esses trombos são responsáveis por isquemias, consumo de plaquetas e lise de hemácias (formando fragmentos de hemácias – esquizócitos).

As manifestações clínicas se apresentam com anemia hemolítica, trombocitopenia, sintomas neurológicos, febre e insuficiência renal. O diagnóstico é definido pelos depósitos hialinos subendoteliais (presentes em 50% dos casos) demonstrados na biópsia de pele, gengiva ou medula.

➔ O **tratamento** é feito com plasmaférese, aumentando a sobrevida em 80%. Na ausência de plasmaférese, recomenda-se a transfusão diária de plasma fresco congelado como medida temporária.

➔ A transfusão de plaquetas é contraindicada na PTT devido ao risco aumentado da formação de microtrombos.

Desordens funcionais das plaquetas

Hereditárias

Síndrome de Bernard-Soulier

É a deficiência da glicoproteína IB. O tratamento é feito com transfusão de plaquetas de repetição.

Trombastenia de Glanzmann

É a deficiência da glicoproteína IIB/IIIA. O tratamento é feito com transfusão de plaquetas de repetição.

Adquiridas

Disfunção plaquetária urêmica

O acúmulo de toxinas nitrogenadas leva à diminuição na ativação, agregação e adesão plaquetária. O tratamento é feito com a administração de crioprecipitado e desmopressina (DDAVP), com melhora das propriedades de adesão à custa do aumento da atividade do FvW, além da diálise (remoção de toxinas nitrogenadas) nos casos graves.

Fármacos antiplaquetários

- <u>Ácido acetilsalicílico (AAS), ticlopidina e clopidogrel</u> (inibem a ativação plaquetária pelo ADP).
- <u>Anti-inflamatório não esteroidal (AINE)</u> (inibe a função plaquetária de forma irreversível, bloqueando a síntese de prostaglandinas).

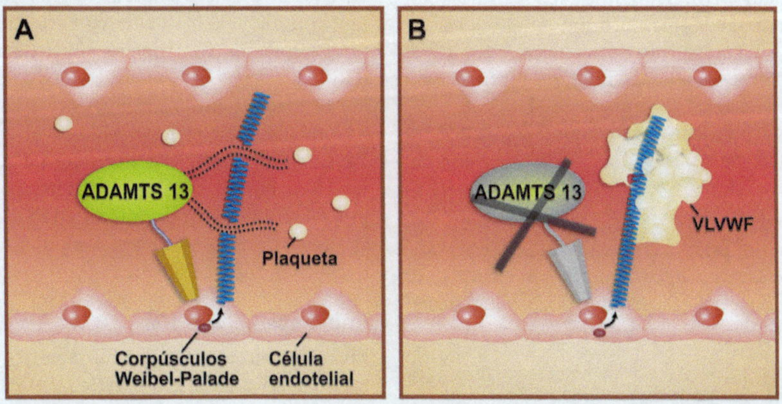

► Fisiopatologia da púrpura trombocitopênica trombótica (PTT). (A) Em condições fisiológicas, os polímeros do FVW (secretados pelos corpúsculos de Weibel-Palade) ingressam na microcirculação e são clivados pela protease ADAMTS13; (B) Na PTT, devido à ausência dessa protease, não há proteólise do FVW e as moléculas extensas, ao passarem pela microcirculação, são desdobradas e transformadas em formas alongadas e ativas, predispondo à agregação plaquetária e trombose.

23.3. Distúrbios da Coagulação

→ O fator de von Willebrand é "o segurança do fator 8 que é friável".

Distúrbios hereditários

Doença de von Willebrand (DvW)

É a desordem hemorrágica hereditária mais comum, afetando 1% da população. Acomete um dos componentes da hemostasia primária (a adesão plaquetária).
A DvW se apresenta em tipos 1 e 2 (ambos com baixa repercussão) e tipo 3 (ausência total do FvW e atividade muito baixa do fator 8, tendo como repercussão a diátese hemorrágica grave).
No geral, as manifestações clínicas são sangramento imediato após trauma ou procedimento invasivo, com achados laboratoriais de tempo de sangramento alargado, TTPa alargado e provas da hemostasia normais.
➔ O **diagnóstico** é feito pela medida da atividade do FvW pelo teste da ristocetina e dosagem de antígeno do FvW pelo ensaio imunossorvente ligado à enzima (ELISA). O tratamento é realizado com DDAVP (desmopressina), reposição de concentrados ricos em FvW (crioprecipitado) e antifibrinolíticos.

Hemofilias A e B

Acometem quase exclusivamente o sexo masculino e são caracterizadas pela baixa atividade do fator 8 (A) ou do fator 9 (B). As manifestações clínicas são hemartroses e hematomas intramusculares. O laboratório evidencia distúrbio da via intrínseca e TTPa alargado. O tratamento baseia-se na reposição do fator 8 purificado ou recombinante, DDAVP, antifibrinolíticos (para o tipo A) e fator 9 purificado ou recombinante (para o tipo B).

Hemofilia C

Deficiência do fator 11, manifesta-se com sangramento excessivo após trauma ou cirurgia. O tratamento consiste na infusão de plasma fresco congelado.

Distúrbios adquiridos

Deficiência de vitamina K

A vitamina K é lipossolúvel e precisa de sais biliares para sua absorção intestinal. Ela é um cofator importante para a gamacarboxilação hepática dos fatores 2, 7, 9, 10, além dos anticoagulantes endógenos (proteína C e S). A vitamina K encontra-se depletada em situações como desordem hemorrágica do recém-nascido (o RN possui baixos estoques de vitamina K), paciente debilitado em uso de antibióticos, síndromes de má absorção intestinal, colestase e hepatopatias.

Anticoagulantes e trombolíticos

Heparina

É capaz de ligar-se ao anticoagulante endógeno antitrombina III, aumentando sua atividade antitrombina e antifator Xa.
➔ Apresenta-se como heparina não fracionada (capaz de inativar os fatores IIa e Xa – alargando o TTPa) e heparina de baixo peso molecular (HBPM) (capaz de inativar o fator Xa – não alarga o TTPa).
➔ O **tratamento** de hemorragias por heparina consiste na suspensão do uso somado à administração de protamina 1 mg para cada 100 U de heparina (ou 1 mg de HBPM).

Cumarínicos (Varfarina)

Age inibindo a reação de gamacarboxilação dependente de vitamina K para a síntese hepática dos fatores 2, 7, 9, 10 e proteínas C e S. O fator 7 e a proteína C, por possuírem menor meia-vida, são os primeiros a serem depletados. Sendo assim, o TAP (razão normalizada internacional [INR]) é o primeiro exame a se alterar.

➔ Devido a essa menor meia-vida da proteína C (anticoagulante), o uso de cumarínicos tem efeito pró-coagulante nas primeiras horas de uso, e indivíduos com proteína C prévia baixa podem desenvolver necrose cutânea induzida por varfarina (WISN) – trombose de pequenos vasos.
Diversos fármacos interagem com a varfarina por interferir no seu metabolismo hepático no citocromo P450, como: antibióticos, AINEs, medicações cardiovasculares, pró-coagulantes, indutores da P450, inibidores de absorção.

Inibidores do fator 10a

Rivaroxabana, apixabana e edoxabana, que agem antagonizando diretamente o fator 10a. Geralmente são ministrados em doses fixas, sem necessidade de monitorização, e têm efeito imediato de anticoagulação.

Inibidores da trombina 2a

Agem diretamente antagonizando a trombina 2a. Os principais são dabigatrana, argatrobana e bivalirudina.

Trombolíticos

Agem convertendo o plasminogênio em plasmina, uma protease capaz de dissolver os polímeros de fibrina contidos no trombo.

- Estreptoquinase é não fibrinoespecífica e atua no plasminogênio ligado à fibrina e no plasminogênio livre no plasma.
- Ativador do plasminogênio tecidual recombinante (r-tPA) ou alteplase – fibrinoespecífico.

Adendo: "O tempo de trombina está para o fibrinogênio assim como o tempo de sangramento está para a plaqueta."

Doença hepática

Na doença hepática, não há a produção dos fatores da coagulação e das proteínas anticoagulantes. O fator 7 é o primeiro a cair, resultando em alargamento do TAP. A queda das proteínas C e S predispõe à trombose. A não depuração hepática do r-tPA (alteplase) predispõe ao estado de hiperfibrinólise primária. Além disso, a colestase (represamento dos sais biliares) dificulta a absorção da vitamina K, resultando em INR alargada, corrigida pela administração de vitamina K.

Tratamento do sangramento cumarínico	
Ausente	Suspender a varfarina quando INR < 5
Leve (INR > 5)	Administrar vitamina K por via oral (VO) + anterior
Moderado	Administrar plasma fresco congelado ou fator 7 + vit. K + suspender varfarina
Supercumarínico (veneno)	Administrar plasma fresco congelado + vitamina K VO por 2 meses

Coagulação intravascular disseminada

A exposição do fator tecidual resulta na exacerbação da coagulação, levando à formação de fibrina em vários pontos da microvasculatura, consumindo plaquetas (trombocitopenia) e fatores da coagulação (coagulopatia), destruindo hemácias (anemia hemolítica com esquizócitos) e obstruindo pequenos vasos.

➔ Como consequência da hiperfibrinólise, ocorre aumento dos produtos de degradação de fibrina, sendo o mais importante entre eles o D-dímero (produto liberado pela degradação direta dos polímeros de fibrina [PDF]).

Os critérios que definem o diagnóstico são: hipofibrinogenemia, aumento dos PDFs (especialmente D-dímero), alargamento do TTPa e do TAP, trombocitopenia e anemia hemolítica com esquizócitos. O tratamento envolve o uso de crioprecipitado de plasma associado a suporte para anticoagulação.

Condutas em pacientes em uso de cumarínicos submetidos a procedimento cirúrgico
1. Cirurgia ou procedimento eletivo com baixo risco: ▪ suspender o cumarínico 5 dias antes (se necessário, usar heparina) e liberar quando INR < 1,5.
2. Cirurgia ou procedimento de urgência (realizar entre 1 e 4 dias): ▪ suspender o cumarínico e administrar vitamina K VO (2-4 mg).
3. Cirurgia ou procedimento de emergência (realizados no mesmo dia): ▪ suspender o cumarínico e administrar plasma fresco congelado + vitamina K venosa.

Trombofilias	
Hereditárias	→ Acometem pacientes jovens e se manifestam com tromboembolismo e ausência de fatores de risco! Os principais exemplos são: ▪ fator V de Leiden (resistência à proteína C); ▪ mutação do gene da protrombina; ▪ deficiência de proteínas C e S; ▪ hiper-homocisteinemia.
Adquiridas	As principais são: neoplasias, hiperviscosidade, síndrome nefrótica, síndrome do anticorpo antifosfolipídio (SAF).

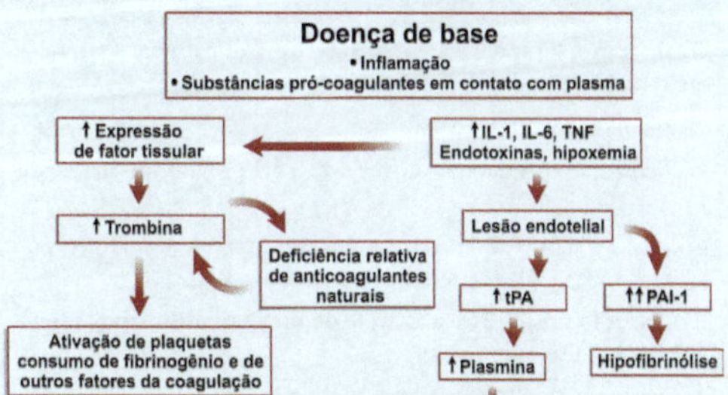

▶ Esquema fisiopatológico simplificado mostrando os principais componentes da fisiopatologia da CIVD, com destaque para a ação do fator tissular, trombina, deficiência relativa de anticoagulantes naturais e inibidor do ativador do plasminogênio do tipo 1 (PAI-1). IL-1: interleucina 1, IL-6: interleucina 6, TNF: fator de necrose tumoral, tPA: ativador do plasminogênio tissular.

23.4. Hemotransfusão

Concentrado de hemácias

Tem validade por 35-42 dias e é utilizado em três situações:

- hemorragias agudas;
- pré/perioperatório;
- anemias.

Hemorragia aguda

Quando apresentar perda volêmica > 30% (ou > 15% em indivíduos com instabilidade hemodinâmica).

Pré/perioperatório

Quando níveis de hemoglobina (Hb) < 8 g/dl ou hematócrito (Ht) < 24% (se perda sanguínea prevista superior a 1 litro ou distúrbios da hemostasia), Hb < 10 g/dl ou Ht 30% (se perda prevista superior a 1 litro em pacientes com comorbidades), Hb < 7 g/dl ou Ht < 21% (casos em geral).

Anemia

Hb < 7 g/dl ou Ht < 21% (pacientes hígidos), Hb < 9 g/dl ou Ht < 27% (pacientes com comorbidades).

➔ Cada bolsa eleva = 1 g/dl (Hb) e 3% (Ht).

Concentrado de plaquetas

Tem validade por 5 dias. Cada bolsa eleva = 5-10.000 pontos 1-3 horas após a transfusão.

Indicações de transfusão de concentrado de plaquetas
Transfusão terapêutica: presença de sangramento ativo + pelo menos um dos seguintes: ▪ plaquetometria < 50.000/mm³; ▪ disfunção plaquetária provável (TS > 12 segundos ou uso de antiplaquetário); ▪ pós-operatório de cirurgia cardíaca com circulação extracorpórea (CEC) + plaquetometria < 150.000/mm³.
Transfusão profilática: ausência de sangramento ativo + pelo menos um dos seguintes: ▪ procedimento invasivo com plaquetometria < 50.000/mm³; ▪ neurocirurgia ou cirurgia oftalmológica com plaquetometria < 100.000/mm³; ▪ plaquetometria < 10.000/mm³ em pacientes em pós-quimioterapia, com leucemia, anemia aplásica sem febre, pequenos sinais hemorrágicos; ▪ plaquetometria < 20.000/mm³ em pacientes em pós-quimioterapia, com leucemia, anemia aplásica com febre, pequenos sinais hemorrágicos.

Plasma fresco congelado (PFC)

Tem validade por 12 meses. Contém albumina e todos os fatores da coagulação. É indicado para reposição dos fatores de coagulação, quando:

- INR > 1,5;
- protrombina < 50%;
- TTPa > 55 s (situações como: CIVD, coagulopatias, intoxicação por cumarínicos, insuficiência hepática).

➔ A dose é de 15-20 ml/kg.

Crioprecipitado

Tem validade por 12 meses. É derivado do plasma fresco congelado e contém: fibrinogênio, fator 8, FvW, fator 13 e fibronectina.

A dose é 1-2 U/10 kg de peso.

Cada bolsa eleva o fibrinogênio do plasma em 60-100 mg/dl.

Medquiz	
Processo de seleção do doador	O doador deve ter idade entre 18 e 65 anos, peso > 50 kg (para a retirada de 500 ml de sangue). É necessário realizar as sorologias: anti-HIV 1 e 2, antígeno p24, antivírus linfotrópico de células T humanas (HTLV) 1 e 2, antígeno de superfície do vírus da hepatite B (HbsAg)/anticorpo anti-HBc, anticorpo anti-HCV, pesquisa laboratorial de doenças venéreas (VDRL), doença de Chagas.
Complicações transfusonais	▪ A reação mais comum é a febre. ▪ O componente mais comum na reação alérgica/anafilática é o plasma. ▪ A bactéria desencadeadora de sepse é a Yersinia. ▪ A reação FATAL é a lesão pulmonar aguda relacionado com transfusão (TRALI). ▪ A reação hemolítica mais comum é a incompatibilidade ABO/Rh. Outras complicações compreendem: ▪ aloimunização; ▪ reação febril não hemolítica; ▪ doença do enxerto contra o hospedeiro (DECH); ▪ hemotransfusão maciça (hipotermia, alcalose metabólica, hipercalemia, hipocalcemia transitória, hipervolemia, congestão pulmonar, trombocitopenia dilucional, coagulopatia dilucional).

SEÇÃO 6 - CARDIOLOGIA

Capítulo 24 - Arritmias

24.1. Fisiologia Cardíaca e Arritmias ... 166
24.2. Taquiarritmias ... 168
24.3. Bradiarritmias (FC < 60 bpm) ... 170
24.4. Tipos de Marca-passo Cardíaco ... 171
24.5. Morte Súbita e Parada Cardiorrespiratória ... 172

Capítulo 25 - Insuficiência Cardíaca e Hipertensão Arterial Sistêmica

25.1. Insuficiência Cardíaca ... 174
25.2. Hipertensão Arterial Sistêmica - Parte I ... 177
25.3. Hipertensão Arterial Sistêmica - Parte II ... 178
25.4. Emergência e Urgência Hipertensivas ... 179
25.5. Hipertensão Pulmonar ... 180

Capítulo 26 - Distúrbios Cardíacos

26.1. Valvopatias ... 181
26.2. Cardiomiopatias ... 183
26.3. Pericardiopatias ... 184

Capítulo 27 - Síndromes Coronarianas

27.1. Isquemia Miocárdica - Parte I ... 185
27.2. Isquemia Miocárdica - Parte II ... 187
27.3. Distúrbios Anginosos ... 189
27.4. Síndrome Coronariana Aguda sem Supradesnível de ST (SCASST/IAMSST) ... 189
27.5. Infarto Agudo do Miocárdio de Supradesnível (IAMST) ... 190

ANOTAÇÕES

CAPÍTULO 24

ARRITMIAS

24.1. Fisiologia Cardíaca e Arritmias

Introdução

A atividade elétrica do ritmo cardíaco surge no nódulo sinusal (células especializadas próximas ao óstio da veia cava superior). Essas células, devido ao automatismo, possuem a capacidade de se despolarizar espontaneamente 60-80×. O estímulo elétrico produzido atinge o miocárdio atrial por intermédio de feixes internodais e se propaga até o nódulo atrioventricular (AV) (próximo ao anel tricúspide). No nódulo AV ocorre um atraso fisiológico de 120-200 ms (3-5 mm no eletrocardiograma [ECG]), correspondente ao intervalo PR.

Após o intervalo, o estímulo continua se propagando pelo feixe de His e pelas fibras de Purkinje para atingir o miócito ventricular. A ativação do miocárdio ventricular é representada pelo complexo QRS, sendo ele estreito (devido à rápida condução das fibras de Purkinje). Uma vez despolarizado o miocárdio ventricular, ele se torna momentaneamente refratário a novos estímulos, e esse período refratário termina quando os miócitos se repolarizam, representados pela onda T. O intervalo QT mede 440 ms (11 mm).

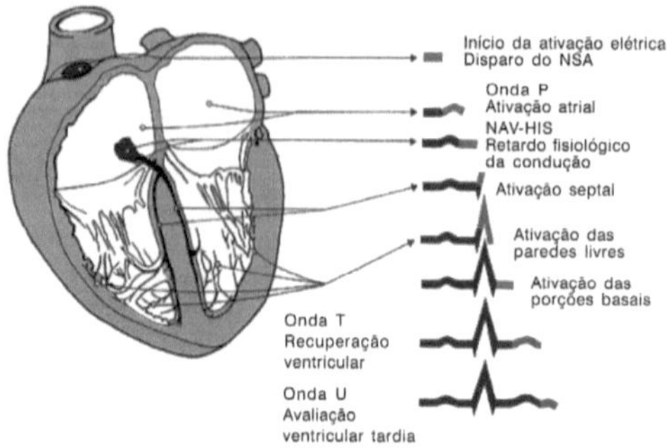

► Ciclo elétrico do coração, ilustrando as sequências de ativação dos átrios e dos ventrículos.

Tipos de fibrilação atrial	
Paroxística	É autolimitada com resolução espontânea em até 7 dias.
Persistente	Persiste por mais de 7 dias caso o paciente não seja cardiovertido.
Permanente	Persiste por mais de 1 ano ou é refratária à cardioversão. Preconiza-se a ablação do nódulo AV + anticoagulação crônica e implante de marca-passo.

Arritmias

Fibrilação atrial

Apresenta-se como uma irregularidade do intervalo R-R e ausência de onda P. As principais causas são: hipertensão, idade avançada, insuficiência cardíaca, doença mitral, tireotoxicose isolada. Ao exame físico, o paciente apresenta B_4 em ruflar diastólico decorrente da hipertensão somada à fibrilação atrial. As principais consequências são tromboembolismo (devido à estase) e aumento da mortalidade (devido à elevação da frequência cardíaca [FC] e à queda do débito cardíaco [DC]).

Risk factors		
C	Congestive Heart Failure	+1
H	Hypertension	+1
A_2	Age ≥ 75	+2
D	Diabetes	+1
S_2	Stroke/TIA History	+2
V	Vascular Disease	+1
A	Age 65-74	+1
S	Sex (Female)	+1

Escore	
Homens	≥ 2 - anticoagular ≥ 1 - considerar
Mulheres	≥ 3 - anticoagular ≥ 2 - considerar

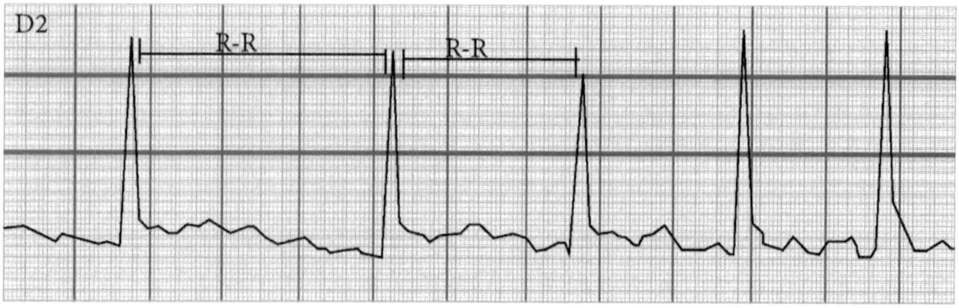

Tratamento

Para pacientes instáveis preconiza-se a cardioversão (choque). Para pacientes estáveis, existem dois métodos de tratamento com eficácia e prognóstico iguais:

- **controle da frequência:** utilizam-se betabloqueadores, digitálicos, bloqueadores dos canais de cálcio (para diminuir a FC < 110 bpm) e anticoagulantes (inibidores da trombina 2a ou fator 10a, exceto pacientes com *clearance* de creatinina [ClCr] < 15);
- **controle do ritmo:** realiza-se anticoagulação pré-reversão + reversão química ou elétrica do paciente + amiodarona + anticoagulação pós-reversão (devido ao *stunning* atrial) por 4 semanas + anticoagulação crônica.

Anticoagulação pré-reversão

- **Fibrilação atrial (FA) < 48 horas de baixo risco** ou > 48 h com Eco sem trombo: utiliza-se apenas heparina.
- **FA < 48 horas de alto risco** ou FA > 48 horas: anticoagula-se por 3-4 semanas.

Fibrilação ventricular

É responsável por cerca de 90% das causas de parada cardiorrespiratória (PCR) em ambientes extra-hospitalares. Representa uma assincronia nas contrações das fibras musculares dos ventrículos, não produzindo contração efetiva. O aspecto ecocardiográfico reflete ondas com traçado irregular e grosseiro, amplitude variada e complexos alargados. O tratamento envolve o uso de desfibriladores.

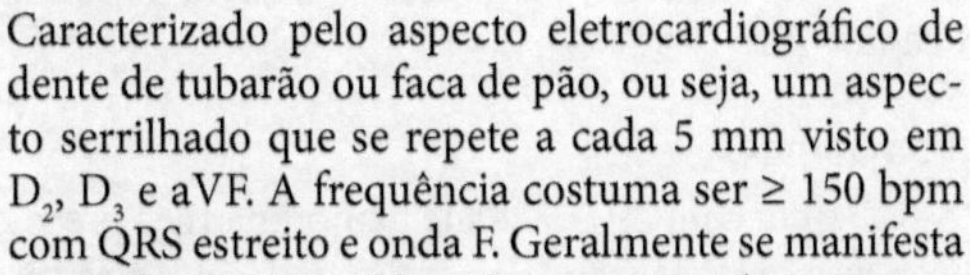

▶ Fibrilação ventricular.

Flutter atrial

Caracterizado pelo aspecto eletrocardiográfico de dente de tubarão ou faca de pão, ou seja, um aspecto serrilhado que se repete a cada 5 mm visto em D_2, D_3 e aVF. A frequência costuma ser ≥ 150 bpm com QRS estreito e onda F. Geralmente se manifesta como *flutter* típico (tipo 1), apresentando uma condução 2:1 em que a cada 2 ondas F há 1 QRS.

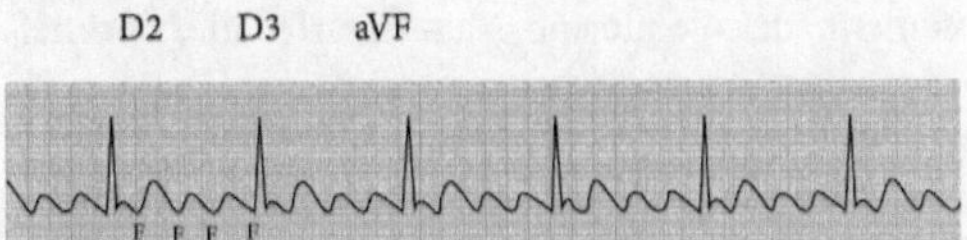

▶ *Flutter* atrial.

Tratamento

Em pacientes com instabilidade hemodinâmica realiza-se a cardioversão elétrica emergencial. Aos pacientes estáveis recomenda-se o uso de ibutilida ou dofetilida. Na ausência desses fármacos, realiza-se a cardioversão elétrica eletiva com 50 J. A abordagem definitiva é a ablação por radiofrequência. A anticoagulação é idêntica à da fibrilação atrial.

Flutter ventricular

É caracterizado por alterações morfológicas no complexo QRS/T que se fundem em uma única onda de grande amplitude e onda P oculta no QRS. Apresenta-se com frequência ventricular de 200-300 bpm. O *flutter* ventricular está associado a cardiopatias com grave degeneração miocárdica. O mecanismo eletrofisiológico envolvido se dá por circuitos de reentrada nas fibras de Purkinje ou pela presença de foco ectópico ventricular com velocidade de disparo muito elevada.

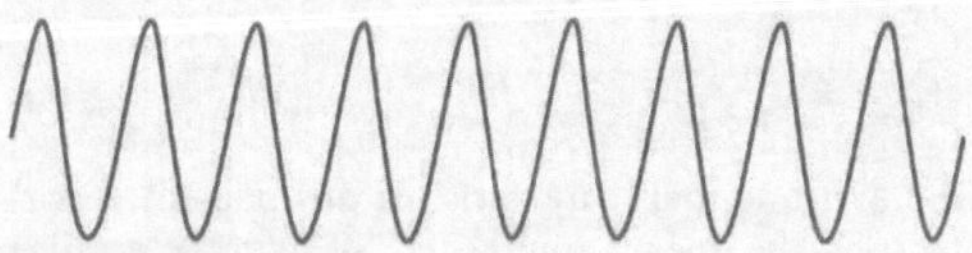

▶ *Flutter* ventricular.

Extrassístole atrial

São batimentos prematuros supraventriculares provenientes de um foco ectópico atrial devido a despolarizações precoces no ciclo cardíaco conduzido pelo sistema normal de condução. As extrassístoles atriais podem ou não ser conduzidas e, em geral, apresentam QRS alargado e aberrante semelhante a um bloqueio de ramo. Comumente os pacientes são assintomáticos ou exibem manifestações inespecíficas, não associadas a doenças. Não apresentam necessariamente uma pausa pós-extrassístole compensatória.

Extrassístole ventricular

A extrassístole ventricular (ESV) é caracterizada pela presença de QRS largo > 120 ms e repolarização alterada. É um batimento no qual o ventrículo sofre despolarização por condução lenta por meio do músculo, e não pelo sistema especializado de condução. Não existe onda P precoce precedendo o batimento ventricular; ela geralmente está dissociada do QRS. Pode ser assintomática ou associada a palpitações. As principais causas de ESV são mecanismos de reentrada, atividade deflagrada ou automatismo exagerado, sendo diretamente relacionadas com hipertireoidismo, distúrbios eletrolíticos, cafeína, drogas etc.

Extrassístole ventricular	
Bigeminada	Apresenta uma relação de 1 complexo QRS para 1 extrassístole.
Trigeminada	Apresenta uma relação de 2 complexos QRS para 1 extrassístole.
Pareadas	Apresenta 2 extrassístoles consecutivas.

24.2. Taquiarritmias

Taquicardia sinusal

É uma resposta fisiológica ao exercício físico e ao estresse emocional (ansiedade). Apresenta-se com frequência > 100 bpm, presença de onda P e QRS estreito. Pode ser decorrente de hiperativação adrenérgica, tireotoxicose, reentrada sinusal e taquicardia sinusal inapropriada. Ao ECG observa-se a onda P muito próxima à onda T anterior.

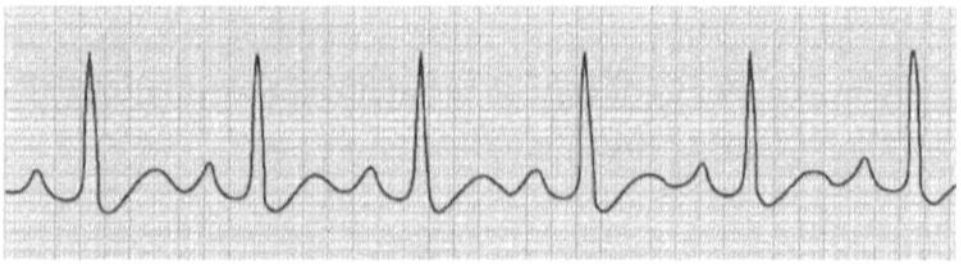

Taquicardia atrial multifocal

É a arritmia mais característica dos pacientes portadores de doença pulmonar obstrutiva crônica (DPOC).

Taquicardia supraventricular paroxística (TSVP)

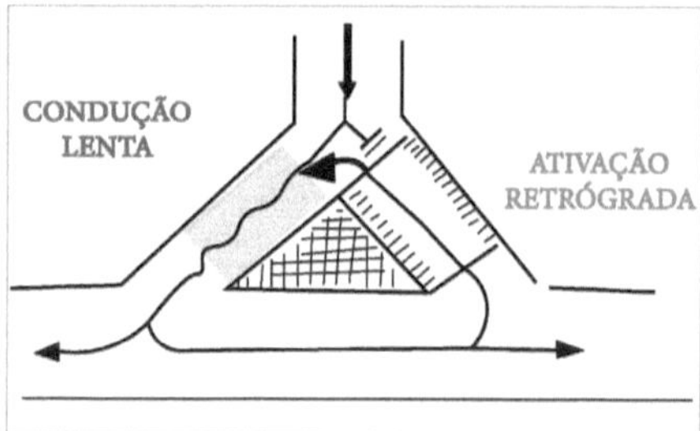

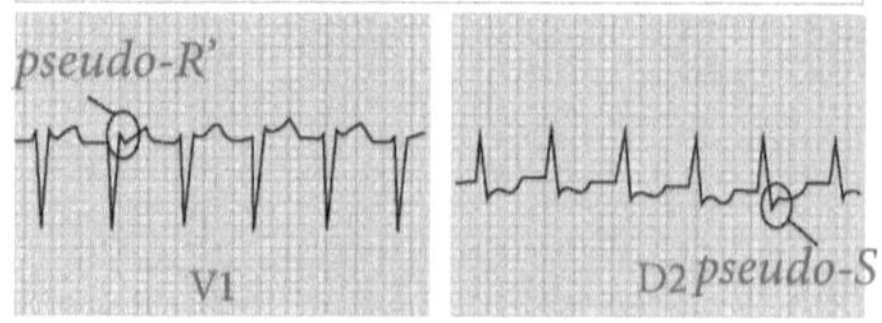

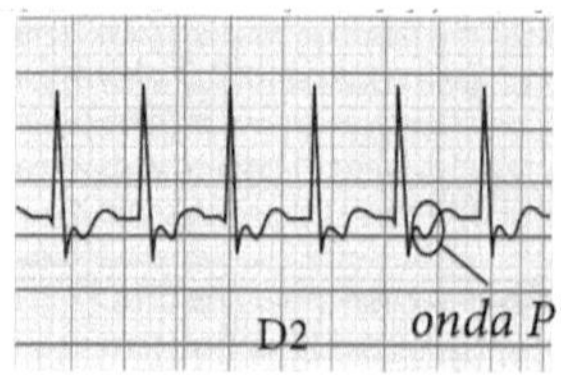

➔ Taquicardias não ventriculares que começam e terminam subitamente.

Reentrada nodal

Representa 70% dos casos. O indivíduo precisa ser portador de uma dupla via nodal (nódulo AV apresentando duas vias de condução). Essas duas vias se dividem em *via alfa* (lenta e período refratário curto) e *via beta* (rápida e período refratário longo). O estímulo proveniente de uma extrassístole atrial (onda P precoce) alcança o nódulo AV e utiliza a *via alfa/lenta*; quando o estímulo acaba de passar por ela, a *via beta/rápida* já se recuperou do período refratário, possibilitando que o estímulo suba e encontre novamente o início da via alfa, completando o circuito de reentrada.

➔ Na dupla via nodal observam-se o pseudo-R' de V1 e o pseudo-s de D2.

Reentrada em via acessória

Representa 30% dos casos. O indivíduo apresenta uma segunda via condutora atrioventricular e um feixe de fibras denominado feixe de Kent (ou via acessória ou anômala).

➔ O tratamento é com procainamida, 15 mg/kg em 30 minutos, com manutenção de 1-4 mg/min. Outros fármacos não devem ser usados sob o risco de aumentarem a condução pela via acessória.

➔ Na via anômala, observam-se as onda-P' após cada QRS.

Tratamento

A pacientes com instabilidade hemodinâmica preconiza-se a cardioversão elétrica. Em pacientes estáveis podem ser tentadas manobras vagais como: Valsalva, compressão do seio carotídeo, pressão ocular ou pinçamento de colo uterino. Na refratariedade, a primeira escolha farmacológica é a adenosina, 6 mg por via endovenosa (EV); se não houver melhora, → 12 mg EV. A segunda escolha é o verapamil, 2,5-5 mg/2 minutos, após 30 minutos, 5 mg EV. A terapia definitiva é a ablação com radiofrequência.

Síndrome de Wolff-Parkinson-White

É uma taquicardia ocasionada por um feixe anômalo. O estímulo é conduzido pela via acessória (não retida pelo nó AV). Apresenta-se com PR curto e onda delta, tendo em vista que a ativação dos ventrículos começa pela porção de miocárdio ventricular que está conectada à via acessória, ou seja, de forma mais lenta. Antes do término da ativação ventricular o estímulo alcança o sistema His-Purkinje e ativa o restante das fibras de forma rápida.

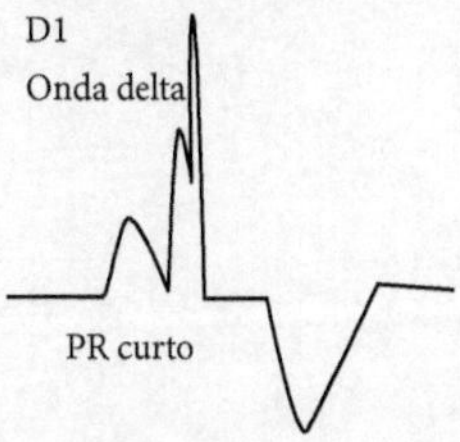

➔ O tratamento envolve o uso de procainamida e ibutilida, sendo necessária a ablação por radiofrequência. A onda delta é visualizada preferencialmente na derivação D1.

Taquicardia ventricular

É uma arritmia que apresenta grande potencial de evolução para a fibrilação ventricular. A taquicardia ventricular (TV), um grande marcador de cardiopatia grave, é caracterizada como um ritmo taquicárdico originário do ventrículo devido a um foco despolarizante no miocárdio ventricular ou no sistema His-Purkinje. O mecanismo pode ser a reentrada ou o hiperautomatismo.

TV monomórfica sustentada (TVMS)

Apresenta FC > 100 bpm com QRS alargado ≥ 120 ms e aberrante, que se repete precisamente. A causa mais comum é a doença coronariana. Surge geralmente por um circuito de reentrada no miocárdio ventricular, proveniente de uma área de condução lenta (miocárdio isquêmico ou doente) ou heterogeneidade dos períodos refratários. É desencadeada por extrassístole ventricular.

➔ O tratamento consiste em cardioversão elétrica sincronizada com 100 J para pacientes instáveis.

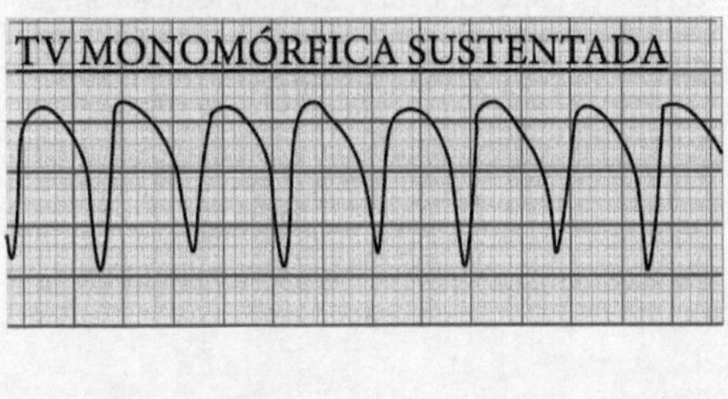

Para TVMS por infarto agudo do miocárdio (IAM) < 48 horas usam-se amiodarona, procainamida e lidocaína. Para pacientes com cardiopatia estrutural irreversível o tratamento é com cardiodesfibrilador implantável associado a betabloqueadores. Para cardiopatia estrutural reversível utiliza-se amiodarona ou sotalol.

TV polimórfica sustentada (TVPS)

Apresenta FC > 200 bpm, QRS alargado ≥ 120 ms e aberrante.

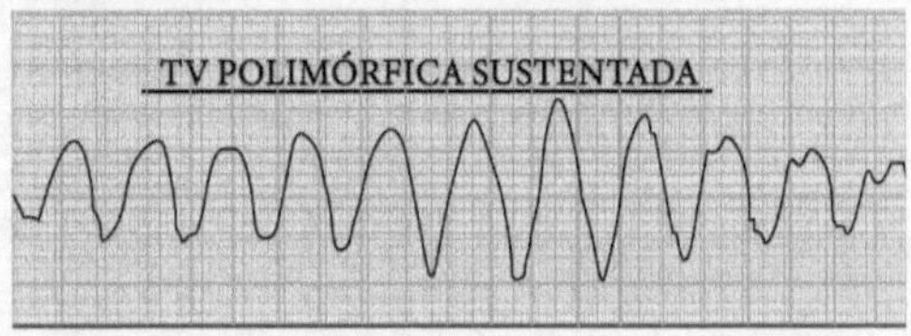

- QT longo (ou *torsades de pointes*): é uma "extrassístole ventricular" negativa que se torna positiva. Os principais fármacos que aumentam o QT são: antiarrítmicos, tricíclicos, cocaína, cisaprida, terfenadina, loratadina, além das condições de hipocalemia, hipomagnesemia, hipocalcemia e bloqueio atrioventricular total (BAVT). O tratamento é feito com sulfato de magnésio 2 g EV em 2 minutos, repetindo-se a dose após 15 minutos.

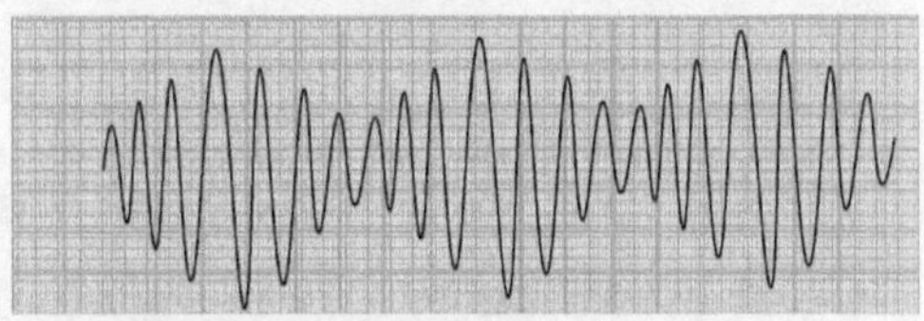

► *Torsades de pointes.*

- QT normal: é devido à isquemia miocárdica aguda grave.

TV não sustentada

- Caracteriza-se pela presença de < 3 extrassístoles ventriculares seguidas que duram menos de 30 segundos e não resultam em instabilidade hemodinâmica.

Síndrome de Brugada	É um defeito hereditário nos canais de sódio dos miócitos que pode causar morte súbita. O paciente apresenta desmaios frequentes e ECG com padrão de bloqueio de ramo direito associado à supradesnível do segmento ST (em V1 a V3). Essas alterações podem ser desencadeadas pelo teste da procainamida. ■ O tratamento visa à implantação do cardiodesfibrilador implantável para a profilaxia de morte súbita.

Algoritmo diagnóstico para as taquiarritmias

1. **Taquicardia:** R-R < 3 "quadrados grandes".
2. **Frequência cardíaca ECG rítmico:** cada 1 "quadrado grande": 300 bpm → 150 bpm → 100 bpm → 75 bpm → 60 bpm → 50 bpm.
   2.1. **Frequência cardíaca ECG arrítmico:** quantidade de complexo QRS em 6 s (30 quadrados grandes) ×10.

Perguntas:

1. **Existe taquicardia?** Deve ser observado o intervalo R-R.
2. **Existe onda P?** Deve-se observar a derivação D2!

→ Sim: existindo onda P precedendo QRS, há duas alternativas principais: a taquicardia sinusal ou a taquicardia atrial.

A taquicardia sinusal possui onda P positiva em D1 e D2.
A taquicardia atrial/multifocal possui as ondas P com morfologia diferente.

→ Não: ir para a próxima pergunta.

3. **Existe onda F de *flutter* atrial?** Devem-se observar D2, D3, aVF e V1.

→ Sim: existindo a onda F com frequência 300 bpm ou 150 bpm (2:1), observar se apresenta aspecto de "dente de serra/tubarão".
→ Não: ir para a próxima pergunta.

4. **QRS estreito (< 120 ms) ou alargado (≥ 120 ms)?**
   Caso o QRS seja alargado ou aberrante, é sugestivo de taquicardia ventricular.
   Caso sejam iguais/idênticos, TV monomórfica é sugerida. Se forem diferentes, é provável que seja uma TV polimórfica.
   Caso dure menos de 30 segundos e não cause instabilidade hemodinâmica, é considerado não sustentado. Se durar mais que 30 segundos ou causar instabilidade, é considerado sustentado.

→ QRS estreito: ir para a próxima pergunta.

5. **Intervalo R-R regular ou irregular?**

→ Irregular: o diagnóstico é de fibrilação atrial.
→ Regular: se FC > 120 bpm, o diagnóstico é taquicardia supraventricular paroxística

- Se tiver pseudo-S ou pseudo-R': reentrada nodal.
- Se tiver onda P' um pouco após o QRS na derivação V1: reentrada em via acessória.
- Se tiver alternância na amplitude do QRS: reentrada em via acessória.
- Se PR curto e onda delta: síndrome de Wolff-Parkinson-White.

→ Regular: se FC < 120 bpm, o diagnóstico é taquicardia juncional não paroxística (intoxicação digitálica).

24.3. Bradiarritmias (FC < 60 bpm)

Bradiarritmias sinusais

→ Parada sinusal > 3 segundos pode cursar com síncope! A principal etiologia é a fibrose do nodo sinusal.

São desencadeadas por vagotonia (aumento do estímulo vagal) ou uso de fármacos cronotrópicos negativos. O ECG do paciente apresenta-se com onda P positiva em D2 precedendo QRS e intervalo PR normais (120-200 ms). O tratamento é realizado em pacientes sintomáticos pelo uso de atropina 0,5-1 mg por via intravenosa (IV), repetindo-se de 5/5 minutos até 3 mg (dose$_{MÁX}$ = 0,04 mg/kg). Para casos refratários preconiza-se o uso de adrenalina/dopamina ou marca-passo (MP).

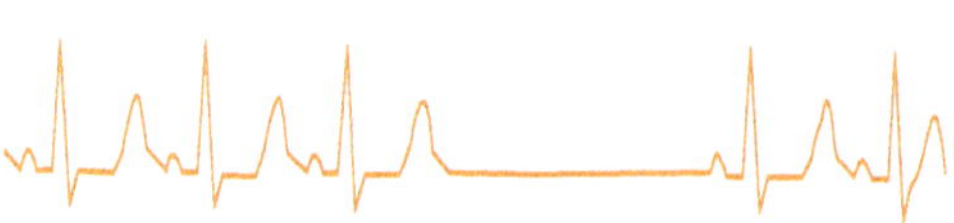

▶ Pausa sinusal.

Bloqueio atrioventricular

Pode se apresentar em região supra-hissiana (possui receptores parassimpáticos e responde à atropina – vagolítica) ou em região infra-hissiana (não possui receptores e não responde à atropina).

BAV de 1º grau

É um alentecimento da condução AV com aumento do intervalo PR > 200 ms e nunca ocorre o bloqueio! Recebe o mesmo tratamento da bradiarritmia sinusal.

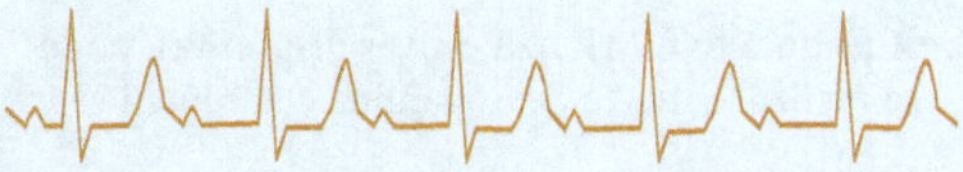

▶ Bloqueio atrioventricular do 1º grau (o primeiro intervalo PR é normal).

BAV de 2º grau Mobitz I (ou fenômeno de Wenckebach)

O intervalo PR aumenta progressivamente até chegar o momento em que a onda P é bloqueada e não há contração ventricular. Recebe o mesmo tratamento da bradiarritmia sinusal.

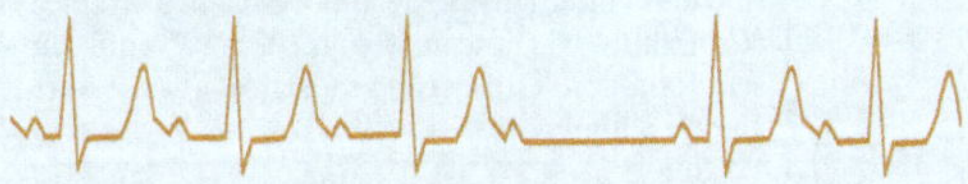

▶ Bloqueio atrioventricular do 2º grau Mobitz I (Wenckebach).

BAV de 2º grau Mobitz II (fenômeno de Hay)

Ocorrem eventuais bloqueios de ondas P sem a contração ventricular (QRS), apresentando uma relação entre o número de ondas P/QRS, sendo 3:2, 4:3, 5:4.

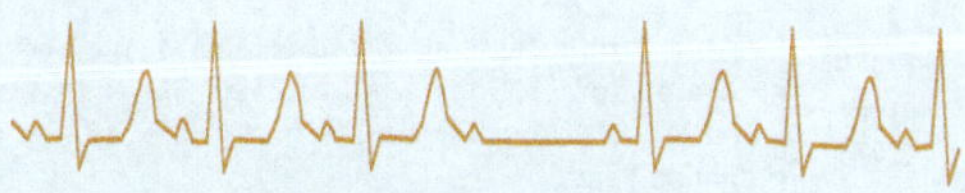

▶ Bloqueio atrioventricular do 2º grau Mobitz II.

BAV total (BAV de 3º grau)

Ocorre o desacoplamento/dissociação da onda P do complexo QRS, ou seja, o ritmo atrial continua sendo comandado pelo nódulo sinusal e os ventrículos passam a ser comandados pelo ponto mais alto do feixe de His.

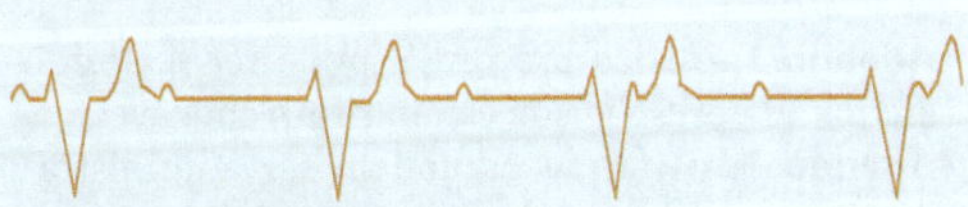

▶ Bloqueio atrioventricular total (BAVT).

Bloqueio de ramos

Bloqueio de ramo direito (BRD)

Quando isolado, não representa risco aumentado para cardiopatia. É caracterizado por um QRS alargado com morfologia rSR' (para cima) em V1 e morfologia RS em D1.

Bloqueio de ramo esquerdo (BRE)

É caracterizado por um QRS alargado com morfologia rS ou QS (para baixo) em V1 e morfologia R em D1.

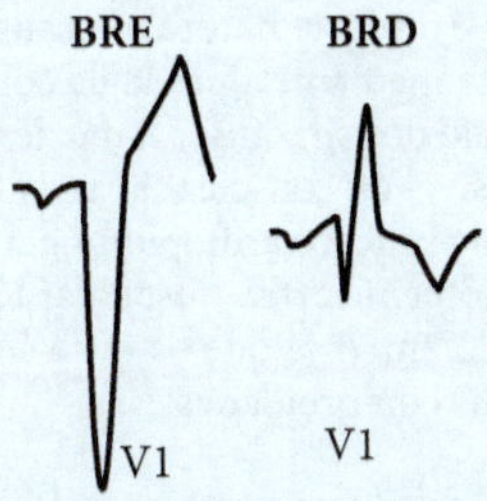

Ritmo idioventricular ou de escape

Escape atrial

Apresenta-se com FC 40-60 bpm. A morfologia do ECG revela uma onda P de aspecto alterado próxima ao complexo QRS.

Escape juncional

Apresenta-se com FC 40-60 bpm. A morfologia do ECG revela um aumento do intervalo R-R com ausência de onda P precedendo o complexo QRS.

Escape ventricular

É de caráter maligno, pois apresenta-se com FC 8-40 bpm. A morfologia do ECG revela um complexo QRS anômalo sem onda P.

24.4. Tipos de Marca-passo Cardíaco

MP transcutâneo

São duas placas adesivas fixadas às paredes anterior e lateral/posterior do tórax. É necessário realizar a analgesia do paciente devido ao desconforto dos "choques".

MP provisório transvenoso

Trata-se de um cabo condutor inserido na jugular direita ou subclávia, onde os eletrodos da ponta entram em contato com a musculatura do ventrículo direito, transferindo a corrente.

MP definitivo

Pode ser bi/tri/tetracameral. Geralmente utilizam-se os bicamerais, nos quais os eletrodos entram em contato com o átrio e ventrículo direitos. Em casos de pacientes com fibrilação atrial, usa-se somente o marca-passo unicameral.

- **Indicação de MP provisório:** utilizado em casos em que, com o tratamento e a reversão da doença de base, houver remissão do ritmo cardíaco desfavorável. É utilizado em casos nos quais não se sabe se a causa é curável ou não.

- **Indicação de MP definitivo:** quando não há possibilidade de erradicar a causa.

➔ Enquanto o MP não estiver disponível, pode-se realizar infusão de dopamina e adrenalina!

24.5. Morte Súbita e Parada Cardiorrespiratória

Parada cardiorrespiratória
■ **Forma inesperada:** pode ser revertida com manobras de ressuscitação cardiopulmonar. ■ **Forma esperada:** desencadeada pela evolução do quadro clínico, seguindo-se falência orgânica inexorável, não se beneficiando de manobras de reanimação.

A morte súbita é a morte natural de causa cardíaca que se manifesta mediante a perda da consciência 1 hora após o início dos sintomas. A morte biológica é a perda irreversível da consciência associada à perda irreversível da função cardiopulmonar. Pacientes com PCR no ambiente extra-hospitalar têm melhor sobrevida, tendo em vista que os intra-hospitalares apresentam mais comorbidades!

O diagnóstico é feito com base em:

- irresponsividade *(shake and shout)*;
- respiração agônica ou apneia (*gasping*);
- ausência de pulso em grande artéria.

Abordagem da parada cardiorrespiratória – em 1º chama-se ajuda

Sequência suporte básico de vida (SBV)

C	*Circulation* (compressão cardíaca)	Compressão torácica a 90° graus nas formas *push hard* (≥ 5cm), *push fast* (≥ 100/min) e *allow recoil*. Na forma 30:2 com trocas a cada 5 ciclos ou a cada 2 minutos com ventilação por ambu-intubado 8-10×/min.
A	*Airways* (abrir as vias aéreas)	Hiperextensão cervical e elevação do queixo *(head tilt, chin lift)*; na suspeita de lesão da coluna cervical, pode-se realizar a manobra de *jaw thrust* (tração da mandíbula).
B	*Breath* (ventilar o paciente)	Ventilação via ambu, boca a boca/nariz/traqueostomia ou nenhuma. Pacientes intubados devem ser desacoplados do respirador e ambusados 8-10×/min.
D	*Desfibrilation* (desfibrilar)	Para ritmo chocável (FV ou TV sem pulso) carregam-se as pás, aplica uma força de 20 kg, desfibrila-se e continua-se a massagem por 2 minutos.

Sequência suporte avançado de vida cardiovascular (SAVC)

A	Deve-se intubar o paciente em até 10 segundos, realizar a intubação orotraqueal (IOT) auxiliada por laringoscopia e confirmá-la por capnografia contínua. As alternativas são tubo esofágico-traqueal (Combitube®) e máscara laríngea. Caso a ventilação sem intubação esteja sendo satisfatória, não é obrigatória a intubação.
B	O paciente deve ser ventilado 8-10×/minutos quando intubado em associação a 100 compressões/minuto. Para vias aéreas não controladas recomendam-se 30 compressões:2 ventilações (30:2).
C	Punciona-se um acesso venoso, sendo o primeiro fármaco a ser utilizado a adrenalina 1 mg (+20 ml de solução salina para "empurrar o fármaco"). A sequência de infusão de fármacos após a primeira dose de adrenalina se dá da seguinte forma: Amiodarona 300 mg → Adrenalina 1 mg → Amiodarona 150 mg → Adrenalina 1 mg → Intervalo → Adrenalina 1 mg → Intervalo → Adrenalina 1 mg...
D	O diagnóstico diferencial é imprescindível. 5 Hs e 5 Ts. ■ **5 Hs:** hipóxia, hipovolemia, hiper-hidrogenismo (H^+), hipo/hipercalemia, hipotermia. ■ **5 Ts:** trombose coronariana, trombose pulmonar, toxicidade, tensão no tórax, tamponamento cardíaco.

Adendo 1: o soco precordial pode ser realizado em parada presenciada e com ritmo chocável.
Adendo 2: os fármacos podem ser administrados pelo tubo traqueal sobre a dose 2-2,5× maior. Sendo as drogas Vanel:

V: vasopressina, A: atropina, N: naloxona, E: epinefrina, L: lidocaína.

Cuidados pós-parada

Otimizar a ventilação e a oxigenação

Manter a saturação de O_2 ≥ 94% e utilizar a menor fração de oxigênio inspirado (FIO_2) possível para evitar a toxicidade do O_2.

Otimizar a perfusão tecidual

Manter a pressão arterial sistólica (PAS) ≥ 90 mmHg e a PA média (PAM) ≥ 65 mmHg, realizar reposição de solução salina e utilizar vasopressor em casos refratários à reposição volêmica.

- **Adrenalina ou noradrenalina:** 0,1-0,5 μg/kg/min.
- **Dopamina:** 5-10 μg/kg/min.

Hipotermia terapêutica

Em pacientes comatosos deve-se manter a temperatura central entre 32ºC e 36ºC por pelo menos 24 horas. A aferição da temperatura é feita via cateter de Swang-Ganz ou termômetro esofágico.

Capnografia

Deve ser avaliada no período intra-PCR. Quando apresenta valores de CO_2 liberado no final da expiração ($ETCO_2$) > 10 mmHg após 20 minutos de reanimação/massagem, reflete um bom prognóstico.

CAPÍTULO 25

INSUFICIÊNCIA CARDÍACA E HIPERTENSÃO ARTERIAL SISTÊMICA

25.1. Insuficiência Cardíaca

É uma condição em que o coração não consegue bombear o sangue de acordo com a demanda tecidual ou o consegue à custa de aumento na pressão de enchimento. As doenças cardiovasculares são a segunda principal causa de morte no Brasil! A etiologia mais comum da insuficiência cardíaca é a cardiopatia isquêmica crônica associada à hipertensão.

Tipos de insuficiência cardíaca

Quanto ao lado do coração

- **Insuficiência cardíaca esquerda:** deve-se à insuficiência ventricular esquerda (IVE) e cursa com congestão pulmonar. As causas são hipertensão arterial sistêmica (HAS) e coronariopatia.
- **Insuficiência cardíaca direita:** deve-se à insuficiência ventricular direita (IVD). Cursa com congestão sistêmica (turgência jugular, hepatomegalia, ascite) e sua causa é a IVE.

Quanto ao mecanismo fisiopatológico

- **Insuficiência cardíaca sistólica:** decorre da perda da capacidade contrátil. A fração de ejeção se encontra < 50%. As principais consequências são baixo débito cardíaco e ampliação da câmara cardíaca, levando ao aumento do coração. As principais causas são coronariopatia e hipertensão. Os achados mais característicos são presença de B3 e *ictus* difuso.
- **Insuficiência cardíaca diastólica:** decorre da restrição de enchimento diastólico. A fração de ejeção se encontra ≥ 50%. A alteração no relaxamento muscular e na complacência ventricular ("ventrículo duro") é oriunda de uma hipertrofia muscular concêntrica geralmente por hipertensão ou coronariopatia. Os achados mais característicos são presença de B4 e *ictus* normal.

Quanto ao débito cardíaco

- **Insuficiência cardíaca de baixo débito:** a disfunção sistólica do ventrículo esquerdo (VE) reduz o débito cardíaco, causando hipoperfusão tecidual.
- **Insuficiência cardíaca de alto débito:** ocorre devido à necessidade de maior trabalho cardíaco para atender à demanda metabólica (tireotoxicose, anemia grave) ou pelo desvio de sangue do leito arterial para o venoso (beribéri, sepse, fístulas). Na insuficiência cardíaca (IC) de alto débito, apesar de o débito estar "alto", ele está abaixo do desejado.

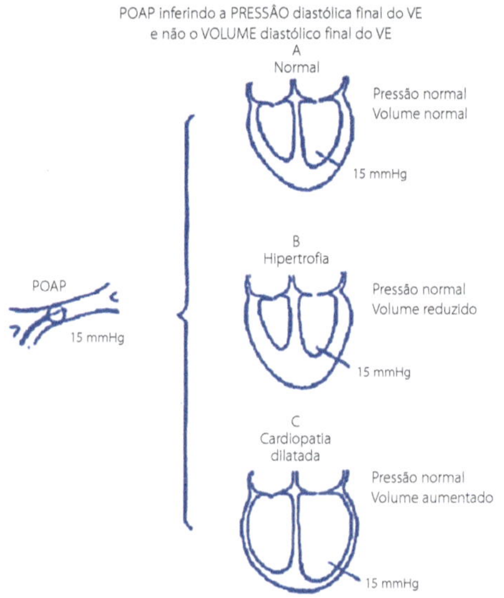

▶ Relação entre ventrículos de diferentes volumes e mesma pressão.

Mecanismos compensatórios

Lei de Frank-Starling

Afirma que, quanto mais se distendem os sarcômeros, permitem-se aos filamentos de actina e miosina maior potencial para interação bioquímica e gasto energético. Existe, contudo, uma limitação na qual ocorre a desestruturação da mecânica das fibras, em que a lei não mais se aplica.

Contratilidade dos miócitos remanescentes

O baixo débito estimula os barorreceptores arteriais que ativarão o sistema nervoso simpático (adrenérgico – adrenalina e noradrenalina) e atuarão sobre os receptores alfa-1 e beta-1, induzindo o aumento na contratilidade dos miócitos.

Hipertrofia ventricular esquerda

Na sobrecarga de pressão (hipertensão arterial, estenose aórtica) ocorre uma hipertrofia concêntrica. Na sobrecarga de volume (regurgitação valvar), hipertrofia excêntrica. A angiotensina-2 é o principal indutor de hipertrofia ventricular.

Remodelamento cardíaco

Os mediadores neuro-humorais (sistema adrenérgico, sistema renina-angiotensina-aldosterona) que mantêm o paciente compensado passam a exercer efeito deletério sobre o miocárdio, levando ao remodelamento cardíaco. A aldosterona leva à hiperproliferação de fibroblastos. A angiotensina 2 age sobre os receptores AT1, promovendo apoptose do miócito, proliferação de fibroblastos e liberação local de noradrenalina. A noradrenalina atua como miocardiotóxico.

Pós-carga cardíaca

Representa a dificuldade imposta ao esvaziamento ventricular. O aumento da pós-carga diminui o débito cardíaco e eleva o consumo de O_2 pelo miocárdio. A vasoconstrição arteriolar aumenta a pós-carga, enquanto a vasodilatação a reduz. A lei de Laplace afirma que o "estresse" na parede ventricular (E) é diretamente proporcional ao raio cavitário (R) e à pressão intracavitária (P), sendo inversamente proporcional à espessura da parede (h).

Manifestações clínicas

O paciente se manifesta assintomático na maioria das vezes. Com o tempo, a insuficiência cardíaca compromete o ventrículo esquerdo, tornando os pulmões congestos com o acúmulo de líquido intersticial e intra-alveolar. A congestão pulmonar aumenta o trabalho respiratório e estimula os receptores J pulmonares, levando à sensação de dispneia (dispneia aos esforços e dispneia ao decúbito dorsal – ortopneia).
Muitas vezes ocorre a dispneia paroxística noturna, quando o paciente acorda na madrugada por uma crise de dispneia que só melhora em posição ortostática.

Exame físico	■ **Pulso *alternans*:** representa uma alternância de pulso forte com fraco. ■ **Turgência jugular patológica aos 45°:** pesquisa de refluxo hepatojugular ao se pressionar o hipocôndrio direito e se observar a elevação do pulso jugular em > 1 cm. ■ ***Ictus* difuso:** ausculta cardíaca com B3 em sobrecargas de volume e B4 em doença isquêmica e cardiopatias hipertensivas. ■ O paciente também pode apresentar anasarca (edema crônico com hiperpigmentação, edema peripalpebral e perda de pelos), cirrose hepática cardiogênica e respiração de Cheynes-Stokes (períodos de apneia alternados com hiperpneia).

Principais complicações

Edema agudo de pulmão

É o extremo da congestão pulmonar e leva à insuficiência respiratória grave com hipoxemia. Na radiografia notam-se dilatação vascular dos ápices (imagem de "asa de borboleta" ou "de morcego") e infiltrado bilateral.

Síndrome congestiva sistêmica

Decorre da sobrecarga do ventrículo direito proveniente da sobrecarga de ventrículo esquerdo e leva ao edema generalizado.

Critérios clínicos de Framingham	
Maiores	■ Edema agudo de pulmão ■ Dispneia paroxística noturna ■ Estertores pulmonares ■ Turgência jugular patológica ■ Refluxo hepatojugular ■ Pressão venosa central (PVC) > 16 cmH_2O ■ Cardiomegalia nos RX ■ Terceira bulha (B3) ■ Perda de peso > 4,5 kg
Menores	■ Edema maleolar bilateral ■ Hepatomegalia ■ Derrame pleural ■ Dispneia aos esforços ■ Tosse noturna ■ Capacidade vital < ⅓ do previsto ■ Taquicardia > 120 bpm

Principais causas
■ HAS
■ Cardiomiopatia
■ Doença coronariana
■ Doença de Chagas
■ Valvopatia

Diagnóstico: é clínico!

Os raios X (RX) de tórax evidenciam as linhas B de Kerley (linhas perpendiculares ao diafragma que representam o ingurgitamento linfático do edema agudo de pulmão). No ecocardiograma com Doppler, a fração de ejeção < 50% indica disfunção sistólica.
O peptídeo natriurético cerebral (BNP) é utilizado para diferenciar a dispneia da doença pulmonar obstrutiva crônica (DPOC) × dispneia da insuficiência cardíaca congestiva (ICC) na sala de emergência. O BNP é produzido pelo miocárdio em resposta ao estiramento muscular; logo, o BNP aumenta na ICC,

geralmente atingindo níveis superiores a 100 pg/ml. Atualmente existe maior sensibilidade para o NT-pró-BNP > 200 pg/ml.

Nos critérios de Framingham são necessários 2 maiores ou 1 maior e 1 menor.

Prognóstico

É dado pela classificação da New York Heart Association (NYHA) e pela classificação evolutiva.

NYHA	Prognóstico
Classe I – sem limitações, > 6 equivalentes metabólicos (METs)	85%
Classe II – limitação leve, 4-6 METs	75%
Classe III – limitação acentuada, 2-4 METs	50%
Classe IV – incapacidade física	50% em 1 ano
Estágios da ICC	
▪ **Estágio A** – assintomático com fatores de risco. ▪ **Estágio B** – paciente com doença sem sintomas. ▪ **Estágio C** – paciente sintomático. ▪ **Estágio D** – paciente sintomático em repouso.	

Tratamento da insuficiência cardíaca sistólica

a) **Medidas gerais:** dieta hipossódica (4-6 g NaCl ou 2-3 g Na), restrição hídrica de 1-1,5 l (se hiponatremia < 130 mEq/l), repouso para IC descompensada classe 3 e 4.
b) **Controle dos fatores descompensantes:** suspensão do tabagismo, anti-inflamatório não esteroidal (AINEs) (promovem restrição hidrossalina e elevam a pressão arterial [PA]).
c) **Fármacos que alteram a sobrevida:**
   - inibidores da enzima conversora da angiotensina (IECA);
   - betabloqueadores;
   - antagonistas da aldosterona (espironolactona);
   - hidralazina + nitrato;
   - antagonistas dos receptores da angiotensina;
   - ivabradina.

Os IECAs inibem a formação de angiotensina 2 e promovem arteriolodilatação (reduzindo a pós-carga) e venodilatação (reduzindo a pré-carga), além de reduzirem os efeitos deletérios diretos da angiotensina 2 sobre o miocárdio.

Os betabloqueadores (bisoprolol, carvedilol, succinato de metoprolol) bloqueiam a ação tóxica da noradrenalina sobre os miócitos e reduzem a liberação de noradrenalina nas sinapses cardíacas, porém, nos 2-3 primeiros meses de uso, podem apresentar piora da classe funcional, não devendo ser usados em pacientes descompensados.

Os antagonistas da aldosterona agem inibindo o efeito da aldosterona sobre o miocárdio, reduzindo a degeneração das fibras cardíacas e a apoptose/fibrose intersticial. De forma geral, previnem o remodelamento ventricular! Outra ação é a prevenção da hipocalemia induzida pelos diuréticos, o que diminui a chance de arritmia ventricular. São contraindicados a casos em que K > 5 mEq/l, creatinina ≥ 2 mg/dl e insuficiência cardíaca sistólica classe 3 ou 4!

A hidralazina + o nitrato se apresentam, respectivamente, como vasodilatador arteriolar direto e venodilatador, com benefício em pacientes da raça negra e sendo uma alternativa ao uso de IECA/antagonista da angiotensina 2.

Os antagonistas AT1 da angiotensina 2 (bloqueador do receptor da angiotensina [BRA]) agem inibindo a ação da angiotensina 2 sobre os receptores AT1 presentes na musculatura lisa vascular, no miocárdio e na suprarrenal. É indicado a pacientes com tosse refratária por uso de IECA.

A ivabradina é um inibidor de canais iônicos utilizado em pacientes com terapia otimizada com FC > 70 bpm.

d) **Fármacos que aliviam os sintomas:** diuréticos e digitálicos. A principal função dos diuréticos é combater a congestão e o edema. Nesses casos, recomenda-se o uso de fármacos por via parenteral (pois a congestão da mucosa esplâncnica prejudica a absorção oral). Os digitálicos (contraindicados para cardiomiopatia hipertrófica) atuam provocando efeito inotrópico positivo, ação colinérgica e ação arritmogênica, sendo importantes na redução do número de descompensações.

Tratamento da insuficiência cardíaca diastólica

Consiste em controlar os fatores que prejudicam o relaxamento, sendo eles:

- Coronariopatias.
- PA < 130 × 80 mmHg.
- Frequência cardíaca.

É indicado o controle agressivo da pressão arterial por meio da administração de IECAs, antagonistas

AT1, diuréticos, betabloqueadores, verapamil, diltiazem ou anlodipino.

Tratamento do edema agudo de pulmão

O edema agudo de pulmão é o estágio mais grave da síndrome congestiva pulmonar e decorre da IVE. O tratamento consiste no uso de medicações de ação rápida sobre a hemodinâmica cardíaca (diminuição da pré e pós-carga) e no suporte ventilatório não invasivo. As primeiras medidas são oxigênio, veia (acesso venoso), monitor (OVM) e eletrocardiograma (ECG).

- **Para pacientes hipertensos:** preconiza-se o uso de nitroglicerina, captopril, nitroprussiato de sódio, furosemida e morfina.
- **Para pacientes não hipertensos**: utiliza-se dobutamina, tendo em vista o cuidado na utilização de diuréticos e vasodilatadores quando PA sistólica (PAS) < 90 mmHg.

25.2. Hipertensão Arterial Sistêmica – Parte I

Sons de Korotkoff	
Fase 1	PAS
Fase 2	*Gap* auscultatório
Fase 3	Reaparecimento do som
Fase 4	Abafamento do som
Fase 5	PA diastólica (PAD)
Nos pacientes com insuficiência aórtica, a fase 4 é a determinante da PAD, tendo em vista que a fase 5 pode ser zero.	

A HAS é definida como níveis médios de pressão arterial que conferem um aumento do risco de eventos cardiovasculares em curto ou longo prazo. A HAS no Brasil atinge 35% da população, sendo proporcional à idade.

Na fisiologia da HAS, é pressuposto que o evento inicial deflagrador seja o aumento do débito cardíaco por retenção excessiva de sódio e água pelos rins (hiperfluxo), o que, com o tempo, converte-se de HAS de hiperfluxo para hiper-resistência.

A aferição da pressão arterial deve obedecer a algumas exigências, como não ter fumado, não ter ingerido substância pressórica ou realizado esforço nos 30 minutos prévios.

Critérios diagnósticos

- **PA no consultório:** duas medidas em duas consultas com níveis ≥ 140 × 90 mmHg.
- **Monitorização residencial (MRPA):** média de aferições com PA ≥ 135 × 85 mmHg. São realizadas 6 medidas por dia durante 5 dias.
- **Monitorização ambulatorial (MAPA):** aferições automáticas por 24 horas com níveis ≥ 130 × 80 mmHg ou ≥ 130 × 85 mmHg (vigília) ou ≥ 120 × 70 mmHg (sono).
- **Medida isolada:** nível ≥ 180 × 110 mmHg.
- **Lesão de órgão-alvo.**
- **Hipertensão do jaleco branco:** comportamento pressórico elevado no consultório e normal fora desse ambiente.
- **Hipertensão mascarada:** comportamento pressórico normal no consultório e elevado na MAPA com lesão de órgão-alvo.

Classificação da pressão arterial

VIII JOINT		
Normal	< 120 mmHg	< 80 mmHg
Pré-HAS	< 130 mmHg	< 80 mmHg
HAS 1	≥ 130 mmHg	≥ 80 mmHg
HAS 2	≥ 140 mmHg	≥ 90 mmHg

VII diretriz brasileira		
Normal	≤ 120 mmHg	≤ 80 mmHg
Pré-HAS	< 140 mmHg	< 90 mmHg
HAS 1	≥ 140 mmHg	≥ 90 mmHg
HAS 2	≥ 160 mmHg	≥ 100 mmHg
HAS 3	≥ 180 mmHg	≥ 110 mmHg

Lesões de órgãos-alvo

Lesão vascular

A hipertensão arterial leva a um efeito lesivo no endotélio e estimula o remodelamento vascular, aumentando a formação de fator de crescimento e citocinas e favorecendo a aterosclerose.

Cardiopatia hipertensiva

O aumento crônico da pós-carga ventricular impõe uma sobrecarga sistólica ao ventrículo esquerdo (hipertrofia ventricular esquerda [HVE]), provocando hipertrofia miocárdica.

Doença cerebrovascular

É a principal consequência da HAS. Ocorrem microáreas de isquemia que levam à demência multivascular à atrofia cerebral devido à arterioloesclerose difusa (doença de Binswanger). A doença cerebrovascular é a maior causa de óbito no Brasil.

Nefropatia hipertensiva

Deve-se à nefroesclerose hipertensiva e às lesões tubulointersticiais. O primeiro sinal de comprometimento renal é a microalbuminúria > 30 mg/dl.

Retinopatia hipertensiva

É a principal lesão! É avaliada pela fundoscopia. A classificação de Keith-Wagener-Barker delimita as lesões em crônicas (1 e 2) e agudas (3 e 4).

- **Grau 1:** estreitamento vascular/arteriolar.
- **Grau 2:** cruzamento (de vasos a 90°)/AV patológico.
- **Grau 3:** hemorragias e/ou manchas vermelhas.
- **Grau 4:** papiledema.

Hipertensão secundária: corresponde a 5%-10% dos casos, e as principais causas são:
a) **Doenças parenquimatosas renais:** são as causas mais comuns. Os principais subtipos são glomerulopatia diabética e glomeruloesclerose focal e segmentar idiopática. A fisiopatologia é decorrente de uma sobrecarga de volume e maior ativação do sistema renina-angiotensina-aldosterona (SRAA). A investigação é feita com ultrassonografia (US) abdominal, urinálise, *clearance* de creatinina (ClCr) e proteinúria de 24 horas.
b) **Estenose de artéria renal:** pode-se apresentar como fibrodisplasia (pacientes com HAS < 20 anos) ou aterosclerose renal (pacientes com HAS > 55 anos). Sua característica marcante é a piora da função renal com o uso de IECA ou antagonista da angiotensina 2. A investigação diagnóstica é feita pelo eco-Doppler de artérias renais, cintilografia renal e angiorressonância renal. O tratamento envolve medicamentos, angioplastia ou cirurgia de *bypass*.
c) **Uso de anticoncepcionais:** provoca HAS secundária devido à retenção de sódio e líquidos pelo aumento da angiotensina 2 e aldosterona induzida e associada à resistência insulínica. O grupo de risco inclui mulheres com mais de 5 anos de uso de anticoncepcional, obesas e maiores de 35 anos de idade.
d) **Hiperaldosteronismo primário:** ocorre aumento excessivo e autônomo da produção de aldosterona pelo córtex suprarrenal. Os exames de triagem são potássio urinário de 24 horas e dosagem de renina (baixa) e aldosterona (aumentada).
e) **Feocromocitoma:** é um tumor hipersecretante de catecolaminas presente na medula suprarrenal. O paciente apresenta-se com hipertensão "lábil". Preconiza-se a dosagem urinária de catecolaminas e seus metabólicos (ácido vanilmandélico).
f) **Coarctação da aorta:** é a principal causa de HAS na infância. Uma obstrução congênita da porção da aorta adjacente ao ligamento arterial após a subclávia esquerda leva ao aumento da pressão arterial nos membros superiores e diminuição em membros inferiores. O diagnóstico é obtido por ecocardiograma e angiotomografia (ângio-TC) de aorta.
g) **Síndrome da apneia e hipopneia obstrutiva do sono (SAHOS):** é a obstrução recorrente das vias aéreas superiores durante o sono que leva a descargas adrenérgicas causando HAS. O diagnóstico é pela polissonografia.

25.3. Hipertensão Arterial Sistêmica – Parte II

Metas

Para HAS primária, monoterapia; para HAS secundária, duploterapia. Um mês depois do início dos medicamentos, reavalia-se o paciente.

Metas pressóricas
HAS estágio 1-2 com baixo risco cardiovascular (CV): < 140 × 90 mmHg
HAS estágio 3: < 140 × 90 mmHg
Alto risco CV: < 130 × 80 mmHg
Para ≥ 80 anos: < 150 × 90 mmHg

Tratamento não medicamentoso (≤ pré-hipertensos)

Modificações dos hábitos de vida

Preconizam-se restrição sódica (6 g de sal ou 2,4 g de sódio), Dietary Approaches to Stop Hypertension (DASH) (alta ingesta de K^+ e Ca), correção da obesidade (a pressão arterial diminui de 5-20 mmHg/10 kg), moderar o consumo de bebidas alcoólicas, cessar o tabagismo (leva ao aumento da pressão transitoriamente), realizar atividade física.

Tratamento medicamentoso (≥ pré-hipertensos)

Medicamentos de primeira escolha
Diuréticos Agem reduzindo cerca de 10% da volemia. Os diuréticos tiazídicos inibem a reabsorção de NaCl no TCD); os diuréticos de alça reduzem a reabsorção de sódio no cotransportador Na-K-2Cl); os poupadores de potássio inibem a reabsorção de Na no tubo coletor).
- Os diuréticos tiazídicos (hidroclorotiazida, clortalidona, indapamida) são os mais usados para tratamento crônico em quaisquer pacientes. Os efeitos adversos principais são: hipocalemia, hiperuricemia, hipovolemia, hiponatremia, hipomagnesemia, hiperglicemia e hiperlipidemia. São indicados para nefrolitíase por hipercalciúria e osteoporose e contraindicados a pacientes hiperuricêmicos.
- Os diuréticos de alça (furosemida, bumetanida, piretanida) são indicados para crises hipertensivas, ICC, refratariedade aos tiazídicos, edema periférico.
- Os poupadores de potássio (amilorida, espironolactona, eplerenona) são usados para reverter ou prevenir a hipocalemia e a hipomagnesemia.

Antagonistas do cálcio
Apresentam-se em dois grupos: ▪ di-hidropiridinas (nifedipina, anlodipino, "dipinas"), com ação preferencial na musculatura lisa vascular, diminuindo a resistência vascular periférica (RVP). ▪ Não di-hidropiridinas (diltiazem, verapamil), com ação preferencial cardíaca, diminuindo o débito cardíaco (DC). → Não sofrem inibição pelo uso de AINEs e são indicados para uso em indivíduos de raça negra. O principal efeito adverso é a rápida queda da pressão arterial, o que reduz a perfusão coronariana e cerebral, levando à estimulação da hiperatividade adrenérgica reflexa.
IECAs Agem como vasodilatadores arteriais e venosos, reduzindo a RVP, o retorno venoso e os efeitos deletérios da angiotensina 2 (diminuem os níveis da angiotensina 2). São indicados para nefropatas e pacientes com renina alta. Os IECAs (captopril, enalapril, "prils") são contraindicados aos casos de: K > 5,5 mEq/l, Cr > 3 mg/dl, tosse por uso de IECA, estenose bilateral de artéria renal. Apresenta o angioedema como efeito colateral.
Antagonistas da angiotensina-2 (Bra) Antagonizam os receptores AT1. São losartana, valsartana, "sartanas"). A losartana possui efeito uricosúrico.

Medicamentos de segunda escolha
Betabloqueadores Reduzem o DC pela inibição do inotropismo e do cronotropismo cardíacos. Antagonizam as catecolaminas, exercendo efeito cardioprotetor. Classificados como não seletivos e beta1 seletivos, lipossolúveis e não lipossolúveis, são indicados quando existe um benefício cardíaco: doença coronariana, IC, pós-infarto.
Alfabloqueadores (prazosin, doxazosin, terazosin) Bloqueiam os receptores alfa-1 pós-sinápticos, inibindo o tônus da musculatura arterial e venosa e reduzindo a RVP. Seu principal efeito adverso é a hipotensão postural.
Alfa-2 agonistas e imidazólicos (metildopa, clonidina, moxonidina, guanabenzo) Atuam nos receptores alfa-2 e no receptor imidazólico. Inibem a atividade neuronal, causando hipoativação adrenérgica, com redução da RVP e do DC. São os fármacos que mais apresentam efeito rebote, mas podem ser usados na pré-eclâmpsia (metildopa).
Vasodilatadores arteriais diretos (hidralazina e minoxidil) Ativam os canais de potássio sensíveis ao trifosfato de adenosina (K-ATP). A vasodilatação arterial direta leva à hiperatividade adrenérgica (efeito adverso), pois estimula os barorreceptores. Não são recomendados para uso isolado.
Bloqueador de renina (alisquireno) É o fármaco mais recente.
Inibidores adrenérgicos periféricos Agem nos terminais sinápticos, inibindo o transporte de noradrenalina para os grânulos de estoque (reserpina), ou penetram nos grânulos e substituem a noradrenalina (guanetidina). A reserpina pode causar depressão.

Adendo 1: os anti-inflamatórios não esteroidais inibem a ação de todos os anti-hipertensivos, exceto dos antagonistas do cálcio.
Adendo 2: na hipertensão arterial resistente, o controle pressórico inadequado, apesar do uso de 3 agentes anti-hipertensivos otimizados de diferentes classes e sendo um deles um diurético, é devido a má adesão ao esquema terapêutico, aferições inadequadas e efeito jaleco branco. Nesses casos, o quarto fármaco de escolha é a espironolactona.

25.4. Emergência e Urgência Hipertensivas

São caracterizadas por um súbito aumento dos níveis da pressão arterial, o que pode acarretar um prejuízo agudo ao organismo.

- **Emergência hipertensiva:** aumento da PA provocando prejuízo orgânico agudo.
- **Urgência hipertensiva:** aumento da PA sem prejuízo orgânico agudo.

Emergência hipertensiva

O manejo envolve o uso de anti-hipertensivos parenterais com redução de 25% a cada 2-3 horas. Os fármacos utilizados são: nitroprussiato de sódio (mais potente e mais utilizado), nitroglicerina, enalaprilato, hidralazina e furosemida. As principais complicações da emergência hipertensiva são:

Encefalopatia hipertensiva

O aumento súbito da pressão arterial ultrapassa o limite da autorregulação de fluxo cerebral, levando a hiperfluxo e extravasamento de líquido para o interstício e provocando edema cerebral. O paciente apresenta-se com cefaleia, náuseas, queda do nível de consciência e crises convulsivas. Recomenda-se a TC de crânio para casos de dúvida do diagnóstico. O tratamento envolve o uso de nitroprussiato de sódio.

Acidente vascular encefálico hemorrágico/isquêmico (AVE-H/AVE-I)/eclâmpsia/infarto agudo do miocárdio (IAM) ou angina instável

Hipertensão acelerada maligna

Deve-se a uma lesão vascular e acomete principalmente a retina (graus III e IV) e os rins. O tratamento envolve o uso de captopril por via oral (VO) ou sublingual (SL).

Dissecção aórtica aguda

É a súbita ruptura da camada íntima da aorta, possibilitando que o sangue penetre entre a íntima e a camada média da artéria, dissecando-as e fazendo o sangue percorrer à "falsa luz". Os principais fatores de risco são PA e FC elevadas. O paciente se manifesta com uma dor torácica retroesternal súbita de grande intensidade. Os principais sinais são:

- déficit neurológico focal;
- diferença de pulso ou PA entre os membros superiores (MMSS);
- sopro de insuficiência aórtica aguda (dissecção dos folhetos aórticos);
- sopro sistodiastólico abdominal (dissecção aórtica abdominal).

<table>
<tr><th>Classificação de Stanford</th><td rowspan="4">A confirmação diagnóstica é feita por ecocardiograma transesofágico, TC, ressonância magnética (RM).</td></tr>
<tr><td>Tipo A: aorta ascendente.
Tipo B: não compromete a aorta ascendente.</td></tr>
<tr><th>Classificação de Debakey</th></tr>
<tr><td>Tipo 1: aorta ascendente e descendente.
Tipo 2: restrita à aorta ascendente.
Tipo 3: restrita à aorta descendente.</td></tr>
</table>

→ O **tratamento** consiste em terapia medicamentosa com nitroprussiato + betabloqueador (ou somente labetalol) para manter a PA = 110 × 70 mmHg e a FC = 60 bpm. O tratamento cirúrgico é dependente da classificação:

- **Tipo A** (sempre cirúrgico).
- **Tipo B** (apenas se complicar).

Urgência hipertensiva

É caracterizada por pressão arterial ≥ 220 × 120 mmHg SEM lesão de órgão-alvo. O controle da PA é feito em 24-48 horas com anti-hipertensivos orais de meia-vida curta, como captopril, furosemida e clonidina, até se alcançarem índices de 160 × 100 mmHg.

Pseudocrise hipertensiva

É caracterizada pelo paciente portador de hipertensão arterial não tratada adequadamente que evolui para picos hipertensivos associados a queixas vagas que não preenchem critérios de emergência hipertensiva.

25.5. Hipertensão Pulmonar

→ É caracterizada pela pressão arterial média pulmonar > 25 mmHg no repouso. Os valores normais de PAS são 15-25 mmHg e de PAD, 5-10 mmHg.

Hipertensão arterial pulmonar primária

É decorrente de uma vasculopatia caracterizada por vasoconstrição associada a proliferação celular, fibrose e trombose, levando ao aumento da RVP. Caso seja de forma progressiva, é compensada pela hipertrofia do ventrículo direito. Caso seja de forma aguda, leva à falência ventricular direita aguda. As principais causas são idiopática, hipertensão porta, medicamentos e outros fatores que favoreçam a lesão do endotélio. A manifestação clínica mais comum é a dispneia aos esforços decorrente da inadequação do débito cardíaco em relação à demanda muscular respiratória.

Hipertensão pulmonar

É a consequência de uma patologia pulmonar ou cardíaca.

CAPÍTULO 26

DISTÚRBIOS CARDÍACOS

26.1. Valvopatias

Estenose valvar

Estenose mitral

É a restrição à abertura dos folhetos valvares com redução da área valvar mitral (< 2,5 cm^2) e formação de um gradiente de pressão diastólico entre o átrio esquerdo (AE) e o ventrículo esquerdo (VE). Em 95% dos casos, a etiologia é uma cardiopatia reumática crônica. O paciente apresenta-se com dispneia aos esforços, síndrome do baixo débito, tosse com hemoptise (ruptura de capilares pulmonares).

➔ Área valvar normal = 4-6 cm^2.

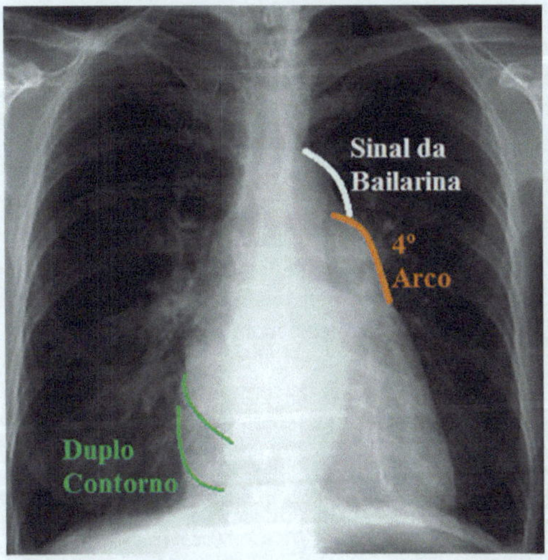

Fisiopatologia

A obstrução fixa ao fluxo no átrio esquerdo leva à formação de um gradiente de pressão transvalvar que se transmite ao leito venocapilar pulmonar, ocorrendo o extravasamento capilar. Nesses casos, a pressão venocapilar encontra-se ≥ 18 mmHg (nl: 12 mmHg) e o paciente começa a demonstrar dispneia aos esforços e ortopneia. O aumento crônico da pressão venocapilar pulmonar é transmitido retrogradamente para o leito arterial pulmonar e, quando atinge níveis > 50-60 mmHg, o ventrículo direito entra em falência.

Exame físico e diagnóstico

Nota-se a presença de um sopro em ruflar diastólico com reforço pré-sistólico (contração do átrio), além de hiperfonese de B1 decorrente da tensão nos folhetos mitrais e um estalido de abertura. O ecocardiograma (ECG) evidencia sinais correspondentes ao aumento atrial: uma onda P larga e bífida em D2 (> 100 ms) e o índice de Morris em V1 (porção negativa da onda P). Na radiografia de tórax há duplo contorno da silhueta direita do coração, deslocamento posterior do esôfago, sinal da bailarina (deslocamento superior do brônquio fonte esquerdo) e abaulamento do 4º arco cardíaco esquerdo.

Complicações

O aumento da câmara atrial esquerda favorece a ocorrência de fibrilação atrial, disfagia por compressão do esôfago, síndrome de Ortner (rouquidão pela compressão do nervo laríngeo recorrente) e fenômenos tromboembólicos (favorecidos pela estase sanguínea).

Tratamento

Utiliza-se beta-bloqueador ou bloqueador dos canais de Ca^{+2} para controlar a frequência cardíaca (FC) e aumentar o tempo diastólico do coração. O tratamento intervencionista é indicado para áreas

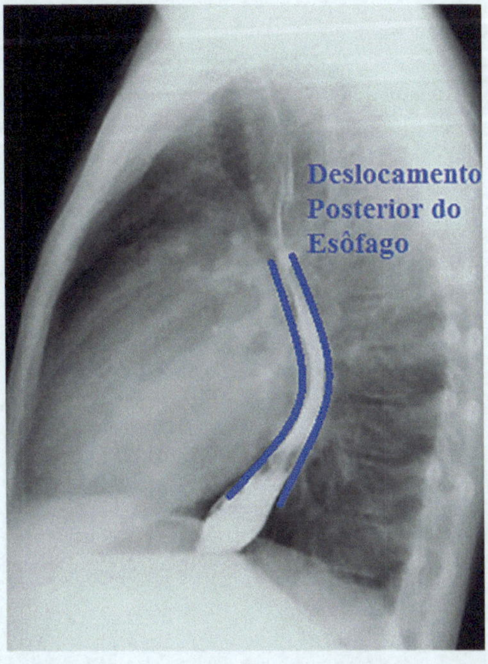

valvares < 1,5 cm^2 e sintomáticas! Realiza-se a comissurotomia percutânea com balão para índice de Block < 8 ou comissurotomia aberta para pacientes com trombos.

Estenose tricúspide

É a restrição à abertura dos folhetos valvares com redução da área valvar tricúspide (< 2,5 cm^2) e formação de um gradiente pressórico entre o átrio direito (AD) e ventrículo direito (VD). A principal etiologia é a cardiopatia reumática crônica. A estenose tricúspide geralmente está associada a uma estenose mitral. O paciente apresenta-se com baixo débito e congestão sistêmica (turgência jugular). O tratamento consiste na terapia diurética com restrição sódica. Nos casos graves, pode-se realizar a troca valvar ou plastia de tricúspide.

Estenose aórtica

É a restrição à abertura dos folhetos valvares com redução da área valvar aórtica e formação de um gradiente pressórico entre o VE e a aorta (Ao). As etiologias mais comuns são valva bicúspide congênita (em < 65 anos de idade), degeneração calcífica (em > 65 anos de idade, principalmente dislipidêmicos e com diabetes) e cardiopatia reumática crônica (fusão das comissuras). O paciente apresenta-se com angina (isquemia miocárdica), síncope (débito fixo) e dispneia (insuficiência cardíaca congestiva [ICC]).

➔ Área valvar normal = 3-4 cm^2.

Fisiopatologia

A restrição da abertura leva à necessidade de mecanismos compensatórios. O principal é a hipertrofia ventricular concêntrica do ventrículo esquerdo, que provoca aumento da contratilidade miocárdica e formação de um gradiente de pressão VE-Ao. A sobrecarga crônica sob o miocárdio leva a degeneração e apoptose dos miócitos.

- **Isquemia miocárdica:** elevação da demanda metabólica do miocárdio não acompanhada pelo aumento da perfusão coronariana.
- **Débito cardíaco fixo:** a hipertrofia ventricular não é mais suficiente para garantir o aumento do débito cardíaco durante o esforço físico, levando à síndrome do débito fixo.
- **Insuficiência cardíaca congestiva:** a fibrose associada à hipertrofia ventricular leva à redução progressiva da complacência ventricular.

Exame físico e diagnóstico

Nota-se a presença de um sopro mesossistólico (em diamante), havendo também a ausculta da 4ª bulha (B4) e um *pulsus tardus* e *parvus*, um pulso carotídeo de ascensão lenta, sustentada e de amplitude fraca. Frequentemente, na estenose aórtica, ocorre o fenômeno de Gallavardin: um sopro de estenose aórtica irradiado para foco mitral devido à continuidade anatômica entre os anéis aórtico e mitral. O ECG, evidencia aumento da amplitude dos complexos QRS e onda T negativa e assimétrica em V5 e V6 (padrão *strain*) - correspondente a sinais de hipertrofia ventricular. Aos raios X (RX) de tórax verificam-se alterações quando o paciente se apresenta na fase tardia (ICC), já que os sinais de hipertrofia ventricular esquerda não são observados na radiografia.

Tratamento

Não existe tratamento medicamentoso, apenas intervencionista para estenoses graves com sintomas, nas quais preconiza-se a troca valvar. É proibido o uso de beta-bloqueador!

Insuficiência valvar

Insuficiência mitral

É a presença de refluxo sanguíneo para o átrio esquerdo durante a sístole ventricular devido a uma incompetência do mecanismo de fechamento valvar mitral. Na insuficiência mitral (IM) ocorre uma sobrecarga de volume atrial e ventricular esquerdos, provocando aumento da complacência em ambas as câmaras, com diminuição da pós-carga ventricular.

A etiologia pode ser de origem:

- **Aguda:** endocardite infecciosa, infarto, ruptura espontânea de cordoalha;
- **Crônica**: degeneração mixomatosa (prolapso da valva mitral), cardiopatia reumática, calcificação senil do anel mitral, dilatação ventricular esquerda.

O indivíduo se manifesta geralmente de forma "falso-assintomática" devido aos mecanismos compensatórios. Ao exame físico nota-se um *ictus* de VE difuso e deslocado para a esquerda, com um sopro holossistólico e presença de terceira bulha (B3). O ECG demonstra achados de aumento atrial esquerdo e o Eco-Doppler revela uma fração regurgitante ≥ 50%.

As principais complicações são fibrilação atrial, fenômenos tromboembólicos e endocardite infecciosa.

O **tratamento** consiste em medicamentos para os sintomas da insuficiência cardíaca. Para pacientes graves sintomáticos recomenda-se a troca valvar ou anuloplastia (do tipo anel de Carpentier).

Insuficiência tricúspide

É a presença de refluxo sanguíneo do ventrículo direito para o átrio direito durante a sístole ventricular. A etiologia mais comum é secundária a uma disfunção sistólica do ventrículo direito e primária em síndromes de prolapso de valva tricúspide (degeneração mixomatosa).

As **manifestações clínicas** são sintomas de congestão sistêmica aliados ao baixo débito. No exame físico nota-se um sopro holossistólico em foco tricúspide com presença de terceira bulha (B3). O sopro se torna mais audível com a inspiração profunda (sinal de Rivero-Carvalho) e/ou com a inspiração contra a glote fechada (sinal de Müeller).

O tratamento preconiza o uso de diuréticos e restrição de sódio. Para pacientes graves pode-se fazer uma anuloplastia do tipo De Vega ou anel de Carpentier.

Insuficiência aórtica

É a presença de um refluxo de sangue para o ventrículo esquerdo durante a diástole ventricular. A gravidade da insuficiência aórtica é medida pela fração regurgitante. A etiologia pode ser aguda (endocardite infecciosa, dissecção aórtica) ou crônica (aterosclerose da aorta ascendente, síndrome de Marfan). O indivíduo se manifesta com sintomas de disfunção ventricular, como fadiga, dispneia e angina noturna.

Sinais semiológicos
1) **Sinal de Musset:** pulsação da cabeça.
2) **Sinal de Müller:** pulsação da úvula.
3) **Sinal de Quincke:** pulsação dos capilares subungueais.
4) **Sinal de Traube:** *pistal shoot*, ruídos diastólico e sistólico em artéria femoral.

Exame físico e diagnóstico

Nota-se um sopro protodiastólico aspirativo com presença de terceira bulha (B3) e sopro de Austin-Flint (o jato regurgitante diastólico alcança o folheto mitral, promovendo uma estenose mitral funcional – sopro da estenose mitral). Ao exame físico nota-se um paciente em que TUDO PULSA. Apresenta o pulso de Corrigan/pulso em martelo d'água (elevação ampla e colapso abrupto), *ictus* de VE desviado. O ECG evidencia sinais de hipertrofia ventricular e os RX de tórax demonstram sinais de cardiomegalia.

→ O **tratamento** é feito de forma medicamentosa com bloqueador do canal de cálcio e vasodilatadores periféricos para pacientes sintomáticos! A troca valvar (cirurgia de Bentall) deve ser realizada em pacientes com aneurisma de aorta > 5 cm.

26.2. Cardiomiopatias

Cardiomiopatia dilatada

É uma doença primária do miocárdio, de evolução crônica, que provoca uma disfunção sistólica consequente à dilatação ventricular. A fisiopatologia envolve o processo inflamatório que leva à inibição da atividade contrátil dos miócitos com perda progressiva destes.

Cardiomiopatia restritiva

É caracterizada pela redução da complacência miocárdica, levando a uma disfunção diastólica sem comprometimento da função sistólica.

As manifestações clínicas são decorrentes da síndrome congestiva (edema de membros inferiores e aumento do volume abdominal) e do baixo débito cardíaco (dispneia aos esforços e ortopneia).

→ A confirmação diagnóstica é realizada pelo ecocardiograma.

Suas origens são as doenças infiltrativas e fibróticas.

- Endomiocardiofibrose tropical.
- Amiloidose.
- Cardiomiopatia restritiva idiopática.

→ O **tratamento** é semelhante ao da ICC por disfunção diastólica. Preconiza-se o uso de diuréticos e nitrato, que atuam diminuindo a pré-carga cardíaca. O **tratamento cirúrgico** é indicado para as miocardiopatias fibróticas.

Cardiomiopatia hipertrófica

É caracterizada pelo aumento do tamanho dos miócitos ou fibras miocárdicas. A etiologia é classificada como genética (herança autossômica dominante). É geralmente assintomática em indivíduos com menos de 30 anos de idade, mas pode cursar com sinais e sintomas em pacientes com 30-50 anos, como dispneia aos esforços, angina *pectoris*, síncope e pré-síncope (devido ao baixo débito cardíaco).

O tratamento envolve o uso de sintomáticos como betabloqueadores e verapamil. Nos casos de cardiomiopatia hipertrófica (CMH) obstrutiva, recomendam-se ventriculomiectomia ou embolização alcoólica do septo ventricular.

Pode ser excêntrica ou concêntrica.

- **Hipertrofia ventricular excêntrica:** é o aumento da cavidade ventricular associada a maior espessura do miocárdio. É decorrente das sobrecargas volumétricas crônicas (p. ex., exercícios isotônicos de maratonistas).
- **Hipertrofia ventricular concêntrica:** é a redução da cavidade ventricular associada a aumento da espessura miocárdica. É decorrente de uma sobrecarga pressórica (p. ex.,: exercícios isométricos de halterofilistas).

→ O diagnóstico é confirmado pelo ecocardiograma.

A CMH promove três consequências fisiopatológicas ao miocárdio.

Cardiomiopatia hipertrófica obstrutiva	Deve-se a alterações na geometria ventricular esquerda no trato de saída, o que faz com que o aparelho valvar seja "puxado" ao encontro do septo cardíaco, produzindo uma obstrução transitória decorrente do fenômeno aspirativo (*venturi*) originado pelo hiperfluxo sistólico – movimento anterior sistólico da mitral (MASM). → O paciente apresenta a clássica **melhora do sopro ao agachar-se!**
Disfunção diastólica	Decorre da hipertrofia maciça, da fibrose e do desarranjo no miócito, produzindo um déficit no relaxamento do ventrículo esquerdo.
Isquemia miocárdica	Deve-se ao aumento da demanda metabólica do miocárdio, reduzindo a perfusão coronariana.

26.3. Pericardiopatias

O pericárdio possui dois folhetos: visceral e parietal, os quais são separados pelo líquido pericárdico (20-50 ml).

➔ A porção do átrio esquerdo entre as veias pulmonares superiores e inferiores não é revestida pelo pericárdio!
➔ O pericárdio parietal possui terminações nervosas nociceptivas!

Pericardite aguda

É caracterizada por dor torácica precordial ou retroesternal, do tipo contínua e de longa duração. Pode apresentar irradiação para a região cervical e possui componente de piora na inspiração profunda e alívio na posição sentada (tronco para frente). Outras manifestações clínicas são dispneia e atrito pericárdico.

➔ O ECG demonstra supradesnivelamento difuso do segmento ST e infradesnivelamento de PR!

A etiologia pode ser viral (Coxsackie 3), bacteriana, traumática, urêmica, por colagenoses, entre outras. O tratamento envolve a internação associada ao uso de anti-inflamatórios não esteroidais (AINEs) e corticoides. O exame padrão-ouro é o ecocardiograma, além do tratamento específico para a causa básica, seguido da investigação contínua para sinais de tamponamento cardíaco. As principais complicações são tamponamento cardíaco (15%) e pericardite recorrente (20%-30%).

Pericardite subaguda

É caracterizada por derrame pericárdico grande e assintomático. A principal etiologia é proveniente de alterações da tireoide.

Pericardite constrictiva

A principal etiologia é a tuberculose e apresenta manifestações como sinal de Kusmaul, turgência jugular, pulso paradoxal e hepatomegalia. O tratamento envolve medicação para tuberculose associada à pericardiectomia.

CAPÍTULO 27

SÍNDROMES CORONARIANAS

27.1. Isquemia Miocárdica – Parte I

Anatomia

- **Coronária direita (CD)** = irriga o miocárdio do ventrículo direito (VD), as paredes inferior e posterior e dá origem ao ramo da artéria do nódulo atrioventricular (AV).
- **Circunflexa (Cx)** = irriga a parede lateral do ventrículo esquerdo (VE).
- **Descendente anterior (DA)** = irriga quase todo o septo interventricular (IV) e a parede anterior do VE.

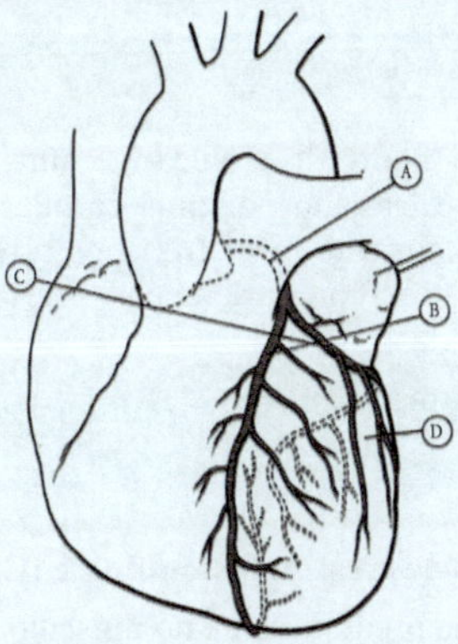

▶ Artéria coronária esquerda e seus ramos. A) Tronco da artéria coronária esquerda; B) Artéria interventricular anterior esquerda; C) Artéria circunflexa esquerda; D) Ramos diagonais.

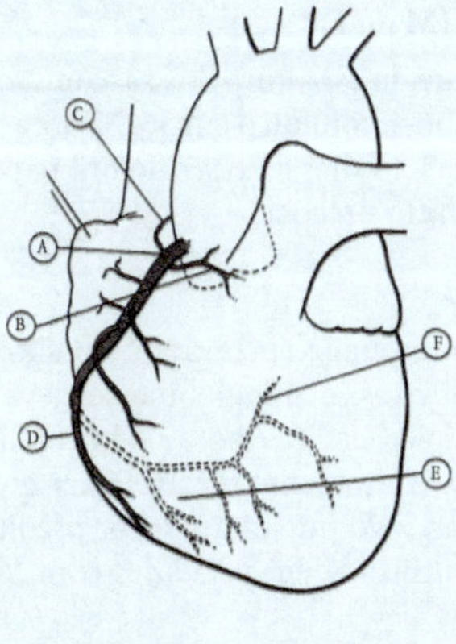

▶ Artéria coronária direita e seus ramos. A) Artéria coronária direita; B) Artéria do cone; C) Artéria do nó sinusal; D) Artéria marginal; E) Ramos ventriculares; F) Artéria do nó atrioventricular

Fatores de risco

São aqueles que promovem a disfunção endotelial por estresse oxidativo. O estresse oxidativo também promove inflamação endovascular, com migração de leucócitos que fagocitam as partículas aterogênicas e sofrem necrose/apoptose, e, posteriormente, tem-se a resposta regenerativa (síntese de colágeno).

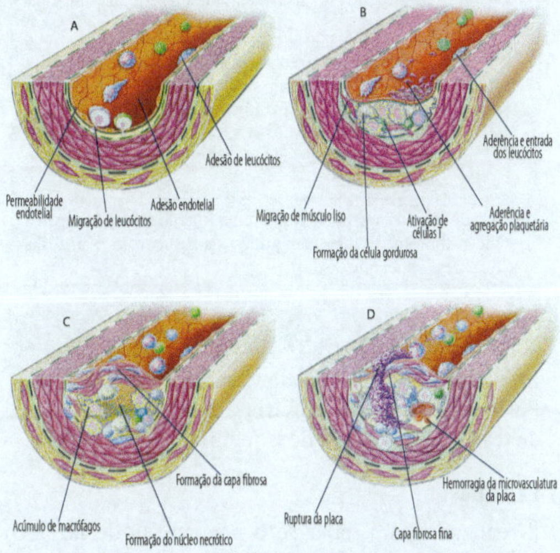

▶ Formação da placa aterosclerótica e instabilidade: as alterações iniciais que predispõem à formação da placa aterosclerótica ocorrem no endotélio. A) com lesão endotelial que aumenta a permeabilidade do endotélio às lipoproteínas e outros constituintes plasmáticos. B) Progride a formação da placa com a migração de monócitos e macrófagos (*foam cell*) associados a linfócitos T e células musculares lisas. C) Forma-se uma capa fibrosa sobre a placa, que recobre um *core* necrótico composto por leucócitos, lipídios e debris. D) A instabilidade da placa gera a sua ruptura ou ulceração, com adesão plaquetária e formação do trombo oclusivo que leva ao IAMCSST.

Fisiologia/reserva coronariana

O músculo cardíaco é o único tecido do corpo em que a taxa de extração de O_2 é quase máxima em repouso (cerca de 75%). A única maneira de aumentar a oferta de oxigênio ao coração é por intermédio da reserva coronariana, ou seja, aumentando o fluxo sanguíneo nas artérias coronárias.

→ A reserva coronariana é a capacidade do leito arteriolar miocárdico de dilatar-se e aumentar a perfusão proporcionalmente ao aumento da demanda metabólica (consumo de oxigênio pelo miocárdio [MVO_2]). Esse mecanismo é denominado modulação do tônus vascular dependente do endotélio.

Isquemia por estenose das coronárias

Estenose fixa	Em 95% das vezes, é devida a uma placa aterosclerótica. Em obstruções < 50%, não há repercussões na perfusão miocárdica ao repouso ou estresse. Em obstruções > 50%, o fluxo coronariano é insuficiente no estresse físico, levando à isquemia induzida por estresse, que é diretamente dependente do grau de obstrução e da capacidade da rede de vasos colaterais.
Estenose variável	É quando a musculatura lisa da região onde há a placa aterosclerótica se vasocontrai, ocasionando uma obstrução transitória mais grave, a isquemia de limiar variável. Essa vasoconstrição geralmente é desencadeada por frio, tabagismo, estresse físico ou emocional.
→ A isquemia atinge primeiramente a porção subendocárdica devido à direção do fluxo sanguíneo (subepicárdio → artérias perfurantes → subendocárdio).	

Diagnóstico/exames

Iniciado por uma boa anamnese e exame físico. Posteriormente, é necessária a avaliação por meio de testes provocativos de isquemia.

ECG basal

É realizado para saber se o paciente pode fazer o teste ergométrico. Para ECGs normais, o próximo passo é realizar o teste ergométrico. Para ECGs com bloqueio/alterações ou pacientes incapazes, preconiza-se realizar o ECO de esforço ou a cintilografia do miocárdio.

Teste ergométrico

É estratificado de acordo com os critérios de Bruce e a esteira age aumentando a velocidade e a inclinação com o tempo de exame. O teste ergométrico é tão mais sensível quanto maior o número de fatores de risco. O teste ergométrico com infradesnível de ST ≥ 1 mm é considerado positivo para doença isquêmica, exceto em pacientes que já infartaram.

Exames farmacológicos com estresse

Em geral utiliza-se a cintilografia induzida por fármaco (com dipiridamol, dobutamina, adenosina). O dipiridamol é contraindicado a pacientes com história de broncoespasmo (asma, doença pulmonar obstrutiva crônica [DPOC]).

Prognóstico
▪ **Alto risco pré-exame:** insuficiência ventricular esquerda (IVE), disfunção sistólica do VE ao ECO, história pregressa de infarto agudo do miocárdio (IAM).
▪ **Alto risco pós-exame:** isquemia estágio 1 de Bruce, infradesnível ≥ 2 mm, > 5 minutos para recuperar o infradesnível, pressão arterial sistólica (PAS) não se eleva (déficit inotrópico), arritmia ventricular, distúrbio de condução.

Novos exames

A angiotomografia computadorizada (ângio-TC) coronariana é capaz de medir a quantidade de cálcio nas artérias e sua carga total de aterosclerose.

Miocárdio hibernante

Disfunção contrátil crônica de um segmento miocárdico irrigado por uma coronária estenosada. É totalmente reversível após o restabelecimento do fluxo coronariano para este segmento.

Marcadores de necrose miocárdica ("curva enzimática")

Fração MB da creatinofosfoquinase (CK-MB)

É a isoforma predominante no músculo cardíaco. É dividida em CK-MB atividade e CK-MB massa. A CK-MB massa se eleva em 3-6 horas, com pico em 16-24 horas e normalização em 48-72 horas, sendo a melhor para o diagnóstico de IAM.

Troponina (M ou I)

É constituinte da estrutura dos sarcômeros e se eleva em 4-8 horas, com pico em 36-72 horas e normalização após 5-14 dias, não sendo útil para diagnóstico de reinfarto precoce.

Mioglobina

É uma hemoproteína encontrada no citoplasma de todos os miócitos. A mioglobina se eleva entre 1-2 horas, com pico em 6-9 horas e normalização em 12-24 horas. É altamente sensível para qualquer lesão muscular, logo possui um valor preditivo negativo alto. É utilizada em pacientes com "delta-T" < 6 horas.

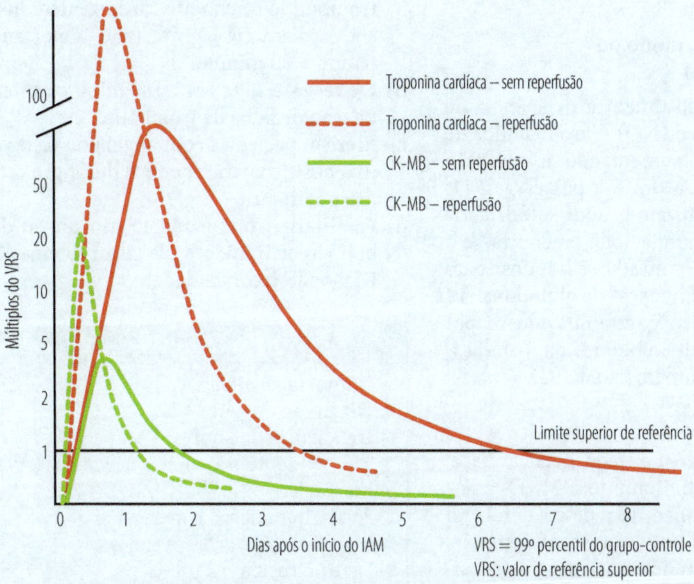

► Biomarcadores cardíacos no IAMCSST. A cinética da CK-MB e da troponina em pacientes que não são submetidos à reperfusão tem representação nas linhas sólidas verdes e vermelhas. Nota-se que, quando os pacientes com IAMCSST são submetidos à reperfusão (linhas tracejadas), os marcadores são detectados precocemente, têm maior pico e declinam mais rapidamente, resultando em uma menor área sobre a curva, que representa uma redução da extensão do infarto.

Marcadores de necrose miocárdica			
Marcadores	Elevação inicial	Pico sem trombólise	Retorno ao normal
Mioglobina	1 a 2 horas	6 a 9 hora	12 a 24 horas
CK-MB 3 a 6 horas	16 a 24 horas	48 a 72 horas	
Toponinas	4 a 8 horas	36 a 72 horas	5 a 14 dias

27.2. Isquemia Miocárdica - Parte II

MONABCEI: (**M**orfina, **O**ximetria/O_2, **N**itrato, **Á**cido acetilsalicílico [AAS], **B**etabloqueador, **C**lopidogrel, **Estatina**, **I**nibidor da enzima conversora da angiotensina [IECA])

Monitorar, acesso venoso, desfibrilador, dieta zero	
Oxigênio	Administração de O_2 suplementar via máscara ou cateter nasal para saturação oxigênio no sangue $SatO_2$ < 90%. Em casos de hipoxemia refratária, pode-se realizar o suporte ventilatório com pressão positiva.
Analgesia	Morfina intravenosa (2-4 mg a cada 5-15 min) é contraindicada apenas para IAM de parede inferior (infarto de VD) devido à ação vasodilatadora diminuindo a pré-carga.

Tratamento clínico

Mudança dos hábitos de vida

Visa a reduzir a progressão da aterosclerose.

Antiagregantes plaquetários

AAS

Inibe irreversivelmente a enzima ciclo-oxigenase das plaquetas, impedindo a formação do tromboxano A_2 e a ativação/agregação plaquetária;

Clopidogrel (tienopiridinas)

Inibe irreversivelmente a ativação da glicoproteína IIb/IIIa pelo difosfato de adenosina (ADP), sendo utilizado em conjunto com o AAS em dose de ataque de 300 mg (omitida em pacientes > 75 anos de idade) e manutenção de 75 mg/dia. Novas alternativas: prasugrel, ticagrelor (inibidor reversível do ADP);

Antilipêmicos

Preconiza-se o uso de estatinas independentemente do nível lipídico e sem alvo de lipoproteína de baixa densidade (LDL). A reavaliação do lipidograma é realizada após 2 meses.

Antianginosos

Nitratos (nitroglicerina, mono ou dinitrato de isossorbida)

Têm longa duração e substituem a deficiência de produção de óxido nítrico (NO) (vasodilatador de coronárias estenosadas, aumentando a perfusão miocárdica e reduzindo a pré e a pós-carga). Os nitratos, para agirem, utilizam grupos sulfidrila de substâncias como a glutationa, logo preconiza-se o uso de nitrato 6/6 horas, omitindo-se a 4ª dose para que sejam restauradas as reservas de glutationa (12 horas para restaurar). São contraindicados a pacientes que fizeram uso de inibidores da fosfodiesterase, hipotensos e tiveram infarto de VD.

Betabloqueadores

Ao agirem em β-1, reduzem a frequência cardíaca, prevenindo o "esforço", diminuindo o MVO_2 e aumentando o fluxo sanguíneo na rede colateral. Ao agirem em β-2, podem provocar vasoconstrição. Não devem ser administrados a usuários de cocaína, pois toda a adrenalina é direcionada para os receptores alfa.

Antagonistas do cálcio

São uma alternativa ao betabloqueador. Agem com efeito vasodilatador coronariano e sistêmico. Os principais são verapamil e diltiazem, que reduzem o MVO_2 pela diminuição da frequência cardíaca e da contratilidade miocárdica.

IECAs

São acrescentados sempre que possível (para pacientes de alto risco, com diabetes melito (DM), nefropatas, hipertensão arterial sistêmica (HAS), IAM prévio, IVE, > 54 anos de idade). Melhoram a hemodinâmica mediante a redução da pós-carga e do remodelamento cardíaco (menor efeito tóxico da angiotensina II sobre os cardiomiócitos).

Terapia de reperfusão

É indicada para pacientes com dor sugestiva de IAM > 20 min e < 12 h, delta-T de até 12 h, supradesnível ≥ 2 derivações consecutivas ou bloqueio de ramo esquerdo (BRE) novo.

Angioplastia (intervenção coronariana percutânea)

a) **Primária:** é a estratégia de reperfusão mais eficaz, com tempo porta-balão de até 90 minutos ou 120 minutos (se necessário, com transporte do paciente para outro hospital que possua o serviço de angioplastia). É especialmente indicada para pacientes com contraindicação para trombolíticos, choque cardiogênico, insuficiência cardíaca (IC) grave (não importando se o tempo > 90 minutos).
b) **De resgate:** feita em < 180 minutos após a constatação de falha da trombólise.
c) **Eletiva:** pacientes com angina ou teste provocativo positivo para isquemia durante a estratificação pós-infarto.
d) **Facilitada:** combinada ao uso prévio de trombolítico ou inibidores da glicoproteína (GP) IIb/IIIa – não recomendada!

Contraindicação dos trombolíticos
▪ Hemorragia ativa
▪ Dissecção de aorta
▪ Deficiência de fatores
▪ TU, acidente vascular encefálico (AVE) hemorrágico
▪ AVE isquêmico < 3 meses
▪ Malformações arteriovenosas
▪ Neurocirurgia < 2 meses
▪ HAS grave e refratária
▪ Estreptoquinase < 6 meses

Trombolíticos

São divididos em dois grupos:

- **Não fibrinoespecífico:** estreptoquinase (SK).
- **Fibrinoespecífico:** ativador tecidual do plasminogênio combinante (alteplase) ou tenecteplase.

➔ Os específicos ativam apenas o plasminogênio ligado ao trombo. Preconiza-se que o tempo porta-agulha seja de 30 minutos. Após a trombólise, recomenda-se que o paciente seja anticoagulado por 2-8 dias, sob o risco de falha ou reoclusão.

➔ Os critérios de reperfusão miocárdica são: redução > 50% da altura do supradesnível de ST, redução da dor, arritmias de reperfusão (RIVA).

Revascularização miocárdica

É indicada sempre na presença de angina refratária aos demais tratamentos ou alto risco cardíaco.

Cirurgia tradicional

O padrão-ouro é a combinação de uma ponte de mamária esquerda para coronária descendente anterior associada a pontes de safena para outras coronárias. Está indicada sempre que o paciente apresentar:

- Lesões multivasculares do DM;
- Lesão trivascular ≥ 70%;
- Obstrução de tronco da CE ≥ 50%;

- Refratariedade;
- Contraindicação à angioplastia;
- Disfunção do ventrículo esquerdo.

Ponte de safena

É mais fácil de ser realizada, porém cerca de 50% delas se ocluem em 10 anos. O fechamento:

- **primeiro mês:** trombose;
- **1-12 meses:** hiperplasia da íntima (mais comum);
- **12 meses:** aterosclerose.

Ponte de mamária

Possui maior patência, permanecendo pérvia por um tempo maior; porém existe maior dificuldade técnica e maior tempo operatório para sua realização.

27.3. Distúrbios Anginosos

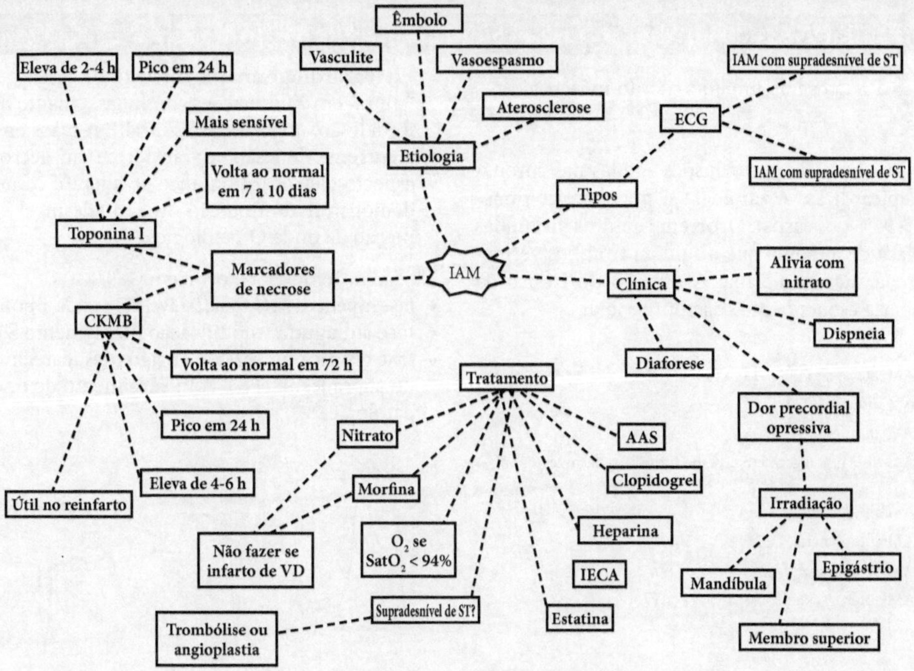

Angina estável

É caracterizada por dor subesternal/precordial do tipo opressiva ou queimação que dura entre 2 e 15 minutos, provocada por esforço físico ou estresse emocional, aliviada pelo repouso ou por nitrato sublingual.

Angina instável

É caracterizada por dor subesternal/precordial do tipo opressiva ou queimação com duração > 15 minutos com eletrocardiograma (ECG) demonstrando infradesnível de ST e inversão de onda T com marcadores de necrose miocárdica negativos.

27.4. Síndrome Coronariana Aguda sem Supradesnível de ST (SCASST/IAMSST)

É resultante da oclusão subtotal do lúmen coronariano (ou oclusão total com boa perfusão colateral), com elevação dos marcadores de necrose miocárdica. A etiologia é a aterotrombose com erosão ou fissura não profunda na placa de ateroma, levando à formação de um trombo branco. O diagnóstico é realizado por anamnese e exame físico. O ECG revela a presença de infradesnível ST e inversão de onda T simétrica.

➔ A conduta envolve o $Mona_3Bcei$ + heparina de baixo peso molecular associados a:

Critérios de alto risco
Angina grave refratária
DM, insuficiência renal (IR)
Angioplastia < 6 meses
Cirurgia de revascularização
ECG com infradesnível de ST
Taquicardia ventricular (TV) ou fibrilação ventricular (FV)
ECO com fração de ejeção (FE) < 40%
Troponina elevada
Trombólise no infarto do miocárdio (TIMI) ≥ 5 ou Grace > 140

- **Terapia conservadora:** indicada para pacientes de baixo risco, envolve a realização de ECG, marcadores de necrose miocárdica (com intervalos de 0-3-6 h), otimização de medicações e testes pré-alta;
- **Terapia intervencionista:** indicada para pacientes de alto risco, envolve o CATE (2 h: imediato, 24 h: precoce, 72 h: tardio).

Na suboclusão (IAM sem supradesnível) é contraindicado o uso de trombolíticos!

Angina de Prinzmetal: é uma dor torácica anginosa com supradesnível de ST rapidamente reversível no eletrocardiograma. É causada por um grave vasoespasmo que chega a ocluir a coronária epicárdica calibrosa. Está relacionada ao tabagismo e uso de cocaína. O tratamento envolve o uso de antagonistas do canal de cálcio e nitratos.

27.5. Infarto Agudo do Miocárdio com Supradesnível de ST (IAMST)

➔ É a necrose de uma porção do músculo cardíaco.

O IAM é causado por oclusões agudas nas coronárias epicárdicas. A etiologia é por aterotrombose (em > 95% dos casos). Ocorrem rupturas profundas na placa de ateroma que originam trombos vermelhos/coágulos de fibrina. A oclusão do tronco da coronária esquerda quase sempre é fatal.

- IAM lateral alto (CX): D_1, aVL.
- IAM inferior (CD): D_2, D_3, aVF.
- IAM anterior (DA): V_1 à V_6.
- IAM dorsal: imagem em espelho com infradesnível em V_1, V_2, V_3.
- IAM anterosseptal: V_1 à V_4.
- IAM anterolateral: D_1, aVL, V_5, V_6.
- IAM de ponta: V_5, V_6.
- IAM anterior extenso: V_1 à V_6, D_1, aVL.
- IAM de VD: V_3R, V_4R, V_7, V_8.

Manifestação clínica

O paciente se manifesta com dor torácica anginosa (precordialgia constritiva) de forte intensidade e longa duração (> 20 minutos), refratária ao repouso ou nitrato sublingual.

→ A dor pode se irradiar para epigástrio, dorso, membros superiores e pescoço/mandíbula. Em pacientes idosos, do sexo feminino, com DM, insuficiência cardíaca congestiva (ICC), marca-passo, transplante cardíaco a dor, pode se manifestar de forma atípica!

Exame físico e diagnóstico

A confirmação diagnóstica é obtida por anamnese, exame físico, ECG e curva enzimática, visto que o exame físico é pouco informativo e os exames laboratoriais comuns são inespecíficos, demonstrando apenas uma pseudo-hipolipemia após 24 horas do IAM que pode durar até 8 semanas após o infarto.

- **Eletrocardiograma:** a corrente de lesão gera o "supra" em 2 derivações contínuas. Quanto maior for a lesão, maior será o supra! Em casos em que a corrente de lesão se transforma em necrose, o aspecto eletrocardiográfico se altera e começa a demonstrar diminuição do supradesnível e formação da onda Q patológica.

Na evolução do ECG, ocorrem:

- **fase hiperaguda** (supradesnível ST + onda T positiva);
- **fase subaguda** (modificação do segmento ST);
- **fase crônica ou infarto antigo** (desaparecimento do supradesnível ST com surgimento de onda Q patológica).

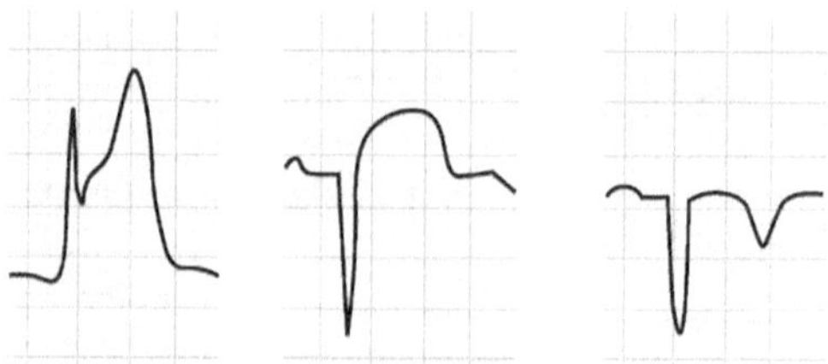

Adendo: ECG com BRE novo em paciente sintomático é equivalente ao "supradesnível ST" (oclusão coronariana total).

Tratamento

Envolve o uso do:

Monabcei + tratamento clínico + terapias de reperfusão (CAT + angioplastia ou trombolítico) + anticoagulação.

O objetivo da anticoagulação é garantir a patência da artéria relacionada com o infarto (diminuindo as taxas de reoclusão coronariana e reinfarto). Após trombólise química, a anticoagulação é feita com enoxaparina (heparina de baixo peso molecular) por até 8 dias. Após a angioplastia, utiliza-se a heparina não fracionada por 48 horas.

Classificações do IAM
Classificação clínica de Killip
Killip 1: sem evidência de congestão pulmonar
Killip 2: estertores pulmonares, distensão venosa jugular ou terceira bulha
Killip 3: edema pulmonar
Killip 4: choque cardiogênico
Classificação hemodinâmica de Forrester
Forrester 1: IC > 2,2 e PCP < 18
Forrester 2: IC > 2,2 e PCP > 18
Forrester 3: IC < 2,2 e PCP < 18 (correlaciona-se com infarto do ventrículo direito)
Forrester 4: IC < 2,2 e PCP < 18
(IC = índice cardíaco, PCP = pressão capilar pulmonar, aferido com catéter de Swan Ganz)
Classificação de Forrester modificada
Classe 1: perfusão normal e ausência de congestão pulmonar
Classe 2a: perfusão normal, congestão pulmonar ao exame físico ou radiografia, sem dispneia
Classe 2b: perfusão normal e congestão pulmonar com dispneia
Classe 3: perfusão diminuída e ausência de congestão pulmonar
Classe 4: perfusão diminuída e presença de congestão pulmonar

➔ É necessário sempre avaliar se o ECG apresenta problemas na transição elétrica ($V_1 \rightarrow V_6$). Nessa transição, é patológico evidenciar uma onda R que não "cresce" ou uma onda R que cresce muito antes (positiva em V_2). Esses achados são sugestivos de IAM dorsal, sendo necessário investigar V_7 e V_8.

Adendo: ruptura de estruturas no pós-IAM

→ Apresenta um pico bimodal, ocorrendo nas primeiras 24 horas ou após 3-5 dias do evento cardíaco.

	Septo interventricular	Parede livre ventricular	Músculo papilar
Tipo de IAM	Anterior	Anterior	Inferior
Exames	Sopro holossistólico grosseiro em borda esternal esquerda (BEE) com frêmito.	Tamponamento (tríade de Beck) com choque	Sopro sistólico com ou sem frêmito, irradiação para BEE, axila e dorso.
Clínica	Insuficiência ventricular esquerda	Tamponamento ou morte súbita	Insuficiência ventricular esquerda
Tratamento	O tratamento das rupturas sempre será cirúrgico!		

SEÇÃO 7 - HEPATOLOGIA

Capítulo 28 – Fígado e Hepatites

28.1. Fisiologia Hepática ... 194
28.2. Hepatites Virais Agudas ... 195
28.3. Hepatites Virais Crônicas ... 199
28.4. Insuficiência Hepática Fulminante ... 199

Capítulo 29 – Distúrbios Hepáticos – Parte I

29.1. Fisiopatologia da Cirrose ... 200
29.2. Doença Hepática Alcoólica ... 201
29.3. Doença Hepática Gordurosa Não Alcoólica ... 202
29.4. Doença Hepática Autoimune ... 203
29.5. Colangite Biliar Primária ... 203
29.6. Doença de Wilson ... 203
29.7. Hemocromatose Hereditária ... 204
29.8. Doença Hepática Medicamentosa ... 204

Capítulo 30 – Distúrbios Hepáticos – Parte II

30.1. Complicações da Cirrose Hepática ... 205
30.2. Hipertensão Portal ... 206
30.3. Ascite ... 209
30.4. Peritonite Bacteriana Espontânea ... 210
30.5. Transplante Hepático ... 210

Capítulo 31 – Síndromes Hepatobiliares

31.1. Vias Biliares ... 212
31.2. Colelitíase ... 212
31.3. Colecistite Aguda Litiásica ... 213
31.4. Colecistite Aguda Alitiásica ... 213
31.5. Colecistite Enfisematosa Aguda ... 214
31.6. Síndrome de Mirizzi ... 214
31.7. Coledocolitíase ... 214
31.8. Colangite ... 214
31.9. Abscesso Hepático ... 215
31.10. Colangite Esclerosante ... 215
31.11. Neoplasias Hepáticas ... 215
31.12. Tumores Malignos das Vias Biliares ... 216

ANOTAÇÕES:

CAPÍTULO 28

FÍGADO E HEPATITES

28.1. Fisiologia Hepática

Histologia

Os hepatócitos se dispõem numa arquitetura geométrica conhecida como lóbulos hepáticos (unidades funcionais). Dentro dos lóbulos, a superposição das células forma "muros" com espaços entre si que são preenchidos por sinusoides hepáticos (vasos bastante fenestrados) compostos pelas células endoteliais e células de Kupffer (fagocitárias pertencentes ao sistema mononuclear fagocitário que participa da defesa e da hemocaterese).

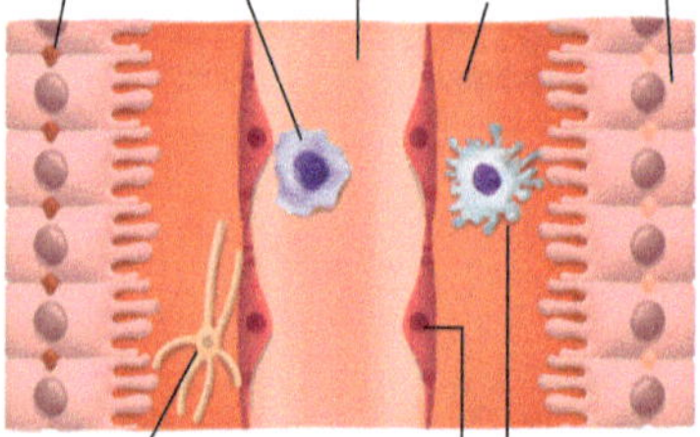

▶ Estrutura do lóbulo hepático, formado por células hepáticas (hepatócitos) agrupadas em torno de uma veia central.

Circulação hepática

É proveniente da artéria hepática (30%) e da veia porta (70% - mesentérica superior e esplênica). A veia mesentérica superior traz sangue rico em substâncias intestinais e que, antes de ganharem a circulação sistêmica, sofrem a passagem pelo fígado - mecanismo de primeira passagem.

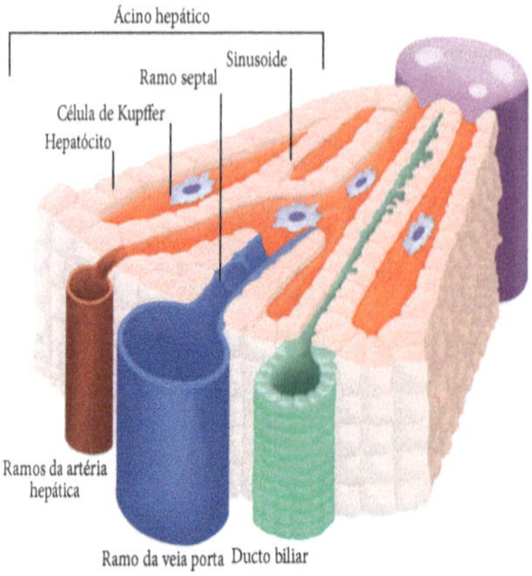

▶ Estrutura tridimensional do lóbulo hepático, formado por células hepáticas (hepatócitos) agrupadas em torno de uma veia central.

Sistema biliar

O espaço tubular formado pela união longitudinal de vários hepatócitos e revestido internamente pelos colangiócitos é denominado canalículo biliar. Na periferia, esses canalículos deságuam no ducto biliar (canal de Hering), localizado no espaço porta. Posteriormente, o ducto biliar se unirá para formar os ductos hepáticos que darão origem ao ducto hepático comum (que, quando se une ao ducto cístico, forma o ducto colédoco).

Metabolismo da bilirrubina

As hemácias, ao alcançarem 120 dias de vida, são sequestradas e destruídas na polpa vermelha do baço. Dessa forma, a hemoglobina (Hb) liberada se liga à hepatoglobina e é fagocitada pelos macrófagos esplênicos e dividida em *globina* e *heme*.

➔ A heme é clivada em *ferro livre* e *protoporfirina* (utilizada como substrato na formação de bilirrubina).

➔ A protoporfirina é transformada em biliverdina → bilirrubina livre (insolúvel), que é liberada no plasma e imediatamente se liga à albumina plasmática, sendo denominada bilirrubina indireta (ou não conjugada).

Valores de bilirrubina total (BT) > 2,5 mg/dl são suficientes para corar a esclera.

No hepatócito, é realizada a captação (bilirrubina se desprende da albumina e se liga a proteínas plasmáticas). A conjugação (a enzima glicuronil-transferase conjuga o glucoronídeo na bilirrubina, sendo denominada bilirrubina direta ou conjugada) e a excreção para a bile (pelos canalículos biliares + trifosfato de adenosina [ATP]).

Após ser lançada na luz intestinal, a bile é excretada nas fezes (50%) ou é metabolizada em urobilinogênio (50%). Este, ao entrar em contato com o ar, oxida-se, formando urobilina, que contribui para a coloração escura. Em situações em que a excreção hepática está aumentada, há o aumento do urobilinogênio na urina (urina escura) e, quando sua excreção está reduzida, as fezes tendem a ficar claras.

➔ Nas síndromes colestáticas, a incapacidade de drenar a bile produzida a desloca para a circulação e provoca bilirrubinúria.

Metabolismo hepático

As principais funções do fígado são:

Depuração

Conversão de bilirrubina indireta em bilirrubina direta, excreção de bilirrubina direta na bile e transformação de NH_3^+ em ureia.

Síntese

De albumina, fatores de coagulação entre outros.

Metabolismo

1. **Carboidratos:** são responsáveis pela glicogenólise e gliconeogênese;
2. **Lipídios:** realizam a síntese do colesterol que será excretado na bile e no plasma (lipoproteína de baixa densidade [LDL]) e utilizado para a síntese de membranas celulares e ácidos biliares;
3. **Metabolismo das proteínas:** sintetiza albumina, transferrina, ferritina, fibrinogênio, fatores de coagulação, proteína C reativa, angiotensinogênio, alfa-1-antitripsina;
4. **Biotransformação e desintoxicação:** ocorre a transformação hepática da amônia em ureia pelo ciclo de Krebs-Henseleit (as proteínas na luz intestinal sofrem ação bacteriana e com isso forma-se amônia, que é absorvida e convertida no fígado).

Síndromes específicas

Síndrome de Gilbert

É uma leve deficiência da enzima glicuronil-transferase (GT), que realiza a conjugação da bilirrubina indireta dentro do hepatócito. Depois da hemólise, a síndrome de Gilbert é a principal causa de hiperbilirrubinemia não conjugada leve.

Síndrome colestática

É devida ao acúmulo de bilirrubina direta e outros ingredientes da bile por um problema existente na drenagem biliar intra ou extra-hepática.

Gilbert (Ideficiência leve da GT)	■ 7% da população/sexo masculino ■ Icterícia leve pós-jejum ou dieta hipocalórica/predomínio (bilirrubina indireta – BI) ■ Não é necessário tratamento
Crigler-Najjar Tipo II (deficiência moderada da GT)	■ Rara/icterícia moderada/predomínio BI ■ Tratar com fenobarbital
Crigler-Najjar Tipo I (ausência da GT)	■ Rara grave (kernicterus) ■ Tratar com plasmaférese, fototerapia e transplante hepático
Dubin-Johnson (falha na excreção da bilirrubina)	■ Assintomático ■ Enzimas hepática normais ■ Não tratar
Síndrome de Rotor (distúrbio do armazenamento)	■ Muito semelhante à Dubin-Johnson ■ Enzimas hepáticas normais

28.2. Hepatites Virais Agudas

➔ É definida pela resposta imunológica que persiste por, no máximo, seis meses.

Tipo	Transmissão	Incubação	Formas clíncias
A	■ Fecal-oral	2-4 semanas	Não
B	■ Perinatal (vertical) ■ Horizontal (entre crianças) ■ Relação sexual ■ Percutânea: escovas de dentes, agulhas, acidentes com agulhas, lâminas de barbear	4-24 semanas	Sim Recém-nascidos (RNs): 90% Crianças: 20%-50% Adultos: 5%-10%
C	■ Uso de drogas ilícitas ■ Hemotransfusão ■ Hemodiálise ■ Outros: relação sexual, perinatal, acidentes perfurocortantes, tatuagens, *piercing*, material de unhas/depilação, escova de dentes, lâminas de barbear	2-26 semanas	Sim Adultos: 85%-90%
D	■ Sempre como coinfecção com o vírus B	–	Sim
E	■ Fecal-oral	2-8 semanas	Não

Quadro clínico

➔ **Fase prodrômica:** mal-estar, astenia, anorexia, náuseas, diarreia, febre e sinais de vias aéreas superiores.

➔ **Fase ictérica:** tem-se o pico de aspartato alanina aminotransferase (ALT) e aspartato aminotransferase (AST) com colúria, hipocolia fecal e prurido.

➔ **Fase de convalescença:** melhora dos sintomas.

Achados laboratoriais

Um grande aumento das aminotransferases, superior a 500 UI/l (10× valores de referência), é típico. Não ocorre prejuízo da conjugação da bilirrubina, e, sim, da excreção. A biópsia das hepatites, revela necrose periportal (em ponte).

➔ A transaminase glutâmico-pirúvica (TGP) é mais específica para fígado!

Hepatite viral A

A principal via de contágio é fecal-oral e reflete as condições sanitárias e o grau de higiene (os principais determinantes de sua disseminação). Sendo assim, quanto mais baixo é o nível socioeconômico, maior é a taxa de soroprevalência.

<table>
<tr><th colspan="2">Fatores da hepatite A</th></tr>
<tr><td colspan="2">1. Infecção viral hepática que se espalha com o contato oral-fecal (material fecal)
2. Duração de algumas semanas e pode ser debilitante, mas a maior das pessoas tem recuperação rápida e satisfatória
3. Evitável com lavagem cuidadosa das mãos, manutenção de vasos sanitários e banheiros limpos, evitando fontes de águas infectadas</td></tr>
<tr><th>Sintomas</th><th>Contaminação</th></tr>
<tr><td>■ Náusea
■ Vômitos</td><td>■ Contato direto
■ Comidas e bebidas
■ Copos e talheres</td></tr>
<tr><td colspan="2">Qualquer outro tipo de objeto manuseado por pessoa contaminada.</td></tr>
</table>

Manifestações clínicas

Geralmente é assintomática, mas em 10% dos casos pode cursar com sintomas de pródromos/icterícia/convalescença. Em cerca de 0,35%, é fulminante (mais suscetível em idosos e com mortalidade de 50%). Em alguns casos, a hepatite A pode se tornar colestática.

➔ O **diagnóstico** é feito pelo achado de imunoglobulina M (IgM) e IgG antivírus da hepatite A (HAV), sendo a IgM atual e a IgG após o quadro.

A prevenção é feita mediante o afastamento das crianças durante as primeiras duas semanas da doença para diminuir a disseminação. A imunização é feita com 1 ano de idade e o reforço, após 6 meses. Atualmente, o Ministério da Saúde promove a imunização aos 15 meses de idade. A profilaxia pós-exposição é realizada até o 14º dia com vacina; nos casos de imunodeprimidos ou menores de 1 ano de idade, preconiza-se o uso da imunoglobulina.

Hepatite viral B

É um vírus de DNA transmitido via perinatal (gestantes HbeAg positivas têm chance de transmissão de 90%, enquanto as HbeAg negativas, apenas 10%), sexual (é a mais comum), percutânea, por transfusão e outros.

➔ As manifestações extra-hepáticas são poliarterite nodosa (PAN), glomerulonefrite membranosa e Gianetti-Crosti.

O **diagnóstico** se dá pelos anticorpos contra os 3 antígenos: HBcAg, HBeAg e HBsAg.

Anticorpos
■ **HBsAg:** representa infecção pelo vírus.
■ **HBeAg:** indica a replicação do vírus.
■ **Anti-HBe:** reflete a não replicação do agente, sendo necessária a pesquisa de reação em cadeia da polimerase (PCR)-DNA.
■ **Anti-HBc IgM:** é o contato com o agente.
■ **Anti-HBc IgG:** representa tempo de contato superior a 6 meses.
■ **Anti-HBs:** é a proteção sorológica.

➔ Alguns vírus mutantes do pré-core se replicam sem expressar HBe. Pacientes HBsAg (+) e anti-HBs (+) indicam mutação viral por escape de envelope.

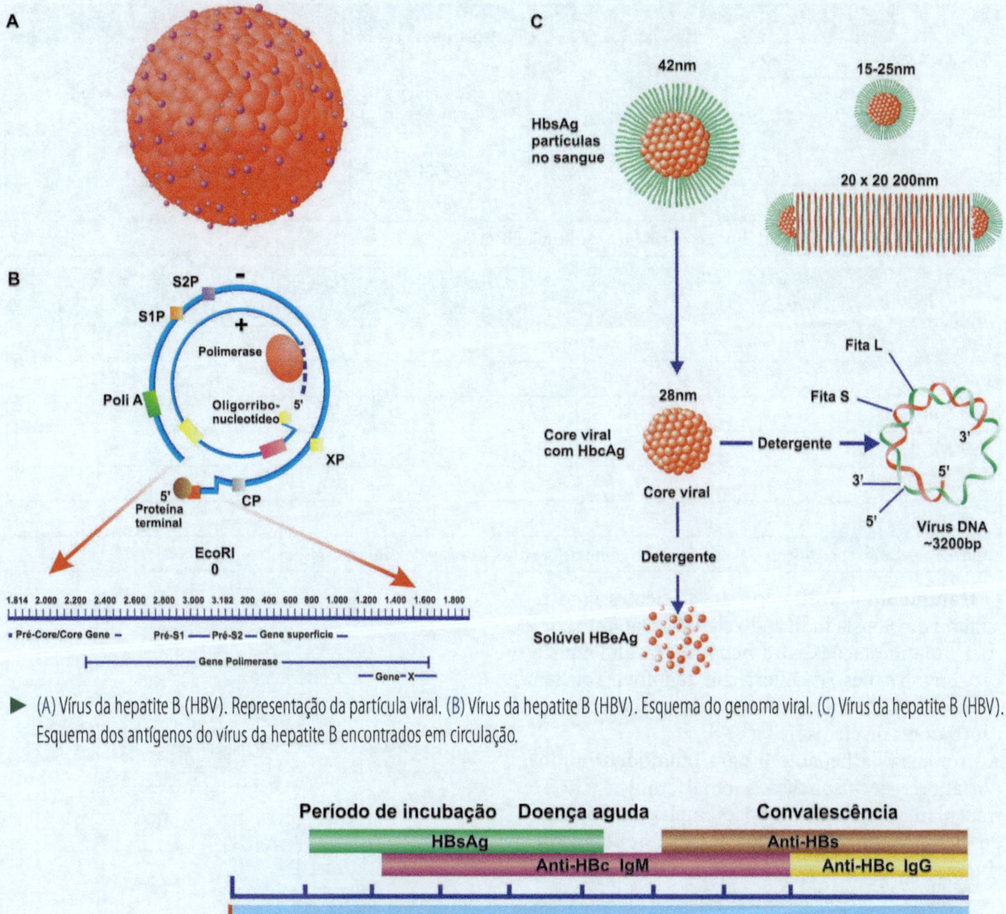

▶ (A) Vírus da hepatite B (HBV). Representação da partícula viral. (B) Vírus da hepatite B (HBV). Esquema do genoma viral. (C) Vírus da hepatite B (HBV). Esquema dos antígenos do vírus da hepatite B encontrados em circulação.

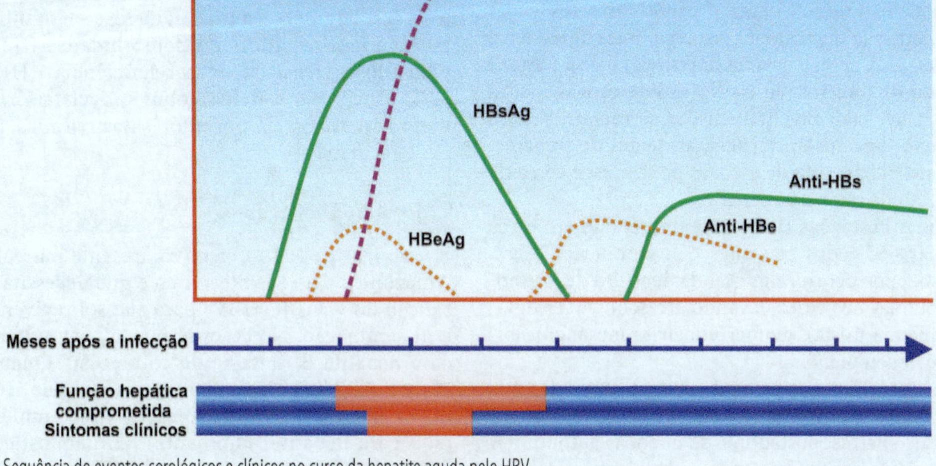

▶ Sequência de eventos sorológicos e clínicos no curso da hepatite aguda pelo HBV.

Evolução da doença				
90% dos RNs	→	Cronificam	Dos que cronificam, cerca de 50% desenvolvem: → **Cirrose** ←	Cerca de 10% desenvolvem: **Adenocarcinoma hepatocelular!**
25% das crianças	→			
5%-10% dos adultos	→			
→ Cerca de 1% dos adultos com HBV desenvolvem hepatite fulminante.				

Sorologia	Janela imunológica	Fase aguda	Fase tardia	Em replicação	Vacinação	Cicatriz
HBsAg	-	+	+	+	-	-
Anti-HBs	-	-	-	-	+	+
Anti-HBc IgM		+	+			
Anti-HBc IgG	+	-	+			+
HBeAg		+	-	+		
Anti-HBe		-	+	-		+
Anti-HBs negativo após 3 doses → Revacinar; caso continue negativo, é declarado como não responsivo!						

O **tratamento** é instituído para pacientes com resultado de biópsia indicando classificação metavir ≥ A_2/F_2, manifestações extra-hepáticas ou alta replicação. Envolve o uso de interferon, tenofovir (pacientes com variação do mutante pré-core) e entecavir (portadores de cirrose).

A profilaxia da hepatite B para imunodeprimidos, portadores de insuficiência renal crônica (IRC) e transplantados envolve 4 doses duplas com o dobro de vacina. Imunodeprimidos, infectados por via perinatal, vítimas de abuso e acidentes, desde que não vacinados, deverão receber imunoglobulina (em até 14 dias) + vacina.

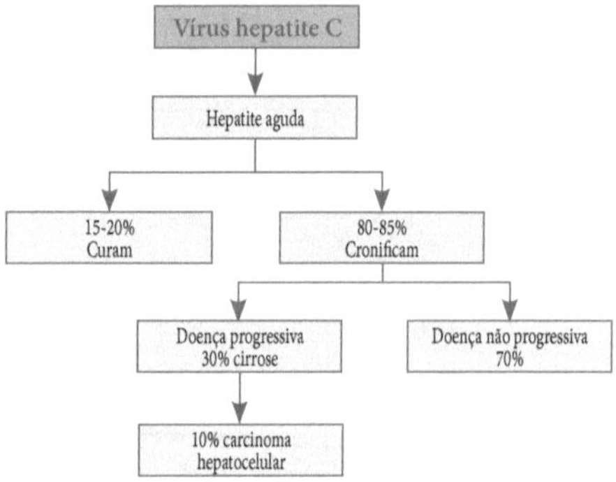

Hepatite viral C

É um vírus de RNA com 6 genótipos e 100 cepas diferentes já descritas. O genótipo mais agressivo é o tipo 1. A prevalência na população é de 1,38%. O modo de transmissão é pelo uso de drogas ilícitas (inclusive inaladas), transfusões de sangue, prática sexual, transmissão vertical, acidentes de trabalho, compartilhamento de escovas de dentes; e cerca de 40% ainda são desconhecidos.

As **manifestações clínicas** se apresentam em cerca de 80%-85% dos pacientes que cronificam. Além disso, pode ocorrer um grande depósito de imunoglobulinas nos vasos, levando a vasculites (crioglobulinemia mista), glomerulonefrite mesangiocapilar e líquen plano.

O **diagnóstico** é confirmado pela presença de anti-HCV, que pode se apresentar como falso positivo em alcoólatras, portadores de doenças autoimunes e pacientes curados, sendo necessária a pesquisa pelo HCV-RNA PCR quantitativa).

O **tratamento** é instituído para pacientes que apresentarem biópsia com classificação Metavir ≥ F3 (ou F2 por > 3 anos) ou cirrose ou manifestações extra-hepáticas ou comorbidades (transplantados, vírus da imunodeficiência [HIV], IRC). Envolve o uso de safobuvir, daclatasvir, simeprevir, exceto em portadores de arritmias, por 12-24 semanas.

Hepatite viral D

É um vírus de RNA defectivo presente na região Amazônica e no Mediterrâneo e que necessita da função do vírus B (HBV) para sua sobrevivência e disseminação. No caso de infecção simultânea com hepatite B, trata-se de coinfecção. Quando alguém já está cronicamente infectado pelo HBV, diz-se que há uma superinfecção (risco aumentado para hepatite fulminante). O diagnóstico é feito pela IgM e IgG tanto para HDV quanto para HBV.

Hepatite viral E

A principal via de transmissão é fecal-oral e acomete os continentes da Ásia e África. O diagnóstico é via IgG e IgM. Quando atinge gestantes, é fulminante em 20% dos casos.

28.3. Hepatites Virais Crônicas

A hepatite viral é caracterizada como crônica quando uma lesão hepática necroinflamatória perdurar por mais de 6 meses. Por ser uma doença oligossintomática ou até assintomática, o diagnóstico de hepatite crônica é dependente de exames complementares. A dosagem de aminotransferases (ALT/AST) é o exame mais importante. Já a biópsia é o melhor parâmetro para predizer o prognóstico. O tratamento envolve o uso de interferon.

28.4. Insuficiência Hepática Fulminante

É uma síndrome que se origina da súbita e intensa disfunção hepatocelular marcada por:

- encefalopatia;
- coagulopatia;
- predisposição a infecções.

➔ A etiologia é proveniente de hepatites virais (especialmente a hepatite B) e/ou toxicidade farmacológica. A disfunção hepatocelular pode ser decorrente de necrose do hepatócito ou, então, secundária a um distúrbio no metabolismo celular e mitocondrial.

A insuficiência hepática subfulminante é o surgimento de encefalopatia entre 2 semanas (hepatopatas prévios) ou 8 semanas (não hepatopatas) e 6 meses do início dos sintomas.

As manifestações se baseiam nas múltiplas funções do fígado e resultam na perda das funções sintéticas, metabólicas e desintoxificadoras, resultando em alterações hemodinâmicas secundárias que comprometem o funcionamento de outros órgãos.

CAPÍTULO 29

DISTÚRBIOS HEPÁTICOS - PARTE I

29.1. Fisiopatologia da Cirrose

Introdução

Os sinusoides conduzem o sangue das circulações porta e sistêmica para a veia centrolobular. Durante essa passagem, substâncias são captadas devido a duas características fundamentais dos sinusoides hepáticos:

- altamente fenestrados;
- ausência de membrana basal.

Logo, todas as substâncias presentes no sangue atravessam as fenestras e são lançadas no espaço de Disse.

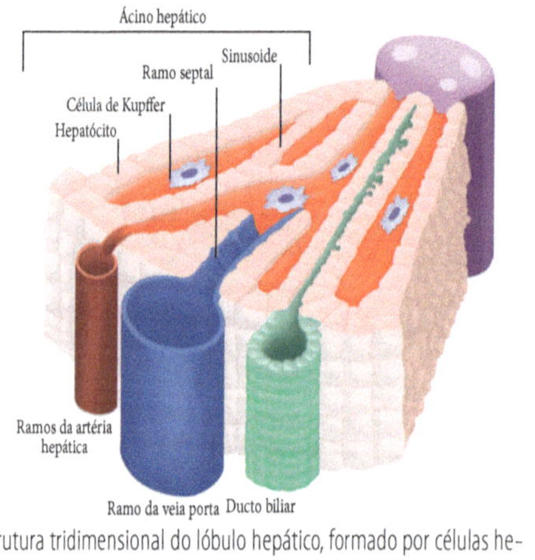

▶ Estrutura tridimensional do lóbulo hepático, formado por células hepáticas (hepatócitos) agrupadas em torno de uma veia central.

As células estreladas (células de Ito), presentes no espaço de Disse, são responsáveis pelo armazenamento de vitamina A e, mediante reações necroinflamatórias, transformam-se em células capazes de produzir colágeno. Com o tempo e com a produção acentuada de colágeno, ocorre a deposição de fibras no espaço de Disse, levando ao fenômeno de capilarização dos sinusoides (obliteração das fenestras, impedindo o contato entre os hepatócitos e as substâncias do sangue, e também a diminuição do calibre do sinusoide).

Essa capilarização leva a um quadro de hipertensão portal com diminuição da capacidade metabólica hepática. A deposição de fibras colágenas e a consequente capilarização dos sinusoides é também chamada de fibrose em ponte. O sangue, então, passa a circular dentro dessas traves fibróticas sem entrar em contato com os hepatócitos, numa espécie de *shunt* intra-hepático, drenando diretamente para as veias centrolobulares. Quando essas traves de colágeno se encontram, isolando um grupo de células que não recebem sangue, ocorre o início de um ciclo de morte e regeneração hepatocelular, formando os nódulos de regeneração, que muitas vezes dão origem a células displásicas!

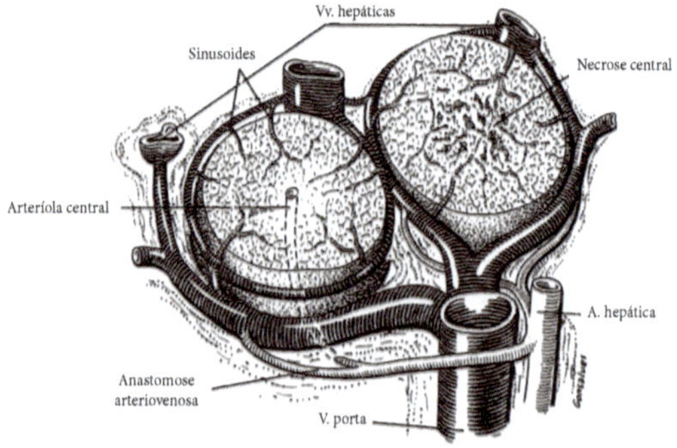

▶ Nódulos de regeneração na cirrose hepática.

Cirrose hepática

É o processo irreversível de fibrose hepática "em ponte" com formação de *shunts* vasculares no interior das traves fibróticas e formação de nódulos de regeneração.

Etiologias	
■ Vírus hepatotrópicos	■ Doença metabólica
■ Álcool	■ Hepatopatias colestáticas
■ Drogas	■ Doenças da infância
■ Hepatopatias autoimunes	■ Cirrose criptogênica

Diagnóstico

Padrão ouro é a biópsia (geralmente não é necessária para o diagnóstico).

A redução do lobo hepático direito < 7 cm à hepatimetria de percussão é um achado patognomônico de cirrose.

➔ **Laboratório:** as aminotransferases não necessariamente estão alteradas. Pode apresentar hipoalbuminemia, hiperbilirrubinemia, alargamento do tempo de protrombina e diminuição da atividade de protrombina. Comumente a relação transaminase glutâmico-oxalacética (TGO) > transaminase glutâmico-pirúvica (TGP) é encontrada em doença hepática alcoólica (uma vez que a aspartato alanina aminotransferase (ALT)/TGP necessita de vitamina B6 para sua produção e pacientes etilistas apresentam hipovitaminose).

Manifestações clínicas
■ Eritema palmar
■ Telangiectasias ("aranhas vasculares")
■ Ginecomastia
■ Ascite
■ Varizes de esôfago e fundo gástrico
■ Esplenomegalia congestiva
■ Circulação porta visível ("cabeça de Medusa")
■ Síndrome de hipertensão portopulmonar
■ Hemorroidas

Tratamento

A cirrose é considerada uma condição irreversível, logo seu tratamento baseia-se no manejo de suas complicações (encefalopatia, hipertensão porta, ascite).

Classificação

Utilizam-se o escore/parâmetros de Child-Turcotte modificado por Pugh.

E também o escore de MELD com base nos níveis de bilirrubinas, tempo de protrombina/razão normalizada internacional (INR) e creatinina. Valores de índices > 20 sugerem a necessidade de transplante urgente independentemente da posição na fila. Valores de índices > 11 indicam a necessidade de transplante.

Classificação Child-Turcotte-Pugh para avaliar a gravidade de cirrose			
	Points*		
	1	2	3
Bilirrubina	< 2	2 a 3	> 3
Encefalopatia	Ausente	Graus I a II	Graus III a IV
Ascite	Ausente	Controlável	Refratária
Tempo de protrombina (INR)	< 1,7	1,7 a 2,3	> 2,3
Albumina	> 3,5	3,5 a 2,8	< 2,8

Classificação Child-Turcotte-Pugh obtida adicionando score para cada parâmetro
Classe A = < 6 pontos. (Cirrose compensada – Sobrevida de 100% a 85% em 1 a 2 anos).
Classe B = 7-9 pontos. (Cirrose descompensada – Sobrevida de 80% a 60% em 1 a 2 anos).
Classe C => 10 pontos. (Cirrose descompensada – Sobrevida de 45% a 35% em 1 a 2 anos).

MELD =
= 9,57 × loge creatinina mg/dL +
+ 3,78 × loge bilirrubina (total) mg/dL +
+ 11,20 × loge INR +
+ 6,42

29.2. Doença Hepática Alcoólica

A lesão hepática alcoólica se apresenta em decorrência da formação de acetaldeído e radicais hidroxietil derivados da oxidação do etanol e pela hipóxia sofrida pelos hepatócitos centrolobulares por causa do déficit de oxigênio produzido pelo metabolismo do etanol. A doença é dependente da dose: ingestão diária de 80 g (homens) e 40 g (mulheres) de etanol por um período de 10 anos. A diferença entre os gêneros se dá pela diferença de metabolização e biodisponibilidade do etanol.

Patologia da doença hepática alcoólica (DHA)

Cerca de 100% dos alcoolistas crônicos desenvolvem esteatose hepática, aproximadamente 30% evoluem para hepatite alcoólica e 20% chegam ao estágio de cirrose.

Doença hepática alcoólica

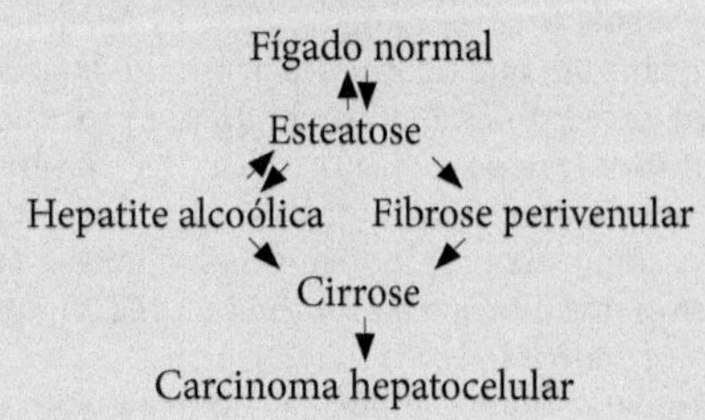

Esteatose hepática alcoólica

É o primeiro estágio e representa um efeito tóxico direto do etanol. A esteatose macrovesicular é o achado mais frequente. Os pacientes geralmente são assintomáticos.

Hepatite alcoólica

Apresenta um padrão histológico com necrose hepatocitária centrolobular, corpúsculos de Mallory, infiltrado neutrofílico e distribuição perivenular do infiltrado inflamatório. Os pacientes apresentam-se com febre, hepatomegalia, icterícia, anorexia, ascite e aumento das bilirrubinas.

Cirrose alcoólica

Há a presença de sinais semiológicos característicos como o aumento de parótida e a contratura de Dupuytren.

Diagnóstico

Utiliza-se o questionário CAGE para reconhecimento de abuso ou dependência alcoólica. Nos achados laboratoriais, ocorre a elevação desproporcional de TGO > TGP, macrocitose (volume corpuscular médio [VCM] > 100), fosfatase alcalina (FA) e gama-glutamiltransferase (GGT) elevadas.

C	***Cut-down:*** Alguma vez já sentiu que deveria diminuir ou parar de beber?
A	***Annoyed:*** As pessoas criticam seu modo de beber?
G	***Guilty:*** Sente culpa pela maneira como bebe?
E	***Eye-opener:*** Bebe pela manhã para o nervosismo?
→ A presença de ≥ 2 pontos reflete o abuso etílico.	

Tratamento

Consiste no suporte clínico para a síndrome da abstinência (acamprosato, dissulfiram, naltrexona), reposição calórico-vitamínica e hidratação. O uso de corticoterapia (prednisolona 40 mg/dia por 4 semanas) está indicado para encefalopatias ou índice de função discriminante (IFD) > 32. A pentoxifilina é o fármaco de segunda escolha.

■ O IFD é uma estimativa da gravidade e da sobrevida do paciente.

IFD = 4,6 × Tempo de protrombina do paciente – Tempo de protrombina normal] + Bilirrubina total

1. Encefalopatia de Wernicke	Causada pela deficiência de tiamina (B_1), ocasionando a tríade encefalopatia, disfunção oculomotra, ataxia de marcha.
2. Amnésia de Korsakoff	Sequela da encefalopatia de Wernicke, caracteriza-se por amnésia anterógrada, "falsas memórias" e confabulações.
3. Degeneração cerebelar alcoólica	Perda das células de Purkinje do córtex cerebelar após décadas de etilismo pesado.
4. Neuropatia periférica	Polineuropatia sensoriomotora com padrão distal e simétrico.

29.3. Doença Hepática Gordurosa Não Alcoólica

➔ Doença hepática gordurosa não alcoólica (DHGNA) geralmente é decorrente de uma síndrome metabólica que resulta em resistência insulínica. É a hepatopatia crônica mais comum.

Patogênese

A obesidade leva ao aumento da resistência insulínica e faz com que ocorra um acúmulo de gordura dentro do hepatócito, provocando um processo inflamatório. Devido a esse processo, há diminuição da oxidação dos ácidos graxos, que, em excesso, atuam como toxinas, induzindo as células a sintetizarem fator de necrose tumoral alfa (TNF-alfa) e interleucina-6 (IL-6).

A entrada/acúmulo de lipídios no hepatócito é representada pela importação e pela biossíntese. A saída é representada pela exportação e pela betaoxidação (consumo).

Etiologias

Desnutrição proteicocalórica (kwashiorkor)

A mobilização de reservas lipídicas pelo déficit calórico leva à intensa produção de ácidos graxos que se acumulam no fígado pela falta de lipoproteínas (o déficit proteico reduz a síntese de lipoproteínas).

Cirurgia para obesidade mórbida

Intoxicação hepática por lipopolissacarídeos (LPSs).

Perda ponderal rápida

Dietas com menos de 600 kcal/dia levam a lipólise periférica exagerada e o fígado é incapaz de metabolizar o excesso de ácidos graxos liberados.

Gravidez

Deficiência da 3-hidroxiacil-CoA-desidrogenase.

Síndrome da Jamaica

É a inibição do sistema de betaoxidação mitocondrial pela hipoglicina A (toxina do ambiente).

Intoxicações, drogas e nutrição parenteral

➔ A maioria das DHGNAs é derivada da síndrome metabólica com o surgimento de resistência insulínica!

Síndrome metabólica
■ Glicemia de jejum > 100 mg/dl
■ Hipertensão arterial sistêmica (HAS) > 130 × 85 mmHg
■ Lipoproteína de alta densidade (HDL) < 40 mg/dl
■ Triglicerídeos > 150 mg/dl
■ Obesidade central > 102 cm (homens) e > 88 cm (mulheres)

➔ Resistência insulínica: a proliferação do tecido adiposo faz com que os adipócitos aumentem a secreção de TNF-alfa e diminuam a de adiponectina.

Manifestações clínicas, exames laboratoriais, tratamento

Em geral, os pacientes são assintomáticos com aspartato aminotransferase (AST)/ALT < 1 e ferritina alta. O tratamento envolve perda de peso, atividades físicas regulares, controle da glicemia e uso de glitazona.

20.4. Doença Hepática Autoimune

É definida como um processo necroinflamatório hepatocelular devido a autoanticorpos (músculo liso, LKM1 e SLA). O paciente se apresenta com fadiga, anorexia e icterícia. O tratamento é baseado na associação de prednisolona e azatioprina ou transplante. Não se recomenda o tratamento de formas leves ou assintomáticas.

	Tipo 1	Tipo 2	Tipo 3
Autoanticorpos	Fator antinuclear (FAN) + antimúsculo liso	Anti-LKM1 + Anticitosol	Anti-SLA
Idade	Mulher jovem	Crianças (2-14 anos)	Adultos (30-50 anos)
Doenças autoimunes associadas	1. Tireoidite 2. Doença de Graves 3. Retocolite ulcerativa	1. Tireoidite 2. Vitiligo 3. Diabetes melito tipo 1 (DM1)	1. Tireoidite

29.5. Colangite Biliar Primária

➔ As manifestações clínicas incluem prurido, sinais de hipercolesterolemia (como icterícia e xantelasmas) e diminuição da absorção de vitaminas lipossolúveis.

É caracterizada pela destruição progressiva dos ductos biliares de pequeno e médio calibres por um distúrbio colestático crônico. Ocorre uma desordem na imunidade humoral, fazendo com que anticorpos antimitocondriais sejam direcionados para as enzimas presentes na superfície interna da membrana mitocondrial, causando sua destruição.

O **diagnóstico** é realizado pelo anticorpo antimitocôndria (AMA) positivo seguido de biópsia hepática. O **tratamento** é feito com ácido ursodesoxicólico (ação citoprotetora ao diminuir a viscosidade do fluido intracanalicular biliar) ou transplante.

29.6. Doença de Wilson

É uma anomalia hereditária que acomete pacientes de 5-30 anos de idade, transmitida de forma autossômica recessiva (mutação ATP7B) e que se caracteriza pelo acúmulo tóxico de COBRE no organismo. Os pacientes evoluem para cirrose inexplicada, apresentam os anéis de Kayser-Fleischer e podem manifestar sintomas de parkinsonismo e distúrbio psiquiátrico (esquizofrenia ou bipolar).

O **diagnóstico** padrão ouro é pela biópsia hepática com achados de cobre > 200 mcg/g ou cobre urinário > 100 mcg/dia. O **tratamento** visa à administração de zinco (redutor da absorção de cobre) e fármacos que aumentam a eliminação urinária de cobre, como trientina e D-penicilamina (usado antigamente). O transplante de fígado está indicado para índice de Nazer > 9.

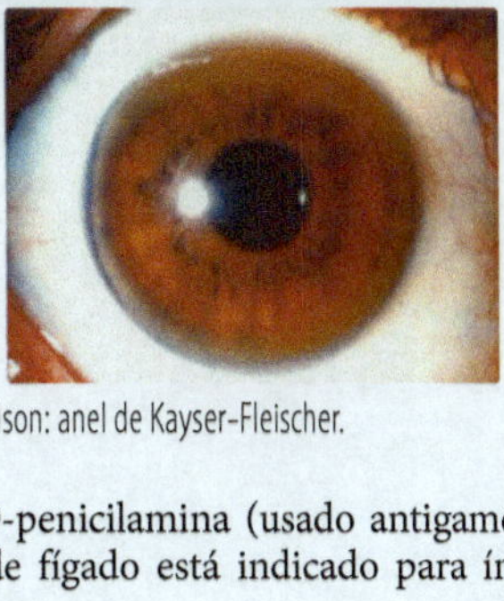

▶ Doença de Wilson: anel de Kayser-Fleischer.

29.7. Hemocromatose Hereditária

Devido a uma mutação no gene HFE há um aumento no transporte intestinal de ferro dos enterócitos para a corrente sanguínea, ocorrendo deposição excessiva de ferro em células parenquimatosas como as do fígado, pâncreas e coração. Esse acúmulo de ferro leva a estimulação da peroxidação lipídica e produção de radicais livres que promovem a fibrose progressiva.

O diagnóstico é escalonado
1º Passo: investigação dos 3 "As": astenia crônica, artralgia e aminotransferases elevadas.
2º Passo: investigação de ferro sérico, índice de saturação de transferrina (IST) e ferritina sérica. Geralmente se encontram elevados.
3º Passo: é considerado o padrão ouro mediante biópsia hepática ou detecção de C282Y por PCR.

➔ As manifestações clínicas são: diabetes melito, hiperpigmentação cutânea (por deposição de melanina na derme), sinais de insuficiência hepática crônica, hipogonadismo, insuficiência cardíaca e artrite.

➔ O **diagnóstico** é feito pelo teste genético, bem como por biópsias e ressonância magnética. O **tratamento** visa à remoção do excesso de ferro por meio de flebotomias (sangrias) a cada 15 dias até níveis de ferritina < 50 mg, deferoxamina e o transplante hepático.

29.8. Doença Hepática Medicamentosa

É definida como qualquer alteração hepática relacionada com o uso de um medicamento (como, por exemplo, o aumento de aminotransferases ou enzimas biliares). Em 90% dos casos, o padrão é hepatocelular, com aumento predominante de ALT/AST. O diagnóstico é feito pela história de exposição, em geral, entre 5-90 dias associada à resolução da lesão hepática após a interrupção da toxina suspeita. A biópsia hepática é inespecífica, com infiltração eosinofílica hepática ou formação de granulomas no parênquima. Na suspeita da hepatotoxicidade após a introdução de um medicamento com aumento de ALT > 3×, recomenda-se a suspensão do mesmo.

Paracetamol (acetaminofeno)

Ocorrem lesões hepáticas em doses acima de 10-15 g em 24 horas e são comuns as aminotransferases > 5.000 UI/l. O tratamento consiste em medidas de suporte e descontaminação gástrica com uso de carvão ativado até 4 horas após a ingestão e administração de N-acetilcisteína para pacientes de alto risco.

Esquema rifampicina, isoniazida e prazinamida (RIP)

Potencial para lesão hepática aguda.

Outros fármacos

Amiodarona, alfa-metildopa, amoxicilina-ácido clavulânico, eritromicina, halotano, fenitoína, ácido valproico (deficiência de carnitina) e anticoncepcionais orais.

CAPÍTULO 30

DISTÚRBIOS HEPÁTICOS - PARTE II

30.1. Complicações da Cirrose Hepática

Hiperestrogenismo	O hiperestrogenismo é o responsável por alterações vasculares como eritema palmar e telangiectasias ("aranha vascular").
Hipoandrogenismo	O hipoandrogenismo é responsável por queda da libido, impotência masculina, atrofia testicular, redução importante da massa muscular, rarefação de pelos e ginecomastia.
Baqueteamento (hipocratismo digital)	Ocorre abaulamento da base da unha, causando um aspecto de baqueta de tambor. Outras causas podem ser as doenças intratorácicas e pulmonares, doenças cardíacas e doenças gastrointestinais.

Distúrbios hemodinâmicos

Os distúrbios são dependentes da hipertensão portal, que, por sua vez, leva à vasodilatação esplâncnica, favorecendo um estado hiperdinâmico com queda da resistência vascular periférica e aumento do débito cardíaco compensatório. Além disso, a vasodilatação esplâncnica causa má distribuição da volemia, com redução do volume circulante efetivo. Essa redução substancial do volume leva à tendência de hipotensão arterial.

O corpo humano é refratário a hipotensões arteriais e desenvolve um mecanismo compensatório, com aumento de renina-angiotensina-aldosterona, ativação do sistema nervoso simpático e do hormônio antidiurético. O mecanismo compensatório renal leva à retenção de sódio e água com consequentes ascite e edema. No caso da vasodilatação esplâncnica, existe um desvio de sangue do sistema porta para a veia cava com "perda" do filtro hepático contra bactérias provenientes da translocação intestinal.

Encefalopatia hepática

É causada pelo *bypass* de substâncias tóxicas provenientes do intestino sem depuração do fígado para o cérebro. A substância mais importante é a amônia (derivada dos enterócitos e do metabolismo das bactérias colônicas). Os principais efeitos colaterais da amônia são aumento da captação de aminoácidos aromáticos (dando origem a neurotransmissores inibitórios e falsos neurotransmissores), edema das células gliais (astrócitos), inibição da atividade elétrica neuronal pós-sináptica e estimulação da produção de ácido gama-aminobutírico (GABA) (depressor da atividade cortical).

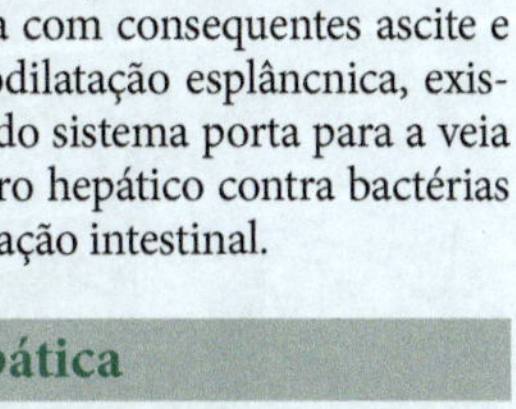

A encefalopatia hepática se manifesta com inversão do ciclo sono-vigília (insônia noturna com sonolência diurna), *asterixis/flapping* (incoordenação muscular e hipertonia ao estender o braço e fazer a dorsoflexão da mão).

Principais fatores precipitantes da encefalopatia hepática
■ Hemorragia digestiva alta
■ Hipocalemia
■ Constipação intestinal
■ Hipóxia
■ Alcalose metabólica ou respiratória
■ Diuréticos tiazídicos ou de alça

O **tratamento** é feito com restrição proteica, uso de neomicina ou rifaximina com o intuito de reduzir a flora bacteriana colônica produtora de amônia e corrigir a constipação, principalmente à custa de lactulose, que reduz o pH do lúmen colônico, transformando NH_3 em NH_4^+ (forma não absorvível), aumenta a flora de *Lactobacillus* e bactérias que não produzem NH_3, substituindo as que produzem, efeito catártico ao elevar a osmolaridade das fezes.

Déficit de síntese hepática

Os hepatócitos são responsáveis por sintetizar proteínas e fatores de coagulação, sendo a albumina a proteína mais importante.

Síndrome hepatorrenal

É uma forma de insuficiência renal funcional caracterizada pela perda progressiva da função renal secundária à vasoconstrição renal (com consequente queda da taxa de filtração glomerular) e vasodilatação extrarrenal (em leito mesentérico).

➔ **Tipo 1:** caracterizado pela rápida progressão para insuficiência renal em menos de 2 semanas. Creatinina > 2,5.

→ **Tipo 2:** mais insidioso e com prognóstico em curto prazo melhor. Creatinina 1,5-2.

Critérios diagnósticos: cirrose com ascite, creatinina sérica > 1,5 mg/dl, ausência de choque, ausência de uso de fármacos nefrotóxicos, proteinúria 500 mg/dia, hematúria < 50 hemácias/campo, ausência de doença parenquimatosa renal e ausência de melhora da creatinina sérica após 2 dias de retirada de diuréticos e expansão volêmica. O **tratamento** é baseado na combinação de vasoconstritores (terlipressina) associados a infusão de albumina, hemodiálise e transplante hepático.

Síndrome hepatopulmonar

É caracterizada pela tríade doença hepática crônica, hipoxemia e dilatações vasculares intrapulmonares. A patogênese demonstra que os capilares pulmonares sofrem dilatação, dificultando a oxigenação do sangue (onde antes passava "uma" hemácia agora passam dezenas) e não há tempo suficiente para a troca gasosa, levando a um *shunt* não verdadeiro. A dilatação dos capilares se dá pelo fato de a hipertensão portal diminuir o fluxo renal, levando à estimulação

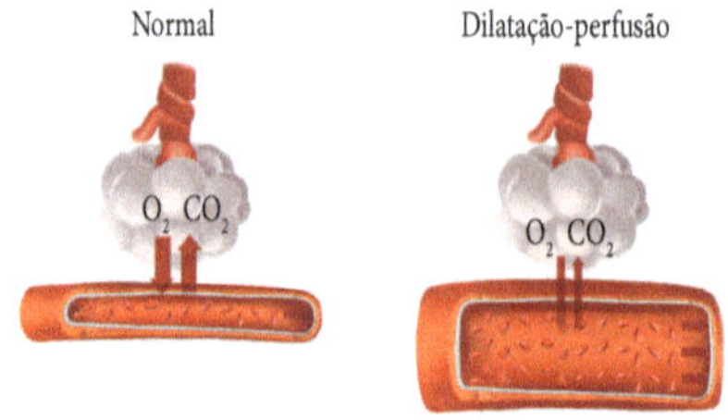

▶ Síndrome hepatopulmonar.

de óxido nítrico (vasodilatador). Clinicamente a síndrome hepatopulmonar leva a platipneia (dispneia em posição supina com piora na posição sentada ou em pé) e ortodeóxia (hipoxemia desencadeada ou agravada pela posição ortostática).

O **diagnóstico** envolve a gasometria arterial, que permite a avaliação quanto à presença ou não de hipoxemia, hipocapnia e ortodeóxia. A radiografia de tórax é útil para afastar outras causas de hipoxemia. O ecocardiograma contrastado é importante para mostrar dilatações vasculares intrapulmonares, assim como a angiografia pulmonar. O **tratamento** é feito com suporte de O_2 e transplante hepático!!

30.2. Hipertensão Portal

É caracterizada como pressão na veia porta > 10 mmHg ou quando o gradiente de pressão do sistema porta > 5 mmHg.

A síndrome da hipertensão portal é composta por esplenomegalia congestiva, varizes gastresofágicas, circulação colateral visível no abdome e ascite.

Anatomia

A veia porta é formada pela mesentérica superior e esplênica. A veia coronária (ou gástrica esquerda) drena a porção distal do esôfago e a pequena curvatura. A veia mesentérica inferior drena para a veia esplênica.

→ Na hipertensão portal, os vasos colaterais se desenvolvem para tentar equalizar as pressões entre os **sistemas porta** e **cava.**

A rede colateral da veia coronária (gástrica esquerda) drena para as veias esofagianas que, por sua vez, drenam para o sistema cava por intermédio da veia ázigos. Outras formações colaterais surgem na

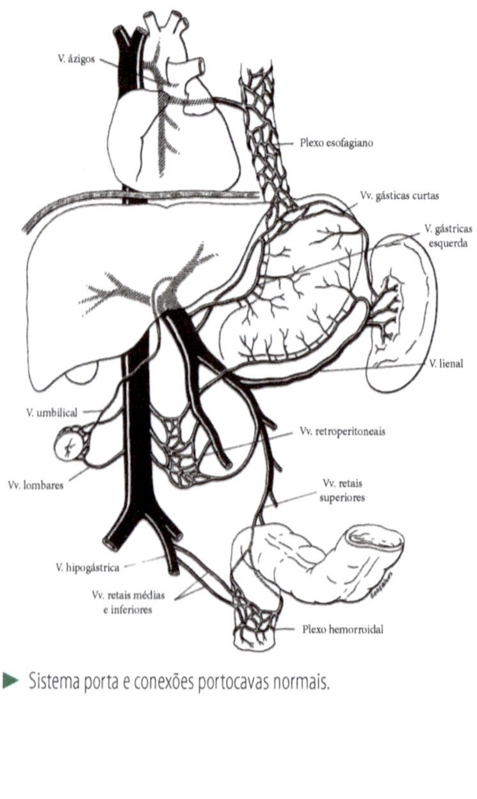

▶ Sistema porta e conexões portocavas normais.

hipertensão portal, como recanalização da veia umbilical ("cabeça de Medusa"), vasos retroperitoneais e plexo venoso hemorroidário (as veias hemorroidárias superiores são tributárias da mesentérica superior e as veias hemorroidárias inferiores e média drenam para o sistema cava).

Fisiopatologia

A hipertensão porta encontrada na cirrose hepática é decorrente do aumento da resistência intra-hepática ao fluxo sanguíneo por alterações estruturais e aumento do fluxo esplâncnico secundário à vasodilatação desse leito.

Etiologia (hipertensão portal)

Pré-hepática

- **Trombose de veia porta:** principal causa e a mais frequente na população pediátrica, tem sua origem a partir da infecção na veia umbilical e da hipercoagulação.
- **Trombose de veia esplênica:** a pancreatite crônica é a principal responsável.
- **Fístula arteriovenosa esplâncnica:** pode ser congênita ou adquirida e é representada pela telangiectasia hemorrágica hereditária (síndrome de Rendu-Osler-Weber) e rupturas de aneurismas de artéria hepática.

Intra-hepática

Pré-sinusoidal

- **Esquistossomose hepatoesplênica:** é decorrente de uma reação granulomatosa nas vênulas hepáticas provocada pela deposição do ovo do parasita, levando à cirrotização da esquistossomose.

Sinusoidal

- **Cirrose hepática:** é a causa mais comum.
- **Doença hepática veno-oclusiva:** consiste na deposição de uma matriz rica em fibronectina em torno das veias centrais dos lóbulos.
- **Doença do enxerto contra o hospedeiro:** é uma complicação comum no transplante alogênico de células-tronco.
- ***Bush tea disease*:** consequência do consumo de um chá jamaicano contendo alcaloides de plantas denominadas crotalarias.

Pós-hepática

- **Síndrome de Budd-Chiari:** é a obstrução da veia hepática decorrente de uma trombose por desordens mieloproliferativas (policitemia *vera*) ou trombofilias ou hemoglobinúria paroxística noturna.
- **Obstrução da veia cava inferior:** as principais causas incluem trombose venosa, tumores, cistos, abscessos e obstrução membranosa por "teia".
- **Doenças cardíacas:** são decorrentes do aumento das pressões nas cavidades direitas do coração (principalmente por pericardites constritivas, cardiopatias orovalvares) que se transmite para a cava inferior e daí para a veia hepática → sinusoides → veia porta.

Diagnóstico

O **diagnóstico** envolve o uso da ultrassonografia com Doppler (que avalia o calibre vascular). A fluxometria demonstra um fluxo hepatofugal (fuga do fígado). A endoscopia digestiva alta avalia a presença de varizes esofagogástricas (altamente patognomônico).

Calibre vascular
Veia porta > 12 mm
Veia esplênica > 9 mm

Medidas hemodinâmicas	Valores > 5 mmHg: hipertensão portal. Valores > 10 mmHg: hipertensão portal clínica. Valores > 12 mmHg: hipertensão portal com risco de hemorragia das varizes.
→ As medidas hemodinâmicas são realizadas pela cateterização hepática e pela medição do gradiente de pressão da veia hepática (gradiente = pressão da cunha da veia hepática – pressão livre da veia hepática)	

Tratamento

No sangramento de varizes, a mortalidade no primeiro episódio é de 25%-30%. A presença de *cherry-red-spots* sugere mais chances de sangramento.

A terapia farmacológica é o tratamento de primeira linha, e deve ser indicada de início imediato! Consiste no uso de vasoconstritores esplâncnicos (terlipressina e octreotídeo) e antibioticoterapia (ceftriaxona ou norfloxacina por 7 dias) para diminuir a incidência de infecções como peritonite bacteriana espontânea (PBE).

Classificação das varizes
Pequeno calibre (< 5 mm)
Médio calibre (< 5-20 mm)
Grosso calibre (> 20 mm)

No sangramento, a primeira medida é o controle respiratório e hemodinâmico. Empregam-se a estabilização da pressão arterial e a reposição de plasma fresco congelado em pacientes com INR > 1,7 e intubação naqueles com rebaixamento do nível da consciência. Uma vez estabilizado o paciente, o estômago deve ser lavado e realizada a endoscopia digestiva alta nas primeiras 12 horas, visando ao emprego de ligadura elástica (estrangulamento do vaso varicoso para cessar o sangramento) ou cianoacrilato (supercola utilizada quando as varizes se localizam em fundo gástrico e cárdia). O vaso varicoso estrangulado necrosa e se desprende, dando origem a uma formação ulcerosa, sendo necessário o uso de inibidor da bomba de prótons (IBP).

Balão de Sengstaken-Blakemore

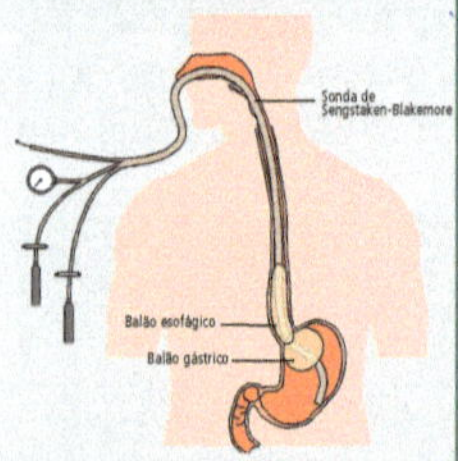

Tamponamento esofágico.

É utilizado nos quadros refratários às terapias anteriores. É passado até o estômago, inflado o balonete gástrico (250 ml) e tracionado. Após a tração, é colocado um peso de 500 ml para manutenção da tensão e inflado o balonete esofágico com 40 mmHg. Esse balão pode ser usado por 24-48 horas e a cada 12 horas deve ser desinsuflado para avaliar se ainda há sangramento.

***Shunt* portossistêmico intra-hepático transjugular (TIPS)**

Trata-se de um dispositivo colocado por via percutânea por um radiologista, criando uma conexão intra-hepática entre a veia hepática e a veia porta. A principal desvantagem é a encefalopatia por amônia. A vantagem é poupar a necessidade de cirurgia, possibilitando transplantes posteriormente.

Cirurgia de urgência	É utilizada para caso de sangramento incontrolável. Consiste geralmente em derivações portossistêmicas não seletivas por serem mais rápidas e eficazes. As derivações portossistêmicas seletivas (cirurgia de Warren [ou esplenorrenal distal]) são mais utilizadas em profilaxia cirúrgica e se caracterizam pela desconexão da veia esplênica do sistema porta e introdução na veia renal seguida de ligadura das veias gástricas esquerda e direita. Sua principal desvantagem é o risco de ascite.

Profilaxia do sangramento

- **Primária:** todo paciente com cirrose hepática deve ser submetido a endoscopia digestiva a cada 2-3 anos para rastreamento de varizes esofagogástricas. Na presença das varizes de médio ou grosso calibre, está indicada a profilaxia com betabloqueadores não seletivos ou o uso da ligadura elástica.
- **Secundária**: envolve a terapia endoscópica (ligadura elástica) e betabloqueadores não seletivos (propranolol, nadolol). Aos casos refratários, preconiza-se a cirurgia eletiva para hipertensão portal (*shunt* seletivo esplenorrenal distal).

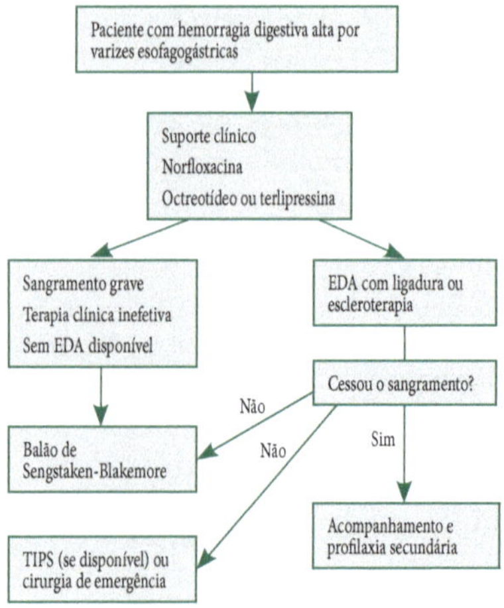

Profilaxia secundária do sangramento.

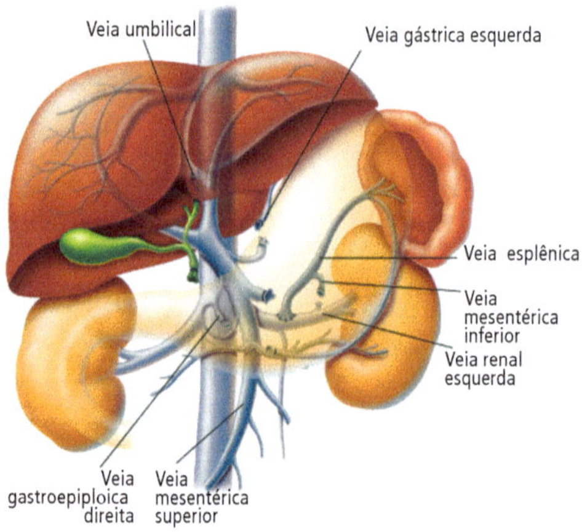

Derivação portal seletiva – Operação de Warren.

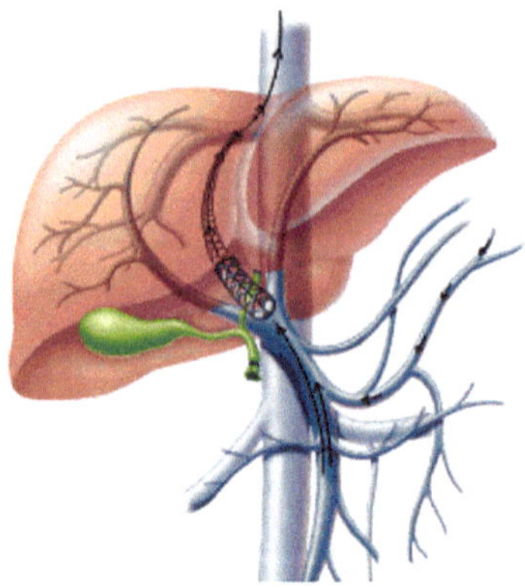

Shunt portossistêmico intra-hepático transjugular (TIPS).

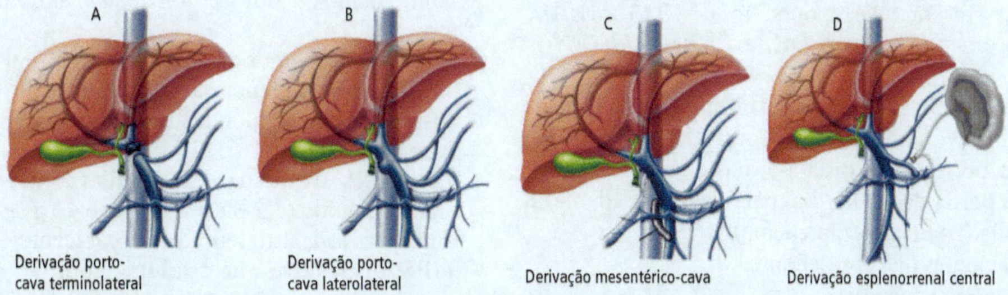

▶ Derivações portossistêmicas não seletivas.

30.3. Ascite

→ É a presença de líquido na cavidade peritoneal.

A ascite, em si, ocorre devido a existência de "válvulas de segurança" presentes no sistema venoso dos sinusoides hepáticos que permitem que haja um "escape" pressórico toda vez que a pressão venosa se eleva excessivamente. Ao exame físico evidenciam-se o sinal de piparote, semicírculo de Skoda e macicez de decúbito. Entre os exames complementares, a ultrassonografia é o primeiro exame diagnóstico e a paracentese é diagnóstica e terapêutica (alivia os sintomas compressivos).

Líquido ascítico

Na presença do líquido ascítico, é necessário realizar elucidação diagnóstica.

Macroscopia	**Seroso**	Clássico da cirrose. É o mais comum.
	Hemorrágico	Sugestivo de neoplasias.
	Turvo	Sugestivo de infecção.
Bioquímica	Recomendam-se dosagem de proteínas totais, glicose e desidrogenase láctica (DHL) para diferenciar entre peritonite bacteriana espontânea e secundária.	
Citometria	Avalia sinais sugestivos de peritonite (presença de > 250 neutrófilos/mm³).	
Bacteriologia	Exame de bacterioscopia e cultura.	

Abordagem diagnóstica

Será hipertensão portal ou alguma doença peritoneal?

➔ Outro parâmetro utilizado é o gradiente de albumina soroascite (concentração plasmática de albumina – concentração plasmática de albumina e líquido ascítico):

- **Gradiente < 1,1 g/dl** = doença peritoneal.
- **Gradiente ≥ 1,1 g/dl** = hipertensão portal.

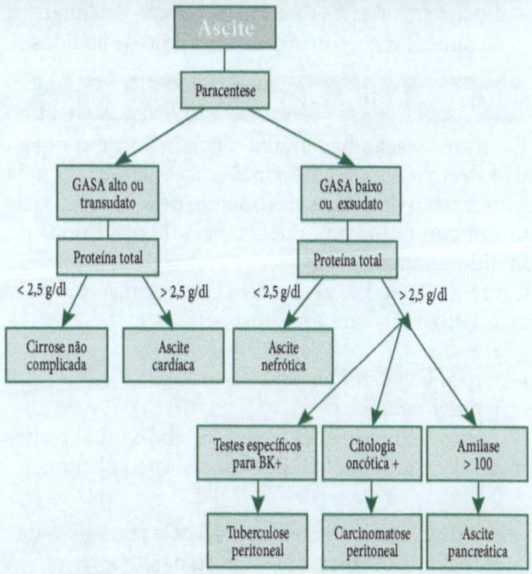

Hipertensão portal	Doença do peritônio
Transudativo	Exsudativo

→ Após a estratificação segundo o gradiente de albumina soroascite" [GASA], realiza-se a dosagem de proteína total do líquido ascítico com valor de corte em 2,5 g/dl.

Para GASA baixo (< 1,1 g/dl) com:
➔ PTN > 2,5 g/dl = neoplasia, tuberculose (TB), pancreatite
➔ PTN < 2,5 g/dl = síndrome nefrótica.

Para GASA alto (≥ 1,1 g/dl) com:
➔ PTN > 2,5 g/dl = insuficiência cardíaca (IC), Budd-Chiari.
➔ PTN < 2,5 g/dl = cirrose.

Manejo das ascites

Consiste no tratamento da doença hepática de base, repouso e restrição de sal (4-6 g de sal ou 2 g de sódio).

- Na presença de hiponatremia (< 125 mEq/l), recomenda-se restrição hídrica de 1 L/dia.

O uso de diuréticos como espironolactona e furosemida deve ser feito na proporção 100:40, com aumento permitido a cada 3-5 dias e efeito satisfatório na perda de 0,5 kg/dia (pacientes sem edema) e 1 kg/dia (pacientes com edema).
Em pacientes que apresentam:

- recorrência precoce;
- Na < 120 mEq/l;
- K > 6 mEq/l;
- creatinina > 2 mg/dl;
- ascite refratária (resistência à associação de diuréticos ou remédios que favoreçam a retenção de líquidos).

Recomendam-se outras medidas alternativas, como:

- **Não invasivas:** midodrina 5 mg por via oral (VO) 3×/dia para aumentar a pressão arterial (PA). Suspensão de betabloqueadores para aumentar a PA e perfusão renal.
- **Paracentese:** realizada a cada 14 dias com retirada total do líquido (5-9 l) e infusão de 6-10 g de albumina para cada litro retirado em paracentese > 5 l.
- **TIPS:** dispositivo que cria uma conexão intra-hepática entre a veia porta e a veia hepática.
- ***Shunt* peritoniovenoso:** chamado de ***shunt*** de Le Veen, é um cateter utilizado para drenar o líquido ascítico para a veia jugular interna direita.
- **Transplante hepático.**

30.4. Peritonite Bacteriana Espontânea

É a translocação bacteriana a partir do tubo digestivo decorrente de vasoconstrição esplâncnica pela compressão dos vasos ocasionada pela própria ascite, em conjunto com a deficiência de opsoninas no líquido ascítico.
Cerca de 70% das peritonites bacterianas espontâneas (PBE) são causadas por:

- *E. coli*;
- *Klebsiella pneumoniae*;
- *S. pneumoniae*.

O quadro clínico inclui febre, dor abdominal e alteração do estado mental por encefalopatia hepática.

→ O **diagnóstico** é confirmado pela contagem de neutrófilos > 250/mm³ + cultura positiva.

Achados que sugerem peritonite bacteriana secundária	
Proteínas total > 1 g/dl Glicose < 50 mg/dl DHL elevada Fosfatase alcalina > 240 U/l	Antígeno carcinoembrionário (CEA) > 5 ng/ml Raios X (RX) de abdome Tomografia computadorizada (TC) contrastada

O **tratamento** da PBE envolve cefotaxima 2 g 8/8 horas por 5 dias associada à cirurgia ou drenagem de acordo com a tomografia, além da prevenção com albumina para síndrome hepatorrenal em pacientes com creatinina > 1 mg/dl ou bilirrubinas totais > 4 mg/dl.
Todos os pacientes que desenvolveram PBE devem receber profilaxia secundária com norfloxacina 400 mg/dia até o desaparecimento da ascite.
A profilaxia primária aguda é indicada após qualquer hemorragia por varizes esofagogástricas. (norfloxacina 400 mg 12/12 horas por 7 dias).
A profilaxia primária crônica é recomendada para pacientes cirróticos com:

- níveis de proteína total no líquido ascítico < 1,5 g/dl;
- presença de creatinina > 1,2 g/dl;
- Na < 130 mEq;
- bilirrubinas totais > 3 mg/dl,;
- Child-Pugh ≥ 9.

Outros tipos de peritonites	
	Ascite neutrofílica: cultura de bactérias negativa e contagem de neutrófilos ≥ 250/mm³. **Bacterascite:** cultura de bactérias positiva e contagem de neutrófilos ≤ 250/mm³, demonstrando que não é infecção e, sim, colonização.

30.5. Transplante Hepático

→ No transplante, os critérios de seleção não são dados simplesmente pela ordem de chegada, mas, sim, pela gravidade da doença, ou seja, quanto menor a expectativa de sobrevida, mais rapidamente o indivíduo é alocado para o transplante.
A terapia imunossupressora é feita com ciclosporina e tacrolimo.

- **Indicações de transplante hepático:** hepatite crônica com cirrose, cirrose alcoólica, cirrose biliar primária, trombose de veia hepática, adenoma hepático, câncer primário do fígado, doença de Caroli (dilatação congênita dos ductos biliares hepáticos).
- **Contraindicações:** tumores não ressecáveis, não adesão à abstinência alcoólica, infecções não controladas, doenças extra-hepáticas limitadoras da vida.

Tipos de Transplante Hepático

Ortotópico	Transplante de um fígado inteiro de um doador cadavérico.
Heterotópico	Transplante de um fígado novo em um outro sítio anatômico.
Fígado reduzido	Retirada do fígado doente seguida do transplante de uma parte do fígado doador.
Intervivos	Transplante de órgãos duplos e retirada de um lobo hepático de uma pessoa viva.
Split Liver	Fígado de um cadáver ou doador pode beneficiar dois receptores.
"Dominó"	Um paciente com polineuropatia amiloide familiar recebe um fígado transplantado, enquanto seu fígado retirado é doado a outro receptor, tendo em vista que demora de 30-40 anos para se desenvolver a polineuropatia por depósito de transtirretina.

CAPÍTULO 31

SÍNDROMES HEPATOBILIARES

31.1. Vias Biliares

➔ A vesícula biliar é o reservatório (de forma retrógrada) de bile. Pode ser dividida em: fundo, corpo, infundíbulo e colo.

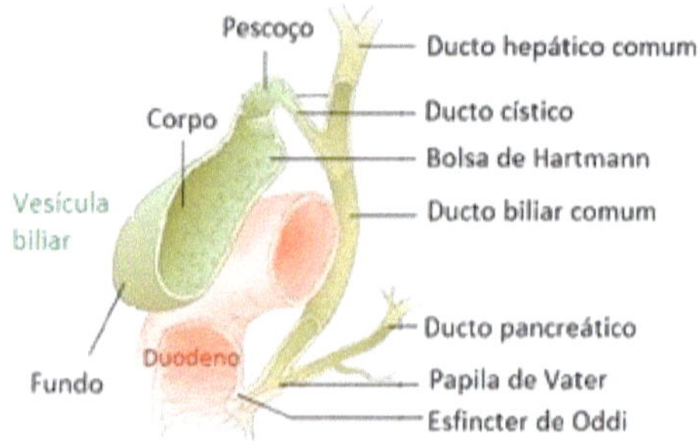

A bile é uma mistura aquosa isotônica de eletrólitos, proteínas, sais biliares alcalinos, colesterol, fosfolipídios e bilirrubina.
A secreção ductular é estimulada pela secretina colecistocinina e gastrina.
O triângulo de Calot (hepatocístico) é a região delimitada pelo ducto hepático comum, ducto cístico e pela borda inferior do lobo hepático direito. Em seu interior percorre a artéria cística, sendo fundamentais sua identificação e dissecção para a realização de uma colecistectomia segura.
Os cálculos biliares podem ser divididos em dois tipos.

Cálculos de colesterol (amarelos)

Representam 80% do total. Os principais fatores de risco são predisposição genética, idade avançada, obesidade, uso de estrogênio e progesterona, hiperlipemias e clofibrato, ressecção ileal e doença de Crohn (comprometimento da circulação entero-hepática com prejuízo da reabsorção de sais biliares e aumento do percentual de colesterol na bile).

Cálculos de bilirrubinato de cálcio (pigmentados)

Representam 20% do total e são subdivididos em:

Castanhos

São formados no colédoco. Os principais fatores desencadeantes são desconjugação da bilirrubina direta pelas glicuronidases presentes em enterobactérias como *E. coli*, pelas obstruções (parasita *C. sinensis*) e pelo uso de ceftriaxona.

Pretos

São < 1 cm e formados na vesícula. Os fatores desencadeantes são anemia hemolítica (a anemia crônica produz muito substrato que não consegue ser conjugado, formando muita bilirrubina indireta, o que leva à litíase), cirrose (conjugação deficiente de bilirrubina pelos hepatócitos) e doença ileal.

31.2. Colelitíase

É a formação de cálculos na vesícula biliar. Geralmente é assintomática, mas pode cursar com dor aguda (< 6 horas) em hipocôndrio direito após refeições com alimentos gordurosos, não sendo associada à febre ou icterícia.

O **diagnóstico** é feito pela ultrassonografia (US) (primeiro exame solicitado), que permite avaliar se há cálculos biliares (imagem hiperecogênica) com a presença de "sombra acústica" ("caminho preto", uma vez que o som não se propaga).

Adendo: pacientes sintomáticos sem cálculo e presença de lama biliar duas vezes aos exames (US das vias biliares, US endoscópica, microscopia de aspirado biliar) devem ser submetidos a colecistectomia profilática!

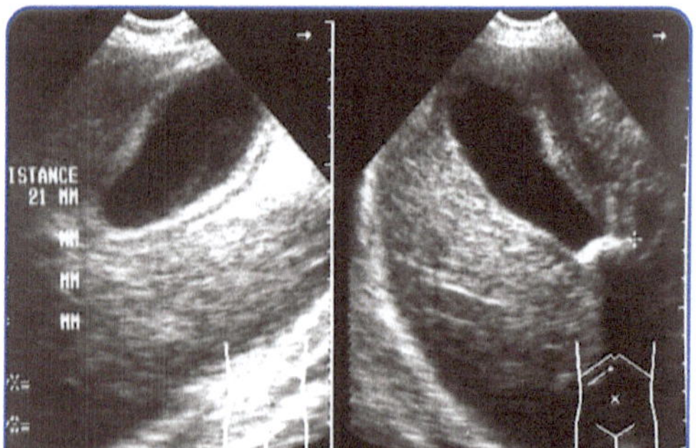

▶ Ultrassonografia em colecistite aguda. À direita, vesícula biliar de paredes espessadas com halo de edema ao redor. À esquerda, imagem ecorrefringente (cálculo) no infundíbulo com sombra acústica.

O **tratamento cirúrgico** é realizado para pacientes sintomáticos e assintomáticos (que apresentem cálculos > 3 cm, vesícula em porcelana/calcificada, associação com pólipos, anemia hemolítica). Preconiza-se a colecistectomia laparoscópica ou convencional.

O **tratamento clínico** é feito com ácido ursodesoxicolato e visa à dissolução da bile (torná-la menos saturada). É indicado para pacientes que se recusam ao procedimento cirúrgico-operatório e apresentam cálculos < 15 mm não pigmentados.

31.3. Colecistite Aguda Litiásica

É uma inflamação química da mucosa da vesícula por estase biliar. A estase biliar é devido a uma obstrução (> 6 horas) do ducto cístico por um cálculo.

Fisiopatologia

O aumento da pressão da vesícula biliar leva à obstrução venosa e linfática, que provoca um edema e leva a isquemia e formação de ulceração da sua parede, favorecendo a instalação de uma infecção bacteriana secundária *(E. coli, Klebsiella, Enterobacter, Enterococcus)*.

A obstrução pelo cálculo pode evoluir para perfuração do fundo da vesícula (região menos perfundida), podendo ocasionar coleperitônio com peritonite difusa (ou bloqueio do processo com a formação de um abscesso pericolecístico).

Manifestações clínicas

Apresenta-se com dor abdominal embaixo do gradil costal direito que persiste por mais de 6 horas, ausência de icterícia, uma vez que as vias hepáticas estão pérvias, sinal de Murphy positivo e febre.

Diagnóstico

É feito pelo laboratório com:

- bilirrubinas;
- leucócitos;
- fosfatase alcalina (FA);
- transaminase glutâmico-oxalacética (TGO);
- amilase sérica.

A ultrassonografia demonstra cálculo impactado, espessamento da parede vesicular > 3 mm, sinal de Murphy ultrassonográfico. O padrão ouro para o diagnóstico é a cintilografia das vias biliares (o tecnécio 99 por via endovenosa (EV) é captado pelo fígado e excretado na bile, evidenciando se há o enchimento retrógrado ou não da vesícula biliar).

Tratamento

É feito com o uso de uma cefalosporina de 3ª geração durante 7-10 dias (com a adição de metronidazol em pacientes imunodeprimidos) seguida do tratamento cirúrgico definitivo com colecistectomia laparoscópica em até 72 horas. Aos casos graves sem condição cirúrgica, preconiza-se a colecistostomia percutânea.

Complicações

Perfurações/fístulas e íleo biliar (obstrução do intestino delgado por um cálculo biliar que se localizou no intestino por meio de uma fístula. O diagnóstico é feito pela aerobilia na radiografia de abdome, e o tratamento envolve enterotomia proximal com retirada do cálculo impactado).

31.4. Colecistite Aguda Alitiásica

A fisiopatologia é a isquemia tecidual da vesícula decorrente de episódios de hipotensão sistêmica ou de estase biliar originada da falta de estímulo para contração da vesícula, formando um material espesso e viscoso conhecido como lama biliar. Essa lama biliar leva à liberação de mediadores inflamatórios pela lesão da mucosa vesicular.

O quadro clínico apresenta febre e leucocitose em um paciente grave não justificadas por pneumonia, infecção do trato urinário (ITU) ou outras infecções, sendo necessário solicitar a ultrassonografia! O tratamento é cirúrgico é precedido pelo uso de antibiótico associado a colecistectomia ou colecistotomia imediata.

Grupo de risco
Pacientes em unidade de terapia intensiva (UTI)
Politraumatizados graves
Grandes queimados
Jejum prolongado com nutrição parenteral
Lúpus
Doenças sistêmicas

31.5. Colecistite Enfisematosa Aguda

É caracterizada pela presença de gás na parede da vesícula biliar visualizada na radiografia simples de abdome. Ocorre principalmente em homens idosos (> 60 anos de idade) e diabéticos. O agente etiológico mais frequente é o *Clostridium perfringens*.

31.6. Síndrome de Mirizzi

É a obstrução do ducto hepático comum (hepatocolédoco) devido à sua compressão por cálculos grandes presentes no infundíbulo ou no ducto cístico.

➔ Possui associação com alta incidência de câncer biliar.

Apresenta-se com dor do tipo cólica biliar e presença de icterícia e elevação da fosfatase alcalina. O tratamento é cirúrgico por colecistectomia aberta (para diminuir o risco de iatrogenia).

31.7. Coledocolitíase

Em 90% das vezes, é resultado da passagem de um cálculo formado na vesícula biliar (coledocolitíase secundária) pelo ducto cístico ou, em 10% das vezes, pela formação direta de cálculos no próprio colédoco (coledocolitíase primária).
O quadro clínico apresenta os sintomas clássicos:

➔ dor do tipo cólica biliar, icterícia, colúria e acolia fecal, surtos transitórios de síndrome colestática e icterícia flutuante.

Os exames laboratoriais demonstram hiperbilirrubinemia, elevação da fosfatase alcalina e das transaminases.

Diagnóstico

Feito pela ultrassonografia transabdominal. O padrão ouro é a colangiografia retrógrada endoscópica. A colangiorressonância (sem contraste) é usada em casos de médio risco e a colangiografia transoperatória, em casos de baixo risco.

Tratamento

Feito mesmo que o paciente seja assintomático! A conduta envolve a retirada de todos os cálculos, de preferência pela via endoscópica, pela papilotomia endoscópica/colangiopancreatografia retrógrada endoscópica (CPRE) associada a colecistectomia eletiva. Outras opções cirúrgicas são: coledocotomia com dreno de Kehr (quando a coledocolitíase é descoberta na colecistectomia) e derivação biliodigestiva em casos mais complexos (colédoco > 1,5 cm, cálculo de pigmento castanho, cálculo > 6 mm).

Paciente > 70 anos de idade ou com alto risco cirúrgico preconiza-se a papilotomia isolada.

	Em pacientes com diagnóstico de colelitíase é necessário investigar o risco de coledocolitíase	
Risco	Alto	Icterícia, colúria, bilirrubina > 4 mg/dl, cálculo no colédoco. A conduta envolve a realização da CPRE.
	Médio	Bilirrubina 1,8-4 mg/dl, colédoco > 6 mm. A conduta envolve colangiografia intraoperatória, US, endoscopia pré-operatória ou colangiorressonância magnética (colângio-RM) pré-operatória.
	Baixo	Ausência de todos os acima.

31.8. Colangite

É a infecção bacteriana do trato biliar que ganha a circulação sistêmica (devido à pressão elevada do trato biliar) associada à síndrome obstrutiva e que recebe a denominação de síndrome de Charcot. A patogênese é devida a bactérias provenientes do intestino que atingem o sistema porta e alcançam o trato biliar, podendo apresentar lesão ou obstrução. As principais condições associadas são: coledocolitíase (60%), tumores, estenoses e obstruções. O tratamento visa ao uso de antibióticos e drenagem via CPRE (para cálculos baixos) ou trans-hepática percutânea (para cálculos altos), sendo sempre imediata para colangite supurativa. O diagnóstico é realizado pela clínica + tomografia computadorizada (TC)/RM + US. A colangite pode ser de dois tipos:

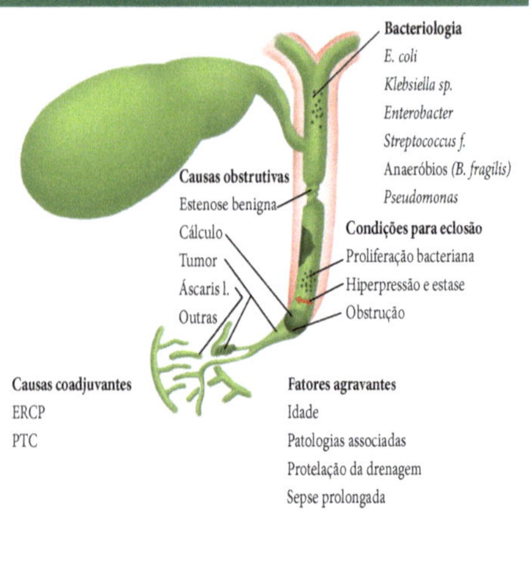

Colangite não supurativa (colangite aguda)

- **Tríade de Charcot:** febre com calafrios, icterícia e dor abdominal. Os achados clássicos são infecção por *E. coli, Klebsiella, Enterococcus faecalis, B. fragilis* e obstrução biliar. Os exames laboratoriais demonstram leucocitose, hiperbilirrubinemia, aumento de FA, gama-glutamiltransferase (GGT), transaminase glutâmico-oxalacética (TGO) e transaminase glutâmico-pirúvica (TGP).

Colangite supurativa (colangite tóxica aguda)

- **Pêntade de Reynold (tríade de Charcot + choque + depressão do sistema nervoso central):** são pacientes com colangite que evoluem para sinais de sepse com instabilidade hemodinâmica e alterações do estado de consciência.

31.9. Abscesso Hepático

Abscesso hepático amebiano

É causado pela *Entamoeba histolytica*. Os cistos permanecem intactos na passagem pelo estômago e intestino delgado, liberando os trofozoítos após seu rompimento no intestino grosso, que irão invadir a mucosa intestinal e alcançar o sistema porta e o fígado, onde se multiplicam. A presença de um abscesso único localizado na área superoanterior do lobo direito do fígado é a regra. O diagnóstico é confirmado pelo teste sorológico de hemaglutinação indireta, e o tratamento envolve o uso de metronidazol.

Cisto hidático

Causado pelo *Echinococcus granulosus*, adquirido por meio da ingestão de parasitas oriundos de fezes de cães. O parasita atinge o fígado e, após ser absorvido, começa a crescer em forma de cisto. O diagnóstico é realizado pelo aspecto ultrassonográfico e o tratamento é feito com albendazol.

Abscesso hepático piogênico

É encontrado após obstrução e infecção da árvore biliar e associado a doenças de base. O diagnóstico é obtido por TC e US. O tratamento é baseado em antibioticoterapia venosa e drenagem.

31.10. Colangite Esclerosante

É uma doença das grandes vias biliares (extra e intra-hepáticas) marcada pelo surgimento inexplicado de um processo inflamatório fibrosante, estenosante e progressivo. Acredita-se que a doença esteja ligada a fatores autoimunes e genéticos, além de uma relação com a retocolite ulcerativa (RCU), uma vez que 60%-75% dos portadores de colangite esclerosante são portadores de RCU. As manifestações clínicas são inespecíficas, como fadiga progressiva, dor no quadrante superior direito, prurido e icterícia. O diagnóstico é feito pela CPRE. A bifurcação dos ductos hepáticos é a região mais frequentemente acometida. O tratamento definitivo envolve o transplante ortotópico de fígado.

31.11. Neoplasias Hepáticas

Tipo	Epidemiologia	Imagem	Tratamento
Hemangioma	É o mais comum; tem caráter benigno.	Apresenta captação arterial periférica.	Deve ser ressecado nos casos de rompimento, crescimento, síndrome de Kasabach-Merritt.
Hiperplasia nodular Focal	–	Imagem homogênea com cicatriz central.	Observar.
Adenoma hepático	Está relacionado com o uso de anticoncepcional oral.	Imagem heterogênea com captação arterial.	Deve ser ressecado quando apresentar risco de malignização e/ou ruptura.
Carcinoma hepatocelular (CHC)	Associado a cirrose e hepatite B.	Imagem de captação arterial.	Recomenda-se o transplante hepático nos casos de lesão única < 5 cm ou até 3 lesões < 3 cm.

31.12. Tumores Malignos das Vias Biliares

Carcinoma da vesícula biliar

Acomete mulheres idosas, destacando-se as indianas, indígenas e paquistanesas. A colelitíase é o principal fator de risco, pois provoca um processo inflamatório crônico que favorece a proliferação celular e a evolução para displasia/neoplasia. O paciente geralmente é assintomático, mas pode manifestar-se com piora das queixas habituais e perda de peso. A investigação primária é pela ultrassonografia das vias biliares e a confirmação é pela tomografia computadorizada com contraste. O prognóstico não é favorável, tendo em vista que é um tumor de diagnóstico tardio (fases avançadas), com sobrevida inferior a 10%. O tratamento envolve a ressecção cirúrgica, já que a radioterapia e a quimioterapia não alteram a sobrevida.

Colangiocarcinoma

Pode se apresentar em 3 localizações:

- intra-hepática, peri-hilar e distal.

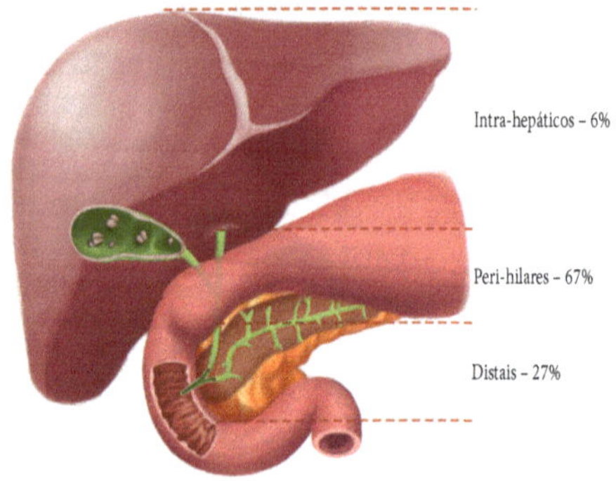

▶ Incidência de colangiocarcinomas extra-hepáticos de acordo com a sua localização.

Fatores de risco
■ Hepatites virais
■ Colangite esclerosante primária
■ Cistos de colédoco
■ Litíase intra-hepática

Apresenta-se com icterícia, perda ponderal, astenia, dor abdominal e prurido. Os marcadores sorológicos CEA e CA 19.9 podem estar aumentados no soro e na bile dos pacientes.

O tratamento é de acordo com a localização, sendo:

A) intra-hepáticos = ressecção hepática.

B) peri-hilares = cirurgia radical com hepatectomia.

C) extra-hepáticos = pancreatoduodenectomia.

Tumor de Klatskin

É o colangiocarcinoma localizado na região da confluência dos ductos hepático esquerdo e direito (região peri-hilar). O tumor de Klatskin provoca uma obstrução "alta" sem distender a vesícula biliar. Manifesta-se com icterícia (níveis elevados de bilirrubinas totais, FA e GT) e dilatação de vias biliares intra-hepáticas.

Classificação de Bismuth

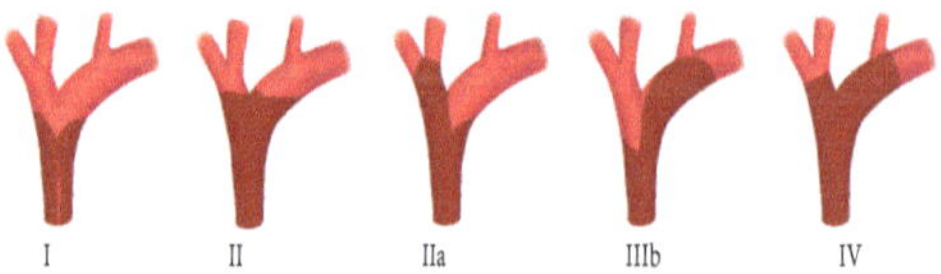

Classificação de Bismuth (de acordo com a localização)	
1. Hepático comum 2. Junção dos hepáticos 3a. Hepático direito	3b. Hepático esquerdo 4. Ambos os hepáticos

Principais tumores peri-hilares	■ CA de cabeça de pâncreas ■ Colangiocarcinoma distal ■ CA de 2ª porção de duodeno comprimindo a passagem do colédoco ■ CA de papila de Vater.

Carcinoma da papila de Vater

Apresenta-se com dor abdominal em quadrante superior direito, vesícula palpável (sinal de Courvoisier-Terrier), perda de peso e icterícia (que pode ser flutuante devido ao tumor ser passível de sofrer necrose, levando à liberação da passagem da bile). O diagnóstico é realizado com o auxílio do endoscópio de visão lateral. A conduta envolve a ressecção (possível em 90% dos casos) pela cirurgia de Whipple, com sobrevida em 5 anos de 40%-50%.

SEÇÃO 8 - ENDOCRINOLOGIA

Capítulo 32 - Distúrbios da Tireoide

32.1. Fisiopatologia da Glândula Tireoide 218
32.2. Hipertireoidismo e Tireotoxicose 219
32.3. Hipotireoidismo 221
32.4. Tireoidites 222
32.5. Neoplasias da Tireoide 223
32.6. Nódulos Tireoidianos 224

Capítulo 33 - Distúrbios da Glândula Suprarrenal

33.1. Fisiologia da Glândula Suprarrenal 225
33.2. Complicações Sistêmicas 226

Capítulo 34 - Distúrbios da Paratireoide, da Hipófise e do Hipotálamo

34.1. Equilíbrio Cálcio-Fósforo-Magnésio 230
34.2. Hipófise e Hipotálamo 232

Capítulo 35 - Diabetes Melito

35.1. Diabetes Melito 233
35.2. Síndrome Metabólica 235
35.3. Complicações Agudas 236
35.4. Complicações Crônicas 238
35.5. Obesidade 238

ANOTAÇÕES:

CAPÍTULO 32

DISTÚRBIOS DA TIREOIDE

32.1. Fisiopatologia da Glândula Tireoide

Anatomia

A tireoide, cujo formato é semelhante ao de um escudo e pesa 10 g a 20 g (volume 5 cm^3 a 15 cm^3), origina-se na base da língua (forâmen cego), migrando, durante o desenvolvimento, para a região próxima à traqueia. O suprimento sanguíneo é realizado pelas artérias tireóideas superior e inferior.

Nervo laríngeo	Inerva as pregas vocais responsáveis pela elevação do tom de voz.
Nervo laríngeo recorrente	Inerva o músculo cricoaritenóideo, responsável pela fonação. Em lesões unilaterais, o paciente manifesta rouquidão. Lesões bilaterais levam à obstrução de via aérea e insuficiência respiratória.

➔ O bócio não define se o quadro é de hipo ou hipertireoidismo!
➔ A ingestão de iodo recomendada pela Organização Mundial da Saúde (OMS) é de 150 *μg/dia*.

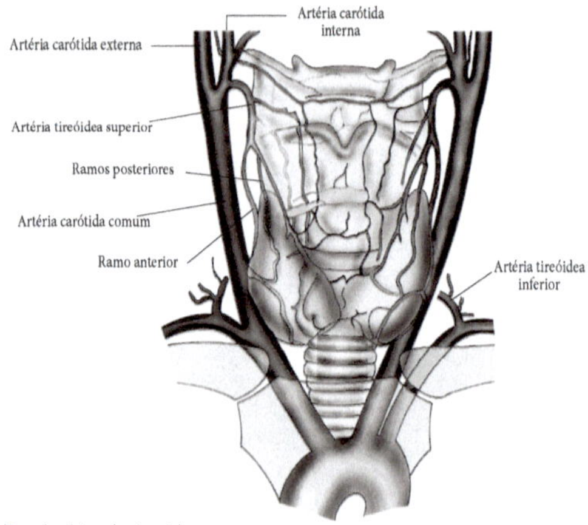

► Artérias da tireoide.

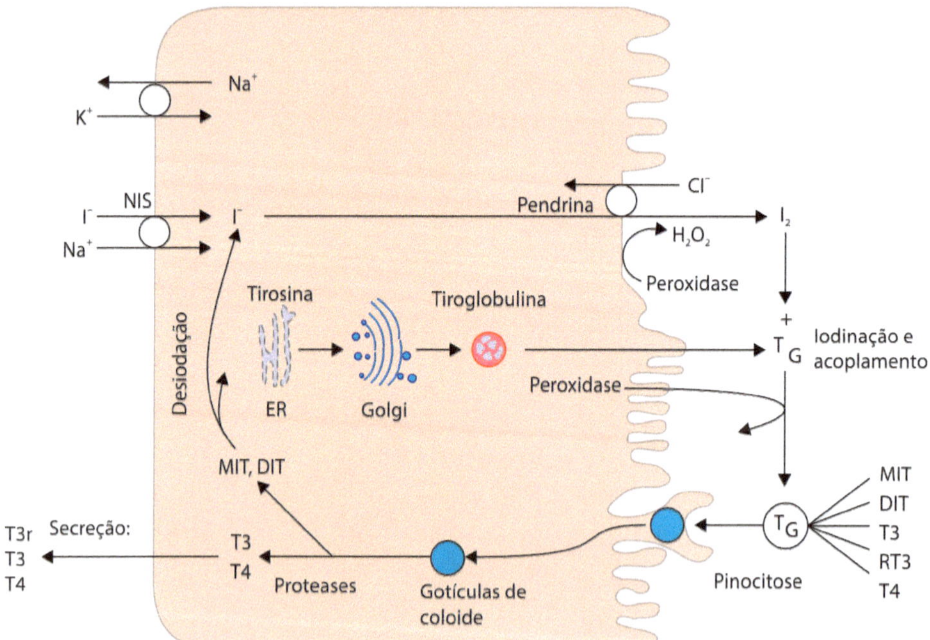

► Esquema simplificado da biossíntese dos hormônios tireoidianos. DUOX1 e 2, tiroperoxidase (TPO), iodotirosina desalogenase (DEHAL1), transportador tipo *simporter* sodioiodeto (NIS).

Fisiologia

A tireoide possui os folículos tireoidianos, que são especializados em sintetizar, armazenar e secretar os hormônios tireoidianos. Os íons de iodeto são captados pelas células do folículo tireoidiano pelo carreador Na^+/I^- da membrana basal. Esse transportador ativo é capaz de concentrar o iodeto (30-40× no citoplasma). Uma vez internalizado o iodo, a peroxidase tireoidiana (TPO) oxida-se e incorpora o iodo com o aminoácido (tirosina) presente na molécula de tireoglobulina (reação de organificação do iodo), formando monoiodotirosina (MIT), di-iodotirosina (DIT), tri-iodotironina (T3) e tiroxina (T4) (reação de iodação).

A TPO realiza a oxidação do iodo, iodação com o aminoácido tirosina (molécula de tireoglobulina) e acoplamento das iodotirosinas (MIT, DIT), que são armazenadas no lúmen folicular (coloide). Para que esses hormônios sejam liberados, ocorre uma proteólise da tireoglobulina, sendo liberadas MIT, DIT, T3 e T4. A MIT e a DIT no citoplasma celular sofrem a ação da desiodase tipo 1, devolvendo o iodeto para célula (mecanismo de conservação de iodo), enquanto T3 e T4 atingem a circulação sanguínea, sendo a T4 convertida em T3 (por meio da desiodase tipo 1) assim que penetra nas células dos órgãos-alvo.

Eixo hipotálamo-hipofisário

Os neurônios hipotalâmicos sintetizam o hormônio liberador de tireotrofina (TRH), que estimula a síntese e liberação pulsátil do hormônio estimulante da tireoide (TSH). O TSH, por sua vez, promove efeito trófico (hipertrofia das células foliculares), estímulo à síntese de hormônio tireoidiano (aumenta a produção de TPO, de tireoglobulina e ação do carreador Na^+/I^-), estímulo à liberação do próprio TSH.

Origem dos distúrbios tireoidianos	
Primários	Tireoide
Secundários	Hipófise
Terciários	Hipotálamo
→ A dosagem do TSH é capaz de diferenciar com precisão a origem do distúrbio.	

Metabolismo dos hormônios tireoidianos

A maior parte da T3 (80%) é proveniente da conversão periférica da T4 pela desiodase tipo 1. A desiodase tipo 2 está presente no sistema nervoso central, na hipófise e no tecido adiposo marrom, e também é responsável pela conversão (5'-desiodação) de T4 em T3 para suprir a demanda de T3 desses tecidos. A desiodase tipo 3 é responsável pela 5-desiodação, ou seja, pela transformação de T4 em T3 reversa (rT3), inativando-a.

Dosagem hormonal

Dosagem de T3 e T4

A dosagem sérica total não é usada por não ser confiável! Na dosagem total, os hormônios são transportados por proteínas (globulina ligadora de tiroxina [TBG], pré-albumina ligadora de tiroxina [TBPA] e albumina), as quais podem sofrer alterações na sua capacidade de ligação, produzindo falsos valores de dosagens.

↑ TGB: hiperestrogenismo (gravidez, estrogenoterapia).
↓ TGB: síndrome nefrótica, fenitoína, diazepam, salicilato.

$T3_{TOTAL}$ = 70-190 ng/dl	$T4_{TOTAL}$ = 5-12 µg/dl
$T3_{LIVRE}$ = 0,2-0,52 ng/dl	$T4_{LIVRE}$ = 0,9-2 µg/dl

Preconiza-se a dosagem sérica LIVRE, todavia a $T4_{LIVRE}$ pode estar falsamente elevada com o uso de fenitoína e de propiltiouracil.

Dosagem de TSH

Apresenta valores normais de 0,5-5 uU/ml.

Imagem para avaliação das tireoidopatias

Podem ser utilizadas a ultrassonografia (US) (sensibilidade de 95% para nódulos) e a medicina nuclear (cintilografia e radioablação).

32.2. Hipertireoidismo e Tireotoxicose

- **Hipertireoidismo:** é definido como a hiperfunção da glândula tireoide com aumento da produção e liberação de hormônios.
- **Tireotoxicose:** é qualquer estado clínico resultante do excesso de hormônios da tireoide nos tecidos.

Principais causas
1. Doença de Graves
2. Bócio multinodular tóxico
3. Adenoma tóxico
4. Hipertireoidismo secundário
5. Tireotoxicose

Doença de Graves (ou bócio difuso tóxico)

Acomete indivíduos de 20-50 anos de idade, 9 mulheres:1 homem. É caracterizada por uma desordem autoimune em que os linfócitos B sintetizam o anticorpo antirreceptor de TSH (TRAb) ou imunoglobulina estimuladora da tireoide. O anticorpo e a imunoglobulina se ligam ao receptor do TSH e desempenham as funções do TSH, levando a hipertrofia glandular, aumento da vascularização da glândula e elevação da produção/secreção dos hormônios tireoidianos.

➔ O excesso de hormônio tireoidiano aumenta os receptores beta (β_1 e β_2), levando a sinais e sintomas adrenérgicos-*like*, principalmente pressão arterial (PA) divergente (↑PA sistólica [PAS] e ↓PA diastólica [PAD]).

Sinais e sintomas da tireotoxicose

- Insônia.
- Agitação, nervosismo.
- Agressividade.
- Sudorese excessiva.
- Perda ponderal.
- Pele quente e úmida.
- Tremor fino e sustentado.
- Taquicardia sinusal.
- Fibrilação atrial.

➔ No hipertireoidismo apatético (hipertireoidismo de idosos), não há manifestações adrenérgicas! O paciente apresenta-se com fibrilação atrial, insuficiência cardíaca, astenia e fraqueza.

Manifestações específicas da doença de Graves

Consistem na presença de um bócio difuso e simétrico com sopro e frêmito sobre a glândula. Além disso, ocorrem oftalmopatia infiltrativa, mixedema pré-tibial, edema periorbitário, baqueteamento digital e exoftalmia (que pode provocar lagoftalmo - incapacidade de fechar os olhos durante o sono). A oftalmopatia é tratada com colírio de metilcelulose e pomadas para oclusão ocular noturna.

Diagnóstico

Os exames evidenciam TSH suprimido, anticorpo anti-TPO (presente em 80%) e antirreceptor do TSH (TRAb) (presente em 100% dos casos). Pode-se realizar a cintilografia, com imagem de captação elevada e difusa. O teste de captação de iodo radioativo (RAIU) (realizado em 24 horas por sonda de raios gama) deve ser solicitado de preferência 2 horas após a administração do radiotraçador devido ao risco de *wash out* deste pelo metabolismo acelerado da glândula tireoide. Os valores normais de RAIU são de 5%-20%.

Tratamento

Há três estratégias, todas objetivando o alvo de $T4_{LIVRE}$ = 0,9-2 ng/dl.

Fármacos antitireoidianos

Betabloqueadores (diminuem a frequência cardíaca [FC] e inibem a conversão periférica de T4→T3), metimazol (inibe a TPO e tem efeito imunossupressor), propiltiouracil (inibe a TPO e a conversão periférica de T4→T3, tem efeito imunossupressor e altas chances de causar agranulocitose e insuficiência hepática, por isso é contraindicado a gestantes no 1º trimestre).

Radioablação com I^{131}

Doses de 5-15 mCi. É frequente a ocorrência de hipotireoidismo pós-radioablação (80%). A radioablação apresenta risco de provocar crise tireotóxica após o tratamento. A crise é desencadeada por lesões da glândula. Aconselha-se o uso de antitireoidianos 1 mês antes da ablação, seguido de sua suspensão cerca de 3 a 7 dias antes da aplicação do radiofármaco. Apesar de o radioiodo estar contraindicado para gestantes e lactantes, não se comprovou o risco de desenvolvimento de neoplasias.

Cirúrgico

É a tireoidectomia subtotal, indicada a pacientes refratários, portadores de bócio volumoso e exoftalmia. O preparo pré-operatório consiste no uso de propiltiouracil ou metimazol (por 6 semanas antes da cirurgia para prevenir a crise tireotóxica) e solução de Lugol (iodeto de potássio) por 10-15 dias antes da cirurgia para diminuir a vascularização). Na cirurgia de urgência, preconiza-se o uso (5 dias antes) de dexametasona, propranolol e ácido iopanoico.

Bócio multinodular tóxico

É a formação de múltiplos nódulos responsáveis pelo crescimento da glândula tireoide. Apesar de sua patogênese ser desconhecida, sabe-se que predomina em idosos e é uma complicação do bócio multinodular atóxico. O diagnóstico é feito pela cintilografia com padrão de múltiplos nódulos de captação variável. O tratamento definitivo envolve a cirurgia com retirada dos nódulos e a radioablação.

Doença de Plummer (adenoma tóxico)

É caracterizada por um nódulo solitário hiperfuncionante suprafisiológico decorrente de uma mutação somática nos receptores de TSH, levando ao aumento do estímulo à formação de monofosfato de adenosina cíclico (AMPc), o que promove hiperplasia, proliferação e hiperfunção celulares. O diagnóstico é pela cintilografia com nódulo hipercaptante quente e o restante da glândula tireoide com captação reduzida (ocorre supressão do TSH/*feedback* negativo pelo excesso de T3 e T4). O tratamento é realizado com radioiodo, nodulectomia, injeção nodular de etanol guiada por ultrassonografia e terapia com *laser*.

Hipertireoidismo secundário

Decorrente de adenomas hipofisários denominados tireotropinomas ou TSHomas, é caracterizado pela glândula tireoide aumentada (bócio) e hiperfuncionante. Os níveis de TSH sérico se apresentam normais ou altos. O diagnóstico é obtido por tomografia computadorizada (TC)/ressonância magnética (RM) da sela túrcica. O tratamento visa à remoção do tumor por ressecção transesfenoidal.

Tireotoxicose sem hipertireoidismo

É diagnosticada pela captação tireoidiana do I^{131} em 24 horas ser baixa ou nula devido a uma glândula tireoide hipofuncionante.

- **Tireoidite:** é uma inflamação com destruição glandular que pode liberar subitamente os hormônios previamente armazenados no coloide folicular.
- **Tireotoxicose factícia (hormônio exógeno):** é desencadeada pelo uso de fórmulas para emagrecer com T3 e T4. O TSH sérico está sempre suprimido.
- ***Struma ovarii***: é um teratoma ovariano que contém tecido tireoidiano secretor de T3 e T4.

Crise tireotóxica
É caracterizada por aumento dos níveis de catecolaminas e sensibilidade dos receptores adrenérgicos, assim como elevação súbita (alta velocidade) dos níveis de $T4_{LIVRE}$. Deve-se a infecções, cirurgias, terapia com I^{131}, amiodarona etc. A crise de tireotoxicose leva à disfunção orgânica cerebral e cardíaca. O tratamento visa diminuir a síntese, a liberação e a conversão do hormônio tireoidiano pelo uso de fármacos como *propiltiouracil, iodo, propranolol e dexametasona.*

32.3. Hipotireoidismo

É caracterizado pela síntese/secreção insuficiente ou ação inadequada dos hormônios tireoidianos nos tecidos, resultando em lentificação generalizada do metabolismo. Nas formas graves, ocorre deposição de mucopolissacarídeos (glicosaminoglicanos) na derme, causando edema (mixedema).

O hipotireoidismo pode ser primário (falência tireoidiana), secundário (falência hipofisária) e terciário (deficiência hipotalâmica de TRH). Os fatores de risco são: idade > 65 anos, sexo feminino, história familiar e doenças autoimunes.

Principais causas
1. Tireoidite de Hashimoto (autoimune em áreas suficientes em iodo)
2. Carência de iodo (áreas carentes de iodo)
3. Iatrogenia (radioablação, cirurgia)
4. Fármacos (contraste, amiodarona, lítio, antitireoidianos)
5. Hipotireoidismo central (tumores)

Manifestações clínicas

Ocorrem lentificação generalizada dos processos metabólicos e acúmulo de glicosaminoglicanos no interstício de órgãos e tecidos.

Sinais e sintomas	
Cansaço	Depressão
Fraqueza	Rouquidão
Perda de cabelo	Edema
Dificuldade de concentração	Bradicardia

Laboratório

Ocorrem anemia e dislipidemia de formas inespecíficas. Além disso, a queda de $T4_{LIVRE}$ leva à ativação do eixo hipotálamo-hipofisário, aumentando o TRH e o TSH.

- O TRH estimula a secreção de TSH, de prolactina e de gonadotrofinas (o TRH possui estruturas estimulador-*like*).

Hipotireoidismo primário = TSH elevado e $T4_{LIVRE}$ reduzida.

Hipotireoidismo central (secundário) = TSH normal ou reduzido com $T4_{LIVRE}$ reduzida.

Tratamento

Recomenda-se a dose de 1,6-1,8 µg/kg/dia de levotiroxina.

➔ Em pacientes > 60 anos de idade, inicia-se com 50 μg/dia. Em cardiopatia grave, recomenda-se iniciar com 12,5-25 μg/dia, aumentando 12,5-25 μg/dia a cada 2-3 semanas, se necessário.

Hipotireoidismo subclínico

É a presença de TSH elevado e $T4_{LIVRE}$ normal. As indicações de tratamento são: TSH ≥ 10 mU/L, gestação, paciente sintomático, anti-TPO positivo, dislipidemia e depressão.

Bócio difuso atóxico

As causas mais comuns são: deficiência de iodo, substâncias bociogênicas, bócio esporádico simples, tireoidite de Hashimoto. As manifestações clínicas se apresentam com sintomas compressivos da traqueia (tosse e dificuldade respiratória), disfagia e rouquidão.

Sinal de Pemberton

Consiste na ocorrência de fraqueza, tontura e sinal de congestão facial com a elevação dos braços acima da cabeça. O tratamento visa à supressão do TSH com levotiroxina. A regressão do bócio depende do grau de fibrose já instalado.

- A cirurgia é essencial em bócios > 150 g ou refratários à levotiroxina. A ablação com radioiodo também pode ser realizada, porém a taxa de sucesso é de 50%.

↓ Iodo ↑ Sensibilidade = T3/T4 normais *vs.* ↑ Iodo ↓ Sensibilidade = T3/T4 normais (*feedback*)	
Efeito de Wolff-Chaikoff	É quando ofertamos muito iodo para um paciente com hipotireoidismo de base (escondido). O excesso de iodo diminui a sensibilidade ao TSH e desencadeia o hipotireoidismo.
Efeito de Jod Basedow	É quando diminuímos a oferta de iodo para um paciente com hipertireoidismo de base (escondido). A falta de iodo desencadeia o hipertireoidismo.
Efeito da amiodarona	A amiodarona apresenta 39% do seu peso em iodo e é capaz de se acumular no tecido adiposo por até 6 meses. Apresenta efeito inibitório na liberação de T4, na ação da desiodase e na ação do receptor dos hormônios tireoidianos. A tireotoxicose induzida por amiodarona (TIA) do tipo 1 deve-se à síntese excessiva de hormônio (T3 e T4). No tipo 2, é consequente à ativação lisossomal do fármaco, o que leva à tireoidite destrutiva.

32.4. Tireoidites

➔ As tireoidites subagudas e crônicas levam à lesão inflamatória do parênquima tireoidiano!

Tireoidite de Hashimoto

É uma tireoidite crônica autoimune decorrente de uma reação imunológica com formação de imunocomplexos e complemento na membrana basal das células foliculares, levando a infiltração e hiperplasia folicular e progredindo para fibrose. Apresenta 40 vezes mais risco para linfoma! Por ser uma doença autoimune, pode estar associada a vitiligo, anemia perniciosa e doença de Addison.

- O **diagnóstico** é pela presença de anti-TPO > 35 UI/ml (100% dos pacientes), células de Askanazy (patognomônicas) e TRAb do tipo bloqueador (em 20% dos casos). O tratamento é feito com T4 1-2 μg/kg/dia.

Manifestação clínica

É estruturada em três fases:

- **primeira fase** = tireotoxicose – hashitoxicose;
- **segunda fase** = hipotireoidismo subclínico;
- **terceira fase** = hipotireoidismo.

No exame físico, nota-se bócio difuso multinodular com sintomas clássicos de hipotireoidismo, como ganho de peso, depressão, dislipidemia, pele seca, intolerância ao frio, bradicardia, mixedema e hiperprolactinemia.

Tireoidite subaguda linfocítica

É uma tireoidite indolor que apresenta um período transitório de tireotoxicose seguido de hipotireoidismo autolimitado. O diagnóstico é feito por tireoglobulina alta, baixa captação na cintilografia e I^{131} no teste de captação de iodo radioativo (RAIU) de 24 horas < 5%. O tratamento é apenas sintomático.

Tireoidite de Quervain (ou tireoidite granulomatosa ou de células gigantes)

É uma tireoidite dolorosa na qual uma infecção viral prévia desencadeia uma reação imunológica a antígenos tireoidianos que possuem reação cruzada com os próprios antígenos virais – ou seja, é uma doença reativa pós-viral. Apresenta-se após 1-3 semanas de um quadro gripal, instalando-se como uma síndrome álgica tireoidiana em região cervical anterior, garganta e ouvidos. O diagnóstico é clínico e o tratamento envolve o uso de anti-inflamatórios não esteroidais (AINEs) ou prednisona (se não melhorar em 24-48 horas).

Outras tireoidites

- **Tireoidite aguda:** é um quadro álgico com febre alta e sinais de flogose. O tratamento envolve drenagem cirúrgica e antibioticoterapia.

- **Tireoidite medicamentosa:** uso de interferon-alfa, interleucina-2, amiodarona.
- **Tireoidite fibrosante de Riedel:** fibrose lobular da tireoide de origem idiopática.

32.5. Neoplasias da Tireoide

São classificadas em:

- **Tumor bem diferenciado (90%):** carcinoma papilífero e carcinoma folicular.
- **Tumor pouco diferenciado (9%):** carcinoma medular e anaplásico.
- **Miscelânea (1%):** linfoma.

Tumor bem diferenciado

Carcinoma papilífero

É o mais comum. A característica citológica é a presença de núcleos em grãos de café, cromatina em "vidro fosco" e os famosos corpos de psamoma. Os principais fatores de risco são exposição à radiação ionizante (tratamento radioterápico de: acne, amidalite, hipertrofia de adenoides), radioterapia e história familiar. O tumor é assintomático, com crescimento lento e disseminação linfática, podendo apresentar linfonodo palpável. O diagnóstico é confirmado por punção aspirativa por agulha fina (PAAF).

➔ O **tratamento** se baseia na cirurgia seguida de radioablação com I^{131} e terapia supressiva com levotiroxina.

Carcinoma folicular

É o segundo mais comum e atinge predominantemente áreas deficientes em iodo. Apresenta disseminação via hematogênica e não é possível confirmar o diagnóstico pela PAAF, sendo necessária a remoção cirúrgica.

Estadiamento	
Baixo risco	Alto risco
< 40 anos	> 40 anos
Sexo feminino	Sexo masculino
Tumor confinado à tireoide sem extensão capsular ou extracapsular	Extensão extratireoidiana com invasão capsular
Ausência de metástase	Metástase à distância
< 2 cm	≥ 2 cm
Bem diferenciado	Pouco diferenciado
Lobectomia + istmo	Tireoidectomia

Tumor	< 2 cm	Realizam-se lobectomia + istmectomia. Caso a histologia seja positiva, reopera-se realizando uma tireoidectomia total.
	> 2 cm	Realiza-se a tireoidectomia total.
→ O câncer folicular de células de Hürthle é altamente agressivo e realiza disseminação linfática.		

Tumores pouco diferenciados

Neoplasias endócrinas múltiplas
NEM 1: hiperparatireoidismo 1ª + tumor de pâncreas + tumor de hipófise
NEM 2A: hiperparatireoidismo 1ª + CMT + feocromocitoma
NEM 2B: CMT + feocromocitoma + síndrome de Marfan + neuromas de mucosa

Carcinoma medular da tireoide (CMT)

Tem origem nas células parafoliculares ou células C (produtoras de calcitonina). Está associado às mutações do proto-oncogene RET, sendo 80% na forma esporádica e 20% na forma familiar (associado a neoplasias endócrinas múltiplas). Manifesta-se com nódulos palpáveis na tireoide, hipertensão arterial sistêmica (HAS) (devido ao feocromocitoma) e hipercalcemia (em decorrência do hiperparatireoidismo). O diagnóstico é pela pesquisa de mutações do RET associada à dosagem de catecolaminas. O tratamento envolve a tireoidectomia total com ressecção de linfonodos da cadeia central.

Carcinoma indiferenciado anaplásico: é o tumor de maior agressividade

O tratamento é paliativo, envolvendo principalmente traqueostomia, quimioterapia (QT) e radioterapia (RT), uma vez que o tumor se apresenta com caráter fortemente invasivo e taxa de óbito de 100% em 1 ano. O crescimento é rápido, com disseminação por vias linfática e hematogênica. Tem origem a partir da desdiferenciação de tumores mais bem diferenciados. O principal fator de risco é a mutação do gene *p53*, (que confere proteção contra o surgimento de tumor.

Miscelânea

Linfoma

A tireoidite de Hashimoto aumenta a incidência de linfoma em 40 vezes.

32.6. Nódulos Tireoidianos

É um achado frequente, acometendo cerca de 1%-5% da população. Os principais fatores sugestivos de malignidade são pacientes jovens, sexo masculino (risco aumentado em 3 vezes), história de exposição à radiação, dor, crescimento rápido do nódulo, rouquidão, nódulo hiperecoico móvel à deglutição e aderido, gânglio cervical positivo.

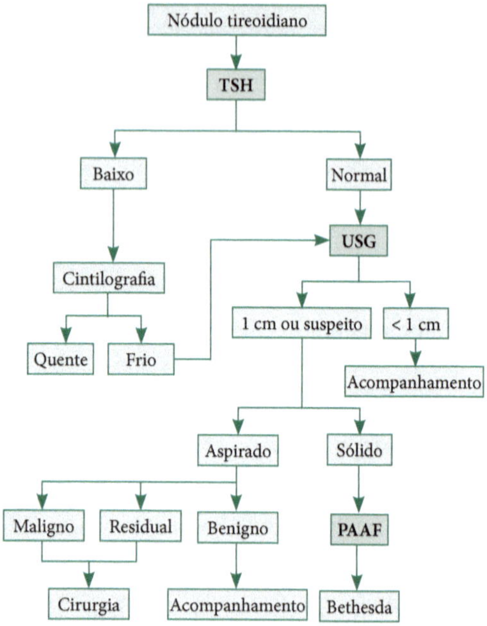

Classificação de Bethesda para exames citológicos de tireoide		
Classe	Significado	Risco de malignidade (%)
Classe I	Amostra insatisfatória	1-4
Classe II	Nódulo benigno	0-3
Classe III	Atipia de significado indeterminado ou lesão folicular de significado indeterminado	5-15
Classe IV	Neoplasia folicular ou nódulo suspeito de neoplasia folicular	15-30
Classe V	Lesão suspeita de malignidade	60-75
Classe VI	Nódulo maligno	97-99

CAPÍTULO 33

DISTÚRBIOS DA GLÂNDULA SUPRARRENAL

33.1. Fisiologia da Glândula Suprarrenal

Anatomia

As suprarrenais (ou adrenais) se localizam no retroperitônio, no polo superior dos rins.

- A suprarrenal direita está situada próximo à veia cava inferior.
- A suprarrenal esquerda encontra-se entre o rim esquerdo, a aorta e a cauda do pâncreas.

➔ O suprimento arterial é derivado das artérias frênicas inferiores, da aorta e das renais.

A suprarrenal é composta de duas camadas

- O córtex, que é derivado do mesoderma.
- A medula, que é derivada da crista neural (durante a 7ª semana de gestação, as células cromafins da crista neural migram em direção à porção mediana da suprarrenal. Quando as células cromafins não conseguem migrar completamente, forma-se o órgão de Zuckerkandl, próximo à bifurcação da aorta).

Fisiologia

Os hormônios produzidos pela suprarrenal são os esteroides derivados do colesterol (que varia de 19 a 21 átomos de carbono). Os C19-esteroides formam os androgênios. Os C21-esteroides formam os glicocorticoides ou mineralocorticoides.

Córtex			
Camadas do córtex		% da glândula	Produção
Zona	Glomerulosa	15%	Aldosterona
	Fasciculada	75%	Cortisol e androgênios
	Reticular	10%	

➔ Cerca de 95% do cortisol circulante estão ligados a proteínas (transcortina ou albumina). Os 5% restantes do cortisol representam a fração biologicamente ativa de cortisol livre. Logo, os níveis de cortisol total elevados não refletem hipercortisolismo! É necessário o cortisol urinário para medir a fração livre.

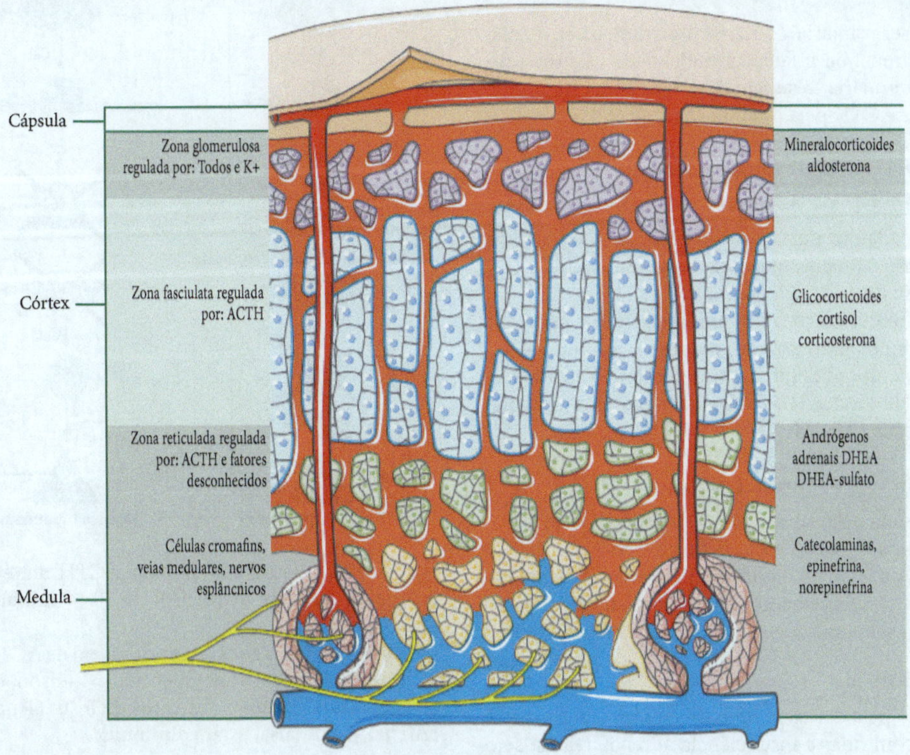

a) **Eixo hipotálamo-hipófise-suprarrenal:** o *feedback* do eixo é realizado pelo cortisol. O hipotálamo produz o hormônio liberador de corticotrofina (CRH), que é transportado pelo sistema porta-hipofisário e estimula a secreção de hormônio adrenocorticotrófico (ACTH). O ACTH estimula o córtex, principalmente as zonas fasciculada e reticular, promovendo a secreção de cortisol e androgênio (e também aldosterona de forma mínima). O ACTH é derivado da pró-opiomelanocortina (POMC). A POMC também origina as endorfinas e o hormônio melanoestimulante (MSH).
b) **Glicocorticoides:** o cortisol tem efeito catabólico e hiperglicemiante, reduz a resposta inflamatória/infecciosa e exerce efeito permissivo do cortisol às catecolaminas.
c) **Mineralocorticoides:** a aldosterona regula o volume do líquido extracelular, controlando o balanço corporal de sódio por meio do potássio e do hidrogênio (K^+/H^+).
d) **Androgênios suprarrenais:** os principais são o sulfato de deidroepiandrosterona (SDHEA) e a androstenediona. São andrógenos fracos que necessitam de conversão em testosterona nos tecidos periféricos. A regulação desses androgênios é realizada pelo ACTH.
e) **Catecolaminas:** responsáveis pelo tônus vascular.

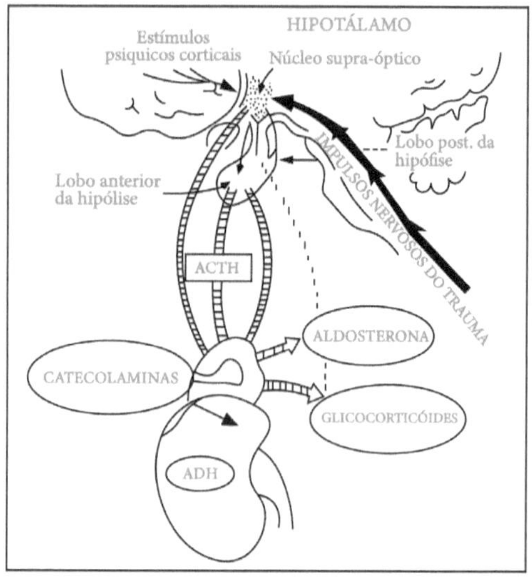

33.2. Complicações Sistêmicas

Insuficiência suprarrenal

Pode ser primária, consequente à destruição do córtex adrenal ou à falência metabólica na produção, ou secundária, resultante da deficiência na produção de ACTH pela hipófise.

Insuficiência adrenal primária (ou doença de Addison)

É causada por uma adrenalite autoimune (em 80% dos casos) ou por infecções como a tuberculose (em 20% dos casos).

➔ As manifestações clínicas são: deficiência de cortisol, hipotensão arterial, redução da pilificação feminina, dor abdominal, hipoglicemia e eosinofilia. Além de ↓Na^+, ↑H^+, ↑K^+ (↓aldosterona) e hiperpigmentação (↑POMC).

Insuficiência adrenal secundária

É causada pela supressão do eixo hipotálamo-hipófise por suspenção abrupta de glicocorticoides exógenos ou lesão de hipófise/hipotálamo. As manifestações são semelhantes às da doença de Addison, porém sem hiperpigmentação nem hipercalemia.

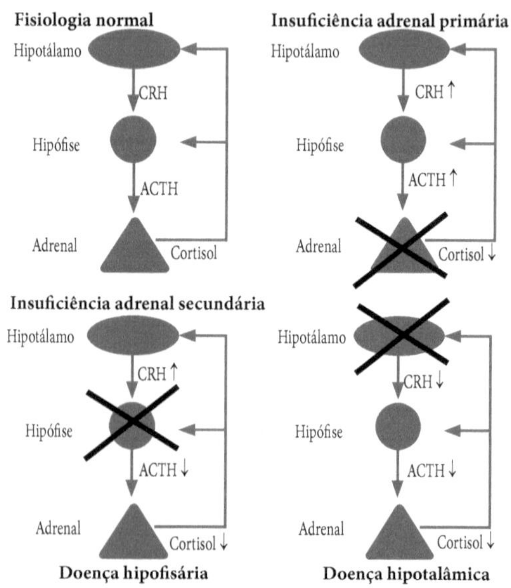

Diagnóstico

Obtido pela dosagem do cortisol sérico plasmático. Para confirmar a insuficiência adrenal, realiza-se o teste de estimulação rápida com ACTH sintético seguido da dosagem de cortisol em 30-60 minutos.

→ Outra opção diagnóstica é a dosagem de ACTH plasmático. Nos casos de doença de Addison, ele se encontra elevado, e nos casos de insuficiência adrenal secundária, estará diminuído.

Tratamento

Visa corrigir a hemodinâmica com soro fisiológico (SF) a 0,9% e solução glicosada (SG) a 10%. Além de repor glicocorticoides (hidrocortisona) e mineralocorticoides na doença de Addison (fludrocortisona). Para mulheres jovens preconiza-se a reposição de androgênios.

Síndrome de Cushing

É o conjunto de sinais e sintomas decorrente da exposição crônica do organismo a um excesso de glicocorticoide.

Sintomas da síndrome de Cushing	
■ Generalizado - Ganho de peso - Cicatrização lenta de cortes - Aumento do risco de infecções - Fadiga - Intolerância à glicose ■ Cefaleia ■ Fácies cushingoide ■ Corcova de búfalo ■ Fraqueza muscular ■ Pele - Afilamento - Fragilidade - Acne - Excesso de pelos (Hirsutismo) ■ Estrias	■ Psicológico - Depressão - Ansiedade - Irritabilidade - Perda de controle emocional - Dificuldades cognitivas - Queda da libido ■ Vascular - New or worsened hig blood pressure = Hipertensão Arterial nova ou piora ■ Ossos - Risco aumentado para fraturas ■ Reprodutivo - Nas mulheres: período menstrual irregular ou ausente - Nos homens: disfunção erétil

Quadro clínico
■ Diabetes melito
■ Hipertensão arterial
■ Labilidade emocional
■ Oligo/amenorreia
■ Síndrome de virilização
■ Fraqueza proximal
■ Obesidade generalizada em crianças

- **Estrias violáceas largas:** estiramento cutâneo associado à obesidade e de vasos subjacentes de fácil visualização.
- **Hiperpigmentação cutaneomucosa:** quando há aumento do ACTH com efeito direto nos melanócitos e aumento da secreção de MSH.
- **Obesidade centrípeta progressiva:** acúmulo de gordura nas regiões interna e central associado a hipercatabolismo das extremidades.
- **Osteopenia/osteoporose:** estímulo osteoclástico e inibição osteoblástica.

Causas

ACTH dependente (80%)	
Doença de Cushing	É caracterizada pelo adenoma hipofisário hipersecretante de ACTH. É benigna e acomete preferencialmente o sexo feminino na faixa etária de 15 a 50 anos de idade. A hipersecreção de ACTH promove a hiperplasia adrenal bilateral.
Secreção ectópica de ACTH e CRH	Está associada a carcinoma de pequenas células do pulmão *(oat cells)*, carcinoma de timo, carcinoma de medula da tireoide.
ACTH independente (20%)	
Atividade suprarrenal autônoma	Hiperprodução adrenal não relacionada com o ACTH. Geralmente é desencadeada por um adenoma/hiperplasia adrenal ou carcinoma suprarrenal.
Causa exógena	
Doença de Cushing iatrogênica	Uso crônico de glicocorticoides a partir de prednisona ≥ 7,5 mg/dia.

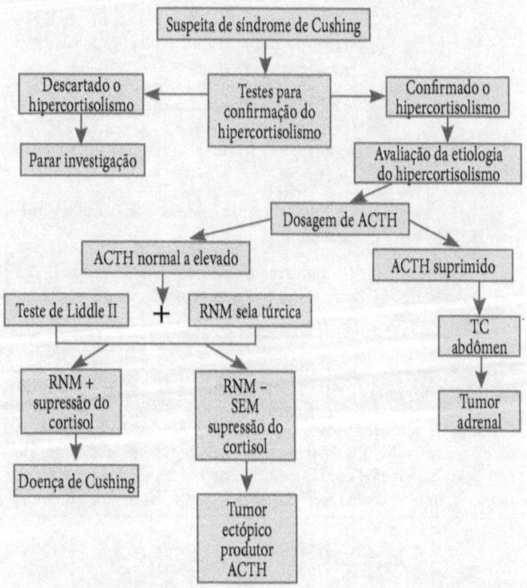

Diagnóstico

O primeiro passo é demonstrar a existência de um excesso de cortisol.

■ O rastreamento é feito pela dosagem de cortisol livre na urina de 24 horas, cortisol salivar noturno (meia-noite) e teste de supressão com dexametasona.

■ O teste da supressão com dexametasona em dose baixa envolve a administração de 1 mg de dexametasona às 23 horas, seguida da dosagem do cortisol plasmático às 8 horas. A dexametasona atua inibindo a secreção de ACTH pela adeno-hipófise, causando um *feedback* negativo na produção de cortisol pela manhã. Níveis de cortisol elevados pela manhã são sugestivos de hiperprodução de cortisol.

ACTH normal/suprimido	Caracteriza uma patologia primária da suprarrenal, logo solicita-se uma tomografia computadorizada (TC) de abdome superior.
ACTH aumentado	Aponta para doença de Cushing ou secreção ectópica de ACTH/CRH. Solicitam-se uma ressonância magnética (RM) da sela túrcica e o teste de Liddle 2 (supressão do ACTH com dexametasona 2 mg 6/6 h por 48 horas).

Tratamento

Cushing	Ressecção transesfenoidal com melhora em 2-12 meses ou adrenalectomia bilateral se doença persistente.
ACTH ectópico	Inibidores da esteroidogênese, como cetoconazol (bloqueia a conversão de colesterol em pregnenolona) ou adrenalectomia.
Tumores suprarrenais	Adrenalectomia videolaparoscópica unilateral.
Hiperplasia adrenocortical primária	Inibidores da esteroidogênese adrenal para controlar o hipercortisolismo até a adrenalectomia.

Síndrome de Nelson
Trata-se de tumores provenientes da proliferação descontrolada dos corticotrofos hipofisários. A fisiopatologia é decorrente de remoção da adrenal com queda do cortisol e perda do feedback negativo inibitório da proliferação dos corticotrofos hipofisários.

Hiperaldosteronismo primário

É a produção excessiva de aldosterona pela suprarrenal. O excesso de aldosterona exacerba a reabsorção de sódio no túbulo coletor, levando à hipervolemia (e consequente hipertensão arterial) e também aumenta a excreção renal de potássio e hidrogênio. O resultado final inclui hipocalemia e alcalose metabólica.

Etiologias	
Primário	Adenoma produtor de aldosterona, hiperplasia adrenal bilateral idiopática.
Secundário	Estenose de artéria renal.

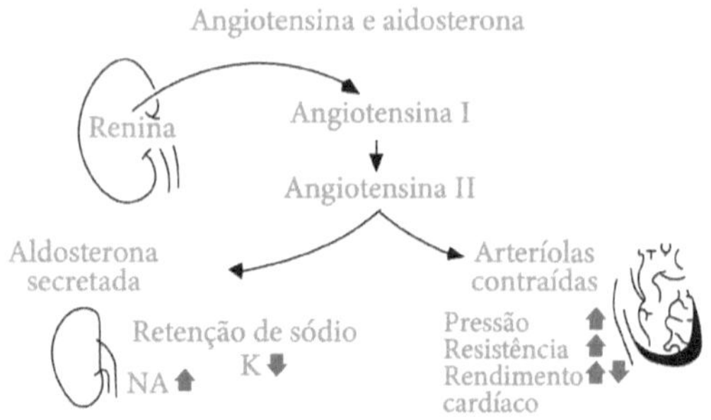

➔ O **tratamento** dos adenomas é cirúrgico (adrenelectomia), e da hiperplasia bilateral é medicamentoso (espironolactona).

Diagnóstico

Dosam-se a concentração de aldosterona plasmática (CAP) e a atividade de renina plasmática (ARP).

→ A relação < 30, com CAP > 12 e ARP > 1 descarta.
→ A relação > 50, com CAP > 20 e ARP < 1 confirma.

É necessário interromper o uso de espironolactona e outros anti-hipertensivos, como betabloqueadores (diminuem a ARP). Os inibidores da enzima conversora da angiotensina (IECAs) e os bloqueadores do receptor da angiotensina (BRAs) (aumentam a ARP), a princípio, não necessitam de suspensão. Em caso de dúvida, realiza-se a sobrecarga endovenosa/oral de sódio.

- A TC de abdome superior ajuda a diferenciar a hiperplasia adrenal bilateral do adenoma/carcinoma unilateral.

Incidentalomas

São massas adrenais > 1 cm, benignas, não funcionantes e assintomáticas ou subclínicas encontradas incidentalmente.

Feocromocitoma

É uma neoplasia benigna, unilateral, das células cromafins (células da medula adrenal). Manifesta-se com crises paroxísticas de hipertensão arterial acompanhadas de cefaleia, sudorese profunda, palpitações, palidez e sensação de morte iminente. O **diagnóstico** é obtido pela dosagem urinária de metanefrinas totais e pela dosagem urinária de catecolaminas livres. O ácido vanilmandélico não é mais utilizado.

Regra dos "10"	
10%	dos tumores são bilaterais.
10%	dos tumores são extra-adrenais (paragangliomas).
10%	dos tumores extra-adrenais estão no tórax.
10%	dos pacientes têm < 20 anos de idade.
10%	são malignos.
10%	cursam sem hipertensão.
10%	recidivam após a retirada cirúrgica.
10%	são incidentalomas.

O **diagnóstico** da localização anatômica é realizado pela TC ou RM abdominal. A cintilografia com I^{131}-meta-iodo-benzilguanidina (MIBG) é utilizada quando os outros exames falham.

A biópsia é contraindicada pelo risco da manipulação do feocromocitoma.

→ O **tratamento** envolve a retirada total de todos os focos! Como a manipulação do feocromocitoma libera muita catecolamina, é realizado o controle pré-operatório (bloqueio alfa-adrenérgico por 10-14 dias com fármacos não seletivos [fenoxibenzamina oral] ou fármacos seletivos ["zosins"]). Podem-se também utilizar betabloqueadores após o bloqueio alfa.

- Os tumores de suprarrenal são secretores de adrenalina.
- Os paragangliomas são secretores de noradrenalina.

CAPÍTULO 34

DISTÚRBIOS DA PARATIREOIDE, DA HIPÓFISE E DO HIPOTÁLAMO

34.1. Equilíbrio Cálcio-Fósforo-Magnésio

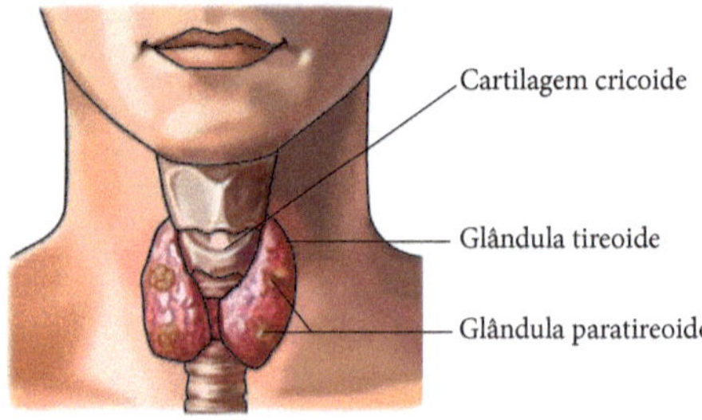

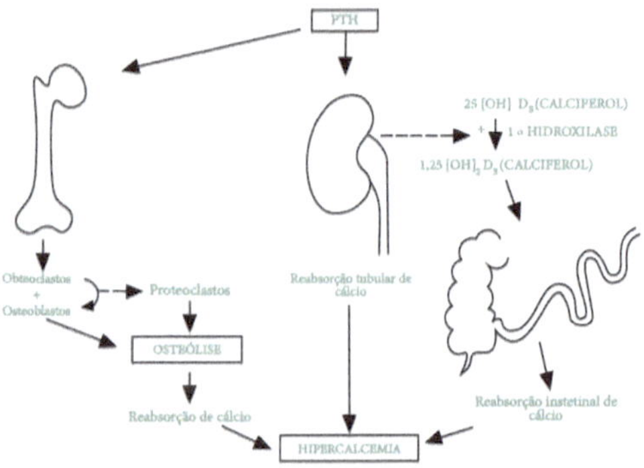

Cálcio

Cerca de 99% do cálcio estão depositados nos ossos (proteínas + minerais + hidroxiapatita $Ca_{10}(OH)_2(PO_4)_6$). O restante (1%) está distribuído pelo plasma.

Cinquenta por cento do cálcio plasmático estão ligados à albumina, 50% estão na forma livre ionizada e 5% estão ligados a ânions inorgânicos.

O Ca^{+2} é a forma mais importante para a fisiologia, e sua variação de concentração é acompanhada pelas variações de albumina (a cada 1 g/l de variação da albuminemia ocorre uma alteração de 0,8 mg/dl na calcemia total) e regulação dada pela ação do paratormônio (PTH) (atua retirando o cálcio do osso, reduzindo a excreção renal de cálcio, estimulando a produção do calcitriol ou $1{,}25(OH)_2$-vitamina D e aumentando a absorção intestinal de cálcio).

➔ Cálcio total: 8,5-10,2 mg/dl.

Fósforo

É um componente estrutural do osso. Atua como transportador e armazenador de energia (trifosfato de adenosina [ATP]), substância tampão e mediador de reações de fosforilação enzimática. Não está ligado a proteínas e sua forma ionizada é $H2PO_4^-$ ou HPO_4^{-2}.

➔ Fósforo total: 2,5-4,5 mg/dl.

Magnésio

É componente estrutural ósseo. Atua como cofator de várias reações enzimáticas, sendo fundamental na regulação de outros eletrólitos como potássio e cálcio. A depleção de magnésio pode causar hipocalemia e hipocalcemia.

➔ Magnésio total: 1,5-2,5 mg/dl.

Hiperparatireoidismo

É a produção autônoma de PTH pelas paratireoides. As principais causas são decorrentes de adenoma solitário (80%-90%) e hiperplasia glandular (10%).

➔ O tratamento baseia-se na retirada do adenoma (paratireoidectomia).

Fatores de risco	
Adenoma	**Carcinoma**
Genes *PRAD1*, *Menin* e *ciclina D*.	Gene *HRPT2*.

Manifestações clínicas

O hiperparatireoidismo geralmente é assintomático, mas pode cursar com sintomas inespecíficos (fraqueza muscular, mialgia, artralgia, nefrolitíase) quando o nível sérico de cálcio total > 11,5 mg/dl!

Diagnóstico

É confirmado por hipercalcemia (cálcio total > 10,5 mg/dl ou Ca^{+2} > 5,5 mg/dl), PTH elevado, hipofosfatemia (P < 2,5 mg/dl), acidose metabólica, aumento do monofosfato de adenosina cíclico (AMPc) urinário.

Hiperparatireoidismo	Secundário	É o aumento do PTH decorrente de um estado de hipocalcemia persistente, como síndrome urêmica da insuficiência renal crônica (IRC) ou deficiência de vitamina D.
	Terciário	É a presença de um tecido autônomo produtor de PTH formado devido ao estímulo trófico prolongado e permanente sobre a glândula, decorrente de um hiperparatireoidismo secundário.

Osteíte fibrosa cística

É uma lesão óssea característica do hiperparatireoidismo decorrente de um estímulo exagerado de reabsorção óssea (lacunas de Howship) acompanhado da formação de osso novo defeituoso/desorganizado (fibras colágenas entrelaçadas denominadas *woven bone*). Os principais achados são os descritos a seguir.

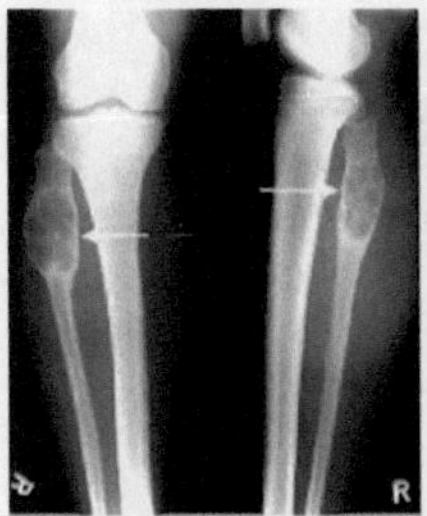

Cisto ósseo ("tumor marro)

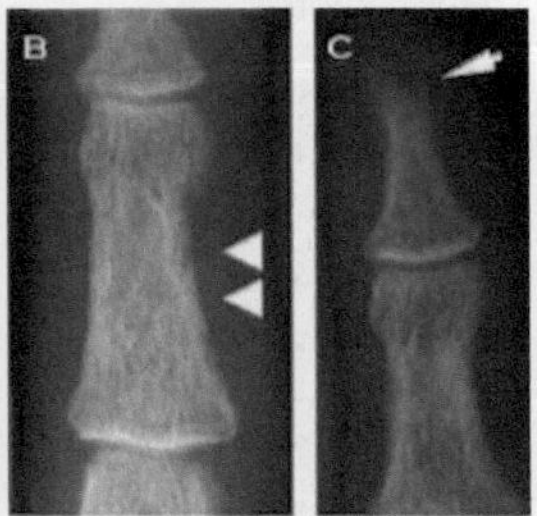

Reabsorção subperiosteal

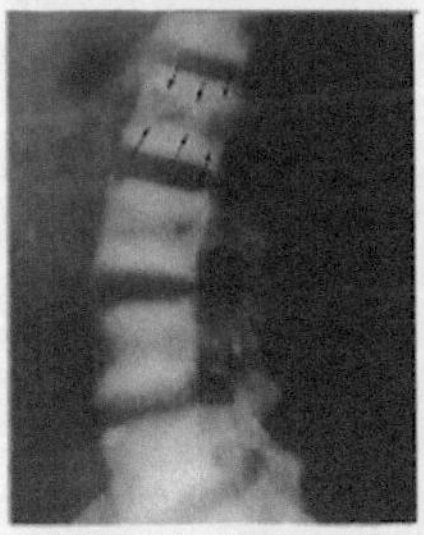

Coluna em "camisa de rugby"

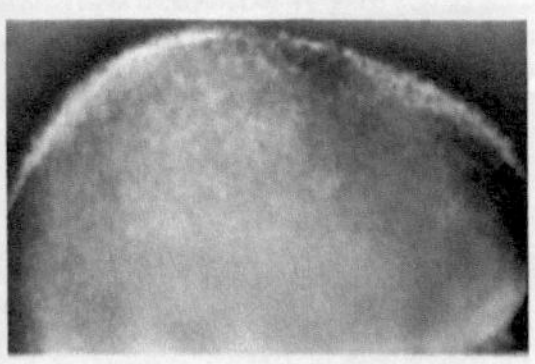

Crânio em "sal e pimenta"

Hipoparatireoidismo

É a insuficiência da paratireoide em secretar PTH, levando à hipocalcemia. A causa mais comum é o hipoparatireoidismo primário devido à retirada/lesão cirúrgica (tireoidectomia total) das paratireoides.

As manifestações clínicas são aumento da sensibilidade muscular, parestesia nas extremidades e região perioral, câimbras musculares, crise convulsiva, contratura mantida.

O **diagnóstico** é pela hipocalcemia (cálcio total < 8,5 mg/dl, Ca^{+2} < 4,5 mg/dl) e hiperfosfatemia (P > 4,5 mg/dl) e PTH < 10. O **tratamento** envolve a reposição de cálcio (1-1,5 g de cálcio elementar ou 2-2,5 g $CaCO_3$) e reposição de vitamina D ou calcitriol.

Tetania latente
Sinal de Trousseau: é um espasmo cárpico revelado após insuflação do manguito no braço 20 mmHg acima da pressão arterial sistólica (PAS) durante 3 minutos.
Sinal de Chvostek: é a contração do lábio superior e dos músculos faciais após percussão do nervo facial abaixo do arco zigomático.

Quadro de resumo – principais conceitos		
Os níveis de cálcio sofrem influência do pH?		Sim. Em pH alcalino, a avidez da albumina pelo cálcio aumenta, diminuindo os níveis de fração ionizada. Na acidose ocorre o inverso.
Efeitos	PTH	Retira cálcio do osso. Aumento da reabsorção renal de cálcio e da produção de calcitriol. Inibe a reabsorção de fosfato e bicarbonato.
	Calcitriol	Aumenta a absorção intestinal de cálcio. Aumenta a absorção intestinal de fósforo. Efeito permissivo sobre o osso. Inibe a produção de PTH.
	Calcitonina	Diminui a reabsorção óssea e a reabsorção tubular do cálcio.

Principais causas	Hipercalcemia	Hiperparatireoidismo primário e neoplasias.
	Hiperparatireoidismo primário	Adenoma de paratireoide.
	Hipoparatireoidismo	Pós-cirurgia (tireoidectomia), autoimune, hipomagnesemia.

Laboratório	Hiperparatireoidismo primário	Hipercalcemia, PTH elevado, hipofosfatemia, acidose metabólica.
	Hipoparatireoidismo	Hipocalcemia, hiperfosfatemia e PTH baixo.

Tratamento	Hipercalcemia	Hidratação com soro fisiológico (SF) a 0,9% + furosemida + calcitonina + bifosfonados + corticoides.
	Hipoparatireoidismo	Cálcio + calcitriol ou vitamina D.

Qual a função da cintilografia com sestamibi?	Localização pré-operatória do tecido hiperfuncionante.
Quais as consequências da hipomagnesemia?	Hipocalemia e hipocalcemia.

34.2. Hipófise e Hipotálamo

A glândula hipófise situa-se na base do crânio, mede 1 cm^2 e pesa 0,5 g. É dividida em lobo anterior (ou adeno-hipófise) e posterior (neuro-hipófise).

Adeno-hipófise (pituitária anterior)	É controlada por neurônios que secretam fatores hipofisiotrópicos no sistema pedicular hipofisário (sistema porta hipofisário) e chegam à adeno-hipófise promovendo a secreção de hormônio estimulante da tireoide (TSH), hormônio adrenocorticotrófico (ACTH), hormônio luteinizante (LH)/hormônio foliculoestimulante (FSH), hormônio do crescimento (GH), inibição de prolactina (PRL), que são responsáveis por regular a função de outras glândulas endócrinas periféricas.
Neuro-hipófise (pituitária posterior)	Não contém células. É composta pelos axônios derivados de neurônio hipotalâmicos e é responsável pela liberação de hormônio antidiurético (ADH) (ou arginina-vasopressina) e ocitocina.

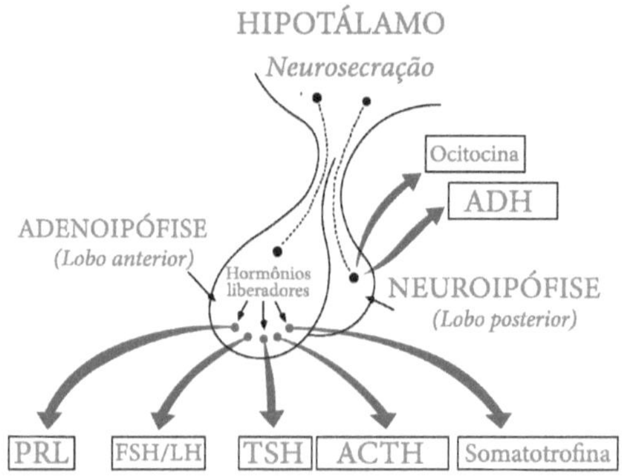

Hiperprolactinemia

O hipotálamo exerce controle inibitório sobre a secreção de prolactina nas células (lactotrofos) da adeno-hipófise mediada pela dopamina. A prolactina é responsável pela lactação e por inibir a função reprodutiva e a libido.

As causas fisiológicas da hiperprolactinemia cursam com prolactina < 50 mg/ml (gestação, lactação, amamentação). As causas não fisiológicas envolvem o uso de fármacos como clorpromazina, haloperidol, metoclopramida e alfametildopa.

- **Prolactinoma:** é o adenoma hipofisário mais comum. Manifesta-se com amenorreia, galactorreia, infertilidade, dispareunia e perda da libido em mulheres. Nos homens, com impotência, perda da libido e infertilidade.

→ O **diagnóstico** é obtido pelo quadro clínico e pela dosagem dos níveis de prolactina. A prolactina, quanto mais elevada, reflete tumores de maiores dimensões. O **tratamento** visa ao uso de agonistas dopaminérgicos (receptor D2) como bromocriptina e cabergolina. Na ausência de redução tumoral após 3 meses de tratamento, recomenda-se a cirurgia transesfenoidal.

Acromegalia/gigantismo

O GH age por intermédio do fator 1 de crescimento semelhante à insulina (IGF-1) (antiga somatomedina C). Nas crianças, a hipersecreção de GH leva ao gigantismo e, nos adultos, à acromegalia. As principais manifestações clínicas são alterações craniofaciais e acrais (aumento do calibre dos dedos, dos pés e do coxim calcâneo).

- A acromegalia cursa com aumento do risco cardiovascular e de câncer colorretal. O **diagnóstico** é confirmado pela dosagem de GH (> 0,4) e IGF-1 (elevado). Realiza-se posteriormente o teste oral de tolerância à glicose, que mede a supressão da produção de GH ao aumento dos níveis de glicose. O **tratamento** envolve o uso de análogos da somatostatina (octreotida e lanreotida), agonistas dopaminérgicos, antagonistas do receptor de GH e, nos refratários, a ressecção transesfenoidal.

CAPÍTULO 35

DIABETES MELITO

35.1. Diabetes Melito

→ O diabetes melito (DM) é uma doença do metabolismo intermediário caracterizada pela ocorrência de hiperglicemia crônica decorrente de *déficit* de insulina (absoluto e relativo) e/ou resistência à insulina.

Metabolismo intermediário

É o conjunto de reações de anabolismo (síntese de macromoléculas com formação de polímeros) e catabolismo (processo inverso com decomposição desses polímeros).

➔ O principal controlador é a insulina (derivada da clivagem da pró-insulina, que também origina o peptídeo C), cujas síntese e liberação são ocasionadas pelo aumento dos níveis séricos de glicose.

Estado pós-prandial

A absorção intestinal de nutrientes leva ao anabolismo, marcado pela síntese de glicogênio hepático e muscular, triglicerídeos (TGs) nos adipócitos e proteínas nos tecidos. Ocorre predomínio da insulina em relação aos hormônios contrarreguladores.

Estado de jejum

Começa no fim da absorção intestinal de nutrientes com predomínio do catabolismo, marcado por glicogenólise, lipólise e proteólise, com utilização de ácidos graxos para a produção de energia. A glicemia (proveniente da gliconeogênese hepática) é direcionada ao suprimento dos neurônios. Ocorre predomínio dos hormônios contrarreguladores.

- As incretinas (peptídeo semelhante ao glucagon [GLP-1] e polipeptídio insulinotrópico dependente da glicose [GIP[) são peptídeos secretados pelo tubo digestivo que aumentam a secreção pancreática de insulina em resposta à glicose. São degradadas pela dipeptidil peptidase 4 (DPP-4).

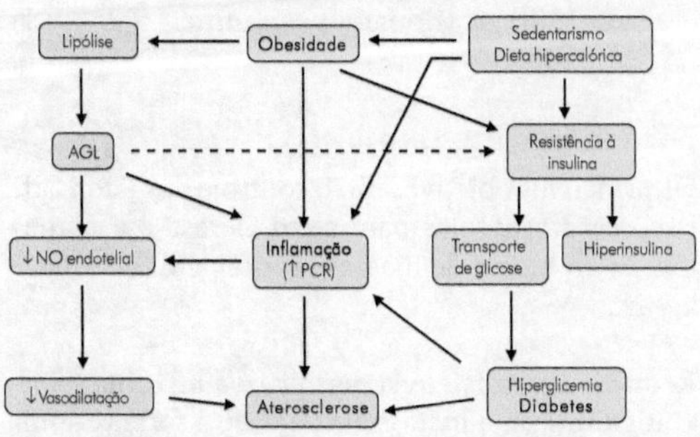

▶ Mecanismos de integração entre obesidade/diabetes, inflamação e aterogênese.

Classificação

DM tipo 1 (DM1)

É uma doença autoimune que resulta em insulinite (inflamação das ilhotas pancreáticas), levando a destruição primária das células beta e hipoinsulinismo absoluto. Predomina em pacientes jovens/adolescentes e magros, mas até 30% podem aparecer após a idade de 30 anos (diabetes autoimune latente do adulto [LADA]).

➔ O **diagnóstico** é pela dosagem de peptídeo C com valor indetectável ou < 0,1. Os principais autoanticorpos são anti-ilhota (ICA), 80%; anti-GAD, 70%; anti-IA-2, 60%; HLADR3/4.

DM tipo 2 (DM2)

É a resistência periférica à insulina que ao longo do tempo se associa à disfunção/exaustão secretória das células beta. Apresenta-se com o modelo de avaliação da homeostase de resistência à insulina (HOMA-IR) elevado e peptídeo C > 0,1 ng/dl. No início ocorre aumento da insulina e, posteriormente, hipoinsulinismo relativo. Predominante em pacientes adultos e obesos, mas pode acometer jovens obesos.

Outros tipos

Gestacional, insuficiência pancreática, hipercortisolismo (doença de Cushing), excesso de hormônio do crescimento (GH), uso de drogas ilícitas e/ou fármacos como levotiroxina, ácido nicotínico, tiazídicos, betabloqueadores.

Resistência à insulina	Foi cunhada em 1922 quando ocorria a formação de anticorpos anti-insulina exógena, necessitando que os pacientes utilizassem doses maiores de insulina exógena não humana. Atualmente a baixa resposta à insulina se deve à menor quantidade de canais da isoforma 4 do transportador de glicose (GLUT4) na superfície celular à toxicidade dos ácidos graxos livres (liberados pela gordura central que é lipolítica).

Manifestações clínicas

DM	Tipo 1	Ocorrem poliúria, polidipsia, polifagia, emagrecimento, enurese noturna e candidíase vaginal.
	Tipo 2	Geralmente é assintomático, sendo os primeiros sintomas as lesões em órgão-alvo. Uma das manifestações mais clássicas é a acantose *nigricans*.
➔ A poliúria e a polidipsia são decorrentes do aumento da osmolaridade.		

Diagnóstico

A confirmação do DM envolve a presença de 2 testes diferentes alterados ou 2 dosagens com alterações.

- Hemoglobina glicada (HbA1c) ≥ 6,5%
- Glicemia de jejum (GJ) ≥ 126 mg/dl
- Glicemia 2 h após teste oral de tolerância à glicose (TOTG) 75 ≥ 200 mg/dl

A glicemia aleatória ≥ 200 mg/dl não necessita de 2 dosagens.

➔ O estado pré-diabético é característico em pacientes que apresentam glicemia de jejum alterada (100-125 mg/dl) ou HbA1c alterada (5,7-6,4%), sendo necessário realizar o TOTG-75 para confirmar ou excluir a presença de DM! Valores de TOTG-75 entre 140-199 mg/dl após 2 horas sugerem intolerância à glicose.

Para pacientes pré-diabéticos recomendam-se:

- redução de 7% do peso;
- 150 min/sem de exercícios aeróbicos;
- metformina, se alto risco;
- exames semestrais de rastreio;
- consultas frequentes para acompanhar o alcance de metas.

Prevenção e rastreio

O rastreio populacional (a cada 3 anos) pela dosagem sérica de glicemia de jejum é indicado para qualquer adulto com > 45 anos de idade ou pacientes com sobrepeso (índice de massa corporal [IMC] ≥ 25 kg/m²) com fatores de risco para DM2 (hipertensão arterial sistêmica [HAS], sedentarismo, dislipidemia [DLP], hipercolesterolemia familiar (HF) de 1º grau, DM gestacional, recém-nascido [RN] > 4 kg).

Tratamento

Diabetes melito tipo 1

Consiste no emprego da insulinoterapia, sendo o padrão-ouro a infusão subcutânea contínua; todavia, o método mais utilizado é o de duas aplicações.

→ Utiliza-se 0,5 a 1 U/kg/dia. Recomenda-se fazer ⅔ de manhã e ⅓ à noite, na proporção 70/30% ou 50/50%.

Metas
■ HbA1c < 7%
■ GJ 70-130 mg/dl
■ Glicemia pós-prandial (GPP): < 180 mg/dl
■ Meta para pacientes na UTI: 140-180 mg/dl

A insulina que controla a glicemia
1. **Matinal:** protamina neutra de Hagedorn (NPH) do jantar anterior.
3. **Pré-jantar:** NPH da manhã.
2. **Pré-almoço:** regular da manhã.
4. **Antes de dormir:** regular da noite.

Insulina	Início	Pico	Duração
Ultrarrápida: Lispro ou Aspart*	5 min	1 h	4 h
Rápida: Regular	30 min	2 h	6 h
Intermediária: NPH	2 h	6 h	12 h
Prolongada: Glargina ou Detemir	2 h	s/ pico	24 h

➔ **Fenômeno do alvorecer:** é a hiperglicemia matinal decorrente do pico circadiano de cortisol. Para a correção, preconiza-se tomar a NPH antes de dormir, em vez de antes do jantar.

➔ **Efeito Somogyi:** é a hiperglicemia matinal de rebote em resposta à hipoglicemia da madrugada (3 h) ocasionada pelo aumento da NPH pré-jantar.

Diabetes melito tipo 2

Os principais objetivos são o controle dos fatores de risco cardiovascular para aterosclerose e a manutenção do índice de massa corporal (IMC) = 20-25 kg/m².

Redução da resistência periférica à insulina

- **Biguanidas:** a metformina age de 3 formas – inibindo a gliconeogênese hepática, melhorando a sensibilidade dos tecidos periféricos à insulina, reduzindo o *turn*over de glicose no leito esplênico. Não apresenta metabolismo hepático, sendo excretada intacta na urina. Apresenta efeito redutor

Esquema 1 – Duas aplicações

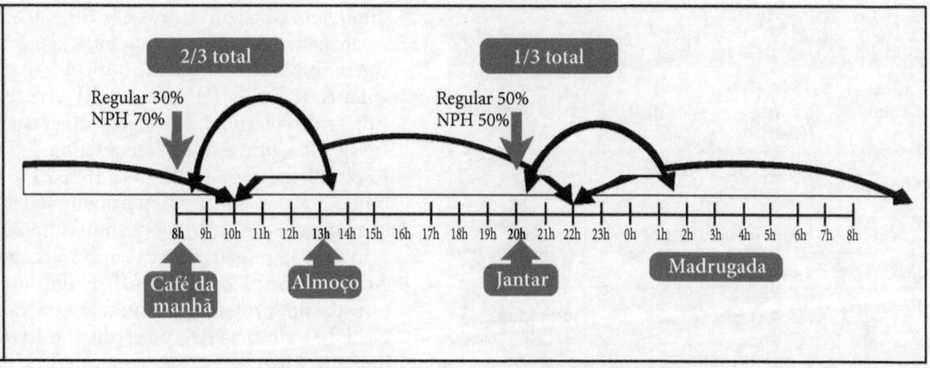

do risco cardiovascular, dos triglicerídeos, da lipoproteína de baixa densidade (LDL) e do peso. É utilizada na dose de 1-2,5 g por via oral (VO)/2x (doses > 2 g não apresentam efeito benéfico significativo). Os principais efeitos colaterais são os sintomas gastrointestinais. É contraindicada em casos de creatinina (Cr) > 1,5 mg/dl e hepatopatia.

- **Glitazonas:** a pioglitazona age de forma análoga à metformina (aumentando a expressão dos receptores periféricos de insulina), mas apresenta ganho de peso. Os efeitos adversos abrangem a retenção de sal, devendo ser evitado em pacientes com insuficiência cardíaca congestiva (ICC) e insuficiência hepática.

Aumento da secreção de insulina

- **Sulfonilureias:** a gliclazida, a glimepirida e a glibenclamida agem estimulando a secreção basal de insulina. O principal efeito adverso é a hipoglicemia, especialmente em nefropatas (devido ao déficit de metabolização).
- **Glinidas:** a repaglinida age aumentando o pico pós-prandial de insulina.

Diminuição da absorção de glicose

- **Inibidores da alfaglicosidase:** a acarbose reduz a glicemia pós-prandial, diminuindo a hidrólise de amidos complexos. Pode causar flatulência como efeito adverso.

Incretinomiméticos

- **Inibidores da dipeptil peptidase-4 (DPP-4):** são as "gliptinas", que agem inibindo a degradação das incretinas (insulina, glucagon, amilina, peptídeo semelhante ao glucagon [GLP-1] e polipeptídio insulinotrópico dependente da glicose [GIP]).
- **Análogos do GLP-1:** a exenatida estimula a secreção de insulina independentemente do nível de glicose.

Pramlintida

Utilizada em casos refratários, age bloqueando o efeito do glucagon, sem provocar hipoglicemia.

Insulinoterapia

Utilizada em casos de glicemia ≥ 300 mg/dl, HbA1C > 9%-10%, gravidez, estresse (cirurgia/infecções).

Hipoglicemia	■ Pacientes com hiperglicemia realizam adaptação neuronal (adaptam-se para captar menos glicose) e apresentam sintomas quando glicemia < 80 mg/dl. ■ Em pacientes diabéticos com glicemia baixa, o neurônio apresenta sintomas quando glicemia < 45 mg/dl. ■ Pacientes normoglicêmicos apresentam sintomas adrenérgicos ao atingirem glicemia < 60 mg/dl, alterações cognitivas aos < 50 mg/dl, letargia < 45 mg/dl e coma aos < 30 mg/dl.

➔ Além da hemoglobina glicada, há a frutosamina, que representa a albumina glicosilada nas últimas 1-2 semanas.

35.2. Síndrome Metabólica

Caracterizada pela presença de pelo menos 3 critérios:

- Glicemia de jejum ≥ 100 mg/dl ou diagnóstico de diabetes;
- TG > 150 mg/dl;
- HAS ≥ 130 × 85 mmHg;
- Lipoproteína de alta densidade (HDL) (< 40 homens, < 50 mulheres) ou dislipidemia;
- Circunferência abdominal (> 102 cm homens, > 88 cm mulheres).

A síndrome metabólica cursa com uma desproporção na distribuição dos adipócitos. Ocorre aumento nos adipócitos grandes, que estão presentes na gordura visceral e possuem baixa capacidade de armazenamento de ácidos graxos livres e alta capacidade de secreção de citocinas inflamatórias, sendo responsáveis pelo aumento da resistência insulínica. Em relação com os adipócitos pequenos, estão presentes na gordura subcutânea, são capazes de armazenar grandes quantidades de ácidos graxos e têm baixa secreção de citocinas).

	Resistencia insulínica	Sensibilidade insulínica
Cérebro	⇓ Apetite ⇓ Produção hepática de glicose via vagal	⇑ Via Simpático
Miocárdio	⇑ Oxidação de glicose ⇓ Oxidação FFA	
Artérias	⇓ Formação plaquetária	
Macrófagos	⇑ Sobrevivência	
Resistência vascular	Vasodilatação	Vasoconstrição
Capilares	⇑ Recrutamento capilar ⇑ Transporte transendotelial de insulina	
Músculo	⇑ Captação de glicose ⇑ Síntese de glicogênio	
Gordura	⇑ Síntese de triglicerídeos ⇓ Lipólise	
Macrófagos	⇑ Infiltração gordurosa	
Fígado	⇓ Produção de glicose ⇑ Absorção de lipoproteinas	⇑ Secreção de FFA e TG
Pâncreas	Crescimentos de células β Sobrevida de células β Sensibilidade a glicose	

Tratamento

Hipertensão

Preconiza-se o uso de inibidores da enzima conversora da angiotensina (IECAs) ou antagonistas da angiotensina 2.

Redução da LDL

- **Estatinas**: diminuem a LDL em 20%-50%, acrescidos de 6% quando se dobra a dose. Também diminuem os triglicerídeos em 10%-30%. O principal efeito colateral é a lesão muscular e hepática. Agem inibindo a 3-hidroxi-3-metil-glutaril-coenzima-A redutase (HMG-CoA-R) e reduzindo a síntese de colesterol. Exemplos: atorvastatina, rosuvastatina, pravastatina, fluvastatina.
- **Ezetimibe:** diminui a LDL em 15%-20%. Age inibindo a absorção de colesterol alimentar e biliar sem afetar a absorção de vitaminas lipossolúveis. Não provou reduzir o risco cardiovascular.
- **Ácido nicotínico (niacina/B_3):** diminui a síntese da lipoproteína de muito baixa densidade (VLDL) e eleva a HDL por reduzir a atividade da lipase tecidual.
- **Colestiramina:** é uma resina de troca que reduz a absorção intestinal de sais biliares.
- **Alirocumab:** inibidor da PCSK9, que é responsável pela degradação dos receptores/degradadores de LDL.

Redução dos triglicérides

- **Fibratos:** diminuem os triglicerídeos em 30%. São utilizados para reduzir TG > 500 mg! Em casos de valores de TG menores, recomenda-se a mudança de estilo de vida (MEV). Agem estimulando o receptor ativado por proliferador de peroxissoma alfa (PPAR-alfa), que leva à ativação da lipoproteína lipase, hidrolisando os triglicerídeos. Podem ser associados a estatinas, porém elevam o risco de miosite e rabdomiólise.
- **Ômega-3:** agem estimulando a PPAR-alfa.

Ácido acetilsalicílico (AAS)

Utilizam-se 75-162 mg/dl para indivíduos com fator de risco para doença cardiovascular (história familiar de doença cardiovascular [DCV], tabagismo, hipertensão arterial, dislipidemia ou albuminúria). Para indivíduos intolerantes, utilizam-se 75 mg de clopidogrel.

35.3. Complicações Agudas

Cetoacidose diabética (CAD)

É a complicação mais grave do DM1, sendo 100% letal caso não tratada.

É marcada por 3 achados clínicos.

Hiperglicemia (400-800 mg/dl)	A falta de insulina leva ao intenso catabolismo, o que provoca lipólise maciça com liberação de ácidos graxos e glicerol.
Cetonemia	No fígado, o ácido graxo e o glicerol são convertidos em cetonas (principalmente ácido β-hidroxibutírico, ácido acético e acetona). A cetona é volátil e eliminada na respiração.
Acidemia	O excesso de cetoânions reflete uma acidose metabólica com ânion *gap* aumentado.

➔ Na anamnese e no exame físico, notam-se náuseas, vômitos, dor abdominal, hálito cetônico e respiração de Kusmaul (hiperventilação rápida e profunda para eliminar os ácidos). O **diagnóstico** é obtido pela glicose > 250 mg/dl, cetonemia/cetonúria, pH < 7,3 e HCO_3 < 15 mEq/l.

Tratamento

O primeiro passo é iniciar a reposição volêmica vigorosa 15-20 ml/kg na primeira hora associada à dosagem de sódio sérico. Em caso de valores de sódio elevados (Na^+ > 135 mEq/l), a reposição volêmica é continuada com soro fisiológico (SF) a 0,45%.

Em caso de sódio normal, continua-se a reposição com SF 0,9%.

O segundo passo é a insulinoterapia com 0,1 U/kg + 0,1 U/kg/h para reduzir a glicemia de 50-75 mg/dl por hora. Quando a glicemia atingir 250 mg/dl, a reposição deve ser feita com SF a 0,45% + solução glicosada a 5% para prevenção de hipoglicemia e edema cerebral.

O terceiro passo é a dosagem do potássio.

■ **K^+ < 3,3 mEq/l** = repor 40 mEq.
■ **K^+ ≥ 3,3 e < 5 mEq/l** = repor 20-30 mEq.
■ **K^+ ≥ 5 mEq/l** = redosar a cada 2 h.

➔ A reposição de HCO_3 ainda é controversa! Pacientes com pH < 6,9 devem receber reposição com 100 mEq/l.

O tratamento exacerba a cetonúria, logo ela não é um parâmetro confiável de observação.

➔ A confirmação da correção do quadro é realizada pelos valores de: HCO_3 > 15-18 mEq/l, pH 7,3, glicemia < 200 mg/dl, ânion *gap* < 12.

Complicações

A principal complicação é a mucormicose (micose por fungos *Rhizopus* ou *Mucor*), que invade septo nasal, palato, seio cavernoso e cérebro. Caracterizada pela eliminação de secreção enegrecida, é tratada com anfotericina B e desbridamento. Outras complicações são hipocalemia grave, edema cerebral e trombose vascular (consequência da desidratação e do aumento da viscosidade e coagulabilidade do sangue).

Complicações do diabetes	
■ AVC	■ Infarto
■ Doença arterial periférica	■ Retinopatia diabética
■ Catarata	■ Glaucoma
■ Pé diabético	■ Nefropatia diabética
■ Neuropatia periférica	

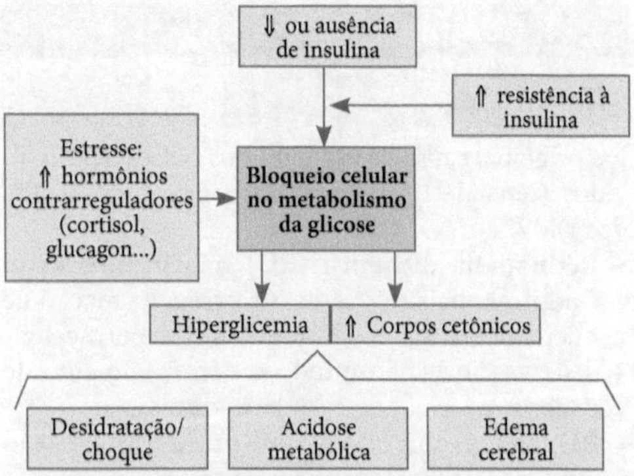

Estado hiperglicêmico hiperosmolar não cetótico

É caracterizado pela presença de hiperglicemia e ingestão hídrica excessivamente baixa.

➔ A conduta é semelhante à usada na cetoacidose diabética. A insulinoterapia é realizada apenas após a reposição hídrica, tendo em vista que a perda de água em excesso faz com que o paciente retenha muito sódio.

Diagnóstico
■ Glicose plasmática > 600 mg/dl
■ pH arterial > 7,3
■ HCO_3 > 18 mEq/l
■ Osm > 320 mOsm/kg

Hipoglicemia

É a principal suspeita em pacientes em coma sem causa evidente no serviço de emergência. Geralmente ocorre em níveis de glicose < 50-54 mg/dl, mas é dependente dos sintomas. A conduta envolve a avaliação da glicemia em conjunto com o uso de 50-100 ml de glicose a 50% associada a tiamina (se houver possibilidade de paciente etilista).

➔ Questiona-se o uso de infusão contínua de glicose a 10% por 24 horas se houver hipoglicemia consequente ao uso de insulina ou antidiabético oral ou clorpropramida.

35.4. Complicações Crônicas

Retinopatia diabética

É a principal causa de cegueira nos países desenvolvidos. Cerca de 100% dos DM1 após 20 anos e 60% dos DM2.

- **Retinopatia diabética (RD) não proliferativa:** é a forma mais frequente. Ocorre a formação de microaneurismas com aumento da permeabilidade vascular, permitindo o extravasamento de material e formando exsudatos duros.
- **RD não proliferativa (pré-proliferativa):** são múltiplas lesões isquêmicas na retina.
- **RD proliferativa**: é o tipo mais grave, que ocorre devido à isquemia, produzindo fatores locais de crescimento vascular e promovendo uma angiogênese descontrolada (neovasos).
- **Maculopatia diabética:** é o edema macular com múltiplos exsudatos duros e maculopatia isquêmica, levando à perda da visão central.

Nefropatia diabética

Preconiza-se o uso de IECA em pacientes com microalbuminúria ou proteinúria.

Neuropatia diabética

É a combinação de um efeito metabólico (hiperglicemia, glicação não enzimática, estresse oxidativo, ativação da proteína C quinase) dependente do acúmulo de sorbitol nos axônios associado ao comprometimento isquêmico endoneural desencadeado pela lesão microvascular.

- Manifesta-se como polineuropatia distal e simétrica (em bota e luva). O manejo da dor neuropática pode ser feito com antidepressivos tricíclicos.

➔ A disfunção erétil ocorre em 25%-75% dos diabéticos e é devida a aterosclerose da artéria peniana e causas neuropáticas.

Pé diabético

É originário da integração da neuropatia com a vasculopatia (com ou sem infecção). Preconiza-se a palpação do pulso pedioso do membro acometido; caso esteja presente, a principal causa desencadeante da lesão não foi vascular, mas, sim, neurológica. O tratamento envolve o uso de curativos e compressas úmidas nos casos não infectados. Aos casos infectados recomendam-se o uso de antibiótico (de amplo espectro) e desbridamento (nos casos de gangrena). A amputação é reservada para situações de isquemia refratária a revascularização.

Doenças coronariana e cardíaca

O estudo de Framingham mostrou aumento do risco de eventos cardiovasculares (infarto agudo do miocárdio [IAM], acidente vascular encefálico [AVE]).

35.5. Obesidade

A obesidade é definida por um IMC ≥ 30 kg/m^2 por causas genéticas (polimorfismo - gene da leptina) ou ambientais (sedentarismo e alimentação). A utilização do IMC tem algumas limitações, como o IMC não distinguir massa gordurosa de massa magra e não refletir a distribuição da gordura corporal.

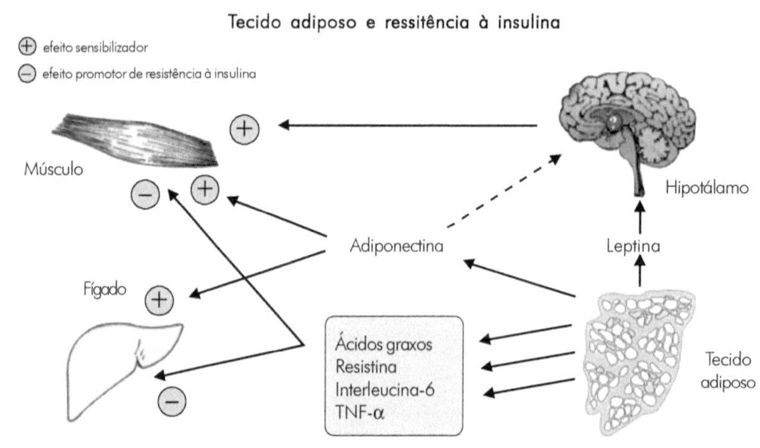

► Mecanismos de associação entre adipoquinas e resistência à insulina.

IMC	Kg/m²
Baixo peso	< 18,5
Normal	18,5-24,9
Sobrepeso	25-29,9
Obesidade I	30-34,9
Obesidade II	35-39,9
Obesidade III	≥ 40
Superobeso	≥ 50
Supersuperobeso	≥ 60

➔ A chance de morrer de câncer aumenta de forma proporcional nos indivíduos obesos!

Tratamento

Resume-se em dieta hipocalórica (1.200 kcal/dia) + exercícios físicos regulares + terapia comportamental.

Dieta

Em relação à dieta com pouco carboidrato *versus* dieta com pouca gordura, não se sabe qual é a melhor estratégia.

➔ A dieta do Dr. Atkins, de baixíssimo teor de carboidratos, baseia-se no princípio do baixo estímulo à insulina, levando a uma acelerada perda de peso. Todavia, apresenta incapacidade de ser mantida por longo prazo e os pacientes geralmente retornam ao peso da pré-dieta em 12 meses.

Exercícios físicos regulares

São benéficos para manter o peso.

Terapia medicamentosa

- **Sibutramina:** é um inibidor da recaptação de serotonina e noradrenalina no sistema nervoso central (SNC). Tem efeito sacietógeno e reduz em até 7% o peso. Deve ser utilizada por 1-2 anos e apresenta efeitos colaterais como aumento da pressão arterial (PA), da frequência cardíaca (FC) e do risco cardiovascular.
- **Orlistate:** é um inibidor das lipases pancreáticas (quebram os triglicerídeos em ácidos graxos). Cerca de 30% dos triglicerídeos ingeridos permanecem não digeridos/absorvidos. Os efeitos adversos são diarreia, esteatorreia e hepatotoxicidade.
- **Lorcaserina:** é um anorexígeno com ação serotoninérgica.
- **Outros:** fluoxetina, sertralina, bupropiona, topiramato, zonisamida.

SEÇÃO 9 - PNEUMOLOGIA

Capítulo 36 - Síndromes Respiratórias

36.1. Fisiologia Respiratória ... 242
36.2. Insuficiência Respiratória ... 243
36.3. Asma ... 244
36.4. Doença Pulmonar Obstrutiva Crônica ... 246
36.5. Bronquiectasia ... 248
36.6. Fibrose Cística (Mucoviscidose) ... 248
36.7. Derrame Pleural ... 249

Capítulo 37 - Embolia Pulmonar e Pneumopatias

37.1. Fisiopatologia do Tromboembolismo Pulmonar - "O Grande Mascarado" ... 250
37.2. Pneumopatias Intersticiais ... 253
37.3. Doença de Besnier-Boeck-Schaumann (Sarcoidose) ... 254
37.4. Neoplasia Pulmonar (ou Carcinoma Broncogênico) ... 255
37.5. Nódulo Pulmonar ... 256
37.6. Embolia Gordurosa ... 256

Capítulo 38 - Tuberculose e Micoses Pulmonares

38.1. Tuberculose Pulmonar ... 257
38.2. Tuberculose Primária e Pós-primária ... 259
38.3. Tuberculose Extrapulmonar ... 260
38.4. Micoses Pulmonares ... 260

ANOTAÇÕES:

CAPÍTULO 36

SÍNDROMES RESPIRATÓRIAS

36.1. Fisiologia Respiratória

➔ A unidade de troca gasosa é o alvéolo pulmonar.

Arquitetura da árvore brônquica: traqueia → brônquio fonte → brônquios lobares → brônquios segmentares → bronquíolos → bronquíolo terminal → bronquíolo respiratório → ductos alveolares → sacos alveolares.

Em cada bronquíolo terminal forma-se um ácino (unidade funcional respiratória) formado por alvéolos. A parede alveolar é constituída por pneumócitos (PNs), membrana basal e endotélio capilar. Cerca de 95% dos pneumócitos são do tipo 1 e 5%, do tipo 2 (os PNs são responsáveis pela regeneração dos pneumócitos tipo 1 e pela produção de surfactante).

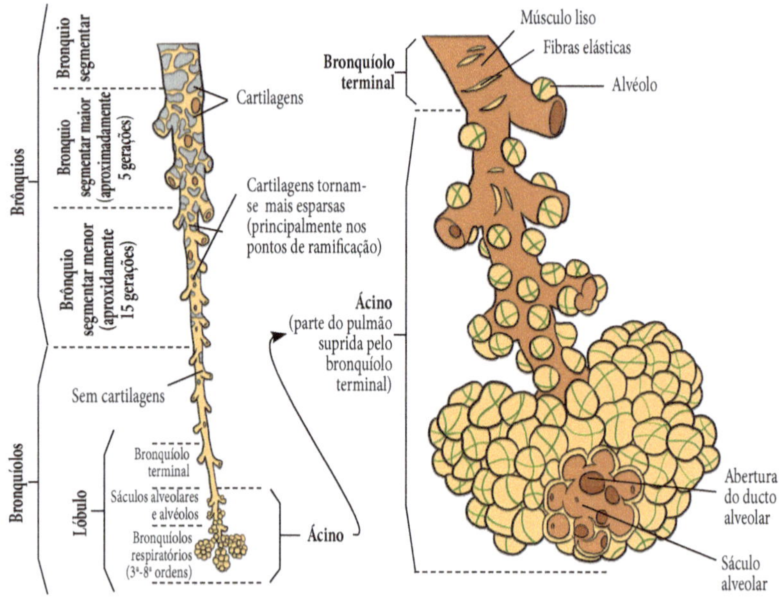

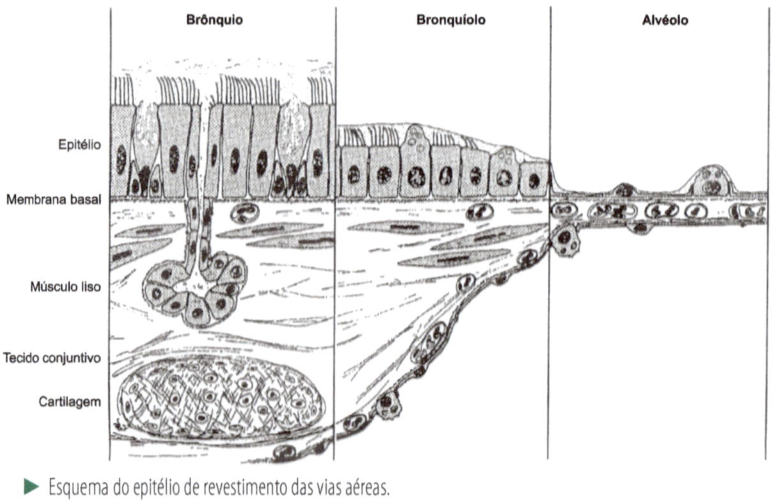

▶ Esquema do epitélio de revestimento das vias aéreas.

Ventilação pulmonar

É o processo compreendido pelo ciclo respiratório (inspiração e expiração). Os grandes responsáveis pelo ciclo são os músculos respiratórios, os intercostais e o diafragma. A inspiração é resultante de uma pressão negativa intratorácica que "puxa" o ar para dentro do tórax de forma ativa. Na expiração ocorre a recuperação elástica do diafragma, dos pulmões e da caixa torácica, fazendo que o ar saia de forma passiva.

A ventilação pulmonar ocorre de forma involuntária, controlada pelo centro bulbar, de acordo com as concentrações de CO_2 e O_2 presentes no sangue arterial e no liquor. O principal agente regulador da ventilação é a pressão parcial de gás carbônico ($PaCO_2$), que é convertida em ácido carbônico/H_2CO_3 (pela anidrase carbônica), alterando o pH do sangue e do liquor. Dessa forma, a alteração do pH, principalmente no liquor, torna-se o fator regulador mais importante. Os pacientes retentores crônicos de CO_2 se tornam hipossensíveis ao CO_2 e apresentam pH normal pela compensação renal (retenção de bicarbonato). Sendo assim, a PaO_2 age nos quimiorreceptores da bifurcação carotídea e do arco aórtico, regulando a ventilação.

$$R = \frac{8 \cdot L \cdot \mu}{r^4}$$

A resistência nas vias aéreas é inversamente proporcional à quarta potência do raio, logo pequenas reduções do lúmen levam a grandes aumentos da resistência.

Troca gasosa pulmonar

Curva de dissociação da oxiemoglobina

Desvio para a direita

Em situações de estresse, a necessidade de suprir os tecidos é maior, logo a hemoglobina perde afinidade para que o O_2 seja liberado mais fácil e rapidamente. Tal fenômeno ocorre na acidose, hipercapnia, hipertermia e no aumento de 2,3 difosfoglicerato (2,3DPG) (subproduto da respiração anaeróbica).

Desvio para a esquerda

Em situações de repouso, a necessidade de suprir os tecidos é menor, logo há o processo inverso do desvio da curva.

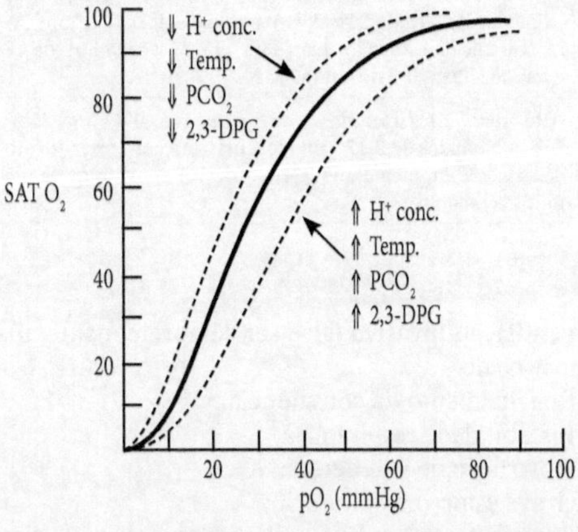

➔ O CO_2 representa o efeito Bohr nessa curva.

36.2. Insuficiência Respiratória

➔ É a incapacidade dos pulmões em executar a troca gasosa (captar O_2 e eliminar CO_2), cursando com $PaO_2 < 60$ mmHg e/ou $PaCO_2 > 50$ mmHg (exceto em pacientes retentores crônicos de gás carbônico).

➔ O **tratamento** preconiza ventilação mecânica artificial com pressão positiva, que pode ser invasiva ou não invasiva. Na doença pulmonar obstrutiva crônica (DPOC) descompensada e na síndrome de Pickwick (obesidade + apneia do sono), o centro respiratório se torna hipossensível à pressão parcial do CO_2 (PCO_2) e o *drive* ventilatório passa a depender mais da PO_2, portanto a hiperóxia pode desencadear hipoventilação e hipercapnia, por isso os retentores crônicos de CO_2 devem receber 1-3 l/min de oxigênio, mantendo a pressão parcial de oxigênio no sangue arterial (PaO_2) = 60-80 mmHg e a saturação arterial da oxiemoglobina (SaO_2) = 90-92%.

Insuficiência ventilatória

É caracterizada pela retenção de CO_2 (hipercapnia) à custa de hipoventilação, levando à acidose respiratória. O ar alveolar não é renovado, o que resulta em diminuição da PO_2 e aumento da PCO_2, levando à hipoxemia.

Causas de insuficiência ventilatória aguda
■ Aumento do espaço morto
■ Falência da musculatura respiratória
■ Perda do *drive* ventilatório bulbar
■ Lesão medular do nervo frênico

Insuficiência respiratória hipoxêmica

É caracterizada pelo comprometimento da troca gasosa devido à má distribuição da ventilação alveolar ou à perda total da ventilação em alguns alvéolos. Os principais mecanismos responsáveis são:

Distúrbio V/Q

É a mistura de sangue de áreas que receberam pouca ventilação e perfusão normal com sangue de alvéolos normais ou hiperventilados (SaO_2 de 80% + SaO_2 de 100%). O tratamento visa ao emprego de oxigenoterapia a 100%.

***Shunt* arteriovenoso pulmonar**

É a passagem de sangue venoso da artéria pulmonar por áreas do pulmão sem qualquer ventilação (relação V/Q = zero). O emprego de oxigenoterapia a 100% não resolve a hipoxemia.

Suplementação de oxigênio (O_2)
Baixo fluxo: a principal é a cânula nasal tipo óculos (aumenta a fração de oxigênio inspirado (FiO_2) em 4% a cada litro de oxigênio, conferindo 24%-35% para fluxos de 0,5-6 l/min). A máscara de Hudson aumenta a FiO_2 em 4% a cada litro de O_2 e fornece fluxo de 5-12 l/min.
Alto fluxo: a máscara de Venturi aumenta a FiO_2 em 25%-50% para fluxos de 2-12 l/min, e a máscara com reservatório de oxigênio (aumenta a FiO_2 em 70%-90% devido à válvula unidirecional).

Ventilação mecânica

A ventilação invasiva deve ser sempre considerada em casos de:

- Rebaixamento da consciência;
- Instabilidade respiratória;
- Obstrução de vias aéreas;
- Grave esforço respiratório;
- Ressuscitação cardiorrespiratória;
- Reverção de atelectasias;
- $PaO_2 < 60$ mmHg ou $SaO_2 < 90\%$;
- $PaCO_2 > 55$ mmHg.

Modos ventilatórios

Assistido controlado

8-10 ml/kg (ou 6 ml/kg na síndrome do desconforto respiratório agudo [SDRA]), pressão de platô máx. 35 cmH_2O e pressão de pico máx. 50 cmH_2O, relação I:E (1:2 ou 1:3). Pode ser ventilação a pressão controlada (PCV), em que o respirador insufla gás

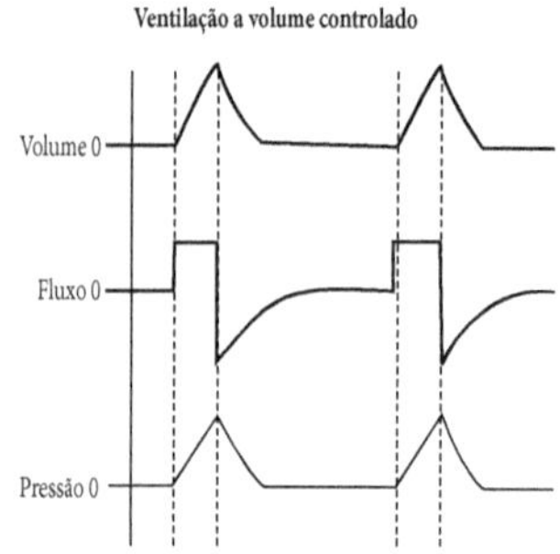

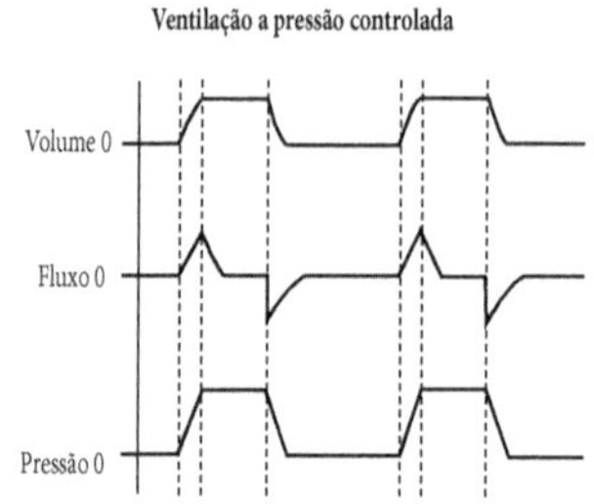

até atingir a pressão limite definida, ou ventilação a volume controlado (VCV), em que o respirador fornece um fluxo até atingir o volume determinado.

Ventilação mandatória intermitente sincronizada (SIMV)

O paciente pode realizar ventilações espontâneas entremeadas com ventilações controladas pelo aparelho.

Pressão de suporte (PSV)

O paciente inicia a inspiração (pressão negativa) e o respirador auxilia com pressão positiva até que o esforço inspiratório alcance o fluxo mínimo.

➔ **Pressão expiratória positiva final (PEEP) e auto-PEEP:** é a pressão positiva no final da expiração. Valores de:

- 3-7 cmH_2O (PEEP "fisiológica").
- 10-25 cmH_2O (PEEP "terapêutica" da SDRA).

36.3. Asma

É uma doença inflamatória crônica de toda a via aérea com hiper-responsividade brônquica e predomínio de linfócitos Th2, o que leva a episódios reversíveis de obstrução. O principal fator de risco para a asma é a atopia (tendência do sistema imunológico à formação preferencial de anticorpos da imunoglobulina E (IgE) contra antígenos comuns no meio ambiente) e o tabagismo.

A asma manifesta-se com dispneia, tosse crônica, desconforto torácico, sibilância e rinite. Esses sintomas são mais intensos na manhã e à noite, geralmente desencadeados por "gatilhos" como mudança climática, exposição a alérgenos, infecção viral respiratória.

➔ A presença de sibilos (inspiratórios ou expiratórios) não reflete a gravidade do quadro!

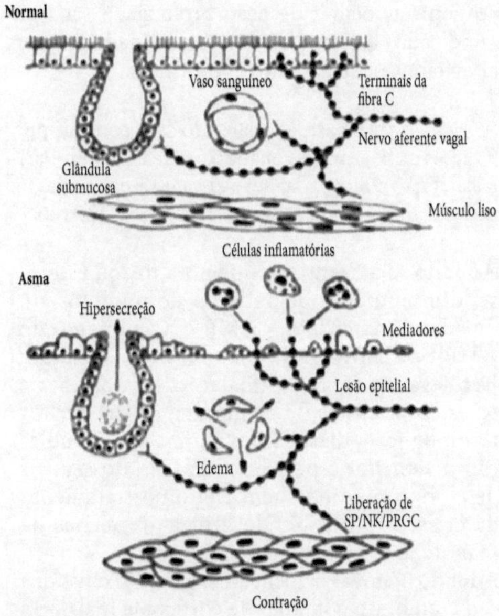

O sinal de gravidade é o tórax silencioso.

Classificação etiológica da asma

Extrínseca alérgica	Representa 70% das asmas, devendo-se à hipersensibilidade IgE mediada em decorrência de uma fonte aeroalérgena (ácaro, baratas, cães, gatos, fungos, grão de pólen).
Extrínseca não alérgica (ou asma ocupacional)	É a irritação direta da mucosa brônquica por substâncias/agentes tóxicos presentes apenas no ambiente de trabalho. Os sintomas aparecem nos dias de trabalho e melhoram no final de semana. Os principais agentes são: resinas, poeira, isocianatos, soldagem, animais, insetos, sais de platina etc.
Criptogênica (ou idiopática)	É a mais comum quando a asma aparece na idade adulta. Não é bem conhecida e decorre da hiperprodução local de IgE nas vias aéreas.
Induzida por aspirina (AIA)	É a asma de anti-inflamatórios não esteroidais (AINEs) não seletivos para ciclo-oxigenase 2 (COX-2). O mecanismo é devido ao exagero de síntese de leucotrienos pela lipo-oxigenase quando a COX-1 é inibida por AINEs.

Diagnóstico

É feito pela espirometria, na qual o paciente faz uma inspiração profunda máxima seguida de uma expiração forçada ao máximo possível. Dessa forma, então, são medidos o volume expiratório forçado no primeiro segundo (VEF_1), a capacidade vital forçada (CVF)/ar total que sai dos pulmões, que é igual a $VEF_1 + VEF_{>1}$.

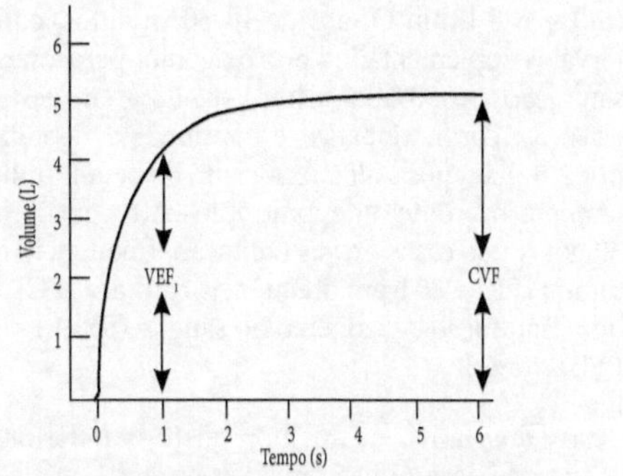

➔ O índice de Tiffenau ($^{VEF1}/_{CVF}$) < 70% representa um caráter obstrutivo.

➔ Constatado o caráter obstrutivo, é preciso diferenciar a asma da DPOC.

➔ Outros diagnósticos diferenciais são: insuficiência cardíaca congestiva (ICC), tromboembolia pulmonar (TEP), obstrução de vias aéreas superiores, doença do refluxo gastroesofágico (DRGE), síndrome de Churg-Strauss.

Diferenciação entre asma e DPOC
É realizada por meio da prova broncodilatadora, uma vez que, na asma, os broncodilatadores revertem o quadro (apresentando elevação de $VEF_1 \geq 200$ ml e $\geq 12\%$ do valor pré-broncodilatação). ■ Para pacientes que estejam assintomáticos no dia do exame, é realizado o teste provocativo com agente broncoconstritor (metacolina, histamina e carbacol), quando se nota uma hiper-resposta com queda de 20% da VEF_1.
➔ O pico de fluxo expiratório (PFE) avalia a manutenção do tratamento e a crise de asma. Valores ≤ 50% representam a crise grave.

Tratamento da crise

O primeiro passo visa avaliar a necessidade de intubação dos pacientes.

Primeiro passo (intubar quando)
■ Incapacidade de falar uma palavra completa ■ Exaustão respiratória ■ Alteração da consciência ■ pH < 7,3 (acidose respiratória) ■ Refratários ao tratamento ■ PFE < 30%

➔ O segundo passo envolve a utilização de um beta-2-agonista de curta ação (salbutamol, fenoterol, terbutalina). Preconiza-se realizar a nebulização com 10 gotas de fenoterol (Berotec®) + 3-4 ml de soro fisiológico

(SF) + 6-8 l/min O_2 a cada 10-30 minutos, com intervalos suplementados por oxigênio, para manter a saturação em 93%-95% (ou 94%-98% em gestantes, crianças, coronariopatas) e continuar a nebulização por 2-3 dias após a alta. Associado ao beta-2 utiliza-se também o brometo de ipratrópio (Atrovent®) em até 20 gotas nos casos graves (agitação, frequência respiratória [FR] > 30 irpm, frequência cardíaca [FC] > 120 bpm, saturação de oxigênio no sangue ($SatO_2$) < 90%, PFE ≤ 50%)!

- A alternativa de melhor custo-benefício é o uso de bombinha com 5 jatos/*puffs*.

➔ O terceiro passo envolve a administração de corticosteroides sistêmicos como prednisona 60 mg (1 mg/kg) por via oral (VO), com pico de efeito em 4-6 horas e manutenção com 7,5 mg por 7-10 dias.

Tratamento de manutenção

É necessário classificar a asma de acordo o questionário.

- **A:** Atividade limitada?
- **B:** Broncodilatador de alívio utilizado > 2×/sem?
- **C:** Acorda à noite?
- **D:** Sintomas diurnos > 2×/sem?
- **E:** Espirometria (PFE ou VEF_1) anormal?

Classificação
Controlada: 0 ponto.
Parcial: 1-2 pontos.
Descontrolada: ≥ 3 pontos.

➔ O tratamento é sempre iniciado pela etapa 2. E para pacientes muito sintomáticos, pela etapa 3.

→ Agonistas beta-2 de ação prolongada são contraindicados a crianças < 5 anos de idade e devem ser evitados naquelas entre 5 e 12 anos.

→ O *downstep* da asma é realizado com controle por 3 meses ou 6-12 meses quando é para a etapa 1. Para a asma não controlada, deve-se questionar a adesão do paciente, o ambiente e a técnica de tratamento.

Adendo 1: as xantinas inibem a fosfodiesterase, diminuindo a degradação do monofosfato de adenosina cíclico – AMP-c. O aumento do AMP-c promove o relaxamento da musculatura lisa, levando à broncodilatação. As xantinas e os estabilizadores de membrana de mastócitos (cromoglicato de sódio, que inibe a degranulação mastocitária pela estabilização dos canais de cloreto) não possuem efeito no tratamento da crise asmática, sendo utilizados apenas na manutenção ou profilaxia.
Adendo 2: novas evidências sugerem a substituição e/ou o uso conjunto de corticoide inalatório com beta-2 agonista (budesonida + formoterol) na etapa 1 como recurso SOS e nas demais etapas.
Adendo 3: os betabloqueadores provocam broncoespasmo na asma, sendo necessária a correção do seu efeito com Atrovent®.
Adendo 4: exercício no asmático: recomenda-se utilizar o beta-2-agonista inalatório antes do exercício.
Adendo 5: asma em gestantes: não há um consenso se existe melhora ou piora da asma durante a gestação. O que se tem conhecimento é que, quanto melhor controlada a mãe, melhor o bem-estar fetal. Sendo assim, ela recebe o tratamento como se não estivesse grávida.

Etapas do tratamento de manutenção				
Etapa 1	Etapa 2	Etapa 3	Etapa 4	Etapa 5
Medidas amb. + vacinação + Agonista beta-2 de curta ação (SOS) para alívio	Corticosteroide inalatório em dose baixa	Agonista beta-2 de ação prolongada	Corticosteroide inalatório em dose alta	Pneumologista + ***Corticoide oral*** ou ***anti-IgE*** *(omalizumabe)* ou ***tiotrópio*** *(anticolinérgico de longa* ação*)*
		→ Associar antileucotrienos?		

36.4. Doença Pulmonar Obstrutiva Crônica

A DPOC é definida como uma obstrução crônica do fluxo respiratório, de caráter progressivo e que não é totalmente reversível. Cursa com resposta inflamatória do pulmão às partículas ou gases tóxicos. Sabe-se que o pulmão amadurece aos 20 anos e que a partir dos 30 anos o VEF_1 começa a sofrer uma redução de 20-30 ml/ano em pacientes normais e cerca de 60 ml/ano em tabagistas. O principal fator de risco é o tabagismo! Outros fatores de risco são poluição, baixo nível socioeconômico e deficiência de α1-antitripsina.

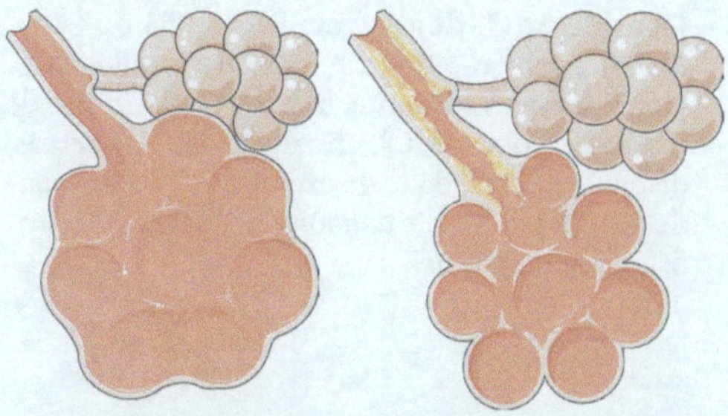

→ A DPOC é a principal comorbidade, seguida por doença cardiovascular, depressão e osteoporose, e a principal causa de morte em países subdesenvolvidos (nos desenvolvidos, é o câncer de pulmão).

Fisiopatologia

É dividida em dois extremos.

Bronquite obstrutiva crônica

Caracterizada por hipertrofia e hiperplasia das glândulas submucosas secretoras de muco nas vias proximais e pela redução do lúmen nas vias distais.

Enfisema pulmonar

Caracterizado pelo alargamento dos espaços aéreos distais decorrente da destruição progressiva dos septos alveolares, determinando a perda de sustentação elástica brônquica e levando à redução do lúmen na fase expiratória.

Distúrbio da troca gasosa

Ocorre o distúrbio V/Q devido ao aumento do espaço morto fisiológico e à hipossensibilidade do centro respiratório bulbar ao CO_2. A DPOC é a principal causa de *cor pulmonale*, que é a disfunção do ventrículo direito consequente a um distúrbio pulmonar devido a uma hipertensão arterial pulmonar (HAP) agravada, em que a pressão da artéria pulmonar sistólica é inferior a 50 mmHg e o ventrículo direito entra em falência.

Quadro clínico e diagnóstico

Apresenta dispneia progressiva aos esforços, tosse, expectoração crônica, "tórax em tonel". Os dois principais estereótipos são:

- ***Pink Puffer***: "sopradores róseos", com pletora, tórax em tonel e diminuição do murmúrio vesicular – enfisematoso.

- ***Blue Bloaters***: "inchados azuis", hipoxemia, *cor pulmonale*, congestão sistêmica e ausculta rica em ruídos – bronquítico grave.

→ O **diagnóstico** é pelo $^{VEF1}/_{CVF}$ < 70% mesmo após a prova brocodilatadora.

Estadiamento

		Sinais de gravidade
Estágio I: DPOC leve	$VEF_1 \geq 80\%$	
Estágio II: DPOC moderada	VEF_1 50%-79%	≥ 1 Internação ≥ 2 Exacerbações
Estágio III: DPOC grave	VEF_1 30%-49%	
Estágio IV: DPOC muito grave	$VEF_1 < 30\%$	

(C)	(D)
(A)	(B)
CAT < 10 mMRC 0-1	CAT > 10 mMRC > 0-1

Deficiência de alfa-1-antitripsina	É uma doença genética autossômica recessiva que cursa com enfisema pulmonar em região basal. Acomete jovens e pode provocar hepatopatia inexplicada. Além disso, apresenta vasculite, anticorpo anticitoplasma de neutrófilo citoplasmático (c-ANCA), enfisema panacinar, história familiar.

Tratamento

Com a finalidade de reduzir a mortalidade dos pacientes, algumas medidas são adotadas, como:

- abstinência ao tabagismo;
- oxigenoterapia;
- transplante de pulmão.

Primeiro passo (intubar quando)
Incapacidade de falar uma palavra completa
Exaustão respiratória
Alteração da consciência
pH ≤ 7,25 + $PaCO_2$ > 60 mmHg.

Tratamento da crise

O primeiro passo consiste em intubação (se necessário) e antibioticoterapia quando:

- aumento do volume do escarro;
- aumento da intensidade da dispneia;
- alteração do aspecto (para purulento).

Recomenda-se a administração de amoxicilina + clavulanato, cefalosporina, macrolídeo, quinolona respiratória. Os principais agentes infecciosos são *H. influenzae, Pneumococcus, M. catarrhalis* e *Pseudomonas*.

Segundo passo: é a utilização de beta-2-agonistas de curta duração com o anticolinérgico brometo de ipratrópio (Atrovent®).
Terceiro passo: envolve o uso de corticosteroides sistêmicos como prednisona 40 mg/dia por 10-14 dias.
Quarto passo: visa ao emprego de oxigenoterapia com ventilação não invasiva com pressão positiva para manter a SaO_2 88%-92% em situações de pH ≤ 7,35 + $PaCO_2$ ≥ 45 + dispneia grave.

- **Considerar O_2 domiciliar:** PaO_2 ≤ 55 ou $SatO_2$ ≤ 88%, PaO_2 56-59 + Ht > 55% ou *cor pulmonale*.
- **Considerar transplante:** índice BODE (índice de massa corporal [IMC], obstrução das vias aéreas, dispneia e capacidade de exercício) 7-10 associado a $PaCO_2$ > 50, *cor pulmonale*, VEF_1 < 20%, enfisema homogêneo.

Tratamento de manutenção

Etapas do tratamento de manutenção			
I - Leve	II - Moderada	III - Grave	IV - Muito grave
Redução dos fatores de risco (tabagismo), vacina anti-influenza e antipneumocócica			
Agonista beta-2 de curta ação (SOS) para alívio	Reabilitação cardiopulmonar + broncodilatador de longa duração	Corticosteroides inalatórios	Novo broncodilatador de longa duração + oxigenoterapia domiciliar

36.5. Bronquiectasia

Trata-se de uma dilatação anormal e permanente dos brônquios devida a um processo inflamatório persistente e intenso na parede brônquica que provoca a destruição das suas estruturas (cartilagem, músculo e tecido elástico) com substituição por tecido fibroso. A manifestação clínica é a tosse persistente com expectoração purulenta e hemoptise. O exame de imagem padrão ouro para diagnóstico é a tomografia computadorizada (TC) de tórax, com achados de dilatação das vias aéreas (sinal da linha do trem) e espessamento da parede brônquica.

→ O tratamento envolve antibioticoterapia para a exacerbação infecciosa e antibioticoterapia profilática para pacientes com recidiva das exacerbações. Além disso, recomendam-se fisioterapia respiratória, hidratação adequada e uso de mucolíticos.

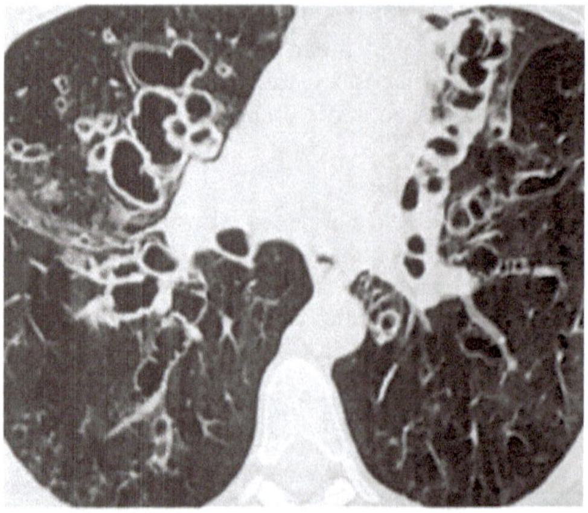

36.6. Fibrose Cística (Mucoviscidose)

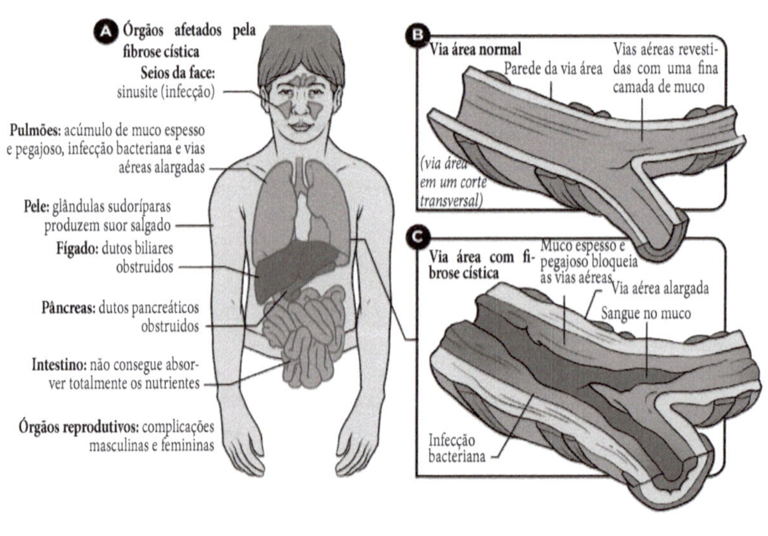

É uma doença autossômica recessiva devida à mutação do gene da proteína reguladora da condutância transmembrana da fibrose cística (CFTR) que leva a um prejuízo na excreção de cloreto, produzindo acúmulo de sódio no sistema intracelular, favorecendo o aumento da viscosidade e a desidratação e provocando uma inflamação neutrofílica com fibrose de mucosas.

As manifestações clínicas envolvem tosse crônica, dispneia, pneumonias de repetição e deterioração respiratória progressiva até graus de falência (principal causa de óbito). Por ser uma doença sistêmica, afeta o sistema hepatodigestivo (com insuficiência hepatopancreática e síndrome de má absorção intestinal) e também está associada a pólipos nasais.

O diagnóstico é confirmado pelo teste do suor, com índices de cloro > 60 mEq/l, e o tratamento envolve o uso de moduladores da CFTR, oxigenoterapia, antibioticoterapia nas exacerbações e reposição de enzimas pancreáticas/insulina.

36.7. Derrame Pleural

Anatomia

Existem dois tipos de pleura.

- **Pleura parietal:** externa, irrigada pela circulação sistêmica.
- **Pleura visceral:** interna, irrigada pelo sistema pulmonar.

→ São separadas por um espaço preenchido por 5-10 ml de líquido, que é responsável por reduzir o atrito durante a ventilação pulmonar.

Derrames

Derrame transudativo

Decorrente do aumento da pressão hidrostática capilar e/ou da redução da pressão coloidosmótica do plasma (as principais causas são ICC, síndrome nefrótica, cirrose hepática, desnutrição proteica).

Derrame exsudativo

Decorrente de uma doença de caráter infeccioso, inflamatório, neoplásico ou obstrução linfática que afeta diretamente a pleura (as principais causas são pneumonia bacteriana, tuberculose, carcinoma metastático).

Manifestação clínica e diagnóstico

Apresenta-se com quadro de dispneia e desconforto torácico na inspiração ("dor pleurítica"). Ao exame, exibe abolição do murmúrio vesicular e submacicez à percussão. O diagnóstico envolve anamnese, exame físico e radiografia na incidência de Laurel.

Critérios de Light		
	Transudado	Exsudato
Relação DHL pleural/sérica	< 0,6	> 0,6
Relação proteínas pleural/sérica	< 0,5	> 0,5
DHL no líquido pleural	< 200 UI/L	> 200 UI/L

Classificação

Os critérios de Light são usados para diferenciar o derrame pleural exsudativo do transudativo.

CAPÍTULO 37

EMBOLIA PULMONAR E PNEUMOPATIAS

37.1. Fisiopatologia do Tromboembolismo Pulmonar – "O Grande Mascarado"

Embolia pulmonar

É a obstrução de vasos da circulação arterial pulmonar devido a uma impactação de partículas insolúveis de diâmetro maior que o do vaso acometido. As principais causas são:

- trombose venosa profunda (TVP);
- êmbolos sépticos;
- corpos estranhos (usuários de drogas ilícitas);
- líquido amniótico;
- gotículas de gordura;
- células neoplásicas;

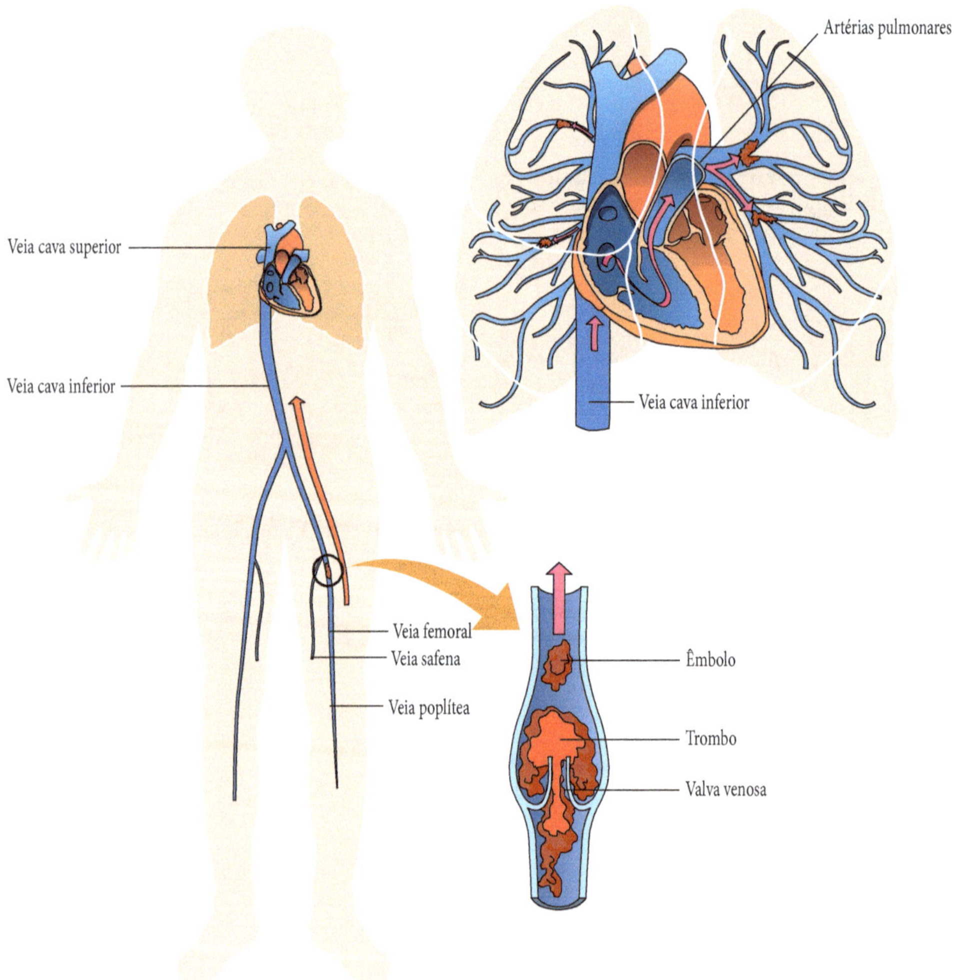

▶ Fisiopatologia da embolia pulmonar. A tromboembolia pulmonar usualmente se origina das veias profundas das pernas, mais comumente das veias da panturrilha. Esses trombos venosos aparecem predominantemente dentro das valvas venosas e de outros sítios de presumíveis estases venosas. Se um coágulo se propaga da veia do joelho ou se origina acima dele, o risco de embolia aumenta. O trombo percorre o lado direito do coração até alcançar os pulmões. Adaptada de Tapson (2008).

- bolhas de gás (descompressão súbita em mergulhadores).

→ O principal fator trombogênico é a alteração na tríade de Virchow (estase, lesão vascular e hipercoagulabilidade)!!

Hipercoagulabilidade (trombofilia)

Investigada quando tromboembolismo venoso (TEV) recorrente, imotivado, em locais inusitados ou história familiar!!

Trombofilia hereditária

Fator V de Leiden (proteína C ativada mutante não cliva o fator V, dificultando a anticoagulação) e mutação G20210A no gene da protrombina.

Trombofilia adquirida

A hipercoagulabilidade adquirida é desencadeada por "fatores de risco", situações como pós-operatório, vida sedentária, tabagismo, obesidade, idade, TEV prévio, anticoncepcionais (aumento de 3 vezes), viagens prolongadas (síndrome da classe econômica'), câncer (secreção pelo tumor de fatores pró-coagulantes) e trauma.

Fisiopatologia do tromboembolismo pulmonar

O tromboembolismo pulmonar (TEP) ocorre quando um êmbolo se desprende de um trombo e se desloca para a circulação pulmonar. De forma súbita, ocorre a instalação de uma oligoemia (região pulmonar bem ventilada e mal perfundida). O processo de isquemia pulmonar provocado pelo TEP leva à liberação de mediadores inflamatórios que inibem os pneumócitos tipo II no tecido pulmonar saudável. A inibição desses pneumócitos favorece a ocorrência de atelectasias que acentuam a hipoxemia e produzem um mecanismo reflexo de taquidispneia (desencadeada pela estimulação dos receptores J alveolares pelos mediadores inflamatórios)!
Posteriormente, ocorre aumento da resistência arterial pulmonar (RAP) em resposta à hipoxemia + êmbolo + mediadores inflamatórios. O aumento da RAP causa altas pressões cardíacas e promove a dilatação do ventrículo direito. Inicia-se, então, um quadro de disfunção isquêmica, favorecendo o infarto agudo de ventrículo direito (IVD) e a instalação do cor *pulmonale* agudo.

Manifestações clínicas

A TVP geralmente é assintomática! Podem ocorrer o sinal de Homans (dor à dorsiflexão do pé),

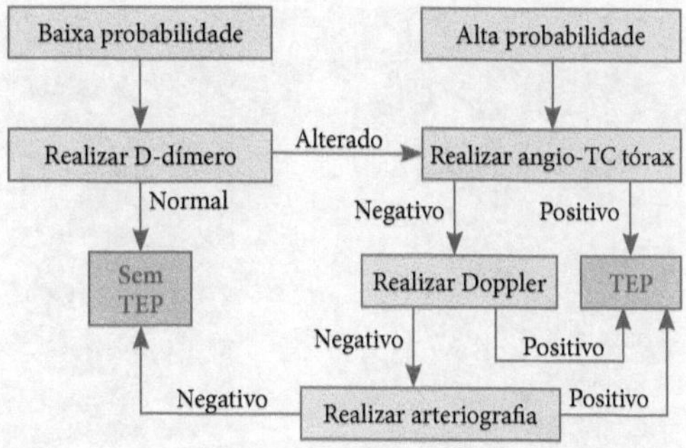

phlegmasia alba dolens (palidez do membro devido à compressão vascular causada pelo edema), *phlegmasia cerulea dolens* (cianose por hipóxia – carboxiemoglobina) e empastamento.

→ No TEP, a dispneia é o principal sintoma e a taquipneia, o principal sinal. Além disso, apresenta dor pleurítica/torácica (dor à inspiração) e hemoptise.

→ No TEP maciço (êmbolo gigante com obstrução de metade do leito arterial pulmonar), podem ocorrer hipotensão, *cor pulmonale*, IVD, elevação do peptídeo natriurético cerebral (BNP) e/ou da troponina.

Diagnóstico

Escore de Well: Probabilidade de TEP	Pontos
Clínica de TVP	3
TEP único diagnóstico possível	3
FC > 100 bpm	1.5
Imobilização > 3 dias OU Cirurgia nas últimas 4 semanas	1.5
TVP/TEP prévios	1.5
Hemoptise	1
Câncer (atual ou < 6 meses)	1
Probabilidade pré-teste de TEP: • Alta: > 4 • Baixa: ≤ 4	

Exames inespecíficos

Não servem para confirmar o diagnóstico, mas "fortalecem ou enfraquecem" a suspeita clínica.

Radiografia de tórax

Geralmente é um exame normal, todavia pode cursar com: as imagens a seguir demonstram em sequencia: oligoemia, corcova hampton, sinal de palla.

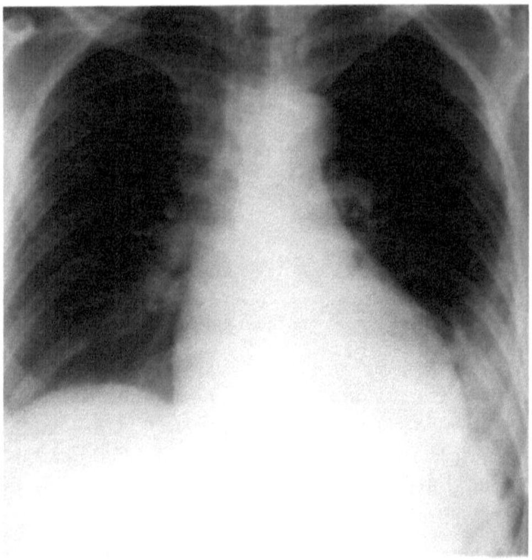

▶ Oligoemia do campo superior esquerda (sinal de Westermark) e opacidade basal à esquerda (córcova de Hampton).

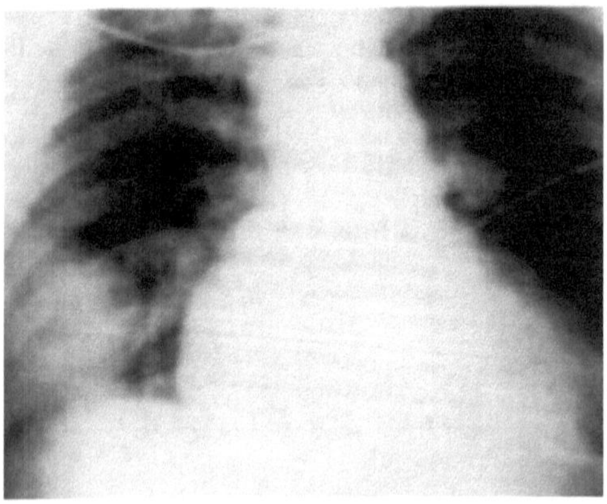

▶ A córcova de Hampton na base pulmonar direita.

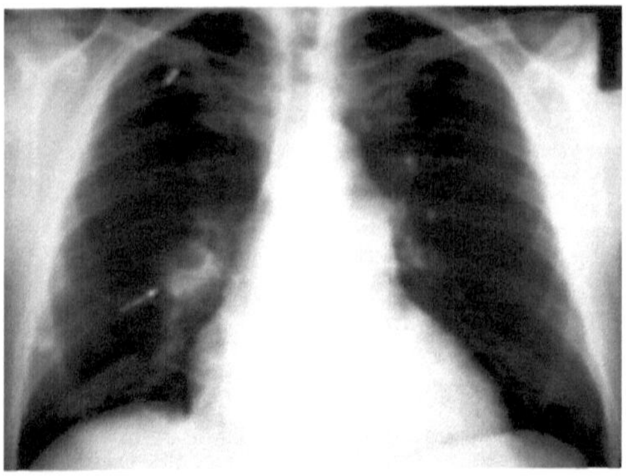

▶ Artéria pulmonar direita proeminente – sinal de Palla.

Eletrocardiograma

Apresenta taquicardia sinusal, inversão de onda T de V1 a V4, sinal de sobrecarga de VD e síndrome $S_1Q_3T_3$ (onda S em D1, onda Q em D3 e onda T invertida em D3).

Gasometria arterial

Demonstra hipoxemia e hipocapnia (alcalose respiratória pela taquipneia).

Ecocardiograma

Dilatação do ventrículo direito associada a hipocinesia e regurgitação em válvula tricúspide.

Marcadores bioquímicos

Elevação de troponinas, BNP e D-dímero (produto da degradação da fibrina/"pedacinho de trombo").

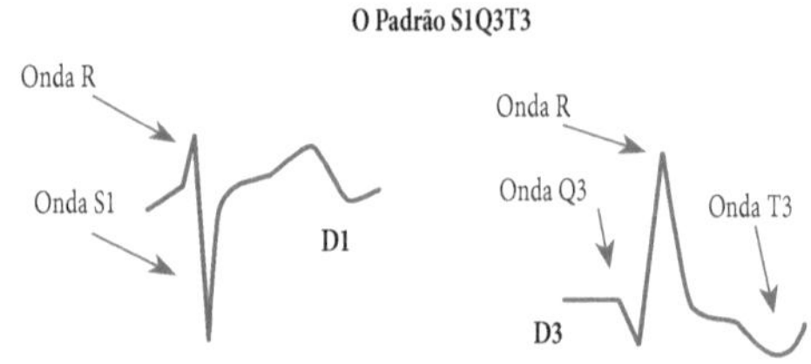

Exames específicos

O dúplex-*scan* de membros inferiores é o principal exame para o diagnóstico de TVP. O critério utilizado é a perda da compressibilidade vascular decorrente do não colabamento do lúmen vascular quando pressionado o transdutor contra a pele do paciente.
Os padrões ouro:
- **TVP:** venografia/flebografia com contraste.
- **TEP:** arteriografia pulmonar.

→ Para TEP, também podem-se realizar a angiotomografia computadorizada (ângio-TC) e a cintigrafia V/Q (alta probabilidade quando detectados 2 ou mais segmentos com V/Q *mismatching* – bem ventilados e mal perfundidos, exceto para sequelas de êmbolos antigos).

Tratamento

→ É iniciado na suspeita TVP/TEP – alta probabilidade com escore de Wells > 4.

Anticoagulação

Nenhum anticoagulante é capaz de dissolver o trombo, todavia inibe a continuidade do processo trombótico. A base do tratamento da TVP é a anticoagulação por 6 meses. Os principais fármacos são:

- **Varfarina (antagonista da vitamina K 5 mg/dia):** deve ser iniciada junto com a heparina, pois leva 5 dias para começar a fazer efeito. Após duas dosagens com valor de INR 2-3, a heparina pode ser suspensa.
- **Heparina de baixo peso molecular (HBPM)** (enoxaparina 1 mg/kg por via subcutânea (SC) 12/12 horas) para paciente hemodinamicamente estável, associada a monitorização da dosagem de antifator Xa para obesos, baixo peso, gestantes e portadores de insuficiência renal. Caso seja necessário, o antídoto é o sulfato de protamina!
- **Heparina não fracionada (HNF)** (80 U/kg + 18 U/kg/h) para pacientes hemodinamicamente instáveis, associada a monitoração de tempo parcial de tromboplastina ativada (TTPa) de 6/6 horas para atingir valores de 1,5-2,5.
- **Novas opções:** uso de rivaroxabana 15 mg 2×/dia ou HBPM por 5 dias seguida de dabigatrana 150 mg 2×/dia.

Trombolíticos

Devem ser iniciados em até 14 dias e a heparina tem que ser suspensa até o término da infusão do trombolítico. As indicações são:
- instabilidade hemodinâmica;
- trombose venosa profunda extensa;
- disfunção ventricular direita.

Filtro de veia cava inferior (rede)

Visa impedir a recidiva do TEP, porém aumenta o risco de TVP em pacientes que não podem ser anticoagulados. São indicados a pacientes com:

➔ Contraindicação para anticoagulação (sangramento gastrointestinal ativo ou pós-operatório de craniotomia);

➔ Falha na anticoagulação.

Terapia intervencionista

Indicada a pacientes com embolia maciça e/ou instáveis hemodinamicamente. Preconiza-se a utilização de trombolítico intra-arterial, embolectomia succional ou por fragmentação e angioplastia (quando contraindicado o trombolítico).

Prevenção

Condutas em função do risco estimado		
Risco	**Condições**	**Conduta**
Muito baixo (0,5%)	Cirurgias ambulatoriais, > 40 anos, uso de anticoncepcional	Deambulação precoce
Baixo (1,5%)	Cirurgias > 45 minutos, 61-74 anos Acesso venoso central, restrição ao leito (> 72 h)	Compressão pneumática intermitente
Moderado (3%)	≥ 75 anos TVP/TEP prévio	Enoxaparina 40 mg SC 1×/dia HNF 5.000U SC 12/12 h ou 8/8 h
Alto (6%)	Trauma raquimedular Cirurgia de quadril ou joelho	HBPM (enoxaparina) ou HNF Fondaparinux 2,5 mg SC 1×/dia

➔ No alto risco, recomenda-se manter a tromboprofilaxia farmacológica por 28-56 dias após a alta hospitalar!

37.2 Pneumopatias Intersticiais

São caracterizadas por doenças pulmonares com acometimento difuso e bilateral dos septos alveolares, que apresentam inflamação na fase inicial e fibrose na fase avançada. Os pacientes se manifestam com dispneia aos esforços seguida de tosse seca; no aspecto radiológico, há um infiltrado bilateral difuso. A prova de função pulmonar evidencia um padrão restritivo (caracterizado pela redução de todos os volumes e da complacência pulmonar, logo o volume expiratório forçado no primeiro segundo (VEF_1) reduz proporcionalmente à capacidade vital forçada (CVF), mantendo normal ou elevado o índice de Tiffeneau).

→ Na investigação, as histórias ocupacional e medicamentosa são informações indispensáveis. O diagnóstico é baseado em TC, broncofibroscopia + biópsia transbrônquica, biópsia pulmonar a céu aberto ou guiada por vídeo.

Fibrose pulmonar idiopática (FPI)

Manifesta-se com estertores crepitantes e baqueteamento digital. Na TC, apresenta múltiplas áreas com aspecto de vidro fosco (fase precoce) ou faveolamento (fase avançada). O tratamento é paliativo, uma vez que a FPI evolui para insuficiência respiratória terminal em 3-8 anos. Outras medidas que podem ser adotadas envolvem o uso de N-acetilcisteína, pirfenidona e transplante pulmonar. Já os glicocorticoides e imunossupressores não possuem evidências benéficas comprovadas.

Pneumonite intersticial descamativa (PID)

É fortemente associada ao tabagismo, com marco histopatológico de extenso acúmulo de macrófagos no espaço alveolar. Apresenta prognóstico favorável quando iniciada a terapia com corticosteroides sistêmicos e abstinência de tabaco.

Silicose

É devida à exposição à poeira de sílica (dióxido de silício), geralmente em atividades como indústria de transformação ou extrativa, beneficiamento de minerais, jateadores de areia. Apresenta-se com um infiltrado micronodular difuso nos ⅔ superiores pulmonares e linfonodomegalia em casca de ovo que evolui para distorção total da arquitetura pulmonar. O tratamento é de suporte até o transplante pulmonar. A silicose pulmonar está fortemente associada ao risco aumentado de tuberculose – silicotuberculose. Além disso, a presença de nódulos reumatoides caracteriza a síndrome de Caplan.

Asbestose

É decorrente da inalação de fibras de asbesto ou amianto. Apresenta-se com um infiltrado reticulonodular nos lobos inferiores e presença de placas de calcificação pleural ou espessamento pleural. O tratamento visa suspender a exposição e dar suporte. O mesotelioma pleural está associado à asbestose.

Beriliose

É devida à exposição ao berílio (metal utilizado na indústria de alta tecnologia, lâmpadas fluorescentes e armas nucleares), que leva a uma reação de hipersensibilidade do tipo granulomatosa.

Pneumopatia por Hipersensibilidade

É devida à exposição a agentes orgânicos (fungos, bactérias e proteínas animais) ou inorgânicos (isocianatos) que levam à alveolite granulomatosa por reação de hipersensibilidade do tipo III (dependente de imunocomplexos) e tipo IV (mediada por linfócitos T-*helper*).

- **As principais são:** bagaçose (cana-de-açúcar), pulmão do fazendeiro (feno), pulmão do criador de pássaros, pulmão do ar-condicionado e pulmão da sauna. Caracterizam por um infiltrado reticulonodular bilateral nos ⅔ superiores. Na biópsia, apresenta nódulos granulomatosos que respondem bem aos corticoides sistêmicos. Sabe-se que o tabagismo reduz a chance de pneumonite por hipersensibilidade.

Síndrome Pulmonar Eosinofílica – Aspergilose Broncopulmonar Alérgica

É caracterizada por infiltrado pulmonar transitório nos lobos superiores devido à hipersensibilidade aos antígenos do *Aspergillus fumigatus*. O diagnóstico é pelo teste intradérmico e pela dosagem de precipitinas anti-*Aspergillus*. O tratamento é com prednisona.

37.3. Doença de Besnier-Boeck-Schaumann (Sarcoidose)

Trata-se de uma doença inflamatória crônica de causa desconhecida, caracterizada pelo acúmulo de linfócitos e macrófagos em diversos órgãos, formando granulomas não caseosos. Acomete preferencialmente populações nórdicas do sexo feminino entre 20 e 40 anos de idade, afetando os pulmões (em 90% dos casos), olhos e pele. O comprometimento dos órgãos é devido à distorção da arquitetura e de suas funções pela quantidade ("carga") de granulomas presentes.

➔ As principais manifestações clínicas se apresentam como queixas respiratórias e com o achado clássico de adenopatia hilar bilateral simétrica. Além disso, há a síndrome de Löefgren e a síndrome de Heerfordt-Waldenström.

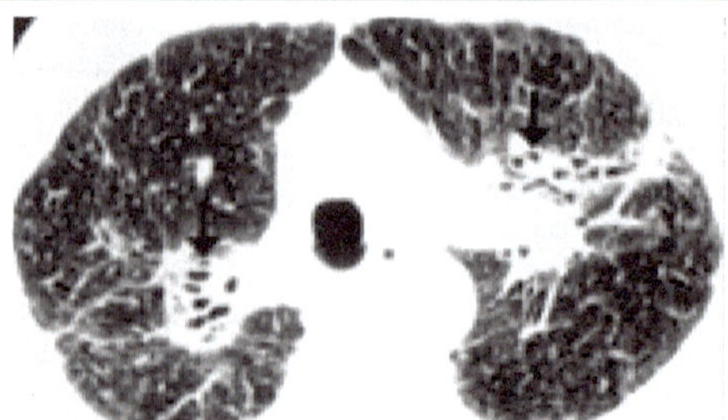

► Sarcoidose: fibrose peri-hilar e peribroncovascular com bronquiectasias de tração (setas). Septos interlobulares com espessamento irregular. TC-AR com corte axial de lobos superiores.

➔ O **diagnóstico** é feito pelas manifestações clínicas, raios X (RX) típicos e biópsia cutânea ou pulmonar mostrando granulomas não caseosos.

➔ O **tratamento** é feito com prednisona 20-60 mg/dia até a dose de manutenção de 5-10 mg/dia.

Síndrome de Löefgren	Síndrome de Heerfordt-Waldenström
■ Uveíte	■ Uveíte
■ Eritema nodoso	■ Febre
■ Artrite periférica	■ ↑ Parótida
■ Adenopatia hilar	■ Paralisia do nervo facial

37.4. Neoplasia Pulmonar (ou Carcinoma Broncogênico)

É caracterizada pelas neoplasias malignas com origem no epitélio do trato respiratório inferior. Recomenda-se o rastreamento (*screening*) com TC de baixa dosagem anual para fumantes ou ex-fumantes (há menos de 15 anos) entre 55 e 74 anos com carga tabágica ≥ 30 maços-ano. O diagnóstico geralmente é feito a partir de RX de tórax com achados sugestivos, quando se realiza uma TC de tórax para delimitar as características anatômicas seguida de confirmação histopatológica com citologia do escarro ou biópsia brônquica por broncofibroscopia. Carga tabágica ≥ 40 maços-ano leva a um aumento da 20 vezes do risco de câncer.

Tipos histológicos

Carcinoma de não pequenas células (80%)

Adenocarcinoma

Mais comum em países desenvolvidos, representa 40% dos casos. Apresenta-se com localização periférica e cursa com derrame pleural maligno.

➔ Osteoartropatia pulmonar hipertrófica (OHP)*: baqueteamento digital por aumento dos tecidos moles nas extremidades.

Carcinoma epidermoide (escamoso ou espinocelular)

Representa 30% dos casos. Apresenta localização central ou proximal do tórax. É a causa mais comum de hipercalcemia paraneoplásica e possui alta chance de cavitação.

- **Síndrome de Pancoast-Tobias:** é a presença do tumor em crescimento localizado no sulco superior do pulmão apresentando dor no ombro e na escápula (devido à erosão do 1º e 2º arcos costais) e dor na distribuição do nervo ulnar. Pode levar à síndrome de Claude-Bernard-Horner.

→ **Hipercalcemia:** produção tumoral de proteína relacionada com o paratormônio (PTH-rp) (peptídeo PTH-*like*).

Carcinoma de grandes células anaplásico

Representa 10% dos casos e possui localização mais periférica.

Carcinoma de pequenas células (*oat cell* ou avenocelular)

Representa 20% dos casos e é o de pior prognóstico e maior agressividade. Sua origem é neuroendócrina.

- Síndrome da veia cava superior: o crescimento tumoral leva ao aparecimento de circulação colateral no terço superior torácico, apresentando edema, congestão da face, turgência jugular e cefaleia.
- Síndrome da secreção inapropriada do hormônio antidiurético (SIADH).
- Síndrome de Cushing.
- Síndrome miastênica de Eaton-Lambert* (anticorpo contra canais de Ca^{+2}).

Carcinoma bronquioloalveolar

Representa 3% dos casos e é um subtipo do adenocarcinoma. Apresenta-se como massa com lesões difusas multinodulares ou infiltrados alveolares de forma semelhante a uma pneumonia.

Outros

Carcinoide e metástases de outros órgãos.

- **Síndromes paraneoplásicas:** são distúrbios sistêmicos ocasionados pela liberação de substâncias pelo tumor.

Manifestações clínicas

Os sintomas aparecem apenas na doença avançada. O mais comum é a tosse ocasionada pela invasão da mucosa brônquica. Pode manifestar também dispneia (devido à obstrução das vias aéreas) e hemoptise (em decorrência da necrose tumoral).

→ Os locais mais frequentes de metástases são adrenais (50%), fígado (50%), ossos (20%) e cérebro (20%).

➔ Síndrome de Claude-Bernard-Horner (miose + ptose + enoftalmia + anidrose facial ipsilateral): ocasionada pelo acometimento da cadeia simpática cervical e do gânglio estrelado.

Estadiamento

T0:	Sem tumor (Tu)
T1:	Tu ≤ 3 cm envolto por parênquima
T2:	Tu > 3 cm ou com: atelectasia/pneumonia, invasão de brônquio fonte a 2 cm da carina, invasão de pleura visceral
T3:	Tu > 7 cm ou com invasão de: diafragma, nódulos pulmonares, pleura mediastinal, pericárdio, Tu Pancoast
T4:	Tu de qualquer tamanho com invasão de: traqueia, grandes vasos, carina, esôfago, corpo vertebral
N0:	Sem acometimento
N1:	Hilares ipsilaterais
N2:	Mediastinais ipsilaterais
N3:	Contralaterais ou supraclaviculares/escalenos
M0:	Ausência de metástases
M1:	Metástases à distância ou derrame neoplásico

Tratamento

Carcinoma de não pequenas células

Depende do estadiamento.

Carcinoma de pequenas células

Quando a doença for limitada (tumor confinado a um hemitórax e seus linfonodos ipsilaterais), recomenda-se a quimiorradioterapia com sobrevida de 15% em 5 anos. Quando for avançada (extensão além do hemitórax e seus linfonodos ipsilaterais), realiza-se a quimioterapia com sobrevida < 10% em 2 anos.

- **Estágio I** = lobectomia + ressecção linfonodal do mediastino.
- **Estágio II** = idem + quimioterapia adjuvante.
- **Estágios III e IV (T4, N3, M1)** = quimioterapia com cisplatina e carboplatina – sobrevida igual a ZERO em 5 anos.

37.5. Nódulo Pulmonar

É definido como uma lesão envolta por um parênquima pulmonar normal com tamanho de até 3 cm. A TC de alta resolução é o melhor exame para iniciar a avaliação. Nódulos com caráter benigno devem ser acompanhados com TC de alta resolução. Para nódulos de caráter maligno, recomenda-se a obtenção de material para análise histológica.

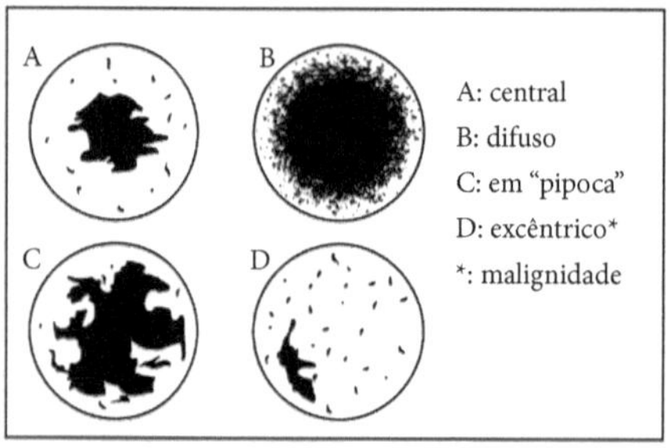

Benignidade	Malignidade
■ Idade < 35 anos ■ Negativo para tabagismo ■ Tamanho < 2 cm ■ Mesmo diâmetro há 2 anos ■ Calcificação central, difusa em pipoca	■ Idade > 50 anos ■ História de tabagismo ■ Tamanho > 2 cm ■ Crescimento nos últimos 2 anos ■ Contorno irregular ■ Calcificação excêntrica

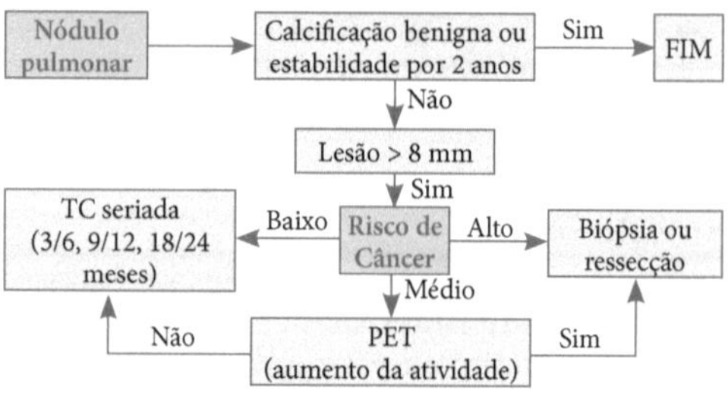

▶ Fluxograma nódulo pulmonar solitário.

37.6. Embolia Gordurosa

A embolia gordurosa é proveniente de fraturas de ossos longos, as quais lançam micropartículas de gordura na circulação, provocando obstruções e vasculites em 12-72 horas. Não existe tratamento. É assintomática, mas pode apresentar manifestações:

- pulmonar (hipoxemia);
- no sistema nervoso central (SNC) (alterações neurológicas);
- cutânea (*rash* e petéquias).

CAPÍTULO 38

TUBERCULOSE E MICOSES PULMONARES

38.1. Tuberculose Pulmonar

→ É uma doença infecciosa crônica causada pelo *Mycobacterium tuberculosis* (bacilo aeróbico).

O *M. tuberculosis* foi descoberto no século XIX por Robert Koch e, até o desenvolvimento de fármacos tuberculostáticos (como a rifampicina e a isoniazida), os pacientes eram tratados com repouso ao ar livre ou "colapsoterapia". Devido à sua propriedade de álcool-acidorresistência (BAAR), o bacilo é corado pela técnica de Ziehl-Neelsen. Cerca de 5% dos infectados adoecem sob a forma de tuberculose (TB) primária. Geralmente são indivíduos de baixa imunidade ou crianças < 2 anos de idade. As principais características da tuberculose pulmonar são o acometimento do parênquima pulmonar e a transmissão interpessoal por meio da inalação de partículas infectadas.

Transmissão e infectividade

Dão-se por meio de gotículas contaminadas (gotículas de Flügge) eliminadas por alguns pacientes que desenvolveram tuberculose. Os núcleos de Wells representam as partículas de até 5 micra que contêm de 1-2 bacilos e conseguem atingir bronquíolos e alvéolos. A chance de transmissão entre contatos domiciliares chega a 30%-50%.

Patogênese

A instalação da primoinfecção ocorre quando o bacilo da tuberculose atinge o espaço alveolar e é fagocitado pelos macrófagos locais. Os macrófagos são incapazes de destruir ou inativar os bacilos e acabam apenas servindo de local para a sua proliferação em seu interior, levando ao seu rompimento e liberando mais bacilos para infectar novos macrófagos. A intensa proliferação de bacilos favorece que atinjam as vias linfáticas e hematogênica, disseminando-os para vários órgãos.

Após 2-10 semanas, a imunidade celular específica está pronta e permite uma defesa mais eficaz contra o *M. tuberculosis* mediante a formação de granulomas caseosos (reunião de macrófagos e linfócitos capazes de controlar a infecção, mas não de curar)! Como o granuloma não consegue eliminar o bacilo, existe a possibilidade da reativação do *M. tuberculosis* em situações de queda da imunidade. Essa reativação representa a tuberculose pós-primária, que pode ocorrer em quaisquer lugares do corpo, especialmente nos lobos superiores e inferiores do pulmão em adultos de 15-40 anos de idade.

➔ Em situações em que o foco primário granulomatoso pulmonar é calcificado, este é denominado nódulo de Ghon. Quando esse nódulo se associa a uma adenopatia satélite, forma-se um complexo primário chamado de complexo de Ranke.

A tuberculose-doença depende da guerra entre o bacilo e a imunidade. Durante essa guerra, há consequências como a lesão tecidual decorrente da resposta imunológica do hospedeiro. Quando existem muitos bacilos e a resposta imunológica é exacerbada, ocorre um predomínio de formação de granulomas caseosos gigantes. Esses granulomas causam liquefação da necrose caseosa com liberação excessiva de enzimas destrutivas, proporcionando um ambiente de proliferação extracelular para o bacilo. Caso a lesão progrida e acometa um brônquio, ocorre a comunicação com o espaço aéreo rico em O_2, intensificando a proliferação do bacilo e formando a caverna tuberculosa com cerca de 10^6 bacilos/ml.

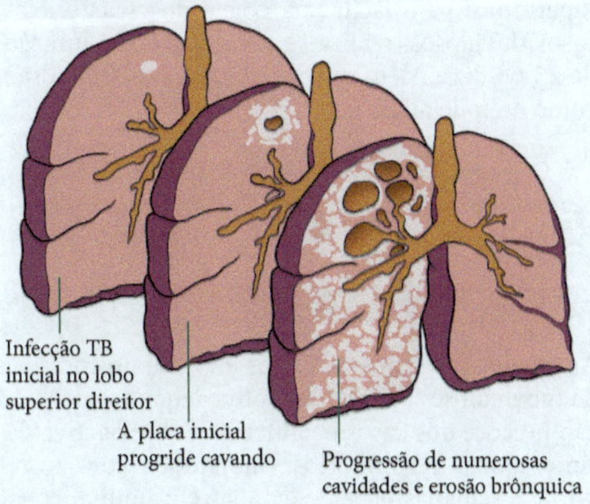

▶ Tuberculose.

Prova tuberculínica (PT) ou teste cutâneo de tuberculina (PPD) – teste de Mantoux

Identifica indivíduos infectados pelo bacilo de Koch independentemente de ser infecção-latente ou infecção-doença. Sabe-se que após 2-10 semanas a memória imunológica pela seleção de linfócitos T-*helper* ($CD4^+$) contra o bacilo está pronta. Sendo assim, ao se injetar o PPD na derme do paciente, surgirá uma lesão endurada e eritematosa em 48-72 horas. Caso < 5 mm, não reagente; caso ≥ 5 mm, reagente.

→ O valor do teste positivo não é considerado para vacinados contra o bacilo Calmette-Guérin (BCG) há menos de 2 anos!
→ Valor de PPD > 10 mm é considerado positivo para qualquer paciente.

Diagnóstico

A suspeita clínica é aventada em pacientes com tosse ≥ 3 semanas, perda de peso, febre e diminuição do apetite.

TB primária na criança

O diagnóstico se baseia na escala de pontos por critérios clínicos, radiológicos e escarro. Como crianças apresentam dificuldade para escarrar, substitui-se pelos critérios de nutrição, contato e PPD. Outra alternativa é a cultura do lavado gástrico ou o *string test*, que capta o escarro deglutido.

TB pós-primária no adulto

Na suspeita, preconiza-se a baciloscopia do escarro em 2 amostras (no dia e na manhã seguinte). Se necessário, realiza-se a nebulização com solução hipertônica para facilitar a coleta do escarro. Nos casos duvidosos, realiza-se a cultura com duração de 25-60 dias. Além disso, utiliza-se o RX de tórax como método auxiliar.

➔ O sistema Xpert/MTB-RIF é um novo exame categorizado como teste rápido que avalia a resistência à rifampicina e a presença do bacilo de Koch em 2 horas!

Prevenção e controle

As medidas de saúde de maior impacto no controle da tuberculose são o tratamento adequado, a detecção precoce dos casos bacilíferos e a busca ativa de sintomáticos respiratórios (indivíduos com tosse por ≥ 3 semanas ou ≥ 2 semanas em imunodeprimidos). A vacinação contra o BCG ao nascimento é utilizada para diminuir as formas graves da TB, mas não a elimina.

Efeitos adversos dos fármacos

Todos causam intolerância gástrica, sendo, por isso, administrados em conjunto com as refeições.

Fármaco	Efeito	
Rifampicina	Hepatotóxicos	Alergia, síndrome gripal, asma, anemia, nefrite, suor e urina alaranjados
Isoniazida		LES, neuropatia periférica sem lesão de neurônio (deficiência de B_6), encefalopatia
Pirazinamida		Hiperuricemia, rabdomiólise
Etambutol	Alterações visuais (neurite óptica)	
Estreptomicina	Lesão renal e auditiva	

Tratamento

O tratamento é diretamente observado e a notificação, compulsória. Após 15 dias do início do tratamento, a carga bacilífera já é eliminada, todavia é necessário completar a proposta terapêutica para erradicar o bacilo de forma sistêmica. O acompanhamento do tratamento é feito de forma mensal ou bimestral.

TB em paciente sem comorbidade

- **Esquema I** (todos os pacientes) = rifampicina, isoniazida, pirazinamida e etambutol (RIPE) por 6 meses (2 meses RIPE + 4 meses rifampicina e isoniazida [RI]).
- **Esquema II** (meningite) = RIPE 9 meses (2RIPE + 7RI + corticoide).

➔ Em < 10 anos de idade, não se utiliza etambutol, apenas rifampicina, isoniazida e pirazinamida (RIP)!

TB em gestantes

- Não há contraindicação do esquema básico + piridoxina (B_6).

TB em hepatopatas

- Suspensão do esquema por 4 semanas mediante a elevação ≥ 3× de enzimas hepáticas e/ou o surgimento de icterícia. A reintrodução ocorre da seguinte forma:

1º rifampicina + etambutol/2º isoniazida/3º pirazinamida.

- Esquema de tratamento (etambutol, estreptomicina, ofloxacina – EEO) 12m + piridoxina (B_6).

TB em infecção pelo vírus da imunodeficiência humana (HIV)

- Manter a RIPE e trocar os antirretrovirais.

TB em bacilo resistente ou falência de tratamento

- Esquema com estreptomicina, levofloxacino, pirazinamida, etambutol, terizidona (ELPET) por 18m.

TB em intolerantes

- Todo tratamento sem rifampicina tem que ser por **12m**.
- Todo tratamento sem isoniazida tem que ser por 9m.
- A isoniazida ou a rifampicina podem ser substituídas por estreptomicina.
- A pirazinamida por ser substituída por etambutol.

Falência terapêutica
Representa a condição na qual a baciloscopia permanece positiva ≥ 2+/4+ até o 4º mês ou quando a baciloscopia volta a ser positiva e se mantém positiva por 2 meses ou baciloscopia positiva no final do tratamento.

Tratamento preventivo da tuberculose

Recém-natos expostos ao bacilo

Recomenda-se não realizar a vacinação com BCG, iniciar o tratamento com isoniazida por 3 meses e, em seguida, realizar o teste de PPD. Caso < 5 mm, vacinar com BCG; caso ≥ 5 mm, manter a isoniazida por mais 3 meses.

Indivíduos infectados e não doentes (latentes)

Deve-se realizar tratamento com isoniazida por 9 meses (5-10 mg/kg/dia por via oral [VO] até 300 mg no período máximo de 12 meses) em pacientes: imunodeprimidos, contactantes com PPD ≥ 5 mm. Vacinados há menos de 2 anos ou com doenças debilitantes (comorbidades) com PPD ≥ 10 mm. Em caso sintomáticos de HIV/AIDS, realizar o tratamento RIPE.

Profissionais da saúde

Avaliar a possibilidade de viragem tuberculínica, ou seja, variação ≥ 10 mm entre 2 exames de PPD em intervalo de 1 ano.

38.2. Tuberculose Primária e Pós-primária

Tuberculose primária típica

Acomete crianças entre 2 e 12 anos de idade, sendo quase sempre autolimitada. O quadro clínico apresenta-se com febre baixa, tosse seca, radiografia com infiltrado pulmonar associado a uma adenopatia hilar e/ou mediastinal e reações à distância (como eritema nodoso, conjuntivite flictenular e síndrome poliarticular). As principais complicações são:

- atelectasia = decorrente da compressão de um brônquio pela adenopatia hilar;
- **pneumonia tuberculosa** = proveniente da ruptura de um linfonodo infectado para dentro de um brônquio.
- **TB miliar.**

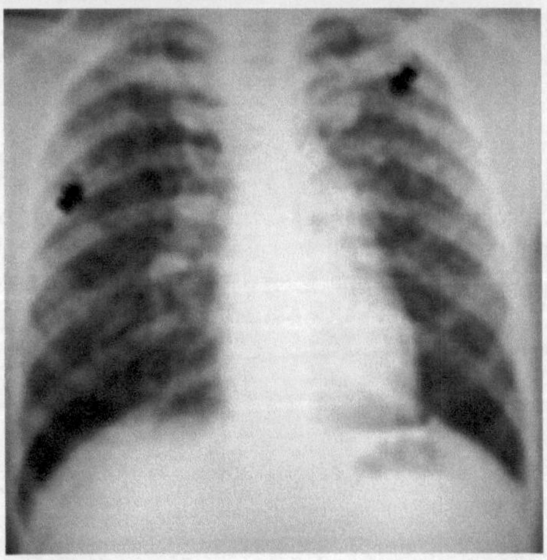

Tuberculose pós-primária

Acomete indivíduos de 15 a 40 anos de idade. Representa a forma crônica de tuberculose pulmonar, pois reflete o desenvolvimento de TB em pacientes que já tiveram contato prévio com o bacilo. Ocorre a reativação dos bacilos latentes presentes nos focos intersticiais (focos de Simon) que foram disseminados pelo parênquima pulmonar na primoinfecção ou se deve a uma reinfecção por um novo inóculo bacilar. Os segmentos posteriores dos lobos superiores e o segmento superior dos lobos inferiores são os mais acometidos devido à maior tensão de O_2 nos alvéolos e à menor drenagem linfática.

A principal complicação é a fibrose parenquimatosa das áreas acometidas, levando à formação de cavidades com paredes fibrosadas suscetíveis a focos de aspergiloma (*Fungus ball*). Os RX de tórax sugerem a alteração da fase inicial de infiltrado pulmonar para a fase cavitária, com formação de cavitação e disseminação broncogência, e, posteriormente, a fase avançada, com formação de fibrose pulmonar.

Tuberculose no imunodeprimido

Depende do grau de imunodepressão estimado pela contagem de linfócitos CD4+.

38.3. Tuberculose Extrapulmonar

Tuberculose pleural

Forma mais comum de tuberculose extrapulmonar, é decorrente da ruptura de um pequeno foco primário de localização subpleural, possibilitando que os bacilos atinjam o espaço pleural. Apresenta-se com febre, dor pleurítica, tosse seca e um derrame unilateral com presença de exsudato de predomínio mononuclear (sem eosinófilos e sem células mesoteliais). O diagnóstico de melhor acurácia envolve a dosagem da adenosina deaminase (ADA) > 40 U/ml. Recomenda-se não esperar a bacteriologia para confirmar o diagnóstico, uma vez que a baciloscopia é positiva em apenas 10% dos casos, a cultura para BK em 30% e biópsia pulmonar em 90%. O tratamento envolve o uso de RIPE.

Sítios principais de tuberculose extrapulmonar	
Sistema nervoso central	Meningite
Linfáticos	Escrófula (do pescoço)
Pleura	Tuberculose pleural
Disseminado	Tuberculose miliar
Ossos e articulações da coluna	Doença de Pott's
Genitourinário	Tuberculose urogenital

Tuberculose ganglionar (ou escrófula)

É a segunda forma mais comum de tuberculose extrapulmonar e a principal em indivíduos com HIV. Representa o acometimento dos linfonodos cervicais, submandibulares e supraclaviculares. O diagnóstico envolve a biópsia do linfonodo.

Tuberculose miliar

É a forma disseminada de tuberculose extrapulmonar que ocorre em pacientes com baixa resistência à micobactéria. Acomete preferencialmente crianças < 2 anos de idade e imunodeprimidos. Decorre da disseminação linfo-hematogênica, sendo o interstício pulmonar e as meninges os tecidos mais afetados. O diagnóstico é confirmado pelos exames bacteriológico (escarro, aspirado gástrico, urina, aspirado ganglionar, líquido pleural, hemocultura) e histopatológico.

Tuberculose meníngea

É a forma de acometimento do sistema nervoso central (SNC) – meningoencefalite. Atualmente sabe-se que a vacinação não exclui a possibilidade de TB meníngea, e o paciente manifesta febre, cefaleia persistente, sinais meníngeos, alterações nos pares cranianos, hemiparesia e desorientação. Na tomografia computadorizada (TC) de crânio, nota-se a presença de hidrocefalia, infartos cerebrais e tuberculomas. O exame liquórico apresenta hiperproteinorraquia, pleocitose, hipoglicorraquia e ADA liquórica > 10 U/ml (90% de especificidade). O tratamento preconiza o uso de RIPE por 9 meses associado a corticoide para a prevenção de sequelas.

Tuberculose osteoarticular – espondilite tuberculosa (ou mal de Pott)

Representa o acometimento da porção anterior do corpo vertebral de 2 a 3 vértebras contíguas, levando a dor torácica dorsal e deformidade progressiva e insidiosa do tipo cifose ("gibosidade"). A confirmação diagnóstica é feita pela biópsia, visando-se à diferenciação entre mal de Pott e neoplasias. As principais complicações da doença são paraplegia e infartos de medula por acometimento vascular.

38.4. Micoses Pulmonares

Paracoccidioidomicose (ou blastomicose)

É causada pelo *Paracoccidioides braziliensis*, que possui formato de roda de leme. A contaminação ocorre pela inalação do fungo durante atividades agrícolas, não ocorrendo transmissão interpessoal. Apresenta-se com adenomegalia generalizada, hepatoesplenomegalia e falência suprarrenal (fase aguda), evoluindo para manifestações respiratórias (tosse, expectoração, dispneia), com dissociação clinicorradiológica, lesões cutaneomucosas e acometimento do sistema nervoso central (fase crônica). O principal achado na radiografia é a presença de um infiltrado pulmonar bilateral simétrico peri-hilar em "asa de morcego". O diagnóstico é realizado pela pesquisa direta do fungo colhido do escarro e de raspado de lesões ou por exame histopatológico de biópsia pulmonar/linfonodal/cutânea. O tratamento envolve a administração de itraconazol por 6-18 meses ou anfotericina B (nas formas graves).

Histoplasmose

É causada pelo *Histoplasma capsulatum*, encontrado em cavernas habitadas por morcegos ou locais habitados por aves (galinheiros). A contaminação ocorre pela inalação do fungo proveniente do ambiente, não havendo transmissão interpessoal. O diagnóstico envolve cultura, biópsia medular e sorologia. Por se tratar de uma doença autolimitada a 3-4 semanas, não recebe tratamento, exceto casos que perdurem mais tempo, quando se realiza o tratamento com itraconazol por 12 meses ou anfotericina B (histoplasmose disseminada). Manifesta-se com síndrome gripal (fase aguda) e infiltrado pulmonar bilateral superior (forma grave/disseminada que provoca pneumopatas).

Aspergilose

É causada pelo *Aspergillus*, presente de forma onipresente na natureza. Pode se manifestar de 3 formas principais.

Aspergilose broncopulmonar alérgica

É causada pela hipersensibilidade alérgica tipo 1 ao *Aspergillus fumigatus*. Apresenta-se como asma brônquica, com febre esporádica e tosse com expectoração de tampões mucosos. Os principais critérios diagnósticos são:

- infiltrados pulmonares migratórios;
- eosinofilia;
- bronquiectasias proximais;
- preciptinas;
- aumento da imunoglobulina E (IgE) sérica;
- asma persistente.

➔ O tratamento envolve a modulação da resposta pela utilização de prednisona + itraconazol.

Bola fúngica/aspergiloma *(fungus ball)*

Representa a colonização intracavitária do *Aspergillus* sp. em lesões cavitárias fibróticas ocasionadas como sequela de tuberculose ou bronquiectasias. O tratamento envolve a ressecção da bola fúngica ou embolização da artéria brônquica.

Aspergilose pulmonar invasiva

É a infecção pulmonar grave pelo *Aspergillus* sp. que ocorre em pacientes neutropênicos ou em uso de altas doses de corticosteroides. A radiografia revela um infiltrado difuso associado ao sinal do halo (lesão nodular) e posteriormente ao sinal do ar crescente. O tratamento preconiza o uso de voriconazol.

Criptococose

É causada pelo *Cryptococcus neoformans*. Acomete preferencialmente o sexo masculino entre 30-60 anos de idade e está associada com a AIDS e fezes de aves. Apresenta-se como forma pulmonar *(sintomas brandos)*, extrapulmonar (manifestações neurológicas e meningoencefalite) e disseminada (retinite, miocardite, hepatite). O diagnóstico é confirmado por escarro, biópsia medular, lavado broncoalveolar, cultura e sorologia. É necessário realizar a punção liquórica em todos os casos para afastar acometimento do SNC. O tratamento envolve a administração de fluconazol ou anfotericina B.

Zigomicose/Mucormicose

É causada pelo *Zygomycetes*. Geralmente está associada a quadros de imunodepressão e a diabetes melito (com ou sem cetoacidose). A zigomicose tem grande capacidade de invasão de vasos, provocando doença pulmonar e de partes moles. As formas clínicas se distribuem como: cutânea (13%), pulmonar (10%), disseminada (8%), gastrointestinal (3%) e rino-orbitocerebral (46%), a mais comum e típica dos diabéticos. O tratamento envolve a administração de anfotericina B e a ressecção cirúrgica nos casos de tecidos necrosados.

SEÇÃO 10 - INFECTOLOGIA

Capítulo 39 - Imunodeficiência Adquirida

39.1. Fisiopatologia do HIV ... 264
39.2. Manejo do Paciente HIV+ ... 266
39.3. Manifestações Clínicas ... 267
39.4. Fases Sintomática e Sistêmica ... 268
39.5. Prevenção contra o HIV ... 269

Capítulo 40 - Pneumonias

40.1. Pneumonia Comunitária ... 270
40.2. Agentes Etiológicos Específicos ... 272
40.3. Pneumonia Nosocomial ... 274
40.4. Abscesso, Derrame Pleural e Empiema ... 275

Capítulo 41 - Infecções Bacterianas

41.1. Infecção do Trato Urinário ... 277
41.2. Endocardite Infecciosa ... 278
41.3. Meningite Bacteriana ... 279
41.4. Pele e Tecido Subcutâneo ... 281
41.5. Osteomielite ... 281

Capítulo 42 - Síndromes Febris

42.1. Febre Tifoide (Febre Entérica) ... 282
42.2. Leptospirose ... 283
42.3. Dengue ... 284
42.4. Febre Amarela ... 285
42.5. Leishmaniose Visceral (Calazar ou Febre Negra) ... 286
42.6. Malária ... 287
42.7. Febre de Chikungunya - "Aqueles que se dobram", "Tornar-se contorcido" ... 288
42.8. Febre do Nilo Ocidental ... 289
42.9. Hantavirose ... 289
42.10. Tularemia ... 289
42.11. Zika ... 289
42.12. Ebola ... 290
42.13. Bartonelose (Doença da Arranhadura do Gato) ... 290
42.14. Doença de Lyme (Borreliose) ... 290
42.15. Febre Maculosa ... 290

Capítulo 43 - Parasitoses

43.1. Introdução às Parasitoses ... 292
43.2. Protozoários ... 292
43.3. Helmintos ... 294
43.4. Esquistossomose (ou Doença de Manson-Pirajá) ... 298
43.5. Doença de Chagas ... 299

ANOTAÇÕES:

IMUNODEFICIÊNCIA ADQUIRIDA

39.1. Fisiopatologia do HIV

➔ O vírus da imunodeficiência humana (HIV) é um retrovírus! É um vírus de RNA e seu material genético precisa ser transcrito de forma "reversa" em DNA para conferir sua infectividade. Sua superfície é formada por glicoproteínas (gp120 e gp41) e seu envelope interno, pelo antígeno p24.

Ciclo replicativo do HIV

O primeiro evento é a ligação da gp120 ao CD4 (expresso por linfócitos T-*helper*, monócitos/macrófagos, células dendríticas/de Langerhans). A interação com o CD4 promove uma mudança conformacional na gp120 e expõe um sítio para ligação com os correceptores CCR5 e CXCR4 do

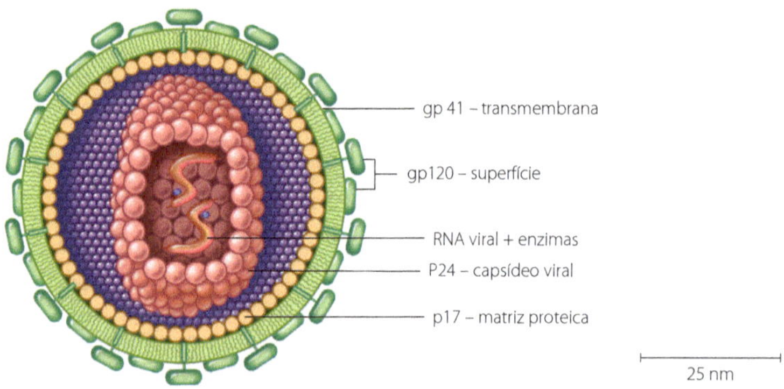

► Estrutura do vírus HIV (100 nm). O envelope é constituído pela membrana proveniente da célula do hospedeiro onde está acoplada a proteína de superfície (gp120) e a de transmembrana (gp41). Internamente, estão a proteína matriz (p17) e o capsídeo viral (p24), que envolve o material genético formado por duas moléculas de RNA, além das enzimas necessárias para o início do ciclo viral (protease, transcriptase reversa e integrase) e das proteínas nucleares (p7 e p6).

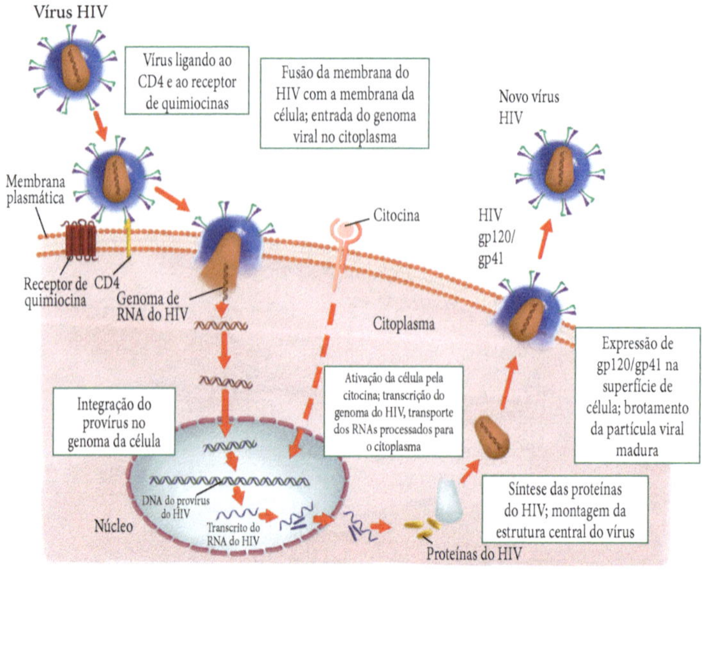

hospedeiro. A ligação nesses correceptores leva a uma alteração conformacional que expõe a gp41, responsável pela fusão entre o envelope externo do vírus e a membrana da célula. Dessa forma, proporciona-se a inoculação do capsídeo no citoplasma, que sofrerá a ação da transcriptase reversa (RNA → $DNA_{FITA\ DUPLA}$), sendo integrado pela integrase no DNA humano.

Uma vez integrado, ele é lido, gerando novos RNA virais que serão clivados pela protease e exteriorizados por um brotamento da superfície celular, "roubando" parte de sua membrana.

> ➔ Devido à baixa fidelidade da enzima transcriptase reversa, a cada ciclo replicativo surgem mutações genéticas, garantindo ao vírus uma heterogenicidade molecular.

Fisiopatogênese

O vírus compromete os linfócitos T $CD4^+$, levando à destruição pela replicação viral (efeito citopático) e pela destruição indireta por meio da citotoxicidade dos linfócitos T $CD8^+$ (o sistema imune reconhece e agride as células infectadas).

O HIV leva a um processo de ativação imunológica com exaustão celular de linfócitos T $CD4^+$ de forma contínua e exagerada, além de disfunção endotelial e aterosclerose acelerada devido ao estado inflamatório crônico. A inflamação é proveniente da destruição de tecido linfoide associado ao trato gastrointestinal (GALT) (rico em $CD4^+$), responsável pela defesa dos patógenos ingeridos presentes no tubo digestivo. Quando destruído, favorece a translocação bacteriana intestinal, que acentua as respostas inflamatória e imunológica.

> ➔ Qualquer processo infeccioso ou vacinação produz estímulos antigênicos, resultando em ativação imunoinflamatória. Sendo assim, qualquer infecção/vacinação, em conjunto com o HIV, potencializa a replicação do HIV – transativação heteróloga do HIV (↓ CD4 e ↑ carga viral).

Epidemiologia

A maioria dos casos é proveniente do HIV-1 do grupo M, sendo o HIV-2 encontrado apenas no oeste da África. A síndrome de imunodeficiência adquirida (AIDS) é uma doença de notificação compulsória de qualquer indivíduo que apresenta o vírus HIV. Atualmente a razão entre os sexos é de 1,7:1 (homens:mulheres). Na faixa etária de 13-19 anos existe uma inversão dessa razão.

Prevalência do HIV nos subgrupos
■ Homens que fazem sexo com homens (HSH): 10,5%
■ Usuários de drogas ilícitas (UD): 5,9%
■ Profissionais do sexo (PS): 4,9%

Transmissão

A principal via de disseminação do HIV no mundo é o sexo heterossexual! Sabe-se que a eficiência na transmissão sexual do HIV é maior homem → mulher (tendo em vista o depósito do sêmen), além de as mulheres apresentarem uma ectopia cervical, o que facilita a invasão. Na hemotransfusão e no transplante de órgãos, o risco de contágio é > 90%! Na transmissão vertical, varia de 0,6% a 33%, se houver tratamento.

Fatores que modificam a eficiência da transmissão sexual do HIV
1. Infecção sexualmente transmissível (IST): aumenta a chance de transmissão por concentrar células $CD4^+$ ativas.
2. Carga viral: aumenta a chance de transmissão quando há alta viremia.
3. Terapia antirretroviral (TARV): diminui a chance de transmissão, pois 92% dos usuários apresentam carga viral abaixo do limiar de detecção.
4. Circuncisão: diminui a chance de transmissão, já que reduz a probabilidade de trauma local.
5. Uso de ACO: aumenta a chance de transmissão por deixar a mucosa vaginal mais suscetível à penetração do vírus.

Transmissão sexual	
Sexo anal	~1,4%
Sexo vaginal receptivo	0,12%
Sexo peniano receptivo	0,08%
Sexo oral	0,0001%

Fluidos corporais *versus* transmissão	
Transmitem	Não transmitem
■ Sangue ■ Sêmen ■ Liquor ■ Líquidos: sinovial, vaginal, amniótico, pleural, peritoneal, pericárdico	■ Fezes ■ Lágrima ■ Saliva ■ Urina ■ Escarro ■ Secreção nasal ■ Vômito ■ Suor

Acidentes ocupacionais e risco de transmissão	
Exposição percutânea (acidente perfurocortante)	~0,3%
Exposição de mucosa	~0,09%
Exposição de pele não íntegra	< 0,09%
Exposição de pele íntegra	Desconhecida

Diagnóstico

≤ 18 meses	Realiza-se o diagnóstico pela carga viral confirmada por 2 exames positivos, tendo em vista que os anticorpos anti-HIV detectados no sangue podem ter sido produzidos pela mãe.
> 18 meses	O diagnóstico é dividido em 2 etapas (triagem e confirmação).

Triagem

Realizam-se exames (ensaio imunossorvente ligado à enzima [ELISA]) que detectam os anticorpos anti-HIV. Atualmente o ELISA 4ª geração é capaz de detectar anticorpos e antígenos p24. Há também a possibilidade de realizar testes rápidos.

Para resultados negativos

Recomenda-se retestar o paciente em 30 dias para diminuir as chances de janela imunológica.

Para resultados positivos

A amostra de sangue é encaminhada para o teste confirmatório (RNA ≥ 5.000 cópias), exceto no teste rápido positivo, quando é realizado um segundo teste rápido (ImunoBlot rápido).

Confirmação

É feita mediante testes de alta especificidade. Atualmente, o Western Blot e o ImunoBlot têm 99,7% de especificidade.

Para resultados positivos

Recomenda-se repetir o exame da etapa de triagem com uma nova amostra.

Para resultados negativos

Repete-se todo o fluxograma em 30 dias para diminuir as chances de janela imunológica.

39.2. Manejo do Paciente HIV$^+$

A contagem de CD4$^+$ é o principal indicador do prognóstico do óbito em pacientes imunodeprimidos pelo HIV. Além do CD4, recomenda-se avaliar o risco cardiovascular (pelo escore de Framingham) e a função neurocognitiva (pelo questionário IADL).

Exames complementares para pacientes HIV$^+$
■ Carga viral ■ Hemograma ■ Lipidograma ■ Glicemia de jejum ■ Função hepática ■ Função renal ■ Elementos anormais e sedimentoscopia EAS ■ PPF ■ Pesquisa laboratorial de doenças venéreas (VDRL) ■ Hepatites ■ Toxoplasmose ■ Tuberculose (teste cutâneo de tuberculina [PPD]) ■ Raios X (RX) de tórax ■ Sorologia para doença de Chagas

Imunização

Apesar da transativação heteróloga do HIV, recomenda-se evitar as vacinas com agentes vivos. De acordo com as diretrizes, os pacientes com CD4 > 350 cél/mm^3 devem se vacinar! Aqueles com valores CD4 < 200 cél/mm^3 não devem se vacinar! Quanto a valores intermediários, é necessário avaliar o risco da proteção da vacina e da imunodepressão.

Terapia antirretroviral

➔ Está indicada para todas os indivíduos HIV$^+$, independentetemente do CD4 e dos sintomas!

Apesar de nem sempre ocorrer benefício clínico, o objetivo do Ministério da Saúde é reduzir a transmissão da infecção. Recomenda-se, inicialmente, começar pelo esquema de 2 inibidores da transcriptase reversa de nucleosídeo (ITRN) + 1 inibidor da transcriptase reversa de não nucleosídeo (ITRNN). A TARV é utilizada com a finalidade de diminuir a carga viral a níveis indetectáveis e restaurar a imunidade do paciente (aumentando os níveis de CD4).

Inibidores da transcriptase reversa		
Nucleosídeo (ITRN)	AZT	Mielotoxicidade
	3TC	Pancreatite, neuropatia periférica
	TDF	Nefrotoxicidade
Não nucleosídeo (ITRNN)	EFV	Alterações do SNC, alucinações, teratogênico
	NVP	*Rash* cutâneo, hepatopatia

Inibidores de		
Protease	LPV/r	Dislipidemia
Fusão	T-20 (enfuvirtida)	Hipersensibilidade sistêmica
Integrase	MK-0518 (raltegravir/dolutegravir)	Insônia, fadiga
Antagonistas CCR5	Maraviroc	↑ BT, ↑ TGO/TGP

Esquemas terapêuticos		
Primeira linha	Dolutegravir (DTG) +	TDF + 3TC
Coinfecção HIV-tuberculose (TB)	EFV +	
Gestante ou TB grave	Raltegravir (RAL) +	

Falha terapêutica
■ Falha virológica: carga viral detectável após 6 meses de TARV. ■ Falha imunológica: aumento < 30% na contagem CD4 após 1 ano de TARV. ■ Falha clínica: ocorrência de doenças oportunistas.

39.3. Manifestações Clínicas

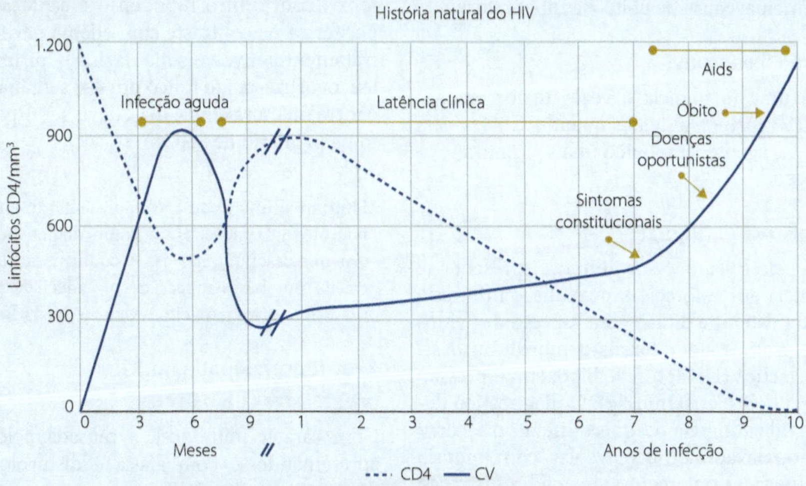

▶ Curvas evolutivas do linfócito CD4⁺ e da carga viral (CV) ao longo da infecção natural.

Infecção aguda

É o intervalo de 4 semanas entre o contágio e a soroconversão (surgimento de anticorpos anti-HIV). Cerca de 70% dos indivíduos infectados manifestam a síndrome retroviral aguda (SRA), que representa algumas manifestações clínicas características do período de maior infectividade e maior taxa de replicação viral. Frequentemente ocorrem: febre, mialgia, faringite, *rash* cutâneo, linfadenopatia, infecções oportunistas. A confirmação diagnóstica é feita pela pesquisa de RNA viral no sangue (carga viral) ou pesquisa de antígeno p24.

Fase de latência clínica

Representa o período pós-SRA, com duração média de 10 anos. Ocorre uma queda de 50 cél/ano e o paciente se manifesta com linfadenopatia generalizada progressiva (LGP) > 1 cm em 2 ou mais cadeias extrainguinais por mais de 3 meses! O diagnóstico é confirmado pela pesquisa de anti-HIV. Com o decorrer do tempo, o paciente apresenta outras manifestações, atingindo diversos órgãos e sistemas do corpo.

Set point viral
É a quantidade de cópias na fase de latência. Quando o *set point* é alto, representa um encurtamento da história natural do paciente. Atualmente, vacinas estão sendo pesquisadas com o objetivo de proporcionar um *set point* viral tão baixo que o paciente não desenvolverá a doença.

Síndrome da reconstituição imune (SRI)
É uma lesão em órgãos e tecidos do hospedeiro decorrente da reação inflamatória desencadeada pela queda da carga viral e pelo aumento do CD4⁺. Esse processo ocorre porque, em situações de CD4⁺ muito baixo, há disseminação de diversos agentes patogênicos pelo corpo do paciente (como fungos, vírus, bactérias e neoplasias). Com a TARV, a carga viral é suprimida e o CD4 aumenta. Sendo assim, o sistema imune passa a reagir contra os diversos agentes patogênicos, resultando em uma resposta inflamatória extremamente intensa.

39.4. Fases Sintomática e Sistêmica

Fase sintomática	
Precoce: $CD4^+$ = 200-500 cél/mm^3	AIDS: $CD4^+$ < 200 cél/mm^3

Manifestações respiratórias

A forma mais comum de apresentação é a pneumonia, e a principal causa de óbito é a tuberculose.

Pneumonia bacteriana

Apresenta uma incidência 6 vezes maior em pacientes HIV^+, principalmente quando CD4 = 300 cél/mm^3. O agente etiológico mais comum é o pneumococo.

Pneumocistose pulmonar

É causada pelo *Pneumocystis jirovecii*. Apresenta-se com dispneia aos esforços, hipoxemia e infiltrado intersticial bilateral e difuso com aspecto de "vidro fosco". Os exames laboratoriais demonstram desidrogenase láctica (DHL) > 500, hipoxemia (pressão de oxigênio [PO_2] < 70 mmHg). O diagnóstico definitivo é realizado pela pesquisa direta no escarro induzido ou lavado broncoalveolar com biópsia transbrônquica. O tratamento visa à administração de sulfametoxazol-trimetoprima por 21 dias e glicocorticoide em casos de hipoxemia.

Tuberculose

Apresenta uma incidência 100 vezes maior em pacientes HIV^+. Afeta principalmente o ápice com formação cavitária (quando $CD4^+$ > 350) e miliar/difusa ($CD4^+$ < 350). O diagnóstico de TB é confirmado por baciloscopia e cultura para bacilo de Koch (BK) com teste de sensibilidade. Caso confirmado o diagnóstico, institui-se o esquema rifampicina, isoniazida, pirazinamida e etambutol (RIPE) e retorna-se à TARV em 2 semanas pós-tratamento. Pacientes que apresentem PPD ≥ 5 mm são denominados portadores de infecção latente por TB e tratados com isoniazida por 6 meses associada à piridoxina.

Manifestações neurológicas

Neurocriptococose

A meningite criptocócica (*Cryptococcus neoformans*) é a principal causa de meningite na AIDS. Apresenta-se com febre, cefaleia, confusão mental e hipertensão liquórica significativa. O diagnóstico é pela pesquisa direta do *C. neoformans* em tinta nanquim, pesquisa do antígeno criptocócico ou cultura do liquor. O tratamento é realizado com a administração de anfotericina B por 2 semanas associada a fluconazol por 8 semanas.

Neurotoxoplasmose

É a principal etiologia de lesão cerebral com efeito de massa na AIDS. Causada pelo *Toxoplasma gondii*, é classificada como uma lesão focal e apresenta-se com hemiparesia e crise convulsiva. O diagnóstico é feito pelas alterações radiológicas clássicas (lesões focais com centro hipodenso e captação "anelar"/periférica de contraste com edema perilesional). O tratamento envolve sulfadiazina + pirimetamina + leucovorin + ácido fólico por 4-6 semanas; caso não ocorra melhora em 14 dias, deve-se suspeitar de linfoma primário de SNC.

> Linfoma primário do SNC: apresentação idêntica à da neurotoxoplasmose, entra como diagnóstico diferencial nos casos refratários. A confirmação diagnóstica é feita por biópsia, reação em cadeia da polimerase (PCR) liquórica para citomegalovírus e radioterapia.

Leucoencefalopatia multifocal progressiva (LEMP)

Com caráter multifocal, é causada pelo vírus JC, apresentando-se com afasia e distúrbio visual. O diagnóstico é pela PCR liquórica para o vírus JC associada a múltiplas lesões desmielinizantes na substância branca das regiões occipitais e parietais do cérebro ao exame de imagem e pelas áreas hiperdensas em T2 na ressonância magnética (RM). Não existe tratamento específico, apenas o uso de TARV para melhorar a imunidade.

Demência por HIV

Tem caráter de lesão difusa. Apresenta-se com atrofia cerebral e alteração cognitiva/comportamental. O tratamento é a TARV.

Manifestações oculares

A principal é a retinite por citomegalovírus (CMV), que ocorre quando CD4 < 50 cél/mm^3. Caracteriza-se pela perda visual progressiva e indolor e o quadro inicial é o surgimento de "manchas flutuantes" e cintilações espontâneas no campo visual. O diagnóstico é obtido por fundoscopia e pesquisa de DNA do CMV. O tratamento inclui fármacos anti-herpesvírus.

Manifestações neoplásicas

São consideradas doenças definidoras de AIDS = sarcoma de Kaposi, linfoma não Hodgkin, carcinoma cervical invasivo, câncer de colo de útero (papilomavírus humano [HPV]).

Manifestações cardiovasculares

A principal é a doença coronariana obstrutiva ou cardiomiopatia induzida pelo HIV.

Manifestações do tubo digestivo

Apresentam-se com lesões orofaríngeas (úlceras aftosas, leucoplasia pilosa, candidíase), lesões de esôfago (cândida, herpes simples, CMV), além de lesões em estômago, intestino, pâncreas e fígado.

Manifestações renais e genitourinárias

Apresentam-se com proteinúria, azotemia progressiva e rins de tamanho aumentado.

Manifestações endocrinometabólicas

Doenças ósseas, tireoidopatia, hipogonadismo.

Manifestações dermatológicas

Dermatite seborreica, foliculite, psoríase, herpes-zóster.

39.5. Prevenção contra o HIV

➔ Cerca de 0,6% da população geral e 5% da população de "alto risco" apresentam infecção pelo HIV.

Prevenção da transmissão	Sexual	A abstenção total do sexo é a forma efetiva, todavia, mediante a inviabilidade dessa medida, preconiza-se o sexo seguro com o uso de preservativos. Estão sendo estruturadas outras estratégias como utilização de gel virucida, circuncisão masculina, uso pré-exposição a fármacos ARV.
	Em usuários de drogas ilícitas injetáveis	Recomenda-se a interrupção do uso, no entanto, ante a inviabilidade dessa medida, preconiza-se a distribuição gratuita de agulhas e seringas em troca das usadas (tal medida não aumenta o uso de drogas injetáveis).
	Após acidentes ocupacionais	Recomenda-se a avaliação do risco e uso da profilaxia pós-exposição ao HIV (PEP) ocupacional.

Profilaxia pós-exposição
A) Avaliar se o material é infectante
B) Avaliar os envolvidos: ■ Acidentado HIV⁺: não se recomenda a profilaxia. ■ Paciente fonte negativo: não se recomenda a profilaxia. ■ Paciente fonte positivo ou desconhecido: recomenda-se a profilaxia.
C) Profilaxia ■ É ideal instituir o tratamento em < 2 horas, sendo o máximo em 72 horas. Recomenda-se o uso de DTG + TDF + 3TC por 28 dias.

CAPÍTULO 40

PNEUMONIAS

40.1. Pneumonia Comunitária

A pneumonia (PNM) é caracterizada como um processo inflamatório agudo do parênquima pulmonar decorrente da infecção por algum micro-organismo. A pneumonia adquirida na comunidade (PAC) representa a pneumonia em pacientes:

- sem história de internação > 48 h nos últimos 90 dias;
- não oriundos de casas de repouso e *home care*;
- sem história de uso de antibióticos;
- que não realizam diálise.

Histopatologia

A instalação do processo pneumônico evolui em 4 fases:

Congestão	Multiplicação de bactérias no interior dos alvéolos com ingurgitamento de sangue devido à vasodilatação
Hepatização vermelha	Exsudação de hemácias, neutrófilos e fibrina para o interior dos alvéolos
Hepatização cinzenta	Desintegração do exsudato - fase supurativa
Resolução	-

Instalada a pneumonia, ela se diferencia em dois tipos:

- pneumonia lobar (caracterizada pela consolidação alveolar extensa);
- broncopneumonia (caracterizada pela consolidação alveolar multifocal na região peribrônquica).

Manifestações clínicas

No geral, o paciente se apresenta com tremores, calafrios, febre alta, dor torácica e pleurítica, tosse produtiva com expectoração purulenta, taquipneia, taquicardia, hipertermia, estertores inspiratórios, síndrome de consolidação (sopro tubário e aumento do frêmito toracovocal) e derrame pleural (abolição do murmúrio vesicular e do frêmito toracovocal).

Os exames laboratoriais inespecíficos revelam leucocitose neutrofílica entre 15.000-35.000/mm^3 com desvio à esquerda.

A radiografia de tórax evidencia um infiltrado alveolar do tipo broncopneumônico, todavia não é capaz de confirmar nem excluir a doença.

➔ Quanto mais idoso e mais debilitado for o paciente, maior será a chance de o quadro clínico se distanciar do comum, apresentando uma desorientação inexplicada.

Principais sintomas da pneumonia infecciosa	
Sistêmico	■ Febre alta ■ Calafrios
Central	■ Dores de cabeça ■ Perda de apetite ■ Mudança de humor
Pele	■ Transpiração excessiva ■ Coloração azulada
Vascular	■ Pressão arterial baixa
Pulmões	■ Tosse com catarro ou muco ■ Falta de ar ■ Dor torácica pleurítica ■ Hemoptise
Coração	■ Taquicardia
Gastrintestinal	■ Náuseas ■ Vômitos
Muscular	■ Fadiga ■ Dores musculares
Articulações	■ Dores

Diagnóstico

É feito com base nos achados clinicolaboratoriais em conjunto com a radiografia de tórax nas incidências posteroanterior (PA) e perfil. A radiografia pode demonstrar agentes típicos (broncopneumonia e pneumonia lobar) ou agentes atípicos (padrão intersticial). A procura do agente etiológico é recomendada se houver necessidade de internação e alteração do antibiótico.

Agentes etiológicos

PNM	Comunitária	*S. pneumoniae, Mycoplasma pneumoniae, Chlamydophila pneumoniae,* vírus respiratórios, *H. influenzae, Legionella pneumophila.*
	Doença pulmonar obstrutiva crônica (DPOC)	*H. influenzae, S. pneumoniae, Moraxella catarrhalis.*
	Lactente	*Staphylococcus aureus.*
	Com derrame	*Staphylococcus aureus, Pneumococcus, S. pyogenes, Klebsiella.*
	Usuários de drogas ilícitas	*Staphylococcus aureus.*

Pneumonia "típica"
É caracterizada por início hiperagudo de febre alta com calafrios, queda do estado geral, dor pleurítica, imagens de consolidação alveolar na radiografia de tórax e tosse com expectoração esverdeada. ■ Cora bem pelo método de Gram e responde aos betalactâmicos.
Pneumonia "atípica"
É caracterizada por progressão mais lenta e predominância de sintomas sistêmicos sobre os respiratórios. ■ Não cora bem pelo método de Gram e não responde de forma favorável aos betalactâmicos.

Tratamento

Para realizar o tratamento é necessário investigar se é preciso internar ou não o paciente. A estratificação é feita mediante os critérios de CURB-65, julgamento clínico e critérios para a internação na unidade de terapia intensiva (UTI) (1 critério maior ou 3 menores).

CURB-65	
C	Confusão mental
U	Ureia ≥ 43 mg/dl
R	Frequência cardíaca (FR) ≥ 30 irpm
B	Pressão arterial sistólica (PAS) < 90 ou PA diastólica (PAD) < 60 mmHg
65	Idade ≥ 65 anos
CURB-65	0 ou 1: tratar ambulatorialmente. 2: avaliar o julgamento clínico. ≥ 3: é necessário internar.

PAC grave – internar em UTI	
Critérios maiores	
Choque séptico necessitando vasopressores	
Ventilação mecânica invasiva	
Critérios menores	
FR = 30 irpm	$PaO_2/FiO_2 < 250$
Infiltrado multilobar	Confusão/Desorientação
Ureia ≥ 43 mg/dl	Leucopenia < 4.000/mm³
Plaquetas < 100.000/mm³	Hipotermia

Tratamento		
Ambulatorial	Sem fator de risco para pneumococo resistente	Betlactâmico
		Macrolídeo
	Com fator de risco para pneumococo resistente	Fluoroquinolona respiratória
		Macrolídeo + betalactâmico
Enfermaria	Fluoroquinolona respiratória	
	Macrolídeo + betalactâmico	
UTI	Mínimo	Betalactâmico + macrolídeo/fluoroquinolona
	Pseudomonas aeruginosa	Betalactâmico + fluoroquinolona
		Aminoglicosídeo + azitromicina/quinolona
	Staphylococcus aureus resistente à meticilina (MRSA)	Adicionar vancomicina ou linezolida

Fármacos	
Fármacos	Macrolídeos: azitromicina, claritromicina, eritromicina.
	Flouroquinolonas respiratórias: moxifloxacino, gemifloxacino, levofloxacino.
	Betalactâmicos[1]: amoxicilina, amoxicilina + clavulanato, ceftriaxona, cefodoxima, cefuroxima.
	Betalactâmicos[2]: ceftriaxona, cefoxtaxima, ampicilina + sulbactama.
	Betalactâmicos[3]: piperacilina-tazobactama, cefepima, imipenem, meropenem.

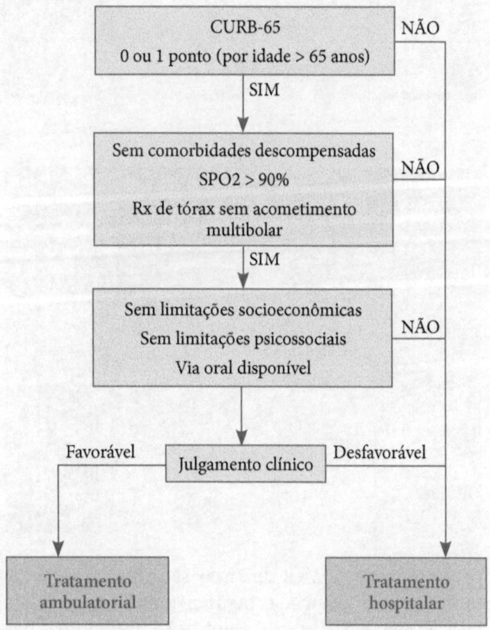

40.2. Agentes Etiológicos Específicos

Pneumonia pneumocócica

Causada pelo *Streptococcus pneumoniae* (diplococo Gram-positivo), é responsável por 40% dos casos de pneumonia comunitária. Apesar de poder mimetizar quaisquer quadros clínicos e padrões radiológicos das outras pneumonias, geralmente apresenta um padrão arredondado, sendo confundido com um pseudotumor – pneumonia redonda (*round pneumoniae*) e derrame pleural.

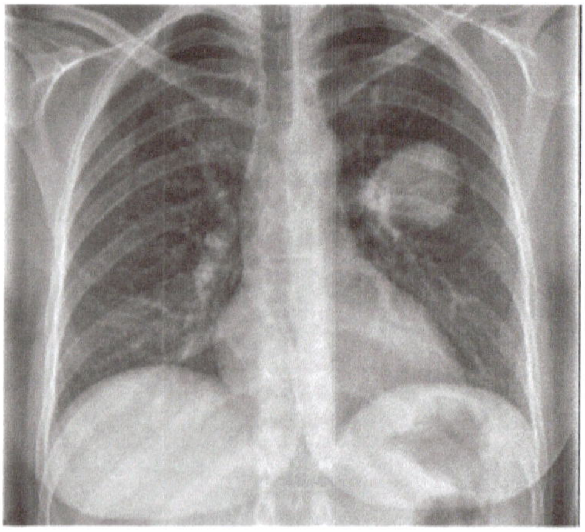

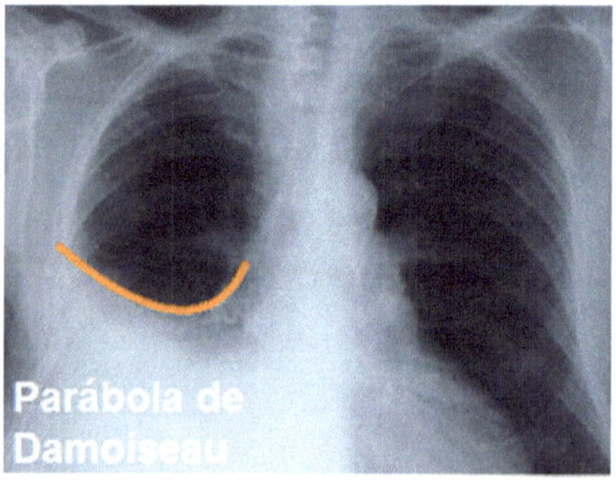

Os principais fatores de risco são doenças debilitantes, idade avançada, insuficiência renal crônica (IRC), neoplasias e transplante. O tratamento é baseado no uso de betalactâmicos.

Pneumonia estafilocócica

Provocada por um *Staphylococcus aureus* (coco Gram-positivo), acomete crianças com menos de 1 ano de idade, usuários de drogas ilícitas endovenosas, pacientes debilitados, pós-influenza e fibrose cística. É responsável por causar pneumonia grave com letalidade elevada.

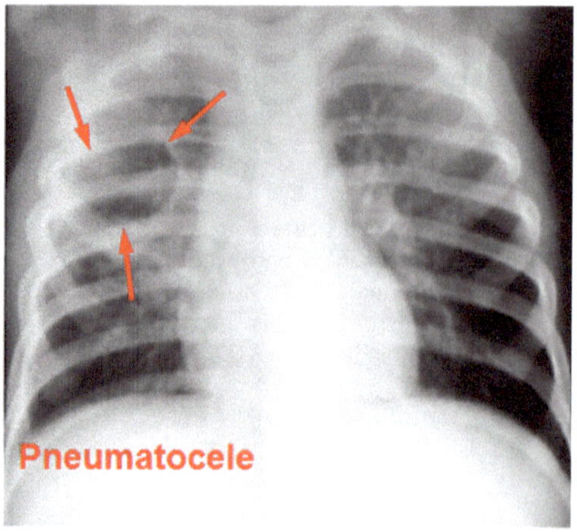

→ Apresenta manifestações como derrame parapneumônico, piopneumotórax e pneumatoceles.

As pneumatoceles são cistos de paredes finas provenientes da passagem de ar ao interstício subpleural por meio de pequenos orifícios bronquiolares. A pneumonia por S. aureus pode se tornar necrosante e cavitária, com formação de abscessos pulmonares. O tratamento envolve o uso de oxacilina venosa, clindamicina ou amoxicilina-clavulanato.

Pneumonia por *Streptococcus pyogenes*

Causada por um coco Gram-positivo, essa pneumonia é proveniente de uma faringoamigdalite aguda purulenta que evolui para broncopneumonia com grande incidência de derrame parapneumônico de natureza empiematosa.

Pneumonia por *Haemophilus influenzae*

Provocada por um cocobacilo Gram-negativo, acomete especialmente pacientes com DPOC. Além disso, afeta crianças entre 3 meses e 5 anos e idosos > 65 anos de idade.

Pneumonia por *Moraxella catarrhalis*

Causada por um diplococo Gram-negativo, acomete especialmente pacientes com DPOC.

Pneumonia de Friedlander (*Klebsiella pneumoniae*)

Provocada por um bastonete Gram-negativo, afeta especialmente pacientes graves, alcoólatras e diabéticos.
É responsável por causar uma pneumonia grave, marcada por extenso infiltrado pulmonar, que evolui para pneumonia lobar. Quando acomete o lobo superior, ocorre a formação de um abaulamento na sua borda inferior, resultando em um aspecto de pneumonia do lobo pesado.

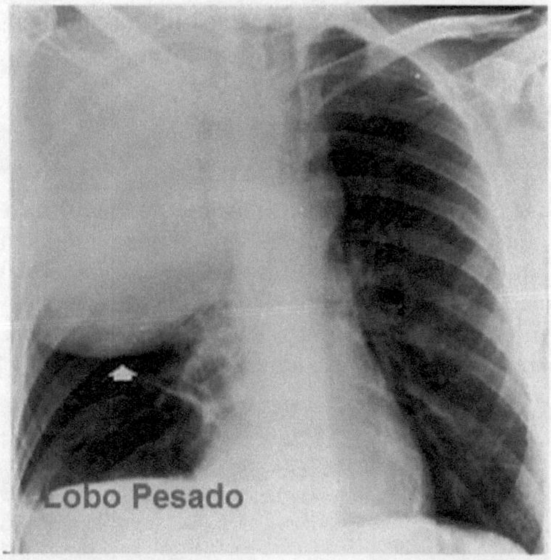

➔ O **tratamento** é feito com cefalosporinas de 3ª geração (ceftriaxona, cefotaxima) ou 4ª geração (cefepima) ou com quinolonas respiratórias.

Pneumonia aspirativa por anaeróbios

É decorrente de uma macroaspiração (grande quantidade de secreção faríngea aspirada) de bactérias patogênicas de alta virulência que ocorre em pacientes com queda do nível de consciência, disfagia motora, alcoólatras.

➔ A microaspiração é normal no sono de pessoas hígidas.
➔ Polimicrobiana: anaeróbios + aeróbios.

A presença de dentes em mau estado de conservação é um fator de risco para a flora de anaeróbios na orofaringe. A pneumonia por anaeróbios é mais comum no pulmão direito, que recebe maior quantidade de material aspirado (brônquio fonte direito retificado). O segmento posterior do lobo superior é o local mais comum, seguido pelo segmento superior do lobo inferior.
As principais manifestações são padrão broncopneumônico e consolidativo, empiema e abscesso pulmonar. O fármaco de escolha para o tratamento é a clindamicina ou a associação amoxicilina-clavulanato.

Síndrome de Mendelson
É a pneumonite química aspirativa decorrente da aspiração de vômito. Manifesta-se em algumas horas após a aspiração.

Legionelose (ou doença dos legionários)

É causada pelo cocobacilo Gram-negativo presente em águas aquecidas, sistemas de abastecimento, ares-condicionados. A legionelose tem alta gravidade e letalidade. As principais manifestações envolvem febre alta, sinal de Faget (dissociação pulso-temperatura), hiponatremia e elevação de enzimas hepáticas. O diagnóstico é confirmado pelo teste do antígeno urinário positivo, e o tratamento é feito com macrolídeo (antibiótico).

Pneumonia por *Mycoplasma pneumoniae*

Causada por um bastonete procariótico, acomete indivíduos de 5-20 anos de idade. O diagnóstico é feito pelo teste de fixação do complemento em títulos ≥ 1:32 ou pela viragem sorológica de 4× em 15-21 dias. Outro método diagnóstico é o teste da crioaglutinina. O tratamento envolve a administração de macrolídeos ou fluoroquinolona.

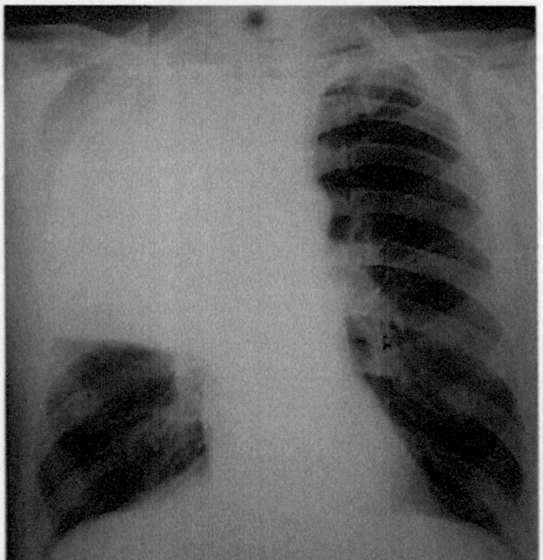

Manifestações extrapulmonares

- **Miningite bolhosa:** presença de vesículas na membrana timpânica.
- **Anemia hemolítica por crioaglutininas:** os autoanticorpos da imunoglobulina M (IgM) ou as crioaglutininas reagem contra os antígenos I na hemácia.
- **Eritema multiforme maior (síndrome de Stevens-Jonhson):** presença de lesões eritematovesiculares do tipo "em alvo".
- **Fenômeno de Raynaud:** espasmo das pequenas artérias distais desencadeado pelo frio.

Um teste à beira de leito pode ser feito mediante a refrigeração, por 3-4 minutos, do sangue do paciente no tubo de coagulograma. Observa-se a formação de pequenos grumos aderidos à parede do tubo que se desfazem ao se reaquecer o sangue.

Pneumonia por *Chlamydophila pneumoniae*

O início do quadro se assemelha a uma virose de vias aéreas respiratórias superiores que se manifesta de forma similar à pneumonia por micoplasma. Acomete indivíduos de 65-80 anos de idade. O teste diagnóstico é pela microimunofluorescência indireta. O tratamento visa ao uso de macrolídeos (antibióticos).

Psitacose

É decorrente de uma infecção pela *Chlamydophila psittaci*, que acomete aves e humanos. A ave é responsável pela contaminação do ser humano pela via respiratória. Os sintomas se apresentam com uma hepatoesplenomegalia, e o diagnóstico é confirmado pela fixação do complemento e microimunofluorescência. O tratamento é feito com doxiciclina.

Pneumonia viral (vírus *Influenza* e outros)

Os principais vírus são *influenza*, *parainfluenza* e adenovírus. A pneumonia viral se manifesta com sintomas respiratórios altos e geralmente evolui para pneumonia bacteriana secundária ou pneumonia viral grave/mista. O tratamento desse faz com antivirais como a amantadina.

40.3. Pneumonia Nosocomial

Pneumonia nosocomial (ou hospitalar)

É a ocorrência de pneumonia após 48 horas da admissão hospitalar.

A fisiopatologia se deve à modificação da flora bacteriana normal do paciente pelo ambiente hospitalar somada à doença debilitante (motivo da internação) e ao estresse causado pela internação. O paciente fica suscetível à colonização da orofaringe por bastonetes Gram-negativos entéricos. A colonização da orofaringe é proveniente da proliferação bacteriana no estômago (devido ao pH gástrico elevado [> 4]) que ascende para a orofaringe pela posição supina ou pelo cateter nasogástrico do paciente.

- A pneumonia também pode ocorrer pela contaminação por Gram-negativos e *S. aureus* pelas mãos dos profissionais da saúde – contaminação cruzada horizontal.

Classificação
■ Precoce: ocorre de 48 horas até 4 dias. Acomete pacientes sem internação prévia ou uso prévio de antibióticos nos últimos 90 dias.
A flora orofaríngea ainda se parece com a flora normal. É causada geralmente por *S. pneumoniae*, *H. influenzae* e *Enterobacteriaceae* não resistente a múltiplas drogas (MDR). O tratamento inclui betalactâmicos associados a inibidores da betalactamase, cefalosporinas de 3ª geração, quinolona respiratória.
■ Tardia: ocorre após 5 dias. Acomete pacientes que já estiveram internados ou nos últimos 90 dias usaram antibióticos, corticoides, imunossupressores, passaram por neurocirurgia, ventilação mecânica, ou apresentaram síndrome do desconforto respiratório agudo (SDRA).
A flora orofaríngea já está modificada. É causada geralmente por *P. aeruginosa*, *Acinetobacter*, *S. aureus* e *Enterobacteriaceae* MDR. Para o tratamento utilizam-se betalactâmicos associados a inibidores da betalactamase, cefalosporinas de 4ª geração, carbapenêmicos (se betalactamase de amplo espectro [ESBL]), vancomicina/teicoplamina/linezolida (MRSA) e polimixina B (metalobetalactamase "New Delhi" [NDM-1] ou *Klebsiella pneumoniae* carbapenemase [KPC]).

Pneumonia associada à ventilação mecânica (PAVM)

Surge após 48-72 horas de intubação endotraqueal com ventilação mecânica invasiva.

A fisiopatologia deve-se à formação de biofilme bacteriano na face interna do tubo endotraqueal. O biofilme atua como uma fonte de microêmbolos infectantes para os alvéolos pulmonares. Além disso, há o acúmulo de material aspirado em região subglótica ao redor da passagem do tubo endotraqueal pela traqueia, logo acima do balonete de fixação endotraqueal. A *Pseudomonas aeruginosa* é o principal agente etiológico e o *Stenotrophomonas maltophilia* é sensível apenas a sulfametoxazol-trimetroprima.

Pneumonia relacionada com cuidados de saúde

É a aquela que ocorre em pacientes residentes em casas geriátricas ou em sistema de internação domiciliar, pacientes que receberam antibioticoterapia ou quimioterapia recente (menos de 30 dias) ou que passaram por diálise.

40.4. Abscesso, Derrame Pleural e Empiema

Abscesso pulmonar

É a lesão cavitária com tamanho > 2 cm localizada no parênquima pulmonar contendo secreção purulenta. Ocorre devido à necrose de uma área do parênquima por um germe destrutivo. Os principais agentes etiológicos são as bactérias anaeróbias.

As manifestações clínicas são febre, sudorese noturna, tosse produtiva e expectoração de grande quantidade de material purulento e fétido. A radiografia de tórax demonstra lesões cavitadas contendo nível hidroaéreo em seu interior. O tratamento é feito com antibióticos por 3-4 semanas associados à drenagem cirúrgica para abscessos maiores de 8 cm ou não melhora do quadro após 5 dias.

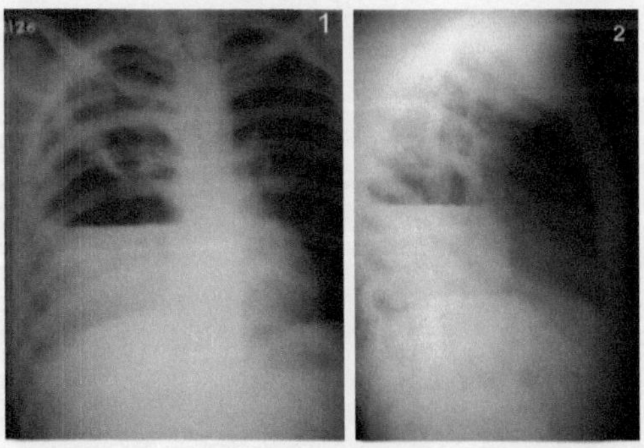

Derrame parapneumônico

É caracterizado pela a presença de derrame pleural associado à pneumonia. Sempre deve ser puncionado. Na radiografia de tórax, nota-se velamento do seio costofrênico na incidência posteroanterior com altura superior a 5 cm na radiografia de tórax-perfil ou presença de velamento na incidência de Lawrell maior que 1 cm ou acometimento de mais de 20% de um hemitórax.

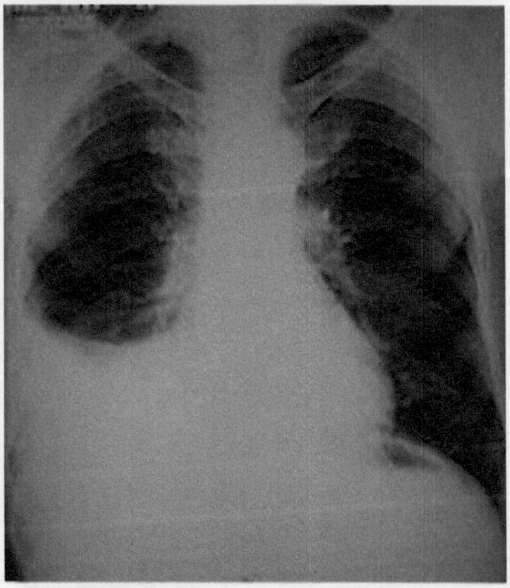

Nos casos de velamento positivo em posição ortostática e negativo em incidência de Lawrell, deve-se proceder à ultrassonografia (US) para avaliar a possibilidade de o derrame estar cavitado. Aos casos cavitados, recomenda-se a pleuroscopia.

Classificação

- Simples: é decorrente da inflamação do parênquima pulmonar, que se estende para a pleura visceral e exsuda para a cavidade pleural. Não há necessidade de intervenção.
- Complicado: Deve-se à invasão do espaço pleural pelas bactérias piogênicas da pneumonia, com presença de glicose < 60 mg/dl, pH < 7,20; desidrogenase láctica (DHL) > 1.000, devendo ser sempre drenado por toracostomia em selo d'água.

➔ A retirada do dreno ocorre somente após a melhora clínica e laboratorial do paciente associada a reexpansão completa da cavidade e drenagem pelo tubo < 50 ml/dia.

➔ Para pacientes que não melhoram após a drenagem, são necessárias a pleuroscopia e a lise de aderências/septações.

Empiema pleural

Representa o líquido pleural purulento no aspecto macroscópico ou quando são observadas bactérias no Gram. Geralmente é secundário a uma pneumonia bacteriana.

CAPÍTULO 41

INFECÇÕES BACTERIANAS

41.1. Infecção do Trato Urinário

O termo infecção trato urinário (ITU) é genérico e deve ser especificado sobre sua localização! Sabe-se que a patogênese pode se dar por via ascendente (principal), hematogênica, linfática e por fístulas vesicoenterais.

Cistite	Infecção superficial na mucosa da bexiga com manifestações como disúria e polaciúria.
Uretrite	Infecção da uretra causada por germes sexualmente transmissíveis. No homem, a secreção uretral pode ser associada a disúria. Na mulher, os sintomas são idênticos ao da cistite.
Prostatite e epididimite	Infecção da próstata e do epidídimo proveniente do refluxo de urina. A prostatite exibe os mesmos sintomas da cistite, enquanto a epididimite se apresenta com orquite.
Pielonefrite aguda	Inflamação do parênquima renal. É uma forma de nefrite intersticial aguda.
Pielonefrite crônica	É uma nefrite intersticial crônica associada a fibrose e atrofia do parênquima. A ITU alta de repetição associada ao refluxo vesicoureteral é a causa mais comum de pielonefrite crônica.
Bacteriúria significativa	É a presença de bactérias em urina de jato médio com valores $\geq 10^2$ unidades formadoras de colônia (UFC)/ml + piúria ($\geq$ 10 leucócitos/campo ou $\geq$ 5 leucócitos/ml de urina).
Bacteriúria assintomática	É a bacteriúria significativa na ausência de sintomas urinários.
ITU complicada	ITU com fatores que aumentam a chance de pielonefrite e sepse: obstrução urinária, imunodepressão, alterações anatômicas, gravidez etc.

O diagnóstico é feito pela urinocultura, sendo a coleta via aspirado suprapúbico o padrão-ouro. Realiza-se também o teste do nitrito (baixa sensibilidade, porém alta especificidade), capaz de identificar a presença de bactérias Gram-negativas entéricas (portadoras da enzima nitrato-redutase) que convertem o nitrato urinário em nitrito.

Os principais agentes etiológicos na ITU esporádica não complicada são a *Escherichia coli* (responsável por 85% dos casos) e o *Staphylococcus saprophyticus*.

Nos casos de ITU complicada, a *E. coli* continua sendo a principal causadora, porém há o aparecimento frequente de *Enterococcus*, *Pseudomonas* e *Serratia*.

Bacteriúria	Crianças	Nos primeiros meses de vida, é mais comum em meninos devido à elevada incidência de válvula de uretra posterior.
	Adultos	O início da atividade sexual promove um aumento na incidência de ITU em mulheres. O principal fator de risco é ITU prévia. Nos homens, está correlacionada com doença prostática e anormalidades anatomofuncionais do trato urinário.
	Idosos	Em geral, nos homens, deve-se às doenças prostáticas e, na mulher, ao esvaziamento incompleto da bexiga e à colonização do epitélio vaginal atrófico.
	Hospitalar	Os principais fatores de risco são a gravidade da doença de base e o cateterismo vesical.

- Os determinantes da infecção compreendem: colonização periuretral (flora comensal não patogênica), adesão bacteriana, sangue tipo "P" (fímbrias associadas à expressão do antígeno do grupo sanguíneo P), presença de corpos estranhos e gravidez.

Tratamento
Cistite: norfloxacino ou sulfametoxazol + trimetoprima.
Uretrite/vaginite: doxiciclina.
Prostatite: ofloxacina (< 35 anos), norfloxacino (> 35 anos).
Pielonefrite: ofloxacina ou ciprofloxacino.
ITU hospitalar: ofloxacina ou ciprofloxacino ou ampicilina.

➔ Às gestantes com cistite preconizam-se amoxicilina ou cefalexina ou nitrofurantoína.

➔ Às gestantes com pielonefrite recomendam-se cefritaxona ou cefotaxima ou ceftizoxima.

41.2. Endocardite Infecciosa

➔ É caracterizada como uma infecção microbiana da superfície endotelial do coração.

Inicialmente ocorre uma lesão do endotélio devido a fluxo sanguíneo intenso e de alta velocidade, regurgitação mitral e estenoses. Após a lesão, há a formação de um tampão plaquetário de fibrina, formando uma endocardite trombótica não bacteriana (ETNB), que posteriormente irá servir de base para abrigar alguns micro-organismos patogênicos, geralmente de origem de manipulação dentária. Esses micro-organismos se multiplicam, acentuando a vegetação que acaba por se fragmentar, levando a embolização sistêmica e bacteremias intermitentes.

Diagnóstico

Envolve os critérios de DUKE modificados (2 maiores ou 1 maior + 3 menores ou 5 menores).

Critérios de Duke modificados	
Maiores	1. Hemoculturas positivas: presença de micro-organismos típicos em duas amostras. 2. Ecocardiograma positivo: presença de massa intracardíaca (vegetação), abscesso, valva protética com deiscência, nova regurgitação valvar.
Menores	1. Predisposição: lesão cardíaca ou uso de drogas ilícitas por via intravenosa (IV). 2. Febre 3. Fenômenos vasculares: êmbolo arterial e séptico (mancha de Janeway), infartos sépticos pulmonares, hemorragia intracraniana, hemorragia conjuntival, aneurisma micótico (aneurisma de *vasa vasorum*). 4. Fenômenos imunológicos: FR+, glomerulonefrite, nódulo de Osler, mancha de Roth. 5. Evidências microbiológicas: atípicas. 6. Evidências ecocardiográficas: atípicas.

Endocardite subaguda (valva nativa, não usuários de drogas ilícitas IV)

Apresenta-se com manifestações clínicas arrastadas. Possui vários agentes etiológicos, entre eles *Streptococcus viridans*, *Enterococcus faecalis*, *E. faecium*, *Streptococcus pasteurianus* (relacionado com os tumores de cólon e pólipos intestinais) e grupo HACEK (*Haemophilus*, *Actinobacillus*, *Cardiobacterium*, *Eikenella* e *Kingella*). O tratamento envolve a administração de penicilina G cristalina por via endovenosa (EV) (ou ampicilina) associado a gentamicina EV.

Endocardite aguda

Apresenta-se com febre alta, sinais de toxemia (prostração), início agudo com evolução fatal.

Valva nativa, não usuários de drogas ilícitas IV

O principal agente é o *Staphylococcus aureus* proveniente da flora cutânea por uma infecção de pele como porta de entrada. O tratamento envolve oxacilina EV associada a gentamicina EV.

Usuários de drogas ilícitas IV

O principal agente é o *Staphylococcus aureus*, capaz de disseminar-se para os pulmões, levando ao quadro de pneumonia bilateral e formação de abscessos pulmonares. O segundo agente etiológico é a *Candida*. O grupo em questão apresenta maior acometimento da valva TRICÚSPIDE devido às impurezas das substâncias injetadas. O tratamento envolve o uso de vancomicina EV associada a gentamicina EV.

Prótese valvar

Os principais agentes são *Staphylococcus epidermidis* e *S. aureus*, acometendo pacientes submetidos à troca valvar em menos de 1 ano. O tratamento inclui vancomicina EV associada a gentamicina EV e rifampicina VO.

Grupos de risco
■ Portadores de valva cardíaca artificial
■ Endocardite infecciosa prévia
■ Cardiopatia congênita ativa ou P.O < 5 m
■ Valvopatia em transplantado cardíaco

Profilaxia

É realizada em pacientes de alto risco! A antibioticoprofilaxia não está indicada para procedimentos genitourinários ou gastrointestinais, sendo apenas para procedimentos dentários (com manipulação do tecido gengival, região periapical ou perfuração da mucosa), além dos procedimentos que envolvam o trato respiratório (amigdalectomia, adenoidectomia ou biópsia de mucosa) e biópsia de pele/musculatura infectada.

➔ A profilaxia envolve o uso de amoxicilina 2 g por via oral (VO), 1 hora antes de procedimentos dentários (ou ampicilina/ceftriaxona/cefazolina 2 g por via intramuscular [IM]/EV, 1 hora antes). Para pacientes alérgicos, preferem-se claritromicina/azitromicina 500 mg VO ou clindamicina 600 mg VO/IM/EV, ambas 1 hora antes do procedimento.

Adendo 1: recomenda-se iniciar o tratamento com antibióticos antes da cultura e posteriormente realizar o seu reajuste.
Adendo 2: as indicações cirúrgicas são: NYHA III e IV, endocardite fúngica, disfunção valvar instável, resistência ao antibiótico, vegetação móvel > 10 mm, manutenção da febre e/ou bacteremia > 5-7 dias.
Adendo 3: o *Staphylococcus aureus* é o único agente capaz de acometer um coração saudável (sem lesão)!

41.3. Meningite Bacteriana

É caracterizada como uma infecção purulenta das meninges e do espaço subaracnóideo.

A fisiopatologia é proveniente da colonização das vias aéreas superiores por germes patogênicos que invadirão o epitélio, atingindo a corrente sanguínea e se disseminando. O liquor, por apresentar baixa concentração de imunoglobulinas, torna-se um sítio favorável à multiplicação das bactérias. A reação imune do hospedeiro mediante a lise bacteriana é responsável pelas manifestações neurológicas, e a produção de citocinas inflamatórias levará ao aumento da permeabilidade capilar, com aparecimento de edema cerebral do tipo vasogênico, extravasamento de proteínas e leucócitos para o liquor e posterior formação de um exsudato capaz de bloquear a reabsorção liquórica, levando a edema cerebral do tipo intersticial.

Manifestações clínicas

Apresenta-se com febre, cefaleia, queda do nível de consciência, vômitos frequentes e fotopsia.

Rigidez de nuca	Dificuldade em fletir a cervical devido a uma contratura reflexa da musculatura cervical posterior.
Sinal de Kernig	Dor à extensão da perna após a flexão da coxa sobre o quadril.
Sinal de Brudzinski	Flexão involuntária da perna sobre a coxa e desta sobre a bacia ao se tentar fletir a cabeça.

Neonatos não apresentam rigidez de nuca e podem apresentar convulsão em 20%-40% dos casos, além de síndrome da secreção inapropriada do hormônio antidiurético (SIADH) em 40%.

Diagnóstico

A análise laboratorial envolve a punção liquórica nos espaços L3-L4!

A punção liquórica é contraindicada apenas em caso de infecção no local da punção (piodermite) e deve ser precedida de tomografia computadorizada (TC) na presença de convulsão, papiledema, déficit focal e pacientes imunodeprimidos. Na análise bioquímica do liquor, notam-se valores glicêmicos superiores a ⅔ da glicose sanguínea.

Meningite bacteriana		
Definição	Processo inflamatório bacteriano que acomete meninges	
Agentes	Meningococo Pneumococo Hemófilos Estreptococos do grupo B	
Clínica	Toxemia	Queda do estado geral Febre Confusão
	Hipertensão intracraniana	Cefaleia Náusea Vômito
	Irritação meníngea	Rigidez de nuca Sinais de Kerning Brudzinski Desconforto lombar
Exames	Neuroimagem	Se houver complicações ou evolução desfavorável
	Liquor	Celularidade ↑ Neutrófilos ↑ Proteínas ↑ Glicose ↓↓ Lactato ↑↑
	Hemoculturas	
Tratamento	Antibioticoterapia empírica	Ceftriaxona ou cefotaxima Ceftriaxona + ampicilina se > 50 anos Acrescentar vancomicina em áreas com + 2% de pneumococo resistente
	Dexametasona	0,15 mg/kg 6/6 h por 2-4 dias, junto com primeira dose do antibiótico

A meningite herpética leva à lesão de lobo temporal visível à ressonância magnética (RM).

Polimorfonucleares aumentados	Glicose baixa	Bactérias	Polimorfonucleares = neutrófilos!
	Glicose normal	Evírus 9 e caxumba	
Linfomononucleares aumentados	Glicose baixa	Fúngica, TB, *Streptococus*	
	Glicose normal	Viral, leptospirose ou BK	

Etiologia e tratamento

Inicialmente administram-se glicocorticosteroides 30 minutos antes da 1ª dose de antibiótico. Caso o agente etiológico seja *Haemophilus* ou pneumococo, mantém-se o glicocorticoide por 2-4 dias.

Grupo	Etiologia	Tratamento
Grupo A (recém-nascidos até 3 meses)	■ *Streptococcus agalactiae* ■ *Escherichia coli* ■ *Listeria monocytogenes* ■ *Haemophilus* e pneumococo no lactante	Ampicilina + cefotaxima (ceftriaxona)
Grupo B (3 meses até 55 anos)	■ *Neisseria meningitidis* (meningococo) ■ *Streptococcus pneumoniae* (pneumococo)	Ceftriaxona + vancomicina
Grupo C (maiores de 55 anos, gestantes e imunodeprimidos)	■ *Neisseria meningitidis* ■ *S. pneumoniae* ■ *Listeria monocytogenes*	Ampicilina + ceftriaxona + vancomicina
Grupo D (após neurocirurgias e infecções *shunt*)	■ *Staphylococcus aureus* ■ *S. epidermidis* ■ Pseudomonas ■ *Listeria monocytogenes* ■ Enterobacterias	Ampicilina + ceftriaxona + vancomicina
Grupo E (após traumatismo cranioencefálico [TCE], fístula liquórica)	Pneumococo e outros estreptococos.	

Adendo 1: após 24 horas de antibioticoterapia, não há mais necessidade de manter a precaução respiratória contra gotículas!

Adendo 2: o isolamento respiratório é funcionante apenas para os casos de *Haemophilus* e meningococo.

Adendo 3: administra-se corticoide antes da 1ª dose de antibiótico por 2-4 dias para Haemophilus e pneumococo.

Profilaxia (meningite)

Meningocócica

Indivíduos expostos a 4 h/dia durante 5 dias, profissionais expostos a secreções respiratórias, procedimentos (intubação e aspiração de vias aéreas superiores [VAS], fundoscopia) sem uso de equipamento de proteção individual (EPI) devem receber rifampicina 600 mg 12/12 h por 2 dias e ceftriaxona 250 mg, dose única (inclusive para gestantes), ou ciprofloxacino 750 mg, dose única. A vacinação de bloqueio deve ser realizada em casos de surtos ou epidemias.

Haemophilus influenzae

Recomenda-se a profilaxia para os contactantes, caso entre eles exista uma pessoa imunodeprimida ou uma criança < 5 anos de idade não vacinada contra *Haemophilus influenzae* tipo B (Hib). Pacientes que não erradicaram o Hib da orofaringe recebem a quimioprofilaxia.

Doença meningocócica	A distribuição da meningite se dá: 55% meningite isolada, 30% meningite + meningococcemia, 15% meningococcemia. A forma mais grave é a meningococcemia, tendo em vista que pode levar à destruição hemorrágica das glândulas adrenais, ocasionando a síndrome de Waterhouse Fridericksen.

41.4. Pele e Tecido Subcutâneo

→ A pele intacta funciona como uma barreira contra a invasão de micróbios nos tecidos orgânicos.

Impetigo

É uma infecção da epiderme superficial de aspecto vesicopustular.

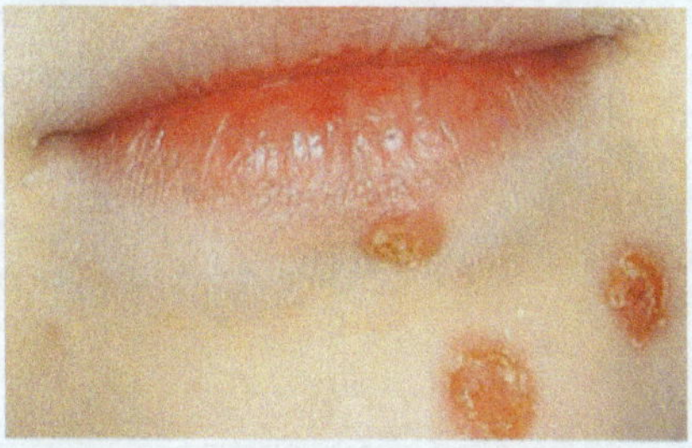

Forma crostosa

O agente mais comum é o *Streptococcus pyogenes*, acometendo crianças entre 2 e 5 anos de idade, as quais apresentam lesões em áreas expostas, iniciando-se como pequenas vesículas que se transformam em pústulas e convertem-se em uma crosta amarelada espessa. O tratamento envolve o uso de penicilina.

Forma bolhosa

O agente mais comum é o *Staphylococcus aureus*, afetando crianças pequenas que apresentam lesões bolhosas que se tornam pústulas e evoluem para finas crostas. O tratamento envolve o uso de cefalexina.

Ectima

Causada pelo *S. pyogenes*, apresenta-se como uma pústula que aprofunda para a derme e forma uma úlcera de bordas elevadas.

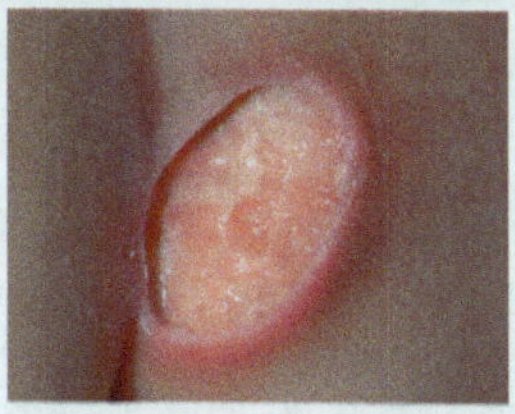

Foliculite

Causada pelo *S. aureus*, apresenta-se como uma infecção supurativa de folículos pilossebáceos.

Erisipela

É uma infecção da derme superficial e profunda causada pelo *Streptococcus pyogenes* e que se apresenta como uma lesão eritematosa de bordas bem delimitadas, além de ter como manifestações clínicas febre alta com calafrios. O tratamento envolve o uso de penicilina.

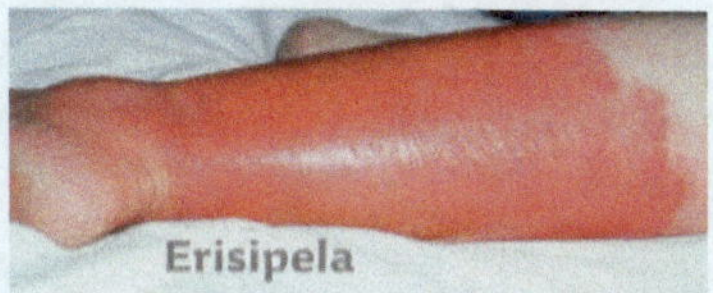

Celulite

É uma infecção do tecido subcutâneo pelo *Staphylococcus aureus* que se apresenta com sinais intensos de flogose no local. O tratamento envolve o uso de cefalexina.

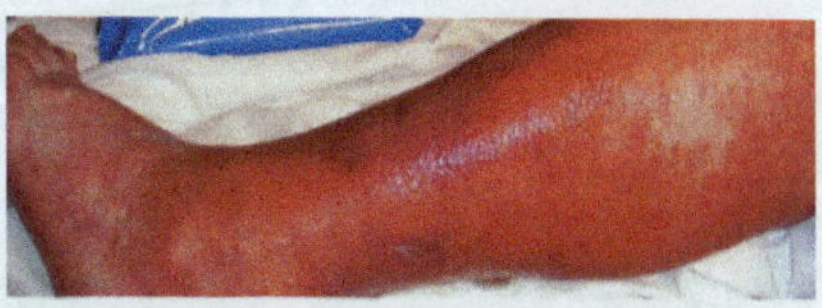

41.5. Osteomielite

É caracterizada pelo processo de infecção óssea que evolui com destruição tecidual progressiva e formação de sequestros ósseos. A osteomielite ultrapassa a camada cortical e atinge a camada medular, promovendo inflamação e levando ao aumento da pressão hidrostática intraóssea, além de mediante a inextensibilidade da cortical, bloquear a perfusão sanguínea, provocando necrose.

As osteomielites podem ter origem hematogênica por contiguidade ou por inoculação direta.

→ O sequestro ósseo representa um fragmento ósseo desvascularizado que se separa da matriz e fica isolado em meio a material necrótico/purulento.

SÍNDROMES FEBRIS

42.1. Febre Tifoide (Febre Entérica)

É causada pela *Salmonella typhi* e pela *Salmonella paratyphi* (febre paratifoide). A epidemiologia demonstra a prevalência de febre tifoide em locais com más condições de saneamento básico e higiene, sendo o reservatório o ser humano e a transmissão, fecal-oral.

Cerca de 4% dos indivíduos que contraírem febre tifoide se tornarão portadores crônicos assintomáticos, com multiplicação da bactéria na vesícula biliar e eliminação do bacilo pelas fezes e pela urina, sendo necessário o tratamento com ciprofloxacino por 4 semanas associado a amoxicilina por 6 semanas. Após o tratamento, é necessário realizar 3 coproculturas com intervalos de 30 dias (para confirmar a erradicação da doença) ou colecistectomia em pacientes com litíase/anormalidades biliares.

Fatores de risco
▪ Sexo feminino ▪ Vias biliares alteradas ▪ Colelitíase ▪ Infecção do trato urinário (ITU) por *Schistosoma haymotobium*

Manifestações clínicas	
Fase 1 (fase bacterêmica)	Na primeira semana, cursa com um quadro de febre alta de aumento progressivo, sinal de Faget e constipação intestinal alternada com diarreia.
Fase 2 (fase hiper-reativa)	Na segunda e terceira semanas, apresenta piora da febre (> 40ºC) e intensa dor na fossa ilíaca direita, além de desidratação, hepatoesplenomegalia, exantema (roséolas tíficas) e estado tifoso (intensa apatia associada a delírio murmurante ou coma vígil).
Fase 3 (fase de convalescença)	Na quarta semana a febre começa a diminuir, melhorando os sintomas.

➔ As complicações envolvem enterorragia em 10% dos casos e perfuração intestinal em 3%.

O ciclo evolutivo

Ocorre inicialmente pela ingestão de 10^5 bactérias que precisarão resistir ao pH ácido do estômago. Em geral, pacientes com hipocloridria ou em uso de inibidores da bomba de prótons (IBPs) são mais suscetíveis.

Após a passagem pelo estômago, as bactérias seguem em direção ao íleo, onde se aderem às células

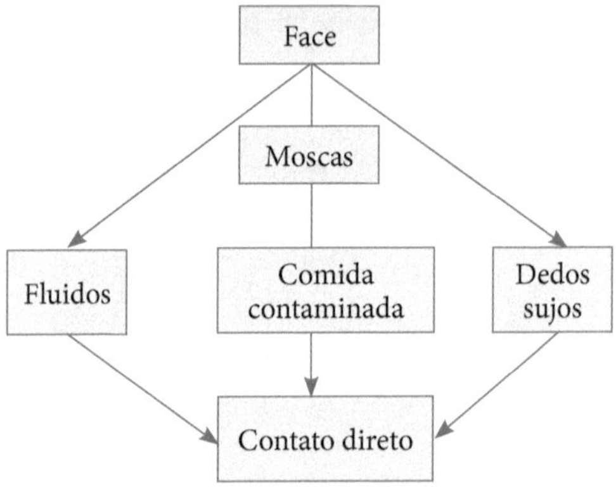

Como prevenir os sintomas da febre tifoide	Sintomas
▪ Lavar as mãos ▪ Beba agua mineral ▪ Frutas e vegetais limpos ▪ Vacinação dura por 3 anos	▪ Cefaleia ▪ Febre alta ▪ Tosse seca ▪ Erupções cutaneas ▪ Dor de estomago ▪ Constipação ▪ Fraqueza
Tratamento com antibióticos e muito eficaz	

M das placas de Peyer, penetrando-as por meio de uma endocitose mediada por bactérias (EMB) e alcançando o tecido linfoide local (e linfonodos mesentéricos satélites), onde posteriormente serão internalizadas pelos macrófagos e linfócitos locais e darão início ao processo de proliferação. Em seguida, atingem as circulações sanguínea e linfática, disseminando-se para o tecido reticuloendotelial presente no fígado, no baço e na medula óssea.

Diagnóstico

Na primeira semana realiza-se a hemocultura (75% sensibilidade) e, na segunda semana, a coprocultura (60% sensibilidade).

O exame mais sensível é a mielocultura (90%). Em geral, os exames sorológicos não exibem boa acurácia, sendo o mais clássico a reação de Widal, baseada na soroaglutinação.

➔ O laboratório inespecífico revela leve desvio à esquerda, linfomonocitose relativa, leucopenia paradoxal, velocidade de hemossedimentação (VHS) próxima a ZERO, creatinofosfoquinase (CPK) elevada, transaminase glutâmico-oxalacética (TGO) e transaminase glutâmico-pirúvica (TGP) elevadas.

Tratamento

Preconiza-se o uso de cloranfenicol, mas, na prática médica, utilizam-se fluoroquinolonas + cefalosporinas de 3ª geração por 10 dias associadas a corticosteroides em pacientes muito graves (com choque e alteração do estado de consciência).

Profilaxia

Visa a medidas preventivas gerais e individuais, como higiene e saneamento básico. A imunização é recomendada a indivíduos que viajarão para localidades de alta endemicidade e que serão expostos a água e alimentos não garantidos ou irão trabalhar em contato com esgoto. A vacina, todavia, não tem alto poder imunogênico e é de curta duração.

42.2. Leptospirose

É causada pela *Leptospira interrogans*. O homem entra como hospedeiro "acidental", considerando-se que a leptospirose é uma zoonose. Diversas espécies de mamíferos, répteis e anfíbios são reservatórios, em especial os ratos, que não desenvolvem a doença e se tornam portadores do germe nos rins.

Fisiopatologia

Após a penetração pela pele ou mucosa, as leptospiras alcançam a corrente sanguínea, disseminando-se por vários órgãos e sistemas (fase de leptospiremia).
Nessa fase, ocorre a lesão direta do endotélio vascular, resultando em uma "capilarite generalizada" e na adesão de leptospiras à membrana das células, o que determina as lesões ou a disfunção celular. Na segunda fase (fase imune), surgem os anticorpos da imunoglobulina M (IgM) antileptospira, sendo a imunidade humoral capaz de eliminar as leptospiras de quase todos os órgãos.

Manifestações clínicas (após período de incubação de 7-14 dias)

Forma anictérica (ou precoce): 90% dos casos	Apresenta-se como uma síndrome febril aguda de curso bifásico. ■ Primeira fase (leptospiremia): ocorre até o 7º dia, apresenta-se com síndrome febril, mialgia na panturrilhas e sufusões conjuntivais (altamente sensíveis e específicas). ■ Segunda fase (imune): ocorre após o 7º dia, apresenta-se com redução da febre em lise e eliminação das leptospiras por opsonização, exceto em rins, meninges e olhos; portanto, as complicações (meningite asséptica e uveíte) são decorrentes de fenômenos de hipersensibilidade.
Síndrome de Weil (ou tardia): 10% do casos	Também denominada de forma ictero-hemorrágica, apresenta-se com icterícia, disfunção renal aguda e diástese hemorrágica. As manifestações envolvem icterícia rubínica (tom alaranjado), decorrente da vasculite conjuntival associada as hemorragias: capilarite pulmonar e hepática hemorrágica.

Diagnóstico

os exames laboratoriais inespecíficos apresentam ↓ plaquetas, ↑ CPK, ↓ K^+, insuficiência renal aguda (IRA). Os específicos envolvem a cultura do sangue/urina/liquor nos primeiros 7 dias com sensibilidade de 50%. O exame padrão-ouro é o teste de microaglutinação após 7 dias de manifestações clínicas.

Tratamento

Preconiza-se o uso de amoxicilina ou doxiciclina para formas leves e penicilina cristalina + diálise de suporte para as formas graves.

Profilaxia

Envolve medidas gerais e individuais para a prevenção do contato com leptospiras e quimioprofilaxia com doxiciclina 200 mg por via oral (VO) 1×/semana em situações de previsão de exposição temporária a uma fonte de provável contaminação.

Não está indicada a quimioprofilaxia para vítimas de enchentes nem para pessoas cronicamente expostas!

42.3. Dengue

É causada por um vírus RNA do gênero *Flavivirus* – DENV-1, DENV-2, DENV-3, DENV-4 e DENV-5 – e transmitida pelos mosquitos *Aedes aegypti* e *Aedes albopictus*. A epidemiologia demonstra que a dengue acompanha a proliferação dos vetores, sendo sua incidência maior no verão.

Ciclo evolutivo

O mosquito (*Aedes aegypti*), de hábito diurno, adquire o vírus ao se alimentar de um indivíduo infectado na fase de viremia (um dia antes do aparecimento dos sintomas até o 6º dia da doença). Ao infectar o mosquito, o vírus se multiplica nas glândulas salivares da fêmea. Posteriormente, ao picar uma pessoa não contaminada, o vírus é inoculado na corrente sanguínea, onde penetrará nos macrófagos/monócitos e no sistema reticuloendotelial. A replicação viral nesses locais estimula a produção de citocinas fator de necrose tumoral alfa (TNF-alfa) e interleucina 6 (IL-6).

1. A fêmea do mosquito da dengue infectada se alimenta durante o dia passando o vírus por meio da sua saliva ao picar.
2. O vírus se replica nos tecidos próximos ao local de inoculação ou próximo ao linfonodo.
3. O vírus é liberado a partir desses tecidos e espalha-se pelo sangue para infectar os glóbulos brancos.
4. O vírus é liberado dos glóbulos brancos para a corrente sanguínea.
5. Outros mosquitos se infectam quando picam uma pessoa infectada.
6. A vítima desenvolve febre enquanto o sistema imunológico destrói as células infectadas.

Manifestações clínicas

Dengue	■ Petéquias, *rash*, dor orbital, leucopenia, êmese, mialgia, artralgia, cefaleia.
Dengue com sinais de alarme	■ Aumento da permeabilidade (↑ progressivo de hematócrito (Ht), hipotensão postural/lipotimia, ascite, derrame pleural e pericárdico). ■ Plaquetopenia (sangramento mucoso). ■ Comprometimento leve de órgãos (vômitos persistentes, dor abdominal intensa e contínua, hepatomegalia > 2 cm, letargia ou irritabilidade).
Dengue grave	■ Choque (diferença entre pressão arterial sistólica [PAS] e pressão arterial diastólica [PAD] < 20 mmHg, pulso filiforme, extremidades frias e enchimento capilar > 2 s). ■ Sangramento grave (hematêmese, melena, sistema nervoso central [SNC]). ■ Comprometimento grave de órgãos (encefalite, miocardite, hepatite – aspartato aminotransferase [AST]/aspartato alanina aminotransferase [ALT] > 1000).

Diagnóstico

O padrão-ouro é o isolamento viral até o 5º dia (detecção viral) ou antígeno NS1 até o 3º dia. A partir do 6º dia pode-se realizar o ensaio imunossorvente ligado à enzima de captura de anticorpos IgM (MAC-ELISA). Os exames sorológicos, contudo, são realizados apenas em locais que não haja epidemia ou quando é necessário identificar o sorotipo. Para pacientes dos grupos B, C e D sempre deve ser solicitado o exame sorológico.

➔ Em geral, o diagnóstico é via anamnese + exame físico + prova do laço: (PAS + PAD)/2 por 5 min (em adultos) ou 3 min (em crianças). É considerado positivo se > 20 petéquias em adultos ou > 10 petéquias em crianças.

(PAS+PAD)/2 representa o valor médio da PA, e não a PA média (PAM).

Tratamento

Grupo A (assintomáticos)	Em regime ambulatorial, recomenda-se a hidratação oral de 60-80 ml/kg/dia, sendo: ⅓ de solução de reidratação oral (SRO) e ⅔ de líquidos caseiros (água, sucos, chás).
Grupo B (prova do laço +)	Em regime de atenção secundária, realiza-se hidratação oral supervisionada ou venosa (com soro fisiológico [SF] ou lactato de Ringer) 40 ml/kg em 4 h para valores de hematócrito: ■ Mulheres > 44% ■ Homens > 50% ■ Aumento de 10% (1,10× valor normal).
Grupo C (sinais de alarme)	Em regime de internação, realiza-se expansão SF ou lactato de Ringer 10 ml/kg/h por 2 horas (até 3×). Em seguida, 25 ml/kg em 6-8 h, realizando-se infusão de coloide nos casos refratários.
Grupo D (choque ou disfunção grave)	Em regime de terapia intensiva, realiza-se expansão rápida com SF ou lactato de Ringer 20 mg/kg em 20 minutos por 3 vezes. Em seguida, 25 ml/kg em 6-8 h, realizando-se infusão de coloide nos casos refratários.

➔ Grupo B: pacientes com prova do laço positiva, presença de sangramento cutâneo, portadores de comorbidades, gestantes e indivíduos com idade < 2 anos ou > 65 anos.

A principal medida para redução da letalidade envolve o treinamento da equipe médica para o tratamento da dengue associado à melhora na facilidade de acesso da população aos serviços de saúde.

Febre hemorrágica da dengue

A febre hemorrágica da dengue (FHD) ocorre devido à liberação em massa dos fatores inflamatórios TNF-alfa e IL-6 que irão desencadear um aumento súbito e generalizado da permeabilidade capilar, favorecendo a transferência de líquido intravascular para o interstício, causando hipovolemia e hemoconcentração (↑ Ht), edema e hemorragia tecidual.
A FHD, conforme a teoria de Halstead, é a ligação de anticorpos heterólogos subneutralizantes ao novo sorotipo de vírus da dengue, a qual facilitaria a penetração do vírus nos macrófagos, resultando na estimulação da produção dos fatores inflamatórios.
Há também a teoria de Rasen, segundo a qual cepas de maior virulência justificariam o quadro.
Apesar de a FHD poder ocorrer na primoinfecção, sabe-se que nesse período o sistema imune produz anticorpos neutralizantes (anticorpos homólogos) que também oferecem proteção cruzada (imunidade heteróloga) de curta duração (até se tornar subneutralizante) para outros sorotipos DENV.

1. Partículas do vírus da dengue estão presentes in vivo, induzindo a ativação generalizada dos mastócitos.
2. Mastócitos ativados ao longo dos vasos sanguíneos liberam mediadores vasoativos (por exemplo, quimase, leucotrienos).
3. Fatores derivados dos mastócitos aumentam a permeabilidade vascular, promovendo a perda patológica da integridade vascular.
4. As concentrações séricas do produto específico dos mastócitos, quimase, correlacionam-se com a gravidade da doença em humanos.
5. A vasculopatia pode ser reduzida com medicamentos que visam os mastócitos.

A vacinação contra a dengue apresenta 66% de eficácia e reduz a hospitalização e as formas graves da doença. É administrada a indivíduos de 9-45 anos de idade sob esquema de 3 doses (0, 6 e 12 meses).

42.4. Febre Amarela

É causada pelo vírus amarílico do gênero *Flavivirus*. O homem entra como hospedeiro "acidental", considerando-se que a febre amarela uma zoonose, sendo o macaco o principal reservatório.

A doença possui dois ciclos
■ Urbano: disseminado pelo vetor *Aedes aegypti*. Atualmente não existe ciclo urbano no Brasil.
■ Silvestre: disseminado pelos vetores *Haemagogous* e *Sabathes*.

Manifestações clínicas

Após a incubação (3-6 dias), ocorre o período de infecção caracterizado por febre alta, cefaleia, mialgia e sinal de Faget (dissociação pulso-temperatura). Cerca de 10% evoluem para a forma grave (disfunção hepatorrenal), com letalidade de 50%. O período de intoxicação se dá após 4 dias com o aparecimento dos anticorpos acompanhados de manifestações hemorrágicas (gengivorragia, epistaxe, hematêmese em "borra de café") e envolvimento hepático (icterícia e elevação de transaminases).

➔ O **diagnóstico** é obtido pelo isolamento viral (até o 5º dia) ou pelo IgM (ELISA) quando ≥ 6 dias. O tratamento envolve medidas de suporte, uso de plasma fresco congelado e diálise (nos casos graves).

Profilaxia

Recomenda-se vacinar todos os visitantes de áreas de risco 10 dias antes da visita. O efeito da vacina dura 10 anos.

Febre amarela silvestre	
Macaco contaminado → *Hormogogus*	
1.	O mosquito *Haemagogus* pica o macaco contaminado com o vírus amarílico e em seguida pica o homem.
2.	A pessoa contaminada na floresta leva o vírus para a região urbana.
3.	Na cidade, há o risco de o mosquito *Aedes aegypti* picar uma pessoa contaminada
4.	O mosquito se contamina e pode transmitir o vírus para outras pessoas
Febre amarela urbana	
Pessoa contaminada → *Aedes aegypti*	

42.5. Leishmaniose Visceral – (Calazar ou Febre Negra)

É causada pela *Leishmania* e transmitida pela picada do mosquito flebotomíneo que se contamina com a Leishmania ao entrar em contato com cães e raposas (reservatórios). Apresenta período de incubação de 10 dias a 24 meses. O mosquito palha/birigui/tatuquira é pertencente ao gênero *Lutzomyia*.

Ciclo evolutivo

Ocorre inicialmente pela picada do mosquito que contém a forma promastigota em seu aparelho digestivo. Durante o repasto sanguíneo, os parasitas são inoculados na derme do hospedeiro e internalizados por macrófagos. No interior do vacúolo fagocítico, o promastigota transforma-se em amastigota, que se prolifera por divisão binária, sendo liberado para atingir a corrente sanguínea e alcançar órgãos do sistema reticuloendotelial. Ao picar o animal contaminado, o flebotomíneo ingere as formas amastigotas, que evoluem para as formas promastigotas, que irão invadir retrogradamente o aparelho digestivo proximal do mosquito, ficando prontas para sua inoculação durante o repasto sanguíneo.

- *Leishmania chagasi* = América Latina.
- *L. donovani* = Índia, China e África.
- *L. infantum* = proximidades do Mediterrâneo.

Fisiopatologia

É importante ressaltar que nem todo paciente que se infecta com *Leishmania* adoece. Na maioria dos casos, o paciente evolui com uma infecção assintomática apenas positiva para o teste intradérmico de Montenegro. A evolução da doença depende da quantidade de linfócitos Th1!

Baixas respostas de Th1 permitem a multiplicação do parasita. A intensa proliferação parasitária expõe grande quantidade de antígenos ao sistema imune, levando à hiperativação de linfócitos B, o que resulta em hipergamaglobulinemia policlonal.

Manifestações clínicas

Apresenta-se como uma virose prolongada com síndrome febril aguda que cursa com esplenomegalia (forma aguda). Na forma crônica (ou calazar clássico), apresenta-se como uma gripe que não melhora, pele escurecida, abdome volumoso, acometendo predominantemente crianças com menos de 10 anos de idade ou pacientes imunodeprimidos.

Febre + perda ponderal + hepatoesplenomegalia + pancitopenia + hipoalbuminemia + hipergamaglobulinemia

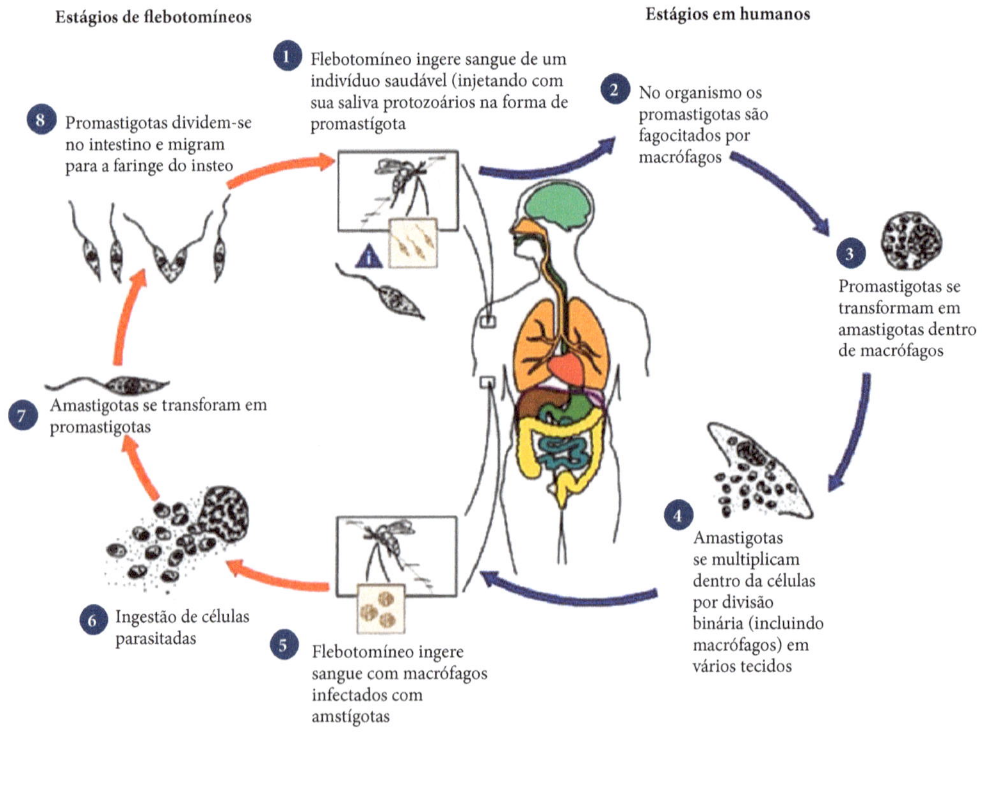

Diagnóstico

O aspirado de medula óssea apresenta 70% sensibilidade, e o aspirado esplênico, 95% (alto risco de sangramento). Outros exames úteis são: ELISA, RK39, imunofluorescência indireta (IFI).

- Recomenda-se o seguimento pós-tratamento em intervalos de 3/6/12 meses.

Tratamento

Preconiza-se o uso de antimoniais pentavalentes (antimoniato de meglumina) por 20 dias, apesar de seus efeitos colaterais, como toxicidade cardíaca e aumento do intervalo QT (Torsades de Pointes).

- No caso de falência terapêutica, gestantes e coinfectados pelo vírus da imunodeficiência humana (HIV), preconiza-se a anfotericina B em desoxicolato de sódio.
- Para pacientes < 1 ano ou > 50 anos de idade, gestantes, portadores de transplante hepático/renal/cardíaco, com insuficiência hepática/cardíaca/renal crônica e imunodeprimidos recomenda-se a anfotericina B lipossomal.

42.6. Malária

- *Plasmodium vivax*; *P. falciparum*; *P malariae*; *P. ovale* = restritos à África.
- *P. knowlesi* = restrito à Ásia.

→ O mosquito transmissor é o *Anopheles darlingi* (anofelinos).

Ciclo evolutivo

Ocorre inicialmente pelo ciclo pré-eritrocitário (hepático), que é quando o mosquito pica o ser humano e injeta na corrente sanguínea a forma esporozoíta do plasmódio. Essa forma irá infectar o hepatócito, passando a ser um criptozoíta, que dará início à esquizogonia tecidual (reprodução assexuada), na qual surge uma forma multinucleada denominada esquizonte hepático, que será dividido em vários merozoítas.

Em seguida, continua pelo ciclo eritrocitário (hemácia): os merozoítas são liberados e invadem as hemácias, começando a esquizogonia eritrocitária (reprodução assexuada), responsável pelos sinais e sintomas da malária. Dentro do eritrócito, o merozoíta amadurece e forma o trofozoíta em anel, que

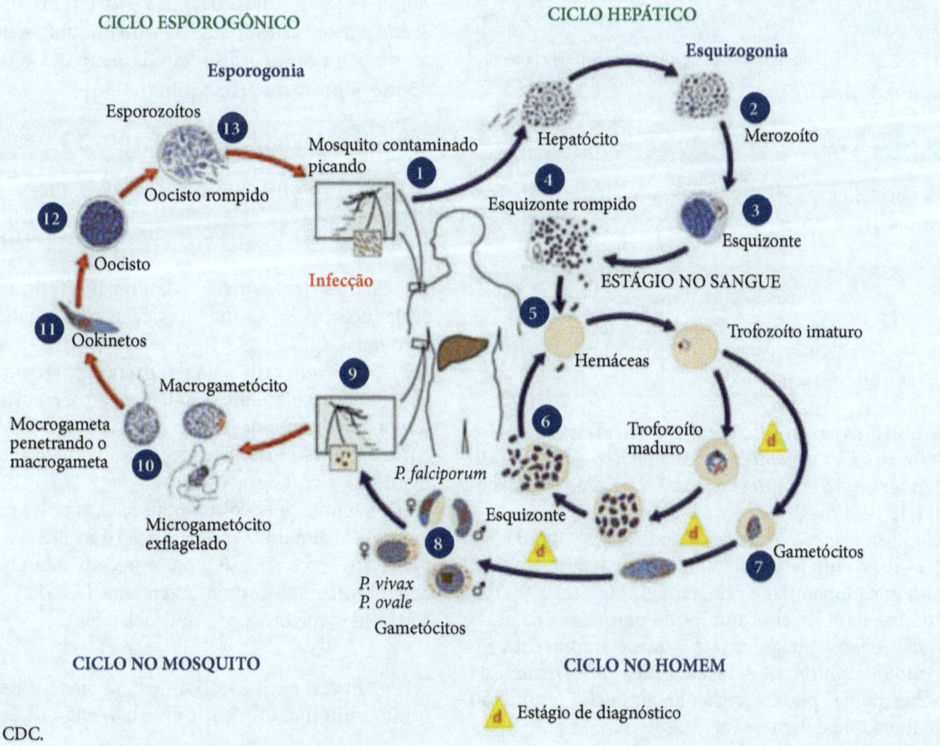

Fonte: CDC.

cresce se transformando em trofozoíta, ameboide que divide seus núcleos, formando o esquizonte eritrocitário, que dá origem ao merozoíta.
Sequencialmente ocorre o ciclo do mosquito (reprodução sexuada): alguns merozoítas que penetram nas hemácias, em vez de iniciar uma nova esquizogonia, se transformam em gametócitos (microgametócitos e macrogametócitos), que, no anofelino, se transformarão em gametas, que posteriormente se fecundarão, gerando o zigoto que sofre maturação, formando o oocineto e sendo revestido pela membrana envoltória (oocisto). O oocisto inicia um processo de reprodução chamado esporogonia, que dará origem aos esporozoítas.

Hipnozoíta: algumas espécies, como *Plasmodium vivax* e *P. ovale*, apresentam uma forma parasitária latente encontrada no interior de alguns hepatócitos, sendo responsável pelos episódios de recidiva da doença.

Manifestações clínicas

Ocorrem crises febris (ou acessos maláricos) associadas a anemia e hepatoesplenomegalia.

Manifestações clínicas	
P. vivax (febre terçã benigna)	É a forma mais clássica e se apresenta com sinais e sintomas inespecíficos associados às crises febris. Apresenta esplenomegalia, hepatomegalia, palidez cutaneomucosa, icterícia, vômitos, cefaleia, diarreia, dispneia, anemia, leucopenia e forma hipnozoíta!
P. falciparum (febre terçã maligna)	É a forma mais grave, pois expressa alta parasitemia com infestação de células hemáticas de todas as idades. Apresenta complicações cerebral, renal, hepática, intestinal e pulmonar devido ao bloqueio microvascular pela formação de plugues vasculares que levam à obstrução microcirculatória e à disfunção orgânica. A formação dos plugues é proveniente das sucessivas adesões (fenômeno da citoaderência) de eritrócitos com suas superfícies modificadas e repletas de protuberâncias arredondadas – *knobs*. Também há hipoglicemia (devida à hiperinsulinemia nos adultos e ao estado hipermetabólico nas crianças) e acidose lática (decorrente da queda na oferta de O_2 e da mudança do metabolismo aeróbico para anaeróbico).
P. malariae (febre quartã)	É rara. Apresenta-se com "acessos maláricos" a cada 72 horas. As recidivas são do tipo recrudescência e a complicação mais grave é a síndrome nefrótica.

Diagnóstico

É realizado pela hematoscopia, que pode ser pelo esfregaço do sangue periférico ou por gota espessa. Atualmente, há disponibilidade dos imunotestes rápidos para zonas não endêmicas.

Tratamento

Envolve o uso de cloroquina VO por 3 dias + primaquina VO por 7 dias (para *P. vivax* e *P. ovale*). Para *P. falciparum*: artesunato EV + mefloquina + primaquina. Para casos graves: clindamicina (a gestantes não se administra primaquina).

42.7. Febre Chikungunya – "Aqueles que se dobram", "Tornar-se contorcido"

É causada pelo vírus CHIKV, um alfavírus da família Togaviridae.

Fatores de risco para cronificação
■ Idade > 45
■ Doença articular prévia
■ Fase aguda intensa

A transmissão (nosocomial e vertical) é feita pelos vetores *Aedes aegypti* e *Aedes albopictus*. O período de incubação compreende de 1 a 12 dias (com média de 1 a 4 dias).
Manifesta-se com uma fase aguda (autolimitada por 7-14 dias) com febre alta, tenossinovite hipertrófica, *rash* maculopapular e poliartralgia simétrica (mãos, punhos e tornozelo), que pode perdurar por até 3 anos. A fase subaguda (até 3 meses) apresenta retorno dos sintomas. A fase crônica (anos), além da poliartralgia, pode apresentar alopecia, fenômeno de Raynauld e depressão.

Complicações	IRA, insuficiência cardíaca (IC), hepatite, meningoencefalite, miocardite. Acomete preferencialmente extremos de idade e gestantes.

Os exames laboratoriais demonstram linfopenia e plaquetopenia. O diagnóstico é confirmado por sorologias IgM e IgG (IgG positiva em 2-3 semanas), reação em cadeia da polimerase em tempo real (RT-PCR) e isolamento viral, realizados na primeira semana. Recomenda-se repetir a sorologia IgM/IgG em 14-45 dias para identificar a soroconversão (aumento de 3 vezes dos valores).
➔ O tratamento envolve notificação, suporte clínico, imunidade duradoura pós-infecção e analgesia escalonada. Aos casos de fase crônica, recomenda-se o uso de anti-inflamatórios não esteroidais (AINEs), glicocorticoides, metotrexato e antimaláricos.

Deve haver notificação imediata nos casos de óbito, sintomas atípicos e área não endêmica.

42.8. Febre do Nilo Ocidental

Infecção viral pelo *Flavivirus* com período de incubação de 3 a 14 dias, é transmitida pelo vetor cúlex e os seus reservatórios naturais são as aves. Geralmente é assintomática em 80% dos casos e apenas 1% das pessoas (geralmente idosos) desenvolvem a doença grave. Os sintomas são brandos, como cefaleia, mal-estar, febre, náuseas, mialgia. O diagnóstico é confirmado por sorologia, PCR e isolamento viral, sendo a dosagem de IgM (ELISA), a partir do 5º dia, o método mais eficiente. O tratamento é de suporte.

42.9. Hantavirose

É uma doença causada pelo hantavírus, eliminado em fezes, urina e saliva de roedores silvestres. Seu período de incubação é de 2 a 3 semanas e apresenta dois espectros de manifestações clínicas.

- Febre hemorrágica com síndrome renal: afeta países da Ásia e Europa, sem relatos no Brasil.
- **Síndrome cardiopulmonar:** 1ª fase com manifestações febris inespecíficas por 3-5 dias, seguida da 2ª fase, que apresenta tosse com insuficiência respiratória aguda (derrame e sinais de congestão pulmonar) associadas a choque cardiovascular (por depressão miocárdica e aumento da permeabilidade vascular). A 3ª fase cursa com quadro diurético.

➔ O **diagnóstico** é feito pela sorologia com IgM (ELISA) e o tratamento envolve a terapia de suporte.

42.10. Tularemia

É uma doença febril causada por *Francisella tularensis*, transmitida por carrapatos de roedores. Pode ser denominada também febre do coelho e a contaminação humana geralmente ocorre pela manipulação de animais infectados. As manifestações clínicas envolvem sintomas febris e a formação de úlceras cutâneas de cicatrização lenta associadas a linfonodomegalias cervicais e occipitais. O tratamento envolve aminoglicosídeos, ciprofloxacino ou doxiciclina.

42.11. Zika

É causada por um RNA vírus e transmitida pelos vetores *Aedes aegypti* (predomínio tropical) e *Aedes albopictus* (temperado). É uma doença geralmente assintomática (80% dos casos) e, quando há sintomas, eles ocorrem após 2-14 dias (período de incubação); além disso, é autolimitada, em geral, a 7 dias.

Transmissão
▪ Vertical ▪ Sexual ▪ Transfusional ▪ Acidentes biológicos ▪ Transplantes
Não ocorre via leite ou saliva!

Pode manifestar febre, conjuntivite não purulenta, *rash* maculopapular pruriginoso craniocaudal, úlceras mucosas, diarreia e dor abdominal. Em raros casos há manifestações neurológicas com: microcefalia congênita e síndrome de Guillain-Barré (por toxicidade direta do vírus). As manifestações neurológicas ocorrem devido ao neurotropismo viral!

Microcefalia

O vírus é capaz de cruzar a barreira hematoencefálica e invadir os neurônios primitivos, levando a necrose, bloqueio de migração e maturação desses neurônios primitivos, o que leva à redução da massa encefálica. Por definição, a microcefalia é determinada pela redução do perímetro cefálico < 2 desvios-padrão (DP) para a idade gestacional e o sexo (e microcefalia grave nos casos de < 3 DP). A base de dados preconizada para a comparação é a da Organização Mundial da Saúde (OMS) (recém-nascido [RN] a termo) e Intergrowth (RN pré-termo).

É importante ressaltar que crianças nascidas de parto normal sofrem um acavalamento das suturas cefálicas, logo é necessário aguardar cerca de 24 horas para se medir o perímetro cefálico.

O risco de ocorrência de microcefalia em gestantes com zika é de cerca de 30%.

O rastreio da microcefalia é feito por ultrassonografia (US) após 20 semanas de gestação. Os principais sinais de alteração são calcificações subcorticais, ventriculomegalia ex-*vaccum* (por atrofia do parênquima), alterações de fossa posterior e agenesia de corpo caloso.

O **diagnóstico** é realizado por anamnese e RT-PCR (até 7-14 dias para sangue ou até 14-21 dias para urina), sendo o método de PCR realizado apenas em pacientes gestantes com *rash* ≥ 5 dias. Outra opção diagnóstica é o MAC-ELISA IgM antizika em até 12 semanas após o início dos sintomas.

O tratamento envolve a prevenção e a notificação dos casos, sendo a notificação imediata nos casos de óbito ou gestantes.

42.12. Ebola

É uma doença grave com taxa de letalidade próxima a 90%.
O principal reservatório é o morcego e sua transmissão ocorre de pessoa a pessoa, por contato com fluidos corporais ou fômites. Apresenta período de incubação de 8-12 dias e é endêmica de países como Libéria, República da Serra Leoa, Nigéria e Senegal.
As manifestações clínicas envolvem sintomas gripais inespecíficos associados a sinal de Faget, *rash* maculopapular não pruriginoso, sintomas gastrointestinais e hemorrágicos (coagulação intravascular disseminada [CIVD]).

➔ O **diagnóstico** é confirmado pelo método ELISA ou PCR e a terapia é de suporte apenas.

Ebola	
Dores de cabeça Olhos vermelhos Sistêmico ■ Febre ■ Falta de apetite ■ Hemorragia interna Muscular ■ Dores ■ Fadiga Articulações ■ Dores Intestinos ■ Diarreia	Faringe e pulmões ■ Soluços ■ Garganta inflamada ■ Falta de ar ■ Dificuldade ao engolir Dor torácica Estômago ■ Dor ■ Vômitos Pele ■ *Rash* ■ Hemorragia

42.13. Bartonelose (Doença da Arranhadura do Gato)

Também conhecida como febre da arranhadura do gato ou doença de Teeny, é uma zoonose comum, geralmente benigna, causada pela bactéria *Bartonella henselae* e se manifesta com sintomas gerais febris. A fisiopatologia envolve a formação de pápulas → pústulas → crosta após a arranhadura de gato infestado por pulgas, associada a uma adenopatia dolorosa localizada e axilar.

➔ O **diagnóstico** é feito por biópsia ou punção aspirativa dos linfonodos, e o tratamento envolve o uso de azitromicina por 5 dias.

42.14. Doença de Lyme (Borreliose)

É causada por bactérias *Borrelia burgdorferi*, com período de incubação de 7-14 dias, e é transmitida pela picada de carrapatos *Ixodes scapularis*. Os principais reservatórios da doença são os roedores e as aves com a bactéria.
As manifestações clínicas envolvem três estágios principais:

1º) eritema migratório: no local da picada ocorre a formação de uma lesão maculopapular anelar em aspecto de alvo;
2º) infecção disseminada: cursa com disseminação linfática e hematológica da bactéria, levando a anormalidades neurológicas ou cardíaca (miocardite, bloqueio atrioventricular [BAV]). Após algumas semanas ocorre a síndrome de Banwarth (meningoencefalite flutuante, dor radicular e meningopolineurite).
3º) infecção persistente: compreende o quadro de artrite com edema simétrico e dor articular.

➔ O **diagnóstico** é obtido pela sorologia IgM (ELISA), que apresenta pico na 3ª-6ª semana. O tratamento envolve medidas de suporte, notificação e uso de doxiciclina 100 mg VO por 14 dias (no estágio 1) e penicilina G cristalina ou ceftriaxona por 3-4 semanas (nos estágios 2 e 3).

42.15. Febre Maculosa

É uma doença causada pela bactéria *Rickettsia rickettsii* transmitida pelo carrapato-estrela *Amblyomma, em que o* período de incubação é de 2 a 14 dias.
Manifesta-se com febre, cefaleia, *rash* em membros inferiores (MMII), com duração de 2-14 dias. Pode evoluir para casos graves, manifestando sinais de necrose, dor abdominal, insuficiência renal, edema e choque.

➔ O **diagnóstico** envolve sorologia ou detecção da bactéria por PCR e cultura e o tratamento é com doxiciclina e terapia de suporte.

Popularmente conhecido como "carrapato-estrela", pode ser encontrado no pelo de cães, cavalos e capivaras	
Transmissão: ■ O principal transmissor é o carrapato da espécie *Amblyomma cajennense.* **Contágio:** ■ Não existe transmissão de uma pessoa para outra. **Prevenção:** ■ Não existe vacina contra a febre maculosa brasileira. **Cura:** ■ A doença tem cura se o tratamento com antibióticos for introduzido nos primeiros dois ou três dias.	**Sintomas:** Podem se desenvolver em média 1 semana após a picada. ■ Febre alta ■ Dor de cabeça ■ Dor no corpo ■ Inapetência e desânimo ■ Pequenas manchas avermelhadas. Essas máculas crescem e se espalham pelo corpo, inclusive na palma das mãos e na sola dos pés.

CAPÍTULO 43

PARASITOSES

43.1. Introdução às Parasitoses

O parasitismo é a presença de qualquer ser vivo (parasita) que se instala no interior de outro ser vivo (hospedeiro), resultando em prejuízo à saúde do hospedeiro. Os parasitas podem ser vírus, bactérias, fungos, protozoários e helmintos.

Protozoários: são seres unicelulares, eucarióticos, aeróbios ou anaeróbios. Podem ser de vida livre, comensais ou parasitas. Extraem os nutrientes pela forma fagotrófica ou osmótica.

Helmintos (vermes): são seres pluricelulares que possuem órgãos internos de digestão, excreção, reprodução, sistema nervoso e musculares. Podem ser divididos em platelmintos (vermes achatados) ou nematelmintos (vermes arredondados).

43.2. Protozoários

Amebíase

É causada pela *Entamoeba histolytica*, acometendo o intestino grosso! Outras espécies, como *Entamoeba coli*, *Edolimax nana* e *Iodamoeba buetschlii* não apresentam caráter patogênico e não requerem tratamento. A epidemiologia é desconhecida, pois antigamente não era possível realizar a distinção molecular entre os tipos de ameba patogênica e não patogênica.

Ciclo evolutivo

Ocorre inicialmente pela ingestão de água/alimentos e contato oral-anal contaminados por cistos. Uma vez ingeridos, eles irão eclodir no intestino delgado, liberando as formas trofozoítas, que vão em direção ao intestino grosso, podendo viver como comensais ou invadir a parede do cólon por meio de um mecanismo de citólise com formação de úlceras amebianas profundas (aspecto de botão de camisa). Além disso, podem eventualmente atingir a corrente circulatória e disseminar-se.

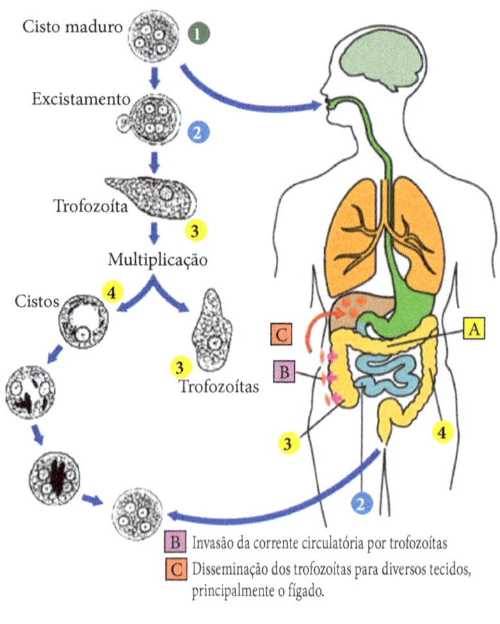

➔ O diagnóstico é realizado pela pesquisa de trofozoítas ou cistos nas fezes em 3 amostras de fezes pelo método Faust. A reação em cadeia da polimerase (PCR) é o exame padrão-ouro para diferenciação entre as amebas. O **diagnóstico** do abscesso amebiano é via ultrassonografia (US) ou tomografia computadorizada (TC), além da sorologia amebiana.

Quadro clínico intestinal

Manifesta-se com colite (dor abdominal baixa, diarreia de pequeno volume), que pode seguir 3 formas:

- forma aguda **(ou disenteria amebiana):** diarreia mucossanguinolenta, tenesmo, cólicas abdominais intensas e, nos casos mais graves, colite amebiana fulminante com febre alta, leucocitose e perfuração intestinal;
- forma crônica: desconforto abdominal e irregularidade do hábito intestinal de caráter intermitente;
- ameboma: formação de um granuloma na parede intestinal, levando a estreitamento do lúmen e até semioclusão do cólon, assemelhando-se a uma neoplasia maligna.

Quadro clínico extraintestinal

Ocorre quando o parasita atinge a corrente sanguínea, disseminando-se para diversos órgãos como o fígado, formando abscessos hepáticos que se caracterizam por dor em hipocôndrio direito, hepatomegalia, febre, calafrios, sudorese, leucocitose neutrofílica e sinal de Torres-Homem (dor à percussão do gradil costal sobre o hipocôndrio direito). Em geral, apresenta aspecto de líquido achocolatado sem odor, em textura de pasta de anchova.

Tratamento

É realizado em todos os pacientes. Preconiza-se destruir as formas invasivas utilizando secnidazol 2 g ou tinidazol 2 g por 2 dias ou metronidazol 500 mg 3×/dia por 5 dias, além de erradicar as formas intraluminais com teclozan 100 mg 3×/dia por 5 dias.

➔ Aos casos de abscesso, quando há ausência de resposta clínica após 4 dias e ameaça de ruptura, recomenda-se a drenagem percutânea devido à alta probabilidade de ser um abscesso piogênico.

Efeito antabuse (efeito dissulfiram)	Alguns fármacos agem inibindo a enzima acetaldeído desidrogenase, útil na conversão álcool → acetaldeído → acetato. Dessa forma, ocorre um acúmulo de acetaldeído, sendo este muito tóxico para o organismo, com efeitos como vasodilatação extrema e consequente queda de pressão arterial, taquicardia e cefaleia. Os fármacos que mais causam esses efeitos são metronidazol, tinidazol, trimetoprima-sulfametoxazol, cloranfenicol, isoniazida, nitrofurantoína, isossorbida, nitroglicerina, clorpropamida, glibenclamida.

Giardíase

É causada pela *Giardia lamblia*, acometendo o intestino delgado! A epidemiologia demonstra prevalência de 30% nos países subdesenvolvidos.

Ciclo evolutivo

Ocorre inicialmente pela ingestão de cistos tetranucleados ao se ingerir água não filtrada ou alimentos não cozidos contaminados. Uma vez ingeridos, eles eclodirão no intestino, liberando trofozoítas, que se multiplicam por divisão binária. Alguns trofozoítas se transformam em cistos devido às mudanças de pH e à presença de sais biliares, sendo então eliminados nas fezes. Os outros aderem-se à mucosa por intermédio do disco suctorial. Não ocorre invasão tecidual! O grande número de trofozoítas atapeta o duodeno, prejudicando a absorção de vitaminas lipossolúveis, cobalamina e folato.

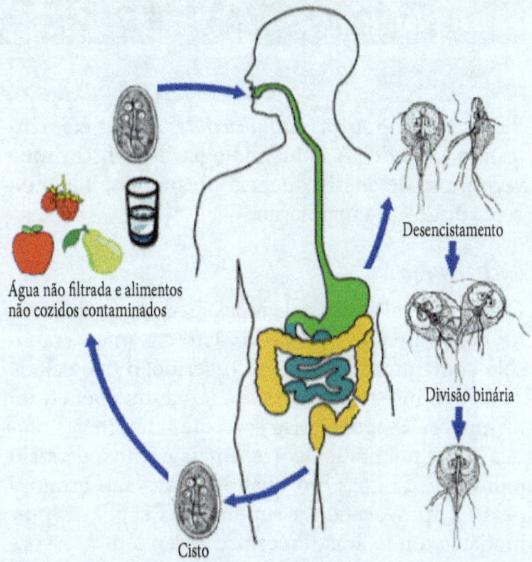

➔ O **diagnóstico** é feito pelo exame direto das fezes, mediante o método Faust ou a aspirado duodenal.

Quadro clínico

Geralmente é assintomática, todavia pode apresentar manifestações clássicas como diarreia e dor abdominal associadas a má absorção e atrofia de vilosidades, além de irritação com lesão local decorrente do disco suctorial.

Somente a filtração e a fervura eliminam os cistos de giárdia.

A cloração não exerce efeito significativo!

Tratamento

Secnidazol 2 g, tinidazol 2 g por 2 dias, metronidazol 500 mg 8/8 h por 5 dias, albendazol 400 mg por 5 dias.

43.3. Helmintos

Ascaridíase

É causada pelo *Ascaris lumbricoides* e acomete o intestino delgado! A epidemiologia demonstra uma verminose de alta frequência no mundo, afetando cerca de 25% da população.

Ciclo evolutivo

Ocorre inicialmente pela ingestão de água/alimentos contaminados ou pelo contato das mãos com o solo contaminado. Uma vez ingerido, o ovo eclode no lúmen intestinal, liberando larvas que penetram na mucosa e seguem pela corrente sanguínea/linfática até os pulmões. Ocorre, então, o início do ciclo pulmonar de Loss, no qual as larvas são atraídas pelo O_2, provocando a ruptura dos capilares pulmonares, onde amadurecem e ascendem à árvore brônquica e são deglutidas. Após a deglutição, elas alcançam o intestino delgado, onde amadurecem e atingem a fase adulta. Não ocorre multiplicação no organismo humano!

➔ O diagnóstico é confirmado pelo exame parasitológico de fezes, e a identificação, pela sedimentação de Lutz ou Hoffman. Além disso, exames radiológicos revelam imagens de falha de enchimento.

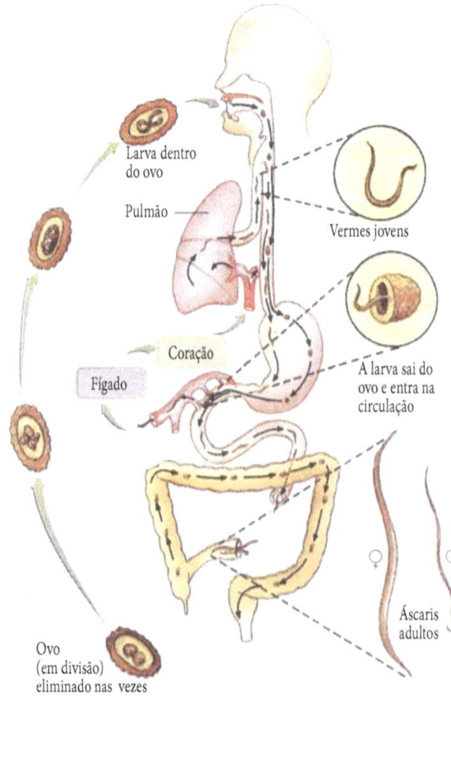

Tratamento

A administração de albendazol 400 mg, mebendazol 100 mg 2×/dia por 3 dias ou levamisol ou pamoato de pirantel para gestantes.

Obstrução Intestinal	Recomenda-se o uso de citrato de piperazina (capaz de imobilizar o sistema muscular do verme) associado a óleo mineral, 50 ml/dia, antiespasmódicos, hidratação e cateter nasogástrico.

Síndrome de Löefer
S: *Strongyloides stercoralis.*
A: *Ancylostoma duodenalis.*
N: *Necator americanus.*
T: *Toxocara canis.*
A: *Ascaris lumbricoides.*

Quadro clínico

Apresenta-se com dor abdominal, diarreia, náuseas e anorexia. Quando há excesso de vermes, podem ocorrer obstrução intestinal por "bolo de áscaris" e parasitismo errante (quando o áscaris, devido a seu intenso movimento, penetra e invade orifícios como a árvore biliar ou pancreática). Na passagem pulmonar ocorre a síndrome de Löefer (tosse seca, broncoespasmo e imagens radiológicas com infiltrados migratórios).

Ancilostomíase

É causada por *Necatur americanus* e *Ancylostoma duodenalis* e acomete o intestino delgado! A ancilostomíase pode ser também denominada amarelão ou doença do Jeca Tatu. O **diagnóstico** é pelo exame parasitológico de fezes pelo método de Lutz.

Ciclo evolutivo

Ocorre inicialmente pela penetração das larvas através da pele íntegra. O embrião eclode do ovo no solo, emergindo a larva rabditoide (L1) que, após 3 dias,

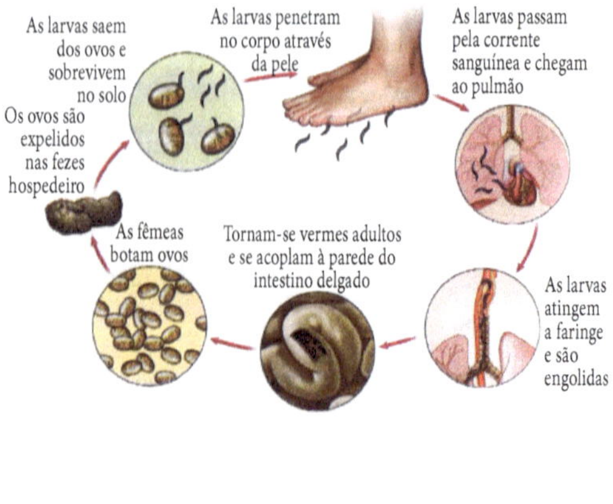

transforma-se em L2 e, posteriormente, em larva filarioide (L3). A larva L3 é capaz de penetrar na pele do hospedeiro pelos espaços interdigitais ou folículos pilosos, atingindo a corrente circulatória e alcançando os vasos pulmonares, onde, atraídas pelo O_2 dos alvéolos, rompe os capilares e transforma-se em larva L4, ascendendo pela árvore brônquica e sendo deglutida. Após a deglutição, as larvas L4 atingem o intestino delgado, fixando-se na mucosa.

Quadro clínico

Apresenta-se com gastroenterite, síndrome disabsortiva e síndrome de Löeffler. A penetração da larva e sua movimentação na pele conferem-lhe um aspecto de larva *migrans*, notando-se uma erupção maculopapular eritematosa e pruriginosa. Além disso, o verme suga cerca de 0,2 ml/dia de sangue, induzindo a um balanço negativo e provocando anemia ferropriva.

Tratamento

Mebendazol 100 mg 2×/dia por 3 dias ou albendazol 400 mg. Recomenda-se tratar as pessoas infectadas e os contactantes para interromper o ciclo de transmissão.

Toxocaríase

É causada pelo *Toxocara canis* ("áscaris do cão") e pelo *Toxocara catis* ("áscaris do gato"), sendo denominada síndrome da larva *migrans* visceral por ser uma doença multissistêmica. A epidemiologia demonstra acometimento preferencial em crianças com menos de 5 anos de idade.

Ciclo evolutivo

Se dá nos cães e gatos; quando o humano entra em contato com o parasita (mediante a ingestão de ovos), este penetra no sistema circulatório pelas paredes intestinais e migra para vários órgãos, formando granulomas. A larva não completa o ciclo, pois se trata de uma parasitose animal.

➔ O diagnóstico é feito pela biópsia (padrão-ouro) ou pela sorologia do ensaio imunossorvente ligado à enzima ELISA para *T. canis*. Não há diagnóstico pelo exame de fezes!

É a parasitose que apresenta maior eosinofilia, sendo tratada com albendazol 400 mg 12/12 h por 5 dias associado a corticoides sistêmicos.

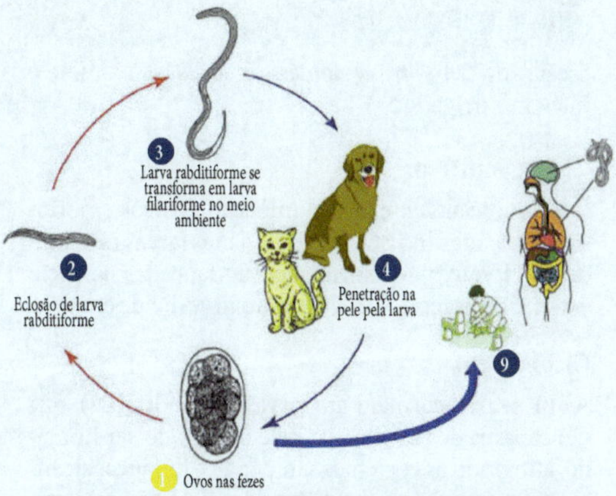

Tricuríase (ou tricocefalíase)

É causada pelo *Trichuris trichiura* e acomete o intestino grosso! Apresenta alta prevalência em países subdesenvolvidos e nas regiões com precárias condições de higiene e saneamento, atingindo cerca de 40% da população

➔ O diagnóstico é confirmado pelo exame parasitológico de fezes e o tratamento preconiza o uso de pamoato de oxipirantel ou mebendazol 100 mg 2×/dia por 3 dias.

O verme se ancora na mucosa do intestino grosso e exerce a sucção de 0,005 ml/dia/verme, podendo ocasionar anemias, enterorragia, disenteria amebiana e prolapso retal ("fios de linha branca" na mucosa retal)!

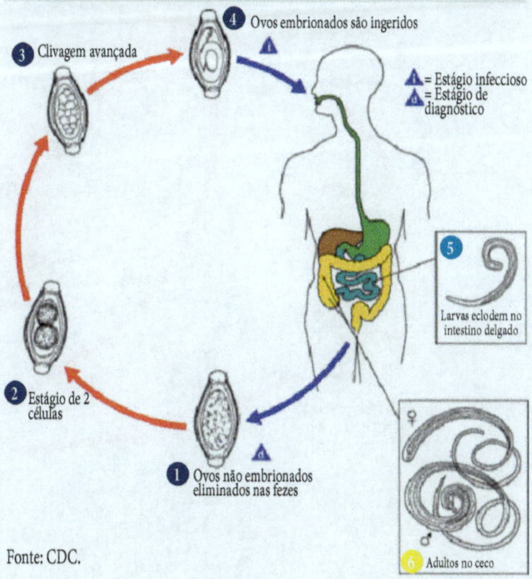

Fonte: CDC.

Estrongiloidíase

É causada pelo *Strongyloides stercoralis* e acomete o intestino delgado.

Ciclo evolutivo

Ocorre inicialmente pela eliminação de ovos embrionados no intestino que irão originar as larvas rabditoides (L1), que, posteriormente, são lançadas ao meio externo pelas fezes. O ciclo evolutivo se divide em dois.

Ciclo direto

As L1 se transformam em larvas filarioides (L2), que são capazes de penetrar na pele íntegra do ser humano, atingindo as correntes sanguínea e linfática, alcançando os pulmões e completando o ciclo de Loss, sendo deglutidas e amadurecendo no intestino delgado.

Ciclo indireto

- As larvas filarioides (L2) eliminadas nas fezes se convertem em vermes adultos que, por meio de reprodução sexuada, depositam ovos embrionados no solo, que irão eclodir, originando larvas rabditoides (L1), que se transformam em larvas filarioides (L2) capazes de penetrar a pele íntegra e seguir o ciclo igual ao anterior.

➔ O diagnóstico é obtido pelo exame parasitológico de fezes pelo método de Baermann-Moraes para detecção das larvas. O tratamento preconiza o uso de ivermectina 200 mcg/kg ou tiabendazol.

Quadro clínico

Apresenta-se com dor epigástrica simulando úlcera péptica, diarreia, síndrome disabsortiva e lesões urticariformes/pruriginosas denominadas larvas *currens* (V = 10 cm/h) e eosinofilia.

Autoinfestação	▪ Interna (infestação pela transformação das larvas rabditoides → filarioides no intestino, penetrando na mucosa). ▪ Externa (infestação pelas larvas filarioides, penetrando ativamente pela mucosa da região anal).
Hiperinfecção	Em pacientes imunodeprimidos ou em uso de corticosteroides, há aceleração do ciclo de autoinfestação, levando à hiperinfecção por aumento da quantidade de larvas filarioides, que podem se disseminar por todos os órgãos, carreando consigo bactérias e fungos (translocação bacteriana) e favorecendo o risco de sepse.

Strongyloides stercoralis

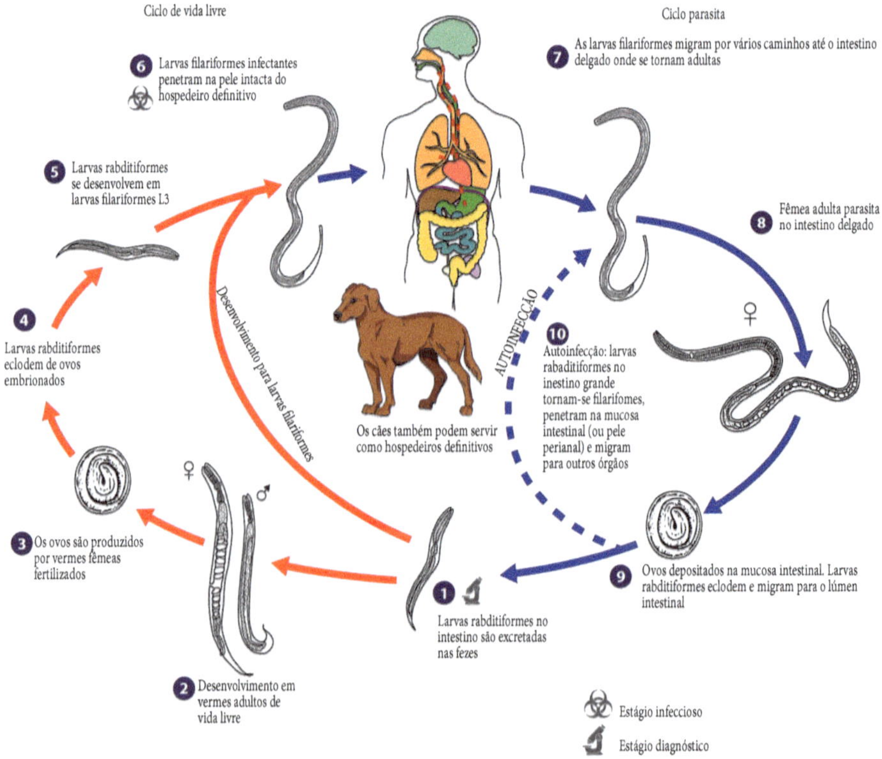

Fonte: CDC

Enterobíase (oxiuríase)

É causada pelo *Enterobius vermicularis*, acometendo o intestino grosso! É a parasitose mais comum na infância e não "respeita" classe social.

Ciclo evolutivo

Ocorre inicialmente pela ingestão de ovos embrionados ao contato oral-perineal. Os ovos eclodem no intestino delgado, liberando larvas que evoluem para a forma adulta no lúmen cecal. As fêmeas grávidas migram para a região perianal e colocam seus ovos à noite. Os ovos posteriormente serão eliminados nas fezes, que, em contato com O_2 do ar ambiente, amadurecem e se tornam infectantes.

Enterobíase

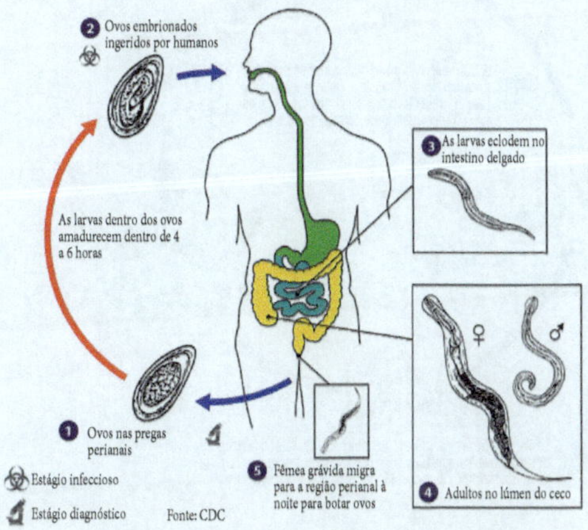

➔ O **diagnóstico** é feito pelo método de Hall (*swab* anal) ou método de Graham (fita gomada). O **tratamento** preconiza mebendazol 100 mg 2×/dia por 3 dias ou albendazol 10 mg/kg.

Quadro clínico

Apresenta-se com prurido anal exacerbado no período noturno. Eventualmente, por migrações erráticas, pode ocasionar secreção vaginal e até aumentar a excitação sexual feminina, levando a uma compulsão pela masturbação (onanismo).

Teníase

É causada pela *Taenia solium* e pela *Taenia saginata* e acomete o intestino delgado!

Ciclo evolutivo da cisticercose
Ocorre inicialmente pela ingestão de ovos de *Taenia solium*, que são convertidos e disseminados pelo corpo, onde se transformarão em cisticercos. Geralmente se disseminam para musculatura, tecido subcutâneo, olhos e cérebro.
Ciclo evolutivo da teníase
Ocorre inicialmente pela ingestão de ovos de *T. solium* ou *T. saginata* por seus hospedeiros intermediários. Após a ingestão, os embriões originam oncosferas que eclodem e penetram na corrente circulatória, sendo disseminadas até a musculatura, onde se desenvolvem os cisticercos.

A "ingestão" dos ovos da *T. solium* se dá por:	
	▪ **heteroinfecção:** alimentos e água contaminados por ovos de outra pessoa;
	▪ **autoinfestação externa:** contato oral-fecal;
	▪ **autoinfestação interna:** regurgitação de ovos intestinais para o estômago.

➔ O **diagnóstico** é pela tamização fecal (peneiração) ou pelo método de Graham. Além disso, podem-se identificar proglotes de *T. saginata* em peças íntimas ou roupas de cama. O tratamento inclui praziquantel 10 mg/kg, que pode ser associado a dexametasona + anticonvulsivantes (no caso de neurocisticercose).

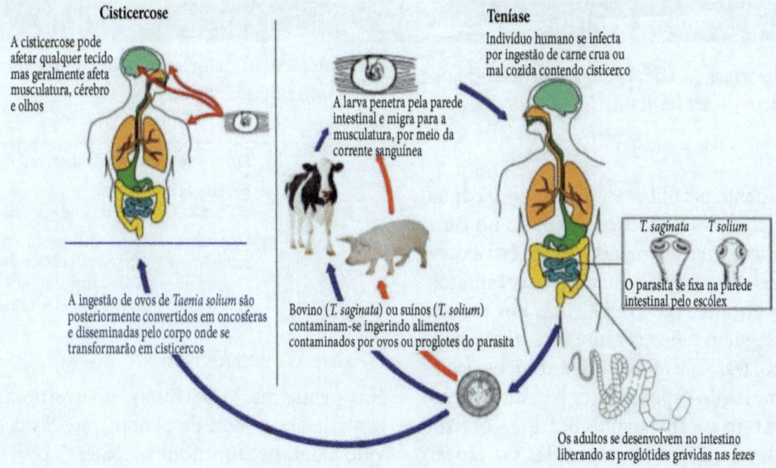

Himenolepíase

É causada pela *Hymenolepis nana* ("tênia anã") e *Hymenolepis diminuta*. A epidemiologia demonstra ser a principal infecção por cestodos no mundo e predomina em crianças e indivíduos institucionalizados.

Ciclo evolutivo

Ocorre inicialmente pela ingestão de ovos ou insetos que ingeriram ovos. Ao chegar ao estômago, esses ovos eclodem, liberando oncosferas que, no intestino delgado, desenvolvem-se em larva cisticercoide, fixando-se na mucosa.

Hymenolepis nana

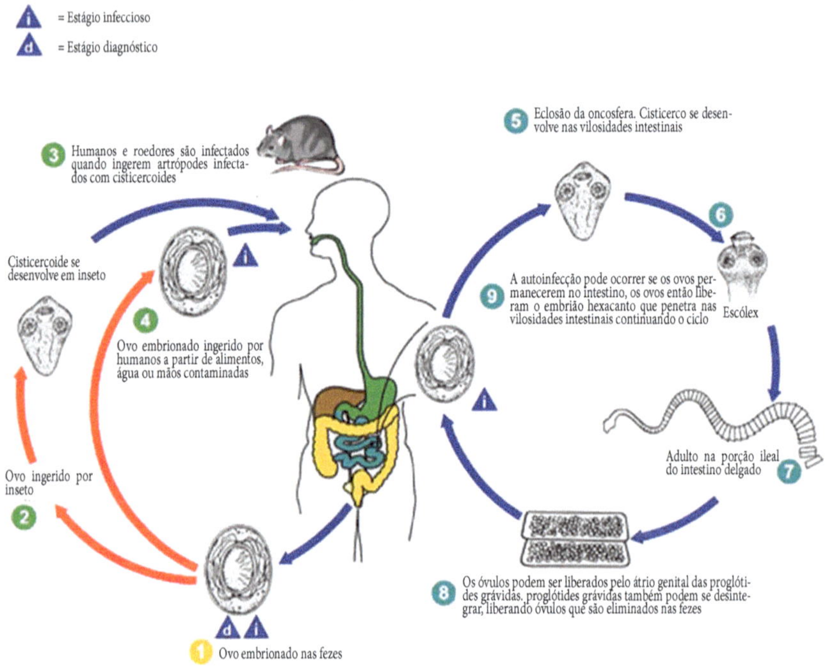

Fonte: CDC.

➔ O diagnóstico é realizado pela identificação de oncosferas (em aspecto de "fios de cabelo") nas fezes. O tratamento preconiza a administração de praziquantel 10-20 mg.

43.4. Esquistossomose (ou Doença de Manson-Pirajá)

É causada pelo *Schistosoma mansoni*, acometendo os vasos sanguíneos do ser humano.

Ciclo evolutivo

Ocorre inicialmente pela liberação de ovos na água, que logo libertam o miracídio, que penetra no caramujo Bomphalaria, transformando-se em larvas cercárias, que penetrarão na pele íntegra do ser humano. Durante a penetração, são convertidas em esquistossômulos e seguem pela corrente sanguínea, sendo lançadas nos vasos arteriais mesentéricos, sistema porta e vênulas do espaço porta hepático. Neste local, amadurecem e caminham contra a corrente sanguínea venosa, atingindo as vênulas do espaço mesentérico inferior, especialmente na região do reto (onde deposita seus ovos).

O destino dos ovos	
	■ **Lúmen retal:** irão sair nas fezes.
	■ **Parede retal:** "ovo preso na musculatura", positivando a biópsia retal (exame diagnóstico).
	■ **Ovo na circulação:** retorno à circulação, ascendendo ao sistema circulatório, impactando o espaço porta e desencadeando a hipertensão portal intra-hepática pré-sinusoidal.

Quadro clínico agudo

Nas primeiras 24-48 horas, ocorre uma dermatite cercariana no local de penetração das cercárias devido a um mecanismo imunoalérgico.

Esquistossomose

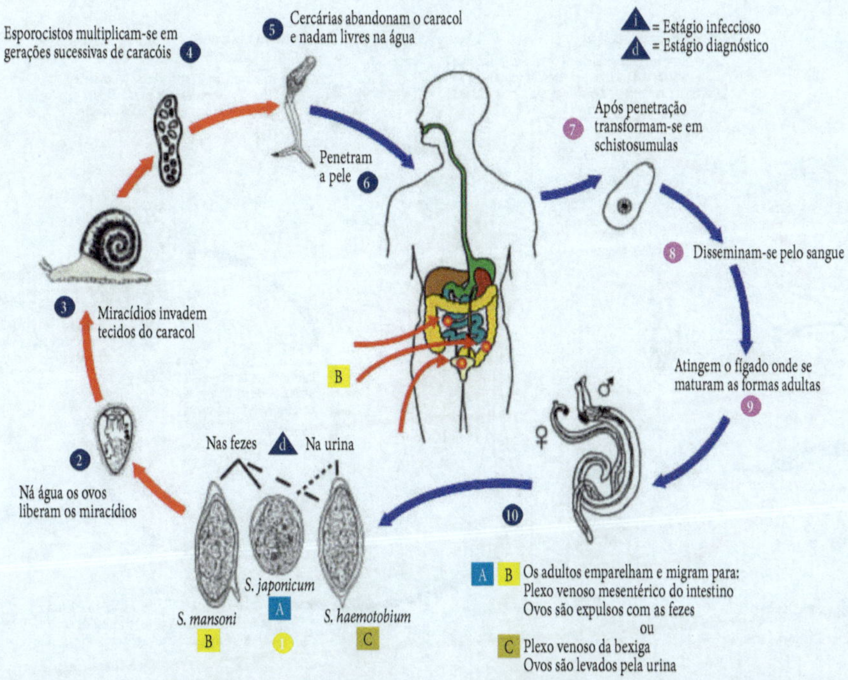

- Após 4-8 semanas, ocorre a febre de Katayama, em que a exposição e/ou a eliminação de antígenos do verme adulto provocam uma intensa reação imunológica do tipo imunocomplexos, levando à síndrome febril com febre alta, calafrios, sudorese noturna, mialgia, poliartralgia, anorexia, hepatoesplenomegalia e intensa eosinofilia.

Quadro clínico crônico

Representa a formação de granulomas esquistossomóticos. O acometimento hepatoesplênico é o mais importante e o paciente desenvolve sinais de hipertensão porta com varizes de esôfago e fluxo hepatofugal. A neuroesquistossomose reflete o comprometimento da medula espinhal toracolombar devido à comunicação com o sistema de drenagem venosa medular e o sistema portal.

➔ O diagnóstico é feito mediante exame de fezes pela técnica de Lutz e Kato-Katz ou pela biópsia retal.

Outro método diagnóstico, como a prova imunológica (ELISA), também pode ser útil no diagnóstico.

Tratamento

Consiste no uso de praziquantel e oxaminiquina seguido de um controle de cura por meio de seis exames de fezes (1 por mês) associados à biópsia retal no sexto mês.

O tratamento da dermatite cercariana envolve o uso de anti-histamínicos locais e corticosteroides tópicos. Para a febre de Katayama preconiza-se a internação do paciente associada a hidratação adequada, antitérmicos, analgésicos e antiespasmódicos.

43.5. Doença de Chagas

É uma doença tropical parasitária causada pelo protozoário *Trypanosoma cruzi* e transmitida principalmente por insetos da subfamília Triatominae. As principais formas de transmissão são pela ingestão do inseto triturado na fabricação de alimentos (caldo de cana e açaí) e pelas fezes contaminas do inseto (depositadas adjacentes à sua picada), que muitas vezes entram em contato com a corrente sanguínea quando o indivíduo inadvertidamente coça a pele próxima à picada do inseto.

As manifestações são divididas em:

- indeterminadas: paciente sem sinais de infecção;
- agudas: com duração aproximada de 8-12 semanas, evidenciando o chagoma (eritema no local da picada) e sintomas febris inespecíficos;

Trypanosomiasis, American (Chags disease)
(Trypanosoma cruzi)

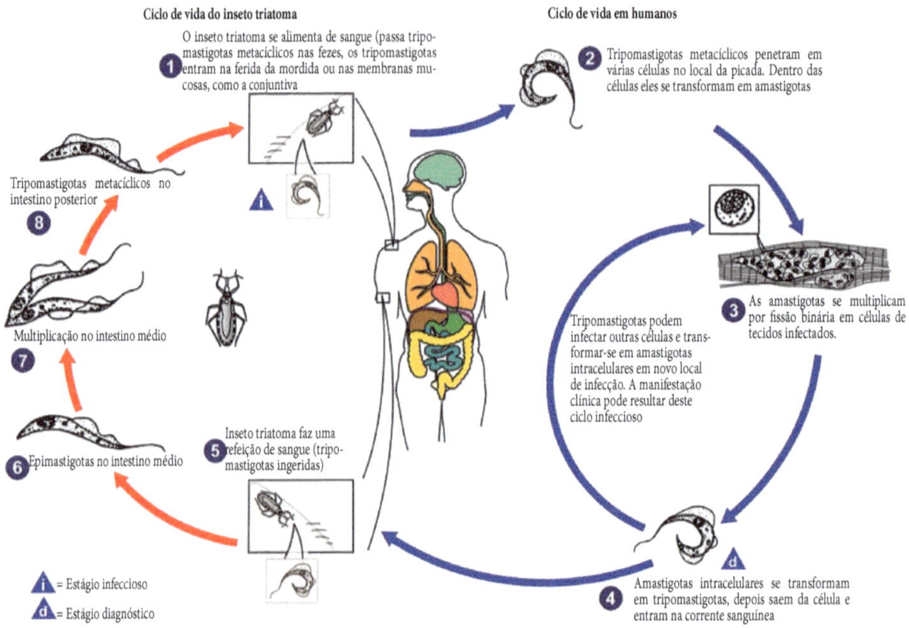

- crônicas: manifestam-se com problemas cardíacos (cardiomegalia) e digestivos (lesões do plexo nervoso e megalias).

O diagnóstico é confirmado pelo exame direto do sangue periférico para a pesquisa do parasita, bem como por imunoglobulina M (IgM) anti-*T. cruzi* (nas fases agudas) e métodos de pesquisa ELISA, imunofluorescência indireta (IFI) e hemaglutinação (nas fases mais crônicas). O tratamento envolve a notificação imediata e a administração de benznidazol por 60 dias. Nos casos de lesões crônicas nos órgãos, a terapia é de suporte.

PARTE 3

Pediatria

SEÇÃO 11 - PEDIATRIA

Capítulo 44 - Nutrição Pediátrica

44.1. Aleitamento 304
44.2. Alimentação Infantil 306

Capítulo 45 - Distúrbios do Crescimento e do Desenvolvimento

45.1. Infância 307
45.2. Adolescência 309

Capítulo 46 - Distúrbios Nutricionais

46.1. Desnutrição Calórico-proteica 310
46.2. Distúrbios Carenciais de Micronutrientes 312
46.3. Sobrepeso e Obesidade 313
46.4. Baixa Estatura 314

Capítulo 47 - Distúrbios Respiratórios na Infância

47.1. Doenças Infecciosas 315

Capítulo 48 - Distúrbios do Trato Gastrointestinal na Infância

48.1. Etiopatogenia e Desidratação 320
48.2. Diarreia Aguda 322
48.3. Disenteria 323

Capítulo 49 - Neonatologia

49.1. Neonatologia 324
49.2. Síndromes Neonatais 325
49.3. Doenças Congênitas 328

Capítulo 50 - Doenças Exantemáticas

50.1. Sarampo 330
50.2. Rubéola 330
50.3. Varicela-zóster 331
50.4. Catapora 332
50.5. Exantema Súbito (Roséola) 332
50.6. Eritema Infeccioso 332
50.7. Escarlatina 333
50.8. Febre Reumática 333
50.9. Mononucleose 333
50.10. Citomegalovírus 334

Capítulo 51 - Vacinação

51.1. Calendário Vacinal e Vacinas 335

Capítulo 52 - Pediatria Específica

52.1. Nefrologia Pediátrica 339
52.2. Refluxo Vesicoureteral 340
52.3. Emergências em Pediatria 341

ANOTAÇÕES:

CAPÍTULO 44

NUTRIÇÃO PEDIÁTRICA

44.1. Aleitamento

Recomendações atuais do Ministério da Saúde, da Organização Mundial da Saúde e da Sociedade Brasileira de Pediatria:

- Aleitamento materno exclusivo durante os primeiros 6 meses de vida.
- A partir dos 6 meses de vida, o aleitamento materno exclusivo é insuficiente. É necessário iniciar a alimentação complementar, não sendo recomendado qualquer outro tipo de leite.
- O leite materno deve ser mantido, no mínimo, até 2 anos de vida, pois é fonte de vitaminas C, A, proteínas e energia.

Fisiologia da sucção

- **Hipófise anterior:** Prolactina → Produção de leite.
- **Hipófise posterior:** Ocitocina → Célula mioepitelial (ejeção do leite).

A adrenalina inibe a ocitocina.

Aleitamento	
Materno exclusivo	É quando a criança recebe apenas leite humano (amamentação ou ordenha), com exceção de vitaminas, minerais, sais de hidratação e medicamentos.
Materno predominante	É quando a criança recebe água, chás, sucos de frutas, além do leite humano.
Materno complementado	É quando a criança recebe alimentos sólidos/semissólidos além do leite humano. O objetivo é complementar o leite humano, mas não substituí-lo.
Materno misto ou parcial	É quando a criança recebe outros tipos de leite além do humano.
Materno	É quando a criança recebe leite humano independentemente de receber ou não outro tipo de alimento.

O leite contém um peptídeo inibidor de sua produção (*feedback* negativo). Quando há acúmulo de leite, ocorre aumento da concentração desse peptídeo, e, caso o leite não seja retirado, desencadeia-se o *feedback* negativo.

Leite humano × leite de vaca

Fatores protetores

No leite humano existem os fatores protetores.

Específicos

Imunoglobulinas (IgA, IgM e IgG), principalmente a IgA.

Não específicos

- **Fator bífido:** carboidrato nitrogenado que atua como um substrato para o crescimento do *Lactobacillus bifidus*. Esse bacilo anaeróbio compõe a flora intestinal nas crianças em aleitamento materno exclusivo. O bacilo constitui uma flora saprófita, impedindo a proliferação de micro-organismos patogênicos.
- **Lisozima:** com ações bactericida e anti-inflamatória produzidas por neutrófilos e macrófagos, age por intermédio da lise da parede celular de bactérias Gram-positiva e negativas.
- **Lactoferrina:** com ação bacteriostática, é uma proteína carreadora de ferro que, por meio da quelação, diminui a biodisponibilidade desse mineral para os patógenos, em especial *Staphylococcus, E. coli, Candida*, e aumenta a biodisponibilidade para o lactante, liberando o ferro no seu sítio de absorção (intestino delgado).
- **Lactoperoxidase:** enzima ativa contra o *Streptococcus*.
- **Lipase:** enzima ativa contra parasitas.

Leite humano	Leite de vaca
+ Kcal + Carboidratos + Gorduras + Lactose (facilita a evacuação por diminuir o pH intestinal/fezes e aumentar a absorção de Ca^{+2})	+ Proteínas + Eletrólitos – Vitaminas Menor biodisponibilidade de ferro (menos lactoferrina)
40% caseína 60% soro α-lactoglobulina humana Gordura insaturada formada pelo ácido docosaexanoico (DHA) – ácidos graxos poli-insaturados (PUFA) (formação da bainha de mielina) e ácido araquidônico [formação da retina]).	80% caseína 20% soro β-lactoglobulina bovina Gordura saturada (em maior parte, o colesterol).
→ Ambos possuem a mesma quantidade de ferro!	

Fases da produção láctea

Colostro		Secretado do 0 ao 5º dia pós-parto, apresenta coloração amarelada, maior quantidade de vitamina A (betacaroteno) e é mais lipossolúvel. É o leite de uma glândula imatura, rico em proteínas (excesso de albumina, lactoferrina e imunoglobulinas) e eletrólitos e semelhante ao leite de vaca.
Leite	Transição	É secretado entre o 6º/10º e o 14º dia pós-parto.
	Maduro	É produzido a partir do 14º dia pós-parto. O leite anterior (solução) é ralo e doce, ocorrendo predomínio de proteína do soro e lactose. No meio da mamada (suspensão), é maior a quantidade de caseína, e o leite posterior (emulsão) tem grande concentração de gordura, necessária para saciar o lactente.
	Mães de prematuros	O leite de mães de prematuros tem maior teor de proteínas, gorduras, sódio, cloro, vitaminas e densidade energética e menor quantidade de lactose.

Técnica de amamentação

Os erros na amamentação acontecem na técnica de posicionamento e pega! Ao oferecer o seio, o recém-nascido deve abocanhar toda a aréola, com a boca bem aberta e o lábio inferior evertido, com o queixo tocando a mama, promovendo o esvaziamento dos seios lactíferos situados sob a aréola.

Posicionamento

O rosto do bebê deve ficar de frente para a mama, com o nariz encostado no mamilo, cabeça e tronco alinhados no mesmo eixo axial, corpo próximo ao da mãe, encostando barriga com barriga, pescoço do bebê levemente estendido e corpo bem apoiado pelas mãos da mãe.

Pega

A boca do bebê deve estar bem aberta, englobando a maior parte da aréola, o lábio inferior, evertido, queixo tocando a mama, língua sobre a gengiva inferior, com deglutição visível e audível.

➔ São sinais de técnica incorreta de amamentação: bochechas do bebê encovadas durante a sucção, ruídos da língua, mama muito esticada ou deformada durante a mamada, dor à amamentação.

Afecções da mama

Ingurgitamento mamário

O leite não drenado de forma eficiente aumenta a vascularização local com congestão e obstrução linfática. Entre as causas mais comuns estão técnica errada, mamadas espaçadas, separação entre mãe e criança. O tratamento visa ordenhar manualmente o excesso de leite, inclusive antes da mamada, e aplicar compressas frias no intervalo entre as mamadas.

Dor e trauma mamilar

Para evitar traumas e fissuras existem medidas preventivas, como pega e posicionamento corretos, troca de posição, ordenha antes da mamada, e o tratamento inclui ordenhar antes da mamada, orientar pega correta da aréola, passar o próprio leite na aréola e deixar ao ar livre.

Mastite

É o processo inflamatório da mama causado por estase do leite e infecção por *Staphylococcus aureus* (em 95% dos casos). Apresenta-se com acometimento unilateral (preferencialmente no quadrante superior esquerdo) e sinais de dor, hiperemia, calor e edema. O tratamento abrange ordenha da mama

Contraindicações à amamentação	
Absolutas	**Realativas**
■ Fármacos: medicações antineoplásicas e imunossupressoras, substâncias radioativas, isotretinoína, amiodarona, sais de ouro, ganciclovir, linezolida, fenindiona. ■ Drogas: no caso de usuárias de drogas de abuso, recomenda-se a suspensão da amamentação por algumas horas após o uso da droga. Contraindicação absoluta uma vez que não se pode amamentar sob uso de drogas. ■ Doenças: infecções por vírus linfotrópico de células T humanas (HTLV) ou vírus da imunodeficiência humana (HIV), eclâmpsia, choque. ■ Galactosemia: a falta da enzima conversora *(galactose → glicose)* contraindica a amamentação, visto que pode ocorrer lesão renal (TCP), no cristalino, no fígado e no sistema nervoso central (SNC).	■ Citomegalovírus (CMV): para recém-nascido (RN) < 32 semanas deve-se congelar o leite a -20°C e aquecer a 62,5°C antes da ingestão. ■ Varicela: para mães com lesão ativa, recomenda-se ordenhar e tratar o leite igual ao contaminado por CMV. ■ Herpes simples: as vesículas herpéticas devem ser isoladas com o uso de equipamento de proteção individual (EPI). ■ Fenilcetonúria: recomenda-se a amamentação normal associada à ingesta de leite sem fenilalanina. ■ Psicose puerperal: recomenda-se a amamentação sob supervisão.
➔ Falsas contraindicações: tuberculose ativa, hanseníase (após primeira dose de rifampicina), hepatite B.	

e administração de ibuprofeno e antibióticos. Não está contraindicada a amamentação.

Abscesso mamário

É a complicação da mastite. Apresenta-se com dor intensa, febre e acúmulo de secreção purulenta. O tratamento envolve drenagem cirúrgica e antibioticoterapia. A amamentação deve ser suspensa até a resolução do quadro.

Candidíase

É a infecção fúngica *(Candida albicans)* dos mamilos. Apresenta-se com dor, prurido e hiperemia. O tratamento envolve o uso de antifúngicos tópicos por 14 dias.

"Pouco leite"

Muitas mães queixam-se do pouco leite ou do leite fraco, contudo, isso geralmente é mito. Depressão puerperal (perda de 10% do peso na primeira semana), técnica inadequada e afecções mamárias levam a essa ideologia, que deve ser corrigida por estimulação da técnica correta e orientação das expectativas.

Aspectos relacionados com a amamentação

Na impossibilidade de continuar a amamentação, recomendam-se a ordenha e o armazenamento do leite materno. Sob a forma crua, o leite tem duração de 12 horas na geladeira e 15 dias no *freezer*. O leite sob a forma pasteurizada dura até 6 meses *(freezer)*. Na refratariedade da ordenha e do armazenamento, preconiza-se a substituição do leite materno por fórmulas infantis.

Aspectos legais

A licença-maternidade, abrange 4-6 meses de afastamento, enquanto a licença-paternidade garante 5 dias de afastamento.

No âmbito trabalhista, a mulher tem estabilidade (garantia) de emprego no período desde a confirmação da gestação até 5 meses após o parto.

44.2. Alimentação Infantil

As necessidades nutricionais do lactante são duas vezes maiores que as de um adulto normal. Problemas alimentares como regurgitação e cólicas são passíveis de ocorrerem nos primeiros meses, sendo realizadas apenas medidas paliativas, como promoção de eructação e eliminação de gases.

Anemia fisiológica da infância: após o nascimento, a ventilação pulmonar faz com que os níveis de saturação de oxigênio se elevem demais, o que promove um *down-regulation* na síntese de eritropoietina. Em torno da 8ª-12ª semana de vida, as necessidades teciduais de oxigênio aumentam, resultando em hipóxia e levando à síntese de eritropoietina.

A anemia em pediatria é subdividida em:

- **fisiológica na infância:** decorrente do *down-regulation* de eritropoietina pelo aumento da saturação de oxigênio;
- **ferropriva:** devida à carência de ferro após os 4-6 meses de idade. Nessa idade, há o esgotamento dos estoques de ferro e o lactente fica dependente da ingestão.

Passos da alimentação
■ Aleitamento materno exclusivo até os 6 meses. ■ Introdução de alimentos complementares (cereais, tubérculos, carne, frutas, legumes) a partir dos 6 meses. ■ O leite de vaca integral e o mel (devido ao risco de botulismo) devem ser oferecidos somente para crianças maiores de 12 meses. ■ Devem-se evitar açúcar, café, enlatados, frituras, refrigerantes, salgadinhos e guloseimas para menores de 12 meses. ■ Aos 12 meses de idade, a alimentação da criança deve ser semelhante à alimentação da família.

Profilaxia do ferro		
RN a termo (ou peso > 2.500 g)	Recomenda-se a profilaxia com 1 mg/kg/dia de ferro elementar do 6º mês até o 2º ano de vida (Ministério da Saúde) ou do 3º mês até 2º ano (Sociedade Brasileira de Pediatria), exceto para RNs alimentados com fórmula infantil (> 500 ml).	
RN pré-termo ou prematuro (ou peso < 2.500 g)	Recomenda-se a profilaxia estratificada a partir de 1 mês até 1 ano e, posteriormente, a profilaxia com 1 mg/kg/dia de ferro elementar do 1º ano até os 2 anos.	< 1.000 g = 4 mg/kg/dia. < 1.500 g = 3 mg/kg/dia. < 2.500 g = 2 mg/kg/dia.

Profilaxia de vitamina D	
RN a termo	Recomenda-se a profilaxia com 400 U/dia de vitamina D do nascimento até o 2º ano de vida.

CAPÍTULO 45

DISTÚRBIOS DO CRESCIMENTO E DO DESENVOLVIMENTO

45.1. Infância

Crescimento	É o aumento macroscópico da massa corporal; a expressão da hiperplasia e hipertrofia celulares, sendo um processo quantitativo.
Desenvolvimento	É a aquisição de novas habilidades, sendo um processo qualitativo.

Avaliação do crescimento

É necessário realizar uma análise continuada, pois os dados isolados não produzem uma interpretação adequada do quadro.

- **Peso:** variável sensível de saúde momentânea.
- **Estatura:** até 2 anos de idade, é medida com a criança deitada (comprimento); após 2 anos, deve ser medida em posição supina (altura).
- **Perímetro cefálico (PC):** é analisado até 2 anos de idade, pois nessa idade ele representa 85% do perímetro adulto. O PC é uma medida confiável do crescimento cerebral!
- **Auxograma:** gráfico de crescimento ponderoestatural padronizado capaz de fornecer uma definição estatística da normalidade, comparando crianças de mesmo sexo e idade. O gráfico da Organização Mundial da Saúde (OMS) apresenta 5 percentis (percentil 3, 15, 50, 85, 97), e o padrão de normalidade se encontra em: Z0 ± 2 desvio padrão (DP).

Desenvolvimento

É sequencial e previsível.

- Crescimento craniocaudal (a criança primeiramente sustenta a cabeça e, depois, fica em pé).
- O desenvolvimento da mão é de cubital para radial.
- Primeiro pega para depois soltar.

Desenvolvimento
Motor grosseiro: aos 12 meses anda com apoio.
Motor fino/adaptativo: aos 11-12 meses pega objetos com o polegar e indicador, preensão palmar (pinça).
Linguagem: aos 12 meses diz uma ou duas palavras.
Pessoal-social: aos 12 meses ajuda a se vestir/interação social.

Crescimento e desenvolvimento

Recém-nascido

- **Motor:** membros fletidos, postura tônico-cervical (PTC), cabeça pendente.
- **Adaptativo:** fixa a visão.
- **Social:** prefere a face humana.

Primeiro mês (1)

- **Motor:** pernas mais estendidas, PTC, levanta o queixo em prono.
- **Adaptativo:** acompanha por 90° um objeto.
- **Social:** sorri.

Segundo mês (2)

- **Motor:** PTC, levanta a cabeça em prono.
- **Adaptativo:** acompanha por 180° um objeto.
- **Social:** sorri em resposta a estímulo.
- **Linguagem:** vocaliza.

Terceiro mês (3)

- **Motor:** PTC, levanta cabeça e tronco em prono, sustentação pendular da cabeça.
- **Adaptativo:** estende a mão para objetos.
- **Social:** contato social (sorri e vocaliza).
- **Linguagem:** vocaliza.

Quarto mês (4)

- **Motor:** cabeça centralizada, olhar para as mãos na linha média, sustenta a cabeça.
- **Adaptativo:** pega cubital.
- **Social:** ri alto.
- **Linguagem:** sons guturais.

Sexto e sétimo mês

- **Motor:** vira-se, senta-se sem apoio por pouco tempo.
- **Adaptativo:** pega radial, transfere objetos entre as mãos.
- **Social:** prefere a mãe.
- **Linguagem:** polissílabos vagos.

Nono e décimo mês

- **Motor:** senta-se sozinho e sem apoio, engatinha (não segue a regra da sequência, que pode não existir).
- **Adaptativo:** segura objetos entre polegar e indicador, solta objeto se retirado.
- **Social:** estranha, acena, bate palma, brinca de "cadê".
- **Linguagem:** polissílabo (mama, papa).

Décimo segundo mês

- **Motor:** anda com apoio, levanta-se sozinho.
- **Adaptativo:** pega objetos com polegar e indicador, entrega objetos por solicitação.
- **Social:** interage (vestir, brincar).
- **Linguagem:** algumas palavras.

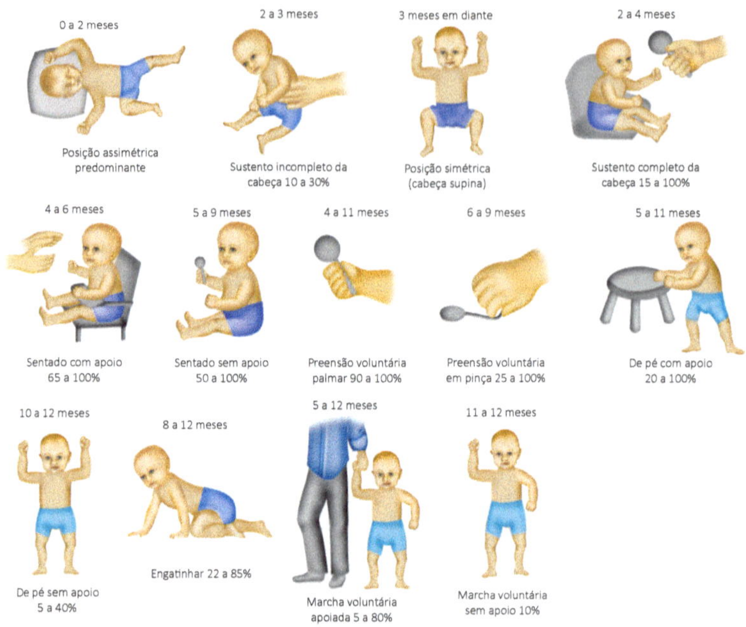

► Desenvolvimento da postura, equilíbrio e locomoção no primeiro ano de vida.

Peso	Taxa de crescimento	1º Trimestre: 700 g/mês 2º Trimestre: 600 g/mês 3º Trimestre: 500 g/mês	4º Trimestre: 400 g/mês 2-4 anos: 2 kg/ano 4-6 anos: 3-3,5 kg/ano	**Duplica aos 4-5 meses Triplica com 1 ano Quadruplica aos 2 anos**
Estatura		1º Semestre: 15 cm 2º Semestre: 10 cm	2-4 anos: 7-8 cm/ano 4-6 anos: 5-7 cm/ano	**Primeiro ano = 25 cm Segundo ano = 12 cm**
P. cefálico		1º Trimestre: 2 cm/mês 2º Trimestre: 1 cm/mês	3º Trimestre: 0,5 cm/mes	

	Zero	4	8	12	16	28	40	52
Motor	-	-	-	-	Sustenta a cabeça	Vira-se	Senta-se	Anda
Adaptativo	-	-	-	Estende a mão	Pega cubital	Pega radial e transfere	Pinça e retira	Pinça e entrega
Social	-	Sorri	-	-	-	-	"Cadê"	-
Linguagem	-	-	-	-	-	Polissílabo	Pais	-

O principal hormônio de crescimento intrauterino é a insulina!

Reflexos primitivos

	Descrição	Desaparecimento
Moro	Consiste na elevação do tronco seguida da súbita soltura do mesmo. A criança executa abdução seguida de adução e flexão das extremidades superiores, flexão do pescoço e choro.	Parcialmente aos 3 meses e totalmente aos 6 meses.
Tônico-cervical	Consiste na rotação da cabeça do RN para o lado direito ou esquerdo com duração de 15 segundos. As reações esperadas são uma extensão da extremidade voltada para a face do RN e flexão da extremidade do lado posterior (posição do esgrimista).	6-7 meses.
Preensão palmar	Consiste na compressão da face palmar abaixo dos dedos. A resposta é a flexão e o fechamento da mão.	3 meses.
Preensão plantar	Consiste na compressão da face plantar abaixo dos dedos. A resposta é a flexão dos dedos do pé.	6-8 meses.

Reflexo de Galant	Consiste na estimulação tátil do dorso a 2 cm da coluna no sentido craniocaudal, realizada com o RN em posição de pronação, apoiado no antebraço do examinador. A resposta é a curvatura lateral com a concavidade virada para o lado estimulado.	4 meses.
Apoio plantar e marcha	É a marcha reflexa ao se sustentar a criança na posição vertical e apoiar levemente seus pés na superfície.	2 meses.
Paraquedista	Consiste na simulação de uma queda frontal com o paciente em posição horizontal. A pessoa reage estendendo os braços e abrindo as mãos.	Surge aos 8-9 meses e nunca desaparece.

45.2. Adolescência

→ A adolescência, por definição cronológica da OMS, compreende o período dos 10 aos 20 anos de idade. Já a puberdade é uma fase biológica de crescimento e desenvolvimento físico e psicológico.

Meninas

O primeiro sinal de puberdade nas meninas é o aparecimento do broto mamário (telarca). Em seguida, ocorre a pilificação (pubarca) e, por último, a pilificação axilar. A menarca acontece nas fases mais avançadas da maturação sexual (M4), cerca de 2-2,5 anos após a telarca. A velocidade máxima do crescimento em geral ocorre no estágio M3, com 8,3 cm/ano. Já a menarca marca o início da fase de desaceleração do crescimento estatural.

Meninos

O primeiro sinal de puberdade é o aumento testicular aos 9,5 anos. O estirão puberal acontece, em média, aos 13,5 anos (G3/G4), com velocidade de 9,5 cm/ano. A ginecomastia, ou aumento das mamas no sexo masculino, é um fenômeno normal na puberdade, geralmente é bilateral e, se menor que 4 cm, tem 90% de chance de resolução espontânea em 3 anos.

Mamas	
M1	Nada.
M2 (8-13 anos)	Broto mamário com pequena elevação subareolar (crescimento da glândula).
M3 (10-14 anos)	Crescimento da mama além da aréola.
M4 (10-15 anos)	Crescimento subareolar e glandular.
M5 (13-18 anos)	Estágio adulto.
Pelos pubianos	
P1	Nada, discreta pelugem.
P2 (9-13 anos)	Crescimento esparso de pelos finos discretamente pigmentados ao longo dos grandes lábios.
P3 (9-14 anos)	Pelos mais pigmentados, espessos, encaracolados na sínfise púbica.
P4 (10-15 anos)	P3 + intenso.
P5 (12-16 anos)	Atingem a superfície interna da coxa.

Pênis e testículos	
G1	Nada.
G2 (9-14 anos)	Aumento de testículos e escroto; 4 cm^3 é o início da puberdade.
G3 (10-14 anos)	Pênis aumenta em comprimento.
G4 (11-15 anos)	Aumento do pênis em comprimento e em diâmetro, tornando-se a glande evidente.
G5 (12-17 anos)	Estágio adulto.
Pelos pubianos	
P1	Nada, discreta pelugem.
P2 (10-14 anos)	Pelos finos, discretamente pigmentados, na base do pênis.
P3 (11-15 anos)	Pelos mais pigmentados, espessos, encaracolados na sínfise púbica.
P4 (11-15 anos)	P3 + intenso.
P5 (15-17 anos)	Atingem a superfície interna da coxa.

CAPÍTULO 46

DISTÚRBIOS NUTRICIONAIS

➔ O aporte nutricional de lactentes, crianças e adolescentes deve ser capaz de suprir as necessidades para crescimento e desenvolvimento neurocognitivo.

46.1. Desnutrição Calórico-proteica

A desnutrição é um desequilíbrio entre o gasto e o aporte, que pode se apresentar de forma primária, com base na oferta insuficiente de nutrientes, falta de acesso a boas condições sanitárias e serviço de saúde, falta de práticas de cuidados infantis, ou secundária, provocada por doenças que aumentam as necessidades metabólicas ou diminuem a absorção intestinal, levando à perda de nutrientes. A consequência mais imediata da desnutrição é a morte precoce (40%), com aumento da gravidade da desnutrição.

➔ Pacientes com edema de origem nutricional são considerados desnutridos graves!

Classificação pelo Ministério da Saúde

Gómez (1956)

É a avaliação do déficit de peso apresentado pela criança em relação ao peso do percentil 50 para sua idade (PI). As grandes desvantagens são: necessidade de conhecer-se a idade, não considera a altura, impossibilidade de diferenciar a desnutrição aguda passada (pregressa) ou crônica.

Classificação da desnutrição de Gómez (1956)	
Peso/idade (%) em relação ao p50	Grau de desnutrição
91%-100%	Normal
76%-90% (déficit de 10%-24% em relação ao p50)	Leve (ou 1o grau)
61%-5% (déficit de 25%-39% em relação ao p50)	Moderado (ou 2o grau)
Inferior a 60% (déficit de > 40% em relação ao p50)	Grave (ou 3o grau)

Waterlow (1976)

É a classificação que leva em consideração o peso para a estatura (P/E) e a estatura para a idade (E/I) com base no percentil 50. A classificação se baseia em:

Magreza	Baixo	
Não	Não	Eutrófico
Sim	Não	Desnutrição aguda
Sim	Sim	Desnutrição crônica
Normal	Sim	Desnutrição pregressa (já teve)

P/E < 90% magro.	< 70% - Grave
E/I < 95% baixo.	

Ministério da Saúde

Inibe as interpretações e relaciona (P/I), (IMC/I), (P/E), (E/I).

Peso/idade < 10 anos	
< Z -3 (< P 0,1)	Peso muito baixo
Z -3 e Z -2 (P 0,1 e P 3)	Peso baixo
Z -2 e Z +2 (P 3 e P 97)	Peso adequado
> Z +2 (> P 97)	Peso elevado
Altura/idade < 10 anos	
< Z -3 (< P 0,1)	Altura muito baixa
Z -3 e Z -2 (P 0,1 e P 3)	Altura baixa
> Z -2 (> P 3)	Altura adequada
Peso/altura < 10 anos	
< Z -3 (< P 0,1)	Peso muito baixo
Z -3 e Z -2 (P 0,1 e P 3)	Peso baixo
Z -2 e Z +2 (P 3 e P 97)	Peso adequado
> Z +2 (> P 97)	Peso elevado
Índice de massa corporal (IMC) < 5 anos	
< Z -3 (< P 0,1)	Muito baixo IMC
Z -3 e Z -2 (P 0,1 e P 3)	Baixo IMC
Z -2 e Z +2 (P 3 e P 97)	IMC adequado
> Z +2 (> P 97)	IMC elevado

Clínica: as desnutrições graves sintomáticas são consideradas extremos da desnutrição proteico-calórica.

Marasmo

É um estado de má nutrição que resulta de uma deficiência calórica total (energia e proteínas). Atinge preferencialmente crianças com menos de 1 ano de idade. As dietas deficientes podem ter uma relação proteína/calorias normal, mas o teor final encontra-se reduzido quando em comparação com uma dieta normal. A causa mais comum é a retirada precoce do aleitamento materno, substituindo-o por fórmulas caloricamente deficientes. Apresenta-se com déficit peso/estatura, atrofia muscular e pele enrugada. A perda de tecido subcutâneo é notada por desaparecimento da gordura de Bichat e face senil ou simiesca do paciente.

Kwashiorkor

É um estado de deficiência dietética de proteína com ingestão calórica adequada que acomete crianças entre 1 e 2 anos de idade. O paciente se encontra em um estado pró-inflamatório que provoca lesões vasculares e aumenta a permeabilidade vascular (principal mecanismo do edema, que é intensificado por hipoalbuminemia e redução da proteína sérica total). A principal causa é o desmame súbito do lactente devido à gestação de um segundo filho. O paciente pode apresentar alteração de textura e da coloração do cabelo (discromia), cabelos quebradiços (alopecia), sinal da bandeira (discromia do cabelo intercalada com cor normal), hepatomegalia (esteatose), dermatose (hipocrômica e hipercrômica ceratótica) e diarreia.

Kwashiokor-Marasmático

É a faixa intermediária entre os dois extremos da desnutrição (emagrecido com edema).

Noma

É uma ulceração crônica necrosante da gengiva e das bochechas, geralmente associada à desnutrição grave e doença infecciosa debilitante (p. ex.: sarampo, malária, tuberculose e diarreia).

Laboratório

Linfopenia (neutropenia, diminuição da imunidade celular), hipoalbuminemia, hipoglicemia, hiponatremia dilucional, hipocalemia, hipomagnesemia.

Tratamento

Consiste em hospitalização e é divido em 3 etapas.

Estabilização (1-7 dias)	Visa evitar o óbito ("salvar a vida da criança"). Envolve o tratamento das condições mais urgentes e ameaçadoras da vida, como hipoglicemia, hipotermia, distúrbios hidroeletrolíticos, acidose, desidratação, infecção e anemia. Hidratação, alimentação leve (100 kcal/kg/dia e 1-1,5 g proteína/kg/dia) e reposição de K, Mg, vitamina A (evitar a ceromalacia perfurativa), zinco (melhorar a imunidade e o ganho ponderal) e ácido fólico, feita preferencialmente por via oral (ou sonda nasogástrica, se necessário). ➔ A antibioticoterapia contra infecções deve ser feita mesmo sem sinais sugestivos!
Reabilitação (2ª-6ª semana)	Visa "renutrir" a criança. O marco inicial é o retorno do apetite. É oferecida uma alimentação intensiva (200 kcal/kg/dia e 4 g proteína/kg/dia) para recuperar a maior parte do peso perdido (*catch-up gain* → ganho de 1 % do peso atual por dia). ➔ Nessa fase ocorre a introdução/administração de FERRO!
Acompanhamento (7ª-26ª semana)	Envolve a prevenção de recaída/recorrência e objetiva assegurar a continuidade do desenvolvimento emocional, físico e mental da criança.

Adendo 1: a hipoglicemia é abordada afastando-se as causas infecciosas e promovendo-se a alimentação de 2/2 horas.

Adendo 2: a síndrome da realimentação é a hipofosfatemia grave após a reintrodução da alimentação em pacientes desnutridos. Apresenta-se com fraqueza, rabdomiólise, arritmias, convulsão e morte.

Adendo 3: a síndrome da recuperação nutricional ocorre entre o 20º e o 40º dia de tratamento e é representada por hepatomegalia e distensão abdominal (associada à circulação venosa colateral e ascite) devido ao aporte nutricional.

46.2. Distúrbios Carenciais de Micronutrientes

As vitaminas são micronutrientes essenciais ao metabolismo e devem ser adquiridas por meio da dieta, uma vez que o organismo é incapaz de sintetizá-las. São classificadas em hidrossolúveis (vitamina C e complexo B) e lipossolúveis (vitaminas A, D, E e K). As principais condições que podem levar à carência de vitaminas lipossolúveis são dieta insuficiente e síndromes disabsortivas. As vitaminas lipossolúveis precisam de uma dieta com gordura para serem absorvidas, já as hidrossolúveis não necessitam da gordura, mas não são estocadas pelo corpo, sendo repostas diariamente pela ingesta.

Macronutrientes – vitaminas

Vitamina A

Possui 4 compostos (retinol, ácido retinoico, retinaldeído e carotenoides), todos precursores do retinol. O metabólito mais importante é o ácido retinoico, que atua em nível genético, modulando os fatores de transcrição nuclear.

➔ As alterações mais características do déficit de vitamina A são as manifestações oculares (xeroftalmia, xerose da conjuntiva e ceratomalacia). O diagnóstico é feito pelo déficit de visão no escuro e pelas manchas de Bitot (queratinização e formação de placas na conjuntiva bulbar).

A hipervitaminose A se apresenta como uma síndrome de pseudotumor cerebral (cefaleia, vômitos, papiledema, diplopia, paresia de pares cranianos), fontanela abaulada, hepatomegalia, anorexia, descamação cutânea.

Vitamina B_1 (tiamina)

É responsável pela regeneração do fosfato de nicotinamida-adenina-dinucleotídeo (NADP) e pela síntese de acetilcolina. A deficiência grave de vitamina B_1 provoca o beribéri, caracterizado por sintomas neurológicos e cardiovasculares. O alcoolismo representa a principal etiologia da deficiência de tiamina. O diagnóstico é feito pela prova terapêutica.

Vitamina B_2 (riboflavina)

Atua no metabolismo energético. As manifestações da arriboflavinose não são específicas, mas cursam com queilite ou estomatite angular, queilose e glossite. O diagnóstico é feito pela dosagem da excreção urinária da vitamina.

Vitamina B_3 (niacina)

Está presente em duas formas: ácido nicotínico e nicotinamida. Atua no metabolismo energético. A doença causada pela sua deficiência é denominada pelagra e leva a repercussões como dermatite, demência e diarreia. O diagnóstico é realizado pela prova terapêutica. A reposição de ácido nicotínico deve ser feita com cuidado devido ao risco de toxicidade por grandes doses, cujos principais sinais são sensação de queimação, *flush* eritematoso, icterícia colestática e hepatotoxicidade.

Vitamina B_5 (ácido pantotênico)

Participa das reações do ciclo de Krebs e sua deficiência possui quadro clínico inespecífico.

Vitamina B_6 (piridoxina)

Está presente como piridoxina, piridoxal e piridoxamina. Atua no metabolismo de aminoácidos e na síntese de ácido araquidônico, protoporfirinas/heme e neurotransmissores. O quadro clínico de sua insuficiência evidencia crises convulsivas, neurite periférica e anemia hipocrômica. O diagnóstico é confirmado por medida da atividade eritrocitária, dosagem das transaminases e dosagem sérica de fosfato de piridoxal.

Vitamina B_7 (biotina)

Sua deficiência atinge pacientes que estejam consumindo antagonistas dessa vitamina (avidina), encontrada na clara de ovo cru. O quadro clínico se caracteriza por dermatite acastanhada e acidúria orgânica.

Vitamina B_9 (ácido fólico)

Participa de reações de síntese de DNA e conversão de homocisteína em metionina. O quadro clínico de sua insuficiência revela anemia macrocítica e defeitos neurais. O tratamento envolve a reposição de ácido fólico 0,5-1 mg/dia por 4-6 semanas.

Vitamina B_{12} (cianocobalamina)

As principais causas de sua deficiência são ingestão inadequada, ausência de fator intrínseco, absorção deficiente e ausência de transportadores. O quadro clínico reflete alterações hematológicas (anemia megaloblástica), e o tratamento envolve sua reposição.

Vitamina C (ácido ascórbico)

É encontrada em grande concentração nas glândulas hipófise e adrenal. Atua como um potente agente redutor na hidroxilação da lisina em prolina (na formação do colágeno), na conversão da dopamina em norepinefrina, do triptofano em serotonina e do colesterol em hormônio esteroide e na formação do tetra-hidrofolato. A deficiência grave de vitamina C produz o escorbuto!

➔ As manifestações clínicas se apresentam com petéquias perifoliculares, hemorragia gengival, hemorragias periungueais, além dos sinais descritos a seguir.

Halters/Clavas	Hemorragia subperióstea calcificada.
Linha de Fraenkel	Linha branca espessa na metáfise (zona de cartilagem calcificada).
Posição de rã	Posição antálgica.
Sinal do anel de Wimberger	Núcleo epifisário com centro rarefeito e periferia densa.

Vitamina D

Atua na síntese de RNAm (proteínas ligadoras de cálcio nas células dos seus órgãos alvo) e na regulação dos osteoblastos. O quadro clínico de sua insuficiência evidencia um distúrbio na mineralização óssea que leva ao raquitismo (no esqueleto em crescimento) e à osteomalacia (no esqueleto maduro).

➔ O raquitismo é o resultado da falta de depósito mineral na matriz cartilaginosa, levando a bossas frontais, craniotabes, depressão esternal, peito de pombo, cifose, escolioses, sulcos de Harrison (depressão no gradil costal devido à força exercida pelo diafragma).

Vitamina E

Possui alta atividade antioxidante, diminuindo a formação de radicais livres. Sua deficiência se manifesta com anemia, neuropatia, oftalmoplegia, retinite pigmentosa, edema palpebral e de membros inferiores.

Vitamina K

É um cofator da enzima alfa-glutamilcarboxilase. Sua deficiência provoca um alargamento do tempo de atividade da protrombina (TAP) e distúrbios da coagulação.

Zinco

A falta de zinco colabora para deficiências nos sistemas imune (atrofia do tecido linfoide), endócrino (retardo do crescimento e fertilidade) e epitelial (alopecia e dermatites), além de cegueira noturna. A manifestação mais grave é a acrodermite enteropática (doença genética caracterizada pela absorção ineficaz de zinco intestinal).

Cobre

Doença de Menkes (sintomas neurológicos e degeneração cerebral/cerebelar).

46.3. Sobrepeso e Obesidade

A obesidade é um distúrbio nutricional caracterizado por aumento do tecido adiposo com elevação do peso corporal, assim como elevação do número e do tamanho dos adipócitos. Existem 3 períodos da vida em que ocorre um "rebote adiposo" (aumento do número de células adiposas): o terceiro trimestre de vida intrauterina, o primeiro ano de vida e o início da adolescência!

< 7 anos	→ Manutenção do peso!
> 7 anos	→ Perda de peso!

➔ A patogênese abrange fatores genéticos (80% de risco para filhos de pais obesos), perinatais, alimentares, ambientais, endocrinometabólicos.

O diagnóstico é com base no cálculo do IMC e das curvas da OMS.

Crianças maiores que 2 anos de idade com índice de IMC/idade	
Entre p85-p94	Sobrepeso
Maior que p95	Obesidade

Critérios de cirurgia
■ Obesidade por mais de 2 anos com insucesso de tratamento clínico ■ Idade de 18-60 anos ■ Maturação esquelética ■ Índice de massa corporal (IMC) ≥ 40 kg/m² com comorbidades

Tratamento

Baseia-se nos pilares: planejamento dietético (esclarecimento, avaliação comportamental, quantidade e qualidade alimentar, manutenção) e atividade física. O uso de medicações é permitido após 6 meses de reeducação alimentar e mudança de hábitos de vida. Entre as principais medicações estão:

Fluoxetina e sertralina	Antidepressivos liberados a partir de 6-8 anos.
Sibutramina	Inibidor do apetite central liberado a partir de 16 anos (EUA) e somente para adultos (Brasil).
Orlistate	Inibidor da lipase intestinal, liberado a partir de 12 anos (EUA) e somente para adultos (Brasil).
Metformina	Antidiabético redutor da resistência à insulina.

46.4. Baixa Estatura

A baixa estatura é definida como o índice estatura/idade com valores menores que P3 ou inferiores a Z-2. É estratificada em variantes normais ou anormais/mórbidas.

- **As variantes normais são:** baixa estatura genética (ou familiar) e retardo constitucional (maturação orgânica atrasada).
- **As variantes mórbidas são:** desnutrição, doenças endócrinas (baixos níveis de hormônio do crescimento [GH], de cortisol e hipotireoidismo), doenças genéticas (síndrome de Turner [pescoço alado, hipertelorismo mamário, *pectus escavatum*, nevos pigmentados]).

Alvo genético	
Meninos	[(Altura da mãe + altura do pai) + 13] × 0,5
Meninas	[(Altura da mãe + altura do pai) - 13] × 0,5

CAPÍTULO 47

DISTÚRBIOS RESPIRATÓRIOS NA INFÂNCIA

47.1. Doenças Infecciosas

→ As infecções de vias aéreas têm frequência de 4-8 episódios/ano em menores de 5 anos e 2-4 episódios/ano em adultos.

Vias aéreas superiores	Resfriado comum, otites, sinusites, faringite, laringites, epiglotites e traqueítes
Vias aéreas inferiores	Bronquite, bronquiolite e pneumonias

Doença	Sinais e sintomas	Sinais de gravidade
Rinofaringite aguda (resfriado comum)	Hiperemia de orofaringe, obstrução nasal, secreção nasal	Otite média aguda, sinusite
Otite média aguda	Otalgia, otorreia aguda, sinais otoscópicos	Sinais inflamatórios de mastoide, sinais de irritação meníngea
Sinusite	Tosse e secreção purulenta por mais de 7 dias	Celulite facial, sinais de irritação meníngea
Amigdalite	Dor de garganta, hiperemia da orofaringe, exsudato, adenomegalia cervical	Aspecto toxêmico, abscesso, placas diftéricas, não deglutição
Laringotraqueobronquite	Tosse, rouquidão, estridor	Toxemia, cornagem, sialorreia

→ As crianças com infecção respiratória aguda podem se apresentar com:

- Taquipneia;
- Tiragem;
- Cianose;
- Sibilância;
- Estridor (ruído inspiratório);
- Períodos de apneia (guinchos).

A taquipneia nas crianças é considerada quando:

- menores de 2 meses: > 60 irpm;
- entre 2 e 11,9 meses: > 50 irpm;
- entre 1 e 5 anos: > 40 irpm.

Vias aéreas superiores

Rinofaringites virais (ou resfriado comum)

É uma nasofaringite (ou rinofaringite) de etiologia viral que leva à inflamação das mucosas nasal e faringiana e dos seios paranasais. No resfriado, o acometimento é restrito às vias aéreas superiores, enquanto a gripe é uma doença sistêmica (tem sintomas de vias aéreas superiores associados a outros sintomas). Os agentes etiológicos mais comuns das rinofaringites são rinovírus (possui mais de 100 tipos), coronavírus, vírus sincicial respiratório e metapneumovírus. Os vírus influenza, parainfluenza, adenovírus, enterovírus e bocavírus são outros agentes possíveis, porém improváveis.

Manifestações clínicas

Apresenta-se com garganta arranhando, coriza (clara nos primeiros dias e purulenta nos últimos dias), tosse noturna (devida ao gotejamento posterior), lacrimejamento, hiperemia de orofaringe e febre. As complicações bacterianas mais comuns do resfriado são a otite média aguda (em até 30% dos casos) e a sinusite bacteriana aguda.

Tratamento

Envolve o uso de antitérmicos (paracetamol 1 gota/kg 6/6h, dipirona 1 gota/2 kg 6/6 h e ibuprofeno. Não é recomendado utilizar ácido acetilsalicílico (AAS) devido ao risco de síndrome de Reye). Deve-se aumentar a ingesta hídrica e realizar lavagem nasal. A medida preventiva mais eficaz contra o resfriado é a lavagem das mãos após o contato direto com pessoas com suspeita de resfriado/gripe. A transmissão é via nasal até 1 metro, sendo inexistente a transmissão via salivar.

→ **Não é recomendado** o uso de anti-histamínicos, anti-inflamatórios não esteroidais (AINEs), mucolíticos e descongestionantes por menores de 2 anos.

Otite média aguda

A otite média aguda (OMA) é a principal complicação (30%) do resfriado comum. No resfriado, ocorre um edema da mucosa que leva à disfunção tubária ("obstrução") e retenção de secreção mucoide, que, às vezes, é colonizada por bactérias, provocando a otite média aguda. Os principais agentes etiológicos são *S. pneumoniae* (30%), *H. influenzae* não tipável (30%) e *M. catarrhalis* (10%).

Manifestações clínicas

Apresenta-se com otalgia, otorreia, choro e irritabilidade. A otoscopia revela opacificação e abaulamento da membrana timpânica (sinal mais específico para o diagnóstico). Em situações normais, a membrana se encontra côncava, transparente, com visualização do triângulo luminoso e do cabo do martelo.

Tratamento

Envolve analgesia e uso de antibiótico (apesar de a OMA geralmente evoluir para cura espontânea). É empregada a amoxicilina 80-100 mg/kg por 10-14 dias. A casos de falha terapêutica (persistência de febre, otalgia ou otorreia após 48-72 h do início do antibiótico) recomenda-se a associação de clavulanato + amoxicilina.

Antibioticoterapia (ATB)		
< 6 meses	ATB para todos sempre!	
> 6 meses	ATB para os casos graves!	OMA não grave ou unilateral, apenas observação!
→ Na impossibilidade de observação, ATB para todos!		
Casos graves	Otalgia > 48 h, otorreia, febre ≥ 39ºC.	

➔ Para alérgicos a penicilinas recomenda-se o uso de azitromicina ou claritromicina.

A pacientes com história de conjuntivite purulenta associada (principais agentes: *Moraxella* e *H. Influenza*), falha terapêutica recorrente e uso de amoxicilina em menos de 30 dias preconiza-se a administração direta de clavulanato + amoxicilina.

Complicações

- **OMA em efusão persistente:** no final do tratamento, ainda há líquido "estéril" no ouvido médio que evolui para autorresolução espontânea.
- **Perfuração timpânica:** em casos de OMA não tratada, pode ocorrer autodrenagem da supuração da orelha média via membrana timpânica, com autorregeneração espontânea da membrana timpânica quando a ruptura ocorre na sua porção inferior. Caso ocorra na sua porção superior, pode evoluir para otite média crônica.
- **Mastoidite:** devido à contiguidade entre a mucosa da orelha média e a mucosa das células da mastoide ocorre uma inflamação do periósteo, provocando deslocamento do pavilhão auricular e desaparecimento do sulco retroauricular. Na presença de mastoidite, recomenda-se internar a criança sob o uso de antibioticoterapia venosa (ceftriaxona, amoxicilina-clavulanato ou cefuroxima).

Sinusite

Pneumatização	
Etmoidais	Ao nascimento
Maxilares	Aos 4 anos
Esfenoidais	Aos 5 anos
Frontais	Dos 7 anos até a adolescência

Decorrente de uma infecção viral das vias aéreas superiores, provoca edema e inflamação da mucosa, com a produção de muco espesso que obstrui os seios paranasais e possibilita a proliferação bacteriana secundária. Os agentes etiológicos são *Streptococcus pneumoniae, Haemophylus influenza* e *Moraxella catarrhalis.*

Manifestações clínicas

Apresenta-se como um resfriado que demora para passar, tosse que persiste por mais de 10-14 dias, coriza purulenta e abundante, tosse intensa diurna e noturna sem cefaleia. O diagnóstico é clínico, não necessitando de exames de imagem. O principal diagnóstico diferencial é com a presença de corpo estranho na cavidade nasal, que se manifesta com rinorreia fétida unilateral.

Tratamento

Preconiza-se o uso de antibióticos até 7 dias após a resolução dos sintomas.

Complicações

As principais complicações são as celulites periorbitária e orbitária.

Faringoamigdalites bacterianas

Acometem preferencialmente crianças de 5-15 anos de idade. Em crianças menores de 2 anos de idade não há faringoamigdalite bacteriana! O estreptococo beta-hemolítico do grupo A de Lancefield é o principal agente etiológico.

Manifestações cínicas

Apresenta-se com dor abdominal, vômitos, febre, dor de garganta, hiperemia de pilar anterior, odinofagia, exsudato amigdaliano branco-amarelado, petéquias no palato e linfadenite satélite.

Diagnóstico

O padrão-ouro é pelo *swab* de orofaringe seguido de cultura. O hemograma evidencia leucocitose, neutrofilia e desvio à esquerda. Outra opção diagnóstica é o uso de testes antigênicos rápidos. O diagnóstico diferencial com difteria e faringite viral é necessário para exclusão dessas outras hipóteses.

Tratamento

Utilizam-se a penicilina benzatina (600.000 UI < 27 kg; 1.200.000 UI > 27 kg) em dose única ou amoxicilina/eritromicina por 10 dias ou azitromicina por 5 dias. A antibioticoterapia previne a febre reumática se utilizada dentro dos primeiros 9 dias após o início do quadro.

Complicações

- **Não supurativas:** febre reumática (3%), glomerulonefrite difusa aguda pós-estreptocócica.
- **Supurativas:** choque tóxico, abscesso retrofaríngeo (abscesso de cadeia linfática no espaço retrofaríngeo manifestando-se com dor à mobilidade cervical e raios X (RX) cervicais laterais com evidência de aumento do espaço retrofaríngeo entre a parede posterior da faringe e a fáscia vertebral) e abscesso periamigdaliano (o abscesso se manifesta com disfagia, sialorreia e trismo [travamento da boca]).

Os agentes mais comuns são *S. pyogenes, S. aureus* e anaeróbios. A conduta envolve a internação associada a antibioticoterapia venosa e drenagem por punção aspirativa com agulha.

Difteria	Acomete as tonsilas e a região laríngea em 90% dos casos. Manifesta-se como uma faringite pseudomembranosa branco-acinzentada aderente e com sangramento na tentativa de remoção, disfagia intensa e linfonodos cervicais acometidos.

Faringoamigdalites virais

Geralmente a criança se queixa de "garganta arranhando e coçando", tosse, rinorreia e mal-estar. A etiologia viral se apresenta predominantemente como um dos 4 tipos a seguir.

Adenovírus	Apresenta sinais catarrais, adenopatia pré-auricular e presença de conjuntivite, sendo denominada febre faringoconjuntival.
Coxsackie A (herpangina)	Apresenta pequenas vesículas, aftas, úlceras localizadas em palato mole, úvula e pilares amigdalianos anteriores.
Mononucleose (Epstein-Barr)	Apresenta linfadenopatia generalizada, esplenomegalia e adenomegalia epitroclear. O hemograma mostra linfocitose com atipia. Os pacientes sofrem exantema ao uso de amoxicilina.
Angina de Vincent	Apresenta hálito fétido, odinofagia, dor, má higiene bucal e úlceras necróticas com pseudomembrana.

➔ O principal diagnóstico diferencial da faringite aguda de repetição é com febre periódica, faringite, adenite, afta (estomatite) (PFAPA) (síndrome de Marshall). Ocorre 8-12×/ano, sendo episódios recorrente e autolimitados, e o tratamento envolve o uso de corticoides.

Obstrução inflamatória aguda

Crupe (laringotraqueobronquite viral aguda)

É causada pelo vírus parainfluenza e se apresenta com "tosse metálica" (ladrante/cachorro), estridor, rouquidão e *pródromos catarrais*. O diagnóstico é clínico, todavia a radiografia cervical evidencia o sinal da torre/sinal da ponta do lápis (estreitamento da região supraglótica).

A primeira conduta é ofertar O_2; depois, realiza-se a vaporização (pacientes sem estridor em repouso) ou a nebulização + adrenalina + dexametasona em dose única (pacientes com estridor em repouso). Os pacientes são observados por 2-6 horas e, caso não ocorra melhora, preconiza-se a internação, visto que a principal complicação é a crupe bacteriana, sendo necessário iniciar antibioticoterapia.

Epiglotite

É causada por *Haemophilus influenzae* tipo b, *Streptococcus pyogenes*, *Streptococcus pneumoniae* e *Staphylococcus aureus*. Apresenta evolução fulminante com febre alta, dor de garganta, obstrução respiratória rapidamente progressiva (em questão de horas), disfagia, sialorreia, posição de tripé e sinal do polegar na radiografia.

Uma vez confirmada a epiglotite e independente da dificuldade respiratória, está indicada a intubação traqueal ou traqueostomia. Após a intubação são solicitados hemograma, hemocultura e cultura de secreções faríngeas associados a ceftriaxona ou cefuroxima ou amoxicilina + clavulanato ou meropenem por 7 a 10 dias.

Crupe espasmódico (laringite estridulosa)

Geralmente cursa com despertares noturnos súbitos sem pródromos, estridor, rouquidão com caráter autolimitado e recidivante.

Crupe membranoso (traqueíte bacteriana)

É causado pelo *S. aureus* e se manifesta com febre alta, edema de mucosa e placas purulentas.

Vias aéreas inferiores

Bronquiolite

Ocorre em menores de 2 anos de idade e é resultado de uma obstrução inflamatória das pequenas vias aéreas inferiores (bronquíolos). É uma doença viral predominante causada por vírus sincicial respiratório (VSR), adenovírus (principal causador de bronquiolite obliterante) e metapneumovírus.

A bronquiolite aguda é caracterizada por uma obstrução inflamatória dos bronquíolos, levando a edema e acúmulo de fibrina e debris celulares, sendo a resistência à passagem de ar maior na expiração, dificultando a eliminação de ar e aumentando o volume de ar residual, causando hiperinsuflação. Em casos de obstrução completa, ocorrem as atelectasias pulmonares. O quadro clínico apresenta tosse, taquipneia e SIBILOS. A radiografia evidencia sinais de hiperinsuflação. O tratamento é de suporte com oxigênio, aporte hidroeletrolítico e broncodilatadores (caso haja prova terapêutica com benefício), não sendo recomendado o uso de corticoides!

Pneumonias típicas

Sinais de gravidade
■ Cianose
■ Gemidos
■ Batimento de asa do nariz
■ Retração intercostal e subcostal

Pneumocócica

É a maior causa de infecção pulmonar bacteriana em crianças entre 6 meses e 5 anos de idade. As manifestações clínicas compreendem febre, tosse, dor torácica, taquipneia, pródromos catarrais, macicez à percussão, aumento do frêmito, estertores.
O diagnóstico é clínico, mas devem-se realizar hemograma, hemocultura, cultura e punção de derrame pleural (pneumococo é o principal causador de derrame pleural). A radiografia de tórax deve ser realizada em todos os pacientes com a finalidade de avaliar a extensão e a presença ou não de pneumatoceles, abcessos e derrames pleurais. O tratamento é feito com penicilina procaína por via intramuscular (IM) 1x/dia ou amoxicilina por via oral (VO) 8/8 h por 7-10 dias.

Estafilocócica

Rara, grave e com alta mortalidade, é causada pelo *Staphylococcus aureus*. Não é uma causa habitual de pneumonia em crianças hígidas. Geralmente está associada a uma broncopneumonia confluente com extensas áreas de necrose hemorrágica e áreas irregulares de cavitação. Além disso, pode evoluir rapidamente para um derrame ou piopneumotórax com ou sem pneumatoceles.

Haemophilus influenzae

É a causada apenas pelas cepas não encapsuladas de *Haemophilus* (devido à vacinação em massa).

Pneumonias atípicas

Mycoplasma

Acomete crianças acima de 5 anos de idade (escolares e adolescentes), sendo o *Mycoplasma pneumoniae* e a *Chlamydia pneumoniae* as principais causas bacterianas das pneumonias comunitárias. O quadro clínico inicialmente começa com cefaleia e, posteriormente, apresenta mal-estar, febre, rinorreia e dor de garganta. Os achados mais característicos nesses pacientes são os títulos séricos de crioaglutininas de 1:64. O tratamento é feito com claritromicina ou azitromicina.

Pneumonia afebril do lactente

Ocorre no 1º trimestre de vida, acometendo crianças nascidas de parto normal que são infectadas pelo canal vaginal. É causada por *Chlamydia trachomatis*, *Ureaplasma urealyticus* e *Mycoplasma hominis*. Apresenta-se com início insidioso, afebril, tosse intensa com guinchos inspiratórios e conjuntivite. O hemograma evidencia eosinofilia e o tratamento é feito com eritromicina, claritromicina ou azitromicina. O principal diagnóstico diferencial é com a coqueluche.

Coqueluche
Causada pela *Bordetella pertussis*, manifesta-se com leucocitose, linfocitose e radiografia com infiltrado peri-hilar denominado coração felpudo. É dividida em 3 fases:
■ fase catarral (1ª-2ª semana);
■ fase paroxística (2ª-6ª semana): acessos de tosse com guincho no final (inspiração profunda);
■ fase de convalescença (≥ 2ª semana): redução dos sintomas.
➔ O **tratamento** envolve o uso de azitromicina ou claritromicina.

Menores de 3 meses não apresentam guinchos, mas se manifestam com apneia.

Tratamento antimicrobiano	
	a) Em menores de 2 meses: é necessário internar o paciente para a administração de aminoglicosídeo (gentamicina, amicacina ou tobramicina) associado a ampicilina ou penicilina cristalina. Os principais agentes são *Streptococcus agalactiae*, *Enterococcus* e Gram-negativos.
	b) Maiores de 2 meses: os principais agentes são *Pneumococo*, *H. influenza*, *S. aureus* e Gram-negativos. ■ **Ambulatorial:** penicilina procaína IM por 7 dias ou amoxicilina VO por 7-10 dias. ■ **Internação:** penicilina cristalina EV ou, em casos muito graves, oxacilina + cloranfenicol (ou oxacilina + ceftriaxona).
	Em 48-72 horas o paciente deve ser reavaliado e, caso não apresente melhora, deve-se suspeitar de derrame pleural. O diagnóstico é confirmado pela radiografia. Aos casos positivos para derrame pleural recomenda-se a punção do líquido para avaliar a possibilidade de se tratar de um empiema.

Pneumonia		
Complicações	**Indicações de internação**	
Pleurite purulenta (empiema): é a presença de secreção purulenta franca com bioquímica do líquido purulento com pH < 7,2; glicose < 40 mg/dl, revelando bactérias. Preconizam-se drenagem torácica e manutenção do antibiótico, sendo recomendado o uso de penicilina intravenosa (IV) para casos de refratariedade.	■ Idade < 2 meses ■ Tiragem subcostal ■ Batimento de asa de nariz ■ Convulsões ■ Sonolência	■ Desnutrição grave ■ Ausência de ingesta de líquidos ■ Doença de base debilitante ■ Derrame pleural, abscesso, pneumatocele

CAPÍTULO 48

DISTÚRBIOS DO TRATO GASTROINTESTINAL NA INFÂNCIA

48.1. Etiopatogenia e Desidratação

Definições

Diarreia	É a perda excessiva de água e eletrólitos por meio das fezes, com aumento do volume e da frequência das evacuações associado à diminuição da consistência das fezes. É definida como ≥ 3 evacuações amolecidas em 24 horas ou volume fecal ≥ 10 ml/kg/dia.
Diarreia aguda	É a má absorção de água e eletrólitos com duração inferior a 14 dias e etiologia infecciosa.
Diarreia persistente	É a diarreia por mais de 14 dias, causando problemas nutricionais e contribuindo para a mortalidade.
Diarreia crônica	É a diarreia por mais de 30 dias, podendo ou não haver síndrome de má absorção associada.
Disenteria	É a eliminação de fezes sanguinolentas e com muco em pequeno volume associada a tenesmo e urgência fecal.

Etiopatogenia

Osmótica

Deve-se à presença de soluto não absorvível na luz intestinal, que exerce uma força osmótica, carreando água para dentro das alças intestinais. É secundária a um processo infeccioso que lesa o enterócito (a principal causa infecciosa é rotavírus) ou solutos não absorvíveis (lactulose).

Os carboidratos não absorvidos que estão no lúmen intestinal sofrem ação de bactérias, sendo fermentados, levando à produção de ácidos orgânicos e gases que irritam a mucosa e deixam o pH fecal ácido (responsável pela produção de eritema perianal).

A diarreia osmótica revela um *gap* osmolar fecal alto e responde de forma satisfatória ao jejum.

Secretora

É decorrente de um aumento na secreção intestinal de bicarbonato, ânions cloreto, água e eletrólitos. O aumento dessa secreção é devido à exacerbação dos mecanismos de monofosfato de adenosina cíclico (AMP-c), monofosfato de guanosina cíclico (GMP-c) ou cálcio-dependente. Os principais desencadeantes são toxinas bacterianas, ação direta de patógenos, tumores, substâncias e síndrome congênitas. A diarreia secretora revela um *gap* osmolar baixo e não melhora com jejum.

Invasiva

Resulta da lesão direta da célula epitelial do intestino ou pelas citotoxinas, impedindo a absorção de nutrientes. A principal causa é infecciosa.

Aumento da motilidade

Origina-se da diminuição do tempo de trânsito intestinal por aceleração da peristalse (p. ex., intestino irritável, hipertireoidismo).

Diminuição da motilidade

Deve-se a um defeito na unidade neuromuscular, com estase de motilidade e supercrescimento da flora bacteriana.

Diminuição da área de superfície

É decorrente da redução da capacidade intestinal de absorver água, eletrólitos e nutrientes.

Desidratação

Classificação do estado de desidratação			
Sintomas	Sem desidratação (mínima)	Desidratação leve e moderada	Desidratação grave
Condição	Alerta	Irritado	Letargia/torpor
Sede	Normal	Sedento	Incapaz de beber
Sinal da prega	Recolhe rápido	Recolhe < 2 s	Recolhe em > 2 s
Olhos	Normal	Fundos	Muito fundos
Enchimento capilar (fechar a palma por 15 s)	< 3 s	3-5 s	> 5 s
Frequência cardíaca	Normal	Aumentada	Aumentada/diminuída
Amplitude de pulso	Normal	Diminuída	Fraca ou impalpável
Lágrimas	Presentes	Diminuídas	Ausentes
Mucosas	Úmidas	Secas	Muito secas
Débito urinário	Normal	Diminuído	Mínimo

Conduta terapêutica segundo o Ministério da Saúde/ Organização Mundial da Saúde

Plano A: criança sem desidratação

Hidratação	
< 2 anos	50-100 ml
> 2 anos	100-200 ml

Não é necessário utilizar um esquema terapêutico rígido. A criança deve manter sua alimentação normal. Recomenda-se a ingestão de líquidos principalmente após as evacuações diarreicas. O soro caseiro não é capaz de reidratar uma criança desidratada devido à sua concentração de sódio entre 40 e 50 mEq/l.

➔ Preparo do soro caseiro: 200 ml de H_2O + 1 pitada de sal + 1 punhado de açúcar (2 colheres).

Solução de reidratação oral (SRO)
Antiga = 90 mEq/l de sódio.
SRO nova = 75 mEq/l de sódio.

Plano B: criança com desidratação

Às crianças que apresentarem:
■ perda de peso 2 h após o tratamento;
■ vômitos persistentes em terapia de reposição oral (TRO) (≥ 4 episódios/hora);
■ distensão abdominal acentuada com peristalse +;
■ recusa de ingestão de SRO.

➔ Preconiza-se a administração da solução reidratante por intermédio de sonda nasogástrica (gastróclise), sob a posologia de 20-30 ml/kg/hora.

Devem ser administrados 50-100 ml/kg de SRO em 4-6 horas ou sob livre demanda. Recomenda-se que os lactentes em aleitamento materno exclusivo continuem a amamentação; já as crianças sem aleitamento deverão receber somente solução reidratante.
A criança deve ser reavaliada (peso e diurese) constantemente até que os sinais de desidratação desapareçam! Na ausência dos sinais de desidratação, o paciente recebe alta e é submetido à estratégia do plano A.

Hidratação
< 1 ano: 30 ml/kg em 1 h, 70 ml/kg em 5 h
> 1 ano: 30 ml/kg em 30 min, 70 ml/kg em 2h30min

Plano C: criança com desidratação grave

Na desidratação grave, preconiza-se a administração de 100 ml/kg de lactato de Ringer ou soro fisiológico (SF).

- Recomenda-se reavaliar a criança a cada 2 horas, oferecendo TRO (5 ml/kg/h) tão logo ela seja capaz de beber, independentemente da hidratação endovenosa (EV).

→ Após o término da infusão venosa (3-6 h), o paciente deve ser reavaliado para instituir-se a conduta adequada (repetir o plano C ou alterar de plano de reidratação).

- Os *Centers for Disease Control and Prevention* (CDC) recomendam o uso de Ringer ou SF 20 ml/kg/h até "acordar" o paciente, procedendo-se ao plano B.

Adendo 1: a suplementação com zinco reduz a duração e a gravidade da doença. Também está associada à prevenção da recorrência da diarreia nos próximos 2-3 meses.
A Organização Mundial da Saúde (OMS) recomenda que todas as crianças com diarreia recebam 10 mg/dia de zinco (< 6 meses de idade) ou 20 mg/dia (> 6 meses de idade), iniciando o mais precocemente possível e mantendo por 10-14 dias.

Adendo 2: aos pacientes com comprometimento do estado geral e disenteria recomenda-se a antibioticoterapia!

- *Shigella*: ciprofloxacino por 3 dias ou ceftriaxona.
- Cólera: doxiciclina (adultos) e ciprofloxacino/azitromicina (crianças).
- Parasitoses: secnidazol ou metronidazol.
- *Salmonella*: ceftriaxona ou ciprofloxacino. Apenas para crianças com alto risco (menores de 3 meses de idade, portadoras de anemia falciforme, linfoma e imunodeprimidas).

Adendo 3: preconizam-se medidas preventivas como aleitamento materno, práticas adequadas de desmame, imunização, saneamento básico, lavagem das mãos, orientação em saúde e controle das epidemias.

Não prescrever	
Antieméticos	Possuem efeito depressor do sistema nervoso central (SNC) nas crianças. A ondansetrona pode ser administrada a crianças maiores de 4 anos de idade.
Antiespasmódicos	Ao atuarem inibindo a peristalse intestinal, podem prejudicar o *clearance*/eliminação dos agentes patogênicos.
Adstringentes	Agem aumentando a consistência do bolo fecal, causando a falsa impressão de melhora do quadro clínico.

48.2. Diarreia Aguda

É caracterizada pela má absorção de água e eletrólitos com duração inferior a 14 dias. O estado de desidratação é o principal responsável pela morte em quadros diarreicos, e o estado de desnutrição apresenta grande impacto na morbidade do paciente.

Rotavírus

Representa a maior causa de diarreia em menores de 2 anos de idade. O rotavírus atua por meio de um mecanismo osmótico (destruindo as células epiteliais apicais das vilosidades do intestino delgado) e um mecanismo secretor (proteína NSP4).
Os enterócitos têm funções digestiva e absortiva; sendo assim, sua destruição favorece a não digestão do açúcar. O açúcar não digerido exerce uma força osmótica, "puxando" líquidos para a alça intestinal, resultando em diarreia e desidratação.

E. coli enterotoxigênica (ETEC)

É a diarreia do viajante, a principal causa de diarreia bacteriana transmitida por água e alimentos contaminados. A toxina bacteriana não causa lesão no enterócito, mas interfere nos processos de absorção e secreção de água e eletrólitos por alterar as concentrações de AMP-c e GMP-c.

E. coli enteropatogênica (EPEC)

A bactéria adere ao enterócito, levando a atrofia de microvilosidades e má absorção de água, eletrólitos e nutrientes. Não ocorre a produção de toxinas.

Giardia lamblia

A infecção por este protozoário é geralmente assintomática, mas pode provocar um quadro diarreico agudo com distensão abdominal, flatulência e cólicas.

Vibrio cholerae

Confere às fezes um aspecto de água de arroz. É comum em epidemias e promove o quadro diarreico mediante alteração nas concentrações de AMPc.

48.3. Disenteria

É caracterizada pela eliminação de fezes sanguinolentas com muco em pequeno volume e associada a tenesmo e urgência fecal.

Shigella

É a principal causa de disenteria. A *S. dysenteriae* produz uma potente toxina, a shigatoxina, envolvida na síndrome hemolítico-urêmica (SHU) (insuficiência renal aguda [IRA], trombocitopenia e anemia microangiopática). Pode mimetizar um quadro de apendicite (assim como a Yersinia enterocolitica). Pode levar a manifestações extraintestinais, como sintomas neurológicos (crise convulsiva).

Campylobacter jejuni

É a principal causa em países desenvolvidos. Em decorrência de a *Campylobacter* ter um antígeno parecido com a estrutura da bainha de mielina, ocorre reação cruzada, provocando polirradiculoneurite (síndrome de Guillain-Barré).

E. coli entero-hemorrágica (EHEC)

Não apresenta febre e sua principal complicação é a síndrome hemolítico-urêmica – O157:H7.

Salmonella

Afeta menores de 3 meses de idade, imunodeprimidos e portadores de anemia falciforme.

E. coli enteroinvasiva (EIEC), *Entamoeba histolytica*

Laboratorial	Diarreia osmótica	Diarreia secretora
Íon *g*	≥ 100 Osm/kg	< 100 Osm/kg
Excreção de Na	< 70 mEq/l	> 70 mEq/l
Excreção de K	++	+++
Jejum	Melhora aparente	Não influi
Volume das fezes	< 200 ml/24 h	> 200 ml/24 h
Substâncias redutoras	Positivo	Negativo
pH	< 5	> 6

CAPÍTULO 49

NEONATOLOGIA

49.1. Neonatologia

Introdução

É a atuação da pediatria voltada para a assistência do recém-nascido (RN) (a definição de RN abrange desde o momento da sala de parto até o 28º dia de vida). A incidência de parto prematuro é maior em populações de baixo recurso socioeconômico e entre pacientes que não recebem assistência pré-natal. Cerca de ⅔ dos recém-nascidos com peso < 2.500 g são prematuros (prematuridade e baixo peso não são sinônimos).

Registro de nascimento	O Conselho Federal de Medicina (CFM) define como fetos nascidos os RNs com peso ≥ 500 gramas, 20-22 semanas e 25 cm de comprimento.
Nascido vivo	É a expulsão ou retirada do concepto independentemente da idade gestacional com qualquer sinal de vida.

Sala de parto

A gestação é a termo? RN chorando ou respirando? RN tem bom tônus?

Sim	Dispensa a necessidade de alguma intervenção, clampeamento tardio.
Não	Preconiza-se, então: aquecer, posicionar, fazer uma leve extensão, aspirar as vias aéreas (boca e nariz), secar, trocar os campos úmidos, reposicionar, avaliar frequências cardíaca (FC) e respiratória (FR) (deve estar com FC > 100 bpm e eupneico). Caso o RN apresente-se com FC < 100 bpm (ou em apneia/respiração, irregular) preconizam-se oximetria e ventilação por pressão positiva (VPP) com O_2 a 30% para RN < 34 semanas ou O_2 a 21% para ≥ 34 semanas. Caso a FC < 60 bpm, recomenda-se a massagem cardíaca externa associada a medicação, prosseguindo para intubação, se necessário.

Intubação na sala de parto	▪ RN com hérnia diafragmática (exame físico com abdome escavado) necessitando de VPP. ▪ Considerar em: VPP prolongada, massagem cardíaca, prematuro < 30 semanas.

Boletim APGAR

É realizado no 1º e no 10º minuto de vida. Corresponde ao escore de avaliação da vitalidade neonatal precoce. O APGAR, entretanto, NÃO é o fator determinante para iniciar manobras de reanimação, já que essas manobras começam antes do primeiro minuto de vida.

	Score 0	Score 1	Score 2
Aparência	 Cianose ou palidez	 Cianose nas extremidades	 Ausência de cianose
Pulso	Ausente	< 100 batimentos/min	> 100 batimentos/min
Gesticulação	Sem resposta a estímulos	Careta ou estimulação agressiva	Choro, tosse ou espirro
Atividade	Sem movimentação	Pouca movimentação	Muita movimentação
Respiração	Ausente	Fraco/lento ou irregular	Forte, choro vigoroso

Asfixia

Os RNs geralmente são vigorosos e iniciam a respiração espontânea ao chorar, dispensando a necessidade de intervenção. Algumas crianças, todavia, nascem deprimidas, com hipotonia, dificuldade para respirar e/ou bradicardia. Nesses casos, é necessário realizar a aspiração traqueal e iniciar a ventilação mecânica.

Triagem

Envolve a realização de exames como uma ação preventiva para o diagnóstico de doenças congênitas e assintomáticas.

Teste do pezinho (ou teste de Guthrie)

Realizado entre o 3º e o 5º dia. Na rede particular, o teste ampliado detecta mais de 30 doenças; no Sistema Único de Saúde (SUS), consegue detectar fenilcetonúria (falha enzimática que leva a um bloqueio da conversão de fenilalanina → tirosina), hipotireoidismo, hemoglobinopatias, fibrose cística/mucoviscidose (espessamento de diversos fluidos corporais como muco, suor e sucos digestivos), hiperplasia adrenal congênita (deficiência da 21-hidroxilase) e deficiência de biotinidase (erro inato do metabolismo que leva à sua deficiência e cursa com manifestações neurocutâneas).

Teste do olhinho (ou teste do reflexo de Brucker)

Envolve a pesquisa do reflexo vermelho por meio da oftalmoscopia direta, avaliando pontos pretos, assimetrias e leucoria (reflexo pupilar branco devido a uma doença intraocular).

Teste da orelhinha

Realizado até 48 horas após o nascimento, avalia os sistemas pré-sensorial (condução e cóclea – por meio de emissões otoacústicas evocadas) e pós-sensorial (potencial auditivo do tronco encefálico).

Teste do coraçãozinho

Realizado entre 24 e 48 horas após o nascimento, envolve a medida da oximetria para saturação periférica nos membros superior e inferior direitos. É considerado normal quando exibe valores $\geq$ 95% com diferença < 3% ente os membros; aos casos do teste alterado recomenda-se repetir o exame em 1 hora e, se confirmado, realizar a ecocardiografia para a pesquisa de cardiopatias congênitas graves.

Teste da linguinha

É a avaliação do frênulo da língua para a pesquisa de anquiloglossia (frênulo lingual preso).

Prescrição padrão para recém-nascidos
■ Aleitamento materno exclusivo
■ Vitamina K: 1 mg por via intramuscular (IM)
■ Vacina anti-hepatite B: 0,5 ml IM (nas primeiras 12 horas)
■ Vacina BCG-ID
■ Nitrato de prata colírio a 1%
■ Eritromicina pomada a 0,5%
■ Alojamento conjunto
■ Observar a icterícia
■ Monitorar FC/FR/pressão arterial (PA)/diurese 4/4 horas
■ Oximetria contínua
■ Dextro com 1, 2, 4, 6 e 12 horas de vida (se < 40 mg/dl, avisar).

49.2. Síndromes Neonatais

Doença da membrana hialina (ou síndrome da angústia/desconforto respiratório do RN)

É causada pela deficiência de surfactante pulmonar. Os principais fatores de risco são: prematuridade (principal), asfixia perinatal, sexo masculino, diabetes melito (DM) materno (a hiperglicemia materna, ao atingir a circulação do feto, provoca hiperinsulinemia fetal! A insulina fetal retarda a maturação do pneumócito).

Fisiopatologia

Entre a 20ª e a 24ª semana de gestação ocorre a diferenciação de pneumócito tipo I $\rightarrow$ tipo II (produtor de surfactante). Entre a 25ª e a 30ª semana acontece a produção de surfactante, o que confere estabilidade alveolar (na 33ª semana).

> O surfactante tem a função de reduzir a tensão superficial da interface ar/líquido no alvéolo, evitando o seu colapso ao final da expiração.

Os glicocorticoides estimulam os fibroblastos pulmonares a produzirem uma substância denominada fator fibroblasto do pneumócito (FFP). O FFP estimula o pneumócito tipo II para que aumente seu ritmo e a taxa de produção de surfactante.

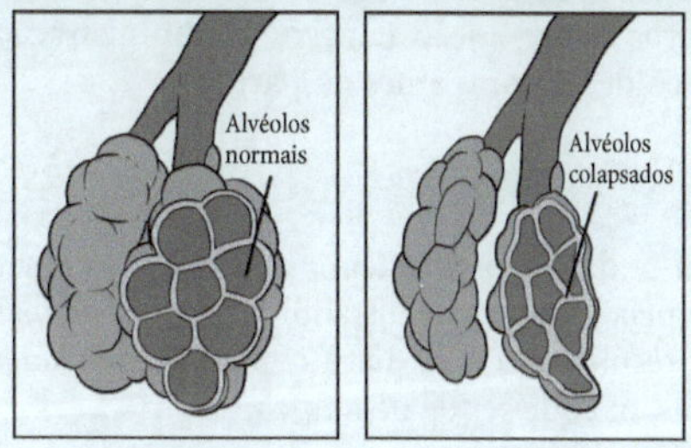

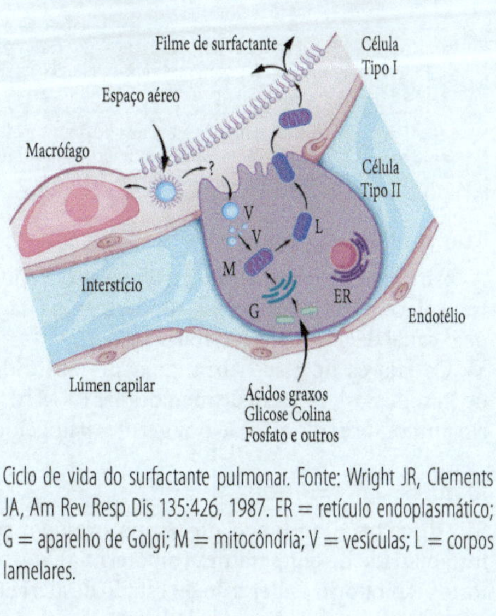

► Ciclo de vida do surfactante pulmonar. Fonte: Wright JR, Clements JA, Am Rev Resp Dis 135:426, 1987. ER = retículo endoplasmático; G = aparelho de Golgi; M = mitocôndria; V = vesículas; L = corpos lamelares.

→ Na doença da membrana hialina, a maior parte do pulmão é perfundida e não ventilada! A mecânica ventilatória sofre uma sobrecarga de trabalho e diminui a troca gasosa.

Diagnóstico

É determinado pela presença de sinais de desconforto respiratório (taquipneia [FR > 60 irpm], retração subcostal, batimento de asa de nariz, cianose e gemido). O aspecto radiológico evidencia um infiltrado reticulogranular difuso (vidro moído ou esmerilhado) indistinguível à radiografia de pacientes com pneumonia.

Tratamento

Preconiza-se o fornecimento de oxigênio via sistema de pressão positiva contínua das vias aéreas (CPAP) por via nasal, com pressão positiva contínua (5-10 cm H_2O), mantendo uma pressão expiratória positiva final (PEEP) que impeça o colabamento do alvéolo, associada ao uso de surfactante pulmonar exógeno. A antibioticoterapia está indicada para o tratamento de pneumonia devido à semelhança do quadro. A prevenção envolve a administração de corticoide 48 horas antes do parto.

Sepse neonatal

Trata-se da resposta sistêmica à infecção, caracterizada pela presença de instabilidade térmica, disfunções respiratória e cardíaca com anormalidades na perfusão. Pode ser de dois tipos:

Precoce (< 72 h de vida)	É provocada por patógenos do trato genital materno, como *E. coli*, *L. monocytogenes*, *Streptococcus agalactiae*.
Tardia (> 72 h de vida)	É provocada por patógenos do ambiente hospitalar, como *S. aureus*, estafilococos coagulase-negativo, Gram-positivos

Transmissão e fatores de risco

As principais formas de transmissão precoce são via transplacentária intrauterina, durante a passagem pelo canal de parto e pós-natal.

→ Os fatores de risco abrangem prematuridade (< 34 semanas), ruptura de membranas (> 18 h), corioamnionite e colonização por germes patogênicos.

Manifestações clínicas

São discretas e ao longo do tempo evoluem para instabilidade de temperatura (hipotermia), desconforto respiratório e alteração do estado de alerta (diminuição da atividade e reatividade).

Diagnóstico

É baseado em sinais clínicos (pneumatose intestinal, distensão gástrica, vômitos), presença de fatores de risco para infecção e exames laboratoriais (hemograma com leucocitose e neutrofilia e desvio à esquerda, elevação da PCR, hemocultura e punção lombar).

Tratamento

É baseado no uso de ampicilina e aminoglicosídeos (gentamicina) por 7-10 dias nas formas precoces. Nas formas tardias, é dependente do hospital (micro-organismos do estabelecimento).

Taquipneia transitória do recém-nascido (ou síndrome do pulmão úmido)

O pulmão fetal contém líquido em seu interior e, antes do nascimento, esse líquido é reabsorvido. A completa "secagem" dos pulmões ocorre em 6 horas após o parto normal. O parto cesáreo facilita a taquipneia transitória do recém-nascido (TTRN) por prejudicar o tempo de reabsorção. A TTRN ocorre em RN a termo com taquipneia (FR 60-100 irpm) e as manifestações clínicas são resolvidas em 12-24 horas com a oferta de oxigênio em fração de oxigênio inspirado (FiO_2) < 40%.

→ O aspecto radiológico demonstra aumento da trama vascular, derrame cisural, derrame pleural, congestão peri-hilar e hiperinsuflação.

Síndrome da aspiração meconial

A síndrome da aspiração meconial (SAM) é um distúrbio respiratório decorrente da aspiração de líquido amniótico meconial devido a um trabalho de parto difícil e prolongado. A asfixia fetal originária da diminuição do fluxo placentário leva a

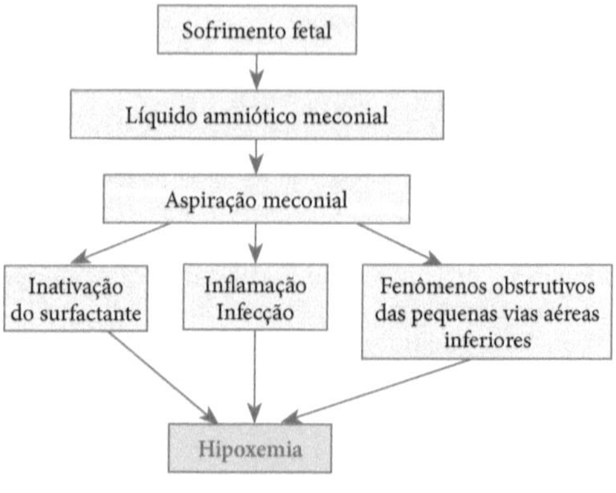

hipoxemia e ampliação dos movimentos respiratórios, o que determina um aumento do peristaltismo intestinal, seguido de relaxamento esfincteriano e liberação de mecônio. Os movimentos respiratórios do feto aumentam o risco de aspiração do mecônio para as vias aéreas, o que pode causar pneumonite química (inativando os pneumócitos), além de obstruir as vias aéreas, provocando o aprisionamento do ar por mecanismo valvar (bloqueio expiratório com hiperinsuflação).

O RN que desenvolve SAM é geralmente pós-termo, já que a placenta é deficiente e não faz as trocas adequadamente, e possui peristalse continuada (RN pré-termo não tem peristalse continuada).

➔ As manifestações clínicas são sinais de insuficiência respiratória, líquido amniótico com mecônio e asfixia ao nascimento. O aspecto radiológico é a presença de infiltrado alveolar grosseiro e difuso com áreas de hipotransparência e hiperinsuflação e até pneumotórax. O **tratamento** envolve a ventilação mecânica e o uso de antibióticos e surfactantes.

Complicação: hipertensão pulmonar persistente, que recebe manejo por meio de NO_2 inalatório para vasodilatação e diminuição da resistência dos vasos pulmonares.

Icterícia neonatal

Cerca de 60% dos recém-nascidos a termo apresentam icterícia em sua primeira semana de vida. A icterícia é a coloração amarelada da pele e mucosas provocada por um aumento da fração indireta (ou lipossolúvel) da bilirrubina > 7 mg/dl ou da fração direta. A grande complicação não é o nível cutâneo! A bilirrubina indireta pode cruzar a barreira hematoencefálica, produzindo efeitos tóxicos nos neurônios – encefalopatia bilirrubínica (ou *kernicterus*).

Fisiopatologia

A bilirrubina é um produto da degradação do grupamento heme que deriva da hemoglobina. A heme é convertida em biliverdina, que se torna bilirrubina. O ferro é reaproveitado pelo organismo. A bilirrubina indireta (BI) liga-se à albumina plasmática e é carreada para o fígado; no hepatócito, difunde-se no citoplasma e liga-se à ligandina, sendo carreada até o retículo endoplasmático liso. A BI é então convertida em bilirrubina direta (BD) com auxílio da enzima uridil-glucoroniltransferase. A BD, hidrossolúvel, chega ao intestino delgado e é reduzida em estercobilina pelas bactérias da flora local e desconjugada em bilirrubina indireta, sendo reabsorvida pela circulação entero-hepática. No RN, a flora intestinal está ausente até 7 dias de vida.

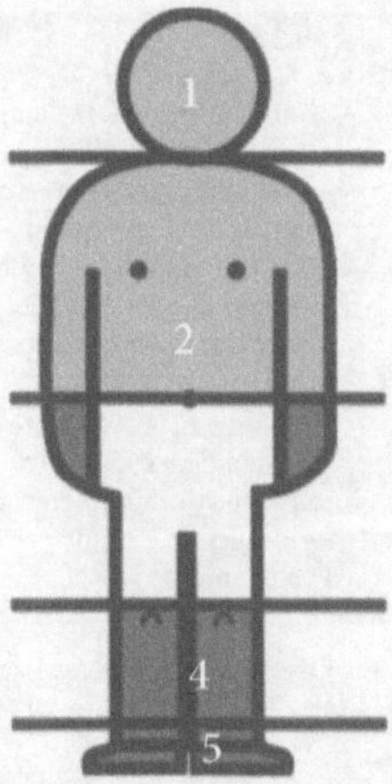

Zona 1: cabeça e pescoço	≤ 5 mg/dl
Zona 2: tronco até o umbigo	= 5-12 mg/dl
Zona 3: hipogástrio até as coxas	= 8-16 mg/dl
Zona 4: joelhos até tornozelos e cotovelos até o punho	= 10/18 mg/dl
Zona 5: mãos e pés	≥ 15 mg/dl

► Escala de Kramer modificada.

Estratificação segundo a idade

0-24 h	Eritroblastose, rubéola, toxoplasmose, hemorragia, secundária a hematomas.
24-72 h	Fisiológica, do aleitamento materno, síndrome Crigler-Najjar.
3º-7º dia	Sepse, sífilis, toxoplasmose e infecção do trato urinário (ITU).
> 7º dia	Leite materno, hepatite, deficiência de G6PD, atresia ductos biliares.
> 30º dia	Hipotireoidismo, atresia ductos biliares, infecções congênitas.

A suspeita de icterícia patológica ocorre quando:

- surge nas primeiras 24 horas de vida;
- bilirrubina direta > 2 mg/dl;
- aumento da bilirrubina > 5 mg/dl/dia;
- sinais de hemólise;
- valores de bilirrubina > 12 mg/dl;
- persistente > 14 dias.

→ A bilirrubina indireta é elevada por: aumento da carga de bilirrubina a ser metabolizada pelo fígado (hemólise e infecção), diminuição da captação e conjugação hepáticas por imaturidade dos sistemas enzimáticos, competição da enzima glicuroniltransferase, defeitos genéticos, levando à ausência ou diminuição da enzima glicuroniltransferase.

➔ O **diagnóstico** é confirmado pela dosagem de bilirrubinas totais e frações, tipagem sanguínea, hematócrito, reticulócitos, Coombs direto.

Tipos de icterícia			
Fisiológica	**#B. indireta** – É determinada por maior produção de bilirrubinas pela degradação de hemácias fetais (que têm sobrevida mais curta que a hemácia adulta) associada a uma limitação transitória da captação e conjugação hepáticas e do excesso da circulação entero-hepática.	Leite materno (forma tardia)	Decorre da presença de fatores no leite materno que interferem no metabolismo da bilirrubina (aumento de bilirrubina indireta).
Aleitamento materno (forma precoce)	A ingesta insuficiente de leite devido às dificuldades do início da amamentação provoca um aumento da circulação entero-hepática, sendo necessário estimular o aleitamento.	Colestase neonatal	É a hiperbilirrubinemia direta do 1º ao 14º dia de vida decorrente da obstrução mecânica ou funcional do sistema de excreção biliar por causas anatômicas (a principal é a atresia de vias biliares extra-hepática), genéticas, metabólicas ou infecciosas. A correção é pela cirurgia de Kasai (portoenterostomia) até 56 dias de vida.

49.3. Doenças Congênitas

A maior gravidade das infecções para o feto ocorre nas fases iniciais da gestação, contudo a probabilidade de transmissão é menor nas fases iniciais da gestação e maior nas fases finais!

Sífilis

É a doença congênita mais frequente no Brasil. Cerca de 50% das crianças são infectadas e apresentam manifestações apenas após 3 meses.

Sífilis congênita precoce (Ocorre nos primeiros 2 anos de vida)	
Lesões cutaneomucosas	▪ Pênfigo palmoplantar (lesões bolhosas descamativas), condilomas planos (perianais), placas mucosas nos lábios, rinite (secreção mucossanguinolenta), lesão em cartilagem nasal e nariz em sela.
Lesões ósseas	▪ Osteocondrite (lesão lítica em metáfises de ossos longos: úmero proximal, diáfise femoral, tíbia proximal), dactilite metacárpica. ▪ Pseudoparalisia de Parrot (dor à manipulação e impotência funcional do úmero). ▪ Periostite (espessamento extenso e bilateral da cortical da diáfise – sinal do duplo contorno). ▪ Fundo de olho em "sal e pimenta" (coriorretinite).

Sífilis congênita tardia (Ocorre após os 2 anos de vida)
▪ Bossa frontal (fronte olímpica)
▪ Tíbia em sabre (arqueamento da porção média da tíbia)
▪ Molares em formato de amora
▪ Nariz em sela
▪ Rágades (cicatrização de fissuras peribucais)
▪ Hidrartrose de Clutton (derrame articular estéril nos joelhos)
▪ Tríade de Hutchinson (ceratite, alterações dentárias e surdez)

Diagnóstico

Sorologia do sangue periférico	Os testes que podem ser realizados são: ▪ pesquisa direta do treponema; ▪ testes não treponêmicos (pesquisa laboratorial de doenças venéreas [VDRL], reagente plasmático rápido [RPR]); ▪ testes treponêmicos (absorção de anticorpo fluorescente antitreponêmico [FTA-abs], hemaglutinação para *Treponema pallidum* [TPHA], ensaio imunossorvente ligado à enzima [ELISA]).
Liquor	A punção lombar é realizada para avaliar o comprometimento neurológico. É considerado portador de neurossífilis o indivíduo que apresentar qualquer um dos seguintes achados: ▪ proteinorraquia (> 150 mg/dl); ▪ VDRL positiva; ▪ pleocitose (> 25 hemácias/mm^3); ▪ líquido cefalorraquidiano (LCR) inconclusivo.
➔ Além de raios X (RX) de ossos longos, hemograma, bilirrubinas totais e frações, funções renal e hepática.	

Tratamento

- Penicilina cristalina endovenosa (EV) 50.000 U/kg/dose por 10 dias para neurossífilis.
- Penicilina procaína intramuscular (IM) 50.000 U/kg/dose por 10 dias para sífilis normal (sem neurossífilis) ou penicilina cristalina EV.
- Penicilina benzatina IM 50.000 U/kg/dose única para assintomáticos com exames normais.
- Mãe adequadamente tratada com:
  - **RN sintomático:** investigar e tratar com penicilina cristalina ou procaína por 10 dias.
  - **RN assintomático** = dosar sua VDRL. Se maior que a materna (em duas diluições), recomendam-se investigação e tratamento. Se menor que a materna, preconiza-se o acompanhamento ou tratar os casos em que o acompanhamento não é exequível.

Tratamento inadequado para sífilis materna
▪ Uso de terapia não penicilínica.
▪ Tratamento ≤ 30 dias antes do parto.
▪ Ausência de documentação do tratamento.
▪ Ausência de queda da VDRL após o tratamento.
▪ Parceiro não tratado.
▪ Dose insuficiente.

Toxoplasmose congênita

O vírus se replica na placenta para depois atingir todos os sistemas orgânicos do feto (exceto a hemácia). Geralmente os RNs são assintomáticos, podendo apresentar a Tétrade de Sabin: coriorretinite + calcificações intracranianas difusas + hidrocefalia + retardo mental. O diagnóstico é realizado pela sorologia materna (imunoglobulinas G e M [IgG e IgM], associada ao teste de avidez da IgG para infecções agudas), oftalmoscopia, ultrassonografia (US) ou tomografia computadorizada (TC) de crânio, punção lombar, audiometria.

→ O **tratamento** é realizado por 1 ano, mesmo nos casos assintomáticos. Preconiza-se a associação de pirimetamina + sulfadiazina + ácido folínico. Em casos de coriorretinite macular ou proteinorraquia > 1.000 mg/dl, usam-se glicocorticoides.

Varicela

O vírus da varicela-zóster em gestantes com < 20 semanas pode provocar infecção fetal, levando a uma embriopatia pelo vírus, que possui tropismo pelos nervos; porém, como a lesão não progride no pós-parto, nenhuma forma de tratamento é realizada. Já o herpes-zóster na gravidez não apresenta risco para o feto, pois há a passagem transplacentária de anticorpos.

Rubéola

O ser humano é o único hospedeiro conhecido. O período de maior risco é até o 4º mês; a partir dessa data, não se encontram malformações fetais nem a persistência do vírus. A principal sequela é o diabetes melito. A manifestação mais comum é a tríade deficiência auditiva (degeneração da cóclea e do órgão de Corti) + cardiopatia congênita (persistência de canal arterial e estenose de artéria pulmonar) + catarata.

O diagnóstico é obtido pela presença de anticorpos antirrubéola no sangue materno. Não existe tratamento para a rubéola congênita, e o uso de vacina no pós-contato é ineficaz. Recomendam-se correções cirúrgicas para catarata e cardiopatia.

Citomegalovírus

É a infecção congênita mais frequente no mundo. As manifestações clínicas envolvem: microcefalia, petéquias, hepatoesplenomegalia, icterícia e calcificações intracranianas periventriculares (principal). A sequela mais grave é a surdez neurossensorial.

O diagnóstico é pela cultura para citomegalovírus (CMV), reação em cadeia da polimerase (PCR)-DNA (na saliva ou urina), liquor (DNA-CMV, celularidade, proteinorraquia, glicorraquia). O tratamento é feito com ganciclovir/valganciclovir EV por 6 semanas, exames de acompanhamento, como o auditivo, de 6/6 meses até 6 anos e exames de imagem do sistema nervoso central (SNC).

Definições
▪ **IgG (+) no RN:** não tem valor para diagnóstico de infecções congênitas, pois ocorre a passagem de IgG materna pela placenta.
▪ **IgG_{RN}** (+): pareada com título em ascensão após nova dosagem em 30 dias, confirma o diagnóstico de infecção, exceto para casos de citomegalovírus.
▪ **IgM (+) no RN:** confirma o diagnóstico de infecção.
▪ **$IgG_{RN} > IgG_{Materna}$:** confirma o diagnóstico de infecção.

CAPÍTULO 50

DOENÇAS EXANTEMÁTICAS

50.1. Sarampo

É causado por um vírus RNA da família *Paramyxoviridae* do gênero *Morbillivírus*. É a doença de maior morbimortalidade quando acomete crianças desnutridas com menos de 1 ano de idade. A transmissão ocorre por gotículas de saliva e partículas de aerossol, com transmissibilidade de 90% e período de incubação de 8-12 dias. O tratamento envolve o uso de sintomáticos associados à vitamina A.

→ Recomenda-se o isolamento respiratório até 4 dias após o início do exantema. As principais complicações são pneumonia (principal causa de morte), otite média aguda (mais frequente), encefalite e pan-encefalite.

Sintomas
■ Febre ■ Manchas avermelhadas na pele ■ Conjuntivite ■ Coriza ■ Dores no corpo
Possíveis complicações
■ Otites (inflamações no ouvido) ■ Pneumonias ■ Encefalite ■ Em gestantes, pode provocar aborto ou parto prematuro
Transmissão
O sarampo é uma doença viral, extremamente contagiosa. A transmissão ocorre de pessoa para pessoa, por secreções nasais expelidas ao tossir, espirrar ou falar.
Prevenção
A prevenção é feita por meio de vacina, que está disponível nos postos de saúde para crianças a partir de 12 meses de idade.

Fonte: Ministério da Saúde.

Profilaxia

Para os recém-nascidos (RNs) existe a proteção por intermédio dos anticorpos maternos, conferindo-lhes imunidade passiva transitória até os 9 meses de idade. Após os 9 meses, recomenda-se a vacina com vírus vivo atenuado.

Aos casos de pós-exposição preconiza-se a vacinação de todos os contactantes íntimos sem história prévia de sarampo até 3 dias após o contato. No caso de indivíduos < 6 meses, gestantes, infectados pelo vírus da imunodeficiência humana [HIV], transplantados e imunodeficientes, pode-se administrar imunoglobulina até 6 dias depois da exposição.

Manifestações clínicas

Período de infecção (0 até 7º dia)	Fase prodrômica	É o período inicial e manifesta-se com tosse, conjuntivite, fotofobia, manchas de Koplik/ enantema.
	Fase exantemática	No 2º-4º dia apresenta-se com exantema maculopapular avermelhado morbiliforme, inicialmente em região retroauricular, com disseminação para as regiões frontal e capilar de forma craniocaudal em 3 dias.
Período de remissão	A partir do 7º dia ocorre a resolução do exantema com descamação furfurácea.	
Período toxêmico	Representa a queda da resistência imunológica do hospedeiro e o surgimento de complicações.	

50.2. Rubéola

É causada por um vírus de RNA (togavírus) transmitido por meio de gotículas de secreção nasofaríngea das pessoas infectadas. Outra forma de transmissão é a via transplacentária, que desencadeará a síndrome da rubéola congênita (SRC) com manifestações oftalmológicas, cardíacas, auditivas e neurológias.

Manifestações clínicas

O quadro se inicia com a presença de adenomegalias nas regiões suboccipital, retroauricular e cervical posterior. Além disso, há a presença de *rash* maculopapular puntiforme, róseo, com tendência à coalescência, que começa na cabeça e no pescoço e se dissemina por tronco, dorso e extremidades, juntamente com as petéquias em palato mole e amígdalas (manchas de Forschheimer), que desaparecem sem descamar.

→ As principais complicações são: artrite (acometendo mulheres jovens), hematológicas (trombocitopenia) e encefalite pós-infecciosa.

A rubéola é um mal infectocontagioso causado por um vírus chamado togavírus

Sua característica mais marcante são as manchas vermelhas que aparecem primeiro na face e atrás da orelha e depois se espalham pelo corpo inteiro. A doença não é perigosa na infância e no sexo masculino, porém gestantes devem tomar cuidado redobrado para não se contaminar.

Contaminação

Principalmente pelas vias respiratórias. Do mesmo modo que no sarampo, o paciente deve ser isolado, pois a rubéola é contagiosa por cerca de 10 dias depois do aparecimento das erupções.

Complicações na gravidez

- A rubéola é congênita, ou seja, transmitida da mãe para o feto, sendo a forma mais grave da doença, porque pode provocar malformações como surdez e problemas visuais na criança.
- Durante os três primeiros meses de gravidez, a rubéola pode até provocar aborto.

Diagnóstico

É feito pelo quadro clínico e confirmado pela sorologia. Não existe tratamento específico, somente o uso de sintomáticos. A profilaxia pré-exposição envolve a administração de vacina de vírus vivo atenuado. Na pós-exposição preconiza o uso de vacina em até 72 horas após o contato.

50.3. Varicela-zóster

É causada por um vírus DNA – vírus varicela-zóster (VVZ). A transmissão é feita pelo contato direto com as secreções das vesículas de varicela/herpes-zóster ou gotículas de secreção respiratória. Em geral, a transmissibilidade atinge 90% para varicela e 15% para herpes-zóster. O VVZ é responsável por uma doença exantemática maculopapulovesicular de curso benigno com permanência do vírus em estado latente nos neurônios dos gânglios sensoriais, sendo que sua reativação resulta no herpes-zóster.

Sintomas

A fase inicial consiste em dor ardente e pele sensível, o vírus da varicela que estava dormente na fibra nervosa é despertado pelo sistema imunológico enfraquecido. A superfície da pele demonstra o desenvolvimento de bolhas parecidas com a catapora que se enchem de pus. Eventuamente estouram e formam crostas e cicatrizam. Podem causar danos aos nervos (neuralgia pós-herpética).

Manifestações clínicas

Apresenta um exantema que inicia no couro cabeludo e se dissemina para tronco e extremidades, com *rash* exibindo padrão centrípeto. As máculas eritematosas pruriginosas evoluem para pápulas, posteriormente vesículas, pústulas e crostas. A coexistência de vários estágios de desenvolvimento das lesões é denominada polimorfismo regional.

Complicações principais

Varicela progressiva

Envolvimento visceral de pulmão, fígado e sistema nervoso central (SNC) em imunodeprimidos, com mortalidade de 20%.

Síndrome da varicela congênita

Deve-se à infecção da mãe pelo VVZ nas primeiras 20 semanas, resultando em retardo de crescimento intrauterino (RCIU), hipoplasia de extremidades e cicatrizes cutâneas.

Infecções bacterianas cutâneas secundárias

Por *Streptococcus* do grupo A – *S. pyogenes* e *S. aureus*.

Pneumonia bacteriana

Principal causa de óbito.

Tratamento

Recomenda-se o tratamento ambulatorial com aciclovir por via oral (VO) 20 mg/kg/dose 8/8 horas por 5 dias (para indivíduos > 12 anos, segundo caso na família, portadores de doença pulmonar/cutânea crônica e usuários de ácido acetilsalicílico [AAS]/corticoides, que iniciaram exantema em até 72 horas).

➔ Para portadores de varicela progressiva (sinais de acometimento sistêmico), RNs e imunocomprometidos, preconiza-se a internação associada ao uso de aciclovir por via endovenosa **(EV)**.

Profilaxia

Na pré-exposição, recomenda-se a vacina com vírus vivo atenuado. Para a pós-exposição, preconiza-se o uso da imunoglobulina hiperimune (imunoglobulina humana antivaricela-zóster [IGHVZ]) em até 4 dias (para imunodeprimidos, RN_{PMT} ≤ 28 semanas/1 kg, RN de mãe com varicela 5 dias antes ou 2 dias após o parto) ou vacinação de bloqueio em até 5 dias (para imunocompetentes).

50.4. Catapora

Transmissão	■ A catapora é uma doença provocada por um vírus e altamente contagiosa. ■ A transmissão ocorre sobretudo pelas vias aéreas ou respiratórias. ■ A pessoa contaminada passa a transmitir o vírus 2 dias antes de manifestar a doença, até o dia do aparecimento da última lesão.
Sintomas	■ Febre. ■ Muita coceira. ■ Dor de cabeça, mal-estar e cansaço. ■ Manchas vermelhas pelo corpo que evoluem para lesões com bolhas d'água e depois crostas.

Cuidados com as crianças	Os pais devem tomar cuidados para evitar que os filhos cocem os locais das lesões. Para isso, as crianças com catapora devem: ■ manter as unhas curtas; ■ usar luvas; ■ usar blusas de mangas longas e calças compridas ■ tomar vários banhos ao dia para lavar o local das lesões; ■ não aplicar nenhuma pomada ou creme sobre as lesões.
Complicações	■ Infecções de pele, pneumonias e até infecções generalizadas, pois as lesões pelo corpo são portas de entrada para bactérias. ■ Varicela hemorrágica: as bolhas de água ficam cheias de sangue e podem até levar à morte.

Fontes: Secretaria de Estado da Saúde, Sandra de Oliveira Campos, infectopediatra da Unifesp, e Evandro Roberto Baldacd, indectopediatra do Instituto da Criança do Hospital das Clinícas.

50.5. Exantema Súbito (ou Roséola)

É causado por um vírus DNA – herpes-vírus humano (HHV) dos tipos 6 e 7. A transmissão ocorre por meio de saliva de adultos saudáveis portadores para crianças de 6 até 15 meses. O diagnóstico é clínico e o tratamento envolve o uso de sintomáticos, não requerendo o uso de fármacos específicos.

→ As manifestações clínicas se apresentam com febre alta (39ºC-40ºC), que desaparece em crise, podendo cursar com crises convulsivas e úlceras no palato mole e na úvula (manchas de Nagayama). Geralmente, após o desaparecimento da febre, surge um *rash* róseo macular não pruriginoso.

50.6. Eritema Infeccioso

É causado por um vírus DNA – parvovírus B19! A transmissão ocorre mediante gotículas de secreção respiratória, via transplacentária ou sanguínea. As células-alvo são os precursores eritroides na medula óssea. O diagnóstico é via sorologia e o tratamento envolve o uso de imunoglobulinas em casos específicos de risco.

→ As complicações são: artropatia, crise aplástica transitória, infecção fetal e hidropisia fetal.

→ Síndrome papular purpúrica (exantema purpúrico pruriginoso doloroso em "luvas e meias" associado a lesões orais).

As manifestações clínicas se apresentam em três estágios

- **primeiro estágio:** surgimento de um exantema na face em aspecto de bofetada;
- **segundo estágio:** progressão rápida, com aparência "rendilhada";
- **terceiro estágio:** ressurgimento intermitente do exantema após 1-3 semanas devido a fatores desencadeantes como luz solar, exercício, estresse e calor.

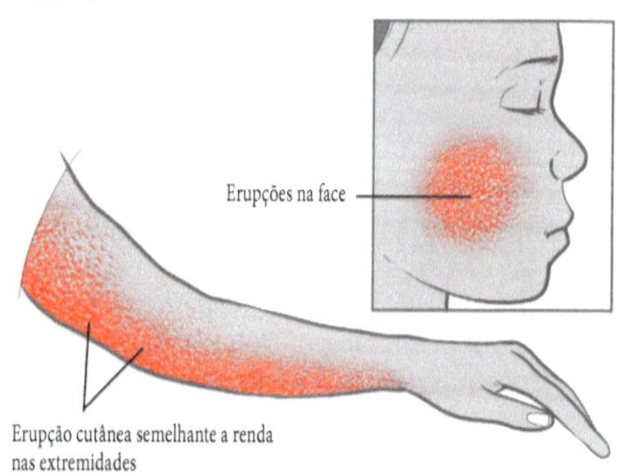

50.7. Escarlatina

É causada pelo *Streptococcus pyogenes* (estreptococo beta-hemolítico do grupo A), produtor de 3 tipos de exotoxina pirogênica (ou eritrogênica). A transmissão ocorre por via cutânea, mas ainda não é totalmente compreendida. O diagnóstico é clínico associado à cultura de orofaringe, sendo o *swab* o padrão-ouro. O tratamento é realizado com penicilina (ou amoxicilina VO), que também é administrada como medida profilática no pós-exposição de pacientes portadores de febre reumática.

➔ **Manifestações clínicas:** febre alta, exantema eritematoso micropapular (dando à pele uma textura áspera que poupa as regiões palmares e plantares), odinofagia e hipertrofia amigdaliana.

Sinal de Filatov = face hiperemiada associada a palidez em região perioral.
Sinal de Pastia = exantema intenso nas regiões de flexuras.

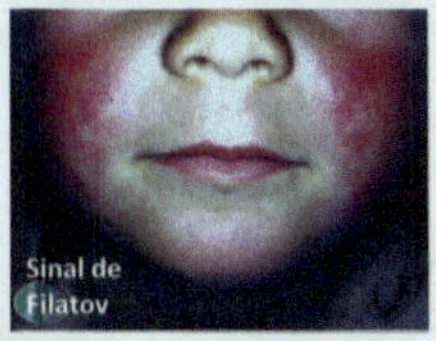

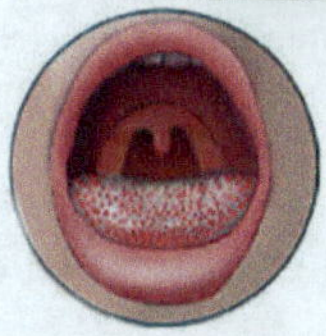

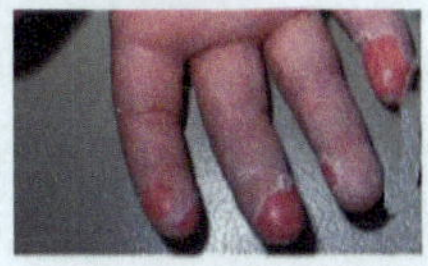

A língua apresenta-se em aspecto de morango branco (papilas hipertrofiadas e exsudato branco recobrindo a superfície), que evolui para morango vermelho/framboesa (desbridamento do exsudato branco que recobria a superfície).

→ As complicações não supurativas são glomerulonefrite difusa aguda (GNDA) e febre reumática.

50.8. Febre Reumática

É uma complicação não supurativa derivada das infecções pelo estreptococo beta-hemolítico do grupo A (SBHGA) e decorrente de uma resposta imune tardia após uma infecção faríngea por cepas reumatogênicas de SBHGA em pessoas geneticamente predispostas, na qual os anticorpos contra estreptococos reconhecem as estruturas do coração, da articulação e do sistema nervoso, desencadeando processos de doença.

Manifestações
■ Artrite (75%)
■ Cardite (50%)
■ Coreia de Sydenham (35%)
■ Eritema marginado (< 3%)
■ Nódulos subcutâneos (2%)

➔ O **diagnóstico** é feito por meio dos critérios de Jones modificados (1992):
2 maiores + evidência ou 1 maior + 2 menores + evidência.

O **tratamento** envolve a erradicação do estreptococo da orofaringe com antibióticos, além do uso de AAS ou naproxeno (para artrite), corticoterapia (para cardite) e anti-hipertensão arterial sistêmica (HAS) (para insuficiência cardíaca congestiva [ICC]).

Para a profilaxia secundária recomenda-se penicilina a cada 21 dias:

- até 21 anos (FR sem cardite);
- até 25 anos (FR com cardite);
- Toda a vida (FR com cardite e lesão residual).

Critérios maiores	Critérios menores	Evidência
■ Cardite ■ Artrite ■ Coreia de Sydenham ■ Eritema marginado ■ Nódulos subcutâneos	■ Febre ■ rtralgia ■ ↑ Velocidade de hemossedimentação (VHS) e PCR ■ Eletrocardiograma (ECG): PR prolongado	■ Cultura de orofaringe ■ Teste rápido para detecção de estreptococos ■ ↑ ASO em 15 dias

50.9. Mononucleose

Causada pelo vírus *Epstein-Barr* (VEB), seu período de incubação é de 30 a 50 dias e sua transmissão se dá por secreção salivar.

→ As manifestações clínicas geralmente são queixas sistêmicas como fadiga, mal-estar, linfadenopatia generalizada, hepatoesplenomegalia, febre, dor de garganta, sinal de Hoagland (edema palpebral) e exantema maculopapular.

Sintomas
■ Linfócitos anormais
■ Garganta inflamada e dores de garganta
■ Linfócitos normais
■ Vírus Epstein-Barr
■ Aumento do baço
■ Inflamação do fígado

Pode apresentar exantema após o uso de amoxicilina. As principais complicações envolvem ruptura esplênica (rara), obstruções de vias aéreas superiores, sintomas neurológicos (cefaleias, convulsões, ataxia cerebelar, metamorfopsia) e linfoma de Burkit.

O diagnóstico é feito por hemograma (trombocitopenia, leucocitose, linfócitos atípicos) e métodos sorológicos, como dosagem de anticorpos heterófilos e anticorpos anti-VEB (anti-VCA, anti-EA, anti-EBNa). O tratamento visa evitar a prática de esportes de contato por 1 mês (devido à esplenomegalia), associando glicocorticoides nos casos de obstrução de vias aéreas por hipertrofia das amígdalas.

50.10. Citomegalovírus

É um vírus DNA duplo da família *Herpesviridae* com alta prevalência no mundo. Apresenta-se com clínica variável de acordo com a idade e as condições imunológicas do hospedeiro, em geral com manifestações semelhantes às da mononucleose. O diagnóstico é realizado pela detecção de DNA viral em fluidos pela técnica de reação em cadeia da polimerase (PCR). O tratamento específico é indicado apenas a pacientes imunodeprimidos e infecções congênitas sintomáticas.

CAPÍTULO 51

VACINAÇÃO

51.1. Calendário Vacinal e Vacinas

→ O termo imunidade é proveniente da palavra *immunitas*, que significa isenção de encargos ou processos legais. Na medicina, o termo imunidade representa a proteção contra agentes infecciosos. Didaticamente, classifica-se a imunidade em inata (não específica) ou adaptativa (específica).

Imunidade

Imunidade inata (não específica)

É a primeira linha de defesa do organismo! É formada por sistemas não direcionados a um agente específico, sendo:

- barreira mecânica;
- secreção das glândulas;
- alcalinidade do suco pancreático;
- acidez gástrica;
- peristalse;
- fluxo lacrimal/salivar/biliar/urinário;
- flora microbiota;
- secreção mucosa;
- fatores séricos e teciduais;
- imunoglobulinas secretórias.

Imunidade adaptativa (específica)

É a produção de anticorpos específicos contra um determinado agente agressor, associada à memória imunológica pelos linfócitos B e T.

- **Linfócitos T:** sofrem diferenciação no timo e são as células efetoras da imunidade celular.
- **Linfócitos B:** o estímulo e a ativação dos linfócitos B (efetores da imunidade humoral) resultam na formação de duas linhagens celulares, os linfócitos B de memória e os plasmócitos (células responsáveis pela secreção de substâncias antígeno-específicas chamadas imunoglobulinas).

A imunidade específica é compreendida sob duas lógicas:

- **Forma natural:** é alcançada por meio de doenças, infecções assintomáticas ou transferência de anticorpos pela placenta e ingestão de colostro/leite materno.
- **Forma artificial:** é alcançada por vacinação, administração de soros e imunoglobulinas.

Imunização passiva	Consiste na administração de anticorpos já formados ao indivíduo, promovendo proteção transitória contra determinado agente.
Imunização ativa	É a indução de uma resposta imunológica celular e humoral duradoura contra determinado agente infeccioso para prevenir o adoecimento.

Vacinação

Vacinas vivas atenuadas

Vacinas vivas atenuadas conferem imunização, pois produzem uma "infecção" parecida com a natural, porém com intensidade branda. Apresentam alto risco de provocar doença em pacientes imunocomprometidos e gestantes.

Vacinas não vivas ou inativadas

São micro-organismos inteiros inativados, toxinas inativadas, fragmentos ou subunidades do agente. As bactérias são denominadas mortas e os vírus são inativados.

Vacinas conjugadas

São as vacinas em que um antígeno pouco potente (polissacarídeo) é anexado a outro de maior poder imunogênico (proteína) com a finalidade de induzir uma resposta imune T-dependente duradoura e eficaz.

Vacinas combinadas

São vacinas do mesmo subgrupo misturadas em um mesmo frasco. Nunca se combinam em um mesmo frasco uma vacina viva atenuada com uma não viva.

Vacinação simultânea

É a administração de duas ou mais vacinas com seringas diferentes em locais diferentes, mas em um mesmo dia de atendimento.

Contraindicações gerais
■ Reação imediata anafilática a qualquer componente da vacina
■ Imunodeficiência congênita ou adquirida
■ Neoplasia maligna
■ Uso de corticoides > 14 dias (2 mg/kg crianças, 20 mg/dia adultos)
■ Tratamento com imunossupressores
■ Gravidez

Adiamento da vacina
■ Doença febril > 37,5ºC
■ Uso de hemo/imunoderivado
■ Síndromes hemorrágicas
■ Tratamento com imunossupressores

Falsas contraindicações
■ Prematuridade ■ Desnutrição ■ Doença febril leve (resfriados e diarreias) ■ Vacinação contra raiva em andamento ■ Uso de antibióticos ■ Uso de corticoides tópicos ou inalatórios ■ Uso de corticoides < 7 dias ■ Alergia a ovo ■ Amamentação (exceto para vacinação de febre amarela, que exige 14-30 dias de suspensão da amamentação) ■ História inespecífica de alergia ■ História de reação local à vacina ■ História de febre após a vacina ■ História de alergia à penicilina ■ Antecedente familiar de convulsão, morte súbita e efeito adverso à vacinação

Calendário vacinal (Ministério da Saúde)	
Idade	Vacina
Ao nascer	BCG Hepatite B
2 meses	Pentavalente (DTP + Hib + HepB) VIP (poliomielite inativada) VORH (rotavírus) Pneumo-10 conjugada
3 meses	Meningo-C conjugada
4 meses	Pentavalente (DTP + Hib + HepB) VIP (poliomielite inativada) VORH (rotavírus) Pneumo-10 conjugada
5 meses	Meningo-C
6 meses	Pentavalente (DTP + Hib + HepB) VIP (poliomielite inativada)
9 meses	Febre amarela
12 meses	Tríplice viral (SCR) Pneumo-10 conjugada Meningo-C
15 meses	Hepatite A Tetraviral (SCR + varicela) DTP VOP
4 anos	DTP Vacina oral contra poliomielite (VOP) Varicela
14 anos	dT
11-14 anos	Meningo-C
Menores de 5 anos	VOP nas campanhas anuais
Crianças de 6 meses a 5 anos	Vacina anti-influenza nas campanhas anuais

Vacinas

Bacilo de Calmette-Guérin (BCG)

É feita a partir do *Mycobacterium bovis* atenuado e administrada como dose única (0,1 ml) no braço direito, na inserção do deltoide, por via intradérmica. Não é necessário revacinar crianças que não obtiveram a cicatriz vacinal.

A sequência das lesões é:
Pápula → Pústula → Crosta → Úlcera → Cicatriz

O adiamento é feito em casos de recém-nascidos com peso < 2 kg, idade gestacional (IG) < 36 semanas, afecções dermatológicas extensas no local, recém-nascidos (RNs) de mães basilíferas (receberão quimioprofilaxia com isoniazida até o 3 mês de vida, sendo vacinados somente após teste cutâneo de tuberculina (PPD) não reagente aos 3 meses).

→ A BCG previne as formas graves de tuberculose (miliar e meníngea).

As reações adversas devem ser notificadas e geralmente se apresentam como abscessos subcutâneos frios e linfonodos > 3 cm (recebem quimioprofilaxia com isoniazida) e úlceras > 1 cm (devem ser acompanhadas por 12 semanas e, se não cicatrizarem, procede-se a tratamento com isoniazida).

Hepatite B

É uma vacina recombinante produzida pela inserção do plasmídeo contendo o gene par do antígeno de superfície do vírus da hepatite B (HbsAg) no interior de leveduras. Essas células produzem o antígeno recombinante de superfície (rHBsAg). Em indivíduos vacinados, ocorre a presença isolada do anti-HBs. Nos indivíduos que contraíram a doença, surge o anticorpo anti-Hbc e, posteriormente, o anti-HBs. É indicada a vacinação a todo recém-nascido nas primeiras 12-24 horas sob o esquema 0, 2, 4 e 6 meses. Caso a mãe seja Hbs-positiva, preconizam-se a vacinação e o uso de imunoglobulinas até o 7º dia e em braços diferentes. Pacientes > 7 anos de idade não vacinados devem tomar 3 doses sob o esquema 0, 1 e 6 meses.

Poliomielite

VIP (Salk)

Composta por partículas virais contra 3 sorotipos, aplicada em três doses em crianças com menos de 5 anos. É administrada antes da VOP, pois apresenta menor risco de paralisia facial associada à vacina.

VOP (Sabin)

É composta por 3 tipos de vírus atenuados. O vírus coloniza o intestino, promovendo imunidade local e humoral. É aplicada anualmente a crianças de 15 meses a 5 anos de idade que já receberam a VIP. Devido ao seu mecanismo de ação e à sua composição, a VOP é suscetível à transmissão (pólio vacinal) em indivíduo com contato hospitalar e imunodeficientes. Deve ser readministrada caso a criança vomite ou cuspa.

➔ A VOP é contraindicada para imunodeficientes, hospitalizados e contactante de imunodeficiente.

Difteria, tétano e coqueluche

DTP celular

É administrada a indivíduos de 12 meses até 7 anos de idade incompletos. Ocasionalmente provoca febre, sonolência, anorexia, reação de hipersensibilidade, vômitos, choro persistente, reação neural (episódios hipotônicos hiporresponsivos e convulsão) e encefalopatia. É contraindicada a casos de reações neurológicas até 48-72 horas (sendo recomendada a DTP acelular) e aos casos de encefalopatia até 7 dias (sendo recomendado a dT).

DTP acelular

É indicada para indivíduos com risco de crise convulsiva crônica e RNs prematuros extremos.

Hemófilos (HIB)

É uma vacina viva conjugada cujo antígeno vacinal é um polissacarídeo capsular, o polirribosilribitolfosfato (PRP) conjugado a uma proteína carreadora.

Rotavírus

A primeira dose deve ser administrada até 3,5 meses de idade e a segunda dose até 8 meses incompletos! É uma vacina monovalente (G1) que apresenta proteção cruzada e não deve ser reaplicada caso o paciente cuspa. O evento adverso mais comum era a invaginação intestinal (intussuscepção na região da válvula ileocecal) causada pela intensa resposta inflamatória intestinal provocada pela vacina de vírus atenuado derivado do macaco, mas atualmente a vacina é feita a partir de vírus humano.
É contraindicada a crianças com história de invaginação prévia, malformações intestinais não corrigidas e imunodeficientes.

Sarampo, caxumba e rubéola (tríplice viral)

Pacientes que receberam transfusões em até 15-30 dias após a vacinação deverão ser revacinados em 3 meses. Recomenda-se evitar a gravidez por até 30 dias após a vacinação contra sarampo.

Febre amarela

Trata-se de uma vacina de vírus vivo atenuado contraindicada a crianças menores de 6 meses de idade, mães amamentando crianças com menos de 6 meses e pacientes com anafilaxia a ovo. Pode causar febre amarela devido à sua composição de vírus atenuado e outros eventos adversos, como doença neurológica.

➔ Deve ser administrada 10 dias antes de viagens para áreas de risco, pois necessita desse período de latência para conferir proteção.

Pneumococo

A Pnc-10 é composta por 10 sorotipos de *Streptococcus pneumoniae* e conjugada com a proteína D de *Haemophilus influenzae*. Confere proteção contra a doença invasiva pneumocócica (pneumonia [PNM], sepse, meningite, artrite) e otite média (proteção menor para otites). Não pode ser associada à febre amarela. Pacientes > 1 ano de idade não vacinados recebem dose única.

➔ A Pneumo-13 é indicada para > 5 anos de idade e portadores do vírus da imunodeficiência humana (HIV), neoplasias ou transplantes. Existe também a Pneumo-23, que é indicada para idosos institucionalizados.

Meningococo

A vacina é polissacarídica capsulada conjugada contra meningococos de tipos A e C. Pacientes > 1 ano de idade não vacinados recebem uma dose.

Influenza

É indicada para todas as gestantes, profissionais da saúde, idosos > 60 anos de idade, população carcerária, portadores de doenças crônicas, indígenas, indivíduos de 6 meses a 5 anos. A indivíduos ≥ 9 anos de idade administra-se uma dose. Àqueles < 9 anos de idade aplicam-se 2 doses com intervalo de 30 dias.

Hepatite A

Foi introduzida recentemente no Programa Nacional de Imunização (PNI). A hepatite A é uma doença benigna prevalente em populações de baixa renda. Sua manifestação é autolimitada, evoluindo para cura em 6 semanas. A vacina é administrada até os 5 anos incompletos.

Varicela-zóster

É composta por vírus vivo atenuado a partir da cepa OKA. Inicia-se com quadro de pápulas, vesículas, pústulas e crostas (não contagiosas). Quando o vírus latente nos gânglios sensoriais sofre reativação, é chamada de herpes-zóster. Recomenda-se evitar o uso de ácido acetilsalicílico (AAS) até 6 semanas após a vacina pelo risco de síndrome de Reye.

Raiva

Pode ser do tipo Fuenzalida-Palacios (vírus inativado e preparado a partir de tecido nervoso de camundongos) e do tipo culturas de células (maior poder de antigenicidade).

Vacina contra o papilomavírus humano (HPV)

É derivada das proteínas L1 do capsídeo dos HPVs 6, 11, 16 e 18. A vacina é oferecida a meninas de 9-14 anos idade (sob o esquema vacinal de 0 e 6 meses), a meninos de 11-14 anos (esquema vacinal 0 e 6 meses) e a pacientes HIV-positivos entre 9-26 anos (sob o esquema vacinal de 0, 2 e 6 meses).

CAPÍTULO 52

PEDIATRIA ESPECÍFICA

52.1. Nefrologia Pediátrica

É a multiplicação de patógenos na via urinária (desde o meato uretral até o parênquima renal), com a presença de inflamação local. Acomete cerca de 1%-3% das crianças. Nos meninos, as infecções são mais comuns durante o primeiro ano de vida (devido à fimose), sendo a única fase da vida em que a infecção do trato urinário (ITU) é mais frequente no sexo masculino. Sabe-se que a pielonefrite aguda é a principal causa bacteriana de febre em menores de 24 meses.

Fatores de risco
■ Sexo feminino (fator anatômico)
■ Não circuncisão (meninos)
■ Implantação perpendicular do ureter na bexiga
■ Treinamento da micção (falha no controle esfincteriano)
■ Secagem vulvar
■ Válvula de uretra posterior

A etiologia é principalmente:

- **Viral:** adenovírus tipos 11 e 21 causadores de cistite hemorrágica;
- **Bacteriana:** *Escherichia coli*, *Klebsiella* spp., *Proteus* spp., *Enterococcus*, *Staphylococcus saprophyticus* (relacionada com a atividade sexual), *Pseudomonas* (pacientes de unidade de terapia intensiva [UTI]/imunodeprimidos).

Patogênese

Os patógenos atingem as vias urinárias pelas vias ascendente (patógenos da flora intestinal ascendem pela uretra) e hematogênica.

Fatores de defesa da ITU
■ *Clearance* bacteriano (esvaziamento regular da bexiga)
■ Inibição do crescimento bacteriano (pH ácido, ureia, lisozimas e imunoglobulinas)
■ Mucosa vesical (resistente à adesão)
■ Implantação ureteral na musculatura submucosa do detrusor

Manifestações clínicas

ITU em < 2 anos	Ocorrem, principalmente, diminuição do peso, febre, recusa alimentar, náuseas, vômitos, diarreia, dor abdominal e choro às micções.
ITU em > 2 anos	Ocorrem dor suprapúbica, polaciúria, disúria, urgência miccional e dor lombar.

Método	Interpretação
Saco coletor	Negativo, ITU DESCARTADA
Jato médio	> 100.000 UFC/ml, ITU CONFIRMADA
Cateterismo vesical	> 50.000 UFC/ml, ITU CONFIRMADA
Punção suprapúbica	Qualquer crescimento, ITU CONFIRMADA

Diagnóstico

Em crianças que já controlam o ato miccional, deve-se colher a urina do jato médio. Naquelas sem controle esfinctérico utilizam-se saco coletor (restrito para resultados negativos devido à alta probabilidade de contaminação), cateterismo vesical ou punção suprapúbica (mais confiável).

→ Na urinálise, devem-se observar o nitrito (em caso positivo, sugere presença de bactérias Gram-negativas que convertem o nitrato em nitrito) e a esterase leucocitária (se positiva, indica piúria – 5 ou mais piócitos em grande aumento 400×).

Tratamento e prognóstico

Na vigência de lesão renal crônica, favorece o surgimento de hipertensão arterial sistêmica (HAS) ou insuficiência renal crônica (IRC) no futuro!

ITU não complicada, febre baixa ou afebril (cistite)

O tratamento é ambulatorial com sulfametoxazol-trimetoprima por 3-5 dias ou nitrofurantoína ou amoxicilina.

ITU complicada, febre alta ou febril (pielonefrite)

Em recém-nascidos (RNs) > 1 mês e com bom estado geral utilizam-se ceftriaxona por via intramuscular (IM) ou amoxicilina-clavulanato com nova urinocultura 1 semana após o término do tratamento. Em RNs < 1 mês ou apresentando sepse, desidratação, falha terapêutica (persistência da febre após 48-72 horas), são necessárias internação hospitalar e administração de ceftriaxona ou ampicilina + gentamicina endovenosa EV por 10-14 dias.

Oncopediatria

Tumor de Wilms (ou nefroblastoma): é um tumor originado dos tecidos embrionários do rim. É a segunda neoplasia sólida abdominal mais comum em crianças. Apresenta-se como uma massa abdominal dura que não atravessa a linha média. Geralmente percebe-se essa massa durante o banho da criança.

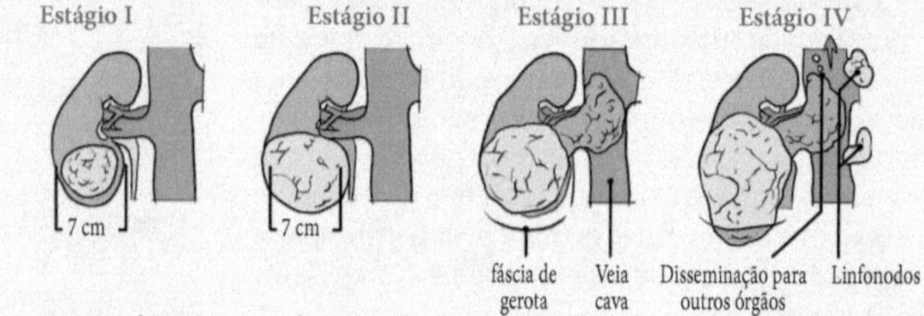

- A suspeita diagnóstica é pelo exame de ultrassonografia (US), com confirmação pela tomografia computadorizada (TC).
- O tratamento envolve a remoção cirúrgica associada à quimioterapia.
- O prognóstico de cura é cerca de 88%-98% nos estágios de I a III.

52.2. Refluxo Vesicoureteral

É a existência de um fluxo retrógrado de urina da bexiga em direção ao ureter e à pelve renal devido à incompetência da junção vesicoureteral. Após a primeira pielonefrite, deve ser investigada a probabilidade de refluxo vesicoureteral. A triagem é feita com US, e a confirmação diagnóstica, pela uretrocistografia miccional (UCM) (padrão-ouro). Para avaliar a quantidade de lesões/cicatrizes renais é preconizada a cintigrafia renal com ácido dimercaptossuccínico (DMSA).

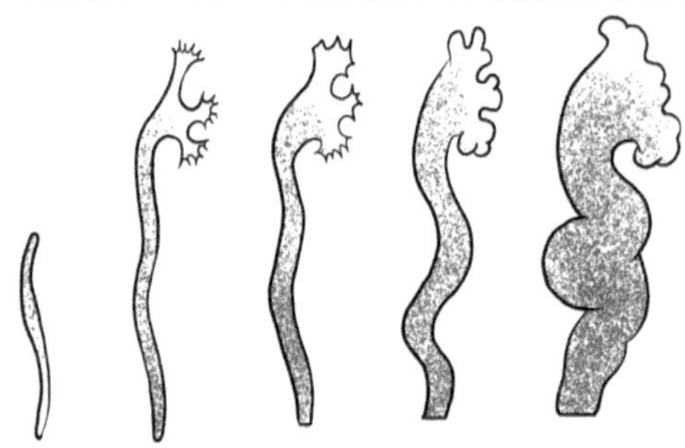

▶ Classificação internacional de refluxo vesicoureteral de acordo com o grau.

Grau I	Refluxo para o ureter, sem dilatação.
Grau II	Refluxo até a pelve renal, sem dilatação.
Grau III	Refluxo com ureter dilatado e/ou apagamento dos fórnices caliciais.
Grau IV	Refluxo para o ureter grosseiramente dilatado.
Grau V	Refluxo maciço, com dilatação e tortuosidade significativas do ureter, com perda da impressão papilar.

→ O **tratamento** visa corrigir a disfunção miccional/fecal e prevenir a pielonefrite com a antibioticoprofilaxia (para refluxo grave > III) com ⅓ da dose de sulfametoxazol-trimetropima ou nitrofurantoína ou tratamento rápido de toda ITU febril!

→ Além disso, é necessário realizar anualmente US, UCM e cintilografia renal com DMSA para acompanhamento.

→ A resolução do refluxo vesicoureteral (RVU) ocorre de forma espontânea.

Refluxo	■ **Primário:** alteração da junção ureterovesical (JUV). ■ **Secundário:** devido a grandes aumentos da pressão intravesical. ■ **Idiopático:** decorrente da implantação perpendicular da JUV. Acomete cerca de 1% da população e, na maioria dos casos, ocorre resolução espontânea com o crescimento corporal.

Enurese	É a perda involuntária de urina/incontinência durante o sono. Acomete 60% do sexo masculino e apresenta 50% de correlação com história familiar. O tratamento envolve urinar antes de dormir, diminuir a ingesta hídrica à noite, evitar punições, explicar que a condição é autolimitada. Manifesta-se com 3 formas principais: ■ **primária:** ausência de controle do esfíncter. Representa 75%-90% dos casos; ■ **secundária:** perda progressiva do controle do esfíncter. Representa 10%-25% dos casos; ■ **monossintomática.**

52.3. Emergências em Pediatria

Intoxicações exógenas

Compreendem a intoxicação pelos principais agentes, como agrotóxicos, raticidas, drogas de abuso e produtos veterinários. Na emergência, devem-se solicitar exames gerais e específicos (triagem toxicológica) para o paciente. Para contaminações cutâneas e ocular, recomenda-se a lavagem do local com água corrente abundante e sabão neutro. Para substâncias ingeridas, deve-se ter em mente que a absorção de líquidos ocorre em 30-45 minutos e de sólidos, em 1-2 horas. As medidas que podem ser adotadas são: uso de carvão ativado (para fármacos), lavagem gástrica ou intestinal, medicações catárticas (aceleradoras da passagem intestinal), diuréticos (ampliadores da depuração renal).

Estado de mal epilético

Compreende a ocorrência de crises convulsivas com duração superior a 30 minutos e perda da consciência. Apresenta como principais etiologias: febril, idiopática, infecciosa, lesão neural ou intoxicação exógena. O tratamento é feito com diazepam 0,1-0,3 mg/kg/dose EV, podendo ser repetido até 3 vezes.

Urticária e angioedema

Caracterizada por síndromes alérgicas com a presença de pápulas ou placas eritematosas pruriginosas e edema. Preconizam-se evitar o contato com alérgenos deflagradores e o uso de anti-histamínicos e adrenalina (se necessário).

Anafilaxia

É uma síndrome alérgica potencialmente fatal mediada por substâncias químicas de mastócitos e basófilos liberados a partir de reações mediadas pela imunoglobulina E (IgE) ou não IgE. É provocada por alérgenos alimentares (amendoim etc.) e fármacos/látex em ambientes hospitalares. O tratamento é feito com "CABD" associado a adrenalina 0,01 mg/kg EV ou IM, podendo ser repetida a cada 10 minutos por 3 vezes, difenidramina IM 50 mg, soro fisiológico (SF) 30 ml/kg em 1 hora, nebulização com beta-agonista, metilprednisolona 1-2 mg/kg IM. Após a fase aguda devem ser utilizados anti-histamínico H1 e corticoide por mais 3 dias em casa.

→ O paciente deve permanecer em observação por 4 horas, pois pode ocorrer reação bifásica (o corticoide não previne a reação bifásica).

Cerca de 85% das ressuscitações cardiopulmonares (RCP) em pediatria são consequente à asfixia, sendo apenas 15% decorrentes de arritmias cardíacas. Sabe-se que as crianças apresentam melhor sobrevida pós-RCP hospitalar que os adultos, e sua sequência de reanimação deve iniciar pelo "CAB" (C = compressões torácicas; A = abertura das vias aéreas e B = ventilar), tendo em vista que a compressão torácica mantém o fluxo sanguíneo para órgãos vitais.

PARTE 4

Ginecologia e Obstetrícia

SEÇÃO 12 - GINECOLOGIA

Capítulo 53 – Ciclo Menstrual e Distúrbios do Eixo Hormonal

53.1. Ciclo Menstrual 346
53.2. Métodos de Anticoncepção 348
53.3. Amenorreia 351
53.4. Síndrome do Ovário Policístico ou Anovulação Crônica Hiperandrogênica 353
53.5. Infertilidade 355
53.6. Climatério 356

Capítulo 54 – Sangramento e Distúrbios Uterinos

54.1. Sangramento Uterino 358
54.2. Endométrio Ectópico (Endometriose) 359
54.3. Leiomiomas 360
54.4. Adenomiose (Endometriose no Miométrio) 361
54.5. Pólipos Endometriais 362
54.6. Pólipos Cervicais 362

Capítulo 55 – Distúrbios Genitourinários

55.1. Incontinência 363
55.2. Distopia Genital 366
55.3. Fístulas 369
55.4. Síndrome da Bexiga Dolorosa 370

Capítulo 56 – Afecções Mamárias

56.1. Mama Feminina 371
56.2. Distúrbios Benignos 372
56.3. Distúrbios Malignos 373

Capítulo 57 – Doenças Ginecológicas Benignas e Malignas

57.1. Colo Uterino 375
57.2. Endométrio 378
57.3. Vulva e Vagina 379
57.4. Ovários 380

Capítulo 58 – Infecções Sexualmente Transmissíveis

58.1. Vulvovaginites e Colpite 383
58.2. Cervicites e Uretrites 385
58.3. Doença Inflamatória Pélvica 386
58.4 Úlceras Genitais 387
58.5. Violência Sexual e Infecções Sexualmente Transmissíveis 388

ANOTAÇÕES:

CAPÍTULO 53

CICLO MENSTRUAL E DISTÚRBIOS DO EIXO HORMONAL

53.1. Ciclo Menstrual

O ciclo menstrual é definido como o conjunto de eventos endócrinos interdependentes do eixo hipotálamo-hipófise-ovariano que culminam com modificações fisiológicas no organismo, visando à preparação para a ovulação e para uma futura gravidez. O padrão de duração do ciclo menstrual é de 21-35 dias, com fluxo de 2-6 dias e volume de 20-60 ml.

O controle do ciclo menstrual é proveniente do córtex cerebral, que, por intermédio de neurônios, atua no hipotálamo para produzir fatores liberadores (hormônio liberador da gonadotrofina [GnRH]) ali armazenados. O GnRH atua na adeno-hipófise para produzir o hormônio foliculoestimulante (FSH) e o hormônio luteinizante (LH), que vão agir nos ovários para sintetizar estrógeno e progesterona. Esses hormônios finalmente atingem o órgão alvo (o endométrio e o muco cervical).

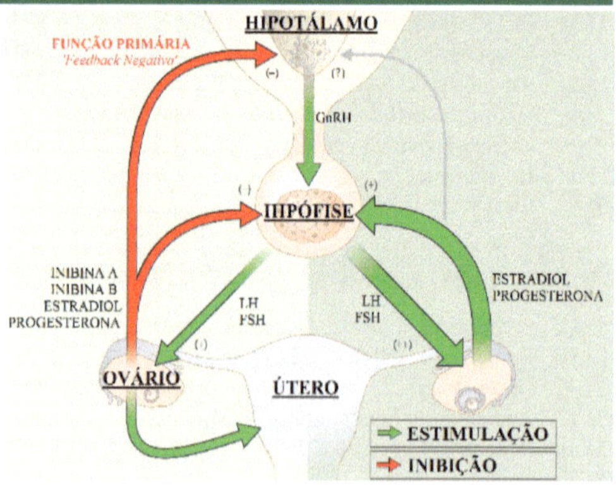

→ O órgão que controla o ciclo menstrual é o córtex cerebral, e o hormônio que controla o ciclo é o estradiol.

Hormônios	
GnRH	É secretado de forma pulsátil e contínua em virtude de sua meia-vida curta. É liberado pelo hipotálamo. Durante a fase folicular apresenta baixa amplitude e alta frequência. Na fase lútea (após a ovulação) apresenta alta amplitude e baixa frequência.
FSH/LH, ACTH, GH, TSH, PRL	Os hormônios são produzidos pela estimulação de neuro-hormônios hipotalâmicos, exceto a prolactina, que é produzida pela falta de dopamina e inibida pelo excesso de dopamina.
ADH, ocitocina	A neuro-hipófise nada produz, apenas secreta o ADH e a ocitocina.
Estrógenos	■ No ovário, é o "estradiolvário". ■ Na gordura, é estrona. ■ Na placenta, é estriol produzido pelas células do sinciciotrofoblasto.

Teoria das duas células e das duas gonadotrofinas

O folículo possui duas camadas funcionais: a teca (LH) e a granulosa (FSH).

→ Na célula da teca, ocorre a transformação do colesterol da lipoproteína de baixa densidade (LDL-C), pelo LH, em androstenediona e/ou testosterona. Uma vez produzidos, os andrógenos migram para a célula da granulosa.

→ Na granulosa, pela função do FSH somado à aromatase, os andrógenos são convertidos, via aromatização, em estrona e/ou estradiol.

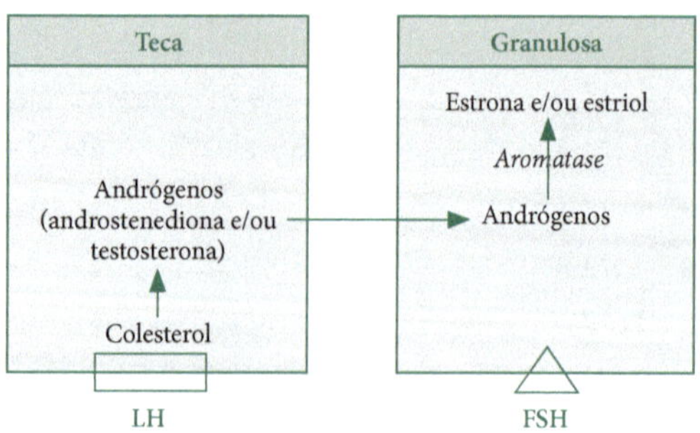

Teca (fase lútea)	Androgênios e testosterona
Granulosa (fase folicular)	Estrogênio e progesterona

Inibina A e inibina B

→ São compostas por duas subunidades: alfa e beta. A diferenciação é baseada pela subunidade alfa. A inibina A e a inibina B têm a função de inibir a síntese e a liberação de FSH. A inibina A é secretada pelo corpo lúteo, e a inibina B, pela célula da granulosa mediante estímulo do FSH.

MedQuiz

1. O tamanho máximo do folículo é 2 cm (período pré-ovulatório).
2. A produção máxima de estrogênio é no meio do ciclo.
3. O estrogênio elevado estimula a produção da gonadotrofina LH.
4. Hormônio diretamente relacionado com a ovulação: LH.
5. O estradiol controla o ciclo menstrual.
6. O estradiol informa à hipófise qual gonadotrofina produzir.
7. O GnRH autoriza a produção de gonadotrofinas.
8. A progesterona é produzida pelo corpo lúteo após rompimento.
9. A menstruação é devida à involução do corpo lúteo.
10. A gonadotrofina coriônica humana (hCG) mimetiza o LH e estimula a produção de progesterona.
11. O progestógeno evita o pico do LH.
12. O período do folículo primário até o pré-ovulatório dura 85 dias.
13. Mittelschmerz é a dor pélvica no meio do ciclo.

Divisão do ciclo menstrual: ciclo ovariano e ciclo uterino

Ciclo ovariano: é dividido em 3 fases.

Fase folicular

É caracterizada pelo recrutamento dos folículos para a seleção do folículo dominante (folículo que possui mais receptor de FSH e que por isso expressa-se mais). Seu desenvolvimento vai se processar de 10-14 dias da seguinte forma:

Folículo primordial → Primário → Pré-antral → Antro → Pré-ovulatório/Graaf.

➔ O sinal para o recrutamento folicular inicia-se na fase lútea do ciclo anterior, no momento em que há uma queda de progesterona, estradiol e inibina, elevando os níveis de FSH.

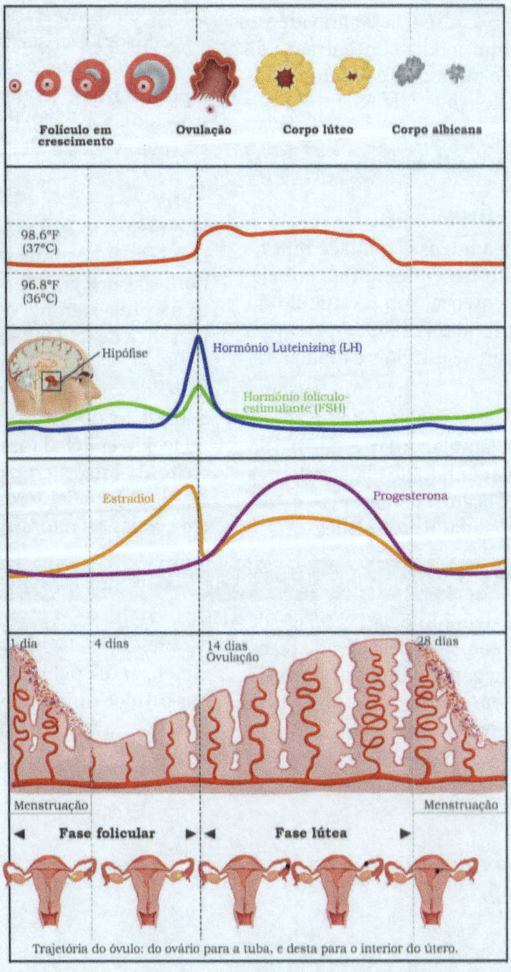

Adendo: os folículos se desenvolvem e atrofiam continuamente mesmo durante a infância, a gestação, os ciclos anovulatórios, o uso de anticoncepcionais orais (ACOs) e a perimenopausa. Esse processo é interrompido quando a reserva ovariana acaba.

Fase ovulatória

O pico de estradiol estimula o pico de LH e, consequentemente, a ovulação, que ocorre aproximadamente 32-36 horas após o início da elevação de LH e cerca de 10-12 horas após seu pico máximo.

Fase lútea

Apresenta duração fixa de 14 dias. É caracterizada pelo folículo roto (que evolui para corpo lúteo) e por níveis elevados de progesterona. Compreende o período desde a ovulação até a menstruação. Quando ocorre a gravidez, a placenta se torna responsável por dar continuidade ao processo de produção de progesterona. Na ausência de gravidez, o corpo lúteo regride, diminuindo a concentração de estrógeno, progesterona e inibina A, e levando a novos pulsos de GnRH e altos níveis de FSH.

Ciclo uterino: é dividido em 3 fases

Endométrio proliferativo

Tem como característica a intensa atividade mitótica nas glândulas e no estroma endometrial, ou seja, ocorre proliferação endometrial sob o estímulo do estrogênio. O endométrio aumenta de espessura e suas glândulas apresentam-se estreitas e tubulares.

Endométrio secretor

Apresenta-se com secreção glandular e edema do estroma, ou seja, há um acúmulo de glicogênio e as glândulas endometriais ficam edemaciadas e tortuosas com arteríolas dilatadas e espiraladas.

Endométrio menstrual

Ocorre a menstruação por atresia do corpo lúteo, levando a isquemia e necrose do endométrio secundárias aos vasoespasmos das arteríolas espiraladas.

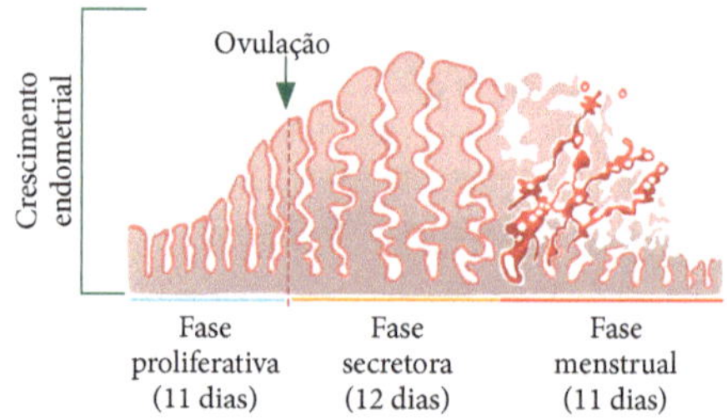

Efeitos em outros órgãos

Muco cervical

É produzido pelo epitélio glandular da endocérvice. Sob efeito do estrogênio, aumenta a filância (mais fluidez em comparação com a clara de ovo e menor viscosidade) e cristalização em folha de samambaia. Essas características contribuem para o transporte do espermatozoide (compatível com a finalidade do estrogênio). Sob efeito da progesterona, diminui a filância (mais viscosidade) e perde-se a cristalização.

Vagina

Sob efeito do estrogênio, o esfregaço vaginal contém células eosinófilas isoladas sem dobras em suas bordas, ou seja, é limpo, sem leucócitos. Sob efeito da progesterona, o esfregaço caracteriza-se pela presença de CÉLULAS BASÓFILAS, ou seja, SUJO.

Mamas

Sob efeito do estrogênio, rápido desenvolvimento do tecido epitelial (grande número de mitoses). Sob efeito da progesterona, dilatação do ductos mamários e diferenciação das células epiteliais alveolares em células secretoras.

53.2. Métodos de Anticoncepção

Planejamento familiar é definido pela Lei 9.263, de 12/01/1996, como: "um conjunto de ações de regulação da fecundidade que garante direitos iguais de constituição, limitação ou aumento da prole pela mulher, pelo homem ou pelo casal".

Eficácia

É mensurada pelo índice de Pearl (IP). Quanto menor o valor do índice, maior é eficácia. O IP é calculado pela falha do método em 100 mulheres/ano.

Índice de Pearl		
Método	Uso típico	Uso perfeito
Sem uso	85	85
Espermicida	29	18
Coito	27	4
Preservativo	15/21	2/5
ACO	8	0,3
Adesivo	8	0,3
Injetável	3	0,05
DIU	< 1	< 1
Implante Levo	0,05	0,05
Vasectomia	0,15	0,10
Salpingectomia	0,5	0,5

➔ A Organização Mundial da Saúde (OMS) recomenda o uso de métodos com IP < 4!!

Critérios clínicos de elegibilidade

Refletem a escolha do método contraceptivo mediante a facilidade de uso, a reversibilidade e o índice de Pearl, além de analisar as contraindicações:
Categoria 1: pode ser usado.
Categoria 2: pode ser usado com restrições.
Categoria 3: os riscos decorrentes do uso superam os benefícios; contraindicação relativa.
Categoria 4: não deve ser usado.

Métodos de contraconcepção

Métodos comportamentais

São métodos que utilizam a previsão da ovulação somada a uma abstinência periódica. Apresentam altos índices de falha (20%), sendo indicados quando a religião do casal condena outros métodos.

Método de Ogino-Knaus

Ritmo, tabela, calendário.

Método da temperatura corporal basal

Envolve a medida diária da temperatura oral, retal ou vaginal em repouso pela manhã. A elevação em 0,5° C da temperatura sugere a ovulação.

Método do muco cervical (ou Billings)

É a observação do muco cervical. O muco mais fluido e elástico sugere o período fértil.

Método sintotérmico

É a associação de métodos como muco cervical e temperatura basal, ou muco cervical e tabela.

Coito interrompido

Consiste na ejaculação extravaginal.

Métodos de barreira

São usados em associação e apresentam variado índice de Pearl.

Preservativo

- **Masculino:** IP 15%.
- **Feminino:** IP 21%.

Diafragma

Deve ser usado com espermicida e favorece o aparecimento de infecções genitourinárias. É contraindicado em síndrome de choque tóxico, infecções vaginais e doenças valvares cardíacas.

Esponja e capuz cervical

Similares ao diafragma.

Geleia espermicida

Dispositivos intrauterinos

Os dispositivos intrauterinos (DIUs) são feitos de polietileno com ou sem ação de substâncias metálicas ou hormonais. Têm efeito imediato à utilização e apresentam alta eficácia. Restabelecem a fertilidade assim que se faz sua remoção. Os DIUs são de caráter anovulatório e aumentam as chances de gestação ectópica.
As principais contraindicações são:

- gravidez;
- patologias da cavidade;
- infecção;
- sangramento uterino;
- mioma;
- amamentação (DIU hormonal);
- câncer ginecológico;
- 48 horas-4 semanas pós-parto.

DIU de cobre

É feito de plástico com um filamento de cobre enrolado. Possui duração de 10 anos. O mais utilizado é o Tcu 380. Seu mecanismo de ação reflete uma reação de corpo estranho (reação inflamatória estéril) que produz lesão tecidual mínima suficiente para ser espermicida. Pode apresentar escape, aumento do fluxo menstrual e cólicas.

DIU hormonal com levonorgestrel

O hormônio é liberado de forma gradual e decrescente com duração de 5 anos (Mirena®). O mecanismo de ação consiste em tornar o muco cervical espesso e hostil à penetração do espermatozoide, além de inibir a motilidade no colo, no endométrio e nas tubas. As altas doses de levonorgestrel no endométrio impedem a resposta ao estradiol circulante, apresentando forte efeito antiproliferativo no endométrio. Pode apresentar sangramento irregular nos primeiros meses, amenorreia por atrofia endometrial, cefaleia, náuseas, depressão, ganho de peso, acne e mastalgia.

Contracepção hormonal (progestógeno)

A utilização de progestógeno isolado, promove ciclos ovulatórios em 40% dos casos. Age principalmente atrofiando o endométrio, tornando o muco cervical mais espesso e alterando a mobilidade tubária.

Minipílula

Dose de progestógeno de ½ a 1/10 da dose dos ACOs. É utilizada por lactantes ou mulheres na perimenopausa.

Injetáveis trimestrais

São de caráter anovulatórios e alteram o muco e o endométrio. As contraindicações são:

- câncer de mama atual (categoria 4);
- hipertensão arterial sistêmica (HAS) grave;
- trombose venosa profunda (TVP)/tromboembolia pulmonar (TEP);
- tumor hepático;
- gravidez;
- acidente vascular encefálico (AVE).

➔ O uso contínuo de injetáveis trimestrais por longos períodos favorece a diminuição da massa óssea.

Implante subdérmico

De caráter anovulatório, altera o muco cervical e o endométrio. Apresenta menor efetividade em mulheres obesas.

Contracepção hormonal (combinada)

A utilização de progestógeno combinado com estrogênio promove a anovulação por meio do bloqueio do eixo hipotálamo-hipofisário, suprimindo o LH e o FSH.

ACO

Atua no eixo hormonal, torna o muco cervical mais espesso, altera o endométrio tornando-o atrófico, e o transporte ovular pelas trompas. A menor dosagem estrogênica é 15 mcg. Doses > 35 mcg aumentam o risco tromboembólico.

As principais contraindicações são:

- amamentação < 6 semanas pós-parto;
- IAM;
- enxaqueca com aura;
- HAS grave;
- ≥ 15 cigarros/dia + > 35 anos;
- TVP/TEP;
- câncer de mama atual;
- AVE;
- diabetes melito (DM) com vasculopatia.

→ Rifampicina, griseofulvina, barbitúricos e anticonvulsivantes diminuem a eficácia dos ACOs, enquanto guanetidina, insulina e dicumarol são enfraquecidos pelos ACOs.

Injetáveis mensais

Idênticos aos ACOs combinados.

Adesivos transdérmicos

Não sofrem a primeira metabolização hepática, oferecendo vantagem posológica.

Anel vaginal

Contracepção cirúrgica

É realizada como uma cirurgia separada da cesárea, sendo necessário o consentimento do casal com espera/latência > 60 dias entre a vontade e a cirurgia, além de preencher o seguinte critério:

→ idade maior que 25 anos ou 2 filhos.

Esterilização feminina

É a ressecção da tuba uterina. Pode ser realizada durante a cesárea/parto, caso haja risco de morte materna se houver futuras gestações (atestado por dois médicos).

Esterilização masculina

Vasectomia ou deferentectomia.

Contracepção de emergência

É indicada a casos de: estupro, ruptura do preservativo, deslocamento de DIU, coito episódico não protegido. Não apresenta contraindicação e consiste em alterar a ovulação, o muco cervical e a motilidade da trompa.

Método de levonorgestrel

Administra-se 0,75 mg de levonorgestrel (12/12 h, 2 doses) ou 1,5 mg (dose única). Deve ser tomado em até 5 dias após a relação sexual (preferencialmente até 72 horas). Apresenta alta eficácia.

Método de Yuzpe

Administram-se 100 mcg EE + 500 mcg de levonorgestrel (12/12 h, 2 doses). Apresenta alta eficácia, mas cursa com mais efeitos colaterais.

53.3. Amenorreia

➔ A falta de menstruação é um sintoma que pode atingir até cerca de 5% das mulheres.

Amenorreia primária (paciente nunca menstruou)	É a ausência de menstruação aos 14 anos de idade associada a falha no desenvolvimento sexual (ausência de características sexuais secundárias) ou ausência de menstruação aos 16 anos mesmo com o desenvolvimento sexual normal.
Amenorreia secundária	É a ausência de menstruação por 6 meses ou pelo período equivalente a 3 ciclos. Quando a menstruação está ausente por um período inferior a 3 ciclos, denomina-se atraso menstrual.
As características sexuais são importantes na definição da amenorreia primária, tendo em vista que a puberdade nas meninas respeita uma ordem de desenvolvimento: Telarca → Pubarca → Estirão de crescimento → Mudança do padrão corporal → Menarca.	

Fisiopatologia

A função menstrual depende:

- do eixo hipotálamo-hipófise-ovário (HHO);
- de o endométrio ser responsivo aos estímulos hormonais;
- do trato de saída pérvio (para exteriorização do sangramento).

Investigação da amenorreia

Amenorreia primária

Visa constatar se existem anormalidades no desenvolvimento da genitália externa, virilização, estigmas de Turner e presença dos caracteres sexuais secundários.

➔ Aos pacientes com caracteres sexuais secundários recomenda-se uma avaliação uterovaginal. Na ausência desses caracteres, preconizam-se a dosagem de LH e FSH (para afastar a disfunção do eixo HHO) e exame genético de cariótipo.

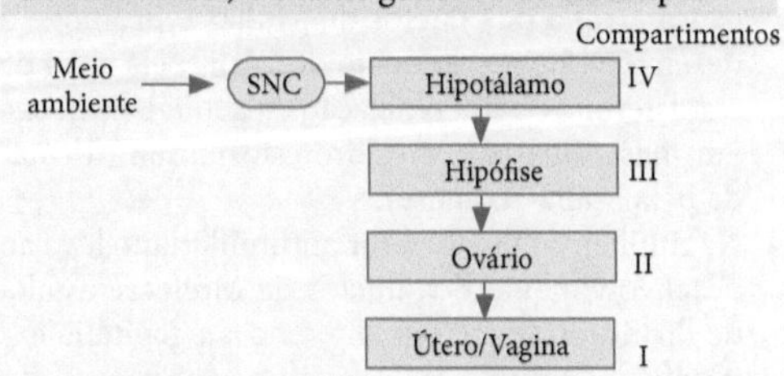

Amenorreia secundária

A primeira hipótese a ser descartada envolve a dosagem da subunidade β da gonadotrofina coriônica humana (β-hCG)! Posteriormente investigam-se:

Dosagem do TSH

Avalia a presença de hipotireoidismo (altos níveis de terapia de reposição hormonal produzem uma ação estimuladora da prolactina, provocando amenorreia) ou hipertireoidismo (o excesso de tiroxina [T4] causa um aumento da conversão periférica de androstenediona → estrona e testosterona → estradiol, levando a elevação dos níveis de estrogênios circulantes, o que promove um *feedback* anormal, resultando em níveis elevados e persistentes de LH e, consequentemente, em anovulação).

Dosagem de prolactina

A hiperprolactinemia promove amenorreia pela inibição da secreção pulsátil de GnRH. É desencadeada por prolactinomas (o diagnóstico é realizado pela ressonância magnética [RM]), medicamentos, estimulação da papila mamária, gestação, lactação, estresse e sono. O tratamento envolve o uso de cabergolina ou bromocriptina (agonistas da dopamina).

Teste da progesterona

Avalia o estado estrogênico e a patência do trato genital. O teste é realizado pela administração de medroxiprogesterona 10 mg/dia durante 5-10 dias. Em trajetos pérvios, após 2-7 dias do uso de medroxiprogesterona ocorre o sangramento menstrual normal, indicando que o estrogênio endógeno está respondendo satisfatoriamente no endométrio e o sangramento não ocorreu devido à privação/ausência da fase lútea do ciclo menstrual (anovulação). Caso o sangramento menstrual normal seja ausente após o teste da progesterona, deve-se suspeitar de causas relacionadas com produção deficiente de estrogênio, resposta endometrial inadequada ou fator obstrutivo.

Teste do estrogênio + progesterona

Baseia-se na administração de estrogênio conjugado associado com progesterona para mimetizar um ciclo normal. Dessa forma, é possível examinar a resposta endometrial e avaliar a patência do trato de saída. A ocorrência de sangramento menstrual normal exclui causas uterovaginais. A ausência de sangramento/menstruação sugere causas anatômicas.

Dosagem do FSH

A deficiência de estrogênio e progesterona pode ser atribuída a uma causa ovariana ou a um distúrbio no eixo hipotálamo-hipofisário. A dosagem do FSH fará o diagnóstico diferencial. Valores elevados (> 20) demonstram a integridade do eixo hipotálamo-hipofisário e sugerem um hipogonadismo hipergonadotrófico. FSH com valores baixos (< 5) reflete um hipogonadismo hipogonadotrófico, com ausência de ação do eixo hipotálamo-hipofisário.

Teste do GnRH

Utilizado para diferenciar a disfunção hipotalâmica da hipofisária, é realizado sob a administração de

GnRH seguida de dosagem de FSH e LH. Quando os níveis de FSH e LH se elevam, sugere-se um defeito no hipotálamo. Quando não há aumento, sugere-se um defeito hipofisário.

Etiologias das amenorreias

Hipotalâmicas

Estados de tensão

Mulheres sob situações de estresse.

Distúrbios alimentares

Bulimia e anorexia nervosa.

Exercícios físicos

Rotina de atividades físicas extenuantes.

Síndrome de Kallman

É uma neuropatia determinante de amenorreia. Apresenta a tríade anosmia, hipogonadismo hipogonadotrófico e cegueira para cores.

Tumores

Os craniofaringiomas são os mais comuns.

Hipofisárias

Tumores

O adenoma hipofisário é a causa tumoral mais frequente de amenorreia. O prolactinoma é o tipo mais comum, representando 50% dos adenomas hipofisários.

Síndrome de Sheehan

É decorrente de necrose hipofisária secundária à isquemia local proveniente de hemorragias com instabilidades hemodinâmicas no parto. Clinicamente se expressa com agalactia semanas a meses após o parto.

Gonadais (falência ovariana precoce < 40 anos)

Disgenesia gonadal

- Disgenesia gonadossomática (ou síndrome de Turner): 45X, retardo no crescimento, pescoço alado, peito em escudo;
- Disgenesia gonadal pura (ou síndrome de Swyer): 46XX, 46XY, os testículos são substituídos por anéis fibrosos, sendo eles incapazes de produzir testosterona ou fator antimülleriano, o que torna as genitálias interna e externa fenotipicamente femininas. A remoção cirúrgica dos testículos está indicada para evitar o desenvolvimento de neoplasias;
- Hermafrodita verdadeiro: a biópsia gonadal revela a presença dos 2 tecidos gonadais.
- Pseudo-hermafrodita: apresenta biópsia gonadal com 1 tecido gonadal e genitália ambígua.

Ambos os tipos de hermafroditismo possuem gônada em fita e o sexo é determinado pelo cariótipo (XX, XY ou mosaico). O sexo social depende do fenótipo do paciente.

Síndrome de Savage

Caracterizada pela não maturação dos folículos ovarianos, deve-se a ausência ou defeito nos receptores do FSH na membrana do folículo, sendo necessária a realização de biópsia ovariana.

Uterovaginais

Hiperplasia suprarrenal congênita (HSRC)

É a falta da enzima 21-hidroxilase. É a principal causa de genitália ambígua em fetos femininos.

➔ A alteração enzimática impede a produção adequada de glicocorticoides, cuja falta estimula a secreção de ACTH e, como consequência, provoca hiperplasia do córtex adrenal. A hiperplasia do córtex contribui para o aumento da produção de andrógenos e seus precursores, causando virilização.

Na embriogênese, o ducto de Müller é responsável por formar a genitália interna feminina (útero, trompas e ⅔ superiores da vagina).

- No homem, a produção do fator antimülleriano causa atrofia dos ductos de Müller e promove o desenvolvimento do ducto de Wolff pela ação da testosterona e a diferenciação da genitália externa em masculina pela di-hidrotestosterona (formada pela 5-alfa-redutase).
- Na mulher, a falta do fator antimülleriano leva ao desenvolvimento dos ductos de Müller, e a falta de di-hidrotestosterona diferencia a genitália externa em feminina.

Malformações dos ductos de Müller

Anomalias nos ductos müllerianos levam a agenesia ou hipogenesia gonadal.

Síndromes	
Mayer-Rokitansky-Kuster-Hauser	Descrita por Rokitansky, corresponde ao útero rudimentar sólido associado à agenesia de vagina. Apresenta-se com ovários normais, 46XX com características sexuais secundárias, ausência de útero, vagina curta, pelos normais.
Morris (ou insensibilidade completa aos androgênios)	Representa o pseudo-hermafroditismo masculino. A insensibilidade periférica completa aos androgênios por defeito do receptor acomete indivíduos 46XY, levando ao desenvolvimento de fenótipo feminino com mamas, ausência de útero, ausência de pelos, vagina curta, presença de testículos.
Asherman	É definida pela presença de sinéquias intrauterinas decorrentes de agressão endometrial prévia causando amenorreia secundária. Curetagens excessivas ou repetidas, processos inflamatórios, substâncias cáusticas e outras cirurgias uterinas podem causar a síndrome de Asherman, a qual está diretamente relacionada com a infertilidade.

53.4. Síndrome do Ovário Policístico ou Anovulação Crônica Hiperandrogênica

A síndrome do ovário policístico (SOP), causa mais comum de hiperandrogenismo, anovulação crônica, hirsutismo e infertilidade por anovulação, afeta 5% a 10% das mulheres em idade reprodutiva.

A etiologia da SOP permanece desconhecida! Acredita-se que a queda dos níveis da globulina ligadora de hormônio sexual (SHBG) favorece o extravasamento do estrogênio e da fração livre de androgênio. Além disso, estima-se que haja uma hiperexpressão do citocromo P450 c17, que é responsável pela clivagem do colesterol (em pregnenolona → 17-OH-pregnenolona → deidroepiandrosterona [DHEA] ou androstenediona).

Síndrome do ovário policístico	
■ Presença de cistos nos ovários associado a ciclos menstruais irregulares - Hipemanomogenismo e obesidade/resistência à insulina ■ Fatores de risco - História familiar - Exposição androgênica fetal - Amenorreia prematura - Obesidade ■ Sinais e sintomas - > 12 cistos ovarianos - Espessamento endometrial - Aumento volumétrico do ovário	- Acne - Hirsutismo - Hipertensão - Obesidade - Disúurbios menstruais ■ Investigação - sorologia androgenica e TSH - ultrassom pélvico - teste oral de tolerância a glicose ■ Tratamento - Contraceptivos orais - Metformina - Clomifeno (se desejo de gestação) - Perda de peso

➔ Os elevados níveis de androgênios e de insulina materna na fase fetal alteram a programação genética e predispõem a SOP e a outros distúrbios metabólicos.

Teoria das Duas Células e das Duas Gonadotrofinas

Os androgênios inibem a secreção e a pulsatilidade do FSH e aumentam os níveis de LH, os quais estimulam as células da teca a produzir andrógenos.

➔ A supressão do FSH reflete um crescimento inadequado dos novos folículos ovarianos, que nunca chegarão à maturação completa e à ovulação. Dessa forma, eles se acumulam abaixo da túnica albugínea e conferem ao ovário o aspecto micropolicístico!

Obesidade e disfunção ovulatória

A obesidade contribui para a disfunção ovulatória por três mecanismos:

- Aumento da síntese estrogênica pela aromatização;
- Inibição da síntese hepática de SHBG;
- Aumento dos níveis de insulina que atuam de forma sinérgica com as gonadotrofinas.

Resistência à insulina e hiperinsulinismo: a resistência insulínica (RI) é mais comum em pacientes portadoras de SOP quando em comparação com a população em geral. Entre suas ações sobre os tecidos destacam-se: acantose *nigricans*, aumento da reatividade do endotélio e diminuição da quantidade de SHBG secretada pelos hepatócitos.

Manifestações clínicas

Irregularidade menstrual

Devido ao estado anovulatório persistente por ausência de formação de corpo lúteo, pode ocorrer oligomenorreia ou amenorreia. A menstruação só ocorre com teste de progesterona ou uso de ACO.

Hirsutismo

Caracteriza-se pelo crescimento de pelos grossos e pigmentados em regiões de padrão masculino.

Obesidade

O depósito na região abdominal é característico.

Acne, seborreia, alopecia frontal

São decorrentes do hiperandrogenismo. Observa-se o desenvolvimento de uma pele oleosa com formação de acne facial, seborreia e alopecia androgênica.

Virilização

É infrequente na SOP. É caracterizada por hipertrofia clitoriana, aprofundamento do tom de voz, aumento da massa muscular, perda do contorno feminino, hirsutismo e alopecia.

Exames laboratoriais (queda da SHBG e do FSH)

TSH e prolactina

São úteis para fazer diagnóstico diferencial com hipotireoidismo.

17-OH-progesterona

Exclui a hiperplasia adrenal não clássica tardia se dosagem < 4 ng.

Cortisol sérico 24 horas

É útil para o diagnóstico diferencial da síndrome de Cushing.

Exames de imagem

A ultrassonografia (US) pélvica transvaginal evidencia ≥ 12 folículos medindo 2-9 mm de diâmetro ou volume ovariano > 10 cm^3.

Critérios diagnósticos da SOP (critérios de Rotterdam)

- Oligo/anovulação;
- Ovário policístico à US;
- Sinais clínicos de hiperandrogenismo.

➔ São necessários dois critérios para diagnóstico.

Repercussão clínica (hiperplasia endometrial): pacientes com oligo/amenorreia e endométrio sob ação do estímulo do estrogênio podem desenvolver câncer de endométrio devido ao contínuo estímulo à hiperplasia.

Repercussão clínica (síndrome metabólica [SM]): pacientes com SOP têm altas chances de apresentar SM

- **Circunferência abdominal:** > 102 cm em homens, > 88 cm em mulheres.
- **Pressão arterial:** ≥ 130 × 85 mmHg.
- **Triglicerídeos:** ≥ 150 mg/dl.
- **Colesterol da lipoproteína de alta densidade (HDL-C):** < 50 mulheres, < 40 homens.
- **Glicemia de jejum:** ≥ 110 mg/dl.

Medquiz

1. Variações anatômicas uterinas

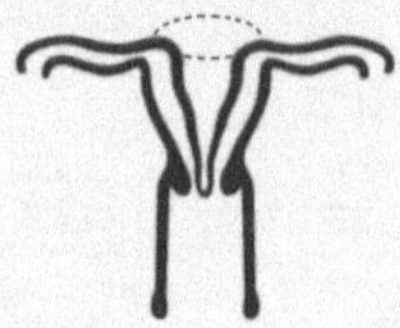

► Classe III: útero didelfo.

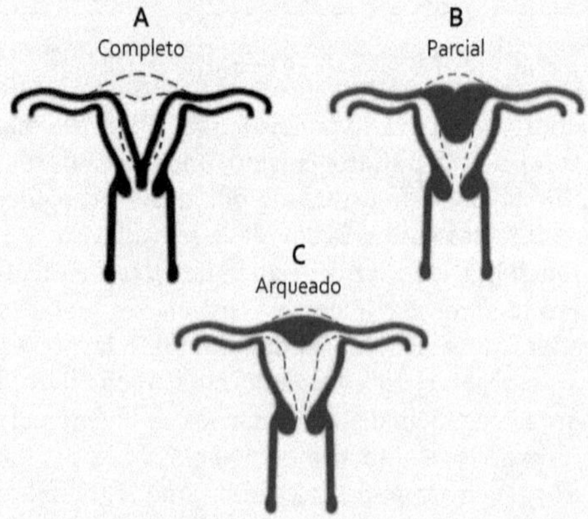

► Classe IV: útero bicorne com septo completo (A), parcial (B) e útero arqueado (C).

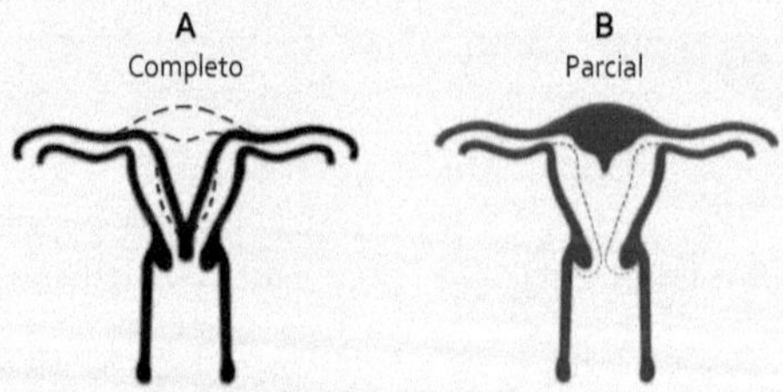

► Classe V: útero septado com septo completo (A) e septo parcial (B).

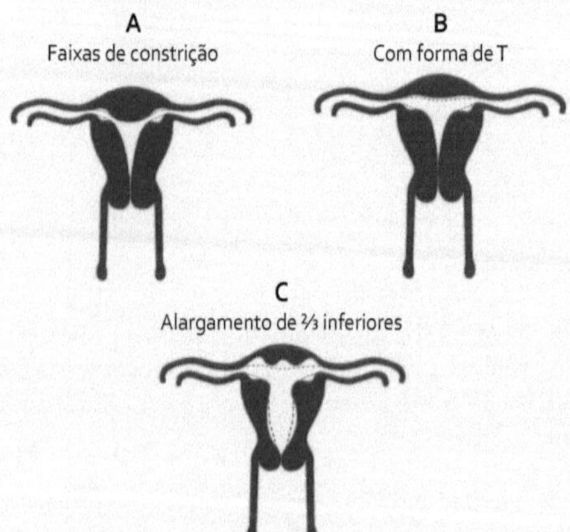

► Classe VI: anomalias produzidas pelo dietilestilbestrol (DES). Faixas de constrição (A), cavidade uterina com forma em T (B) e alargamento dos dois terços inferiores da cavidade uterina (C).

Tratamento

Manejo da resistência insulínica	Preconizam-se a redução de peso corporal e o uso de metformina (atua na resistência insulínica com uma biguanina, suprimindo a glicogênese hepática, aumentando a sensibilidade periférica à insulina e diminuindo a absorção intestinal de glicose).
Tratamento do hirsutismo	Envolve o uso de acetato de ciproterona (promove a inibição competitiva da testosterona e da di-hidrotestosterona (DHT) dos receptores androgênicos) e tratamento estético com *laser*.
Controle da irregularidade menstrual	Recomenda-se o tratamento hormonal com progestógenos ou ACOs orais.
Desejo de gestação	A primeira escolha é o uso de citrato de clomifeno com acompanhamento de crescimento folicular. Nos casos em que não ocorre a ovulação, faz-se uma associação de clomifeno + metformina.
→ Atividade física associada à diminuição do peso é recomendada e colabora para o tratamento global da SOP.	

53.5. Infertilidade

➔ É a ausência de gravidez após um ano de atividade sexual regular (2-4× por semana) sem proteção contraceptiva.

Causas de infertilidade
■ 35% fator masculino.
■ 35% fator tuboperitoneal.
■ 15% disfunção ovulatória.

Avaliação do casal

- **Mulher > 35 anos:** a investigação começa imediatamente ou após 6 meses de atividade sexual sem proteção contraceptiva.
- **Mulher < 35 anos:** a investigação começa após um ano de atividade sexual sem proteção contraceptiva.

Propedêutica básica

Espermograma, US transvaginal seriada, histerossalpingografia, dosagens hormonais (FSH, estradiol, prolactina, TSH, T4, progesterona de segunda fase). Videolaparoscopia e vídeo-histeroscopia devem ser realizadas como propedêutica avançada caso o básico venha alterado.

Fatores de infertilidade

Fator ovulatório

Métodos de documentação da ovulação

- **Curva de temperatura basal:** a progesterona produzida pelo corpo lúteo exerce ação termogênica no hipotálamo, provocando aumento da temperatura basal corpórea em torno de 0,3°C;
- **Dosagem de progesterona no meio da fase lútea:** a elevação dos níveis de progesterona constitui uma evidência indireta e retrospectiva de ovulação. A dosagem deve ser feita entre o 21° e o 24° dia;
- **Biópsia do endométrio:** ocorre mudança de endométrio proliferativo para secretor.
- **Ultrassonografia transvaginal seriada:** documenta o crescimento folicular e identifica a presença e o desenvolvimento do folículo dominante. O folículo, ao se romper, diminui de volume (documentando a ovulação), quando, então, programa-se o coito.

Avaliação da reserva ovariana

- **FSH basal:** é o marcador mais amplamente utilizado na avaliação da reserva ovariana. Valores abaixo de 10 mUI/ml representam bom prognóstico.
- **Contagem de folículos antrais:** é capaz de predizer a resposta à estimulação ovariana controlada e assistida e à probabilidade de gravidez na reprodução assistida.

Fator tuboperitoneal

Métodos de avaliação do fator tuboperitoneal

- **Histerossalpingografia:** é realizada após o término do fluxo menstrual. Nos casos de trompa pérvia, o contraste extravasa para a cavidade abdominal bilateralmente. É denominada prova de Cotte positiva.
- **Videolaparoscopia:** é a cromotubagem. Injeta-se uma solução de azul de metileno diluída e observa-se o derramamento da solução na cavidade peritoneal.

Fator uterino

É feito por meio de histeroscopia.

Fator cervical

Teste pós-coito (ou teste de Sims-Hunter)

De 4-12 horas após a relação sexual avalia-se a interação do muco com o espermatozoide. Caso a interação seja negativa devido ao muco hostil, recomenda-se, primeiramente, a cauterização do epitélio (reepitelização em 3 meses).

➔ Aos casos refratários, recomenda-se a investigação de imunoglobulina A (IgA) (muco cervical imune), realizando-se o tratamento com corticoide associado à inseminação intrauterina.

Fator de infertilidade masculina

O espermograma é realizado como propedêutica básica. Caso se apresente anormal, deve-se repetir o exame em TRÊS meses e recomendar a biópsia testicular se anormal pela segunda vez.

Tratamento

- **Fertilização *in vitro* (FIV) convencional:** promove o encontro (em laboratório, em uma placa) entre o oócito e o espermatozoide.
- **FIV com micromanipulação de gametas (ou FIV com injeção intracitoplasmática de espermatozoides [ICSI]):** um espermatozoide é injetado dentro do óvulo por meio de uma microagulha, aumentando as chances de fertilização.

Tratamento segundo a causa de infertilidade	
Fator masculino	**Cirurgia:** varicocele, vasectomia prévia. **Gonadotrofinas:** hipogonadismo hipogonadotrófico. **Técnicas de reprodução assistida:** oligoastenoteratozoospermia. Concentração > 5 milhões = inseminação se morfologia e motilidade normais. Concentração 3-5 milhões = FIV convencional. Concentração < 3 milhões = FIV com ICSI. → Obs.: FIV com ICSI é a mais empregada.
Fator tuboperitoneal	**Videolaparoscopia:** lise de aderências, correção de doença tubária, correção de anormalidades, cauterização de focos de endometriose. Técnica de reprodução assistida.
Fator ovulatório	Tratamento da endocrinopatia subjacente. Indução da ovulação. Técnicas de reprodução assistida.
Fator anatômico (uterino + cervical)	Cirurgia: exérese de pólipos, lise de sinéquias, miomectomia. Técnicas de reprodução assistida.
Infertilidade sem causa aparente	Conduta expectante. Indução da ovulação. Técnicas de reprodução assistida.

Conceitos espermatozóideos	
Azoospermia	Ausência de espermatozoides.
Oligozoospermia	Quantidade < 20 milhões.
Oligospermia	Diminuição do volume do sêmen.
Astenospermia	Diminuição da motilidade dos espermatozoides.
Teratozoospermia	Alteração da morfologia dos espermatozoides.
Necrozoospermia	Espermatozoides inviáveis ou imóveis.

53.6. Climatério

➔ É caracterizado como o período fisiológico que começa aos primeiros indícios de falha ovariana (mesmo na presença de ciclos e ovulação) até a senilidade (65 anos de idade).

Pré-menopausa

É o período que apresenta distúrbios da duração do ciclo menstrual e que antecede a menopausa. É caracterizado por diminuição das unidades foliculares e envelhecimento das restantes, o que leva a queda da inibina, aumento do FSH e aceleração da perda folicular.

Apresenta FSH > 30 UI/I, LH, estrogênio e progesterona normais.

As manifestações clínicas são discretas. O principal sintoma é a irregularidade menstrual resultante das alterações hormonais, que deve ser investigada com diagnóstico diferencial para câncer de endométrio.

Menopausa

É de diagnóstico exclusivamente clínico pela ausência de menstruação por 12 meses e FSH > 40 UI/I.

Na menopausa, a produção de estrogênio pelo ovário é desprezível. Os níveis de estradiol/estrona no organismo são resultantes da aromatização periférica dos androgênios suprarrenais e ovarianos.

Os androgênios (testosterona e androstenediona) são produzidos principalmente pelo ovário sob a forma de *androstenediona*.

Na menopausa, não há produção de progesterona. A progesterona tem a função de proteger o endométrio da excessiva estimulação estrogênica. Como na menopausa ainda há estrogênio circulante suficiente para estimular o tecido endometrial e não há progesterona para contrabalancear esse efeito, a mulher fica sujeita à ocorrência de hiperplasia endometrial e câncer de endométrio.

Pós-menopausa

É caracterizada pela queda dos níveis de estrogênio, androgênio, progesterona e inibina, com níveis aumentados de FSH e LH. As manifestações clínicas podem ser de:

Curto prazo	Distúrbios do sono, diminuição da libido, irritabilidade, depressão, atrofia cutaneomucosa, mudanças urogenitais, dispareunia introdutória e incontinência urinária.
Longo prazo	Doenças cardiovasculares, demência e osteoporose.

Contraindicações
Doença tromboembólica
Doença vascular
Doença hepática
Doença renal
Câncer de mama ou suspeita
Câncer de endométrio
IAM
Porfiria
Sangramento vaginal indeterminado

Terapia de reposição hormonal

As principais indicações para início da terapia de reposição hormonal (TRH) são os fogachos e as alterações atróficas (reposição local/sistêmica de estrogênio).

Métodos de reposição	
Estrogênio + progesterona	Estrogênio
■ Recomenda-se o uso para pacientes que ainda têm o útero. ■ Outras opções não hormonais são: clonidina, metildopa e fluoxetina.	■ É indicado para pacientes sem útero.
Outras opções não hormonais são: clonidina, metildopa e fluoxetina.	

➔ A reposição via oral é indicada preferencialmente para pacientes com hipercolesterolemia. As demais doenças comportam a TRH por via parenteral. Não está indicada a reposição hormonal para combater o risco de doença cardiovascular.

Terapias alternativas na osteoporose

Estrogênio

Atua inibindo a reabsorção óssea. É indicado como terapia alternativa para casos com falta de opção, sendo necessário ponderar o custo-benefício do uso.

Bifosfonatos

Agem inibindo a reabsorção óssea (inibem os osteoclastos). A terapia não deve ultrapassar 5 anos pelo risco de fraturas patológicas. Os principais exemplos são ibandronato, risendronato, zoledronato e alendronato.

Ranelato de estrôncio

Promove a estimulação dos osteoblastos e reduz a função osteoclástica.

Raloxifeno

É um modulador seletivo do receptor de estrogênio (SERM) de segunda geração que atua de forma semelhante ao estrogênio.

Teriparatida

Estimula a formação óssea por agir de maneira semelhante ao hormônio da paratireoide.

Calcitonina

Inibe a reabsorção óssea.

Tibolona

É um progestógeno que, no organismo, tem ação estrogênica, progestogênica e androgênica.

Cálcio

Diminui a taxa de perda óssea. Não deve ser usado isoladamente. A dose é de 1-1,5 g/dia.

Vitamina D

Auxilia na absorção do cálcio e na sua incorporação ao osso. A dose é de 400-800 UI/dia.

Diuréticos tiazídicos

Aumentam o balanço do cálcio.

CAPÍTULO 54

SANGRAMENTO E DISTÚRBIOS UTERINOS

54.1. Sangramento Uterino

Sangramento menstrual normal: é um evento endometrial universal, autolimitado, que se segue à queda dos níveis hormonais.

Quadro de conceito Ciclo menstrual normal	
Duração do ciclo	21 a 35 dias
Duração do fluxo	2 a 6 dias
Perda sanguínea	20 a 60 ml
Fases do ciclo ovariano	Folicular e lútea
Fases do ciclo uterino	Proliferativa, secretora, menstrual

Quadro de conceitos	Padrões anormais de sangramento
Menorragia	Intervalos regulares, com duração prolongada e fluxo excessivo.
Metrorragia	Intervalos irregulares, com duração e fluxo normais.
Menometrorragia	Intervalos irregulares, com duração e fluxo excessivos.
Hipermenorreia	Intervalos regulares, com duração normal e fluxo excessivo.
Hipomenorreia	Intervalos regulares, com duração normal e fluxo reduzido.
Oligomenorreia	Intervalos irregulares, com duração variável e fluxo reduzido.
Polimenorreia	Sangramentos em intervalos inferiores a 24 dias.

Sangramento uterino anormal

O sangramento uterino anormal é uma das queixas mais comuns dos ambulatórios de ginecologia. Pode ser dividido em: sangramento disfuncional (anovulatório ou ovulatório) e por causas orgânicas/estruturais (miomas, pólipos, adenomiose, adenomiomas, carcinoma, complicações da gravidez etc.).

As causas de SUA são divididas conforme a faixa etária

- **Período neonatal:** a principal causa do sangramento ao nascimento é a interrupção do suprimento estrogênico, levando à descamação endometrial.
- **Infância:** corpo estranho, trauma/abuso, queda a cavaleiro, sarcoma botrioide (tumor vaginal), tumor ovariano (secretor de estrogênio).
- **Adolescência:** anovulação (imaturidade do eixo hipotálamo-hipófise-ovariano nos dois primeiros anos após a menarca), gravidez, coagulopatia, infecções.
- **Idade adulta:** disfuncional, anormalidades na gestação, ginecopatias (pólipo, leiomiomas e adenomiose), infecções, suspeita de neoplasia genital.
- **Pós-menopausa:** 30% estrógenos exógenos (terapia de reposição hormonal [TRH]), 30% vaginite/endometrite atrófica, 15% câncer de endométrio.

Diagnóstico de sangramento uterino anormal

A primeira conduta é realizada com base nas perguntas-chave (anamnese + exame físico especular).

- De onde vem o sangramento (útero, vulva, vagina)?
- Qual a idade da paciente?
- Ela é sexualmente ativa (infecção sexualmente transmissível [DST] e gestação)?
- Como é a natureza do SUA (frequência, duração, volume, relação com o coito – IST, trauma, câncer de colo do útero)?
- Ela porta alguma doença sistêmica ou usa alguma medicação?

A abordagem diagnóstica após a anamnese (perguntas-chave) é a inspeção da vulva e vagina mediante o exame especular seguida do teste de gravidez para pacientes na menacma.

A ultrassonografia transvaginal (USTV) é o método de primeira escolha para avaliar anormalidades de espessura, forma, volume do útero e dos anexos. Considera-se uma espessura endometrial normal até 4 mm nas mulher pós-menopausa sem TRH e até 8 mm nas usuárias de TRH. Em casos de espessamento do endométrio, é obrigatório prosseguir a investigação com histeroscopia e biópsia endometrial ou curetagem.

A histeroscopia com biópsia de endométrio é o padrão-ouro para constatar neoplasias, hiperplasias ou atrofia do endométrio. Já a curetagem pode ser usada, mas não provê uma amostra endometrial adequada, uma vez que é realizada às cegas.

→ **Outros exames:** contagem de plaquetas, provas de função hepática, hemograma, hormônio estimulante da tireoide (TSH), tiroxina (T4), coagulograma.

Tratamento

É realizado de acordo com a causa do sangramento uterino anormal.

Sangramento uterino disfuncional

O sangramento uterino disfuncional (SUD) é uma das causas de SUA cuja origem se deve exclusivamente a uma ação hormonal irregular sobre o endométrio. Está implícito que todas as causas orgânicas de sangramento já foram afastadas quando se classifica como SUD. Pode ser dividido em: ovulatório (15% dos casos) e anovulatório (85% dos casos). O diagnóstico de SUD é confirmado depois de afastadas todas as causas orgânicas.

Tratamento

SUD ovulatório

É não hormonal: anti-inflamatórios não esteroidais (AINEs) (para reduzir o sangramento) e antifibrinolíticos (inibem os ativadores do plasminogênio que se apresentam aumentados no endométrio de mulheres com sangramento uterino).

SUD anovulatório

É hormonal: envolve o uso de progestógenos que formam uma camada endometrial compacta e possibilitam a descamação universal do endométrio; anticoncepcional oral (ACO) (8/8 horas por 7 dias, promovendo a descamação universal) e dispositivo intrauterino (DIU) com levonorgestrel (liberando progesterona em nível de endométrio e estabilizando o sangramento).

Tratamento cirúrgico

É indicado no caso de falência da terapêutica clínica e abrange curetagem uterina (solução temporária), histerectomia e ablação endometrial em casos extremos.

54.2. Endométrio Ectópico (Endometriose)

Toda vez, durante a menstruação, ocorre sangramento em algum lugar associado a dismenorreia.

➔ É definido pela presença de tecido endometrial (glândulas e estroma) em localização extrauterina. É derivado da teoria da implantação (ou da menstruação retrógrada ou refluxo menstrual), em que a regurgitação transtubária durante a menstruação seria responsável por promover a disseminação de células endometriais viáveis na cavidade peritoneal. Antigamente acreditava-se na teoria da metaplasia celômica (ou teoria mülleriana e serosa), em que o epitélio peritoneal seria capaz de originar outros tipos de tecido, tal como o endometrial.

→ Não existe correlação entre a extensão da lesão e a intensidade da dor!

Fatores predisponentes

História familiar, componente hormonal (o estrógeno estimula o crescimento endometrial), baixa imunidade (as células endometriais conseguem implantar-se e crescer, já que não são destruídas pelos macrófagos), fator emocional (o estresse reduz a imunidade), baixos índices de massa corporal.

Sítios de envolvimento

1º: Ovário → **2º**: Fundo de saco de Douglas → **3º**: Peritônio posterior → **4º**: Peritônio anterior (ligamentos) → **5º**: Tubas uterinas.

Manifestações clínicas

Apresenta-se com dismenorreia, dispareunia, dor pélvica crônica e infertilidade.

Diagnóstico

O padrão-ouro é a videolaparoscopia com biópsia (visualização direta dos implantes e estudo das lesões). A USTV é útil para detectar endometrioma > 5 mm. A ressonância magnética (RM) de abdome e pelve é usada para acompanhar a extensão das lesões. O Ca-125 é dosado no período menstrual (1º-3º dia) e é útil para o controle pós-tratamento.

Tratamento

Visa atrofiar o endométrio ectópico por meio de uma abordagem clínica associada a cirurgia.

Abordagem clínica

- **Primeiro passo:** anticoncepcionais combinados orais (ACOs) (para manter amenorreia por 12 meses nos implantes da endometriose) ou progestógenos (para impedir o crescimento do endométrio).
- **Segundo passo:** danazol ou gestrinona (19-nortestosterona com efeitos virilizantes).
- **Terceiro passo:** agonistas do hormônio de liberação (ou liberador) da gonadotrofina (GnRH) – goserelina, leuprolida, buserelina (ligam-se ao

receptor do GnRH e fazem um *flare-up* estimulando a ação do GnRH momentaneamente e, depois, levam ao hipogonadismo hipogonadotrófico artificial. Se usados por mais de 6 meses, levam à osteoporose); inibidores da aromatase (fármacos em estudo para uso futuro).

Abordagem cirúrgica

Pode ser por via laparoscópica conservadora (visa restaurar as relações anatômicas e ressecar o maior número de lesões, além de retirar o material para biópsia) ou abordagem cirúrgica definitiva (ooforectomia bilateral ou retirada de todos os focos).

54.3. Leiomiomas

Os leiomiomas são tumores benignos formados por fibras musculares lisas do útero com estroma de tecido conjuntivo em proporção variável. São denominados também: fibromas, fibromiomas, leiomiofibromas ou fibroides.

Representam 95% dos tumores benignos do trato genital feminino. São tumores dependentes de hormônio (possuem receptores para estrogênio e progesterona) e portadores de aromatase (são capazes de produzir estrogênio), garantindo seu próprio crescimento.

Fatores predisponentes

História familiar, idade, raça, menarca precoce, nuliparidade, infertilidade, obesidade, consumo de bebidas alcoólicas, hipertensão arterial.

Fatores de proteção

ACOs, primiparidade precoce, tabagismo, dieta rica em verduras.

Formas clínicas

São intensamente celulares. À medida que crescem, passam por transformações, como aumento do tecido conjuntivo e diminuição dos leiomiócitos, que definem os diversos tipos de alterações degenerativas secundárias encontradas.

Hialina

É a mais comum. Apresenta-se como um tumor amolecido (devido à diminuição do fluxo sanguíneo para o mioma).

Rubra, vermelha, carnosa ou necrose asséptica

Ocorre durante a gestação, sendo ocasionada por obstruções venosas devidas ao rápido crescimento tumoral.

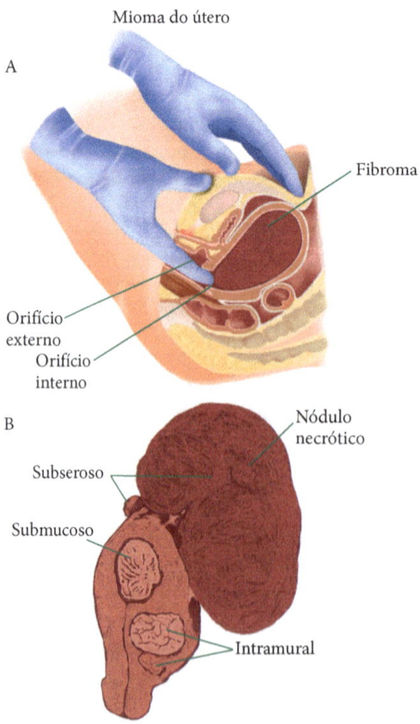

▶ (A) Mioma submucoso; (B) Localização do mioma.

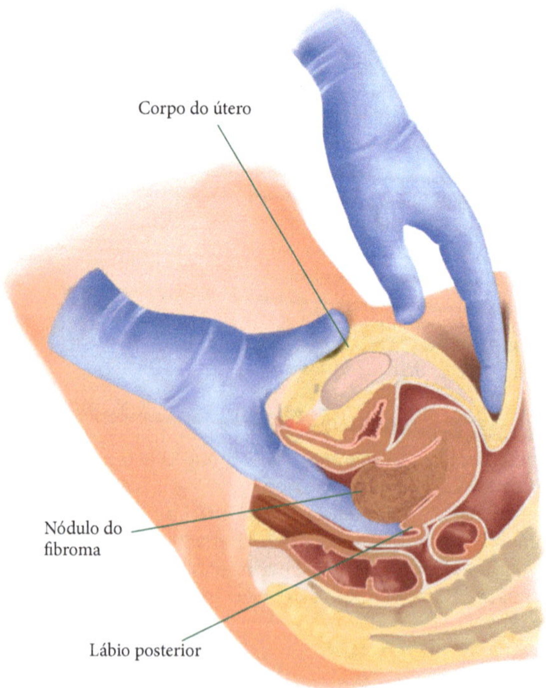

▶ Mioma submucoso parido.

Sarcomatosa

É uma degeneração maligna rara caracterizada pelo crescimento rápido na pós-menopausa. O diagnóstico é clínico (pelo rápido crescimento de um mioma).

Classificação

- **Porção uterina (onde se encontra):** cervical, ístmica e corporal.
- **Posição relativa às camadas uterinas:** subseroso (não causa hemorragia), intramural ou intersticial, submucoso (altamente hemorrágico).

Diagnóstico

É confirmado pela histopatologia, contudo podem-se realizar US, histerossalpingografia, tomografia computadorizada (TC), RM.

Diagnóstico diferencial

É com o miométrio heterogêneo e a SUA + dismenorreia.

Tratamento

É indicado para pacientes com sintomas, crescimento tumoral, sangramento e outros fatores.

Conduta expectante

Pacientes assintomáticas, com sintomas leves ou gestantes.

Tratamento clínico

Utilizam-se análogos de GnRH (para redução tumoral, controle da perda sanguínea, pacientes com desejo de gestação, risco elevado de cirurgia), histerectomia (sangramento intenso em pacientes multíparas), miomectomia (sangramentos intensos em nulíparas).

Radiologia intervencionista

Embolização da artéria uterina: realiza-se a embolização do vaso que nutre o mioma. É indicada para pacientes sintomáticas com miomas volumosos não pediculados, não degenerados e que desejem preservar o útero.

54.4. Adenomiose (Endometriose no Miométrio)

→ É caracterizada pela presença de tecido endometrial (glândulas e estroma) entre as fibras musculares do miométrio.

Manifestações clínicas

Apresenta sangramento de predomínio genital pelo miométrio, causando repercussões clínicas como sangramento uterino anormal, menometrorragia, dismenorreia secundária, dispareunia, dor pélvica crônica.

Diagnóstico definitivo

É realizado pelo anátomo-histopatológico do produto de exérese por miomectomia ou histeroscopia. A RM é capaz de realizar a mensuração da zona juncional mioendometrial, que, quando apresenta valores > 12 mm, é patognomônica de adenomiose. A USTV e a histerossalpingografia (sinal de Dionisi, que corresponde à irregularidade da superfície miometrial que está cheia de endométrio) são métodos auxiliares.

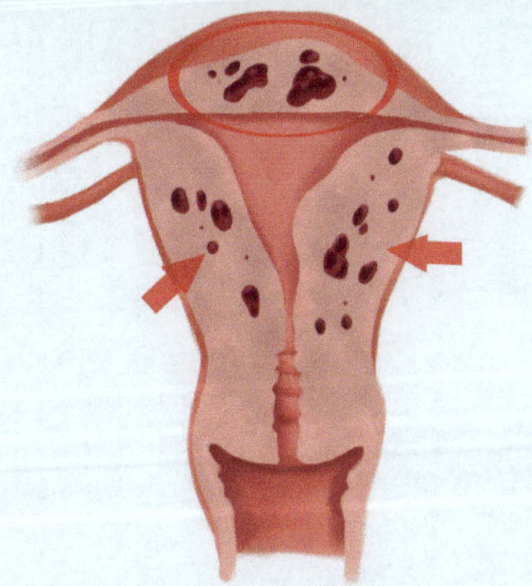

▶ Útero com adenomiose.

Tratamento

É clínico em pacientes com sintomas discretos ou na pré-menopausa e abrange ACO, danazol, DIU com levonorgestrel, inibidores da aromatase. O tratamento definitivo é pela cirurgia de histerectomia ou pela miomectomia/ablação miometrial (forma conservadora para preservar o útero).

54.5. Pólipos Endometriais

São projeções glandulares e estromais (lesões em relevo) na superfície da cavidade uterina com características benignas e baixo potencial de malignização. A manifestação mais comum é a sinusorragia. O diagnóstico é realizado pela histeroscopia com biópsia e o tratamento, pela ressecção do pólipo.

54.6. Pólipos Cervicais

São projeções da mucosa do canal do colo do útero. A manifestação mais comum é a sinusorragia! Associados a hemorragia e secreção fétida. O diagnóstico é confirmado pela visualização do pólipo no exame especular. O tratamento visa a remoção por torção ou ressecção do pólipo e análise histopatológica.

CAPÍTULO 55

DISTÚRBIOS GÊNITO-URINÁRIOS

55.1. Incontinência

É a perda involuntária de urina devido a modificações da anatomia e da fisiologia do trato urinário inferior. Acomete geralmente mulheres obesas multíparas de idade avançada com hipoestrogenismo.

- **Pressão de perda uretral < 60 cmH_2O** = defeito esfincteriano.
- **Pressão de perda uretral > 90 cmH_2O** = hipermobilidade do colo vesical.

Fatores de risco
■ Idade
■ Raça branca
■ Antecedentes de afecções do trato urinário
■ História obstétrica/ginecológica
■ Estado hormonal
■ Cirurgias prévias
■ Medicamentos

Nomenclatura em urologia	
Incontinência urinária/ enurese	Qualquer perda involuntária de urina.
Incontinência urinária de esforço	Perda involuntária de urina após exercício físico, riso, tosse ou espirro.
Incontinência urinária por urgência	Perda involuntária de urina associada a urgência urinária.
Incontinência urinária mista	Perda involuntária de urina associada à urgência e aos esforços.
Incontinência urinária insensível	Perda involuntária de urina em que a mulher é incapaz de definir como ocorreu.
Noctúria ou nictúria	Acorda duas ou mais vezes à noite para urinar.
Disúria	Dor, ardência ou desconforto para urinar.

Inervação do trato urinário

O trato urinário é inervado pelo sistema nervoso autônomo (simpático e parassimpático) e por neurônios do sistema nervoso somático.

Sistema nervoso simpático

É responsável pelo enchimento vesical. As fibras originárias de T11 a L2 têm como neurotransmissor pós-ganglionar a noradrenalina, que atua sobre os receptores alfa e beta-adrenérgicos, levando à contração esfincteriana (alfa) e ao relaxamento muscular (beta).

Sistema nervoso parassimpático

É responsável pelo esvaziamento vesical. As fibras originárias de S2 a S4 têm como neurotransmissor a acetilcolina e agem nos receptores muscarínicos.

Sistema nervoso somático

Inerva o assoalho pélvico e o esfíncter externo da uretra.

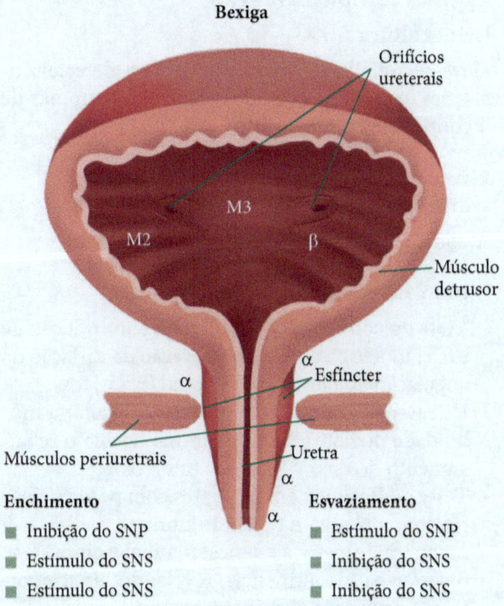

▶ Bexiga.

Mecanismos de continência

A incontinência é resultante da ocorrência de uma pressão uretral maior do que a pressão intravesical. A manutenção da continência é decorrente dos mecanismos extrínsecos (ou ativos) e intrínsecos (ou passivos).

Extrínsecos	Musculatura do assoalho pélvico coordenada com o aumento súbito da pressão intra-abdominal.
Intrínsecos	Inervação autonômica, tônus uretral, musculatura lisa.

Propedêutica da incontinência urinária

Exame uroginecológico

- Condições da pele vulvar (sinais de contato com urina).
- Avaliação do trofismo genital (↓ níveis de estrogênio).
- Avaliação do meato uretral (secreções, mobilidade, estenose).
- Avaliação do prolapso genital (cistoceles, retoceles).
- Avaliação funcional do assoalho pélvico.
- Toque vaginal.
- Teste da perda urinária.
- Medida do volume urinário pós-miccional.

Exames complementares

Urinocultura

Deve-se solicitar a urinocultura para detectar infecções urinárias que podem acarretar sintomas de incontinência.

Elementos anormais e sedimentoscopia (EAS)/urina 1

Avalia a presença de hematúria (câncer, cálculo).

Estudo da mobilidade do colo vesical

- **Teste do cotonete (*Q-TIP Test*)**: é a introdução de um cotonete na uretra e observação da variação da angulação do mesmo sob esforço (p. ex., tosse).
- **Ultrassonografia:** via vaginal (visa avaliar a mobilidade do colo). Via abdominal (avalia o rebaixamento do colo vesical aos esforços).
- **Teste de Bonney:** em pacientes com perda urinária com a bexiga na posição normal, realiza-se a manobra de elevação vesical manual e observa-se o cessar da incontinência, revelando hipermobilidade da junção uretrovesical (JUV).

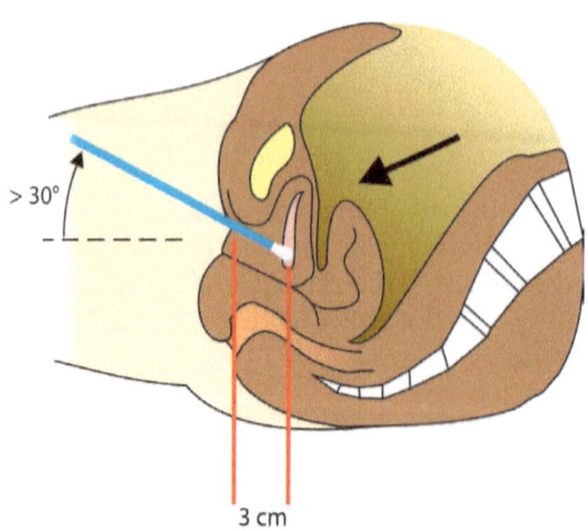

▶ Teste do cotonete (*Q-tip test*).

Avaliação urodinâmica

É o padrão-ouro. Representa o estudo dos fatores fisiológicos e patológicos envolvidos no armazenamento, transporte e esvaziamento do trato urinário inferior.

- **Urofluxometria:** corresponde ao fluxo livre. Realiza-se uma representação gráfica da medida do fluxo e volume urinários em um determinado intervalo de tempo.
- **Cistometria:** corresponde à fase de enchimento, na qual avalia-se a atividade do detrusor, registrando-se as pressões vesical, abdominal e detrusora.

Valores normais
Urina residual: < 50 ml.
Primeiro desejo miccional: 150~200 ml.
Forte desejo miccional: 300~400 ml.
Capacidade cistométrica máxima: 400~600 ml.

- **Estudo miccional:** corresponde à fase de esvaziamento após a retirada da sonda de infusão.

Classificação da incontinência urinária

Incontinência urinária de esforço (ou incontinência genuína ou verdadeira)

É a mais frequente. Ocorre perda involuntária de urina pelo meato externo da uretra quando a pressão intravesical excede a pressão máxima de fechamento uretral na ausência de contração do músculo detrusor.

A classificação do tipo III de Blaivas e Olsson é a mais importante e representa o colo vesical e a uretra proximal permanentemente abertos. Também pode ser denominada deficiência esfincteriana intrínseca (DEI). Nesses casos, a perda ocorre com tanta facilidade, que pode ser confundida com perda continuada.

Fisiopatologia

A mais aceita é a teoria integral, na qual o enfraquecimento dos ligamentos pubouretrais, da parede vaginal suburetral e dos músculos pubococcígeos resultará no predomínio da ação em direção inferior. Outras teorias são: hipermobilidade da uretra e do colo vesical, deficiência do mecanismo esfincteriano intrínseco da uretra, defeitos/diferenças moleculares do tecido conjuntivo.

Tratamento

Envolve 3 etapas: medidas gerais, tratamento clínico e tratamento cirúrgico.

Medidas gerais		Redução de peso, fisioterapia, eletroestimulação muscular do assoalho pélvico.
Tratamento clínico		Uso de agonistas alfa-adrenérgicos (fenilpropanolamina) e duloxetina (estímulo contínuo e progressivo do rabdoesfíncter no centro sacral da micção).
Tratamento cirúrgico		
Colpossuspensão retropúbica	**Cirurgia de Burch**	Realizada por via abdominal, fixa-se a fáscia vaginal ao ligamento de Cooper, podendo haver prolapso da parede posterior da vagina.
	Cirurgia de Marshall-Marchetti-Krantz	Fixa-se o tecido periuretral ao periósteo da borda interna da sínfise púbica, podendo haver osteíte.
Outras cirurgias	**Cirurgia de SLING**	Sempre realizada em obesas com problemas esfincterianos, consiste na colocação de uma faixa suburetral (*tension free*) por via vaginal fixada por fios inabsorvíveis acima da aponeurose dos músculos reto abdominais.

➔ **Injeções periuretrais:** são injeções com colágeno, partículas de carbono e gordura autóloga que promovem a melhora da incontinência em curto prazo.

Antigamente utilizava-se a cirurgia de Burch ou Marshall para defeitos de hipermobilidade. Atualmente, a cirurgia de Sling se tornou o padrão para todas as formas de incontinência.

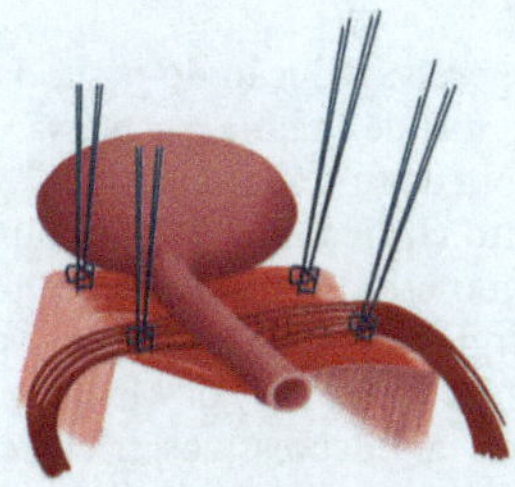

► A uretra fica sustentada pelas quatro suturas colocadas em seu terço médio e colo vesical.

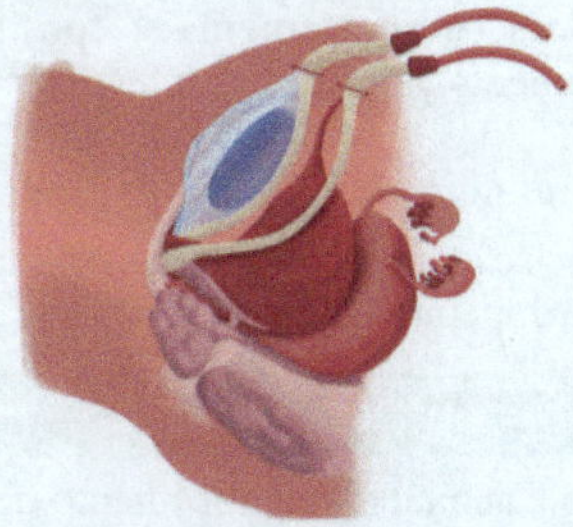

► A técnica é repetida no lado oposto e a faixa do TVT (*Tension-free Vaginal Tape*) fica na região posterior da uretra média.

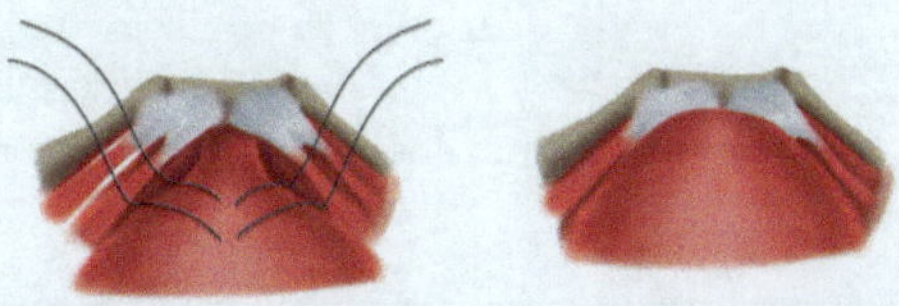

► Ilustração do local das suturas na cirurgia de Burch. A parede vaginal lateral à uretra é ancorada de cada lado ao ligamento de Cooper. A uretra está totalmente livre e não obstruída no espaço retropúbico.

Incontinência urinária de urgência (ou bexiga hiperativa)

É uma síndrome (conjunto de sinais e sintomas) sugestiva de hiperatividade do detrusor ou outro tipo de disfunção uretrovesical.

Idiopática	É devida à instabilidade do detrusor, condição na qual existem contrações não inibidas do músculo detrusor durante o enchimento.
Neurogênica	É devida à hiper-reflexia do detrusor, condição na qual existem disfunções nos centros neurológicos quanto ao controle voluntário e involuntário da atividade cerebral.

Diagnóstico

É feito pela clínica e pelo estudo urodinâmico. É necessário realizar o diagnóstico diferencial com sintomas de hiperatividade detrusora causados por: infecção urinária, litíase, tumores vesicais e úlcera de Hunner (cistite intersticial).

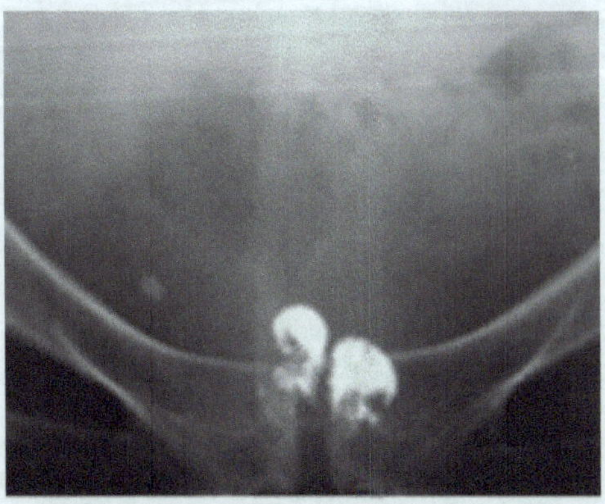

► RX simples da pelve após injeção de partículas de carbono contidos na Durasphere. A vantagem sobre as injeções de colágeno é a durabilidade, não necessitar de testes de alergia e a possibilidade de seguimento dos resultados com RX simples.

Tratamento

- **Medidas gerais:** redução de peso, da ingesta hídrica e do uso de cafeína, suspensão do tabagismo, melhora da função intestinal.
- **Tratamento clínico:** envolve a terapia farmacológica com o uso de fármacos com propriedades anticolinérgicas que bloqueiam os receptores muscarínicos (M2 e M3) da bexiga: cloridrato de oxibutinina, antidepressivos tricíclicos (imipramina), tolterodina (anticolinérgico, contraindicado nos casos de arritmia, glaucoma de ângulo fechado, gestantes ou lactantes), mirabegrona (agonista β_3-adrenérgico).
- **Técnicas comportamentais:** consistem em retreinamento vesical, cinesioterapia e *biofeedback*.

Incontinência mista

É a associação da incontinência urinária aos esforços com hiperatividade do detrusor. Preconiza-se realizar primeiro o tratamento da hiperatividade do detrusor e, depois, a terapêutica da incontinência urinária. Em pacientes que optem apenas pela fisioterapia, esta pode ser iniciada simultaneamente para as duas patologias.

Incontinência por transbordamento

Ocorre quando a pressão intravesical excede a pressão uretral em decorrência de a bexiga estar completamente repleta.

Tratamento conservador na incontinência urinária: consiste no treinamento dos músculos do assoalho pélvico (cinesioterapia) com a finalidade de aumentar a força e a resistência deles, incrementando a força do fechamento da uretra. Outras opções são a eletroterapia e o uso de cones vaginais.

55.2. Distopia Genital

A distopia genital é o deslocamento dos órgãos genitais da sua posição anatômica. Ocorre devido ao enfraquecimento ou a lesões das estruturas de sustentação de órgãos pélvicos.

Anatomia

A manutenção da estática dos órgãos pélvicos é feita por:

Aparelho de suspensão	Ligamentos pubovesicouterinos (anteriores), ligamentos de Mackenrodt/cardinais/paramétrio (laterais), ligamentos uterossacros (posteriores).	
Aparelho de sustentação (assoalho pélvico)	**Diafragma pélvico**	Músculo elevador do ânus e músculo isquiococcígeo.
	Diafragma urogenital	Músculo transverso profundo do períneo, músculo esfíncter anal, músculos isquiocavernosos, bulbocavernosos e transversos superficiais do períneo.
	Fáscia endopélvica	Folheto.

Introdução e fisiopatologia

A distopia genital é definida como um deslocamento caudal dos órgãos pélvicos (uretra, bexiga, útero, alças intestinais ou reto através da vagina). É consequência do rompimento do equilíbrio da estática pélvica devido a multiparidade (70%), aumento da pressão intra-abdominal, defeitos qualitativos do colágeno e alterações congênitas.

Prolapso	1º grau	Não alcança o introito vaginal
	2º grau	Exterioriza-se parcialmente pelo introito vaginal
	3º grau	Exterioriza-se totalmente

É classificada, de acordo com a Federação Brasileira das Associações de Ginecologia e Obstetrícia (FEBRASGO), como:

Interpretação do prolapso	**A:** anterior, **P:** posterior, **C:** colo ou cúpula, **D:** fundo de saco de Douglas, valor positivo: além do hímen, valor negativo: antes do hímen.
➔ A segunda letra do termo utilizado fornece uma indicação visual rápida do grau de prolapso observado durante o exame ginecológico.	

Prolapso da parede vaginal anterior (cistocele)

É a descida da parede vaginal anterior. Apresenta-se com sensação de peso ou desconforto na região da genitália externa e a exteriorização de uma "bola" na vagina. O tratamento é cirúrgico mediante colporrafia anterior ou reinserção da fáscia pubovesicocervical ao arco tendíneo da fáscia pélvica.

Prolapso uterino

É devido ao enfraquecimento com lesões nos ligamentos cardinais e uterossacro. É o deslocamento do útero de forma assintomática, não

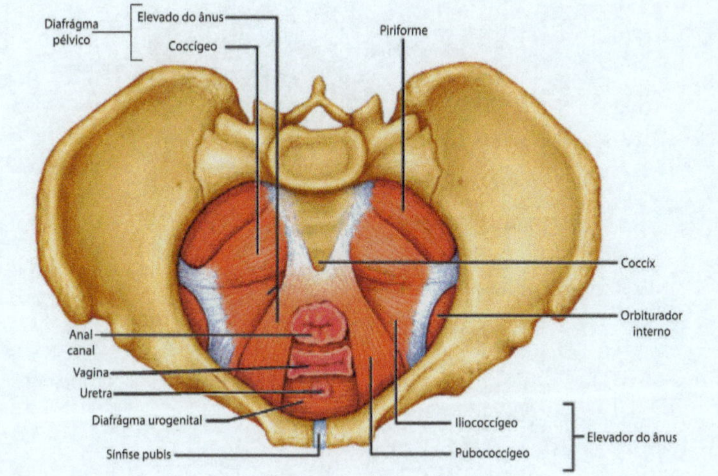

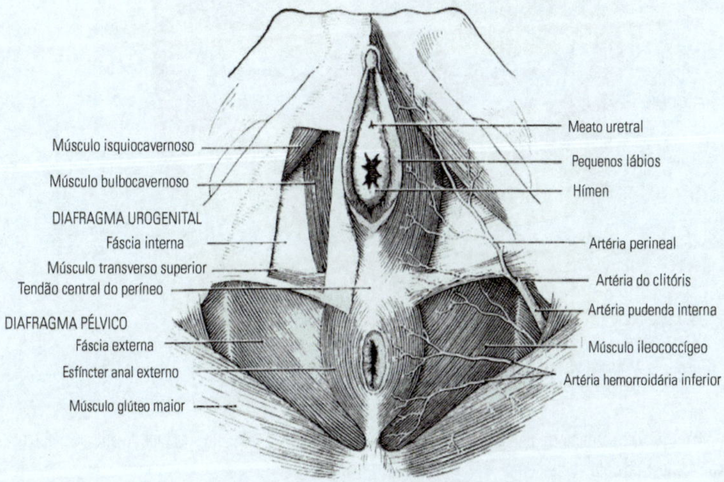

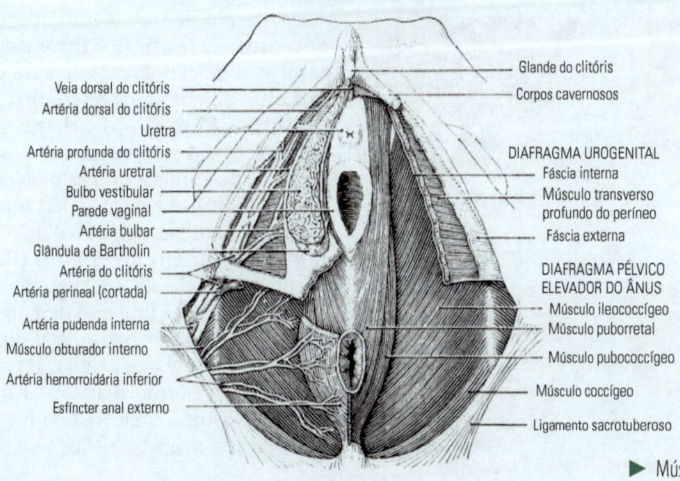

► Músculos do períneo.

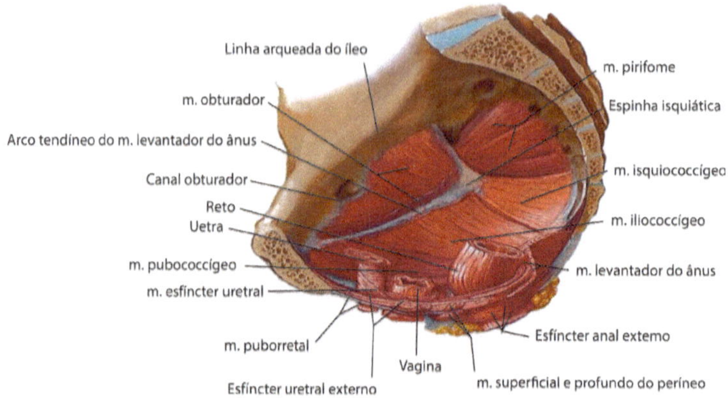

▶ Desenho esquemático da pelve com as vísceras retiradas.

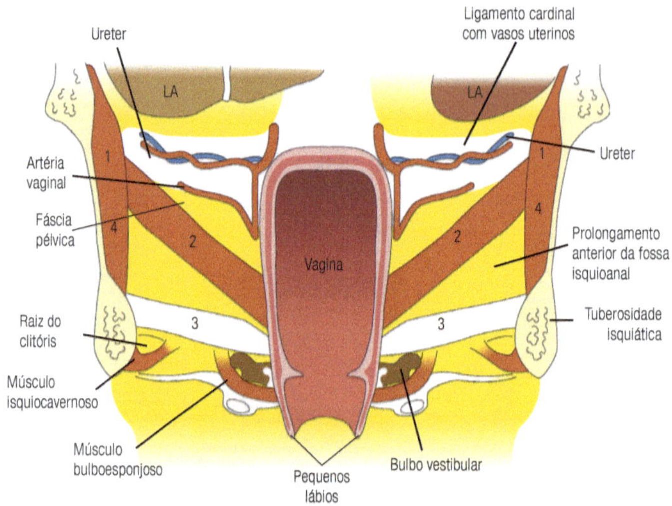

▶ Vista anterior dos órgãos pélvicos femininos. LA: ligamento largo; 1: arco tendíneo do músculo elevador do ânus; 2: músculo elevador do ânus; 3: membrana perineal; 4: músculo obturador interno.

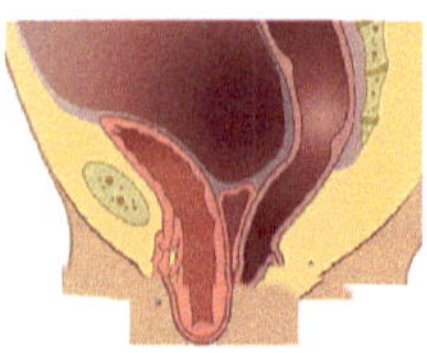

▶ Prolapso anterior.

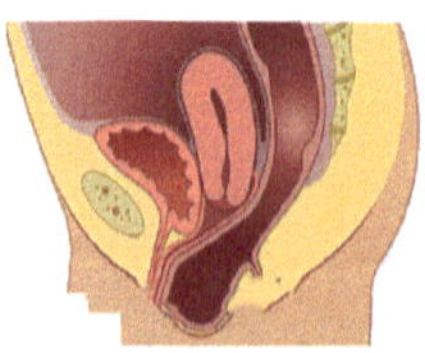

▶ Prolapso posterior.

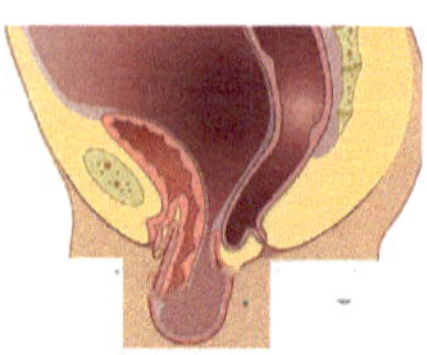

▶ Prolapso da cúpula vaginal.

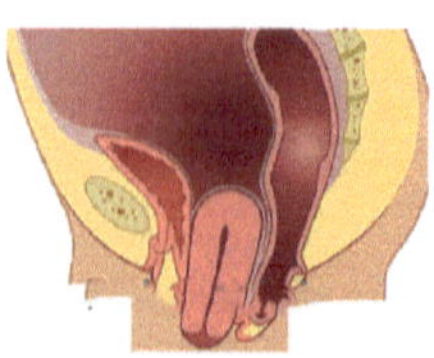

▶ Prolapso uterino.

necessitando de tratamento quando graus I ou II. Nos casos sintomáticos, o tratamento recomendado envolve exercícios da musculatura pélvica (Kegel) e pessários. E, nos casos refratários, a histerectomia vaginal ou cirurgia de Manchester (amputação parcial do colo uterino com fixação dos ligamentos cardinais na face anterior do coto do colo).

A quantificação é realizada pela *pelvic Pelvic Organ Prolapse Quantification* (POPQ)" – "Quantificação do Prolapso de Órgãos Pélvicos (POPQ)", devendo o prolapso ser classificado em:

- Estádio 0: não á prolapso demonstrado.
- Estádio 1: porção mais distal do prolapso está a mais de 1 cm acima do nível da cicatriz himenal.
- Estádio II: porção mais distal do prolapso está situada entre 1 cm acima do nível da cicatriz himenal e 1 cm abaixo dela.

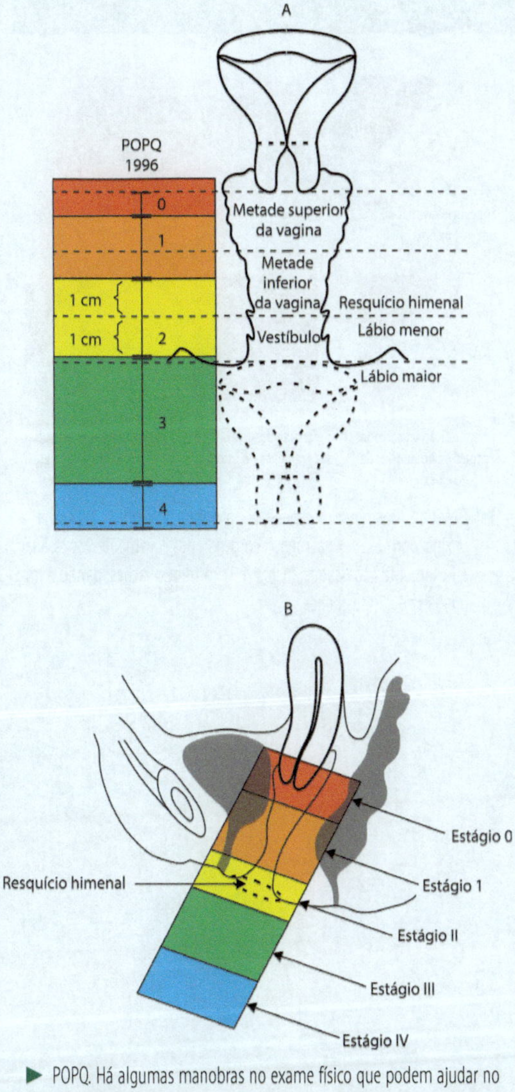

▶ POPQ. Há algumas manobras no exame físico que podem ajudar no diagnóstico.

- Estádio III: porção mais distal do prolapso está a mais de 1 cm abaixo do nível da cicatriz himenal, mas evertida menos que 2 cm menos o comprimento vaginal total.
- Estádio IV: eversão completa ou a porção mais distal do prolapso está a mais de 2 cm menos o comprimento vaginal total.

Prolapso de cúpula vaginal

É devido ao adelgaçamento e/ou a lesões das estruturas de suporte. O tratamento envolve a fixação da cúpula vaginal ao promontório do sacro, na aponeurose do músculo reto abdominal, ou ao ligamento sacroespinhoso e pela obliteração vaginal (colpocleise).

Prolapso de parede vaginal posterior

É a herniação do reto, resultado do enfraquecimento da fáscia retovaginal e dos seus pontos de fixação às margens dos músculos elevadores do ânus. O tratamento envolve a colporrafia posterior.

Enterocele

É definida como uma "hérnia no fundo de saco de Douglas". O intestino delgado se insinua pela cúpula vaginal por um defeito na fáscia endopélvica. O diagnóstico é feito pela manobra em que se introduz um tampão vaginal, realiza-se o toque retal e entre o dedo do examinador e o tampão existe um saco herniário. O tratamento envolve a exérese do saco herniário.

Adendo: o alongamento dos ligamentos cardinais e uterossacro é presumivelmente o fator etiológico do prolapso genital na menacma. A hipoplasia ou atrofia generalizada do tecido conjuntivo e muscular é a etiologia mais provável do prolapso genital na pós-menopausa.

55.3. Fístulas

São comunicações anormais entre o trato genital (vagina e útero) e os tratos urinários (uretra, bexiga, ureter) e intestinais (reto, canal anal e intestino). As principais causas são parto traumático e cirurgias ginecológicas. As fístulas podem ser classificadas em geniturinárias (ou urogenitais) e genitointestinais. O tratamento é cirúrgico, visando restaurar a função normal.

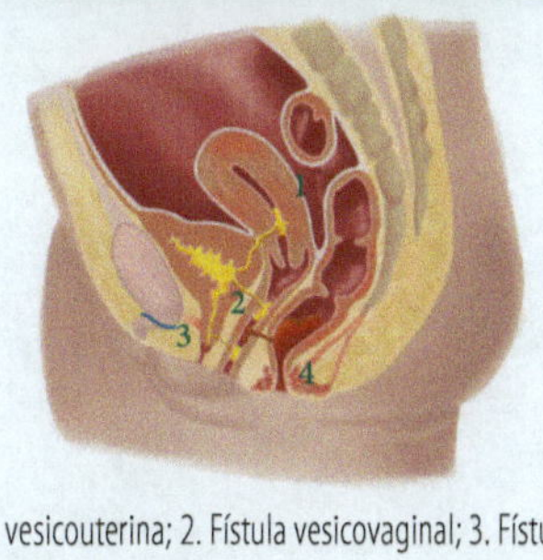

▶ 1. Fístula vesicouterina; 2. Fístula vesicovaginal; 3. Fístula uterovaginal; 4. Fístula retovaginal.

55.4. Síndrome da Bexiga Dolorosa

É caracterizada por sintomas vesicais dolorosos na ausência de infecção ou outras condições clínicas identificáveis, manifesta-se como uma dor que melhora quando a paciente esvazia a bexiga. A causa é desconhecida, sendo a teoria autoimune considerada a principal. Acomete principalmente mulheres entre 40 e 60 anos de idade. Ao exame de cistoscopia, apresenta-se com hidrodistensão e hemorragia em submucosa. Ao exame histopatológico, há a presença de edema de submucosa e infiltrado inflamatório.

- O **tratamento** é feito por vias oral (pentosana, antidepressivos tricíclicos) e intravesical (lidocaína, corticoides, heparina).

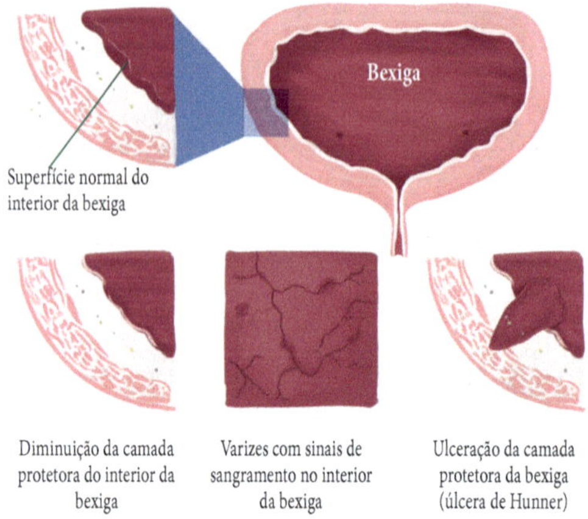

► Desenho mostrando a espessura da bexiga e o círculo vicioso – a bexiga normal, bexiga menor com paredes levemente espessadas e fortemente espessadas, inclusive com trabeculações, dando a impressão de não se encher.

CAPÍTULO 56

AFECÇÕES MAMÁRIAS

56.1. Mama Feminina

1. Anatomia

As mamas são anexos da pele e do sistema reprodutivo humano.

■ **Parênquima de tecido glândular:** contém as glândulas mamárias provenientes de glândulas cutâneas modificadas para a secreção láctea.
■ **Estroma de tecido conjuntivo:** é responsável pela sustentação.
■ Pele.

➔ O suprimento sanguíneo da mama é proveniente da vascularização pela artéria torácica interna (ou artéria mamária interna, que é ramo da artéria subclávia, nutrindo 60% da mama) e pela artéria torácica lateral (é responsável pela irrigação de 30% da mama, principalmente o quadrante superior externo). A drenagem linfática é para a axila (99%) e para a cadeia mamária interna (1%).

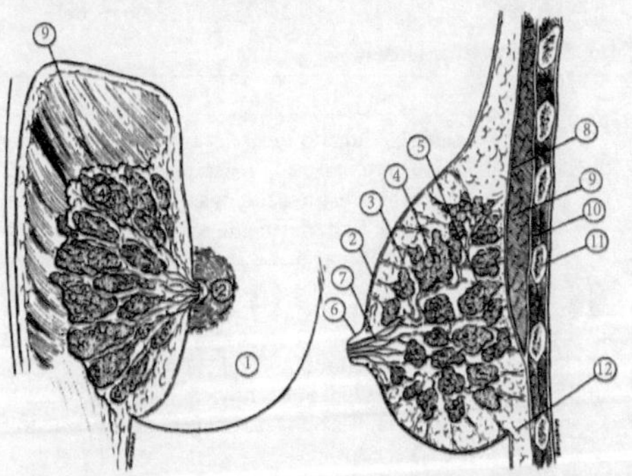

► Anatomia da mama. 1) Pele; 2) Aréola; 3) Coxim adiposo; 4) Lobo glandular; 5) Ductos lactíferos; 6) Mamilo; 7) Seios lactíferos; 8) Aponeurose peitoral; 9) M. peitoral maior; 10) Músculos intercostais; 11) Gradeado costal; 12) Sulco submamário.

	Idade	Rastreamento
Baixo risco	40-49 anos	Mamografia anual
	50-69 anos	Mamografia a cada 2 anos
Alto risco	30 anos	Mamografia anual
→ À mulheres ≥ 70 anos de idade a mamografia é contraindicada.		

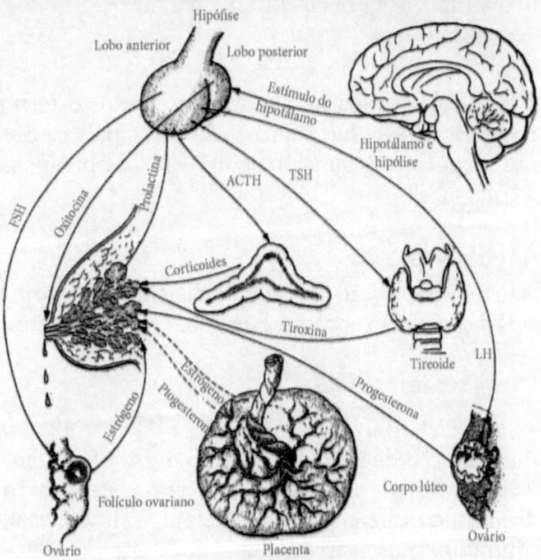

► Fisiologia das glândulas mamárias (modificado de Lewison E, 1955).

Categorias descritas na mamografia		
Categoria	**Impressão diagnóstica da mamografia**	**Recomendação**
0	Inconclusivo	Indicado complementação
1	Normal	Mamografia de rotina anual
2	Achado radiológico benigno	Mamografia de rotina anual
3	Achado provavelmente benigno	Acompanhamento do achado em 6 meses e depois anual até completar 2 ou 3 anos
4	Achado suspeito	Biópsia
5	Achado altamente suspeito	Biópsia ou cirurgia
6	Achado com comprovação maligna	Conduta de acordo com o tumor

56.2. Distúrbios Benignos

Mastalgia

É o sintoma de dor nas mamas de etiologia desconhecida, sendo necessária a estratificação/classificação como dor cíclica (relacionada com o ciclo menstrual), acíclica ou extramamária.

Cíclica

É bilateral, referida no quadrante superior externo e ocorre na fase lútea tardia. As principais causas são as alterações funcionais/fibrocísticas benignas da mama.

Acíclica

Não tem associação com o ciclo menstrual. As principais causas são abcesso, esteatonecrose e mastites.

Dor extramamária (ou dor de origem musculoesquelética)

É a sensação de mastalgia devido a um equivalente doloroso de outra doença. Deve-se realizar o diagnóstico diferencial com nevralgia intercostal, contratura muscular, angina e síndrome de Tietze (costocondrite).

➔ Nos casos de afecção funcional benigna das mamas AFBM, o **tratamento** principal visa esclarecer à paciente que não se trata de câncer! A terapia medicamentosa com tamoxifeno ou danazol é indicada somente aos casos graves.

Adendo 1: a sensibilidade mamária pré-menstrual é denominada mastodinia.

Adendo 2: a maioria das mulheres com mastalgia aguda sofrem de depressão ou ansiedade.

Adensamentos/cistos

São as alteração funcional benigna da mama (AFBMs) representadas por múltiplos nódulos bilaterais. Na ultrassonografia (US), nota-se o cisto mamário como uma imagem anecoica redonda e com reforço acústico.

Derrame papilar

É a saída de secreção pela papila. Apresentando-se com diversas colorações, a secreção deve sempre ser investigada se houver saída espontânea, uniductal e aspecto de água de rocha; aos casos positivos preconiza-se a biópsia.

Sangue	Nos casos de saída de secreção sanguínea, a principal hipótese diagnóstica se torna o papiloma intraductal (lesão hiperplásica ductal), que é benigno e corresponde a 50% dos casos. A conduta envolve a exérese dos ductos atingidos.
Multicolor	Corresponde a alterações de ectasia ductal ou AFBM.
Branco	A secreção branca é compatível com casos de galactorreia ou hiperprolactinemia (induzida por fármacos e tratada com agonista dopaminérgico). Sempre se recomenda a avaliação da subunidade β da gonadotrofina coriônica humana (β-hCG) e do hormônio estimulante da tireoide (TSH).

Nódulos

São lesões que podem ser delimitadas (palpáveis em largura, comprimento e profundidade), diferentemente dos adensamentos, que não são palpáveis na profundidade. Após o exame físico, deve-se fazer o rastreamento das lesões nodulares com a punção aspirativa por agulha fina (PAAF), cujo objetivo é distinguir tumores sólidos e císticos.

Benignidade	Malignidade
▪ Móvel ▪ Firme ▪ Elástico ▪ Sem retração de pele	▪ Aderido ▪ Endurecido ▪ Com retração de pele

Nódulos císticos	Há saída de líquido amarelo-esverdeado e ausência de massa residual após a aspiração, dispensando a necessidade de estudo citológico do líquido (o qual é desprezado). Posteriormente realiza-se algum exame de imagem para avaliar o local do nódulo e, caso esteja normal, prossegue-se com o acompanhamento da paciente.
Tumor sólido	A presença de nódulo sólido, líquido sanguinolento ou massa residual ou recidiva > 2 vezes exige estudo citológico mais exame de imagem (US/mamografia [MMG]) e biópsia.

Características na ultrassonografia	
Benignidade	**Malignidade**
▪ Margens regulares ▪ Ecogenicidade homogênea ▪ Bordas bem delimitadas ▪ Reforço acústico posterior ▪ Pseudocápsula ecogênica fina	▪ Margens irregulares (espiculadas) ▪ Textura heterogênea ▪ Presença de sombra acústica posterior ▪ Microcalcificações agrupadas ▪ Tumor com crescimento ou mudança em relação a mamografias prévias

Ultrassonografia

A US é de grande eficácia no diagnóstico de lesões clínicas e subclínicas.

Mamografia

Com a mamografia de alta resolução é possível identificar nódulos impalpáveis (pequenos).

Métodos diagnósticos

São necessários anatomopatológico colhido via *core* biópsia (punção com agulha grossa realizada sob anestesia local), mamotomia (biópsia percutânea a vácuo) ou biópsia cirúrgica (padrão-ouro). A biópsia pode ser excisional (total, nos casos de cisto suspeito pequeno) ou incisional (parte, nos tumores grandes).

Adendo 1: a citologia negativa não encerra a investigação, assim como a citologia positiva não confirma o câncer.

Adendo 2: no rastreio do câncer de mama em usuárias de implantes de silicone, não há interferência no exame clínico. É necessário que o técnico posicione a prótese mais para cima e para trás (manobra de Eklund). Os estudos mais recentes comprovam que o uso das próteses pode diminuir a capacidade de diagnóstico precoce em até 30%, sendo necessário US ou ressonância magnética (RM) em casos duvidosos.

Doenças inflamatórias e infecciosas

Mastite

O principal agente é o *Staphylococcus aureus* e os principais fatores de risco, ingurgitamento mamário e fissura mamilar (geralmente por técnica de "pega" inadequada). O tratamento consiste em drenagem manual do leite e uso de cefalexina.

Abscessos mamários

São resultantes de mastites mal diagnosticadas ou mal tratadas. Apresentam-se com sinais inflamatórios e diagnóstico clínico. O agente é o *Staphylococcus aureus* e o tratamento envolve drenagem cirúrgica e antibioticoterapia.

Abscesso subareolar recidivante

É devido ao tabagismo, logo é necessário ressecar e interromper o hábito tabágico.

Eczema areolopapilar

É uma dermatite descamativa e exsudativa do complexo areolopapilar bilateralmente acompanhada de prurido. As causas são psoríase, dermatite seborreica/contato/atópica. O tratamento consiste em isolamento do antígeno e uso de corticoides tópicos.

Doença de Paget

É uma descamação unilateral e pouco pruriginosa que destrói a papila e não responde ao corticoide, sendo necessária a biópsia.

Esteatonecrose

É decorrente de um trauma na região mamária, resultando em saponificação asséptica da gordura por meio da lipase do sangue e do tecido. Normalmente as lesões regridem espontaneamente.

Tumor filoide

Tumor de crescimento rápido e denominado fibroadenoma gigante, deve ser ressecado com borda livre.

Sarcoma mamário

Apresenta metástases por via hematogênica e recomenda-se a cirurgia de mastectomia simples sem esvaziamento axilar.

Fibroadenoma

É a tumoração sólida mais comum. Acomete preferencialmente jovens. A conduta envolve a remoção cirúrgica dos tumores grandes ou a remoção após 35 anos de idade.

56.3. Distúrbios Malignos

Câncer de mama

Fatores de risco	
■ Raça branca	■ Idade > 40 anos
■ Menarca precoce	■ História familiar (1º grau)
■ Menopausa tardia	■ Mutação nos genes BRCA 1 e 2
■ Nuliparidade	■ Hiperplasia atípica (carcinoma *in situ* – lesão precursora)

É a proliferação maligna das células epiteliais que margeiam os ductos ou os lóbulos devido a alterações genéticas hereditárias ou adquiridas. A queixa mais comum é a presença de um tumor de crescimento insidioso localizado no quadrante superior externo unilateralmente, firme, de consistência endurecida ou até pétrea e com descarga papilar. O sítio mais habitual para metástases à distância é o esqueleto!

Rastreio	O principal método é a mamografia realizada em duas incidências *(mediolateral e craniocaudal)*, na qual as glândulas mamárias representam a imagem mais branca e sempre estão localizadas na região acima e externa de acordo com a incidência. A ressonância magnética não identifica microcalcificações ou tumores menores que 2 mm. Para lesões subclínicas ou impalpáveis utiliza-se a estereotaxia guiada por MMG ou US, na qual o radiologista identifica o tumor e realiza uma marcação com fio de aço que guiará o cirurgião para acessar a área da lesão.

Classificação histológica do câncer de mama

Lesão restrita ao epitélio em que não há infiltração do estroma	
Carcinoma *in situ*	■ **Carcinoma ductal:** é o mais comum, considerado a lesão precursora do câncer de mama. ■ **Carcinoma lobular:** é raro, sendo um achado microscópico incidental.
É a infiltração do estroma mamário	
Carcinoma infiltrante	■ **Carcinoma ductal:** é o tipo de câncer invasivo mais comum. ■ **Carcinoma lobular:** associado ao uso de terapia de reposição hormonal (TRH) e células infiltrando o estroma em forma de "fila indiana". ■ **Carcinoma inflamatório:** é uma forma distinta de câncer localmente avançado com eritema, edema, calor e endurecimento da pele com aspecto de casca de laranja.

Estadiamento do câncer de mama

T1: < 2 cm; **T2:** 2-5 cm; **T3:** > 5 cm; **T4:** extensão para a parede torácica ou a pele.

Tratamento

Cirurgia conservadora

Realizada em tumores com até 20% do volume total mamário (ou até 3,5 cm) e pacientes com acesso a radioterapia pós-operatória. Pode ser tumorectomia (ressecção total do tumor sem margem de segurança), setorectomia ou segmentectomia (ressecção do setor que engloba o tumor) ou quadrantectomia (ressecção do setor com margem de segurança).

Cirurgia radical (ou mastectomia)

Indicada para tumores que ocupam mais de 20% do volume total da mama, sendo elas: Halsted (ressecção da mama e dos peitorais maior e menor), Patey (ressecção da mama e do peitoral menor), Madden (ressecção apenas da mama).

Esvaziamento axilar

Realizam-se o ROLL (marcação da lesão subclínica pelo composto com Tc^{99}) e o SNOLL (biópsia do linfonodo ROLL). Preconiza-se a remoção do primeiro linfonodo de drenagem linfática marcado pelo azul patente ou Tc^{99} para biópsia e, caso esteja acometido, realiza-se o esvaziamento completo da cadeia linfática, acentuando as chances de posteriores edemas. O esvaziamento axilar pode lesionar o nervo torácico longo, causando a escápula alada.

Radioterapia

Realizada em cirurgias conservadoras de mama e/ou tumores maiores que 4 cm.

Quimioterapia (QT)

É recomendada para tumores infiltrantes, linfonodo positivo, tumores grandes ou metástases. A QT neoadjuvante diminui o tamanho tumoral, favorecendo cirurgias conservadoras, e a QT adjuvante reduz a taxa de recidivas.

Hormonoterapia

São utilizadas substâncias que inibem ou diminuem a atividade dos hormônios endógenos sobre a mama, como tamoxifeno (no caso de receptores estrogênios presentes, pode ser utilizado até por 5 anos) e trastuzumabe (terapia alvo dirigida por meio de anticorpos monoclonais para pacientes que superexpressam o HER-2).

CAPÍTULO 57

DOENÇAS GINECOLÓGICAS BENIGNAS E MALIGNAS

5.7. Colo Uterino

Conceitos fundamentais

As estruturas císticas na região da metaplasia escamosa são denominadas cistos de Naboth.

Toda inflamação do epitélio glandular (endocérvice) é chamada de cervicite, enquanto a inflamação do epitélio estratificado (ectocérvice) é denominada colpite.

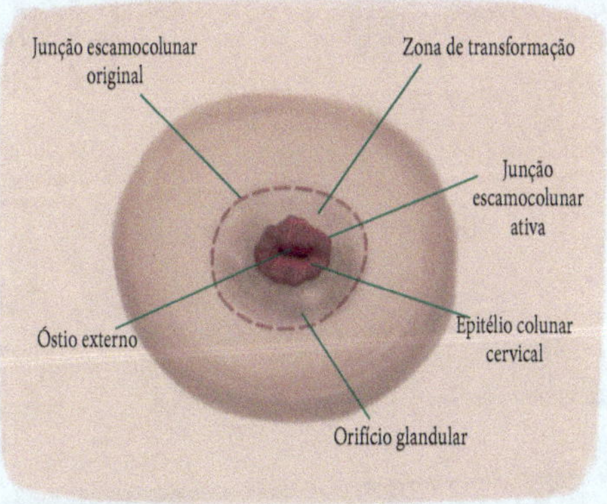

Zona de transformação	Corresponde à região entre a junção escamocolunar (JEC) primitiva (original) e a nova JEC (fisiologicamente ativa). É a região que sofreu metaplasia escamosa e em que se localizam mais de 90% das lesões.
Junção escamocolunar	É o ponto de encontro entre os dois epitélios (glandular e escamoso).
Metaplasia escamosa	É o processo fisiológico de transformação do epitélio glandular em escamoso, começando pelas células da base glandular (células da reserva).
Epitélio escamoso estratificado não queratinizado	Reveste toda a vagina e fundo de saco, sendo característico da ectocérvice e conferindo proteção.
Epitélio colunar (cilíndrico) simples	É o epitélio glandular responsável pela secreção do muco cervical, característico da região endocervical.

Vacinação

A vacina contra o papilomavírus humano (HPV) composta de partículas semelhantes a vírus nas apresentações bivalente (faixa etária dos 10 aos 25 anos) e quadrivalente (faixa etária dos 9 aos 26 anos) protege contra os subtipos virais 6, 11, 16 e 18, podendo ocorrer proteção cruzada contra outros subtipos.

O Sistema Único de Saúde (SUS) disponibiliza a vacina quadrivalente para meninas de 9 a 14 anos de idade, sob o esquema de vacinação 0 e 6 meses, e também promove a vacinação para pacientes HIV-positivas dos 9 aos 26 anos de idade sob o esquema vacinal de 0, 2 e 6 meses.

➔ Segundo a Agência Nacional de Vigilância Sanitária (ANVISA), a idade máxima para vacinação é 45 anos de idade.

Fatores de risco

O principal fator de risco é a presença do HPV, responsável por 99% dos casos de câncer de colo do útero. Os subtipos 6 e 11 (baixo risco para neoplasia) representam o condiloma acuminado, e os subtipos 16 e 18 (alto risco) estão mais relacionados com o câncer. Outros fatores de risco são início precoce da atividade sexual, outras infecções sexualmente transmissíveis (ISTs) e tabagismo.

Exames

Colpocitologia

É o método de rastreio, denominado exame preventivo ou Papanicolau. É indicado para mulheres entre 25 e 64 anos e que já tiveram atividade sexual (sexarca).

Deve ser realizado 1 vez ao ano e após dois resultados negativos pode ser passado para 1 vez a cada 3 anos, inclusive para gestantes!

Para pacientes HIV-positivas é realizado 1 vez a cada 6 meses e após dois resultados negativos pode ser feito 1 vez ao ano, exceto para pacientes com CD4 < 200.

O Ministério da Saúde preconiza a dupla coleta (material proveniente de endocérvice e ectocérvice). É denominada coleta de baixa qualidade quando o exame indicar apenas um epitélio, sugerindo melhor coleta no próximo exame.

Para pacientes com histerectomia total associada a citologias prévias sempre normais, não é necessário realizar a coleta citológica de região de fundo de saco.

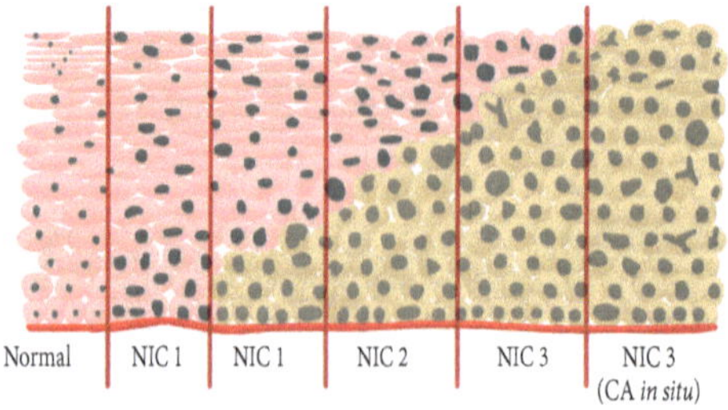

Colposcopia + biópsia

É o método diagnóstico. Consiste na visualização do colo após embrocação do mesmo com ácido acético → lugol → azul de toluidina. Associado (ou não) à biópsia das regiões sugestivas de hipercelularidade (exceto em gestantes, na qual a biópsia só é realizada na suspeita de lesão com invasão).

- **Ácido acético:** promove a coagulação das proteínas, evidenciando, com coloração acetobranca, as regiões com mais quantidade de proteínas. As regiões destacadas pelo ácido são sugestivas de áreas de hipercelularidade (muita proteína).
- **Lugol (solução iodo-iodetada):** atua corando o glicogênio. As regiões de intensa hiperplasia são pobres em glicogênio (há consumo excessivo do glicogênio pelo processo de proliferação celular), resultando em áreas iodo-negativas. O teste é denominado teste de Schiller positivo.

Coleta citológica

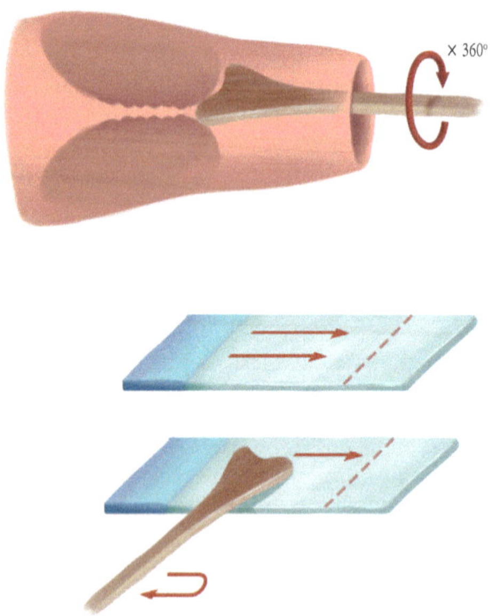

▶ Esfregaço da ectocérvice com a espátula deAyres.

Azul de toluidina: atua corando as áreas hipercelulares. É denominado teste de Collins.

A colposcopia é considerada satisfatória quando a JEC é visualizada! Quando não visualizada, é denominada indeterminada/insatisfatória, sendo necessário o uso de um afastador (ou curetagem do canal cervical ou microcolpo-histeroscopia).

→ O achado mais suspeito de malignidade nas alterações colposcópicas é a presença de vasos atípicos sugestivos de neovascularização.

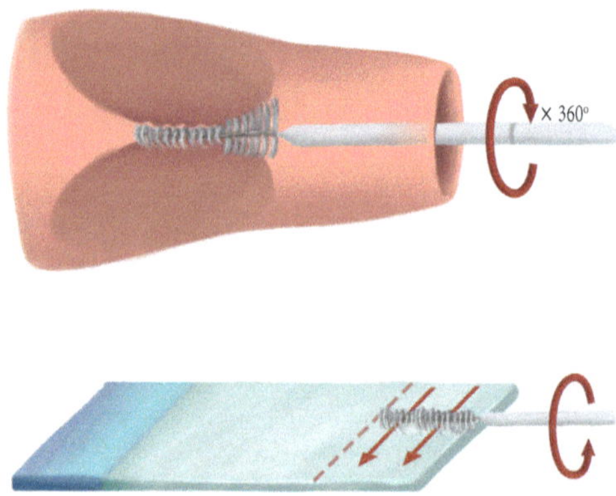

▶ Esfregaço da endocérvice com a escova cervical.

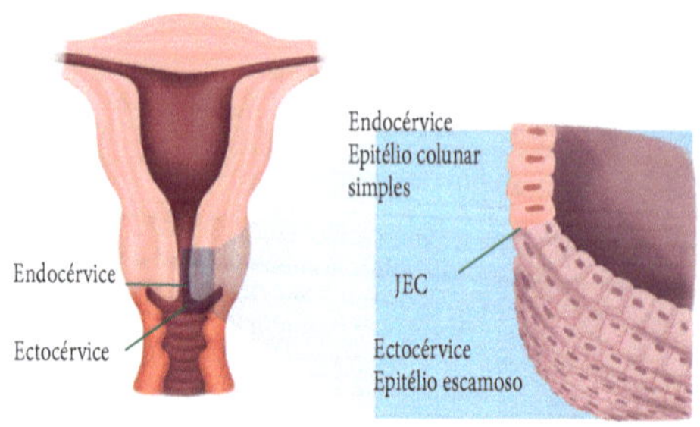

Ácido acético

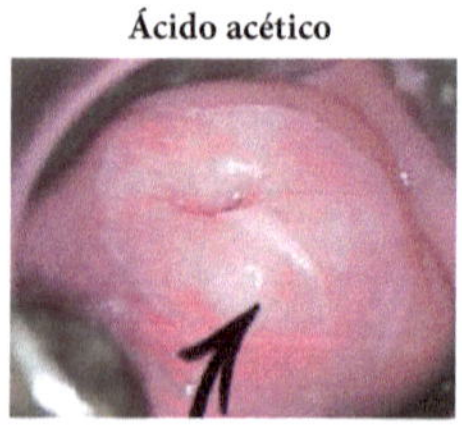

Área esbranquiçada

Lugol

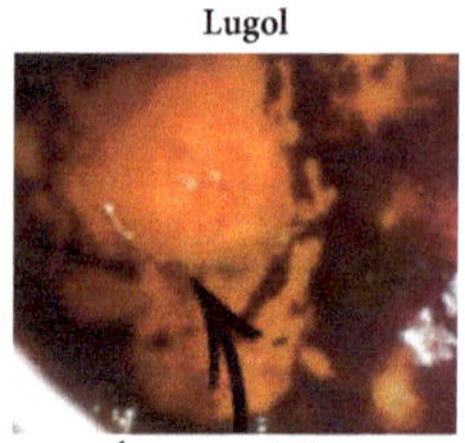

Área amarelada

Classificação

Richart	Bethesda	Organização Mundial da Saúde (OMS)	Papanicolau
–	–	–	Classe I
–	Alterações benignas	–	Classe II
	Atipias de significado indeterminado	–	
NIC I	Lesão intraepitelial escamosa de baixo grau (LSIL)	Displasia leve	Classe III
NIC II	Lesão intraepitelial de alto grau (HSIL)	Displasia moderada	
NIC III		Displasia severa	Classe IV
	Adenocarcinoma *in situ*	Carcinoma *in situ*	
Carcinoma invasor			Classe V

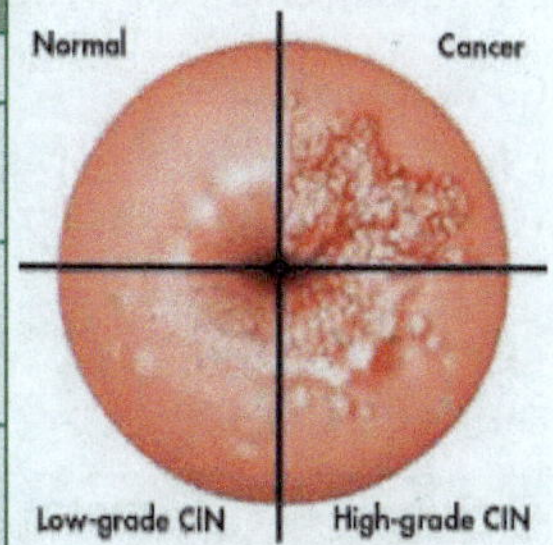

Conduta	Repetir citologia	Células escamosas atípicas de significado indeterminado (ASCUS) (possivelmente não neoplásicas)	▪ Repetir em 12 meses se 25 a 29 anos. ▪ Repetir em 6 meses se ≥ 30 anos. ▪ Repetir em 3 anos se < 25 anos.
		LSIL	▪ Repetir em 6 meses se ≥ 25 anos. ▪ Repetir em 3 anos se < 25 anos.
	Colposcopia	Células escamosas atípicas (ASCH) (possivelmente neoplásicas)	
		Atipias glandulares de significado indeterminado (AGUS) + avaliação de canal cervical.	
		HSIL	

➔ O coilócito representa uma célula com núcleo hipercromático e citoplasma vacuolizado.

➔ Após repetir a citologia e a refratariedade do quadro (atipia/lesão), preconiza-se a realização da colposcopia.

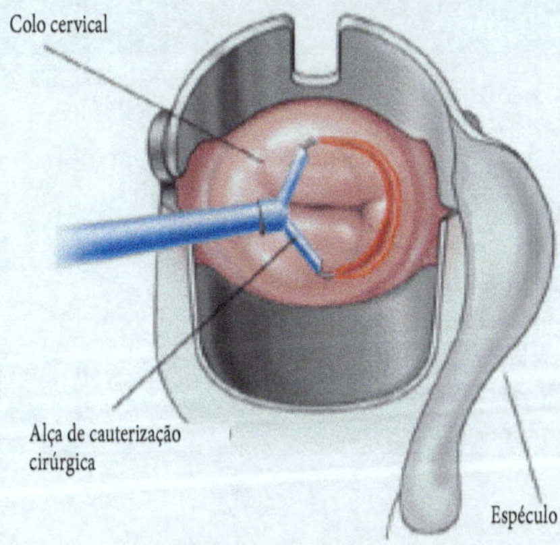

Tratamento do condiloma acuminado

- Cirúrgico (para lesões volumosas).
- Cauterização/*laser* (para lesões extensas).
- Químico (ácido tricloroacético, podofilina – exceto para gestantes).
- Imunomodulador (imiquimod – taxa de sucesso baixa).

Tratamento das lesões intraepiteliais cervicais

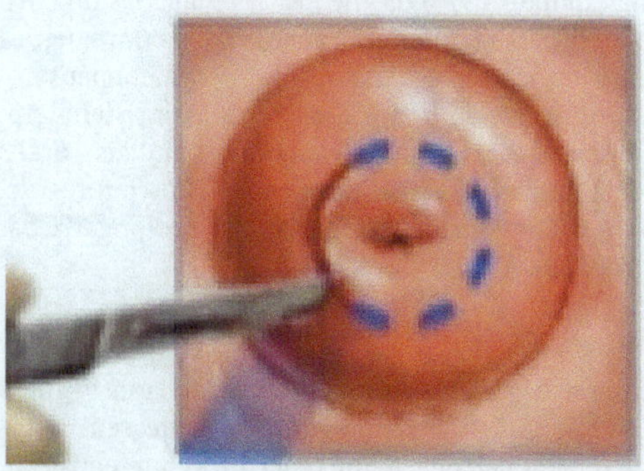

Métodos físico-destrutivos

Preferencialmente para NIC 1 (estável por 2 anos). Envolve o uso de crioterapia (criocauterização), vaporização com *laser* e eletrocoagulação. A desvantagem é a ausência de controle histológico.

Métodos de exéreses

Preferencialmente para NIC ≥ 2. Apresenta como vantagem a possibilidade de estudo histopatológico.

Cirurgia de Alta Frequência (CAF)

Também denominada excisão eletrocirúrgica por alça, é contraindicada em caso de suspeita de lesão glandular microinvasora, JEC não visível e gravidez.

Conização a frio

É indicada quando os limites da lesão não são visíveis e quando não se visualiza a JEC.

Estadiamento + tratamento do câncer de colo uterino

Estádio		Conduta
Carcinoma *in situ*	0	Conização diagnóstica e terapêutica.
Estádio I (restrito ao colo uterino)	Ia1	≤ 3 mm de profundidade. Se há desejo de engravidar: conização (cuidado com incompetência cervical). Não há desejo de engravidar: histerectomia tipo I.
	Ia2	3-5 mm de profundidade. Se há desejo de engravidar: traquelectomia radical + linfadenectomia pélvica. Não há desejo de engravidar: histerectomia tipo II + dissecção de linfonodos.
Estádio I (restrito ao colo uterino)	Ib1	5 mm-4 cm de profundidade. Se há desejo de engravidar: traquelectomia radical + linfadenectomia pélvica. Não há desejo de engravidar: histerectomia tipo III (Wertheim Meigs).
	Ib2	> 4 cm de profundidade. Histerectomia tipo III ou quimiorradioterapia.
Estádio II (parte superior da vagina)	IIa	Histerectomia tipo III ou quimiorradioterapia. Se necessário, interromper a gravidez.
	IIb	Há invasão do paramétrio.
Estádio III	IIIa	Há invasão da parte inferior da vagina (parede pélvica).
	IIIb	Há invasão renal (hidronefrose) e da pelve.
Estádio IV	IVa	Há invasão de bexiga e reto.
	IVb	Há metástase à distância.

→ A radioterapia (RT) primária é uma opção de tratamento em todos os estádios, exceto no IVb.

57.2. Endométrio

- Obesidade (IMC > 30)
- Idade
- Diabetes melito
- Raça branca
- Passado de anovulação crônica
- Menarca precoce
- Menopausa tardia
- Nuliparidade
- Uso de tamoxifeno
- Hiperplasia endometrial atípica

Fatores de risco

Corresponde a 97% das neoplasias malignas do corpo uterino. A manifestação apresenta-se com sangramento ou secreção genital na peri/pós-menopausa.

Os principais fatores de proteção consistem em multiparidade, uso de anticoncepcionais orais combinados (ACOs) e tabagismo! E os fatores de risco estão associados à exposição prolongada ao estrogênio.

Exames

O exame de rastreio é a ultrassonografia transvaginal (USTV) com endométrio > 4 mm (pacientes sem reposição hormonal) ou > 8 mm (pacientes com reposição hormonal). Além disso recomenda-se a colcopocitologia (10 dias após a data da última menstruação ou a qualquer momento em mulheres pós-menopausa). A presença de células endometriais é um sinal de alerta para CA de endométrio.

- O **diagnóstico** é feito pela anatomopatologia obtida mediante biópsia endometrial com cureta de Novak ou curetagem uterina fracionada ou biópsia dirigida por histeroscopia (padrão-ouro).

Classificação histológica + tratamento

Hiperplasia endometrial típica (sem atipia)

Decorrente do aumento anormal do volume e da espessura do endométrio proliferativo. É subdividida em dois subtipos:

- **Simples:** com 1% de risco de malignização, é caracterizada por glândulas dilatadas ou císticas;
- **Complexa:** com 3% de risco de malignização, é caracterizada por glândulas com brotamento e invaginação.

➔ Em ambos os subtipos, o **tratamento** pode ser expectante (seguimento com biópsias regulares), medicamentoso (emprego de progestógenos) e cirúrgico (histerectomia em pacientes na pós-menopausa e refratárias ao tratamento clínico).

Hiperplasia endometrial atípica (com atipia)

- **Simples:** apresenta 8% de risco de malignização;
- **Complexa:** apresenta 29% de risco de malignização.

➔ O **tratamento** envolve a histerectomia como primeira escolha OU o uso de progestógenos em pacientes que desejam engravidar ou sejam alto risco cirúrgico.

Câncer de endométrio

- **Adenocarcinoma endometrioide:** é a forma mais comum e se assemelha a glândulas endometriais normais.

➔ O **tratamento** preconiza a histerectomia total abdominal com anexectomia bilateral e linfadenectomia. A radioterapia é empregada em estadiamentos ≥ Ib ou G3 e a quimioterapia, quando houver metástases.

57.3. Vulva e Vagina

Neoplasia intraepitelial vulvar

A neoplasia intraepitelial vulvar (NIV) é caracterizada por lesões epiteliais escamosas derivadas da desordem na maturação e anormalidades do núcleo nos vários níveis da espessura do epitélio, ou seja, da perda de maturação da célula epitelial associada a hipercromasia nuclear, polimorfismo, hipercelularidade e mitoses anormais.

Características da NIV	
NIV indiferenciada	NIV diferenciada
■ 90%	■ 10%
■ Idade jovem	■ Idade avançada
■ Mácula e papiloma	■ Placas brancas acinzentadas
■ Surgimento rápido	■ Surgimento lento
■ Bilateral	■ Unilateral
■ Associada ao HPV	■ Associada ao líquen
■ Mutação p53w	
■ Elevada recidiva	

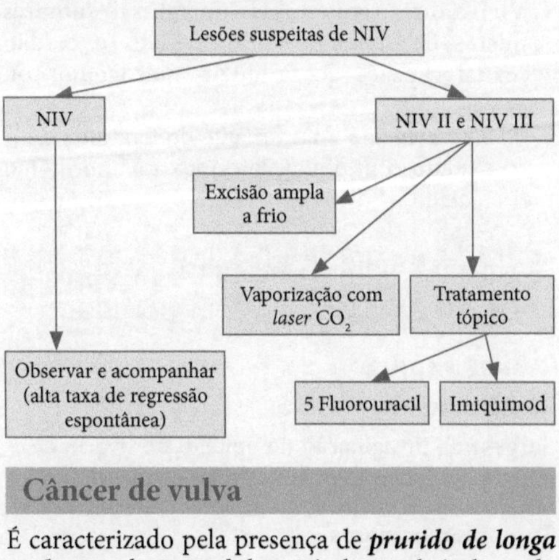

Câncer de vulva

É caracterizado pela presença de ***prurido de longa evolução*** e lesão nodular visível ou palpável, sendo o tipo histológico mais comum o carcinoma de células escamosas e a via de disseminação, a linfática. Os principais fatores de risco são:

- Infecções granulomatosas venéreas;
- HPV;
- Tabagismo e IST.

→ As localizações mais comuns são grandes lábios (70%) e clitóris/região perineal (15%-20%).

Ao exame realizam-se vulvoscopia, teste de Collins e biópsia da lesão vulvar. O tratamento em lesões:

- **> 2 cm** = vulvectomia com linfadenectomia;
- **< 2 cm** = remoção da lesão com margem de segurança.

Principais diagnósticos diferenciais

- **Líquen escleroso:** idosa com apagamento tumoral em pequenos lábios, hipocromia vulvar e prurido.
- **Melanoma:** lesão hiperpigmentar.
- **Doença de Paget:** erosão e descamação.

Neoplasia intraepitelial vaginal

É caracterizado por mudanças intraepiteliais que apresentam, inicialmente, uma neoplasia bem diferenciada que pode progredir para carcinoma invasor. A confirmação diagnóstica é pela biópsia vaginal.

Câncer de vagina

Surge na vagina, sem envolvimento do colo uterino ou da vulva. A vagina é sede frequente de metástases ou recidivas de outros cânceres ginecológicos. O tipo histológico mais comum é o carcinoma de células escamosas, e as manifestações mais frequentes são sangramento vaginal anormal, disúria e dor pélvica. A radioterapia é o tratamento de escolha. Quando há falha da radioterapia, preconiza-se o procedimento cirúrgico com drenagem linfática.

57.4. Ovários

Introdução

Os ovários são estruturas intraperitoneais com funções gametogênica e endócrina reguladas pelo eixo hipotálamo-hipófise-ovariano. Localizam-se na fossa ovárica limitada pela artéria ilíaca interna, pelo ureter e pela inserção do ligamento largo nas nulíparas. Após o parto, a posição dos ovários sofre modificação em função do estiramento ligamentar.

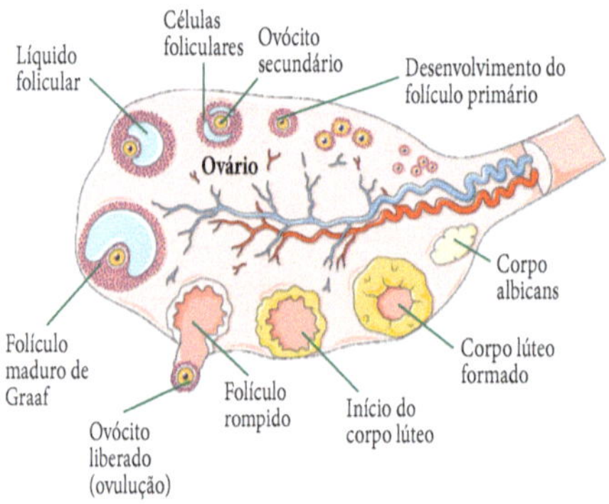

O ovário é dividido em três regiões:

- **Córtex** = região que origina os folículos;
- **Medula** = estroma de tecido conjuntivo frouxo;
- **Hilo** = região em que se inserem as fibras nervosas e os vasos sanguíneos.

A vascularização é feita pelas artérias ovarianas (ramos da aorta abdominal que se inserem no infundíbulo) e a circulação venosa, pelo plexo pampiniforme, que drena para as veias gonadais. A diversidade dos tecidos embriológicos dificulta a identificação de fatores de risco para câncer de ovário.

Principais tumores benignos (em mulheres na menacma)

Cistos funcionais (não neoplásicos)

Cisto folicular

É o cisto funcional mais comum, originário de um folículo estimulado pelas gonadotrofinas hipofisárias que não se rompeu durante o ciclo menstrual. É um achado incidental, mas pode romper ou torcer o ovário. A conduta é expectante.

Cisto do corpo lúteo

É resultado do encistamento do corpo amarelo devido a uma hemorragia excessiva na cavidade folicular; pode romper-se, mas geralmente ocorre regressão espontânea.

Tumores proliferativos (neoplásicos)

Tumores epiteliais

- **Cistadenomas serosos:** ocorrem entre 20-50 anos de idade e se originam do epitélio superficial dos ovários, devendo-se proceder à sua remoção cirúrgica.
- **Cistadenomas mucinosos:** são grandes e podem complicar para pseudomixoma peritoneal; realiza-se remoção cirúrgica.

Tumores de células germinativas

- **Teratomas:** são compostos por combinações variadas de elementos dos três folhetos embrionários. A torção do pedículo é a principal complicação.

Tumores sólidos benignos

- **Fibromas:** derivam das células estromáticas da granulosa e não apresentam atividade hormonal.
- **Síndrome de Meigs:** tumor de ovário + ascite + derrame pleural.

Tumores funcionantes – tumores do estroma gonádico

- **Feminilizantes (tecoma):** é o tumor das células da granulosa originários do estroma cortical dos ovários; são produtores de estrógenos.
- **Virilizantes (gonadoblastomas):** são tumores mistos de elementos germinativos e cordão sexual capazes de produzir androgênios ou estrogênios.
- ***Struma ovarii*:** é uma variante do teratoma cístico maduro com produção ectópica de hormônio tireoidiano.

Principais tumores malignos (em pré-púberes e após a menopausa)

Tumores epiteliais

Tumores serosos

Surgem da invaginação do epitélio do ovário e secretam líquido seroso; são os mais comuns.

Tumores mucinosos

São císticos, revestidos por epitélio secretor de mucina e denominados pseudomixomas.

Tumores de células germinativas

Disgerminoma

É o tumor mais comum de células germinativas e altamente radiossensível.

Teratoma imaturo

Apresenta áreas de calcificação e quadros de pseudopuberdade precoce.

Tumor do seio endodérmico (*Yolk Sac*)

Derivado do saco vitelínico, apresenta o corpúsculo de Schiller-Duval.

Carcinoma embrionário

Afeta jovens e pode secretar estrogênio, levando à pseudopuberdade precoce.

Coriocarcinoma

Altamente agressivo e produtores de gonadotrofina coriônica humana (hCG).

Tumores de células dos cordões sexuais

Tumores de Sertoli-Leydig (androblastoma/arrenoblastoma)

Causam virilização pela produção de androgênios.

Tumores metastáticos

Tumor de Krukenberg

É metástase frequente de estômago ou cólon, caracterizada pelas células em anel de sinete.

Fatores	
Proteção	Risco
■ Amamentação ■ Uso de contraceptivos orais ■ Laqueadura tubária	■ Menarca precoce ■ Menopausa tardia ■ Mutação BRCA 1 e 2 ■ Síndrome de Lynch ■ Uso de indutores da ovulação

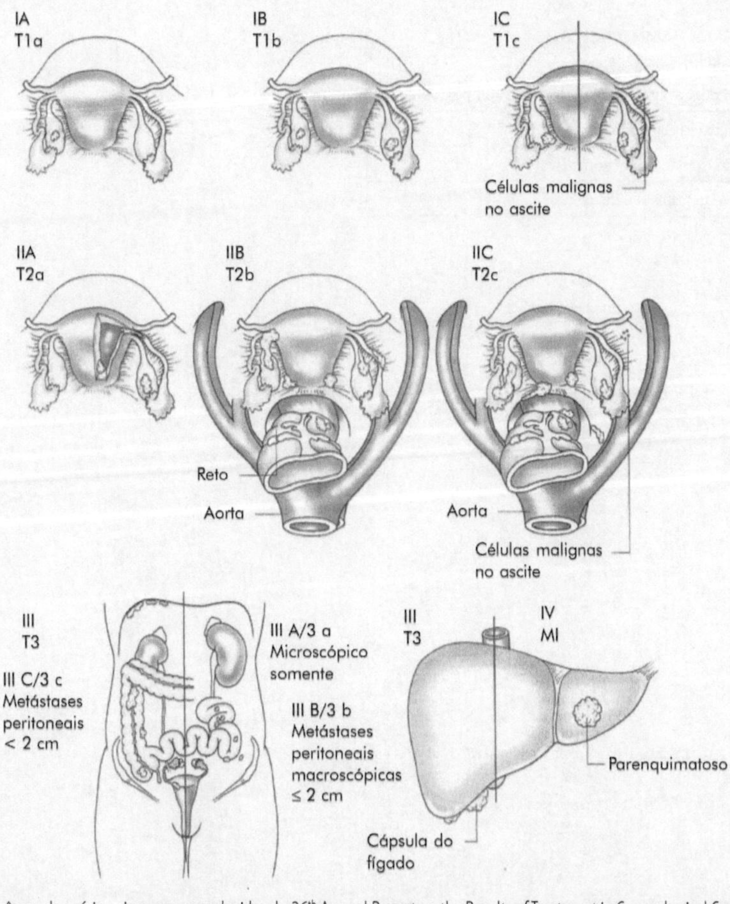

► Estadiamento do câncer de ovário – imagens reproduzidas do 26th Annual Report on the Results of Treatment in Gynecological Cancer, 2006.

O rastreamento é feito por anamnese, exame físico, USTV, dopplerfluxometria e Ca-125. A presença de massa anexial na ultrassonografia não confirma o câncer.

Os marcadores tumorais são as substâncias sintetizadas pelo tumor ou a ele associadas. Os principais são: Ca-125 (tumores epiteliais), antígeno carcinoembrionário (CEA) (cistadenoma mucinoso), β-hCG (embrionário) e alfafetoproteína (embrionário).

A forma de disseminação metastática é via transcelômica! O câncer de ovário apresenta alta letalidade por ser diagnosticado tardiamente, tornando-se, assim, a oitava causa de morte por câncer nas mulheres, principalmente pré-púberes e pós-menopausa.

Estadiamento

Estadiamento
Estágio I - **Ia:** limitado ao ovário unilateral. - **Ib:** limitado ao ovário bilateral. - **Ic:** um ou dois ovários com citologia/lavado positivo.
Estágio II: com extensão à pelve.
Estágio III: com implantes peritoneais.
Estágio IV: com metástases à distância.

Tratamento

Realizam-se salpingo-ooforoplastia unilateral para tumores confinados ao ovário e cirurgia citorredutora para tumores não restritos ao ovário, objetivando deixar a menor quantidade de tumor residual. A cirurgia de *second look* também pode ser empregada com o intuito de vistoriar a cavidade abdominal em um segundo tempo cirúrgico e ressecar quaisquer tumores persistentes, se houver. A quimioterapia é realizada apenas em estágio Ic e tumores grau III.

Critérios da ultrassonografia (malignidade ou suspeita)	**S:** sólido **U:** US Doppler com baixa resistência (IR < 0,4) **S:** septado (espesso) **P:** papilas **E:** espessamento de parede **I:** irregular **T:** tamanho > 8 cm **A:** após a menopausa ou antes da menacma.

CAPÍTULO 58

INFECÇÕES SEXUALMENTE TRANSMISSÍVEIS

58.1. Vulvovaginites e Colpite

São definidas como processos inflamatórios e/ou infecciosos que envolvem a vulva, as paredes vaginais e o epitélio escamoso estratificado do colo uterino.

As vulvovaginites e as colpites são quase sinônimas, baseando-se a diferença no envolvimento da vulva pelas vulvovaginites.

O conteúdo vaginal fisiológico é composto pelo resíduo vaginal (proveniente da secreção das glândulas de Bartholin e Skene), pelos restos celulares e por micro-organismos (90% cândida). A manutenção do pH vaginal entre 3,8 e 4,2 é realizada pela produção de ácido lático proveniente dos *Lactobacillus acidophilus* (bacilos de Döderlein).
Em geral, os *Lactobacillus acidophilus* suprimem o crescimento dos micro-organismos anaeróbios por meio da produção de peróxido de hidrogênio (tóxico). Quando esses bacilos são substituídos por lactobacilos não formadores de peroxidase, ocorre o crescimento de bactérias patogênicas.

Origem infecciosa

Vaginose bacteriana

Trata-se de um conjunto de sinais e sintomas desencadeados pelo desequilíbrio da flora vaginal com crescimento inicial de *Mobiluncus* sp. e *Gardnerella vaginalis* seguido pela formação de uma flora polimicrobiana. A vaginose bacteriana não é definida como uma infecção sexualmente transmissível (IST), pois sua transmissão não é exclusivamente sexual, sendo mais bem elucidada como um desequilíbrio da flora vaginal. Os principais fatores predisponentes para *Gardnerella vaginalis* são uso de duchas vaginais, tabagismo e múltiplos parceiros.

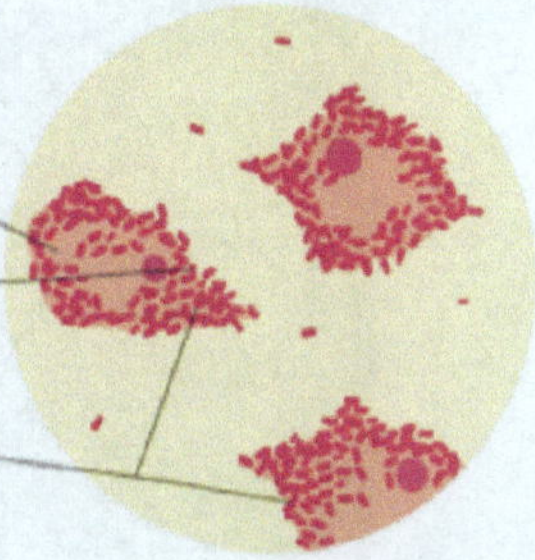

► *"Clue Cells"*, células vaginais com a bactéria dentro delas.

➔ É a principal causa de secreção vaginal!

Manifestações clínicas	Geralmente são assintomáticas, mas podem manifestar secreção vaginal branca-acizentada não aderente, com odor fétido semelhante a peixe podre.

O **diagnóstico** é confirmado pela presença de pelo menos 3 dos 4 critérios de Amsel ou pelo teste de Nugent positivo.

O **tratamento** é realizado apenas nos casos de manifestações clínicas! Preconiza-se a administração de metronidazol 500 mg por via oral (VO) 12/12 horas por 7 dias, exceto gestantes no primeiro trimestre de gravidez, que devem ser tratadas com clindamicina 300 mg VO 2×/dia por 7 dias. Pacientes cujo esfregaço de Papanicolau indica a presença de *Gardnerella*, mas sem clínica, não são tratadas.

Critérios de AMSEL
1. Corrimento branco-acizentado, homogêneo, fino.
2. pH vaginal > 4,5.
3. Teste das aminas positivo (*Whiff Test*): consiste na adição de hidróxido de potássio a 10% na secreção vaginal, desencadeando um odor desagradável.
4. Presença de "*Clue Cells*" no exame microscópico a fresco da secreção vaginal (células-alvo, células-guias).

O tratamento do parceiro não aumenta as taxas de cura nem diminui a recorrência.

Candidíase vulvovaginal

É a infecção fúngica causada, em 85% dos casos, pela *Candida albicans* e, nos 15% restantes, por outras espécies não *albicans*. É a segunda causa mais comum de secreção vaginal, com incidência de 75% nas mulheres em pelo menos um episódio na vida.

Fatores de risco
■ Gravidez
■ Uso de anticoncepcionais orais
■ Uso de antibióticos
■ Diabetes melito
■ Obesidade
■ Hábitos de higiene
■ Roupas que diminuem a ventilação e aumentam o calor local.

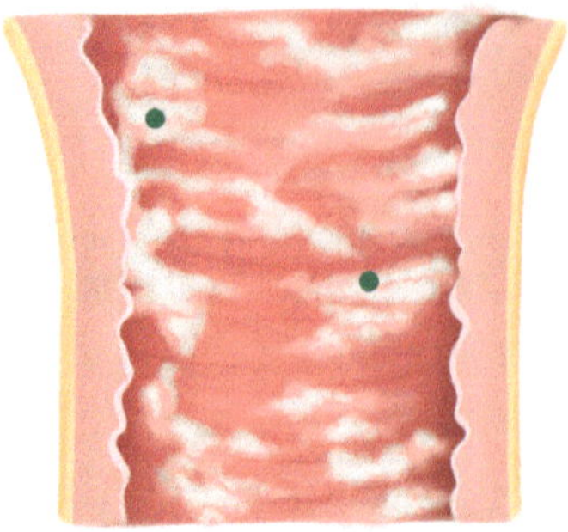

► Infecção fúngica causada pela *Candida albicans* nas paredes vaginais.

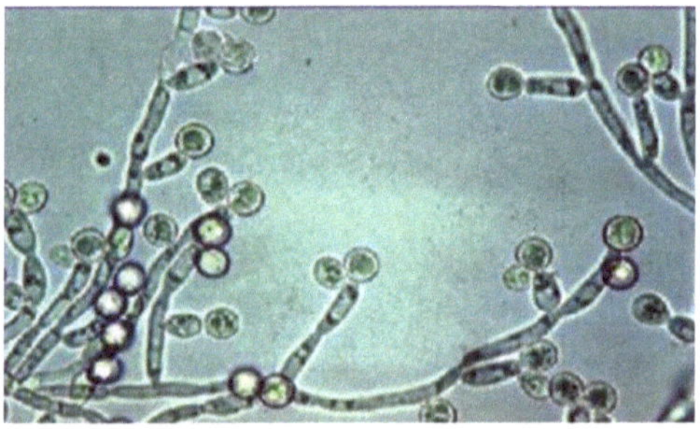

► Exame a fresco (40-60%), presença de pseudo-hifas e esporos morfologicamente semelhantes a *Candida* sp.

As manifestações clínicas envolvem prurido vulvovaginal significativo associado a queimação vulvovaginal, dor à micção (disúria), secreção vaginal branca com grumos inodora, aspecto caseoso ("leite coalhado"), pH < 4,5 e pseudo-hifas.

O **diagnóstico** é realizado pela cultura em meio de Sabouraud, com teste das aminas (Whiff) negativo e exame microscópico revelando a presença de pseudo-hifas e esporos.

O **tratamento** envolve creme imidazólico local (miconazol a 2% por 7 noites, nistatina 100.000 UI por 14 noites) ou fluconazol 150 mg VO em dose única. O tratamento de parceiros só é recomendado para os casos sintomáticos.

Para casos de candidíase recorrente, recomenda-se o tratamento por 14 noites ou fluconazol 150 mg VO 1×/dia nos dias 1, 4 e 7 seguido de manutenção 1×/semana por 6 meses.

Tricomoníase

É uma infecção causada por um protozoário flagelado denominado *Trichomonas vaginalis*. Terceira causa de corrimento vaginal, a tricomononíase é uma IST cuja transmissão é quase unicamente sexual, portanto o principal fator de risco é a atividade sexual.

As manifestações clínicas envolvem secreção vaginal amarelo-esverdeada bolhosa associada a odor desagradável e caráter inflamatório.

O pH vaginal é > 5 (normalmente entre 5 e 6) e a colposcopia revela um colo em framboesa ou colo em morango. No teste de Schiller, nota-se um colo uterino tipicamente em aspecto tigroide ou em "pele de onça".

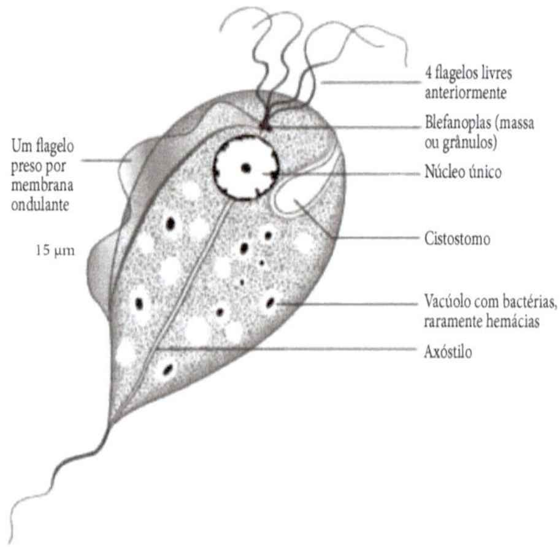

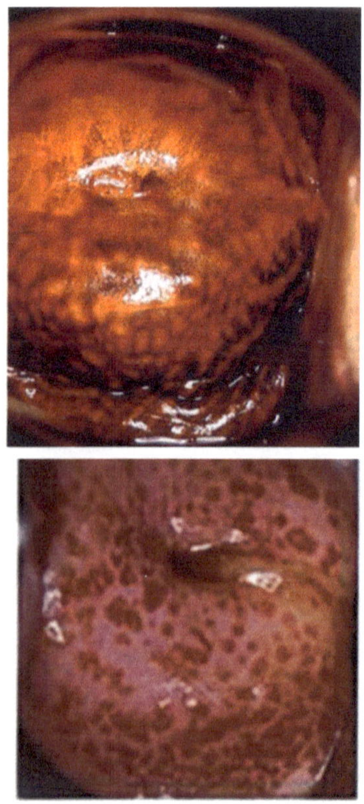

► Colpite em "aspecto de morango".

O **diagnóstico** é confirmado pelo teste das aminas (Whiff) positivo associado a microscopia a fresco do fluido vaginal, que revela o protozoário móvel. A cultura em meio de Diamond é considerada o padrão-ouro para o diagnóstico.

O **tratamento** envolve metronidazol 500 mg VO 12/12 horas por 7 dias, inclusive para gestantes. É necessário investigar outras ISTs e também convocar e tratar os parceiros.

> A tricomoníase sempre deve ser tratada, até mesmo nos casos de pacientes assintomáticas com "achado" no exame preventivo de Papanicolau.

Vaginite descamativa

É uma vaginite purulenta que ocorre na ausência de processo inflamatório. A etiologia é desconhecida e os critérios diagnósticos envolvem conteúdo vaginal purulento em grande quantidade e pH vaginal alcalino. O tratamento envolve o uso de clindamicina creme a 2% por via vaginal por 7 dias.

Vulvovaginites e vaginoses não infecciosas

Vulvovaginite inespecífica

É a inflamação dos tecidos da vulva e da vagina na qual não se identifica um agente principal. É a vulvovaginite mais frequente na população infanto-juvenil e compreende cerca de 70% das queixas ginecológicas desse grupo.

> É a principal causa de secreção vaginal juvenil!

As manifestações clínicas envolvem a presença de leucorreia, prurido vulvar, disúria e secreção vaginal.

O **diagnóstico** é de exclusão das demais causas de vulvovaginites, além da investigação com parasitológico de fezes (PPF) para diagnóstico diferencial com parasitoses.

O **tratamento** envolve manter boas medidas higiênicas, evitar roupas sintéticas e banhos de assento, investigar a possibilidade de corpos estranhos e instituir tratamento para parasitoses intestinais (se confirmadas).

Vaginose citolítica

É a secreção vaginal caracterizada pelo aumento excessivo de lactobacilos, citólise importante e escassez de leucócitos. Ocorre principalmente em mulheres na fase lútea, gestantes e portadoras de diabetes melito. O tratamento envolve a alcalinização do meio vaginal com banhos de assento com 30-60 g de bicarbonato de sódio.

Vaginite atrófica

É a vaginite que surge como consequência de uma deficiência de estrogênio. Acomete principalmente as mulheres na menopausa, ooforectomizadas, no pós-parto e usuárias de medicamentos (bloqueadores de receptores estrogênicos e análogos de hormônio de liberação da gonadotrofina [GnRh]). O tratamento envolve a reposição estrogênica local.

58.2. Cervicites e Uretrites

Os principais agentes etiológicos das cervicites abrangem o gonococo *Neisseria gonorrhoeae* e a *Chlamydia trachomatis.*

Cervicite	É a inflamação do epitélio colunar endocervical, ou seja, epitélio glandular do colo uterino.
Uretrite	É a inflamação do canal da uretra. É mais comum no sexo masculino.

As manifestações clínicas envolvem:

- **Na mulher:** secreção vaginal cervical, colo hiperemiado, friável, sinusorragia e dispareunia. As principais complicações são: doença inflamatória pélvica (DIP), salpingite e bartolinite (necessária a drenagem por bartolinectomia ou marsupialização).
- **No homem:** prurido, disúria, secreção mucoide purulenta. As principais complicações são balanopostite, prostatite, epididimite, estenose uretral, artrite, pielonefrite, miocardite, conjuntivite, septicemia.

O **diagnóstico** da cervicite por gonococo é pela cultura em meio de Thayer-Martin ou New York. Para a clamídia, é a cultura em células de McCoy.

Tratamento	
Gonococo	Ceftriaxona 500 mg por via intramuscular (IM) ou ciprofloxacino 500 mg VO, ambos em dose única.
Clamídia	Azitromicina 1 g VO em dose única ou doxiciclina 100 mg VO 12/12 horas por 7 dias.
→ É necessário convocar e tratar os parceiros, preferencialmente com medicamentos de dose única.	

58.3. Doença Inflamatória Pélvica

A DIP é um conjunto de sinais e sintomas secundários à ascensão e à disseminação de micro-organismos provenientes da vagina e da endocérvice para o trato genital feminino superior, podendo acometer útero, tubas uterinas, ovários, superfície peritoneal e outras estruturas contínuas.
Os agentes primários da DIP são: *Neisseria gonorrhoeae* (30% dos casos) e *Chlamydia trachomatis* (30% dos casos). Posteriormente, a microbiota se torna polimicrobiana, adicionando outros micro-organismos, como bactérias facultativas anaeróbias, citomegalovírus (CMV), *M. genitalium*, *M. hominis* e *U. urealyticum*.

Os principais fatores de risco são história prévia de IST ou DIP e início precoce da atividade sexual.

Fisiopatologia

- A DIP começa como uma **endometrite** e avança em direção às tubas uterinas, causando intensa reação inflamatória pelas lesões direta e indireta.
- Essa intensa inflamação é responsável pela formação de aderências que podem envolver o ovário (formando o abscesso tubo-ovariano) e progredir para a cavidade peritoneal (formando os abscessos em fundo de saco de Douglas, entre alças intestinais e no espaço subdiafragmático).
- A reação inflamatória pode propagar-se até a superfície hepática, formando pequenos abscessos (síndrome de Fitz-Hugh-Curtis) em sua fase aguda e aderências do tipo "corda de violino" na sua fase crônica.

Diagnósticos

Maiores (ou mínimos)
■ Dor abdominal infraumbilical ou dor pélvica ■ Dor à palpação de anexos ■ Dor à mobilização do colo uterino
Menores (ou adicionais)
■ Febre ■ Secreção endocervical anormal ■ Massa pélvica ■ Leucocitose ■ PCR ou velocidade de hemossedimentação (VHS) elevadas ■ Comprovação laboratorial de infecção cervical por gonococo, clamídia ou micoplasma.
Elaborados (ou definitivos)
■ Evidência histopatológica de endometrite (via biópsia) ■ Presença de abscesso tubo-ovariano ou em fundo de saco de Douglas ■ Videolaparoscopia com evidências de DIP

O **diagnóstico** requer a presença de 3 critérios maiores e 1 menor ou apenas 1 elaborado.

Tratamento

Envolve a classificação segundo MONIF para diferenciar os casos que podem ser tratados de forma ambulatorial daqueles que precisam de internação hospitalar e/ou cirurgia.

MONIF		Tratamento
Estágio 1	Endometrite sem peritonite.	Ambulatorial
Estágio 2	Salpingite aguda com peritonite.	Hospitalar
Estágio 3	Salpingite aguda com abscesso tubo-ovariano (oclusão tubária).	Hospitalar
Estágio 4	Abscesso tubo-ovariano roto com secreção purulenta na cavidade peritoneal ou abscesso maior que 10 cm.	Hospitalar e cirúrgico

➔ A pacientes gestantes, imunocomprometidas ou com ausência de resposta adequada ao tratamento ambulatorial nas primeiras 72 horas também se recomenda o tratamento hospitalar!

Tratamento		
Tratamento	■ **Ambulatorial:** ceftriaxona 500 mg IM em dose única associada a doxiciclina 100 mg 12/12 horas por 14 dias.	Nos tratamentos ambulatoriais, recomenda-se o retorno para avaliação em 48-72 horas
	■ **Hospitalar:** clindamicina 900 mg IV 3×/dia por 14 dias associada a gentamicina (ou cefoxitina 2 g IV 4×/dia por 14 dias associada a doxicilina 100 mg 12/12 horas por 14 dias).	

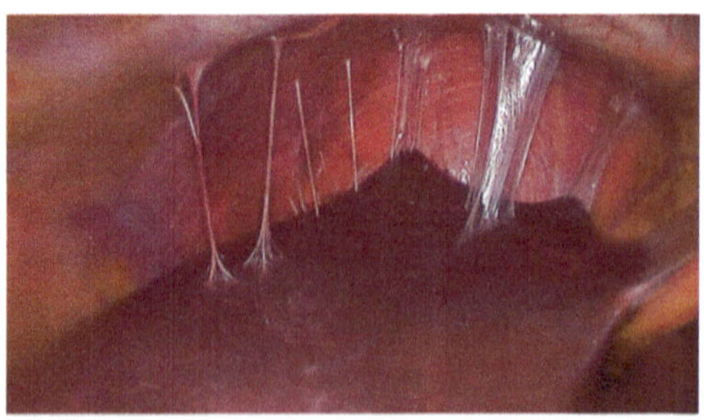

No **tratamento**, os casos de falha clínica ou suspeita de rotura de abscesso são indicativos de eleição para cirurgia. Já o tratamento dos parceiros sexuais é recomendado nos casos em que ocorreu contato com a paciente acometida nos últimos 60 dias.

Sequelas	
Precoces	Aderências peri-hepáticas em cordas de violino (Fitz-Hugh-Curtis).
Tardias	Infertilidade, gravidez ectópica, dispareunia.

Síndrome de Fitz-Hugh-Curtis	Representa os achados de peri-hepatite associados a uma cápsula hepática (cápsula de Glisson) edemaciada com caráter inflamatório e exsudativo e adesões fibrinosas entre os peritônios parietal e visceral denominadas "cordas de violino".

58.4. Úlceras Genitais

O termo "úlcera" representa um defeito transcutâneo, abrangendo vários tipos de lesões: úlcera, mácula, pápula, placa, verruga ou pústula.

Cancro mole

É uma doença causada pelo *Haemophilus ducreyi* que geralmente se manifesta com úlceras múltiplas com fundo sujo, dolorosas, odor fétido e que fistulizam para um único orifício. O tratamento envolve o uso de azitromicina 1 g VO em dose única.

Herpes genital

É uma doença causada pelo HSV-1 e HSV-2. Apresenta-se como uma úlcera dolorosa de fundo limpo que é precedida por vesículas e associada a adenopatia dolorosa que não fistuliza. O tratamento envolve aciclovir 400 mg 3×/dia por 7-10 dias e higienização com neomicina.

Sífilis

É uma doença infecciosa causada pela bactéria espiroqueta *Treponema pallidum.*

Manifestações clínicas

- **Primária:** cancro duro, úlcera única, indolor e a que some.
- **Secundária:** condiloma plano, roséola, sifílides, madarose.
- **Terciária:** *tabes dorsalis*, aneurisma de aorta, artropatia de Charcot.

O **diagnóstico** é feito pelos métodos de sorologia (treponêmica ou não treponêmica).

➔ O **tratamento** recomenda o uso de penicilina G benzatina IM estratificada na forma de 2,4 milhões de UI para os casos de sífilis primária, secundária ou latente recente. Doses de 7,2 milhões de UI (2,4 milhões de UI/semana) para os casos de sífilis terciária e indeterminada.

Reação de Jarisch-Herxheimer
Ocorre em cerca de 50%-75% dos pacientes que iniciaram tratamento de sífilis recente. Caracteriza-se por reações adversas como febre, exantema, cefaleia e mialgia. Apenas cuidados sintomáticos são recomendados, não justificando a interrupção do esquema terapêutico. A profilaxia dessa reação é feita com 40 mg de metilprednisona 30 minutos antes da dose de penicilina.

Linfogranuloma

(Mula, Bubão, Doença de Nicolas-Favre-Durand) É uma doença causada pela *Chlamydia trachomatis* dos sorotipos L1, L2 e L3. Apresenta-se como úlcera única, indolor, associada a adenopatia com fistulização em vários orifícios ("bico de regador") e estiomene (linfedema vulvar). O tratamento envolve doxiciclina 100 mg 12/12 horas VO por 21 dias ou azitromicina 1 g 1×/semana por 3 semanas.

Donovanose

É uma doença causada pela *Klebsiella granulomatis* (antigamente denominada *Calymmatobacterium granulomatis*), também é conhecida como *Donovania granulomatis.* Apresenta-se como uma úlcera indolor, crônica, com corpúsculos de Donovan (demonstrados na biópsia). É importante realizar o diagnóstico diferencial com câncer.

➔ O **tratamento** envolve o uso de doxiciclina 100 mg 12/12 horas por 21 dias (ou até o desaparecimento da lesão) ou azitromicina.

Pesquisa laboratorial de doenças venéreas (VDRL)	Teste de absorção de anticorpo fluorescente antitreponêmico (FTA-Abs)	Interpretação
-	-	Negativo ou janela imunológica.
-	+	Sífilis primária ou curada.
+	-	Falso positivo.
+	+	Doença não tratada ou tratada recentemente.

Gestante	■ **VDRL < 1:8** = PEDIR FTA-Abs.
	■ **VDRL ≥ 1:8** = tratar e fazer controle de cura mensal.

58.5. Violência Sexual e Infecçõs Sexualmente Transmissíveis

O atendimento de pacientes vítimas de violência sexual envolve, inicialmente, notificação, solicitação de exames (VDRL, antígeno de superfície do vírus da hepatite B [HBsAg], vírus da hepatite C [HCV] e vírus da imunodeficiência humana [HIV]) e exame físico. Não é necessário solicitar boletim de ocorrência (BO).

Contracepção	É indicada para aquelas pacientes que não utilizam algum método anticonceptivo. É realizada pelo método de levonorgestrel (1,5 mg VO ou 0,75 mg 12/12 horas - iniciado em até 72 horas) ou pelo método de YUZPE (associação de estrogênio e levonorgestrel - iniciado em até 5 dias). → É permitida a interrupção da gravidez até a 20ª semana de gestação.
Hepatite C	Não se recomenda a profilaxia.
Hepatite B	É realizada vacinação sob esquema 0, 1 e 6 meses associada à imunoglobulina humana. É indicada apenas para mulheres não imunizadas ou que desconhecem seu estado vacinal. A profilaxia deve ser iniciada em até 14 dias.
HIV	Recomenda-se o uso de tenofovir (TDF) + lamivudina (3TC) + atazanavir/ritonavir (ATV/r). O ATV/r pode ser substituído por dolutegravir por 28 dias, caso iniciado em até 72 horas.
Sífilis	Penicilina G benzatina 2,4 milhões UI por via IM.
Gonorreia	Ceftriaxona 500 mg IM.
Clamidíase e cancro mole	Azitromicina 1 g VO.
Tricomoníase	Metronidazol 2 g VO (após o tratamento antirretroviral).

SEÇÃO 13 – OBSTETRÍCIA

Capítulo 59 – Gravidez

59.1. Diagnóstico 390
59.2. Modificações Gestacionais 391
59.3. Assistência Pré-natal 392
59.4. Aconselhamento Genético Pré-natal 394

Capítulo 60 – Parto – Parte 1

60.1. Conceitos do Parto 395
60.2. Trajetória 395
60.3. Motricidade 397
60.4. Estática Fetal e Mecanismo do Parto 398
60.5. Tempos do Parto 402

Capítulo 61 – Parto – Parte 2

61.1. Fases Clínicas (ou Períodos) do Parto e Distocias ... 403
61.2. Fórceps 406
61.3. Vacuoextrator 407
61.4. Indicações de Cesárea 408
61.5. Prematuridade 408
61.6. Rotura Prematura de Membranas Ovulares 410

Capítulo 62 – Sangramento na Gestação

62.1. Tipos de Abortamento 411
62.2. Gravidez Ectópica 412
62.3. Mola Gestacional (Doença Trofoblástica) 413
62.4. Hemólise Fetal (Doença Hemolítica) 414
62.5. Descolamento Prematura da Placenta 416
62.6. Placenta Prévia 417
62.7. Inserção Anômala da Placenta 417
62.8. Rotura Uterina 418
62.9. Rotura de *Vasa* Prévia 418
62.10. Rotura de Seio Marginal 418

Capítulo 63 – Afecções Maternas na Gestação

63.1. Doença Hipertensiva 419
63.2. Diabetes Melito 421
63.3. Bacteriúria Assintomática e Infecção do Trato Urinário 422
63.4. Gemelaridade 422

Capítulo 64 – Sofrimento Fetal e Puerpério

64.1. Sofrimento Fetal Agudo 425
64.2. Sofrimento Fetal Crônico (ou Insuficiência Placentária) 426
64.3. Perfil Biofísico Fetal 427
64.4. Puerpério Fisiológico 427
64.5. Puerpério Patológico 428

ANOTAÇÕES:

CAPÍTULO 59

GRAVIDEZ

59.1. Diagnóstico

<table>
<tr><td rowspan="7">Fecundação</td><td colspan="2">O espermatozoide (sptz) ascende pelo trato genital feminino e passa por transformações fisiológicas ultraestruturais e bioquímicas denominadas capacitação.</td></tr>
<tr><td rowspan="6">Etapas</td><td>Etapa 1: penetração dos sptz na coroa radiada.</td></tr>
<tr><td>Etapa 2: penetração dos sptz na zona pelúcida.</td></tr>
<tr><td>Etapa 3: fusão das membranas plasmáticas do sptz e do oócito.</td></tr>
<tr><td>Etapa 4: término da segunda divisão meiótica do oócito secundário.</td></tr>
<tr><td>Etapa 5: formação do pró-núcleo masculino.</td></tr>
<tr><td>Etapa 6: fusão dos pró-núcleos feminino e masculino.</td></tr>
<tr><td colspan="3">➔ A implantação ocorre na fase de blástula.</td></tr>
</table>

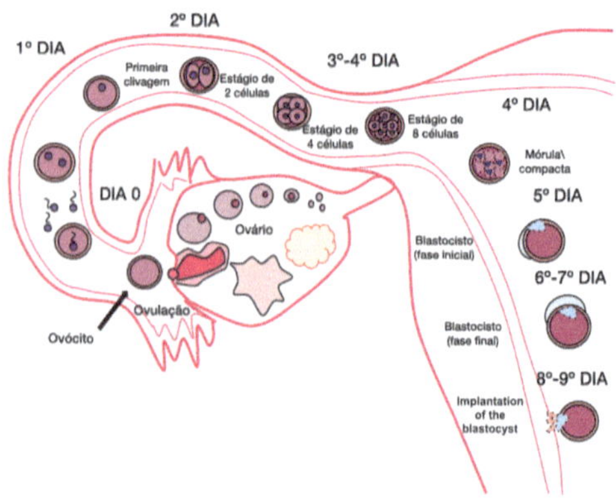

Diagnóstico clínico

Presunção: "lembrar", são alterações sistêmicas

- sialorreia (salivação);
- aumento da sensibilidade álgica mamária;
- frequência urinária aumentada;
- distensão abdominal e constipação;
- tonteiras, sonolência e fadiga;
- atraso menstrual < 2 semanas.

Alterações cutâneas

- **cloasma gravídico:** hiperpigmentação da face;
- **linha *nigra*:** aumento de melanina na linha alba;
- **sinal de Halban:** aumento da lanugem.

Alterações mamárias

- **tubérculos de Montgomery:** glândulas sebáceas hipertrofiadas;
- **rede de Haller:** aumento da vascularização venosa;
- **sinal de Hunter:** hiperpigmentação dos mamilos.

Probabilidade: "quase lá", são alterações em útero, vagina, vulva

- Atraso menstrual > 2 semanas.
- Gonadotrofina coriônica humana (hCG).
- **Sinal de Hegar:** região ístmica amolecida, possibilitando a flexão do corpo sobre o colo uterino quando realizado o toque bimanual.
- **Sinal de Piskacek:** assimetria uterina à palpação decorrente de a implantação ovular desencadear um crescimento assimétrico.
- **Sinal de Nobile-Budin:** preenchimento do fundo de saco vaginal pelo útero gravídico. A forma piriforme se transforma em globosa, ocupando o fundo de saco.
- **Regra de Goodel:** amolecimento do colo uterino percebido ao toque.
- **Sinal de Jacquemier ou Chadwick:** coloração violácea da mucosa vulvar e do meato urinário.
- **Sinal de Kluge:** coloração violácea da mucosa vaginal.
- **Sinal de Osiander:** pulso vaginal.
- **Sinal de Holzapfel:** aspereza peritoneal uterina devido à congestão causada pela gestação.

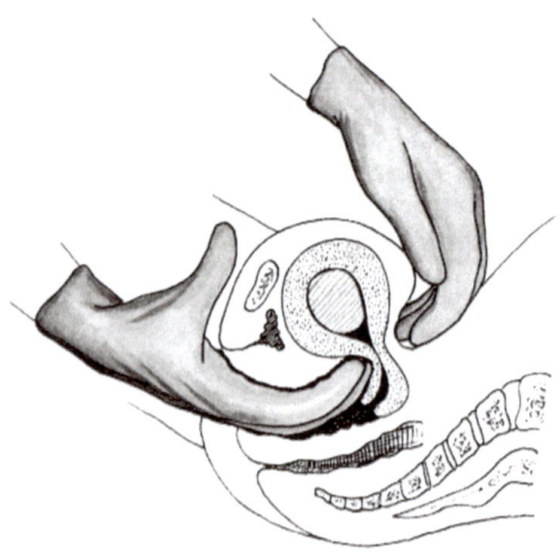

► Sinal de Hegar: amolecimento do istmo uterino observado ao toque combinado.

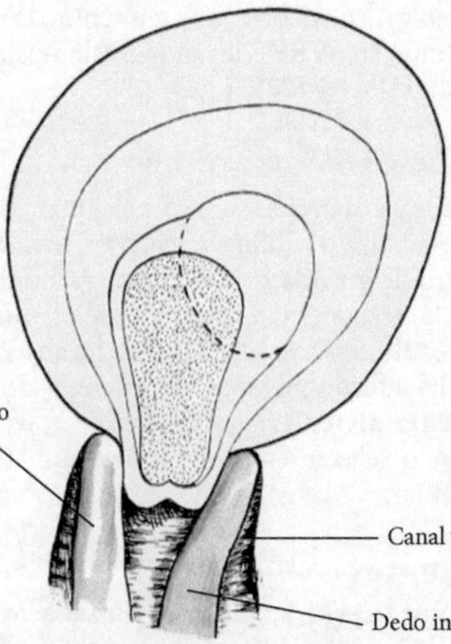

► Sinal de Piskacek: abaulamento da parede uterina no local da implantação do ovo. Sinal de Nobile-Budin: preenchimento dos fundos de saco laterais.

Certeza: "feto"

- **Ausculta dos batimentos cardiofetais:** Pinnard às 20 semanas, Sonar Doppler às 10 semanas.
- **Percepção de partes e movimentos fetais:** observados pelo médico a partir da 18ª-20ª semana.
- **Sinal de Puzos ou rechaço:** discreto impulso no útero durante o toque vaginal que produz deslocamento do feto e retorno do mesmo como um pêndulo.

Diagnóstico laboratorial

A molécula de hCG é composta por duas subunidades: a subunidade alfa, comum em hormônios como o luteinizante (LH), o foliculoestimulante (FSH) e o tireoestimulante (TSH), e a subunidade beta, específica para a gonadotrofina coriônica.

O pico de secreção de β-hCG ocorre entre 8 e 10 semanas, sendo o exame mais sensível e podendo ser feito por exame de urina (com sensibilidade para 14 dias de atraso menstrual) ou por hemaglutinação passiva reversa (com sensibilidade para 1-3 dias de atraso menstrual).

β-hCG	
Urina	14 dias
Hemaglutinação	1-3 dias

➔ β-hCG acima de 1.000 UI/l assegura presença de gestação em 95% casos.

Data provável do parto	O cálculo é feito pela regra de Nägele: 7 (dias) e +9 (meses) na data da última menstruação (ou +7 [dias] e -3 [meses]).

Diagnóstico ultrassonográfico

Correlação da via da ecografia obstétrica e das estruturas embrionárias com a idade gestacional	
Ultrassonografia transvaginal (USTV)	
Saco gestacional	4 semanas
Vesícula vitelina	5 e 6 semanas
Embrião/eco fetal com batimentos cardiofetais (BCFs)	6 e 7 semanas/saco gestacional (SG) ≥ 25 mm
Cabeça fetal	11 a 12 semanas
Placenta	12 semanas
➔ Tudo o que se pode observar na US abdominal no primeiro trimestre pode ser observado pela USTV uma semana antes! Somente os batimentos cardioembrionários são detectados na mesma idade gestacional em ambas as vias ultrassonográficas.	

Correlação entre valores de β-hCG e as estruturas observadas na ecografia	
Valores de β-hCG	USTV
1.000 mUI/ml	Saco gestacional
7.200 mUI/ml	Vesícula vitelina
10.800 mUI/ml	Embrião com batimentos cardíacos
Adendo: a US na 6ª-12ª semana é a mais fidedigna para determinar a idade gestacional pela medida do comprimento-crânio-nádega (CCN).	

59.2. Modificações Gestacionais

Modificações cutâneas

- **Estrias gravídicas (ou víbices):** são alterações atróficas que traduzem o estiramento das fibras colágenas.

Modificações nas mamas e no aparelho genital

- **Útero:** na 12ª semana de gestação, o útero é palpável logo acima da sínfise púbica no abdome materno. Na 16ª semana, encontra-se no meio do caminho entre a sínfise púbica e a cicatriz umbilical. Na 20ª semana, o útero atinge a cicatriz umbilical. Na 40ª semana, tangencia o apêndice xifoide.

➔ Idade gestacional (IG) e altura do fundo uterino (AFU) 20-30 semanas = centímetros.

Modificações metabólicas

- **Hídrica:** ocorre retenção de água, provocando hiperaldosteronismo secundário com queda da pressão coloidosmótica e da albumina, levando ao edema.

- **Proteica:** apesar do aumento da produção proteica compensatória, existe muito líquido, diluindo o sistema.
- **Carboidratos:** a gestação se caracteriza por leve hiperinsulinemia, hipoglicemia de jejum e hiperglicemia pós-prandial, visto que o corpo prioriza mandar glicose para o feto. Na segunda metade da gestação, existe o crescimento de hormônios contrainsulínicos: estrogênio, progesterona, lactogênio placentário e cortisol. Estes hormônios estimulam a lipólise e desenvolvem resistência periférica insulínica, com diminuição do consumo de glicose.

Modificações hematológicas

- **Volume plasmático:** sofre um aumento de 50% na gestação, levando à hemodiluição, que resulta na anemia fisiológica.
- **Eritrócitos:** há um aumento de cerca de 20%-30% no número de hemácias, com queda do hematócrito devido à hemodiluição.
- **Leucócitos:** leucocitose sem aumento de bastões.
- **Fatores de coagulação:** estabelecem um estado de hipercoagulabilidade, já que ocorre aumento do fibrinogênio e dos fatores de coagulação, com redução da fibrinólise e dos fatores XI e XIII (hipercoagulabilidade + estase, faltando apenas lesão endotelial para completar a tríade, que é adquirida no pós-parto).

Modificações hemodinâmicas

- **Coração:** há um aumento de 10-15 bpm na frequência cardíaca materna devido à síndrome hipercinética causada pela anemia fisiológica. Apresenta uma semiologia com sopros sistólicos e extrassístoles, além de desdobramento da primeira bulha, porém sem alterações no ECG.
- **Débito cardíaco:** aumenta 30%-40% na 20ª-24ª semana, visto que o desenvolvimento placentário acarreta queda da resistência vascular periférica (RVP) (pois funciona como uma fístula arteriovenosa). Na ausência da 2ª onda de invasão trofoblástica, ocorre um aumento do DC, sem diminuição da RVP, levando à eclâmpsia (pressão arterial [PA] = RVP × DC).

Modificações osteoarticulares

- **Postura e marcha:** o peso adicional da gestação desestabiliza o equilíbrio materno, deslocando seu centro de gravidade para frente. A fim de corrigir isso, a gestante assume a atitude involuntária de lordose lombar associada à marcha anserina, o que resulta em compressões radiculares e lombalgia.
- **Sistema articular:** a embebição gravídica promove o relaxamento dos ligamentos do sistema articular.

Modificações respiratórias

- **Alcalose respiratória compensada:** a gestante amplia a expansão torácica, aumentando o tempo de expiração e o volume corrente, o que leva a uma queda da pressão parcial de gás carbônico ($PaCO_2$) para não ocorrer hipóxia fetal. Essa queda facilita o transporte placentário de CO_2 do feto para a circulação materna. A sensação de dispneia fisiológica das gestantes decorre da queda da $PaCO_2$.

Modificações urinárias

- **Rim:** aumento de 50% na taxa de filtração glomerular (TFG), glicosúria fisiológica, queda de 50% na ureia e creatinina.
- **Ureteres:** sofrem compressão ou obstrução pelo crescimento uterino e pela congestão do plexo venoso ovariano, que é mais frequente à direita, pois a posição do útero é mais à direita.

Modificações gastrointestinais

- Ocorre relaxamento do esfíncter esofagiano (favorecendo refluxo), da vesícula (aumentando o risco de colelitíase) e do estômago (favorecendo broncoaspirações), além de diminuição da peristalse (levando a constipações).

59.3. Assistência Pré-natal

Vitaminas	■ **Sulfato ferroso:** é utilizado a partir da 20ª semana até 2-3 meses pós-parto. A dosagem profilática é de 30-60 mg Fe^{+3}. Gestantes com hemoglobina (Hb) ≤ 11 mg/dl também devem fazer uso de sulfato ferroso. ■ **Ácido fólico:** previne defeito no tubo neural e anemia megaloblástica. É utilizado na dosagem de 400 mcg a partir de 3 meses antes da gravidez até o fim da gestação. Para pacientes usuárias de anticonvulsivantes ou gestação prévia com defeito do tubo neural, a dosagem é de 4.000 mcg (4 mg).
Consultas	Mínimo de SEIS (1º trimestre = 1; 2º trimestre = 2; 3º trimestre = 3).

Exercício físico	Prática normal.
Atividade sexual	Normal (não leva ao trabalho de parto prematuro, exceto em caso de bolsa rota ou sangramento).
Exames	■ HMG ■ Urina 1 e urocultura ■ Sorologia antígeno de superfície do vírus da hepatite B (HBsAg) ■ ABO-Rh ■ Testagem antivírus da imunodeficiência humana (HIV) ■ Pesquisa laboratorial de doenças venéreas (VDRL) ■ Glicemia de jejum ■ Sorologia para toxoplasmose

É necessário repetir os seguintes exames: VDRL, HIV, glicemia, urina 1, HMG, urocultura e HBsAg na 30ª semana.

A colpocitologia não sofre alterações devido à gestação.

A ultrassonografia não é obrigatória, mas, quando é realizada na 11ª-14ª semana, é útil para avaliar a translucência nucal (TN). Quando realizada na 20ª-24ª semana, é útil para avaliar a morfologia fetal.

Toxoplasmose e gestação

Imunoglobulina M (IgM)	IgG	Tratamento	Conclusão
-	+	Não	Paciente imune/infecção crônica
-	-	Não	Paciente suscetível
+	-	Sim	Infecção aguda ou falso positivo
+	+	?	Infecção aguda ou crônica?
+	Baixa avidez	Sim	Infecção aguda
+	Alta avidez	Não	Infecção crônica
Pacientes com IgM e IgG positivas devem ser submetidas ao teste de avidez para a diferenciação entre infecção aguda e crônica, além da testagem para IgA ou, ainda, pareamento sorológico.			

Teste de avidez	É útil para diferenciar se a infecção é aguda (< 4 meses) ou crônica (> 4 meses). Valores de avidez > 60% representam uma doença > 4 meses, e valores < 30%, o inverso. O teste é utilizado apenas em gestações com menos de 4 meses, pois além desse período as pacientes são tratadas para infecção aguda.
Tratamento	Envolve o uso de espiramicina e rastreio de toxoplasmose no feto por amnio/cordocentese. Nos casos positivos, preconiza-se o tratamento com sulfadiazina, pirimetamina e ácido fólico.

Rastreio e profilaxia para infecção por *Streptococcus* do grupo B (GBS)

Aualmente recomenda-se que todas as gestantes com idade gestacional de 35-37 semanas sejam rastreadas mediante *swab* vaginal e retal. O tratamento é feito com penicilina G cristalina, 5 milhões UI como dose de ataque + 2,5 milhões UI de 4/4 horas.

Sem necessidade de rastreamento	Necessidade de profilaxia	Sem necessidade de profilaxia
■ Filho anterior com GBS ■ Bacteriúria atual para GBS	■ Cultura positiva ■ Gestante com fator de risco (amniorrexe > 18 h, temperatura intraparto ≥ 38ºC, trabalho de parto prematuro) ■ Cultura positiva em qualquer fase da gestação	■ Submetidas à cesariana eletiva ■ Cultura negativa

Vacinas

Vacina	Permitidas	Contraindicadas na gestação	Composição
Hepatite A	X		Vírus inativado
Hepatite B	X		Partículas virais
Influenza	Recomendada		Vírus inativado
Coqueluche	X		Antígeno inativo
Cólera	X		Antígeno inativo
Raiva	X		Vírus inativado
Tétano/difteria	Recomendada*		Toxoide diftérico e tetânico
N. meningitidis	X		Polissacarídeos
Tríplice bacteriana acelular (dTPA)	Retomar a cada gestação		
Sarampo		X	Vírus vivo atenuado
Caxumba		X	Vírus vivo atenuado
Rubéola		X	Vírus vivo atenuado
Pneumococo		Deve ser evitada	Antígenos capsulares
Pólio (vacina da poliomielite inativada [IPV])	SALK	SABIN	Inativado/atenuado
Varicela		X	Vírus vivo atenuado
Bacilo de Calmette-Guérin (BCG)		Deve ser evitada	Bactérias atenuadas
Febre amarela		Deve ser evitada	Vírus vivo atenuado
Papilomavírus humano (HPV) (quadrivalente)		X	Partículas virais

59.4. Aconselhamento Genético Pré-natal

- A todo casal sem qualquer fator de risco deve ser oferecido o rastreio de anomalias cromossômicas, incluindo testes biofísicos e bioquímicos.
- A todo casal com algum fator de risco para anomalias fetais deve ser oferecido o exame invasivo para análise do cariótipo fetal, independente do resultado dos exames de rastreio.
- Os exames não invasivos são métodos de rastreio, e não de diagnóstico, e, na presença de alterações, sempre deve ser oferecido o exame invasivo.
- O aumento da alfafetoproteína é sugestivo de defeito do tubo neural, que é facilmente diagnosticado no exame ultrassonográfico. De qualquer modo, o exame invasivo deve ser oferecido ao casal pela possibilidade de associação a aneuploidias.

Testes bioquímicos
Teste duplo (11ª-13ª semana): hCG + proteína plasmática A associada à gravidez (PAPP-A).
Teste triplo (> 15ª semanas): hCG + alfafetoproteína (AFP) + estriol.
Teste quádruplo: hCG + AFP + estriol + inibina A.

- As principais alterações que podem ser encontradas na síndrome de Down no 1º trimestre são: queda de AFP, PAPP-A, estriol (APAE).

AFP	PAPP-A	Estriol	Inib-A	hCG
↓	↓	↓	↑	↑
TN	**Osso nasal**		**Ducto venoso**	
≥ 2,5 mm	Pequeno ou ausente		Onda A ausente ou reversa	

- A medida da TN deve ser realizada entre 11ª e 14ª semanas, quando o CCN varia de 45 a 84 mm, avalia o osso nasal, o ducto venoso e a transnucência nucal.
- Idade gestacional, em semanas, para realização dos exames invasivos para análise do cariótipo fetal:

Procedimento	Período indicado	Taxa de perda fetal	Tempo para resultado
Biópsia de vilo corial	10-13 semanas	0,5 %	3 a 7 dias
Amniocentese	≥ 14 semanas	< 0,5 %	2 a 3 semanas
Cordocentese	≥ 18 semanas	1,0 %	1 a 3 dias

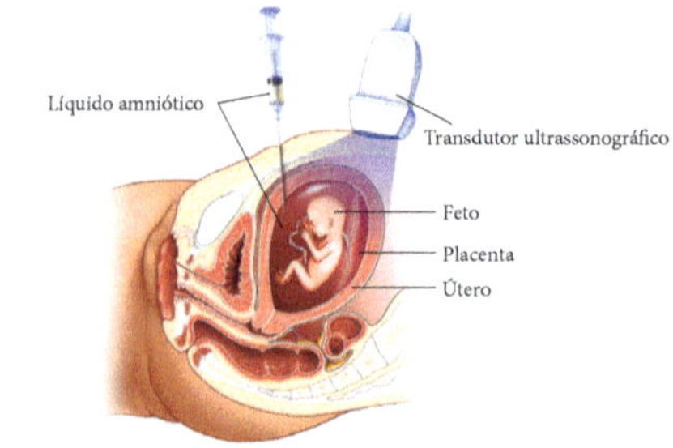

▶ Amniocentese.

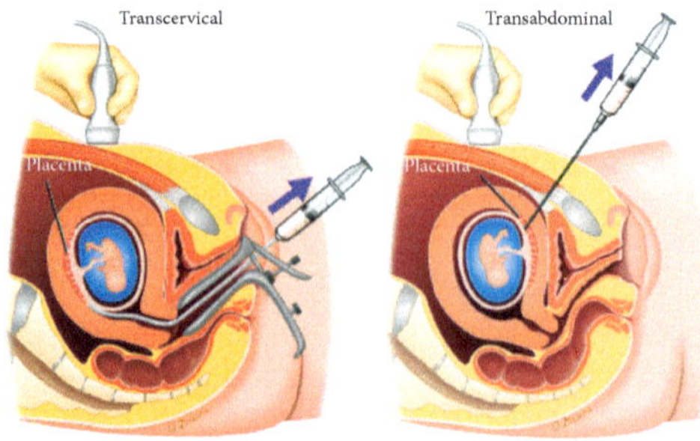

▶ Biopsia de vilo corial transcervical e transabdominal.

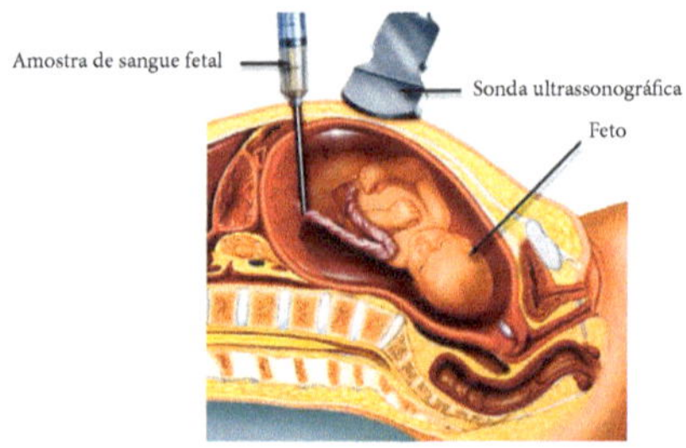

▶ Cordocentese.

MedQuiz – categorias de risco de medicações na gestação		
Categorias	A	Estudos não demonstram risco – medicações inócuas.
	B	Estudos em animais não demonstram riscos – medicações provavelmente inócuas.
	C	Não há estudo controlado ou o estudo não está disponível – administrar se o benefício justificar o risco.
	D	Há evidências de risco, mas, em casos excepcionais, o benefício pode justificar os riscos (p. ex.: lítio, varfarina, ácido valproico).
	X	Medicações contraindicadas, pois estudos demonstram anormalidades (p. ex.: isotretinoína).

CAPÍTULO 60

PARTO - PARTE 1

60.1. Conceitos do Parto

O parto é o estágio resolutivo da gestação! Os fenômenos que participam do nascimento no parto por via vaginal são:

- trajeto (canal do parto);
- objeto (feto);
- motor (força que impulsiona).

Os fenômenos mecânicos constituem o mecanismo do parto, que é o conjunto de movimentos passivos que o feto é levado a executar para nascer.

Os fenômenos clínicos serão estudados na assistência clínica do parto e representados por suas fases clínicas e seus períodos (dilatação, expulsão, secundamento, Greenberg).

A termo	37 a 41 semanas e 6 dias
Pré-termo	20 a 37 semanas
Pós-termo	> 42 semanas
Pós-maturidade	Síndrome clínica do recém-nascido de gestação prolongada

Pós-datismo	> 40 semanas
Espontâneo	Sem interferência
Induzido	Manobras ou medicamentos
Dirigido	Intervenção obstétrica
Operatório	Cesariana e/ou fórceps
Distócico	Presença de condições anômalas ou patológicas
Eutócico	Forma fisiológica
Primípara	Primeira vez
Multípara	Diversas vezes
Multigesta	Engravidou várias vezes
Secundigesta	Segunda gestação
Nulípara	Jamais pariu
Nuligesta	Jamais engravidou

60.2. Trajetória

A pelve feminina divide-se em: órgãos genitais externos (vulva e períneo) e internos (vagina, útero, tubas uterinas e ovários). O trajeto ou canal do parto se estende do útero à fenda vulvar e nele existem três estreitamentos anulares:

- orifício cervical;
- diafragma pélvico;
- óstio vaginal.

Trajeto mole

É constituído por segmento inferior do útero, colo do útero, vagina e região vulvoperineal. Pode apresentar distocias que se localizam em qualquer porção do canal do parto e geralmente são decorrentes da presença de massas/tumorações extrauterinas.

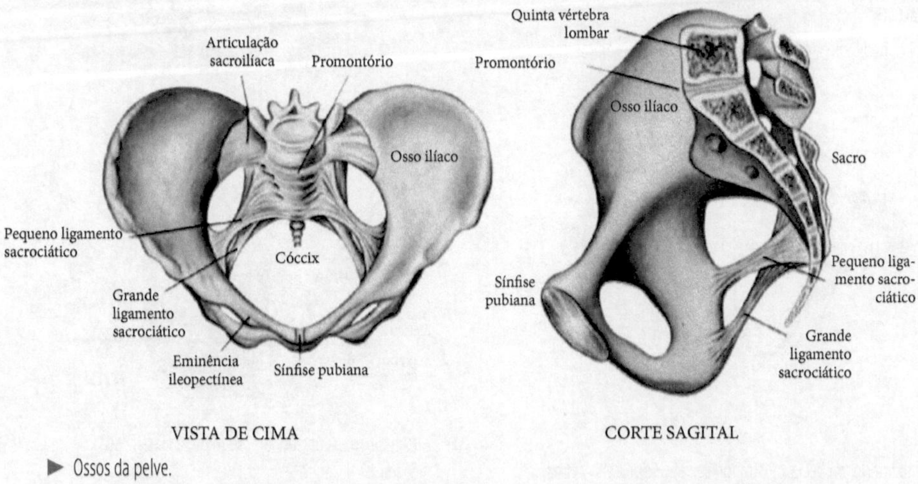

▶ Ossos da pelve.

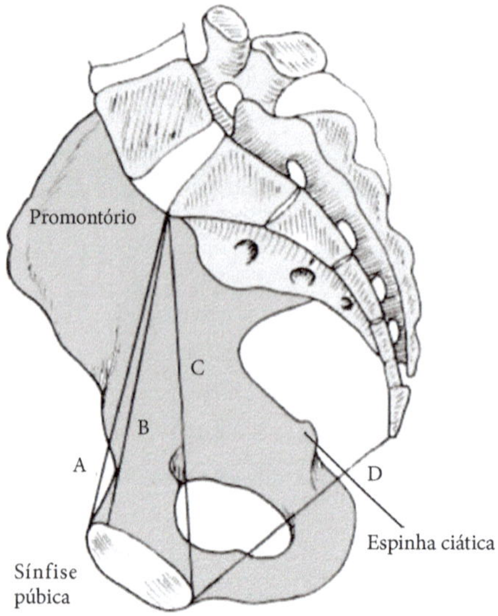

▶ Corte sagital da bacia mostrando seus principais diâmetros. A: conjugata vera antômica (11,0 cm); B: conjugata vera obstétrica (10,5 cm); C: *conjugata diagonalis* (12, cm); D: *conjugata exitus* (9,5 cm com retropulsão: 11 cm).

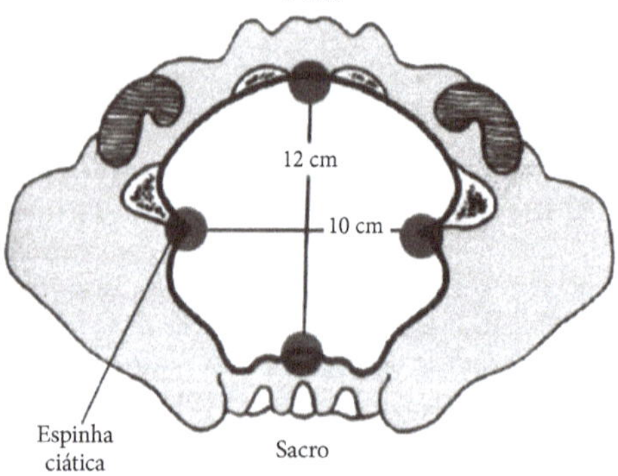

▶ Estreito médio da bacia mostrando seus principais diâmetros.

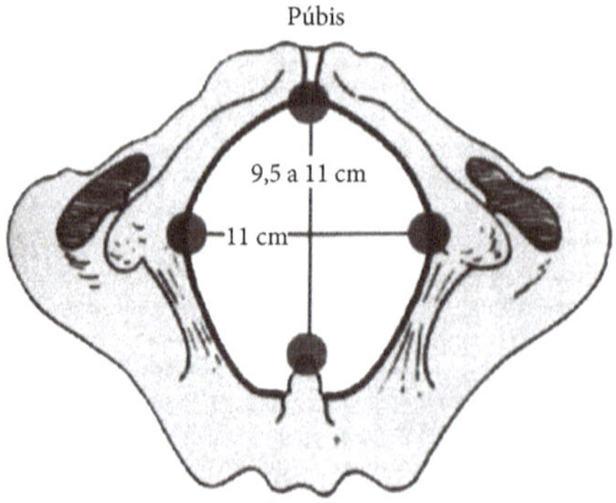

▶ Estreito inferior da bacia mostrando seus principais diâmetros.

Trajeto duro

É constituído pelos dois ossos ilíacos, sacro, coccígeo (ou cóccix) e púbis, com suas respectivas articulações (sínfise púbica, sacroilíacas, sacrococcígea). Apresenta regiões de estreitamento da pelve denominadas estreitos.

Estreito superior

***Conjugata anatomica* (ou *vera anatomica*)**

Linha que une o promontório à borda superior da sínfise púbica. Mede 11 cm.

***Conjugata obstetrica* (ou *vera obstetrica*)**

Linha entre o promontório e a face interna da sínfise púbica. Mede 10,5 cm.

***Conjugata diagonal* (ou *diagonalis*)**

Linha que une o promontório e a borda inferior do osso púbico. Mede 12 cm. Em geral, subtrai-se 1,5 cm do seu comprimento e encontra-se a *conjugata obstetrica*.

Estreito médio

Seu diâmetro anteroposterior mede 12 cm. As espinhas ciáticas representam o plano "0" de DeLee.

Estreito inferior

Conjugata exitus

Mede 9,5 cm e sofre uma retropulsão coccígea, alcançando 11 cm.

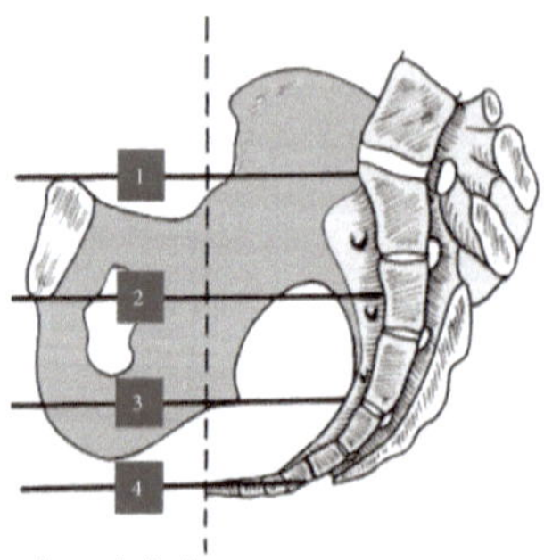

▶ Os quatro planos de Hodge.

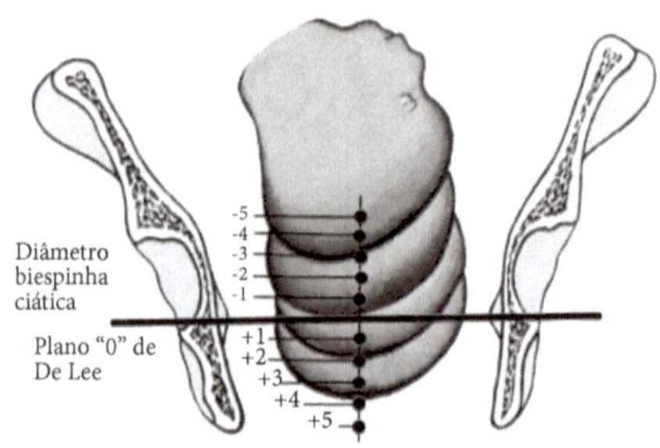

▶ Altura da apresentação fetal segundo a classificação de De Lee. (Modificada de Rezende J. op.cit.)

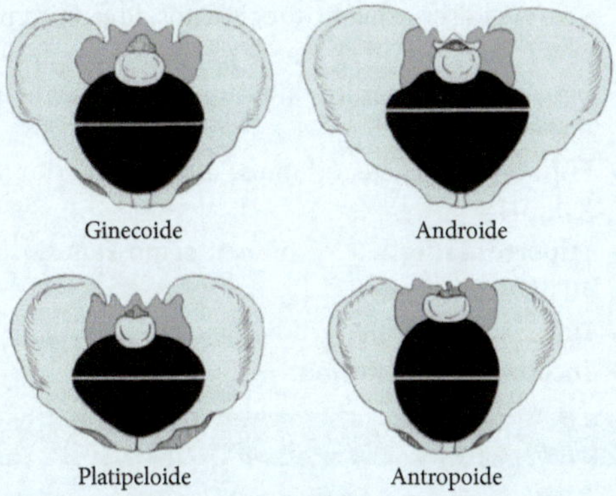

► Os quatro tipos fundamentais de bacia.

Morfologia da pelve: existem quatro tipos fundamentais

- **Ginecoide:** arredondada, mais comum e favorável.
- **Androide:** formato de coração, mais suscetível a distocias.
- **Antropoide:** maior diâmetro anteroposterior.
- **Platipeloide:** é o tipo mais raro, de conformação achatada.

Planos da bacia

Há os planos de DeLee e de Hodge. Deve-se lembrar de que o terceiro plano de Hodge = plano "0" DeLee.

60.3. Motricidade

A contratilidade uterina é proveniente do tríplice gradiente descendente, que é uma onda contrátil que tem origem nos dois marca-passos localizados à direita e à esquerda, próximos às implantações das tubas, e se propaga para o restante do útero (propagação, intensidade, duração).

Características das contrações uterinas
Tono: menor valor de pressão miometrial registrado entre duas contrações (pressão de repouso).
Frequência: número de contrações em 10 minutos.
Intensidade: elevação da pressão amniótica acima do tono.
Atividade uterina: produto da intensidade × frequência expresso em mmHg/10 minutos (unidades Montevidéu).
Trabalho uterino: soma das intensidades de todas as contrações.

Funções de contratilidade uterina

- **Manutenção da gravidez:** a placenta produz progesterona, que diminui a sensibilidade da fibra uterina e a propagação do estímulo contrátil, criando o chamado bloqueio progestogênico subplacentário.
- **Dilatação e apagamento do colo uterino**, com formação do segmento uterino inferior (dilatação do istmo).
- **Descida e expulsão do feto.**
- **Descolamento da placenta.**
- **Hemostasia puerperal.**

Indução do parto

As indicações são: gestação ≥ 42 semanas, rotura prematura das membranas ovulares (RPMO) > 32-34 semanas, óbito fetal ou corioamnionite. É feita de três formas:

- **misoprostol:** quando se tem um índice de Bishop desfavorável;
- **ocitocina:** quando se tem um índice de Bishop ≥ 9;
- **método de Krause:** consiste na introdução de cateter vesical de grosso calibre acima do orifício interno do colo.

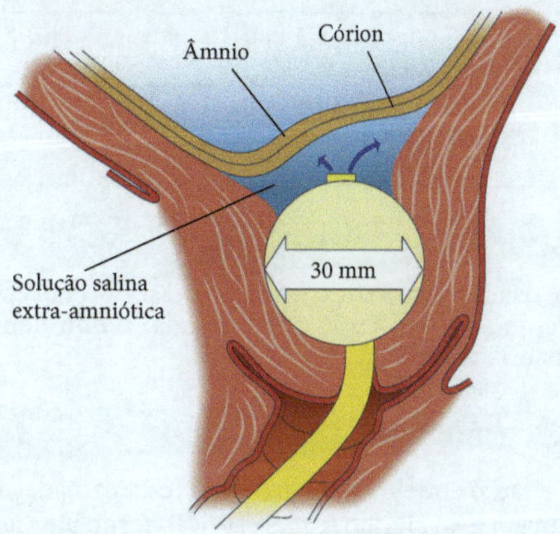

► Método de Krause.

→ Bishop < 9 não contraindica o uso de ocitocina. Cicatriz uterina contraindica a indução por misoprostol.

Inibição da contração uterina

- **Beta-adrenérgicos:** por via intramuscular (IM). São evitados em gestantes cardiopatas (pelo risco de edema agudo de pulmão) e diabéticas.
- **Inibidores da síntese de prostaglandinas:** utilizados antes de 32 semanas pelo risco de fechamento do ducto arterioso.
- **Sulfato de magnésio:** descontinuado; empregado apenas como neuroprotetor.
- **Bloqueadores do canal de cálcio:** nifedipina por via oral (VO) (tem bons resultados).
- **Antagonistas da ocitocina:** atosibano (alto custo financeiro).

Contratilidade uterina anormal: discinesia uterina

- **Hipoatividade:** as contrações apresentam frequência e/ou intensidade menores que as adequadas (hipossistolia/ bradissistolia). Administração de ocitócitos e amniotomia costumam corrigir o problema.
- **Hiperatividade:** as contrações apresentam frequência e/ou intensidade maiores que as adequadas (hipersistolia/taquissistolia). A principal causa é o uso indiscriminado de ocitócitos. Preconizam-se a suspenção de fármacos ocitócitos e o decúbito lateral esquerdo para aumentar a perfusão uterina.
- **Hipotonia:** reflete o tônus uterino inferior a 8 mmHg.
- **Hipertonia:** reflete o tônus uterino superior a 10 mmHg.
- **Inversão do tríplice gradiente descendente.**
- **Incoordenação uterina.**

60.4. Estática Fetal e Mecanismo do Parto

As relações do feto com a bacia e o útero definem a estática fetal. Os diâmetros e a circunferência da cabeça fetal são importantes no momento do parto em conjunto com o diâmetro da bacia. Três diâmetros do polo cefálico merecem destaque:

Occipitofrontal	É a distância entre os ossos occipital e frontal.
Occipitomentoniano	É a distância entre o occipital e o mento.
Suboccipitobregmático	É a distância da região inferior do osso occipital até a fontanela bregmática.

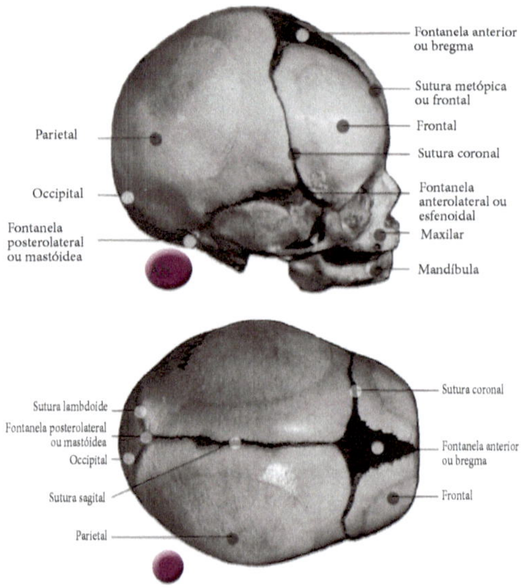

▶ A cabeça fetal com seus principais ossos, fontanelas e suturas. (A) Vista lateral; (B) Visa superior. Modificada de Moore KL, Persaud TVN. The developing human. Clinically oriented embryology. 5 ed. Philadelphia: W.B. Saunders.

Atitude (ou postura fetal)

É a relação das partes fetais entre si. O concepto apresenta-se em flexão generalizada, sendo denominado ovoide fetal.

Situação fetal

É a relação entre o maior eixo fetal (cabeça-nádegas) e o maior eixo uterino (canal cervical-corpo uterino). Pode-se apresentar como: longitudinal, transversal e oblíquo (transitório).

▶ Atitudes da cabeça fetal na apresentação cefálica segundo o eixo anteroposterior. São mostrados os pontos de referência e os diâmetros de insinuação. Apresentação de occípito, fletida (A); de bregma, deflexão de primeiro grau (B); de fronte, deflexão de segundo grau (C); de face, deflexão de terceiro grau (D). Modificada de Lansac J, Body C. Pratique de l,accouchement. Paris: SIMEP, 1988.

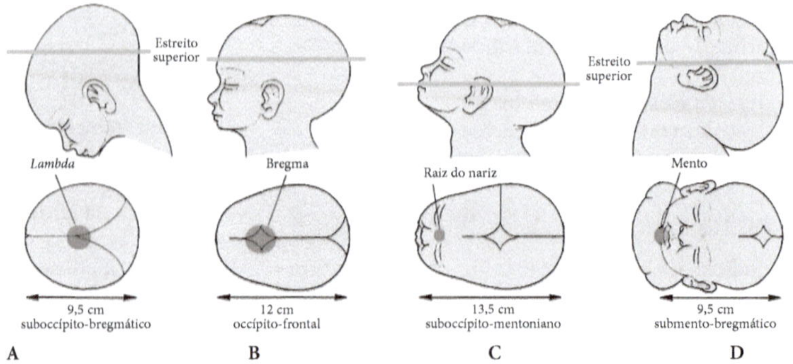

Apresentação

É a relação entre o polo fetal e o estreito superior da pelve materna. Pode ser cefálica, pélvica e córmica.

Apresentação fletida	Suboccipitobregmática = 9,5 cm
Apresentação de bregma	Occipitofrontal = 11 cm
Apresentação de fronte	Occipitomentoniana = 13,5 cm
Apresentação de face	Submentobregmática = 9,5 cm

Gestação a termo
95% são cefálicas; 3%, pélvicas; 1%, córmicas.
Gestação 29-32 semanas
15% são pélvicos.

Variedade de apresentação

O *lambda* presente configura apresentação fletida. (*Lambda* "quem manda".)

Cefálica: apresenta 4 possíveis conformações

- **Fletida:** o ponto de referência é a fontanela posterior (*lambda*).
- **Deflexão de 1º grau:** o ponto de referência é a fontanela anterior (bregmática).
- **Deflexão de 2º grau:** a referência é a glabela.
- **Deflexão de 3º grau:** a referência é o mento.

Pélvica

- Pélvica podálica (ou pélvica completa): quando as pernas e as coxas estão fletidas com os pés junto às nádegas.
- Pélvica simples (ou incompleta ou modo de nádegas ou agripina): coxa fletidas sobre a bacia e as pernas estendidas sobre a superfície anterior do tronco.

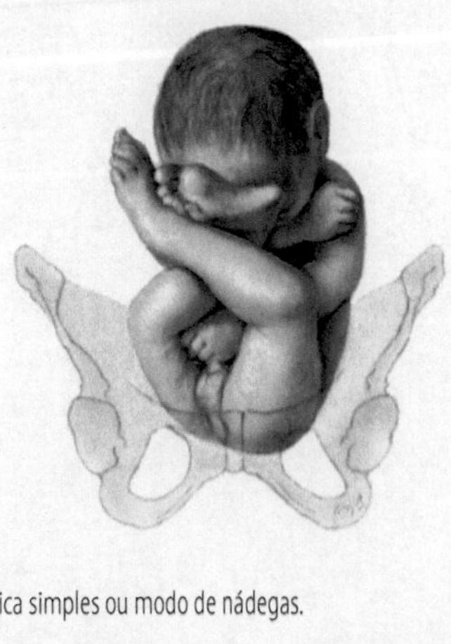

► Pélvica simples ou modo de nádegas.

- Pélvica incompleta, variedade de pés ou de joelhos ou pélvica com procedência de pés ou de joelhos: quando essas partes fetais ocupam o estreito superior da bacia.

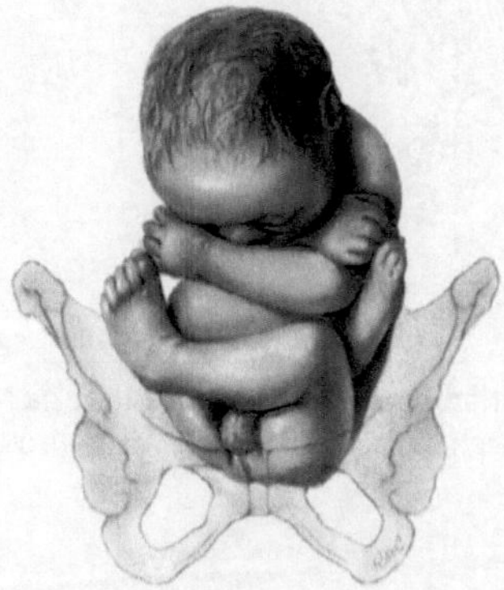

► Pélvica completa.

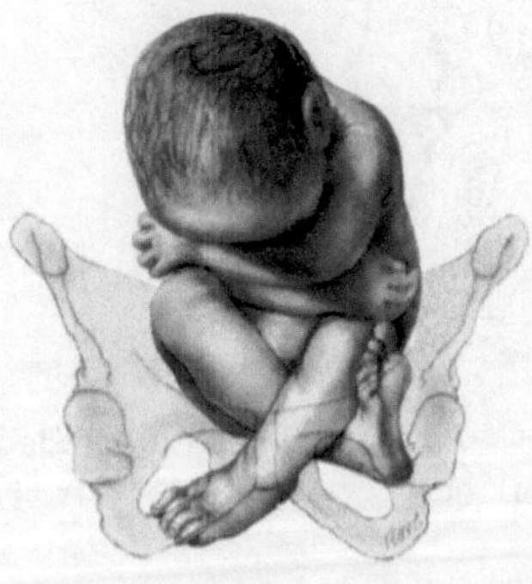

► Pélvica incompleta, variedade de pés.

Posição fetal

É determinada em esquerda, direita, anterior e posterior, de acordo com o dorso do feto.

Assinclitismo/sinclitismo

É determinado pela distância da sutura sagital à sínfise púbica/promontório materno.

- **Sinclitismo:** quando a sutura sagital estiver com a mesma distância entre a sínfise púbica e o promontório sacral.

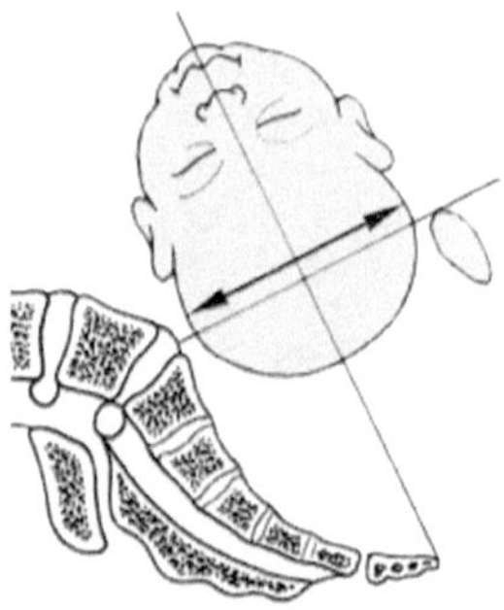

▶ Sinclitismo.

- **Assinclitismo anterior (obliquidade de Nägele):** quando a sutura sagital fetal está próxima ao sacro.

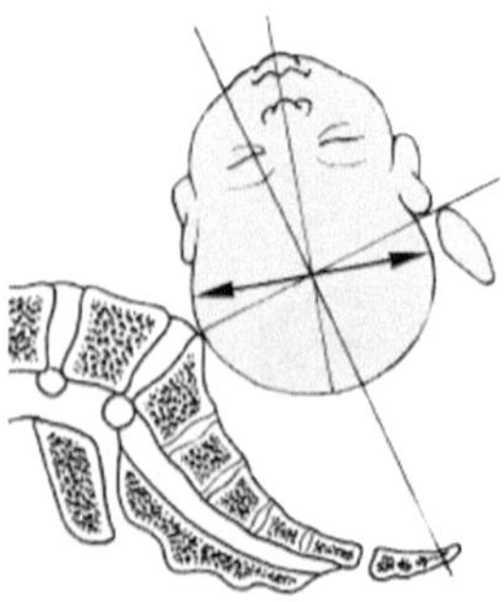

▶ Assinclitismo anterior (obliquidade de Nägele).

- **Assinclitismo posterior (obliquidade de Litzmann):** quando a sutura sagital se aproxima do púbis.

▶ Assinclitismo posterior (obliquidade de Litzmann).

Diagnóstico da apresentação e da posição do feto

É dado pela manobra de Leopold-Zweifel e pelo exame vaginal.

Manobra de Leopold-Zweifel

- **1º tempo:** delimita o fundo uterino com ambas as mãos, deprimindo-o. Permite o diagnóstico da situação.

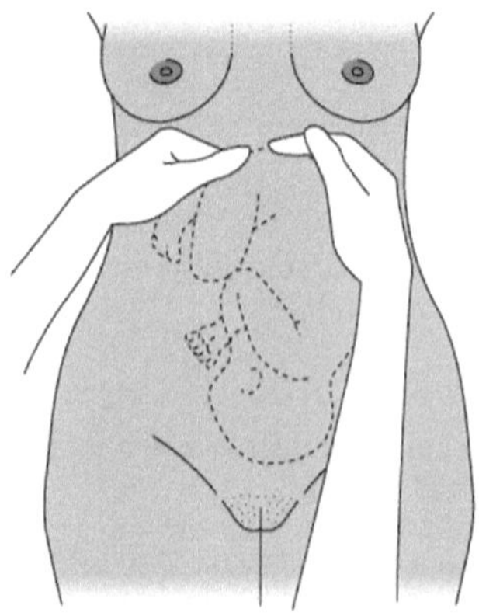

▶ Primeira manobra (delimitação do fundo uterino).

- **2º tempo:** deslizando-se as mãos do fundo uterino em direção ao polo inferior do útero, procura-se sentir o dorso fetal e a região das pequenas partes fetais.

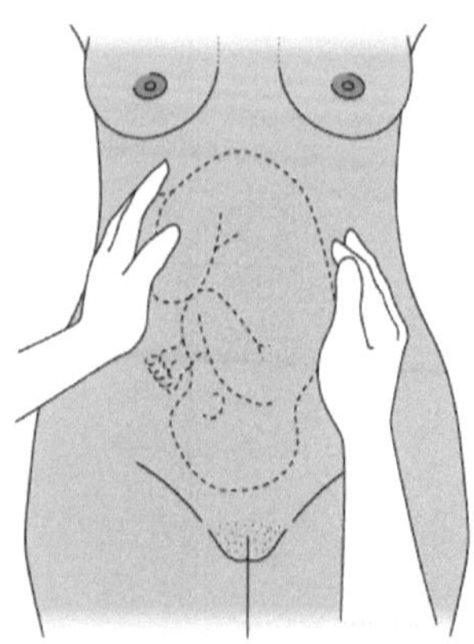

▶ Segunda manobra (verificação do dorso fetal).

- **3º tempo:** apreende-se a apresentação entre o polegar e os dedos e imprimem-se movimentos laterais.

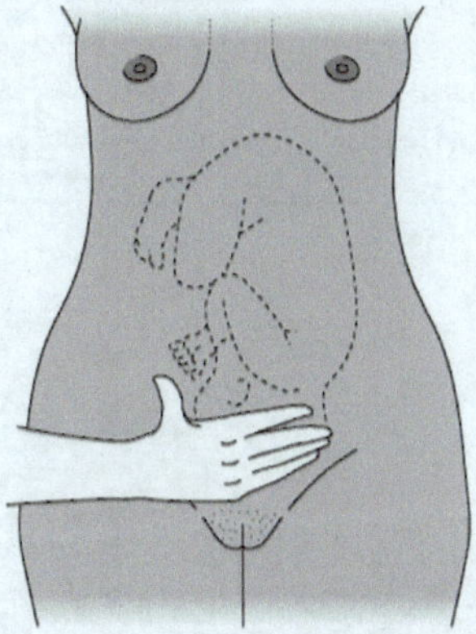

► Terceira manobra (identificação do polo de apresentação).

- **4º tempo:** o examinador fica de frente para os pés da gestante e, com as pontas dos dedos, exerce pressão em direção ao eixo de entrada pélvica e fornece informações sobre a altura da apresentação (insinuação).

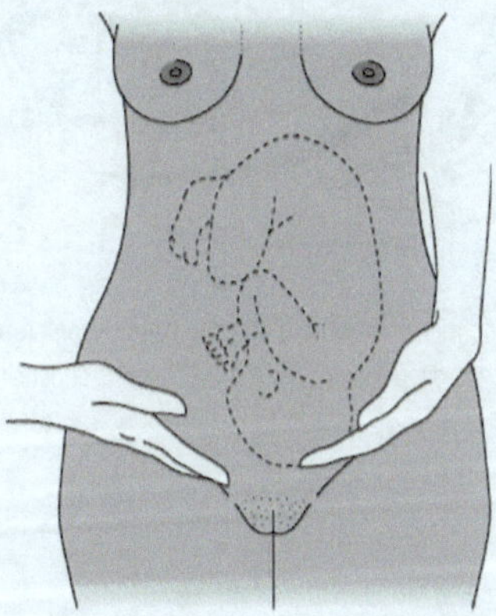

► Quarta manobra (diagnóstico da altura da apresentação).

Nomenclatura obstétrica

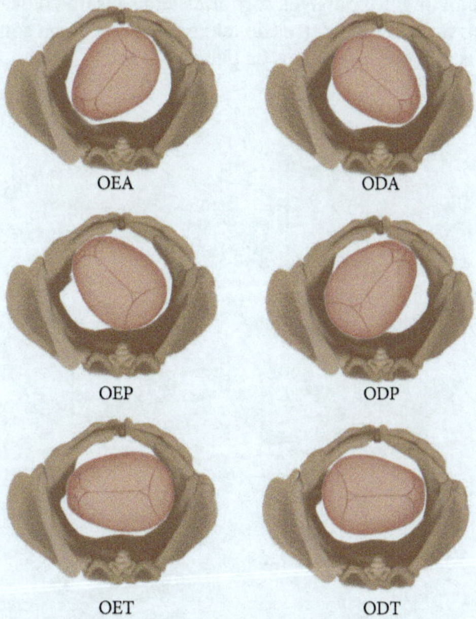

OP: occípito-púbica;

OEA: occípito-esquerda-anterior;

OET: occípito-esquerda-transversa;

OEP: occípito-esquerda-posterior;

ODA: occípito-direita-anterior;

ODT: occípito-direita-transversa;

ODP: occípito-direita-posterior;

OS: occípito-sacra.

Observação 1: a imagem apresenta um exame obstétrico fictício.

Observação 2: Parece óbvio, mas não esqueça – o PÚBIS é anterior e o SACRO posterior.

Observação 3: Sempre que for mencionada uma variedade de posição, é necessário imaginar o exame de uma paciente em posição ginecológica.

60.5. Tempos do Parto

São o conjunto de movimentos que o feto é forçado a realizar na sua passagem pelo canal do parto. Esses movimentos passivos corporais fetais visam colocar os menores diâmetros do feto em concorrência com os menores diâmetros da pelve.

Tempo principal	Tempo acessório
Insinuação	Flexão
Descida	Rotação interna
Desprendimento	Deflexão
Restituição (rotação externa)	Desprendimento dos ombros posteriormente

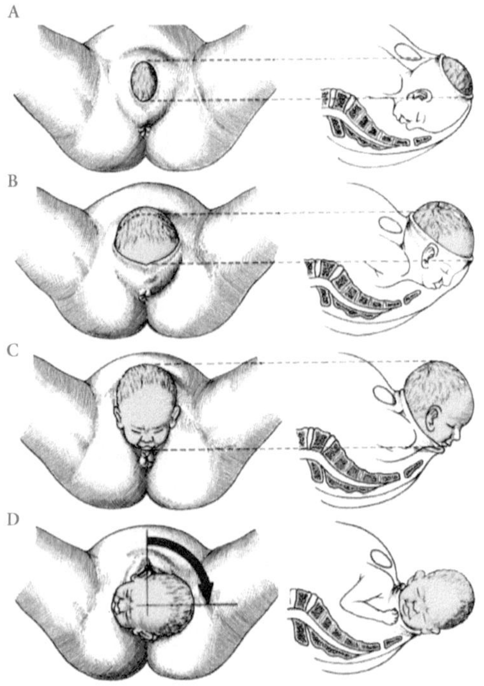

► Desprendimento da cabeça fetal mostrando os movimentos de deflexão (A a C) e de restituição (D). Modificada de Lansac J, Body C. cp.ot.

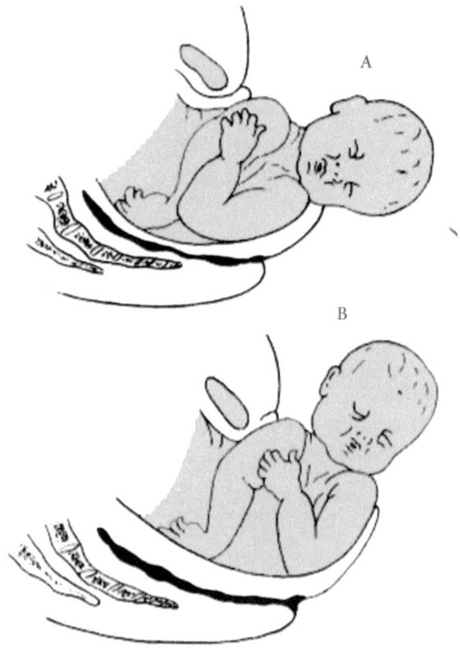

► Desprendimento do ombro anterior (A) e do ombro posterior (B). Modificada de Rezende J. Obstetrícia. 8 ed. Rio de Janeiro: Guanabara Koogan, 1998.

CAPÍTULO 61

PARTO – PARTE 2

61.1. Fases Clínicas (ou Períodos) do Parto e Distocias

→ A assistência clínica ao parto estuda as medidas e os procedimentos que devem ou podem ser adotados no acompanhamento do trabalho de parto. Divide-se o parto em períodos ou fases clínicas com características especiais.

Período premonitório, pré-parto

Não é considerado um período da fase clínica: inicia-se entre 30 e 36 semanas de gestação, estendendo-se até o desencadeamento do trabalho de parto.

Período de dilatação (1º período do parto)

Inicia-se no final da fase latente e termina quando o colo uterino encontra-se totalmente dilatado (10 cm). Apresenta-se com 2-3 cm de dilatação progressiva e 2-3 contrações a cada 10 minutos, rítmicas e regulares.

Nesse período preconizam-se:

- ingesta de líquidos claros;
- deambulação livre;
- evitar amniotomia (fazer apenas quando insinuado);
- tricotomia (somente em CC);
- toque vaginal a cada 1-2 horas;
- auscultar os batimentos cardíacos fetais (BCFs) antes/durante/após as contrações;
- não realizar cardiotocografia (CTG) em paciente de baixo risco.

Período expulsivo (2º período do parto)

Mediana	Mediolateral
Menor dor pós-parto	Maior lesão muscular
Maior risco de lesão anal	Dispareunia
Bulbocavernoso, transverso superficial do períneo	Bulbocavernoso, transverso superficial e puborretal (elevador do ânus)

O período expulsivo tem início no final do período de dilatação e termina com a expulsão total do feto. Dura em média 50 minutos nas primíparas e 20 minutos nas multíparas. É considerado prolongado caso apresente duração superior a 1 hora. Preconiza-se a ausculta dos batimentos cardíacos fetais de 15/15 minutos para pacientes de baixo risco e de 5/5 minutos para as de alto risco.

Secundamento (3º período do parto)

Corresponde ao descolamento e à expulsão da placenta e das membranas ovulares. Ocorre cerca de 20 minutos após o período expulsivo. É considerado prolongado quando ultrapassa 30 minutos. O descolamento da placenta pode se dar por dois mecanismos diferentes, descritos a seguir.

Baudelocque-Schultze

- 75% dos casos. Descola-se pela face fetal em forma de guarda-chuva invertido, com sangramento exteriorizado após a saída da placenta.

Baudelocque-Duncan

- 25% dos casos. Descola-se pela borda inferior; o sangramento precede a saída da placenta.

Nesse período, preconizam-se:
Ocitocina profilática 10 U por via intramuscular (IM) imediatamente após a expulsão fetal.
Tração controlada.
Manobra de Harvey (compressão leve na região do segmento uterino inferior).
Manobra de Jacob-Dublin (tração e torção axial na placenta durante sua exteriorização).

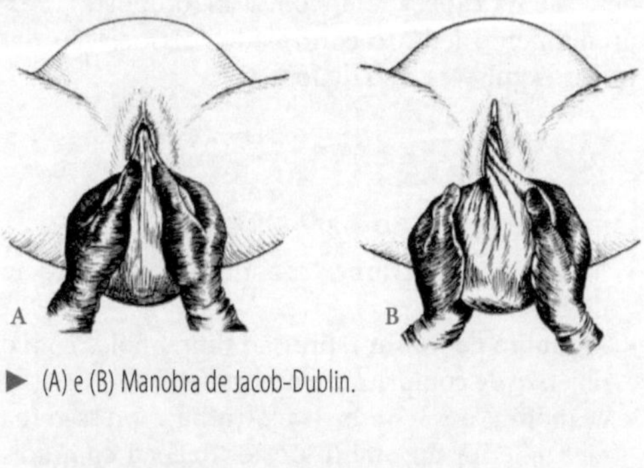

► (A) e (B) Manobra de Jacob-Dublin.

→ **Manobra de Fabre:** avalia o descolamento da placenta pela sensibilidade no fundo do útero da propagação da tração placentária.

Quarto período do parto

Tem início no final do secundamento e estende-se até 1 hora após o parto. Representa a hemostasia do sítio de inserção placentária.

Miotamponagem

É a contração da musculatura uterina resultando em ligadura dos vasos uteroplacentários (ligaduras vivas de Pinard).

Trombotamponagem

É a formação de trombos (coágulos) nos grandes vasos uteroplacentários e hematoma uterino, promovendo o tamponamento de arteríolas e veias abertas no sítio placentário.
Quando o sangramento persiste, devemos avaliar os "4 Ts":

- Trombo.
- Tônus.
- Tecido.
- Trauma.

Adendo: qual a posição ideal do parto? Não existe! É indiferente. Para fetos com circunferência cefálica maior que o normal, preconiza-se a litotomia.

Episiotomia

Não deve ser utilizada de rotina, sendo suas indicações parto operatório (uso de fórceps ou vacuoextração), períneos rígidos, exaustão materna, entre outras. A episiotomia pode ser mediana (perineotomia) ou mediolateral.

Proteção do períneo

Episiotomias, manobra de Rigten modificada (compressão do períneo posterior e controle da deflexão da cabeça fetal com a mão oposta), desprendimento lento e controlado, dissociação das forças expulsivas, uso de fórceps.

Distocias

Ombro impactado/parto cefálico

- **Manobra de McRoberts:** abdução e hiperflexão da coxa.
- **Manobra de Rubin I:** pressão suprapúbica com o objetivo de comprimir o ombro fetal.
- **Manobra de Woods (saca-rolha):** pressão na face anterior do ombro posterior fetal com dois dedos.
- **Manobra de Jacquemier:** introdução do braço do obstetra dentro da cavidade para a retirada do braço posterior, diminuindo a impactação.
- **Manobra de Gaskin:** com a paciente em posição de 4 apoios, tenta-se desprender os ombros pela ordem inversa.

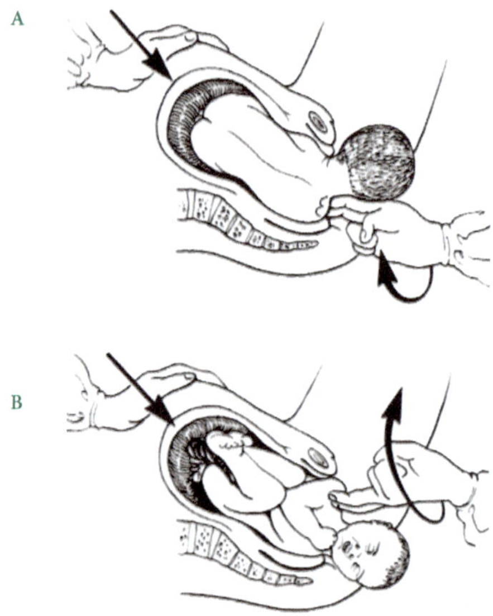

▶ (A) e (B) Na manobra de Woods, o ombro posterior é rodado anteriormente, liberando a obstrução.

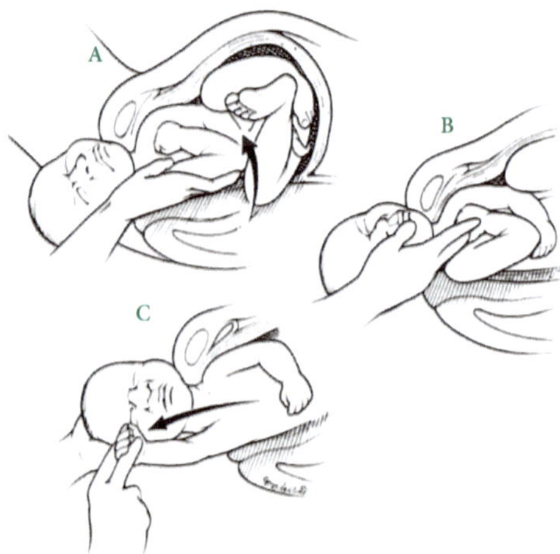

▶ (A), (B) e (C) Abaixamento do braço posterior na manobra de Jacquemier.

Ombro impactado/parto pélvico

- **Manobra de Bracht:** elevação do dorso fetal ao encontro do abdome materno.
- **Desprendimento *in situ*:** o braço posterior é desprendido sobre a face anterior do sacro pelo dedo do obstetra.
- **Manobra de Rojas:** rotação e translação de seu eixo escapular por mais de 180°.

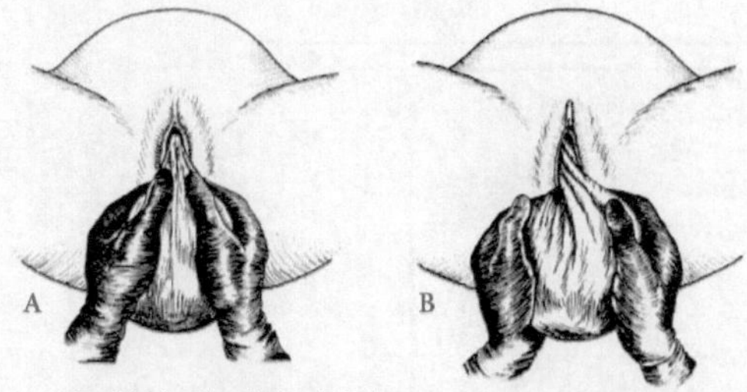

► (A) e (B) Manobra de Jacob-Dubin.

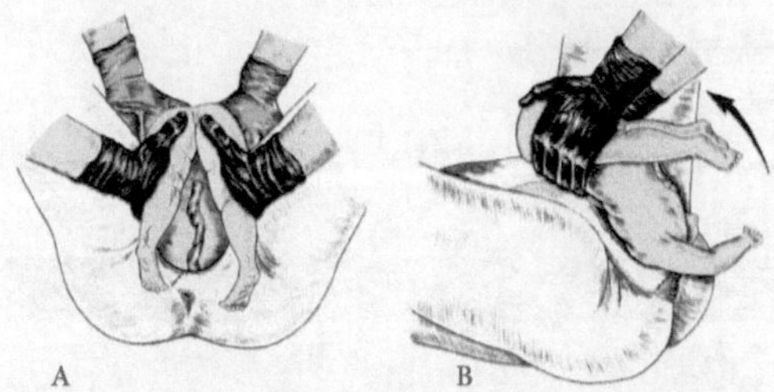

► Manobra de Bracht. Modificada de Rezende J.op. cit.

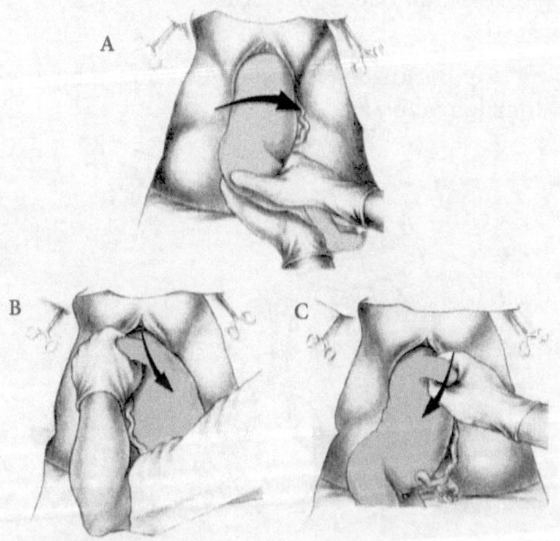

► Manobra de Rojas. Rotação axial do feto no sentido horário (A), com desprendimento do braço esquerdo (B) e nova rotação do feto no sentido oposto com desprendimento do braço direito (C). Modificada de Leon J. Obstetrícia practica. Presentacion pelviana. Buenos Aires: El Ateneo, 1953.

Cabeça derradeira

- **Manobra de Liverpool:** deixar o corpo do feto pendendo para fora sem sustentação por 20 segundos e, em seguida, levantá-lo pelos pés em direção ao abdome materno.
- **Manobra de Bracht:** já descrita.
- **Fórceps Piper:** desenvolvido para a distocia por cabeça derradeira.

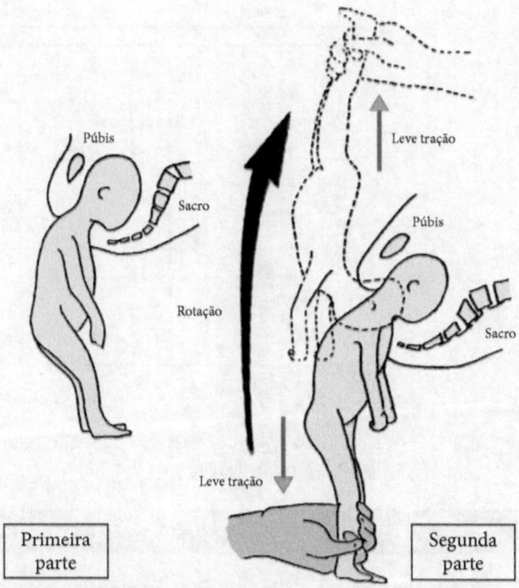

► Manobra de Liverpool. Modificada de Correa da Costa LA. Questões obstétricas. Brasília: Ministério da Saúde, 1962.

Partograma

Apresenta a linha de alerta após 1 hora do início da dilatação e a linha de ação após 4 horas da linha de alerta.

Fase ativa prolongada (ou distocia funcional primária)

É a dilatação cervical menor que 1 cm/hora (ultrapassa a linha de alerta) decorrente, em geral, de discinesias uterinas.

Parada secundária da dilatação

É a dilatação cervical mantida diagnosticada por dois toques sucessivos com intervalo de 2 horas, seguida de paciente na fase ativa de parto, decorrente, em geral, de desproporção cefalopélvica ou alterações da posição da apresentação.

Período pélvico prolongado

É a descida progressiva, mas excessivamente lenta, no período expulsivo, decorrente, em geral, de contratilidade diminuída ou desproporção cefalopélvica relativa.

Parada secundária da descida

É diagnosticada por dois toques sucessivos com intervalo de pelo menos 1 hora, desde de que a dilatação esteja completa. É a parada da descida fetal por pelo menos 1 hora após atingir a dilatação completa.

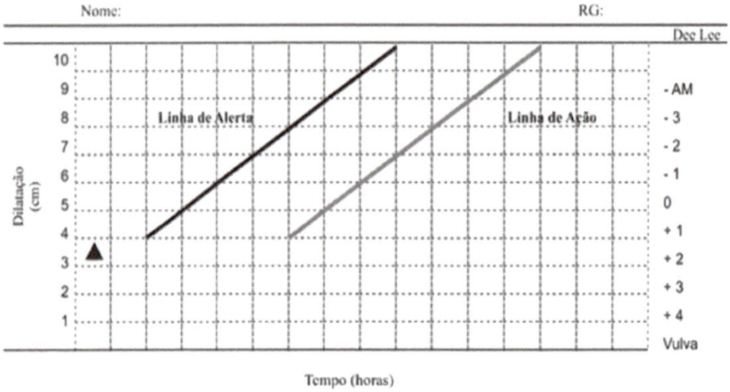

▶ Modelo de partograma com linhas de alerta e de ação. (Fonte: Brasil. Ministério da Saúde. Secretaria de Políticas da Saúde. Parto, aborto e puerpério: assistência humanizada à mulher. Brasília; 2001.)

61.2. Fórceps

→ É o instrumento utilizado para apreender a cabeça fetal e extrair o feto pelo canal do parto.

Tipos de fórceps	Indicações
Simpson	Usado em 90% das aplicações, exceto nas transversas.
Kielland	Escolha para a variedade transversa, útil para realizar rotações amplas e correção de assinclitismos.
Barton	Usado em apresentações altas e variedade transversa.
Piper	Extração de cabeça derradeira na apresentação pélvica.

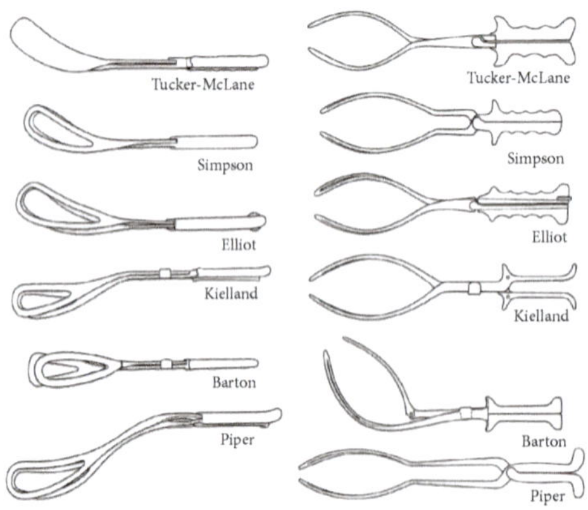

▶ Principais modelos de fórceps atualmente utilizados. Esquerda: vista lateral; Direita: vista superior. Modificada de Zuspan FP, Quilligan EJ. Douglas-Stromme Operative Obstetrics. 5 ed. Norwalk, Appleton & Lange, 1988.

Mecanismo de ação

Exerce a função de apreender a cabeça do feto (pegada ou preensão), girá-la, caso necessário (rotação), e extrair o feto por tração.

➔ A posição adequada da preensão é a biparietomalomentoniana!

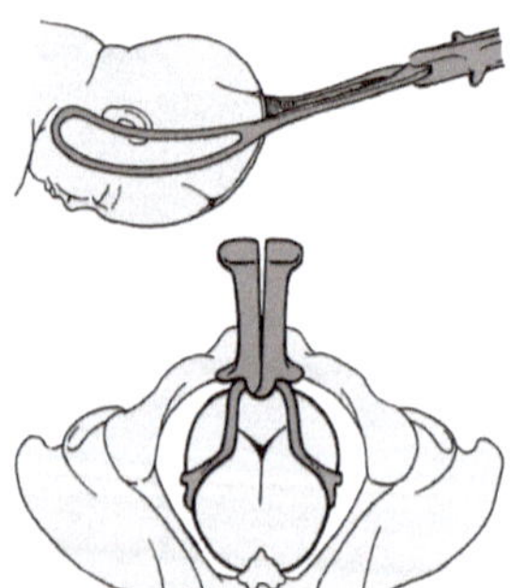

▶ Posição considerada adequada para a preensão ou pegada do fórceps: biparietomalomentoniana.

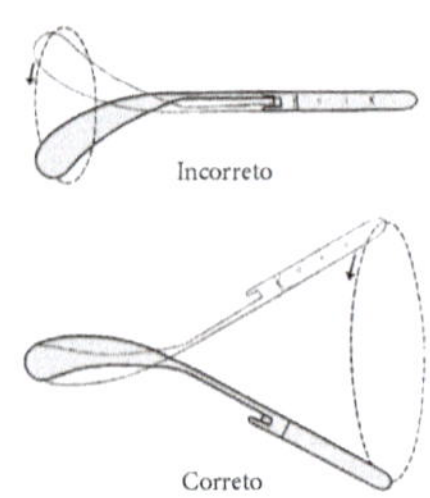

▶ Rotação de instrumentos de fórceps clássico, descrevendo o amplo círculo dos cabos de forma a evitar lesão de partes moles maternas pela ponta das colheres.

Indicações de fórceps

- **Profiláticas:** pacientes com pneumopatias, cardiopatias e neuropatias que são impossibilitados de realizar esforço expulsivo.
- **Alívio:** reduzir a perda sanguínea materna e o esforço do período expulsivo e evitar a compressão prolongada da cabeça.
- **Maternas:** falha na progressão do parto, sofrimento materno.
- **Fetais:** cabeça derradeira, sofrimento fetal no período expulsivo.

Condições de praticabilidade
Cabeça insinuada
Dilatação total
Membranas rotas
Diagnóstico preciso da variedade de posição
Reto e bexiga vazios
Canal de parto sem obstáculos
Operador habilitado
Proporcionalidade exata (o fórceps não reduz o diâmetro da cabeça fetal).

61.3. Vacuoextrator

Consiste na retirada da cabeça fetal por meio de ventosas. A sua principal complicação é o hematoma subgaleal ou subaponeurótico. É indicado a casos de:

- período expulsivo prolongado;
- sofrimento fetal;
- contraindicações de esforço expulsivo.

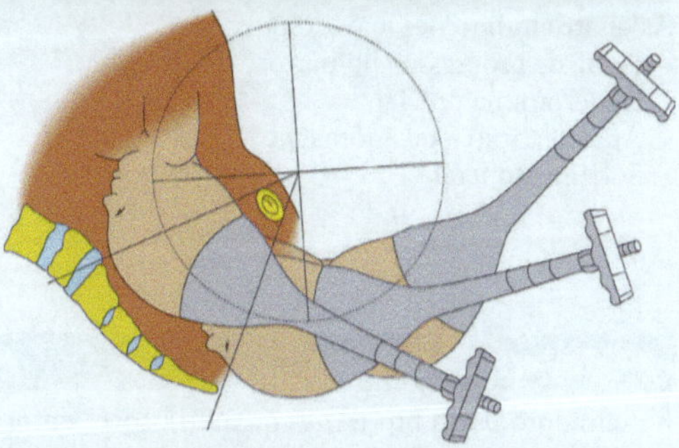

▶ Orientação da tração no auxílio à descida da apresentação fetal.

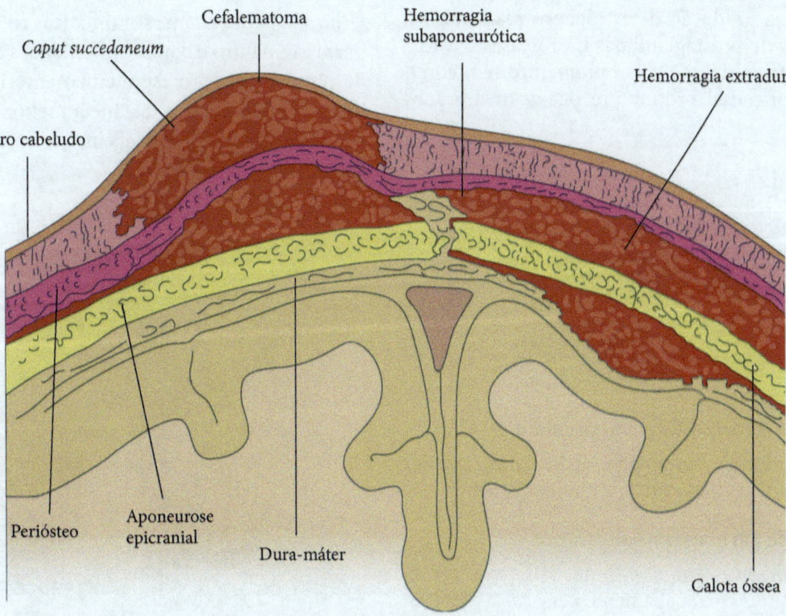

▶ Representação esquemática das principais injúrias do escalpe fetal.

61.4. Indicações de Cesárea

O parto cesáreo ou operação cesariana é o ato cirúrgico que consiste na abertura da parede abdominal e da parede uterina para a extração do concepto desenvolvido na cavidade uterina. A Organização Mundial da Saúde (OMS) definiu que a taxa de cesárea não deve ser superior a 15%. No Brasil, a taxa é de 39%.
Os principais motivos desse aumento são: redução da paridade, aumento da idade das gestantes, monitorização fetal eletrônica, apresentação pélvica, decréscimo na aplicação do fórceps médio, fatores socioeconômicos e demográficos.

As quatro indicações mais comuns são:

- Falha de progressão no parto;
- Histerotomia prévia;
- Apresentação fetal anômala;
- Sofrimento fetal.

Indicações de cesárea
Absolutas
■ Desproporção cefalopélvica ■ Descolamento prematuro de placenta com feto viável ■ Herpes genital ativo ■ Cesárea clássica (longitudinal) ■ Placenta prévia total
Relativas
■ Feto não reativo ■ Apresentação pélvica ■ Gemelaridade ■ Cesárea prévia com HST segmentar ■ Colo desfavorável à indução do parto

Antibioticoprofilaxia	É recomendada uma dose intravenosa de cefalotina 2 g (ou cefazolina 2 g) imediatamente após o clampeamento do cordão umbilical para profilaxia da paciente. A cateterização vesical é evitada, solicitando-se à paciente que esvazie bem a bexiga antes do ato cirúrgico.

61.5. Prematuridade

É definido o parto pré-termo quando ocorre entre 20 e 37 semanas. Trata-se de um evento multifatorial no qual estão envolvidas a liberação de citocinas inflamatórias e hormônios hipotalâmicos e adrenais, a produção de estrógenos placentários, a liberação de prostaglandinas e proteases e a formação de trombina. O parto prematuro tem como grande fator causal a rotura precoce de membranas ovulares.

Fatores de risco

■ Prematuro anterior ■ Incompetência istmocervical ■ Polidramnia ■ Infecções	■ Medicações ■ Desnutrição ■ Anemia ■ Fatores cervicais ■ Gemelaridade

Quadro clínico

Ameaça de trabalho de parto prematuro

Atividade uterina aumentada, apagamento parcial ou total do colo, dilatação ausente ou discreta.

Trabalho de parto prematuro franco

Quatro contrações em 20 minutos, dilatação cervical maior que 2 cm, apagamento cervical ≥ 80%.

Marcadores de parto prematuro

Ultrassonografia para avaliação do comprimento do colo uterino

Utilizada para gestante sintomáticas com ameaça de parto prematuro e para assintomáticas com história de parto prematuro espontâneo anterior. Em mulheres de alto risco, a distância menor que 25 mm recebe indicação de cerclagem.

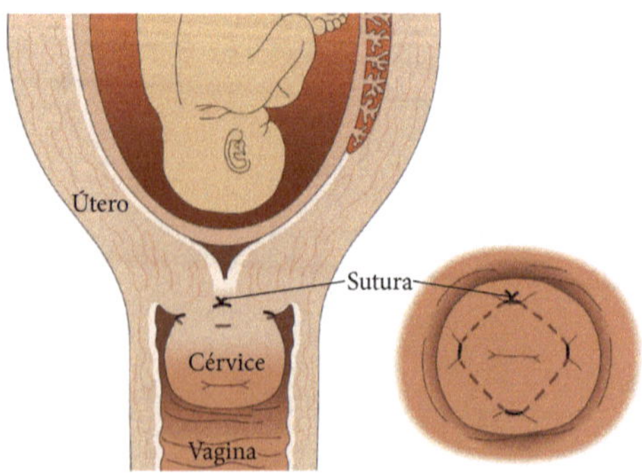

▶ Cerclagem – técnica de McDonald.

Dosagem de fibronectina fetal na secreção cervicovaginal

As fibronectinas são glicoproteínas ("cola" do trofoblasto) que promovem a adesão celular na interface uteroplacentária e na membrana fetal decídua. É liberada quando ocorre ruptura dessas interfaces.

Prognóstico

O parto pré-termo é responsável por 75% da mortalidade neonatal e 50% das lesões neurológicas em crianças. A maior parte das complicações referentes à prematuridade está ligada à imaturidade fetal. A síndrome da angústia respiratória (SAR) é a principal causa de morte de recém-nascidos (RNs) pré-termo, sendo caracterizada por respiração laboriosa do RN, taquipneia com tiragem intercostal ou esternal, batimento de asa do nariz, acidose metabólica e respiratória, cianose e estertores. Em alguns casos, pode haver desenvolvimento da doença da membrana hialina por depósitos de fibrina nos alvéolos.

Conduta: preventiva, conservadora, ativa

Conduta preventiva	Diminuição da atividade física, tratamento de vaginose bacteriana, cerclagem (sutura do orifício interno do colo uterino entre 12 e 16 semanas pela técnica de McDonald para correção de incompetência istmocervical), suplementação com progestógenos.
Conduta conservadora	Promoção da tocólise mediante o uso de beta-agonistas, inibidores da síntese de prostaglandinas, bloqueadores de canais de cálcio, sulfato de magnésio e antagonistas da ocitocina associada à maturação pulmonar (24-34 semanas) com corticoides (2× betametasona, 12 mg, IM, 24/24 horas) e neuroproteção com sulfato de magnésio (4 horas antes do nascimento).
Conduta ativa	Rastreio e profilaxia para infecção por *Streptococcus* do grupo B, assistência ao parto prematuro, episiotomia e amniotomia.

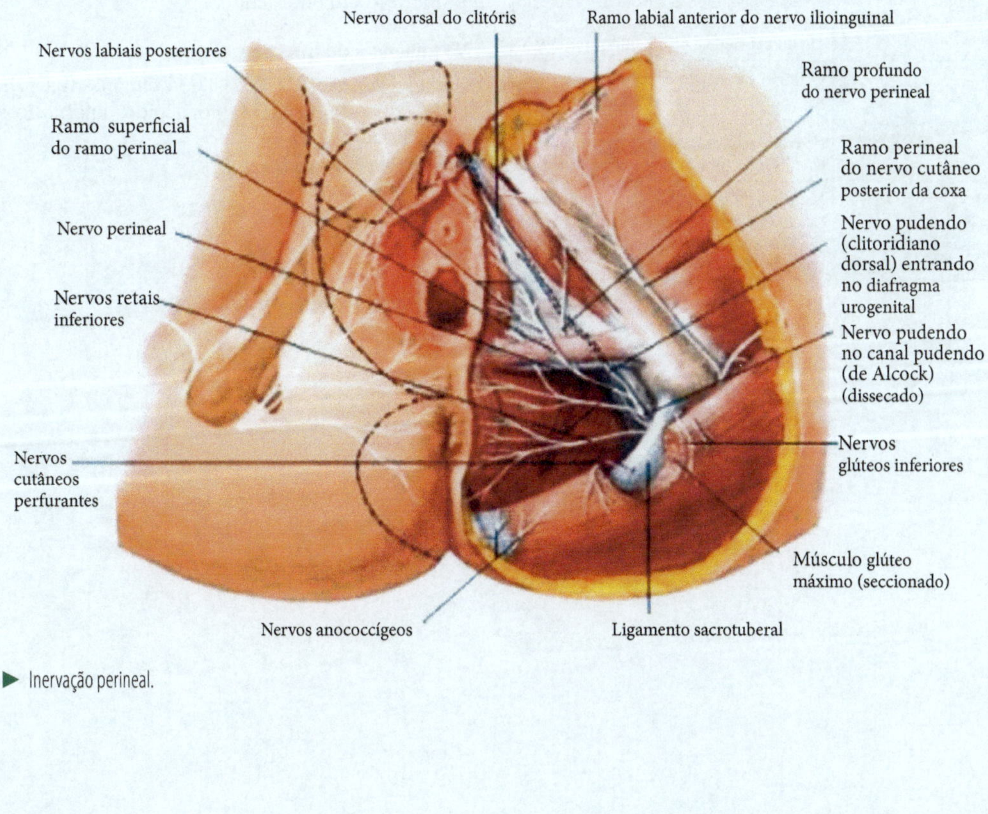

► Inervação perineal.

61.6. Rotura Prematura de Membranas Ovulares

→ A rotura prematura de membranas ovulares (RPMO) é definida como rotura espontânea das membras amnióticas após 20 semanas de gravidez e antes do início do trabalho de parto. É uma importante causa de prematuridade. Praticamente todos os fatores da prematuridade também são considerados para a RPMO, sendo suas principais causas a inflamação e a infecção.

Quadro clínico

É presença de líquido claro ou amarelado escorrendo subitamente pelas pernas.

Diagnóstico

O padrão-ouro é o exame especular, no qual se observa o líquido saindo pelo colo ou acumulado no fundo de saco.

Outros métodos de diagnóstico

Detecção do pH vaginal	O pH vaginal normal é de 4,5-5,5, e o pH do líquido amniótico é 6,5-7,5. O teste do papel de nitrazina demonstra a alcalinização do pH vaginal pelo líquido amniótico.
Teste da cristalização da secreção vaginal	O fluido obtido do fundo de saco vaginal apresenta típica aparência em folha de samambaia. Durante a gestação não é esperada a cristalização do muco cervical devido aos altos níveis de progesterona.
Teste de ianneta	Mudança de coloração (incolor para marrom) da amostra de secreção vaginal depositada em uma lâmina e aquecida. O teste é capaz de confirmar a rotura.
Presença de elementos fetais	Presença de lanugem e células fetais que assumem coloração alaranjada (orangiófilas) após mistura com azul de Nilo.
Ultrassonografia	Permite avaliar a diminuição do líquido amniótico
Alfafetoproteína	
Amnisure®	

Prognóstico

A RPMO está associada a complicações como infecção, prematuridade, acidentes de parto, compressão de cordão, sofrimento fetal e malformações.

Conduta

Na presença de infecção (corioamnionite)

Deve-se preferir a via vaginal, visto que riscos de infecção intra-abdominal com a cesariana são maiores. O quadro clínico clássico é a presença de febre materna, leucocitose materna, taquicardia materna, taquicardia fetal, sensibilidade uterina e líquido amniótico com odor fétido.

Na ausência de infecção

- Idade gestacional (IG) > 32/34 semanas (parto);
- IG entre 24 e 32/34 (corticoide, antibióticos, tocolíticos);
- IG < 24 semanas (parto).

CAPÍTULO 62

SANGRAMENTO NA GESTAÇÃO

62.1. Tipos de Abortamento

O aborto é caracterizado como interrupção da gestação antes da 20ª/22ª semana ou feto com peso inferior a 500 gramas. As principais etiologias são anormalidades cromossômicas (mais frequentemente as trissomias do cromossomo 16, ocasionando abortamento precoce), desordens anatômicas, doenças endócrinas, distúrbios imunológicos, infecções (quando se apresentam com febre ou contato com comunicante suspeito, ocasionando abortamento tardio).

Apresentações clínicas

Pode ser precoce (trissomia 16) quando a interrupção ocorre em gestações até 12 semanas, e tardio (infecções), quando a interrupção acontece após 12 semanas.

Ameaça de abortamento

A paciente apresenta sangramento na primeira metade da gestação (SPMG), colo fechado e ultrassonografia (US) demonstrando gestação em evolução. Recomenda-se repouso relativo associado a analgésicos.

Abortamento inevitável

Abortamento em curso. Para paciente com SPMG, colo pérvio e presença de material sendo expulso (material em vias de eliminação), a conduta envolve a curetagem.

Abortamento completo

Paciente com SPMG, útero pequeno geralmente vazio à US com o colo fechado. A conduta preconiza o acompanhamento ambulatorial.

Abortamento incompleto

Paciente com SPMG com colo aberto ou dilatado, tendo em vista que uma parte do material já foi expelida. À US observam-se restos de material (ecos amorfos). A conduta envolve a curetagem.

Abortamento infectado (ou séptico)

Paciente com SPMG e presença de febre. Preconiza-se o uso de antibiótico de largo espectro (Gram-positivos, negativos e anaeróbios). Antigamente era utilizado o esquema tríplice (penicilina + metronidazol + aminoglicosídeo). Atualmente utiliza-se o esquema duplo (clindamicina + gentamicina) seguido do uso de ocitócito, até curetagem/aspiração manual intrauterina (AMIU), se necessário.

Abortamento retido (ou *missed abortion*)

Paciente com SPMG associado a colo fechado e ultrassonografia demonstrando gestação em involução. A conduta envolve dilatação do colo e esvaziamento.

Abortamento habitual (ou recorrente)

É a ocorrência de 3 ou mais episódios consecutivos de abortamento.

Métodos para esvaziamento uterino

Podem ser realizadas curetagem uterina, aspiração a vácuo ou AMIU.

< 12 semanas	AMIU.
> 12 semanas	Com feto = curetagem.
	Sem feto = misoprostol + curetagem.

Incompetência istmocervical	Está relacionada com o aborto tardio por abortamento habitual. Os principais fatores predisponentes são antecedentes de lesões no colo e sucessivas curetagens. O diagnóstico é feito durante a gestação pela ultrassonografia transvaginal (USTV), com medida do canal cervical e a paciente apresentando < 3 cm, dilatamento e apagamento (encurtamento do canal) sem sinais de contração uterina. O tratamento é feito pela cerclagem com a técnica de McDonald ou técnica de Aquino Salles ("3× pontos da cerclagem") antes que os membros se exteriorizem.
Abortamento legal	É autorizado em casos de estupro, anencefalia e risco de morte materna.

62.2. Gravidez Ectópica

É caracterizada por atraso menstrual e útero vazio!

A paciente apresenta a reação de Arias-Stella, na qual ocorre um discreto sangramento (pois o útero se prepara para receber a gestação, mas nada recebe). Cerca de 95%-98% das gestações ectópicas ocorrem na ampola.

Fatores de risco
■ Ectópicas prévias
■ Doença inflamatória pélvica (salpingite e endossalpingites)
■ Tabagismo
■ Dispositivo intrauterino (DIU) (risco relativo)

Diagnóstico

É feito pelo atraso menstrual. O padrão-ouro é o anatomopatológico. A ultrassonografia é capaz de visualizar uma imagem intrauterina (na gravidez normal) quando a subunidade β da gonadotrofina coriônica humana (β-hCG) é positiva. A ausência dessa imagem intrauterina corrobora a suspeita de gestação ectópica.

➔ A dosagem de β-hCG se encontra > 1.500 mUI/ml.

Tratamento

Depende da hemodinâmica, da integridade da tuba uterina e do desejo reprodutivo.

Expectante

Paciente apresentando queda de β-hCG e ausência de sintomas, evoluindo para a resolução espontânea.

Medicamentoso

Para receber o tratamento medicamentoso a paciente precisa ter saco gestacional < 3,5 cm, feto sem atividade cardíaca (batimento cardíaco fetal [BCF]), β-hCG < 5.000 mUI/ml, paciente estável e com tubas integras. Realiza-se a aplicação de metotrexato (local ou sistêmica) com dosagem semanal do β-hCG, que deve apresentar queda de 15% após 4-7 dias, sendo que em casos refratários recomenda-se repetir o esquema por até três vezes.

Cirúrgico conservador

Quando há BCF presente sem rotura tubária e desejo de procriação, preconiza-se a salpingostomia videolaparoscópica.

Cirúrgico radical

Quando há BCF presente com instabilidade hemodinâmica ou rotura tubária, preconiza-se a salpingectomia.

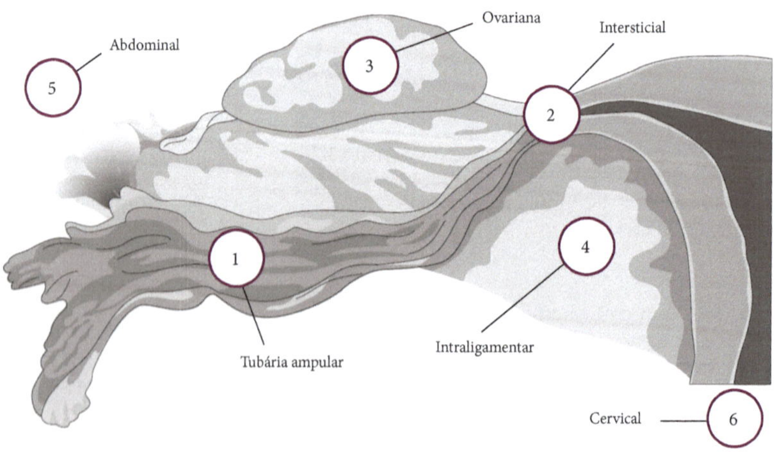

▶ Locais preferenciais para albergar gravidez tubária, apresentados em ordem decrescente de frequência.

62.3. Mola Gestacional (Doença Trofoblástica)

→ É uma neoplasia geralmente benigna que se desenvolve a partir de tecido placentário, em que o embrião não se desenvolve normalmente.

Mola hidatiforme

Apresenta-se com um quadro de sangramento vaginal, útero amolecido e de tamanho aumentado (útero em sanfona), vômitos intensos, eclâmpsia (se abaixo de 20 semanas) e hipertireoidismo (semelhança entre gonadotrofina coriônica humana [hCG] e hormônio estimulante da tireoide [TSH]). A eliminação de vesículas é sinal patognomônico da doença.

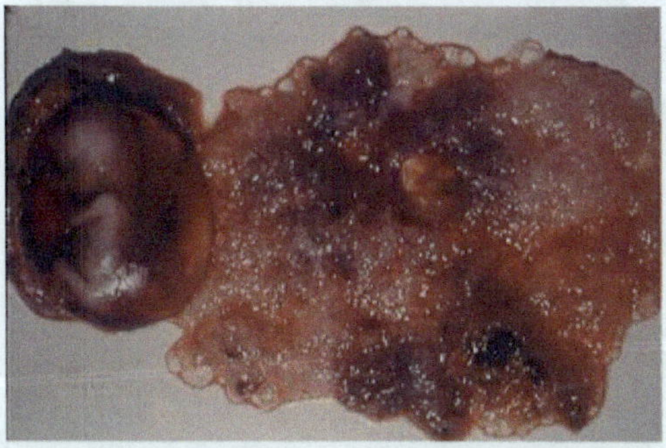

Mola completa	Ausência de feto e/ou âmnio, diploide (23x+0 = 46xx). Tem 20% de risco de malignização.
Mola parcial (ou incompleta)	Aparência de cachos de uva, triploide (23x + 23x + 23y = 69xxy). A presença de embrião reflete melhor prognóstico. Tem 5% de risco de malignização.

Diagnóstico

É confirmado pela US! A mola completa se apresenta como uma "tempestade de neve" (ou "flocos de neve"). A mola parcial se apresenta com ecos dispersos e presença de feto.

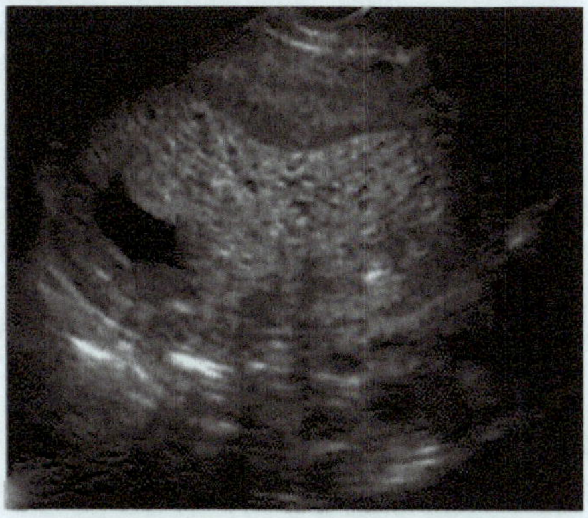

→ A dosagem de β-hCG apresenta níveis > 200.000 mUI/ml.
→ A demora para esvaziar o conteúdo da mola reflete mau prognóstico.

Tratamento

Envolve o esvaziamento por meio da vacuoaspiração devido a menor risco de perfuração uterina. A pacientes com mais de 40 anos de idade e com prole definida recomenda-se a histerectomia total profilática com conservação dos ovários (pois eles regridem espontaneamente após a queda do β-hCG).

Seguimento pós-molar | Beta-hCG

Semanal
↓
Normal em 3 semanas consecutivas
↓
Mensal
↓
Normal em 6 meses consecutivos
↓
Cura

Aumento do beta-hCG de uma dosagem para outra

Nível estacionado durante 3 exames semanais consecutivos

Beta-hCG ainda persistente, mesmo com queda lenta, durante 6 meses consecutivos
↓
Malignização da doença
↓
QT (Metotrexate)

Controle pós-molar

É feito mediante 3 dosagens semanais de β-hCG (negativas consecutivas) e, posteriormente, mensalmente até completar 6 meses.

- Os raios X (RX) de tórax são realizados de forma mensal em pacientes β-hCG positivas para avaliar metástases pulmonares e hemorrágicas.
- Não se usa dispositivo intrauterino (DIU), pois o estrogênio é necessário para bloquear o pico de hormônio luteinizante (LH), evitando reações cruzadas.

Durante todo período de seguimento utiliza-se anticoncepcional combinado oral (ACO) para que a paciente não engravide!

Quando há demora para esvaziar o conteúdo, há a malignização da neoplasia.

Mola invasora

É a mais comum.

Coriocarcinoma

Altamente metastático, representa mau prognóstico quando dissemina metástase para o fígado e o sistema nervoso central (SNC), exibe alta quantidade de metástases, β-hCG elevado, tumores grandes, idade > 39 anos, quimioterapia sem sucesso, resolução próxima ao termo.

Tumor trofoblástico do sítio placentário

Representa a recidiva da mola após a alta.

62.4. Hemólise Fetal (Doença Hemolítica)

Eritroblastose fetal

É decorrente da produção de anticorpos maternos contra antígenos presentes no sangue fetal (hemácia fetal), levando a uma anemia fetal hemolítica imune pela imunoglobulina G (IgG) anti-hemácia.
Os anticorpos IgG atacam as hemácias, levando à hemólise, que se reflete em anemia. A hemólise resulta na liberação de bilirrubina indireta em excesso e na estimulação da eritropoiese (inclusive em sítios extramedulares como o fígado). A sobrecarga de função hepática leva à falta de produção adequada de albumina (provocando queda na pressão coloide), favorecendo o edema fetal (hidropisia). Além disso, a quantidade de hemácias é insuficiente para levar O_2 a todas as células, ocorrendo, então, hipóxia tecidual cardíaca e endotelial, que, por sua vez, aumenta a permeabilidade vascular, acentuando o edema.

Sistema		
	ABO	É a incompatibilidade materno-fetal mais comum. Cada tipagem sanguínea (A, B, AB, O) possui seu antígeno correspondente e pode criar anticorpos contra o outro antígeno da tipagem sanguínea fetal caso esteja presente.
	Rh	É uma incompatibilidade menos comum, porém é mais grave e tratável. Diante de uma mãe determinada Rh negativo, deve-se realizar a pesquisa para fator Du, uma vez que (a combinação Rh– e Du+) é equivalente a Rh fracamente positivo, não ocorrendo incompatibilidade. Nos casos de Du–, é necessário realizar imunoglobulina.
	Duffy, RNM, Kell	São outros sistemas antigênicos diferentes do ABORh.

Locais de edema
1º: placenta
2º: partes moles
3º: ascite
4º: pleural
5º: pericárdio
6º: cardiotocografia anormal

Diagnóstico

Realiza-se o teste de *Coombs* para constatar se há IgG anti-D. Quando feito no sangue fetal, é denominado *Coombs* direto; quando é realizado no sangue materno, denomina-se *Coombs* indireto. Preconiza-se a dosagem de IgG anti-D na primeira consulta pré-natal para mães Rh negativas.

Profilaxia

Para pacientes com *Coombs* indireto negativo preconiza-se positivar o *Coombs* artificialmente com imunoglobulina anti-D (IgG D 300 µg) em pacientes com 28 semanas gestação. Após o parto, repete-se a IgG D por 3 dias com a finalidade de se realizar o teste de Kleihauer (pesquisa de hemácias no sangue materno periférico); caso seja positivo, repete-se a IgG D!

➔ Resultados persistentes positivos representam falha na imunização.

Condutas

- Para *Coombs* indireto negativo: repetir com 28/32/36 e 40 semanas.

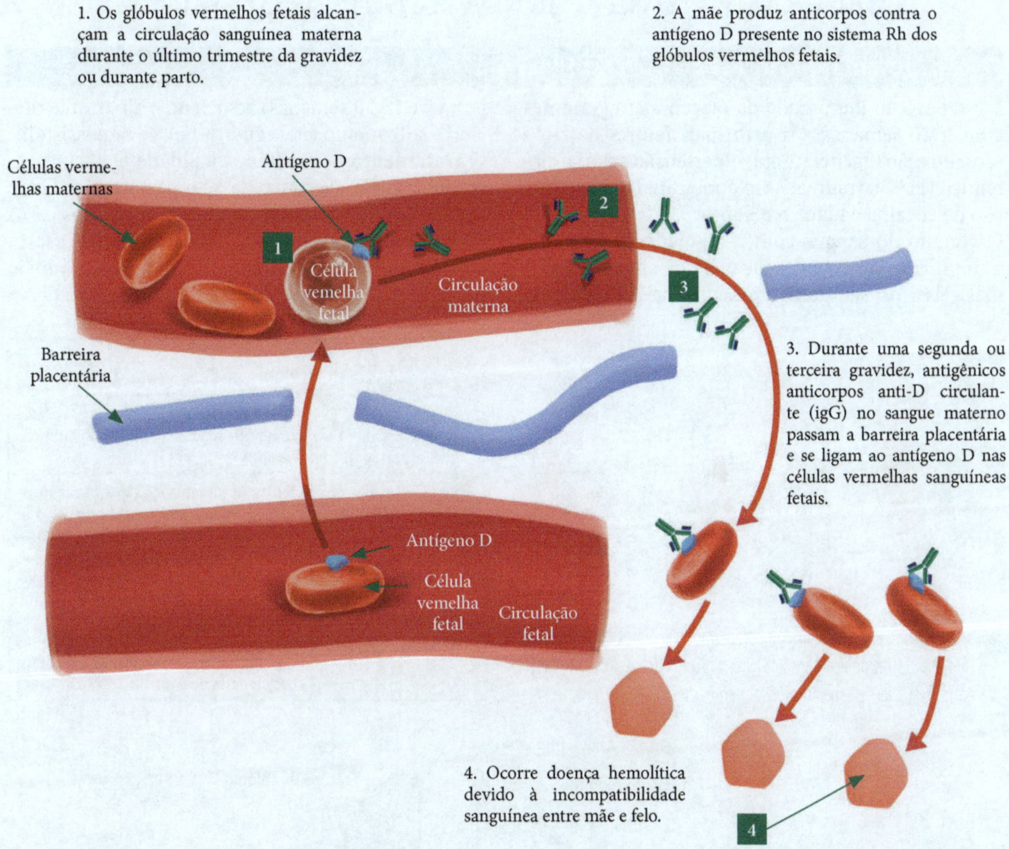

► Eritroblastose fetal: doença hemolítica do recém-nascido.

- Para *Coombs* indireto positivo:
  - Titulações ≤ 1:8 = repete-se o teste a cada 30 dias.
  - Titulações > 1:8 = investigação de anemia fetal.
- Para fetos de alto risco (*Coombs* direto positivo):
  - Caso > 34 semanas = avaliar viabilidade fetal.
  - Caso 28-34 semanas = acelerar a maturidade pulmonar com corticoides.

Avaliação de anemia fetal

Invasivos

A *cordocentese* (dosagem de hematócrito e hemoglobina fetal) é o padrão-ouro, todavia, 50% das cordocenteses provocam hemorragia fetomaterna significativa, capaz de acentuar a resposta imunológica materna (sensibilização). Por isso preconizam-se os métodos não invasivos.

Não invasivos

Cardiotocografia, ultrassonografia (baseia-se nos critérios de Hartman = sequência de edema e alterações), dopplervelocimetria da artéria cerebral média (o feto anêmico tende a apresentar valores de $V_{MÁX}$ elevados a + 2 desvios-padrão [DP], já que o sangue está ralo e menos viscoso).

Tratamento da anemia fetal

Recomenda-se a transfusão intrauterina para hematócrito (Ht) < 30%! O objetivo é manter o Ht entre 40% e 45%. Após atingir-se o objetivo, ocorre uma queda de 1% do Ht ao dia! Logo, repete-se a transfusão intrauterina quando novamente Ht < 30%.

SANGRAMENTO NA SEGUNDA METADE DA GESTAÇÃO

62.5. Descolamento Prematuro da Placenta

É a separação inesperada da placenta em gestantes com ≥ 20 semanas. Os principais fatores de risco são: retração uterina súbita, hipertensão arterial sistêmica (HAS), traumatismo abdominal, tabagismo, uso de cocaína e idade > 35 anos.

O contato do sangue com a cavidade uterina leva a uma irritação que desencadeia os sinais e sintomas clássicos: sangramento escuro na 2ª metade da gestação (> 20 semanas) associado a hipertonia uterina + sofrimento fetal agudo + HAS + taquissistolia. O **tratamento** depende da vitalidade fetal. Aos casos de feto vivo recomenda-se o parto cesáreo com amniotomia (prioriza a via mais rápida). Aos casos de feto morto preconiza-se o parto vaginal/cesárea com amniotomia. O **diagnóstico** é clinico, por meio do exame físico e do quadro clínico característico.

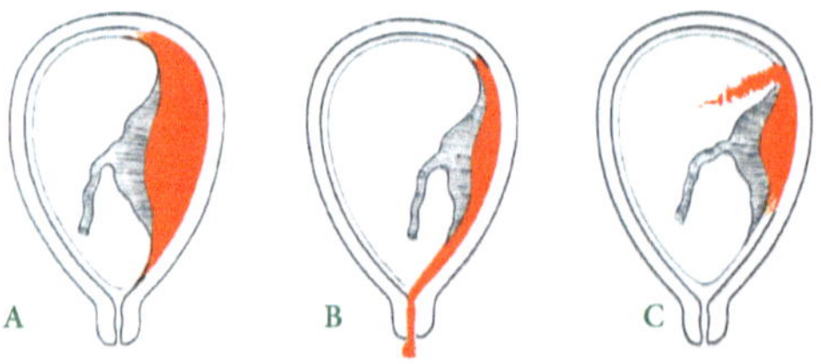

► Sangramento no descolamento prematuro da placenta. A) Oculto (hematoma retroplacentário); B) Exteriorizado (sangramento vaginal); C) Para a cavidade amniótica (hemoâmnio).

Complicação		
	Necrose hipofisária	Síndrome de Sheehan.
	Coagulação intravascular disseminada	Passagem de tromboplastina para a circulação materna – teste do tubo de ensaio.
	Útero de Couvelaire (ou apoplexia uteroplacentária)	Ocorre desorganização das fibras musculares. Tenta-se fazer massagem + ocitócitos para reverter. Caso não resolva, preconiza-se a sutura de B-Lynch. Caso não resolva tampouco, faz-se a ligadura das artérias hipogástricas e uterina. Caso não resolva, procede-se à histerectomia subtotal. Geralmente pacientes com útero de Couvelaire apresentam coagulopatia de consumo + fibrinólise.

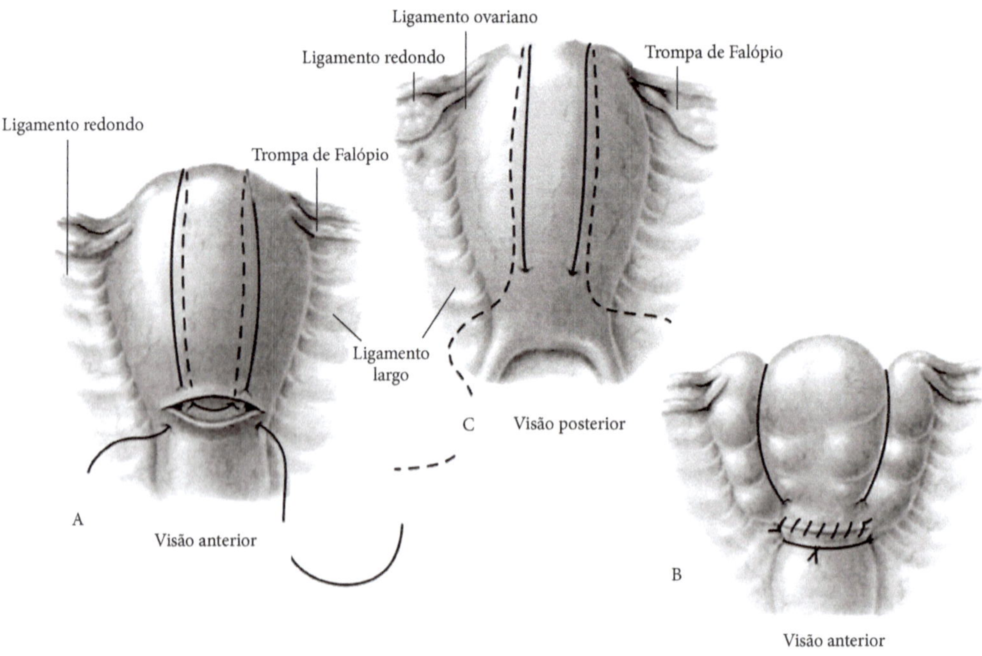

► A-C) Técnica de B-Lynch de tamponamento uterino.

62.6. Placenta Prévia

É a implantação de qualquer parte da placenta no segmento inferior do útero após 28 semanas de gestação (término da migração da placenta). O diagnóstico é confirmado pelo exame especular e pela ultrassonografia. Veja a classificação da placenta prévia na figura adiante.

Fatores de risco
■ Idade > 35 anos
■ Endometrite
■ Curetagens
■ Tabagismo
■ Cicatrizes uterinas

O quadro clínico apresenta sangramento:	
P	Progressivo
R	Repetição
E	Espontâneo
V	Vermelho vivo
I	Indolor
A	Ausência de hipertonia e sofrimento fetal

Na placenta prévia total realiza-se cesárea. Na prévia parcial e na prévia marginal preconizam-se parto vaginal (sempre que possível) e cesárea (quando não possível ou com hemorragia). As complicações da placenta prévia são apresentação anormal, penetração uterina anormal (acretismo placentário) e puerpério anormal (hemorragias e infecção).

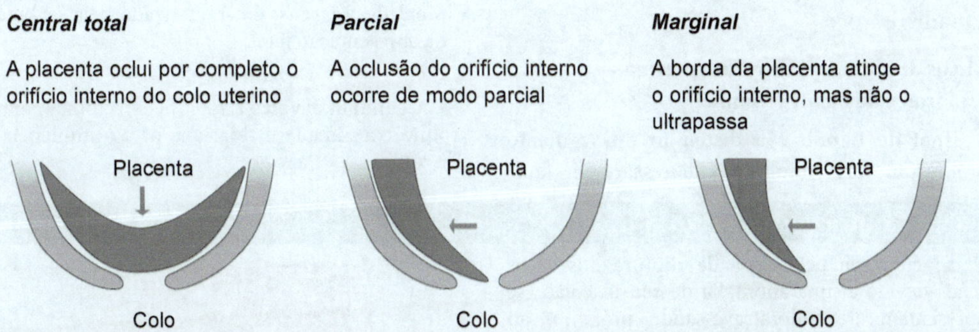

► Classificação de placenta prévia.

➔ Não se realiza o toque vaginal nos casos de sangramentos na segunda metade de gestação!

DIAGNÓSTICO DIFERENCIAL DOS SANGRAMENTOS DA SEGUNDA METADE DA GESTAÇÃO

62.7. Inserção Anômala da Placenta

Em condições normais, o ovo penetra até a porção superficial da decídua basal. Quando a penetração atinge a camada esponjosa, dificultando a dequitação, denomina-se acretismo placentário. Os principais fatores de risco para inserção anômala da placenta são placenta prévia e implantação após curetagem uterina ou cicatriz de cesárea. Manifesta-se com hemorragia profusa no momento da tentativa de descolamento placentário. A confirmação diagnóstica é feita pela US com dopplerfluxometria da 20ª até a 24ª semana de gestação ou ressonância magnética (RM). O acretismo é classificado como descrito a seguir.

- **Acreta:** é o mais comum. As vilosidades penetram até a camada esponjosa. A retirada é manual

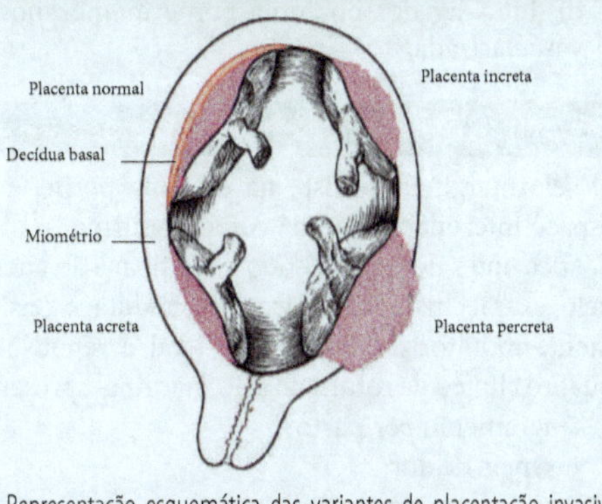

► Representação esquemática das variantes de placentação invasiva (acretismo placentário).

seguida de curetagem. Nos casos de insucesso, a histerectomia é indicada.

- **Increta:** as vilosidades penetram até o miométrio, sendo indicada a histerectomia, já que a retirada manual é impossível.
- **Percreta:** as vilosidades alcançam a serosa, podendo perfurá-la e causar hemorragias intraperitoneais, além de invadir órgãos adjacentes (bexiga – hematúria). É indicada a histerectomia.

62.8. Rotura Uterina

É o rompimento parcial ou total do miométrio durante a gestação ou o trabalho de parto, resultando na comunicação da cavidade uterina com a cavidade abdominal.

Parcial (ou incompleta)	Deve-se à deiscência da cicatriz uterina com preservação da serosa.
Total (ou completa)	É o rompimento da parede uterina.

Quadro clínico

Sinais de iminência de rotura uterina (síndrome de Bandl-Frommel)

- **Sinal de Bandl:** é a distensão do segmento inferior, formando uma depressão em faixa infraumbilical e conferindo ao útero um aspecto de "ampulheta".
- **Sinal de Frommel:** é o estiramento dos ligamentos redondos, desviando o útero anteriormente.

Sinais de rotura uterina consumada: interrupção súbita da dor intensa na região hipogástrica

- **Sinal de Clark:** é a presença de crepitação à palpação abdominal, produzida pela passagem de ar para o peritônio e tecido subcutâneo da parede abdominal.
- **Sinal de Reasens:** é caracterizado pela "subida" da apresentação fetal.

➔ A conduta envolve a rafia/histerectomia para rotura consumada e cesariana para a iminência da rotura.

62.9. Rotura de *Vasa* Prévia

É caracterizada pelo risco de ruptura dos vasos fetais devido a uma anomalia de sua inserção (se apresentam cruzando/atravessando próximos ao orifício interno da cérvice uterina). O principal fator de risco é a presença de placenta velamentosa. Manifesta-se com sangramento vaginal intenso após amniorrexe associada a sofrimento fetal. A melhor conduta é a cesariana.

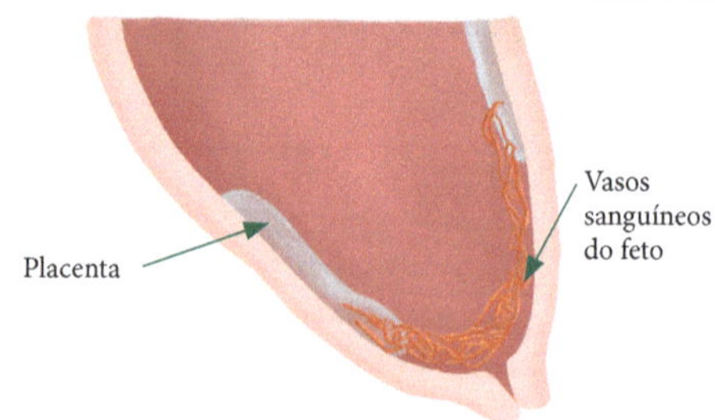

Tipos placentários

- **Placenta bilobada:** presença de dois lobos interligados.
- **Placenta sucenturiada:** presença de cotilédones distintos ligados por uma ponte membranosa e vascularizada.
- **Inserção velamentosa:** os vasos sanguíneos deixam o cordão umbilical antes da inserção placentária, caminhando em leque, sem a proteção da geleia de Wharton, até alcançar a massa placentária.

62.10. Rotura de Seio Marginal

O seio marginal consiste na extrema periferia do espaço interviloso. Não há como confirmar o diagnóstico antes do parto, sendo a confirmação apenas pelo exame histopatológico. A conduta é basicamente monitorização materno-fetal e repouso. O quadro clínico da rotura do seio marginal apresenta:

- sangramento periparto;
- ausência de dor;
- sangramento vermelho vivo;
- placenta normoposicionada.

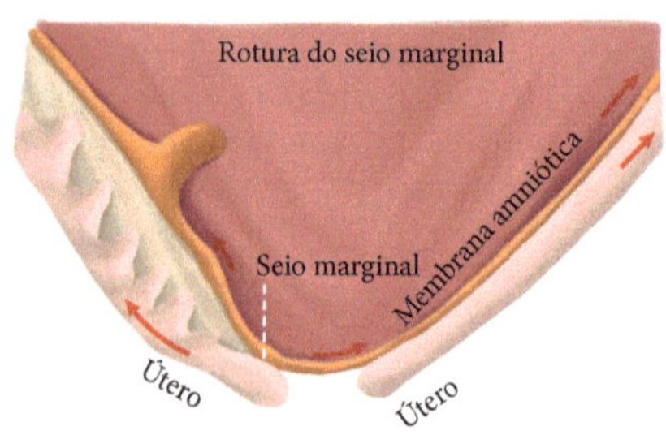

CAPÍTULO 63

AFECÇÕES MATERNAS NA GESTAÇÃO

63.1. Doença Hipertensiva

Hipertensão	Gestação	■ Hipertensão gestacional (transitória). ■ Pré-eclâmpsia. ■ Eclâmpsia.
	Prévia	■ Doença vascular hipertensiva crônica. ■ Hipertensão agravada pela gestação (mista/sobreposta).

Hipertensão gestacional

É uma hipertensão leve na parte final da gestação, sem a presença de proteinúria. Normalmente a pressão retorna ao nível normal em até 12 semanas após o parto. A paciente apresenta alterações mínimas na complacência vascular.

Pré-eclâmpsia

É a hipertensão ≥ 140 × 90 mmHg após 20 semanas de gestação em duas medidas em 4 horas, associada À proteinúria **superior a 300 mg em 24 horas.**

Eclâmpsia

E a ocorrência de crises convulsivas em paciente com pré-eclâmpsia.

Doença vascular hipertensiva crônica

É o estado hipertensivo antes de 20 semanas de gestação. Não apresenta proteinúria (< 300 mg/24 h).

Hipertensão agravada pela gestação (mista/sobreposta)

É a existência de hipertensão antes da gestação, associada à proteinúria.

Fisiopatologia

- **Citotrofoblasto:** precursor dos trofoblastos.
- **Sinciciotrofoblasto:** responsável pela invasão.

➔ A primeira onda de invasão da artéria espiralada pelo sinciciotrofoblasto leva ao alargamento do diâmetro do vaso, resultando em aumento do fluxo

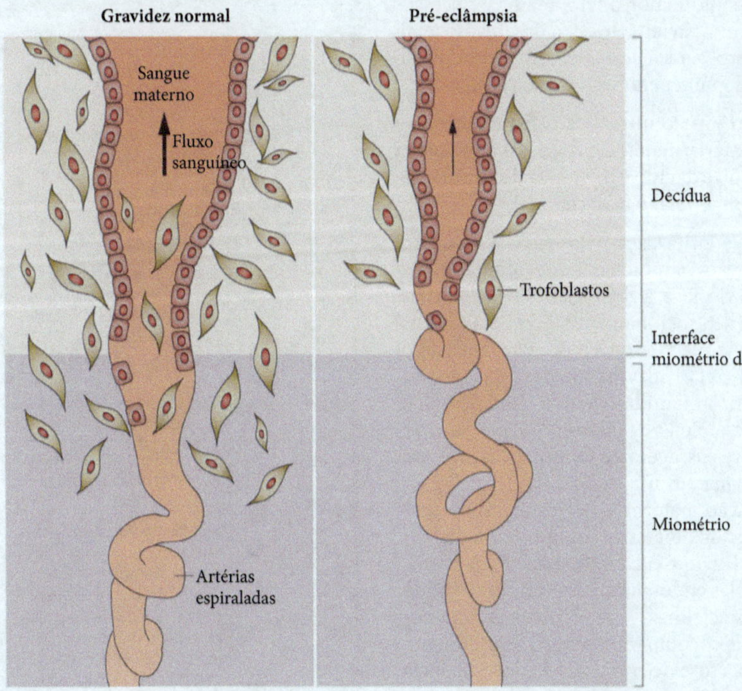

sanguíneo para o feto e a placenta. Na pré-eclâmpsia, a segunda onda de invasão trofoblástica, que ocorre na 16ª-20ª semana, é deficiente, levando à isquemia placentária.

➔ A invasão trofoblástica é máxima com 26 semanas! Sendo assim, não existe a possibilidade de melhora do fluxo deficiente após a 26ª semana.

A vascularização uterina anormal é incapaz de acomodar o fluxo sanguíneo para o feto e a placenta, levando à injúria do endotélio vascular. A lesão endotelial leva a maior síntese de tromboxano A2 (TXA_2) e espasmo arteriolar placentário e sistêmico. A lesão endotelial ativa o sistema de coagulação, ocorrendo depósito de fibrina. O sistema fibrinolítico degrada essa fibrina formada, promovendo coagulação intravascular disseminada.

Fatores de risco
■ Primiparidade
■ Resposta imune ao trofoblasto
■ Desnutrição proteica
■ Pré-eclâmpsia anterior ou familiar
■ Vasculopatia
■ Gemelaridade
■ Mola

Adendo 1: quanto maior o feto, maior a necessidade de oxigênio. Na falta de O_2, o organismo fetal prioriza cérebro, coração e suprarrenal (produtora de hormônios mantenedores da gestação).

Adendo 2: no espaço interviloso (fístula arteriovenosa placentária/materna), a passagem de O_2 para o feto ocorre devido à diferença de afinidades das hemoglobinas fetal e materna.

Adendo 2: Na priorização do fluxo sanguíneo (cérebro, coração e suprarrenal), devido à hipóxia fetal, esse desvio leva à formação de áreas fetais com ausência de funcionamento de mitocôndrias. Essas áreas, por sua vez, não produzem trifosfato de adenosina (ATP), flavina adenina dinucleotídeo (FAD), nicotinamida adenina dinucleotídeo (NAD) e estão repletas de elétrons!
Quando ocorre passagem de O_2 por essas regiões, ele se transforma em um radical livre, que passa para a circulação materna e exerce efeito de destruição dos tecidos materno (lipoproteína de baixa densidade [LDL] oxidada, destruição da membrana das células endoteliais, diminuição de óxido nítrico e prostaciclinas) e fetal (doença broncopulmonar, enterocolite necrosante, crescimento assimétrico, necrose de rins e fígado, insuficiência placentária).

Repercussões sistêmicas (alterações)

Hematológicas	A lesão endotelial expõe o sistema de coagulação à tromboplastina tecidual, havendo o consumo de plaquetas (trombocitopenia).
Renais	A lesão mais característica é a endoteliose capilar glomerular (tumefação das células endoteliais, que oblitera a luz dos capilares).
Endócrinas metabólicas	O sistema renina-angiotensina-aldosterona (SRAA) encontra-se suprimido.
Cerebrais	Os vasos cerebrais terminais são formados apenas pelo endotélio; no feto toxêmico, o excesso de radicais livres circulantes provoca lesões em todo o endotélio vascular, favorecendo o rompimento dos vasos mediante picos de hipertensão arterial, o que resulta em hemorragia cerebral (acidente vascular encefálico [AVE] é a principal causa de morte desses pacientes).
Hepáticas	Os radicais livres entram no fígado (para serem metabolizados) pelo espaço porta, logo ocorrendo necrose desse local por receber maior aporte inicial de produtos tóxicos.

Classificação

<table>
<tr><td rowspan="2">Pré-eclâmpsia</td><td>Leve</td><td colspan="2">É caracterizada pela pressão arterial PA < 160 × 110 mmHg. Para esses casos, recomenda-se a administração de anti-hipertensivo por via oral (objetivo de PA 140 × 90 mmHg) e corticoide para maturação pulmonar.</td></tr>
<tr><td>Grave</td><td>Apresenta PA ≥ 160 × 110 mmHg associada a proteinúria 5 g/24 h, creatinina (Cr) > 1,3 mg/dl, edema agudo pulmonar e oligúria.</td><td rowspan="3">A conduta envolve o uso de anti-hipertensivos para a crise, associados a sulfato de magnésio e resolução da gestação:
■ ≥ 34 semanas = parto.
■ < 34 semanas = corticoide para maturação pulmonar e parto.</td></tr>
<tr><td>Iminência de eclâmpsia</td><td colspan="2">É caracterizada pela presença de distúrbios cerebrais (cefaleia), visuais (turvação da visão e escotomas), dor epigástrica (dor em barra de Chaussier) e reflexos tendinosos profundos exaltados.</td></tr>
<tr><td>Síndrome HELLP</td><td colspan="2">Anemia hemolítica, elevação de enzimas hepáticas e plaquetopenia.
Fragmentação eritrocitária/esquizócitos, desidrogenase láctica (DHL) > 600 UI/l, bilirrubina total (BT) ≥ 1,2 mg/dl (à custa de bilirrubina direta), aspartato aminotransferase (AST) ≥ 70 mg/dl, trombocitopenia.</td></tr>
</table>

Tratamento

Convulsão

Preconizam-se a internação e o uso de sulfato de magnésio para prevenir e controlar as convulsões. Diazepam 10 mg por via oral (VO) pode ser administrado quando a crise convulsiva é presenciada.

Três esquemas de sulfatação
Pritchard: ataque de 4 g por via endovenosa (EV) + 10 g por via intramuscular (IM), com manutenção de 5 g IM a cada 4 horas.
Zuspan: ataque de 4 g EV em 20 minutos, com manutenção de 1-2 g/h em bomba de infusão até 24 horas após ou parto/convulsão.
Sibai: ataque de 6 g EV com manutenção de 2-3 g/h em bomba de infusão (BI).

→ Sempre se deve realizar a aplicação de sulfato de magnésio na presença de gluconato de cálcio (antídoto) e estar atento aos sinais de intoxicação.

Sinais de intoxicação

- Abolição do reflexo patelar (10-15 mEq/l).
- Depressão respiratória/frequência respiratória (FR) < 12 irpm (> 15 mEq/l).
- Parada cardíaca (> 30 mEq/ l).
- Diurese < 25 ml/h não é critério de intoxicação, mas indica a necessidade de reajuste de dose.

Crise hipertensiva

Utilizam-se hidralazina EV, labetalol EV, bloqueador do canal de cálcio (nifedipina VO) e nitroprussiato de sódio (para situações em que não há mais a presença do feto).

Manutenção da hipertensão

É realizada com metildopa, hidralazina e pindolol.

Dopplerfluxometria	■ **Artéria uterina:** quando apresenta incisura, reflete estado de alta resistência (vaso normal). Caso não haja incisura, reflete estado de baixa resistência (vaso na gestação), logo é possível avaliar a qualidade da invasão trofoblástica. ■ **Artéria umbilical:** avalia o dano placentário. Quando o dano é de 50%, o Doppler apresenta redução da velocidade diastólica. Quando atingir 90%, ocorre a diástole zero, e, nos casos de 100%, a diástole inversa.

63.2. Diabetes Melito

O diabetes gestacional (DG) é a complicação clínica mais comum do período gestacional. A glicose materna passa por difusão facilitada através da placenta. A glicemia fetal é controlada pela glicose materna, e não pela insulina fetal. A glicose fetal elevada provoca aumento da insulina fetal, que cursa com macrossomia, hipoglicemia neonatal e retardo na maturação pulmonar.

Complicações fetais da hiperglicemia
■ Polidramnia
■ Macrossomia
■ Distocia de espáduas (acromial)
■ Anomalias congênitas graves e complexas (mais frequente: defeito do septo cardíaco. Mais específica: síndrome da regressão caudal).

Tratamento

Envolve a introdução de dieta específica, atividade física e insulinoterapia (uma vez que os hipoglicemiantes orais não devem ser usados em decorrência de seu caráter teratogênico). A insulinoterapia deve ser aplicada para usuárias prévias de insulina ou antidiabéticos orais.

No primeiro trimestre de gestação e no pós-parto, deve-se diminuir a dose de insulina. No segundo e terceiro trimestres, deve-se aumentar a dose (devido à produção de hormônios hiperglicemiantes).

Diagnóstico

American Diabetes Association		
Glicemia de jejum	< 92 mg/dl	Realizar teste oral de tolerância à glicose (TOTG) 75g (24-28 sem)
	92-125 mg/dl	Diabetes melito (DM) gestacional
	≥ 126 mg/dl	DM prévio
Glicemia aleatória ≥ 200 mg/dl		DM prévio
Hemoglobina glicada (HbA1c) ≥ 6,5%		DM prévio
Ministério da Saúde (rastreio em < 20 semanas)		
Glicemia de jejum	< 92 mg/dl	Realizar TOTG 75g (24-28 sem)
	92-125 mg/dl	DM gestacional
	≥ 126 mg/dl	DM prévio
Glicemia aleatória ≥ 200 mg/dl		DM prévio
Fatores de risco	■ > 35 anos ■ Hipertensão arterial sistêmica (HAS) ■ Obesidade ■ História familiar de DM	
TOTG 75g	■ 0 h: ≥ 92 mg/dl ■ 1 h: ≥ 180 mg/dl ■ 2 h: ≥ 153 mg/dl	
	O diagnóstico de DM é confirmado por pelo menos 1 valor alterado.	

Classificação de DM gestacional segundo Priscilla White			
Classe	Duração	Vasculopatia	Terapia
A1	Desconhecida - Dieta	Ausente	Dieta
A2	Desconhecida - Insulina	Ausente	Insulina
B	< 10 anos	Ausente	Insulina
C	10-19 anos	Ausente	Insulina
D	≥ 20 anos	Retinopatia ou HAS	Insulina
F	Indeterminada	Nefropatia	Insulina
R	Indeterminada	Retinopatia maligna	Insulina
H	Indeterminada	Coronariopatia	Insulina
T	Indeterminada	Transplante renal	Insulina

5.3. Bacteriúria Assintomática e Infecção do Trato Urinário

A bacteriúria assintomática com quantidade de colônias de 10^5 UFC/ml (mais frequentemente de *Escherichia coli*) recebe tratamento com antibióticos (amoxicilina, nitrofurantoína) por 7 dias. O controle de cura é a urocultura após 2-4 semanas do tratamento.

Nas infecções urinárias sintomáticas, a cistite (disúria, polaciúria, urgência miccional e dor), mais frequentemente de *E. coli*, recebe tratamento com antibióticos (nitrofurantoína, amoxicilina, cefalexina) por 7 dias, e o controle de cura é a urocultura após 2 semanas.

Na pielonefrite (febre, calafrios, cefaleia, náuseas e vômitos), frequentemente por *E. coli*, é necessário internar a paciente e utilizar esquema de antibiótico parenteral.

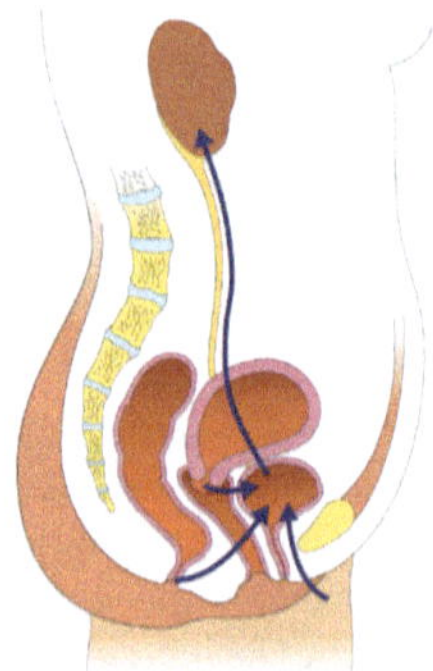

▶ Rotas de infecção do trato urinário. As setas apontam a natureza ascendente da infecção, a partir da bexiga e da uretra para os ureteres e rins. Modificada de American College of Obstetricians and Gynecologists. Urogynecology: an illustrated guide for women. Washington, DC: ACOG, 2004. Ilustrado por John Yanson.

63.4. Gemelaridade

➔ É a presença simultânea de dois ou mais conceptos no útero materno ou fora dele. Pode ser monozigótica ou dizigótica.

Monozigótica (ou idênticos, verdadeiros, uniovulares, univitelínicos)	Corresponde a 33% dos casos. Com origem em um mesmo ovo, resulta da fertilização de um óvulo por um único espermatozoide, podendo ser monocoriônica ou dicoriônica.
Dizigótica (ou fraternos, biovulares, bivitelínicos)	Corresponde a 66% dos casos e tem origem em ovos diferentes, dicoriônicos.

Outras possibilidades de gemelaridade	■ **Superfecundação:** fertilização de dois óvulos em coitos diferentes em um mesmo ciclo menstrual. ■ **Superfetação:** fertilização de dois óvulos em ciclos menstruais diferentes. ■ **Poliembrionia:** formação de vários embriões a partir de um único zigoto.

Fatores de risco
■ Fármacos indutores da ovulação
■ Técnicas de reprodução assistida
■ História familiar (mulheres com gestações dizigóticas)
■ Idade materna

Corionia ou corionicidade: refere-se ao número de placentas

Na presença do *twin peak sign* (ou sinal de *lambda* ou sinal do Y), nota-se a presença de duas placentas.

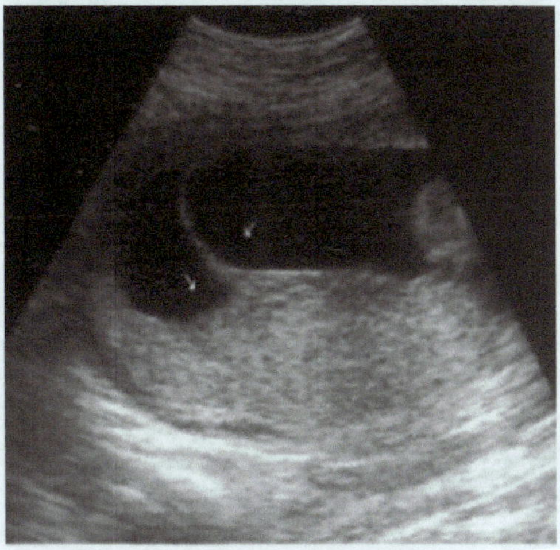

Na presença do sinal do T, evidencia-se a presença de uma placenta.

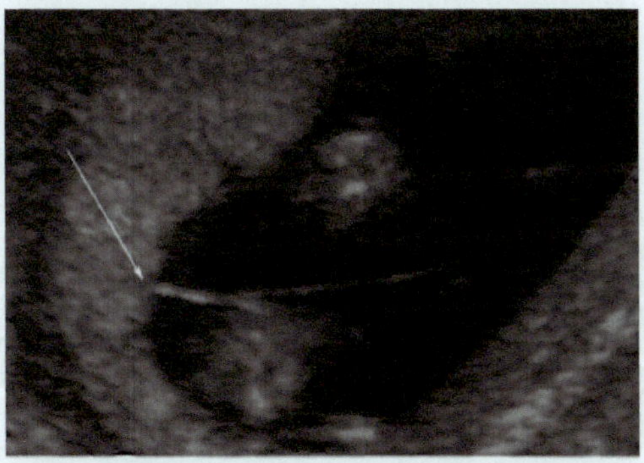

Complicações fetais específicas

Síndrome da transfusão feto-fetal (STFF) ou síndrome da transfusão gêmelo-gemelar (STGG)

Envolve gêmeos monozigóticos e monocoriônicos, cujas circulações se comunicam na região da placenta. A STFF ocorre devido às anastomoses transplacentárias, com desequilíbrio da transfusão sanguínea em favor de um feto. Há transfusão de sangue de um feto (doador) para outro (receptor). O doador fica hipovolêmico e desenvolve palidez, oligúria, oligodramnia e crescimento intrauterino restrito (CIUR), contrariamente ao feto receptor. A STFF é tratada com fotocoagulação com *laser* das comunicações vasculares.

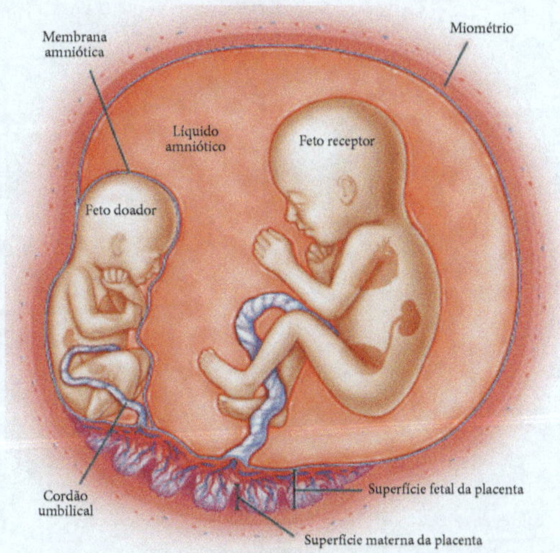

▶ Ilustração da síndrome de transfusão feto-fetal. Note o feto doador, à esquerda, com a membrana amniótica aderida devido à oligodramnia. O feto receptor, com tamanho maior, apresenta polidramnia. (Adaptado de N Engl J Med 2004; 351:2).

Gêmeos conjugados

Devem-se à divisão tardia de um único ovo fecundado. Os gêmeos conjugados são denominados de acordo com o lugar da fusão seguido do sufixo pagos.

Gêmeo acárdico (ou perfusão arterial reversa do gemelar ou sequência TRAP [*twin reverse arterial perfusion*])

É caracterizada por uma deformidade na parte superior do corpo do feto, com ausência de coração e de polo cefálico (anencefalia). O feto acárdico recebe sangue bombeado de seu irmão gêmeo normal, logo o feto acárdico é inviável e não sobreviverá ao ambiente extrauterino.

MedQuiz	■ A anemia patológica mais comum é a anemia ferropriva. ■ A cirurgia não obstétrica mais comum é a apendicectomia seguida pela colecistectomia. É permitida a realização por via videolaparoscópica. ■ A icterícia na gestação é mais comumente devida às hepatites virais. ■ A polidramnia é causada por obstrução do trato gastrointestinal (agenesia do esôfago), malformações do tubo neural (anencefalia) e doenças hemolíticas (vasculopatias). ■ Os marcadores bioquímicos preditores da pré-eclâmpsia são proteína plasmática A associada à gravidez (PAPP-A) e fator de crescimento placentário (PLGF) (envolvidos na angiogênese/invasão trofoblástica).

CAPÍTULO 64

SOFRIMENTO FETAL E PUERPÉRIO

64.1. Sofrimento Fetal Agudo

→ É caracterizado pela queda súbita e intensa das trocas materno-fetais que leva à hipóxia, acidose e hipercapnia.

Causas
■ **Uteroplacentárias:** hiperatividade uterina (hipersistolia, taquissistolia, hipertonia), hipotensão materna (vasodilatação arteriolar materna), hipovolemia (hemorragias e desidratações).
■ **Fetoplacentárias:** alterações posicional ou compressiva do cordão (circulares, prolapsos e nós).

A Progressão do Sofrimento Fetal Agudo

Hipóxia
↓
Perda do Estímulo Simpático
↓
Perda das Acelerações
↓
Perda da Variabilidade
↓
Bradicardia e Desacelerações Tardias
↓
Perdas dos Movimentos, Respiração e Tônus Fetal

→ O sofrimento fetal agudo por circular de cordão não contraindica o parto vaginal!

Diagnóstico

Monitorização dos movimentos fetais

Consiste na contagem da movimentação fetal pela mãe (o normal é de 5-10 vezes em 1 hora), todavia é um método controverso por apresentar eficácia questionável.

Microanálise do sangue fetal

É realizada a partir da coleta de uma microgota de sangue do couro cabeludo do feto, na qual se realiza a dosagem de lactato para identificar o pH fetal.

- Valores pH < 7,2 sugerem período de dilatação.
- Valores de pH < 7,15 sugerem período de parto expulsivo.

Apesar de a identificação do pH ser o padrão-ouro, é um método com grande desvantagem devido à necessidade de rotura de membranas e coletas de amostras repetidas.

<u>DIP 1:</u> Contração leva à compressão cefálica com queda da FC.

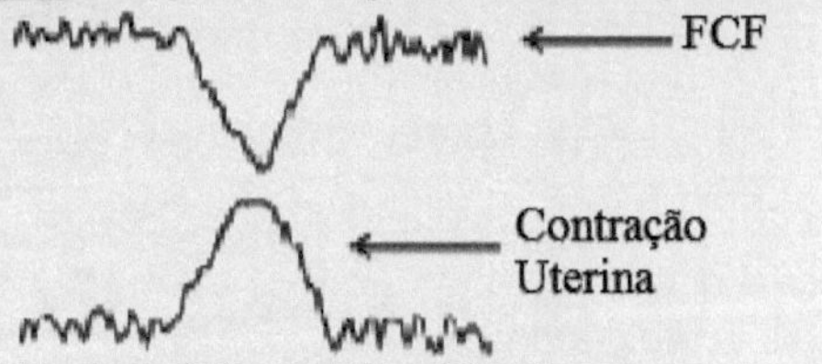

<u>DIP 2:</u> Contração leva a queda da FC tardiamente.

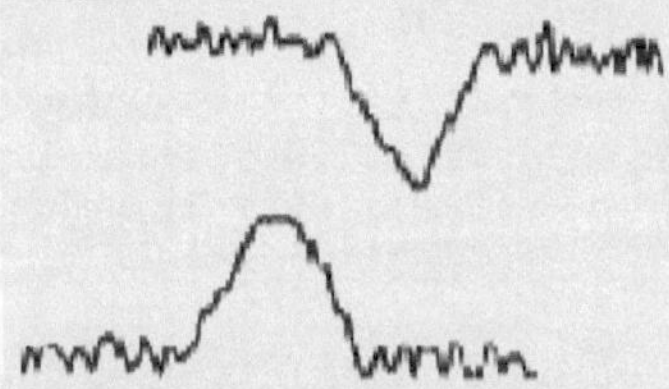

<u>DIP 3:</u> Variável em relação à contração. Resulta da compressão do cordão de forma esporádica.

<u>DIP 3b:</u> Desfavorável - Desaceleração Bifásia. Representa Hipóxia com SFA.

Avaliação da frequência cardíaca fetal

- **Ausculta fetal intermitente:** com auxílio do Sonar-Doppler ou do estetoscópio de Pinard, inicia-se a ausculta durante uma contração uterina até 30 segundos após a mesma.
  Identifica-se o sofrimento fetal agudo quando ocorre uma bradicardia fetal (frequência cardíaca [FC] < 110 bpm) por 50% do tempo de duração de 3 contrações.
  Para gestações de baixo risco recomenda-se a ausculta a cada 30 minutos na fase de dilatação e a cada 15 minutos na fase de expulsão. Em gestações de alto risco, a ausculta deve ser feita a cada 15 minutos na fase de dilatação e a cada 5 minutos na de expulsão.
- **Cardiotocografia:** é a ausculta contínua (batimento cardíaco fetal [BCF] + contração + movimentação fetal). Não é indicada para gestação de baixo risco.

Linha de base	É o BCF médio. O valor normal varia de 110 bpm a 160 bpm.
Acelerações (ou reatividade)	São aumentos transitórios de 15 bpm por 15 segundos. Representam o bem-estar fetal!
Variabilidades	São pequenas irregularidades entre os batimentos cardíacos. Podem ser de 5 tipos.
Desacelerações intraparto (DIPs)	São quedas transitórias na FC fetal de acordo com a atividade uterina.

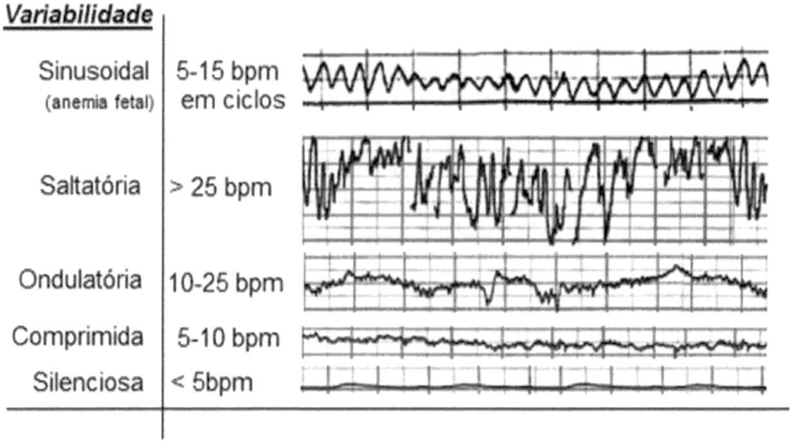

Estímulo vibroacústico
■ Quando a cardiotocografia basal não evidenciar reatividade fetal por 5 minutos, deve-se realizar um estímulo vibroacústico para avaliar se há surgimento da resposta de aceleração/reatividade fetal.

64.2. Sofrimento Fetal Crônico (ou Insuficiência Placentária)

É caracterizado pela diminuição progressiva da perfusão placentária com comprometimento fetal de forma lenta. As principais manifestações são alterações do crescimento fetal e do volume do líquido amniótico.

Fatores associados
■ Pós-maturidade
■ Pré-eclâmpsia
■ Diabetes melito (DM)
■ Hipertireoidismo
■ Grávida > 40 anos
■ Gestação ectópica

Crescimento intrauterino restrito

Crescimento fetal	1ª fase	De 0-16ª semana ocorre hiperplasia celular.
	2ª fase	16ª-32ª semana ocorrem hiperplasia e hipertrofia.
	3ª fase	> 32ª semana ocorre hipertrofia.

➔ Para o **diagnóstico** é necessário conhecer a idade gestacional e correlacioná-la com os percentis fetais.

- A medida de fundo de útero não é precisa, mas sugere crescimento intrauterino restrito (CIUR) quando é inferior ao percentil 10 da curva de crescimento ou apresenta diferença de 3 cm em relação à idade gestacional, visto que a altura uterina acompanha a idade gestacional (no período entre 18 e 30 semanas).
- A ultrassonografia (US) é a método diagnóstico mais preciso! É possível avaliar diâmetro biparietal (DBP) ou circunferência cefálica (CC), circunferência abdominal (CA), comprimento do fêmur (CF). Tais medidas são utilizadas para estimar o peso fetal e definir o percentil.

A circunferência abdominal é o indicador ultrassonográfico mais sensível para CIUR (os estoques de glicogênio hepático são consumidos, diminuindo a circunferência abdominal).

CIUR simétrico (tipo 1)

Acontece na primeira metade da gestação, corresponde a 5%-10% dos casos, e o feto se apresenta hipodesenvolvido. As principais causas são substâncias químicas, infecções e trissomias.

CIUR assimétrico (tipo 2)

Acontece na segunda metade de gestação, corresponde a 70%-80% dos casos, e o feto se apresenta com a cabeça grande em relação ao abdome. Deve-se à má perfusão placentária ocasionada por DM, hipertensão arterial sistêmica (HAS), anemia e nutrição.

CIUR misto (tipo 3)

Corresponde à alteração na 2ª fase (hiperplásica e hipertrófica). É decorrente de alterações cromossomiais ou infecções congênitas.

Oligodramnia

A hipóxia fetal crônica redistribui o débito cardíaco fetal, com diminuição do fluxo sanguíneo renal e do volume urinário, levando à oligodramnia. O líquido amniótico (LA), no primeiro trimestre de gestação, é proveniente do transudato do trofoblasto ou do embrião em desenvolvimento. Na 10ª-11ª semana, os rins são a principal fonte de LA (mediante a excreção de urina). A principal reabsorção de LA é pela deglutição fetal e pela superfície da placenta. O **diagnóstico** é feito pela demonstração de um útero pequeno para a idade gestacional (IG), confirmado pela US com bolsão de LA < 2 cm e índice de líquido amniótico (ILA) < 5 cm. O ILA normal (soma das medidas verticais dos bolsões) é de 8-18 cm. [Síndrome de Potter: oligodramnia associada à agenesia renal.]

64.3 Perfil Biofísico Fetal

O perfil biofísico fetal (PBF) é realizado a partir da cardiotocografia associada a quatros parâmetros ultrassonográficos.

Cardiotocografia basal + movimento respiratório fetal + movimento fetal + tônus fetal + volume de líquido amniótico.

Perfil hemodinâmico fetal (estudo do Doppler fluxométrico fetal)

Doppler umbilical

Avalia a função placentária e envolve a análise comparativa do índice de resistência das artérias umbilical e cerebral média. Na insuficiência placentária, há aumento da resistência vascular da artéria umbilical em relação à cerebral média.

➔ A obstrução de 50% das artérias da microcirculação placentária é denominada diástole zero. A obstrução de 90% é classificada como diástole reversa (com reversão do fluxo).

Doppler de artéria cerebral média

A artéria cerebral média normalmente apresenta índices de resistência mais elevados, pois não há necessidade de grandes fluxos sanguíneos cerebrais em condições de normovolemia e saturação de O_2 normal. Na insuficiência placentária, para manter a oxigenação cerebral, há a vasodilatação da artéria cerebral média. Em resposta à hipóxia fetal, o organismo realiza o processo de centralização, no qual prioriza o fluxo sanguíneo para cérebro, coração e glândula suprarrenal. E o $IR_{ACM} < IR_{AU}$. O IR_{ACM} diminui, pois aumenta o fluxo.

Doppler venoso

Avalia o ducto venoso (comunicação entre a veia umbilical e a cava inferior), sendo indicado para fetos < 32 semanas já centralizados. O Doppler normal evidencia a presença de onda A positiva.

Doppler de artérias uterinas

Avalia a onda de invasão trofoblástica. A dopplerfluxometria de artéria uterina é útil para rastreio de pré-eclâmpsia. Situações em que o Doppler apresenta incisura bilateral em > 26 semanas são sugestivas de risco de pré-eclâmpsia e CIUR.

64.4. Puerpério Fisiológico

Fases do puerpério
Imediata = 1º ao 10º dia.
Tardia = 10º ao 45º dia.
Remota ≥ 45º dia.

É caracterizado pelo período de 6-8 semanas após o parto com expulsão da placenta, marcado pelo retorno dos órgãos reprodutivos e pela readaptação do organismo feminino à situação pré-gestacional.

Manifestações involutivas e fisiológicas

Corpo uterino

Encontra-se no nível da cicatriz umbilical e reduz 1 cm por dia. O órgão torna-se intrapélvico em 15 dias e volta ao tamanho pré-gestacional em 4 semanas. A consistência firme é decorrente do globo de segurança de Pinnard, e a ação hemostática da contração miometrial sobre os vasos uterinos é chamada de ligadura viva de Pinard.

Colo uterino

Fecha-se em 1 semana e seu orifício externo assume aspecto de fenda transversa.

Endométrio

A camada superficial da decídua basal sofre necrose e é eliminada sob a forma de lóquios.

Mucosa vaginal

Nos primeiros 15 dias pós-parto o epitélio escamoso da vagina sofre atrofia pela falta de hormônio e entra em crise vaginal, levando ao desconforto local.

Função ovulatória

Retorna ao normal em 6-8 semanas na ausência de amamentação.

Mamas

Ocorrem a descida do colostro no primeiro dia e a descida do leite (apojadura) até o terceiro dia. A produção do leite ocorre em 3 etapas:

- Mamogênse (crescimento mamário).
- Lactogênese (início da secreção láctea).
- Lactopoese ou galactopoese (manutenção da lactação).

Trato urinário

A bexiga apresenta distensibilidade aumentada e menos sensível ao aumento da pressão intravesical (devido ao término da compressão vesical pelo útero), o que resulta em esvaziamento incompleto que dura até 3 meses.

Manifestações clínicas

Apresenta-se com dor decorrente das contrações uterinas (as contrações ocorrem devido à liberação de ocitocina durante a amamentação) para contenção do sangramento uterino. Presença de lóquios rubros, que se tornam gradativamente róseos (até o 4º dia), serosos (até o 10º dia) e alvos (> 10º dia).

64.5. Puerpério Patológico

Hemorragia pós-parto

Pode ser imediata (em 24 horas) ou tardia (24 h até 12 semanas).

Quatro Ts
■ Tônus (atonia uterina)
■ Trauma (fórceps)
■ Tecido (resto placentário)
■ Trombo (coagulopatia)

Hemorragia pós-parto		
4T	Causa específica	Frequência
Tônus	Hipotonia/atonia uterina	70%
Trauma	Lacerações cervicais, vaginais e perineais. hematomas pélvicos. Inversão uterina. Rotura do útero	20%
Tecido	Tecidos retidos	9%
Trombina	Coagulopatias	1%

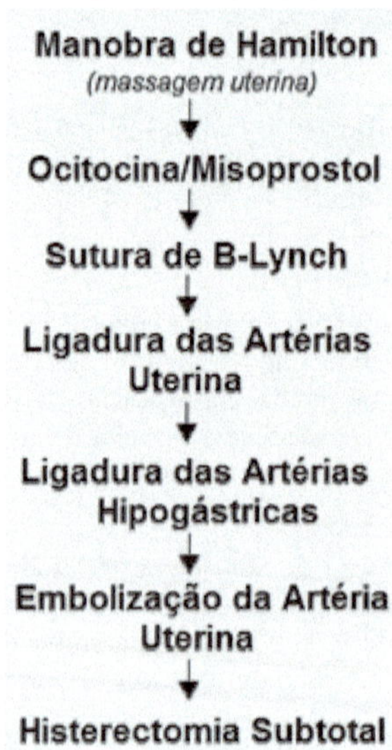

Hipotonia/atonia uterina

É a principal causa de hemorragia e choque hipovolêmico pós-parto. A medida preventiva é a administração intramuscular (IM) de 10 U de ocitocina após a expulsão fetal. O diagnóstico é confirmado por sangramento vaginal e presença de útero subinvoluído. O tratamento consiste no seguimento do fluxograma.

> Os principais fatores de risco envolvem gemelaridade, polidramnia, corioamnionite, trabalho de parto muito rápido ou muito lento.

Inicia-se com a manobra de Hamilton (massagem uterina) e dá-se sequência ao fluxograma sempre que a alternativa anterior não for suficiente para reverter o quadro de hipotonia/atonia uterina da paciente.

Posteriormente: Ocitocina/misoprostol → Suturas de B-Lynch → Ligadura das artérias uterinas → Ligadura das artérias hipogástricas → Embolização da artéria uterina → Histerectomia subtotal.

Lacerações do trajeto

São a segunda maior causa de hemorragia no pós-parto. Geralmente são decorrente de episiotomia extensa, fetos macrossômicos e uso de fórceps. O tratamento envolve revisão do canal de parto, hemostasia imediata e correção das lacerações.

Infecções puerperais (ou morbidade febril puerperal)

É o quadro febril com temperatura > 38ºC com duração de 48 horas e início entre 24 horas após o parto até o 10º dia.

Endometrite/endomiometrite

São infecções que envolvem o endométrio e o miométrio, respectivamente. Caracterizam-se pela presença de lóquios piossanguinolentos e fétidos, colonizados por etiologia polimicrobiana via ascendente. O esquema de antibiótico envolve o uso de clindamicina e gentamicina (por 72 h até a paciente se manter afebril e assintomática). A tríade de Brumm (útero doloroso, amolecido e hipoinvoluído) está presente. A profilaxia envolve o uso de antibioticoterapia na cesárea, manutenção da bolsa íntegra pelo maior tempo possível, redução da quantidade de toques vaginais e melhora da assepsia.

Abscesso pélvico

Caracterizado pela presença de febre persistente em pacientes sob antibioticoterapia. O tratamento envolve drenagem + antibiótico por 10 dias.

Tromboflebite pélvica séptica

É diagnóstico de exclusão para pacientes com antibioticoterapia e permanência de febre. O tratamento envolve o teste terapêutico com heparina + antibiótico.

Alterações nas mamas lactantes

Ingurgitamento mamário, fissuras mamárias, mastite puerperal, abscesso mamário.

Doenças tromboembólicas

Tromboflebite pélvica séptica.

Transtornos psiquiátricos do pós-parto

Disforia pós-parto (*blue syndrome ou maternity blue* – alterações do humor transitórias, benignas e autolimitadas) e depressão pós-parto. Ocorrem em 60% das puérperas e manifestam-se com tristeza e choro fácil.

Depressão pós-parto

Ocorre até a 4ª semana do puerpério. Apresenta como fatores de risco pacientes adolescentes, ausência de suporte social, eventos traumáticos e transtornos prévios.

PARTE 5

Medicina Preventiva

SEÇÃO 14 - MEDICINA PREVENTIVA

Capítulo 65 - Medidas de Saúde Preventiva

65.1. Indicadores de Saúde.......... 434
65.2. Declaração e Atestado de Óbito.......... 437

Capítulo 66 - Estudos Epidemiológicos

66.1. Estudos Epidemiológicos - Parte I.......... 438
66.2. Estudos Epidemiológicos - Parte II.......... 439
66.3. Causalidade Epidemiológica.......... 440
66.4. Testes Diagnósticos.......... 441

Capítulo 67 - Processos Epidêmicos

67.1. Vigilância de Saúde.......... 442
67.2. Processo Epidêmico.......... 443

Capítulo 68 - Agravos à Saúde do Trabalhador

68.1. Agravos à Saúde do Trabalhador.......... 445

Capítulo 69 - História do Sistema Único de Saúde

69.1. História e Legislação do Sistema Único de Saúde (SUS).......... 447
69.2. Atenção Básica no SUS.......... 449
69.3. Financiamento do SUS.......... 449
69.4. Saúde Complementar.......... 450

ANOTAÇÕES:

CAPÍTULO 65

MEDIDAS DE SAÚDE PREVENTIVA

65.1. Indicadores de Saúde

Objetivos da RIPSA
■ Estabelecer dados e indicadores consistentes, atualizados, abrangentes e de amplo acesso.
■ Contribuir para o estudo de aspectos ainda pouco explorados ou de reconhecida relevância para a compreensão do quadro sanitário brasileiro.
■ Aperfeiçoar a produção de dados e informações.
■ Promover o intercâmbio com outros subsistemas de informações públicas.
■ Articular as instituições de saúde.

Os indicadores de saúde proporcionam um método de avaliação da saúde. Em 1996 foi criada a Rede Interagencial de Informações para a Saúde (RIPSA), que capta todos os dados e traduz em uma linguagem mais direta e objetiva, ou seja, unifica os dados das mais diversas fontes de informações.

➔ Para medir a saúde usam-se dois valores: absolutos e relativos, sendo os cálculos padronizados na base mil.

Os valores absolutos são indicadores construídos com valores numéricos absolutos.

Os valores relativos são indicadores construídos a partir da relação entre dois fatores.

Coeficientes

Refletem o RISCO (numerador é diferente do denominador). São as taxas. Exemplo: número de óbitos > 50/população > 50.

Coeficiente de morbidade

É o risco de adoecimento de uma população. O parâmetro para doença aguda é a incidência, e para a doença crônica é a prevalência.

Aumento da prevalência
Maior número de casos novos diagnosticados, imigração de doentes, diminuição da mortalidade pela doença e uso de medicamentos efetivos no controle da doença.

Diminuição da prevalência
Aumento de óbitos, curados e emigração.

➔ A incidência pode ser maior que a prevalência em casos de doenças que matam ou se curam rapidamente. Exemplificando, há doenças que durante o ano causam várias contaminações, mas, por possuírem letalidade de 100%, fazem que no final do ano haja zero quantidade de doentes, diminuindo o cálculo da prevalência (p. ex.: o ebolavírus contamina vários e mata todos).

- **Prevalência:** indica a relação entre o número de casos existentes de uma determinada doença e a população (quantidade de casos/população exposta).

➔ $[P_{REV} = D_{URAÇÃO} \times I_{NCIDÊNCIA}]$.

$$CP = \frac{\text{Casos Existentes (NOVOS + ANTIGOS)}}{\text{População Exposta ao Risco}} \times 1000$$

$$Ci = \frac{\text{apenas CASOS Novos}}{\text{População Exposta}} \times 1000$$

- **Incidência (ou coeficiente de ataque):** mede a frequência de casos novos (casos novos/população exposta).

Coeficiente de letalidade

É o risco de o paciente morrer por causa da doença. Seria a relação: quem morreu/quem poderia morrer (portava a doença).

Coeficiente de mortalidade

É o risco de a população morrer. Consiste da relação nº óbitos/população que pode morrer (naquelas condições). O coeficiente de mortalidade não serve, contudo, para comparar regiões diferentes, porque elas possuem estruturas etárias diferentes. Não compara regiões, pois não é possível afirmar se a região é boa ou ruim ou quem morreu. Para comparar regiões é necessário realizar uma padronização das idades. As principais divisões da mortalidade específica seriam as que se seguem.

Mortalidade materna: risco de morte avaliando a cobertura e a qualidade da assistência prestada à mulher nesse período
$\frac{\text{n° de óbitos por causas maternas}}{\text{n° de nascidos vivos}}$

Mortalidade infantil: excelente indicador do nível de vida

$$\frac{\text{n}^o \text{ de óbitos em} < 1 \text{ ANO}}{\text{n}^o \text{ de nascidos vivos}}$$

Natimortalidade: > 22 semanas de gestação. Avalia o obstetra

$$\frac{\text{n}^o \text{ de nascidos mortos}}{\text{n}^o \text{ de nascidos vivos} + \text{n}^o \text{ de nascidos mortos}}$$

Mortalidade neonatal: avalia o pediatra

$$\frac{\text{n}^o \text{ de óbitos em} < 28 \text{ DIAS}}{\text{n}^o \text{ de nascidos vivos}}$$

Mortalidade neonatal precoce: avalia o pediatra

$$\frac{\text{n}^o \text{ de óbitos em} < 7 \text{ DIAS}}{\text{n}^o \text{ de nascidos vivos}}$$

Mortalidade neonatal tardia: avalia o pediatra

$$\frac{\text{n}^o \text{ de óbitos de } 7 - 27 \text{ DIAS}}{\text{n}^o \text{ de nascidos vivos}}$$

Mortalidade perinatal: começa na 22ª semana de gestação até 7 dias de vida. Avalia o parto e o recém-nascido (RN)

$$\frac{\text{n}^o \text{ de nascidos mortos} + \text{n}^o \text{ de óbitos em} < 7 \text{DIAS}}{\text{n}^o \text{ de nascidos vivos} + \text{n}^o \text{ de nascidos mortos}}$$

Mortalidade pós-neonatal*: avalia o meio ambiente em que vive o neonato

$$\frac{\text{n}^o \text{ de óbitos de } 28 - 364 \text{ DIAS}}{\text{n}^o \text{ de nascidos vivos}}$$

*Mais fácil de ser reduzido por meio de medidas de saúde coletiva (p. ex.: vacinação).

Índices

Refletem a PROPORÇÃO (numerador = denominador). Exemplo: nº óbitos, idades, causas/nº de óbitos.

Índice de Swaroop-Uemura (ou razão de mortalidade proporcional [ISU])

Mede a porcentagem de pessoas que morrem com 50 anos de idade ou mais em relação ao total de óbitos.

ISU	
(Óbitos ≥ 50a): ________	(Total de óbitos) ______

➔ **Classificação ISU:** 1º nível: > 75%; 2º nível: 50%-75%; 3º nível: 25%-49%; 4º nível: < 25%.

Curva de Nelson Moraes

- **Curva tipo 1:** formato "N", com nível muito baixo.
- **Curva tipo 2:** formato "L/J$_{\text{invertido}}$" com nível baixo.
- **Curva tipo 3:** formato "U", com nível regular.
- **Curva tipo 4:** formato "J", com nível elevado.

Regra mnemônica	
N	Nelson
L	Lembra
U	Um
J	Jeito

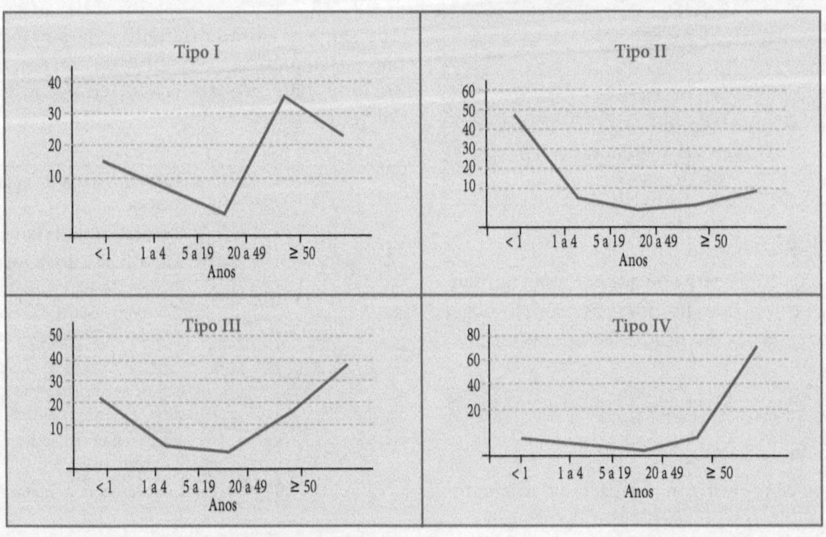

Causas de mortalidade

Infantil	1º: Afecções perinatais; 2º: Malformações congênitas; 3º: Respiratórias; 4º: Outras causas.
1-40 anos	Causas externas.
> 40 anos	1º: Doenças do aparelho circulatório; 2º: Neoplasias; 3º: Causas externas (agressão, homicídio); 4º: Respiratórias.
Masculina	1º: Doenças do aparelho circulatório; 2º: Causas externas (agressão, homicídio); 3º: Neoplasias.
Feminina	1º: Doenças do aparelho circulatório; 2º: Neoplasias; 3º: Respiratórias 4º: Causas externas (agressão, homicídio).

Transições – Brasil

Demográfica

Apresenta alargamento do ápice devido ao aumento da porção de idosos (10% da população) com estreitamento da base, queda da fecundidade (1,77 || < 2,1 são insuficientes para a reposição populacional) e da mortalidade geral, aumento da expectativa de vida (76 anos no Brasil) e do índice de envelhecimento (45%)

Taxa de fecundidade
$\frac{\text{Nascido vivos}}{\text{Mulheres 15 a 49 anos}}$

Taxa de fecundidade
$\frac{\text{Nascido vivos}}{\text{Mulheres 15 a 49 anos}}$

Índice de envelhecimento
$\frac{\geq 65 \text{ anos}}{< 15 \text{ anos}}$

Razão de dependência
$\frac{\leq 14 \text{ anos e } \geq 65 \text{ anos}}{15 \text{ a } 59 \text{ anos}}$

Epidemiológica

Apresenta uma tripla carga de doença, com aumento de causas externas e das doenças crônico-degenerativas e queda das doenças infectoparasitárias.

Definições

Transmissão

Apresenta-se como horizontal (direta imediata, direta mediata, indireta) ou vertical.

Horizontal	Direta imediata	Pessoa-pessoa sem passar pelo meio ambiente
	Direta mediata	Pessoa-pessoa passando rapidamente pelo meio ambiente (mãos, fômites, ar)
	Indireta	Por intermédio de um hospedeiro, vetor ou veículo de transmissão
Vertical	Diretamente pela relação materno-fetal	

Morte materna

É definida como a morte de uma mulher (em geral por hipertensão arterial, hemorragia, infecção) durante a gestação ou dentro de um período de 42 dias após o parto.

Morte obstétrica	
Direta	É a morte por complicações obstétricas na gestação, parto e puerpério em decorrência de intervenções, omissões, tratamento incorreto ou de uma cadeia de eventos.
Indireta	É a morte por doenças preexistentes à gestação ou que se desenvolveram durante ela e foram agravadas pelos seus efeitos fisiológicos.

Variáveis

É subdividida em variáveis quantitativas e qualitativas, dependente e independente.
No caso da variável quantitativa, há as discretas (números inteiros) e as contínuas (assumem qualquer valor no intervalo). A variável qualitativa é responsável pela descrição de atributos ou qualidades. A variável dependente constitui o efeito/consequência. A variável independente é causal, ou seja, é aquela candidata a explicar a variável dependente.

Amostra

Apresenta-se como probabilística/aleatória (simples, sistemática, estratificada e conglomerados) ou não probabilística (cotas, julgamento, conveniência).

Probabilística (aleatória)	■ **Simples:** sorteio de todos os elementos. ■ **Sistemática:** intervalo de seleção. ■ **Estratificada:** divide e retira parte de cada estrato. ■ **Conglomerados:** sorteio simples em que as unidades representam um grupo.
Não probabilística	■ **Cotas:** entrevistador escolhe com cotas. ■ **Julgamento:** entrevistador escolhe sem restrições. ■ **Conveniência:** voluntários.

65.2. Declaração e Atestado de Óbito

- O documento é preenchido e levado ao cartório para a emissão da certidão de óbito e liberação do sepultamento.
- **Não preencher:** peça amputada, estatura < 25 cm, peso < 500 gramas, idade gestacional < 20 semanas.
- Na ausência do Serviço de Verificação de Óbito (SVO)/Instituto Médico Legal (IML), qualquer médico denominado perito eventual por uma autoridade (delegado ou juiz) preenche o atestado.
- Na ausência de qualquer médico, duas testemunhas capazes podem atestar mortes naturais.
- Para cremação são necessários 2 médicos!
- Sempre colocar o tempo e a classificação estatística internacional de doenças e problemas relacionados à saúde (CID).

→ O registro de óbito (burocracia) pode ser feito no local da ocorrência. A contabilização da morte (estatística) deve ser feita na cidade de origem da

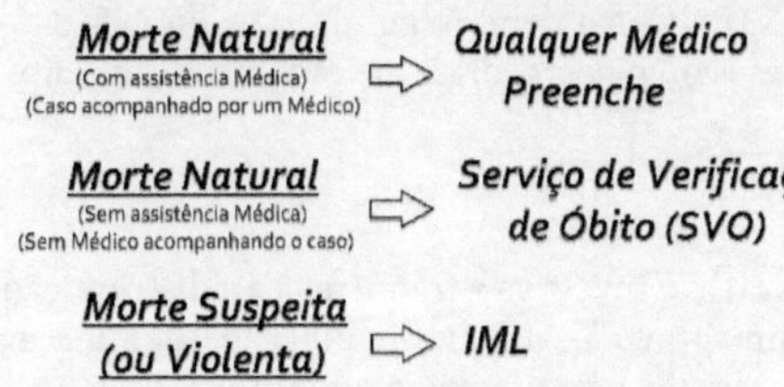

CAUSAS DA MORTE		ANOTE SOMENTE UM DIAGNÓSTICO POR LINHA	Tempo aproximado entre o início da doença e a morte	CID
PARTE I Doença ou estado mórbido que causou diretamente a morte	a	Causa imediata ou terminal		
		Devido ou como consequência de:		
CAUSAS ANTECEDENTES Estados mórbidos, se existiram que produziram a causa acima registrada, mencionando-se em último lugar a causa básica	b	Causa intermediária		
		Devido ou como consequência de:		
	c	Causa intermediária		
		Devido ou como consequência de:		
	d	Causa básica da morte		
PARTE II Outras condições significativas que contribuíram para a morte, a que não entraram, porém, na cadeia acima		Outros estados patológicos significativos que contribuíram para a morte, não estando, entretanto, relacionados com o estado patológico que a produziu.		

CAPÍTULO 66

ESTUDOS EPIDEMIOLÓGICOS

66.1. Estudos Epidemiológicos – Parte I

➔ Os estudos epidemiológicos podem ser classificados, de forma geral, segundo os seguintes aspectos: ecológico, coorte, caso-controle, ensaio clínico.

Objetivo do estudo

- **Descritivo:** investiga a frequência e a distribuição de um agravo à saúde na população, segundo as características da própria população.
- **Analítico:** investiga a associação entre fatores de risco de um agravo à saúde (variáveis independentes) e o agravo à saúde (variáveis dependentes).

Tipos de dados que serão analisados

- **Individuado:** é o "risco de morte em um ano". Cada variável é para cada indivíduo, sendo possível distingui-los (sadios × doentes, expostos × não expostos).
- **Agregado:** é o "risco de morte na população". Os dados são agregados, não sendo possível distingui-los.

Posição do pesquisador

- **Estudo observacional:** não existe manipulação.
- **Estudo de intervenção (ensaio):** existe manipulação.

Dimensão temporal

- **Transversal (instantânea):** é uma "foto"; olha-se apenas uma vez, sem comparação. Pode ser chamada de seccional/prevalência.
- **Longitudinal (serial):** é um "filme".

Estudo ecológico (transversal)

"Vê a fumaça, mas não vê o fogo". Busca informações prontas, dados que já existem. Olha uma única vez, logo não sabe quem veio antes (p. ex.: câncer de pulmão × cigarro). Provoca suspeitas, mas não as confirma.

Vantagens
■ Facilidade de execução.
■ Baixo custo relativo.
■ Capacidade de gerar hipóteses.

Desvantagens
■ Baixo poder analítico.
■ Pouco desenvolvimento das técnicas de análise dos dados.
■ Vulnerável à chamada "falácia ecológica".
■ Provoca suspeitas, mas não as confirma.

Falácia ecológica
Faz-se uma afirmação analisando-se a massa, mas, às vezes, quem causou o "problema" foi a outra parcela, e não a maioria.
Por exemplo: na cidade A, 80% são católicos; na cidade B, 80% são evangélicos e há 4 vezes mais suicídio. A cidade B é pior? Evangélicos se suicidam mais? Ou será que foram os 20% restantes de católicos da cidade B que se suicidaram por não aguentarem os evangélicos?

Investigado	Investigador	Ref. temporal	Nome
Agregado	Observacional	Transversal	Ecológico
		Longitudinal	Série temporal
	Intervenção	Longitudinal	Ensaios temporais
Individuado	Observacional	Transversal	Inquérito
		Longitudinal	Coorte (prospectivo)
			Caso controle (retrospectivo)
	Intervenção	Longitudinal	Ensaio clínico

Observações:

1. Intervenção = ensaio.
2. Perceba que não existe estudo de intervenção transversal, pois ele precisa de tempo para se observar o desfecho.

Coorte

"Estará observando". Compara os riscos de desenvolvimento da doença nas pessoas que possuem uma determinada característica com o risco nas pessoas que não têm essa característica! O estudo de coorte confirma ou não as suspeitas!

Vantagens
▪ Bom para fatores de risco raros
▪ Confirma suspeitas
▪ Analisa várias doenças

Desvantagens
▪ Péssimo para doenças raras
▪ Longa duração

É ruim para doenças raras ou longas. É bom para fator de risco raro. Selecionam-se pessoas com e sem fatores de risco e analisam-se várias doenças dali para frente. Não é necessário ter os 2 grupos (caso e controle).

Caso-controle

"Daqui para trás, não define o risco, ele estima o risco." Pode procurar mais de um fator de risco. É mais vulnerável a erros. É ruim para fatores de risco raros. É essencial que haja 2 grupos (caso e controle).

Vantagens
▪ Fácil de executar
▪ Curta duração
▪ Baixo custo
▪ Permite o acompanhamento de doenças raras
▪ Fácil de repetir

Desvantagens
▪ Dificuldade de formar um grupo aceitável
▪ No caso de enfermidades raras, não se podem escolher os indivíduos aleatoriamente
▪ A documentação fonte da pesquisa frequentemente está incompleta
▪ Estudo de uma única doença
▪ Viés de memória

Exemplo: doentes (caso) × não doentes (controle) – e observa-se se foram expostos a fatores de risco no passado.

→ **Viés de memória:** o paciente que teve a doença se lembra de tudo sobre os fatores de risco. Já os pacientes que não a tiveram não se lembram!

Ensaio clínico (*Mythbusters*)

Neste caso, existem a substância *vs.* o placebo e a capacidade de controlar os fatores. É randomizado e pode ser simples-cego (paciente não sabe), duplo-cego (médico e paciente não sabem) e triplo-cego (médico 1, médico 2 e paciente não sabem).

66.2. Estudos Epidemiológicos – Parte II

- Medidas de ocorrência.
- Medidas de associação.
- Medidas de significância estatística.

Medidas de ocorrência

Determinam a frequência com que ocorre.

- **Coorte/ensaio clínico (incidência):** número de casos novos registrados em determinado tempo.
- **Ecológico (prevalência):** número de casos (novos + antigos) em determinado tempo.

Medidas de associação

Refletem se existe relação entre a exposição e o desfecho.

Coorte

Risco relativo, risco atribuível ao fator, risco atribuível à população.

Caso controle

Razão de chance (RC).

Ensaio clínico

Risco relativo, redução de risco relativo, redução absoluta do risco, número necessário para tratar (NNT).

- **Risco relativo:** é a razão entre as incidências nos indivíduos expostos e não expostos. Valores de risco relativo (RR) > 1 (fator de risco), RR < 1 (fator protetor).
- **Risco atribuível ao fator (RAf):** é a diferença entre as incidências.
- **Risco atribuível na população (RAp%):** é a diferença entre as incidências na população e indivíduos não expostos dividida pela população atingida.
- **Redução do risco relativo:** 1 – RR.
- **Razão de chance:** é a razão dos produtos cruzados. Valores de RC > 1 (fator de risco), RC < 1 (fator protetor).
- **Risco absoluto:** é a diferença dos riscos; a diferença entre as incidências nos expostos e naqueles não expostos.

Critérios de causalidade

- Critérios de temporalidade (mais importante)
- Força de associação (tabagistas)
- Relação dose-resposta (quantidade)
- Consistência (outros trabalhos)
- Plausibilidade (lesão)
- Analogia (situações parecidas)
- Especificidade (só causa essa doença)
- Coerência (paradigma atual)
- Evidência experimental (muda o fator, muda a doença).

Associação causal: cigarro e doença pulmonar obstrutiva crônica (DPOC), anticoncepcional combinado oral (ACO) e trombo, *H. pylori* e úlcera, rubéola e anomalia congênita.

Associação não causal: mancha no dedo e DPOC, consumo de café e infarto agudo do miocárdio (IAM), quantidade de chaves e coronariopatia, cabelos grisalhos e mortalidade.

Medidas de significância

Pode-se confiar na associação?

- **Erro aleatório (acaso):** repetir o estudo 100× com, no máximo, 5× de erro, sendo $p < 0{,}05$ (intervalo de confiança de 95% [IC 95%]).
- **Erro sistemático (viés):** pode estar na seleção (sou tendencioso e escolho os melhores/piores); na aferição (o aparelho é mal calibrado); no confundimento (café *vs.* IAM); na publicação (publicar somente estudos com resultados positivos).

Conceitos extra

- Qual estudo trabalhou com mais pessoas? (Quanto mais pessoas, maior o *n* e menor a variação dos resultados).
- Em qual estudo eu confio?
- Qual é o mais preciso?
- Na diferença estatística entre estudos não pode haver intersecção entre os intervalos de confiança.
- Quando se seleciona uma população para criar um grupo, "filtram-se alguns candidatos", porém nunca em demasia para não tornar o grupo tendencioso. Do grupo escolhido, uma parte se perde em exclusão e perdas. No final, existem duas interpretações, descritas a seguir.

Avaliação do estudo	
Somente no final do estudo	Avalia a eficácia! Simula uma situação ideal (possui apenas validade interna).
Com a intenção de tratar	Avalia o benefício nos integrantes do estudo, representando a efetividade do fármaco! Simula uma situação real (possui validade interna e externa) e representa a potência máxima do estudo.

Recapitulando as fórmulas

$$IE = \frac{A}{A+B} \qquad INE = \frac{C}{C+D}$$

$$I\,pop = \frac{A+C}{A+B+C+D}$$

$$RR = \frac{IE}{INE} = \frac{\frac{A}{A+B}}{\frac{C}{C+D}}$$

$$RA_{FATOR} = IC\,E - IC\,NE$$

$$RAP\% = \frac{IC\,pop - IC\,NE}{IC\,pop}$$

$$RRR = 1 - RR$$

$$RAR = maior - menor$$

$$Odds\ Ratio\ (OR) = \frac{AD}{BC}$$

$$NNT = \frac{1}{RRA} \quad \textit{Tratar x pacientes para 1 ser beneficiado}$$

Eficiência = custo/benefício

Razão de verossimilhança
$\text{Positiva} = \frac{\text{Sensibilidade}}{1 - \text{Especificidade}}$
$\text{Negativa} = \frac{1 - \text{Sensibilidade}}{\text{Especificidade}}$

66.3. Causalidade Epidemiológica

É importante saber que uma pessoa que faz parte de um estudo se restringe e começa a andar na linha (efeito Hawthorne) ou acredita demasiadamente na intervenção (placebo). Para evitar esses efeitos/erros de intervenção é necessário fazer o estudo controlado (grupo-controle). Além disso, o grupo precisa ser o mais homogêneo possível (randomizado/sorteio), evitando erros de seleção e confusão. Para evitar o erro de aferição deve-se fazer um mascaramento (cegamento). O pesquisador nunca é cego.

66.4. Testes Diagnósticos

Para a mente, existem 4 tipos de aparência: as coisas são o que parecem ser, não são e parecem ser, são e não aparentam ser ou não são nem aparentam ser.

Sensibilidade

É a capacidade de um teste diagnóstico identificar os verdadeiros-positivos nos indivíduos verdadeiramente doentes (enxerga a coluna 1).

$$S = \frac{VP}{VP + FN} \quad S = \frac{A}{A+C}$$

Raramente deixa de encontrar pessoas com a doença, mas está sujeito a encontrar falso-positivos (positivos onde não os há). É útil quando a doença é grave, tratável e para triagem de bancos de sangue. Apresenta ↑ valor preditivo negativo (VPN) e ↓ valor preditivo positivo (VPP).

Especificidade

É a capacidade de um teste diagnóstico identificar os verdadeiros-negativos nos indivíduos verdadeiramente não doentes (enxerga a coluna 2).

$$E = \frac{VN}{VN+FP} \quad E = \frac{D}{B+D}$$

Raramente cometerá o erro de afirmar que os não doentes estão doentes, mas estará sujeito a encontrar falso-negativos. É útil para doença incurável e quando é necessário confirmar o diagnóstico. Apresenta ↓ VPN e ↑ VPP.

Valor preditivo

É a capacidade de predizer a doença ou a ausência dela.

- **Positivo:** proporção de indivíduos verdadeiramente positivos (doentes) entre aqueles com diagnóstico positivo realizado pelo teste.

$$VP(+) = \frac{A}{A+B}$$

- **Negativo:** proporção de indivíduos verdadeiramente negativos (não doentes) entre aqueles com diagnóstico negativo realizado pelo teste.

$$VP(-) = \frac{D}{C+D}$$

Acurácia

É a proporção de acertos, ou seja, o total de verdadeiramente positivos e verdadeiramente negativos em relação à amostra estudada.

$$Ac = \frac{A+D}{A+B+C+D}$$

Adendo: deve-se sempre montar a tabela nos exercícios de testes diagnósticos da forma como se segue.

Fatores de risco (ou exame/teste)	Doença	Sem doença
Positivo	(A) sensibilidade	(B)
Negativo	(C)	(D) especificidade

O teste acertou em "A" e "D" (verdadeiro-positivo e verdadeiro-negativo).

O teste errou em "B" e "C" (falso-positivo e falso-negativo).

	Doença		
Teste	Sim	Não	Total
Positivo	Valor	Preditivo-positivo	
Negativo	Valor	Preditivo-negativo	
Total			

Adendo:

➔ Testes realizados em série aumentam a especificidade.

➔ Testes realizados em paralelo aumentam a sensibilidade.

Prevalência		
↑ Prevalência	↑ VPP e ↓ VPN	Probabilidade
↓ Prevalência	↓ VPP e ↑ VPN	Pré-Teste

Exemplo: Um eletrocardiograma (ECG) com supradesnível de ST em um paciente com diabetes melito (DM), hipertensão arterial sistêmica (HAS) e precordialgia (alta prevalência de IAM) tem alto valor preditivo positivo!

CAPÍTULO 67

PROCESSOS EPIDÊMICOS

67.1. Vigilância de Saúde

➔ É responsável por fornecer orientações técnicas e científicas para o controle dos agravos (doenças). Os principais objetivos consistem em coletar, processar, analisar e interpretar os dados e promover recomendações sobre as medidas de prevenção e controle.

Fonte de dados

É proveniente das notificações (comunicação da ocorrência de determinada doença/agravo à saúde feita à autoridade sanitária por qualquer cidadão).

Sistema de informações	
■ De agravos de notificação ■ De mortalidade ■ De nascidos vivos ■ Hospitalares ■ Ambulatoriais do Sistema Único de Saúde (SUS)	■ Atenção básica ■ Vigilância alimentar e nutricional ■ Imunizações e qualidade da água para o consumo humano

De acordo com o Ministério da Saúde

- a notificação é sigilosa, respeitando-se o direito de anonimato (exceto quando houver risco para a comunidade);
- deve-se notificar a simples suspeita;
- a notificação negativa deve ser realizada na ausência de casos.

Em geral, deve receber a característica de notificação compulsória:

- agravo com potencial de disseminação, magnitude;
- transcendência, emergências de saúde pública;
- epidemias, surtos;
- agravos inusitados;
- compromissos internacionais (VIPS);
- doenças internacionais antigas – cólera, peste, febre amarela (CPF).

Notificações

Cada município e/ou estado pode incluir novos agravos no sistema de notificação básico universal, contudo não pode ser feita a remoção de nenhum deles. A notificação pode ser realizada de forma normal (período de 7 dias) ou imediata (período de 24 horas; o município tem 48 horas para realizar a investigação confirmatória e comunicar ao Estado).

Portaria nº 104, de 25 de janeiro de 2011	
1. Varíola	25. Ataque animal
2. Influenza	26. Febre de Chikungunya
3. Poliomielite	27. Doença de Chagas aguda
4. Paralisia flácida aguda (PFA)	28. Esquistossomose
5. Síndrome respiratória aguda grave (SARS)/coronavírus	29. Hanseníase
	30. Leishmaniose
6. Tuberculose	31. Acidente de trabalho
7. Hepatites	32. Óbito materno/infantil
8. Difteria	33. Botulismo
9. Tétano	34. Antraz pneumônico
10. Coqueluche	35. Tularemia
11. *Haemophilus* invasivo	36. Violência humana
12. Febre amarela	37. Peste
13. Sarampo	38. Raiva
14. Rubéola	39. Príons/doença de Creutzfeldt-Jakob
15. Varicela grave/óbito	
16. Eventos pós-vacinais	40. Animais peçonhentos
17. Dengue	41. Intoxicação
18. Leptospirose	42. Cólera
19. Hantavirose	43. Sífilis
20. Febre tifoide	44. HIV/SIDA
21. Febre maculosa	45. Síndrome do corrimento uretral masculino
22. Febre do Nilo Ocidental	
23. Malária	46. Risco à saúde pública
24. Síndromes febris	

Regra mnemônica	
B	Bichos loucos
E	Endêmicas
S	Síndromes febris
T	Terrorismo
E	Exógenas
I	Internacionais
R	Risco à saúde pública
VA	Vacinas

S	"Si___" (sinistra cólera, sífilis, HIV, síndrome do corrimento uretral masculino)

Em síntese: como saber as notificações?

- **1º (saber):** as VIPS (varíola, influenza, pólio/paralisia flácida aguda, SARS/coronavírus)
- **2º (saber):** as vacinas (tuberculose, hepatite, difteria, tétano, coqueluche, meningite (*H. invasivo*), febre amarela, sarampo, rubéola, varicela grave/óbito), efeitos adversos polivacinais graves.

→ Exceto: caxumba, rotavírus, pneumococo.

- **3º (saber):** as síndromes febris (dengue, leptospirose, hantavirose, malária, febre tifoide, febre maculosa, febre do Nilo Ocidental, febre de Chikungunya, outras).
- **4º (saber):** as endêmicas (doença de Chagas aguda, esquistossomose, hanseníase, leishmaniose).
- **5º (saber):** os acidente de trabalho, óbito mat/inf.
- **6º (saber):** o terrorismo (botulismo, antraz pneumônico, tularemia, violência humana).
- **7º (saber):** os bichos loucos (peste, raiva, príons/doença de Creutzfeldt-Jakob, peçonhentos, ataque animal).
- **8º (saber):** as intoxicações exógenas (agrotóxicos, metais pesados, gases tóxicos).
- **9º (saber):** "Si___" (sinistra cólera, sífilis, HIV, síndrome do corrimento uretral masculino).
- **10º (saber):** Risco à saúde pública.

Notificação imediata
1. VIPS (varíola, influenza, poliomielite/PFA, SARS)
2. Raiva/acidente com animal transmissor
3. Evento de risco à saúde pública
4. Doença de Chagas aguda
5. CPF (cólera, peste, febre amarela)
6. Acidente de trabalho grave, animais peçonhentos
7. Terrorismo (botulismo, antraz, tularemia, violência sexual ou suicídio)
8. Vacinas (exceto contra tuberculose e hepatite)
9. Síndromes febris (dengue grave, malária extra-amazônica)

Regra mnemônica	
I	Internacionais
M	"Mata todos"
E	Eventos
D	Doença de Chagas aguda
I	Internacionais antigas
A	Acidentes
T	Terrorismo
A	Vacinas
S	Síndromes febris

Sistema sentinela

É o modo de se utilizarem as modernas técnicas da epidemiologia em conjunto com as formas de simplificar a operacionalidade da coleta de dados, pois nem sempre é necessária a notificação universal de casos para o desencadeamento de estratégias de intervenção.

68.2. Processo Epidêmico

➔ A estrutura epidemiológica é dinâmica e baseada em caracteres que representam o resultado em cada momento, expressando a frequência e a distribuição da doença na população em um determinado instante.

- **Endêmico:** representa agravos dentro de padrões esperados para aquele intervalo, ainda que apresente variações cíclicas ou sazonais.
- **Epidêmico:** representa a elevação brusca do número de casos, caracterizando claramente um excesso em relação ao padrão normal esperado.

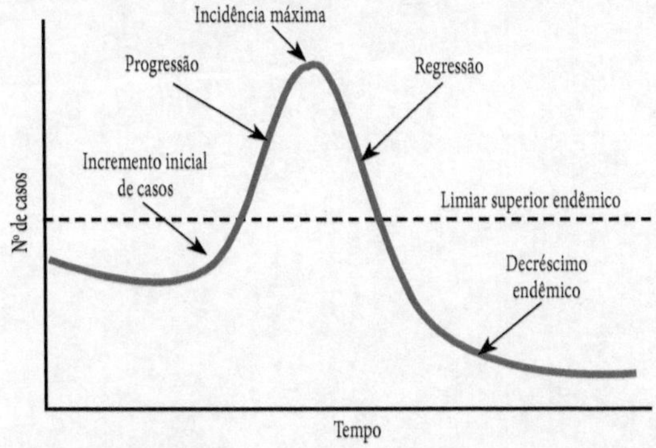

► Curva epidêmica.

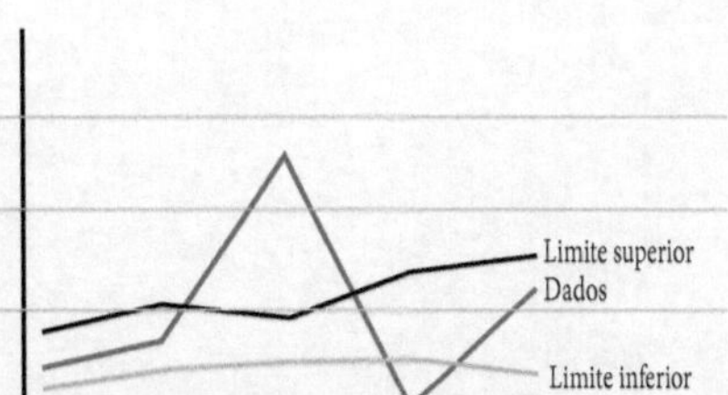

► Diagrama endêmico.

- **Decréscimo endêmico:** representa agravos abaixo dos padrões esperados.
- **Surto:** epidemia em uma área localizada e pequena (1 município ou menor).
- **Pandemia:** epidemia ampla que atinge vários países.
- **Caso autóctone:** indivíduo que contraiu uma doença na área de sua residência.
- **Caso alóctone:** caso detectado em um local diferente daquele onde ocorreu a transmissão.
- **Caso importado:** caso contraído fora da zona onde se fez o diagnóstico.
- **Caso esporádico:** caso que não se apresenta epidemiologicamente relacionado com outros já conhecidos.
- **Caso-índice:** o primeiro entre vários casos de natureza similar e epidemiologicamente relacionados.
- **Progressão:** é o início da curva ascendente até seu pico máximo.
- **Regressão:** compreende o percurso do pico máximo até a volta ao nível endêmico.

➔ A duração da epidemia é medida pela sua egressão

As epidemias com progressão rápida são caracterizadas como maciças/explosivas e são derivadas de uma fonte comum de contaminação (ar, água, alimentos). Já as epidemias com progressão vagarosa são as progressivas/propagadas, que possuem uma fonte mais lenta para disseminação (pessoa-pessoa, vetor).

Níveis de prevenção (Levell & Clark)	
Primária (pré-patogênico)	É a promoção da saúde/primordial que visa à remoção do fator de risco, prevenindo a incidência de doenças. Atua por meio de fatores ambientais e sociais, vacinação, tratamento de esgoto, genética.
Secundária (patogênico)	Visa limitar a invalidez e evitar as sequelas do processo patogênico (ou período de incubação) mediante o diagnóstico (rastreamento, inquéritos, exames periódicos) e o tratamento precoce.
Terciária (desenlace)	Envolve reabilitação e fisioterapia.
Quaternária	Visa evitar a iatrogenia preventiva.

68.1. Agravos à Saúde do Trabalhador

Acidentes de trabalho

É aquele que ocorre pelo exercício do trabalho formal ("com carteira assinada") ou informal ("sem carteira assinada"), podendo ocasionar lesões ou doença que levem à redução temporária ou permanente da capacidade laborativa ou morte. Deve-se pensar em acidente de trabalho toda vez que o trabalhador se acidentou porque existia o trabalho.

Tipos de acidente

- **Fatais:** aqueles que ocasionam a morte, em que se realiza a Comunicação de Acidente de Trabalho (CAT) imediata à ocorrência.
- **Graves:** aqueles que atingem menores de 18 anos de idade, fraturas, trauma ocular, traumatismo cranioencefálico (TCE), asfixia, politraumatismo, queimaduras, ferimentos, esmagamentos.
- **Típicos:** acidentes decorrentes da característica da atividade profissional desempenhada pelo acidentado.
- **De trajeto:** acidentes decorridos no trajeto entre a residência e o local de trabalho do segurado.

4 vias	CA
	■ Instituto Nacional de Seguro Social (INSS) ■ Segurado/dependente ■ Empresa ■ Sindicado da classe de trabalho

➔ Em geral, a CAT é feita em até 24 horas (1 dia útil)!

Classificação de Schilling

Categorias	Exemplos
I - Trabalho é a causa	Intoxicações, silicose, doenças profissionais.
II - Trabalho como fator auxiliador	Doença coronariana, câncer, varizes, *burnout*.
III - Trabalho como agravador de doença já estabelecida	Asma, bronquite.

Detalhes

O atendimento do trabalhador acidentado é feito pelo Sistema Único de Saúde (SUS). O protocolo é preenchido por qualquer médico. O atendimento pelo SUS é garantido a qualquer cidadão brasileiro. Doenças degenerativas, endêmicas e que não incapacitam não são acidentes de trabalho, exceto quando existe um vínculo de nexo causal entre a exposição e a aquisição da doença endêmica.

Doenças

Pneumoconiose

Deve-se à deposição de partículas no parênquima pulmonar, levando à fibrose ou não. A principal é a silicose, em que a deposição de sílica cristalina (< 10 µm ou concentração > 7,5%) leva a um quadro assintomático, porém progressivo, resultante em fibrose nodular. Geralmente é relacionada com atividades como mineração, pedreira e jateamento. Além disso, existe grande correlação com a predisposição à tuberculose. O seu diagnóstico é feito pela radiografia de tórax associada à história ocupacional. Não tem tratamento.

➔ A asbestose também apresenta um quadro similar, com fibrose difusa em trabalhadores que fabricam caixa-d'água e cimento (manipuladores de asbesto e amianto). É altamente correlacionada com risco de câncer de pulmão e mesotelioma. Não tem tratamento.

Asma ocupacional

É a obstrução difusa e aguda das vias aéreas, transitoriamente, causada pela inalação de substâncias alergênicas.

Perda auditiva induzida por ruído (PAIR)

De caráter neurossensorial, danifica as células do órgão de Corti. É irreversível e de acometimento bilateral, mas pode ter sua progressão interrompida. A perda das frequências 3 kHz, 4 kHz e 6 kHz são mais comuns. A PAIR é exacerbada por diabetes melito (DM) ou medicamentos ototóxicos.

Lesão por esforço repetitivo/ distúrbio osteomuscular relacionado com o trabalho (LER/DORT)

É a principal causa de afastamento do trabalho, acometendo principalmente mãos e punhos. É decorrente de movimentos repetitivos, monotonia, sobrecarga mental, ritmo intenso de trabalho, pressão por produção, vibração e frio intenso.

Intoxicação exógena (agrotóxicos)

Inseticidas

Os organofosforados e carbamatos (inibidores irreversíveis das colinesterases) promovem síndromes colinérgicas com bradicardia, sialorreia, miose, vômitos e diarreia, pois estimulam principalmente o sistema parassimpático. O tratamento envolve suporte à vida, lavagem, atropina e pralidoxima. Os organoclorados (DDT) apresentam grande capacidade de acumulação ambiental, e sua ação tóxica compromete a transmissão do impulso nervoso. Os piretroides são mais brandos e, na intoxicação, há irritação e alergias em geral.

Herbicidas

Paraquat (Tordon®) presente no agente laranja, leva a lesões hepáticas, renais e fibrose pulmonar.

Benzeno (benzenismo)

Acomete trabalhadores de siderúrgicas, frentistas e refinarias de petróleo. É um gás altamente mielotóxico. A investigação diagnóstica é realizada pela história ocupacional associada a um hemograma indicando queda plaquetária (plaquetopenia).

Chumbo (saturnismo)

Acomete trabalhadores de atividades de mineração, tintas, baterias e fundição de ferro. O paciente se apresenta com impotência sexual, dor abdominal, gota, hipertensão arterial sistêmica (HAS), anemia, epigastralgia, orla gengival de Burton, dose sérica > 25 mcg/dl. O tratamento envolve quelantes como dimercaprol, ácido dimercaptossuccínico (DMSA), ácido etilenodiaminotetracético (EDTA).

Mercúrio (hidrargirismo)

Acomete trabalhadores de garimpos, fabricação de tintas, barômetros, manômetros, termômetros, lâmpadas fluorescentes e Cl-soda. Causa pneumonite intersticial aguda, gengivite, sialorreia, irritabilidade, tremores, síndrome nefrótica e cefaleia.

Cromo

Acomete trabalhadores de galvanoplastia e curtumes (couro). Leva a irritação epitelial, perfuração de septo nasale câncer de pulmão.

Cádmio

Está presente em pilhas e poços artesianos contaminados. Leva à osteoporose, provocando fraturas ou deformidades ósseas em crianças.

Arsênico

É um gás inodoro que leva a queimaduras e corrosões do corpo.

Elaioconiose papilar

É uma dermatite ocupacional acneiforme em áreas expostas a óleos e lubrificantes. Atinge trabalhadores das indústrias automobilística, metalúrgica e petrolífera. As manifestações clínicas envolvem a presença de pápulas eritematosas perifoliculares com comedão central.

Síndrome de *burnout*
→ Denominada esgotamento profissional, acomete 4% da população geral na faixa etária de 40 anos (cerca de 40% população médica são afetados), com maior frequência no sexo feminino. É classificada como Schilling 2.
Tríade: Exaustão emocional + Despersonalização + Afastamento social.
Além disso, pode cursar com fadiga crônica, cefaleia, alterações do sono (insônia), alterações comportamentais (consumo excessivo de cafeína, bebidas alcoólicas, medicamentos).
O tratamento envolve medidas comportamentais como horário rígido de trabalho, atividade social e esportiva.

69.1. História e Legislação do Sistema Único de Saúde (SUS)

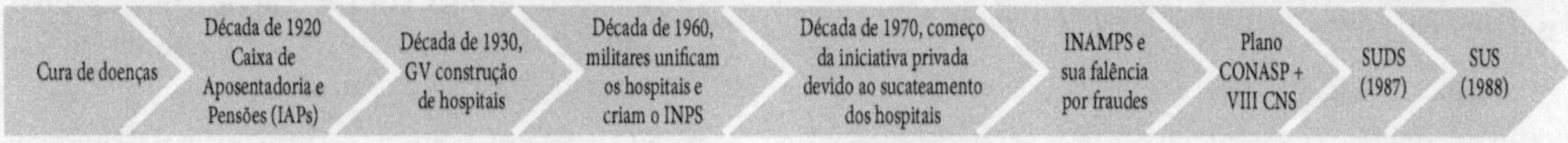

Antes do século XX, a assistência médica tinha enfoque na cura de doenças e era realizada por médicos que atendiam somente àqueles capazes de pagar por seus serviços e por instituições de caridade sustentadas pela Igreja e por doações. A partir da década de 1920, algumas empresas começaram a oferecer assistência médica, aposentadoria e pensões aos seus empregados por meio das Caixas de Aposentadorias e Pensões (CAPs).

Na década de 1930, Getúlio Vargas, então presidente da República, ofereceu subsídio às CAPs para a construção de hospitais, criando os Institutos de Aposentadorias e Pensões (IAPs). Esses hospitais beneficiariam exclusivamente cada participante de cada CAP. As construções refletiram positivamente para os usuários, tendo em vista que agora teriam hospitais, e também para Getúlio Vargas, que alavancou a inovação médica no país.

Na década de 1960, quando os militares (centralizadores) assumiram o poder, perceberam que, após a construção dos hospitais, os trabalhadores ainda continuavam guardando dinheiro no IAPs – antigo CAP.

O grande montante de dinheiro no "caixa 2" dos IAPs aguçou os militares, que ofereceram a unificação dos institutos e hospitais, ou seja, a fundação do Instituto Nacional de Previdência Social (INPS), preconizando que os usuários seriam cobertos por todos os hospitais, não havendo a necessidade de um usuário frequentar apenas um determinado hospital criado pelo seu antigo CAP, mas, sim, toda a rede disponível. Na proposta para a criação do INPS, os militares se apossaram do dinheiro do "caixa 2", gastando-o em obras faraônicas como Itaipu, Ponte Rio-Niterói e Transamazônica).

Na década de 1970, os hospitais se encontravam sucateados devido à falta de manutenção e de dinheiro. Dessa forma, o governo financiou grupos particulares para a construção de novos hospitais, criando o Instituto Nacional de Assistência Médica da Previdência Social (INAMPS), que recebia uma quantidade/verba limitada de procedimentos (p. ex., 100 aparelhos de raios X [RX], 10 de tomografia computadorizada [TC], 1 de ressonância magnética [RM]) e, obviamente, essa quantidade foi insuficiente para atender à demanda. Logo, os donos dos hospitais começaram a liberar exames por "conta própria", levando à alegria a massa popular, e posteriormente repunham esse dinheiro gasto por meio da extorsão por "falsas patologias", como mortos sendo operados, vários diagnósticos dispendiosos, entre outros, onerando o sistema até um possível colapso.

Na década de 1980, o acesso à saúde era restrito e com ênfase curativa. A Previdência Social era dona da saúde e o Ministério da Saúde administrava as vacinações, estabelecendo uma grande dicotomia médica ditatorial.

Na década de 1990, as revoltas e discussões tomaram força, fazendo que surgissem as reformas sanitárias que buscavam reverter a lógica da assistência à saúde (universalizar, integralizar, descentralizar). O Conselho Consultivo de Administração de Saúde Previdenciária (CONASP), de 1983, surgiu com a intenção de solucionar a crise previdenciária do país e visava a um repasse mais descentralizado, integração do INAMPS e do Ministério da Saúde (MS), maior ênfase em ações básicas e preventivas, participação popular e universalização. Um marco importante foi a Oitava Conferência Nacional de Saúde (VIII CNS), que propôs o lema: saúde, direito de todos, dever do Estado!

➔ As estratégias para viabilizar a intervenção proposta pela VIII CNS foram: criação das bases jurídicas, mobilização da opinião pública e criação do Sistema Unificado e Descentralizado de Saúde (SUDS), em 1987.

Em 1988, a Constituição criou o Sistema Único de Saúde e Definiu seus Princípios

a) **Éticos/doutrinários**

- **Universalidade:** todos os cidadãos têm direito à saúde (inclusive estrangeiros ilegais).
- **Integralidade:** ações de prevenção, cura e reabilitação.
- **Equidade:** reconhecer as diferenças e priorizar os mais necessitados, ou seja, discriminar de forma positiva.

b) **Organizacionais/operativos**

- **Descentralização da saúde:** divisão de poderes (redistribuição das responsabilidades).
- **Regionalização:** municipalização (definidos os territórios e a população a ser atendida).
- **Hierarquização:** organização dos serviços em níveis de complexidade (posto, hospital, unidade de terapia intensiva [UTI], diálise).

c) **Participação e controle social**

- Conselhos de Saúde (50% dos membros são usuários, 50% são profissionais da saúde/representantes do governo/prestadores de serviço): possui poder permanente e deliberativo e as reuniões são mensais) – controlam os gastos e a execução da saúde.
- Conferências de Saúde (50% dos membros são usuários, 50% são profissionais da saúde/representantes do governo/prestadores de serviço): as reuniões são a cada 4 anos, sendo convocadas pelo Executivo ou Conselho) – criam as diretrizes da política de saúde.

d) **Outros princípios**

- **Complementaridade do setor privado:** quando o setor público não for suficiente, o setor privado deve ser contratado.
- **Resolubilidade:** cada setor deve ser capaz de solucionar seus problemas até seu nível de competência.

As leis

Nacional	Define políticas e normas
Estadual	Coordena
Municipal	Executa

1) A evolução do SUS foi feita pela Lei nº 8.080 em 19/09/1990, no governo de Fernando Collor, que definiu:

→ Na Lei nº 8.080, Collor vetou dois artigos que abrangiam a transferência dos gastos e a participação popular.

Adendo: a direção nacional pode executar em situações especiais como vigilância de portos, aeroportos, fronteiras, situações de calamidade etc.

2) No dia 28/12/1990, sob a Lei nº 8.142, foram definidas a participação popular (conselhos e conferência) e a transferência dos gastos (transferência de forma regular, automática e de acordo com o número de habitantes).

3) No dia 07/01/1991 foram criadas as Normas Operacionais:

a) **NOB 91:** centraliza a gestão à esfera nacional (municípios não estavam preparados e se comportam como prestadores).

Adendo: no governo Collor, o congelamento do dinheiro para evitar a inflação promoveu escassez financeira e piora da saúde, reemergindo as doenças.

b) **NOB 93:** institui-se a transferência financeira regular e automática, fazendo com que os municípios se tornassem gestores. Com isso, os municípios maiores passaram a não aceitar os pacientes provenientes de outras localidades sob a alegação da ausência de repasse financeiro. Dessa forma, surgiu a Comissão Intergestores Bipartite e Tripartite.

Bipartite	Relação entre o estado e o município (Conselho Nacional de Secretários Municipais de Saúde [COSEMS]).
Tripartite	Relação federal, estadual e municipal (MS, Conselho Nacional de Secretários Municipais de Saúde [CONASEMS], Conselho Nacional de Secretários de Saúde [CONASS]).

c) **NOB 96:** conferiu poder ao município, que pôde escolher entre a gestão plena da atenção básica (toma conta de toda a atenção básica) e a gestão plena do sistema municipal (toma conta da atenção básica, média e de alta complexidade).

→ Criou-se o Piso da Atenção Básica (PAB) R$ 23~28 reais/hab/ano. E, caso o município ofereça saúde bucal, Programa de Saúde da Família (PSF), atendimento penitenciário e indígena, programa adolescente, entre outros, recebe um repasse maior por habitante/ano.

4) Nos dias 26/01/2001 e 27/02/2002 foram criadas as NOAS.

a) **NOAS 2001:** habilita 100% dos municípios, finalizando a descentralização do SUS e promovendo a regionalização organizada (acesso à saúde o mais próximo da residência).

b) **NOAS 2002:** os municípios referência recebem o repasse financeiro de média e alta complexidades de acordo com a quantidade de habitantes que abrange sua área de referência e ampliação da atenção ambulatorial ($PAB_{AMPLIADO}$).

5) No dia 22/02/2006 criou-se o Pacto Pela Saúde 2006, formado por 3 pactos:

a) **Pacto pela vida:** visa a saúde do idoso, câncer de colo de útero e mama, mortalidade infantil e materna, doenças emergentes e endemias (ênfase em dengue, hanseníase, tuberculose, malária e influenza), promoção da saúde, atenção básica à saúde.

b) **Pacto em defesa do SUS:** estipula os direitos dos usuários do SUS e determina o investimento financeiro de cada esfera de gestão.

c) **Pacto de gestão do SUS:** define a responsabilidade de cada gestor.

6) No dia 21/02/2008 criou-se o Pacto Pela Vida 2008, que estipulou como prioridade para 2008:

- saúde do trabalhador;
- saúde mental;
- saúde do homem;
- saúde bucal;
- cobertura de doenças emergentes (hepatite e AIDS);
- cobertura às pessoas com deficiência;
- cobertura às pessoas em risco de violência.

69.2. Atenção Básica no SUS

→ É um modelo que privilegia o ser humano em relação à doença e a comunidade em relação ao individual. Utiliza tecnologia de alta complexidade (elevado conhecimento) e baixa densidade (equipamentos reduzidos com máxima resolubilidade).

Histórico

O Programa Saúde da Família teve sua implantação iniciada em 1994 em conjunto com um avanço do Programa de Agentes Comunitários de Saúde (PACS). Ambos visam a promoção, proteção, prevenção, diagnóstico, tratamento, reabilitação e manutenção da saúde da população.

Atenção primária (forma de intervenção precoce na história natural das doenças)

PLInCípios	
	■ **Primeiro contato** (porta de entrada) ■ **Longitudinalidade** (acompanhamento/vínculo) ■ **Integralidade** (integral/completo) ■ **Coordenação** (integração do cuidado: referência e contrarreferência)
	■ **Enfoque familiar** (busca realizar o genograma) ■ **Orientação comunitária** (contato com a comunidade) ■ **Competência cultural** (facilita a relação interpessoal com a população)

→ Em 2011, pela Portaria nº 2.488, institui-se o Programa de Valorização do Profissional de Atenção Básica (PROVAB), beneficiando os participantes do PSF com +10% nas provas de residência médica. Em 2013, institui-se o programa Mais Médicos.

PSF	É composto por médico, enfermeiro, técnico em enfermagem e 4-6 agentes comunitários. → Atua de forma biopsicossocial, sendo centrado na pessoa. Suas principais estratégias são a territorialização e a adscrição de clientela (cadastro)! → A carga horária médica é de 20-40 h/semana. O médico pode trabalhar em 2 PSFs (20 h cada). Cada PSF abrange 3.000-4.000 habitantes.

Núcleo de Apoio à Saúde da Família (NASF)	Não é porta de entrada! Recebe pacientes referenciados! Possui 3 subtipos básicos: • NASF1 (5-9 ESF com mínimo de 5 profissionais médicos e carga horária de 200 h/sem). • NASF2 (3-4 ESF com mínimo de 3 profissionais médicos e carga horária de 120 h/sem). • NASF3 (1-2 ESF com mínimo de 2 profissionais médicos e carga horária de 80 h/sem).

69.3. Financiamento do SUS

O financiamento do SUS é proveniente da Seguridade Social (que vem dos impostos sociais, como: Contribuição para o Financiamento da Seguridade Social (COFINS), Contribuição Social sobre o Lucro Líquido (CSLL), Contribuição Provisória sobre Movimentação Financeira (CPMF)).

A Previdência Social é financiada pela Seguridade Social e pelo INSS.

Em 2000, foi criada a Emenda Constitucional (EC) nº 29, que determinava as aplicações financeiras (repasse) ao SUS, todavia só foi sancionada em 2012 pela Lei Complementar nº 141 e posteriormente alterada pela EC 95, em 2016.

Porcentagem repassada ao SUS	
União	Ano anterior + correção pelo Índice Nacional de Preços ao Consumidor Amplo (IPCA)
Estado	12% da receita
Município	15% da receita
Dist. Federal	12% a 15% da receita

O financiamento do SUS pela Portaria 2017 é dividido em 2 blocos (não é permitido que seja transferido dinheiro de um bloco para outro).

1. Bloco de Custeio das Ações e Serviços Públicos de Saúde
2. Bloco de Investimento na Rede de Serviços Públicos de Saúde

69.4. Saúde Complementar

Em 02/01/1999 ocorreu uma mudança/modernização nos planos de saúde. A operadora tem obrigação de oferecer o plano de referência (plano mais completo e com cobertura em nível nacional).

As condições médicas preexistentes conhecidas devem ser declaradas no momento da contratação do plano. Mediante as doenças existentes, a seguradora pode solicitar que seja acrescentado um determinado valor na mensalidade do plano para efetuar a cobertura. Caso o indivíduo não opte por incluir o agravo preexistente no plano, após 24 meses o agravo é incluído automaticamente e sem custo.

Cobertura da operadora
■ Intoxicação alcoólica
■ Abstinência alcoólica
■ Dengue, febre amarela
■ Câncer
■ AIDS
■ DIP
■ Diálise
■ Fisioterapia
■ Obesidade
■ Radio/quimioterapia
■ Transplante de rim e córnea
■ Prótese ortopédica
■ Tentativa de suicídio (psiquiatria)

➔ O plano de referência inclui atendimentos ambulatorial, hospitalar (com ou sem obstetrícia) e odontológico. Apresenta tempo de carência estipulado em:

- urgência e emergência: 24 horas;
- parto: 300 dias;
- consultas, exames, internações: 180 dias.

→ O tempo de carência pode ser isento pela operadora, mas nunca pode ser maior que o tempo descrito acima!
Os planos novos não têm limite para consultas, internações, UTI, fisioterapia.

➔ O hospital é proibido de cobrar cheque-caução para pacientes que serão internados, cuja operadora ainda não liberou a internação.

Operadoras

Medicina de grupo (empresas médicas)

Apresenta cobertura em serviços próprios ou conveniados. Possui fins lucrativos e interesse comercial. Exemplo: Amil.

Cooperativa médica

Apresenta cobertura em serviços próprios ou conveniados. Não possui fins lucrativos para a empresa, os médicos são sócios e prestadores, recebendo pela produção e pelo lucro. Têm, entretanto, interesse comercial. Apresentam organização mais local (municipal). Exemplo: Unimed.

Autogestão

A empresa desconta o valor dos funcionários, e com esse dinheiro, cria um plano de saúde para todos os funcionários, que serão atendidos em locais conveniados ou livres (com reembolso mediante recibo). Não possui interesse comercial. Exemplos: Banco do Brasil (Cassi), Caixa Econômica Federal (Funcef).

Seguradoras de saúde

São atendidos em locais credenciados/conveniados ou livres (com reembolso). Não há a necessidade de autorização para procedimentos. Exemplo: SulAmérica, Bradesco.

O setor de saúde privado atua de forma livre e complementar ao SUS!

Programas do SUS
1. **Saúde não tem preço:** remédios grátis para tratamento de hipertensão arterial sistêmica (HAS), diabetes melito (DM) e asma. Programa de farmácia popular com remédios essenciais vendidos a preço de custo.
2. **Saúde da mulher:** ações ampliadas à saúde da mulher com o programa Rede Cegonha (pré-natal, parto e nascimento; puerpério e ação integral à saúde da criança; sistema logístico).
3. **Humaniza SUS:** política nacional de humanização da Atenção e Gestão do SUS, com conceitos como acolhimento, ambivalência, clínica ampliada e compartilhada, projeto terapêutico singular.

Informações extras
■ **A Organização Mundial da Saúde (OMS) recomenda sobre leitos:** 3-5 leitos/1.000 habitantes, sendo leitos de observação (< 24 horas) e de longa permanência (≥ 30 dias).
■ A parcela de gasto do SUS no setor privado representa 56% do seu orçamento para a cobertura de 25% da população em unidades de média e alta complexidades. Os demais 44% são gastos no setor público e atendem a cerca de 75% da população.
■ Dos 6.000 hospitais, 73% são privados.

PARTE 6

Suplemento

SEÇÃO 15 - NEUROLOGIA

Capítulo 70 – Fisiopatologia Neurológica e Distúrbios Vasculares

70.1. Síndromes dos Neurônios ... 454
70.2. Vascularização ... 457
70.3. Acidente Vascular Encefálico ... 458
70.4. Hipertensão Intracraniana, Hidrocefalia, Estado Comatoso ... 461

Capítulo 71 – Outros Distúrbios Neurológicos

71.1. Cefaleias ... 463
71.2. Epilepsias ... 465
71.3. Síncope ... 466
71.4. Esclerose Múltipla ... 466
71.5. Síndrome de Guillain-Barré ... 468
71.6. Miastenia Gravis ... 468
71.7. Esclerose Lateral Amiotrófica ... 469
71.8. Doença de Alzheimer e Parkinsonismo ... 469
71.9. Síndrome de Eaton Lambert ... 470
71.10. Distrofias Musculares ... 470
71.11. Botulismo ... 471
71.12. Demências ... 471

ANOTAÇÕES:

CAPÍTULO 70

FISIOPATOLOGIA NEUROLÓGICA E DISTÚRBIOS VASCULARES

70.1. Síndromes dos Neurônios

Sistema motor

Primeiro neurônio (sistema piramidal)

O neurônio piramidal (ou célula de Betz) se localiza no córtex cerebral do lobo frontal, representado pelo segmento motor do corpo (homúnculo de Penfield). No trajeto do primeiro neurônio, ele percorre a cápsula interna e decussa (cruza para o outro lado) na região da porção bulbar.

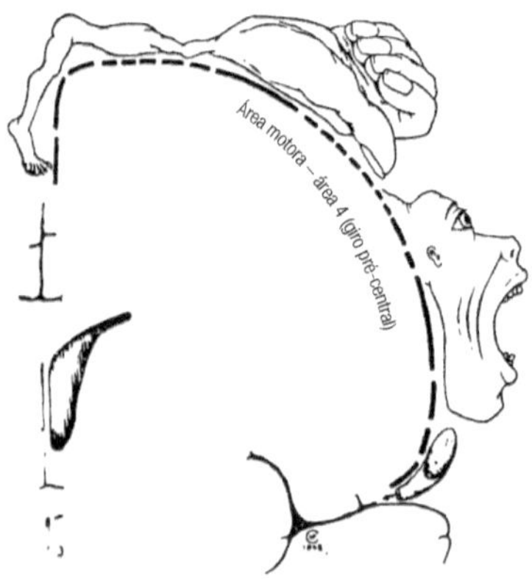

▶ Representação das partes do corpo na área motora. Homúnculo motor (segundo Penfield e Rasmussen).

Síndrome do primeiro neurônio (ou piramidal)
O paciente se manifesta com fraqueza muscular devido a uma paresia (redução da força) ou plegia (perda completa da força). A perda do primeiro neurônio provoca uma hiper-reflexia, e também pode desencadear paresia/plegia espástica, quando o segundo neurônio tenta, sozinho, realizar a contração muscular (formando uma espasticidade).

Sinal de Babinski
É o reflexo cutaneoplantar em extensão do hálux e abertura dos pododáctilos. O reflexo normal seria a flexão do hálux e dos pododáctilos.

Outros sinais

- **Gordon:** compressão da panturrilha.
- **Openheim:** estimulação da crista tibial.
- **Scheifer:** compressão do tendão de Aquiles.
- **Chaddock:** estimulação da borda lateral do pé.
- **Hoffman:** oposição do polegar e dedo mínimo após a súbita flexão da falange distal do dedo médio.

Segundo neurônio (medula espinhal)

O corpo celular do neurônio alfa (segundo neurônio) está situado na parte anterior da medula, emitindo um longo axônio pela raiz ventral e pelo nervo espinhal, permitindo a sinapse por meio da placa motora, com o músculo esquelético. Por intermédio da acetilcolina, esse neurônio é responsável pela contração muscular e pelos efeitos tróficos sobre o músculo.

Via sensitiva

Tem origem no músculo esquelético e realiza sinapse com o 2º neurônio motor (formando o arco reflexo) e/ou com o 2º neurônio sensitivo, que cruza e ascende à medula para realizar sinapse com o 3º neurônio sensitivo e o tálamo.
O corpo celular do nervo sensitivo se encontra no gânglio espinhal. Essa alça neuronal monossináptica é responsável pelos reflexos tendinosos.

Síndrome do 2º neurônio: paresia/plegia flácida, atrofia muscular, miofasciculações, arreflexia ou hiporreflexia.

O tônus muscular é mantido pelo neurônio gama, que parte da ponta anterior da medula e acompanha o neurônio alfa até o músculo esquelético. O neurônio gama sofre influência do sistema extrapiramidal.

Gânglios da base e substância negra (sistema extrapiramidal)

São responsáveis pelo tônus muscular e pela modulação involuntária e automatizada dos movimentos. Cada hemisfério cerebral controla os movimentos contralaterais.

Cerebelo

É responsável pelos ajustes finos dos movimentos por meio de um equilíbrio entre os músculos agonistas e antagonistas. Esse controle é feito pela propriocepção inconsciente (noção da posição segmentar e do grau de estiramento e tensão musculares), pelo sistema vestibular do equilíbrio e pelos córtex motor e pré-motor (sistema piramidal e extrapiramidal).

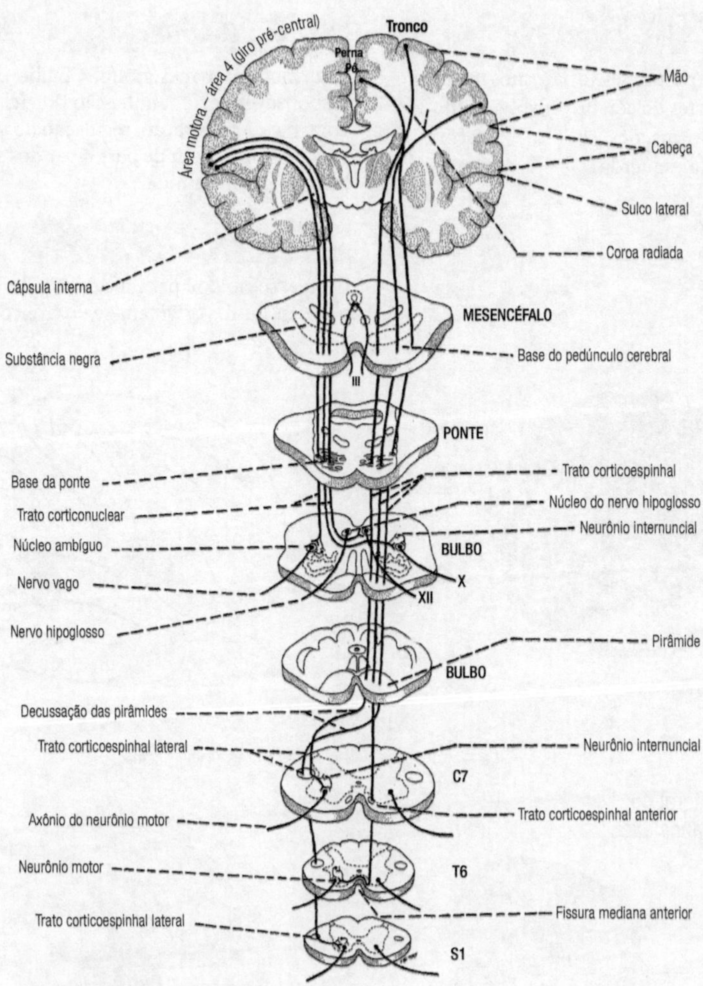

► Representação esquemática das vias piramidais.

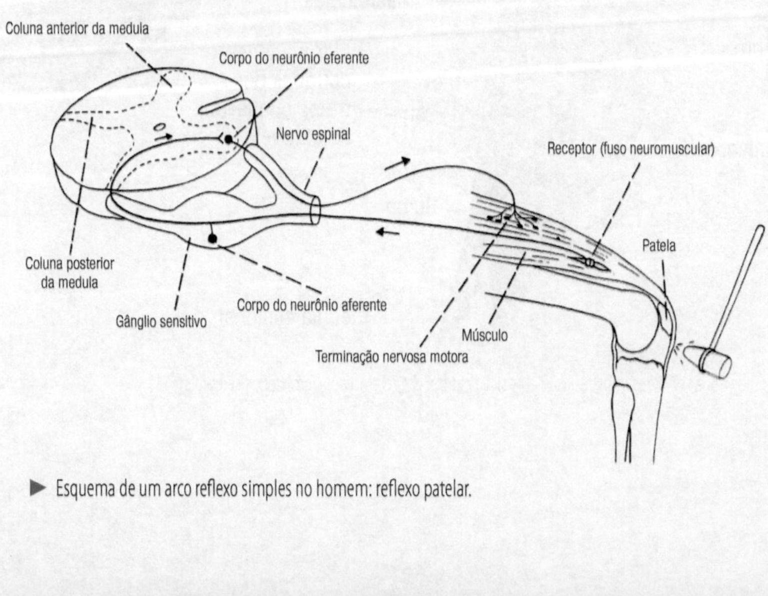

► Esquema de um arco reflexo simples no homem: reflexo patelar.

Sistema sensorial

Consiste nos receptores sensoriais, nos neurônios aferentes e nas partes do cérebro envolvidas no processamento de informações.

- Área de Broca (à esquerda).
- Córtex motor.
- Córtex sensitivo.
- Área da gustação e olfato.
- Córtex temporal.
- Córtex visual.

Tronco encefálico

É formado por mesencéfalo, bulbo e ponte, sendo responsável por: manutenção do ciclo sono-vigília, controle da respiração, regulação do sistema nervoso autônomo, além de participar dos sistemas vestibular e extrapiramidal.

Nervos cranianos

Com exceção do I par (olfatório) e do II par (óptico), todos os outros originam-se do tronco encefálico.

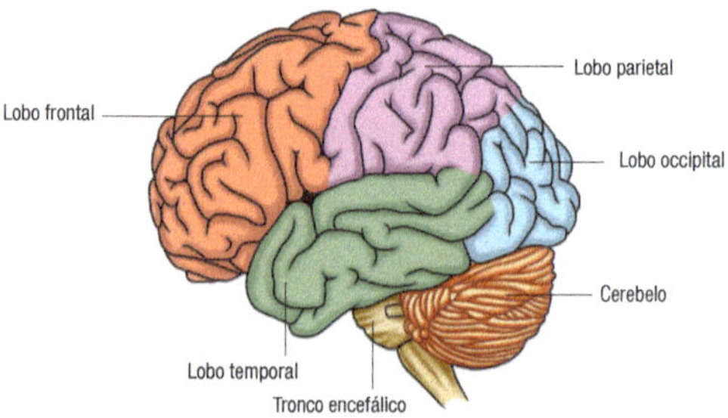

▶ Córtex cerebral e suas divisões.

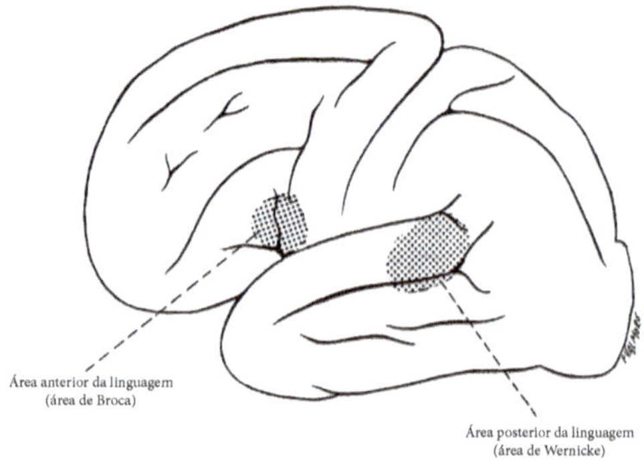

▶ Áreas corticais da linguagem.

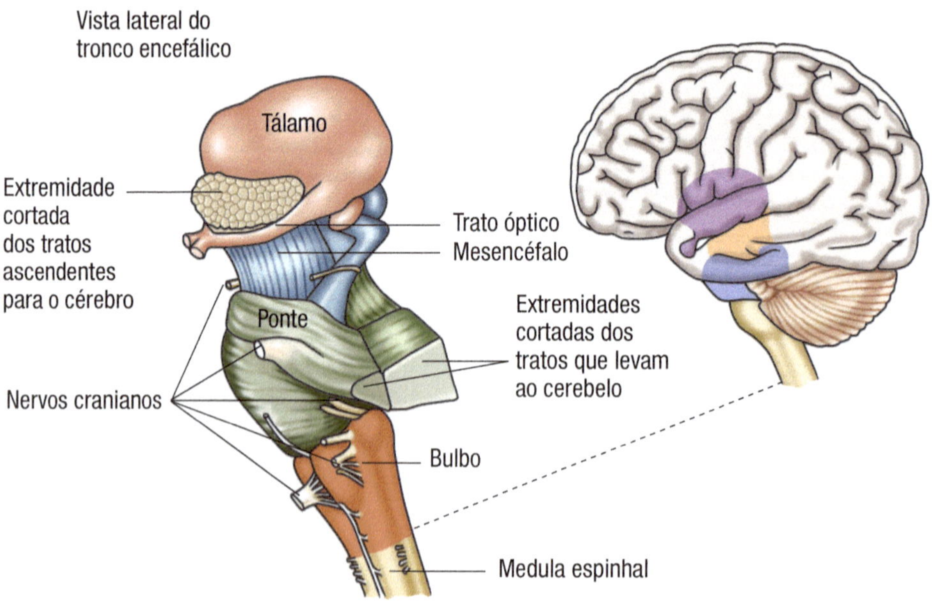

▶ Tronco encefálico e suas divisões, mostrando sua posição central em relação aos hemisférios cerebrais.

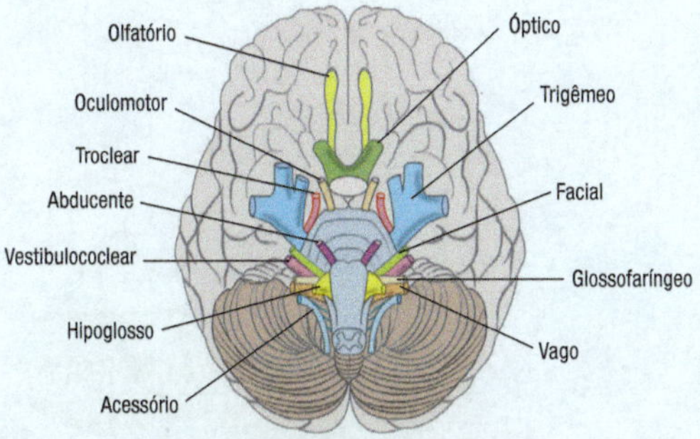

► Emergência dos nervos cranianos.

Número	Nervo	Função
I	Olfatório	Olfato.
II	Óptico	Visão.
III	Oculomotor	Motricidade dos músculos ciliar, esfíncter da pupila e musculatura extrínseca do olho (exceto os inervados pelos nervos cranianos IV e VI).
IV	Troclear	Motricidade do músculo oblíquo superior do olho.
V	Trigêmeo	Controle dos movimentos da mastigação (ramo motor). Percepções sensoriais de face, seios da face e dentes (ramo sensorial).
VI	Abducente	Motricidade do músculo reto lateral do olho.
VII	Facial	Controle dos músculos faciais – mímica facial e liberação de lágrimas e saliva (ramo motor). Percepção gustativa nos dois terços anteriores da língua (ramo sensorial).
VIII	Vestibulococlear	**Vestibular**: orientação e movimento. **Coclear**: audição.
IX	Glossofaríngeo	Percepção gustativa no terço posterior da língua, percepção sensorial de faringe, laringe e palato.
X	Vago	Percepções sensoriais de orelha, faringe, laringe, tórax e vísceras. Inervação das vísceras torácicas e abdominais.
XI	Acessório	Controle motor de faringe, laringe, palato e músculos esternocleidomastoide e trapézio.
XII	Hipoglosso	Motricidade dos músculos da língua (exceto o músculo palatoglosso).

70.2. Vascularização

O encéfalo é irrigado pelos sistema: vertebrobasilar e carotídeo.

Arco aórtico	Tronco braquiocefálico	Art. subclávia direita.
		Art. carótida comum direita.
		Art. vertebral direita.
	Artéria carótida comum	
	Artéria subclávia esquerda	

- A artéria carótida comum segue em direção ao encéfalo e sofre uma divisão em carótida interna e externa.
- Na base do cérebro, as artérias vertebrais se unem, formando a artéria basilar, que, posteriormente, dividir-se-á em artéria cerebral posterior direita e esquerda, já no polígono de Willis.

➔ A artéria carótida interna prossegue para compor o polígono de Willis e, ao atingir o plano do polígono, divide-se em:

- Artéria cerebral média, que se comunica com a artéria cerebral posterior por meio de duas artérias comunicantes posteriores.
- Artéria cerebral anterior, que se comunica com a artéria cerebral média por meio de uma artéria comunicante anterior.

As artérias lenticulares estriadas, que irrigam a cápsula interna, são provenientes da artéria cerebral média.

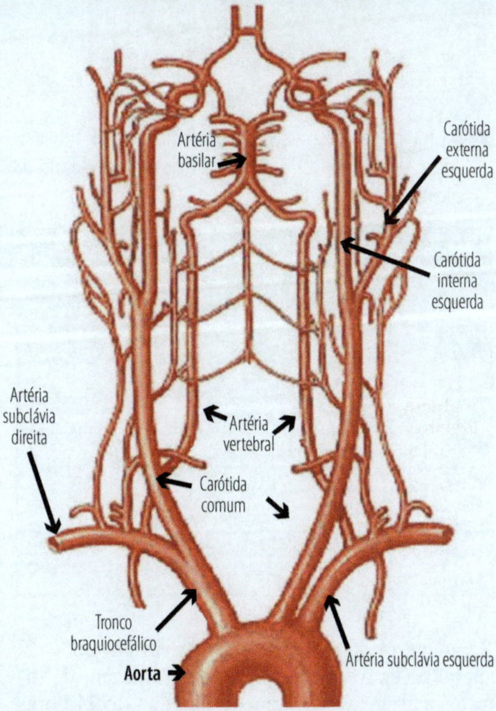

► Anatomia dos troncos supra-aórticos e seus ramos intra e extracranianos.

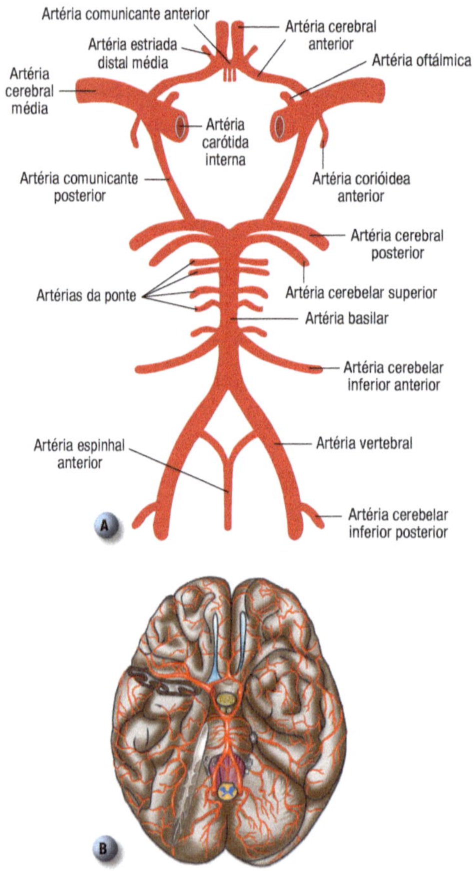

► (A) Polígon de Willis, mostrando as principais conexões entre as artérias cerbrais; (B) Localização do polígono na porção anterior do encéfalo.

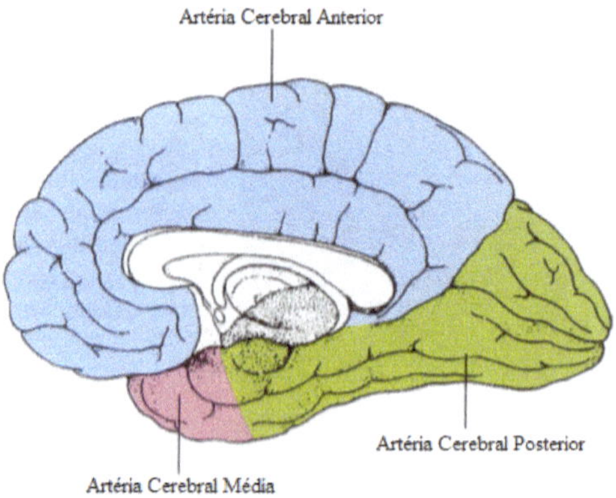

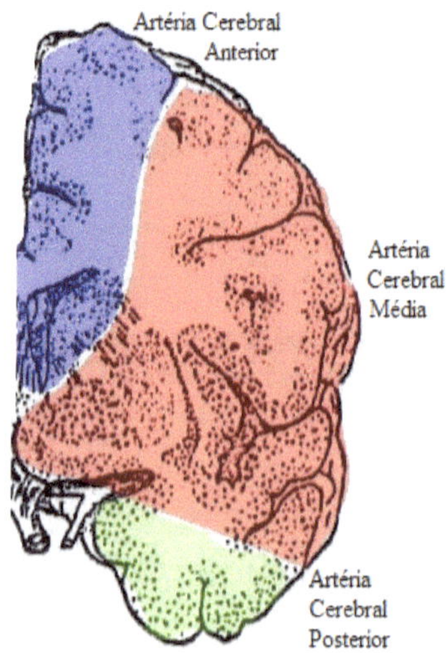

70.3. Acidente Vascular Encefálico

Ataque isquêmico transitório

Risco de AVC (Abcd2 - escore)	
A	idade > 60 anos
B	Pressão arterial ≥ 140 × ≥ 90 mmHg.
C	Disfunção na fala, paresia. Plegia*.
D	Duração 10-59 min // ≥ 60 min*, Diabetes.
Escore ≥ 3 pontos, é necessária intervenção. * = 2 pontos.	

É caracterizado por um déficit neurológico focal súbito reversível e transitório, sem imagem de infarto neuronal, com duração máxima de 24 horas (média de 15 minutos). É causado por oclusão arterial decorrente de pequenas embolias ou de baixo débito cardíaco. O tratamento visa à prevenção da ocorrência de um de acidente vascular encefálico isquêmico (AVEi) mediante o uso de medicamentos antitrombóticos ou conduta intervencionista para remoção de placas de aterosclerose, refazendo a perfusão adequada.

AVE isquêmico (80%)

Fatores de risco
■ Hipertensão arterial sistêmica (HAS)
■ Fibrilação atrial

Corresponde a 80% dos casos. É caracterizado por súbita instalação de um déficit neurológico focal persistente decorrente da oclusão aguda de uma artéria. Apresenta letalidade de 20% devido a complicações como imobilização no leito e transformação de AVEi → AVE hemorrágico (AVEh). As etiologias da oclusão podem ser:

Embólica

Cerca de 40% são decorrentes à impactação de um trombo distante. As principais fontes emboligênicas são: cardíaca (fibrilação atrial) ou arterioarterial (placa aterosclerótica instável).

Trombótica

É decorrente da formação de um trombo na própria artéria, acometendo as artérias cerebrais (médio calibre) e lenticuloestriadas (lacunar).

Criptogênia

Cerca de 30% são de causa desconhecida.

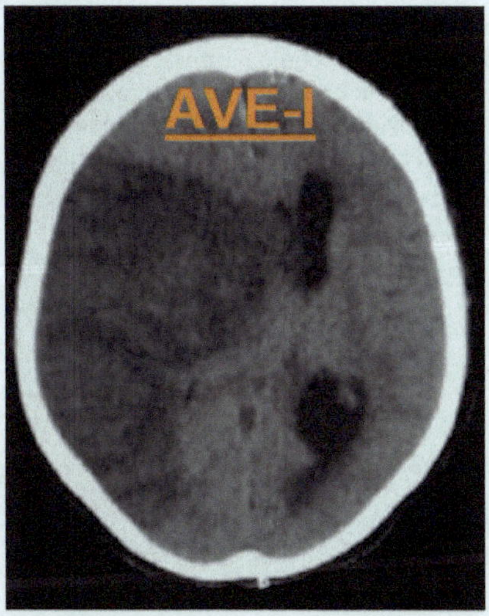

Manifestações clínicas

São estratificadas de acordo com a artéria comprometida, sendo compatível com síndromes neurológicas referentes à perda da funcionalidade de áreas/córtex cerebrais, dependente do território de irrigação sanguínea.

Síndromes

Cerebral	Anterior	Leva à paraparesia/plegia com perda da sensibilidade nos membros inferiores contralaterais.
	Média	Leva à disfunção da área de Broca, córtex motor (mão e face), córtex sensitivo e área de Wernicke.
	Posterior	Leva à hemi/quadrantopsia homônima (déficit visual unilateral).

- **AVE do tronco:** leva ao déficit sensitivo ou motor contralateral associado à deficiência de nervos cranianos ipsilaterais. Recomenda-se investigação por ressonância magnética (RM).
- **Weber:** o AVE atinge o mesencéfalo (levando a hemiplegia contralateral) e o 3º par craniano (provocando estrabismo divergente).
- **Wallemberg:** o AVE atinge o bulbo (levando a hemi/hipoanestesia contralateral), o 5º par craniano (provocando hemianestesia facial ipsilateral) e o 6º par craniano (ocasionando estrabismo convergente).
- **AVE lacunar da artéria lenticuloestriada:** o AVE dessa artéria provoca disfunção motora com hemiplegia contralateral.

Diagnóstico

A tomografia computadorizada (TC) do crânio geralmente é normal nas primeiras 24 horas, pois o infarto cerebral só se apresenta radiologicamente após 24-72 horas (área hipodensa – cinza – acompanhada de edema). A TC inicial serve apenas para afastar AVE hemorrágico (área hiperdensa – branca). A ressonância magnética não apresenta benefício em relação à TC.

➔ Com a RM, realizam-se os estudos de difusão (DWI) e perfusão (PWI) para detectar precocemente isquemias neurológicas (principalmente pelo método DWI). A sobreposição de RM PWI-RNM DWI é capaz de evidenciar áreas de *mismatch* (penumbra), que representam lesão neurológica isquêmica reversível.

Tratamento na fase aguda

Os neurônios infartados não são recuperáveis, logo o tratamento visa impedir a transformação da zona de penumbra isquêmica em infarto cerebral. Utilizam-se medidas de suporte:

- Cabeceira elevada a 30º.
- Dieta 2.000 kcal/dia.
- Hidratação 1-1,5 l/dia com lactato de Ringer + KCl.
- Exames gerais (hemograma, eletrocardiograma [ECG], glicemia 6/6 h, temperatura 4/4 h, ureia, creatinina, eletrólitos, coagulograma, gasometria, marcadores de necrose miocárdica).

➔ Preconiza-se manter a pressão arterial elevada para que haja nutrição da penumbra isquêmica pelas artérias colaterais! É necessário monitorar a natremia para evitar a mielinólise pontina ou o edema cerebral.

- **Pressão arterial (PA):** quando valores > 220 × 120 mmHg (salvo pacientes com infarto agudo do miocárdio [IAM], edema agudo de pulmão [EAP], dissecção aórtica e encefalopatia hipertensiva), preconiza-se reduzir a PA em 15% nas primeiras 24 horas com labetalol ou nitroprussiato. Recomenda-se manter a PA < 180 × 110 mmHg por 24 horas após o uso de trombolítico (devido ao risco de sangramento).
- **Antiagregantes plaquetários:** são utilizados para diminuir a incidência de novos trombos. Inicia-se ácido acetilsalicílico (AAS) 325 mg em até 48 horas. Nos pacientes que iniciaram trombólise, o AAS é iniciado após 24 horas!
- **Trombolíticos:** usa-se alteplase (ativador de plasminogênio tecidual recombinante [rTPA]) 0,9 mg/kg, quando:
  - Ausência de hemorragia;
  - ΔT < 4,5 horas;
  - Ausência de contraindicação;
  - PA < 185 × 110 mmHg;
  - Quando necessário, evitar o uso de antiagregante e heparina;
  - Realização de procedimentos invasivos nas primeiras 24 horas.

Contraindicações
AVCh, traumatismo cranioencefálico (TCE), lesão > ⅓, AVCi ou IAM nos últimos 3 meses, HDA nos últimos 21 dias, grandes cirurgias nos últimos 14 dias, extremos neurológicos, INR > 1,7, plaquetas < 100.000/mm³.

- **Trombectomia mecânica com *stent*:** é um método novo e independente da trombólise, utilizado em ΔT ≤ 6 horas nos casos de oclusão de circulação anterior.

Tratamento na fase crônica

- **AVE cardioembólico:** inicia-se a anticoagulação após 2-3 semanas, com alvo de INR = 2-3.
- **AVE arterioembólico:** preconiza-se o uso de AAS ou clopidogrel associados a endarterectomia carotídea (nos casos de obstrução unilateral > 70% ou isquemia cerebral com lesão carotídea). No geral, recomendam-se o controle dos fatores de risco e a reabilitação por meio de fisioterapia motora, fonoterapia e terapia ocupacional.

AVE hemorrágico (20%)

➔ Representa 20% dos AVEs, sendo sua principal etiologia o rompimento de aneurismas.

Fatores de risco
▪ HAS
▪ Trauma
▪ Amiloidose
▪ Drogas ilícitas
▪ Malformações vasculares

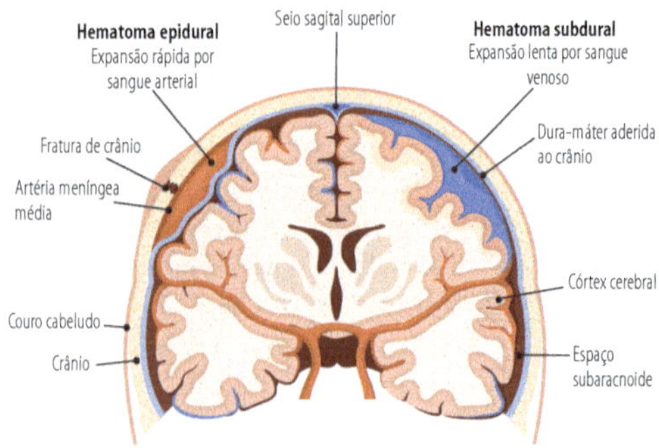

► Hematomas epidural e subdural.

AVE intraparenquimatoso

Os microaneurismas de Charcot-Bouchard são decorrentes de lesões crônicas nas pequenas artérias devido à fragilidade da parede vascular provocada pela HAS. Outra etiologia possível é a angiopatia amiloide, caracterizada pela ruptura de vasos subcorticais devido ao depósito de amiloides (especialmente em pacientes com doença de Alzheimer).

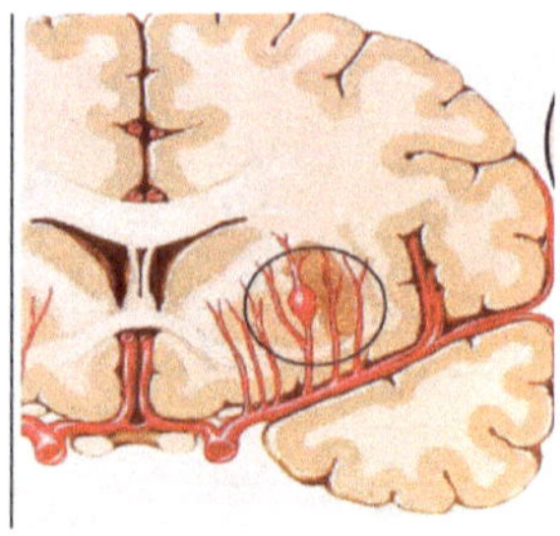

► Aneurisma de Charcout-Bouchard.

Manifestações clínicas

Apresenta-se com hipertensão intracraniana (cefaleia), déficit neurológico focal súbito, perda da consciência e edema de papila.

Diagnóstico

É obtido pela TC sem contraste, que revela áreas hiperdensas (hematomas) associadas ao desvio da linha média.

Tratamento

Envolve terapia de suporte (cabeceira elevada e ventilação invasiva com momentos de hiperventilação-hipocarbia), manitol 1 g/kg ataque + 0,25 g/kg 6/6 h, objetivando pressão intracraniana (PIC) < 20 cmH_2O e pressão de perfusão cerebral (PPC) (gradiente PA média [PAM]-PIC) > 50-70 mmHg. Em casos de hematoma cerebelar > 3 cm, deve-se manter a PA = 140-160 mmHg e realizar a drenagem cirúrgica.

AVE hemorrágico subaracnóideo

É causado pela rotura de um aneurisma sacular congênito que se localiza nas artérias do polígono de Willis. O aneurisma sacular comumente se localiza na artéria comunicante anterior. Os fatores de risco são iguais aos do AVEh intraparenquimatoso.

Manifestações	
Tríade	*Thunderclap Headache* – Cefaleia súbita excruciante ("maior dor de cabeça da vida"), síncope, rigidez de nuca no dia seguinte.

O **diagnóstico** é confirmado por TC de crânio sem contraste (orelha do Mickey) e/ou exame liquórico (sangue no liquor ou xantocromia).

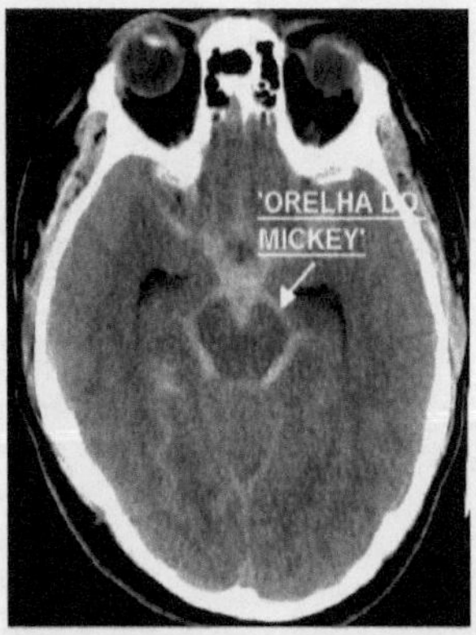

→ O **tratamento** envolve a intervenção precoce bimodal: no 1º-3º dia OU após o 14º dia (se rebaixamento do nível de consciência). É feito mediante o uso de <u>*coil*</u> ou clampeamento. Para aneurismas clampeados, tolera-se PA sistólica (PAS) ≤ 200 mmHg; para não clampeados, recomenda-se PAS < 160 mmHg. Além disso, orienta-se a administração de nimodipina 60 mg 4/4 horas por 14-21 dias com o intuito de neuroproteção.

Complicações
▪ **Ressangramento (até o 7º dia):** dissolução do coágulo responsável pelo tamponamento do local de ruptura.
▪ **Hiponatremia:** é decorrente de síndrome da secreção inapropriada do hormônio antidiurético (SIADH) e síndrome cerebral perdedora de sal.
▪ **Vasoespasmo (3º-14º dia):** o sangue, por seu caráter irritativo, ao entrar em contato com a camada externa vascular, provoca um vasoespasmo. O diagnóstico é feito pelo Doppler transcraniano, e o tratamento, por indução da hipertensão, hemodiluição e hipervolemia (3Hs).
▪ **Hidrocefalia:** é devida ao bloqueio da drenagem liquórica. O tratamento abrange a derivação ventricular externa.
Escala de Fisher
É responsável por indicar o vasoespasmo e quantificar a HAS.
▪ **Grau I:** ausência de sangramento
▪ **Grau II:** lâmina fina de sangramento < 1 mm
▪ **Grau III:** lâmina de sangramento > 1mm
▪ **Grau IV:** hemorragia intracerebral e intraventricular com ou sem sangramento disufo

70.4. Hipertensão Intracraniana, Hidrocefalia, Estado Comatoso

Hipertensão intracraniana

Representa o aumento da PIC ≥ 15 mmHg (ou 20 cmH_2O). As principais causas são:

- lesões expansivas;
- encefalites;
- hidrocefalia;
- trombose de seio marginal.

→ A hipertensão intracraniana (HIC) grave está ligada ao rebaixamento do nível de consciência e ao estado comatoso, tendo em vista que ocorre uma compressão do fluxo sanguíneo cerebral, provocando hipofluxo cerebral e redução da pressão de perfusão (PPC = PAM - PIC). Em casos severos de coma profundo, podem ocorrer alterações respiratórias (Cheynes-Stokes) e reflexo de Cushing (compressão do hipotálamo levando a hipertensão e bradicardia como tentativa frustrada de recuperar a PPC). Caso o processo seja mantido sem intervenção médica, caminha-se para a principal complicação letal: herniação cerebral.

Manifestações clínicas e diagnóstico

Apresenta-se com cefaleia, vômitos em jato, papiledema, paralisia do VI par de nervo craniano. O diagnóstico é obtido por determinação da PIC invasiva e fundoscopia, demonstrando edema de papila. Além disso, deve ser solicitada, sempre que possível, uma TC de crânio para afastar causas compressivas/hemorrágicas e buscar por desvios de linha média.

Tratamento

Segue o seguinte algoritmo – monitorar a PIC → volemia normal + PA levemente elevada → cabeceira elevada a 30º-45º → manitol 1-1,5 g/kg por via intravenosa (IV) + 0,25-0,5 g/kg 4/4 h → dexametasona (em casos de tumores) → sedação → hiperventilação (pressão parcial do CO_2 [pCO_2] 30-35 mmHg) → coma barbitúrico + hemicraniectomia + pCO_2 < 30 mmHg.

Hidrocefalia

É a dilatação do sistema ventricular encefálico. Em geral pode ser: hiperbárica, normobárica e *ex-vacuum*. O tratamento envolve o *shunt* ventricular externo (para casos agudos) ou ventriculoperitoneal (para casos crônicos), exceto para o *ex-vacuum*.

Estado comatoso

É caracterizado pelo estado no qual o paciente não responde a estímulos ambientais, mantendo-se em rebaixamento máximo do nível de consciência. As principais causas são:

- intoxicação exógena;
- endocrinometabólica;
- convulsão;
- encefalite;
- lesão estrutural.

71.1. Cefaleias

Cefaleia crônica primária (diagnóstico por anamnese + exame físico)

Cefaleia de tensão/tensional

É a mais comum, com incidência de 40%-70% na população. Apresenta rigidez da musculatura pericraniana e se caracteriza como uma cefaleia de caráter opressiva de leve intensidade, bilateral, com duração de 30 min-7 dias e que não interfere nas atividades diárias. Geralmente é desencadeada por um fator estressante. O tratamento abortivo/agudo consiste no uso de anti-inflamatórios não esteroidais (AINEs), analgésicos e relaxantes musculares. O tratamento profilático/crônico (pacientes com incidência > 15×/mês ou 180/ano) preconiza o uso de antidepressivos tricíclicos.

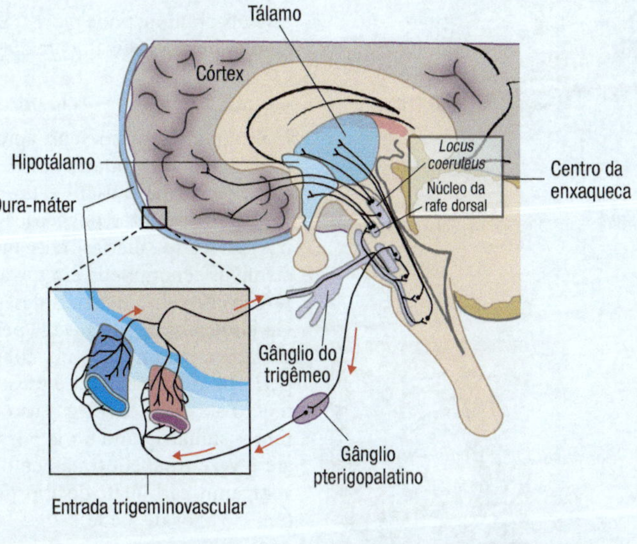

► Fisiopatologia da migrânea: a depressão alastrante provocaria alterações hipotalâmicas e nos núcleos dorsais da rafe e *locus coeruleus*, levando a liberação de substâncias inflamatórias que provocoariam a irritação do nervo trigêmeo e os fenômenos vasculares secundários.

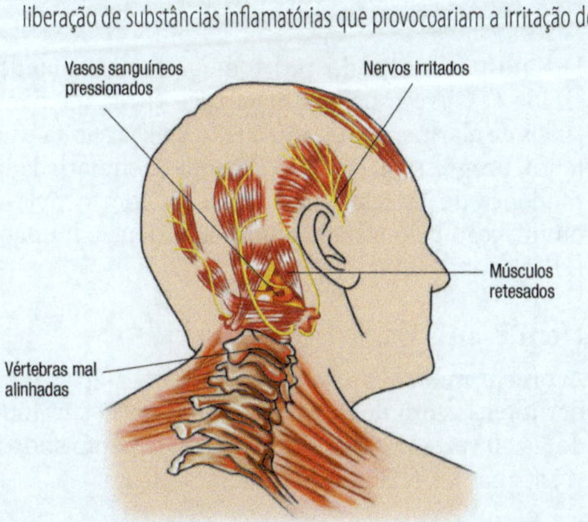

► Cefaleia cervicogênica: origem das alterações degenerativas na coluna cervical.

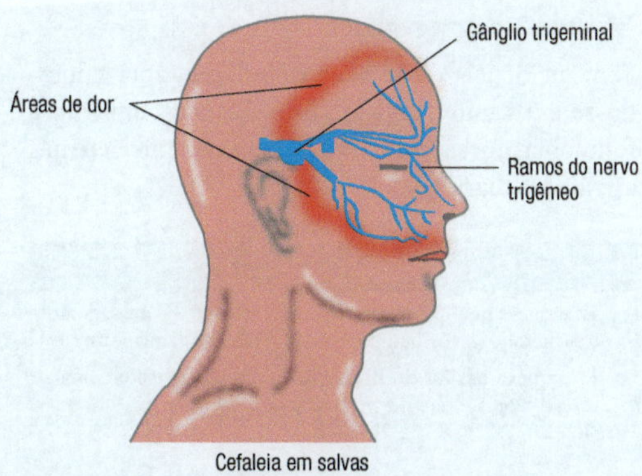

► Região de acometimento na cefaleia em salvas.

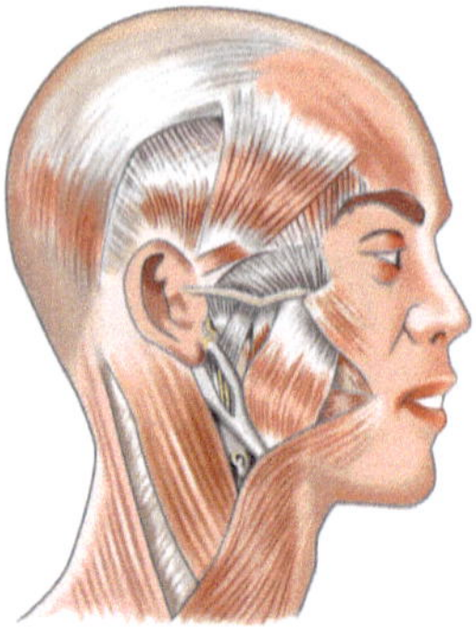

▶ Locais mais comuns da dor na cefaleia do tipo tensional.

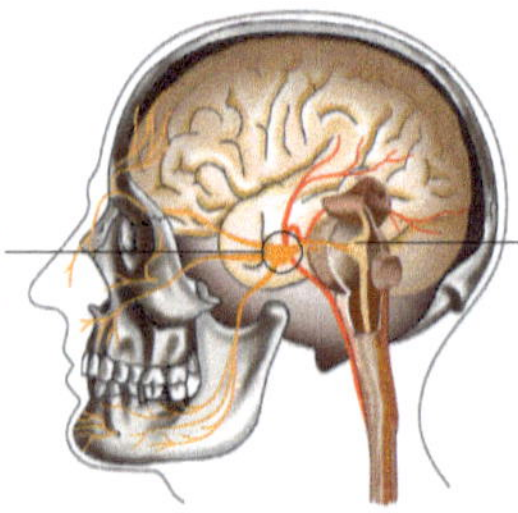

▶ Representação esquemática do mecanismo fisiopatológico de grande parte das neuralgias trigeminais.

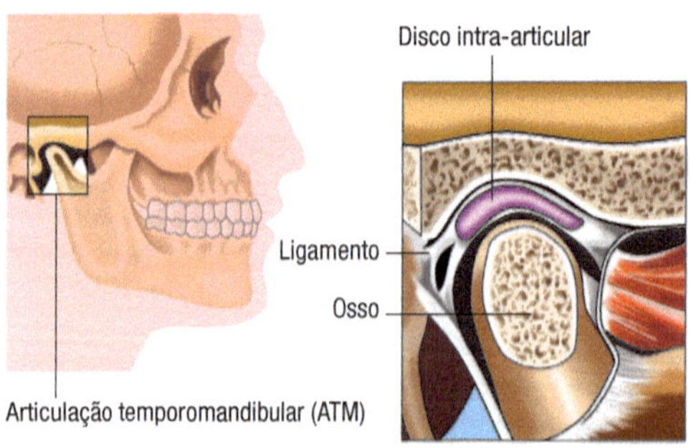

Enxaqueca (migrânea)

Tem incidência de 15% na população, apresentando-se em caráter pulsátil, uni-bilateral com foto e fonofobia, duração de 4-72 horas e que interfere nas atividades diárias.

Enxaquecas especiais
■ **Enxaqueca hemiplégica familiar:** apresenta-se com aura motora, hemiplegia ou hemiparestesia, disfasia e hemianopsia.
■ **Enxaqueca basilar de Bickerstaff:** apresenta-se com amaurose, diplopia, disartria, vertigem e hipoacusia.

Pode apresentar aura (sinais e sintomas neurológicos focais que precedem a cefaleia), sendo os principais escotomas centrais e paresias de membros inferiores e perioral. O tratamento envolve a realização do diário da enxaqueca visando observar o fator desencadeante (síndrome da tensão pré-menstrual [TPM], vinhos etc.). O tratamento abortivo/agudo consiste no uso de agonistas serotoninérgicos (TRIPTANOS: seletivo para $5HT_4$ // ERGOTAMINAS: não seletivas) com antieméticos, analgésicos ou AINEs. O profilático (pacientes com > 3 crises/mês) preconiza o uso de betabloqueadores (propranolol* por atravessar a barreira hematoencefálica [BHE]), antidepressivos tricíclicos, antiepiléticos, bloqueadores dos canais de cálcio e anticonvulsivantes.

*O propranolol pode piorar quadros de depressão em pacientes previamente diagnosticados.

Cefaleia em salvas (*cluster headache*)

Mais comum em homens, apresenta-se como uma cefaleia fronto-orbitária unilateral intensa/insuportável, de forma pulsátil e opressiva, com duração de 15-180 minutos por vários dias e que interfere nas atividades diárias, chegando a acordar o paciente. É denominada em salvas porque ocorre durante vários dias e depois desaparece por semanas. Geralmente é desencadeada pelo etilismo e está associada a lacrimejamento, congestão nasal, edema periorbitário ipsilateral e ptose palpebral. O tratamento abortivo envolve o uso de O_2 a 100% 5-7 l/min + sumatriptano 6 mg por via subcutânea (SC) até 3 vezes/dia. No tratamento profilático usam-se verapamil, carbonato de lítio, prednisona, valproato (em < 6 anos de idade).

Cefaleia secundária

Diagnóstico realizado por tomografia computadorizada (TC)/ressonância magnética (RM) mediante sinais de alarme: idade > 50 anos, cefaleia súbita e intensa, progressiva, sinais de infecção, refratariedade, mudança de características, paciente com neoplasia ou infecção pelo vírus da imunodeficiência humana [HIV], papiledema.

Hemicrania paroxística crônica

Acomete mulheres e caracteriza-se por apresentar dor intensa com duração de 5-15 minutos, surgindo de 5 a 40 vezes por dia. Não existe tratamento abortivo, apenas profilático com indometacina.

Cefaleia da hipertensão intracraniana benigna (pseudotumor cerebral)

Acomete mulheres de 20-40 anos de idade, tabagistas e obesas. O diagnóstico é pela perda da acuidade visual e papiledema associado a TC/RM normais. A raquimanometria apresenta-se > 20-25 mmHg, com liquor normal. O tratamento envolve o uso de acetazolamida (com resolução de 99% dos casos), punção lombar de alívio e derivação ventriculoperitoneal.

Neuralgia do trigêmeo

Dor unilateral em choque na região da face. O tratamento envolve o uso de carbamazepina.

71.2. Epilepsias

→ No estado de mal epilético, preconiza-se iniciar o ABC (do inglês *Airway* [vias aéreas], *Breathing* [respiração] e *Circulation* [circulação]) e, posteriormente, administrar diazepam (ou lorazepam) por via endovenosa (EV) ou retal podendo repetir a administração até três vezes.

Caso continue refratário, recomenda-se a administração de fenobarbital → tiopental (ou midazolam ou propofol).

Tipos de crise epiléptica

Focal

Parcial simples (focal COM consciência)

É restrita a uma determinada área cortical e possui fenômenos sensoriais (auras) e motores (abalos clônicos). Geralmente as crises motoras apresentam um estado pós-ictal marcado pela paralisia de Todd. O tratamento envolve o uso de valproato.

Parcial complexa (focal sem consciência)

Apresenta-se com alterações da consciência (ausência de responsividade, porém pode manter os olhos abertos) seguidas de automatismo oroalimentar (mastigar, estalar lábios, engolir), perseveração (movimentos/falas repetidas) e alterações psíquicas. No estado pós-ictal, o paciente apresenta um período de confusão e desorientação. O tratamento envolve o uso de carbamazepina.

Generalizada

Ausência (pequeno mal)

Apresenta-se com lapsos curtos e múltiplos de inconsciência. O eletroencefalograma (EEG) demonstra complexo espícula-onda (3 Hz) e o tratamento envolve o uso de etossuximida, sendo a carbamazepina absolutamente desaconselhável.

Crise tônico-clônica generalizada (grande mal)

Apresenta-se com perda da consciência com queda seguida de uma fase tônica (espasmo tônico) e terminada pela fase clônica (abalos).

Crise mioclônica

Apresenta-se com abalos clônicos bilaterais e simétricos sem perda da consciência. Apresenta-se como "sustos" antes de dormir e episódios de *de-javú*. O tratamento envolve o uso de lamotrigina.

Crise atônica

Caracteriza-se por atonia súbita de todo o corpo, com a consciência preservada.

Síndromes epilépticas

Convulsões febris

Acometem pacientes de 3-6 meses a 5-6 anos de idade. Não está diretamente relacionada com a temperatura, mas, sim, com a velocidade de elevação. Apresenta-se com EEG normal entre as crises e recomenda-se a punção lombar se < 12 meses ou estado vacinal incompleto. O principal fator de risco é a história familiar em crianças menores de 1 ano, chegando a 65% de recorrência. O tratamento envolve o uso de diazepam (somente nas crises em andamento) e abordagem da febre visando diminuir a temperatura.

Epilepsia parcial benigna da infância (ou pontas centrotemporais ou epilepsia rolândica)

Acomete pacientes de 2-14 anos de idade. A fisiopatologia demonstra uma área do córtex cerebral preguiçosa que não está suficientemente desenvolvida (atrasada) e que provoca disparos anômalos. O diagnóstico é confirmado pelo EEG característico de alterações centromediotemporal. O tratamento envolve carbamazepina somente após a 2ª crise, uma vez que o quadro cessa na fase adulta.

Epilepsia – síndromes especiais

- **Síndrome de Lennox-Gestaut:** são crises mistas associadas ao retardo mental com EEG demonstrando espículas-onda ≤ 2,5 Hz. Geralmente a etiologia é hipóxico-isquêmica cerebral no parto.
- Síndrome de West: caracteriza-se por espasmos infantis com hipsiarritmia (EEG típico, com padrão bilateral e caótico associado a ondas lentas, alta voltagem e multifocal) e retardo mental. O tratamento envolve o uso de hormônio adrenocorticotrófico (ACTH) e vigabatrina.

- A investigação em crianças obedece à sequência: anamnese → EEG → neuroimagem.

71.3. Síncope

É a perda súbita e transitória da consciência e do tônus postural decorrente de uma redução do fluxo sanguíneo cerebral. A síncope pode ser precedida por sintomas denominados AURA (náuseas, sudorese, tontura, alterações visuais). As causas da síncope são as que se seguem.

Neurocardiogênica

É devida a estimulações/exacerbações do sistema parassimpático. É denominada como reflexo vagal, desencadeado por estresse emocional. O diagnóstico é clínico pelo teste de inclinação *(tilt-test)*. O tratamento agudo é a colocação do paciente em decúbito, e a profilaxia envolve a adoção de medidas gerais (meia elástica, exercícios de panturrilhas), betabloqueadores, mineralocorticoides, marca-passo.

Hipersensibilidade do seio carotídeo

É a síncope mediada por qualquer estímulo mecânico ao seio carotídeo. O tratamento envolve agentes vasoconstritores, prevenção, marca-passo.

Hipotensão ortostática

É devida a uma redução da resposta simpática vasoconstritora (queda na pressão arterial sistólica [PAS] > 20 mmHg quando mantida a posição ortostática por 2-5 minutos associada ou não à queda de 20 bpm). As principais causas são falta de condicionamento físico, simpatectomia, fármacos (diuréticos, alfabloqueadores, vasodilatadores), neuropatia periférica. O tratamento envolve reversão de agentes causadores, uso de mineralocorticoides e agentes simpaticomiméticos.

Doença cardiovascular

As principais causas são cardiopatias estruturais (infarto agudo do miocárdio [IAM], tromboembolismo pulmonar [TEP], cardiomiopatia hipertrófica [CMH], valvulopatias) e arritmias cardíacas. As arritmias cardíacas representam a segunda maior causa de síncope, sendo os principais ritmos o taquiventricular e a bradicardia. Em ambos o diagnóstico é pelo estudo eletrofisiológico (EEF) com evidência de uma taquicardia ventricular (TV) instável induzível. O tratamento envolve o uso de cardiodesfibrilador implantável.
A bradicardia é a principal causa de síncope em idosos, sendo decorrente de doenças do nódulo sinusal ou bloqueios atrioventriculares (BAVs) malignos.

Doença cerebrovascular

Tem como causa da síncope a insuficiência vertebrobasilar (realiza a irrigação do tronco cerebral, responsável pela vigília) ou a estenose de carótidas bilateral grave.

Diagnóstico diferencial com convulsão
➔ É sugestivo de convulsão na presença de achados de aura, movimentos tônico-clônicos sustentados (30-60 segundos), rebaixamento de consciência, retorno lento pós-ictal, incontinência urinária, cianose e cefaleia.

71.4. Esclerose Múltipla

É uma doença autoimune desmielinizante do sistema nervoso central (SNC) que atinge o axônio do primeiro neurônio motor. Cerca de 85% dos casos se manifestam de forma remitente-relapsante (surto-remissão), sendo os sintomas correspondentes ao acometimento do primeiro neurônio motor!

Manifestações clínicas

- **Neurite óptica:** perda da acuidade visual com fundoscopia normal.
- **Diplopia:** oftalmoplegia internuclear com perda da adução dos olhos.
- **Sinal de Uthoff:** aumento da temperatura corporal.
- **Sinal de Lhermite:** sensação de choque na região cervical, na flexão-extensão da cabeça.

Diagnóstico

É feito pelo quadro clínico associado ao liquor demonstrando bandas oligoclonais de imunoglobulina G (IgG). A RM demonstra lesões desmielinizantes. O critério confirmatório é o acometimento de duas ou mais áreas distintas do SNC com intervalo de um mês, ou, então, um segundo episódio associado a um exame de potencial evocado (redução da acuidade visual). Os exames de imagem evidenciam os dedos de Dawson.

Tratamento

- **Surtos:** o uso de metilprednisolona 1 g EV 3-5 dias seguido de prednisona VO por 4-8 semanas.

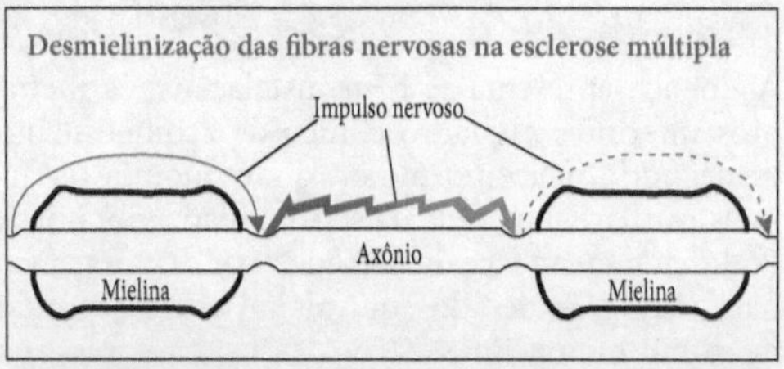

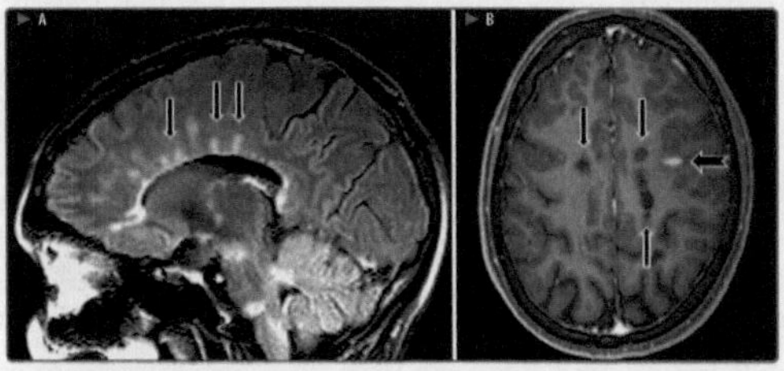

▶ Ressonância magnética de crânio. (A) Imagem sagital adquirida em FLAIR com hipersinal perpendicular aos ventrículos, indicando lesões inflamatórias e desmielinizantes ao longo das vênulas, conhecidas como dedos de Dwason (setas). Esses achados são bastantes sugestivos de esclerose múltipla. (B) Imagem axial adquirida em T1 após injeção de contraste, mostrando lesão com realce após gadolínio (seta para esquerda) e lesões com hipossinal crônico compatíveis com desmielinização grave ou perda axonal (*blach holes*). Esses últimos costumam ser mais comuns e em maior número na forma progressiva de esclerose múltipla.

- **Terapia crônica:** em geral utiliza-se o interferon--beta-1a/1b e o acetato de glatirâmer. Nos casos de recidivas, usa-se natalizumab e fingolimod (sendo as principais complicações o herpes-zóster e a ativação do vírus JC). O paciente se apresenta com rigidez elástica (sinal do canivete).

A neuralgia do trigêmeo em jovens é altamente sugestiva de esclerose múltipla!!
Os exames de imagem evidenciam os 'dedos de Dawson'.
O paciente se apresenta com uma rigidez elástica (sinal do Canivete).

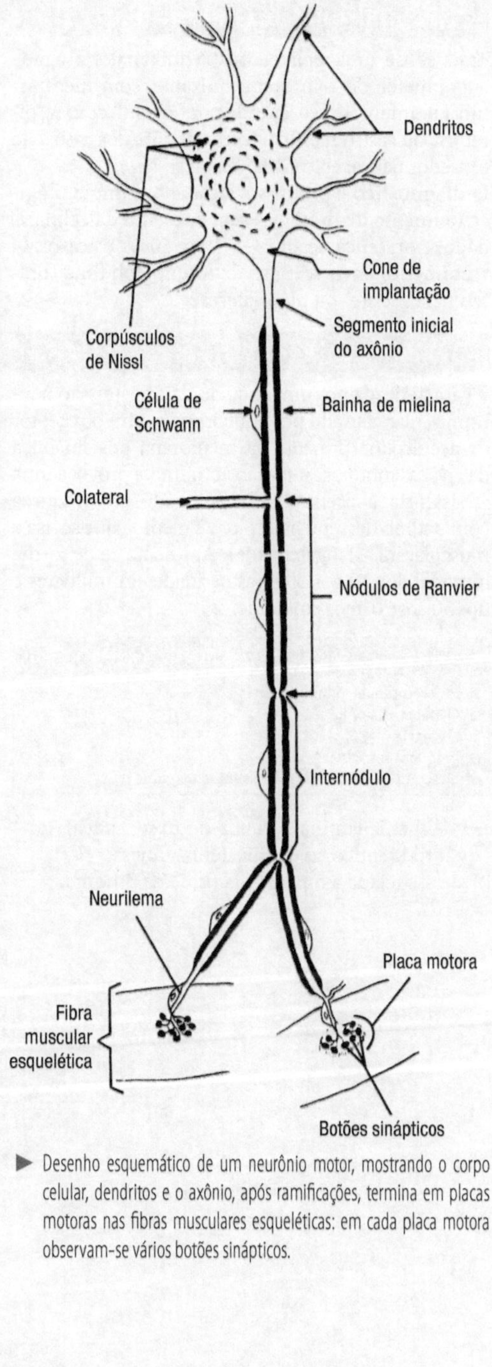

▶ Desenho esquemático de um neurônio motor, mostrando o corpo celular, dendritos e o axônio, após ramificações, termina em placas motoras nas fibras musculares esqueléticas: em cada placa motora observam-se vários botões sinápticos.

71.5. Síndrome de Guillain-Barré

Trata-se de uma polineuropatia inflamatória aguda autolimitada do tipo desmielinizante, com mecanismo autoimune, desencadeada por uma infecção respiratória ou gastrointestinal (cerca de 75% dos casos são causados pelo agente *Campylobacter jejuni*).
O **diagnóstico** é por dissociação albuminocitológica (aumento de proteínas sem aumento da celularidade) e presença de anti-GM1 em 50% dos casos. O **tratamento** envolve o uso de imunoglobulina (preferencialmente) ou plasmaférese.

A doença apresenta-se com instalação nos membros inferiores e quadro clínico de acometimento de segundo neurônio motor, disautonomia (arritmias cardíacas) e perda da sensibilidade vibratória. Pode acometer a face devido ao 5º par de nervo craniano ser considerado equivalente a um segundo neurônio motor. Em 25% dos casos, há paresia da musculatura respiratória. A atrofia muscular ocorre apenas nos casos de síndrome do segundo neurônio motor de caráter crônico!

71.6. Miastenia *Gravis*

É caracterizada por um bloqueio da transmissão neuromuscular causado por anticorpos contra o receptor de acetilcolina presente na membrana pós-sináptica das placas motoras. A reação autoimune provoca uma "resistência à acetilcolina", resultando em fraqueza com padrão decremental (piora à medida que se usa a musculatura – fatigabilidade). Apresenta-se de forma bimodal dos 10 aos 30 anos de idade em mulheres e dos 50 aos 70 anos em homens.

Manifestações clínicas
■ Ptose, diplopia, oftalmoparesia
■ Disfagia, disfonia
■ Disartria
■ Fraqueza muscular bulbar
■ Descompensação de infecções intercorrentes

➔ A penicilamina é capaz de desencadear um quadro idêntico ao da miastenia *gravis*.
Está associada a hiperplasia tímica e timoma.

Diagnóstico

Confirmado pelo quadro clínico combinado com a dosagem dos anticorpos anti-AchR (presente em 85% dos casos) e anti-MusK associada à eletroneuromiografia com padrão "decremental". Em casos de dúvida, recomenda-se o teste do edrofônio, que é positivo quando há melhora do déficit muscular após o uso de anticolinesterásicos de ação imediata e meia-vida curta.

Tratamento

Envolve o uso de piridostigmina (fármaco anticolinesterásico) associado a imunossupressores como corticoide, sendo posteriormente substituído por micofenolato/azatioprina/ciclosporina + timectomia (em pacientes com < 55 anos ou com timoma). Nos casos de emergência, realiza-se a imunoglobulina ou plasmaférese.

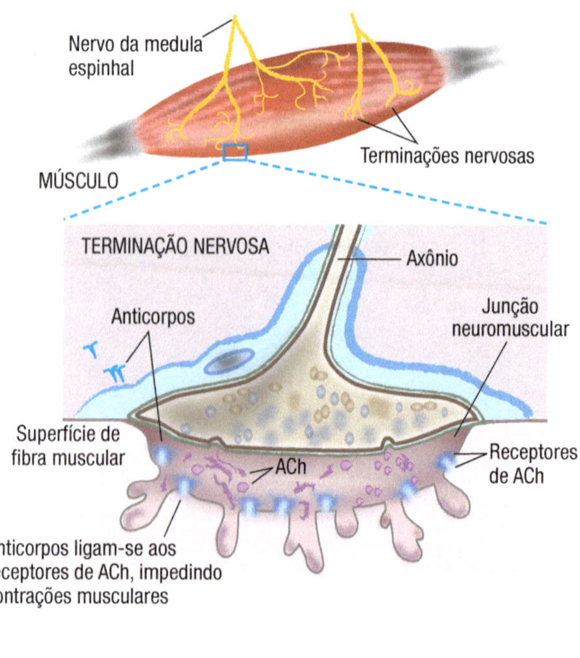

▶ Esquema representando a junção neuromuscular e a presença de anticorpos anti-ACh.

71.7. Esclerose Lateral Amiotrófica (ou Doença de Lou Gehrig)

A esclerose lateral amiotrófica (ELA) é caracterizada por uma doença degenerativa que acomete o axônio do primeiro e segundo neurônios motores. As manifestações clínicas abrangem as síndromes do primeiro e segundo neurônios motores. A doença atinge a musculatura bulbar, inervada pelo glossofaríngeo, vago e hipoglosso (responsável pela fala e deglutição), causando disartria, disfonia e disfagia. O diagnóstico é pelo quadro clínico associado ao exame físico, sendo as miofasciculações da língua o sinal mais sugestivo de ELA! O prognóstico é sombrio, com óbito entre 3 e 5 anos, sendo prolongado em 6 meses sob o uso de riluzol.

71.8. Doença de Alzheimer e Parkinsonismo

Doença de Alzheimer

A fisiopatologia é decorrente da degeneração neuronal decorrente do depósito de placas senis amiloides no interstício dos neurônios, levando à depleção de acetilcolina e outros neurotransmissores. O resultado é a presença de atrofias de hipocampo e cortical dos lobos temporal medial e parietal medial. As manifestações clínicas do Alzheimer não cursam com distúrbios motores, restringindo-se ao déficit cognitivo, com afasia, apraxia, agnosia.

Fatores de risco
Síndrome de Down
Idade > 60 anos
Genético apoE ε4
Estilo de vida
História familiar positiva

As placas amiloides são formadas por depósitos de proteína tau.

Diagnóstico

É clínico e de exclusão de outras demências. Os exames de imagem geralmente demonstram atrofia cortical, principalmente no hipocampo, associada a uma hidrocefalia.

Tratamento

Visa ao uso de anticolinesterásicos como donepezila, rivastigmina e galantamina. Preconizam-se também vitamina E e seleginina 2.000 UI/dia para aumentar a sobrevida (exceto para portadores de insuficiência cardíaca). A memantina (agonista do receptor do glutamato N-metil-D-aspartato [NMDA]) é utilizada para o tratamento nos casos severos.

Doença de Parkinson

A degeneração progressiva da substância negra leva à diminuição da inibição do putâmen e do globo pálido, que, não inibidos, ficam hiperfuncionantes e levam à intensa produção da substância inibidora do córtex. Sendo assim, a dopamina inibe a acetilcolina, e a acetilcolina bloqueia/inibe o córtex motor!

Tétrade (manifestações clínicas)
Tremor de repouso (em "contar dinheiro" ou "pronação-supinação")
Bradicinesia
Rigidez em "roda denteada" (rigidez plástica – sinal do canivete)
Instabilidade postural (distúrbio da marcha).

- **Marcha parkinsoniana:** passos curtos, encurvamento buscando o centro de gravidade e dificuldade para parar.

- **Tremor de repouso:** após iniciar o movimento, há melhora do tremor, pois o sistema cerebelar assume o movimento.

Tratamento

Envolve a administração de L-dopa (precursor da dopamina) associada a um inibidor da dopamina descarboxilase periférica (carbidopa ou benzerasida) para evitar que o fármaco seja metabolizado pela descarboxilase na periferia e consiga atravessar a barreira hematoencefálica. Com o tempo, surge o fenômeno de liga-desliga, em que ocorre melhora do estado motor na primeira hora depois da ingestão do fármaco seguida de piora no período restante, já que o efeito da L-dopa torna-se cada vez menor, sendo necessário doses mais altas ou associação com inibidores da catecol-O-metiltransferase (COMT) (tolcapone e entacapone). A selegilina e a rasagilina são inibidores da monoamina oxidase B (IMAOs-B) que atuam inibindo a degradação da dopamina na fenda sináptica, exercendo efeito neuroprotetor.

O pramipexol é um agonista dopaminérgico.

O biperideno é um anticolinérgico cujo efeito colateral é a demência, não sendo recomendado para pessoas idosas.

71.9. Síndrome de Lambert-Eaton

É uma síndrome miastênica autoimune contra os receptores dos canais de cálcio na fenda pré-sináptica. Esses anticorpos interferem na liberação da acetilcolina. Geralmente precede certos tipos de neoplasia, como pulmonar (*oat cells*) e síndromes paraneoplásicas.

Manifestações clínicas

Envolvem fraqueza proximal e simétrica de membros, bem como ptose, disautonomias, boca seca e hipotensão.

Diagnóstico

É confirmado pelos anticorpos anticanal de cálcio e pela eletroneuromiografia evidenciando potencial incremental. O tratamento envolve o uso de piridostigmina (para aumentar a acetilcolina na fenda pré-sináptica da junção neuromuscular) e de imunossupressores e plasmaférese.

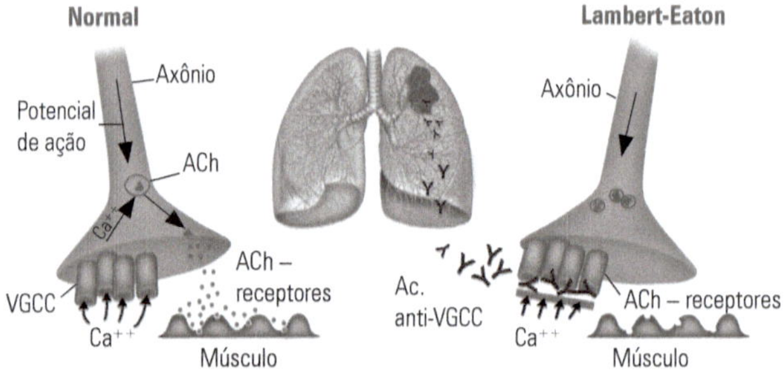

► Na síndrome miastênica de Lambert-Eaton, anticorpos anti-VGCC (canais de cálcio voltagem-dependentes) impedem o influxo de cálcio e reduzem a liberação de acetilcolina na fenda sináptica. A contração muscular ou estimulação elétrica de alta frequência (20 Hz) resulta no aumento do influxo de cálcio na região pré-sináptica e otimiza e exocitose de acetilcolina (fenômeno de facilitação pós-esforço). Fonte: modificada de Deangelis LM, Posner JB. Paraneoplastic syndromes. In: Neurologic complication of câncer. 2. Ed. New York: Oxford University Press; 2009.

71.10. Distrofias Musculares

→ **Caracterizam-se como doenças hereditárias musculares por defeito na proteína distrofina.**

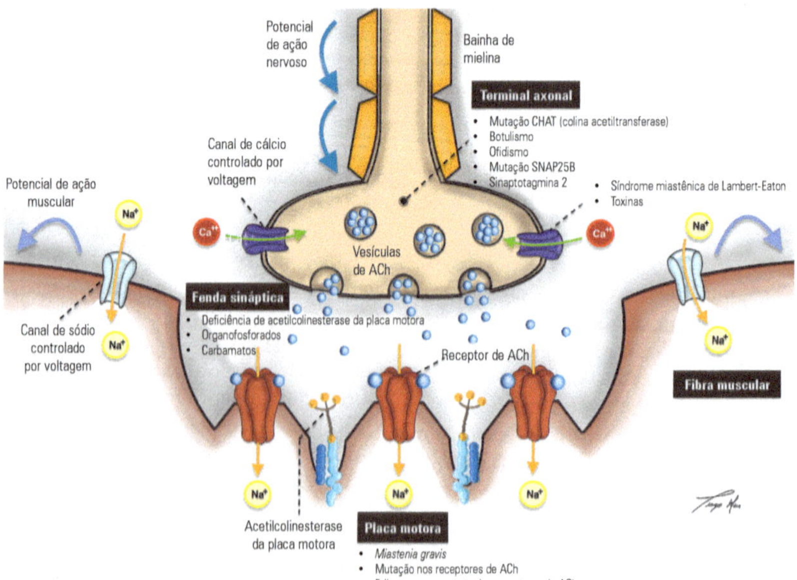

► Junção neuromuscular e principais doenças que afetam seus componentes. ACh: acetilcolina; Na: íon sódio; Ca: íon cálcio. Ilustração: Dr. João Tiago Alves Belo, neurocirurgião, Hospital Felício Rocho, Belo Horizonte.

Duchenne

É a mais comum e é uma doença recessiva ligada ao X. Acomete crianças a partir dos 2-3 anos de idade e inicia-se como uma fraqueza proximal progressiva com predileção pelos membros inferiores, manifestando-se com quedas e dificuldade para andar. Nota-se o sinal de Gowers, que representa o levantar miopático, no qual a criança escala para se levantar. Apresenta também outras manifestações, como hipertrofia de panturrilhas, escoliose, cardiomiopatia e hiporreflexia.

→ O diagnóstico é confirmado por elevação dos índices de creatinoquinase (CK) (20-100×), eletromiografia com sinais de miopatia e biópsia muscular com achados de degeneração e fibrose. O tratamento envolve o uso de corticoides e demais terapias de suporte.

Becker

É menos frequente que a Duchenne, mas também é uma doença recessiva ligada ao X. Apresenta evolução mais branda, de menor gravidade e com maior sobrevida. Possui início tardio (5-15 anos de idade) e evolui aos poucos para a cadeira de rodas (próximo dos 30 anos de idade). Está associada a hipertrofia de panturrilhas e doenças cardíacas.

71.11. Botulismo

É uma doença neuroparalítica grave, não contagiosa, causada pela ação irreversível da neurotoxina produzida pelo *Clostridium botulinum*. A toxina produzida pela bactéria impede a liberação da acetilcolina pré-sináptica. A forma mais comum de contágio se dá pela ingestão de alimentos enlatados e em conserva contaminados, porém pode ser adquirida pela forma intestinal, que é a partir da ingestão de mel com esporos de *Clostridium*.

As manifestações clínicas mais comuns são paralisia flácida e simétrica com progressão descendente, diplopia, disartria, disfonia, disfagia e disautonomias.

→ O diagnóstico é feito pela identificação do micro-organismo/toxina. O tratamento envolve o uso de antitoxina equina (para contaminação com alimentos enlatados e em conserva) e de imunoglobulina botulínica humana (para a forma intestinal).

71.12. Demências

Demência	É caracterizada pela perda de funções cerebrais cognitivas, como: ■ **memória:** amnésia anterógrada; ■ **reconhecimento:** agnosia; ■ **destreza:** apraxia; ■ **raciocínio/julgamento:** retardo; ■ **senso geográfico:** perda; ■ **linguagem:** afasia.
Reversível	■ **Metabólica:** insuficiências renal e hepática, hipo/hipertireoidismo, deficiência de B_{12} ou Ca^{+2}; ■ **Infecciosa:** HIV, sífilis; ■ **Estrutural:** hematoma subdural, tumor.
Não reversível	■ Doença de Alzheimer, doença vascular, demência por corpos de Lewy, doença de Pick, príons.

Lewy	**Alucinações e parkinsonismo.** O tratamento envolve o uso de rivastigmina.
Pick	**Alteração do comportamento (desinibição sexual).** Demência frontotemporal.
Hidrocefalia normobárica (Hakim-Adams)	**Ataxia da marcha, incontinência urinária.** O tratamento envolve a derivação ventriculoperitoneal.
Paralisia supranuclear progressiva	**Desvio do olhar conjugado.**
Príons	**Perda cognitiva, mioclonia.**
Vascular	**Apresenta progressão em degraus associada a exame neurológico normal.**

"Levi era um cara estranho que tinha alucinações. Um dia comprou uma Pick-Up e mudou seu comportamento. Então, começou a marchar em direção às mulheres que faziam hidroginástica. Lá começou a urinar e elas ficaram paralisadas e desviaram o olhar. Na volta para casa, atropelou uma vaca que começou a mioclonar."

Escala de coma de Glasgow		
Váriaveis		Escore
Abertura ocular	Espontânea	4
	À voz	3
	À dor	2
	Nenhuma	1
Resposta verbal	Orientada	5
	Confusa	4
	Palavras inapropriadas	3
	Palavras incompreensivas	2
	Nenhuma	1
Resposta motora	Obedece comandos	6
	Localiza dor	5
	Movimento de retirada	4
	Flexão anormal	3
	Extensão anormal	2
	Nenhuma	2
Total máximo: 15 Total mínimo: 3		

SEÇÃO 16 - PSIQUIATRIA

Capítulo 72 – Transtornos Mentais

72.1. Psicóticos 474
72.2. Orgânicos 475
72.3. Humor 475
72.4. Ansiedade 477
72.5. Alimentares 477
72.6. Relacionados com o Uso de Substâncias Psicoativas 478

ANOTAÇÕES:

CAPÍTULO 72

TRANSTORNOS MENTAIS

72.1. Psicóticos

Os transtornos psicóticos não possuem causas orgânicas identificáveis e se apresentam com:

- fragmentação da realidade;
- perda do juízo da realidade;
- ausência da queda do nível de consciência.

Esquizofrenia

É devida a alterações das concentrações da dopamina cerebral: aumento (sintomas positivos - via mesolímbica) ou diminuição (sintomas negativos - via mesocortical). É uma doença grave que acomete adultos jovens, sem preferência por classe social ou sexo, cuja evolução é crônica e sem possibilidade de cura.

Sintomas negativos
Representam a perda de funções psíquicas e o empobrecimento global da vida psíquica e social do indivíduo. ■ Empobrecimento da linguagem ■ Retração social ■ Embotamento afetivo ■ Diminuição da vontade (hipobulia)
Sintomas positivos
Representam as manifestações produtivas do processo esquizofrênico. ■ Alucinações auditivas ■ Ideias delirantes ■ Comportamento bizarro ■ Neologismos

Personalidade pré-mórbida (indicativo de alto risco para esquizofrenia)	■ **Esquizoide:** indivíduo com personalidade fria, isolada, introspectiva (amiguinho que não brinca com ninguém.).
	■ **Esquizotípica:** indivíduo com personalidade excêntrica (amiguinho místico.).

Manifestações clínicas

O paciente exibe aparência pessoal desleixada quanto aos próprios cuidados, perda da emoção, inapropriação do afeto, experiências alucinatórias auditivas, alucinações cinestésicas (percepções corporais alteradas), delírio (persecutório, autorreferente, religioso ou grandioso), neologismo e ecolalia.

Diagnóstico

É fenomenológico, feito a partir da observação e descrição do paciente. Além disso, avalia-se a presença de ≥ 2 critérios da quinta edição do Manual Diagnóstico e Estatístico de Transtornos Mentais (DSM-5) (delírios, alucinações, discurso desorganizado, sintomas negativos, comportamento desorganizado).

O **tratamento** envolve a administração de antipsicóticos típicos de alta/baixa potência (para sintomas positivos, bloqueadores não seletivos do receptor D_2), atípicos (para sintomas negativos, antagonistas da serotonina $5HT_{2A}$ e D_2).

Antipsicóticos (APs)
A) **Alta potência:** haloperidol, flufenazina.
B) **Baixa potência:** clorpromazina.
C) **Atípicos:** risperidona, olanzapina, quetiapina, clozapina.

Efeitos colaterais	
	1. **Acatisia aguda:** inquietude interna e irritabilidade. 2. **Distonia aguda:** movimentos involuntários provocados por contrações ou espasmos musculares. 3. **Parkinsonismo farmacológico:** tremor, rigidez muscular e bradicinesia. 4. **Discinesia tardia:** movimentos anormais, irregulares, involuntários, coreoatetoides e repetitivos. 5. **Síndrome neuroléptica maligna:** rigidez muscular por intoxicação farmacológica que evolui com necrose muscular e aumento da creatinofosfoquinase (CPK).

Subtipos de esquizofrenia
1) **Paranoide:** é a mais comum e apresenta delírios e alucinações.
2) **Hebefrênica:** apresenta-se com sintomas negativos e comportamento pueril; prognóstico ruim.
3) **Catatônica:** predomínio de distúrbios motores.
4) **Indiferenciada:** não preenche os critérios dos diagnósticos anteriores ou tem sintomas mistos.

Transtorno delirante persistente

Acomete indivíduos com idade média de 40 anos, manifestando-se somente com a presença de uma ideia delirante fixa e inabalável. Geralmente é refratário ao tratamento.

Transtorno esquizofreniforme

Corresponde a uma esquizofrenia limitada, no máximo, a 6 meses, com posterior retorno ao funcionamento normal.

Transtorno esquizoafetivo

Corresponde a início do quadro com psicose, evoluindo posteriormente com oscilação de humor bipolar.

Transtorno psicótico breve

É uma esquizofrenia limitada a 1 mês, desencadeada por estresse.

72.2. Orgânicos

Delirium (estado confusional agudo)

É uma queda aguda da função cognitiva com comprometimento da consciência e da atenção, podendo apresentar delírios e alucinações. A fisiopatologia envolve a queda na quantidade de acetilcolina presente no sistema nervoso central (SNC). Atinge frequentemente pacientes em enfermarias, unidades de tratamento intensivo (UTI) e em recuperação ortopédica de fraturas no quadril, acamados, com demência prévia.

Fatores de risco
■ Idade avançada
■ Alterações da hemostasia
■ Infecções, acidente vascular encefálico (AVE), infarto agudo do miocárdio (IAM)
■ Polifarmácia

Diagnóstico

- É clínico associado aos critérios de CAM-ICU.
- *Delirium* = 1 + 2 + (3 ou 4).

Tratamento

Visa erradicar a condição desencadeante e alojar o paciente em um ambiente tranquilo, moderadamente iluminado, evitando o isolamento total. O uso de medicamentos deve ser criterioso devido ao risco de piora do déficit cognitivo.

Critérios da escala *Confusion Assessment Method for the Intensive Care Unit* (CAM-ICU)	
Cortical	Subcortical
Doença de Alzheimer (60%)	Doença de Binswanger
Demência vascular (30%)	Doença de Parkinson
Doença de Pick	Doença de Huntington

CRITÉRIOS CAM-ICU

1. Alterações Agudas do Estado Mental ou de Curso Flutuante

↓

2. Déficit de Atenção

↙ ↘

3. Pensamento Desorganizado **ou** **4.** Alterações do Nível da Consciência

Delirium: 1 + 2 + (3 ou 4)

Demência

É o comprometimento das funções cognitivas, sem alteração da consciência, mas com prejuízo significativo do funcionamento social e ocupacional.

Diagnóstico

Padrão-ouro de doença de Alzheimer (DA) é confirmado pelo neuropatológico do encéfalo, entretanto, como isso não é possível, o diagnóstico se restringe ao contexto clínico e à exclusão de outras causas.

Tratamento

Em geral para a demência está relacionado com o fator causal, além de cuidados com a saúde física, orientação familiar e suporte psicossocial.

72.3. Humor

Depressão

Sintomas fundamentais
1) Humor deprimido
2) Perda de interesse
3) Fatigabilidade
Sintomas acessórios
1) Concentração e atenção reduzidas
2) Autoestima e autoconfiança reduzidas
3) Ideias de culpa e inutilidade
4) Visões desoladas e pessimistas do futuro
5) Ideias ou atos autolesivos ou suicídio
6) Sono perturbado
7) Apetite diminuído
Episódio leve: 2 sintomas fundamentais + 2 acessórios
Episódio moderado: 2 sintomas fundamentais - 3 a 4 acessórios
Episódio grave: 3 sintomas fundamentais + > 4 acessórios

Grupos de risco
■ Homens
■ Idosos
■ Solitários
■ Portadores de doença crônica

Caracteriza-se por humor diminuído. Acomete 15%-25% da população na proporção de 2 mulheres:1 homem, sem preferência por classe social.

Manifestações clínicas

Apresenta-se com tristeza, melancolia, apatia, tédio, fadiga, culpa, lentificação do pensamento, hipobulia, dor e pseudodemência. Pode apresentar ideação suicida, devendo sempre ser pesquisada.

CID-10
■ **Leve:** não impede as atividades diárias (2-3 sintomas). ■ **Moderada:** impede as atividades diárias (≥ 4 sintomas). ■ **Grave:** ideias suicidas marcantes.
O DSM-5 afirma que a depressão pode começar no período de luto.

➔ O diagnóstico se dá por DSM-5 ≥ 5 sintomas por ≥ 2 semanas com pelo menos 1 fundamental.

Tratamento

Baseia-se na hospitalização dos casos com risco de suicídio. Preconiza-se a farmacoterapia associada à psicoterapia, tendo-se em vista que os antidepressivos produzem melhora de 60%-70% dos sintomas em um mês. Após 4 semanas de farmacoterapia sem sucesso, recomenda-se a potencialização ou a mudança de classe de antidepressivo.

Inibidores seletivos da recaptação da serotonina (ISRSs)

Representam a primeira escolha para o tratamento. Os principais efeitos colaterais tendem a melhorar em até 4 semanas e são: queda da libido e do apetite, tontura.
Os principais exemplos são: fluoxetina, paroxetina, sertralina, citalopram.

Tricíclicos

Possuem ação periférica noradrenérgica e são contraindicados a casos de glaucoma de ângulo fechado, bloqueio atrioventricular total (BAVT)/bloqueio de ramo direito (BRD), disfunção prostática, risco de suicídio (autointoxicação farmacológica). Os principais efeitos colaterais são: tontura, sedação, boca seca, visão turva, constipação intestinal, retenção urinária e virada maníaca.
Os principais exemplos são: amitriptilina, imipramina, clomipramina, nortriptilina.

Tetracíclicos

Possuem ação dopaminérgica. Os principais exemplos são: trazadona (causa priapismo e insônia), mirtazapina (↑ apetite e ↑ sedação) e bupropiona (↓ limiar convulsivo).

Duais

Apresentam efeito sob a recaptação da serotonina e da noradrenalina. Os efeitos colaterais são: aumento da pressão arterial e tolerância ao fármaco.
Os principais exemplos são: venlafaxina e duloxetina.

Inibidores da monoamina oxidase (IMAOs)

Atuam sob a recaptação de dopamina, noradrenalina e serotonina. O principal efeito colateral é a reação cruzada em paciente asmático e com a tiramina (presente em queijos, leite, cerveja e vinho), que leva à crise hipertensiva. O principal exemplo é a tranilcipromina.

➔ Fármacos como L-tri-iodotironina (T3), carbonato de lítio e L-triptofano podem ser utilizados como potencializadores.

Mania

Acomete 1%-4% da população, sem preferência por sexo. Caracteriza-se por euforia e alegria patológicas. As principais manifestações clínicas compreendem aumento exacerbado da autoestima, logorreia, insônia, redução da atenção, delírio, fuga de ideias, aumento da sexualidade. Sabe-se que estados de mania podem causar prejuízo social considerável, enquanto a hipomania não apresenta esse aspecto negativo. O tratamento em geral visa à internação associada a antipsicóticos.

Bipolaridade

Representa um estado cíclico entre mania + mania ou mania + depressão. Pacientes que manifestem "mania" são bipolares tipo 1; os que apresentam "hipomania" são bipolares tipo 2.

➔ O **tratamento** preconiza o uso de medicações, como carbonato de lítio, anticonvulsivantes (ácido valproico, carbamazepina), para a manutenção do humor e a internação nos quadros de mania.

Transtorno distímico

É definido como o paciente mal-humorado. Representa uma depressão leve crônica (há mais de 2 anos). O tratamento envolve o uso de antidepressivos associados à psicoterapia.

Transtorno ciclotímico

É definido como o paciente quase deprimido + quase hipomaníaco. Caracteriza-se por uma instabilidade persistente do humor. É menos grave que o bipolar, e o tratamento envolve o uso de estabilizantes do humor.

72.4. Ansiedade

Representa a maior parte da demanda nos serviços de saúde e corresponde ao medo antecipado. Atinge preferencialmente o sexo feminino e as classes sociais mais baixas. Há 3 neurotransmissores associados à ansiedade: noradrenalina, serotonina e ácido gama-aminobutírico (GABA).

Transtorno de pânico

Caracteriza-se por ataques agudos inesperados, espontâneos e graves de ansiedade, apresentando duração de 20-30 minutos, sem necessidade de fator desencadeante. Pode estar associado à agorafobia. Em geral, o tratamento envolve antidepressivos (ISRS, tricíclicos) e benzodiazepínicos de curta ação nas fases iniciais, além de psicoterapia.

Agorafobia
É o medo de lugares fechados, de transportes públicos e de sair de casa. Pode haver crises de pânico em concomitância com o transtorno do pânico ou não. O tratamento preconiza antidepressivos e psicoterapia.

Transtorno obsessivo-compulsivo

Acomete cerca de 2%-3% da população e caracteriza-se pela existência de pensamentos obsessivos contra a vontade do indivíduo e comportamentos compulsivos (estereotipados e repetitivos) que aliviam a obsessão e diminuem a ansiedade. Atinge cerca de 3% da população geral, e 30% estão associados à depressão. O tratamento envolve a administração de antidepressivos (ISRS, clomipramina) e antipsicóticos para efeito sedativo, além da psicoterapia.

Transtorno de ansiedade generalizada

É uma preocupação excessiva crônica (superior a 6 meses) e flutuante. Apresenta-se com tensão motora, fadiga fácil, hiperatividade autonômica (palpitações), vigilância (incapacidade e dificuldade de concentração). O tratamento envolve uso de antidepressivos tricíclicos e ISRS, além da psicoterapia.

Fobia social e específica

Na fobia social há o medo irracional de se expor em público (comer, falar etc.).

Já na fobia específica há o medo de situações específicas ou objetos específicos (voar, animais, sangue etc.). Em geral, o indivíduo apresenta-se com severa ansiedade quando exposto ou quando prevê a exposição, provocando ataques de pânico. O tratamento preconiza o uso de antidepressivos, além da psicoterapia.

Transtorno de estresse pós-traumático

Ocorre após um estresse pós-traumático e o indivíduo revive a situação traumática em sono e vigília. O tratamento baseia-se em antidepressivos, além da psicoterapia.

Transtorno de ajustamento	É uma reação mal adaptativa em curto prazo que atinge a faixa etária de crianças e idosos. Inicia-se em até 3 meses depois do evento e não persiste por mais de 6 meses, apresentado sintomas como: ■ ansiedade; ■ humor deprimido; ■ perturbações de conduta. → O prognóstico é bom e o tratamento envolve antidepressivos e ansiolíticos, além da psicoterapia.

72.5. Alimentares

Anorexia nervosa

Trata-se de uma distorção da imagem corporal que atinge mulheres jovens e manifesta-se como medo excessivo de ganhar peso. O paciente anoréxico não apresenta perda de apetite, tendo em vista que podem ocorrer episódios de alta ingestão alimentar seguidos de purgação. O diagnóstico é clínico associado a achados semiológicos como sinal de Russel (lesões por atrito ósseo no dorso das mãos pelo excesso de indução ao vômito). O prognóstico é ruim e o tratamento envolve hospitalização e uso de ISRS.

Bulimia nervosa

É o consumo de grandes quantidades de alimentos devido ao impulso incontrolável associado ao comportamento compensatório recorrente como purgação, jejum ou excesso de exercícios. O paciente geralmente não guarda segredo, admitindo o transtorno, e mantém-se no peso normal. O tratamento envolve psicoterapia e ISRS.

Transtorno de compulsão alimentar periódico (BINGE)

São episódios recorrentes de comilanças na ausência de comportamento compensatório inadequado. Esses episódios geralmente são associados às angústias/frustrações do cotidiano. O paciente não apresenta preocupação exagerada com a imagem. O tratamento envolve ISRS, topiramato e sibutramina.

72.6. Relacionado com o Uso de Substâncias Psicoativas

Transtornos relacionados com o álcool

Cerca de 14% da população norte-americana preenchem os critérios de dependência do álcool. Estima-se que o limite de ingestão alcoólica semanal seja de 210 ml para os homens e 140 ml para as mulheres. O álcool age principalmente como depressor do SNC e altera a arquitetura do sono, com diminuição do sono REM.

HEPATOTOXICIDADE DO ETANOL
(Fisiopatologia)

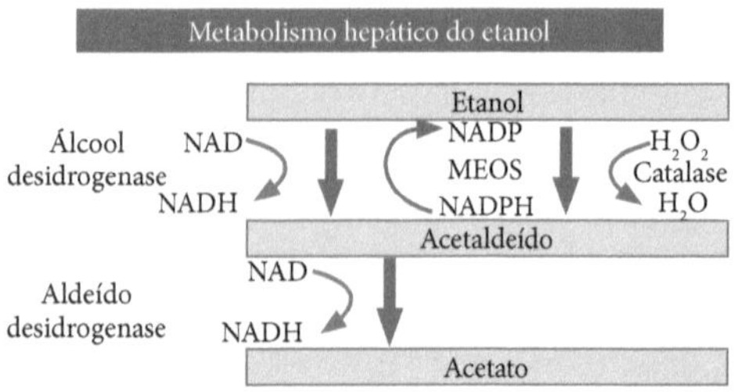

Intoxicação aguda

Euforia com evolução para tontura, perda da censura, alteração do raciocínio, incoordenação motora, confusão, desorientação, disartria, anestesia, estupor e até coma.

Síndrome de abstinência

Estado de hiperatividade simpática (tremores), insônia e agitação, com duração autolimitada de 7-10 dias. Em casos mais graves, há o aparecimento do *delirium tremens*, manifestado por obnubilação da consciência, confusão, desorientação temporoespacial, alucinações e ilusões vívidas (tremores + hipertensão arterial + taquicardia são sinais de hiperartividade autonômica).

➔ O **tratamento** é de suporte com reposição de tiamina, controle da hipoglicemia e da hiponatremia e uso de antipsicóticos (nos casos de alucinações). Para combater a dependência, institui-se uma terapia cognitivo-comportamental associada a naltrexona (antagonista opioide), acamprosato (antagonista do n-metil-D-aspartato [NMDA]) ou a fármacos que causam o efeito dissulfiram (inibidores da aldeído desidrogenase, que atua na segunda etapa da conversão: etanol → acetaldeído → acetato).

Alucinose alcoólica	É rara e pode ocorrer na síndrome de abstinência. Caracteriza-se por alucinações auditivas, visuais e táteis, além de ausência de rebaixamento do nível da consciência e sem alterações autonômicas.

Transtorno amnésico persistente induzido pelo álcool	
Síndrome de Wernicke (SW)	Ocorre em usuários de grande quantidade de álcool por tempo prolongado. Caracteriza-se por ataxia, confusão mental e alterações da motilidade ocular extrínseca (nistagmo). A reversão é possível com a administração de tiamina.
Síndrome de Korsakoff (SK)	É uma alteração crônica causada pela falta de vitamina B_1 (tiamina) que resulta em demência com perda da memória recente e introdução de confabulações. É uma perda irreversível e sua progressão é interrompida com o uso de tiamina.

Transtornos relacionados com a nicotina

É um dos maiores problemas de saúde pública e provoca sintomas de abstinência: perturbações psicológicas (disforia, insônia, depressão) e físicas (ganho de peso). O tratamento consiste no uso de adesivos/goma de mascar de nicotina, além da bupropiona (diminui o limiar convulsivo) para a fissura. Algumas alternativas são: vareniclina (agonista nicotínico), nortriptilina e clonidina.

Transtornos relacionados com opioides

Representa o grupo composto por heroína (opiáceo) e ópio, morfina, codeína, metadona, meperidina, fentanil (opioides), que agem sobre os receptores mu (μ), kappa (k), delta (δ), epsilon (ε) e sigma (σ).

Intoxicação aguda

Pupila em ponta de alfinete, coma, depressão respiratória (efeitos parassimpáticos), ou seja, miose, sedação, depressão respiratória, bradicardia e coma. O tratamento envolve suporte à vida e uso de naloxona.

Síndrome de dependência

Ansiedade, fissura, sudorese, midríase, tremor, hipertensão arterial (sintomas de hiperatividade simpática). O tratamento preconiza o suporte com antitérmicos, clonidina e metadona.

Transtornos relacionados com os benzodiazepínicos

Possuem efeitos farmacológicos como sedativos, hipnóticos, ansiolíticos, relaxantes musculares e anticonvulsivantes, todavia causam dependência, e sua falta provoca sintomas de abstinência, como tremores, palpitações, cefaleia, prejuízos de memória, *delirium*, alucinações e convulsões. A terapêutica envolve a redução gradual da dose, associada ao suporte psicológico e tratamento da doença de base. A pacientes que apresentam intoxicação recomenda-se administrar flumazenil (antídoto).

Transtornos relacionados com a *Cannabis* (Δ^9-THC)

É a droga ilícita mais consumida mundialmente e tem seu uso "autolimitado" aos 20 anos. Os principais efeitos do Δ^9-THC são euforizantes, além de provocar comprometimento da coordenação, lentificação do tempo, hiperemia conjuntival e sintomas psicóticos.

Transtornos relacionados com alucinógenos

Representam o grupo de dietilamida do ácido lisérgico (LSD) (sintético), psilocibina (cogumelos) e mescalina (cacto), que atuam como expansores da realidade, provocando perda do contato com a mesma e "alucinações/viagens" que podem ocorrer novamente até 6 meses após a ingestão (*flashback*). Não existe dependência física nem abstinência, mas pode ocorrer dependência psicológica.

Transtornos relacionados com a cocaína

A cocaína atua por meio da inibição da recaptação de dopamina, noradrenalina e serotonina. Os principais efeitos são irritabilidade, mania, alucinações, delírios, hiperatividade autonômica. Em casos graves pode ocorrer acometimento cardiovascular com manifestações de angina *pectoris*, infarto do miocárdio, ataques isquêmicos, convulsão e depressão respiratória.

Intoxicação aguda

Irritabilidade, sintomas maníacos, agitação, comportamento sexual compulsivo. O tratamento envolve benzodiazepínicos e fentolamina.

Síndrome de dependência

Depressão, disforia, ansiedade, ideação suicida.

Transtornos relacionados com anfetaminas

Representa o grupo de MDMA, *ecstasy*, *ice*, rebite, bala, estimulantes do SNC, cujos efeitos incluem anorexia, euforia, aumento da atividade autonômica e polidipsia.

Intoxicação aguda

Fissura intensa, ansiedade, lentificação e humor depressivo. Nos casos complicados podem ocorrer evolução para sintomas psicóticos, depressão, IAM e vasoespasmos. O tratamento é semelhante ao utilizado para a cocaína.

Transtornos relacionados com inalantes

Os inalantes são as drogas ilícitas de "escolha" entre adolescentes de baixa renda. Atuam como depressores centrais, entretanto, em doses iniciais, provocam euforia e desinibição e, com o prosseguimento, desencadeia confusão mental, desorientação e alucinações visuais e auditivas.

SEÇÃO 17 - ORTOPEDIA

Capítulo 73 – Ortopedia Pediátrica

73.1. Doença de Legg-Calvé-Perthes.................................... 482
73.2. Epifisiólise do Quadril.................................... 483
73.3. Sinovite Transitória do Quadril.................................... 483
73.4. Síndrome de Osgood-Schlatter.................................... 483
73.5. Displasia do Quadril.................................... 483

Capítulo 74 – Fraturas, Luxações e Tendinites

74.1. Fraturas.................................... 485
74.2. Fratura Exposta.................................... 487
74.3. Fratura da Placa Epifisária.................................... 488
74.4. Fraturas Específicas.................................... 488
74.5. Luxações e Entorses.................................... 490
74.6. Tendinites e Tenossinovites.................................... 491

Anexo 74.1. Neoplasias Ósseas Primárias.................................... 492

ANOTAÇÕES:

73.1. Doença de Legg-Calvé-Perthes

Doença de Legg-Calvé-Perthes (ou osteocondrose, epifisite do quadril)

É a necrose avascular idiopática da epífise femoral em crescimento, cujo caráter é autolimitado. Também pode ser denominada necrose asséptica da cabeça do fêmur. O suprimento sanguíneo da epífise femoral é proveniente das artérias epifisárias e da artéria acetabular. A placa epifisária funciona como uma barreira, impedindo que os vasos metafisários irriguem a porção epifisária.

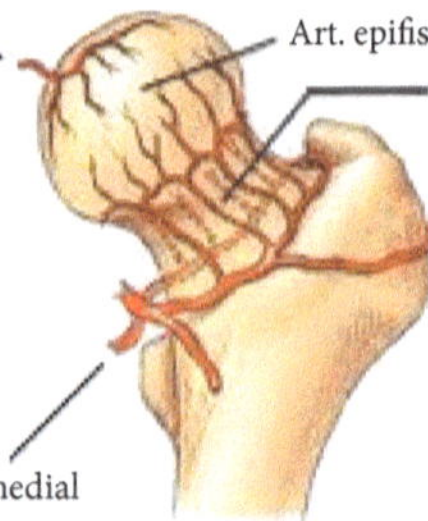

Acomete o sexo masculino na faixa etária de 2-12 anos de idade, apresentando-se com dor na região inguinal (coxa e joelhos) e claudicação (ato de mancar). A doença de Legg-Calvé-Perthes é idiopática e sua fisiopatologia é proveniente de um trauma leve que desencadearia uma oclusão trombótica das pequenas veias de drenagem da cabeça femoral, provocando uma pseudossíndrome compartimental que promoveria resistência ao suprimento sanguíneo, impedindo o fluxo arterial.

Fases evolutivas da doença	**Fase precoce (necrose óssea) → fase de fragmentação → fase de reossificação → fase de deformação tecidual**
	Na fase de deformação, a cabeça do fêmur adquire uma forma irregular, provocando incongruências articulares que levarão a uma doença degenerativa da cartilagem articular do quadril - ***osteoartrose do quadril***.

Diagnóstico

É clínico associado à radiografia simples. Na radiografia nas incidências anteroposterior (AP) e Lauenstein (posição de rã), notam-se diminuição do núcleo epifisário, com aumento do espaço articular, bem como uma fratura subcondral (revelada pela radiolucência subcondral em forma de crescente ou "sinal do crescente").

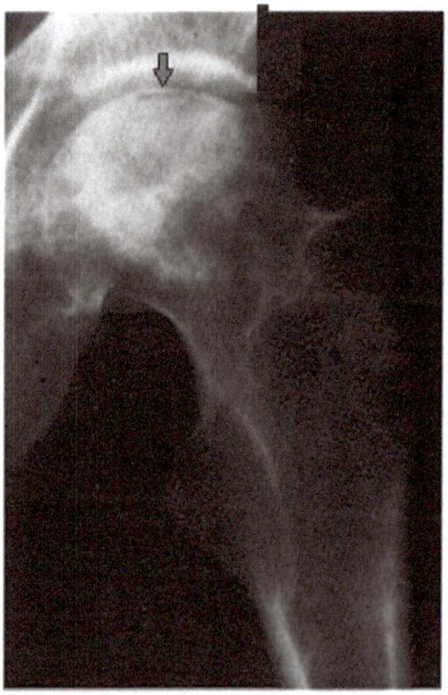

Tratamento

Visa à prevenção de deformidades residuais da epífise femoral mediante a contenção da cabeça do fêmur dentro do acetábulo para que este funcione como um molde. A primeira alternativa é a imobilização inguinomaleolar bilateral em abdução por meio da imobilização gessada de Petrie ou órtese do Hospital Scottish Rite de Atlanta. A segunda alternativa é a osteotomia pélvica ou femoral. Geralmente o prognóstico para crianças com menos de 6 anos de idade é satisfatório.

73.2. Epifisiólise do Quadril

Epifisiólise do quadril (ou deslizamento da epífise da cabeça femoral)

Representa o deslizamento da epífise proximal do fêmur devido ao enfraquecimento da placa epifisária ou do peso corporal, que desloca a cabeça do fêmur, lesionando a camada hipertrófica da fise.

➔ Acomete o sexo masculino na faixa etária de 11-15 anos de idade, apresentando-se com dor referida no quadril, irradiando para nádegas e joelho, claudicação ao deambular e sinal de Drehman (ao fletir-se a coxa do paciente, ocorrem rotação externa e abdução involuntárias).

Diagnóstico

Confirmado pela radiografia do quadril em AP e Lauenstein (posição de rã), notando-se o "sinal de Trethowan", no qual a linha de Klein não atravessa a epífise femoral.

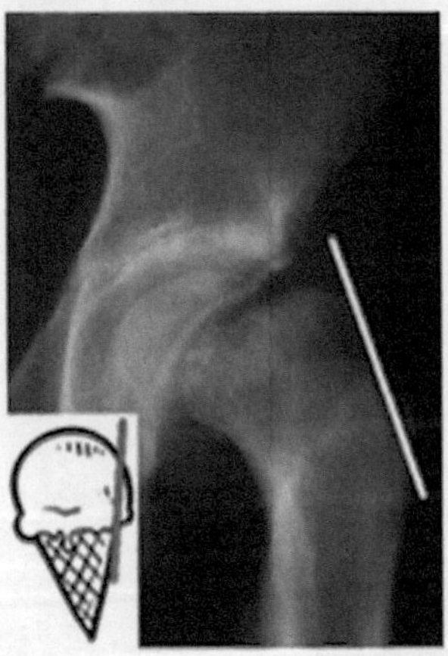

Tratamento

Cirúrgico por epifisiodese, na qual prende-se o colo femoral à epífise por meio de parafusos.

73.3. Sinovite Transitória do Quadril

Ocorre em 7-14 dias após uma infecção viral respiratória, acometendo crianças de 3-8 anos de idade, as quais apresentam manifestações clínicas de início agudo, como dor na região anterior do quadril, que irradia para coxa ou joelho, associada à claudicação. Por ser um quadro autolimitado, o tratamento envolve repouso e analgésicos (anti-inflamatórios não esteroidais [AINEs]).

73.4. Síndrome de Osgood-Schlatter

Síndrome de Osgood-Schlatter (ou osteocondrose da tuberosidade da tíbia)

É considerada uma osteocondrose (epifisite) da tuberosidade da tíbia de caráter autolimitado. Ocorre devido a uma necrose avascular idiopática em que a tuberosidade tibial apresenta fratura subcondral e fragmentação, associadas a inflamação, edema e tumoração.

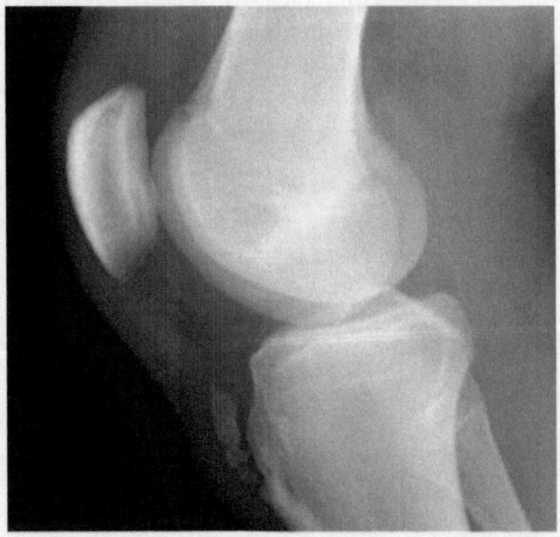

➔ Acomete o sexo masculino na faixa etária de 8-15 anos de idade, participantes de atividades esportivas, apresentando-se com dor no joelho e tumoração. O **diagnóstico** é pela radiografia em perfil do joelho, na qual nota-se uma fragmentação da tuberosidade tibial. O **tratamento** envolve o repouso, analgésicos (AINEs), crioterapia e uso de joelheiras.

73.5. Displasia do Quadril

Displasia do desenvolvimento do quadril (ou luxação/displasia congênita do quadril)

É uma instabilidade da articulação do quadril devido a uma frouxidão ligamentar, predispondo à luxação ou subluxação subsequente. O quadril luxado (displasia do desenvolvimento do quadril [DDQ] +) causa uma deformação progressiva dos ossos da região, que provoca defeitos nas estruturas adjacentes, favorecendo o surgimento de um falso acetábulo.

Fatores de risco
■ Sexo feminino
■ História familiar
■ Apresentação pélvica
■ Gemelaridade
■ Oligodrâmnio

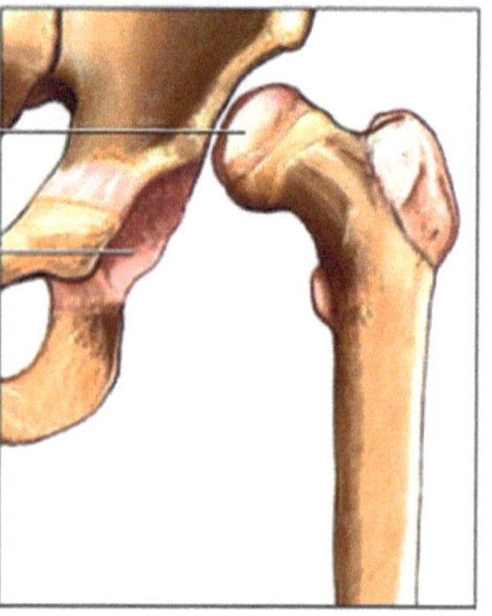

Diagnóstico

Deve ser realizado o mais precocemente possível, de preferência na sala de parto ou até os 3 meses de vida. O primeiro exame a ser realizado é a manobra de Ortolani, que verifica se o quadril já está luxado por meio de abdução do quadril e tração da coxa para cima. O segundo é a manobra de Barlow, que verifica se o quadril é luxável por meio da adução da coxa ao forçá-la para baixo. A positividade das manobras é confirmada ao ouvir-se um clique.

Tratamento

Envolve o uso do travesseiro de Frejka ou dos tirantes de Pavlik e preconiza a manutenção da congruência entre a cabeça femoral e o acetábulo displásico, o que estimula a reconstituição dessas estruturas.

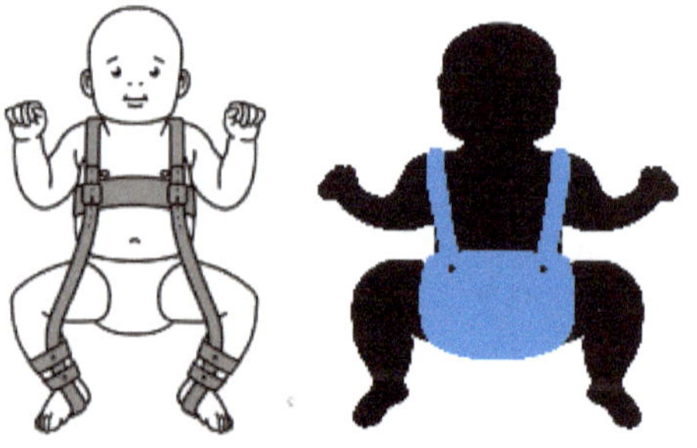

CAPÍTULO 74

FRATURAS, LUXAÇÕES E TENDINITES

74.1. Fraturas

Os ossos são derivados do mesoderma, o qual é responsável por originar um esboço mesenquimal (modelo) que se transformará no esqueleto. Esse modelo sofre condrificação hialina, formando o esqueleto cartilaginoso, que passará pelo processo de ossificação endocondral. Alguns ossos, como crânio e diáfise das clavículas, sofrem ossificação intramembranosa.

Tipos ósseos
■ **Longos:** ossos tubulares que possuem um canal medular e anatomia dividida em epífise, metáfise e diáfise.
■ **Curtos:** apresentam equivalência nas três dimensões.
■ **Chatos:** foliáceos, de comprimento e largura equivalentes.
■ **Irregulares**: apresentam geometria complexa (ossos vertebrais e temporal).

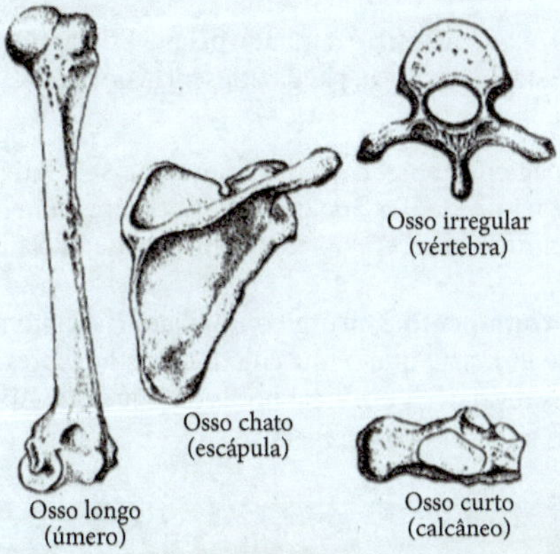

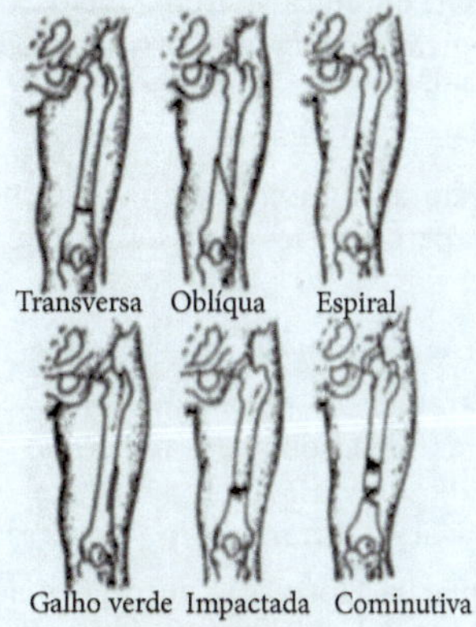

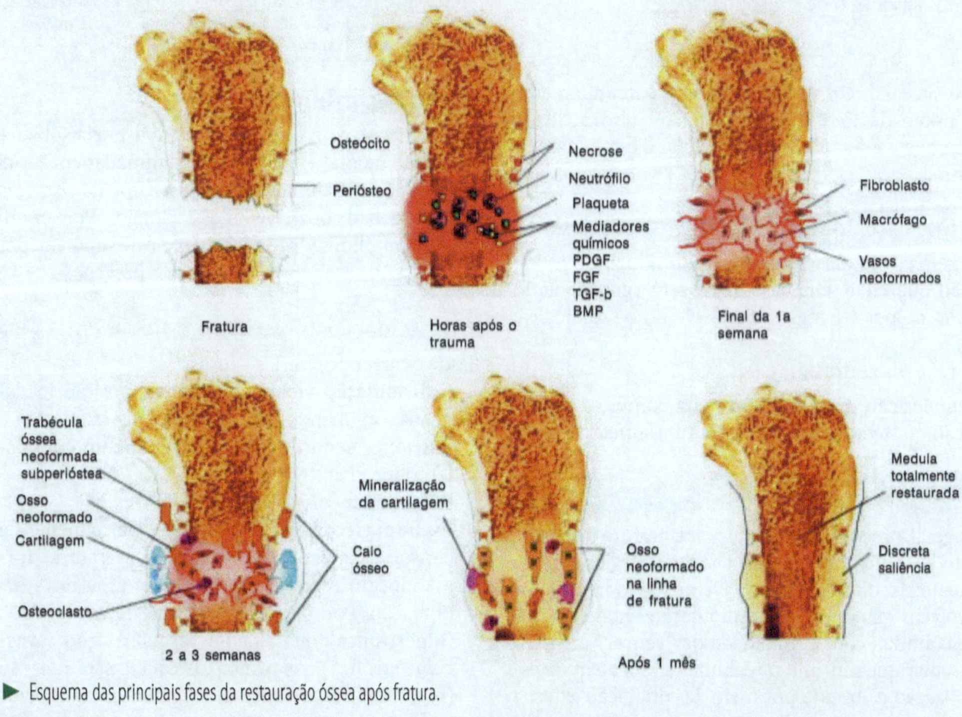

► Esquema das principais fases da restauração óssea após fratura.

Histologicamente o osso é dividido nas porções:	
Cortical	Lâminas de tecido ósseo fortemente unidas formando uma estrutura densa.
Esponjosa	Lâminas de tecido ósseo formando uma rede irregular com espaços lacunares.

Tipos de fratura

- **Estresse:** por pequenos traumas repetitivos.
- **Galho verde:** ocorre em crianças.
- **Tórus:** por compressão óssea em crianças.
- **Completa:** separação total dos fragmentos.
- **Incompleta:** separação parcial dos fragmentos.
- **Fechada:** sem comunicação com meio externo.
- **Exposta:** comunica-se com o meio externo.
- **Patológica:** por traumas de baixa energia em ossos doentes.

→ As fraturas intra-articulares exigem redução perfeita para evitar desgaste articular (evitar artrose).

Consolidação das fraturas

Ocorre em um período de 4 a 8 meses.

1ª: fase precoce (hematoma fraturário)

Fase na qual há a formação de um hematoma ao redor das bordas dos fragmentos fraturários, estimulando o processo de consolidação.

2ª: fase do calo fraturário mole

Fase na qual, em 2 semanas, há o circundamento do ponto de fratura por um tecido fibrocartilaginoso que confere resistência parcial e estabilidade à fratura.

3ª: fase do calo fraturário duro (calo ósseo)

Surgem os osteoblastos imaturos, produzindo tecido ósseo, que, em 6 semanas, promoverá a consolidação clínica e, após 4-8 meses, a consolidação radiológica.

4ª: fase da remodelação

Remodelação do calo ósseo e sua completa substituição por tecido ósseo secundário (lamelar).

Tratamento definitvo

Em geral, preconiza-se a redução da fratura mediante métodos cruentos (redução aberta/cirúrgica) ou incruentos (redução fechada). Os métodos incruentos envolvem manobras de manipulação feitas por tração contínua com a finalidade de "vencer" a tensão muscular que dificulta o realinhamento, além da estabilização da fratura por meio de contenção externa (aparelho gessado e órteses plásticas), fixação externa e interna.

Complicações das fraturas e do seu tratamento

Síndrome compartimental

Retrata o aumento da pressão dentro do compartimento, sendo geralmente decorrente de hematomas e curativos compressivos que causam edema muscular com isquemia e dano tecidual. Ocorre mais frequentemente no compartimento flexor do antebraço e no anterior da perna.

→ O quadro clínico é retratado pelos 5 Ps: dor (*pain*), parestesia, paralisia, palidez, ausência de pulso.

O paciente apresenta dor muscular sem alívio, que não cede aos analgésicos. O compartimento fasciomuscular encontra-se tenso e edemaciado.

→ O **tratamento** é cirúrgico imediato (fasciotomia), tendo em vista que o músculo esquelético apresenta lesões reversíveis em até 4 horas de isquemia. Após 8 horas, as lesões são irreversíveis.

Contratura de Volkmann
É a sequela clássica na qual o músculo necrótico não se regenera, sendo substituído por um tecido fibrótico cicatricial que sofre encurtamento, levando a deformidades.

Embolia gordurosa

Apresenta-se com a tríade de taquidispneia súbita + confusão mental + petéquias disseminadas em 24-48 horas após o trauma. O principal fator de risco é a fratura fechada de pelve ou ossos longos. Por ser um quadro autolimitado, o tratamento é de suporte e podem-se empregar corticoides para a prevenção.

Consolidação anormal de fraturas

Pode ocorrer por várias causas.

- **Consolidação viciosa:** ocorre em posição inadequada, originando uma deformidade estética e/ou funcional, sendo necessário tratamento com osteotomia corretiva.
- **Retardo na consolidação.**
- **Pseudoartrose:** é a falha total e permanente da consolidação em 9 meses após a fratura, formando um espaço como se fosse uma nova articulação. Pode ocorrer por falta de estabilidade (hipertrófica) ou falta de vascularização (avascular/atrófica). As principais causas são infecção (osteomielite), necrose de fragmentos fraturários

e imobilização inadequada. O tratamento envolve fixação e enxertia ósseas.

Osteomielite

É uma infecção óssea devida à contiguidade (pé diabético, fratura exposta, celulite) ou hematogênica (comum em crianças). A fisiopatologia é uma inflamação óssea que leva ao aumento da pressão intraóssea, provocando isquemia/necrose, a qual promoverá um sequestro ósseo (que é uma marca de cronificação).

➔ O quadro clínico apresenta dor específica em sítio ósseo e sinal semiológico *one finger pain press* associado a aumento da proteína C reativa (PCR) e da velocidade de hemossedimentação (VHS). A radiografia simples leva 10-21 dias para demonstrar achados como elevação e espessamento do periósteo (periostite) e lesão lítica (cavidade hipertransparente). No intervalo do surgimento de achados radiográficos, utiliza-se a ressonância magnética (RM) para o diagnóstico.

A intervenção cirúrgica inclui a drenagem e o desbridamento, além de antibioticoterapia sistêmica. Na cronificação, preconiza-se a sequestrectomia.

Osteomielite hematogênica aguda

Acomete a região óssea mais vascularizada (metáfise). O principal agente etiológico é o *S. aureus*, recebendo tratamento com oxacilina.
Em recém-nascidos, os principais agentes etiológicos são *Streptococcus B* hemolítico e bactérias Gram-positivas, e o tratamento é feito com oxacilina associada a gentamicina.
Em portadores de anemia falciforme, o agente etiológico é a *Salmonella*, sendo o tratamento feito com ceftriaxona. Caso a porta de entrada seja o pé, desconfia-se de *Pseudomonas*.

Outras complicações

- Lesão arterial.
- Artrite séptica.
- Trombose venosa profunda (TVP).
- Tromboembolismo pulmonar (TEP).

74.2. Fratura Exposta

Classificação de Gustilo e Anderson				
Tipo	Ferida	Contaminação	Lesão de partes moles	Antibioticoterapia (ATB)
I	< 1 cm	Limpa	Mínima	Cefalosporina de 1ª geração
II	1-10 cm	Moderada	Moderada	Cefalosporina de 1ª geração + Aminoglicosídeo
IIIA	> 10 cm	Alta	Cobertura cutânea possível	
IIIB			Exige retalho	
IIIC			Lesão arterial que exige reparo	
➔ Lesões por projétil de arma de fogo (PAF) de alta energia, fratura segmentar e em ambiente rural são classificadas como grau III, independentemente da lesão. Além disso, lesões em área rural devem receber cefalosporina + penicilina (ATB).				

É uma solução de continuidade da pele e tecidos moles subjacentes, permitindo a comunicação óssea direta ou do hematoma fraturário com o meio ambiente.

Tratamento

Iniciamente, envolve as recomendações do Advanced Trauma Life Support (ATLS) seguidas de curativo estéril, imobilização provisória (tala), avaliação radiológica, profilaxia contra tétano e ATB em até 3 horas, por 48-72 horas.

Tratamento cirúrgico

É recomendado em até 6 horas. A primeira etapa consiste em estabilizar a fratura e, depois, revisar/refazer o sistema vascular. No centro cirúrgico, são realizados o desbridamento dos tecidos desvitalizados (útil para remoção de corpos estranhos, redução da contaminação e "revitalização" da vascularização) e a lavagem mecânico-cirúrgica com 10 litros de soro fisiológico.

74.3. Fratura da Placa Epifisária

Classificação de Salter-Harris		
Tipo 1	Fratura da placa epifisária separando a metáfise da epífise	Redução incruenta e imobilização gessada
Tipo 2 (80%)	Fragmento metafisário ligado à epífise separada (sinal de Thurston-Holland)	
Tipo 3	A fratura atravessa a epífise e a fise	Redução cruenta e fixação interna
Tipo 4	A fratura atravessa a epífise, a placa epifisária e a metáfise	
Tipo 5	Compressão da placa epifisária	Redução das sequelas

Ocorre em crianças quando o trauma atinge as epífises dos ossos longos.
A fratura de placa epifisária pode levar ao seu fechamento e à parada do crescimento da extremidade, podendo ocorrer discrepância de comprimento entre os membros ou deformidades angulares.

Tipos

- **I e II:** ótimo prognóstico (sem deformidades).
- **III e IV:** correção cirúrgica com fixação.
- **V:** mau prognóstico (sequelas inevitáveis).

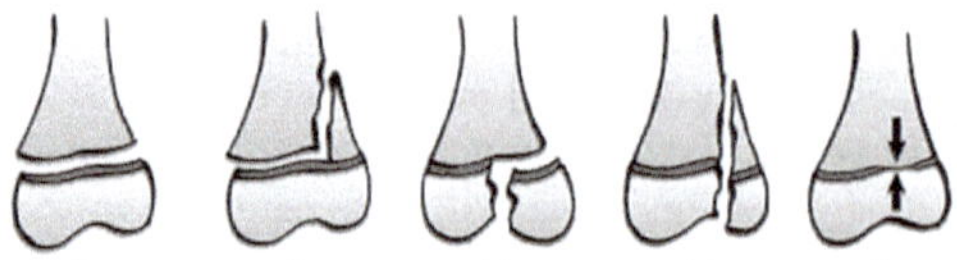

74.4. Fraturas Específicas

Membros superiores (cervical-craniano)

Fratura de Jefferson (atlas)

Ocorre devido a um trauma de compressão axial (vertical) do crânio sobre o atlas, forçando-o sobre o áxis, culminando com a ruptura dos arcos anteriores e posteriores.

Fratura do enforcado (espondilolistese de C2)

É a fratura típica por hiperextensão-distração, provocando o arrancamento do corpo do áxis e do corpo de C3 (distração) ao mesmo tempo em que se hiperestendem os pedículos do áxis.

Membros superiores

Clavícula

Ocorre após uma queda com o braço estendido e apoio com a mão.

Úmero proximal

Acomete pacientes idosos do sexo feminino que sofrem uma queda sobre a mão com o membro superior estendido.

Diáfise umeral

Ocorre em disputas de queda de braço, podendo estar associada a lesões de nervo radial, causando paresia dos extensores do punho ("mão caída").

Supracondiliana

Acomete crianças entre 4 e 10 anos de idade. Ocorre após uma queda com apoio das mãos no momento em que o cotovelo está estendido. O trauma faz as extremidades proximais do rádio e a ulna empurrarem os côndilos para trás.

Olécrano

Ocorre devido a uma queda direta sobre o cotovelo ou devido à contração máxima do tríceps (fratura por avulsão).

Ulna

É denominada fratura do cassetete, ocorrendo devido a um trauma direto de um bastão sobre a face ulnar do antebraço.

Fratura-luxação de Monteggia

É uma fratura angular de diáfise ulnar proximal associada à luxação da cabeça do rádio (que desloca o ligamento anular).

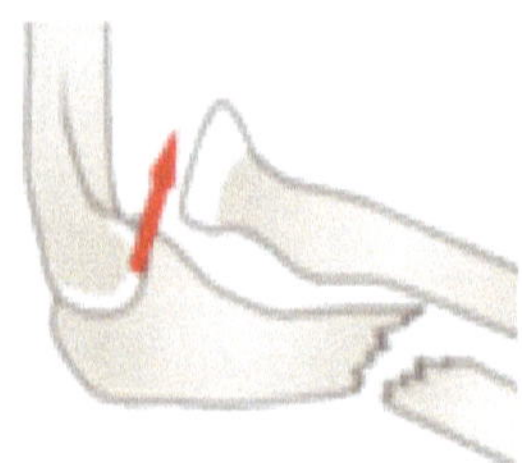

Fratura de Monteggia

Fratura-luxação de Galeazzi

É uma fratura da diáfise do rádio entre o terço médio e o distal, com angulação posterior associada à luxação da articulação radioulnar distal.

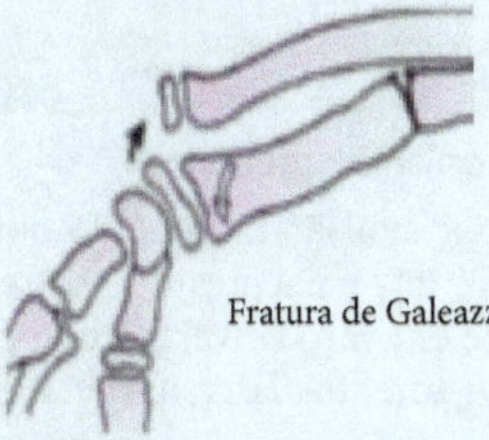

Fratura de Galeazzi

Fratura de Colles

É a fratura mais comum no adulto, acometendo indivíduos do sexo feminino com mais de 50 anos e portadores de osteoporose. Ocorre devido à queda com apoio da mão estendida e o antebraço em pronação.
É definida por uma fratura da metáfise distal do rádio, com desvio angular posterior do fragmento distal e possibilidade de lesão do nervo mediano. Apresenta o punho em dorso de garfo.

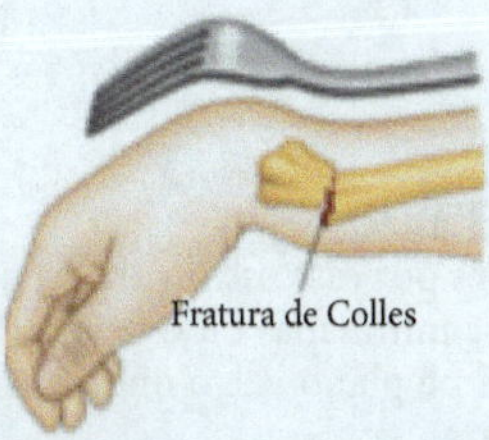

Fratura de Colles

Membros superiores (mão)

Fratura do boxeador

É a fratura metacarpiana mais comum - fratura do brigador de rua. Ocorre devido a um soco mal dado numa superfície dura.

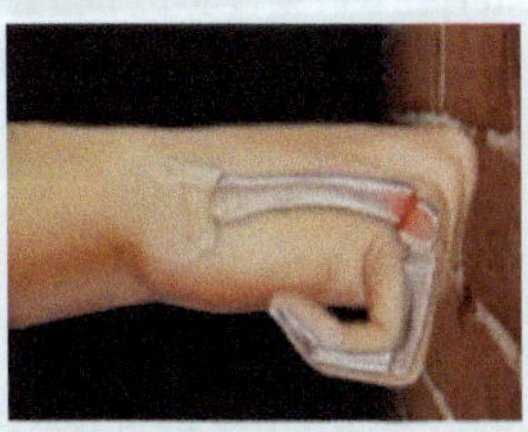

Fratura-luxação de Bennett

É a fratura da base do primeiro metacarpo. Ocorre devido a um trauma axial (longitudinal) que força o metacarpo contra o trapézio.

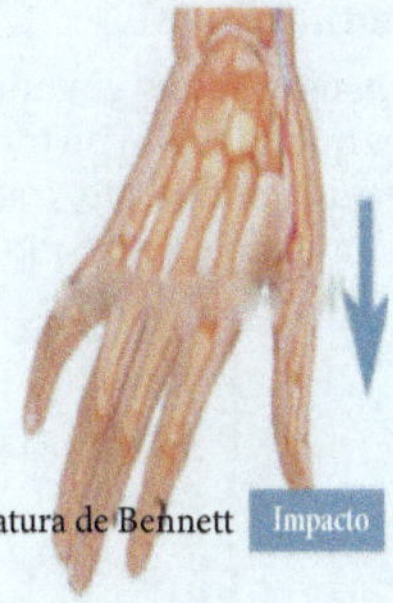

Fratura de Bennett

Escafoide

Ocorre devido à queda sobre a mão com o punho estendido. Tem alta chance de provocar necrose avascular de escafoide.
Na radiografia com incidências posteroanterior (PA) e perfil é difícil identificá-la, tendo em vista que quase sempre não é desviada.

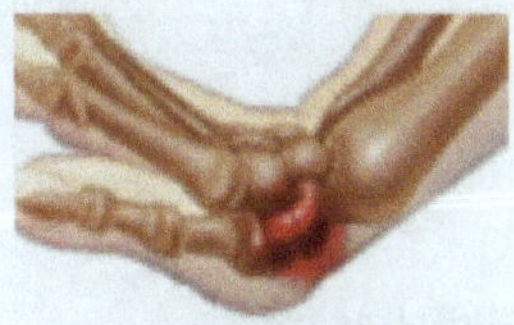

Fratura do escafoide

Falanges da mão

É a fratura da falange distal por esmagamento ou apreensão de uma porta que se fechou - dedo em martelo.

Membros inferiores

Fêmur

Acomete idosos com osteoporose, sendo o mecanismo de trauma mais comum a queda da própria altura. No exame físico notam-se rotação externa e encurtamento do membro inferior fraturado.

Perna (fíbula e tíbia)

São as fraturas diafisárias mais comuns. Ocorrem devido a um trauma direto de alta energia (acidentes automobilísticos) ou traumas rotacionais *(fratura dos esquiadores)*.

Patela

Pode ocorrer por avulsão (forte contração do quadríceps femoral) ou esmagamento (queda sobre o joelho fletido).

Maleolares do tornozelo

São as fraturas mais comuns em adultos. Ocorrem devido a traumas que angulam ou torcem o tornozelo medialmente ou lateralmente, fraturando ambos os maléolos e rompendo a sindesmose tibiofibular.

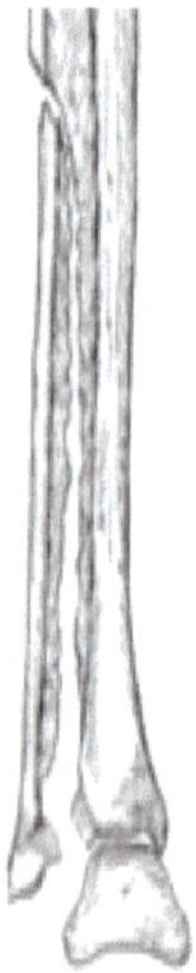

Fratura de maisonneuve

Fratura de Maisonneuve

É uma fratura rara causada por trauma em pronação, eversão e abdução do tornozelo, provocando a rotura da sindesmose tibiofibular, da membrana interóssea e do ligamento deltoide, associada à fratura da diáfise fibular proximal, com ou sem fratura do maléolo tibial.

Calcâneo

Ocorre devido à queda de grande altura em que bate-se no solo com o calcanhar. É fundamental pesquisar a fratura de compressão de corpo vertebral.

Membros inferiores (pé)

Fratura de Jones (5º metatarso)

É a fratura por avulsão da base do quinto metatarso que ocorre em pacientes que sofrem uma forte entorse do pé em varo (inversão do pé) com estiramento dos ligamentos laterais (ligamento talofibular anterior).

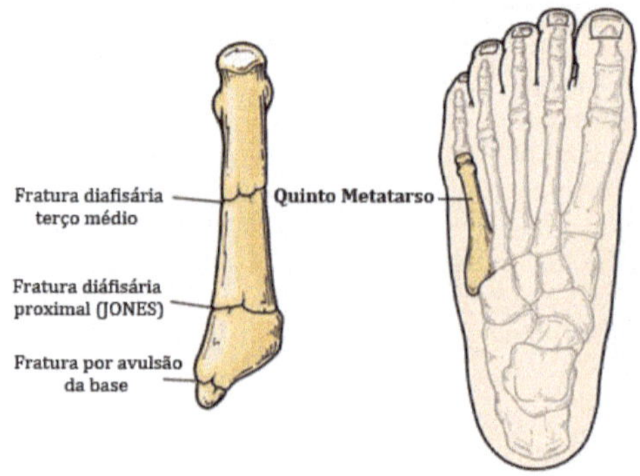

Fratura do marchador

É uma fratura por estresse do 2º, 3º ou 4º metatarso após longas caminhadas ou corridas. É comum em pessoas com pé plano valgo ou deformidade de algum metatarso.

74.5. Luxações e Entorses

Luxação da cabeça do rádio (pronação dolorosa)

É a luxação pediátrica decorrente da elevação da criança pelos membros superiores estendidos. Com a finalidade de aliviar a dor, a criança procura uma posição antálgica ao colocar o membro em pronação com a mão apoiada no abdome. A manobra de redução é realizada por meio de supinação e flexão do antebraço.

Luxação do cotovelo

É a segunda articulação mais luxada em adultos. A luxação ocorre após a queda sobre o braço com a mão espalmada no chão. Esse trauma força o cotovelo em extensão e em valgo, rompendo o complexo ligamentar medial. A lesão do nervo ulnar é a complicação mais comum, levando a neuropraxia reversível.

Luxação do quadril

Ocorre devido a traumas de alta energia, sendo que a luxação mais comum resulta no deslocamento lateral e posterior da cabeça do fêmur em relação ao acetábulo. A lesão do nervo ciático acontece em 15% dos casos, provocando parestesia e hipoestesia na região posterolateral da perna, além de fraqueza na dorsiflexão plantar.

Entorse do tornozelo (entorse lateral)

Ocorre devido à entorse do pé que lesiona o ligamento talofibular anterior. O tratamento preconiza o protocolo PRICE (proteção, repouso, gelo [*ice*], compressão com bandagem elástica, elevação do pé).

Entorse do punho

Representa a causa mais comum de dor aguda no punho.

74.6. Tendinites e Tenossinovites

Tendinite do manguito rotador (síndrome do impacto)

Acomete indivíduos maiores de 30 anos, praticantes de esportes com os "braços acima dos ombros" (p. ex.: voleibol, natação). Apresenta-se com dor na face lateral do ombro (deltoide) que piora ao levantar, puxar ou empurrar objetos.

O **diagnóstico** é obtido por teste do impacto subacromial (Neer, Hawkins), digitopressão subacromial positiva e teste da lidocaína.

→ O **tratamento** envolve crioterapia + anti-inflamatórios não esteroidais (AINEs) + repouso relativo da articulação + alongamentos + exercícios isométricos e isotônicos (a partir de 2-3 semanas). No caso de sintomas persistentes, deve-se investigar a rotura e avaliar a necessidade de infiltração subacromial de corticoides ou cirurgia artroscópica.

Tendinite bicipital (rotura do tendão bicipital)

Está associada à síndrome do impacto, acometendo o mesmo grupo de risco. Além deles, atinge praticantes de esportes como remo e levantamento de peso. Apresenta-se com dor na face anterior do ombro (sulco bicipital), que piora ao levantar objetos ou flexionar o cotovelo. Pode manifestar-se com rotura do bíceps (dor súbita + nódulo acima da fossa antecubital).

O **diagnóstico** é realizado por teste de Yergason, teste de Speed, digitopressão positiva no sulco bicipital e teste de lidocaína.

→ O **tratamento** é idêntico ao da síndrome do impacto, somente nos casos de rotura que pode ser tratada de forma conservadora, em que os outros músculos serão responsáveis pela força de flexão ou, então, cirurgia de reparo.

Epicondilite lateral ("cotovelo do tenista")

Acomete indivíduos que usam excessivamente o movimento de virar, torcer e apertar o punho (tenista, carpinteiro, jardineiro, dentista) ou estão em uso de fluoroquinolona. Apresenta-se com dor na região do epicôndilo lateral, que se irradia para a face dorsolateral do antebraço.

O **diagnóstico** é pelo teste de Cozen, teste de Mill, digitopressão dolorosa no epicôndilo lateral e teste da lidocaína.

➔ O **tratamento** envolve crioterapia + AINEs + repouso da articulação + alongamento + exercícios isométricos e isotônicos (a partir de 2-3 semanas). Nos casos persistentes, pode-se imobilizar a região.

Tenossinovite de De Quervain

Acomete indivíduos que realizam esforço repetitivo utilizando a mão em desvio ulnar (digitar no teclado do computador, passar roupa). Apresenta-se com dor na região radial do punho que piora ao movimentar o polegar pelo desvio ulnar do punho.

O **diagnóstico** é por teste de Finkelstein e digitopressão dolorosa do processo estiloide do rádio e da tabaqueira anatômica.

➔ O **tratamento** é idêntico ao da epicondilite lateral; aos casos persistentes recomenda-se a cirurgia descompressiva do compartimento extensor do punho.

Tendinite do tendão de Aquiles (rotura do tendão de Aquiles)

Acomete indivíduos maiores de 30 anos, praticantes de corrida, portadores de pé plano, usuários de fluoroquinolona, salto alto. Apresenta-se com dor na região posterior do calcanhar, irradiando-se para a panturrilha; nos casos de rotura, ocorrem dor súbita na face posterior da perna e perda da capacidade de flexionar o pé.

O **diagnóstico** é pela dor à dorsiflexão passiva e flexão plantar, dor no tendão de Aquiles e teste de Thompson positivo.

Síndrome da pedrada (Martorell)
É o estiramento ou rotura dos músculos da panturrilha após um esforço, podendo levar a edema e hematoma da panturrilha.

➔ O **tratamento** é idêntico aos anteriores, exceto nos casos refratários, aos quais se recomenda a cirurgia de desbridamento do tendão. Para a rotura aguda preconiza-se a reconstrução primária ou transferência do tendão do flexor longo do hálux.

Anexo 74.1. Neoplasias Ósseas Primárias

Os tumores ósseos mais comuns são derivados de metástases ósseas de carcinomas e mieloma múltiplo, sendo raramente primários. A biópsia incisional percutânea é o padrão-ouro para a determinação histológica do tumor.

Manifestações clínicas
■ Dor óssea
■ Tumefação
■ Fratura patológica
■ Piora da dor à noite
■ ↑ Fosfatase alcalina

Metástase óssea	
	■ **Blástica:** câncer de próstata, *oat cells*, linfoma de Hodgkin.
	■ **Lítica:** câncer de pulmão, melanoma, mieloma, tireoide, renal, linfoma não Hodgkin.

Tumores malignos

Osteossarcoma

É o sarcoma ósseo mais comum e atinge indivíduos de 10-25 anos de idade. Acomete principalmente a metáfise dos ossos longos (fêmur distal 52%, tíbia proximal 20%, úmero proximal 9%).
É um tumor de crescimento rápido, formador de osso, que eleva a fosfatase alcalina.
A radiografia demonstra o triângulo de Codman (elevação do periósteo em formato triangular devido ao crescimento ósseo) e os raios de sol (linhas escleróticas perpendiculares em direção ao tumor).
O **tratamento** se baseia na cirurgia associada à quimioterapia neoadjuvante e adjuvante. A sobrevida é de 70% em 5 anos.

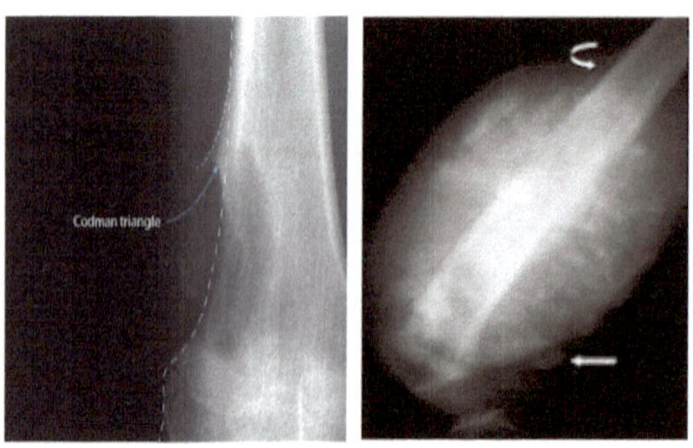

Condrossarcoma

É um tumor derivado do tecido cartilaginoso e atinge indivíduos de 40-60 anos de idade. Acomete principalmente os ossos da pelve e o fêmur proximal. Na radiografia evidenciam-se expansão medular do osso e irregularidade endosteal.
O **tratamento** é cirúrgico.

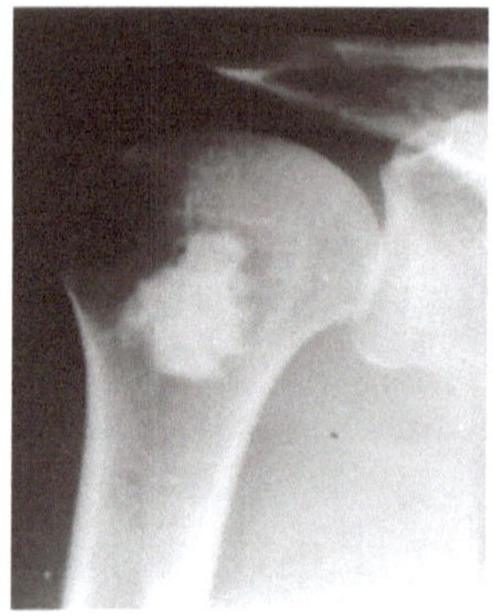

Sarcoma de Ewing

É um sarcoma ósseo de alta malignidade, de origem desconhecida, que atinge indivíduos de 5-15 anos de idade. Acomete principalmente as diáfises dos ossos longos (diáfise femoral).
A radiografia demonstra uma lesão permeativa, salpicada, com aspecto de roído de traças e casca de cebola (reação periosteal).
O **tratamento** envolve radioquimioterapia neoadjuvante e adjuvante, além da cirurgia.

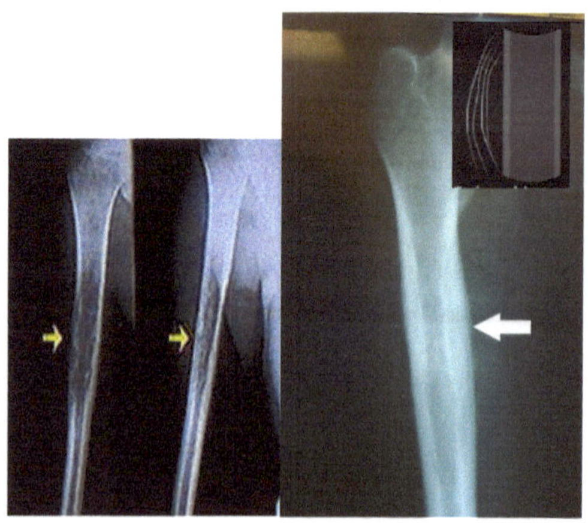

ÍNDICE REMISSIVO

A

AAS, 187
ABCDE trauma, 4
Abdome, 8
Abordagem inicial ao trauma, 4
Abortamento, 411
completo, 411
habitual, 411
incompleto, 411
inevitável, 411
infectado, 411
legal, 411
retido, 411
Abscesso(s), 39, 68, 75, 215, 275, 306, 373, 429
anorretal(is), 39
interesfincteriano, 39
isquiorretal, 39
pelvirretal, 39
perianal, 39
submucoso, 39
em forma de ferradura, 39
hepático, 215
amebiano, 215
piogênico, 215
mamário, 306, 373
pancreático, 75
pélvico, 429
pulmonar, 275
subareolar recidivante, 373
Absorção, 55
Acalásia, 43
Acetaminofeno, 11
Acetilcolina, 49
Acidemia, 236
Acidente(s)
de trabalho, 445
de trajeto, 445
fatais, 445
graves, 445
por animais peçonhentos, 11
típicos, 445
tipos de, 445
vascular encefálico, 147, 180, 458, 460, 461
hemorrágico, 180, 460, 461
subaracnóideo, 461
/isquêmico, 180
intraparenquimatoso, 460
isquêmico, 458
Ácido(s)
acético, 376
acetilsalicílico, 236
araquidônico, 117
ascórbico, 312
fólico, 141, 312, 392
nicotínico, 236
pantotênico, 312
úrico, 106
Acidose
com ânion gap
alto, 97
normal (hiperclorêmicas), 98
lática, 97
metabólica, 97
respiratória, 98
tubular renal
distal tipo 4, 89
proximal, 88
tipo 1, 89
Acidúria paradoxal, 98
Acne, 353
Aconselhamento genético pré-natal, 394
Acretismo, 417
Acrodermite enteropática, 313
Acromegalia, 232
Acurácia, 441
Adenocarcinoma, 46, 53, 75, 109, 255, 379
acinar na zona periférica, 109
de pâncreas, 75
endometrioide, 379
gástrico, 53
Adeno-hipófise, 232
Adenoma, 62, 215, 221
hepático, 215
tóxico, 221
Adenomiose, 361
Adenovírus, 317
Adensamentos/cistos da mama, 372
Adesão plaquetária, 158
Adesivos transdérmicos, 350
Adolescência, 309
Adrenalite autoimune, 226
Adstringentes, 322
Afecções
da mama, 305, 371
maternas na gestação, 419
Afogamento, 11
Agorafobia, 477
Agravos à saúde do trabalhador, 445

Agregação plaquetária, 158
Agrotóxicos, 446
Alça de Henle, 82, 88
Alcalose
metabólica, 98
respiratória, 98
aguda, 98
crônica, 98
Aldosterona, 22, 175
Aleitamento, 304
Alfa-2 agonistas, 179
Alfabloqueadores, 179
Alfatalassemia, 148
Alimentação em pediatria, 306
Alirocumab, 236
Alisquireno, 179
Aloenxerto, 28
Alopecia frontal, 353
Alteplase, 163
Alterações
do metabolismo celular no choque, 27
hemodinâmicas, 26
nas mamas lactantes, 429
significativas do sódio, 93
Alucinose alcoólica, 478
Amamentação, 306
aspectos legais, 306
contraindicações à, 305
Ameaça
de abortamento, 411
de trabalho de parto prematuro, 408
Amebíase, 292
Amenorreia(s), 351, 352
gonadais, 352
hipofisárias, 352
hipotalâmicas, 352
primária, 351
secundária, 351
Amigdalite, 315
Amilase sérica, 73
Amiloidose, 85, 125, 128
Aminoacidúria renal, 87
Amnésia retrógrada, 10
Amostra, 436
Amputação, 34
Anafilaxia, 341
Analgésicos, 114
Análogos do GLP-1, 235
Anatomia
da região inguinofemoral, 16
do canal anal, 37
do estômago, 49
pancreática, 72
Ancilostomíase, 294
Ancylostoma duodenalis, 294
Androblastoma, 381
Androgênios, 353
suprarrenais, 226
Anel
de Kayser-Fleischer, 88, 203
de Schatzki, 43, 44
de sinete, 381
e membranas, 44
inguinal
externo, 17
interno, 17
vaginal, 350
Anemia(s), 138
aplásica, 143
da hepatopatia crônica, 140
da IRC, 140
das endocrinopatias, 140
de Cooley, 147
de doença crônica, 140
de doenças sistêmicas, 140
ferropriva, 139, 140, 306, 424
fisiológica da infância, 306
hemolítica(s), 144, 145
adquiridas, 145
autoimune, 145
com acantócitos, 145
hereditárias, 144
megaloblástica, 141
mieloftísica, 140
por ocupação medular, 140
sideroblástica, 142
Aneurisma(s), 30, 31, 91
da aorta
abdominal, 30
torácica, 31
da artéria
ilíaca, 31
poplítea, 31
degenerativos, 30
verdadeiro, 30
Angeíte granulomatosa alérgica eosinofílica, 127
Angina
de Vincent, 317
estável, 189
instável, 189
Angioedema, 341
Angiotensina 2, 175
Ângulo de Treitz, 65
Ânion *gap*, 89
Anorexia nervosa, 477
Anovulação crônica hiperandrogênica, 353
Ansiedade, 477
Antagonistas
AT1 da angiotensina 2, 176, 179
da aldosterona, 176
da ocitocina, 397
do cálcio, 179, 188
Antiagregantes plaquetários, 187, 460
Antianginosos, 188

Anticoagulantes, 162
Anticoncepcionais, 178
Anticorpo(s), 196
  anticitoplasma de neutrófilo, 125
  anticitoplasmáticos, 120
  anti-Fab, 12
  antifosfolipídio, 120
  antimembrana celular, 120
  antimitocôndria, 203
  antinucleares, 120
Antieméticos, 322
Antiespasmódicos, 322
Antígeno leucocitário humano, 112
Anti-inflamatórios não esteroidais, 50, 114, 117
  e glicocorticoides, 117
Antilipêmicos, 187
Anti-peptídeo citrulinado cíclico, 112
Antipseudomonas, 157
Antipsicóticos, 474
Antitrombina 3, 84
Aparelho justaglomerular, 81
Apendicite aguda, 66
Aplasia eritroide isolada, 143
Apresentação, 399
  cefálica, 399
  de bregma, 399
  de face, 399
  de fronte, 399
  fletida, 399
  pélvica, 399
Araneísmo, 11
Arma branca, 8
Arrenoblastoma, 381
Arritmias, 166
Arsênico, 446
Artéria(s)
  acetabular, 482
  basilar, 457
  carótida
    comum, 457
    interna, 457
  cerebral
    anterior, 457
    média, 457
  epifisárias, 482
  lenticulares estriadas, 457
  renal, 81
  torácica
    interna, 371
    lateral, 371
  umbilical, 421
  uterina, 421
Arteríola eferente, 81
Arterite
  de Takayasu, 126
  temporal (de células gigantes), 126
Articulação de Charcot, 129
Artrite(s), 112
  gotosa aguda, 131
  idiopática juvenil, 115
    forma pauciarticular, 115
    forma poliarticular, 115
  infecciosa, 130
  psoriásica, 117
  reativas, 116
  reumatoide, 112
Artropatia(s)
  enteropáticas, 117
  neuropática, 129
  por depósito de cristais, 130
Asbestose, 254, 445
Ascaridíase, 294
Ascaris lumbricoides, 294
Ascite, 209
Asfixia, 324
Asma, 244, 245, 445
  criptogênica, 245
  extrínseca, 245
    alérgica, 245
    não alérgica, 245
  induzida por aspirina, 245
  ocupacional, 445
Aspergiloma, 261
Aspergilose, 254, 261
  broncopulmonar alérgica, 254, 261
  pulmonar invasiva, 261
Assinclitismo, 399, 400
  anterior, 400
  posterior, 400
Assistência pré-natal, 392
Associação
  causal, 440
  não causal, 440
Astenospermia, 356
Ataque isquêmico transitório, 458
Atelectasia, 259
Atenção básica, 449
Atendimento à vítima de queimaduras, 23
Ateroembolismo renal (ou por colesterol), 90
Aterosclerose, 32, 69, 90
  de artéria renal, 90
Atestado/declaração de óbito, 437
Atitude, 398
Ativação plaquetária, 158
Ativador do plasminogênio tecidual, 159, 163
Atonia
  intestinal, 22
  uterina, 428
Atresias esofagianas, 45
Atropina, 12
Aumento
  da motilidade, 320
  da prevalência, 434

Ausculta
  dos batimentos cardiofetais, 391
  fetal intermitente, 425
Ausência (pequeno mal), 465
Autoenxerto, 28
Autogestão, 450
Avaliação
  da área queimada, 23
  da frequência cardíaca fetal, 425
  da reserva ovariana, 355
  de anemia fetal, 415
  do crescimento, 307
  do risco anestésico-cirúrgico, 13
  inicial, 4
  neurológica, 5
Azoospermia, 356
Azul
  de metileno, 12
  de toluidina, 376

B

Bacilo de Calmette-Guérin (BCG), 336
Bacteriúria
  assintomática, 277, 422
  significativa, 277
Baixa estatura, 314
Balão de Sengstaken-Blakemore, 208
Banda(s)
  gástrica ajustável, 19
  oligoclonais de imunoglobulina G, 466
Baqueteamento, 205
Bartonelose, 290
Benzenismo, 446
Benzeno, 446
Benzodiazepínicos, 12
Beribéri, 312
Beriliose, 254
Beta-adrenérgicos, 397
Betabloqueadores, 12, 176, 179, 188
Betatalassemia
  intermedia, 148
  major, 147
  minor, 148
Bexiga
  hiperativa, 365
  neurogênica, 107
Bicarbonato de sódio, 12
Bicarbonatúria, 88
Bifosfonatos, 357
Biguanidas, 234
Bilirrubina, 194, 327
Biotina, 312
Biperideno, 12
Bisoprolol, 176
Blastomicose, 260
Blastos, 149
Bloqueador(es)
  de renina, 179
  do canal de cálcio, 397
Bloqueio(s)
  atrioventricular, 170, 171
    de 1o grau, 170
    de 2o grau Mobitz 1, 171
    de 2o grau Mobitz 2, 171
    de 3o grau, 171
    total, 171
  de ramo direito, 171
Bócio, 218, 220, 222
  difuso
    atóxico, 222
    tóxico, 220
  multinodular tóxico, 220
Bola fúngica, 261
Boletim Apgar, 324
Bombesina, 50
Borreliose, 290
Bota de Unna, 35
Botulismo, 471
Bradiarritmias, 170
  sinusais, 170
Bradicinesia, 469
Bronquiectasia, 248
Bronquiolite, 317
Bronquite obstrutiva crônica, 247
Bubão, 387
Bulimia nervosa, 477
Bypass gástrico em Y-de-Roux, 19

C

Cabeça derradeira, 405
Cádmio, 446
Calazar, 286
Cálcio, 105, 230, 357
Calcitonina, 357
Cálculos
  biliares, 144
  de bilirrubinato de cálcio, 212
  de colesterol, 212
Calendário vacinal, 335
Calo ósseo, 486
Camada
  cortical, 80
  medular, 80
Campylobacter jejuni, 323
Canal
  de Hering, 194
  inguinal, 16
Canalículo biliar, 194
Câncer
  colorretal hereditário não polipose, 63

de bexiga, 110
de colo uterino, 378
de endométrio, 379
de mama, 373
de próstata, 109
de rim, 110
de vagina, 379
de vulva, 379
Cancro mole, 387
Candida albicans, 383
Candidíase, 306
vulvovaginal, 383
Capnografia, 173
Captação, 194
Carbamatos, 446
Carcinoma(s)
broncogênico, 255
bronquioloalveolar, 255
da papila de Vater, 216
da vesícula biliar, 216
de células
escamosas, 40
transicionais, 110
de grandes células anaplásico, 255
de não pequenas células, 255, 256
de pelve e ureter, 110
de pequenas células, 255, 256
ductal, 374
embrionário, 381
epidermoide, 255
do canal anal, 40
escamoso/epidermoide, 46
folicular, 223
hepatocelular, 215
indiferenciado anaplásico, 223
inflamatório, 374
lobular, 374
medular da tireoide, 223
papilífero, 223
Cardiologia, 165
Cardiomiopatia, 183, 184
dilatada, 183
hipertrófica, 183, 184
hipertrófica obstrutiva, 184
restritiva, 183
Cardiopatia hipertensiva, 177
Cardiotocografia, 425
Cardite, 132
Carrapato-estrela, 291
Carvedilol, 176
Caso
alóctone, 444
autóctone, 444
controle, 439
esporádico, 444
importado, 444
Caso-controle, 439
Caso-índice, 444
Catapora, 332
Catecolaminas, 226
Cateter
de Swan-Ganz, 26
de Tenckoff, 104
Causalidade epidemiológica, 440
Cavitação, 255
Cefaleia, 463-465
crônica primária, 463
da hipertensão intracraniana benigna, 465
de tensão/tensional, 463
em salvas (cluster headache), 464
secundária, 464
Celecoxibe, 118
Células
da granulosa, 346
de Ito, 200
estreladas, 200
parafoliculares, 223
Celulite, 281
Centro da sede, 93
Cerclagem, 408
Cerebelo, 454
Cervicites, 385
Cesárea, 408
Cetoacidose
alcoólica, 97
diabética, 97, 236
Cetonemia, 236
Choque, 5, 22, 26, 27
cardiogênico, 26
distributivo, 26
hiperdinâmico, 27
hipodinâmico, 26, 27
hipovolêmico, 26
neurogênico, 5
obstrutivo extracardíaco, 26
séptico, 27
Chumbo, 446
Cianocobalamina, 312
Cicatriz hipertrófica, 25
Cicatrização
anormal, 26
de feridas, 25
Ciclo
de Cori, 22
de Felig, 22
do ferro, 139
menstrual, 346, 347
ovariano, 347
replicativo HIV, 264
uterino, 347, 348
Cilindros urinários, 83
Circulação, 5
hepática, 194
Cirrose

alcoólica, 202
hepática, 200, 207
Cirurgia(s)
corretivas para obesidade, 18
de controle de danos, 9
de Hess (duodenal switch), 19
de Scopinaro, 19
de second look, 382
disabsortivas, 19
mistas, 19
para obesidade mórbida, 202
Cistadenomas
mucinosos, 380
serosos, 380
Cística renal, 108
Cistina, 106
Cistite, 277
Cisto(s)
de Baker, 113
do corpo lúteo, 380
folicular, 380
funcionais (não neoplásicos), 380
hidático, 215
simples, 108
Cistocele, 366
Cistometria, 364
Cistouretoscopia, 106
Citomegalovírus, 329, 334
Citotrofoblasto, 419
Classificação
ASA do risco cirúrgico anestésico, 14
da pressão arterial, 177
de Bismuth, 216
de Borrmann, 54
de Lauren, 53
de Mascarenas, 43
de Nyhus, 17
de Schilling, 445
Climatério, 356
Cloasma gravídico, 390
Clonidina, 179
Clopidogrel, 187
Coagulação intravascular disseminada, 163, 416
Coarctação da aorta, 178
Cobalamina, 141
Cobre, 313
Coeficiente
de ataque, 434
de letalidade, 434
de morbidade, 434
aumento da prevalência, 434
de mortalidade, 434
Coito interrompido, 349
Colágeno, 26
Colagenoses, 119
Colangiocarcinoma, 216
Colangiócitos, 194
Colangite, 203, 214, 215
biliar primária, 203
esclerosante, 215
supurativa, 215
Colecistite
aguda
alitiásica, 213
litiásica, 213
enfisematosa aguda, 214
Colecistoquinina, 72
Coledocolitíase, 214
Colelitíase, 212
Colestiramina, 236
Colite
indeterminada, 57
isquêmica, 70
pseudomembranosa, 60
Colo uterino, 375, 427
Colostro, 305
Colpite, 383
Colpocitologia, 375
Colposcopia + biópsia, 376
Complexo de Ranke, 257
Complicações
cirúrgicas, 15
da cirrose hepática, 205
da doença ulcerosa péptica, 51
da ferida operatória, 15
da síndrome nefrótica, 84
das doenças intestinais inflamatórias idiopáticas, 59
no paciente queimado, 23
Comportamento anômalo da hemoglobina S, 146
Concentrado
de hemácias, 164
de plaquetas, 164
Concussão cerebral (nocaute), 10
Condiloma acuminado, 377
Condrossarcoma, 492
Conduta
ativa, 409
conservadora, 409
preventiva, 409
Conjugação, 194
Conjugata
anatomica, 396
diagonal, 396
obstetrica, 396
Consolidação
anormal de fraturas, 486
das fraturas, 486
viciosa, 486
Contração(ões)
da ferida, 26
uterinas, 397
Contracepção
cirúrgica, 350

de emergência, 350
hormonal
combinada, 350
progestágeno, 350
Contratilidade
dos miócitos remanescentes, 174
miocárdica, 26
uterina, 397, 398
anormal, 398
Contratura de Volkmann, 486
Controle
da coluna cervical, 4
da secreção ácida, 49
Contusão
abdominal, 8
miocárdica, 7
pulmonar, 7
Convulsão(ões), 421, 465
febris, 465
Cooperativa médica, 450
Coorte/ensaio clínico, 439
Coqueluche, 318
Coreia de Sydenham, 133
Corioamnionite, 397
Coriocarcinoma, 381, 414
Corionia, 423
Corionicidade, 423
Corpo uterino, 427
Corpúsculo
de Malpighi, 80, 81
de Pappernheimer, 143
Córtex renal, 80
Cotovelo do tenista, 491
Coxsackie A, 317
Crescimento, 307
intrauterino restrito, 426
assimétrico, 426
misto, 426
simétrico, 426
Cricotireoidostomia por punção, 4
Crioprecipitado, 164
Criptococose, 261
Criseabdominal, 146
atônica, 465
do sequestro, 147
epiléptica, 465
focal, 465
generalizada, 465
parcial complexa, 465
parcial simples, 465
hipertensiva, 421
mioclônica, 465
óssea, 146
tireotóxica, 221
tônico-clônica generalizada, 465
Cristais
de fosfato de cálcio básico, 131
de oxalato de cálcio, 131
de pirofosfato de cálcio, 131
de urato monossódico, 130
Critérios de Ranson, 74
Cromo, 446
Cromossomo *Philadelfia*, 151
Crupe, 317
espasmódico, 317
membranoso, 317
Cuidados pós-parada, 172
Cultura do delgado, 56
Cumarínicos, 162
Curva
de dissociação da oxiemoglobina, 243
de Nelson Moraes, 435

D

Dactilite, 146
Dado
agregado, 438
individuado, 438
DARMDs
biológicos, 114
convencionais, 114
Débito cardíaco, 26
Declaração e atestado de óbito, 437
Decréscimo endêmico, 444
Dedos de Dawson, 466
Defeito
enzimático, 144
na G6PD, 144
Defesas da mucosa, 50
Deficiência
de B12, 142
de piruvato quinase, 144
de vitamina K, 162
Déficit de síntese hepática, 205
Deglutição, 42
Deiscência
aponeurótica, 16
de ferida operatória, 16
Delirium, 475
Demência, 268, 471, 475
por HIV, 268
Dengue, 284
Depressão, 429, 475
pós-parto, 429
Derivação biliopancreática, 19
Dermatomiosite, 122, 123
Derrame
exsudativo, 249
papilar, 372
parapneumônico, 275
pleural, 113, 249, 275
transudativo, 249

Descolamento prematuro da placenta, 416
Desenvolvimento, 307
Desequilíbrio
  acidobásico, 101
  hidroeletrolítico, 101
Desidratação, 321
Deslizamento da epífise da cabeça femoral, 483
Desnutrição
  calórico-proteica, 310
  proteico-calórica (Kwashiorkor), 202
Desordem(ns)
  funcionais das plaquetas, 161
  numérica das plaquetas, 160
Desprendimento *in situ*, 404
Desvio
  para a direita, 243
  para a esquerda, 243
Diabetes
  insípido nefrogênico, 89
  melito, 233, 234, 421
    tipo 1, 233, 234
    tipo 2, 233, 234
Diafragma, 349
Diagnóstico
  da apresentação e da posição do feto, 400
  diferencial dos sangramentos da segunda metade da gestação, 417
  ultrassonográfico, 391
Diálise peritoneal, 103
Diâmetro
  occipitofrontal, 398
  occipitomentoniano, 398
  suboccipitobregmático, 398
Diarreia, 55, 320, 322
  aguda, 55, 320, 322
  crônica, 55, 320
  invasiva, 320
  osmótica, 320
  persistente, 320
  secretora, 320
Diclofenaco, 118
Difteria, tétano e coqueluche, 337
  acelular, 337
  celular, 337
Digital, 12
Digitálicos, 176
Di-hidrotestosterona, 352
Dimensão temporal, 438
Dipiridamol, 159
Diplopia, 466
Discinesia uterina, 398
Disenteria, 320, 323
Disfagia, 42
  esofagiana, 42
  orofaríngea, 42
Disfunção
  diastólica, 184
  endotelial, 146
  orgânica no choque, 27
  plaquetária urêmica, 161
Disgenesia gonadal, 352
Disgerminoma, 381
Displasia
  do desenvolvimento do quadril, 483, 484
  do quadril, 483, 484
  fibromuscular, 90
Dispositivos intrauterinos, 349
  de cobre, 349
  hormonal com levonorgestrel, 349
Dissecção
  aórtica aguda, 180
  da aorta torácica, 31
Distocia(s), 403, 404
  funcional primária, 405
Distopia genital, 366
Distribuição
  do tamanho dos eritrócitos, 139
  trimodal, 4
Distrofias musculares, 470, 471
  de Becker, 471
  de Duchenne, 471
Distúrbio(s)
  acidobásicos, 97
  adquiridos, 162
  anginosos, 189
  cardíacos, 181
  carenciais de micronutrientes, 312
  da coagulação, 162
  da glândula suprarrenal, 225
  da hemostasia, 102
  da paratireoide, da hipófise e do hipotálamo, 230
  da série branca, 149
  da síntese de heme, 142
  da tireoide, 218
  da troca gasosa, 247
  do crescimento e do desenvolvimento, 307
  do eixo hormonal, 346
  do trato gastrointestinal na infância, 320
  eletrolíticos acidobásicos, 93
  esofágicos, 48
  gênito-urinários, 363
  hemodinâmicos, 205
  hepáticos, 200, 205
  hereditários, 162
  hidroeletrolíticos e acidobásicos, 100
  mamários
    benignos, 372
    malignos, 373
  mieloproliferativos crônicos, 152
  motores esofágicos, 43
  neurológicos, 463
  nutricionais, 310
  obstrutivos esofágicos, 44

osteomuscular relacionado com o trabalho, 445
pancreáticos, 72
plaquetários, 160
respiratórios na infância, 315
reumatológicos, 129
uterinos, 358
V/Q, 244
vasculares, 86, 454
renais, 86
Disúria, 363
Diuréticos, 178, 357
tiazídicos, 357
Diverticulite, 67
Divertículo(s), 44
de Meckel, 18, 66
de Zenker, 44
Diverticulose do intestino delgado, 66
Doença(s)
arterial periférica, 32
cardiovascular, 466
celíaca, 56
cerebrovascular, 177, 466
císticas da medula, 108
congênitas, 328
coronariana e cardíaca, 238
da arranhadura do gato, 290
da membrana hialina, 325
de Addison, 226
de Alzheimer, 469
de Behçet, 128
de Besnier-Boeck-Schaumann, 254
de Bowen, 40
de Cacchi-Ricci, 108
de Chagas, 299
de Crohn, 38, 57, 58
de Cushing, 227
de Graves, 220
de Hartnup, 87
de Kawasaki, 126
de Legg-Calvé-Perthes, 482
de Lou Gehrig, 469
de Lyme, 290
de Manson-Pirajá, 298
de Marie-Strumpell ou Bechterew, 116
de Menkes, 313
de Nicolas-Favre-Durand, 387
de Ormond, 124
de Paget, 40, 373
de Plummer, 221
de São Vito, 133
de Still, 115
de von Willebrand, 162
de Whipple, 57
de Wilson, 88, 203
disabsortivas, 55
diverticular, 65
forma hipertônica, 65
forma simples em massa, 65
do enxerto contra o hospedeiro, 207
do esôfago, 42
do estômago, 49
do refluxo gastresofágico, 45
dos Legionários, 273
exantemáticas, 330
ginecológicas benignas e malignas, 375
glomerulares trombóticas, 85
hemolítica, 414
hepática, 163
alcoólica, 201
autoimune, 203
gordurosa não alcoólica, 202
medicamentosa, 204
veno-oclusiva, 207
hipertensiva, 419
infecciosas, 315, 373
inflamatória, 373
intestinal, 63
pélvica, 386
intersticial pulmonar, 122
intestinais inflamatórias, 57
malignas do canal anal, 40
meningocócica, 280
mista do tecido conjuntivo, 124
óssea adinâmica, 102
parenquimatosas renais, 178
por lesão mínima, 84
pulmonar obstrutiva crônica, 245-247
renal(is)
cística adquirida, 108
policística, 108
primárias, 84
trofoblástica, 413
tromboembólicas, 429
ulcerosa péptica, 50
vascular(es), 30
hipertensiva crônica, 419
Donovanose, 387
Doppler
de artéria
cerebral média, 427
uterinas, 427
umbilical, 427
venoso, 427
Dor
de origem musculoesquelética, 372
e trauma mamilar, 305
extramamária, 372
Dosagem
de fibronectina fetal na secreção cervicovaginal, 409
de prolactina, 351
do FSH, 351
do TSH, 351
hormonal, 219

Doxazosin, 179
Ducto
  colédoco, 72
  de Wirsung, 72

E

E. coli
  entero-hemorrágica (EHEC), 323
  enteroinvasiva (EIEC), 323
  enteropatogênica (EPEC), 322
  enterotoxigênica (ETEC), 322
Ebola, 290
Echinococcus granulosus, 215
Eclâmpsia, 419
Ectima, 281
Eczema areolopapilar, 373
Edema, 84, 175, 177, 459
  agudo de pulmão, 175, 177
  cerebral, 459
Efeito
  da amiodarona, 222
  de Jod Basedow, 222
  de Wolff-Chaikoff, 222
  Hawthorne, 440
Eixo hipotálamo-hipofisário, 219
  -ovariano, 346
  -suprarrenal, 226
Elaiocomiose papilar, 446
Eliptocitose hereditária, 145
Embolia, 32
  gordurosa, 256, 486
  pulmonar, 250
Emergência
  em pediatria, 341
  hipertensiva, 179
Empiema, 275, 276, 319
  pleural, 276
Enalaprilato, 179
Encefalopatia
  bilirrubínica, 327
  hepática, 205
  hipertensiva, 179
Endêmico, 443
Endocardite
  aguda, 278
  e valvulite reumática, 132
  infecciosa, 278
  subaguda, 278
Endocrinologia, 217
Endoleak, 31
Endométrio, 348, 359, 378, 427
  ectópico, 359
  menstrual, 348
  proliferativo, 348
  secretor, 348
Endometriose, 359, 361
  no miométrio, 361
Endometrite, 429
Endomiometrite, 429
Endoscopia, 45, 51, 56
  digestiva alta, 45
  e biópsia do delgado, 56
Enfisema pulmonar, 247
Ensaio clínico, 439
Entamoeba histolytica, 215, 323
Enterobíase, 297
Enterobius vermicularis, 297
Enterocele, 369
Entorse
  do punho, 490
  do tornozelo, 490
  lateral, 490
Enurese, 340, 363
Enxaqueca
  basilar de Bickerstaff, 464
  especiais, 464
  hemiplégica familiar, 464
  migrânea, 464
Enxerto
  de pele
    parcial, 28
    total, 28
  e retalhos de pele, 28
  quanto à contração do enxerto, 28
  quanto à espessura, 28
  quanto à forma de integrar-se à área receptora, 28
  quanto à origem, 28
Epicondilite lateral, 491
Epididimite, 277
Epifisiólise do quadril, 483
Epifisite do quadril, 482
Epiglotite, 317
Epilepsia, 465
  parcial benigna da infância, 465
  rolândica, 465
Episclerite, 113
Episiotomia, 404
Epitélio
  colunar, 375
  escamoso estratificado não queratinizado, 375
Epitelização, 26
Equilíbrio cálcio-fósforo-magnésio, 230
Erisipela, 281
Eritema
  infeccioso, 332
  marginatum, 132
Eritroblastose fetal, 414
Eritropoiese, 138
Erro
  aleatório (acaso), 440
  sistemático, 440

Escala de coma de Glasgow, 5
Escape
 atrial, 171
 juncional, 171
 ventricular, 171
Escarlatina, 333
Escarotomia, 24
Esclerodermia, 121
Esclerose
 lateral amiotrófica, 469
 múltipla, 466
Escorpionismo, 11
Esferocitose hereditária, 145
Esofagectomia
 trans-hiatal, 47
 transtorácica, 47
Esofagite eosinofílica, 48
Esôfago
 de Barret, 46
 em quebra-nozes, 44
Espaço
 extra/epidural, 9
 subaracnóideo, 9
 subdural, 9
Espasmo esofagiano difuso, 43
Especificidade, 441
Espondilite
 anquilosante, 116
 tuberculosa, 260
Espondiloartropatias, 116
Esponja e capuz cervical, 349
Espru não tropical, 56
Esquema NIGRO, 40
Esquistossomose, 207, 298
 hepatoesplênica, 207
Esquizofrenia, 474
Estabilidade hemodinâmica, 31
Estabilização da fratura, 486
Estado
 comatoso, 461, 462
 confusional agudo, 475
 de jejum, 233
 de mal epilético, 341, 465
 hiperglicêmico hiperosmolar não cetótico, 237
 pós-prandial, 233
Estática fetal, 398
Estatinas, 236
Esteatonecrose, 373
Esteatorreia, 56
Esteatose hepática alcoólica, 201
Estenose
 aórtica, 182
 da artéria renal, 90, 178
 da junção vesicoureteral, 107
 hipertrófica de piloro, 50
 mitral, 181
 tricúspide, 182
 valvar, 181
Esterilização
 feminina, 350
 masculina, 350
Estímulo vibroacústico, 426
Estômago, 49
Estomatocitose hereditária, 145
Estreito
 inferior, 396
 médio, 396
 superior, 396
Estreptoquinase, 163
Estresse hemodinâmico, 13
Estrias gravídicas, 391
Estrógeno, 346, 357
Estrongiloidíase, 296
Estruvita, 105
Estudo
 analítico, 438
 de intervenção (ensaio), 438
 descritivo, 438
 do Doppler fluxométrico fetal, 427
 ecológico (transversal), 438
 epidemiológicos, 438, 439
 observacional, 438
Exame(s)
 pré-operatórios, 14
 proctológico, 37
 uroginecológico, 364
Exantema súbito, 332
Excreção para a bile, 194
Extrapiramidal, 12
Extrassístole
 atrial, 167
 ventricular, 167, 168
Ezetimibe, 236

F

Falácia ecológica, 438
Falanges da mão, 489
Faringoamigdalites
 bacterianas, 316
 virais, 317
Farmacologia dos AINEs, 118
Fármacos
 antiplaquetários, 161
 antitireoidianos, 220
Fase
 ativa prolongada, 405
 clínicas (ou períodos) do parto, 403
 da cicatrização de feridas, 25
 da produção láctea, 305
 de latência clínica, 267
 de maturação (ou remodelação), 26
 folicular, 347

- inflamatória, 25
- lútea, 348
- ovulatória, 348
- proliferativa (ou regeneração), 26
- sintomática e sistêmica, 268

FAST (US), 8

Fator(es)
- antinuclear, 119
- cervical, 355
- da hepatite A, 196
- de infertilidade, 355
- do complemento, 84
- fibroblasto do pneumócito, 325
- ovulatório, 355
- que interferem na cicatrização, 26
- reumatoide, 112
- tuboperitoneal, 355
- uterino, 355

Febre
- amarela, 285, 337
- Chikungunya, 288
- de Pel-Ebstein, 155
- do Nilo ocidental, 289
- entérica, 282
- familiar do mediterrâneo, 134
- hemorrágica da dengue, 285
- maculosa, 290
- negra, 286
- no pós-operatório, 15
- reumática, 132, 333
- tifoide, 282

Fenômeno(s)
- de Hay, 171
- de Wenckebach, 171
- tromboembólicos, 84

Fenoprofeno, 118

Feocromocitoma, 178, 228

Ferida torácica aspirativa, 5

Ferro, 139, 306

Fibratos, 236

Fibrilação
- atrial, 166
  - paroxística, 166
  - permanente, 166
  - persistente, 166
- ventricular, 167

Fibroadenoma, 373

Fibroblastos, 26

Fibromas, 380

Fibromialgia, 134

Fibrose
- em ponte, 200
- pulmonar idiopática, 253
- retroperitoneal idiopática, 124

Fígado, 194

Filtro de veia cava inferior, 253

Financiamento do SUS, 449

Fio
- de Setton, 40
- de sutura, 21

Fisiologia
- cardíaca, 166
- da glândula suprarrenal, 225
- hepática, 194
- respiratória, 242

Fisiopatologia
- da cirrose, 200
- da glândula tireoide, 218
- da hemostasia, 158
- do choque, 26
- do HIV, 264
- do tromboembolismo pulmonar, 250, 251
- dos linfomas, 153
- neurológica, 454
- renal, 80

Fissura anorretal, 38

Fístula(s), 39, 68, 369
- anorretal, 39
  - extraesfinctérica, 39
  - interesfinctérica, 39
  - supraesfinctérica, 39
  - transesfinctérica, 39
- colovesicais/colovaginais, 68

Flumazenil, 12

Fluoxetina, 313

Flutter
- atrial, 167
- ventricular, 167

Fobia social e específica, 477

Foliculite, 281

Fonte de dados, 442

Fórceps, 405-407
- Barton, 406
- indicações de, 407
- Kielland, 406
- Piper, 405, 406
- Simpson, 406

Formação(ões)
- aneurismáticas, 30
- da hemoglobina, 138

Fórmula da Parkland, 23

Fosfatidilserina, 121

Fósforo, 230

Fração MB da creatinofosfoquinase, 186

Fratura(s)
- completa, 486
- da clavícula, 488
- da diáfise umeral, 488
- da patela, 489
- da perna (fíbula e tíbia), 489
- da placa epifisária, 488
- da ulna, 488
- de 1°-3° arco + escápula + clavícula, 6
- de arcos inferiores 9°-12°, 6

de base de crânio, 10
de Colles, 489
de esterno, 7
de galho verde, 486
de Jefferson (atlas), 488
de Jones, 490
de Maisonneuve, 490
de osso temporal, 10
do boxeador, 489
do calcâneo, 490
do cassetete, 488
do enforcado, 488
do escafoide, 489
do marchador, 490
do olécrano, 488
do úmero proximal, 488
dos membros
inferiores, 489, 490
superiores, 488
específicas, 488
exposta, 486, 487
fechada, 486
incompleta, 486
maleolares do tornozelo, 490
patológica, 486
por estresse, 486
supracondiliana, 488
tórus, 486
Fratura-luxação
de Bennett, 489
de Galeazzi, 489
de Monteggia, 488
Frequência cardíaca, 26
Função
de contratilidade uterina, 397
ovulatória, 428
Furosemida, 179

G

Gamaglobulinemia monoclonal, 155
Gânglios da base, 454
Gap osmótico, 93
Gasometria, 96, 97
arterial, 96
Gastrectomia em manga/*sleeve* (ou vertical), 19
Gastrina, 50
Gastrinoma, 53
Gastrite alcalina, 52
Gastrologia, 41
Gastropatia química, 52
Gastroplastia por refluxo biliar, 52
Geleia espermicida, 349
Gemelaridade, 422
dizigótica, 422
monozigótica, 422
Gêmeo
acárdico, 423
conjugados, 423
Giardia lamblia, 293, 322
Giardíase, 293
Gigantismo, 232
Ginecologia, 345
Glândula
de Chiari, 37
de Lieberkühn, 55
suprarrenal, 225
tireoide, 218
Gliadina, 56
Glicocorticoides, 114, 118, 226
Glicoproteína
de Tamm-Horsfall, 83
IIb/IIIa, 158
VI e Ia/IIa, 158
Glicosúria, 87
Glinidas, 235
Glitazonas, 235
Glomerulites renais, 80
Glomérulo, 80
Glomeruloesclerose focal e segmentar, 84
Glomerulonefrite
aguda pós-estreptocócica, 83
difusa aguda, 82, 333
membranoproliferativa, 85
proliferativa mesangial, 85
Glomerulopatia membranosa, 85
Glucagoma, 76
Glucagon, 12, 72
Gordura de Bichat, 311
Gota, 130, 131
tofosa crônica, 131
Gotículas de Flügge, 257
Grande queimado, 24
Granulomatose
de Wegener, 127
necrosante, 127
Gravidez, 390
ectópica, 412
Grelina, 19
Guanabenzo, 179

H

Haemophilus influenzae, 280, 318
Hantavirose, 289
Helicobater pylori, 50
Helmintos, 292, 294
Hemangioma, 215
Hematócrito, 138
Hematologia, 137
Hematoma, 10, 16, 486
extra/epidural, 10

- fraturário, 486
- subdural agudo, 10
Hematopoiese, 138
Hematúria, 110
Heme, 194
Hemicrania paroxística crônica, 464
Hemocaterese, 144
Hemocromatose
- eritropoiética, 143
- hereditária, 204
Hemodiálise, 103
Hemodinâmica, 26
Hemofilia, 162
Hemófilos, 337
Hemoglobina
- A, 138
- A2, 138
- corpuscular média, 139
- F, 138
Hemoglobinopatias, 144, 146
Hemoglobinúria paroxística noturna, 145
Hemólise, 144, 145, 414
- compensada, 144
- extravascular, 145
- fetal, 414
- intravascular, 145
- mecânica com fragmentação de hemácias, 145
Hemorragia
- aguda, 164
- digestiva
  - alta, 51
  - baixa, 65
- pós-parto, 428
Hemorroidas
- externas, 38
- internas, 38
Hemorroidectomia aberta (Milligan-Morgan), 38
Hemorroidopexia grampeada, 38
Hemostasia, 25
- primária, 158, 159, 162
- secundária, 159
Hemotórax, 7
Hemotransfusão, 164
Heparina, 162
- de baixo peso molecular, 162
- não fracionada, 162
Hepatite(s), 194
- alcoólica, 202
- viral(is), 195, 199, 424
  - A, 196, 202, 337
  - B, 196, 336
  - C, 198
  - D, 198
  - E, 199
  - agudas, 195
  - crônicas, 199
Hepatologia, 193
Herbicidas, 446
Hérnia(s), 13, 16-18, 48
- da região inguinofemoral, 16
- de Amyand, 18
- de hiato, 48
  - mista, 48
  - paraesofágica, 48
  - por deslizamento, 48
- de Littré, 18
- de Pantaloon, 18
- de Richter, 18
- de Spiegel, 18
- epigástricas, 18
- femoral, 17
- incisionais, 18
- inguinais, 17
  - direta, 17
  - indireta, 17
- lombar, 18
- obturadora, 18
- tipos
  - especiais, 18
  - incomuns, 18
- umbilicais, 17
Herniação cerebral, 461
Herpangina, 317
Herpes genital, 387
Heteroenxerto, 28
Hidralazina, 176, 179
Hidrargirismo, 446
Hidrocefalia, 461, 462
Hidropisia, 414
Hidroxiapatita, 131
Hidroxicobalamina, 23
Himenolepíase, 298
Hiperaldosteronismo primário, 178, 228
Hiperatividade, 398
Hipercalcemia, 255
Hipercalciúria idiopática, 105
Hipercalemia, 95, 96
Hipercoagulabilidade, 251
Hipercolesterolemia, 357
Hiperesplenismo, 145
Hiperestrogenismo, 205
Hiperglicemia, 236, 421
Hiperlipidemia, 84
Hipermenorreia, 358
Hipernatremia, 93, 94
Hiperoxalúria adquirida, 105
Hiperparatireoidismo, 103, 105, 230
- primário, 105
- terciário, 103
Hiperplasia
- endometrial
  - atípica, 379
  - típica, 378
- nodular focal, 215

prostática benigna, 100, 108
suprarrenal congênita, 352
Hiperprolactinemia, 232, 351
Hipersensibilidade do seio carotídeo, 466
Hipertensão
acelerada maligna, 180
arterial pulmonar primária, 180
arterial sistêmica, 101, 174, 177, 178
gestacional, 419
intracraniana, 461
portal, 206, 207
pulmonar, 180
renovascular, 90
secundária, 178
Hipertermia maligna, 15
Hipertireoidismo, 219, 221
secundário, 221
Hipertonia, 398
Hipertrigliceridemia, 73
Hipertrofia ventricular
concêntrica, 184
esquerda, 174
excêntrica, 184
Hiperuricemia, 130, 131
Hipervitaminose A, 312
Hipoandrogenismo, 205
Hipoatividade, 398
Hipocalemia, 95, 96
Hipocitratúria, 105
Hipocratismo digital, 205
Hipófise, 232
Hipoglicemia, 237
Hipomenorreia, 358
Hiponatremia, 93, 94
aguda sintomática, 94
hipotônica, 94
hipervolêmica, 94
hipovolêmica, 94
normovolêmica, 94
não hipotônica, 94
Hipoparatireoidismo, 231
Hipoproteinemia, 84
Hipotálamo, 232
Hipotensão
ortostática, 466
sistêmica, 213
Hipotermia terapêutica, 173
Hipotireoidismo, 221, 222, 351
Hipotonia, 398, 428
Hirsutismo, 353
Histamina, 49
Histeroscopia com biópsia de endométrio, 358
Histoplasma capsulatum, 260
Histoplasmose, 260
História do Sistema Único de Saúde, 447
Homoenxerto, 28
Hormônio(s)
adrenocorticotrófico, 226
antidiurético, 93
da obesidade, 19
foliculoestimulante, 346
liberador
da gonadotrofina, 346
de tireotrofina, 219
luteinizante, 346
Humor, 475
Hymenolepis
diminuta, 298
nana, 298

I

Icterícia
na gestação, 424
neonatal, 327
Imagem para avaliação das tireoidopatias, 219
Imidazólicos, 179
Iminência
de eclâmpsia, 420
de rotura uterina, 418
Impetigo, 281
Implante subdérmico, 350
Imunidade, 335
adaptativa (específica), 335
inata (não específica), 335
Imunização, 266, 335
ativa, 335
passiva, 335
Imunodeficiência adquirida, 264
Imunoglobulinas, 84
Incidentalomas, 228
Incompetência istmocervical, 411
Incontinência, 363-366
genuína ou verdadeira, 364
mista, 366
por transbordamento, 366
urinária, 363, 364, 365
de esforço, 363, 364
de urgência, 365
insensível, 363
mista, 363
por urgência, 363
Indicadores de saúde, 434
Índice(s), 435
de Pearl, 348
de Swaroop-Uemura, 435
de Tiffenau, 245, 253
Indometacina, 118
Indução do parto, 397
Inervação do trato urinário, 363
Infarto agudo do miocárdio com supradesnível de ST, 190

Infecção(ões)
  aguda, 267
  bacterianas, 277
  da prótese, 31
  do sítio cirúrgico, 15, 16
    de órgãos ou cavidades, 16
    incisional profunda, 15
    incisional superficial, 15
  do trato urinário, 277, 339, 422
    complicada, 277
  puerperais, 428
  sexualmente transmissíveis, 383
Infectologia, 263
Infertilidade, 355
Influenza, 337
Ingurgitamento mamário, 305
Inibição da contração uterina, 397
Inibidores
  adrenérgicos periféricos, 179
  da alfaglicosidase, 235
  da dipeptil peptidase-4, 235
  da enzima conversora da angiotensina (IECA), 176, 179, 188
  da monoamina oxidase, 476
  da síntese de prostaglandinas, 397
  da trombina 2a, 162
  do fator 10a, 162
  seletivos da recaptação da serotonina, 476
Inibina
  A, 346
  B, 346
Injetáveis
  mensais, 350
  trimestrais, 350
Inserção
  anômala da placenta, 417
  velamentosa, 418
Inseticidas, 446
Instabilidade
  hemodinâmica, 31, 167
  postural, 469
Insuficiência
  adrenal
    primária, 226
    secundária, 226
  aórtica, 183
  cardíaca, 174, 176
    de alto débito, 174
    de baixo débito, 174
    diastólica, 174, 176
    direita, 174
    esquerda, 174
    sistólica, 174, 176
  hepática fulminante, 199
  mitral, 182
  placentária, 426
  pré-renal, 86
  renal
    aguda, 99
    crônica, 101, 103
    grave, 97
  respiratória, 243
    hipoxêmica, 243
  suprarrenal, 5, 226
  tricúspide, 183
  valvar, 182
  venosa crônica, 34
  ventilatória, 243
Insulina, 72
Intestino
  delgado, 55
  grosso, 55
Intolerância à glicose e metabolismo da insulina, 102
Intoxicação
  aguda, 478
  exógena, 11, 341, 446
  por alumínio, 102
  por cianeto, 23
  por etilenoglicol, 97
  por metanol, 97
  por monóxido de carbono, 23
  por salicilatos, 97
Intubação endotraqueal, 4
Irregularidade menstrual, 353
Isoenxerto, 28
Isquemia
  colônica, 70
  intestinal, 69
  mesentérica
    aguda, 70
    crônica, 69
  miocárdica, 184, 185, 187
  por estenose das coronárias, 186
  pulmonar, 251
Ivabradina, 176

J

Jejum, 22
Junção escamocolunar, 375

K

Klebsiella
  granulomatis, 387
  pneumoniae, 273
Kwashiokor-marasmático, 311

L

Lacerações do trajeto, 428

Lactato, 22
de Ringer, 5
Lactoferrina, 304
Lactoperoxidase, 304
Lama biliar, 213
Laringite estridulosa, 317
Laringotraqueobronquite, 315, 317
viral aguda, 317
Lavado peritoneal, 8
Legionelose, 273
Legislação do SUS, 447
Lei de Frank-Starling, 174
Leiomioma, 44, 360
Leishmaniose visceral, 286
Leite
de vaca, 304
humano, 304
Leptina, 19
Leptospirose, 283
Lesão(ões)
axonal difusa, 10
celular no choque, 27
cerebral(is)
difusas, 10
focais, 10
secundária, 10
cutaneomucosas, 328
de Armanni-Ebstein, 91
de Kimmelstiel-Wilson, 91
de órgãos alvo, 177
glomerular, 91
intraepiteliais cervicais, 377
isquêmica renal, 90
ósseas, 328
por esforço repetitivo, 445
pulmonar por inalação, 23
renal no diabetes melito, 91
térmica, 23
tubulares específicas, 87
túbulointersticiais, 91
renais, 86
vascular, 91, 177
Leucemia, 149-152
aguda, 149
crônica, 151
de células pilosas, 152
linfoide aguda, 150
mieloide
aguda, 150
crônica, 151
Leucoencefalopatia multifocal progressiva, 268
Ligadura elástica, 38
Ligamento hepatoduodenal, 8
Linfa, 153
Linfócitos
B, 335
T, 335
Linfogranuloma, 387
Linfoma(s), 53, 154, 223
B
agressivos, 154
altamente agressivos, 154
indolente, 154
de Burkitt, 154
de Hodgkin, 154
difuso de grandes células B, 154
folicular de células B, 154
gástrico, 53
não Hodgkin, 154
Linha nigra, 390
Lipase, 73, 304
Líquido ascítico, 209
Lisozima, 304
Litíase renal, 105
Litotripsia extracorpórea com ondas de choque, 106
Lobo frontal, 454
Localização da úlcera péptica, 52
Lorcaserina, 239
Lugol, 376
Lúpus
eritematoso sistêmico, 119
induzido por fármaco, 120
Luxação
/displasia congênita do quadril, 483, 484
da cabeça do rádio, 490
do cotovelo, 490
do quadril, 490

M

Macrófago, 25
Macroglobulinemia de Waldenström, 156
Macronutrientes, 312
Magnésio, 230
Mal de Pott, 260
Malária, 287
Malformações dos ductos de Müller, 352
Mama(s), 348, 428
feminina, 371
Mamografia, 371, 373, 374
Manchas
de Forschheimer, 330
de Nagayama, 332
Manejo do paciente HIV+, 266
Mania, 476
Manifestações extraintestinais das doenças intestinais inflamatórias idiopáticas, 59
Manobra
de Barlow, 484
de Bracht, 404, 405
de Fabre, 403
de Gaskin, 404

de Hamilton, 428
de Jacquemier, 404
de Leopold-Zweifel, 400
de Liverpool, 405
de McRoberts, 404
de Ortolani, 484
de Phalen, 113
de Pringle, 8
de Rojas, 404
de Rubin I, 404
de Tinel, 113
de Woods, 404
Marasmo, 311
Marcadores
de necrose miocárdica, 186
de parto prematuro, 408
tumorais, 382
Marca-passo cardíaco, 171
definitivo, 171
provisório transvenoso, 171
transcutâneo, 171
Marcha parkinsoniana, 469
Máscara laríngea, 4
Mastalgia, 372
acíclica, 372
cíclica, 372
Mastite, 305, 373
Mastoidite, 316
Mecanismo(s)
compensatórios, 174
de continência, 363
do parto, 398
Medicina
de grupo, 450
preventiva, 433
Medida
da função renal, 99
de associação, 439
de ocorrência, 439
de saúde preventiva, 434
de significância, 440
Medula
espinhal, 454
renal, 80
Megacólon tóxico, 59
Meningite bacteriana, 279
Meningococo, 337
Menometrorragia, 358
Menopausa, 356
Menorragia, 358
Mercúrio, 446
Metabolismo
da bilirrubina, 194
dos hormônios tireoidianos, 219
hepático, 195
intermediário, 233
Metaplasia
escamosa, 375
mieloide agnogênica, 152
Metemoglobinêmico, 12
Metformina, 313
Metildopa, 179
Método(s)
da temperatura corporal basal, 349
de anticoncepção, 348
de barreira, 349
de contraconcepção, 349
de Krause, 397
de levonorgestrel, 350
de Ogino-Knaus, 349
de Yuzpe, 350
dialíticos, 103
do muco cervical (ou Billings), 349
para esvaziamento uterino, 411
sintotérmico, 349
Metrorragia, 358
Miastenia gravis, 468
Micoses pulmonares, 257, 260
Microanálise do sangue fetal, 425
Microaneurismas de Charcot-Bouchard, 460
Microcefalia, 289
Microvasos, 127
Mielinólise pontina, 93, 459
Mielofibrose idiopática, 152
Mieloma
múltiplo, 155
osteoesclerótico, 156
Mineralocorticoides, 226
Minipílula, 350
Minoxidil, 179
Miocárdio hibernante, 186
Miocardite reumática, 132
Miofibroblastos, 26
Mioglobina, 186
Miotamponagem, 404
Modificações gestacionais, 391, 392
cutâneas, 391
gastrointestinais, 392
hematológicas, 392
hemodinâmicas, 392
metabólicas, 391
nas mamas e no aparelho genital, 391
osteoarticulares, 392
respiratórias, 392
urinárias, 392
Modos ventilatórios, 244
Mola
completa, 413
gestacional, 413
hidatiforme, 413
invasora, 414
parcial, 413

Monitorização
dos movimentos fetais, 425
hemodinâmica, 26
Mononucleose, 317, 333
Morbidade febril puerperal, 428
Mortalidade, 434-436
infantil, 435
materna, 434
neonatal, 435
precoce, 435
tardia, 435
perinatal, 435
pós-neonatal, 435
Morte
encefálica, 11
materna, 436
obstétrica, 436
súbita, 172
Motricidade, 397
Movimentação das extremidades, 5
Movimentos da deglutição, 42
Moxonidina, 179
Muco cervical, 348
Mucormicose, 261
Mucosa vaginal, 427
Mula, 387
Multigesta, 395
Multípara, 395
Mutação da JAK-2, 152
Mycoplasma, 318

N

Naloxona, 12
Natimortalidade, 435
Necatur americanus, 294
Necrose
cutânea induzida por varfarina, 162
da papila, 81, 87
hipofisária, 416
tubular aguda, 86
Necrozoospermia, 356
Nefrite intersticial
aguda, 86
crônica, 87
Nefrolitíase por ácido úrico, 131
Nefrolitotomia aberta, 106
Nefrolitotripsia percutânea, 106
Nefrologia, 79, 339
pediátrica, 339
Néfron, 80, 89
distal, 89
Nefronoftise, 108
Nefropatia
diabética, 238
hipertensiva, 177
isquêmica, 90
Nefrose lipoide, 84
Nefrotoxicidade, 118
Neonatologia, 324
Neoplasia(s)
colorretal, 63
da tireoide, 223
de esôfago, 46
de margem anal, 40
endócrinas, 76
múltiplas, 223
gástrica, 53
hepáticas, 215
intraepitelial
anal, 40
vaginal, 379
vulvar, 379
ósseas primárias, 492
pulmonar, 255
Nervo(s), 218, 456, 457
abducente, 457
acessório, 457
cranianos, 456
facial, 457
glossofaríngeo, 457
hipoglosso, 457
laríngeo, 218
laríngeo recorrente, 218
oculomotor, 457
olfatório, 457
óptico, 457
trigêmeo, 457
troclear, 457
vago, 457
vestibulococlear, 457
Neurite óptica, 466
Neurocriptococose, 268
Neuro-hipófise, 232
Neurologia, 453
Neuropatia diabética, 238
Neurotoxoplasmose, 268
Neutrófilos, 25
Neutropenia febril, 156
Niacina, 312
Nictúria, 363
Nitratos, 188
Nitrito, 12
Nitroglicerina, 179
Nitroprussiato de sódio, 12, 179
Noctúria, 363
Nódulo(s)
de Ghon, 257
mamários, 372
pulmonar, 256
reumatoides, 113
subcutâneos, 132
tireoidianos, 224

Noma, 311
Nomenclatura obstétrica, 401
Noradrenalina, 175
Notificações, 442
Nuligesta, 395
Nulípara, 395
Nutrição pediátrica, 304

O

Obesidade, 238, 313, 353
  e disfunção ovulatória, 353
Obliquidade
  de Litzmann, 400
  de Nägele, 400
Obstetrícia, 389
Obstrução(ões), 44, 68, 69, 107, 207, 317
  congênita da junção ureteropélvica, 107
  da veia cava inferior, 207
  das vias urinárias, 107
  extrínseca, 44
  funcionais, 68, 69
  inflamatória
    aguda, 317
    dos bronquíolos, 317
  intestinais, 68
  mecânicas, 68, 69
Oclusão arterial aguda, 32, 90
Ofídico, 11
Oligodramnia, 427
Oligomenorreia, 358
Oligospermia, 356
Oligozoospermia, 356
Oligúria, 82
Ombro impactado, 404
Operadoras, 450
Opioide, 12
Organoclorados, 446
Organofosforados, 446
Orlistate, 239, 313
Ortopedia, 481, 482
  pediátrica, 482
Osmolaridade, 93
  efetiva
Ossos
  chatos, 485
  curtos, 485
  irregulares, 485
  longos, 485
Osteíte fibrosa cística, 102, 231
Osteoartrite, 129
Osteoartropatia pulmonar hipertrófica, 255
Osteoartrose, 129
Osteoblastos, 155
Osteocondrose, 482
  da tuberosidade da tíbia, 483
Osteodistrofia renal, 102
Osteomalacia, 102, 313
Osteomielite, 281, 487
  hematogênica aguda, 487
Osteossarcoma, 492
Otite média aguda, 315
Ovários, 380
Oxandrolona, 23
Oximetria transcutânea, 34
Oxiuríase, 297

P

Pancitopenia, 143, 149
Pancreatite
  aguda, 73
    alcoólica, 73
    biliar, 73
  crônica, 75
    calcificante, 75
    inflamatória, 75
    obstrutiva, 75
Pandemia, 444
Paniculite, 73
Pannus, 112
Papila de Vater, 72
Paracetamol, 11
Paracoccidioidomicose, 260
Parada
  cardiorrespiratória, 172
  secundária
    da descida, 405
    da dilatação, 405
Paraquat, 446
Parasitoses, 292
Parênquima renal, 100
Parkinsonismo, 469
Parto, 395, 403, 404
  cefálico, 404
  dirigido, 395
  distócico, 395
  espontâneo, 395
  eutócico, 395
  induzido, 395
  operatório, 395
  pélvico, 404
  pré-termo, 395
Partograma, 405
Parvovírus B19, 332
Pé diabético, 238
Pediatria, 303, 339
  específica, 339
Pega, 305
Pele, 281
Pelve
  androide, 397

antropoide, 397
ginecoide, 397
platipeloide, 397
Penicilamina, 468
Peptídeo
semelhante ao glucagon 1, 19
YY, 19
Percepção de partes e movimentos fetais, 391
Perda
auditiva induzida por ruído, 445
e ganho corporal de ferro, 139
externa de potássio, 96
ponderal rápida, 202
Perfil
biofísico fetal, 427
hemodinâmico fetal, 427
Perfuração
com peritonite purulenta, 68
timpânica, 316
Perfusão
arterial reversa do gemelar, 423
tecidual, 173
Pericardiocentese, 7
Pericardiopatias, 184
Pericardite, 113, 132, 184
aguda, 184
constrictiva, 184
reumática, 132
subaguda, 184
Período
de dilatação, 403
expulsivo, 403
pélvico prolongado, 405
pós-prandial, 22
premonitório, 403
Peripseudodiverticulite, 67
Peritonite bacteriana espontânea, 210
Pescoço, 6
pHmetria, 45
Pielonefrite, 277, 422
aguda, 277
crônica, 277
Piretroides, 446
Piridoxina, 312
Piropoiquilocitose hereditária, 145
Placebo, 440
Placenta
acreta, 417
bilobada, 418
increta, 418
percreta, 418
prévia, 417
sucenturiada, 418
Plano
da bacia, 397
de referência, 450
Plasma fresco congelado, 164
Plasmodium
falciparum, 287, 288
malariae, 287, 288
vivax, 287, 288
Pleurite purulenta, 319
Plexo hemorroidário
externo, 37
interno, 37
Pneumatoceles, 272
Pneumocistose pulmonar, 268
Pneumococo, 337
Pneumoconiose, 445
Pneumocystis jirovecii, 268
Pneumologia, 241
Pneumonia(s)
afebril do lactente, 318
aspirativa por anaeróbios, 273
associada à ventilação mecânica, 275
atípicas, 318
bacteriana, 268
comunitária, 270
de Friedlander, 273
do lobo pesado, 273
estafilocócica, 272, 318
nosocomial, 274
pneumocócica, 272, 318
por Chlamydophila pneumoniae, 274
por Haemophilus influenzae, 272
por Moraxella catarrhalis, 272
por Mycoplasma pneumoniae, 273
por Streptococcus pyogenes, 272
relacionada com cuidados de saúde, 275
típicas, 318
tuberculosa, 259
viral, 274
Pneumonite
intersticial descamativa, 254
química aspirativa, 273
Pneumopatia, 250, 253, 254
intersticiais, 253
por hipersensibilidade, 254
Pneumotórax
aberto, 5
hipertensivo, 4
simples, 7
Poliangeíte microscópica, 127
Poliarterite nodosa clássica, 126
Poliartrite, 132
Policitemia rubra vera, 152
Policondrite recidivante, 134
Polígono de Willis, 457
Polimenorreia, 358
Polimiosite, 122, 123
Poliomielite, 336
Pólipos, 62, 362
adenomatosos, 62
cervicais, 362

endometriais, 362
Polipose
adenomatosa familiar, 62
juvenil familiar, 63
não familiares, 63
Polisserosite paroxística familiar, 134
Pontas centrotemporais, 465
Pós-carga, 26
cardíaca, 175
Pós-datismo, 395
Posição
do esquiador, 116
do pesquisador, 438
fetal, 399
Pós-maturidade, 395
Pós-menopausa, 356
Postura fetal, 398, 400
Potássio, 95
Pralidoxima, 12
Prazosin, 179
Pré-carga, 26
Pré-eclâmpsia, 419, 420
Prematuridade, 408
Pré-menopausa, 356
Pré-parto, 403
Preservativo, 349
Pressão
arterial, 460
de suporte, 244
expiratória positiva final, 244, 326
Prevalência, 434
Prevenção contra o HIV, 269
Previdência social, 449
Priapismo, 147
Primeiro neurônio, 454
Primípara, 395
Processo epidêmico, 442, 443
Proctologia, 37
Progesterona, 346
Programa(s)
de valorização do profissional de, 449
do SUS, 450
Progressão, 444
Prolapso
da parede vaginal
anterior, 366
posterior, 369
de cúpula vaginal, 369
retal, 37
uterino, 366
Pronação dolorosa, 490
Propranolol, 23
Prostatite, 277
Proteção do períneo, 404
Proteína de Bence-Jones, 88, 156
Proteinúria, 84
Prótese valvar, 278
Protoporfirina, 194
Protozoários, 292
Prova
de hemostasia, 160
tuberculínica, 258
Pseudoaneurisma, 30
Pseudoartrose, 486
Pseudocisto pancreático, 74
Pseudocrise hipertensiva, 180
Pseudodisfagia (*globus histericus*), 43
Pseudogota, 131
Pseudo-hiponatremia, 94
Pseudotumor cerebral, 465
Psiquiatria, 473
Psitacose, 274
Puberdade, 309
Puerpério, 425, 427, 428
fisiológico, 427
patológico, 428
Punção aspirativa por agulha fina, 372
Punhos em dorso de camelo, 113
Púrpura
anafilactoide, 127
de Henoch-Schönlein, 127
trombocitopênica
imune ou idiopática, 160secundária, 160
trombótica, 161

Q

QT longo, 169
Queimadura, 22-24
de primeiro grau, 23
de quarto grau, 24
de segundo grau
profunda, 24
superficial, 23
de terceiro grau (ou espessura total), 24
elétrica, 24
química, 25
Queloide, 25

R

Rabdomiólise, 91
Radioablação com I131, 220
Raiva, 338
Raloxifeno, 357
Ranelato de estrôncio, 357
Raquitismo, 313
Rastreio e profilaxia para infecção por *Streptococcus* do grupo B, 393
Razão
de chance, 439
de mortalidade proporcional, 435

Reabsorção tubular, 81
Reação
  de Arias-Stella, 412
  de Jarisch-Herxheimer, 387
  pupilar, 5
Rede
  colateral, 206
  de Haller, 390
  interagencial de informações para a saúde (RIPSA), 434
Redução
  da fratura, 486
  da LDL, 236
  do risco relativo, 439
Reentrada
  em via acessória, 168
  nodal, 168
Reflexo(s)
  de apoio plantar e marcha, 309
  de Galant, 309
  de Moro, 308
  de paraquedista, 309
  de preensão
    palmar, 308
    plantar, 308
  primitivos, 308
  tônico-cervical, 308
Refluxo vesicoureteral, 107, 108, 340
Regra
  de Goodel, 390
  de Goodsall-Salmon, 40
  de Nägele, 391
Regressão, 444
Remodelamento cardíaco, 174
Reparo endovascular, 31
Reposição volêmica no paciente queimado, 23
Reserva coronariana, 185, 186
Resfriado comum, 315
Resistência vascular periférica, 392
Respiração, 4
Resposta
  compensatória, 97
  endócrino-metabólica-imunológica ao trauma, 22
  imunológica, 22
Ressuscitação
  dentro d'água, 11
  fora d'água, 11
Retalho(s), 28
  axiais, 29
  composto, 29
  quanto à composição, 29
  quanto à forma de transferência, 29
  quanto à vascularização, 29
  randomizados, 29
  simples, 29
Retenção de potássio, 96
Reticulócitos, 138
Retinopatia
  diabética, 238
  hipertensiva, 178
Retocolite ulcerativa, 57
Reumatologia, 111
Revascularização miocárdica, 188
Riboflavina, 312
Rickettsia rickettsii, 290
Rigidez
  de nuca, 279
  elástica, 467
  em, 469
Rim esponjoso medular, 108
Rinofaringite
  aguda, 315
  virais, 315
Risco
  absoluto, 439
  atribuível
    ao fator, 439
    na população, 439
  cardiovascular, 13
  relativo, 439
Ritmo idioventricular ou de escape, 171
Roséola, 332
Rotavírus, 322, 337
Rotura
  de seio marginal, 418
  de vasa prévia, 418
  do tendão bicipital, 491
  do tendão de Aquiles, 491
  precoce de membrana ovulares, 408
  prematura de membranas ovulares, 410
  uterina, 418
Rubéola, 329, 330
Ruptura do aneurisma, 31

S

Sala de parto, 324
Salmonella, 323
  paratyphi, 282
  typhi, 282
Sangramento, 65, 159, 358, 359, 411, 416
  da angiodisplasia colônica, 65
  de divertículo colônico, 65
  menstrual, 358
  na gestação, 411
  na segunda metade da gestação, 416
  plaquetário, 159
  por coagulopatia, 159
  uterino, 358, 359
    anormal, 358
    disfuncional, 359
      anovulatório, 359

ovulatório, 359
Sarampo, 330
vacina Sarampo, caxumba e rubéola (trríplice viral), 337
Sarcoidose, 254
Sarcoma
de Ewing, 492
mamário, 373
Saturnismo, 446
Saúde complementar, 450
Seborreia, 353
Secreção(ões)
pancreáticas, 72
tubular, 81
vaginal, 383
Secretina, 72
Secundamento, 403
Secundigesta, 395
Segundo neurônio, 454
Seguradoras de saúde, 450
Sensibilidade, 441
Sepse, 27, 36, 326
neonatal, 326
Sequência
suporte avançado de vida cardiovascular (SAVC), 172
suporte básico de vida (SBV), 172
TRAP, 423
Sequestro ósseo, 281
Seroma, 16
Sertralina, 313
Set point viral, 267
Shigella, 323
Shunt
arteriovenoso pulmonar, 244
da hexose-monofosfato, 144
portossistêmico intra-hepático transjugular (TIPS), 208
Sibutramina, 239, 313
Sideroblasto em anel, 142
Sífilis, 387
congênita precoce, 328
congênita tardia, 328
Silicose, 254
Sinal
da linha do trem, 248
da tecla, 113
de Babinski, 454
de Bandl, 418
de Blumberg, 67
de Brudzinski, 279
de Chaddock, 454
de Chvostek, 231
de Clark, 418
de Courvosier-Terrier, 75
de Cullen, 73
de Dunphy, 67
de Filatov, 333
de Fommel, 418
de Fox, 73
de Gordon, 454
de Gowers, 471
de Grey-Turner, 73
de Halban, 390
de Hegar, 390
de Hoagland, 333
de Hoffman, 454
de Holzapfel, 390
de Hunter, 390
de Jacquemier ou Chadwick, 390
de Kehr, 8
de Kernig, 279
de Kluge, 390
de lambda, 423
de Lenander, 67
de Leser-Trélat, 54
de Lhermite, 466
de Mueller, 183
de Nobile-Budin, 390
de obturador, 67
de Openheim, 454
de Osiander, 390
de Pastia, 333
de Pemberton, 222
de Piskacek, 390
de psoas, 67
de Puzos ou rechaço, 391
de Reasens, 418
de Rivero-Carvalho, 183
de Rovsing, 67
de Scheifer, 454
de Trousseau, 231
de Uthoff, 466
do canivete, 467
do T, 423
do Y, 423
Sinciciotrofoblasto, 419
Sinclitismo, 399
Síncope, 466
neurocardiogênica, 466
Síndrome(s)
anêmicas, 138, 144
carcinoide, 61
colestática, 195
colinérgicas, 12
compartimental, 9, 24, 486
congestiva sistêmica, 175
coronariana aguda sem supradesnível de ST, 189
coronarianas, 185
da alça
aferente, 52
eferente, 53

da angústia/desconforto respiratório do RN, 325
da apneia e hipopneia obstrutiva do sono, 178
da aspiração meconial, 326
da bexiga dolorosa, 370
da hipertensão portal, 206
da Jamaica, 202
da pedrada, 491
da reconstituição imune, 267
da resposta inflamatória sistêmica, 27
da transfusão
  feto-fetal, 423
  gemelogemelar, 423
da varicela congênita, 331
de abstinência, 478
de Asherman, 352
de Bandl-Frommel, 418
de Bartter, 88
de Berger, 83
de Bernard-Soulier, 161
de Brugada, 169
de Budd-Chiari, 145, 207
de Buerger, 126
de burn-out, 446
de Caplan, 114
de Charcot, 214
de Churg-Strauss, 127
de Claude-Bernard-Horner, 255
de Cowden, 63
de Cronkhite-Canada, 63
de Cushing, 227
de dependência, 478
de desmielinização osmótica, 93
de dumping, 52
de Eaton Lambert, 470
de Fanconi, 88
de Felty, 114
de Gardner, 62
de Gilbert, 195
de Gitelman, 89
de Goodpasture, 83
de Guillain-Barré, 468
de Heerfordt-Waldenström, 254
de Korsakoff, 478
de Lennox-Gestaut, 465
de Leriche, 34
de Löefgren, 254
de Lynch, 63
de má absorção, 56, 57
de Mallory-Weiss, 48
de Marshall, 317
de Mayer-Rokitansky-Huster-Hauser, 352
de Mendelson, 273
de Mirizzi, 214
de Morris, 352
de Osgood-Schlatter, 483
de Pancoast-Tobias, 255
de Peutz-Jeghers, 63
de Reiter, 117
de reperfusão, 32
de Savage, 352
de Sheehan, 352, 416
de Sjögren, 112, 113, 123
de Turcot, 63
de Weil, 283
de Wernicke, 478
de West, 465
de Wolff-Parkinson-White, 169
de Zollinger-Ellison, 53
do anticorpo antifosfolipídio, 121
do cólon irritável, 60
do impacto, 491
do ovário policístico, 353
do primeiro neurônio (ou piramidal), 454
do pulmão úmido, 326
do steakhouse, 44
do túnel do carpo, 113
dos neurônios, 454
epilépticas, 465
febris, 282
glomerulares, 82
HELLP, 420
hemolítico-urêmica, 85
hepatobiliares, 212
hepatopulmonar, 206
hepatorrenal, 99, 205
hereditárias de polipose, 62
intestinais, 55, 62
mão-pé, 146
metabólica, 235
mielodisplásicas, 142
nefrítica, 82, 83
nefrótica, 84
neonatais, 325
obstrutivas, 69
papular purpúrica, 332
paraneoplásicas, 255
POEMS, 156
pulmonar eosinofílica, 254
respiratórias, 242
torácica aguda, 147
tubulares, 86
urêmica, 100, 101
Sinovite transitória do quadril, 483
Sinusite, 315, 316
Sinusorragia, 362
Sistema
  ABO, 414
  biliar, 194
  DUFFY, RNM, KELLY, 414
  extrapiramidal, 454
  motor, 454
  nervoso
    parassimpático, 363

simpático, 363
piramidal, 454
RH, 414
sensorial, 456
sentinela, 443
tampão, 97
tubular, 81
venoso, 34
Situação fetal, 398
Sobrepeso, 313
Sofrimento fetal, 425, 426
agudo, 425
crônico, 426
Somatostatina, 50, 72
Somatostatinoma, 76
Staphylococcus aureus, 373
Streptococcus pyogenes, 333
Strongyloides stercoralis, 296
Substância negra, 454
Succinato de metoprolol, 176
Sulfato
de magnésio, 397
ferroso, 392
Sulfonilureias, 235
Suplementação de oxigênio, 244
Suprarrenal, 225
Surto, 444

T

Taenia
saginata, 297
solium, 297
Talassemia, 147
Tamponamento cardíaco, 7
Taquiarritmias, 168, 170
Taquicardia
atrial multifocal, 168
sinusal, 168
supraventricular paroxística, 168
ventricular, 169
monomórfica sustentada (TVMS), 169
não sustentada, 169
polimórfica sustentada (TVPS), 169
Taquipneia transitória do recém-nascido, 326
Taxa de filtração glomerular, 81
TC na concussão cerebral, 10
Teca, 346
Tecido
linfoide associado à mucosa, 153
subcutâneo, 281
Técnica(s)
de amamentação, 305
de Bassini, 17
de Lichtenstein, 17
de McDonald, 408
de McVay, 17
de Shouldice, 17
de Stoppa, 17
de videolaparoscopia, 17
de Ziehl-Neelsen, 257
restritivas, 19
Tempo
de tromboplastina parcial ativada, 159
do parto
acessório, 402
principal, 402
Tempos do parto, 402
Tendinite
bicipital, 491
do manguito rotador, 491
do tendão de Aquiles, 491
Teníase, 297
Tenossinovite de Quervain, 491
Teoria
da implantação, 359
da metaplasia celômica, 359
das duas células e das duas gonadotrofinas, 346
de Halstead, 285
de Rasen, 285
Terapia(s)
alternativas na osteoporose, 357
antirretroviral, 266
de reperfusão, 188
de reposição hormonal, 357
Teratomas, 380, 381
imaturo, 381
Teratozoospermia, 356
Terazosin, 179
Teriparatida, 357
Teste(s)
bioquímicos, 394
cutâneo de tuberculina, 258
da D-xilose urinária, 56
da exalação do hidrogênio, 56
da orelhinha, 325
da progesterona, 351
da ristocetina, 162
da secretina, 56
de Bonney, 364
de Collins, 376
de Guthrie, 324
de Mantoux, 258
de Patrick, 116
de Schober, 116
diagnóstico, 441
do coraçãozinho, 325
do cotonete, 364
do estrogênio + progesterona, 351
do GNRH, 351
do olhinho, 325
do pezinho, 324
do reflexo de Brucker, 325

ergométrico, 186
qualitativo de gordura fecal, 56
quantitativo de gordura fecal, 56
Tetania latente, 231
Tetracíclicos, 476
Tiamina, 312
Tibolona, 357
Tiossulfato de sódio, 23
Tireoidite, 222, 223
aguda, 222
de Hashimoto, 222, 223
de Quervain, 222
fibrosante de Riedel, 223
granulomatosa ou de células gigantes, 222
medicamentosa, 223
subaguda linfocítica, 222
Tireotoxicose, 219, 220
sem hipertireoidismo, 221
Tonicidade, 93
Tônus muscular, 454
Toracotomia, 6, 7
de reanimação, 6
no centro cirúrgico, 6
Tórax, 5, 6
instável, 5
Torsade de pointes, 169
Toxocaríase, 295
Toxoplasmose
congênita, 329
e gestação, 393
Trabalho
de parto prematuro franco, 408
uterino, 397
Traço falcêmico, 147, 148
Trajeto
duro, 396
mole, 395
Trajetória, 395
Transferrina, 84
Transfusão, 158, 164
de concentrado de plaquetas, 164
Transmissão, 436
Transplante
alogênico, 151
autólogo, 151
de medula óssea, 151
hepático, 210, 211
renal, 104
singênico, 151
Transtorno(s)
alimentares, 477
amnésico persistente induzido pelo álcool, 478
bipolar, 476
ciclotímico, 476
de ajustamento, 477
de ansiedade generalizada, 477
de compulsão alimentar periódico, 477
de estresse pós-traumático, 477
de pânico, 477
delirante persistente, 474
distímico, 476
esquizoafetivo, 475
esquizofreniforme, 474
mentais, 474
obsessivo-compulsivo, 477
orgânicos, 475
psicóticos, 474, 475
psiquiátricos do pós-parto, 429
relacionados com
a Cannabis, 479
a cocaína, 479
a nicotina, 478
alucinógenos, 479
anfetaminas, 479
inalantes, 479
o álcool, 478
o uso de substâncias psicoativas, 478
opioides, 478
os benzodiazepínicos, 478
Traqueíte bacteriana, 317
Trato urinário, 428
Trauma(s), 6-9, 22
abdominal, 8
colorretal, 9
da parede torácica, 6
de aorta, 7
de diafragma, 8
duodenal, 9
esplênico, 8
fechado, 8
hepático, 8
maxilofacial, 6
pancreático, 9
vascular abdominal, 9
Traumatismo
cardíaco, 7
cranioencefálico, 9
de aorta, 7
de diafragma, 8
pulmonar e pleural, 7
Tremor de repouso, 469
Treponema pallidum, 387
Tríade
de Beck, 7
de Brumm, 429
de Charcot, 215
de Virchow, 251
de Whipple, 76
Triângulo
de Calot, 212
de Codman, 492
de Killian, 44
do gastrinoma, 53
Trichomonas vaginalis, 384

Tricíclicos, 12, 476
Tricocefalíase, 295
Tricomoníase, 384
Tricuríase, 295
Troca gasosa pulmonar, 243
Trombangeíte obliterante, 126
Trombastenia de Glanzmann, 161
Trombectomia mecânica com *stent*, 460
Trombocitemia essencial, 152
Trombocitopenia, 160
Tromboembolismo pulmonar, 251
Trombofilia, 251
  adquirida, 251
  hereditária, 251
Trombofilias, 163
Tromboflebite pélvica séptica, 429
Trombolíticos, 162, 163, 188, 253, 460
Trombose, 32, 85, 162
  de pequenos vasos, 162
  de veia renal, 85
Trombotamponagem, 404
Tromboxano A2, 158
Tronco encefálico, 456
Tropheryma whipplei, 57
Troponina, 186
Trypanosoma cruzi, 299
Tubérculos de Montgomery, 390
Tuberculose, 257-260, 268
  extrapulmonar, 260
  ganglionar, 260
  meníngea, 260
  miliar, 260
  no imunodeprimido, 259
  osteoarticular, 260
  pleural, 260
  pós-primária, 258, 259
  primária, 258, 259
    na criança, 258
    típica, 259
  tratamento preventivo da, 259
Tubo coletor
  cortical, 89
  medular, 89
Túbulo
  coletor, 82
  contorcido
    distal, 82
    proximal, 81, 87
Túbulos, 86
Tularemia, 289
Tumor(es)
  bem diferenciado, 223
  carcinoide, 61
  de células
    dos cordões sexuais, 381
    germinativas, 380, 381
  de Klatskin, 216
  de Krukenberg, 381
  de pâncreas, 75
  de Sertoli-Leydig, 381
  de Wilms, 110
  do estroma gonádico, 380
  do seio endodérmico, 381
  epiteliais, 380
  esofagianos benignos, 44
  estromal gastrointestinal, 54
  feminilizantes, 380
  filoide, 373
  funcionantes, 380
  malignos, 492
    das vias biliares, 216
  metastáticos, 381
  mucinosos, 380
  pouco diferenciados, 223
  serosos, 380
  sólidos benignos, 380
  trofoblástico do sítio placentário, 414
  urológicos, 109
  virilizantes, 380
Twin peak sign, 423

U

Úlcera
  de Marjolin, 25
  de pressão, 29
  genitais, 387
Ultrassonografia
  para avaliação do comprimento do colo uterino, 408
  transvaginal, 358
Ureter retrocavo, 107
Ureterocele, 107
Uretrite, 277, 385
Uretrocistografia miccional, 340
Urgência hipertensiva, 179, 180
Urinocultura, 364
Urofluxometria, 364
Uronefrologia, 105
Urticária, 341
Útero de Couvelaire, 416

V

Vacina(s), 336, 393
  combinadas, 335
  conjugadas, 335
  contra o papilomavírus humano, 338, 375
  não vivas ou inativadas, 335
  vivas atenuadas, 335
Vacinação, 335
Vacuoextrator, 407

Vagina, 348, 379
Vaginite
  atrófica, 385
  descamativa, 385
Vaginose
  bacteriana, 383
  citolítica, 385
Vagotomia
  gástrica na doença ulcerosa péptica, 51
  superseletiva, 52
  troncular
    com antrectomia, 52
    com piloroplastia, 52
Valores
  absolutos, 434
  preditivo, 441
  relativos, 434
Valvopatias, 181
Varfarina, 162
Varicela, 329, 331, 338
  progressiva, 331
Varicela-zóster, 331, 338
Variedade de apresentação, 399
Vascularização, 457
  renal, 81
Vasculite, 125, 127
  crioglobulinêmica, 127
  cutânea leucocitoclástica, 127
  por hipersensibilidade, 127
Vasodilatadores arteriais diretos, 179
Ventilação, 4, 243, 244
  mandatória intermitente sincronizada, 244
  mecânica, 244
  pulmonar, 243
Via(s)
  aérea(s), 4, 315, 317
    cirúrgica, 4
    inferiores, 317
    superiores, 315
  biliares, 212
  de Embden-Meyerhof, 144
  sensitiva, 454
Vibrio cholerae, 322
Viés de memória, 439
Vigilância de saúde, 442
Violência sexual e IST, 388
Virilização, 353
Vírus
  da imunodeficiência humana, 264
  da varicela-zóster, 329
  Epstein-Barr, 333
  influenza, 274
  sincicial respiratório, 317
Vitalidade neonatal precoce, 324
Vitamina, 141, 306, 312, 313, 357
  A, 312
  B1, 141, 312
  B2, 312
  B3, 312
  B5, 312
  B6, 312
  B7, 312
  B9, 312
  B12, 141, 312
  C, 312
  D, 306, 313, 357
  E, 313
  K, 313
Volume corpuscular médio, 139
Vulva, 379
Vulvovaginite, 383, 385

X

Xenoenxerto, 28

Z

Zigomicose, 261
Zika, 289
Zinco, 313
Zona
  central, 108
  de transformação, 375
  de transição, 108
  periférica, 108